南宋史及南宋都城临安研究（续）上

辛　薇　主编

人民出版社

序

辛　薇

　　杭州市社会科学院南宋史研究中心成立已有 7 年,被列为浙江省首批 11 个哲学社会科学重点研究基地之一也有 6 个年头了。自中心成立以来,在省市两级政府的大力支持和指导下,通过全院上下的共同努力和国内外众多学者的直接参与,南宋史研究中心较为出色地完成了设立之初制定的搭建平台、推进学术、促进交流、推出精品、培育人才,为建设浙江文化大省及杭州文化强市作出贡献的预定目标。南宋史研究中心在几年时间内出版了大量优秀的研究成果,特别是通过召开国际学术会议,既推动了南宋史研究的广泛交流和深入发展,也扩大了杭州市社会科学院南宋史研究中心在学术界的影响,获得了国内外同行们的好评。

　　继 2008 年首届"中国南宋史国际学术研讨会"成功举办之后,杭州市社会科学院又于 2011 年 10 月 22—23 日,承办了"第二届中国南宋史国际学术研讨会"。中国大陆、香港、台湾地区及日本、韩国等海内外近 90 位对南宋历史文化素有研究的专家学者来到杭州共襄盛会。这些专家学者中,既有德高望重的老一辈专家,又有年富力强的中青年学者。他们向研讨会提交的高水平论文,涉及了南宋的政治、经济、文化、制度等各个层面。有的专家从宏观的角度探讨南宋的历史地位以及政治、经济等各项制度和南宋的灿烂文化;也有专家从微观的角度研究了南宋各个领域,如对南宋时期的西湖游船的大小进行了研究，对南宋人物进行了个案研究。这些论文涵盖面广，不仅代表了学者本人近期的研究成果，也反映了当前南宋史研究的前沿水准，是对近年来海内外南宋史研究的一次大检阅。

本次研讨会硕果累累，成效显著，获得了各方面的一致肯定。与会专家对杭州市社会科学院南宋史研究中心"搭建平台，推进学术"的创新模式给予了充分肯定。正如中国宋代文学学会会长、复旦大学教授王水照先生在闭幕式上代表与会专家发言时指出的那样，杭州市社会科学院开展的南宋史研究工作向"我们全国的学术界发出了一个确定无疑的口号：重新评价南宋"。南宋史研究中心自草创至今，"一步一个脚印，实现了巨大的飞跃。南宋史研究中心本来是杭州市的科研机构，现在确确实实已经发展成为全国性的，引领、组织、推动全国的南宋史研究发展的平台……是我们国家学术研究体制的创新"。不少学者表示，希望几年之后能够再次聚首杭州，参加下一届"中国南宋史国际学术研讨会"。

杭州在历史上是南宋的都城，有着上千年的文化底蕴。本次研讨会所产生的影响，无论是对于学术研究，还是对于将杭州建设成为文化强市都具有深远的意义。因此，在学术会议结束后，我们认为非常有必要将会议论文结集出版，以期推动南宋史研究的不断深入。

是为序。

辛　薇

2012 年 12 月于杭州市社会科学院

（作者为杭州市社会科学院院长）

目　录

南宋史及南宋都城临安研究（续上）

两宋朝廷与岭南之间的文书传递

曹家齐(中山大学)

两宋先后与辽、西夏、吐蕃、大理、交阯、金、(蒙)元诸政权长期并立,在外交、边防与民族关系诸方面面临着前所未有的严峻形势。其中,位居北方的辽、西夏、金、(蒙)元先后对两宋构成严重威胁,而后两者又直接导致北宋与南宋之覆灭。因此,宋朝与这几个政权之关系,构成这一时期军事与民族关系之主线,并成为牵动整个政治格局跌宕嬗变的主要因素。与此同时,在南方,随着大理和交阯的强盛及与中原王朝之疏远,宋朝南部边疆形势亦与以往大有不同。宋朝一方面要重点防御来自北面的威胁与压力,另一方面又要尽可能保持南面,特别是岭南地区之安宁。因此,对岭南地区之经略,亦是两宋忧心之问题。

保持并加强朝廷与边地之信息沟通,无疑是一个政权经略缘边地区的必备前提,而文书传递则是古代信息沟通的主要手段。以往关于宋代文书传递研究之成果,或侧重于制度建设层面,或较多关注传递渠道问题,至于朝廷与缘边等地之间文书传递所经行之路线、文书传递之具体方式和手段,以及在既有制度保障下之传递效果,则罕有专门之探讨。①而这些问题,在考察宋朝的缘边经略方面,又无疑居于十分重要之位置。本文拟对两宋朝廷与岭南地区之间文书传递诸问题进行考察,作为探讨宋朝对岭南经略之一方面。

一、两宋朝廷与岭南之间文书传递路线

宋代岭南地兼广南东、西路,既有第一对外贸易港广州,是海外舶货之重要供应地,又边邻交阯、大理等国,属于重要边防区域。因此,无论与中央之间的交通运输,还是信息沟通,都很重要。如北宋后期,广南东路有邮路5100里,广南西路更有12600余里,两路之邮路总和与河北东、西和河东三路邮路里数相差无几。②北宋京城与岭南之间不仅设有专门运送物资的递铺,如香药递,亦设有传递文书之递铺。③但具体设在那些路线则无详备之记载。

北宋时期,京城通往岭南的道路主要有三条:一条自开封西南行,经许州(元丰三年改称颍昌府,治长社,今河南许昌市)至襄州(治襄阳,今湖北襄樊市),自襄州分别经江陵府(治江陵,今湖北江陵县)和鄂州(治江夏,今湖北武汉市武昌区)至潭州(治长沙、善化,今湖南长沙市)、衡州(治衡阳,今湖南衡阳市),然后分别至广西和广东;一条从开封至许州,再经蔡州(治汝阳,今河南汝南市)、颍州(治汝阴,今安徽阜阳市)、庐州(治合肥,今安徽合肥市)、舒州(治怀宁,今安徽潜山县),渡江至江州(治德化,今江西九江市),再自江州南经洪州、吉州、赣州,越大庾岭至广东;一条从开封循汴河东南行,经应天府(治宋城,今河南商丘市睢阳区南)、宿州(治符离,今安徽宿州市)、泗州(治盱眙,今江苏盱眙北),然后南行经扬州天长县(治今安徽天长县)南渡长江至润州(治丹徒,今江苏镇江市),再自润州沿江南运河岸经苏州(治吴县、长洲,今江苏苏州市)、秀州(治嘉兴,今浙江嘉兴市)至杭州(治钱塘、仁和,今浙江杭州市),再经睦州(治建德,今浙江建德市东北)、婺州(治金华,今浙江金华市)、衢州(治西安,今浙江衢州市)、信州(治上饶,今江西上饶西北)至江西、福建和岭南道。④

以上三条道路是北宋京城连通岭南的交通干线,官府陆路纲运、官员和商旅往来,皆以这几条道路为主。一般来说,递铺之设亦应以这几条道路为主。先看香药递：

宋初，为将广南香药运至京师，自京至广州设置香药递铺，但到咸平五年（1002）七月，则"诏户部判官凌策与江南转运使同计度，罢省自京至广南香药递铺军士及使臣计六千一百余人，皆陆运至虔州，然后水运入京。"⑤之所以如此，即是"以广南市（泊）[舶]陆运艰费，议自南安军（治大庾，今江西大余县，辖境在今赣州市西部）路泛舟抵京师。"⑥即由原来陆运改为陆水结合，自南安军路泛舟至京师，也就是从广州陆行越大庾岭经南安军至虔州，再改水路，顺赣水至长江，再经运河至京师。那么，原来陆运香药道路经何处呢？咸平五年，仅为诏罢自京至广州香药递铺军士及使臣，并未罢去递铺。天禧元年（1017）七月，知许州向敏中曾言："况自襄至许香药递铺，别无大段纲运，其计度收籴斛斗价钱，欲乞权且入香药递铺递至许州下卸。"⑦由此知原来自京至广州陆运香药路线，当是自开封经许州至襄、荆，再经潭州至广州道。

实际上，北宋朝廷与岭南之间的文书传递亦是走的经江陵府、潭州至岭南，和经江州、大庾岭至岭南的两条道路。这从下列记载可以看出：

> 崇宁元年（1102）十二月二十二日，兵部状："点检编排自京至荆湖南北路马递急脚铺所状，今点检得鼎州敖山铺至辰州门铺人马，除传送文字外，其余人马多缘应付军兴差出，勾当官员、诸色人打过。"⑧

> 政和三年（1113）二月二十九日，尚书省札子：勘会急脚及马递铺，昨措置私拆、盗毁、亡失、留滞约束，法令备具。近来所属官司并不检举觉察。近奉圣旨措置，今欲依下项：契勘昨为巡辖所管地分，内有千里以上地分广阔去处，例皆检察不遍。且如江西路虔州等处，使臣一员，见管地分三千八百余里，显是不能依限巡遍，致铺兵作过。今欲每及千里差置一员，旧额多寡处自依旧。仍仰逐处路提举官，将所添使臣以州军远近、道路顺便接连去处，重别均定，具合以某处窠名申吏部差注。所有不曾添置去处，如见管地里轻重未均，亦仰重行均定。其使臣廨宇，仍于所管地分中路安置。……江西路七千三百里，管巡辖使臣三员，欲添置四员。湖（北）[南]路除潭、衡、邵州（军）、武冈军各置巡辖

使臣一员外,永、全、道、(彬)[郴]州、桂阳监三千八十五里,共管巡辖使
臣二员,欲添置一员。……广东路五千一百余里,管巡辖使臣七员,欲
更不添置。广西海北二十三州,计一万二千六百余里,管巡辖使臣六
员,欲添置六员。广西海南琼州、昌化军、万安军、朱崖军共四州军,自
来只是巡检兼管巡铺,未曾专置巡铺使臣,欲专置巡辖使臣一员……⑨

从以上两段记载看,荆湖南北路之荆、潭、衡一线皆设有递铺,此一路线
又可经郴州、全州分别至广东和广西。而江西一路一直至虔州之邮路亦应
是联通京城与广东的文书传递路线之一。无论经郴州至广东,还是经虔州
至广东之邮路,都应是经韶州(治曲江,今广东韶关市),如《太平寰宇记》记
英州(治浈阳,今广东英德市)"四至八到"云:

新置《图经》上未有至两京里数。东至浈州河源县分水岭三百
里。西至连州阳山县界一百七十里。南至。(缺。)北至韶州银冈驿八
十五里。东北至韶州翁源县一百四十五里。东南八十里大驿路,下至
广州,上至韶州,其路有风门岭,险不通鞍马。⑩

按"驿路"为邮传剧道,⑪《太平寰宇记》记英州至广州有大驿路,而又向
北连通韶州,则此驿路为连接江西、湖南来路的文书传递路线无疑。

沿运河经镇江、杭州,再经大庾岭至岭南之路线,虽亦可通岭南,但由于
路途迂远,故北宋时应不作为中央与岭南之间的主要文书传递路线。这条
路线充当中央与岭南之间的文书传递路线应是南宋时期之事。

南宋定行都于临安后,政治重心南移,临安也从而成为交通重心。从临
安西南行经大庾岭至广东之路线显然成为南宋行都连通岭南之最便捷路
线。《咸淳临安志》曾记载临安南路钱塘、富阳、新城县界之斥候铺,正在临
安联通江西、岭南的路线之上,⑫可看作此线作为朝廷与岭南之间文书传递
路线的证据之一。此路线为当时之驿路,自新城以远的大致走向是经严州
(治建德,今浙江建德梅城镇)之桐庐、建德、寿昌至衢州(治西安,今浙江衢
州市)、信州(治上饶,今江西上饶市西北),然后达江西、岭南、福建等地。⑬但
此驿路自信州经何地而达赣州,再至广东呢?

宋孝宗隆兴元年(1163)三月,周必大自临安归庐陵,五月,经衢州、信州及信州之弋阳、贵溪等县,然后从贵溪陆行向西南,经金溪(抚州辖县,在今江西金溪)而至建昌军(治南城,今江西南城县),向南再经南丰(今江西南丰),于月底抵建昌军广昌县(今江西广昌),六月初一日,从广昌继续前行,经赣州辖县宁都(今江西宁都)、雩都(今江西于都)而达赣州,然后乘船入赣水北上至吉州(治庐陵,今江西吉安市)。其日记云:

> 六月朔庚申,早发广昌,以驿路无人烟,出西门入小路,多行崖腹及野,约二十里至郎君潭,始遇村店。四十里达驿路,遂入宁都界。⑭

按广昌、宁都之间若有驿路,其向北则应通往信州之贵溪县,向南则达赣州,进而越大庾岭而达广东。此线应是临安府向西南连通广东最便捷之邮传路线,应与北宋时取赣水一线有所不同。

尽管大庾岭路仍是南宋前往广东的主要途径,但是,假如临安与广东东部州县之间往来再走此路,就显得迂远不便。于是,临安与广东东部之文书传递便渐渐改走福建路。如嘉定六年(1213)五月,监登闻鼓院张镐上言文书传递之事曰:

> 一路有一路之递铺,事有所属,自可谁何?惟其有路,两相邻之州各不相关,递角之沉匿,无从稽考。昨守潮州,目击此弊。潮州属广东,若取本路递角,则自江西之广州,而后达潮,其路为迂,故多由福建路转达,取其便速也。惟是福建路递铺官兵与潮州不相统属,故每每有沉匿之患。乞朝廷详酌,以福建路漳、泉州巡辖递铺官到任满罢,并令从潮州保明批书;广东路潮、梅州巡辖递铺官到任满罢,即从漳州保明批书。异时赴部注拟,得以点对递角有无通滞,以为升点。庶几两路互有统摄,可革此弊。⑮

从这段记载可以看出,南宋朝廷与广东之间的文书传递,确曾利用江西至广州之路线,但与广东东部文书传递之往来,当是经福州、泉州、漳州至潮州与梅州之陆路。这条道路之两浙至福建段有两种走法,一是从临安西南行至衢州或信州,再经建州(绍兴三十二年改建宁府,治建安,今福建建瓯市)而东南行至福州;二是从临安南行,经温州至福州之路线。前者至迟在唐代便已畅通,后者则应是北宋中期开通。⑯但考南宋时福州以北及台州等地驿传设置状况,临安府与福建及广东东部地区的文书传递,当不常经温州至福州道路,而应是主要依靠衢州或信州经建州至福州之驿路。⑰

如果说北宋时京师东京开封府与两广距离相差无多,那么南宋时京城临安府与两广的距离却相差甚多了。南宋时广西与临安府之距离要比广东离临安府远得多,中央与广西之间的文书传递路线又作何选择呢?

南宋晚期,蒙古采取"斡腹之谋",犯大理,攻交阯,谋从右翼突破宋西南防线,向长江腹心之地推进,结合四川、湖北战场,对宋形成三面夹击的态势。于是,久无边患的广西地区,陷入紧张局势之中。为了加强广西之守御,宝祐五年(1257)十一月,宋廷任命李曾伯以荆湖南路安抚大使兼节制广南,旋改任为广南制置大使兼知静江府(治临桂,今广西桂林市)。李曾伯于次年二月抵达静江府,任职于广西,一直到景定元年(1260)七月止。其间,李曾伯多次向理宗奏报广西情况,透露出南宋时中央与广西之间文书传递所经行的大致路线。如宝祐六年夏李曾伯所上两封《回奏宣谕》云:

> 臣六月十六日卯时,收六月初一日酉时递,准当日巳时阁长邓克中传奉圣旨,……所准圣旨,邮递迟缓,此则今所遣递与前入规模则同,自桂至潭皆四日半,但自潭以往,不系本司递兵,所难号召。今遵圣旨,更于自桂至潭添置六铺,自当常切督趣,更乞朝廷札下江、潭两闸,并行戒谕,庶无稽滞。伏乞睿照。

> 臣六月二十八日遣递具奏甫毕,随领当月十三日递承苑使刘僔六月十二日午时恭奉圣旨宣谕。……臣又准圣旨,以发递迟缓,臣近已添置邮铺,且闻湖南帅阃亦更置铺分一新,之后必须稍速。臣继当一月驱磨一次,时刻违甚者,重真施行矣。伏乞睿照。⑱

李曾伯两封奏札均明确显示出当时广西与朝廷之间的文书传递,是从静江府东北行至湖南,经潭州而达临安。当时军情紧急,这条路线应是最为快捷之路线。无论何时何地之文书传递,皆求迅捷快速,估计南宋朝廷与广西之文书传递,平时亦应依靠潭州、静江府之路线来沟通。这条路线之潭州至广西以远,大概是经衡州(治衡阳,今湖南衡阳市)、永州(治零陵,今湖南永州市)、全州(治清湘,今广西全州市)至静江府,再达邕州及广地各地。潭州至临安府之路线,应是向东经袁州(治宜春,今江西宜春市)而至。此线不仅是临安连通广西的便捷邮传之路,亦应是人员往来的常行通道。如绍兴元年,江西安抚大使朱胜非言其曾自桂岭至临安,先后入衡州、潭州界,再自潭州界入袁州界。[19]袁州向东,经临江军(治清江,今江西樟树市西南临江镇)、抚州(治临川,今江西临川市)、信州、衢州而至临安。其中潭州至信州之道路,乃是在宋代才陆续开通,至迟在南宋时已有驿传设置。此路开通后,信州始成为连接福建、荆湖、广南、江西等地的通要之地。[20]

潭州、静江府一线应是正常情况下南宋朝廷与广西的文书传递路线。非常情况下,亦有别的走法。如开庆元年(1259)八月,蒙古兵第二次进攻广西,抵静江府城下,不久又进入湖南,导致静江府通往临安的邮传道路阻塞。在这种情况下,李曾伯在尝试让递兵从小路到全州之外,则改派递兵“取路广东,度梅岭,出江浙,前诣行在投下[奏札]”。[21]

二、两宋京城与岭南之间递铺设置状况

从文献记载看,北宋自灭掉南汉后不久就设置了朝廷与岭南之间的邮传系统。如太平兴国八年(983)二月六日,诏“自京至广州传置卒月别给百钱”,[22]由此推知开封至广州间的递铺设置应在这之前。这条道路上不仅设置了递铺,而且铺内亦应有马匹。如真宗咸平三年(1000)八月十四日诏书有云:“访闻差往四川、广南等处知州、通判、都监、监押,及勾当事朝臣,有例乘递马者,多请走马头子,乘骑递马即慢乘进发。”[23]此条并未明言广东、广西,所言“广南”当包括东西两路。按,宋代馆驿中已没有马匹供应,官员差出所乘递马即递铺中之马,而递铺既可供官员差出乘骑,亦用于文书传递。[24]既如此,则京城至岭南之间至迟在真宗初年便已有马递之设。尽管如此,由于岭南长期无大事端,故马递之设置甚为薄弱。

　　景德四年（1007）六月，宜州军校陈进鼓噪士卒杀知州刘永规及监押国均，拥判官卢成均为帅，号南平王，据城反叛。七月，朝廷接到奏报，一方面遣兵讨捕，派官招抚，另一方面，则"增置自京至宜州马递铺。"㉕由此可见，北宋京城与广西之间的马递设置是随形势的不同逐步发展和完善的。

　　仁宗宝元、庆历时，宜州又有蛮人生变，朝廷与广西之间的文书传递又变得至为重要，但采取什么措施尚未明了。《长编》载：庆历五年（1045），"[广西转运使杜]杞初行至真州，先遣急递以檄谕蛮贼，听其自新。比至宜州，蛮无至者。"㉖从此言看，似乎庆历年间广西已有急脚递之设，而据沈括所言急脚递"唯军兴则用之"㉗的设置原则而言，亦不无可能。但若参照以后广西递铺之设置情况，此处之"急递"可能是指"马递"。

　　皇祐年间，侬智高为乱，宋廷为保障与岭南之间的文书传递，于皇祐元年（1049）十月壬午"诏马铺以昼夜行四百里，急脚递五百里"。㉘四年七月下诏，"自京至广州增置马递铺，仍令内臣一员提举。"㉙九月，又"赐自京至广南西路马递铺卒缗钱"，㉚以激励铺卒传递文书的积极性。可以看出，即使是最令北宋朝廷紧张而忧心的侬智高之乱期间，无论是京师至广州，还是至广西，都还只是设置马递，而未见有急脚递之设。

　　北宋在京城与岭南之间设置急脚递是在神宗时期。神宗即位，任王安石而兴变法，并务开边以广疆土。在推行新法之同时，亦对西北之熙河、西夏及南方之交阯用兵。熙宁六年（1073），用沈起知桂州，沈到任后，"妄意朝廷有攻取谋，欲以钓奇立异为功，始遣官入溪峒，点集土丁为保伍，授以阵图，使岁时肄习，继命指使因督馈盐之海滨，集舟师寓教水战，故时交人与州县贸易，一切禁止之。"继任者刘彝则"日遏绝其（交阯）表疏"。㉛结果交阯先发制人，于熙宁八年冬分三路侵入宋境，"连陷钦、廉二州。廉土丁八（十）[千]守城，皆驱令负担登舟，已而尽杀之。又陷邕州，杀（李）[守]将苏缄，屠其民五万余口。"㉜继而又陷钦州等地。交阯迅猛之攻势和残酷之杀戮使宋朝野震惊。宋廷相继派重兵入广西与交阯境内，攻取广源州等地，进抵富良江。虽然颇有斩获，最终却使"兵夫三十万人，冒暑涉瘴地，死者过半"，㉝

无法进兵,又兼交阯愿意遣使奉表,只好班师。总的说来,宋军之反击及神宗、王安石谋取交阯之计划,以失败而告终。㉞

此次对交阯用兵,乃是北宋继皇祐平定侬智高变乱后又一次对南疆之军事行动,其用兵规模超过皇祐,而且这次行动又深系开边扩土之全局,故对朝廷之压力亦应胜于皇祐之时。为了及时掌握前线事态,便于决策、指挥,保证朝廷与岭南文书传递之快捷是首要条件。神宗熙宁八年(1075)十二月二十一日,"诏自京至广西邕、桂州已来沿边,置急递铺,仍令入内省差使臣一人点检。"㉟此诏下于神宗闻钦州失陷之日,亦是派遣大军南征之前。此应是京师与岭南之间设置急脚递之始。之后,京师与岭南之文书传递线上,便是马递与急脚递铺并存了。如元丰元年(1078)五月,神宗手诏:

> 日者,广西凡有边事,动至五六处交奏,不惟过于张皇,深虑缘路习为常事,或真有边机当速者,反致稽迟。可速下转运、提点刑狱、经略邕州安抚都监司,自今后非紧切边事,毋得擅发急递。㊱

又如崇宁元年(1102)十二月二十二日之兵部状,言及"自京至荆湖南北路马递急脚铺"。㊲不仅如此,利用急脚递传送的金字牌之创设,亦始于神宗时朝廷与岭南之间的文书传递。如熙宁十年正月壬子,神宗御批:

> 安南行营军前动静,朝廷欲日知之,可令权发遣邕州事周沃日具以闻,递角后,别用长牌,大书'枢密院急速文字,毋得入铺'。㊳

此处所言传递枢密院急速文字所用之长牌,即金字牌之雏形,元丰六年(1083)形成定制。㊴

两宋之际,因政治腐败与金兵南侵,许多地区的邮传系统遭到破坏。此时,岭南因居后方,且无大事,邮传所受破坏应相对小些。为预防金军之南侵,保证新政权与辖内各地的紧急文书往来,南宋朝廷曾屡次下诏整顿邮传,但都收效甚微。最后南宋不得不采取非常措施,新建一套应急性文书传递系统。最先设置的是斥堠铺。建炎三年二月十八日,知杭州康允之开始在本路交通要道设置斥堠铺,"每十里置一铺,专一传递日逐探报斥堠文字。每铺五人,新旧弓手内选有心力、无疾病、能行步少壮人充,每日添支食钱三百文省。"⑩斥堠本是设于边疆和战争前沿地区侦察和传送情报之机构,而今南宋则将其发展为一种专门的递铺,设于行在通往前线之要道,不仅专设于两浙路,淮南、荆湖、江南东西路和四川等地亦有设置。⑪南宋初设斥堠铺地区,应不涉及岭南。绍兴二年(1132),宋廷派遣岳飞等率军围剿盘踞在湖南的流寇曹成、马友,结果曹成闻岳飞进兵消息,则"分路逃遁,前去全、永、贺州界去讫,至三月二十七日并已起离道州尽绝"。⑫后又侵犯封、连、昭、桂等州,⑬对广南州县造成骚扰,后岳飞军长途奔袭,才将其剿灭。⑭此时南宋有无整顿或增设至广西之递铺,未见记载。

因斥堠铺传递效果并不理想,绍兴四年,为应对严峻之战争局势,宋廷又"令淮南、荆湖、江南、两浙通接沿边,探报军期急切及平安文字赴行在,经由州军去处,并取便路接连措置摆铺至临安府。"⑮即又在斥堠铺之外设置摆铺。⑯摆铺初设时每二十里置一铺,⑰绍兴末年,又以"每十里置铺"。⑱摆铺与斥堠铺主要区别有二:一是军兴时临时设置;二是先后隶枢密院、三衙和诸军管辖,带有较强的军事化性质。南宋设置摆铺大致分为两个时期,第一个时期从绍兴四年到绍兴十三年,这一阶段所置摆铺大概是由枢密院、各路帅臣及地方长官负责的。绍兴十三年,宋金议和已经两年,两国久无战事,摆铺已无用途,徒为州县之负担,在御史中丞罗汝楫建议下废罢。第二个时期是从绍兴末年到宁宗嘉定(1208—1224)时。绍兴末年,金主完颜亮率大军南下侵宋,两国之间又起战火。于是,南宋再置摆铺传递军事情报。从此数十年间,宋金冲突不断,几战几和,摆铺亦是屡罢屡设。但这一阶段设置之摆铺,却不再由枢密院和诸路帅臣等负责,而是改归三衙和诸军负责。⑲

综观南宋两个时期的摆铺设置,亦未涉及岭南。那么南宋前期行都至岭南之间的递铺设置又如何呢?隆兴二年九月,大臣在上言中曾提到"提举广南西路马递铺"。⑳由此推知南宋前期行都与岭南之间的递铺设置仍为省铺(即由尚书省统辖之旧有递铺),其中马递当是常设并用来传递紧切文字的递铺。

但到了理宗朝蒙古军威胁广西时,京城与岭南之间的递铺设置就发生了变化。如宝祐六年夏李曾伯所上《回奏宣谕》云：

> 臣四月十五日方具回奏，以复前月二十七日圣谕。……乃若静江军递，向年程限止十二三日，近年皆是半月，若无雨水阻滞，则十四日可到。近者二月间递角稽误，盖因两司新旧之交，其入军递者中，辄差入省递，必有委折，不欲深诘。今已不复有此矣，所准申严之训，臣已申密院牒江、潭两闸，并以开闸休例，支犒沿途铺兵。

《缴安南国章表奏状》云：

> 照对臣昨据邕州缴到安南公牒，称其国遣使人陈邦彦等赍到上进章表一匣，于四月初八日已到邕州。臣于四月二十一日已将邕州所缴公牒具申枢密院外，今于五月初二日据邕州发到唐世明系元差往安南国者赍到陈邦彦所进本国章表一函封全，并解到安南所获之俘李小哥已至静江府。臣见令其并于城外安泊，当续次引上审问事宜，供申朝廷所有赍到章表。此去秋防不远，其中恐有所陈急切，不容悠缓。臣谨附军递，恭以其章表一匣随状缴进。伏乞睿览。

又有《回奏宣谕》云：

> 臣今月有一二事正欲具奏，午时收初三日递，承阁长关德亨付下恭奉圣旨宣谕文字二件。臣百拜恭诵。……已置军递，[潭州]到中都七日。所有本司到潭州一千余里，近已添铺添人，亦已限定三日半可到。自此若无雨水之阻，决无濡滞之患。㊿

从李曾伯的几道奏札来看，在广西战事紧张之时，朝廷与广西之间专门设置了军递，而此军递亦是陆续摆设、完善，先是设于潭州至静江府一线，再是设于潭州至临安府一线。顾其"军递"之名，及传递速度，与绍兴末至嘉定时所置摆铺相近。

三、两宋朝廷与岭南之间的文书传递效果

——以余靖与李曾伯任职广南期间与朝廷文书往还为例

若要准确了解文书传递之效果，须依据下面三个条件：一是文书发出和收到的准确时间；二是所经行路线及其准确里程；三是传递速度，即有具体速度限制的步递、马递和急脚递。然而遗憾的是，现存有关宋代文书传递的数据中，这几个条件俱齐备者不是很多，而且其中具体传送路线及其里程亦有欠准确。尽管如此，我们仍可根据一些有限的记载，推知两宋朝廷与岭南之间文书传递效果之大概。如仁宗时，余靖先后在广东、广西任职，和朝廷之间有频繁之文书往来，其中有若干封言及传递方式及收到日期。

关于传递方式，从余靖表状中看，应有两种，一种是由进奏院收发之递铺传递，另一种则是朝廷遣专使传递。如皇祐元年（1049）《谢转光禄少卿表》云："今月八日，进奏院递到敕诰，蒙恩授臣光禄少卿，依旧分司南京，韶州居住者。"[52]皇祐五年《免转给事中状》云："臣今月二十日，进奏院递到敕、诰各一道，授臣给事中者。"[53]此便是进奏院发出，经由递铺传送之文书。又如同年之《免转工部侍郎状》云："臣今月十三日，三班差使殿侍韩某，乘递马赍送到中书札子，并敕、诰各一道，蒙恩授臣尚书工部侍郎，仍就赐银二百两者。"[54]此便是朝廷遣专使传送之文书。

有了收到日期和传递方式，假如我们再能够知道文书到达之地点，及朝廷颁下该文书之时间，我们便可以大概推至该文书之传递效果，或该文书到达目的地之大致月份。

如《谢转光禄少卿表》云："今月八日，进奏院递到敕诰，蒙恩授臣光禄少卿，依旧分司南京，韶州居住者。"[55]按余靖时在韶州，蒙恩授光禄少卿，应是仁宗改元之故。《长编》载："〔庆历八年〕十二月乙丑朔，德音改明年元。"[56]按敕牒一类文书一般是用马递传送，[57]至于马递之传递速度，仁宗皇祐元年十月曾下诏规定以昼夜行四百里，[58]而余靖之《谢转光禄少卿表》在此之前，

若用马递,应是日行三百里。⁵⁹又,韶州距东京三千七百里,⁶⁰若据此推算,则余靖所云收到敕诰之"今月八日"显非庆历八年十二月八日。如果是德音发布之即日,即庆历八年十二月初一就发出该敕诰,即便是马递日行四百里,亦至少需要十日左右始能到达韶州。故余靖所云之"今月八日"最早亦只能是皇祐元年正月之八日。照此推算,若敕诰在上年十二月初一便发出,则用日行二百里之步递传递,亦应早在正月八日前就可到达韶州,若用马递则应于十二月二十一日或二十二日便可到达,如果是次月八日才收到,则是严重迟滞。但我们无法找到该文书迟滞的任何蛛丝马迹。若是正月八日该敕诰以马递传送正常到达,则敕诰自京城发出日期应在上年十二月十七日前后。揆之常理,这一推测应较符合实际。因为百官因改元加恩并非十万火急之事,应在宣布改元后有数日拟定之过程,十余日后发出敕诰,应属正常之事。如皇祐五年十一月,朝飨景灵宫、太庙、祭祀天地并大赦,八日后始加恩百官。⁶¹又如皇祐二年九月辛亥(二十七日),"大飨天地于明堂,以太祖、太宗、真宗配,从祀如圜丘。大赦,文武职官及分司、致仕官,并特与转官。"⁶²余靖因此而转卫尉卿,依前分司南京,韶州居住。待余靖收到进奏院递到敕诰时,已是十一月二十八日。⁶³亦属类似情况。

如果说此两例属于非急切文书之传递,再看下一例:

皇祐四年,侬智高乱起,朝廷于六月乙亥(初二)"起复前卫尉卿余靖为秘书监、知潭州",⁶⁴余靖则在当月二十日便接到敕诰。⁶⁵前后只有十八日,显然不是日行三百里的马递传送,而应是皇祐元年十月所规定的日行四百里之马递传送。如果除去敕、诰之起草、制作时间,和送到进奏院并封装入递的时间,⁶⁶应无太多的耽搁。朝廷在任命余靖知潭州的第七日(庚辰),又改命余靖知桂州(治今广西桂林市)、充广南西路都钤辖、兼经略安抚使。余靖在赴潭州途中接到新命,改道去桂州,并于七月十六日到任。⁶⁷可见此次敕诰之传递亦是非常迅速,亦可得知此敕诰传递路线应是荆湖至岭南线。

但当时朝廷与余靖往来文书亦不是所有都快捷迅速,而是时慢时快。如皇祐五年二月乙酉(十四日),命"广南东西、湖南、江西路安抚使、枢密直学士、右谏议大夫孙沔,知桂州、秘书监余靖并为给事中。仍诏靖留屯邕州,经制余党,候处置毕,乃还桂州。"⑥按当时余靖在邕州(治今广西南宁市)或离邕州不远处,依邕州距东京四千六百里,⑥用马递传送,至多十余日便可到达,但余靖收到敕牒时已是五月二十日。⑦如果余靖记其日期无误,则该敕诰传送属于严重迟滞。尽管如此,接下来的几道文书又是比较正常。试看以下记载:

> [皇祐五年五月]丁未(十二日),枢密直学士、给事中、新知杭州孙沔为枢密副使。沔行至南京,召还。给事中、知桂州余靖为工部侍郎。时御史梁茜数言靖赏薄,孙沔既与狄青继践二府,故靖亦加秩。⑦

余靖《免转工部侍郎状》:

> 臣今月十三日,三班差使殿侍韩某,乘递马赍送到中书札子,并敕、诰各一道,蒙恩授臣工部侍郎,仍就赐银二百两者。前恩未谢,后宠复加,内揆空疏,第深腼愧。

《第二状》:

> 臣某言:昨于五月内,进奏院递到敕诰,蒙恩授臣给事中,依前知桂州、充广南西路都钤辖、经略安抚使。寻具状辞让,准六月四日札子勘会余某,已降敕命除授工部侍郎,奉圣旨,余某所除恩命,即令只受,更不得陈让者。

《谢转工部侍郎表》:

> 臣某言:昨蒙恩旨,差三班差使殿侍韩某,赍送到敕诰一道,授臣工部侍郎。寻具状奏闻,乞行回纳。准七月五日中书省札子,奉圣旨所降恩命,即令只受,更不许辞让者。⑦

从以上记载看,朝廷于皇祐五年(1053)五月十二日下达迁余靖为工部侍郎之诏令,而此次中书札子并敕诰,不是交由进奏院传送,而是派专使韩某[喜]持往。中书料知余靖会递状辞免,又于六月四日发下不准辞免之札子。余靖收到专使持来中书札子并敕诰后,果然递上《免转工部侍郎状》,朝廷接到后,又于七月五日发下不许辞让的中书札子。因此可以断定,余靖接到专使持来敕诰之十三日,应是六月十三日。按余靖当时应在桂州,而桂州距东京三千六百八十一里,[73]若是用马递传送,该敕诰到达桂州应算比较迟缓,但此次是专使传送,而非递铺接力传递,应属比较快捷了。而余靖在接到敕诰所上辞免状,应在七月五日前便已到达京城,按马递速度计,虽算不上极快,亦属于比较正常。

再考皇祐三年朝廷颁布余靖落分司知虔州之日期和余靖在韶州接到该敕诰之日期,[74]及至和元年朝廷为余靖加集贤院学士之日期和余靖收到敕诰之日期,[75]其敕诰之传递亦属正常。由此知中央与岭南之间的文书传递,在北宋中期还是效果不错的。

绍圣年间,苏轼远谪英州、惠州后,基本可按时接到琼州别驾、昌化军安置之命令,[76]可见北宋后期,中央与岭南之间的文书传递仍可差强人意。

但北宋末年至整个南宋,因政治腐败而致邮传衰敝,许多地方都出现了文书迟滞,以及盗拆、丢失之现象,中央政府,特别是南宋中央政府虽屡屡出台新的整饬措施,乃至更张制度,仍未见有明显好转,就连宋金作战之紧张时期朝廷与岳飞军前之诏奏往来,亦多有稽违。[77]在这种背景下,远离京师的岭南地区与朝廷之间的文书传递更不可乐观,如建炎元年(1127)九月,臣僚言:"有司失职,邮传不通。陛下即位以来诏令多矣,而浙东州军所被受者唯两赦及四五御札,其他片纸不传。浙东距行在止二千余里,而命令阻绝如此,彼川、广、福建可知矣。"[78]前揭示嘉定六年(1213)监登闻鼓院张镐上言文书传递之事,亦多少可以反映当时朝廷与岭南之间文书传递状况之一斑。

理宗以后,中央与地方文书传递仍是经常延误。如端平间(1234—1236)监察御史吴昌裔《论救蜀四事疏》有云:"御前金牌向者半月到川,今则往往几月而不至夔门。密院雌黄牌向者两旬至蜀,今则往往三月而不达诸郡。"[79]此处虽未及岭南,但岭南,特别是广西与临安之距离,和四川与临安之距离相当,其与中央的文书传递状况应亦不容乐观。理宗宝祐至开庆时,蒙古军从四川、大理、湖北三面向南宋发动攻势。在此生死存亡之关头,南宋曾采取一些紧急措施,来保障前线与朝廷间的情报传递。如西南一面,即命李曾伯出任广南制置大使,筹措广西防务。今存之《可斋杂藁·续藁后》卷五至卷九收录了李曾伯此间所上一百四十余道奏章（贴黄除外），不唯言及其到达广西后对邮传整顿情况，亦多言明理宗圣旨发出与到达静江府之时日。其中朝廷发下多数文书均是由"阁长"（中等内侍别称）发出之"圣旨"、"御笔"，或枢密院札子、尚书省札子，应属金字牌类文书。据李曾伯奏称，其到达静江府后，整顿了自静江府经潭州至临安一线邮传，设置了军递。按静江府至临安府约三千三百里，[⑩]依摆铺传递速度，应需十日左右，金字牌递则应为七日左右。从宝庆六年到开庆元年间可见的传递记录中，最快的一次是八天，其次为十一天，其余均在十二天或以上。其中多数都是十三日至十六日到达，而二十余日到达甚至严重稽滞者，亦不乏其例。如李曾伯宝庆六年四月底的《回宣谕奏》云："臣四月二十八日承阁长邓（刚）[克]中十四日恭奉圣旨宣谕，以臣二月间发过奏状除已彻闻外，犹有四奏未达。令臣根刷。臣自二月六日到静江，至三月三日，凡共发八递，并是一样牌角发入军铺，独有十一日一递乞改邕守者，却幸无差迭。前后凡七递，中途俱为转入省铺，至此稽误。"[⑪]鉴于这种状况，李曾伯曾于该年下半年再对邮传进行整顿，并称静江府与朝廷间文书十日半即可到达，[⑫]但情况仍未有明显好转。直到开庆元年（1260），朝廷使用了庚递（即以最能代表皇帝威信的庚牌附递文书），才陆续有文书十日左右递到静江府。[⑬]但好景不长，随着蒙古军队侵入湖南，经潭州至临安之邮传路线被切断，广西与朝廷间之文书，改取广东入江浙传发。[⑭]具体情况不得而知。南宋最后十余年之文书传递状况虽无明载，但因局势倾危，定是不堪设想。

四、结语

通过以上考述，我们大致可以窥得两宋朝廷与岭南之间文书传递之概况。从对邮传路线的选择看，两宋朝廷与岭南之间的文书传递，既遵循路线近便、快捷的一般原则，又从实际出发，因应时变。从整体情形看，两宋朝廷在相当长时期内与岭南地区之文书传递，是广东、广西各有相对固定之路

线。但南宋之时,立国形势大变,与岭南之间文书传递路线便亦因而改变,
特别是与广东之文书传递,一方面经江西之驿路改取建昌军经赣州,再越大
庾岭;另一方面,广东东部州县与行都之连通则取经福建之道路。又从各路
内邮传路线之里程及其与京师之间邮传之设置看,广西之地位不仅远重于
广东,而且在一定时期内亦不亚于河北、河东等路。从北宋开国到南宋垂
危,三百余年对岭南邮传经营之轨迹,大致反映出两宋在不同时期对岭南经
略之关键性问题与阶段性特征。亦可从中看出两宋对岭南之经略,既曾关
涉变法图强之军事战略,又曾与王朝之生死存亡密切相连。个别时期部分
事例所呈现出的与政治状况密切相关的文书传递效果,或多或少地反映出
宋朝朝廷与岭南之间文书传递的日常之态与非常之状况。从中亦既能看出
宋廷经营与岭南信息沟通之努力,又可感受到朝廷与相关官员之焦虑与
无奈。

注释:

①涉及宋朝对岭南地区经略之主要论著有:陈智超:《一二五八年前后宋、蒙、陈三朝
间的关系》,载于邓广铭、程应镠主编:《宋史研究论文集》,上海古籍出版社 1982 年版,第
410—452 页;黄宽重:《南宋时代邕州的横山寨》,《汉学研究》第 3 卷第 2 期(1985 年 12
月),第 507—534 页;《北宋晚期对广西的经略——以程节、程邻父子为中心的讨论》,《法
国汉学》第 12 辑,中华书局 2007 年版,第 208—225 页;曾冠雄:《从化外到门户:论政权
南移与南宋广西的发展》,台湾清华大学历史研究所硕士论文,1996 年。以上成果均未
从文书传递角度考察相关问题,故笔者于 2007 年便撰拟本文纲要。2008 年昆明国际宋
史研讨会,黄宽重先生提交《军情搜集与传递——以〈可斋杂藁〉所见宋、蒙广西战役为
例》一文(修订后载于《汉学研究》第 27 卷第 2 期,第 133—166 页),对笔者甚有启发。但
黄先生大作立意和关注问题,仍与本文有所不同,且仅限于对晚宋之关注。

②(清)徐松辑:《宋会要辑稿》(以下简称《宋会要》)方域一○之二九至三○,中华
书局 1957 年影印本,第 7488 页。

③《宋会要》方域一○之一八载:太平兴国八年(983)十二月,曾"诏自京至广州传置
卒月别给百钱",第 7482 页。

④参见拙著《唐宋时期南方地区交通研究》,香港华夏文化艺术出版社 2005 年版,第

69—71 页。

⑤《宋会要》食货四八之一四,第 5629 页。

⑥《宋会要》方域一〇之一八,第 7482 页。

⑦《宋会要》食货四二之五,第 5564 页。

⑧《宋会要》方域一〇之二七,第 7487 页。

⑨《宋会要》方域一〇之二九至三〇,第 7488 页。

⑩(宋)乐史:《太平寰宇记》卷一六〇《岭南道四·英州》,中华书局 2007 年点校本,第 3073 页。

⑪(宋)任广:《书叙指南》卷一五《邮舍邸店》,文渊阁《四库全书》,第 920 册,第 559 页。另参见拙文《官路、私路与驿路、县路——宋代州(府)县城周围道路格局新探》(待刊稿)之考证。

⑫(宋)潜说友:《咸淳临安志》卷五五《邮置》,中华书局 1990 年影印宋元方志丛刊本,第 3851—3852 页。

⑬参见拙文《南宋临安府周辺の邮伝系统——具体的な背景及び设置状况に基づく考察》,大阪市立大学《东洋史论丛》别册特集号《东アジア海域世界における交通·交易と国家の对外政策》,2009 年 1 月;又见前揭拙文《官路、私路与驿路、县路——宋代州(府)县城周围道路格局新探》。

⑭(宋)周必大:《文忠集》卷一六五《归庐陵日记》,文渊阁《四库全书》本,第 1148 册,第 788 页。

⑮《宋会要》方域一一之三八,第 7519 页。

⑯参见拙著《唐宋时期南方地区交通研究》,第 67、73 页。

⑰详见前揭拙文《南宋临安府周辺の邮伝系统——具体的な背景及び设置状况に基づく考察》。按《元丰九域志》卷五衢州条、卷六信州条、卷九建州条记载,三州互有道路相通;淳熙二年吕祖谦自婺州(治金华,今浙江金华市)入闽,便是经衢州江山县向南过仙霞岭而达建州。其《入闽录》(《东莱集》卷一五)记江山县与衢州之间有马驿,当为衢州至信州之间有驿路之佐证。但途经仙霞岭时,却记岭上"磴道屈折数里甚峻,左右皆童山,榛茅极目"。入建宁府浦城县界十里后才"复行驿路"。如此看来,建宁府至衢州江山县似无驿路,浦城县界内驿路很可能通往信州。若如此,则福州至临安之文书传递路线,应是经建宁府、信州、衢州、严州之驿路。

⑱(宋)李曾伯:《可斋杂藁·续藁》后卷六《回奏宣谕》,文渊阁《四库全书》本,第 1179 册,第 686—689 页。

⑲(宋)李心传:《建炎以来系年要录》(以下简称《要录》)卷四二,绍兴元年二月乙酉条,上海古籍出版社影印文渊阁《四库全书》本,第588页。

⑳关于潭州至信州路段开通及其地位问题,详见拙著《唐宋时期南方地区交通研究》,第77页。

㉑《可斋杂藁·续藁》后卷九《奏边事》第1179册,第775页。

㉒《宋会要》方域一〇之一八,第7482页。

㉓《宋会要》方域一〇之一八,第7482页。

㉔参见拙文《唐宋驿传制度变迹探略》,《燕京学报》新十七期,北京大学出版社2004年版,第37—60页。

㉕(宋)李焘:《续资治通鉴长编》(以下简称《长编》)卷六六,景德四年七月甲戌条,中华书局2004年点校新版,第1473页。

㉖《长编》卷一五五,庆历五年三月甲子条,第3760页。

㉗(宋)沈括:《梦溪笔谈》,卷一一《官政一》,中华书局1963年胡道静校注本,第125页。

㉘《长编》卷一六七,皇祐元年十月壬午条,第4019页。按《宋会要》方域一〇之二二载:皇祐元年十月二十三日,"诏马铺每一昼夜日行五百里,急脚递四百里。"与《长编》所载不同,待考。

㉙《长编》卷一七三,皇祐四年七月壬子条,第4162页。

㉚《长编》卷一七三,皇祐四年九月戊午条,第4173页。

㉛(元)脱脱等:《宋史》卷三三四《沈起传》,中华书局1985年点校新版。

㉜(元)马端临:《文献通考》卷三三〇《交阯》,浙江古籍出版社1988年影印本。

㉝《宋史》卷二九〇《郭逵传》。

㉞按:关于宋军熙宁九年攻交阯之战况,越南之《大越史记全书》、《越史略》等书与宋人之《范太史集》、《玉海》及元修《宋史》,记载差异甚大,但宋军损失惨重,谋取交阯失败应是无疑的。

㉟《宋会要》方域一〇之二三至二四,第7485页。

㊱《长编》卷二八九,元丰元年五月辛丑条,第7080—7081页。

㊲《宋会要》方域一〇之二七至二八,第7487页。

㊳《长编》卷二八〇,熙宁十年正月壬子条,第6849页。

㊴参见拙文《金字牌递创设时间小考》,《江海学刊》1998年第5期,第128页;《威权、速度与军政绩效——宋代金字牌递新探》,《汉学研究》第27卷第2期,2009年,第

67—100页。

㊵《宋会要》方域一〇之四三至四四,第7495页。按:关于斥堠铺之设,《要录》在记及同条内容时,称"摆铺",《宋会要》本条则有言"摆铺斥堠"。关于两个"摆铺",笔者认为前者为"斥堠"之误,后者乃是动词。见拙文《南宋摆铺创置时间考辨》,《文史》第63辑,中华书局2003年5月版,第100—104页。

㊶参见拙文《关于南宋斥堠铺、摆铺的几个问题》,《浙江大学学报》2002年第5期,第20—26页。

㊷(宋)岳珂:《鄂国金佗稡编》卷一七《乞措置进兵入广申省状》,中华书局1989年王曾瑜校注本,第947页。

㊸《要录》卷五二绍兴二年三月庚申条,卷五三绍兴二年四月甲子条;《梁溪集》卷六七《乞依近降指挥乞兵二万人措置招捕曹成奏状》,卷七〇《开具钱粮兵马盗贼人数乞指挥施行奏状》,卷七六《乞全州免听广西节制奏状》。

㊹该部分内容参阅王曾瑜先生《岳飞和南宋前期政治与军事研究》五《岳飞平定各地叛乱》,河南大学出版社2002年版,第79—84页。

㊺《宋会要》方域一一之二,第7501页。

㊻关于南宋摆铺创置之时间,《要录》、《宋会要》、《建炎以来朝野杂记》和《嘉泰会稽志》等书中有建炎三年、绍兴四年、绍兴三十年、绍兴三十二年等不同记载,笔者经过考证,认为应以绍兴四年为宜,详见前揭拙文《南宋摆铺创置时间考辨》。

㊼《宋会要》方域一一之二,第7501页。

㊽《宋会要》方域一一之一七,第7508页。

㊾见前揭拙文《关于南宋斥堠铺、摆铺的几个问题》。

㊿《宋会要》方域一一之一八之一九,第7509页。

(51)以上引文均见《可斋杂藁·续藁》后卷六,第1179册,第670、680—681、691页。

(52)(宋)余靖:《武溪集》卷一四,天津古籍出版社2000年校笺本,第435页。

(53)《武溪集》卷一五,第449页。

(54)《武溪集》卷一五,第450页。

(55)《武溪集》卷一四,第435页。

(56)《长编》卷一六五,庆历八年十二月乙丑条,第3975页。

(57)《武溪集》卷一六《贺曲赦表》云:"马递敕书一道至安抚司。"《河南郊表》又云:"马递敕书一道至邕州。"第493、495页。

(58)《长编》卷一六七,皇祐元年十月壬午条,第4019页。

⑤⑨参见拙著《宋代交通管理制度研究》,第112页,河南大学出版社2002年版。

⑥⓪此据(宋)王存:《元丰九域志》卷九《广南路·韶州》之记载,中华书局1984年点校本,第409页。按:四库本《太平寰宇记》卷一五九《韶州·四至八到》载:韶州"东北至东京二千九百四十里",与《元丰九域志》之记载差别甚大。考中华书局影印之《宋本太平寰宇记》卷一〇八《虔州》和卷一一七《郴州》条及四库本《太平寰宇记》(该本阙卷一一七),记虔州、郴州至东京之距离分别为三千三百里和三千里。由此知四库本所记韶州至东京之里程有误,疑为"三千九百四十里"。又考同书记虔州至韶州之陆路里程为五百五十五里,郴州至韶州里程为五百里,若将韶州至虔州之里程与虔州至东京之里程相加,为三千八百五十五里,与"三千九百四十里"之数接近,由此推知,《太平寰宇记》所记韶州至东京之里程应是韶州经大庾岭连通东京之路线。之所以有出入,应是因为《太平寰宇记》等地理总志,皆是纂集各地方所上《图经》所成,而各地在编写本地图经时,计算本地"四至八到",与相邻州郡互不协调,多有不一致处。又,《元丰九域志》记韶州至东京之距离亦不准确。该书记虔州至东京之距离为"三千五百里",虔州至韶州则为四百里,加起来超过三千七百里;又记郴州至东京为"三千五百里",至韶州四百三十里,加起来亦超过三千七百里。故难以判断韶州条所记至东京之距离是根据哪一条路线。但根据诸书所记,韶州经虔州至东京,和经郴州至东京之距离相差无多,故暂取韶州条所记之"三千七百里"。

⑥①《长编》卷一七五,皇祐五年十一月丁卯、戊辰、己巳、丁丑诸条,第4238—4239页。

⑥②《长编》卷一六九,皇祐二年九月辛亥条,第4060页。

⑥③《武溪集》卷一四《谢转卫尉卿表》。

⑥④《长编》卷一七二,皇祐四年六月乙亥条,第4147页。

⑥⑤《武溪集》卷一四《桂州谢上表》、《乞解职行服状》,第443、445页。

⑥⑥关于进奏院收发文书之制度,如《宋会要》职官二之四四载:雍熙元年十二月,张文粲等言:"准中书发敕院、枢密承旨院告报,进奏官日赴院承受宣敕,(宪)[虑]多妨滞,许送至臣处给付。"句首疑脱"乞"字。"诏本院专遣进奏官入内承受文字。"又载:端拱元年二月,诏:"进奏院自今每承受宣敕、省牒,画时递发,不得稽滞。"《宋会要》职官二之四六载:"天圣六年十月,诏都进奏院自今承受宣敕、中书密院札子、省牒并内外诸般文字,并须画时勾唤进奏官,于当面与保头等同共点检封角并开(折)[拆],分明上历印题,关防发遣。"只是关于北宋中期进奏院文书发出之时间限制,未见记载。但据《长编》卷四九六元符元年三月丙寅条载,尚书省言:"进奏院承受尚书省、枢密院实封及应入急脚递文字,并实时发。又承受捕盗、赈济、灾伤、河防紧急及制书并朝廷文字应入马递者,并当日

发。又承受制书及朝廷文字入步递者,限一日。"从之。此条规定虽是哲宗时所定,但亦可作参照。

⑥⑦《长编》卷一七二,皇祐四年六月乙亥条,第4147页;《武溪集》卷一四《桂州谢上表》。

⑥⑧《长编》卷一七四,皇祐五年二月乙酉条,第4199页。

⑥⑨《元丰九域志》卷九《广南路·邕州》,第422页。

⑦⑩《武溪集》卷一五《免转给事中状》:"臣今月二十日,进奏院递到敕诰各一道,授臣给事中者。"(第449页)同书卷一五《免转工部侍郎第二状》则云:"臣某言:昨于五月内,进奏院递到敕诰,蒙恩授臣给事中,依前知桂州、充广南西路都钤辖、经略安抚使。寻具状辞让。"(第451页)由此知余靖收到升给事中敕诰是在五月二十日。

⑦①《长编》卷一七四,皇祐五年五月丁未条,第4209页。

⑦②《武溪集》卷一五,第453页。

⑦③《元丰九域志》卷九《广南路·桂州》,第419页。

⑦④《长编》卷一七一,皇祐三年八月丙戌条,第4105页;《武溪集》卷一四《虔州谢上表》。

⑦⑤《长编》卷一七六,至和元年三月庚午条注文云:"[余靖]加集贤乃二月辛酉",第4255页;《武溪集》卷一五《谢充集贤学士表》。

⑦⑥参见孔凡礼:《苏轼年谱》,中华书局1998年版,第1261页。

⑦⑦详见拙文《南宋对邮传之整饬与更张述论——兼谈朝廷与岳飞军前诏奏往来问题》,《中山大学学报》2003年第6期,第37—44页。

⑦⑧《宋会要》方域一〇之四二,第7494页。

⑦⑨《历代名臣奏议》,卷一〇〇《经国》,上海古籍出版社1989年版,第1365页。

⑧⑩此据《元丰九域志》所载诸州府间里程推算。

⑧①《可斋杂稿·续稿》后卷六,第1179册,第675页。

⑧②《可斋杂稿·续稿》后卷六《回宣谕奏》第1179册,第691页。

⑧③《可斋杂稿·续稿》后卷九《回宣谕奏》,《回奏庚递宣谕》,《回庚递宣谕奏》,第1179册,第750—771页。

⑧④《可斋杂稿·续稿》后卷九《回庚递宣谕奏》第1179册,第776页。按:以上内容参见前揭拙文《威权、速度与军政绩效——宋代金字牌递新探》;又,其中通过李曾伯奏议考察理宗时中央与广西文书传递状况,受到黄宽重先生《军情搜集与传递——以〈可斋杂稿〉所见宋、蒙广西战役为例》一文启发,谨此声明并致谢。

宋代讲武礼的主要内容及其演变

陈　峰（西北大学）

　　讲武礼又称大阅、校阅、检阅，是中国古代帝王检阅军队的礼仪。宋代的讲武礼，受先秦以来历代军礼之影响，形成内容丰富的礼仪制度。宋代的讲武礼在当时的国家政治与军事活动中占有一定的地位，但其内容前后不尽相同，各时期实际执行的情况更存在较大的差异，呈现出逐渐发展演变的过程。

　　关于宋代讲武礼，《宋史·礼志·军礼》称："阅武，仍前代制。"[①]即宋代讲武礼具有沿袭旧制的特点。就宋代整体而言，讲武礼在保持前代一些基本特点的基础上，呈现出由简化逐渐趋于完备的演变过程，同时也经历了由注重实效到推崇形式，再到废弛的历程。本文将就其主要内容变化加以论述，以深化宋代军礼问题的研究。

一、宋初两朝讲武礼的主要内容及特点

　　北宋建国后，就讲武礼制度规定而言，最早的有宋太祖开宝六年（973）翰林学士卢多逊等编修的《开宝通礼》中的"四时讲武仪"，据记载"并付有司施行"。[②]其后宋仁宗朝曾公亮等编修的《武经总要》，有"讲武"礼的规定。

宋英宗朝欧阳修等编修的《太常因革礼》，其中军礼中规定了"皇帝讲武"礼。由此可见，在北宋大多数时期里，朝廷军礼都保持了大阅的规定。

宋太祖即位后，时常检阅军队，但举行正式"大阅"讲武礼，则始于建隆三年（962）。据文献记载，当年十一月的七日、十一日，宋太祖在开封西郊连续举办两次大阅，受阅的军队包括殿前司、侍卫司诸军的步骑兵和京师地区的其他军队。③可以想见规模之大，"讲武于近郊，六军之容甚盛。"④举行的时间符合西周冬季的古制，《周礼·夏官·大司马》记载："中冬，教大阅。"《礼记》也记述：孟冬之月，"天子乃命将帅讲武，习射御，角力。"⑤不过遗憾的是史书言之不详，具体内容及形式已无从知晓。

北宋历史上第一次关于"讲武礼"的稍细记载，出现于太平兴国二年（977）。当年九月间，宋太宗先下令在开封城西的杨村修筑阅兵的讲武台，随之举行大阅。举行大阅之日，宋太宗率百官亲临杨村，"上与文武大臣从官等登台而观"。总指挥原本应由殿前都指挥使杨信担任，但因杨信患哑疾，而改由禁军天武左厢都指挥使崔翰代替。史称："（崔）翰分布士伍，南北绵亘二十里，建五色旗以号令，将卒望其所举为进退之节，每按旗指踪，则千乘万骑，周旋如一，甲兵之盛，近代无比。"⑥宋太宗检阅后非常满意，对总指挥崔翰赞赏有加，并遣使赐其金带。⑦当时的文臣还用丰富的语言来描述过盛大的讲武礼场面。如田锡的《西郊讲武赋》为我们再现了宋太宗年间阅兵的景象："当北阙之无事，幸西郊而讲兵。万乘天旋按和鸾之节奏，六师鳞萃分部伍以纵横"，"或圆阵以右布，或方阵兮左施。或灵鼍以进矣，或金钲以却之。"⑧

从这次有关大阅的记载来看，其主要内容可以概括如下几点：其一，讲武礼举行的时间从冬季的十月改为秋季的九月；其二，皇帝率文武百官亲临检阅；其三，受阅军队规模庞大，包括步兵和骑兵；最后，在五色旗的统一指挥下，军队按照规定操练各种作战军阵。

总体来说，由于宋初统一战争频繁，讲武礼的特点集中于对士卒武技的考察和对军队训练成果的检阅，与以后追求礼仪形式的内容有所不同。所谓："国朝《开宝通礼》有《四时讲武仪》。祖宗之初，四方未宁，多亲临阅，亦无常所。虽不尽用其仪,但讲修戎事,而军仪精锐,实天下之威观。"⑨"《开宝通礼》,有四时讲武仪。国初疆候未平,祖宗多亲阅试按炮角射。太平兴国后,筑台杨村,以备大阅。"⑩说明宋初两朝已在国家正式礼仪中确定了讲武礼,唯因时势并未制度化执行,特别是无法按照古礼定期举办大型讲武典礼活动。故《宋史·礼志》称:讲武礼,"仍前代制。太祖、太宗征伐四方,亲讲武事,故不尽用定仪,亦不常其处。凿讲武池朱明门外以习水战。复筑讲武台城西杨村,秋九月大阅,与从臣登台观焉。"⑪大致勾勒出宋初两朝讲武礼活动的基本特点,即形式简化,注重实效。

二、北宋中叶讲武礼从制度化到形式化

宋真宗、仁宗两朝,在以往的基础上礼制建设逐渐完备,其中军礼中的讲武礼也渐次制度化。据宋仁宗朝成书的《武经总要》,可以清楚地看到当时"讲武"礼的详细内容:

> 仲冬之月,前期十有一日,所司请讲武。遂申命将帅,选阅军士,所由先于都门外芟莱除地为场,方一千二百步,四出为和门,于其中择地为步骑六军营垒之处。左右厢各为三军,上军在北,中军次之,下军在南;东西相向,中间相去容三百步。五十步立表一行,凡立五行,表间前后各容五十步,为三军进止之节。前一日,将帅及士卒集于壝地,所禁喧哗,依色建旗为和门于都壝之中,四角皆见五彩牙旗。金鼓甲仗,威仪悉备。大将以下,各有统率如常式……是日未明,十刻,士众严备;五刻,将士皆擐甲,各为直阵以俟将军,仪服备物,大将各处于其中,立于旗鼓之下。立定,吹大角三通……三鼓,有司偃旗,步士皆跪,二军诸帅果毅已上,各疾趋集于中军旗鼓之下。左厢中军大将立于旗鼓之东,西面诸军将立于旗鼓之南,北面西上以听誓。大将军曰:"令:讲武以教人战,进退左右一如军法。用命有常赏,不用命有常刑。可不勉之?"誓讫,左右三军别长史二人,振铎分循以警众;请果毅各以词告其所部。

遂击鼓，有司举旗，士众皆起，骑徒皆行及表，击钲，骑征乃上。又三鼓，有司偃旗，士众皆跪。又击鼓，有司举旗，士众皆起，驹骤徒趋及表乃止。

　　整列位定，东军一鼓而举青旗为直阵，西军一鼓而举白旗为方阵以应之，次西军一鼓而举赤旗为锐阵。东军亦鼓而举黑旗为曲阵以应之，次东军鼓而举黄旗为圆阵，西军亦鼓而举青旗为直阵以应之，次西军鼓而举白旗为方阵，东军亦鼓而举赤旗为锐阵以应之，次东军鼓而举黑旗为曲阵，西军亦鼓而举黄旗为圆阵以应之。凡阵递为客主，先举者为主，从五行相胜之法为阵以应之。每变阵，二军各选刀楯五十挑战于两军之前，第一、第二挑战迭勇怯之状，第三为敌均之势，第四、第五为胜败之形。每将变阵，先鼓而为直阵，然后变为余阵之法，五阵毕，两军集，俱为直阵。又击三鼓，有司偃旗，士众皆跪，又击鼓举旗，士众皆起，骑驰徒走，左右军俱至中表，相拟击而选。每退行至一表跪起如前，遂复本列。乃讲骑军二军吹角击鼓誓众俱进及表乃止，皆如步军，惟无跪起。骑军东西迭为客主，为五变之阵，皆如步法，每阵八骑挑战于两阵之间，五阵毕，俱待击鼓而前，盘马相拟而罢，遂振旅徒还。⑫

按照上述记载，可以发现北宋中叶讲武礼作为制度已至为详备、规范，应当是宋初《开宝通礼》以来讲武之礼的总结。依此规定：（1）时间保持冬季的古制；（2）地点选在都城外开阔之处，场地标准为周边1200步的方形，内设标志尺度的标杆；（3）场地四角插五彩牙旗，军队配备金鼓甲仗；（4）检阅前一天，将帅及士卒便集中于检阅场，以熟悉队形；（5）正式检阅时，首先由总指挥宣誓军令，步兵全部跪拜听命，骑兵则不必下马；（6）检阅开始，马步军队分为左右相对的两厢，各厢又分为上、中、下三军，自北向南排列；（7）在青、白、赤、黑和黄五种颜色方旗指挥下，配合鼓声，两厢对阵士兵先后演练直阵、方阵、锐阵、曲阵、圆阵等五种军阵，以相互应对；（8）演练时采用先步兵后骑兵的规则，分别对阵。但这都是规范制度，在北宋的实际施行过程中，往往因实际需要而有所调整。

宋真宗登基后，便面临北方强敌辽朝的不断进攻，因此为了振奋军心，有必要举行大阅，但选定的时间并不完全依照制度规定。据文献记载，咸平二年(999)八月，宋真宗举行了北宋历史上前所未有的一次规模宏大的讲武典礼。之所以提前到八月举行，便是考虑选择在辽军乘"秋高马肥"南进之前的机会，既可为即将面临的战争作动员准备，又可在时间上更为从容安排。与前两朝不同的是，这次活动的场所由原来开封城西的杨村，改为城东北含辉门外二十里的东武村。因为参加人数庞大，为此提前在东武村动工整修讲武"广场"，高筑的讲武台自西面东，"台上设屋"，又在讲武台西北设置行宫。

当月十五日夜，受阅的禁军殿前、侍卫马步军共二十万出开封城诸门，至天明才全部走出城门。十六日晨，宋真宗乘马出东华门，文武百官群臣随行，"宗室、近臣、尚书、侍郎、御史中丞、给谏、上将军、节度、观察、防御、团练、刺史，并赐戎服以从"。宋真宗来到东武村阅武行营，诸军在讲武台前排列成步骑混编、左右相对的两大阵列，而护驾的诸班卫士，则呈半月形环侍于台后。列阵完毕后，宋真宗登台，"召从臣坐而观之"。殿前都指挥使王超为此次活动的总指挥，龙神卫四厢都指挥使张进为副。

大阅开始，王超执五色方旗指挥行动，而两阵之中的"候台"(应为木架高台)上则有军官也执旗呼应王超，以配合指挥。"初举黄旗则诸军旅拜，举赤旗则骑进，举青旗则步进，每旗动则鼓作，鼓作而士噪，皆三挑而后退。次举白旗，则诸军复再拜，呼万岁。有司奏阵坚而整，士勇而厉，欲再举，上曰：'可止矣。'遂举黑旗以振旅，军于左者略右阵以还，由台前出西北隅；军于右者略左阵以还，由台前出西南隅以归"。宋真宗率随从登东华门，最后检阅诸军归营。

根据此次大阅的过程来看，基本上与《武经总要》的记载内容相符，但参加的军队人数达到二十万之众，却是超乎寻常。同时，也可获知陪同皇帝检阅军队的人员情况，即包括宗室成员和朝廷中高级文武官员的详细范围。

在澶渊之盟订立后，随着长期和平局面的出现与崇文抑武政治格局的形成，讲武礼渐成朝廷的一般礼仪活动，而不再受到真正推崇。如宋仁宗天圣三年(1025)，一位下级文臣上疏论国事，其中就有"复阅武之法"的建议。⑬不过却未引起重视。

景祐元年（1034），知制诰李淑向皇帝论时政十事，其中就指出："方今继承平之治，兵革不用，三十年矣，遂使连营之士，不闻钲鼓之声。孔子有言，不教民战，是谓弃之。愿陛下案《通礼》，厉兵讲武而躬习阅之。"⑭但终宋仁宗朝，纵然多年与西夏交战，边防形势异常紧张，也从未举行过正式的讲武大礼仪式。宋仁宗皇帝偶尔在皇宫内或京城里的校场观看军士操练，虽可称阅武，但无论就内容还是规模而言已与正式的讲武礼大相径庭。要说有发展的话，仅仅在编纂的《武经总要》中，将制度和内容规定得更为完备而已。宋人便指出："自真宗皇帝澶渊之幸，朝廷不复讲武。"⑮

到宋英宗朝，欧阳修等奉命编修的《太常因革礼》，其中军礼有"皇帝讲武"的内容规定，遗憾的是因该书这部分内容已残佚，不得其详。⑯不过从宋英宗朝从未举行过大阅活动的情况来看，说明讲武礼确已很少收到朝廷关注，而趋向程文和形式化了。

三、北宋后期讲武礼的变化及废弛

宋神宗在位期间，有意变法图强，故于武备颇为关注。于是，沉寂已久的讲武活动又再度出现。不过，相比以往曾经出现的浩大讲武礼，宋神宗朝虽多次举行有关活动，但更多是在宫廷内检阅小型队列演练，稍大规模的活动并未留下详细的记载。

宋神宗在位期间，较大的一次阅武活动应当在熙宁八年（1075），所谓"大阅八军阵于荆家陂，讫事大赏"。⑰由于缺乏具体记载，无法推测是否按照规定行使大阅之礼。不过，文献中还是保留了一些宋人的评述。如：苏轼追忆宋神宗功业时，有言"厉兵讲武，敢忘经国之谋"。⑱北宋末，宰相蔡京在上表中也承认："惟昔神考于时元丰，分将隶方，联民讲武，阅九军之师阵。"⑲南宋有大臣劝诫孝宗皇帝时，则认为宋神宗过度重视阅武，"盖神武之略，志图恢复，故俯而从事于此，以阅武备以激士气耳。然诚如此，臣亦窃以为过矣"，云云。^⑳由此，或可认为宋神宗时代的阅武活动，不再遵照制度规范，而趋于简化。

宋哲宗朝至北宋覆亡期间，有关文献中很少提及讲武或大阅的记载。与以往诸朝相比，无论是《宋史》诸志、《文献通考》、《宋会要》，还是其他各类史料都少有这方面的记录，说明讲武活动不再受到当政者的关注。

特别值得关注的是，宋徽宗下令编订的《政和五礼新仪》一书，"军礼"中竟剔除了传统的"大阅讲武"之礼，^㉑这不仅不合古制，而且也将本朝祖宗以来的《开宝通礼》、《武经总要》及《太常因革礼》加以篡改。推究其因，在于此时宋朝君臣统治日趋腐朽、混乱，又一味贪图享乐，追求歌舞升平，无暇顾及许多制度、法规的存废，政策朝令夕改的现象也屡见不鲜。

四、南宋孝宗朝讲武礼的恢复和兴盛

南宋初年，在金军的猛烈进攻下，宋高宗虽也曾想借讲武礼重振士气，一定程度上恢复了阅武活动，但总的来说仍未予以重视。

建炎三年（1129），宋高宗表示了进行"讲武"的意愿，史称："建炎三年六月，高宗谕辅臣曰：'朕欲亲阅武。'宰臣吕颐浩曰：'方右武之时，理当如此。祖宗时不忘武备，如凿金明池，益欲习水战。'张浚曰：'祖宗每上巳游幸，必命卫士驰射，因而激赏，亦所以讲武也。'帝曰：'朕非久命诸将各阅所部人马，当召卿等共观，足以知诸将能否。'"后因躲避金军而出逃，未能举行。^㉒

以后，宋廷虽然举行了几次阅武活动，但宋高宗并未亲临，而是由将帅或宰执大臣主持。这便不符合天子亲临的讲武礼的基本宗旨。

南宋讲武礼的真正复兴并繁盛，始于宋孝宗时代。宋孝宗在位期间，锐意恢复失地，故高度关注武备建设。因此，讲武礼便受到前所未有的重视，"寿皇锐意亲征，大阅禁旅，军容肃甚"，^㉓大阅活动频繁举行，从而在当时国家政治生活中占有重要的位置。

据记载，宋孝宗朝共有四次大规模的阅武活动，即：乾道二年（1166）十一月，宋孝宗亲临白石教场大阅三军；乾道四年（1168）十月，再大阅于茅滩；淳熙四年（1177）十二月、淳熙十年（1183）十一月，宋孝宗又先后大阅于茅滩、龙山。㉔与北宋相比，宋孝宗时期"讲武礼"制度进一步发展，其规定更加详细，礼仪内容也更为丰富。

根据文献记载，可以详细地了解宋孝宗朝的几次大阅情况。如乾道二年的大阅，宋孝宗服戎装亲临检阅，陪同人员有"管军、御带、环卫官"，即三衙将帅和有关武官随驾，而"宰执以下免从"，这的确与以往文武百官陪同皇帝检阅的情况不同。具体过程如下：

乾道二年十一月二十四日，"（宋孝宗）幸候潮门外大教场，进早膳，次幸白石教场阅兵。三衙率将佐等导驾诣白石，皇帝登台，三衙统制、统领官等起居毕，举黄旗，诸军皆三呼万岁拜讫，三衙管军奏报取旨，马军上马打围教场。举白旗，三司马军首尾相接；举红旗，向台合围，听一金止。军马各就围地，作圆形排立。射生官兵随鼓声出马射獐兔，一金止。迭金，射生官兵各归阵队。举黄旗，射生官兵就御台下献所获。帝遂慰劳，赐赉诸将鞍马金带，以及士卒。诸军欢腾，鼓舞就列。百姓观者如山。时久阴曀，暨帝出郊，云雾解驳，风日开霁"。㉕

乾道四年十月在茅滩的大阅活动，其军队的演练过程是："车驾至滩上。诸军人马，前一日于教场东列幕宿营。是日，三衙管军与各军统领将佐导驾乘马至护圣步军大教场亭，更御甲胄至滩上。皇帝登台，三衙起居毕，权主管殿前司王逵奏三司人马齐，举黄旗，诸军呼拜者三。逵奏请从头教。中军鸣角，倒门角旗出营，马步军簇队成，收鼓讫。连三鼓，马军上马，步人撮起旗枪。四鼓举白旗，中军鼓声旗应，变方阵为备敌之形。别高一鼓，步军四向作御敌之势，且战且前，马军出阵作战斗之势。别高一鼓，各分归地分。五鼓举黄旗，变圆阵为自环内固之形。如前节次讫。三鼓举赤旗，变锐阵，诸军相属，鱼贯斜列，前利后张，为冲敌之形。亦依前节次讫。王逵奏人马教绝，取旨。举青旗，变放教直阵，收鼓讫，一金止。重鼓三，马军下马，步人黻落旗枪，皆应规矩。帝大悦，犒赏倍之。士卒欢呼谢恩如仪。鸣角声簇队讫，放教拽队。步人分东西引拽，马军交头于御台下，随队呈试骁锐大刀武艺,继而进呈车炮、火炮、烟枪。及赭山打围射生,马步军统制官萧鹧巴以所获獐鹿等就御台下进献,人马拽绝"。㉟值得注意的是,在这次大阅活动中,地点选在临安城西开阔的茅滩,并首次展示了车炮、火炮、烟枪等火药武器。

《宋史》对这次大阅的仪式程序,也有详细记录:

> 皇帝至祥曦殿,行门、禁卫等并戎服迎驾常起居。皇帝至,知阁门官以下并戎服常起居,讫。皇帝乘马出,从驾官从驾至候潮门外大教场御幄殿下马,入幄更衣讫,皇帝被金甲出幄,行门、禁卫等迎驾,奏万福。皇帝乘马至教场台下马,升台入幄。从驾官宰执、亲王、使相、正任、知阁、御带、环卫官升台,于幄殿分东西相向立。管军并令全装衣甲,带御器械执骨朵升台,于幄殿指南面西立,俟入内官喝排立。皇帝出幄,行门、禁卫等迎驾奏万福。皇帝出,阁门分引殿前马步三司统制、统领官常起居讫。次三司将佐以下,听鼓声常起居。次殿帅执骨朵赴御坐前,奏教直阵。俟教阅毕,再赴御坐前奏教圆阵。俟教阅毕,再赴御坐前奏教锐阵。俟教阅毕,再赴御坐前奏教阅毕,归侍立。内侍传旨与殿前太尉某,诸军谢恩承旨讫,转与拨发官引三司统制、统领、将佐再拜谢恩讫,各归本军。皇帝起,入幄更衣讫,皇帝出幄。皇帝坐,舍人引宰执整后立,俟进御茶床。舍人赞就坐,宰执躬身应诺讫,直身立,就坐。进第一盏酒,起立整后,俟皇帝饮酒讫,舍人赞就坐,躬身应诺讫,直身立。俟宰执酒至,接盏饮酒讫,盏付殿侍。次舍人赞食,并如仪。至第四盏,传旨宣劝讫,御药传旨不拜,舍人承旨赞不拜,赞就坐。第五盏宣劝如第四盏仪。酒食毕,举御茶床。舍人分引宰执于幄殿重行立,御药传旨不拜,舍人承旨讫,揖宰执躬身赞不拜,各只候直身立,降踏道归幕次。皇帝起,乘马至车子院下马。皇帝出幄,至车子院门楼上,出赐亲王酒,再拜谢讫;次赐使相、正任并管军,知阁、御带、环卫官酒讫;逐班再拜谢,讫,依旧相向立。次亲王执盏进皇帝酒,皇帝饮酒讫,一班再拜谢,讫;俟皇帝观毕,起,降车子院门楼归幄。亲王以下退,皇帝乘马出车子院门,行门、禁卫等迎驾奏万福。皇帝乘马至候潮门外大教场,应从驾官并戎服乘马从驾回。皇帝乘马入和宁门,至祥曦殿上下马还宫。㉖

因有关本次讲武礼仪的记载极为翔实,故可以看出其礼仪仪式的所有
环节与过程。由此也可发现其规定极为周详的特点,同时除了三衙将帅和
有关武官外,只有亲王、宰执大臣及使相参与检阅,而无其他文臣出席。

宋孝宗朝另外的两次大阅,一次仍在茅滩,另一次则改在临安城南十里
的龙山。至于其仪式,沿袭了前两次的规定,所谓"并如上仪"。[28]南宋史家李
心传对宋孝宗历次大阅都有细致的描述,[29]甚至南宋亡后,许多遗老也予以
追述。如周密便详细追忆了当年阅武的过程,并指出:"寿皇留意武事,在位
凡五大阅,或幸白石,或幸茅滩,或幸龙山,一时仪文士马戈甲旌旗之盛……
时殿司旗帜以黄,马司以绯,步司以白,以道路隘促,止用从驾军一万二千四
百人分为二百四十八小队,戈甲耀日,旌旗蔽天连亘二十余里,粲如锦绣。
都人纵观,以为前所未有。凡支犒金银钱帛,以巨万计,悉出内库,户部不与
焉。"[30]可以想见规模庞大,耗费资财不菲。

五、南宋后期"讲武礼"的延续与消亡

宋孝宗于淳熙十六年(1189)二月退为太上皇,宋光宗登基。宋光宗即
位后,为了树立自己的皇帝权威,于当年十月二十八日亲自在临安城南大教
场举行了大阅。

有关这次大阅的情况,据文献记载称:"皇帝登亭,宣宰执、侍从、知阁、
正任侍立。管军奏人马成列,诸军统制、统领、将佐等各就队伍,拜呼万岁者
三。乃奏马军分合,取旨发严。举白旗,声四鼓,变作九军方阵。次举黄旗,
声五鼓,变作圆阵。次举青旗,声三鼓,变作四顾直阵。次弩手射,射人马分
东西两厢。次奏阵队教绝,人马摆当头。次谢恩,从驾还内。先拽诸处摆到
军马,次教场内军马拽队。连三鼓,马军上马,步人撮起枪旗,一鼓一金拽
行。"[31]由此可见,其活动仪式基本上沿用了宋孝宗朝旧制,不过属于皇帝身
边侍从的文臣也参与了检阅活动。

宋宁宗即位后,为了振奋军心,延续了"大阅"活动。庆元元年(1195)十

一月,因正处于为宋孝宗守丧期间,宋宁宗遂"命宰执大阅"。㉜据记载,当年十月四日,宋宁宗下令:"朕为在孝宗皇帝制内,不欲亲幸按阅,可择日宰执前去大教场内按视,合行事件令郭杲、刘超条具以闻,犒设依淳熙十六年例支给。"于是,殿前都指挥郭杲、主管侍卫步军司刘超遵旨,按照淳熙十六年大阅的规矩,组织军队接受了宰执代天子进行的大阅活动。㉝

庆元二年七月,宋宁宗准备在冬季亲幸茅滩大阅,并要求军队就有关事宜预先提出方案。殿前司主帅郭杲、侍卫步军司主帅刘超遂向皇帝汇报道:

> 今冬亲幸茅滩大阅,深虑湖水不时淹侵地面,若行修治,徒费工力,令别行踏逐稳当去处。臣等检照淳熙十年内亲幸龙山马院教场,东西长二百二十三步,南北阔一百九十二步。教阅日,止用殿前司马军二千四百人骑,教阵六百人骑,驻队步军五千人,御营周围排立九百人,金鼓角匠,执打门角旗等。其余殿前步司马步军四万五千五百三十六人,前引后从,及自嘉会门外接续摆列,其余人兵觑巷并存留照顾营寨。臣等照得龙山马院先来按阅日,教得马军二千四百人骑。今若教马步军,约教得马步军八百人骑,步军五千余人。淳熙十六年幸候潮门外大教场,东西长三百五步,南北阔二百九十五步,教阅日用殿步司马步军一万二千四百人,教阵一万六百人,驻队四千四百余人,御亭周围排立及前引后从,金鼓角匠,白旗子等其余二万二十六百余人,自丽正门及沿江一带驻立。臣等照得大教场先按阅日,教得马军一千六百人骑,步军一万八百人,于是改命幸候潮门大教场。

于是,当年十月二十九日,宋宁宗亲临候潮门外大教场举行大阅,臣僚及仪卫等并戎服扈从至教场,"皇帝登亭,宰执、侍从、知阁、正任侍立,管军奏人马成列,诸军统制、统领、将佐等各就队伍,拜呼万岁者三,乃奏马军分合,取旨发严。举白旗声四鼓,变作方阵;次举皂旗声一鼓,变作圆阵;次举青旗声三鼓,变作曲阵;次举绯旗声二鼓,变作直阵;次举黄旗声五鼓,变作锐阵;次弩手射,射人马分东西两厢;次奏教绝人马摆当头;次谢恩,从驾还内,先拽诸处摆列人马;次教场军马拽队连三鼓,马军上马,步人摆起枪旗,一鼓一金拽行"。㉞

嘉泰二年(1202)十二月,在候潮门外大教场,宋宁宗还进行了一次大阅活动。㉟

宋理宗亲政后,一度颇想有所作为。正因为如此,重振武备就得到朝野的重视。端平二年(1235)四月,宋理宗下令举行大阅,后因天气炎热而终止,所谓"以时暑不及行"。㊱此后,虽然在宝祐元年(1253)又举行了一次大阅,但是史言不详,已无从获悉具体内容。㊲

南宋末年,内外矛盾激化,国势已不可挽回,讲武、大阅之礼便无人过问,遂从史籍中消失。

六、结语

讲武礼作为中国古代传统军礼中的重要内容之一,蕴含了浓厚的政治意义,举办大规模"讲武"不但能显示朝廷的威严,宣示皇帝对国家军队的最高控制权,而且也是表达国家重视武备和捍卫国防决心,以及向周边势力展示军事实力的重要方式。

宋代讲武礼的发展、演变及荒废,是与治国方略和军事政策、国防战略密切关联。宋初面临统一天下的形势,故保持了重视讲武礼的传统,并注重实效,不拘泥形式。自宋太宗朝第二次北伐失败后,宋廷逐渐实行了"重内轻外"的被动防御的国防战略,在治国上推行"崇文抑武"的方略,讲武活动遂有所淡化。宋真宗即位伊始,面对巨大的边防压力,再度举行宋朝历史上少见的大型讲武典礼。但澶渊之盟后,统治集团长期依赖议和缓解边患,进一步推崇文儒气象,排斥用武动兵,因此讲武礼从制度和形式上趋于完备,在现实中却逐渐受到冷遇。宋神宗时代一度提倡变法强兵,讲武礼又得到一定的重视。此后,随着统治日渐衰乱,讲武不仅在现实中被遗忘,并且在制度和形式上也遭到抛弃。

南宋初,讲武礼虽得到恢复,但由于宋高宗君臣倾向求和,故并未受到重视。宋孝宗即位后,报有恢复夙愿,力图扭转屈辱求和的局面,因此遂出现了频繁、大规模的阅武活动。宋宁宗朝前期,当政者仍有北伐意愿,故依旧举行讲武礼。但总的说来,南宋讲武活动具有更注重礼仪形式的特点。到南宋晚期,阅武活动虽曾昙花一现,却终因朝廷无力振兴军事力量,举国衰落,讲武礼也销声匿迹。

注释:

①(元)脱脱:《宋史》卷一二一《礼志·军礼》,中华书局 1977 年版,第 2830 页。

②《长编》卷一四,开宝六年夏四月辛丑,第 299 页。另见《宋史》卷二〇四《艺文三》,第 5132 页。

③(宋)李焘:《续资治通鉴长编》(以下简称《长编》)卷三,建隆三年十一月辛酉、甲子,中华书局 2004 年版,第 74 页。(清)徐松辑:《宋会要辑稿》礼九之五《大阅讲武》,中华书局 1957 年版,第 531 页。

④(元)马端临:《文献通考》卷一五七《兵考九·教阅》,中华书局 1986 年版,第 1370 页。

⑤《礼记·月令第六》,影印文渊阁《四库全书》本。

⑥《长编》卷一八,太平兴国二年九月丁未,第 413 页。

⑦《宋史》卷二六〇《崔翰传》,第 9026 页。

⑧(宋)田锡:《咸平集》卷八,明代淡生堂抄本,《宋集珍本丛刊》第一册,第 301 页。

⑨《宋会要辑稿》礼九之五《大阅讲武》,第 531 页。

⑩《长编》卷一一四,景祐元年二月乙未,第 2666 页。

⑪《宋史》卷一二一《礼二十四·军礼》,第 2829 页;《宋会要辑稿》礼九之五《大阅讲武》,第 531 页。

⑫(宋)曾公亮等:《武经总要》前集卷二"讲武",影印文渊阁《四库全书》本。

⑬《长编》卷一〇三,天圣三年十一月辛巳,第 2392 页。

⑭《长编》卷一一四,景祐元年二月乙未,第 2666—2667 页。

⑮(宋)王巩:《闻见近录》,《全宋笔记》第二编,第六册,戴建国整理,大象出版社 2006 年版,第 13 页。

⑯《太常因革礼》现存 83 卷,收于丛书《续修四库全书》。其卷六一至六三的内容是"军礼",而"军礼"的第 4 项则为"皇帝讲武",可惜这几卷已经佚失。

⑰《宋史》卷一九五《兵九》,第 4856—4857 页。

⑱（宋）苏轼：《苏轼文集》卷四三《永裕陵十月旦表本》，中华书局 1996 年版，第 1264 页。

⑲（宋）徐梦莘：《三朝北盟会编》卷一七，宣和五年六月一日壬午，上海古籍出版社 2008 年版，第 120 页。

⑳（宋）朱熹：《晦庵集》卷九六《少师观文殿大学士致仕魏国公赠太师谥正献陈公行状》，影印文渊阁《四库全书》本。

㉑详见《政和五礼新仪》卷一五七至卷一六四《军礼》，影印文渊阁《四库全书》本。

㉒《宋史》卷一二一《礼二十四》，第 2381 页；《建炎以来朝野杂记》甲集卷三记载："高宗建炎中，常谕吕忠穆、张忠献二公，欲讲其礼。后以避敌，不果行。"第 95 页。

㉓（宋）张世南：《游宦记闻》卷一，中华书局 1981 年版，第 4 页。

㉔《建炎以来朝野杂记》甲集卷三"大阅"条，第 95 页。

㉕《宋史》卷一二一《礼二十四》，第 2832—2833 页；《宋会要辑稿》礼九之一一至一三《大阅讲武》，第 534—535 页。

㉖《宋史》卷一二一《礼二十四》，第 2833—2834 页。

㉗《宋史》卷一二一《礼二十四》，第 2833—2835 页。

㉘《宋史》卷一二一《礼二十四》，第 2835—2836 页。

㉙《建炎以来朝野杂记》乙集卷四"乾道淳熙五大阅"条，第 574—576 页。

㉚（宋）周密：《武林旧事》卷二"御教"条，《中国古典名著民俗集粹（一）》，黑龙江人民出版社 2003 年版，第 275—276 页。

㉛《宋会要辑稿》礼九之二三至二四《大阅讲武》，第 540 页。

㉜（宋）佚名：《续编两朝纲目备要》卷四"宁宗皇帝"庆元元年十一月，中华书局 1995 年版，第 65 页。

㉝《宋会要辑稿》礼九之二六至二八"大阅"，第 541—542 页。

㉞《宋会要辑稿》礼九之二八至三一"大阅"，第 542—544 页。

㉟《宋会要辑稿》礼九之三二"大阅"，第 544 页；《宋史》卷一二一《礼二十四》，第 2836 页。

㊱《宋史》卷一二一《礼二十四》，第 2836 页。

㊲（宋）佚名：《宋季三朝政要》卷二，宝祐元年"十一月大阅"，粤雅堂丛书二编第十三集，《中国野史集成》第六册，巴蜀书社 1993 年版，第 528 页。

宋代军政腐败的缩影:将帅"贪而猎士卒"

王云裳(海军大连舰艇学院)

宋代军政腐败,将帅素质低劣,是众所周知的事实,即使在宋时,这也是士大夫们经常抨击的军中弊政。宋代将帅素质低劣,不仅表现在与军事活动相关的各方面,在其他各领域也都有反映,其中,将帅"贪而猎士卒"[①]就是一大顽疾。

士兵成为将帅猎取的第一个猎物,除军粮被克剥外,将帅们还会花样翻新地以各种方式对兵卒进行盘剥,必欲置其穷困潦倒而罢休。太祖朝大将王全斌率军远征后蜀,身为前线总指挥,王全斌仅在攻蜀行动中就贪污共计价值达五十三万余贯[②]。太宗时,侍卫步军都虞候王荣也是一个贪污军品的敛财狂,朝廷在贬责他的诏令中,除了历数其治军无方、将略无闻外,关于他的贪敛,也有专辞:"专殖货财,规求盈羡。侵夺官地,蒔为疏[蔬]圃。单醪之惠,不及于军中;三牲之养,颇亏于膝下"[③],等等,不一而足。诸大将随意支使士卒出军营,长期占有,为其个人及亲属无偿做各种回易,从事各种买卖,经营营运,或为其耕田放牧,等等。并定出赢利指标,经商类不管赢利与否,也"不问其得利之多寡"。"或使耕私田,不问其逢年之丰凶"。士卒被迫成为将校上司的发财工具不算，甚至还要搭上自己的军饷，再不足，还要为此承担更大风险："不一［即"一不"］如约，则逐月克钱粮，春秋拘衣赐，遇有教射或调发，则尽没其犒赏；不足，则监系囚禁，籍其家"。④

高宗、孝宗之际，军官对士卒"仍前勒令回易及俵散布帛、柴炭之类，并开坊造酒分俵，量其请给，每月克除"⑤。对军饷相对高的兵员，兵官一定通过打发他供役使等手段，克扣他的俸禄。要想不被派去做杂役，搞经营，只有"捐金而求免"，这样反而降低了士卒的个人实际收入。封建国家没少出一分钱，却到不了兵卒的名下，俸禄高者反而成为各级兵官设法盘剥的主要对象，所以宋代士兵贫困成为普遍问题。有时是赢利越多士卒越贫，而军中各级将帅腰包越鼓，即各军营运常常背离朝廷"赡军"的初衷，成为军队腐败的温床。军中贪将比比皆是，如宁宗庆元时，后军统制成彦节"掊克军士，盗用官钱，有坏军政"。右军统制雷雾"贪婪不法，凌辱士卒"。⑥虞允文曾总结说，失军心在于诸大将的"私与贪也"⑦，这话说得很深刻。宋人对大将的"私"、"贪"多有评论。

朱熹对将帅的评价是：

> 其志不过聚敛以肥家，其术不过交结以固宠。军士疲于私使，困于回易，大率以奉主将之私，而所得衣粮，随手克尽。赢瘦单薄，有可怜之色，而主将不知恤。⑧

南宋宁宗时葛洪说：

> 拊循士卒，帅之职也，朝廷每严掊刻之禁。［而贪将帅们对士卒］视生理之稍丰者而诬以非辜，动辄估籍；择廪给之稍优者而强以库务，取办刍粟，抑配军需……⑨

宁宗朝太学博士真德秀尖锐地揭露了将帅贪敛军中经营利润、百般刻剥兵卒的丑恶行径，他说：

> 诸道总戎之帅训肆不勤，而掊克是务。自偏裨以至士卒，其家资稍厚者，必使之治货财，非优之也，盖幸其负课而掩有也；其廪给稍丰者，必以之供役使，非亲之也，盖利其捐金而求免也。军中相语，以酒垆、药

局为籍资产之娣媒,谓当其事者必不能自免也。回易、房廊为陷子孙之坑窖,谓其身虽死,而监督至于无穷也。主帅剥偏裨,偏裨剥队伍,有日给千钱而不足衾絮者,有月廪数斛而不饱糟糠者。以此饰苞苴,以此买歌舞,于是乎兵贫至骨矣。⑩

理宗宝庆二年(1226),莫泽说到州郡禁军的情形:

比年州郡军政隳废,吝于廪给,[郡官、主兵官]私役禁军,素有常宪。[军兵替]
守帅辟园池、建第宅,不给餐钱。⑪

统兵官"私与贪"所采取的主要手段,宁宗开禧年间淮东提举常平陈绩总结道:

主将克剥至重莫甚于今日,私役之弊、买工之弊、差使营运之弊未曾少革,是犹曰公家之事然也。至于屯驻之所私买田宅,役官兵以为之管干,役军将以为之营造,竹木砖瓦属悉取之官。国家竭民力以养兵,而主将更竭兵力以奉己。⑫

他概括的"私役之弊、买工之弊、差使营运之弊",基本上囊括了将帅贪敛的伎俩。

二

私役军士、假公济私是宋朝长期普遍存在的问题。宋法规规定,文臣武将可占有一定数量的军士以供役使,如白直即是从事此类事物的兵员,但禁止超范围、超数量滥加私役差使,特别是不允许兵官将校以及地方长吏冗占教阅兵、战卒。早在宋太祖时,即"禁约私役,至为严切"⑬,如建隆年间,宋太祖"诏殿前、侍卫两司将校:无得冗占直兵,限其数,著于令"⑭乾德年间又作补充,对充任州县长吏的文武官员下禁令:"诸道骑兵颇为长吏役使,失于教习,自今禁止之。"⑮遗憾的是,宋朝这样的禁令往往都是一纸空文,而事实是军士被将帅冗占从事营运贸易、修造房屋、农耕手工等无偿劳役,"主兵之官率多冗占杂使"[16],是宋朝长期普遍存在的问题,原因是"法制不严,不足以惩艾"[17]。朝廷对役使军士、假公济私的违法兵官常常不按法规处置,而宽宥纵容又助长了军中私使军士、超额冗占、假公济私不正之风的盛行,如此恶性循环,将帅们违法役使军士的事情已习以为常。"军士疲于私使,困于回易,大率以奉主将之私"[18]。一个突出的现象是军兵在某处投充后并不在本营接受训练,而在当州领取请给却于别地居住,这都是被占破、私役、差借的明证,其中绝大部分人都是被将帅、长吏用于进行经营活动。占破、私役军士的明显恶果,一是造成兵士的贫困,二是严重影响军心士气,造成军营管理的混乱,使正常的军事训练无法进行。主兵官、边地帅守不但自己带头违禁役使兵士,还把士兵拱手送与权要、亲朋使唤,作为拉关系、巴结权贵的工具。这样的事例很多,仅举两例:如北宋真宗时,主兵官李溥派兵卒为他的亲家造房子[19]。再如南宋宁宗嘉定时,主管殿前司公事郭杲,"纵吏用兵,缔交权门"[20]。

私役手段概括起来,主要有如下几种:

1. 花样百端

将领们视兵士如奴仆,驱使其从事各种杂役,如伐薪烧炭,修建第宅,种植蔬菜,修筑园圃,制造坐褥、段子,刺绣,奏乐,做木偶戏人,书画;又巧设名目,如"或以巡守,或以备火,或以收买军器、捕捉逃亡为名,遣出差役,使之荷担肩舆,市买工作",[21]四方奔走,于各地贩运货物;"以至采柴、烧炭、割漆、伐木、博坊、磨坊,尽役诸军之力"[22],不一而足。从行业看,纺织业、制造业尤为多见。从地域看,北方军队最为普遍。从时间看,北宋中期以后,将帅私役军士之风特别严重。试举几例:

真宗时,奖州团练使李溥"私役兵健为姻家、吏部侍郎林特起宅"[23]。仁宗时,武将杨崇勋除其他罪责外,"性贪鄙,任藩镇日,曾役兵工作木偶戏人,涂以丹白,舟载鬻于京师"[24]。顺带要说明的是,朝廷对杨处分甚轻,庆历四年,杨崇勋以左卫上将军致仕时,又给予恩典,"为太子太保致仕"。时知制诰张方平封还词头,他说:"崇勋罪大责轻,以上将军就第,物议无不愤疾,虽经沛宥,而致仕非赦文所该,东宫一品非崇勋所宜处。"㉕第二年,杨崇勋卒,又赠太尉㉖。再如汾州知州任弁,"额外占使士兵一百一十六人,令织造驼毛段子,及打三黄鑢,诸般私下杂作","计二万三千六百余工,计庸纽赃绢一千六百余匹有零"㉗。一些有手艺或一技之长的军士,大多脱离军事活动而成为将官们的家奴,庆历年间,拜宰相兼枢密使的晏殊也因"役官兵治僦舍以规利",被弹劾论罢㉘。

北宋中期,在河北沿边州军,还花样翻新,差军士采集崔蒲,"令日纳钱,名为'地力钱'"㉙。神宗时,陕西禁军"至有匠氏、乐工、组绣、书画、机巧、百端名目"㉚。在广南西路,萧注"治邕[州]八年,有峒兵十余万,不能抚而用之",役峒兵采黄金,"无簿籍可钩考";又令峒兵"入溪峒贸易","掊敛以失众心,卒致将卒覆败"㉛。广州知州陈绎纵容其子"役将下禁军织造坐褥,不令赴教"㉜。

北宋后期,士卒被占用侍弄蔬圃、奔走货卖等等,不一而足㉝。当北宋亡国之时,又有臣僚怀念起宋初军队的战斗气概,对兵官将校私役军士、军队热衷于经商营运而军事训练荒废等诸种腐败现象,作了总结性概括,大概也是对北宋军威不振,以致亡国悲剧的反思:

> 祖宗以来,天下禁兵皆使之习攻守战阵之法、挽强弩擎刺之利,至于他技未尝学也,故用心专而艺能精。近年以来,帅臣、监司与夫守、倅、将、副多违法徇私,使禁卒习奇巧艺能之事,或以组绣而执役,或以机织而致工,或为首饰玩好,或为涂绘文缕,公然占破,坐免教习,名编卒伍而行列不知,身为战士而攻守不预。至于因缘请托、升迁阶级,或在众人之上。遂使辕门武功之士困于差役之劳,末作庇身之人复享安闲之利。所以兵阵教习之法日废,工匠技巧之事日多。兵政之弊一至于此。㉞

"主兵官例多私役"的病根,连宋人也意识到是"法制不严"㉟所致。可惜此时兵政之弊由来已久,军队肌体已是病入膏肓,(所谓"近年以来"并不准确),这种切肤之痛已无法挽北宋王朝的大厦于既倒。

南宋将校役使军士之风愈演愈烈,著名史家李心传说:"关外诸军多为诸将私役者,其间军士有因食贫而为手技者,则又拘而使之。"㊳如在金州,将帅役使部曲"修盖廊房,营建第宅,以至采柴、烧炭、割漆、伐木、博坊、磨坊,尽役诸军之力"㊲。"内外将佐营造、回易,掊敛军士"屡见不鲜㊳,引起了朝野上下的极大关注。宋高宗曾专门下诏"严戒御前诸军:不得私役军士"㊴。宁宗嘉泰二年,左军统制玉宁遭到弹劾,被罢黜的诸多不法行为中,"冗占白直"是重要一项㊵。

2. 人数庞大

关于宋代法定役使士兵人数,北宋仁宗朝官员宋庠说,外任自知州以下簿、尉,每人可合法拥有包括兵士在内的"供身指使"者七人㊶,这是地方官员差占的最低规定人数。南宋《庆元条法事类》载,从七人、十人到三十人不等,如使相知州,当直人数可达二百人㊷。如前述任弁额外占用士兵百余人,二万余工。占破比例及人数:宋仁宗时,张亢说:"今军士有手艺者,管兵之官每指挥抽占三分之一"㊸。韩琦推算当时仅京城被占破的各类军卒就"不啻数千人"㊹。再看沿边诸路:嘉祐时,"陕西之兵,厢、禁军凡二十五万,其间老弱病患、伎巧占破,数乃过半"㊺。这里虽然没有明确说明占破之数,但从庆历年间人们估计三分之一的役使占破率看,这二十五万禁、厢军中,当有四五万军士被用于军事活动以外的生产、经营方面。陕西军队人数最多时是在英宗治平年间,达到四十五万九千人,如按三分之一的役使率,除去老弱病患所占基数,大约会有十万左右兵卒被役使,再加上这一时期西北其他两路兵力:河北有军队三十一万一千余,河东也有约十余万人,则治平年间西北三路驻军被兵官将校役使人数接近二十万。当然,北宋大部分时期西北兵额都少于此数(兵力总数也减少),即使占破比率不变,相对私役军士人数也在减少,其后神宗时,陕西禁军被"主帅并以次官员占留手下,或五七百人,或千余人"㊻。但都大体上保持三分之一的占破比例。

东南各路冗占军士的情况:神宗熙宁九年的诏令中谈到,近年东南诸路,就粮禁军及教阅厢军,总计达万数,"然多畸零冗占",为此专门下诏:被分散冗占的禁、厢军"今各随本路团结,宜委本分兵官提举教阅"㊼。徽宗政和五年又诏:"自今敢占留将兵,不赴教阅,并以违御笔论"㊽宣和末年,又诏

"如敢非法借用冗占及差营造檐台木植之类",要"重置典刑"。从这些三令五申的诏令中,可知宋代役使军人众多,是个顽疾。北宋末年,宋钦宗自己直言:"服事手艺为业,每营之中,杂色占破十居三、四"。

南宋更为严重,时人言,守臣、兵官、各级政府文武官员"广占人数","监司、倅贰、僚属、幕职"以及寓公等,"凡不应差借"者,均以各种名目差借。这些官员本来每人已经配备有散从官以及承符、手力之类数人,也还是要配给兵士若干人,有享受白直十人以上资格者,还要差阶级、将校。

虞允文留恋北宋中前期禁役兵卒法度的严紧和军士练兵习武、士气振奋的历史(当然有溢美的成分在里边),他回忆说:

> 我祖宗平一天下,治定功成之后,甲兵坚强,四方无敢侮拂。当干德、天圣之盛,犹且诏诸道兵为长吏所役使,失于教习者,著为禁令。又厢禁军敢占为技工者,论如法。

绍兴时,除边防屯戍兵员外,虞允文对东南地区的状况作了如下记载:

> 诸郡所余禁军及元额厢军、土军亡虑十数万,而一监司、一守贰占破之数辄二三百人;一总管、一将官各不下百人;其间以技执役,如福建一台又有至数百人者。而诸路将、副今以二十四员为额,其数亦不为少矣。或以刀笔之吏,或以给使之徒,或以势力富豪之家而居之,使兵冗于国家之衣粮,将糜于州郡之廪给,而咸不适于用。

孝宗时,虞允文又上奏四川军中的情况:

> 诸大将子弟亲戚错处于军中,廪给于公上,而经营其私计,占白直者不下百人,私役使者又不下百人。……至回易之兵方出营寨,借使之役交兴。

孝宗朝,四川军队中的诸大将子弟亲戚,杂处于各军中,借着父辈在军队的权势地位,互相利用,徒领军饷而经营其私利。这些纨绔子弟"占白直者不下百人,私役使者又不下百人",前者是属合法占破,后者是非法私役。军内外官员们的胃口都很大,非要在规定之外超限额役使军士,如寓公至有占破兵卒达四五百人之多㊴。上述将帅子弟也至少私役百人。

宁宗时,蔡戡也估计:"尺籍伍符,虚实相半,老弱居其一,工匠居其一,俳优居其一,舆吏胥使居其一……"㊵知遂宁府李壁上奏说,本府"往往一司而有占破厢、禁军四百余人者,学院子一色至占三十余人",都是非法超额占破军卒。㊶理宗时,"每一州军匠无虑数百"㊷,宋理宗宝庆二年,莫泽说州郡禁军多被私役,不但"郡官、主兵官有窠占",其他官员也肆意占用,如常常"寓公有借事",不但"至有寓公占四五百兵者",且往往都"不给餐钱"。㊸差借出营的军卒"以私仆而挂公籍",常常一去不复返,不是被官员们到处转借差使,就是被权要长期借用。宋理宗时,知枢密院事李鸣复一道上奏所附贴黄,其中说到步军司及绍兴府的情况,颇具说服力:步军司一万三千六百余人,借出加上老病,不在军营者五千余人,剩下八千余人名为在军习武捍御,实则"权要借使,吏房占破,皆于取焉"。绍兴府军籍上有三千三百多人,其中一半军士被甲乙相传,差借占留,终年不归军营教阅,甚至"虽易世而执持不遣"。㊹咸淳初,"大略一军仅二三千",而"以供杂役"至"五六百"。㊺

3. 涉及面广

宋代私役军士涉及面甚广。从被私役对象看,范围也很广,宋时,不但厢兵被占破的情形严重,禁军也被占破,"战卒"、"教阅兵"都被侵占,这种情况在北宋中期以后越来越严重,军中除禁、厢军外(有手艺军士多充白直),剩员及地方乡兵也是被大量冗占的主要对象,为此,英宗治平二年诏:河北、陕西七八十万战士及义勇等,一律"毋得冗占"。熙宁元年,神宗针对主兵官大量冗占军士的问题,下诏有司:"察其所部有占兵不如令者以闻"。㊻熙宁年间,苏浚任戎、泸、资、荣、富顺监同巡检使时,"私役战卒",神宗以不重责不足以"惩艾"为感,根据他的任职表现,苏浚受到永不与亲民差遣的"重责"。㊼(宋代对武臣关升亲民资序的要求很严。)到北宋末期,禁军"多充杂役"的情况更为普遍㊽。

南宋时,屯驻大兵渐次取代了禁军的地位后,按旧制不得私役的禁兵也和厢军等其他地方兵一样,成为兵官、长吏任意占破、差借的主要对象。南宋大臣张浚说:"自守臣、兵官不务遵制,以时阅习,而违法差占,若当然者,以至监司、倅贰、僚属、幕职,凡不应差借之处,巧作事目,或以巡守,或以备火,或以收买军器、捕捉逃亡为名遣出差役,及广占人数使之荷担肩舆、市买工作。"州郡长吏也不按旧有制度办事,滥用禁军兵士,如"合破禁军接送之类,并不许过数,自兵兴以来,州郡添增"。针对私役禁军的严重状况,张浚上奏,乞申严私役禁军之法^⑥。南宋绍兴后期,"州郡禁卒,远方纵弛,多不训练","诸路州厢、禁军、土军,有司擅私役,妨教阅"。^⑥南宋中后期,兵卒被占破、役使的情况更加突出,如理宗宝庆时,州郡禁军已经和厢兵一样被役使,郡官、主兵官随意窠占,"守帅辟园池,建第宅"都役使禁军^⑥。淳祐十一年(1251),台臣条陈军匠被各级将领占破之弊:"按旧制,禁兵毋私役",但"比岁凡州军屯营驻扎之处",军兵被冗占情况严重^⑥。

从役使者看,"官无大小各占破"^⑥,各种文武官员都有占破。除将帅役使军人外,有司吏房、政府官员、州郡长吏、将相戚里及各类文武权要,也以各种理由巧立名目,违法私占,呼来唤去,随意占使。如北宋太祖时,文武臣僚奉使出外或受代归阙,所经州县,都"辄借官军部送"^⑥。仁宗时,韩琦说:"故将相戚里及权近之家,多占六军。"^⑦

南宋前期,殿中侍御史张守也上奏说,州县长吏借教阅之名:"或妄占破,或称防护,或称差出,种种名目背公自营",如此"上下苟偷,日复一日",致使兵营常空,教阅之时,已"无见在之兵矣"。^⑦员兴宗说,诸将吏私役州郡兵卒"终岁私役那借则谓之差出之卒,逐月纳工匠事艺、终身避免则谓之事艺之卒"。^⑦寓公也"有事"借兵,这类托寓他郡寄生的有背景的官员之家,往往居于"去城辽绝"之地,借兵后常年不还^⑦。

三

差出买工,纳钱军营,是宋朝将帅"贪而猎士卒"的又一重要方法。军士"售工于外,纳钱本营,以免教阅,谓之买工"^⑦。军士出寨经营各种营生,"荷担肩舆,市买工作"⑦,甚至"油盐酱醋,皆令军人坐铺出卖"⑦。如神宗朝,"诸路州军多差兵级营置杂物"⑦。差出买工,不论是否赢利,赢利多少,须向军营交纳规定的钱数。北宋仁宗、神宗时期,被遣入山打柴烧炭的军卒"贫不胜役",如保州军员出营烧炭,因无力向军营纳足定额钱款,被迫逃亡⑦。南宋孝宗时,江州都统制刘光祖派一个叫雷佚的将官专门筹划主管军中经营回易事宜,"诸军回易及马草等钱,日纳月纳,皆有定数";官兵完不成定额,就有人违禁贩茶以谋取厚利。这些贩茶官兵被巡、尉司捉到后,道出不得已的苦衷:"各称差出日本军借钱五千,回日却要一十五千送纳。别无营运,只得贩茶,须往回三五次,方得钱足。"刘光祖要求官兵回易息钱是本金的两倍,这种高利贷盘剥不但使军士日益贫困,也严重削弱了军队的战斗力。⑦李心传记南宋关外诸军普遍存在"计日而责其工直,以故士日益贫"的情况,他还具体说到这样一件事:在金州,到年终岁尾,"有军士夜揭民居之楮锢者",被捉后,金州知州家子钦颇觉怪异,就亲自审理,军士回答曰:"某粗能钞纸,本将日责钞纸若干张,未曾给其直也。计无所从出,故至是耳","子钦怜而释之"。⑧

南宋孝宗朝叶适上的一道奏折中说,当时作为国家正规军的屯驻大军的情况是"役使回易,交跤债负,家小日增,生养不足,怨嗟嗷嗷,闻于中外"。⑧理宗时,军政更加腐败,宝章阁学士曹彦约说,开禧以后,"出戍数多,调发不时,诸军在寨所余无几",而各主兵官对于"买工"仍念念不忘,"不肯少损"。⑧从三衙到屯驻大军的将帅,对士卒都是"剥刻日甚,借贷之责偿,差使之纳略,征发戍守反利其死,而名粮口券动占虚籍,⋯⋯"⑧士兵怨声载道,军心浮动,国家主力部队的情形尚且如此,其他军兵种的情况更可想而知。

综上,宋代将帅"贪而猎士卒"是非常触目惊心的事实。贪敛所得,除了用于主兵们的生活享乐外,正如朱熹所说,主帅们更多地将其作为苞苴馈遗、"升转阶级"的经费来源⑧,它深刻地折射出宋代社会官场的黑暗、军政的腐败,严重地影响军心和士气,大大削弱了宋军的战斗力。

注释:

①程珌:《洺水集》卷二《轮对札子》。

②不著撰人:《宋大诏令集》卷二〇三《议王全斌等罪诏》。

③《宋大诏令集》卷二〇三《责侍卫步军都虞候峰州观察使王荣诏》。

④均据(明)黄淮等:《历代名臣奏议》卷二二四。

⑤(清)徐松辑:《宋会要辑稿》(以下简称《宋会要》)刑法二之一五六。

⑥《宋会要》职官七三之二六。

⑦《历代名臣奏议》卷二二四。

⑧朱熹:《朱文公文集》卷九六《陈俊卿行状》。

⑨(元)脱脱等:《宋史》卷四一五《葛洪传》。

⑩真德秀:《西山先生真文忠公文集》卷四《召除礼侍上殿奏札三》。

⑪《宋史》卷一九五《兵志九》。

⑫《宋会要》刑法二之一三五。

⑬李心传:《建炎以来系年要录》(以下简称《系年要录》)卷二〇〇,绍兴三十二年六月戊寅。

⑭李焘:《续资治通鉴长编》(以下简称《长编》)卷三,建隆三年十一月甲子。

⑮《长编》卷五,乾德二年三月丁酉。

⑯《宋会要》刑法七之一四。

⑰《长编》卷二三四,熙宁五年六月癸亥。

⑱《朱文公文集》卷九六《陈俊卿行状》。

⑲《长编》卷九一,天禧二年闰四月戊申。

⑳《宋会要》职官七三之四六。

㉑《历代名臣奏议》卷二二二。

㉒《历代名臣奏议》卷二四〇。

㉓《长编》卷九一,天禧二年闰四月戊申;参见《宋史》卷二九九《李溥传》。

㉔《长编》卷一五六,庆历五年闰五月庚戌;参见《宋史》卷二九〇《杨崇勋传》。

㉕《长编》卷一五三,庆历四年十二月丙午。

㉖《长编》卷一五六,庆历五年闰五月庚戌。

㉗包拯:《包孝肃奏议集》卷六《请追任弁官》。

㉘《长编》卷一五二,庆历四年九月庚午。

㉙《长编》卷一九一,嘉祐五年春正月己未。

㉚赵抃:《清献集》卷四《奏状论陕西官员占留禁军有妨教阅》。

㉛《长编》卷一九三,嘉祐六年三月庚申。

㉜苏轼:《东坡七集》奏议卷三《缴词头奏状·陈绎》。

㉝《宋会要》方域四之一六。

㉞《宋会要》刑法二之九六、九七。

㉟《长编》卷二三四,熙宁五年六月癸亥。

㊱李心传:《建炎以来朝野杂记》(以下简称《朝野杂记》)乙集卷一七《关外诸军多私役》。

㊲《历代名臣奏议》卷二四〇。

㊳《宋史》卷三一《高宗纪八》。

㊴《历代名臣奏议》卷二二二。

㊵《宋会要》职官七三之三一。

㊶宋庠:《宋元宪集》卷三一《乞差当直兵士札子》。

㊷谢深甫:《庆元条法事类》卷一一《差破当直》。

㊸《长编》卷一三二,庆历元年七月戊申。

㊹《长编》卷一二三,宝元二年五月己酉。

㊺《长编》卷一九六,嘉祐七年二月癸卯。

㊻《清献集》卷四《奏状论陕西官员占留禁军有妨教阅》。

㊼《长编》卷二七八,熙宁九年冬十月乙未。

㊽《宋史》卷一九五《兵志九》。

㊾《宋大诏令集》卷一八一《军令·抚恤军人诏》。

㊿《会编》卷三七。

(51)《历代名臣奏议》卷二二二。

(52)均据《历代名臣奏议》卷二二二。

(53)《历代名臣奏议》卷二二四。

(54)《宋史》卷一九五《兵志九》。

(55)《历代名臣奏议》卷二三四。

(56)《永乐大典》卷一〇九九八《雁湖集·知遂宁府奏札》。

(57)《宋史》卷一九五《兵志九》。

58《宋史》卷一九五《兵志九》。

59均据《历代名臣奏议》卷三三九。

60《宋史》卷一九五《兵志九》。

61《宋史》卷一九五《兵志九》。

62《长编》卷二三四,熙宁五年六月癸亥。

63《宋史》卷一九五《兵志九》。

64《历代名臣奏议》卷二二二。

65《宋史》卷一九五《兵志九》。

66《宋史》卷一九五《兵志九》。

67《宋史》卷一九五《兵志九》。

68《宋史》卷一九五《兵志九》。

69《长编》卷五,乾德二年二月丁酉。

70《长编》卷一二三,宝元二年五月己酉。

71《历代名臣奏议》卷二二三。

72《历代名臣奏议》卷二二三。

73《宋史》卷一九五《兵志九》。

74胡铨:《胡淡庵先生文集》卷二七《贵州防御使阳曲伯张公墓志铭》。

75《历代名臣奏议》卷二二二。

76周必大:《周文忠公全集》卷一《奏池州副都统郝政施为未善》。

77《宋会要》刑法七之一五。

78《宋会要》刑法七之一五、二之一七。

79以上俱见《周文忠公全集》卷一四六《与蔡戡咨目》。

80《朝野杂记》乙集卷一七《关外诸军多私役》。

81《历代名臣奏议》卷二二三。

82《历代名臣奏议》卷二三八。

83《历代名臣奏议》卷二三八。

84《朱子语类》卷一〇七。

论南宋时期地震的时空分布及其特点

张全明(华中师范大学)

有关南宋时期的地震灾害,学术界已有不少的研究成果。但在这些研究成果中,对这一时期地震灾害资料的梳理与次数统计等居多。然而,这些统计却又不尽相同。邓云特认为,两宋发生"地震七十七次"[1];陈高佣统计宋代地震为 18 次[2];康弘统计宋代地震有 82 次[3];邱云飞统计南宋地震有 46 次[4]。据《中国历史强震目录》一书统计,宋代发生强震 38 次[5];《中国地震目录》一书统计,宋代六级以上地震达 20 多次[6];《中国历史地震图集》一书记载,南宋时期的破坏性地震有 13 次,其他有感地震 65 次[7]。那么,南宋时期发生的地震状况究竟如何? 怎样统计? 次数多少? 在时间与空间的分布及其变化上又有哪些特点? 本文拟对这些问题做一些新的探讨,以就教于方家。

一、南宋时期的地震文献记录

地震,是地壳在内、外营力作用下,快速释放能量过程中在一定范围内引起地面振动进而产生地震波的一种自然现象。地震,在中国古代又称为"地动"或"地振动",是地球上经常发生的一种自然灾害。地震一般发生在地壳之中,属于一种地质灾害。由于地壳内部在不停地变化,由此而产生力的作用,使地壳岩层变形、断裂、错动,于是便发生地震。在地震中,震波极其强烈的大地震大致占 1/5 左右。大地震发生后,会造成巨大的破坏力,大多引起十分重大的灾害性后果。自古以来,地震是极其频繁的,全球每年发生地震约 550 万次。其中,只有大于里氏规模 5.0 级的地震,才会造成建筑物不同程度的损坏,称为破坏性地震。历史时期曾大量出现的破坏性地震,给人类社会与生态环境造成了巨大的灾害性后果。我国历史上保留有大量的地震记录,南宋时期的地震资料也相当完整。

上述统计中由于查阅资料范围与选择资料标准的不同,各种研究成果对南宋时期的地震统计数字差别较大。相比较而言,由国家地震局地球物理研究所、复旦大学中国历史地理研究所和中国地图出版社通力合作与共同编绘出版的三卷本《中国历史地震图集》,是至今最有代表性的一部研究中国历史上包括南宋时期地震的一部学术巨著,所载的资料具有较大的权威性与可靠性。这部研究图集的完成,可谓相当全面、系统与直观地反映了我国现今国界线以内发生的历次破坏性地震的概貌。下表中收录的发生在南宋时期不同破坏程度的有感地震或余震实有 87 次。见南宋时期地震的时空分布列表如下:

南宋时期地震时空分布表

年号 公元	月日	震区		地震概况	资料出处
		古地	今地		
建炎二年 1128	2.15 不详	长安 戈窝	西安 芒康	正月戊戌长安地大震 吐蕃藏历第二绕迥阳土猴年前戈窝(位处西藏芒康)地大震群山震动	《宋史》卷二四 《图集》135 页
建炎四年 1130	11.3	陕西	关中	十月庚午朔陕西大震	《宋史》卷二六
绍兴三年 1133	8 月 9.2	成都 平江	成都 江浙	七月四川地震 八月甲申地震平江府湖州尤甚	《宋史》卷二七 《宋史》卷六七
绍兴四年 1134	不详	四川	四川	四川地震	《宋史》卷六七

续表

年号公元	月日	震区		地震概况	资料出处
		古地	今地		
绍兴五年 1135	6月 7月	行都 汴京	杭州 开封	五月行都地震 金汴京地震	《宋史》卷六七 《图集》135页
绍兴六年 1136	7.9 7月	余杭 汴京	余杭 开封	六月地震自西北有声如雷,余杭为甚 金汴京地震	《宋史》卷六七 《金史》卷二三
绍兴七年 1137	8.14 不详	上京 行都	阿城 杭州	金天会十五年丙戌上京地震 行都地震	《金史》卷二三 《宋史》卷六七
天眷元年 1138	8.15	易州	河北 易县	七月初八金易州地震	《金史》卷二三
天眷三年 1140	1141[⑧]. 1.16	上京	阿城	十二月丁丑金上京师地震	《金史》卷二三
大庆四年 1143	4月	兴庆	银川	西夏大庆四年三月兴庆府地震	《宋史》卷四八六
皇统四年 1144	8.9	河间	河北 河间	七月初九金河间府地震	《金史》卷四
绍兴二十四年 1154	3.10	行都	浙江 杭州	正月戊寅行都地震	《宋史》卷六七
绍兴二十五年 1155	4.28	行都	浙江 杭州	三月壬申浙江杭州地震	《宋史》卷三一
正隆元年 1156	8月	北京	北京	七月金北京地震	《金史》卷二三
绍兴二十七年 1157	不详	吴越	浙江 杭州	吴越地震	《图集》135页
绍兴二十八年 1158	9.21	行都	浙江 杭州	八月甲寅地夜震	《宋史》卷六七
正隆五年 1160	3.31	河陕	晋陕	二月辛未河东陕西地震	《金史》卷二三
绍兴三十一年 1161	4.16	行都	浙江 杭州	三月壬辰行都地震	《金史》卷二三

续表

年号 公元	月日	震区		地震概况	资料出处
		古地	今地		
绍兴三十二年 1162	8.25	行都	浙江杭州	七月戊申行都地又震	《宋史》卷六七
隆兴元年 1163	6 月 11.17	成都 行都	成都 杭州	五月成都地震三 十月丁丑地震	《宋史》卷三三 《宋史》卷六七
隆兴二年 1164	2 月 4.8 6.21	福建 北京 行都	福建 北京 杭州	正月福建诸州地震 金大定四年三月庚子夜京师地震 六月甲寅行都又震	《宋史》卷三三 《金史》卷二三 《宋史》卷六七
大定五年 1165	8.7 8.9	北京 北京	北京 北京	六月丙午金北京地震有声自西北而起殷殷如雷 七月戊申金京师又震	《金史》卷二三 《金史》卷二三
乾道二年 1166	10.1	行都	浙江杭州	九月丙午地震自西北方	《宋史》卷六七
大定七年 1167	10.30	北京	北京	九月庚辰金京师地震	《金史》卷二三
乾道四年 1168	1169.1.24	石泉	四川北川	十二月壬子石泉军地震三日有声如雷屋瓦皆落	《宋史》卷六七
淳熙元年 1174	1175.1.9	行都	浙江杭州	十二月戊辰地震自东北方	《宋史》卷六七
淳熙六年 1179	冬	星子	江西星子	冬南康军地震有声	《图集》135 页
大定二十年 1180	6.9	北京	北京	五月丙寅金京师地震	《金史》卷二三
大定二十一年 1181	3 月	平阳	山西临汾	二月金平阳府一带地震	《大金国志》卷一八
淳熙九年 1182	1183.1.1	行都	浙江杭州	十二月壬寅地夜震	《宋史》卷六七
淳熙十年 1183	1184.1.20	行都	浙江杭州	十二月丙寅地又震	《宋史》卷六七
淳熙十二年 1185	6.7 6.8	行都 福州	杭州 福州	五月庚寅地又震 五月辛卯福州漳州地震	《宋史》卷六七 《宋史》卷三五

续表

年号 公元	月日	震区		地震概况	资料出处
		古地	今地		
大定二十七年 1187	6.8	京师	北京	四月辛丑金京师微地震	《金史》卷二三
绍熙四年 明昌四年 1193	4月 9月 9.12 11.11 11.12 11.26	京师 楚布 成都 行都 行都 乌思	北京 德庆 成都 杭州 杭州 拉萨	三月金京师地震 吐蕃藏历第三绕迥阴水牛年楚布寺（位处西藏堆龙德庆西）地震 日前成都府地震 冬十月己酉夜行都地震 庚戌夜行都地又震 吐蕃藏历第三绕迥阴水牛年十一月一日乌斯藏（位处西藏拉萨）地震	《金史》卷二三 《图集》 136 页 《朱熹集》卷一四 《宋史》卷三六 《宋史》卷三六 《图集》 136 页
明昌六年 1195	4.3	京师	北京	二月丁丑金京师地震	《金史》卷二三
庆元六年 承安五年 1200	7.8 10月 12月12.19	京师 行都 陕西 行都	北京 杭州 陕西 杭州	五月庚辰金京师地震 九月行都东北地震 十一月陕北地震 十一月甲子行都地震东北方	《金史》卷二三 《宋史》卷六七 《图集》 136 页 《宋史》卷六七
大安元年 1209	12.4 12.6	平阳 浮山	临汾 山西 浮山	十一月丙申平阳地震有声自西北来 戊戌夜又震自此时复震动浮山尤剧城廨民舍圮者十七八死凡二三千人	《金史》卷二三 《金史》卷二三
大安二年 1210	3.23 7.2 8月 9月 10月	北京 北京 北京 北京 北京	北京 北京 北京 北京 北京	二月乙酉金北京地震有声殷殷然 六月丙寅金北京地震 七月金北京地震 八月金北京地震 九月金北京地大震	《金史》卷二三 《金史》卷二三 《金史》卷二三 《金史》卷二三 《金史》卷二三
嘉定六年 1213	5月 6.26	行都 淳安	杭州 淳安	四月行都地震 六月丙子严州淳安县地震	《宋史》卷六七 《宋史》卷六七

年号公元	月日	震区古地	震区今地	地震概况	资料出处
嘉定九年 1216	3.18 3.21 3.30 6.25 11.24	雷波 西川 马湖 西川 西川	雷波 川西 雷波 川西 川西	二月辛亥东西川地大震四日 三月乙卯地又震 甲子又震马湖夷界山崩80里江水不通丁卯（4.2）又震壬申（4.7）又震 六月辛卯西川地震壬辰乙未又震 十月癸亥西川地震甲子（25日）又震	《宋史》卷六七 《宋史》卷三九 《宋史》卷三九 《宋史》卷三九 《宋史》卷三九
嘉定十年 1217	3.21	行都	杭州	二月庚申江浙地震自东南越月	《宋史》卷六七
兴定三年嘉定十二年 1219	6.2 6月 7月	陕右 行都 西川	陕甘宁等 杭州 川西	四月癸未陕右黑风昼起有声如雷顷之地大震平凉镇戎德顺尤甚庐舍倾压死者以万计杂畜倍之 五月行都地震 六月西川地震	《金史》卷二三 《宋史》卷六七 《宋史》卷六七
嘉定十四年 1221	2.3 6.4	江浙 西川	杭州 川西	正月乙未地夜震大雷 五月丙申西川地震	《宋史》卷六七 《宋史》卷六七
宝庆元年 1225	9.24	行都	杭州	八月己酉行都地震	《宋史》卷六七
宝义二年正大四年 1227	7.23 7月	南京 中兴	开封 银川	六月丙辰金南京地震 六月中兴府地震	《金史》卷二三 《西夏书事》卷四二
绍定元年 1228	9.2 10.12	临安 临安	杭州 杭州	八月初三临安府地震 九月十三日临安府地震	《图集》136页 《图集》136页
嘉熙四年 1240	1241.1.10	行都	杭州	十二月丙辰临安府地震	《宋史》卷六七
淳祐元年 1241	1242.1.29	行都	浙江杭州	十二月庚辰夜临安府地震	《宋史》卷六七

续表

年号 公元	月日	震区		地震概况	资料出处
		古地	今地		
道隆十一年 1249	不详	大理	云南大理	大理地震	《图集》第 136 页
宝祐三年 1255	7.1	嘉定	乐山	五月辛酉蜀地震嘉定叙州(今宜宾)地震	《宋史》卷四四
景定五年 1264	不详	楚布	德庆	吐蕃楚布寺(位处西藏堆龙德庆西)附近地震	《图集》第 144 页
咸淳七年 1271	夏秋	嘉定	乐山	五至七月嘉定府多次地震城震者三被灾害为甚	《宋史》卷四六
咸淳十年 1274	11.26	闽中	福建	十月己巳闽中地震	《宋史》卷四七
德祐元年 1275	4.1	闽中	福建	三月乙亥闽中地复大震	《宋史》卷四七

在上表中,所载地震资料包括其地域范围不同、间隔时间不同、持续时间长短不一以及破坏程度不同的各类有感地震,其中含有前震(主震之前发生的地震)、主震(其中最大的一个地震)与余震(主震之后发生的地震)等。

二、南宋时期地震的时间分布及其变迁特点

经统计,南宋时期 152 年间,有 54 年发生了 87 次地震。在这些地震中,其中绝大多数是有感地震等,其等级在里氏规模五级以上的破坏性地震数量较少,约有 13 次左右,占比仅有 15%。这些统计数据,与上述《中国历史地震图集》一书所载的各种地震次数较为接近,具有较强的可靠性与可信度。同时,通过对这一时期不同时间发生的地震分布进行统计,还可了解其地震发生的时间分布及其变迁特点。南宋时期地震发生的时间分布统计见下表:

南宋时期地震时间分布统计表

月份＼年份	1 2 3 春	4 5 6 夏	7 8 9 秋	10 11 12 冬	连季	不详	累计
1127—1169	1/2/2/0	4/0/3/0	3/8/2/0	2/2/0/0	0	4	34
1170—1199	3/0/1/0	2/0/4/0	0/0/2/0	0/3/0/1	0	0	16
1200—1229	0/1/5/0	0/1/5/0	5/1/3/0	3/1/4/0	0	0	29
1230—1279	2/0/0/0	1/0/0/1	1/0/0/0	0/1/0/0	0	2	8
南宋合计	7/3/8/0	7/1/12/1	9/9/7/0	5/7/4/1	0	6	87

　　从南宋时期不同时段看,当时有 54 年共发生了 87 次地震,其地震发生的频度是 35.5%,其频率是 57.2%,大致平均间隔 2.82 年发生 1 次或多次地震。相比较而言,北宋与南宋之间发生地震的频度大致相似,其发生地震的频率北宋时期略高于南宋。

　　南宋时期地震的时间分布大致可以划分为四个不同的阶段。其不同阶段地震发生频度、频率的具体情况见下表:

南宋时期(960—1279)不同阶段地震分布表

1—4 阶段:公元年代	年代长度	地震年数	每年频度	次/均年	地震次数	每年频率	比例(%)	年均值比	位次
1. 1127—1169	42	25	60%	1/1.68	34	81%	39.1	1.42	2
2. 1170—1199	30	10	33%	1/3	16	53%	18.4	0.93	3
3. 1200—1229	30	11	37%	1/2.7	29	97%	33.3	1.69	1
4. 1230—1279	50	8	16%	1/6.3	8	16%	9.2	0.28	4
南宋合计	152	54	35.5%	1/2.82	87	57.2%	100	1.0	—

　　根据上表统计,见南宋时期(960—1279)不同阶段地震年均值分布比例图如下:

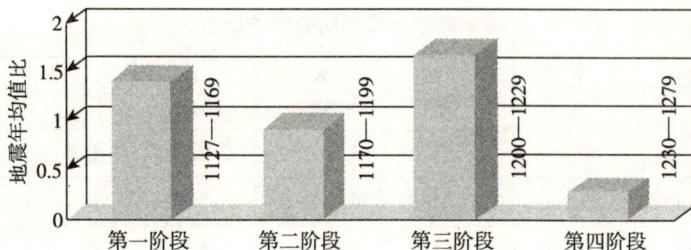

南宋时期(960—1279)不同阶段地震年均值比分布比例图

其中,第一阶段,自南宋高宗建炎元年(1127)至孝宗乾道五年(1169),时间长度为 42 年,从年频度来看,其中有 25 年发生了地震,其地震发生频度是这一时期的最高水平,年均发生地震的频度是 60%,大致平均间隔 1.68 年就发生 1 次或多次地震。但从年频率来看,这一时期共发生地震 36 次,其地震发生频率只是这一时期的一个偏高的阶段。

第二阶段,自孝宗乾道六年(1170)至宁宗庆元五年(1199),时间长度为 30 年,从年频度来看,其中有 10 年发生了地震,其地震发生概率处于这一时期的偏低水平,年均发生地震的概率是 33%,大致平均间隔 3 年发生 1 次或多次地震。从年频率来看,这一时期共发生地震 16 次,其地震发生频率是南宋时期的一个次低阶段。

第三阶段,自庆元六年(1200)至理宗绍定二年(1229),时间长度为 30 年,从年频度来看,其间有 11 年发生了地震,其地震发生的概率处于这一时期的次高水平,年均发生地震的频度是 37%,大致平均间隔 2.7 年发生 1 次或多次地震。但从年频率来看,这一时期共发生地震 29 次,其地震发生频率是当时的一个最高的阶段。

第四阶段,自理宗绍定三年(1230)至帝昺祥兴二年(1279),时间长度为 50 年,从年频度来看,其中仅有 8 年发生了地震,其地震发生频度是这一时期的一个最低的水平,年均发生地震的频度是 16%,平均间隔 6.3 年才发生 1 次地震。从年频率来看,这一时期发生地震仅有 8 次,其地震发生频率也是南宋时期最低的一个阶段。同时,还是整个两宋时期地震发生频度与频率最低的一个阶段。

南宋时期的地震,在时间分布上,虽然不同年度时间段的差异较为明显,但在一年中不同的季节与月份的差异却远不如年际差异那样大。据统计,南宋时期的 87 次地震中,除去月份日期或季节时间不详的记载 6 次外,其他 81 次地震,在春、夏、秋、冬四季或 12 个月份都有分布。其中,当时春、夏、秋、冬分别发生地震为 18 次、21 次、25 次与 17 次,分别占比为 20.7%、24.1%、28.7% 与 19.5%,四季之间地震发生的次数虽有差异但总体上较为平衡,就是秋季较春、夏、冬季依次多发生了 7 次、4 次与 8 次地震,每季之间相差最大的为近 10 个百分点,最少的只有 1 个百分点。南宋时期地震发生的月份与季节分布表如下:

南宋时期地震发生月份、季节分布统计表

月份 年份	1　2　3 春	4　5　6 夏	7　8　9 秋	10　11　12 冬	不详	合计
南宋合计	7/3/8/0	7/1/12/1	9/9/7/0	5/7/4/1	6	87
月季占比	8/3.5/ 9.2/0	8/1.2/ 13.8/1.2	10.3/ 10.3/8/0	5.8/8/ 4.6/1.2	6.9%	100%
四季累比	18/20.7%	21/24.1%	25/28.7%	17/19.5%	6.9%	100%

从南宋时期地震发生的月份来看,每个月份之间的差距相对较小。其中,6 月份发生地震 12 次,数量最多,占比为 13.8%;其次为 7、8 月份,分别发生地震 9 次,占比各为 10.3%;再次为 3 月份,发生地震 8 次,占比为 9.2%;发生地震次数居于中间的有 4 个月份,分别为 1、4、9 月与 11 月份,地震发生数都是为 7 次,占比各为 8%;其后是 10 月份,发生地震 5 次,占比为 6%;12 月份发生地震 4 次,占比为 4.6%;2 月份发生地震 3 次,占比为 3.5%;5 月份发生地震次数最少,只有 1 次,占比为 1.2%。南宋时期地震发生的月份与季节分布图如下:

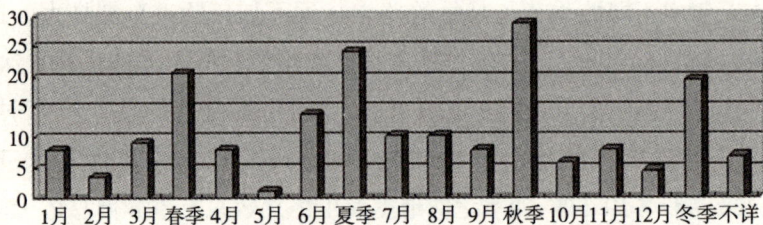

南宋时期地震发生月份、季节分布图

由上图可知,南宋时期地震发生的时间分布及其变迁表现出了明显的特点:这就是在不同的时间段,地震发生的频度与频率存在着较大的差异。如前所述,南宋时期地震的时间分布大致可以划分为四个不同的阶段。在这四个不同的阶段中,地震发生的频度与频率的差异明显,如南宋中后期30年的第三阶段与南宋后期50年的第四阶段,地震发生的年均值比分别为1.69与0.28,前者发生地震的频率是后者的6.04倍,高低相差5倍有余。其中,即使是南宋前期42年的偏高发阶段,其地震发生的年均值比也高达1.42,其发生频率与南宋后期50年的低发阶段相比,两者之间地震发生的年均值比也相差5.07倍,高低相差4倍有余。相比较而言,只有南宋前中期30年的第二阶段,在当时发生地震的年频率较为均衡,其地震发生的年均值比分别低于第一、第三阶段的0.49与0.76,高于第四阶段0.65。

从时间年份上看,造成上述不同时段地震发生差异明显的主要原因是:地震有活跃期和平静期交替出现的周期性现象。一般而言,地震活动在时间上具有一定的周期性特点:主要表现为在一定时间段内地震活动频繁,发生概率高,强度大,称为"地震活跃期";而另一时间段内地震活动相对来讲发生较少,频率低,强度小,称为"地震平静期"。事实上,当地震处于活跃期时,若某地发生一个较大的地震,在一段时间内,往往会发生一系列的地震,包括前震、主震与余震,而古人对这些地震现象不能作出完全科学的记录与解释,因此,只有按照传统做法在历史文献中对这些有感地震给予相对全面的记载并予以保存,这也是我们现在能够知道历史上某一时段地震发生记载较多的重要原因。相反,在地震平静期,地震发生很少,其相关记录自然也会很少,结果也就难以见到这类史料。或许正是由于地震发生的这种特殊性,从而表现出了地震在时间年代分布上具有一定规律性的特点。

同时,由上述图表可知,地震在季节或月份的分布上却与年份的分布差异完全不同,在春、夏、秋、冬四季或 12 个月份都有分布,而且在各个季度与月份之间总体上相差不大。这是因为,地震是地质灾害,与水、旱等气候灾害具有明显的季节性完全不同,它的发生多表现为偶然性,不具有明显的月份或季节性特点,因此,在春、夏、秋、冬四季或 12 个月份发生的概率上不存在明显的差异。可以认为,这也是历史时期地震发生在时间分布上的一种规律性特点。

当然,这一时期的地震,在时间分布上同样具有突发性、瞬时性以及诱发次生灾害等特点,它们常常在没有察觉到征兆的情况下,在极短的时间内,造成巨大的人畜伤亡与各种财产损失以及对生态系统平衡或环境的破坏等。

三、南宋时期地震的空间分布及其变迁特点

从南宋时期地震的地理分布来看,由于当时有些地震分布的范围较大,有时同一次发生的地震分布在多个路区,文献中有时甚至载为"诸路",故下述表中将其分别计入这些属路或地区,因此,南宋时期按路区计入的地震次数共有 89 次。南宋时期地震发生的地域分布以有代表性的路或地区分别列表如下:

南宋时期地震发生地区分布统计表

时间\地区	南方地区					北方地区				西部地区						累计
	江浙	闽赣	广南路	淮南路	荆湖路	河东路	河北路	南京路	东北	山东路	川渝路	秦陕路	西夏	大理	青藏	
1127—1169	13	1	0	0	0	1	7	2	2	0	4	3	1	0	1	35
1170—1199	6	2	0	0	0	1	3	0	0	0	1	0	0	0	2	15
1200—1229	10	0	0	0	0	2	7	1	0	0	7	2	2	0	0	31
1230—1279	2	2	0	0	0	0	0	0	0	0	2	0	0	1	1	8
地区合计	31	5	0	0	0	4	17	3	2	0	14	5	3	1	4	89
比例(%)	34.8	5.6	0	0	0	4	19	3	2	0	15.7	5.6	3	1	4	100
南北西部比	36/40.5%					26/29.2%				27/30.3%						100

从上述统计可见,南宋时期地震发生的地域特征非常明显。其主要表现是:

第一,地震的地理分布位置具有明确的"地震带"特点,各地发生地震的多少与其是否分布于地震带上密切相关。从上述路区的地震分布看,有些地区由于处于地震带上,自古以来一直就是地震的多发区。这与前述各种气候灾害的地理分布是有明显的不同的。这是因为,地震区域的地理分布受一定的地质条件控制,从空间上看,具有一定的地域分布规律,地震的分布呈一定的带状,称"地震带"。一般而言,地震大多分布在地壳不稳定的部位,特别是板块之间的消亡边界,形成地震活动活跃的地震带。就全球大陆地震而言,主要集中在环太平洋地震带和地中海—喜马拉雅地震带两大地震带。环太平洋地震带主要包括日本列岛、经我国台湾岛再到菲律宾转向东南直至新西兰,是地球上地震最活跃的地区,差不多集中了全球范围内80%以上的地震;地中海—喜马拉雅地震带也称欧亚地震带,大致从印度尼西亚西部、缅甸经中国横断山脉与喜马拉雅山脉,越过帕米尔高原,经中亚细亚到达地中海及其沿岸。有人认为,中国地处濒太平洋地震带与欧亚地震带交会部,构造活动十分活跃,有史以来就是世界上地震频发和受地震灾害威胁最大的国家之一⑨。

　　王理等根据前述《中国历史强震目录》一书所收集的从公元前 2221 年到公元 1998 年中国历史地震灾害信息 5649 条,通过研究,建立起了中国历史地震活动数据库,进而利用数字地图技术,绘制了中国历史地震灾害图谱,分析了中国历史地震活动的时空格局。他们认为:从空间分布看,中国的地震主要分布在华北、西南、新疆和台湾等地区,并且指出其西强东弱格局明显⑩。时振梁根据中国历史上发生过的强震震中分布,认为我国历史时期的地震主要分布在华北地区、西南地区、西北地区、台湾地区、东南沿海地区等五个区域和 23 条大小地震带上⑪。见中国历史时期地震带、火山分布示意图如下。

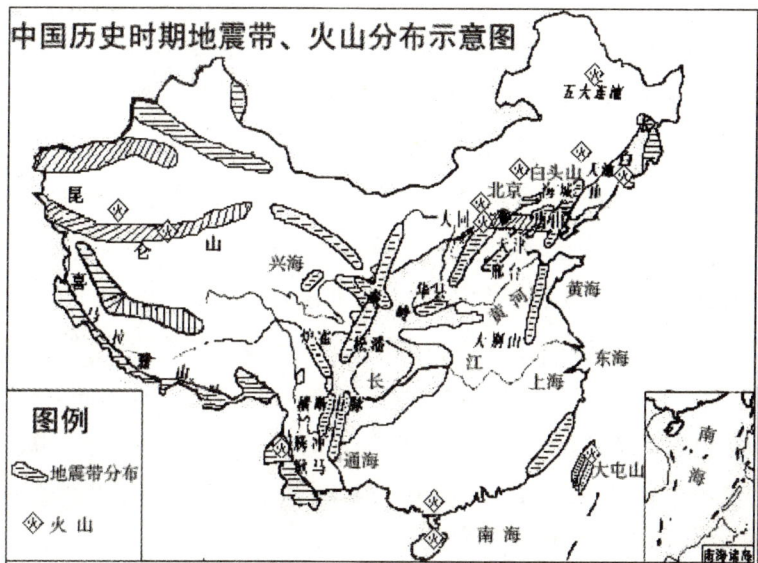

中国历史时期地震带、火山分布示意图

　　事实上,从南宋时期地震发生的空间分布看,江浙(包括两浙东、西路与江南东路)、河北路、川西与秦陕路、河东路、闽赣与青藏等地区之所以地震发生较多,就是因为它们均处在地震构造活动区内,这些地区分别分布于我国的东南沿海地震带、华北地震带、西南地震带与西北地震带上。如华北地区是位于环太平洋、地中海—喜马拉雅两大地震带对我国影响的交界处,从新第三纪以来构造活动就非常强烈,所以宋代在太行山两侧、汾渭河谷、阴山—燕山一带、山东中部和渤海湾等地地震频繁;西南地区包括青藏高原的全部和川滇高原的西部,正好位于三大板块的交界处,属于环太平洋地震带的范畴,也是地震的多发区,所以当时在西藏、川西和云南中西部等地常有地震发生;新疆位于地中海—喜马拉雅地震带,历来也是地震的多发区;台湾岛及其海域坐落于亚欧板块和菲律宾板块的边界上,历史时期就是地震频发地区。当然,南宋时期由于地处边陲的新疆属少数民族政权所辖,而台湾地区则因孤悬海外,交通不便,加上开发有限,所以,当时新疆地区与台湾岛一样,对地震的记载完全空白。但这并不能说明这一时期这里没有发生地震,而是当时人们无法了解其地震的信息,自然也就缺乏记载。相反,江浙地区则因处于当时的政治、经济中心地区,因此,无论地震大小,文献记载都相当齐全,尽管这里并不处于上述地震带上,但有关地震次数的记录却处于各个地区之首。至于荆湖路、淮南路与广南路等地,同样由于其地理位置不处于地震带上,而且距离当时的政治、经济中心相对较远,所以这些地区完全没有发生地震的记载。不过,显得有些例外的是山东东、西路,虽然山东半岛有些地区位处地震带上,但这一时期也未见有发生地震的任何记录。

第二,根据上述地震资料记载与相关历史时期地震震级图谱可知,中国历史时期特大地震的地理分布主要呈东北—西南走向。具体而言,我国历史上包括南宋时期所发生的高于6级的强震或大地震,大致可以自东北向西南沿贺兰山、经六盘山、秦岭、大凉山一线,把强震与大地震的地理分布区域分成东、西两部分。其中,西部地区的地震在频度和烈度上都远远高于东部地区,具有明显的西强东弱的特点。而在东部地区,南宋时期发生的绝大部分强震与所有大地震又主要分布于北方华北平原及其周边地区的燕山京津唐、太行山沿线与汾渭流域等地。至于东部的南方地区包括当时记录地震次数最多的江浙,据研究,则未见有任何≥6级的强震或大地震的记录,其他地区这类记录也相当有限,仅有福建漳州在孝宗淳熙十二年(1185)发生过1次6.5级的地震。可见,与北方华北等地相比较而言,这一时期南方等地发生强震的比例所占极少。这表明,中国历史时期的地震尤其是强震主要发生在不同的地震带板块上,非地震带区发生的地震很少,至于强震发生的概率则几乎没有。南宋时期的绝大部分地震就是发生在西南—青藏高原南部—青藏高原东北部—华北地震带这一区域范围内。其中,华北地区与青藏高原东部川西地区尤为明显。

一般来说,地震随震级的减弱,震中地理分布逐步从前述 3 条强震带以不同的密度和幅度向不同的方向延伸与扩展,或者说,在地震发生的空间分布上,大地震又总是会影响到周边相邻地区。不仅如此,地震频度与震级及其空间分布也存在一定的内在联系,宋代也是如此。如青藏高原东部川西高原地震带,其地震发生就有高密度、大幅度地往西北扩展的分布特点;而华北地震带则有往南高密度、小幅度地扩展的分布特点。正是地震带的这种延伸与扩展,不仅反映出发生地震密度高、频度大、数量多的地区也是少数强震发生的地区,而且还反映出这些强震区大多会引起一些并不处于地震带的地区也会发生有感地震。当然,这也与地震自身的振动特点有关系。

众所周知,地震所引起的地面振动是一种复杂的运动,它是由纵波和横波共同作用的结果。在震中区,地震纵波使地面上下颠动,横波使地面水平晃动。由于纵波传播速度较快,衰减也较快,横波传播速度较慢,衰减也较慢,因此离震中较远的地方,往往感觉不到上下跳动,但能感到水平晃动。在古代社会,由于人们对地震缺乏足够深入的科学了解,所以在记载地震时不仅对破坏性最大的震中区加以记载,而且对周边的震灾区与相距较为遥远的地震有感区也加以记载。如此一来,许多历史文献中多把震中发生在某一区域的地震记录为多个相邻地区也发生了地震,以致我们今天能够见到的地震资料所反映的地震分布在地理范围上相当广泛。如前述表中,南宋时期 20 余路区以及周边的一些少数民族地区都有多少不等的地震发生,其分布地域表现得较为普遍。

第三,各地不同路区之间地震发生的数量很不平衡。从南宋时期地震发生次数及其占比看,其中,属于东南沿海闽粤地震带向北延伸的江浙地区地震次数最多,共发生地震 31 次,占比达 34.8%;从其破坏程度来看,大多

属于中小型的有感地震。属于华北地震带的河北路(包括辽南京道或金中
都路)及其周围地区发生的地震数位居其次,达到 17 次,占比达到了 19%,
从相关资料所记载的破坏性程度来看,这一地区的大地震与强震显然居于
首位。其后是川渝地区,发生地震达到 14 次,占比达到了 15.7%;从震灾情
况来看,这一地区是不同震级的大中小地震都曾发生,但很明显,同样是强
震或大地震居多。再其后是属于陕甘地区、闽赣地区、河东路、青藏高原、南
京路与西夏等地,分别发生地震 5 次至 3 次,占比 5.6% 与 3.4% 不等;上述
六个地区在当时发生的地震次数虽然不是很多,但除南京路与闽赣地区外,
大多属于破坏性较强的地震。当时记录发生地震偏少的地区分别是东北与
大理地区,发生地震数的记录分别 2 次与 1 次,所占比例分别为 2.2% 与
1.1%。这一时期未见有地震发生记录鄂地区有广南路、淮南路、山东路与
荆湖路等,除山东路外,绝大部分都属于南方地区。当然,上述如青藏高原
与大理等地发生地震的次数较少很有可能与其缺乏正常的文献记录与保存
制度有关。不过,从南宋时期所留存的文献资料总体来看,上述统计数字应
该说还是较为客观地反映了当时地震发生在地区分布上的实际情况,具有
较强的说服力和可信度。

第四,南宋时期除河北、河东、川西与陕甘宁等位处地震带的地区外,其
他大部分地区所发生的绝大部分地震都是震级属于 5 级以下的有感地震,其
破坏性程度较低;而且历史文献所记录的这些地区所发生的有感地震,还程
度不等地受到上述地震带地区所发地震的影响。王理等根据前述《中国历
史强震目录》一书所收集的中国历史时期地震灾害信息研究指出,所发地震
随震级的增加而数量迅速减少,这是符合地震频度与震级的关系的。在其
统计的中国历史上所发生的 5649 条地震信息中,4—≤6 级地震有 4635 次,
6—≤7 级地震有 829 次,7—≤8 级地震有 165 次,大于 8 级的地震有 20 次,
占地震总次数的比例依次为 82%、14.7%、2.9% 和 0.35%[⑫]。

据《中国历史地震图集》一书统计,南宋时期已绘出地震图谱的地震共
13 次,其中有 1 次≥7 级的地震,发生在今四川雷波东北;有 6 次 6—≤7 级
的地震,其发生地宁夏、山西各 2 次,河北、福建各 1 次;有 5 次 5—≤6 级的

地震,其发生地陕西、河北、宁夏、四川、西藏各 1 次;有 1 次 4.7 级的地震发生在四川北川;其他未绘图的 65 次地震都是难以识别震级的 ≤4.7 级以下的有感地震或者是 ≤2.5 级的小地震。很明显,上述强震多分布在我国西部或北部地区,南方地区不仅发生强震的次数少,而且发生 ≥7 级的大地震的比例更少。

四、南宋时期地震的类型与危害

在地震学界,人们把地震多分为天然地震和人工地震两大类。天然地震完全是由地质的原因所引起的自然发生的地震;人工地震是由人为活动引发的地震。根据地震发生原因的不同,天然地震主要包括三种类型:构造地震、火山地震与塌陷地震。人工地震主要包括核爆破直接引起的人为地震与其他因素引起诱发的地震。在中国历史时期包括宋代,所发地震都是天然地震,没有人工地震。这是因为,在当时的科技水平与人们能够完成的大型工程的能力,还不可能引起地震的发生。

构造地震,是因地下深处岩石破裂、错动把长期积累起来的能量急剧释放出来,以地震波的形式向四面八方传播出去,到地面引起的地动山摇、房屋倒塌、人畜伤亡等称为构造地震。这类地震发生的次数最多,破坏力也最大,占全球地震的 90% 以上。火山地震,是因火山作用,如岩浆活动、气体爆炸等引起的地震。火山地震只有在火山活动区才可能发生,这类地震只占全球地震的 7% 左右。塌陷地震,是因地下岩洞或矿井顶部塌陷而引起的地震。这类地震的规模比较小,次数也很少,即使有,也往往发生在溶洞密布的石灰岩地区或大规模地下开采的矿区。人工地震,是因进行地下核爆炸、炸药爆破等人为活动直接引起的地面振动。如工业爆破、地下核爆炸造成的振动;诱发地震,是因人工修成的大水库蓄水,或在各类开采矿产的深井中进行高压注水后增加了地壳的压力,有时也会诱发地震。这类地震大多只是在某些特定的水库库区或矿产开发地区发生。

在南宋时期发生的地震中，火山地震未见记载，更没有涉及人工地震的记录。当时发生的地震绝大部分都是构造地震，约占当时地震发生数的99％以上；大约只有1％以下的塌陷地震。如《宋史》中记载为"山崩"但又类似为"塌陷地震"的宋代震灾仅有一次记录：

如果从地震发生的震级分类看，南宋时期所发生的地震绝大部分都是2.5—≤4.7级以下的有感地震或者是≤2.5级的小地震，只有小部分是≥4.7级的破坏性地震。据《中国历史地震图集》一书统计，小于4.7级的地震大约占到了当时所发地震的83.3％，≥4.7级的地震约占16.7％。在≥4.7级的地震中，≥7级的地震占1.3％，4.7—≤6级与6—≤7级的地震分别均占7.7％。

但从南宋时期地震的危害看，即使是占比较小的部分破坏性地震，也给当时人们的生命财产带来了重大的损失。一般来说，地震灾害所造成的危害一方面主要表现为人员伤亡和财产或经济损失，这种损失大多是因建筑物的损毁、倒塌造成的；另一方面是伴随发生的次生灾害，如火灾，水灾，冻灾与环境破坏等。

南宋时期的地震灾害不仅造成了巨大的人员伤亡和财产损失，而且带来了各种社会和经济问题。如历代王朝都要为此花费大量的人力、物力与财力来救灾、赈灾。不仅如此，地震发生后，历代皇帝都要例行公事地一方面下诏赐钱赈灾，另一方面还为此屡受朝臣指责而下罪己诏，并举行各类祭祀活动[13]；同时还要动员社会多方面的力量进行长期的辛勤劳动才能解决或恢复灾民的生产与生活问题。可见，震灾发生后，差不多整个社会都要为此花费大量的精力，耗费无数的人力与财力，才能使灾区达到震前的经济水平。

综上所述，南宋时期发生频繁、分布广泛的地震灾害给当时人们带来了严重的损失，造成了巨大的生命财产威胁。正因为如此，长期以来，我国古代人民同地震灾害展开了不懈的斗争，在地震预报、抗震防灾和地震救灾等工作中取得了一些有益的经验，在减轻地震灾害的努力中取得了一定的成绩。

注释：

①邓云特：《中国救荒史》，上海书店 1984 年版，第 22 页。

②陈高佣：《中国历代天灾人祸表》，上海书店 1986 年版，第 796—1085 页。

③康弘：《宋代灾害与荒政述论》，《中州学刊》1994 年第 5 期。

④邱云飞：《中国灾害通史》（宋代卷），郑州大学出版社 2008 年版，第 158 页。

⑤国家地震局震害防御司：《中国历史强震目录（公元前 23 世纪—公元 1911 年）》，地震出版社 1995 年版，第 26 页。

⑥中央地震工作小组办公室编：《中国地震目录》，科学出版社 1983 年版，第 15 页。

⑦国家地震局地球物理研究所、复旦大学中国历史地理研究所主编：《中国历史地震图集》（第 1 册），以下表中简称《图集》，中国地图出版社 1990 年版，第 111 页等。

⑧表中引述历史文献所载时间皆为农历，其年月日在换算成公历日期时，因文献中农历十一、十二月份多为次年公历 1、2 月份，故所标年份有与原纪年年份不一者。下同。

⑨马宗晋、赵阿兴：《中国的地震灾害概况和减灾对策建议》，《中国地震》1991 年第 1 期。

⑩王理、徐伟、王静爱：《中国历史地震活动时空分异》，《北京师范大学学报》（自然科学报）2003 年第 4 期。

⑪时振梁：《中国地震活动的某些特征》，《地球物理学报》1974 年第 1 期。

⑫王理、徐伟、王静爱：《中国历史地震活动时空分异》，《北京师范大学学报》（自然科学报）2003 年第 4 期。

⑬《宋史》卷六七《五行志》。

南宋富民阶层成长的社会空间分析

张锦鹏(云南大学)

　　近年来,业师林文勋教授提出了"富民社会"理论,对富民阶层的崛起原因、从豪民到富民的社会变革、富民社会的时代特征、对历史发展进程的影响等进行了系统研究。对于这一富于创新性理论体系,正在由林教授带领的学术团队不断深化和完善,本文就是参与这一课题研究的成果之一。

　　唐宋时期社会变革一个重要的表现是富民阶层的兴起。富民是有财富但没有政治特权的人,是中唐时期伴随着商品经济发展崛起的一股财富力量,到宋代已经成长壮大成为一个新兴的社会阶层,一股强大的推动社会发展的力量。若对富民阶层的成长阶段进一步细化,笔者以为,中唐时期是富民群体崛起的时期,北宋是富民群体成长时期,南宋是富民作为一个新兴的社会阶层在社会上崭露头角的时期。富民作为一个新兴的社会阶层出现,有三个显著的特点,一是富民群体数量增长;二是富民财富实力的壮大;三是富民受教育程度高。南宋大多数富民都具有这三个特征,因此可以将富民看做一个新兴的社会阶层,区别于官僚、平民阶层。

　　南宋富民作为一个新兴社会阶层产生,这既是中唐、北宋以来富民群体不断成长积累的结果,同时也必然与南宋统治者所推行的政策体系和社会环境有密切关系。本文基于这一理论预设出发,从南宋国家经济政策、南宋社会意识形态变迁以及南宋文化政策这三个方面,分析南宋时期富民阶层成长的社会空间,以期深化对"富民社会"这一大课题的研究。

一、逐步开放的经济政策与南宋富民成长

富民之所以是富民,是因为他们社会财富的持有者。作为财富的创造者,固然以勤劳、进取、远识等个人品质密切相关,但是作为群体性力量乃至社会阶层出现,必然是需要适当的经济制度环境。

从中唐以来,国家就逐渐对经济放松管制,"田制不立"确立了土地私有制经济,土地买卖成就了一大批富民从普通百姓中脱颖而出,贱商法律的调整使在商品经济大潮中最为活跃的商人群体重新获得了崭露头角的机会,富民群体就是在这样的制度环境下成长壮大起来。进入南宋,统治者奉行更加宽松和自由的经济政策,鼓励发展商品经济和海外贸易,为富民阶层的成长壮大提供了更大的发展空间。

南宋国家经济政策特点之一是"不折腾"。纵观两宋经济政策,北宋经济政策变化较大、改革创制多。南宋经济政策多遵循北宋后期经济政策的基本框架,并在此基础上进行微调,以更加适应商品经济发展。

以榷茶为例。北宋时期的榷茶制度,经历了从建国初期的交引法到太宗、仁宗时期的贴射法,到嘉祐年间的通商法,再到崇宁年间的蔡京长短引法,茶法变革虽然遵循着从管制向逐渐开放方向发展,但是,经常性变化和不断反复的政策也常常让商人无所适从,尤其是在北宋初期实行交引法、贴射法期间,入中的商品和方式经常变化,或"两分"或"三分"或"四分",给"引"的方式亦不断变化,或"交引"或"见钱"或"贴射",仅从变化不定的名称上足见当时茶法的混乱与多变。北宋榷茶制度不断变化,导致了经济活动预期的不确定性,不利于经济的发展。南宋榷茶制度基本遵循北宋政和茶法,《建炎以来朝野杂记》甲集卷十四《总论东南茶》言:"建炎渡江,不改其法。"根据黄纯艳研究,南宋茶法的变化,主要是长短引的斤重和引价有所不同,以及发卖茶引的地点的变化。[①]南宋的长短引的引价和斤重的调整,主

要是适应不同经营规模茶商的需要,还发行了适应小商人从事茶叶经营的小引,"游手失业之人有三千便可兴贩官茶……今来茶引价轻,公贩有利,则私贩日消。"②北宋政和茶法卖茶引只有京都榷货务一处,而南宋建炎二年(1128)起,就允许地方发卖交引,大大方便了茶商买引。可见,南宋茶法主体制度框架遵循北宋之制,仅在细节上进行了调整,而调整的方向也是更有利于商人经营。不唯茶法如此,其他禁榷商品的禁榷政策也大体如此,如盐法、矿产的经营活动,等等,表明南宋政府的经济管制政策在"不折腾"的大前提下微调放开。

在管制经济领域内逐步放开,在非管制经济领域内自然是任凭蛟龙腾跃,就像"不抑兼并""田制不立"就是承认土地私有制和自由买卖一样,南宋王朝几乎没有出台影响较大的限制商品经济发展的政策制度,意味着南宋经济运行环境是较为宽松和自由的。因此,南宋时期,从农民到手工业者到市民,追求经济利益的活动无处不在。在临安这样的大都市里,集聚着资金实力雄厚的商人,他们"铺前列金银器皿及现钱……纷纭无数","自融和坊北,至市南坊",谓之"珠子市",如遇买卖,动以万数。又有"府第富豪之家质库,城内外不下数十处,收解以千万计。"③靠近大都市的郊区县镇和主要交通道路沿线市镇,也是大小商贾骈集,交易繁盛。南宋临安府仁和县的北关镇,"物货辐萃,公私出纳与城中相若"。④鄂州江夏县青山矶市,因属长江沿岸的码头,遂发展成为一个繁华草市,元初郝经的《青山矶市》云:"青山一聚落,中道势幽阻。通衢万家市,巴商杂越旅。"⑤区位因素不太引人注目的蒋州郑庄,因靠近宋金边界,有与金互市之利,"以岁计之,茶不下数万引,牛不下六七万头,钱宝则未易数计"⑥。从事经营活动的人不仅是职业商人、手工业者,还有很多兼业的农民,故南宋士大夫王柏曰:"今之农与古之农异。秋成之时,百逋丛身,解偿之余,储积无几,往往负贩佣工以谋朝夕之赢者,比比皆是也。"⑦富民群体便是在有众多日逐蝇头小利的小商贩、兼业者和普通百姓广泛参与商品经营活动的大环境下,优胜劣汰,适者生存,逐步脱颖而出,从而形成的一个新兴社会阶层。

南宋国家经济政策的另一个特色是鼓励海外贸易。南宋偏安江南,海外贸易的战略地位和经济意义凸显出来,早在南宋初期,统治者就认识到市舶之利是国家重要财政收入来源,"市舶之利,颇助国用",把"招徕远人"⑧作为国策。绍兴七年,针对地方官员提出外商在广州港横行霸道欲驱逐海商的建议,高宗言:"市舶之利最厚,若措置合宜,所得动以万计,岂不胜取之于民?朕所以留意于此,庶几可以少宽民力耳。"⑨强调发展海外贸易的重要性。历朝历代,皇帝每年要亲自祭天、祭地,这是惯制,南宋临安府设有海神坛,"在东青门外太平桥东,祭江海神,为太祀,以春秋二仲遣从官行望祭礼"⑩,体现了朝廷对海洋经济的重视。地方政府亦采用主持祈风祭海仪式等宗教活动方式来表达政府支持海商活动的政策指向。祈风与祭祀海神是海商和渔民传统的民间祭祀活动,北宋后期,地方官员开始组织祈风活动,但将政府祈风仪式惯例化、经常化是在南宋时期,以当时最大的对外交通港口泉州为其典型。泉州九日山摩崖石刻记载了宋代地方官员组织的祈风仪式有 10 次,均发生在南宋时期。⑪真德秀在《祈风文》中指出祈风之目的:"惟泉为州,所恃以足公私之用者,蕃舶也。舶之至时与不时者,风也。而能使风之从律而不愆者,神也。是以国有典祀,俾守土之臣,一岁而再祷焉。"⑫特别需要指出的是,福建官方主持的祈风仪式,是在佛教寺庙九日山延福寺举行,多数蕃商信仰穆斯林,他们并不参加这一仪式。这意味着官方主持祈风仪式,主要是为本国海商祈风。为了增加海外贸易收入,南宋朝廷还对沿海地区地方官吏下达"务要招徕蕃商课额增羡"⑬的任务。而对于招徕海商有功的平民可赐官补官,如绍兴六年,"诸市舶纲首能招诱舶舟、抽解物货、累价及五万贯十万贯者,补官有差。"对国家商税收入贡献大的海外商人,也赐予一定品阶的官职,作为褒奖。降低市舶税率,是鼓励海商的重要举措。绍兴六年(1136),福建市舶提举司申奏,请求将粗色货物改为十五征一,得到朝廷同意。明州市舶司也如法炮制,降低了粗色商品的市舶税率。

　　这些鼓励海外贸易的政策措施,大大促进了南宋海外贸易的发展。东南沿海一带百姓,有很多人参与了海外贸易活动,或是贩海远航,成为一本万利的大海商;或是坐守海港之利,靠与蕃商交易发财;或是转运贩销香药宝货,赚取转手贸易之利润。福建莆田县宋绍兴八年的"祥应庙碑记"中载:

"泉州桐首朱粉,舟往三佛齐国,……舟行迅速,无有艰阻,往返曹不期年,获利百倍。"刘克庄有诗云:"闽人务本亦知书,若不耕樵必业儒。唯有桐城南郭外,朝为原宪莫陶朱。海贾归来富不赀,以身殉货绝堪悲。似闻近日鸡林相,只博黄金不博诗。"[⑭]不唯福建人逐海舶之利,其他地区的人也多有从是海外贸易者。"贩海之商……江淮闽浙处处有之。"[⑮]建康巨商杨二郎,"本以牙侩起家",转为海商者,"数贩南海,往来十余年,累赀千万"[⑯]。台州郑四客,"曾为林通判家佃户,后稍有储羡,或出外贩贸纱帛、海物。"[⑰]2007 年从广东打捞出来的南宋沉船"南海一号",不仅出土了瓷器、生产工具等海外贸易商品,而且还出土了金手镯、金腰带、金戒指等黄金首饰,这些黄金饰品造型精美,至今闪闪发光,推测其为船主身上佩戴的饰品。考古人员从凝结物中清理出了一件较为完整的漆盒,漆盒饰纹华丽,非常精美,透露出它的主人拥有精致的生活。沉船上还发现铜镜、铜珠、粉盒、朱砂等物品。这些可能是船乘人员生活物品,它向人们默默地展示着南宋时期海商海员生活的奢华与富贵,也是南宋中国富民生活的一个缩影。

由此可见,南宋时期较为宽松的经济环境和逐步开放的经济政策促进了富民群体的壮大发展,从而形成了一个新的社会阶层——富民阶层。

二、去"财富原罪"思潮发展与南宋富民成长

在中国传统文化里,对追求财富存在本能的偏见。孔子曰:"君子喻于义,小人喻于利"[⑱],把追求财富的人看做是"小人",而"君子坦荡荡,小人长戚戚"[⑲]的言论,从此将"小人"的形象刻板化。在中国传统文化里,"义"和"利"具有不可调和的矛盾,荀子"先义而后利者荣,先利而后义者辱"[⑳]指出了求"利"所产生的道德问题。商业活动,其出发点是"求利",必然是不义之举,不符合主流价值观的要求。特别是在商品经济不发达的时代,商业经营活动多以靠地域差价、季节差价赚钱,在人们的心目中商人就是"贱买贵卖"、"囤积奇货",甚至"乘人之急""邀利数倍",是在赚取不义之财。东汉

晁错对此总结说:商人"男不耕耘,女不蚕织,无农夫之苦,有仟伯之得",能够"衣必文采,食必粱肉",其原因正是他们"大者积贮倍息,小者坐列贩卖,操其奇赢,日游都市,乘上之急,所卖必倍"^㉑,与"君子"行为相去甚远。故从事经济活动的人多为"奸商""不法之徒",靠经营活动致富的人,其财富获得是不正当的,财富来源是不合法的。

可以说,从中国传统文化滥觞之始,就形成了强烈的"财富原罪"观,即追求财富的活动是"见利忘义",获取财富是有罪的不符合道德规范的行为。

这种"财富原罪"观,犹如孙行者的金箍棒,深刻地影响着人们"求富"的价值取向,追求"货殖"的人常常处于心理失衡状态:挣的钱越多,财富积累越丰富,他们越觉得理亏,内心的恐惧就越大,就越担心这些"不义之财"是否会对其身家性命带来危害。这使商人不敢过于放纵自己追求财富的目标,他们或遵从政府的教化"务本为业",即便靠经营工商业赚了钱,也要"以末致富,以本守之",这样才能获得心理上的平衡。特别是国家实施的"重本末末"和"贱商"政策,更使笼罩在商人的财富原罪观被政府历次任意剥夺商人财富的政策所强化。如汉代徙富室实边、对商人实行算缗告缗,使财富拥有者更加感受到财富之祸,同时也警示着世人:财富是一朵盛开着美丽诱惑之花的毒罂粟。

在国家政策的导向下和传统文化价值观的熏陶影响下,这种财富原罪观深入人心,甚至对于那些靠经营活动致富的人,他们自身对自我的评价也趋向于负评价。且看下面一则史料:

> 东阳陈同父资高学奇,跌宕不羁。常与客言,昔有一士,邻于富家,贫而屡空,每羡其邻之乐。旦日,衣冠谒而请焉。富翁告之曰:"致富不易也,子归斋三日,而后予告子以其故。"如言复谒,乃命待于屏间,设高几,纳师资之贽,揖而进之。曰:"大凡致富之道,当先去其五贼,五贼不除,富不可致。"请问其目,曰:"即世之所谓仁、义、礼、智、信是也。"士卢胡而退。同父每言及此,辄掀髯曰:"吾儒不为五贼所制,当成何等人耶?"^㉒

史料中这个富翁自己也承认要赚大钱,必须首先去掉"仁、义、礼、智、信"这些正统价值观和道德行为规范,只有"不仁""不义""非礼""无智""无信",变成一个彻头彻尾的道德失范者和传统文化背叛者,也就是说自己都认为自己是一个"坏人",才能赚钱赢利。

但是,这种财富原罪观到唐宋时期逐渐趋于淡化,社会主流文化对人们追求财富的行为开始抱以宽容、豁达的态度。在北宋士大夫的议论之中和普通百姓的言论之中,出现了不少对"财富正当论"进行辩解的声音,可以说,形成了一股"去财富原罪化"的社会思潮。人们把社会上不断涌现出来的富民的成功归于勤俭致富和才智优秀。如对曾为富民、后入仕为官的陈行先,人们评价其致富之道时说:"乃独以治产自任,服勤劳,躬纤啬,始于至微,粟储而缕积之,辟田桑以植本,又有所懋居以化有无。盖其性仁故知所取予,智故知所变通,信故能交约,故能持居久之,遂以富称乡里。"其致富之道"则与夫诈力贪刻、贱义放欲亡厌以为富者,甚异矣。"㉓普通百姓看待对那些富甲一方的人,亦是因为他们有才智过人之处。如东阳何坚才:"善为家,积资至巨万,乡之长者皆自以为才智莫能及。"㉔司马光也曾议论:"民之所以有贫富者,由其材性愚智不同。富者智识差长,忧深思远,宁劳筋苦骨,恶衣菲食,终不肯取债于人,故其家常有赢余,而不至狼狈也。贫者啙窳偷生,不为远虑,一醉之外,无复赢余,急则取债于人,积不能偿,至于鬻妻卖子,冻馁填沟壑,而不知自悔也。"㉕代表士大夫阶层的司马光这一议论,从富民和贫民在借贷这一问题上的不同行为方式和经济后果,说明富人之所以致富,是他们有"智",能深谋远虑,着眼于家庭长远经济计划。

到了南宋,对富民的正面评价已经不局限于士大夫和普通民众的言谈议论之中,而是上升到了思想意识形态和知识体系上,那就是出现了以陈亮、叶适为代表的功利主义学派的兴起,他们倡导反传统的义利观,"强调追求物质利益的合理性,主张义利统一"㉖。

北宋时期,一些著名的思想家就公开阐述反传统的义利观,如李觏指出:"人非利不生,曷为不可言? ⋯⋯欲者,人之情,曷为不可言?"㉗苏洵主张"义在则利存,利亡则义丧","义利、利义相为用而天下运诸掌也"㉘。到了南宋以后,功利主义学派的代表者陈亮,与朱熹书信往来辨析王霸义利,通过辩论双方的观点得到了充分表达,由此推进了思想界对义利关系的重新思考和认识。陈亮指出,人有欲是与生俱来的,"耳之于声也,目之于色也,鼻之于臭也,口之于味也,四肢之于安佚也,性也。""出于性,则人之所同欲也。""人生不能无欲",追求物质利益是人的本性。在陈亮与朱熹的"王霸义利之辩"中,陈亮对朱熹旗帜鲜明地反对朱熹将义利关系绝对对立的"存天理,灭人欲"的观点,指出"利"是"生民之利",合理的"利"就是"义","功到成处,便是有德,事到济处,便是有理"㉙。陈亮质问道:"禹无工,何以成六府? 干无利,何以具四德?"㉚与陈亮同时代的思想家叶适进一步丰富和发展了功利主义学派。在叶适的思想体系,也是从分析义利关系出发,对传统的"贵义贱利"提出强烈批评,他说"'仁人正谊不谋利,明道不计功',此语初看极好,细看全疏阔","既无功利,则道义者乃无用之虚语尔"㉛。叶适对三国时期和洽的言论评价道:"和洽贫至卖田宅,而言古之善教在通人情,所谓不以格物者也。又言勉而行之,必有疲悴。疲悴二字深得其要,故古人以利和义,不以义抑利。"㉜没有利,就无法做到"和义",利是义的基础,"成其利"是"致其义"㉝的必要条件。

陈亮、叶适对义利关系进行的新的阐释,提出了反传统的义利思想,为人们求富行为进行合理化阐释,对传统"财富原罪"观进行了有力反驳,让人们重新认识财富的个人意义和社会意义,认识追求财富的行为既有利于个人道德的升华,又有利于国家的富强和稳定。对此,叶适进一步论述了追求财富行为对个人、对国家和社会的积极意义。从个人意义来看,富民"虽厚取赢以自封殖,计其勤劳亦略相当矣"㉞,富民之所以富有,是个人勤奋治生的结果,财富越多,说明人越勤奋,越努力,越值得尊重,也就是"利能和义",能够产生个人道德的升华。从社会意义上看,"小民之无田者,假田于富人;得田而无以为耕者,借资于富人;岁时有急,求于富人;其甚者,庸作奴婢,归于富人;游手末作,绯优伎艺,传食于富人,而又上当官输,杂出无数,吏常有非时之责无以应上命,常取具于富人",因此,富人对社会和国家有重要贡献的一个中坚力量,"富人者,州县之本,上下之所赖也"㉟。国家应对富民加以保护,反对"夺民自利",更反对"破富民以扶贫弱",主张不抑兼并、扶持商贾,让富民拥有良好宽松的发展环境。

由此可见,南宋功利主义学派的兴起,是把北宋逐渐出现去"财富原罪"这一社会思潮进行了形而上的综合,在哲学意义上加以升华。可以说,在北宋时代,这种思潮还只萌动在平民阶层和士大夫阶层的日常议论之中,而到了南宋,它已经在思想界上升到了哲学意义上的思辨,并形成了系统化的思想体系。正是南宋社会激荡着令人振奋的去"财富原罪"社会思潮,使越来越多的人突破传统思想的禁锢,敢于主动追求财富,积极投身于各种经营活动之中,为自己也同时为社会创造更多的财富,宋代的富民群体才得以不断发展壮大,逐渐发展成为推动中国传统社会发展的中坚层和稳定层。

三、儒家文化政策与南宋富民成长

从富民群体到富民阶层,南宋时代,富民不仅在人数和财富力量上大大增强,而且也逐渐在社会身份上显示出与其他阶层不同的特点,那就是富民阶层的家庭一般都受过良好的教育,拥有良好的文化素养成为这一阶层的一个重要的社会标签。

富民热衷于教育的内驱力,来源于科举入仕制度。宋官僚阶层,是一个社会地位很高的阶层,不仅掌握分配社会资源之权职,而且可以享受官员俸禄,免除徭役,庇荫子孙,具有身份和地位。科举制度为下层人士提供改变其社会地位的流动通道,"朝为田舍郎,暮登天子堂"的身份转换并非神话,而是可以通过自己的努力实现的梦想。为此,"中上之户,稍有衣食,即读书应举,或入学校"⑩。但在北宋初期以前,受其取科名额的限制,科举入仕只是极少数知识分子的荣耀。据统计,有唐一代贡举、制举、童子举等共取士20619 人,平均每年 71 人。北宋初期,科举取士规模也保持在每榜进士不过30 人,诸科不过 50 人的规模。太宗即位,开始大量增加取士人数。英宗治平三年(1606),定制为三年一开科场、进士 300 人,明经和诸科不得超过进士之数,遂为定制。南宋时,改北宋定额取士为以得解及免解举人的分数取士之制。高宗建炎元年（1127）十二月一日，诏："以一十四人取一名，余分不及一十四人亦取一名。"㉜孝宗淳熙二年（1175）正月二十八日诏："今来省试每一十六人取一名，零分更取一名。"㉝按参试人数比例取士的制度，进一步扩大了贡举取士的规模。据统计，北宋贡举开课考试 81 榜，共取正奏名进士、正奏名诸科共计 36400 人；南宋贡举开科考试 49 榜，共取正奏名进士23198 人。㉞

南宋疆域仅为北宋五分之二，人口规模也保持在 1100—1200 万户左右，而北宋自仁宗嘉祐六年（1061）总户数达到 1100 万户以后，就不断上升，英宗时为 1200 万户规模，神宗时期大 1400—1700 万户规模，哲宗时期为1700—1900 万户规模，徽宗时期达到了 2000 万户以上规模。㊵以人口密度计算两宋科举取士的中举密度，不言而喻，南宋中举密度高于北宋。正是南宋统治者改革科举取士的录取方式，将定额制改为比例制，增加中举数量，进一步刺激了富民群体对追求功名的热忱。由于富民拥有经济实力，更有条件支持其弟子读书入仕，绝大多数人家，在第一代实现财富积累的基础上，必定要培养弟子读书应试，以实现"取科第登仕籍，富贵其身，光大其门"㊶。北宋三次兴学，官学教育普及到县，让一大批成长在乡村社会的富民获得了教育资源。南宋时期，乡村社会各种民间学校不断涌现，有冬学、村塾、私塾、家塾、小学等，蒙童教育、家庭教育日益受到重视，足见富民家庭对教育的重视程度已在北宋的基础上更上一个层次。以科举入仕为目标支持鼓励弟子读书之举，使越来越多的富民家庭弟子从小接受了良好的教育，拥有了良好的文化素养逐渐成为富民阶层的一个社会标志。

富民阶层对教育的追求，从表面上看是富民对文化和知识的自觉，实质上是国家对富民控制的一种特殊的方式，是一种成功的国家文化政策实践的结果。两宋统治者在国家文化政策上继续贯彻执行西汉以来确立的儒家文化，并无创新之处，相反，就是因为两宋统治集团成功地把传统儒家文化深入化之于广大民众阶层，尤其是渗入新兴的富民阶层的社会生活之中，从而使富民阶层在文化价值观上自觉地与国家保持一致，成为支持统治阶层、维护社会稳定发展的主导力量。

第一,科举取士分化了富民阶层追求财富的目标。追求功名,不仅可以"贵",而且可以"富",这是统治者灌输给民众的价值观。于是,在科举制度下,富有之家不再倾其财力人力促进财富的增长,而是在有一定财富积累的基础上,把家庭追求目标指向读书求功名。为了达到让弟子能成就功名,不少富民为此耗费了大量钱财,家境稍薄者不遗余力为弟子读书提供学费支持,家境丰裕者,则建私塾、请先生,为弟子读书购买书籍,甚至建藏书阁,等等。富民阶层靠经营土地或工商业获得的财富,有相当一部分消耗在支持家庭或宗族子弟读书之中。科举制度使富民阶层的追求从财富积累转向功名利禄,分化了富民的财富追求目标,使富民人生追求与国家治理目标趋于统一。也正因为富民追求财富的目标被功名取代,导致富民阶层的财富积累不可能出现过度膨胀,成为"富可敌国"的强大财富势力,对大一统王朝统治造成威胁。

第二,教育乡土化政策"涓滴"儒家文化于富民阶层。

对比北宋与南宋的文化政策,可以明显地看到,南宋时期儒家文化向平民、向乡村渗透更为深入和底层化。北宋时期统治者的文化政策的特色在于官学学校教育的地方化。三次"兴学"的政治实践,大大推进了官办学校向地方基层普及,尤其是县学的大举兴办,使官办学校教育不再是仅惠及官僚贵族和高级知识分子的子弟的"贵族学校",而是让普通平民百姓可以入学深造的地方。而南宋文化政策的重心在于,在继续发展地方教育的基础上,特别重视乡村社会的儒学教化与文化启蒙。

重视教化作用的小学教育和蒙童教育是儒家文化"涓滴"的一个途径。"教学之法,始于童子,谓之小学,君子重焉。"[42]南宋时期,在官学教育乡土化和普及化的影响下,在乡村社会也形成了重视儿童教育的风尚,乡学、村学、私塾等蒙童教育遍及广大乡村。南宋诗人陆游有诗云:"儿童冬学闹比邻,据案愚儒却自珍。授罢村书闭门睡,终年不着面看人。"[43]这类蒙童教育,其目的不仅对儿童进行识字、读书等基本知识的启蒙,而且十分重视教化的作用,即将"仁、义、理、智、信"的儒家文化思想通过启蒙教育渗入儿童心智之中。当时的《蒙求》等蒙学读物,往往由鸿儒大师亲自编订。理学家朱熹就亲自编写了《小学》、《论语训蒙口义》等启蒙读物,王应麟也著有《小学绀珠》、《小学讽咏》等少儿读物。

官方对百姓发布宣传礼教纲常的谕俗文是儒家文化"涓滴"的又一途径。所谓谕俗文,就是官方对广大民众发布的谕旨、告谕、劝诫文等,其目的在于劝诫、教化百姓。谕俗文多以百姓通俗易懂的语言文字和故事比喻来宣扬儒家礼教,三纲五常。《四库全书简明目录》称:"其书皆采摭经史故事,关于伦常日用者,旁因曲喻,以开导下愚,故其词惟主于通俗,而起说亦多诫以利害。"⑭经常发谕俗文劝谕百姓,是南宋地方政府从政的一大特色。真德秀在潭州任太守时,曾刊发《谕俗榜文》(又称《潭州谕俗文》)劝化百姓⑮;南宋时任明州天台县县令的郑至道撰《谕俗编》(又称《谕俗七篇》),雕刻出版⑯,广发于百姓;临海县令彭仲刚续《谕俗五篇》⑰;等等。各地地方官吏通过向百姓发放"谕俗文"的方式,通俗化将儒家纲常伦理渗透到乡村社会之中,让广大百姓自觉用儒家伦理规范自己的行为,规范乡村秩序。

南宋政府的乡土化教育政策,其对象是所有的普通民众,并非特别指向富民阶层。但是,由于富民阶层是"有钱"和"有闲"阶层,他们更具有支持孩子读书的条件与能力,学校教育的乡土化、普及化、幼龄化,得益者主要是富民阶层。由此可见,宣扬儒家思想、传播儒家文化的学校教育的平民化过程之中,起到了国家利用儒家思想统一和规范富民阶层的思想意识的作用。同样,地方官吏为淳化风俗而发布的"谕文书",虽然受众者是所有村民,甚至还特别针对无文化、无修养的刁顽之民,但是,要把这些"谕文书"内容传播给目不识丁的村民,还需要靠有一定知识水平的富民,富民阶层在乡村社会承担了推广教化、移风易俗职能的同时,也加强和深化了对儒家思想、儒家文化的理解,从而使自己的思想意识,为儒家文化所涵化,成为儒家文化的忠实追随者。

四、结论

富民作为具有财富优势和有文化素养的一个新兴社会阶层出现,这绝非仅靠个人的聪颖、勤奋或远识等优秀个性品质所能及,而是需要相应的经济社会环境和滋养这一阶层发展的制度体系。唐宋社会所发生的种种变革正是为富民阶层的成长壮大提供了有利的发展社会发展空间。南宋时期富民群体在数量上和财富力量上都大大超过了北宋,已经成为一个新兴的社会阶层,在社会生活中扮演着重要角色,这既是中唐以来社会变革的积累发展,更是南宋时期国家对经济管制的进一步放松和对自由经济的不干涉态度的结果,以及在海外贸易方面的积极鼓励政策的刺激。这些有利于富民成长的经济制度,大大促进不同职业、不同身份的人积极投身于财富增值的经营活动。在求富的过程中,一大批富民脱颖而出,财富力量无论在数量上还是在财富实力上都有很大增强。在这一过程中,为财富正当性辩护、去"财富原罪"观从士大夫的空谈议论上升成为哲学意义上的思想体系,形成一股激荡人心的社会思潮,为人们公开、正当追求财富提供了有力的道德和文化价值观的支持。"科举取士"制度以及不断扩大的取士比例,激励了富民家庭重视教育、追求文化,富民阶层同时也成长为拥有文化知识、有相当教育背景的一个群体。

任何时代,一个新兴阶层的成长必然需要与之成长相适应的政治、经济、文化环境,只有制度不断创新和变革的社会之中,新兴的社会力量才能不断从社会土壤之中获得成长所需要的充足养分。对于经济力量的成长而言,急风暴雨式的暴力革命,必然以消耗大量社会财富为条件,而缺乏连续性、经常性的制度更易,也会对财富安全性产生冲击,特别是经济预期不确定增强,这样的变革不仅不能达到预期目的,反而会对现有的成果造成冲击,走向消散财富和降低经济效率。历史经验表明,"不折腾"永远是市场化改革的方向。

财富力量永远是一种具有强大瓦解力和破坏力的力量,若统治者成功利用一个国家的财富力量,就可以更加稳固和强化其统治基础,促进社会发展;若不能有效利用其财富力量,就容易使之成为一股异己的力量,分离和瓦解其统治体系,导致社会混乱。特别是在南宋时期,富民已经从财富群体发展成为一个社会阶层,这不仅是富民群体的数量急剧增长财富力量不断壮大的过程,更是富民群体的社会影响力迅速增长扩张的过程。科举入仕逐渐使其拥有了知识和权力,再加上他们的财富,富民阶层拥有了可以强大影响甚至改变社会的三大武器——财富、知识、权力,也就是说富民阶层有可能成为一股异己的社会力量,成为社会不稳定因素,甚至会对统治阶级造成政治上的威胁。但是,在宋代积贫积弱三百多年的历史中,面对内忧外患,虽然出现过方腊、王小波、钟相、杨幺等小规模的、地方性的农民战争,但并未出现过类似陈胜、吴广起义和李自成起义之类席卷全国、对当时的统治王朝造成致命打击的农民战争。特别是南宋偏安江南以后,国家势力日益弱化,强权政治失去昔日的光彩,对外屈膝求和,"守内虚外",国家治理每况愈下,各种制度体系混乱,但总体社会秩序仍然遵循着正常发展轨迹,而且社会经济和文化思想还得到了更加繁荣的发展。这表明宋代富民阶层兴起,并未引起社会的剧烈分化,社会矛盾相对缓和。这些社会现象揭示了随着富民阶层的逐渐形成,富民并未作为一股异己的社会新生力量冲击旧体制,相反,有一种机制较好地调节的富民与国家的关系,使广大富民安于在封建皇权的统治下安身立命,小富即安,甚至积极主动承担起维护社会稳定的社会职责。

究其原因,在于宋代富民阶层成长的过程,也是富民阶层被体制吸纳和被制度一体化的过程。为了控制其不至于成为对体制异己的社会力量,两宋政府采取了文化涵化政策,利用儒家文化政策统一人们的思想意识形态,分化了富民的财富追求目标,从而使他们主动承担起治理国家的社会职责,富民的自我价值追求与国家社会期待达成了统一性。北宋政府注重地方教育,将富民中的优秀分子吸纳进入国家官僚体系作为文化涵化的重心;南宋政府则更加关注平民阶层的教化问题,试图通过蒙童教育、乡民劝谕等方式将儒家文化的价值理念润物细无声地"涓滴"渗透到基层社会。而在这一过程中,接受儒家文化最多、影响最深的也是那些拥有财富力量、对弟子入仕有期望以及本身就有一定文化素养的富民,从而使富民阶层自始至终在文化价值观上自觉地与国家保持一致,成为统治者可以信赖和利用的中坚力量,这股力量有意无意地在整合着社会的裂痕和分异,使社会趋于和谐统一。

注释:

①黄纯艳:《宋代茶法研究》,上篇第五部分《南宋茶法》,云南大学出版社 2002 年版,第 121—146 页。

②《历代名臣奏议》卷二七一《理财》(李椿奏议)。

③《梦粱录》卷一三《铺席》。

④《咸淳临安志》卷二一《桥道》引冯楫戈《中兴永安桥记》。

⑤郝经:《陵川集》卷三《青山矶市》。

⑥《宋会要辑稿·食货》三八之三八。

⑦王柏:《鲁斋集》卷七《社仓利害书》。

⑧《中兴小记》卷三二,文渊阁《四库全书》本。

⑨《建炎以来系年要录》卷一一六,绍兴七年闰十月辛酉条。

⑩《梦粱录》卷一四《祭祀》。

⑪庄景辉:《泉州宋代祈风石刻考释》,《南方文物》1989 年第 2 期。

⑫《西山文集》卷五四《祈风祝文》。

⑬《建炎以来系年要录》卷五八,绍兴二年九月庚辰条。

⑭刘克庄:《后村集》卷一二《泉州南郭二首》。

⑮《敝帚稿略》卷一《禁铜钱申省状》。

⑯《夷坚志补》卷二一。

⑰《夷坚支景》卷五。

⑱《论语·里仁》。

⑲《论语·述而》。

⑳《荀子·荣辱》。

㉑《汉书·食货志》。

㉒(宋)岳珂:《桯史》卷二《富翁五贼》。

㉓《忠肃集》卷一四《陈行先墓志铭》。

㉔《陇川集》卷三〇《何夫人杜氏墓志铭》。

㉕《宋名臣奏议》卷一一一《上神宗乞罢条例司常平使者》。

㉖叶坦:《富国富民论》,北京出版社 1991 年版,第 186 页。

㉗《盱江集》卷二九《原文》。

㉘苏洵:《嘉祐集》卷九《利者义之和论》

㉙(宋)陈傅良:《止斋集》卷三六《答陈同父三》。

㉚《宋元学案》卷五六。

㉛叶适:《习学纪言》卷二三。

㉜叶适:《习学纪言》卷二七。

㉝叶适:《习学纪言》卷二一。

㉞《水心别集》卷二《民事下》。

㉟《水心别集》卷二《民事下》。

㊱张守:《毗陵集》卷六《论措置民兵利害札子》。

㊲《宋会要辑稿·选举》三之三八。

㊳《宋会要辑稿·选举》四之十七。

㊴以上历代科举取士统计数据,均来源于张希清的《论宋代科举取士之多与冗官问题》,《北京大学学报》1987 年第 5 期。

㊵参见吴松弟:《中国人口史》第 3 卷《辽宋金元时期》,复旦大学出版社 2000 年版,第 346—354 页中的表 8—1,表 8—2。

㊶(宋)王十朋:《梅溪集·前集》卷二〇《张府君行状》。

㊷欧阳修:《文忠集》卷五八《州名急就章》。

㊸《剑南诗稿》卷二五《秋日郊居之七》。

㊹永瑢:《四库全书简明目录》卷一三,古典文学出版社 1957 年版。

㊺(宋)真德秀:《政经》卷四〇《谕俗榜文》。

㊻《宝庆四明志》卷二《学校》载"谕俗编五十二板"。

㊼嘉定《赤城志》卷三七《临海令彭仲刚续谕俗五篇》。

试论南宋的社会教育

苗春德(河南大学)

　　包括南宋在内的中国古代社会有没有社会教育？社会教育如何理解和界定？社会教育这一概念或术语与中国古代的"教化"、"训俗"是什么关系？长期以来,学术界有不同的识见。我们拟结合南宋的社会历史事实,谈点个人的粗浅看法。

一、社会教育概念辨析

　　可以肯定地说,中国古代没有社会教育这一称谓。社会教育是中国近代的舶来品。[1]尽管如此,但不能因此就说中国古代没有社会教育,恰恰相反,包括南宋在内的中国古代,社会教育的实践活动和措施却相当丰富和发达。这是因为,教育是一个复杂的社会现象,同时,它又是一个庞大的概念群,既包括纵向的大、中、小、幼教育,又包括横向的学校教育、家庭教育和社会教育,还包括各式各样的专业(职业)教育和衍生的其他教育,等等。所以近现代教育家雷沛鸿说,"教育＞学校","学校＜教育","学校之外,还有教育",学校只是教育的一个组成部分[2]。用这种教育观来审视古代社会,可以说,在学校没有正式产生之前的远古时代,人类初始的教育都是社会教育。

自从人类进入阶级社会,产生了文字和学校,学校就"喧宾夺主"地占据了强势地位,被视为"正式教育",受到普遍的重视,于是人们渐渐地把学校与教育等同起来,而广泛的社会教育则被视为"非正式教育",并渐渐地被忽略和淡忘。到了近代,人们用科学的观点厘清了概念,这无疑有助于对社会教育的统一认识和内涵的界定。因此,一般认为,社会教育有广义和狭义之分:广义的社会教育"指一切社会生活影响于个人身心发展的教育。"③狭义的社会教育"指学校教育之外的一切文化教育设施对青少年、儿童和成人进行的各种教育活动。"④前者所说的"社会生活",不仅指人类的衣、食、住、行等状况,更重要的是指人们的各种社会活动,即经济活动、政治活动、文化教育活动等。这些活动都影响着个体的身心发展,都具有教育的功能。这是一种"大教育"观点或理念。它既包括有目的、有计划、有组织的教育活动,又包括自然环境和社会环境的陶冶和渍染;既包括"正规的教育",又包括"非正规的教育";既包括学校教育和家庭教育,又包括狭义的社会教育。后者是指学校教育和家庭教育之外,利用各种社会文化设施和资源,对广大社会成员所实施的一种影响和训诫活动。它是学校教育和家庭教育的延伸和补充。从这个意义上讲,中国古代的"教化"、"训俗"、"诏"、"诰"、"敕"、"谕"、"箴"、"规"等,无疑都是社会教育的实践活动和形式。这就是我们的识见和观点。

二、南宋社会教育的目的与任务

鉴于唐末五代战争频繁,政局混乱,学校衰废,纲常名教受到重创,社会道德问题多多,这成了有识之士关注的焦点之一。赵宋王朝建立后,为了巩固专制统治,毅然采取"兴文教,抑武事",重整封建伦理道德的基本国策,因而有力地促进了学校教育、家庭教育和社会教育三者并进,协调发展。宋朝不仅建立了较隋唐更为完善的学校制度和家庭教育制度,而且使古老的社会教育也得到了进一步加强和长足发展。

南宋的社会教育也是一种有计划、有目的的教育实践活动。南宋的统治者，上至皇帝，下至各级官吏，特别是一些理学家，无不关注和强调对民众的纲纪伦常和礼俗道德教育。他们这样做的实质无非是重整伦常纲纪，稳定社会秩序，巩固封建专制统治。用理学家真德秀的话说："家家孝友，人人雍和，息事省争，安分循理。"⑤用宁宗嘉泰三年（1203）一个官员上疏中的话说："治道之要在正风俗，而风俗之别则有二焉：曰民俗，曰士俗，民俗不正，士俗救之。"⑥其最终目的和任务是达到移风易俗，即《学记》所说的"化民成俗"。这里的"化民"，就是用统治阶级的道德理念来训化民众的思想感情，达到"一道德"的作用；这里的"成俗"，就是以统治阶级的道德准则来规范、整肃民风、民俗，达到"齐风俗"的作用。这是数千年来社会教育已经承担并将继续承担的社会职责。

三、南宋社会教育的主体与对象

学校教育的主体是由专门施教的教师和专门受教的学生共同组成，或称双主体。教师担负着全面教育、培养学生的职责，并由此形成教与学、师与生的关系。社会教育的主体则是由帝王、各级官吏、士绅、宗教、乡里组织和平民百姓组成。他们虽不是专门的教师和专门的学生，他们之间虽不能构成师生关系，但依然存在着教与学的关系。很显然，前者是居高临下的上级，始终居于强势地位，是主体和主导；而广大平民百姓则处于弱势境地，是被训诫、被风偃的群体，即社会教育的对象。当然，社会教育对象并不像学校教育对学生那样，有严格的组织纪律、文化程度的要求和年龄的限制，而是不分男女老幼、贫富贵贱、文化程度和职业，只要是现实社会的成员，尤其是广大社会中下层劳动大众，都是社会教育的对象，它比学校教育层面更广阔，受众更多，更复杂。

四、南宋社会教育的基本形式和方法

南宋社会教育的基本形式和方法大致有三：人性设教、经典设教和神道设教。

（一）人性设教

要想教育人和改造人，首先必须了解人有没有接受教育的可能性和必要性。历代统治者都认为，人非石头和木头，人都有感觉、知觉及其思维活动，因此，人有接受教育的可能和必要，这就是历代关于人性的理论假设及主张。中国古代关于人性的理论虽有善恶、真伪之分，但都承认人性是可以通过教育、感化、影响和习染、熏陶而变化和改造的。到了宋代，张载、二程和朱熹等人虽把人性分为"天命之性"和"气质之性"两部分，这实际上是将古代各家人性学说加以整合，欲以此来统一和结束人性问题的争论。宋儒主张，在现实社会保持和发扬先天的"仁"、"义"、"礼"、"智"等"善端"，力争做一个具有入世精神和"修身、齐家、治国、平天下"理想的"君子"、"成人"、"仁人"、"贤人"，这是用"使命感"教育来铸造人生；道家看到现实社会充满欲望和诱惑，因而力主遣欲澄心，内修心性，保养生命，坚持"道法自然"、"反璞归真"，这是用"自然无为"教育来享受人生；佛家大讲因果报应，倡导信徒要脱离家庭和社会，追求"来世"和"彼岸"，力主到佛祖面前去忏悔、返思，这是用"罪感"教育来告别人生。儒、道、佛在不断争斗、碰撞过程中相互吸收，并逐渐走向融合，特别是宋儒，在不断回应中将自身的理论推向一个新的高度，并在宋代最终实现了自然和教化的合一，即教育不再是对人性的外在制约，而是实现人性的内在需求。因而，宋代十分强调对人后天的教育、影响、感化、习染和熏陶。所以，南宋人性设教的方式多种多样，可以说，人的一切生活方式，都是对人施教的方式和方法。

1. 设官"劝谕"

中国历代王朝，都通过设官来维系中央专制统治，其中，循吏制便是最主要的形式。循吏的教化功能即社会教育功能是其最基本的统治途径和最主要的治民形式。循吏一般不以严刑峻法治民，而重视化民成俗，以教化为本。到了唐宋时期，特别是宋代，各级官吏主要是科举出身，"得善官至宰辅皆由此也"⑦。宋代统治者，每三年从饱读儒经的知识分子中选拔出一批精英，补充到官吏队伍之中。他们的为政方略体现着《论语》中"庶"——"富"——"教"原则，即首先以人为本，关注百姓生存状况，或薄赋轻敛，减轻负担，或兴利除害，关注民生，或扶危济贫，防灾除恶等，为百姓提供较好的生存环境；其次是兴修水利，劝农耕桑，发展生产，解决温饱问题，使民相对富裕；最后是兴教化，办学校，提倡文明，在提升群众思想觉悟的基础上，培养谦让好礼、温柔敦厚的民风民俗，化解社会矛盾，消除各种争讼，使社会大治，天下太平。这是封建统治者的美好愿望！所以元代史家评论说，宋法有可得循吏者三：一曰简择之道精——牧守令录，皇帝躬自召见，问以政事，然后遣行；二曰考课之方密——监司察郡守，郡守察县令，监司、守臣举行考课之法，分上、中、下三等，立县令四课：曰纠正税籍，团结民兵，劝课农桑，劝勉孝悌。就绪者旌赏，无善状者汰之；三曰防闲之令严——吏犯赃遇赦不原⑧。因此，北南两宋三百余年间，"州县吏谨守法度以修其职业者，实多其人"。由于他们能尽职尽责，"有绝异之绩"，使所在"州县善最"，且日后成为名臣者不少。⑨

2. 乡会和堂会

南宋的社会教育，上自朝廷，中经各级官署，下至基层乡里，无不贯彻实施。各级官署的"劝谕"已如上述。而社会教育的基层组织就是乡会和堂会。中国自古以来，农事做完之后，农家聚会在乡间学堂，共同举杯，庆祝丰收，祈祷祖先保佑的一种仪礼，叫乡饮酒。后来逐渐演化为堂会或乡会的形式。如严州地区，每次参加乡饮酒礼的人数多达千余人。⑩南宋时期，地方士绅和科举及第者还组织乡会，以茶会友，以此鼓励乡民读书修文。如苏州郡守郑霖，发起三学同舍会，与会者"序以齿，交以礼，会以文，隐然乡饮之遗风，依然斋庐之旧习，欢然相爱而又有规焉。"⑪江苏昆山，每年冬至举行堂会，由县令"率乡之寓贤士友聚拜于学之明伦堂，会茶而散，礼仪雍雍，长幼有序"，以致形成"民见德而兴行，始于乡党、洽于四境，父督其子，兄勉其弟，有不被儒服而行，莫不耻焉。"⑫由上可见，乡饮酒礼及堂会在推行礼乐政令、改变社会风气、引领时尚方面的巨大作用。

3.《乡约》及宗族规训

社会教育要深入到社会底层，离不开借助乡里、宗族和家庭的力量。因此，利用基层行政组织和家族组织实施社会教育，这又是宋代社会教育行之有效的一条重要途径和形式。

《乡约》是一种寓教育于乡里组织之中的教化活动。这是以儒学礼教为核心，以广教化、厚风俗、惩恶劝善为嚆矢，使教育约束与政治控制合而为一。其最著名者当推北宋吕大钧、吕大防、吕大忠、吕大临四兄弟所制订的《兰田吕氏乡约》。南宋绍兴年间，吕大忠官居宝文阁直学士，再加上朱熹对乡约的厚爱，并根据南宋的实际情况加以修订，撰成《增损吕氏乡约》，使《乡约》发生更大的功能和影响。其内容包括德业相劝、礼俗相交、患难相恤和过失相规四个方面。此外，另有罚式、聚会、主事等规定。如规定"众推一人为都约正，有学行者二人副之"。还要"月轮一人为直月"。直月掌管三种簿籍，即"凡愿入约者书于一籍，德业可观者书于一籍，过失可规者书于一籍"，"月终，以告于约正，而授于其次"。还规定，入约者在月朔聚会乡校，由约正主持，讲解乡约条文；并根据三籍所载，"月中有善者，众推之；有过者，直月纠之"。⑬正如清代学者陈宏谋在《朱子增损吕氏乡约》按语中所指出的那样："其纲止四条，备列于其目，则已举人生善恶功过可法可戒之事无不具备，一乡之中，睦姻任恤，休戚相关，何风其淳且厚矣。余重有望于乡人，更有望于居乡之贤者推己及人，有善于乡，媲美于蓝田者。"⑭

宗族规训是通过血缘宗法关系对本宗族男女实施社会教育的重要手段，这就是毛泽东所说的"族权"。如绍兴府会稽县裘氏家族，世推一人为族长，"有事取决，则坐于听事"，族长若要制裁有过失的族人，就用世代相传的竹箅。⑮《临安钱氏族谱》规定，凡足以光宗耀祖的宗族子弟，均在族谱名下填注"某人子，为某官，任某州县"，以使后世子孙有所考究，以羡慕之。如为僧道者，不予入大宗谱内，"以绝邪道"⑯。江苏《锡山邹氏家乘凡例》规定："凡妇女有守节自誓者,为宗长当白诸有司,旌表其节,庶可以励薄俗。有司为行,即当备入于谱表立传,以载家乘外篇。凡子孙有德行可尊、政事可法、言论可称、文章可式者,另立传,以载家乘外篇。凡子孙有才德、登名仕宦者,附录谱之外篇。凡子孙有为不矩者,许通族人摭实不矩之事,告于宗长,会其父母,明正其罪。"⑰

4.民间文化娱乐活动

民间的文化娱乐活动,是以人们最喜闻乐见的艺术形式呈现于日常生活之中,它对人们的视觉和认知的冲击力度深刻而久远,其蕴含的文化意义与民间生活的价值取向、精神信仰往往十分吻合。这种情节生动、感染力强烈的"温柔力量",恐怕连正规的学校教育也难以企及。这就是民间文化娱乐活动为什么历久弥坚、长盛不衰的原因。

由于宋代商业繁荣和市民阶层的形成,致使宋代的文化娱乐活动空前发达和普及。诸如执板小唱、嘌唱、杂剧、彩戏、傀儡、蹴鞠、讲史、小说、散乐、相扑、弄虫蚁、说诨话、谜语等不胜枚举。当然,种类繁多的文娱活动得有人观看、捧场,否则也难以发展起来。《东京梦华录》说,北宋勾栏瓦舍的这种文娱活动,"不以风雨寒暑,诸棚看人,日日如是"。有的演出场所,"可容纳数千人"⑱。到了南宋,商业和市民进一步发展,娱乐土壤更加肥沃,内容更加丰富,临安(杭州)百余万市民更会享受生活。因此,这种寓教于乐的教化活动得到进一步加强和普及。特别是"话本"的兴起和"南戏"的出现,在中国文学史上享有的崇高的地位和影响。如《大唐三藏取经诗话》、《三国志平话》、《五代史平话》、《大宋宣和遗事》及《京本通俗小说》等的流传,使民众在平易通俗、形象生动、嬉笑怒骂的故事中感受、体悟到正统史学理念以及忠君孝亲、夫义妇节、抗暴安良、凛凛正气等精神风貌,不仅极大地影响了南宋的社会风尚,也为我们今天进行思想道德教育提供了宝贵的经验。

5.印刷发行图书

在"兴文教、抑武事"国策的指引下,宋代专门建立了图书收藏、整理、校勘和研究的官方机构,再加上宋代雕版印刷业突飞猛进的发展,这就为宋代大力振兴图书出版事业提供了必要的条件和有力的支撑。由于南宋图书出版业的兴盛和发达,这就为官、私藏书提供了保证,不仅方便了治学和学术研究,还面向民间出租借阅,因而扩大和加速了知识和文化的传播。通过图书这个载体和平台,读者可与往圣、先贤、大师进行交流和对话,极大地促进了人才的成长和思想素质的提升。这是南宋在文化建设方面的特殊贡献。

(二)经典设教

这里所说的经典包括三层意思:一是封建帝王的施政宣教。这是一个王朝的最高权威,是时代的品牌和名片。二是王朝各级衙署和官员发布的各种文告及尽职尽责的劝诫。三是往圣前贤的功德褒扬以及对平民楷模的旌表。严格说起来,这也是在人性设教基础上的正面延伸和榜样感化。这是建立在权威、圣贤和楷模基础上的社会教育活动。

1."诏"、"令"、"敕"、"诰"、"圣谕"、"圣旨"

这是来自封建王朝最高层的社会教育形式。各级官署和官吏以及平民都必须贯彻执行和遵守。这是最权威、最神圣的宣教活动。

2.各级官署及官员的劝谕文告

这是各级官府结合本辖区的实际情况,进一步落实朝廷的政治意图和明确政策导向,以推动社会风尚和巩固封建统治。特别是理学家们出任地方长官时,经常发布一些谕俗、劝孝一类的文告,对僚属和民众进行封建伦常和礼俗道德教育。如朱熹在知南康军时颁有《劝农文》、《劝谕筑埂岸》、《申谕耕桑榜》、《示俗》等,在任漳州知州时颁有《漳州晓谕祠榜》、《晓谕居丧持服送礼律事》、《劝女道还俗榜》、《揭示古灵先生劝谕文》、《劝农文》等。真德秀在潭州做官时,也发布有《潭州谕俗文》、《劝学文》等,守泉州时还发布有《再守泉州劝谕文》、《劝孝文》等。南宋其他官员如张栻、刘宰、杨简等,也都颁有"劝谕"、"训诫"之类文告。劝谕文除成书印行之外,一般都书写在专门用来张贴政府公文的墙壁上,即州县衙署门、治所城门、市曹、通衢、驿站、津渡、邸店、村镇等处,以便以最快的速度传播开去,让更多的人知晓。

3.建庙、设祠、树碑、立坊

这是通过往圣前贤、历代及当代名人以及平民中楷模的德业和功绩,首先让世人和后人在第一或第二现场去顶礼膜拜,祭祀传扬,从而受到感染和熏陶,使他们学有榜样,赶有目标。这也是一种传承已久、行之有效的社会教育形式。宋代继承并发展了唐代庙学合一之制,在学宫和乡党遍设文庙祀孔子。孔子的徒子徒孙中的佼佼者如颜渊、曾子、子思、孟子等,也都要配享,以此来旌表先圣先贤在文明传递和建设中的不朽业绩。其次,还要为地方人物立祠设祭,歌颂他们的事迹。如朱熹按抚荆湖南路时,多次上书请建五忠祠,要求立祠祭祀晋代湘州刺史五承、南宋初年通判州军事孟彦卿、通判州事赵民彦、州将官刘玠、州兵官赵津之,褒扬他们在为国讨贼和抗金守城殉国的忠节行为。[⑲]上书获准后,朱熹就在长沙城隍庙内置五忠祠祀之,还请赐"忠节"庙额。这是朱熹面对民族矛盾对民众进行"慰死励生"爱国教育的重要举措。最后,为了彰显各地祠堂堂主的业绩,朱熹还亲自为多处祠堂作记。如《隆兴府学濂溪先生祠记》、《建阳县学四贤堂记》、《袁州州学三先生祠记》、《徽州婺源县学三先生祠记》等。第四,也有一些地方为平民孝女、贞妇立祠。如高宗建炎元年(1127)山东沂州滕县民女董氏,在攻剽县城的大盗面前坚贞不屈,其夫为之"立祠"[⑳]。鄞县童八娜,虎衔其大母,仍手拽虎尾,祈以身代。后虎释其大母,衔女以去。鄞守"祠祀之"[㉑]。泉州晋江人吕仲洙之女名良子,在父疾濒殆时,良子刲股为粥以进。州守真德秀表其居曰"懿孝"[㉒]。恭帝德祐二年(1276)浙江临海的王姓之女,在元兵入浙东时,王女之舅、姑及夫皆死。王女被元兵挈行嵊青枫岭投崖而死。朝廷旌之曰"贞妇",郡守立石祠岭上,易名曰青风岭。[㉓]

从人性的角度来讲,儿童、年轻人、中年人、老年人,都无一例外地需要榜样的力量。宋代非常重视"名节相高,廉耻相尚"的忠义教化。因此,"靖康之变,志士投袂,起而勤王,临难不屈,所在有之。及宋之亡,忠节相望,班班可书,匡直辅翼之功,盖非一日之积也。"[㉔]宋代士大夫和民众的忠、孝、节、义等品质,是长期教化、培育的结果。所以《宋史》说:"宋之教化有足观者矣。"[㉕]

(三)神道设教

这是建立在宗教信仰和封建迷信基础上的一种社会教育活动。有人说,迄今为止,能够成为公众信仰的意识形态只有宗教(佛教、基督教)和准宗教体系(儒家学说)等。但这类意识形态本身的性质主要是**伦理规范**而非科学理论[26]。我们认为,这种观点有一定道理。

首先,在三百多年的宋代,由于政治上的需要,包括佛道在内的宗教,一直受到统治者的追捧、扶植的保护。北宋时期,多位皇帝下诏修佛寺,造佛像,设译经院翻译佛经,雕版印刷大藏经等,以致全国僧尼达46万人,为宋代之最[27]。南宋时期,佛老仍长盛不衰,如孝宗淳祐八年(1181),朱熹到庐山搜访白鹿洞书院遗迹时指出:"考此山老佛之祠,盖以百数,兵乱之余,次第兴葺,鲜不复之旧者,独此儒馆,莽为荆榛。"[28]吕祖谦也指出:"中兴五十年,释老之宫……各复其初,独此地(白鹿洞书院)委于榛莽。"[29]可知,南宋山林名胜之地,寺院、道观林立,僧尼众多,势力强劲,相比之下,儒学却迟迟未复。宋代对道教也尊崇有加,一方面在全国大增宫观,并置神像、九鼎,供道士修业之用。另一方面诏令天下,访求道教经书,并整理出版。徽宗崇宁、政和间,诏命全国洞天福地、府州皆建神霄玉清万寿宫,御赐感仪,对道士加封赐号,立道阶26级,置道官26等,道士直接参与政治。南宋道士虽不直接参与政治,但仍享有特权,国家专门给各宫观拨田产,以供经费使用;出家修道者,不交纳租米,免去劳役赋税等,其生活得到保障。这无疑促进了宋代宗教事业的发展和繁荣。

宋代统治者之所以崇奉和支持宗教,原因是多方面的:第一,利用佛教的涅槃和道教的符命,达到"天人合一"、皇权神授的目的,有利于赵宋王朝的建立和巩固。第二,利用佛教劝善惩恶和道教的进善登仙,附会儒家的人伦道德,有利于维护封建王朝的专制统治。第三,利用佛教和道教的戒律和祈福消灾,欺骗和麻痹民众,期待社会安稳和平安。第四,利用佛教的因果报应和道教的养生成仙,企求王朝的长治久安。简言之,宋代扶植宗教乃是出于政治需要。

其次,宋代,特别是南宋盛行对鬼神的迷信和崇拜。这一方面是统治者的极力提倡,另一方面是古代民众对自然界的变幻莫测缺乏科学的认知,他们普遍存在着对鬼神的恐惧和敬畏。中国自古以来就是一个多神国,宗教意识和信仰产生较早。特别是南宋所在的主要地区江南一带,信仰更加混乱,正如《夷坚丁志》卷十九所说:"其神圣甚诡异,多依岩石树木为丛祠,村村有之。"南宋社会中充斥着各色神灵鬼怪,虽然其成分复杂,数量很多,但大体可分为以天地、宗庙、社稷、五岳等神祇为代表的官方神和以行业神、土地神、灶神、淫祠为代表的民间之神两大类,这些都深刻地影响着当时的社会生活和民风世俗。当代学者程民生教授指出,北宋二程基本上是无神论者,他们不相信世俗所言的鬼神。到了南宋,朱熹大谈怪力乱神,公然反对二程的无神论思想,实因为南方地区宗教、鬼神迷信思想极为浓厚所致。无论是他的出生地福建南剑州,还是其祖籍江东徽州,都笼罩在敬鬼神的乌烟瘴气之中。朱熹说:"新安等处,朝夕如在鬼窟。某一番归乡里,有所谓五通庙,最灵怪。众人捧拥,谓祸福立见。居民才出门,便带片纸入庙,祈祝而后行。士人之过者,必以名纸称'门生某人谒庙'"(《朱子语类》卷三《鬼神》),这是因为"鬼神左右着当地居民的生活,士人都是鬼神的门生。在这种环境之中,朱熹的鬼神观不能免俗,自在情理之中,应着了'近朱者赤,近墨者黑'的古训。"㊹笃信鬼神的必然行动是敬祀鬼神。朱熹任南康军守时,"缘久旱,不免遍祷于神"(《朱子语类》卷三《鬼神》)。理学大师,大教育家朱熹尚且如此,而笃信理学的一般士人和粗识字、不识字的善男宅女们,跪倒在烟火缭绕的土木神像脚下去顶礼膜拜,那就更加习以为常了。

五、南宋社会教育的主要内容

从上述南宋社会教育的基本形式和方法,大致可以看出南宋社会教育的网络范围和内容梗概。

首先是封建伦理道德和礼俗教育。这是南宋社会教育最基本、最重要的内容,这也是儒学创始人孔子的以德治国理想的具体体现。为此,南宋统治者把"以人为本"作为抓手,竭力向社会成员灌输忠、孝、节、义等封建行为准则和规范,使社会成员明白自己的社员角色,各司其职,以便自觉承担和履行各自的义务,把南宋社会奠基于个体的人性、家庭的伦理和社会的礼俗之上。从而实现个人修性,家庭和睦,邻里融洽,上下和谐,民风敦厚,民俗高雅,社会安定,天下太平。这不仅是孔子为首的儒家所一贯追求的生活理想、政治理想和社会理想,也是南宋统治者梦寐以求的期待。

其次是劝课农桑,发展生产。这是农业文明时代重农思想的具体落实。南宋的地方官员,对此都能尽心尽力,苦口婆心。例如张栻在淳熙三年(1176)的《劝农文》中谆谆告诫:"民生之本在于农事,农事之修贵于瘴力。治其陂泽,利其器用,粪其田畴。其耕也必深,其耘也必详。日夜以思,谨视祥审,无或卤莽,且率其妇子相与协济其事。用力之瘴如此,而后收获之报可得而期。吾力既尽,至于丰歉之不常,则听之于天焉。"⑪朱熹在任南康军守时也多次发布《劝农文》,劝谕农民按农业季节按排农事:秋后深翻土地,正月之后多遍犁耙,春天选田段,粪拌种子育苗,然后插秧、耕田、除草……不能种水稻的山原陆地,种粟麦麻豆,务尽地力。此外,朱熹认为,"陂塘之利,农事之本,尤当协力兴修。"朱熹还说:"惟民生之本在食,足食之本在农,此自然之理也。若夫农之为务,用力勤、趋事速者所得多,不用力、不及时者所得少,此亦自然之理也。"⑫南宋地方官员,如此重视农业生产,这是因为:以农立国的中国,农业收成的丰歉直接决定了国家的经济状况,进而决定了政权巩固等问题。一旦粮食供给不足,饥荒、社会混乱甚至战争就在所难免,继而引发政权不稳、人口锐减、文化停滞甚至衰落。看来,关注农业生产,抓老百姓的温饱问题,是封建吏治的重要职责和功能。否则,社会安定也就无从谈起了。

再次是有目的、有组织地进行意识形态和政策宣教。南宋统治者非常重视思想理念即意识形态的宣教和政策导向。这一点,社会教育同学校教育一脉相承,完全一致。因此,南宋不仅继续沿用"偃武修文"的基本国策和理念,甚至在朱熹去世9年后给朱熹平反,赐谥号,称朱文公。特别是理宗,称赞朱熹所注《四书》"发挥圣贤蕴奥,有补治道",并"特赠熹太师,追封信国公"。⑬将朱熹所注《四书》作为学校教材,将周敦颐、张载、程颢、程颐列诸学宫从祀,从而确立了理学思想的统治地位,使理学思想成为我国封建社会后期的官方指导思想。其目的是统一思想认识，维护和巩固赵宋王朝的专制统治。因此，包括南宋在内的封建王朝都把"政权"、"族权"、"神权"以及"夫权"拧在一起，用来束缚社会成员的思想和手脚，企望封建统治万世永赖。虽然如此，我们也不能完全否定南宋社会教育的进步价值，它的一些内容如发展农业生产，关注百姓生存条件、孝敬父母、诚信友爱、患难相恤、互相劝勉、勤劳节俭、匡正陋俗等，在今天仍有借鉴价值和现实意义；它的上下纵横结合，各部门齐抓共管，纵向到底，横向到边的立体社会教育网络和社会合力，也很值得我们加以研究借鉴和参考，以改进和提高我们今天的思想道德教育。

六、南宋社会教育的基本特点

从一般教育的眼光和视角来审视社会教育，觉得它有明显的不足或缺点，但如果换一个视角来看，这未免不是它的长处或优点，我们姑且称为基本特点。

第一，从施教对象层面来看，它的教育对象主要是中下层劳动人民即"草根"阶级及其子弟。它不限年龄、性别、文化程度、职业、民族、居住地域和家庭条件，只要是现王朝的社会成员都一律施教，它的受众面比学校宽广、复杂。

第二，从施教主体层面来看，它是以政府推动为主导，社会团体、民间组织和士绅私人参与为辅助。施教者都不是专业人员，而是各级官吏、士绅、乡里组织、宗教以及各种慈善机构的人员。

第三，从制度层面来看，它基本上是"四无"：入学无基本的条件和要求；教学无现成的教材和内容；施教无固定的时间和场所；无毕业和考试。它不束缚于任何功令和传统思想，来去自由，机动灵活，富于弹性和改进的精神，从而达到"无时不学，无地不学，无人不学"的境地。

第四，从内容层面来看，它与实际需要紧密结合，没有长篇宏论，适应局势和实际需要。

第五,从方式方法层面来看,它不像学校那样规范化和程式化,它不拘形式和方法,不考虑对象的基础和前后衔接,没有体系和体制,可以满足各方面的实际需要。

注释:

①王冬桦、王非:《社会教育学概论》,教育科学出版社 1992 年版,第 43 页说,社会教育是从德国传入我国的;王雷:《中国近代社会教育史》,人民教育出版社 2003 年版,第 7 页说,社会教育是由日文转译而来的。

②韦善美、马清和:《雷沛鸿文集》(上册),广西教育出版社 1989 年版,第 186 页。

③《中国大百科全书·教育》,中国大百科全书出版社 1985 年版,第 313 页。

④《中国大百科全书·教育》,中国大百科全书出版社 1985 年版,第 313 页。

⑤《真西山集》卷四〇《再守泉州劝谕文》。

⑥《宋会要辑稿》第 165 册,《刑法二》,第 6562 页。

⑦蔡襄:《端明集》卷二十二《国论要目》。

⑧《宋史》卷一六〇《选举六》,第 3763 页。

⑨《宋史》卷四二六《循吏传序》,第 12691 页。

⑩郑瑶等:《景定严州续志》卷三《乡饮》。

⑪范成大:《吴郡志》卷二《风俗》。

⑫凌万顷等:《淳祐玉峰志》卷上《学校》。

⑬《关中丛书》第一函,第九册《兰田吕氏乡约》。

⑭陈宏谋:《训俗遗规》卷一《朱子增损吕氏乡约》。

⑮王栐:《燕翼贻谋录》卷五《越州裘氏义门旌表》。

⑯费康成主编:《中国的家法族规》,上海社会科学出版社 1998 年版,第 253 页。

⑰费康成主编:《中国的家法族规》,上海社会科学出版社 1998 年版,第 260 页。

⑱孟元老:《东京梦华录》卷五《京瓦伎艺》。

⑲《朱文公文集》卷一〇〇《约束榜》。

⑳《宋史》卷四六〇《列女》,第 13482 页。

㉑《宋史》卷四六〇《列女》,第 13491 页。

㉒《宋史》卷四六〇《列女》,第 13491 页。

㉓《宋史》卷四六〇《列女》，第 13489—13490 页。

㉔《宋史》卷四四六《忠义序》，第 13149 页。

㉕《宋史》卷四五六《孝义序》，第 13386 页。

㉖朱又可：《社会主义不应画地为牢——一桩停招科学社会主义博士生的案例》，《南方周末》2011 年 6 月 23 日第 21 版。

㉗李焘：《续资治通鉴长编》卷四五，咸平二年八月丙子。

㉘朱熹：《乞赐白鹿洞书院敕额》，《中国书院史资料》上册，浙江教育出版社 1998 年版，第 69 页。

㉙吕祖谦：《白鹿洞书院记》，《中国书院史资料》上册，浙江教育出版社 1998 年版，第 72 页。

㉚程民生：《宋代地域文化》，河南大学出版社 1997 年版，第 327 页。

㉛《张栻全集》（下），长春出版社 1999 年点校本，第 1194 页。

㉜《朱文公文集》卷九九，《劝农文》。

㉝《宋史纪事本末·道学崇黜》。

南宋社会中的契丹人

王善军(西北大学)

　　辽宋夏金时期在中国历史上既是民族矛盾和冲突表现突出的阶段,又是民族交往和融合的活跃阶段。各民族的迁徙、交往和融合均有不同程度的表现,北方地区的一些民族最为突出。本文仅就南宋社会中契丹人的来源和社会状况等问题进行初步考证[①],以期有助于我们对该时期民族融合的认识。

一、契丹人的来源

　　宋室南渡后由于失去北方大片国土,因而其领土离传统契丹族的聚居区更为遥远。不过,此时由于契丹族建立的辽王朝已为金人所灭,契丹人的迁徙范围与活动范围急遽扩大,所以进入南宋统治区域的可能反而增大。同时,北宋社会中的契丹人,虽然有不少会因政权变革而成为金朝臣民,但亦应有一些成为南宋臣民。应该说,南宋契丹人的来源是多渠道的。

　　1. 北宋时期归明人及其后代

　　在北宋与辽长期对峙的过程中,即不断有辽王朝境内的臣民投奔北宋。虽然这些所谓"归正人"、"归明人"以汉族为主,但其中亦不乏包括契丹族在内的其他民族成员。宋太宗端拱二年(989)"以契丹伪命南大王兄子耶律昌时领涿州刺史"②。"真宗咸平元年正月,定州部送投来契丹骨初等三人,诏赐锦袍、银带、缅(应为缗)钱,给田处之。"③咸平三年(1000)九月,"契丹伪应州节度使萧辖剌肯头、侄招鹘、虫哥、判官吴拾得归顺。以肯头为右领军卫将军、严州刺史,赐名怀忠;招鹘为右监门卫(将)军,赐名从化;虫哥为右千牛卫将军,赐名从顺"④。同年十二月,"契丹税木监使黄颙、茶酒监使张文秀、闻(应为关)城使刘继隆、张显各挈其属归顺,赐冠带、袍笏,舍于归明班院。颙等皆于越之族也"⑤。辽代于越"非有大功德者不授"⑥,此时期的于越应为皇族成员耶律休哥。这些"皆于越之族"的投宋者,或许投宋后更改姓名。若然,自应均为契丹族成员。景德元年(1004),"板给军都监耶律吴欲来降,补三班奉职"⑦。景德二年,"有司言契丹清朔、擒戎剩员军士十八人,老病当停"⑧。这均是契丹族归降宋朝的实例。

北宋时来归的契丹人一般被安置在北方地区居住,但由于仕宦、从军、经商等原因迁居南方地区者当亦有人。北南宋之交,受战争影响而大批南迁的北方人中,更具有包含契丹人在内的多民族成分。这些因各种原因南迁的契丹归明人及其后裔,无疑成为南宋社会中契丹人的组成部分。

2. 流民

在金军灭亡辽朝和北宋的过程中,大规模的战争造成了北方地区的社会动乱。由此引发的避乱流民,四散奔亡,但自北而南流亡应是主流。南宋前期,因南宋与金及伪齐的战争而造成的流民,仍长期存在。北方地区的流民流入南宋境土,难以避免。同时,因灾荒年景而形成的流民,亦难免有越境之举。所有这些北方地区的流民中,均可能包含了部分契丹人。据记载,宗泽镇守开封时,"契丹九州岛人,日有归中国者"⑨。南宋官员史浩甚至还认为流民自敌境褓负而至,很可能是敌国的战略手段。他对宋孝宗说:"今陛下外有劲敌日为奸谋以挠我,日纵流民以困我。"⑩可见,进入南宋境内的流民数量不会很少。

3. 降人

长期的军事对峙和冲突,使宋金双方都有可能接受对方投降过来的将士。金朝军队由于民族构成复杂,民族界线比较明显,被统治民族的将士投降宋方的可能性更大。宋人曾说:"金人之兵……大半皆奚、契丹、渤海杂种。"⑪契丹族对金政府因有亡国之恨,潜在的离心力时刻存在,降宋事件时有发生。职此之故,宋政府甚至曾诏谕前线将领留意接纳降人。绍兴十一年(1141),"诏(胡)世将纳契丹降人。"⑫虽然此次因张焘的反对宋方未能接纳契丹降人,但更多的时候则是宋方热忱接纳,甚至"边将必多方招置以为功"⑬。南宋初年的富平大战前夕,宋军曾极力捍御,"生擒女真及招降契丹、燕人甚众"⑭。招降及主动来归者均属于归降的降人,降人还有另一种情况,即战争中的俘虏。赵鼎在建炎四年(1130)曾对论"诸所获生口内,契丹并燕蓟及诸路签军皆不可杀"⑮。这些不可杀的"生口",即属于后一类的降人。绍兴十一年,宋高宗降德音,对北方诸族"其生擒不杀见在军下者,亦与支破请给,并加存恤"。这是对俘虏类降人的优待,目的是"以称朝廷兼爱南北生灵之意"⑯。现将契丹降人事例制成下表,以资参考。

契丹降人事例表

时间	首领或代表人物	规模及降宋简要经过	资料来源
建炎四年	屈烈	招到女真、契丹、渤海、汉儿一十八人	《宋会要辑稿》兵一七之一八
绍兴元年		据知连水军吴诚申,节次招谕到女真、契丹、渤海、汉儿签军共一百六十七人	卷一四五,绍兴元年三月二十六日九
		据知楚州祝友并刘光世遣人过淮探事,因便招收到女真、渤海、契丹、汉儿签军等共一百九十四人	
	归奴	翟兴解到归顺契丹归奴等	
		刘光世招纳女真、契丹、渤海、汉儿万人	《三朝北盟汇编》卷一四五,绍兴元年三月二十六日

续表

时间	首领或代表人物	规模及降宋简要经过	资料来源
绍兴十年	耶律温	降到契丹千户耶律温	《宋会要辑稿》兵一七之二五
绍兴十一年	—	投降、生擒不杀	
绍兴三十一年	男三郎君	与王友直等将带军马八百余人前来	《三朝北盟会编》卷二四八
绍兴三十二年		张子盖招降契丹	《宋会要辑稿》兵一七之二七
	萧中一	挈家归正	《文忠集》卷九七
	萧鹧巴、耶律适哩、耶律秃谋、萧邈舌	百余人自金国归顺,皆契丹首领也	《宋会要辑稿》兵一七之二八
隆兴元年	萧琦①	将带家属、奴婢、亲信赤山千户、尖山千户、马尾山千户、石盘千户、蕃军等,自宿州归顺	
隆兴六年	萧夺里懒、萧为也	义胜军二百余人,系招纳契丹、女真、汉儿等	《宋会要辑稿》兵一七之二九
	萧整	自虹县来归	
乾道九年		萧鹧巴元同起事人有自荆南来归者	《宋会要辑稿》兵一七之三一
		萧鹧巴一行官兵等七十一人,向化远来②	
绍定六年	移剌瑗	以邓州举城降宋	《金史》卷一一八《武仙传》,《宋史》卷四一《理宗纪一》
		张浚招降契丹、燕人甚众	《朱熹集》卷九五上

注:①萧琦即《金史》所载奥挞不也,为奚族。但奚族在辽金时期已与契丹族具有明显认同倾向。

②萧鹧巴已于绍兴三十二年投宋,此71人似应亦为"元同起事人"。

4. 其他

在南宋与金、元长期对峙过程中,既有颇具规模的契丹流民群体进入宋境,也有个别的、零星的契丹人进入宋境。后者除战争时期不时出现外,和平时期亦有商人、僧道等因各种原因入宋境安身、定居。史浩在论归正人的劄子中曾说:"僧道虽无度牒,但持戒牒来者,即与度牒。"[⑫]可见,僧道之类的宗教人士流入宋境者亦不稀奇。

二、契丹人的经济生活

作为游牧民族的契丹族,虽在辽代200余年民族间交往和融合的洪流中已发生了很大变化,但对于进入南宋境内的契丹人来说,毕竟自然环境和社会环境均有很大的不同,需要逐渐适应新的情况。因此,他们在融入南宋社会的过程中,经济生活有其自身的特点。

(一)初期的生计来源

不同来源渠道的契丹人,在南宋社会中生计来源亦有所区别。北宋归明人及其后裔,由于此前已取得宋王朝臣民的身份,进入南宋后其生计来源与广大汉民并无区别。流民和降人,进入南宋境内之初,一般由官府给予安置,以保障其基本生计。

南宋政府对契丹归明人的安置,除授官任职外,包括如下内容:

1. 授予田宅

据记载,"诸归明人应给田者,以堪耕种田限半年内给,每三口给一顷"[⑬],这可能只是对平民身份的归明人的授田数量,至于来归的官员、将领,则不受此规定的限制。隆兴元年(1163),"诏萧琦宣抚司摽拨宅一所,及于淮东系官田内拨赐二十顷"[⑲]。显然,萧琦一家当不致有60口人。"降人萧鹧巴赐淮南田,意不惬,以职田请"[⑳],萧鹧巴向宋政府伸手要田,更不会以规定的数额为限。绍定六年(1233),移剌瑗"率邓州军民诣宋人纳款,宋以兵马辖处之,赐第,居襄阳"㉑。对于授予的田宅,朝廷又进一步规定,"诸归明人官给田宅,不得典卖",但"已死而子孙典卖者,听"。这里的"子孙","谓归明后所生者"㉒。可见,归明人从官府得到的田宅,是拥用所有权的私人财产,只是附有一定的限制条件而已。当然,也有官府临时借予房屋居住的情况。如"未授田而权与官屋居住者,免赁直"㉓。

2. 钱米养济

宋政府曾规定,"诸归明人初过界,所属具事因保奏,应给钱米或田土者,不得援例自乞增给"㉔。建炎四年(1130),宋政府又进一步规定:"归朝、归明自身效用无差使人并归朝、归明官效用等身故之家者,老小无依倚人,仰寄居州军计口数,大人每口每月支钱八百省,米八斗,内十三岁已下人,各减半,仍每家不得支过五口。"㉕由此可知,对归明人的钱米养济应是按制度执行的。不过,对于身份较高的契丹人,则是"厚加优恤"㉖的。绍兴三十二年(1162),洪适言:"沿边已招纳降胡,若使之饥寒失所,则必怨望。如萧鹧巴一家余二十口,券钱最多,日不过千六百金,尚不给用,则其余可知。"㉗至乾道三年(1167),"诏建康府驻札御前后军都统制耶律括(应为适)哩,每月支钱三百贯,适哩援萧鹧巴等例,乞月支千缗,故有是命"㉘。看来,短短数年间,萧鹧巴等人的待遇提高不少。

3. 赋税减免

宋朝法律规定:"诸归明人,官赐田,免十料催科,荒田倍之。"㉙"如归正人兴贩,特全免(税)三年"㉚。绍兴三十二年(1162),更规定对于"贫不能辨牛种农具者,官给之,仍免十年差科税赋"㉛。

(二)职业生活

尽管大部分流入到南宋境内的契丹人最初得到过官府的安置和救助,但在随后的日常生活中,他们以及他们的后人,谋生仍然主要依靠职业收入。

1. 从军

作为降人的契丹人,由于入宋前即为将士,加之契丹传统上具有尚武精神,因而入宋后多被安排军前效命。建炎四年,大将刘光世"招到女真、契丹、渤海、汉儿一十八人",朝廷予以补官赐姓后"并送刘光世收管使唤"③②。绍兴三十二年(1162)规定,"遇有自北来归之人","愿为兵者,发赴军前,免刺面,补为效用,优支请给。如材艺过人可备使令,许主帅量材录用"③③。隆兴元年(1163),有臣僚上言"宣抚司解遣招降、捕获金人百余人",建议"以今所招并自今归附人尽拨归都督府处分",宋孝宗下诏"仍分拨江上诸军使唤"③④。可见,降人入宋后继续从军乃是普遍现象。"皆契丹、渤海、汉儿慕义来归"③⑤组成的"义胜军",甚至以整队建制长期存在。隆兴二年,"以建康归正人为忠毅军,镇江为忠顺军,命萧琦、萧鹧巴分领之"③⑥,也是属于降人整体从军的情况。

除归降将士继续从军外,其他流入宋境的契丹人以及契丹人的后裔,也不乏积极从军者。绍熙三年(1192),"诏归朝归明归正忠顺官子弟,身材强壮武艺过人无以自奋者,可并赴所居州军自陈,令守臣审验人材武艺,解赴本路安抚司。如是身长五尺五寸,射一石力弓、三石力弩为上等,日支食钱三百文、米三升;身长五尺五寸,射九斗力弓、二石八斗力弩为次等,日支食钱二百文、米二升。委帅躬亲拍试及格,补充本司效用,与免诸般杂役及防送差使"③⑦。

2. 仕宦

对于投奔宋朝的各类归明人,宋朝的原则是"有官者还以官爵,仍加优转"③⑧。因此,原在北方金政权或其他政权统治下具有官员身份的契丹人,入宋后大都仍为官员。由于以此种方式入官的人员众多,大臣史浩甚至对"今北人将片纸来者,即与官"③⑨的做法颇有微词。事实上,即使原无官职的一些归明人,有时也会受到授予官资的特殊优待。乾道八年(1172),"诏所属取会归正契丹、女真、渤海、汉儿名下元带私身家人即今确实见在人数,并特补守阙、进男(应为勇)副尉,支劾用钱米,候立新功依官资请给。"④⑩

投奔宋朝的士人,还可以通过参加科举考试进入仕途,乾道元年(1165),宋廷规定:"归正人令所在州军赴今秋解试,其取人分数,依昨流寓人例施行。"④①至于契丹人的后裔,也同样地可以参加科举考试,并可能享受到特殊的优待。淳熙十二年（1185），"诏归正归朝归明补官之人亲子亲孙，愿应举者"[42]，经审批程序和相关官员的保明后，可参加本路转运司的考试。个别子弟甚至受到特殊关照。嘉泰三年（1203），宋宁宗下诏说："萧拱为系忠义归朝头目之人、故萧夺里懒之子，理宜存恤，特与放行呈试。余人不得援例。"[43]

3. 经商

契丹民族早在建国之初，即有商人南下中原从事商业活动。后晋在与辽王朝发生龃龉之后，"凡辽国贩易在晋境者，皆杀之，夺其货"[44]。可见常驻中原汉地的商人当非凤毛麟角。绍兴三十一年（1161），宋廷下诏规定："北来归正之人，诸场务不得收税，违者必罚无赦。"[45]乾道二年（1166），臣僚言："日归正人诉牒，或住临安、建康府，于诸路商贩物货。乞用近旨下所属，给据照免沿路津税。"[46]契丹人在南宋以经商为职业者应有相当数量。

4. 僧道

辽代契丹人信仰庞杂，而佛教最为兴盛。道宗时曾出现过"一日而祝发三千"[47]的奇迹。尽管"辽以释废"[48]，但契丹人的信仰却未必随之改变。流入南宋境内的契丹人，原为僧道者一般换授度牒后继续做僧道，仅有个别人会因度牒做伪被强令还俗，或自愿还俗。宋法律规定："诸归明及陷蕃投归僧道，送州城内寺观。"[49]与此同时，仍有普通契丹人出家情况的存在。萧琦"致仕遗表恩泽以名二补异姓，二名换度僧牒"[50]。

5. 从事农业或手工业生产

契丹人在辽代已较多地接触到农业耕种，进入南宋境内后，多有从事农耕以养家糊口者。宋政府对归明人的授田，均是适宜农业耕作的。只有对个别高级将领，宋政府才会"多与空地，令可驰射"[51]。限于自然条件，南宋社会中的契丹人已很难从事游牧生产，而较多地转为农耕生产。绍兴三十二年（1162）的诏书云，"沿边州军遇有自北来归之人，置籍抄录姓名，出给公据，使皆着业。其愿为农者，许请官田，立定顷亩，永为己业，贫不能辨牛种农具者，官给之"[52]。隆兴元年（1163），宋政府对"招降、捕获金人百余人"的安置中，亦有"各家丁壮给闲田耕种"[53]的内容。至于从事手工业生产，虽尚未发现明确记载,但对于在皮革等行业具有技术优势的契丹人来说,却不能说没有这种可能。《太平老人袖中锦》列为天下第一的"契丹鞍",或许即包括入宋契丹人的作品。

三、契丹人的生活习俗及其民族特征的弱化

作为形成于北方草原地区的游牧民族,契丹族在形成后的数个世纪中,生活习俗颇具特色,民族特征鲜明。辽王朝的建立及其灭亡,使契丹族加速了与其他民族的融合步伐,并最终在辽亡后的数个世纪中消失于历史的舞台。南宋社会中的契丹人,其生活习俗即处于急遽的变化之中,其民族特征也明显表现出弱化的趋势。

南宋诗人姜夔曾作《契丹歌》一首,诗云:

> 契丹家住云沙中,耷车如水马若龙。
> 春来草色一万里,芍药牡丹相间红。
> 大胡牵车小胡舞,弹胡琵琶调胡女。
> 一春浪荡不归家,自有穹庐障风雨。
> 平沙软草天鹅肥,健儿千骑晓打围。
> 阜旗低昂围渐急,惊作羊角凌空飞。
> 海东健鹘健如许,鞴上风生看一举。
> 万里追奔未可知,划见纷纷落毛羽。
> 平章俊味天下无,年年海上驱群胡。
> 一鹅先得金百两,天使走送贤王庐。
> 天鹅之飞铁为翼,射生小儿空看得。
> 腹中惊怪有新姜,元是江南经宿食。㉔

诗人自注其诗云:"都下闻萧总管自说其风土如此。"此处之萧总管,似应即是绍兴三十二年归宋的萧哲伯或其后人㉟。萧总管所说的这些风土习俗,在南宋大都已成为契丹人的美好回忆。

（一）物质生活习俗

衣食住行方面，契丹人的生活习俗变化十分明显。衣饰由较多地穿皮衣向布衣转变，但在样式上则存在契汉相互影响的趋势。宋末元初人周密曾说："茶褐、黑绿诸品间色，本皆胡服，自开燕山始有至东都者。"[56]显然，北宋末的这类习俗影响，至南宋而得到进一步的发展。宋孝宗乾道四年（1168），臣僚曾上言："临安府风俗，自十数年来，服饰乱常，习为胡装。"[57]饮食则由食肉饮湩转为蔬食为主，这是自然条件所决定的。居住方面更是完全接受了汉人的"城郭以居"的方式，而扎帐居住的方式已被放弃。宋代官员甚至称来归的契丹人是"厌毡毳之习，蹈不测来归我，可谓壮士矣"[58]。宋朝政府曾赐萧琦高大的第宅，并尽量"多与空地，令可驰射"[59]。但这仅是为高级武将提供了一定的习武条件而已。在出行方面，以车、马为工具的出行方式本来汉、契民族并无太大差别，只是受制于南方的自然地理条件，交通工具略有差别，并在水路较多使用船只而已。总之，进入南宋的契丹人"重锦鱼轩，易其毡毳"[60]，原有物质生活习俗明显地发生了变化。

（二）精神生活习俗

契丹人本有自己的语言和文字，但进入南宋境内的契丹人由于数量较少且相当分散，使他们很难继续使用本民族的语言和文字，很可能比较迅速地接受了汉语和汉字。辛弃疾曾说："今之归明人中，其能通夷言、习夷书者甚多。"[61]这虽主要是指女真语言文字，但契丹人使用契丹语言当亦包括在内。萧哲伯等人投宋之初，"译者谓契丹为金人所败，此曹通来"[62]。这说明他们当时还不能说汉语，需要翻译。但此后却很难再见到他们需要翻译的情况。而且，洪迈起草的《萧鹧巴词》曰："随会在秦，晋国起六卿之惧；日磾仕汉，秺侯传七叶之芳。"[63]萧鹧巴即萧哲伯，他若理解其意，则需很高的汉语言水平。

契丹人的姓氏只有耶律和萧两姓，名字在辽时往往既有契丹名又有汉名。入宋的归明人，多有被赐姓赵者。绍兴元年（1131），在刘光世招降的各族归明人中,"内无姓人赐姓赵"[64]。绍兴十年,"诏淮南宣抚司降到契丹千户耶律温,特赐姓赵"[65]。除赐姓外,亦有不少获赐名字者。绍兴元年,"枢密院言:翟兴解到归顺契丹归奴等,已等第补官赐姓外,诏归奴赐名怀顺,毒撒名怀义,撲里八名怀忠,撒烈名怀明,澀腊名怀信,恠腊名怀节,月一名怀德"[66]。显然,这些被朝廷赐姓赐名者,已在名字方面具有明显的汉化倾向。当然,赐姓赐名的只是部分契丹人,亦有入宋后即更改姓名者。绍定六年(1233)以邓州降宋的移剌瑗,"既至襄阳,使更姓名,称归正人刘介"[67]。对于大部分的契丹人来说,姓名的汉化倾向至少从其第二代人身上已有明显反映。耶律(或称移剌)姓虽是契丹的特有姓氏,但因其可比附刘姓,实很易混入汉姓中。至于萧氏,本来就与汉姓无别。入宋第二代以后契丹人的起名,也具有明显的汉化倾向。如萧拱,"系忠义归朝头目之人、故萧夺里懒之子"[68]。萧鷓巴之孙名存德。[69]萧拱、萧存德之类的姓名,已与汉人姓名无别。

契丹人的社会风俗习惯有其自己的特点,而他们在入宋之初往往是仍保留着自己的风俗的。乾道六年,四川宣抚使王炎曾说由契丹、女真、汉儿等降人组成的义胜军"缘北人风俗情性不同",应由契丹人萧夺里懒、萧为也统领,并请求"选择抽差,团结作义胜军一将,所贵人情相谙"[70]。这里的"风俗情性"虽没有确指,但应是包括社会风俗习惯的。

(三)契丹民族特征的弱化

南宋契丹人由于与广大汉族及其他民族杂居,很难形成自己的族内通婚群体,加之宋王朝鼓励他们与汉族通婚[71],因此,族际通婚便成为他们的正常选择。周必大在论归正人就食诸道时曾提到,分散在各地就食的归正人"岁月浸久,男婚女嫁",将会使朝廷的"俸给居处""渐有不足之患"。一方面这些归正人既有"山东、河北之人",又有"燕山、女真、契丹、渤海遗种"[72],本身就具有多民族成分;另一方面,他们因"就食"需要而十分分散,其"男婚女嫁"势必以族际婚为主。在长期的宋金战争过程中,因战争而造成的南北民族间的通婚已为人们所普遍接受。绍兴元年,刘光世招降"女真、契丹、渤海、汉儿万人,无室家者,则为之娶妇"[73]。所娶之妇自然以汉族为主。《轩渠录》记载的故事也说明了人们对族际婚的认可："绍兴辛巳冬，女真犯顺。米忠信夜于淮南劫寨，得一箱箧，乃自燕山来者，有书十余封，多房中妻寄去者。唐仲友亲见一纸，别无他语，止诗一篇云：'垂杨传语山丹，你到江南艰难。你那里讨个南婆，我这里嫁个契丹。'"[74]这里的主人公垂杨、山丹可能是契丹族，也可能是其他民族[75]，但"讨个南婆"、"嫁个契丹"无疑涉及不同民族间的通婚。

　　族际通婚的直接结果，是使契丹人在血缘、体质上的民族特征不断弱化。而在行为方式、价值观念等方面与其他民族的逐渐趋同，则使契丹人在文化上的民族特征亦不断弱化。如前所述，契丹人的各种物质生活和精神生活已具有明显的汉化趋势，这是一方面。另一方面，汉族文化在发展过程中也不断吸纳包括契丹在内的异族文化，从而更有利于契丹人与汉人在文化上的认同。宋孝宗隆兴元年（1163），中书门下省言："窃见迩来临安府士庶服饰乱常，声音乱雅，如插掉篦、吹鹧鸪、拨胡琴、作胡舞之类，已降指挥严行禁止外，访闻归朝（归）正等人往往不改胡服。及诸军有仿效蕃装，所习音乐杂以胡声。乞行下诸军及诸州县，并行禁止。"[76]乾道四年（1168），臣僚言："临安府风俗，自十数年来，服饰乱常，习为胡装，声音乱雅，好为胡乐。如插棹篦，不问男女，如吹鹧鸪，如拨胡琴，如作胡舞，所在而然。此皆小人喜新，初则效学，以供戏笑，久则习之为非（应为常），甚则，上之人亦将乐之，与之俱化矣。臣窃伤悼，中原士民，沦为左衽，延首企踵，欲自致于衣冠之化者，三四十年而不可得，而东南礼义之民，乃反堕于胡虏之习，而不自知，其可痛也。今都人静夜，百十为群，吹鹧鸪，拨胡琴，使一人黑衣而舞，众人拍手和之，道路聚观，便同夷落，伤风败俗，不可不惩。伏望戒敕守臣，检坐绍兴三十一年指挥，严行禁止，犯者断罪，令众自然知惧矣。"[77]虽然官府不断以禁令的形式加以阻止，但这种文化上的涵化往往是政治权力所不能完全阻挡的。诗人范成大吟出的"绣靴画鼓留花住，剩舞春风小契丹"[78]，正是这种涵化的真实写照。

四、南宋汉人对契丹人的看法

处在汉族人口占绝大多数的社会中,南宋契丹人很容易被人们认同于汉族。这一方面是契丹人进入南宋社会中发展变化所带来的结果,另一方面也与汉族具有不断与其他民族相融合的特点密切相关。在这一民族融合过程中,汉人对契丹人的看法发挥了重要的作用。只是各种看法相当复杂,并且亦处在不断地变化中。

(一)政府对契丹人的政治认同

南宋在大部分时间内的敌国主要是金国,而契丹人与金政权间有亡国之恨,因此,宋政府将招诱契丹人视作对付金国的一条"秘计"。南宋建立之初,宗泽即上疏说:"窃见契丹、汉儿,自与我宋盟约,几百年实唇齿兄。建炎三年(1129)四月,弟之邦偶被金人杀掳,忿怨不已。止缘势弱,未缄报冤。今若复约盟会,使得回戈,共力破敌,一举便可灭亡。"⑦此后,宋政府多次采取措施,有时秘密有时公开地招诱契丹人。绍兴三十一年(1161),宋廷发布的《契丹通好榜》云:"契丹与我为二百年兄弟之国,顷缘奸臣误国,招致女真,彼此皆被其毒。朕既移跸江南,而辽亦远居漠北,相去万里,音信不通。今天亡此虏,使自送死。朕提兵百万,收复中原,惟尔大辽豪杰忠义之士,亦协力乘势,宜歼厥渠魁,报耶律之深仇。"在《续榜措置招谕事件》中又云:"渤海、奚、契丹诸国,与我本朝初无雠隙,止缘女真不道,劫以兵威,签卒从军,不能自脱。今朕亲行讨伐,本为完颜一族,仓卒之间,恐难分彼此。本榜到日,如能束身来归,或擒杀酋首自效者,除依格给赏外,虽管军节钺,朕亦不惜。"⑧

可以看出,在宋政府陆续发布的各种诏书和榜文中,基于对金政权共同的仇视,大都将契丹人视作政治上的盟友。一方面挑拨契丹人与金政权的关系,另一方面强调辽宋间长期的盟约关系,即使提及北宋徽宗时期的毁约,也只是将责任推卸给奸臣而已。显然,宋政府在极力追求与契丹人的政治认同。对于来到南宋境内的契丹人，则在各种制书中肯定他们对宋政权的认同。如关于契丹长行李嘉努补官的制书称："尔等皆以裔民，归心华夏，并秩官资，以为慕义者之劝，尚思勉哉！"⑥萧存德之母耶律氏封郡夫人的制书则称："早嫔名将之家，同慕中华之义。"⑫

值得注意的是，宋代一般将少数民族归降者称为归明人，而将汉族来归者称为归正人。对于契丹来归者，在很多情况下均称其为归正人。如萧中一被称为"故归正人"⑬。乾道九年，"萧鹧巴一行官兵等七十一人，向化远来。"⑭朝廷下诏改作归正。绍定六年以邓州降宋的移剌瑗，"既至襄阳，使更姓名，称归正人刘介"⑮。这说明，在基于政治认同的前提下，宋政府有时甚至不再将契丹人视作异族。

（二）一些官员对契丹人的分析与偏见

在宋政府热衷于招诱契丹人的同时，也有不少官员对来到南宋社会的契丹人作了具体分析，提出自己的看法。这些看法，多系从政治、军事方面着眼，其中不乏对官府态度的纠偏，但亦有不少表现了对契丹人的偏见。

在对当时军事形势和国家政策的分析中，官员们多涉及归正人的看法，尽管专门针对契丹人的议论很难见到，但他们所说的归正人一般是包括契丹人在内的。华岳的《平戎十策·利害》可谓颇有代表性。华岳认为应将各种归正人区别看待："自今观之，向来归正之别有三：一曰因人鼓率，二曰远来慕义，三曰军前杀降。因人鼓率者，随众归正者也；远来慕义者，忠心归正者也；所谓军前杀降者，口欲食我之肉，身欲寝我之皮，势力未加，勉强从命。有司一时总名曰归正，而不知其此心所向未尝一日不荫北归之念。今存行伍者有之，擢为将佐者有之，除以麾节者亦有之，然则本兵之地，胡为而不原其归正之初耶？"⑯华岳所说的三种类型的归正人，其实主要是指主动归降和被动归降的降人。辛弃疾更明确指出了招诱契丹人的具体效果，不宜过于乐观："朝廷所谓经略秘计者，不过招沙漠之酋长，结中原之忠义。其招之者，未必足以为之固也。假使招之来，拥兵而强，则为我之师；释兵而穷，则为今之萧鹧巴。不然，使甘听吾言而就战其地，虽婴儿之智亦不为此。"⑰

如果说华岳、辛弃疾等人的议论尚可谓主要基于理性分析,那么也有一些官员的议论,则是明显带有偏见的。隆兴元年(1163),有臣僚上言:"宣抚司解遣招降、捕获金人百余人。诏拨隶殿前司。窃谓非我族类,其心必异。汉、晋、唐尝处夷狄于外郡,尚皆生患,而况行阙之下,周卫之中哉!"嘉定十六年(1223),李大有奏云:"臣观自昔归附之徒,固有始于效顺,卒于反覆者,况今入居内地而左衽自若,窥我虚实,安知其中无伺间乘隙之人。"似此类的看法,显然是基于将异族或降人成员视作敌对势力的。

(三)民间人士对契丹人的社会认同

在民间,由于汉族在发展过程中逐渐形成了极强的包容性,所以进入汉人社会中的少数民族特别是南下的北方民族,往往很快就与当地汉人融合到一起。唐末五代时期,进入中原的沙陀族就是明显的实例。至于比较零散、数量较少的北方民族成员分散到汉人社会的汪洋大海之中,则更容易很快消失其民族特性。数代人之后,其民族属性也往往很少再被提起。特别是不断经过族际婚的血缘稀释后,逐渐被认同为汉人就成为必然。

早在唐代,契丹人进入中原地区生活的就已不乏其人,名将李光弼可谓其中的代表人物。但他们的后裔,至宋代时恐很难再被视作契丹族了。史籍中所记北宋时期的契丹人物,多是当时进入宋境土内的第一代人物。北宋归明人的后裔,至南宋时已很难见到记载,恐怕也很难再被人们视作契丹族了。南宋境内新流入的契丹人,虽然其民族特征尚比较明显,但主要的生产、生活习俗都在或快或慢地发生着改变。汉人对契丹族的意象,往往也是北方草原上的特有风貌和行为方式。前引姜夔的《契丹歌》所描述的,就是这种意象。同样在宋朝统治时期未曾仕宦的顾逢,所作《海东青》一诗,也是这种意象的代表作。诗云:

相传产海东,不与众禽同。
两翅飞腾去,层霄顷刻中。
转眸明似电,追马疾如风。
坠得天鹅落,人皆指远空。

在汉人这种意象的作用下,生活在南宋社会中的契丹人,不但在政治上被认同为宋王朝的臣民,而且在社会生活上也逐渐被认同于汉人了。元人陶宗仪在其所列的各民族中,汉人8种包括了契丹人[⑨],应是这种认同过程的历史结果。

五、结语

陈述先生在论辽亡后的契丹人时曾说:"(金朝)南征中降宋的或南徙屯田和汉人杂居的都已溶合于汉人。"[⑩]事实上,南宋社会中的契丹人并非都是"南征中降宋的",也有不少其他来源的契丹人。他们"溶合于汉人"也是一个长期的历史的过程。辽朝是汉人北迁在规模和地理位置上达到空前程度的时期,南宋境内相当数量契丹人的到来,也在一定程度上反映了北方民族南迁空间范围的扩大。在南宋以汉人为主的社会中,契丹人的社会习俗不断发生变化,通过族际婚姻,姓氏名字变迁,甚至服饰、饮食、节日等生活习俗方面的与其他民族尤其是汉族的融合,逐渐失去其本民族的特征。南宋境内契丹族群的变迁,从一个侧面说明了辽宋夏金时期作为中国历史上民族交往和融合的活跃阶段,无疑也是中华民族多元一体格局形成的关键时期之一。

注释:

①在学术界已有的研究成果中,直接针对该问题的专题论述尚未见到,间接涉及的主要有:陈述:《大辽瓦解以后的契丹人》(《中国民族问题研究集刊》第五辑)、夏宇旭:《浅析宋朝对金治下契丹人的招诱》(《东北师大学报》2009年第2期)、黄宽重:《略论南宋时代的归正人》(《南宋史研究集》,新文丰出版公司1985年版)、裴淑姬:《试论南宋政府对归正人的政策》(《中国史研究》2003年第4期)等。

②《宋会要辑稿》蕃夷一之二一,中华书局影印本,第7683页。

③《宋会要辑稿》蕃夷一之二三,第7684页。

④《宋会要辑稿》蕃夷一之二四,第7684页。

⑤《宋会要辑稿》蕃夷一之二四—二五，第 7684—7685 页。

⑥《辽史》卷四五《百官志一》，中华书局 1974 年点校本，第 694 页。

⑦《宋会要辑稿》蕃夷一之二七，第 7686 页。

⑧李焘：《续资治通鉴长编》卷六〇景德二年六月辛巳，中华书局 2004 年点校本，第 1344 页。

⑨宗泽：《宗忠简集》卷七《遗事》。

⑩史浩：《鄮峰真隐漫录》卷七《论归正人劄子》，文渊阁《四库全书》本。

⑪《李纲全集》附录二《李纲行状上》，岳麓书社 2004 年点校本，第 1703 页。

⑫周必大：《文忠集》卷六四《张忠定公（焘）神道碑》。

⑬史浩：《鄮峰真隐漫录》卷七《乞罢萧鹧巴入内打球札子》。

⑭《朱熹集》卷九五上《少师保信军节度使魏国公致仕赠太保张公行状上》，第 4823 页。

⑮赵鼎：《忠正德文集》卷七《建炎笔录》，文渊阁《四库全书》本。

⑯《宋会要辑稿》兵一七之二五，第 7050 页。

⑰史浩：《鄮峰真隐漫录》卷七《论归正人第二劄子》。

⑱《庆元条法事类》卷七八《蛮夷门·归明恩赐》，黑龙江人民出版社 2002 年点校本，第 855 页。

⑲《宋会要辑稿》兵一七之二九，第 7052 页。

⑳《宋史》卷三八五《魏杞传》，中华书局 1985 年点校本，第 11833 页。

㉑刘祁：《归潜志》卷六，中华书局点校本，第 63 页。

㉒《庆元条法事类》卷七八《蛮夷门·归明恩赐》，第 855 页。

㉓《庆元条法事类》卷七八《蛮夷门·归明恩赐》，第 855 页。

㉔《庆元条法事类》卷七八《蛮夷门·归明恩赐》，第 854 页。

㉕《庆元条法事类》卷七八《蛮夷门·归明恩赐》，第 856 页。

㉖《宋会要辑稿》兵一七之二五，第 7050 页。

㉗洪适：《盘洲文集》附录《宋尚书右仆射观文殿学士正议大夫赠特进洪公行状》。

㉘《宋会要辑稿》兵一七之二九，第 7052 页。

㉙《庆元条法事类》卷七八《蛮夷门·归明恩赐》，第 855 页。

㉚《宋会要辑稿》兵一五之一六，第 7024 页。

㉛《宋会要辑稿》兵一五之一一，第 7022 页。

㉜《宋会要辑稿》兵一七之一八，第 7046 页。

㉝《宋会要辑稿》兵一五之一一,第7022页。

㉞《宋会要辑稿》兵一七之二八,第7051页。

㉟周必大:《文忠集》附录卷四《宋故少傅观文殿大学士致仕益国公食邑一万五千六百户食实封五千八百户赠太师谥文忠周公神道碑》,文渊阁《四库全书》本。

㊱《宋史》卷三三《孝宗纪一》,第626页。

㊲《宋会要辑稿》兵一七之三二,第7053页。

㊳《宋会要辑稿》兵一五之七,第7020页。

㊴史浩:《鄮峰真隐漫录》卷七《论归正人第二劄子》。

㊵《宋会要辑稿》兵一七之三〇,第7052页。

㊶《宋会要辑稿》兵一五之一五,第7024页。

㊷《宋会要辑稿》兵一六之五,第7031页。

㊸《宋会要辑稿》兵一七之三四,第7054页。

㊹《契丹国志》卷二《太宗嗣圣皇帝上》,上海古籍出版社1985年点校本,第23页。

㊺李心传:《建炎以来系年要录》卷一九四绍兴三十一年十一月壬午,中华书局1988年版,第3270页。

㊻《宋会要辑稿》兵一五之一六,第7024页。

㊼《辽史》卷二六《道宗纪六》,中华书局1974年点校本,第314页。

㊽苏天爵:《元朝名臣事略》卷一〇《宣慰张公》,中华书局1996年点校本,第206页。

㊾《庆元条法事类》卷七八《蛮夷门·归明附籍约束》,第860页。

㊿《宋会要辑稿》兵一七之二九,第7052页。

(51)张孝祥:《于湖居士文集》卷一八《论萧琦第宅及水灾赈济劄子》,上海古籍出版社1980年点校本,第176页。

(52)《宋会要辑稿》兵一五之一一,第7022页。

(53)《宋会要辑稿》兵一七之二八,第7051页。

(54)姜夔:《白石道人诗集》卷上《契丹歌》,四部丛刊初编本。

(55)姜夔作为文人,一生未曾仕宦,接触具有官员身份的契丹归明人的机会并不多。但他曾在临安府张氏家族(张俊后人)作家塾教师。萧哲伯等人当时由张子盖(张俊之侄)招降,故萧氏成员当与张氏家族有交往,他们在临安期间极可能会去张府做客,故姜夔有机会聆听其"自说其风土"。萧哲伯降宋后曾任权侍卫马军司职事、马步军统制等职,他或其后人有任"总管"职务的可能。

(56)周密:《癸辛杂识》别集上《胡服间色》,中华书局1988年版,第255页。

57《咸淳临安志》卷四七《秩官五》,第 3775 页。

58陈傅良:《止斋文集》卷一三《耶律古哩致仕》,四部丛刊初编本。

59张孝祥:《于湖居士文集》卷一八《论萧琦第宅及水灾赈济劄子》,第 176 页。

60周必大:《文忠集》卷九七《萧中一妻耶律氏封郡夫人》,第 1148—41 页。

61《辛稼轩诗文笺注·九议·其五》,上海古籍出版社 1995 年版,第 80 页。

62周必大:《文忠集》卷一六四《龙飞录》。

63洪迈:《容斋随笔》三笔卷八《吾家四六》,中华书局 2005 年点校本,第 523 页。

64《宋会要辑稿》兵一七之一九,第 7047 页。

65《宋会要辑稿》兵一七之二五,第 7050 页。

66《宋会要辑稿》兵一七之一九,第 7047 页。

67《金史》卷一一八《武仙传》,中华书局 1975 年点校本,第 2580 页。

68《宋会要辑稿》兵一七之三四,第 7054 页。

69楼钥:《攻媿集》卷三四《萧鹧巴奏孙秉义郎存德乞将磨勘转官回授母淑人耶律氏封郡夫人》,丛书集成初编本,第 463 页。

70《宋会要辑稿》兵一七之二九,第 7052 页。

71北宋时曾有过禁止沿边地区族际通婚的诏令,如至道元年,"禁西北缘边诸州民与内属戎人昏娶"(《宋史》卷五《太宗纪二》,第 98 页);元祐元年,归明人在"三路及沿边不得婚嫁"。但对内陆地区则是"听与嫁娶"(《续资治通鉴长编》卷三七三元祐元年三月辛巳,第 9034 页)的。

72《文忠集》卷一三七《论归正人就食诸道》。

73徐梦莘:《三朝北盟汇编》卷一四五绍兴元年三月二十六日,上海古籍出版社 2008 年影印本,第 1057 页。

74丁传靖辑:《宋人轶事汇编》卷二〇《杂事》,中华书局 2003 年点校本,第 1109 页。

75张邦炜先生断定垂杨为女真族妇女(《婚姻与社会[宋代]》,四川人民出版社 1989 年版,第 44 页),但未具体说明理由。

76《宋会要辑稿》刑法二之一五六,第 6573 页。

77《咸淳临安志》卷四七《秩官五》,第 3775 页。

78范成大:《范石湖集》卷六《次韵宗伟阅番乐诗》,上海古籍出版社 1981 年点校本。

79宗泽:《宗忠简集》卷一《奏给公据与契丹汉儿及被掳之民疏》。

80徐梦莘:《三朝北盟会编》卷二三四绍兴三十一年十月九日,第 1680 页。参见夏宇旭:《浅析宋朝对金治下契丹人的招诱》,《东北师大学报》2009 年第 2 期。

㉛张嵲:《紫微集》卷一九《金穆昆于俊成契丹长行李嘉努为远来归附于俊成补保义郎李嘉努补承信郎制》,文渊阁《四库全书》本。

㉜楼钥:《攻媿集》卷三四《萧鸥巴奏孙秉义郎存德乞将磨勘转官回授母淑人耶律氏封郡夫人》,第463页。

㉝《文忠集》卷九七《故归正人奉国上将军武胜军节度使兼邓州管内观察使威略军都总管护军萧中一赠节度使》第1148册,第41页。

㉞《宋会要辑稿》兵一七之三一,第7053页。

㉟《金史》卷一一八《武仙传》,第2580页。

㊱华岳:《翠微北征录》卷一《平戎十策·利害》,《翠微南征录北征录合集》,黄山书社1993年点校本,第169页。

㊲《辛稼轩诗文笺注·九议·其五》,第80页。

㊳《宋会要辑稿》兵一七之二八,第7051页。

㊴魏了翁:《鹤山先生大全集》卷七五《太常博士李君墓志铭》。

㊵顾逢:《海东青》,《诗渊》第2册,书目文献出版社1984年影印本,第2748页。

㊶陶宗仪:《南村辍耕录》卷一《氏族》,中华书局1959年标点本,第14页。

㊷陈述:《契丹政治史稿》,人民出版社1986年版,第166页。

后妃与南宋政治

——以家、国关系为线索

曾庆瑛　　陈智超(中国社会科学院)

在漫长的中国封建社会,妇女能够成为后妃,特别是皇后,是达到了最高位置。世人对于后妃的期望是她们能做贤妻良母。其中,对贤后的标准是:第一,是皇帝的内助,不干涉政事;第二,母仪天下,作妇女典范。但是,后妃靠近或身处政治中心的位置,不可能不对政局产生影响,只是有自觉与不自觉,主动与被动,影响正面与负面的分别而已。汉高祖吕后、唐代武则天、中宗韦后对政治尤为热衷;而西汉末年的外戚王氏专权,主要就是依靠当时的王皇后。从中国两千多年的专制王朝历史来看,后宫对政治施加影响的情况是普遍存在的。通观历史,两宋时期,后妃参与政治的现象非常多见,但《宋史·后妃传》序中,认为宋"外无汉王氏之患,内无唐武、韦之祸"。因此值得对宋代后妃与政治的关系问题有所措意。学界对宋代后妃与政治关系的问题,已有所关注[①],但专文探讨南宋后妃与政治关系的文章,尚未得见。在传统社会中,国和家的概念虽不同,但其中有着深刻的联系,这种联系来自西周宗法制度的建立。最初,国是由许许多多具有血亲关系的家庭组成的,国在某种意义上也可以被认为是一个大家庭。后来,虽然血缘关系不再是国的特点了,但国即家的观念,被统治者所利用,也被广大百姓所接受。从这个角度看,皇帝就是这个大家庭(国家)的家长,而后妃(特别是皇后）就是这个家庭母亲角色的扮演者。那么，是不是可以将后妃与政治的关系，与女性处理家庭事务的情况进行对比呢？本文即希望从性别职责的角度来观察南宋后妃与国家、政治的关系，为南宋史的深入研究，提供一个新的视角。

一

立嗣是中国传统家庭生活中的重要问题，而对于一个专制王朝而言，立嗣是保证帝位传承、国祚巩固的大事。家族中立嗣的原则是，"立嗣合从祖父母、父母之命，若一家尽绝，则从亲族尊长之意"，"夫亡妻在，则从其妻"②。这些原则同样适用于皇帝之立储，但是执行起来可能会遇到各样的问题。从现有南宋后妃与政治关系的记载来看，有的后妃确实对帝位传承发挥了重要作用，她们是哲宗孟皇后、高宗吴皇后和宁宗杨皇后。

哲宗孟皇后，是宋代历史上一位极富传奇色彩的皇后。她曾两度被废，三次被拥立，用"塞翁失马，焉知非福"来概括孟皇后的经历当不为过。北宋末年，"金人围汴，钦宗与近臣议再复后，尊为元祐太后。诏未下而京城陷。时六宫有位号者皆北迁，后以废独存。张邦昌僭位，尊号为宋太后，迎居延福宫，受百官朝。胡舜陟、马伸又言，政事当取后旨。邦昌乃复上尊号元祐皇后，迎入禁中，垂帘听政。"③孟皇后因废得存，张邦昌的伪朝廷没有合法性与号召力，唯有迎孟皇后入宫垂帘听政。孟皇后个人境遇的突然改变，不仅改变了她个人，更带来一个新的时代，那就是孟皇后手书立高宗。

"后闻康王在济，遣尚书左右丞冯澥、李回及兄子忠厚持书奉迎。命副都指挥使郭仲荀将所部扈卫，又命御营前军统制张俊逆于道。寻降手书，播告天下。……王即皇帝位，改元，后以是日撤帘，尊后为元祐太后。尚书省言，'元'字犯后祖名，请易以所居宫名，遂称隆祐太后。"④赵构即位，改元建炎，南宋王朝建立，而他之所以能够即位，在于当时具有王权合法性的孟皇后降手书。不仅如此，孟皇后为了南宋政权的巩固，还平息了"苗刘之变"。

建炎三年(1129)三月,武将苗傅、刘正彦等在行在杭州发动兵变,杀同签书枢密院事王渊及宦官康履等,逼高宗传位于幼子旉,"请太后听政"。太后被推上政治前台后,"每见傅等,曲加慰抚,傅等皆喜。韩世忠妻梁氏在傅军中,(朱)胜非以计脱之,太后召见,勉令世忠速来,以清岩陛。梁氏驰入世忠军,谕太后意。世忠等遂引兵至,逆党惧。朱胜非等诱以复辟,命王世修草状进呈。太后喜曰:'吾责塞矣。'再以手札趣帝还宫,即欲撤帘。帝令胜非请太后一出御殿,乃命撤帘。是日,上皇太后尊号。"⑤可见,孟皇后极具政治智慧,遇事冷静,她对叛军的安抚,削弱了苗、刘等人的警惕,为韩世忠等人起兵争取了时间。

孟皇后顾全大局,为宋朝政统延续,付出了巨大努力。《后妃传》中记载宣仁太后对孟皇后作出的预见:"斯人贤淑,惜福薄耳! 异日国有事变,必此人当之。"⑥这或可作为对孟皇后坎坷一生的总结吧。

高宗吴皇后则与孝宗之立有关。"初,伯琮以宗子召入宫,命张氏育之。后时为才人,亦请得育一子,于是得伯玖,更名璩。中外议颇籍籍。张氏卒,并育于后,后视之无间。伯琮性恭俭,喜读书,帝与后皆爱之,封普安郡王。后尝语帝曰:'普安,其天日之表也。'帝意决,立为皇子,封建王。出璩居绍兴。"⑦伯琮就是后来的孝宗。吴皇后为才人时,曾经养育皇子璩,而伯琮当时由张氏养育。张氏死,伯琮改由吴后养育。吴后并未因养育时间长短和亲疏关系而疏远伯琮。相反,她发现伯琮"性恭俭,喜读书"的优点,并在高宗面前夸奖伯琮,增加了高宗对伯琮的好感与信任,最后才会立为皇帝。

吴皇后的做法,有利于南宋帝位的良性传承,值得肯定。

宁宗杨皇后同样对帝位传承发挥了作用,但与孟皇后、吴皇后的情形却大相径庭。

其实,杨氏险些与皇后名号失之交臂。"恭淑皇后崩,中宫未有所属,贵妃与曹美人俱有宠。韩侂胄见妃任权术,而曹美人性柔顺,劝帝立曹。而贵妃颇涉书史,知古今,性复机警,帝竟立之。"后来,杨皇后的哥哥杨次山门客王梦龙得知韩侂胄欲立曹美人之事,"密以告后,后深衔之,与次山欲因事诛侂胄。"⑧由于自身力量不足,杨皇后卷入了朝廷内部大臣的权力争夺之中。

杨次山"择廷臣可任者,与共图之。礼部侍郎史弥远,素与侂胄有隙,遂欣然奉命。"经过周密布置,"开禧三年十一月三日,侂胄方早朝,弥远密遣中军统制夏震伏兵六部桥侧,率健卒拥侂胄至玉津园,槌杀之。"当宁宗得知韩侂胄被杀的消息后,"帝不之信,越三日,帝犹谓其未死。"⑨韩侂胄的死,使杨皇后和史弥远都达到了目的。史弥远开始在朝中专权。但由于权臣与皇嗣之间的矛盾,杨皇后再次陷进政治的旋涡。

"嘉定十四年,帝以国嗣未定,养宗室子贵和,立为皇子,赐名竑。弥远为丞相,既信任于后,遂专国政,竑渐不能平。初,竑好琴,弥远买美人善琴者纳之,而私厚美人家,令伺皇子动静。竑嬖之,一日,竑指舆地图示美人曰:'此琼崖州也,他日必置史弥远于此地。'美人以告弥远。竑又书字于几曰:'弥远当决配八千里。'竑左右皆弥远腹心,走白弥远。弥远大惧,阴蓄异志,欲立他宗室子昀为皇子,遂阴与昀通。"⑩史弥远的专权跋扈,使得皇子竑日益厌恶。史弥远得知竑他日欲处置自己的时候,开始考虑皇子的废立问题,以图保住权位。

"十七年闰八月丁酉,帝大渐,弥远夜召昀入宫,后尚未知也。弥远遣后兄子谷及石以废立事白后,后不可,曰:'皇子先帝所立,岂敢擅变?'是夜,凡七往反,后终不听。谷等乃拜泣曰:'内外军民皆已归心,苟不立之,祸变必生,则杨氏无噍类矣。'后默然良久,曰:'其人安在?'弥远等召昀入,后拊其背曰:'汝今为吾子矣!'遂矫诏废竑为济王,立昀为皇子,即帝位,尊皇后曰皇太后,同听政。"⑪在史弥远的逼迫下,杨皇后不得不改立皇子即帝位,昀即位,是为理宗。

杨皇后本是有心计之人"少以姿容选入宫,忘其姓氏,或云会稽人。……有杨次山者,亦会稽人,后自谓其兄也,遂姓杨氏。"⑫但她因私愤而卷入朝廷大臣的权力争夺之中,其实在很大程度上只不过是被外朝大臣史弥远所利用⑬,说明她缺乏政治头脑与参政经验。她对政治施加的影响,不是积极的。但不可否认的是,她的政治行为确实改变了南宋帝位的传承。

从上述三位皇后的行为来看,她们都对立嗣问题上发挥了作用,而且她们的做法也是符合宋代家族立嗣原则的,只不过她们三人在立嗣问题上的动机、影响和结果不同,而得到不同的评价。

二

在家族中,妇女具有处理家族事务的权利,特别是丈夫过世、儿子尚幼的情况下,妇女与儿子在财产上具有一体性⑭,并拥有最终处置权,"有母在,子孙不得有私财"⑮。那么,在国家事务中,具有母仪天下身份的后妃们,在皇帝身亡的情况下,同样担负起她们的责任,这是一种家庭责任在国家政治生活中的体现。这里主要谈三位后妃:徽宗韦贤妃、理宗谢皇后和度宗杨淑妃。

徽宗韦贤妃,是高宗生母,"从上皇北迁。建炎改元,遥尊为宣和皇后。"⑯就是这位身在异国的遥尊皇后,对宋金议和却起到了重要作用。

宋徽宗死于金国后,高宗曾多次遣使金朝,希望金朝能够将韦贤妃送还南宋。"(绍兴)十年,以金人犹未归后,乃遥上皇太后册宝于慈宁殿。是后,生辰、至、朔,皆遥行贺礼。……金人遣萧毅、邢具瞻来议和,帝曰:'朕有天下,而养不及亲。徽宗无及矣!今立誓信,当明言归我太后,朕不耻和。不然,朕不惮用兵。'毅等还,帝又语之曰:'太后果还,自当谨守誓约;如其未也,虽有誓约,徒为虚文。'"⑰很明显,高宗表达了对太后的思念之情,但更为重要的是,他以迎太后作为"屈己讲和"的借口。

金朝最终同意归还太后,而宋金议和也在绍兴十一年(1141)正式达成。虽然韦贤妃本人并没有参与到这场宋金的政治交易之中,但围绕她所展开的一系列政治运作,在客观上促进了宋金关系的转变。

高宗运用的策略就是要利用换回母亲韦贤妃来达成宋金议和,他的行为符合宋代的家庭观念,用今天流行的语言来说,就是打亲情牌,唱政治戏,他的目的最终达到了。

如果说韦贤妃是被动发挥作用的话,理宗谢皇后和度宗杨淑妃则是主动发挥作用。

咸淳十年(1274)七月,宋度宗死,不满三岁的嫡子㬎继位。理宗谢皇后也由皇太后而成为太皇太后,垂帘听政,临朝称诏。这时元兵继续南下,南宋政局危殆。到德祐二年(1276)正月十八日,元军已至临安郊外的皋亭山。宋朝以小皇帝赵㬎的名义向元军递上降表,称:"宋国主臣㬎谨百拜奉表,谨奉太皇太后命,削去帝号,以见存州郡悉上圣朝,为宗社生灵祈哀请命。"[18]元军统帅伯颜认为这份降表仍用宋国号,不予接受。二月四日,元军入临安城,小皇帝再上降表,太皇太后亦奉降表。诗人汪元量亲历其事,写下了"侍臣已写归降表,臣妾佥名谢道清"的诗句[19]。胡三省在注《通鉴》时,以此事与五代后晋出帝投降契丹相比。当时出帝与太后李氏分别上降表,一称臣,一称妾。胡三省沉痛地说:"臣、妾之辱,惟晋、宋为然,呜呼痛哉!"[20]谢后也因这份降表而在史籍中留下了自己的名字,她在历史上扮演的是悲剧的角色。

而度宗杨淑妃的境遇就更加不容易了。为保存赵氏血脉,在南宋首都临安陷落前,她带着自己所生的建国公昰和修容俞氏所生的卫王昺,走温州,又走福州,甚至避难海上。在颠沛途中,众人推昰为主,"册妃为太后"。

至元十四年,元军围昰于海上。"明年四月,昰卒,昺代立。十六年春二月,昺投海死,妃闻之大恸,曰:'我艰关忍死者,正为赵氏祭祀尚有可望尔,今天命至此,夫复何言!'遂赴海死。其将张世杰葬之海滨。"[21]杨氏先后辅佐两位年幼的皇帝。至崖山海战,南宋军民大败,丞相陆秀夫负帝昺投海殉国,杨氏毅然赴海死,这种气节值得后人称道。明朝在今天新会崖山建有慈元庙,纪念这位为挽救南宋江山而付出最后努力,最终悲愤殉国的杨太后。

谢皇后、杨淑妃的所作所为,如果从家庭角度来看,就是寡妇与幼子共同拥有一份家产,寡妇具有财产处置权;在儿子年幼之时,所有家产由母亲掌管。这种情形在《名公书判清明集》中有很多记录。如"将见存产置籍印押,责付阿曹管业,不许典卖,以俟其子之长。"[22]"将阿毛见存产业,摽拨作两份,经官印押,付黄臻及新立之子各人收执,仍听阿毛掌管。"[23]这些记载,为后妃辅政创造了社会基础,使得她们的行为能够得到认可,不会遭到非议。

三

宋人对于妇女在家庭中的形象、作用、地位,有比较全面的概括。袁采曾讲道:"妇人有以其夫蠢懦而能自理家务,计算钱谷出入,人不能欺者;有夫不肖而能与其子同理家务,不致破家荡产者;有夫死子幼而能教养其子,敦睦内外姻亲,料理家务,至于兴隆者,皆贤妇人也"。㉔司马光也说:"为人母者,不患不慈,患于知爱而不知教也。古人有言曰:'慈母败子。'爱而不教,使沦于不肖,陷于大恶,入于刑辟,归于乱亡。非他人败之也,母败之也。自古及今,若是者多矣,不可悉数。"㉕他们为"贤妇"、"慈母"下了明确的定义,史书中多有此类妇女楷模的记载。

与此相反,宋人将那些"悍妇"、"妒妇"也记录下来,作为反面典型来教育妇女应守妇道。悍妇、妒妇们不仅仅存在于民间,达官贵人乃至皇亲宗室中亦大有人在。比如,沈括是宋代著名的改革派、科学家,但他的夫人却相当凶悍,沈括对她无计可施。"晚娶张氏,悍虐,存中不能制,时被棰骂,捽须堕地,儿女号泣而拾之,须上有血肉者,又相与号恸,张终不恕。余仲姊嫁其子清直,张出也。存中长子博毅,前妻儿,张逐出之。存中时往賙给,张知辄怒,因诬长子凶逆暗昧事,存中责安置秀州。张时时步入府中,诉其夫子,家人辈徒跣从劝于道。"至张氏死,"人皆为存中贺"㉖。小家庭中的悍妇、妒妇,至多只会造成家庭内部的不和谐,对社会影响并不太大。但是,如果悍妇存在于皇帝身边,她所发挥的影响就是关乎政权稳定的大事了。光宗李皇后是南宋历史上著名的悍妇皇后,她对政治的影响完全是负面的。

高宗、孝宗对于李皇后均表示出不满,孝宗更是屡次训斥,"宜以皇太后为法,不然,行当废汝。"㉗这对于李皇后来说,是极大的刺激。同时,这也导致李氏考虑报复孝宗,于是她开始离间孝、光二帝的关系。

光宗即位后,"得心疾,孝宗购得良药,欲因帝至宫授之。宦者遂诉于后曰:'太上合药一大丸,俟宫车过即投药。万一有不虞,其奈宗社何?'后觇药实有,心衔之。顷之,内宴,后请立嘉王为太子,孝宗不许。后曰:'妾六礼所聘,嘉王,妾亲生也,何为不可?'孝宗大怒。后退,持嘉王泣诉于帝,谓寿皇有废立意。帝惑之,遂不朝太上。"㉘行废立之事,是专制王朝最大的政治事件,也是最危险的政治行为。而李氏为达到离间孝、光父子的目的,不惜以令人恐惧的废立皇帝之事来刺激光宗。

李氏的行为,确实导致了孝宗与光宗的疏远,光宗久不朝见孝宗。太上皇与皇帝关系的恶化,造成政治空气的紧张。为改善、恢复孝、光二帝关系,"绍熙四年九月重明节,宰执、侍从,台谏连章请帝过宫。给事中谢深甫言:'父子至亲,天理昭然。太上之爱陛下,亦犹陛下之爱嘉王。太上春秋高,千秋万岁后,陛下何以见天下?'帝感悟,趣命驾朝重华宫。"㉙可是,李皇后的干预,再次中止了太上皇与皇帝关系的改善。"是日,百官班列俟帝出,至御屏,后挽留帝入,曰:'天寒,官家且饮酒。'百僚、侍卫相顾莫敢言。中书舍人陈傅良引帝裾请毋入,因至屏后,后叱曰:'此何地,尔秀才欲斫头邪?'傅良下殿恸哭,后复使人问曰:'此何理也。'傅良曰:'子谏父不听,则号泣而随之。'后益怒,遂传旨罢还宫。"㉚李氏悍妇的嘴脸再次充分暴露。

由于李氏长期阻挠光宗与孝宗相见,致使父子关系恶化,"孝宗崩,帝不能亲执丧",最终导致韩汝愚、韩侂胄通光宗内禅宁宗。如何处理皇权内部的关系,是关系到权力有效、正常发挥作用,顺利传承的重要问题,而光宗李皇后的行为,破坏了孝宗、光宗父子的感情,对当时朝廷政治运转施加了负面的影响。

四

通过以上七位后妃参政情况的叙述,我们可以看到后妃政治在南宋朝廷中是客观存在的。但是这种存在,有的是后妃主动为之,也有的是被当朝皇帝或权臣所利用。后妃参与政治的动机和结果也并不相同,有的为南宋的建立、巩固创造了良好的条件,有的却在帝位传承问题上发挥了负面的作用。在参政的表现上,以江山社稷为重的为多,为谋私利的是少数。她们的行为,可以从政治需要的角度理解,同时也可以从家族制度、家庭形态的层面观察;而且后者的视角,可能会卸下原本不属于那些后妃身上应当承担的压力。

注释:

①魏志江:《论宋代后妃》,《扬州师范学院学报》1994 年第 1 期;朱瑞熙:《宋朝的宫廷制度》,《学术月刊》1994 年第 4 期;杨光华:《宋代后妃、外戚预政的特点》,《西南师范大学学报》(哲学社会科学版)1994 年第 3 期;杨果:《宋代后妃参政述评》,《江汉论坛》1994 年第 4 期;诸葛忆兵:《论宋代后妃与朝政》,《南京师大学报》(社会科学版)1998 年第 4 期;朱子彦:《宋代垂帘听政制度初探》,《学术月刊》2001 年第 8 期;张明华:《论北宋女性政治的蜕变》,《河南大学学报》(社会科学版)2002 年第 1 期;萧建新:《宋代临朝听政新论》,《社会科学战线》2003 年第 4 期;刘广丰:《宋代后妃与帝位传承》,《武汉大学学报》(人文科学版)2009 年第 4 期。

②中国社会科学院历史研究所宋辽金元史研究室点校:《名公书判清明集》卷七《户婚门·立继》"争立者不可立",中华书局 1987 年版,第 211 页;同卷"已有养子不当求立",第 214 页。

③《宋史》卷二四三《哲宗昭慈圣献孟皇后传》,中华书局 1977 年版,第 8634 页。

④《宋史》卷二四三《哲宗昭慈圣献孟皇后传》,第 8635 页。

⑤《宋史》卷二四三《哲宗昭慈圣献孟皇后传》,第 8635 页。

⑥《宋史》卷二四三《哲宗昭慈圣献孟皇后传》,第 8638 页。

⑦《宋史》卷二四三《高宗宪圣慈烈吴皇后传》,第 8647 页。

⑧《宋史》卷二四三《宁宗恭圣仁烈杨皇后传》,第 8656 页。

⑨《宋史》卷二四三《宁宗恭圣仁烈杨皇后传》,第 8657 页。

⑩《宋史》卷二四三《宁宗恭圣仁烈杨皇后传》,第 8657 页。

⑪《宋史》卷二四三《宁宗恭圣仁烈杨皇后传》,第 8657—8658 页。

⑫《宋史》卷二四三《宁宗恭圣仁烈杨皇后传》,第 8656 页。

⑬参见张邦炜:《两宋无内朝论》,《河北学刊》1994 年第 1 期,第 90 页。

⑭参见[日]滋贺秀三著,张建国、李力译:《中国家族法原理》,法律出版社 2003 年版,第 343—344 页。

⑮《宋史》卷四三七《儒林·程迥传》，第 12950 页。

⑯《宋史》卷二四三《徽宗韦贤妃传》，第 8640—8641 页。

⑰《宋史》卷二四三《徽宗韦贤妃传》，第 8641 页。

⑱《宋史》卷四七，《瀛国公本纪》，第 937 页。

⑲汪元量《醉歌》，《湖山类钞》。

⑳《资治通鉴》卷二八五，开运三年十二月壬申条胡注。中华书局 1956 年版，第 9321 页。

㉑《宋史》卷二四三《度宗杨淑妃传》，第 8662 页。

㉒《名公书判清明集》卷七《户婚门·孤寡》"宗族欺孤占产"，第 237 页。

㉓《名公书判清明集》卷七《户婚门·立继》"双立母命之子与同宗之子"，第 219 页。

㉔(宋)袁采著，杨柳、贺恒祯注释：《袁氏世范》卷上《睦亲》"寡妇治生难托人"，天津古籍出版社 1995 年版，第 47 页。

㉕(宋)司马光著，王宗志注释：《温公家范》卷三《父母》，天津古籍出版社 1995 年版，第 43 页。

㉖(宋)朱彧：《萍州可谈》卷三，《全宋笔记》第 2 编第 6 册，大象出版社 2006 年版，第 179 页。

㉗《宋史》卷二四三《光宗慈懿李皇后传》，第 8654 页。

㉘《宋史》卷二四三《光宗慈懿李皇后传》，第 8654 页。

㉙《宋史》卷二四三《光宗慈懿李皇后传》，第 8654—8655 页。

㉚《宋史》卷二四三《光宗慈懿李皇后传》，第 8655 页。

透过帝王传记
看南宋"重文"文教政策的传承与调适

赵国权(河南大学)

自宋太祖提出"宰相须用读书人",到宋太宗提倡"兴文教"及"文德致治","重文"的文教政策基本确立。在此政策引领下,北宋的教育、学术、科技等各项文化事业蓬勃发展。宋室南迁后,虽然政局几度震荡,但执政者对前朝业已形成并稳定的文教政策,在保持传承的同时继续加以发展和创新,确保了"重文"政策的可持续性实施,使南宋的各项文化事业得以欣欣向荣,几与北宋相媲美。

"重文"作为一项基本国策,主要体现在历朝帝王所颁布的诏书以及统治者的行为走向之中,因为其诏书和行为体现着政府或国家的意志,对社会发展有着重要的导向作用。探讨南宋统治者对"重文"政策的传承及调适,也主要依据《宋史》所载南宋历朝帝王传记中的诏书及其行为走向。

一、尊孔崇儒,旨在重整封建伦理纲常

自有汉以降,面对伦理道德的丧失,统治者一贯奉行尊孔崇儒政策,旨在为维系封建伦理纲常而树立理论依据。这也是宋代"重文"政策的实质所

在。对此,南宋执政者毫不犹豫地实施尊孔崇儒,"以之继体守文则有余"的宋高宗积极地为之摇旗呐喊,并于绍兴六年(1136)十二月下诏称:"士大夫之学宜以孔、孟为师,庶几言行相称,可济时用。"①这一诏书对举国上下尊孔崇儒有着举足轻重的引导作用,主要体现在以下几个方面:

首先是祭孔讲经。或专一祭孔,或祭孔与讲经同时进行,一般是先祭孔,再召集学者讲经。诸如淳熙四年(1177)二月,宋孝宗"幸太学,只谒先圣,退御敦化堂,命国子祭酒林光朝讲《中庸》"②。嘉泰三年(1203)正月,宋宁宗"幸太学,谒大成殿,御化原堂,命国子祭酒李寅仲讲《尚书·周官》篇"③。淳祐元年(1241)正月,理宗"幸太学谒孔子,遂御崇化堂,命祭酒曹觱讲《礼记·大学》篇。……制《道统十三赞》,就赐国子监宣示诸生"④。景定二年(1261)正月,宋理宗"命皇太子谒拜孔子于太学。诏封张栻为华阳伯,吕祖谦开封伯,从祀孔子庙庭"⑤。宋度宗于景定五年(1264)即位后,十一月"诏儒臣日侍经筵,辅臣观讲";十二月"初开经筵,讲殿以熙明为名。礼部尚书马廷鸾进读《大学衍义序》,陈心法之要"⑥。咸淳三年(1267),宋度宗又"诣太学谒孔子,行舍菜礼,以颜渊、曾参、孔伋、孟轲配享,颛孙师升十哲,邵雍、司马光升列从祀,雍封新安伯。礼部尚书陈宗礼、国子祭酒陈宜中进读《中庸》"⑦。咸淳六年(1270)二月,宋度宗再诏陈宜中经筵进讲《春秋》终篇。

与北宋祭孔有所不同的是,北宋祭孔的规格与天子相等。绍兴十年(1140),宋高宗诏"以释奠文宣王为大祀",即规定祭祀孔子的礼仪与祭祀社稷的大礼相同,均为国家级的重大祀典。且与北宋帝王相比,南宋历朝(除宋光宗及宋末几位短命帝王外)帝王在太学都举行过隆重的释典礼仪,借以彰显统治者对文教的重视及对孔子的推崇。

其次是崇儒术。从绍兴十三年(1143)到绍兴十六年(1146),宋高宗和宪圣皇后吴氏亲笔御书《周易》、《毛诗》、《尚书》、《左传》及《论语》、《孟子》赐予太学及颁行诸州学,还刻石于太学首善阁及三礼堂廊庑,这便是有名的"光尧石经"。由帝王御抄石经,不仅北宋没有先例,在中国历史上也是绝无仅有的。尤其是在宋理宗执政期间,对儒术的推崇尤甚。景定二年(1261)

十二月,有官员奏称:"太子语臣等言:'近奉圣训,夫妇之道,王化之基,男女正位,天地大义。平日所讲修身齐家之道,当真履实践,勿为口耳之学。'请宣付史馆,永为世程法。"⑧这份奏折很合宋理宗之意,不仅"从之",还于景定五年(1264)正月再次"诏崇经术,考德行"。尤其是,从对其子宋度宗的教诲中可见一斑。据《宋史·度宗》载曰:"时理宗家教甚严,鸡初鸣问安,再鸣回宫,三鸣往会议所参决庶事。退入讲堂,讲官讲经,次讲史,终日手不释卷。将晡,复至榻前起居,率为常。理宗问今日讲何经,答之是,则赐坐赐茶;否,则为之反覆剖析;又不通,则继以怒,明日须更覆讲。"

再就是厚待孔子后裔。具体做法主要有三点:一是诏赐衍圣公,如宝庆二年(1226)六月,宋理宗诏以孔子五十二代孙万春袭封衍圣公。二是赐田,目的也是为了尊孔,如绍兴八年(1138)六月,宋高宗"赐衍圣公孔玠衢州田五顷,奉先圣祠事"⑨。三是授官,如嘉定十七年(1224)正月,宋宁宗"诏补先圣裔孔元用为通直郎,录程颐后",九月又"诏以先圣四十九代孙行可为迪功郎,授判、司、簿、尉"⑩。绍定三年(1230)十二月,宋理宗下诏录用孔子四十九代孙灿补官。宝祐四年(1256)二月,宋理宗下诏袭封衍圣公孙孔洙添差通判吉州;五月,赐孔子五十代孙孔元龙迪功郎,授初品官。

可以说,南宋统治者对尊孔崇儒不遗余力,但也存在着一些与尊孔崇儒不协调的音符。如《宋史·高宗八》所载,绍兴二十四年(1154)十二月,"以故龙图阁学士程瑀有《论语讲解》,秦桧疑其讥己,知饶州洪兴祖尝为序,京西转运副使魏安行镂版,至是命毁之。兴祖昭州、安行钦州编管,瑀子孙亦论罪"⑪。这缘于程瑀与秦桧的政见不和,是党争的一个小插曲,对尊孔崇儒无多大影响。

二、重用文人,兼取武将,以供时局所需

在南宋初年,社会虽出现剧烈震荡,但文以治国理念已根植于统治者的意识深层,因而取士路径并未因社会震荡而中断,且不断地更新和完善。据

《宋史·高宗一》载，建炎元年（1127）五月，"应天府特奏名举人并与同进士出身，免解人与免省试。诸路特奏名三举以上及宗室尝预贡者，并推恩。"是年，鉴于政局动荡及路途遥远等因素，首创"类省试"制度，即由转运司在所在州府代行礼部省试的一种考试。建炎二年（1128）八月，宋高宗于集英殿策试礼部进士；九月，"赐礼部进士李易以下四百五十一人及第、出身，特奏名进士皆许调官"。绍兴二年（1132）四月，"赐礼部进士张九成以下二百五十九人及第、出身"。绍兴五年（1135）九月，"赐礼部进士汪洋以下二百二十人及第、出身"等⑫。可见，已经定制的科举取士照常进行，进士科保持着三年一大试制度。且解试、省试的考试时间，都是在宋高宗时期成为定制的。

南宋取士途径除常科外还有制举，主要是不定期地招录贤良方正、直言极谏、博学宏词等特殊人才。诸如绍兴元年（1131）正月，宋高宗下诏恢复贤良方正、直言极谏科；三年（1133）七月，又诏复置博学宏词科，且属南宋首创。淳熙七年（1180）三月，宋孝宗诏举贤良方正能直言极谏者；十一年（1184）六月，又"诏在内尚书、侍郎、两省谏议大夫以上、御史中丞、学士、待制，在外守臣、监司，不限科举年分，各举贤良方正能直言极谏一人"等⑬。同时，南宋还沿袭汉代的察举孝廉之制，诸如绍兴十年（1140）四月，宋高宗诏"命部使者岁举廉吏一人"⑭。淳熙元年（1174）七月，宋孝宗诏举廉吏。嘉定八年（1215）三月，宋宁宗"诏大郡岁举廉吏二人，小郡一人"⑮。景定元年（1260）七月，宋理宗诏举孝廉。咸淳六年（1270）三月，宋度宗下诏称："吏以廉称，自古有之，今绝不闻，岂不自章显而壅于上闻欤？其令侍从、卿监、郎官，各举廉吏，将显擢焉。"⑯咸淳七年（1271）十二月，宋度宗诏求"举廉能材堪县令者，侍从、台谏、给舍各举十人，卿监、郎官各举五人，制帅、监司各举六人，知州、军、监各举二人"⑰。可知，南宋时期的孝廉之举已基本制度化。

至于取士标准，除常规的科试，还有一些具体的资格性要求：一是维护政体，不结党营私者，诸如绍兴二年（1132）四月，宋高宗下诏称："朕登庸二相，倚遇惟均。其所荐用之人，不得偏私离间，朋比害政。"⑱二是不拘一家之言，且学有成就者。如绍兴二十六年（1156）六月，宋高宗下诏，要求"取士毋拘程颐、王安石一家之说"⑲。淳祐三年（1243）四月，"布衣王与之进所著

《周礼订议》,补下州文学"[20];十二年(1252)六月,"诏求遗书并山林之士有著述者,许上进"[21]。三是遵纪守法者,如建炎二年(1128)正月,宋高宗下诏:"自今犯枉法自盗赃者,中书籍其姓名,罪至徒者,永不录用。"[22]四是出身方面不限流寓、布衣之士,如建炎元年(1127)五月,诏令"内外大臣,限十日各举布衣有材略者一人"[23];四年(1130)五月"诏中原、淮南流寓士人,听所在州郡附试"[24]。绍兴二年(1132)正月,"诏内外侍从、监司、守臣各举中原流寓士大夫三二人,以备任使"[25];十七年(1147)正月,"命诸路收试中原流寓士人"[26]。五是有特殊才能者,如绍兴十年(1140)四月,"访求亡逸历书及精于星历者"。[27]

尤其是在重用文人的同时,还重视军事人才的选用,以应对日益紧张的战事。除实施武科取士外,尤以举荐为主。诸如绍兴十年(1140)六月,因与金人作战之需,"诏三衙管军及观察使已上,各举智略勇猛、材堪将帅者二人"[28]。开禧元年(1205)七月,"诏侍从、两省、台谏、在外待制、学士已上及内外文武官,各举将帅边守一二人"[29]。嘉定六年(1213)六月,"诏三衙、江上诸军主帅各举堪将帅者二三人"[30];十年(1217)八月,"诏监司、郡守各举威勇才略可将帅者二人"[31]。德祐元年(1275)十一月,宋恭宗依然"命诸制司各举才堪将帅者十人,不限偏裨士卒,如不隶军中者,许投匦自荐"[32]。另外,为稳定沿边局势,庆元五年(1199)八月还曾"立沿边诸州武举取士法"[33],可以说是武举的一种灵活变通。

三、崇教兴学,迅速恢复并稳定教育秩序

崇教兴学是有宋以降的一贯政策。宋室南迁后,尤其是在宋高宗在位期间,及时调整教育应对策略。如绍兴三年(1133)六月,置国子监及博士弟子员;九年(1139)八月,"复淮南诸州学官"[34];十年(1140)四月,"复四川诸州学官"[35];十二年(1142)二月"诏诸州修学宫",四月"增修临安府学为太学"[36];十三年(1143)正月增建国子监太学,二月"立太学及科举试法"[37],八

月"命诸路有出身监司一员提举学事"，九月"诏诸州守、贰提举学事，县令、佐主管学事"㊳；十六年（1146）五月"命诸路漕臣兼提举学事"㊳；二十一年（1151）九月"籍寺观绝产以赡学"㊵；二十六年（1156）八月"班元丰、崇宁学制于诸路"㊶等。这一系列举措，既保持了文教政策的可持续性，又使当时的教育秩序得以迅速恢复和稳定

在重视兴办普通官学的同时，对皇族教育也给予较大的关注，如绍兴十四年（1144）二月诏定宗学生额为百员。淳熙十年（1183）五月增皇太子宫小学教授一员。嘉泰四年（1204）二月置庄文太子府小学教授。开禧二年（1206）七月置沂王府小学教授。嘉定七年（1214）八月复建宗学，置博士、谕各一人，弟子员百人；十四年（1221）四月复置诸王宫大、小学教授。嘉熙二年（1238）六月，"诏建内小学，择宗子十岁以下资质美者二三人，置师教之"㊷等。

对少数民族尤其是西南地区少数民族教育也给予较多的关注，诸如绍兴十一年（1141）初置"新民学"，以教养溪峒（指武陵山脉一带少数民族居住区）"归民"子弟，以30人为额；十四年（1144）二月"复置靖州新民学"㊸。淳熙八年（1181）四月，"立郴州宜章、桂阳军临武县学，以教养峒民子弟"㊹。

更值得一提的是，南宋统治者对军事教育也非常重视，主要途径有两条：一是设置军事训练基地即"军教场"，如绍兴五年（1135）正月，"置诸州军教场，选兵专习弓弩，立格按试"㊺；七年（1137）三月"命虔、吉、南安军诸县各募土兵百人，责知县训练，防御盗贼"㊻。淳熙十一年（1184）二月"诏两淮、京西、湖北万弩手令在家阅习，每州许岁上材武者一二人，试授以官，如四川义士之制"㊼。嘉泰三年（1203）十月"命两淮诸州以仲冬教阅民兵万弩手"等㊽。二是积极办理武学，以培养带兵指挥作战之才。诸如绍兴十六年（1146）三月始重建武学，置弟子员百人；二十六年（1156）四月置武学官及弟子员百人。乾道六年（1170）六月，增武学生为百人。淳熙四年（1177）六月，宋孝宗"遂幸武学，谒武成王庙"㊾；五年（1178）五月，置武学国子员。庆元五年（1199）三月开始，"诏诸路州学置武士斋，选官按其武艺"㊿，即将军事人才的培养放置地方官学来进行。

四、崇尚理学,并逐渐将程朱理学推向官方哲学

理学作为对儒学的一种改造和发展,在北宋时颇受世人关注,学术思想异常活跃,官方虽然推崇,但没有提升至官方哲学的地位来看待。随着宋室南迁,理学中心也由北方移至江南一隅,经过以朱熹为代表的理学家们的改造和发展,至理宗朝被确立为官方哲学,这是南宋时期文教政策的一次重大调整。

当然,理学在南宋时期的发展历程也不是一帆风顺的,甚至是带有一些戏剧性变化:一方面是不断地征用、重用理学名流,诸如绍兴五年(1135)十一月征和靖处士尹焞于涪州,命为崇政殿说书;七年(1137)五月以胡安国提举万寿观兼侍读;八年(1138)二月以胡安国《春秋传》成书,进宝文阁直学士。淳熙三年(1176)六月,"以朱熹屡诏不起,特命为秘书郎,熹不就"[51];十五年(1188)六月"以新江西提点刑狱朱熹为兵部郎官,熹以疾未就职。侍郎林栗劾熹慢命,熹乞奉祠。……诏熹仍赴江西,熹力辞不赴";十五年(1188)十一月"命朱熹主管西太一宫兼崇政殿说书,辞不至"[52]。绍熙五年(1194)八月,刚即位的宋宁宗以朱熹为焕章阁待制兼侍讲,并"增置讲读官,以给事中黄裳、中书舍人陈傅良、彭龟年等为之。诏经筵官开陈经旨,救正阙失"[53]。另一方面,则是党争带来的对理学尤其是程氏之学的质疑,甚至是当做"伪学"加以打击。绍兴元年(1131),宋高宗还曾颁诏追赠程颐,称其"潜心大业,高明自得之学可信不疑"。"所以振耀保显之者,以明上之所与在此而不在彼也"[54]。虽表明统治者正式承认程学为传承圣人之道的正统之学,但内部党争却又很快将程氏之学推向矛盾的焦点。诸如绍兴六年(1136)十二月,右司谏陈公辅"乞禁程氏学";十四年(1144)十月,"从右正言何若言,请戒内外师儒之官,黜伊川程氏之学"[55]。淳熙五年(1178)正月,"侍御史谢廓然乞戒有司毋以程颐、王安石之说取士。从之"[56]。光宗绍熙元年(1190)二月,"殿中侍御史刘光祖言:道学非程氏私言,乞定是非,别邪正。从之"[57]。尤其

是在宁宗朝，担当侍讲的朱熹因上疏触犯韩侂胄集团的利益被罢官，赵汝愚等力谏无果，韩氏集团借机发难，诱发"庆元党案"。史载，庆元元年（1195）二月，"以右正言李沐言，罢赵汝愚为观文殿大学士、知福州。……庚辰，兵部侍郎章颖以党赵汝愚罢。甲申，谢深甫等再劾汝愚，诏与宫观"；三月，"国子祭酒李祥、博士杨简以党赵汝愚罢"；四月，"太府寺丞吕祖俭坐上疏留赵汝愚及论不当黜朱熹、彭龟年等，忤韩侂胄，送韶州安置。……太学生杨宏中等六人以上书留赵汝愚、章颖、李祥、杨简，请黜李沐，诏宏中等各送五百里外编管。中书舍人邓驲上疏救之，不听"[58]。庆元二年（1196）十二月，"监察御史沈继祖劾朱熹，诏落熹秘阁修撰，罢宫观。窜处士蔡元定于道州"[59]。与此同时，就是"诏禁伪学"及"勿用伪学之人"。如庆元三年（1197）二月，"以大理司直邵褒然请诏大臣自今权臣、伪学之党，勿除在内差遣"；九月，"诏监司、帅守荐举改官，勿用伪学之人"[60]。庆元四年（1198）四月，"右谏议大夫张釜请下诏禁伪学"；五月，"诏禁伪学"[61]。庆元五年（1199）二月，"张釜劾刘光祖附和伪学，诏房州居住"[62]。嘉泰元年（1201）二月，"监察御史施康年劾少傅、观文殿大学士致仕周必大首倡伪学，私植党与，诏降为少保"[63]。

自宋宁宗嘉泰二年（1202）十月"追复朱熹焕章阁待制致仕"后，统治者对理学的态度开始好转。如开禧三年（1207）十一月，追赠吕祖俭为朝奉郎、直秘阁，官其子一人等。尤其是自嘉定十七年（1224）九月，宋理宗即位之初，便开始起用理学家，"诏褒表老儒，以傅伯成为显谟阁学士，杨简宝谟阁直学士，并提举南京鸿庆宫。柴中行叙复元职，授右文殿修撰、主管南京鸿庆宫"[64]。同时追赠以及厚待理学家后裔，如宝庆元年（1225）八月，赠张九成为太师，追封崇国公，谥文忠；以程颐四世孙源为籍田令。但当年也有针对理学家的恶意攻击，如莫泽称真德秀"舛论纲常"，朱端常称"魏了翁封章谤讪，真德秀奏札诬诋"等，致使二人落职罢祠。但并不影响理学崛起的步伐。宝庆二年（1226）正月，"赠沈焕、陆九龄官，焕谥端宪，九龄谥文达。录张九成、吕祖谦、张栻、陆九渊子孙官各有差"[65]。

给理学发展带来重大转机的是宝庆三年（1227）宋理宗的一道诏书，他在诏书中称："朕观朱熹集注《大学》、《论语》、《孟子》、《中庸》，发挥圣贤蕴奥,有补治道,朕励志讲学,缅怀典刑,可特赠熹太师,追封信国公。"时任工部侍郎的朱熹之子朱在向宋理宗"奏人主学问之要",宋理宗说:"先卿《中庸序》言之甚详,朕读之不释手,恨不与同时。"⑥可见,宋理宗对程朱之学的推崇达到无以复加的地步,拉开了举国尊崇理学的序幕。

接着,开始为理学拨乱反正。如绍定四年(1231)六月,"诏魏了翁、真德秀、尤焴、尤爌并叙复元官职祠禄"⑥;六年(1233)十一月,礼部郎中洪咨夔进对:"今日急务,进君子,退小人,如真德秀、魏了翁当聚之于朝。"得到宋理宗的认可,所谓"帝是其言"⑥。端平元年(1234)五月,宋理宗下诏称:"黄幹、李燔、李道传、陈宓、楼昉、徐宣、胡梦昱皆厄于权奸,而各行其志,没齿无怨,其赐谥、复官、优赠、存恤,仍各录用其子,以旌忠义。戴野,其复元资,以励士风。"同时关注对理学家经典著述的整理和刊行,如"进士何霆编类朱熹解注文字,有补经筵,授上文学"⑥。嘉熙元年(1237)二月,宋理宗诏"以朱熹《通鉴纲目》下国子监,并进经筵"⑦。也就意味着,朱熹的思想理论开始占据官学讲坛,并成为皇帝日常学习的主要内容。

而将理学正始推上官方哲学地位的标志,则是淳祐元年(1241)正月宋理宗的一道诏书:"朕惟孔子之道,自孟轲后不得其传,至我朝周惇颐、张载、程颢、程颐,真见实践,深探圣域,千载绝学,始有指归。中兴以来,又得朱熹精思明辨,表里浑融,使《大学》、《论》、《孟》、《中庸》之书,本末洞彻,孔子之道,益以大明于世。朕每观五臣论著,启沃良多,今视学有日,其令学官列诸从祀,以示崇奖之意。"⑦同时,以"天命不足畏,祖宗不足法,人言不足恤"为名将王安石定为"万世罪人",从孔庙中"黜之"。并加封周惇颐为汝南伯、张载为郿伯、程颢为河南伯、程颐伊阳伯。至此,程朱理学与王安石新学之争宣告结束,程朱理学开始成为官方哲学,朱熹门人也开始受崇。如淳祐六年(1246)四月,"诏朱熹门人胡安之、吕焘、蔡模并迪功郎、本州州学教授"⑦。宝祐二年(1254)二月,"诏饶州布衣饶鲁不事科举,一意经学,补迪功郎、饶州教授。……故直华文阁李燔,先儒朱熹门人,赐谥文定"⑦。景定四年(1263)五月,因婺州布衣何基、建宁府布衣徐几皆得理学之传,于是"诏各补迪功郎,何基婺州教授兼丽泽书院山长,徐几建宁府教授兼建安书院山长"⑭。咸淳元年(1265)九月,宋度宗"命宰执访司马光、苏轼、朱熹后人,贤者能者,各上其名录用"⑮等。

五、重社会教化,竭力稳定地方统治秩序

从维系封建统治秩序的角度出发,南宋执政者传承着北宋着重社会教化的传统,旨在实施"一道德,同风俗"。主要做法有:

一是劝民农桑,发展农业经济。如绍兴十六年(1146)正月,宋高宗"亲飨先农于东郊,行籍田礼,执耒耜九推,诏告郡县"⑯;十九年(1149)七月"颁诸农书于郡邑"。乾道九年(1173)六月"戒饬监司、守令劝农"⑰。淳熙八年(1181)五月"诏监司、守令劝课农桑,以奉行勤怠为赏罚"⑱。绍熙三年(1192)九月"劝两淮民种桑"。庆元元年(1195)二月"诏两淮诸州劝民垦辟荒田"。宝庆三年(1227)三月"诏郡县长吏劝农桑,抑末作,戒苛扰"⑲。端平三年(1236)正月"诏劝农桑"。淳祐九年(1249)正月"诏两淮、京湖沿江旷土,军民从便耕种,秋成日官不分收,制帅严劝谕觉察"⑳等。

二是整饬风俗习惯,如绍兴十六年(1146)二月"毁诸路淫祠"。绍熙三年(1192)六月下诏"戒饬风俗,禁民奢侈与士为文浮靡、吏苟且饰伪者"㉑。

三是褒扬善人善行,为世人树立楷模。如史载,淳祐六年(1246)七月,"泉州岁饥,其民谢应瑞非因有司劝分,自出私钱四十余万,籴米以振乡井,所全活甚众。诏补进义校尉"㉒。淳祐八年(1248)二月,"福州福安县民罗母年过百岁,特封孺人,复其家。敕有司岁时存问,以厚风化"㉓。淳祐九年(1249)正月"诏以官田三百亩给表忠观,旌钱氏功德";六月,"诏边郡各立庙一,赐额曰:襃忠。凡没于王事忠节显著者并祠焉,守臣春秋致祀"㉔。淳祐十二年(1252)正月,"太学录杨懋卿以孝行卓异,诏表其门,以其事宣付史馆"㉕。宝祐二年(1254)正月,"诏湘潭县民陈克良孝行,表其门";六月,"隆庆教授郑炳孙不从南永忠降,先缢死其妻女,亦朝服自缢。诏奖谕:佐进官一秩,炳孙赠朝奉郎、直秘阁,仍访其子,官以文资"㉖。景定三年(1262)九

月,"温州布衣李元老,读书安贫,不事科举,今已百四岁,诏补迪功郎致仕,本郡给奉"㉗。咸淳七年(1271)十一月"诏民有以孝弟闻于乡者,守、令其具名上闻,将旌异劳赐焉"㉘。

　　除外,南宋统治者还继续传承以儒为主、兼用佛道的政策,充分利用佛道的教化功能以稳定社会,巩固皇权。早在南宋初年,宰相李纲在谈到治天下之道时,曾主张"以儒为主,以道释为辅"。他说:"治之之道,一本于儒,而道释之教,存而勿论,以助教化,以通逍遥,且设法以禁其徒之太滥者、宫室之太过者斯可矣。"㉙李纲的主张基本上演变成为宋高宗在位期间的宗教政策。宋高宗提倡佛教,只是不希望其过度发展,即所谓"不使其大盛耳"。对于道教,宋高宗不像宋真宗、宋徽宗等帝王那样狂热追捧,且还对之前的崇道流弊加以纠正,诸如下令恢复被万寿宫占用的僧寺,追毁道士原授道阶等。但同时,宋高宗还积极营造景灵宫、延祥观、洞霄宫及下令在全国各地建造报恩光孝观,诏令大臣为宫观提举,接见道流,书写道经,赐予钱财、封号及爵位等,这些做法为后世帝王所效仿。宋孝宗对佛道甚感兴趣,认为只要不干预政治,对国家和社会都是有好处的。淳熙八年(1181),宋孝宗亲笔《原道辨》一文,提出"以佛修心,以道养生,以儒治世"的观点,致使其在位期间佛道徒剧增。宋理宗对道教推崇尤甚,绍定六年(1233),宋理宗亲自为宣扬善恶报应思想为主旨的道书《太上感应篇》御题"诸恶莫作,众善奉行",理学家真德秀代序和跋,宰相郑清之作赞文,并授意太乙宫道士胡莹微负责刊印,致使该书身价倍增,在民间广为流传,影响极大。

　　当然,除《宋史》中的帝王传记外,《宋史》中的"志"、"列传"以及《宋会要辑稿》、《宋大诏令集》、《宋史纪事本末》、《建炎以来系年要录》、《续资治通鉴长编》等史书中也都不同程度地载有南宋历朝帝王的言行事迹。但相比之下,帝王传记显得更全面、更系统,也更有代表性,基本上能够反映出南宋时期文教政策的大致脉络及走向。尤其是,被南宋统治者推上官方哲学地位的程朱理学,被元明清时期的历朝帝王所认可,在政治、经济及文教方面都发挥着至关重要的作用和影响。

注释：

①脱脱等：《宋史》卷二八《高宗五》。

②脱脱等：《宋史》卷三四《孝宗二》。

③脱脱等：《宋史》卷三八《宁宗二》。

④脱脱等：《宋史》卷四二《理宗二》。

⑤脱脱等：《宋史》卷四五《理宗五》。

⑥脱脱等：《宋史》卷四六《度宗》。

⑦脱脱等：《宋史》卷四六《度宗》。

⑧脱脱等：《宋史》卷四五《理宗五》。

⑨脱脱等：《宋史》卷二九《高宗六》。

⑩脱脱等：《宋史》卷四○《宁宗四》。

⑪脱脱等：《宋史》卷三一《高宗八》。

⑫脱脱等：《宋史》卷二五《高宗二》。

⑬脱脱等：《宋史》卷三五《孝宗三》。

⑭脱脱等：《宋史》卷二九《高宗六》。

⑮脱脱等：《宋史》卷四三《理宗三》。

⑯脱脱等：《宋史》卷四六《度宗》。

⑰脱脱等：《宋史》卷四六《度宗》。

⑱脱脱等：《宋史》卷二七《高宗四》。

⑲脱脱等：《宋史》卷三一《高宗八》。

⑳脱脱等：《宋史》卷四二《理宗二》。

㉑脱脱等：《宋史》卷四三《理宗三》。

㉒脱脱等：《宋史》卷二五《高宗二》。

㉓脱脱等：《宋史》卷二四《高宗一》。

㉔脱脱等：《宋史》卷二六《高宗三》。

㉕脱脱等：《宋史》卷二七《高宗四》。

㉖脱脱等：《宋史》卷三○《高宗七》。

㉗脱脱等：《宋史》卷二九《高宗六》。

㉘脱脱等：《宋史》卷二九《高宗六》。

㉙脱脱等：《宋史》卷三八《宁宗二》。

㉚脱脱等：《宋史》卷三九《宁宗三》。

㉛脱脱等:《宋史》卷四〇《宁宗四》。

㉜脱脱等:《宋史》卷四七《瀛国公》。

㉝脱脱等:《宋史》卷三七《宁宗一》。

㉞脱脱等:《宋史》卷二九《高宗六》。

㉟脱脱等:《宋史》卷二九《高宗六》。

㊱脱脱等:《宋史》卷三〇《高宗七》。

㊲脱脱等:《宋史》卷三〇《高宗七》。

㊳脱脱等:《宋史》卷三〇《高宗七》。

㊴脱脱等:《宋史》卷三〇《高宗七》。

㊵脱脱等:《宋史》卷三〇《高宗七》。

㊶脱脱等:《宋史》卷三一《高宗八》。

㊷脱脱等:《宋史》卷四二《理宗二》。

㊸脱脱等:《宋史》卷三〇《高宗七》。

㊹脱脱等:《宋史》卷三五《孝宗三》。

㊺脱脱等:《宋史》卷二八《高宗五》。

㊻脱脱等:《宋史》卷二八《高宗五》。

㊼脱脱等:《宋史》卷三五《孝宗三》。

㊽脱脱等:《宋史》卷三八《宁宗二》。

㊾脱脱等:《宋史》卷三四《孝宗二》。

㊿脱脱等:《宋史》卷三七《宁宗一》。

(51)脱脱等:《宋史》卷三四《孝宗二》。

(52)脱脱等:《宋史》卷三五《孝宗三》。

(53)脱脱等:《宋史》卷三七《宁宗一》。

(54)陈邦瞻:《宋史纪事本末》卷八〇《道学崇黜》。

(55)脱脱等:《宋史》卷三〇《高宗七》。

(56)脱脱等:《宋史》卷三五《孝宗三》。

(57)脱脱等:《宋史》卷三六《光宗》。

(58)脱脱等:《宋史》卷三七《宁宗一》。

(59)脱脱等:《宋史》卷三七《宁宗一》。

(60)脱脱等:《宋史》卷三七《宁宗一》。

(61)脱脱等:《宋史》卷三七《宁宗一》。

㉒脱脱等：《宋史》卷三七《宁宗一》。

㉓脱脱等：《宋史》卷三八《宁宗二》。

㉔脱脱等：《宋史》卷四一《理宗一》。

㉕脱脱等：《宋史》卷四一《理宗一》。

㉖脱脱等：《宋史》卷四一《理宗一》。

㉗脱脱等：《宋史》卷四一《理宗一》。

㉘脱脱等：《宋史》卷四一《理宗一》。

㉙脱脱等：《宋史》卷四一《理宗一》。

⑦脱脱等：《宋史》卷四二《理宗二》。

⑦脱脱等：《宋史》卷四二《理宗二》。

⑦脱脱等：《宋史》卷四三《理宗三》。

⑦脱脱等：《宋史》卷四四《理宗四》。

⑦脱脱等：《宋史》卷四五《理宗五》。

⑦脱脱等：《宋史》卷四六《度宗》。

⑦脱脱等：《宋史》卷三〇《高宗七》。

⑦脱脱等：《宋史》卷三四《孝宗二》。

⑦脱脱等：《宋史》卷三五《孝宗三》。

⑦脱脱等：《宋史》卷四一《理宗一》。

⑧脱脱等：《宋史》卷四三《理宗三》。

⑧脱脱等：《宋史》卷三六《光宗》。

⑧脱脱等：《宋史》卷四三《理宗三》。

⑧脱脱等：《宋史》卷四三《理宗三》。

⑧脱脱等：《宋史》卷四三《理宗三》。

⑧脱脱等：《宋史》卷四三《理宗三》。

⑧脱脱等：《宋史》卷四四《理宗四》。

⑧脱脱等：《宋史》卷四五《理宗五》。

⑧脱脱等：《宋史》卷四六《度宗》。

⑧王瑞明点校：《李纲全集》，岳麓书社2004年版，第1362页。

南宋中央监察制度变迁略论

贾玉英(河南大学)

南宋时期,中央监察制度的御史、谏官及封驳官等三个组成部分均发生了重要变化。这些变化对明清时期的中央监察制度产生了重要影响。本文拟就南宋中央监察制度演变问题,作些探讨。

一、南宋御史制度之变迁

(一)南宋御史台组织结构之演变

南宋时,御史台的组织结构基本因袭北宋后期,但设官人数明显减少。尤其是御史台的台长常缺而不除授予人,如孝宗"自乾道五年之后,不除执法(御史中丞)者十四年"。侍御史仍为御史台副台长,置一员。殿院设殿中侍御史二人,也不常除满员。察院的监察御史,人数多有变化。宋高宗朝置六员,孝宗朝置三人,宁宗庆元初,只有胡纮、姚愈二人充职,其后又恢复到三员①。理宗朝御史台不仅常缺台长,而且殿院和察院的人数大量减少,当时的杜范曾上疏称御史台人数至少为"端平之羞"②。此后一直至南宋灭亡,殿院和察院的御史总人数一般为二至三员。

南宋时期,伴随民事诉讼案件的增多,察院成为御史台三院中最繁忙的机构,"日受词状多是争讼婚田事"③,这些案件由察院的户察到户部五司、仓场库务五十余处——点检文簿,使户察的贴司"支捂书写不及",朝廷特命令增置户察贴司一名④。宋宁宗朝的黄黼说:"窃惟御史台有三院,其一为监察御史,列职甚众","常有日不暇给之忧"⑤。清代永瑢等人总结御史台三院组织结构变迁时说:"唐三院御史,今惟存监察御史,其侍御及殿中职事均已归并察院掌辖"⑥。事实上,御史台三院职掌向察院集中的变迁始自南宋就开始了。南宋时期御史台察院的这一变化,为明朝都察院的设置奠定了基础。

(二)南宋御史六察制度之变迁

1.御史六察制度的渊源其在南宋的发展

以御史分察尚书省六部的制度创置于唐代,创置的具体时间,史书无详细记载,只从一些相关的文献记载中进行考察推断。《唐六典·御史台》载:监察御史"若在京都,则分察尚书六司,纠其过失"⑦。这里的"分察尚书六司",即监察尚书省的吏、户、礼、兵、刑、工六部。《唐六典》一书始纂于开元十年(722),成书于开元二十六年(738)。以此推断,以御史分察尚书省六部,至少在唐玄宗开元年间已成为制度。唐末至五代后梁统治时期,御史六察制度曾一度遭到破坏。后唐同光二年(924)五月,在御史台的奏请下,庄宗恢复了御史六察制度。

北宋初年,三院御史多出外任临时差遣,六察制度名存实废。宋神宗元丰年间,御史六察制度得到了重大发展。

首先,创置了六察司,以类相分,监督京师统治机构。元丰二年(1079),针对"京师之官府乃漫不省治"的状况,宋神宗根据监察御史舒亶和御史中丞李定的请求,"始置六察司于御史台"⑧,"依故事,复置吏、兵、户、刑、礼、工六案,点检在京官司文字,每案置吏二人"⑨,恢复了以御史分察六部的制度。元丰三年(1080)四月,宋神宗"以吏部及审官东西院、三班院等隶吏察;户部、三司及司农寺等隶户察;刑部、大理寺、审刑院等隶刑察;兵部、武学等隶兵察;礼祠部、太常寺等隶礼察;少府、将作等隶工察"⑩。在强化对六部等监督机制的同时,御史宇文昌龄几次请求把中书、枢密院也置于六察官的监督之中。他在元丰四年(1081)四月的奏疏中说:"近以六察之法不加于中书、枢密院,常具敷奏,未蒙指挥。臣窃以中书、枢密院为废置予夺、赏罚号令之要津,关制绳纠,尤宜加察。"宇文昌龄还进一步尖锐地斥责道:"六察之法,行于有司而不行于中书、枢密院,是委大纲、治细目,纵豺狼、搏狐鼠也。望检会前奏施行。"⑪元丰五年(1082年)八月,宋神宗下诏:三省、枢密院、殿中省、内侍省、入内内侍省等机构,"听御史长官及言事御史弹纠"⑫。显而易见,唐朝御史六察官监察对象仅为尚书省六部,而宋朝元丰年间御史六察官监察的对象,几乎囊括了京师的所有统治机构,使御史六察官监察的范围扩大。

其次,强化了对六察御史自身的监督机制。唐朝时,对六察官尚未有完备的监督机制。元丰三年(1080)四月,神宗诏令"六察御史二年为一任,以所纠劾官司稽违失职事多寡为殿最,中书置簿以时书之,任满取旨升黜"。其后又规定,六察御史"所纠劾,须朝廷用其言,以断罚人者"⑬,方能为有效的考核依据。这种以中书置簿书写六察御史纠劾"多寡为殿最",且规定具体纠劾有效内容的考核制度,比唐朝更为具体、更为量化,有利于提高调动御史六察官的责任心和积极性。如果六察御史失察,就要受到惩罚。元丰四年(1081)六月,监察御史里行王祖道被罚铜十斤,监察御史里行满中行被罚铜六斤,其原因是失察司农寺"未了文字二千四百余件,未了帐七千余道,失催罚钱三百九十余千,未架阁文字七万余件"⑭。同年十二月,宋神宗"诏尚书都省弹奏六察御史纠劾不当事"⑮。元丰五年"厘旧中书门下为三"⑯省之后,对六察御史的监督考核演变三省负责。元丰六年(1083)正月,根据尚书省的请求,宋神宗设置了御史房,负责"弹纠御史察案失职",同时还置了"六察殿最簿"⑰,作为考核御史六察官的依据。元丰七年(1084)正月,根据左右司的请求,宋神宗同意在"御史房置簿,书御史六曹官纠劾之多寡、当否为殿最,岁终取旨升黜",如果御史房"举发逐察不当及失察不尽等事"⑱,年终也要进行比较、考核。

最后,制定了比较完备的六察法规。唐朝时,六察官对统治机构的监察尚未有明确的法规。北宋元丰年间,建立了六察法规。其法规定:第一,六察御史要依法分察诸统治机构。元丰六年三月,宋神宗下诏强调:"御史台察官察诸司稽违,皆按法举察;诸司所施行失当,虽无法亦听弹劾以闻。"[19]第二,六察官对诸司文书的点检监察,必须严格遵守保密法,如果六察御史有"露泄察事者",要依法"杖一百"[20]。

元祐年间,吕公著等人攻击六察制度是"废国家治乱之大计,察官司簿领之细过"[21],六察制度曾一度遭到破坏。哲宗亲政以后,六察制度逐渐恢复。宋徽宗崇宁年间,皇城司因郓王提领,阁门、客省、四方馆以内侍邓文浩提领,皆"不隶台察"[22]。大观二年(1108)六月,宋徽宗把殿中六尚、大晟府、辟雍、仪鸾司等"并隶台察",且下"诏自今擅请不隶台察者,并科违制之罪"[23]。宣和三年(1121)三月,又把阁门、客省、四方馆等不隶六察的机构,依照元丰年间之制度,均隶六察。同年七月,又按照元丰法恢复了六察御史"诣三省、枢密院检点簿书毕,听往所隶官司点检"[24]的制度。

南宋时期,六察制度恢复并进一步发展。绍兴元年(1131)九月,根据侍御史沈与求的请求,宋高宗下诏:"百司稽违,许御史台六察官弹奏"[25],使御史六察制度得到了恢复。绍兴三年(1133)八月,根据三省合一后的变化需要,宋政府对御史台按察三省、枢密院的时间又重新作了规定,即:"诸上下半年轮两院御史四人,就三省、枢密院取摘诸房文簿等点检。"[26]同年十月,宋高宗诏令"临安府依开封府例,权隶台察"[27],十一月,高宗又下诏将原不隶御史台六察的皇城司、阁门、客省、四方馆等,"并隶台察"[28],至此,基本上实行了上自诸部寺监下至仓场库务,皆分隶御史台六察的制度。

宋孝宗朝,六察制度的发展的重要表现是六察御史可以随事弹劾。绍兴三十二年(1162)十月,右正言周藻在奏疏中说:"三省有六房,其属为六部,而御史台有六察,所以相为表里也;祖宗之意,正欲御史纠六房六部之稽违者"[29]。宋孝宗采纳周藻的建议,恢复了六察制度。乾道年间,六察官在御史制度中发挥重要作用。乾道元年(1165)三月,御史台在给孝宗的奏状中说:"本台系掌行纠弹百司稽违,点检、推勘刑狱,定夺疑难刑名、婚田、钱谷并诸色人词诉等,事务繁重"[30]。其中的繁重的"点检"任务就是由六察官来完成的。乾道八年(1172)二月,宋孝宗下诏:"御史台觉察弹劾事件并分隶六察,今后如有违戾去处,许监察御史随事具实状觉察弹劾闻奏"㉛。自此,六察官职权扩大,可以随事弹奏所有统治机构的失职行为。

2. 南宋御史六察官职能变化

唐朝御史六察官的主要职能是监督六部、出使地方及参与推审刑狱等。南宋御史六察官职能在承袭北宋后期制度的基础上,发生了以下几点变化。

第一,对三省、枢密院文书实行"分察之法"。宋神宗元丰四年(1081年)及其之前,御史六察官尚未有点检三省、枢密院文书的职能。元丰五年(1082)十二月,宋神宗诏令"御史台秋冬季差御史一员赴三省点检诸房文字稽滞,毋得干预省事及见执政"㉜。南宋时,出现了六察御史按察三省、枢密院文书的"分察之法"㉝。按察的时间是每半年一次。绍兴三年(1133)八月,"御史台主簿陈祖礼言,按《台令》,有三院御史分诣三省点检之文,六察官轮诣六曹按察之制,望申行之"。宋高宗下"诏自下半年为始"㉞。

第二,南宋比北宋更重视纠察统治机关的失职行为。元丰三年(1080)四月,宋神宗规定,六察御史的转迁"以所纠劾官司稽违失职事多寡为殿最"㉟。元丰七年(1084)八月,宋神宗下诏:"寺、监诸司应有稽违,系所辖省、曹、寺、监失点校者,亦令台察弹奏。"㊱大观二年(1108)六月,臣僚在上奏说:"御史台分置六察,所以察治稽违,实纪纲法度之所赖。"㊲所谓"稽违"、"稽滞",主要是指违背或不按时执行朝廷法令的失职行为。南宋时,更强调御史台六察官纠察百司的失职行为。如绍兴元年(1131)九月,宋高宗下诏:"百司稽违,许御史台六察官弹奏。"㊳绍兴三十二年(1162)十月,右正言周藻在奏疏中说:"三省有六房,其属为六部,而御史台有六察,所以相为表里也。祖宗之意,正欲御史纠六房六部之稽违者。"㊴乾道元年(1165)三月,御史台在给孝宗的奏状中也说:"本台系掌行纠弹百司稽违,点检、推勘刑狱,定夺疑难刑名、婚田、钱谷并诸色人词诉等,事务繁重。"㊵此外,南宋孝宗朝,六察御史还可以访闻监察六部机构。如上所述,南宋自乾道八年(1172)二月开始,六察御史有了随事监督弹劾的职权。淳熙五年(1178)正月,宋孝宗"诏御史台六察,自今如有违戾去处,许随事具实状弹劾,仍许令访闻觉察闻奏"㊶,自此,六察御史不仅具有随事监督弹劾的职权,同时还可以对六部等机构进行访闻监察。

第三,南宋御史六察官对六部等机构的按察时间比北宋也有变化,元丰年间,六察御史对六部等机构的弹奏实行旬奏制,即十天奏弹制。元祐元年(1086)五月,根据尚书省的请求,将"六察旬奏改作季奏"[42]制。元符元年(1098)十二月,根据御史中丞安惇的请求,又恢复了元丰旬奏制[43]。南宋时期,六察御史实行月察制。如绍兴三十二年(1162)十月,宋高宗强调:"六察官每月纠参所隶官司,亲加循究,小事具奏,大事随长贰上殿奏劾[44]。"

第四,南宋实行御史月奏言事制。所谓"言事",是指议论朝政或向皇帝进谏,与弹奏是有区别的。唐朝的监察御史尚无言事的职能。宋真宗天禧初年,"始置言事御史六员"[45],御史开始有了言事职能。宋仁宗朝,监察御史言事的风气甚盛[46]。宋神宗朝,监察御史在制度上仍有言事的职能。元丰年间,监察御史仍有言事权。如元丰三年(1080)十一月,宋神宗下诏:监察"御史六员,令三员分头察案,三员专言事"[47]。宋哲宗即位,令"裁减察官两员,余许尽兼言事"[48]。绍圣二年(1095)十一月,宋哲宗"复置监察御史三人,分领六察,不许言事"[49]。从哲宗绍圣三年(1096)至元符三年(1100),六察御史无言事职能。宋徽宗崇宁年间,"六察无言事法"[50],六察御史不兼任言事职权。靖康元年(1126)二月,根据监察御史胡舜陟的请求,宋钦宗同意在御史台令中"增入监察御史言事之文"[51],恢复了六察御史兼任言事的职权。南宋时期,六察御史言事职能强化,出现了月奏制。绍兴元年(1131),"监察御史娄寅亮陈宗社大计,秦桧恶之"[52]。同年十一月,监察御史刘一止上疏说:"伏见尚书六曹下逮百司,凡所用法令,类以人吏省记,便为予夺,欺弊何所不有?"并请求"改差详定一司敕令所立,限刊定镂版颁降,庶几杜绝奸吏弄法受赇之弊"。宋高宗下诏"如其请"[53]。自绍兴末年以后,六察御史实行的月奏制。史载:"自绍兴末年以来,台谏每月必一请对,察官每月必一言事。"[54]否则,谓之失职。

第五,南宋更重视六察官对地方监司的监察职能。北宋元丰年间之前,巡按州县之职,多由监司掌领,只有在某些时期,对监司等机构的监察才由六察御史负责。元丰三年(1080)四月,权御史中丞李定上奏说:"诸路监司无钩考之法,令御史台分察官司违慢,若推行此法以察诸监司,宜无不可者。"宋神宗接受李定的建议,"以户案察转运、提举官,以刑案察提点刑狱"⑤。同年五月,又将开封府界提点提举、发运、辇运、拨发、提点盐事兼便粮草、市易、盐税、坑冶、铸钱、茶场、淤田、营田司,及河北屯田司、陕西制置解盐司、经制熙河路边防财用司、措置陕西缘边四路边防公事司、外都水监丞司、提举买马监牧司、麟府路军马司、诸路经略总管安抚钤辖司等众多的机构,也"隶(御史)台检察"⑤。元丰五年(1082)十一月,宋神宗对大臣说:六察"御史分察中都官,事已多矣,又令察举四方,将何以责治办? 且于体统非是,可罢御史察诸路,官司如有不职,令言事御史弹奏,著为令。"⑤于是,宋神宗拍板定案,罢去了六察御史监督地方官的职能。哲宗元祐四年(1089)九月,左司谏刘安世请求"以天下诸路分隶六察,间遣巡行,按其功罪"⑤。自此,恢复了六察御史监督地方官的职能。南宋时期,六察御史多宣谕或出使地方按察监司,如绍兴二年(1132),高宗"分遣御史五人,宣谕东南诸路,戒其兴狱,责其不当,督捕盗贼"⑤。其后,监察御史出使按察地方成为惯例。如高宗朝的监察御史明橐"出使一年三阅月,所按吏二十有七人,荐士二十人"⑥;常同为监察御史"不数月劾罢监司之不才者二十有三人,中外耸然"⑥。孝宗朝的监察御史张大经,"察到诸路刑狱奏报淹延未决者至一百六十余件"⑥。南宋以六察御史监察监司,有利于整治地方吏治及督促地方刑狱案件的审判。

(三) 南宋对御史监督及御史风闻言事制度之变迁

南宋时期,对御史监督及御史风闻言事制度,均发生了一些变化。

1. 实行置籍记载功过的监督制度

唐朝以前,御史只接受皇帝的监察。唐代御史弹劾不当,左右丞"兼得弹之"⑥。北宋时,御史的监督制度有了重大发展。从真宗朝始,朝廷赋予尚书省监察御史的职权。景德四年(1007)五月,真宗下诏御史谏官,"务遵职业,无或懈慢,令尚书都省纠举之"⑥。元丰六年(1083)正月,宋神宗在尚书省设置了"都司置御史房,主行弹纠御史察案失职"⑥。

南宋时,不仅设都司御史房专职监督御史,而且采用置籍记载御史功过的监督措施。如宋高宗朝,采用"每除一言官,即置一簿,考其所言多寡"⑥⑥的制度。其后,此制曾一度被废除。宁宗朝又恢复此制。咸淳元年(1265)二月,宋度宗令"置籍中书,记谏官、御史言事,岁终以考成绩"⑥⑦。

2.御史风闻言事制度之变化

风闻言事,宋朝以前已经出现。宋朝人吴曾记载说:"风闻二字,出汉书,尉佗曰:'风闻老夫父母坟已坏削。'贾逵国语注曰:'风,采也,采听商旅之言。'故沈约弹王源曰:'风闻东海王源,嫁女与富阳满氏。'而魏任城王澄表,以为'法忌烦苛,治贵清约,御史之体,风闻是司'。"⑥⑧宋朝人洪迈则认为,御史风闻言事在"自晋、宋以下如此"⑥⑨。

北宋太祖、太宗、真宗三朝,御史风闻言事的风气较盛。皇祐元年(1049)正月,宋仁宗下诏规定:"自今言事者,非朝廷得失、民间利病,毋得以风闻弹奏,违者坐之"⑦⑩,御史风闻言事仅限于朝廷得失及民间利弊等方面。

南宋初年,御史风闻言事曾风靡一时。此后,为了革除诬告之风,实行御史言事不实予以惩罚制度。如绍兴年间,侍御史王伯庠"风闻失实"⑦①被罢台职。宋高宗以后,人们"多录事目以纳台谏,谓之短卷"。所谓短卷,即台谏风闻的弹劾状纸。一些心术不正者,往往以短卷诬陷无辜。朝廷曾几次禁止使用短卷,但仍屡禁不止。为革除告讦之风,宋孝宗规定:"纳短卷者,罪至徒配"⑦②。宁宗嘉定年间,朝廷又重申了"台谏不许受短卷"⑦③的规定,当时朝廷不许台谏纳短卷的目的,主要是为了"免风闻之误"。历南宋一代,台谏言事,必须有出处,"未得出处,不叶公议"⑦④。

二、南宋谏官及台谏合一之变迁

(一)南宋谏官制度之变迁

1.南宋谏官机构和职能之演变

首先,南宋谏院彻底从三省中独立出来。北宋初年,谏官隶中书省和门下省,明道元年(1032)七月,仁宗"以门下省为谏院,徙旧省于右掖门之西"⑤,使谏官从中书省和门下省中独立出来。元丰改制后,谏院被废去,中书省与门下省各增设后省,以右散骑常侍、右谏议大夫、右司谏、右正言隶中书后省,以左散骑常侍、左谏议大夫、左司谏、左正言隶门下后省⑦。南宋初年,谏官组织机构承北宋后期之制,隶门下后省与中书后省。建炎三年(1129)七月,高宗下诏:"谏院别置局"⑦,"不隶门下、中书后省"⑧。新设置的谏官治所在中书门下"后省之侧"⑦。绍兴元年(1131)十二月,高宗又下诏:"谏院许于行在所都堂相近置局。"⑧南宋谏院从中书后省和门下后省中独立出来,彻底结束了隋唐以来谏官隶属于三省的制度,在中国古代谏官制度发展史上具有重要的历史意义。

其次,南宋谏官弹劾地方官制度化。唐朝及其之前,谏官的主要职能是规谏皇帝,五代后唐时,出现了谏官奏劾宰相的现象。北宋时,谏官奏劾宰相和执政逐渐成为制度。天禧元年(1017)二月,真宗下诏允许谏官论奏"官营涉私"⑧。宋仁宗朝,谏官弹劾宰相百官蔚然成风。如宝元元年(1038)三月,谏官韩琦奏劾宰相王随、陈尧佐和参知政事韩亿、石中立四人,"疏凡十上"⑧,王随等"四人同日罢"⑧。庆历三年(1043),谏官蔡襄弹劾宰相吕夷简"谋身忘公,养成天下今日之患"⑧。钱明逸擢右正言,"首劾范仲淹、富弼更张纲纪,纷扰国经,凡所推荐,多挟朋党"⑧。皇祐年间,包拯"在谏院逾二年,数论斥大臣权幸"⑧。北宋后期,弹劾的对象仍多为宰相或执政。王觌也说:"谏官职事,凡执政过举、政刑差谬,皆得弹奏。"⑧南宋时,绍兴二十八年(1158),宋高宗明确规定,"监司贪惰不法,台谏自当弹奏"⑧,使谏官弹劾地方官制度化。

(二)南宋台谏合一的发展

南宋时期,台谏合一之势的发展,不仅使御史和谏官"职分无别",而且打破了北宋御史与谏官互不相见、互不往来的制度。

唐朝时,御史和谏官互不相见。北宋仍"台谏官不相往来"⑧。南宋时,台谏官"所居别为六宅而合为一门,得以邻墙往来",彻底打破了御史与谏官

互不相见的制度。正如南宋人魏了翁在理宗朝请求恢复台谏旧典的《应诏封事》上疏中说:

> 国朝台谏官之制,平居未尝相见,论事不相为谋,虽于长官亦无关白,故台臣论事,谏官不以为然;谏官论事,而台臣以不言罢者时时有之。至靖康间,李光、冯澥之争,犹存此意。中兴以来,台谏官所居别为六宅而合为一门,得以邻墙往来,大戾故典。盖先朝台谏所以未尝交接者,欲其各尽已见,不相为谋。自秦桧专政,台谏除授悉由密启,风之以弹击执政而补其处,总号台谏,职分无别,故显为朋比,而人不以为异⑩。

魏了翁请求恢复台谏不相见制度的请求,不仅没有被采用,而且他本人也因为被"忌者相与合谋排摈,而不能安于朝"⑪。历南宋一代,台谏得以相见和往来的制度始终未变。

南宋三省合一,是促进台谏合一之势发展的重要原因。建炎三年(1129)四月,"始合三省为一"⑫,谏官不得不于同年七月"别置局,不隶后省"⑬。元朝以后,"不置三省,而谏议、司谏、正言之在门下者随之俱废"⑭。元朝谏官的废除与三省合一有密切的关系,而谏官的废除又是明清时期台谏彻底合一的重要原因。

三、南宋封驳制度的演变

南宋时期,封驳机构和封驳官的职能均发生了重要变化。

(一)南宋封驳机构和封驳官的变化

南宋时,由于三省制度的变化,封驳机构和封驳官发生了以下几点变化。

第一,门下省不主封驳之职。南宋建炎三年(1129)四月,高宗采纳吕颐浩的建议,"始合三省为一"⑮。自此,隋唐以来中书省造令、门下省审议封驳、尚书省执行的三省体制宣告结束,门下省专主封驳的制度也不复存在。

与此同时,置门下后省"专主封驳书读"^⑤。

第二,给事中地位提高,分治六房,开明朝六科给事中制度之先河。南宋以给事中为门下后省的长官。绍兴年间,给事中不仅主封驳,而且依中书舍人例,"分治六房"^⑰。自此,给事中不仅"主封驳书读",同时还要与中书舍人分治六房事。南宋给事中的这一变化,为明朝六科制给事中制度奠定了基础,正如清朝永瑢等人在《历代官职表》一书中所总结说的:

> 谨按:宋初给事中皆以他官兼之,自元丰改制始有专职。其后复置门下外省,以给事中为长官,则已别为一曹,故其官不随省俱废,又唐时中书舍人分署尚书六曹,宋则以给事中分治六房,明之分给事中为六科,其源盖本于此也。^⑱

清代永瑢等人对宋代元丰改制后给事中变化是明代六科给事中制度渊源的看法虽不无道理,但准确地说,给事中分治六房的制度始于南宋高宗绍兴年间。

第三,给事中与中书舍人的职能关系发生了重要变化。北宋元丰改制恢复三省制度以后,"中书舍人于制敕有误",允许给事中"论奏,而给事中乃所以驳正中书违失"^⑲。给事中与中书舍人的职能关系是监察与被监察的关系。南宋建炎三年(1129),三省合一之后,给事中与中书舍人的职能关系发生了重要变化。绍兴元年(1131)四月,宋高宗下诏说:"中书、门下两省已并为中书门下省,其两省合送给、舍文字,今后更不分送,并送给事中、中书舍人",然后由中书舍人与给事中"分轮看详"^⑩。所谓"分轮看详",即给事中与中书舍人轮流分书六房。如绍兴二十八年(1158)二月门下后省上言说:"近降旨给、舍分书制敕并依旧例,缘给事中、中书舍人所分房分不同,见令中书舍人一员分书吏房左选及户、兵、工房,一员吏房右选及礼、刑上下房,给事中见今亦有二员,乞依中书舍人例分书房分。"^⑩宋高宗采纳门下后省的意见,令两名给事中也按中书舍人的分工分书六房。给事中与中书舍人在分书时,如果其间有需要驳正的,则给事中与中书舍人列衔同奏。具体的运作程序是:"三省事无巨细,必先经中书书黄,宰执书押,当制舍人书行,然后过门下,给事中书读,如给、舍有所建明,则封黄具奏,以听上旨。"^⑩乾道五年

(1169)二月,中书舍人汪养源上疏说:"神宗官制,以中书为出令之地,而门下审驳覆正,然后付之尚书,三省皆置官属,以便相弥缝可否,分守甚严,无碍侵越;今给舍列衔同奏,则是中书、门下混而为一,非神宗所以明职分、防阙失之意。"⑱宋孝宗采纳汪养源的意见,下令废除了给事中和中书舍人列衔同奏制度。宋光宗即位后,又恢复了给事中和中书舍人"分轮看详","列衔同奏"的制度。

要之,南宋自绍兴年间开始,给事中与中书舍人的职能关系,由原来的监察与被监察的关系演变为轮流分书六房或列衔同奏的"职分相同"的同事关系。

(二)封驳官职能之变迁

第一,南宋封驳官的职能名义上大,实际上小。南宋的制度虽然规定:"国家命令之出,必先录黄,其过两省,则给(事中)、舍(中书舍人)得以封驳。"⑲但在南宋初年的实际生活中,由于战争繁多,"军期机速,晷刻淹延",三省"得旨之后,先以白札子径下有司奉行,然后赴给(事中)、舍(中书舍人)书押降敕,循习寝久,凡拟官近狱之类,一切径下有司先次报行,而给(事中)、舍(中书舍人)但书押已行之事而已"。也就是说,不管军事机速诏敕,还是有关任官、刑狱等朝廷命令,皆用白札子先让有关机构执行,然后再让给事中和中书舍人在敕文上书押,如果朝廷任官非其人,审理刑狱不当,封驳官"虽欲论执封驳,而成命已行于有司"⑳。这种"先斩后奏"的封驳制度在当时的政治生活中根本起不了多大作用,只不过成为具文而已。绍兴三年(1133)九月,中书舍人孙近上疏竭力反映此弊,宋高宗下诏规定:"自今非急速不可待时者,勿报,应给舍书读,如无封驳,令画时行下。"㉑这一诏令虽一度制止了封驳制度中的"先斩后奏"现象,但历南宋一代,封驳制度中的"先斩后奏"现象屡见不鲜,封驳官的作用已远不如北宋。

第二,皇帝带头破坏制度,影响了封驳官职能作用的发挥。封驳官能否在政治生活中真正发挥作用,常取决于皇帝的意志和行为。当皇帝重视封驳法时,封驳官在政治体制运作中会发挥较大的作用;当皇帝的意志和法律矛盾时,封驳官的意志不仅得不到采纳,有时甚至会遭贬或被罚金。南宋绍兴二年(1132)五月,朝廷除权邦彦为签书枢密院事,给事中程瑀连上三疏论奏权邦彦五罪,宋高宗不予理睬⑩。同年八月,给事中胡安国因奏论朱胜非,被宋高宗罢职,"宰执、台谏上疏留之,皆不报"。给事中程瑀也因论奏朱胜非而落职主宫观⑩。宋宁宗即位之初,侍讲朱熹因"上疏忤韩侂胄"而被罢官,封驳官和台谏官交章请留朱熹,宋宁宗对封驳官和台谏官的意见,"亦不听"⑩。宋理宗朝,中书舍人洪芹缴还吴潜贬职词头,皇帝不理睬⑩;左丞相留梦炎以同乡徐囊为御史,给事中王应麟奏说:"囊与梦炎同乡,有私人之嫌"⑪,宋理宗照样不予理睬。此外,南宋虽制度上规定封驳官可以缴奏御笔,但在实际执行中,特别是除授官员时,往往以各种借口,除命不等封驳官书读,就直接令新任官员上任。如绍兴三年(1133),舒清国除试起居郎,中书舍人和给事中还没有书读,宋高宗就下诏说:"以见阙官,日下供职。"自此以后,"职事官除拜不俟给舍书读,率得堂帖视事"⑫。宋光宗朝,御笔除朱熹宫祠官,"不经宰执,不经给舍,径使快行,直送(朱)熹家"⑬。宋宁宗即位后,除授百官仍由皇帝独自决定,所以朱熹在给宋宁宗的上疏中指出:"今陛下即位未能旬日,而进退宰执,移易台谏,皆出于陛下之独断,大臣不与谋,给舍不及议正。"⑭宋宁宗以后,皇帝多带头破坏封驳法。

第三,封驳官在某些时期仍摆脱不了宰相的控制,甚至为权相擅政推波助澜。南宋某些时期,宰相利用种种手段控制封驳官,使其不能发挥应有的作用,也有的封驳官经不起宰相的引诱,而变为宰相擅权的工具。如理宗朝史嵩之专权时,以自己的心腹充任封驳官,太学生黄恺伯等144人在给皇帝的上书中说:"台谏不敢言,台谏,嵩之爪牙也。给舍不敢言,给舍,嵩之腹心也。"⑬黄恺伯等人的话,反映了权相控制封驳官的事实。

第四,"先斩后奏"影响了封驳官职能作用的发挥。南宋的制度虽然规定:"国家命令之出,必先录黄,其过两省,则给(事中)、舍(中书舍人)得以封驳"⑯。但在南宋初年的实际政治生活中,由于战事繁多,"军期机速,晷刻淹延",三省"得旨之后,先以白札子径下有司奉行,然后赴给(事中)、舍(中书舍人)书押降敕,循习寝久,凡拟官近狱之类,一切径下有司先次报行,而给(事中)、舍(中书舍人)但书押已行之事而已"⑪。也就是说,不管军事机速诏敕,还是有关任官、刑狱等朝廷命令,皆用白札子先让有关机构执行,然后再让给事中和中书舍人在敕文上书押。如果朝廷任官非其人,审理刑狱不当,封驳官"虽欲论执封驳,而成命已行于有司"⑱。这种"先斩后奏"的封驳制度在当时的政治生活中根本起不了多大作用,只不过成为具文而已。绍兴三年(1133)九月,中书舍人孙近上疏竭力反映此弊,宋高宗下诏规定:"自今非急速不可待时者,勿报,应给舍书读,如无封驳,令画时行下。"⑲这一诏令虽一度制止了封驳制度中的"先斩后奏"现象,但历南宋一代,封驳制度中的"先斩后奏"现象屡见不鲜,直接影响了封驳官职能作用的发挥。

四、结语

综上所述,南宋时期御史台察院、御史六察制、谏官的组织机构及职能、御史与谏官的关系、封驳机构及封驳官职能等,均发生了重要变化。这些变化,上承北宋元丰年间对隋唐中央监察制度之改革,下启元明清制度中央监察制度之先河,在中国古代中央监察制度发展史上具有重要地位。

注释:

①《宋会要辑稿》职官五五之二七。

②杜范:《清献集》卷六《端平三年三月奏事地儿札》,影印文渊阁《四库全书》第1175册,第685页。

③《宋会要辑稿》职官五五之二四、五五之二五。

④《宋会要辑稿》职官五五之二五。

⑤《宋会要辑稿》职官五五之二六、五五之二七。

⑥纪昀等:《历代职官表》卷一八《都察院上》,第357页。

⑦《唐六典》卷一三《御史台》,中华书局2005年版,第382页。

⑧《宋会要辑稿》职官一七之三五。

⑨(宋)李焘:《续资治通鉴长编》(以下简称《长编》)卷三〇一,元丰二年十二月丙

午,第 7329 页。

⑩《长编》卷三〇三,元丰三年四月戊申,第 7382 页。

⑪《长编》卷三一二,元丰四年四月庚辰,第 7571 页。

⑫《长编》卷三二九,元丰五年八月癸丑,第 7916 页。

⑬《长编》卷三〇三,元丰三年四月庚申,第 7388—7389 页。

⑭《长编》卷三一三,元丰四年六月戊辰,第 7587 页。

⑮《长编》卷三二一,元丰四年十二月丁卯,第 7745 页。

⑯《宋会要辑稿》职官一之二一。

⑰《长编》卷三三二,元丰六年正月庚子,第 8005 页。

⑱《长编》卷三四二,元丰七年正月壬戌,第 8230 页。

⑲《长编》卷三三四,元丰六年三月己卯,第 8031 页。

⑳《长编》卷三三四,元丰六年四月戊申,第 8045 页。

㉑赵汝愚编,邓广铭等点校:《宋朝诸臣奏议》卷五三,吕公:《上哲宗选置台谏罢御
史察案》,第 584 页。

㉒《宋会要辑稿》职官一七之二〇。

㉓《皇宋十朝纲要》卷一七,大观二年六月乙未,第 385 页。

㉔《宋会要辑稿》职官一七之三三。

㉕《建炎以来系年要录》卷四七,绍兴元年九月乙巳条,第 845 页。

㉖《宋会要辑稿》职官一七之一九。

㉗《建炎以来系年要录》卷六九,绍兴三年十月乙巳条,第 1173 页。

㉘《建炎以来系年要录》卷七〇,绍兴三年十一月乙丑条,第 1181 页。

㉙《建炎以来系年要录》卷二〇〇,绍兴三十二年十月壬申条,第 3401 页。

㉚《宋会要辑稿》职官五五之二三。

㉛《宋会要辑稿》职官一七之三五。

㉜《长编》卷三三一,元丰五年十二月丁巳,第 7983 页。

㉝《建炎以来系年要录》卷七〇,绍兴三年十一月乙丑,第 1181 页。

㉞《建炎以来系年要录》卷六七,绍兴三年八月甲辰,第 1139 页。

㉟《长编》卷三〇三,元丰三年四月庚申,第 7388 页。

㊱《长编》卷三四八,元丰七年八月戊子,第 8350 页。

㊲《宋会要辑稿》职官一七之一七。

㊳《建炎以来系年要录》卷四七,绍兴元年九月乙巳,第 845 页。

㊴《建炎以来系年要录》卷二〇〇，绍兴三十二年十月壬申，第3401页。

㊵《宋会要辑稿》职官五五之二三。

㊶《宋会要辑稿》职官五五之二五。

㊷《长编》卷三七八，元祐元年五月己卯，第9186页。

㊸《长编》卷五〇四，元符元年十二月乙未，第12019页。

㊹《建炎以来系年要录》卷二〇〇，绍兴三十二年十月壬申，第3401页。

㊺《长编》卷一五四，庆历五年正月乙亥，第3736页。

㊻参见拙文《台谏制度与北宋前期的相权》，邓广铭、漆侠先生主编：《宋史研究论文集》，河南大学出版社1993年版，第284—300页。

㊼《长编》卷三一〇，元丰三年十一月甲午，第7512页。

㊽《宋史》卷一六四《职官四》，第3871页。

㊾《皇宋十朝纲要》卷一三，绍圣二年十一月乙丑，第300页。

㊿《宋史》卷三四八《沈畸》，第11022页。

51《宋朝诸臣奏议》卷五五，胡舜陟：《上钦宗乞监察御史言事》，第615页。

52《宋史》卷二〇〇《刑法二》，第5002页。

53（宋）留正：《皇宋中兴两朝圣政》卷一〇，绍兴元年十一月壬戌，台湾文海出版社1967年版，第823页。

54《两朝纲目备要》卷七，嘉泰二年闰十二月乙卯，台湾文海出版社1967年版，第468页。

55《宋会要辑稿》职官一七之九。

56《长编》卷三〇四元丰三年五月辛未，第7406页。

57《长编》卷三三一，元丰五年十一月戊寅，第7966页。

58《长编》卷四三三，元祐四年九月乙未，第10453页。

59《宋史》卷一六七《职官七》，第3956页。

60《皇宋中兴两朝圣政》卷一五，绍兴四年二月戊子，第1016页。

61《皇宋中兴两朝圣政》卷一五，绍兴四年二月壬寅，第1017页。

62《宋会要辑稿》职官五五之二五。

63刘昫等：《旧唐书》卷四三《职官二》，中华书局2002年标点本，第1816页。

64《长编》卷六五，景德四年五月乙丑条，第1457—1458页。

65《长编》卷三三二，元丰六年正月庚子条，第8005页。

66《建炎以来系年要录》卷二六，建炎三年八月甲戌条，第526页。

⑥⑦《宋史》卷四六《度宗》,第 893 页。

⑥⑧吴曾:《能改斋漫录》卷二《事始》,上海古籍出版社 1979 年标点本,第 32—33 页。

⑥⑨《容斋随笔·四笔》卷二《御史风闻》,第 768 页。

⑦⓪《长编》卷一六六,皇祐元年正月辛酉条,第 3983 页。

⑦①《皇宋中兴两朝圣政》卷二九,绍兴十二年八月丙戌条,第 1700 页。

⑦②黄淮、杨士奇编:《历代名臣奏议》卷五二《治道》,影印文渊阁《四库全书》第 434 册,第 437 页。

⑦③吕午:《左史吕公家传》,影印文渊阁《四库全书》第 427 册,第 407 页。

⑦④周煇:《清波杂志》卷八,影印文渊阁《四库全书》第 1039 册,第 63 页。

⑦⑤《长编》卷一一一,明道元年七月辛卯,第 2585 页。

⑦⑥《宋会要辑稿》职官一之七八。

⑦⑦《建炎以来系年要录》卷二五,建炎三年七月辛卯条,第 511 页。

⑦⑧《宋会要辑稿》职官三之五六。

⑦⑨《宋会要辑稿》职官三之五〇。

⑧⓪《建炎以来系年要录》卷五〇,绍兴元年十二月甲申条,第 890 页。

⑧①《宋会要辑稿》职官三之五一。

⑧②《长编》卷一二一,宝元元年三月戊戌,第 2864 页。

⑧③《宋史》卷三一二《韩琦》,第 10221 页。

⑧④《长编》卷一四〇,庆历三年四月壬戌,第 3367 页。

⑧⑤《宋史》卷三一七《钱惟演传附钱明逸传》,第 10346—10347 页。

⑧⑥《长编》卷一七二,皇祐四年三月丁未,第 4133 页。

⑧⑦《长编》卷三八九,元祐元年十月壬辰,第 9463 页。

⑧⑧《宋会要辑稿》职官三之六一。

⑧⑨洪迈:《容斋随笔·续笔》卷三《台谏互不相见》。中华书局 2006 年版,第 252 页。

⑨⓪魏了翁:《鹤山全集》卷一八《应诏封事》,影印文渊阁《四库全书》第 1172 册,第 233 页。

⑨①《宋史》卷四三七《魏了翁》,第 12970 页。

⑨②《宋会要辑稿》职官一之二八。

⑨③《建炎以来系年要录》卷二五,建炎三年七月辛卯条,第 511 页。

⑨④《历代职官表》卷一九《都察院下》,第 377 页。

⑨⑤《建炎以来系年要录》卷二二,建炎三年四月庚申,第 475 页。

○96《宋会要辑稿》职官一之七八。

○97《宋史》卷一六一《职官一》,第 3779 页。

○98《历代职官表》卷一九《都察院下》,第 376 页。

○99《建炎以来朝野杂记·甲集》卷九《给舍不许列衔同奏》,第 186 页。

○100《宋会要辑稿》职官一之七九。

○101《宋会要辑稿》职官二之九。

○102《宋史》卷三七三《洪皓传附洪迈》,第 11572 页。

○103《建炎以来朝野杂记·甲集》卷九《给舍不许列衔同奏》,第 186—187 页。

○104《宋史》卷三七六《魏矼》,第 11631 页。

○105《宋会要辑稿》职官一之八○。

○106《建炎以来系年要录》卷六八,绍兴三年九月壬申,第 1157 页。

○107《宋史》卷三八一《程瑀传》,第 11743 页;《建炎以来系年要录》卷五四,绍兴二年五月辛酉,第 949 页。

○108《宋史》卷二七《高宗四》,第 500 页。

○109《宋史》卷三七《宁宗一》,第 717 页。

○110《宋史》卷四一八《吴潜传》,第 12517 页。

○111《宋史》卷四三八《王应麟传》,第 12991 页。

○112《皇宋中兴两朝圣政》卷一四,绍兴三年十月戊戌条,第 998 页。

○113《宋史》卷三九七《项安世传》,第 12089 页。

○114《两朝纲目备要》卷三,绍熙五年十一月戊子条,第 154 页。

○115《宋宰辅编年录校补·附录》卷一五《理宗》,第 1597 页。

○116《宋史》卷三七六《魏矼》,第 11631 页。

○117《宋会要辑稿》职官一之八○。

○118《宋会要辑稿》职官一之八○。

○119《建炎以来系年要录》卷六八,绍兴三年九月壬申条,第 1157 页。

南宋的行团会社

方　健(苏州市经济协作委员会)

　　南宋时期,随着城乡经济迅速发展,相当于今之第三产业(商业、服务业及文化娱乐业)达到前朝无法比拟的水平。工商业及服务、文化娱乐业的行、市、团、作、会、社等行业组织有了历史性的飞跃,其性质也有了某种变化。随着坊市制的寿终正寝,行市达到鼎盛,会社也悄然登上历史舞台。南宋史料中,行团市及会社等经常连用合称,其实两者有明显的区别:前者多为商业性社会组织,后者则为服务业、文化娱乐业的社会组织,虽有时也会混用,但显然有别于明清及今之行会合称的性质。行团会社的蓬勃发展,体现了南宋时期第三产业的繁荣兴盛,遗憾的是:南宋人没有提供当时农业、手工业、商业服务业及其他行业在国民经济中所占比重的史料,古人也缺乏数量概念,因而无法作哪怕是估计性的计量分析,但其第三产业的高度发展,也许会令今人汗颜。本文即为对这一新历史现象的概略研究。

一、行市团作

　　关于行的起源,众说纷纭,甚至有主张始于春秋战国说者;笔者却认为杨德泉先生始于隋代说为近真。[①]史料显示,隋代洛阳丰都市已有 100 行或

120 行②，西市（隋之利人市）"市内店肆如东市之制"，根据唐代长安"商贾所凑多归西市"，东市"繁杂少劣于西市"推测，西市之行，不会少于 220 行，但唐代长安东、西市仅各占二坊之地，其行，又称肆，似乎只是商业性的店铺集合而已③。而且东、西两市各 120 行，有不少是重复的。总之，隋唐之行，远不如宋代尤其是南宋成熟。

随着商品经济的发展，宋代的行呈现了新的特点，一是行会规模扩大，分工更为细密，二是分布地域更为广泛，不仅限于少数大城市，而且遍及全国中小城市。在熙宁八年（1075），不愿纳免行钱"依旧只应"的东京行户已达 160 余行。至元丰八年（1085），愿纳免行钱者，诸行已有 6400 余户。东京诸色行户至少达 1.5 万户，约占当地人口的 1/10。行户已从唐代的纯商业发展为商业、手工业、服务业，甚至连"杂贩破铁，小贩绳索"等"贫下行人"、提篮挑担、沿街叫卖的走夫贩卒也无不当行④。正如郑侠所说，实行免行钱法后，"凡十余日之间，京师如街市提瓶者必投充茶行，负水担粥以至麻鞋头发之属，无敢不投行者⑤。"

据《西湖老人繁胜录》载，南宋杭州有 440 行之多⑥。是书还列举了其中的 146 行，分工极细。如娱乐业中的歌舞就有"歌舞、歌琴、歌棋、歌乐、歌唱"等 5 行，甚至"起鱼鳞"、"提茶瓶"也分列为行，极为琐细。是书作者又在《诸行市》条列杭州有："川广生药市、象牙玳瑁市、金银市、珍珠市、丝绵市、生帛市、枕冠市、故衣市、衣绢市、花朵市、肉市、米市、卦市，银朱彩色行、金漆卓凳行、南北猪行、青器行、处布行、麻布行、青果行、海鲜行、纸扇行、麻线行、蟹行、鱼行、木行、竹行、果行、笋行"等 30 余行市，这些均为颇具规模的行市。可证行、市乃南宋可以互换的通用字，亦可合称行市。正如吴自牧所说，宋代"行分最多"，宋代的行，剔除其重复者，至少应在 300 余行，而且遍布全国各地。不仅如成都、长安、苏州、昆山、建康府、明州、嘉兴、福州、无锡等地有各行⑦；即如诸路州军、县镇坊郭工商户也已普遍投行。宣和（1119—1125）年间，已"依熙宁旧法纳免行钱，罢行户供应"，靖康（1126—1127）间罢纳，绍兴十一年（1141），又恢复"量纳免行钱"。嘉定八年（1215），即使是像太平州当涂县黄池镇这样的小镇，也是"诸般百物，皆有行名，人户之挂名籍,终其身以至子孙无由得脱"⑧。所以至迟明代中期,已有了"三百六十行"之称,出现"各有市语,不相通用"的情况。其后,360行成为市井街坊市民各种谋生行当的总称,其基本范畴仍不出商业、手工业、服务业及文化娱乐业等几大类⑨,其滥觞期均可追溯至宋代。

宋代的行市组织,一般认为是为应付官府科差及防止竞争而立。行又称为团,如杭州"城南之花团、泥路之青果团、江干之鲞团、后市街之柚子团"之类,显然,多为商业性行团。手工业性质的行,则又称作,如"碾玉作、钻卷作、篦刀作、腰带作、金银打钑作、裹贴作、铺翠作、裱褙作、装銮作、油作、木作、砖瓦作、石作、竹作、漆作、钉铰作、箍桶作、裁缝作、修香浇烛作、打器作、冥器[作]等作分⑩"。显然,这里的作,是已具有行业规模和组织的手工工匠的集合。如上所述,行也称为市,如上引《西湖老人繁胜录·诸行市》将行、市并列(市13,行17),这里的行市性质完全相同,称行和市只是约定俗成而已。在别的史料中,肉市、米市,又称肉行、米行;鱼行,也称鱼市,证明其名称有可互换的相类似性。以上为名实相符的行,也有异名之行者。"如买卖七宝者谓之骨董行,钻珠子者名曰散儿行,作靴鞋者名双线行,开浴堂者名曰香水行。"在两宋,还有一种比较特殊的行,专门从事职业介绍,"凡雇觅人力、干当人、酒食作匠之类,各有行老",介绍供雇;是最早的人力资源中介公司。如有偷盗东西、逃亡之类,负责会合原地"脚保识人前去跟寻⑪。"此外,还有一些纯服务性的行业,如供水、出粪、盘垃圾等也有行团组织,且划定地分,其他行人不准侵入。还需指出,宋代极为兴旺繁盛的饭食行及酒行,虽"不当行者","而借此名";实质上,"则与当行同也⑫。"

行团的主要功能之一是为应付官府的科索,即巧取豪夺。正如苏轼言简意赅地指出:"须索假借,行市为之忧恐⑬"。即使熙丰变法中推行免行钱法,仍未使这种情况得到根本解决。相反,却使大量原不当行的小商小贩或失去生计,或被迫投行,加重了负担。另一重要作用,则为防止竞争,排斥异己,保持同行业中的垄断地位和尽可能扩大市场份额。最明显的例子,莫过于茶行"兼并之家"。王安石曾对神宗说:

　　如茶一行,自来有十余户,若客人将茶到京,即先馈献设燕,乞为定价,此十余户所买茶更不敢取利,但得为定高价,即于下户倍取利以偿其费。

又说"余行户盖皆如此"⑭,这些富商豪贾把持行会,利用特权,勾结官府,谋取垄断利润,还把种种不合理负担转嫁给中小行户。"行首"之特权,则远胜今行业协会负责人。

隶名行籍的工商业者称"行人"或"行商"、"行户",其首领则称"行头"、"行老"或"行首"⑮。宋代不同行户,各具不同服色。正如孟元老所述:"其士农工商,诸行百户,衣装各有本色,不敢越外,谓如香铺裹香人,即顶帽披背;质库掌事,即着皂衫角带、不顶帽之类。街市行人,便认得是何色目。"乃至"乞丐者,亦有规格,稍似懈怠,众所不容⑯。"不同行会,还各有专用市语,不相通用。如世以卖香为业的华亭人黄翁,"每往临安江下收买'甜头','甜头'者,香行俚语也⑰。"这也许正是"行语"一词的由来。不仅如此,甚至通用钱陌也有不同。《东京梦华录》卷三《都市钱陌》载:"官用七十七,街市通用七十五,鱼肉菜七十二陌,金银七十四,珠珍、雇婢妮、买虫蚁六十八,文字五十六陌,行市各有短长使用。"这些行市商业习俗,随宋室南渡,被南宋全盘继承,且有发展。

两宋行团迎神祀祠风气很盛,为本行祈福;还有各种赛会,通过娱乐活动,达到宣传商品,扩大销售目的,实开近代商品广告之先河。如南宋杭州,每年四月初八,有"诸社朝五显王[庙]庆佛会"。五显神,又称五通神,起源于徽州婺源县,随当地商人贩运木材、茶漆等流传各地,遂不胫而走,成为行商的保护神。连不信鬼神的朱熹对发源于他家乡的五通神也发表了如下评论:"有所谓五通庙,最灵怪,众人捧拥,谓祸福立见。"在江西临川,"水东小民吴二,事五通神甚灵,凡财货之出入,亏赢必先阴告。"其信仰之虔诚,不言而喻。设五通庙最密集之处,为沿京杭大运河从镇江到杭州一段,正与徽商经由水路外运商品的商路紧相吻合⑱。江南地区祀神风俗尤盛,绍兴"郡人奉诸暨东岳庙甚谨,每[年]三月二十八日天齐帝生朝,合数郡伎术人毕集祠下",是手工业匠人的神祠。"鄱阳每岁迎神之会,习俗已成……至于酒浆沃犒其徒,又自随人致力,谓之心愿。"同样是在饶州,"饶民以八月十五日为威惠广祐王生辰,致供三昼夜,及罢散之际,每处各备酒果饮福,伺人静则集会。"在这些活动中,均有行户参与。而在严州,则设有招商神祠一所,因其地"土俭俗贫,假贸迁之利,以粒斯民,故汲汲然";此所以假"招商为名"之缘由所在⑲。在北宋首都开封,"六月六日,州北崔府君生日。多有献送,无盛如此。二十四日,州西灌口二郎生日,最为繁盛。……诸司及诸行百姓献送甚多。其社火呈于露台之上,所献之物,动以万数"。灌口二郎神,相传为祀秦李冰父子,原在永康军崇德庙,宋代敕封灵惠侯。"蜀人事之甚谨,每时节献享,及因事有祈者,无论贫富必宰羊,一岁至烹四万口。一羊过城,则纳税钱五百,率岁终可得二三万缗⑳。"可见其香火之盛一斑。

南宋行都杭州诸行投献祠神风俗,尤为盛况空前。正如吴自牧所云:"杭城事圣之虔,他郡所无也。"如祀祖庙在广德军的山神张渤祠,仁宗时封为"灵济王",徽宗时赐庙额为"广惠",俗称张王庙。张渤诞日为二月十一日,"其日,都城内外,诣庙献送繁盛……又有七宝行,排列数卓珍异宝器,珠玉殿亭,悉皆精巧"。三月二十八日,东岳圣帝诞辰,"诸行铺户,以异果名花,精巧面食呈献者","络绎往来,无日无之";甚至"丐者于吴山行宫献彩画钱幡,张挂殿前,其社尤盛"。其殿下之刘姓佐神,亦大沾其光,香火特盛,"诸社献送,亦复如是。"而杭州城内外诸酒库,"每岁清明前开煮","开沽呈样"之日,预作告示,雇用"官私妓女,新丽妆着,差雇社队鼓乐,以荣迎引"。招摇过市,风流少年,"追欢买笑,倍于常时"。取得明显商业广告效应。在解州解县盐池,有真武祠,熙宁元年(1068)、大观二年(1108)赐庙额"广福"㉑,成为盐商祀奉的守护神。而皮场庙,则为皮革加工业行业的奉祀神只,如洪迈所云:"时皮场庙颇著灵响,都人日夜捐施金帛。"㉒

两宋期间既有行团共同信奉的守护神,如五显神、张王庙、东岳真君之类,也有某一行业专祠的神祇,如皮场庙、真武庙等。这种香火旺盛,正是宋代商品经济大发展的写照或折射。在反抗官府对行商压迫勒索及应付自然灾害的过程中,他们往往乞灵于神祇的庇祐。宋代民间普遍信仰的紫姑神,原来只是卜箕帚、蚕事的厕姑神,是妇女专祠的神祇。到了南宋,升级为无所不能、神通广大的神祇。信仰者也不限于年轻妇女,而遍及社会各阶层。

《夷坚甲志》卷一六《碧澜堂》载："南康建昌县民家，事紫姑神甚灵，每告以先事之利，或云下江茶贵可贩，或云某处乏米可载以往，必如其言获厚利。"简直成了行商发财致富的佑护女神。又如今已为人们熟知的"妈祖"，实产生于宋代。当时宋代海外贸易极为发达，福建泉州是最著名的港口之一。林夫人神祠在莆田的出现并非偶然。她最早的名称应是"海屿神"。徐兢记载了奉使高丽航海途中遇险的惊心动魄情景：

> 若遇危险，则发于至诚，虔祈哀恳，无不感应者。比者，使事之行，第二舟至黄水洋中，三舵并折，而臣适在其中。与同舟之人，断发哀恳，祥光示现，然福州"演屿神"亦前期显异。故是日舟虽危，犹能易他舵；既易，复倾摇如故，又五昼夜，方达明州定海㉓。

这一出生入死的经历，述者刻骨铭心，读者亦无不动容。徐兢出使于宣和六年（1124），但在宣和五年八月，徽宗已赐额莆田县神女祠曰"顺济"；高宗绍兴二十六年（1156）封"灵惠夫人"，孝宗乾道三年（1167）加封"灵惠昭应崇福夫人"。故俗称"林夫人"。洪迈笔下的林夫人庙，已是地道的航海者的佑护神灵。他写道："凡贾客入海，必致祷祠下，求杯珓，祈阴护，乃敢行。盖尝有至大洋遇恶风，而遥望百拜乞怜，见神出现于樯竿者。"洪迈《夷坚支志》自序称，成于绍熙五年（1194）六月一日，则在南宋中期，已云此庙不知始于何年，可既称"林夫人庙者"，当在高宗封号之后。亦即至迟在南宋初已成为从事海外贸易商人的守护神。南宋后期，这种福建的地方神，逐渐成为"所福遍宇内"的"圣妃庙"；"商贩者不问食货之低昂，惟神之听㉔"。

总之，宋代的行，无论外延、内涵较之前朝均有异化和质变。宋代的行，在文学作品中亦有反映，如《水浒传》第三回描述北宋末的情景："这市井闹热，人烟辏集，车马骈驰，一百二十行经商买卖，诸物行货都有。"《宣和遗事·前集》也载：徽宗与高俅等"无日不歌欢作乐，遂于宫中内列为市肆，令其宫女卖茶卖酒及一百二十行经纪买卖皆全"。这里的"经纪"指小生意即小买卖，亦称小本经营，并非现代意义上提供中介服务的"经纪人"。昏君佞臣重演了南齐暴君东昏侯的历史故事，其败灭的可悲结局也相类似。

宋代的行，组织较之前朝更为严密，其职能或功能也有些变化。其一，应付官府科配行人。一般而言,科配在城市中主要由行户承担,这种科敛或科索,与其说是苛捐杂税,不如说是行役。正如章如愚所指出的"州县之役,悉出乡户;城郭之间,或有科配[25]"。《梦粱录》卷一三《团行》释宋代当行即应付科配云:"市肆谓之团行者,盖因官府回买而立此名,不以物之大小,皆置为团行。虽医卜工役,亦有差使,则与当行同也。"即只要官府需要,不管是商品(用回买、和买名义)或工匠、医卜、挑夫等的一技之长,均可成为科配对象。这种科配不仅遍于城市,且行及军镇。如池州"黄池一镇,商贾所聚,市井贸易稍稍繁盛。州县官凡需索皆取办于一镇之内,诸般百物,皆有行名。人户之挂名籍,终其身以至子孙,无由得脱"。[26]可见这种无时不有,无处不在科配的残酷性。而行团的职责在于既要协助官府完成科配,又要在行内按量力分摊的原则,尽可能使行户各据物力负担而趋于合理,以减缓同业间的恶性竞争。唐代虽也有"宫市",类似于巧取豪夺式掠夺,就科配而言则也许不如宋代严重。

其二,垄断商品价格及提供市场服务。如上述北宋熙丰变法实行市易法期间,外地茶商至东京,上市前须经茶行行首召集10余户茶商实行行同议价,由其决定价格后方可上市交易,这是典型之例。另外,如《春渚纪闻》卷四记载宗泽在南宋初出任开封府尹时,曾将哄抬物价的饦饼行饼师斩首,从而杀鸡儆猴,制止了酿酒业亦准备抬价的恶劣之风,导致"商旅四集,兵民欢呼"的故事。饼师则辩称:"不能违众也。"这说明行市在垄断市场方面具有排他性。熙宁五年(1072),方梳行商人欲压低外地卖梳朴(制梳原料)商的要价,无法成交,乃至由市易务出面由政府收购,方梳行行首即从中斡旋,要求仍按市易新法占买,但没有成功。[27]说明这种垄断有时在违背市场规律或政府干预情况下也会失灵。

其三,即使服务业或劳务市场也有行业垄断的情形。如北宋东京及南宋杭州的"四司"人承办红白喜宴,从送请束到洗碗所有事务完全承包,提供社会性服务。但这种服务"各有地分,承揽排备,自有则例,亦不敢过越取钱"[28]。即使是供水、装卸、淘粪、扫街、盘垃圾者,"亦各有地分坊巷"[29]。而提供劳务的行首则有专门的茶馆作为招募员工、洽谈业务的场所。这种划定地盘,解决缘此而发生的争端即为相关行团的应司职责。

其四,组成各种商业网络,疏导商品流通。以城市为单位,划定商圈范畴,规定类似于今之一级、二级、三级批发及零售商乃至当行走夫贩妇的营业范围,这样,使"千金之家"和"贩夫小民"各得其宜,发挥所长,达到"货行流速"的目的[30]。

其五,组织同行人迎神赛会、供奉本行祖师及祠奉神祇等,另有一些节庆社会活动的组织实施。如临安府清明前城内外各酒库开煮,诸行社队由行首率领,俱载歌载舞,前来庆贺游行。不仅是十数行业各尽其能的大联欢,也是类似于今之花车游行方式的商业促销活动,其广告效应不言而喻。这表明宋代的行已有了许多研究者所论述过的我国古代行会的新特点,因此古代的行业制度似应成熟于宋代,这是宋代商品经济大发展的必然结果。毋庸讳言,在晚唐时这种行业制度已呈萌芽状态,不过从行业的"行"到行团的"行"的质变应完成于两宋时代。

宋代的行,组织更加严密,工商业者乃至沿街叫卖的小商贩和力伕无不投行。一旦人户挂名行籍,则"终其身以至子孙,无由得脱"[31]。不仅大中城市的工商业户须上行、当行,连县镇工商业者也不能幸免,每行的行商或行人均有行首、行头或行老,通常由物力雄厚的富商大贾担任并得到官府的认可,不过其产生办法至今仍不太清楚。其职责除协助官府催办税收、科配、和买等,还有纠察不法和维护社会治安的义务。《吏学指南·为政九要》称:"司县到任,体察奸细、盗贼、阴私、谋害不明公事,密问三姑六婆,茶坊、酒肆、妓馆、食店、柜坊、马牙、解库、银铺、旅店;各立行老,察知物色名目,密切告报,无不知也。"[32]这些资深行人或行首十分了解民情和社会基层情况,即使从治安、司法的角度看,其行首也是必不可少的人物。通常均由八面玲珑、能言善辩之流担任。行有行规,行老也负责主持制定和维持行规,行规主要指规定经营范围,维护同行利益,限制同业不正当竞争,保持行业传统习俗等。如手工业行规有规定原料、产品规格、质量要求、售价,帮工待遇及学徒制度等。商业如同业关系,度量衡、货币的统一规定,经营范围、地域等的划定,同行议价等。不同时期、不同地区及行业有不同的具体规定。

二、南宋会社

如上所述，宋代的行、团、作、市是同一性质的，指商业，手工业、服务业的行业组织，是店铺、作坊的集合，类似于今之同业工会，今人亦泛称其为行会。但在宋代，会与行则有严格的区别，会与社，性质相近似，但亦有区别，宋人著作中往往会社连用，正与行团并称相类似。

宋代会社风俗之盛，今人叹为观止。会，是一个含义十分宽泛的概念。凡朋友聚会，学术讨论，专题结会等各种形式、名目的集会，莫不称会；民间行香朝献、祠神祷祀之类活动，佛道二教的设醮致祭，乃至文娱、体育等社团组织，也多称会。后者与社几乎是可以置换的同义词，会社联用组合成词也可指学术、宗教、体育、文娱等团体。就词性而言，会、社均可分别作动词、名词使用。用作动词，则有现代意义上的开会、结社等含义。

宋代的会，五花八门，难以尽举。如《二程语录》云："昨日聚会，大率谈禅"，是指关于释教禅学的专题学术讨论会。宋人姜愚（1010—?），精《论语》，"为一讲会，得钱数百千"③，则是收费的专题学术演讲会。嘉定十年（1217），朱熹女婿黄榦（1152—1221）集朋旧生徒于福州城南寓居地法云寺，立下《同志规约》，昭告天下学者，每日读经史子书各一，以《论语》、《周易》、《左传》为首；日记"所读多寡，所疑事目，定期集会讨论，规定在郡者月一集，五十里外者季一集，百里外者岁一集。每集各以文字至，与师友讲明而问难之"③。这是定期举行的大中小型学术研讨会，旨在答疑解难，教学相长，把朱熹开创的学术民主作风发扬光大，以弘扬闽学。此会，就已开今之专题学术研讨会之先河。

宋代民间聚会极为普遍，如蓝田吕氏兄弟制定的《乡约》中就规定，为检讨《乡约》执行情况，每月或每季聚集邻里乡党由家长参加的聚会，以执行赏罚，修订《乡约》。其具体规定为："每月一聚，具食；每季一会，具酒食。所费率钱，合当事者主之⑤。"可见是轮流举办的有聚餐联谊性质的聚会。南宋还有一种"会"，一直延续至今。即乡亲间数人或数十人合"会"，每月由各人出等份钱，归于一人；依次轮流做东，实为民间储蓄、借贷之"会"。

与今茶话会颇相类似的茶会，宋人又称会茶，极为普及，士庶皆备，方外亦时常举行。如宋释·希昼《留题承旨宋侍郎林亭》诗，记士人与僧人会茶情景，"会茶多野客，啼竹半沙禽"，充满林下野趣。太学生在北宋末的多事之秋，更以茶会的方式，互通信息，指斥时政。"太学生每路有茶会，轮日于讲堂集茶，无不毕至者，因以询问乡里消息。"是同乡联谊性质的茶会。南宋王十朋（1112—1171）还记载了一种茶会上的游戏茶令。其诗云："搜我肺肠茶著令"（自注："余归，与诸子讲茶令。每会茶，指一物为题，各举故事，不通者罚。命季梁掌之"）㊱。刘烨与刘筠（971—1031）在一次茶会上，就点茶进行互对，以"吾与点也"，对"金曰鲦哉"，不仅说明了二人的博学和思路敏捷，而且诙谐幽默，令一座绝倒㊲。

宋代民俗，嫁女有"暖女会"、"倒箱会"，生子有"洗儿会"，均大会亲朋，充溢喜庆的欢声笑语㊳。宗族间还有姻亲女眷间的聚会，称"姻会"。如洪迈（1123—1202）记述了一个故事：郑刚中（1088—1154）族中三女，系从姊妹，皆待字闺中：绍兴二十四年（1154）二月六日，"族有姻会，三女往观之。会罢，亲属相聚博戏"，归时遇雷击而伤亡（一死二伤）㊴。这类姻会，或女眷间一种欢乐的交流聚会，孰料乐极生悲，酿成悲剧。

宋代朝野的迎神赛会，盛况空前，无时不有。"京师百司胥吏，每至秋，必敛钱为赛神会，往往剧饮终日。苏子美进奏院会，正坐此。"据汪应辰（1118—1176）称，"子美乃是不欲敛钱，而奏用市故纸钱会客也。"这是宋代历史上一桩大冤案。当时，苏舜钦（1008—1049）监进奏院，每岁赛神聚会，皆各自出钱，但苏将邸报废纸卖钱聚会。会上，文坛、政坛新秀精英，忘乎所以，狂傲啸歌，被王拱辰（1012—1085）等抓住作为口实，一网打尽。不仅苏舜钦以"监守自盗"的莫须有罪名遭到革职、永不叙用的处分。"制狱锻炼，皆一时之名贤"，"台阁为之一空"，变法派新锐被窜逐殆尽㊵。从某种意义上而言，这也导致了庆历新政的功败垂成。

各地的迎神赛会规模也很大。如饶州习俗，每年三月十六日，"郡人迎诸神设会于永宁寺山门上",万人空巷,争相观睹,颇具民间游乐色彩[41]。"国忌日分,有无乐社会"(每月初八、十二、十三日),则更多宗教的肃穆气氛,宋人又称"国忌行香"[42]。因岁旱、雨涝等举办的祷神祀祠会,遍及全国各地,神只之多,封号之滥,祠会之盛,历朝罕见。尤其在奉天书如病狂的真宗朝和佞道无以复加的徽宗朝[43]。这从洪迈的社会神异小说中也可考见。江南风俗祠神尤盛,正如朱彧《萍洲可谈》卷三所载:

> 江南俗事神,[疾病、官事专求神]。其巫不一,有号"香神"者,祠星辰,不用荤;有号"司徒神"者、"仙帝神"者,用牲。皆以酒为酌,名称甚多。……又以傀儡戏乐神,用禳官事,呼为"弄戏"。

宋释文莹也记:"范文正公谪睦州,过严陵祠下,会吴俗岁祀,里巫迎神,但歌《满江红》……"范亦撰一绝送神,"吴俗至今歌之[44]"。可见迎神送神伴随诗词唱酬之会。此外,三月三日,上巳修禊,曲高和寡。殿司则有真武会,据说乃"军员骁骑呈武艺"的军事大检阅和比武大会:"都城自有百余社,各迎引[45],"堪称盛况空前。两宋的行团、会社,不仅提供了无穷的商机,也令各色人等的交游大开方便之门。这是社会史值得深入研究的一大课题。

宋代还有许多各具特色的佛家寺院斋会及道观举办的道会。善男信女纷至沓来,香火很盛。如"净业会"是设于太平兴国传法寺的"讽经听法会","每月十七日则集男士,十八日则集女人";"年终以所收资金,建药师道场七昼夜,以终其会。"大家富室的夫人娘子则建有"庚申会",诵《圆觉经》,俱带珠翠珍宝首饰赴会,俗称"斗宝会",有了几分争艳斗富的色彩。杭州上天竺寺有"光明会",据《西湖老人繁胜录》:"递年浙江诸富家舍钱作会,烧大烛数条如柱、大小烛一二千条,香纸不计数目。"此实乃"奉佛之会,皆城内外富家助备香花灯烛,斋衬施利,以备本寺一岁之用"。"助以斋资供米,广设胜会,斋僧礼忏三日,作大福田。"而"茶汤会",则系城东城北善友道者所建,"遇诸山寺院建会设斋,又神圣诞日,助缘设茶汤供众[46]"。此外,诸寺特色斋会,还有四月初八日六和塔寺童男女信徒的"朝塔会",湖州市土神诞日童男女"迎献茶果,以还心愫"。每月庚申或八日,诸寺庵舍集善信人诵经设斋或建"西归会";每岁春季,保俶寺"建受生寄库大斋会";诸寺院清明建"供天

会"；七月十五日，建"盂兰盆会"；二月十五日，长明寺及诸教院建"涅槃
会"；四月八日为佛诞，"诸寺院各有浴佛会"，"西湖作放生会"。民间结社
则有："白莲、行法、三坛等会，各有所分。"⑥

据《东京梦华录》卷八载：中元节有司给度牒十道，"设大会，焚钱山，祭
军阵亡殁，设孤魂之道场"；重阳节，则"诸禅寺各有斋会，惟开宝寺、仁王寺
有狮子会。"这是北宋故都开封的佛事盛会，南宋杭州则其斋会之盛，有过之
而无不及。《夷坚丙志》卷三《常罗汉》载，"嘉州僧常罗汉者，异人也。好劝
人设罗汉斋会"。像这类地方性斋会可谓各地多有，不胜枚举。

道会，是中国本土醮斋之会，其盛丝毫不亚于佛会。如"灵宝会"乃奉道
者之会，"每月富室当供持诵正一经卷"。正月初九玉皇诞日，"杭城行香诸
富室就承天观阁上建会"；北极佑圣真君圣诞，"士庶与羽流建会于宫观或于
舍庭"；诞日，佑圣观奉旨醮会，"士庶炷香纷然"，"俱有社会，诸行亦有献供
之社"。"三元日，诸琳宫建普度会，广度幽冥。"此外，二月初三梓潼帝君诞
辰，"川蜀仕宦之人，就观建会"⑧。道教圣地"永康青城山，每岁二月十五日
为道会"，信徒"四远毕至"；由"巨室张氏、唐氏轮［流］主之，会者既集，则闭
观门，须斋罢乃启。"这"会者万计"的青城道会，给县民带来无穷商机。"县
民往往旋结屋山下，以鬻茶果"⑨，由此可见盛况一斑。在所谓道教洞天福地
丹阳茅山，有"观鹤会"，鹤乃道教瑞禽，象征长寿福至。绍兴二十三年
(1153)三月，"秦［昌龄］同其侄焞诣茅山观鹤会"。饶州天庆观的黄箓醮
会，尽管收费，仍有上千人参加。"庆元四年二月十六日，饶州天庆观设黄箓
大醮，募人荐亡，每一位为钱千二百，预会者千人⑩。"这种大型追荐亡灵的醮
会，竟有千人参加，预会者每人交 1.2 贯文，则为 1200 余贯，道观收入不菲。
此外，如三月三日，恰逢佑圣真君诞辰，官衙殿司"奉侍香火者，皆安排社
会"；"贵家士庶，亦设醮祈恩，贫者酌水献花"。是一个不论官民士庶、贫富
之家均十分投入的宗教盛会。⑪

总之，各种寺院斋会和道观醮会在在有之，形形色色，光怪陆离，其中不
少是以敛取钱财为目的。这类宗教性集会，反映了宋代政府对释道的宽容
政策，宋代社会是儒释道合流的社会，人们享有充分信仰自由。正是这种有

容乃大,构建成了宋学的灿烂辉煌、异彩纷呈。这形形色色的"会",不仅为商业、服务业等第三产业提供了历史性的机遇,也为各色人等的广泛交游创造条件和提供场所。

社,其本义指土地神,各地均设社坛。洪迈曾记鄱阳郑道人"不肯人道堂,日丐行于市,夜则出宿于城北县社坛内"②。说明社坛设至县。又引申为社稷。从中央至地方均有春、秋两祭,分称为春社、秋社,社祭作为一种民俗流传很广。陈元靓《岁时广记》卷一四称:"立春后五戊为春社,立秋后五戊是秋社。"官方的社祭,在京师"多差两制摄事"。春社,有祠神祷祝丰年之意。正如陆游(1125—1210)诗云:"社肉如林社酒浓,乡邻罗拜祝年丰。"秋社,则有谢神庆丰收的节日欢乐气氛。《东京梦华录》卷八《秋社》称,八月秋社,民间"各以社糕、社酒相赍送";贵戚宫院则以"社饭请客供养"。出嫁妇女于此日"皆归外家";"市学先生预敛诸生钱作社会",雇请之人归时携社糕等食物而归。此乃东京风俗,春社、重九约略相似。南宋时,几原封不动,移为杭俗。

宋代村社迎神赛会举行的杂戏、杂耍等群众性的游艺活动,称社火,又称社戏。范成大《上元纪吴中节物俳谐体三十二韵》:"轻薄行歌过,颠狂社舞呈(自注云:民间鼓乐,谓之社火,不可悉记,大抵以滑稽取笑)。"③则宋人又称社舞或"社火"。此俗流传到近代,我们从鲁迅的小说中还可看到绍兴民间社戏的盛况。此又为吴越同风之证。《西湖老人繁胜录》也称:"上真生辰,殿前司在京十军各有社火。"这种群众性的游乐活动甚至普及到了军队。社日聚众会饮,称社饮。陆游《剑南诗稿》卷六一《病中作》诗云:"病多辞社饮,贫甚辍春游。"是其晚年退休生涯的真实写照。阮阅《诗话总龟》卷三五《讥诮上》引《倦游录》云:"一日里中社饮,小马携酒一榼,就杨公曰,此社酒善治聋。"因耳聋退休乡居的杨孺尚书觉其人俗不可耐,遂书一绝而与这富翁之子绝交。社日祭神所鸣的鼓乐,又称社鼓,陆游诗云:"社鼓冬冬赛庙回","酒为治聋醉一杯"④。写尽绍兴地区自古以来社戏风俗的盛况。

宋代的社,又指民间团体,犹如今之社团。有政治性、学术性、宗教性、商业性、军事性及文娱体育性质的,五花八门,应有尽有。如北宋沿边三路的"弓箭社",为宋代沿边民众自发组成的社团。《宋史·兵志四》载:澶渊之盟后,"百姓自相团结,为弓箭社","户出一人",又自相推择家资、武艺众所服者为社头、社副、录事,谓之头目。后由朝廷推广至沿边诸路,成为颇具战斗力的准军事武装,保家卫国,以补宋代沿边军力不足,发挥了一定的积极作用。又如南宋初抗金组织"太行山忠义保社"⑤,均为军事性的社团。这类组织宋政府一般严格控制,唯恐成武装叛乱之渊源。宋代文人以诗文词曲会友,结成社团,是文学性的结社。《都城纪胜·社会》有云:"文士则有西湖诗社",又有"锦体社、八仙社"等,"清乐社,此社风流最胜"。社团组织的成员互称社友,如《东坡全集》卷一八《次韵刘景文送钱蒙仲三首(之二)》:"寄语竹林社友",又如《剑南诗稿》卷四《送客至江上》诗云:"故园社友应惆怅,五岁无端弃耦耕",当谓其家乡诗社。再如范成大(1126—1193)年轻未第时与乐备、马先觉、项寅宾等人所结成的"昆山诗社",互称社友⑯。西湖诗社享有重名,"乃行都士夫及寓居诗人"所结成"社集","旧多出名士";"寄兴适情赋咏,脍炙人口,流传四方,非其他社集之比。⑰"

曾被丁谓誉为"千古之美谈"的西湖净行社,乃宋初杭州昭庆寺高僧省常(俗姓颜,字造微)慕东晋名僧慧远结庐山白莲社之名,于淳化元年(990)始结为净行社。省常"贻诗京师,以招卿大夫","上自丞相宥密,下及省阁名公",争相入社。时相向敏中、知参政事王化基、同知枢密院事钱若水、枢密副使宋湜等名公显宦,王禹偁、孙何、丁谓、钱易、宋白等"文为国华,望作人杰"的名士,皆"仰止师行,发为声诗",先后加盟。至天禧末(1021)的三十余年间,先后入社者竟至少达123人之多,可谓盛况空前。此社始名"净行社",又称"华严社",后称"西湖白莲社",简称"西湖诗社"或"白莲社"⑱。宋末吴自牧已不知其本末之详。据《永乐大典》卷六六九七引《江州志·碑碣》载,南宋王十朋、周必大等有就江州庾楼的诗作唱酬,编为《庾楼唱和》;又有范成大、潘慈明的江州诗唱酬,留下了诗碑。这类文人结社唱酬固不足为奇。令人叹为观止的是:普通平民商人也有结为诗社者。如吴可《藏海诗社》载:"北方有诗社,一切人皆预焉。屠儿为《蜘蛛》诗,流传海内。……其一句云:'不知身在网罗中'。……荣天和先生客金陵,僦居清化寺,为学馆。

质库王四十郎、酒肆王念四郎、货角梳陈二叔皆在席下,余人不复能记。诸人多为平仄之学,似乎北方诗社。"

宋代结社之盛,令人叹为观止。《西湖老人繁胜录》云:"都城社陌甚多","街市亦有社陌。"如"清乐社"(有数社,每不下百人),可见其规模之大一斑。"福建鲍老一社,有三百余人","川鲍老亦有一百余人",这类文艺社团还按地域划分,各有特色,已开后世地方剧种先河。"斗鼓社",则更具杂技色彩。他如"绯绿社(杂剧)、齐云社(蹴球)、遏云社(唱赚)、同文社(耍词)、角抵社(相扑)、清音社(清乐)、锦标社(射弩)、锦体社(花绣)、英略社(使棒)、雄辩社(小说)、翠锦社(行院)、绘革社(影戏)、净发社(梳剃)、律华社(吟叫)、云机社(撮弄)等,则涉及文化、娱乐、体育、军事、艺术、服务等行业性质的结社,名目众多,应有尽有。"⑤此外,"武士有射弓踏弩社,皆能攀弓射弩,武艺精熟","方可入此社";又称"川弩射弓社"或"锦标社"⑥。"更有蹴踘、打球、射水弩社,则非仕宦者为之,盖一等富室郎君,风流子弟,与闲人所习也";此又称"蹴踘打球社"。《水浒传》中描写高俅因善于蹴踘而为徽宗所宠幸,已为人们所熟知。这也成为现代体育项目足球的滥觞。此外,"七宝行,献七宝玩具为社","青果行献时果社","东西马塍献异松怪桧奇花社",鱼行"异样龟鱼"社等皆为商业性行社。"穷富赌钱社"当为赌博业行社,"钱燔社"、"重囚枷锁社",则为丧葬行当和囚犯的结社⑥。真是光怪陆离,无奇不有。宋代民间,这类以会社为主组织的祀神活动又称神社,极为广泛普及。正如陆游诗所概括的那样:"巷北观神社,村乐看戏场。"⑫"武当山有诸葛孔明庙,俗以清明数百人为社祠神,以侈相夸。"⑬

总之,南宋盛行的会社,为民间各阶层人士的交游,提供了广阔的空间和无所不在、无时不有的形式,成为宋代交游极盛的原因之一。南宋行团会社的普及,也成为商业、服务业独步当时世界的重要原因。南宋时代商品经济的繁荣兴盛,人们社会文化生活的丰富精雅,文化艺术含量之高,实令今人韵羡。

注释：

①加藤繁：《中国经济史考证》（中译本）卷一，商务印书馆 1959 年版，第 283 页、第 368 页；全汉升：《中国行会制度史》百花文艺出版社 2007 年版，第 27—28 页；杨德泉：《唐宋行会制度之研究》，刊《宋史研究论文集》（一），上海古籍出版社 1982 年版。

②刘义庆：《大业杂记》，《太平御览》卷一〇一。

③宋敏求：《长安志》卷八《东市》，卷十《西市》。（清）徐松《唐两京城坊考》卷一一，均作长安东市 220 行，但加藤繁《中国经济史考证》卷一，第 346 页认为：应是 120 行之讹。参阅拙文《关于三百六十行的历史考察：先秦至宋》，首刊《李埏教授九十华诞纪念文集》，云南大学出版社 2003 年版。

④《长编》卷二六二，第 6407 页；卷三〇八，第 7479 页；卷三五九，第 8592 页；中华书局 1985 年点校本。

⑤郑侠：《西塘集》卷一《免行钱事》。下凡四库本者，不再注版本。

⑥通行本：《西湖老人繁胜录》均讹倒作 414 行，今据《永乐大典》卷七六〇三引是书乙正。

⑦参见杨德泉《唐宋行会制度之研究》，刊《宋史研究论文集》（一），上海古籍出版社 1982 年版，第 221 页。

⑧《宋会要辑稿》食货六四之六六；《真文忠公文集》卷七《申御史台并户部照会罢黄池镇行铺状》。方按：据此状，行首又称"行老"。又，南宋真州扬子县另有一黄池镇。

⑨（明）田汝成：《西湖游览志余》卷二五《委巷丛谈》；参阅拙撰图文本《中国古代三百六十行·绪论》，杭州出版社 2008 年版，第 1—25 页。

⑩《都城纪胜·诸行》，《大典》卷七六〇三；《梦粱录》卷一三《团行》。

⑪《梦粱录》卷一三《团行》；《东京梦华录》卷三《雇觅人力》，《梦粱录》卷一九《顾觅人力》。

⑫《梦粱录》卷一三《团行》；《武林旧事》卷六《诸市》。其书宋刻本作"布行"，知不足斋本作"布市"，行、市可互相换用，尤为显证。

⑬《苏轼文集》卷三一《乞禁商旅过外国状》，中华书局 1986 年点校本。

⑭《长编》卷二三六，中华书局点校本，第 5738 页。

⑮宋又称名妓和殿前三班首领为"行首"，即为其衍生义。分见《梦粱录》卷二《诸库迎煮》和《曾巩集》卷三一《再议经费札子》。

⑯《东京梦华录》卷五《民俗》，参见《梦粱录》卷一八《民俗》。

⑰鲁应龙：《闲窗括异志》，宛委山堂本《说郛》卷一一六。

⑱《梦粱录》卷一九《社会》,《朱子语类》卷三,《夷坚丁志》卷一五《吴二孝感》,中华书局 1981 年版,第 667 页。参见[美]韩森《变迁之神》(中译本),浙江人民出版社 1999 年版,第 139—142 页。

⑲《夷坚丙志》卷一七《沈见鬼》,第 507 页;《夷坚支癸》卷六《舒七不偿酒》,第 1268 页;《广祐王生日》,第 1269 页;《景定严州续志》卷四《祠庙》。

⑳《东京梦华录》卷八《崔府君生日神保观神生日》;高承《事物纪原》卷七,四库本;《夷坚支丁》卷六《永康太守》,第 1017—1018 页。

㉑《梦粱录》卷一《祠山圣诞》,第 7 页;卷二《三月·佑圣真君诞辰附》,第 9 页;《诸库迎煮》,第 12—13 页;《东岳圣帝诞辰》,浙江人民出版社 1980 年版,第 14 页。《宋会要辑稿》礼二〇之八五—八六,二〇之五六。

㉒《夷坚甲志》卷五《皮场大王》,第 39 页。

㉓《宣和奉使高丽图经》卷三九《礼成港》,第 134 页;《丛书集成》本。

㉔《宋会要辑稿》礼二〇之六一,《夷坚支景》卷九《林夫人庙》;《咸淳临安志》卷七三《外郡行祠·顺济圣妃庙》引丁伯桂《庙记》记其事甚详。参见(美)韩森《变迁之神》(中译本)第 31 页、第 145—146 页。作者脚注认为,洪迈所记即指徐兢出海事,似未允。

㉕《山堂群书考索·后集》卷五二。

㉖真德秀:《西山文集》卷七《申状》。

㉗《长编》卷二三六。

㉘《东京梦华录》卷四,《梦粱录》卷一九。

㉙《东京梦华录》卷三。

㉚《苏东坡全集·应诏集》卷五《策断二四》,《欧阳修全集》卷四五《通进司上疏》。

㉛《西山文集》卷七《申状》。

㉜(元)赵素:《居家必用事类》辛集。

㉝《二程集》,中华书局 1981 年版,第 23 页;《邵氏闻见录》卷一八,第 194 页。

㉞《勉斋集》附录《黄幹年谱》。

㉟《蓝田吕氏遗著辑校》,中华书局 1993 年版,第 567 页。

㊱《萍洲可谈》卷一,第 13 页。《王十朋全集》卷九《万季梁和诗留别》。

㊲《青箱杂记》卷一,中华书局 1985 年版,第 6 页。

㊳《鸡肋编》卷下,《东京梦华录》卷五《育子》,《梦粱录》卷二〇《育子》。

㊴《夷坚甲志》卷一三《郑氏女震》,第 112—113 页。

㊵《石林燕语》卷五,汪应辰《石林燕语辨》,第 201 页;《湘山野录》卷下,第 47 页;

《梁溪漫志》卷八,载苏舜钦:《与欧阳公书》,第87—89页。

㊶《夷坚志补》卷一六《城隍赴会》。

㊷《西湖老人繁胜录》,《大典》卷七六〇三。

㊸参见《宋会要辑稿》礼二〇之二一——七一。

㊹《湘山野录》卷中,中华书局1984年版,第35页。

㊺《武林旧事》卷三《社会》,《西湖老人繁胜录》。

㊻《都城纪胜·社会》,《大典》卷七六〇三;《梦粱录》卷一九《社会》。

㊼《梦粱录》卷一九《社会》,《武林旧事》卷三《浴佛》。

㊽《梦粱录》卷一九《社会》,浙江人民出版社1981年版,第181页。

㊾《夷坚丙志》卷三《道人留笠》,卷四《饼店道人》。

㊿《夷坚丁志》卷六《茅山道人》,《夷坚三志己》卷二《天庆黄箓》。

(51)《梦粱录》卷三《三月·佑圣真君诞辰附》,第9页。

(52)《夷坚支丁》卷十《郑道人》,第1048页。

(53)《东轩笔录》卷六;《剑南诗稿》卷四《春社》;《范石湖集》卷二三。

(54)《剑南诗稿》卷四七《秋社》。

(55)《金佗粹编》卷一八,岳飞《梁兴夺河申省状》。

(56)《昆山杂咏》卷下(影宋本),有范诗多首可证;马先觉《喜乐功成招范至能入诗社》,尤为显证。

(57)《都城纪胜·社会》,《梦粱录》卷一九《社会》,第81页。

(58)本节引文见《咸淳临安志》卷七九《寺观五·寺院》。

(59)《武林旧事》卷三《社会》,《梦粱录》卷一九《社会》。

(60)《梦粱录·社会》,《都城纪胜·社会》,《武林旧事·社会》。

(61)《梦粱录》卷一九《社会》,第181页;《都城纪事·社会》。

(62)《剑南诗稿》卷八〇《神社》。

(63)晁补之:《鸡肋集》卷六七《陈君(辅)墓志铭》。

南宋赋役制度整顿及其经验教训

葛金芳(北京师范大学)

若从赋税制度演进这个视角看问题,中唐杨炎两税法的出台,标志着历史进入"据地出税,天下皆同"①的新时代。此前以人丁为主的赋役征取结构,开始向以地产为本的新轨道转移,财产税逐步取代人头税,日益成为宋元明清历代王朝的主要财政来源。然而自晚唐计地出税以来,一个日形严重而又久久解决无门的问题,就是税役负担严重不均。北宋夏竦说:"或地广而税鲜,赋多而田寡;或不腆受沃衍之征,上腴当泻卤之赋。"②南宋初年知平江府章谊说:"彊宗巨室阡陌相望,而多无税之田,使下户为之破产。"③这种状况的广泛存在和长期延续不仅影响政府税收,而且激化社会矛盾。为解决这一赋税不均问题,南宋初年有李椿年"经界法"的实施,南宋晚期有"推排法"的推行。为解决乡役负担过重问题,南宋民间有义役的兴起,其后政府又加以倡行和推广。理宗景定年间(1260—1264)楮币贬值,类同废纸,财政亦近破产,又逢蒙古大军压境,国家危在旦夕。中央政府为筹措军粮而孤注一掷,在浙西推行"公田法",强行"买回"民间私田,以为官田。而这种做法事实上已经逸出了整顿赋役制度的正常轨道。但它打着"抑强疾富"的旗号,通过"变税为租"来筹措迫在眉睫的军粮供应,实系增加财政收入的应急之策,故一并揽入考察范围。至于民间义役的兴起及其被政府整合,笔者已有专文论列④,本文不再涉及。

一、经界法:效果不错但成本高昂

(一)税役不均:经界法推行的背景

绍兴十一年(1141)宋金双方签订和议之后,针对乡村百姓的核田定税、整理版籍之事便提上了议事日程。绍兴十二年(1142)十一月五日,两浙转运使李椿年上《经界不正十害扎子》,请行"经界法"。经界法的核心是通过核实民户田产来确定其赋役负担。经界是指田产疆界,此词从孟子"夫仁政必自经界始"一语而来。不到一个月,李椿年请行经界的建议即蒙批准,"诏专委仲永(按,李椿年字)措置,遂置局于平江。"半年后,即绍兴十三年(1143)六月,"诏颁行其法于天下",各路全面推行经界法⑤。

李椿年请行在经界扎子中极陈经界不正之弊:

井田之法坏,而兼并之弊生,其来远矣。况兵火之后,文籍散亡。户口租税,虽版曹尚无所稽考,况于州县乎。豪民猾吏,因缘为奸,机巧多端,情伪万状,以有为无,以强吞弱。有田者未必有税,有税者未必有田。富者日以兼并,贫者日以困弱,皆由经界之不正耳。⑥

这种有田者无税,有税者无田,田、税脱节背离的情况是如此普遍,以致造成了"十大危害"。史家李心传将李椿年之长篇论述概括为:"一、侵耕失税;二、推割不便;三、衙前及坊场户虚供抵当;四、乡司走弄税名;五、诡名寄产;六、兵火后,税籍不信,争讼日起;七、倚阁不实;八、州县隐赋多,公私具困;九、豪猾户自陈税籍不实;十、逃田税偏重,故税不行。"⑦

(二)经界法的核心:鱼鳞图和砧基簿

李椿年在转运司下专门成立"措置经界所"作为经界法的推行机构。为贯彻"田以名色定等,乡以旧额敷税"⑧的基本原则,又精心设计了一套"出榜晓谕"、"更不增税"、"核实田产"和逐步推广的办法:

令民以所有田,各置砧基簿,图田之形状,及亩目四至、土地所宜,永为照应。即田不入簿者,虽有契据可执,并拘入官。诸县各为砧基簿三:一留县,一送漕,一送州。⑨

即要求民户将自家田产之面积、四至乃至形状都以砧基簿形式如实向上申报,若有隐田,一经查出即没收入官。

其实在各户置造砧基簿前,还有一道关键程序,那就是每都首先要由保正长们召集田主和佃客,按土坵画出各户田产分布图,一坵一图,由田主和佃客在图上签字画押,以示属实,一都应有多份以坵为单位的田产图。然后再按照图上所载的各户田产信息,以户为单位制造砧基簿,上报县政府,之后再汇总到经界所。《宋会要辑稿》食货六之三八至四〇载李椿年整理民户田产的办法甚详,引录如下:

> 今画图,合先要逐都耆邻保正,关集田主及佃客,逐坵计亩角押字,保正长于图四至画字,责结罪状,申措置所,以俟差官按图核实。稍有欺隐,不实不尽,重行勘断外,追赏钱三百贯。因而乞取者,量轻重编配,仍将所隐田没入官。有人告者,赏钱并田给告人。如所差官被人陈诉,许亲自按图覆实,稍有不公,将所差官按刻[劾],取旨重行审责。如所诉虚妄,从臣重行勘断。
>
> ……
>
> 今官民户各据画图了当,以本户诸乡管田产数目,从实自行置造砧基簿一面,画田形坵段,声说亩步、四至、元典卖或系祖产,赴本县投纳、点检、印押、类聚。限一月数足,缴赴措置经界所,以凭照对画到图子审实,发下给付人户,永为照应。日前所有田产,虽有契书而不上今来砧基簿者,并拘入官。今后遇有将产典卖,两家各赍砧基簿及契书,赴县对行批凿……每县逐乡砧基簿各要三本,一本在县,一本纳州,一本纳转运使司。

较之北宋方田均税法,李椿年的设计有重大改进:一是以都为单位,动员保正长等乡役人投入田亩核实工作;二是以坵为单位,画出田产分布图,此即明代鱼鳞图之前身⑩,这是核实民户田产的基础性工作,面广量大;三是田主和佃客要在涉及自家田产的坵图上签字画押,保正长要在都内每份坵图上签字画押,这是信誉保证;四是各户在坵图的基础上自行置造砧基簿,以记录自家田产位置、面积等详细信息,并在县、州和转运司三级机构存档,这是民户田产的法律证明文书。总的来看,李椿年的设计方案是一种以民户自报为主、并结合政府派员"打量"的田产经界方法。在当时的技术条件下,这是一种牵动所有相关人员(田主、佃客、乡役人、三级政府官员)、耗费庞大物力的特大工程。其间困难不仅在于人力、物力之调集,官员和胥吏阶层之动员,丈量、图画和置造砧基簿之繁杂,更在于盘根错节、势力强大的利益集团之诅坏(舆论上)和反抗(行动上)。因此,李椿年经界法这项制度安排从其开始实施之时,其运行成本注定会很高昂。

(三)经界法的推广

经界法先在平江府(治今苏州)试行,自绍兴十三年夏天起陆续推行于南宋各路。由于工程浩大,所以进展缓慢,到绍兴十七年(1147)五月,先行一步的两浙路亦只有四十个县完成了打量、画图和置造砧基簿的任务,其余县分只是以十户为一甲,自报田产而已[⑪]。直至绍兴十九年(1149)冬天,经前后六七年的努力,除沿边的两淮、湖北、京西路和福建漳、泉、汀州等少数地区以外,大部分路分的经界工作才大体上完成[⑫]。凡依法认真经界的地方,不少形势豪右被迫如实纳税,部分下户税负有所减轻,而且政府税入亦得到保证。绍兴二十年(1150)二月,其时大规模的经界刚刚告一段落,即有户部侍郎宋贶要求督促各地经办经界的官员继续抓紧推行,其理由便是"契勘经界本意,务要革去侵耕冒佃、诡名挟户、逃亡死绝虚供抵当、差科不均、乡司走弄二税之弊,使民有定产、产有定税、税有定籍,后来缘以画图供帐,分立土地等则,均任苗税。"[⑬]宋贶所谓"民有定产、产有定税、税有定籍"、"均任苗税"之说正是经界法在许多地方得以成功推行的正确原则。绍兴二十六年(1156)九月,潼州路转运司判官王之望说:

臣前在东南,日闻蜀中经界大为民害,豪富为奸例获轻减,贫弱受弊多致逃移,上户利之而下户不愿。自入本路境,百姓多遮道投牒,乞行经界,与峡外所闻不同。诘其所以愿行之意,则曰人户诡名寄产业,有田者无户,有户者无田,差某等充户长催驱赋税,率皆代纳,以此破产者甚众。若用经界,则户名有归,此弊可绝。[14]

百姓之所以"遮道投牒,乞行经界"就是因为通过核产定税能够革除"诡寄产业"等弊端,从而促使赋役负担均等化、合理化。如徽州就是经界成功的地区之一,其所辖"六县田产,未经界前为一百五十一万六千三百亩半,经界为三百余万亩,今为二百九十一万九千五百五十三亩有奇,税钱十一万一千七百八十贯二百三十九文"。[15]经界后的纳税田产较经界前增加了一倍,而税额则所增甚少,明显减轻了少产或无产民户的税役负担。朱熹说:"(经界)结局以后,田土狭阔,产钱轻重,条理灿然,各有归著。在民无业去产存之弊,在官无逃亡倚阁之欠,豪家大姓不容侥幸隐瞒,贫民下户不至偏受苦楚。至今四五十年,人无智愚,皆知经界之为利,而不以为害。"[16]其后又有"(经界)讫事之后,田税均齐,里闾安靖,公私皆享其利"[17]之论。

南宋中晚期,还有一些地方作过区域性推进,主要集中在两浙和江东西等路[18],推进时间主要在宁宗晚年和理宗初年。宁宗嘉定末年,约当1223—1224年,浙东台州(治今浙江临海)、宁海、黄岩、临海、仙居等县推行经界。《嘉定赤城志》卷一三《版籍门》:"按,绍兴十八年(1148),李椿年侍郎建行经界。……今七十有五载,猾胥豪民相倚仗为蠹,赋役庞乱,遂有举行前说者焉。往岁宁海、黄岩尝行之矣,临海、仙居则方行而未备也。"可见在一州之内,经界法也是次第推行的。

稍后,约当理宗绍定、端平年间(1228—1236),在三任知州赵愚夫、赵师岩、魏豹文[19]的连续推动下,婺州经界实行得很有成效,各类田产、税籍图册特别齐备。《宋史·食货志》载:"知婺州赵愚夫行经界于其州,整有伦绪。而愚夫报罢,士夫相率请于朝,乃命赵师岩继之。后两年,魏豹文代师岩为守,行之益力,于是向之上户析为贫下之户,实田隐为逃绝之田者,粲然可考。凡结甲册、户产簿、丁口簿、鱼鳞图、类姓簿二十三万九千有奇。创库柜以藏之,历三年而后上其事于朝。"[20]看来"诡名析户"、"隐寄田产"之类老大难问题得到一定程度的解决。

理宗宝庆二年（1226）冬至绍定元年（1228）秋，经一年半的努力，江西抚州金溪县（今同）在知县章励的主持下，参照旁近婺州、台州的经验推行经界，也是成效显著。潜敷《宝庆修复经界记》：

> 抚之金溪，令长数易，邑事多摄，版籍荡然，库帑赤立，有年于此矣。来者束手，欲去无从。章君励自诡而冒临之，既下车，骇事体之大缪，咎俶谋之不审，廪廪救过。未几，推排令下，乃进耆老而谉焉，咸曰：'非经量不可。'亟请命于庙堂，于是稽绍兴之故规，参婺、台之近例，僚友叶心，乡官效力，周行畎浍，亲展尺度。揆量既定，簿正一新。凡前日之欺隐亏欠，并置不问，一毫不以取焉。鞠躬尽瘁，亦既劳止。经始于丙戌（1226）之仲冬，竣事于戊子（1228）之孟秋。始有疑，中有扰，既而疑释扰解。[21]

金溪县经界是经过反复才得以推行的，其成功经验，首先在于官员得力，亲历亲为；其次亦与做法得当有关，如事先广询乡绅，事中依靠乡役人阶层，而且在政策上网开一面，既往不咎（"前日亏欠，并置不问"）。前者增加了改革的推力，后者减少了改革的阻力，使得经界法终于排除干扰、坚持到成功。

理宗绍定年间（1228—1233），又有浙南处州丽水县（今同）、松阳县加入经界队伍。丽水县在林棐主持下推行经界，"搜括隐漏，第其田之高下肥瘦，立五等则例以起输。"[22]松阳县经界，据佚名《松阳县经界记》载，知县王圭"于是谨官寺，立程度，联什伍，表界分。会旁郡邑已行而择其善，谘乡老旧闻而酌其宜。经始于绍定二年十月，讫于四年之夏五月。版籍备，凡田原、陂塘、廛市、庐舍为二千六百二十有七顷，亩四十有五，以丈计者一千二百有奇。"[23]同样是经一年半的努力，在县令王圭的主持下，参照旁县经验，酌度本地实情，择善而行，在清查本县田产分布的基础上，创置各种版籍账册，底于完成。

也是在绍定初年（约1229—1230），浙东金华府兰溪县（今同）"修复经界"[24]。既称"修复"，似乎此前或于绍兴年间曾推行过经界。理宗端平初年（1234—1235），平江府常熟县再行经界。如前所述，当初李椿年推行经界法,就是从平江府开始的。杜范《常熟县版籍纪》称:"端平初元秋八月,王君实领此邑,问民疾苦,皆愀然蹙额以赋役不均告。会府檄修复经界……于是考旧额,选众邑,按绍兴成法,参朱文公漳州所著条目,随土俗损益之。……县五十都,都十保,其履亩而书也,保次其号为核田簿,号模其形为鱼鳞图,而又粹官民产业于保为类姓簿,类保都乡于县为物力簿。经始于端平二年之夏,讫事于其年之冬。"㉕看来常熟县比较有经验,主要精力花在摸清县内各户田产的分布情况上,既有描摹地貌与地产形状的鱼鳞图,又有以登记各户产业为主的核田簿,并在核田簿基础上类编而成类姓簿(以都、保为单位)和物力簿(以县为单位),耗时亦只半年,可谓神速。很有可能这与绍兴年间常熟县推行过经界,而其时所创各类图册帐簿还有部分尚存有关。

绍定、端平之际,旁邻常熟的松江府华亭县(今属上海市)也在推行经界。主持经界的杨瑾所撰《经界始末序》称:"端平改元,圣天子更新大化,勤恤民隐,郡国守宰、部使者莫不精白承休,以惠利为急。瑾虽不肖,亦获承流下邑,修经界,清版籍,行之二年,户无杂征之赋,里无破产之役。"㉖据此,经界应始于绍定五年(1232),经两年之努力,到端平元年(1234)告竣。此处之"下邑",据袁甫《蒙斋集》所载《华亭县经济界记》中杨君"自华亭驰书来告,吾仿经界为悠久利"之语,可知即是华亭㉗。当时知府赵与筹在嘉兴府"整图籍,宽赋敛,欲自近邑始,招君幕下,置围田局,募甲首,给清册,命之曰抄撩,匿者露,虚者实"。稍后即将杨瑾派到华亭县任代理县令。杨瑾不辱使命,到任后"则以礼属乡官,分任其职,不履亩,不立限,不任吏,每都甲首乡官择之,每围清册,甲首笔之,田之顷亩,昭然可观。……于是端平初元秋,亩以五万七千八百一十石为额,较递年之数逾两万,而民不以为厉己。"㉘这是靠保正长等乡官招募甲首来完成的。甲首们熟悉当地情况,在县乡两级督办下,如能据实、秉公查田核产并录入图册,则隐田可出,诡名可并,所以落实下来的秋苗正税,竟比经界前增加百分之五十以上,而一般民户却没有感到负担加重。二十年后,即淳祐十一年(1251),史称"是岁信、常、饶州,嘉兴府举行经界。"㉙据此,与嘉兴府同时举行的经界的,除浙西常州外,还有江东路的饶州(治今江西省波阳县)、浙东路的信州(今江西上饶市)。

此外,还有江东宁国府(治今安徽宣城市)和浙东衢州永丰县(江西今县)也推行过经界。宝祐四年(1256)"诏宁国府守臣赵汝谋推行经界,职事修举,升直文华阁。"㉚这是因戮力经界而升官。永丰县推行经界也取得很好的效果,"以六乡五十一都之甿,五百二保之众,正副砧基之有簿不翅以千计。"㉛

尽管整个推行过程走走停停、历尽曲折,而且不少地方仍有通同作弊、以少为多之事;但从总体上看,南宋经界法还是在一定程度上缓解了税负不均这个严重影响百姓经济生活的社会重大问题,其总体效果可用"属县奉行有虔有不虔,故民瘼有苏有不苏"㉜来概括。当然,这并不排斥少数地方可能在贪官污吏的主持下,按照形势豪右的旨意来操作,反而在增加税收的同时使税负不均更加严重,但这毕竟不是主流。

(四)经界法推行不畅之原因分析

实施经界法主要意图在于通过核实民户田产来确定其赋役负担,以实现"据地出税"的赋税原则,所以经界法首先就"触犯"了隐产漏税的形势豪右的既得利益。经界法推行过程中的重重阻力诚如朱熹在福建漳州推行经界时所言:

此法之行,其利在于官府、细民,而豪族大姓、滑吏奸民,皆所不便,故向来议臣屡请施行,辄为浮言所阻。㉝

能造"浮言"、且达于"上听"者,非士大夫莫属焉。文献中"议者以为不便"、"民始痛其繁"㉞、"推行之初,臣僚有肆异议、图沮坏者"㉟应是既得利益者的自然反应。绍兴十五年(1145),李椿年因丁忧离职,由户部侍郎王铁㊱接替其主持经界工作。迫于阻力,王铁省去了李椿年经界法中召集保正长和田主、佃客画出都内各坵田产图这一关键环节,变为"民户结甲自实法"㊲。这是一个重大的让步,为形势豪右、猾胥奸吏瞒报田产、偷漏税役开了方便之门,同时也为各地州县官吏免去了下乡措置经界这一吃力不讨好的繁重事务。可以说王铁所行之经界法已徒具虚名,类似于北宋神宗初年吕惠卿的"手实法"。所以两年后李椿年免丧复职(时在绍兴十七年正月),"令州县造图,而遣官敷实,先成有赏,慢令有罚。"㊳其理由就是"未曾打量及不曾用砧基簿、止令人户结甲去处,窃虑形势之家不惧罪赏,尚有欺隐。"㊴但缙绅豪右、乡村上户岂肯罢休。绍兴十九年(1149)冬,"经界毕,民多诣台、省,诉其不均。"㊵翌年二月,"户部请委曹臣限一季结绝,悉罢先所遣官"。㊶经界法草草收场。又如嘉定十四年(1221),浙东婺州知州赵悊夫"经界兰溪,颇见端绪,强家合力,厚有所携,逐去乃已"。㊷前引王之望所述更为典型,他说:"蜀中经界,不论贫富,大抵税增者愿罢,税减者愿行,皆出一己之私。而形势户之不愿者为多,盖诡名挟户非下户所为。"据其在遂宁一县之实地调查,"官户凡五百八十有四,而愿用经界者一百六十有七;公吏为户二百二十有二,而愿者十有八。"㊸由此可见,官户中反对经界之比例高达百分之七十以上,县衙公吏更是高达百分之九十以上。这种事例所在多有,说明经界法推行不畅之首要原因在于既得利益集团的阻挠与破坏。㊹

其次,经界法之不易行,与田亩丈量技术繁复难晓有关。特别是画图、丈量、计算等土地测量技术,对于措置官吏和当地任事之都保正副来说显然过于繁难。据赵彦卫说:

> 绍兴中李侍郎椿年行经界法,有献其步田之法者。若五尺以为步,六十步以为角,四角以为亩。㊺

赵彦卫还列出了十种不同田形的丈量计算办法,有正方形、长方形、任意四边形、圆形、覆月形、圭田形、勾股形、三广形(即三角形)、腰鼓形和大鼓形等。看来,当时向李椿年献步田法之人,不仅深谙数学、几何之术,而且对当时江南农村的各种田地形状亦相当熟悉。但是丈量、绘测地形图、田产图,并逐一计算各田块之面积,毕竟是一项专门技术,非有一定文化程度者不能胜任。就此而言,当时执事官吏"事属烦难"、"打量不便"之叹乃是实情,难怪当年王铁建议省去"打量、图画"㊻这一关键程序,竟获得朝廷允许。李椿年曾派汪大猷担任浙东衢州龙游县经界核实官,汪大猷"躬行阡陌,唱弓量之目,则已默记其广袤之实。吏运筹久之,无毫厘之差,观者以为神。"㊼像汪大猷这样熟悉丈量和计算技术的官吏究属少数,而"不识弓步,不善度量"者比比皆是。后来到宁宗绍熙元年(1190),朱熹欲在漳州任上推行经界法时就吸取了这个教训，"打量一事最费功力，而纽折算计之法又人所难晓，募本州旧来有曾经奉行、谙晓算法之人任之。"⁴⁸不难想见，当时此类技术人才比较稀缺。这是经界法推行不畅之人才原因，或称技术原因。

第三个原因来自经费筹集。王德毅指出，李椿年"于督导诸县切实推行经界时，簿籍堆积，图表甚巨，其工程之浩大，用费之繁多，实远过王安石推行的方田均税法。"⁴⁹事实正是如此。绍兴二十六年（1156）曾在四川潼川府路主持经界工作的王之望有言："造帐图册为费甚广，追呼须索不胜其扰。"⁵⁰前述汪大猷在龙游县推行经界，也有"一保之图，用纸二百番"⁵¹之语。朱熹论及经界时亦云："又乡户少读书算，所召募书人多是奸吏，必须酬以高价，又簿书图帐费用纸剂，亦复不赀，是以当时正长厚者重困，薄者破产。"所以朱熹主张官差书人，官给纸张⁵²。不管招募书吏、购置纸张的费用是出自乡役人保正长们，还是由州县筹措，总之是项不菲的开支。而在当时州县财力困窘的情况下，经界所需之各项费用如何筹集，确是一个非常现实的难题。

最后一个因素是与官吏队伍的素质有关。涉及千家万户的田产核实、图帐攒造工作，必然要动员广大州县官吏全力投入，并公正处理相关事宜。然而像前述汪大猷、王之望这样秉公办事又精通业务的官员凤毛麟角，而因循守旧、推脱敷衍、惧怕豪右的官员毕竟居多。如果州县亲民官不畏浮议、敢于任事，则以乡村上户、形势豪右为主体的利益集团之阻挠可望以事实击破之（如前述王之望在潼川路用得之于调查的数据来批驳反对者），经费问题亦可如朱熹般请求朝廷"指拨转运使衙合起发赴行在窠名钱数若干，充经界经费"⁵³，让中央政府补助。《中兴两朝编年纲目》卷一《命漳州行经界条》说：

> 此法之行贫民下户虽所深喜，而豪民猾吏皆所不乐。喜之者皆单弱、困苦、无能之人，故虽恩诚而不能以言自达。不乐者皆才力、辩智、有余之人，故其所怀虽实私意，而善为说辞以惑群听，恐胁上下，务以必济其私。而贤士大夫之喜安静、厌纷扰者，又或不能深察其情而望风沮怯，则为不可行之说以助其势，此则诚不能无将不得行之虑也。

　　可见史乘亦有公论,官僚士大夫阶层在利益集团面前"望风沮怯",违背良知,转倡"不可行之说",这才是经界法推行不畅的根本原因。南宋晚期当过吏部尚书的刘黻(1217—1276)就将推行经界之成败直系于官吏臧否。他在《论经界自实书》中说:

> 今州县之不可为,大率生于版籍之不明,赋税走失,而官与民俱病。申经界之政以整齐天下,顾何所不可为?……一郡有一郡之责,一县有一县之责,政使不人人如李椿年之用心,苟得其意而勉行之,亦足以有大功。奈之何猛者务必深切于行,而宽者付之悠悠而不行,均为失朝廷之本意,遂使贫民下户日困于抑输,而豪民猾吏亦得以相蒙为奸,于是州县之赋额十不存六七,惟从事于巧立名色,重催预借,以应解纲,而怨悉归乎公上。吁! 孰能执其咎哉? 向使州县之官能视国如家,视民如子,一革胥吏并缘之害,量事度宜,以要其成,纵不能尽复旧额而诚求之,不中不远,庶几公籍不至大亏,而公私交正,亦兴太平之要略也。[54]

　　这是深明经界利害的经验之谈、公允之论。"深切于行"的猛者,如"峻责州县"的郑克、"便僻侧媚"的钟世明,"凶狡刻薄"的王昺,"所至暴虚"的蔡樗等人,因在经界中偏离法意,虐待百姓被劾罢官[55]。其所作所为多半出于揣测上意、谄媚迎奉,以经界为升官之阶梯。至于更多的"宽者",除少数真是"喜安静、厌纷扰"之人外,多数应是"望风沮怯",害怕得罪形势豪右等利益集团,仍是一己之私虑。像刘黻所说的"能视国如家,视民如子"、"量事度宜,以要其成"的官员实在是少之又少,至少不占主导地位。而能否具有这样一支官吏队伍,恰是关系到经界法成败的关键一环。

　　当然,经界法也不是一经认真推行便可万世无虞的。宋代处在"有钱则买、无钱则卖"、[56]"贸易之际,不可复知"[57]的历史环境中,民间地权转移率较之前代大为提高。尽管经界法规定民间田产买卖双方均要携带地契和砧基簿到县衙去"批凿"、印押,但一则买田之人为避税收不去"批凿"、印押的"白契"交易行为时有所见,再则乡村田产交易导致的"版图更易、田税转移"[58]的情形具有累积效应,二三十年后人户和田产均有很大变动。正如度宗咸淳元年(1265)监察御史赵顺孙所言:

嘉定以来之经界,时至近也,官有正籍,乡都有副籍,彪列旷分,莫
不具在,为乡都者,亦不过按成牒而更业主之姓名。若夫绍兴之经界,
其时则远矣,其籍之存者寡矣,因其鳞差栉比而求焉,由一而至百,由百
而至千,由千而至万,稽其亩步,订其主佃,亦莫如乡都之便也。⑨

由此看来,经界一次至多管个六七十年。超过这个时间限度,与其"鳞
差栉比而求焉",莫若再行一次经界来得更方便。

二、推排法:折中之策却招致怨怼

所谓推排,原意是指州县政府每隔三年根据民户的资财田产变更情况
来升降其户等,以便重新排定其税役负担。绍兴年间曾一再重申推排之令:
"切见令甲所载,三年一造簿书,于农隙之际,令人户自行推排,盖欲别贫富,
升降户等,务从均平,此万世之良法也。"⑩"在法,人户家产物业,每三岁一推
排,升降等第。"⑪但实际情况却是多数州县奉行不虔。南宋中叶,袁说友说:

在法,每三年一推排,此正祖宗欲以革产去税存之弊……今县例皆前后
避免,或以灾伤为辞,有经十年、二十年而不一推排者。⑫

由此可见,推排之法至少在部分州县还是实行过一阵子的。若真能在
全面经界的基础上,每三年一次重新排定各类民户的税役负担,不失为公平
税负的可行办法。

南宋末年,在国土日蹙、版籍淆乱、税赋走失而又急需筹集军费抗击蒙
元军队进攻的危急情形下,朝廷企图通过推行"推排法"来保住最后一点财
政收入。咸淳元年(1265)监察使赵顺孙说:

经界将以便民,虽穷闾下户之所深愿,而未必豪宗大姓之所尽乐。
自非有以深服其心,则亦何以使其情意之悉孚哉?且今之所谓推排,非
昔之所谓自实也。推排者,委之乡都,则径捷而易行;自实者,责之于人
户,则散漫而难集。……朱熹所以主经界而辟自实者,正谓是也。州县
能守朝廷乡都任责之令,又随诸州之便易而为之区处,当必人情之悉

孚,不令而行矣。^⑬

由此可见,"推排"是介于"经界"和"自实"之间的一种折中办法。若求彻底,当然首推经界法,但因工程浩大且有豪右大姓之反对,南宋末年已无推行条件。然若退到民户自报田产的"自实法",不仅"散漫而难集",更重要的是形势豪右多半不会如实申报。就在赵顺孙建议实行推排法的十年前,确实短暂推行过一阵"自实法",结果却不了了之,并无丝毫成效,就是明证。^⑭而推排法则是由处在县衙和民户之间的乡都保伍这个中间层级负责推行的,希望既避免经界之"烦",又能减少民户之"欺",而收落实政府财政收入之效。咸淳三年(1267)户部侍郎季镛说:

> 盖经界之法,必多差官吏,必悉集都保,必遍走阡陌,必尽量亩步,必审定等色,必纽折计等,奸弊转生,久不讫事。乃若推排之法,不过以县统都,以都统保,选任才富公平者,订田亩税色,载之图册,使民有定产,产有定税,税有定籍而已。臣守吴门,已尝见之施行。今闻绍兴亦渐就绪,湖南漕臣亦以一路告成。窃谓东南诸郡皆奉行惟谨,其或田亩未实,则令乡局厘正之;图册未备,则令县局程督之。又必郡守察县之稽违,监司察郡之怠弛,严其号令,信其赏罚,期之秋冬以竟其事,责之年岁以课其成。如《周官》日成、月要、岁会以综核之。^⑮

季镛在比较经界法和推排法的利弊得失后,建议施行推排法。据此可见两种办法的最大不同在于推排法是由乡村都保乡役负责实施,由他们来做"订田亩税色"和补充图籍账册的工作,州、县政府只负责领导、督促之责,以期达到简而易成、时短而效显之目的。由上可见,推排法先行于平江府,接着绍兴府和湖南一路也告完成。但此时已处亡国前夕,史籍未载其他各路推行情况,估计范围不广,效果亦较有限。

若就联系而言,推排法和经界法都要建立在各类户籍(如五等丁产簿、丁帐等)和税役账册(如税租簿、鼠尾帐)的基础上,这些籍帐是推排法得以迅速办集的基础性前提,所以推排法又称"经界推排法"。如"宝祐五年(1257),行经界推排法。时贾似道请行推排法于诸路,由是江南之地尺寸皆有税而民力竭矣。"⑥梁庚尧指出:"宋末的推排法,则为简易的经界法,依据原有的图籍,核对土地的面积、所有者和赋税,加以厘正,原图籍散失者,才重新丈量,所以推排法又称经界推排法。"⑥此言甚是。

综上所述,在南宋王朝最后的二十余年中(1254—1227),推排法曾断断续续地两浙、江东、湖南等路的一些州县推行过。虽说效果有限,但对风雨飘摇中的南宋政权的各级财政收入,恐亦不无小补。刘一清《钱塘遗事》反映了南宋末年的一些真实历史,其中载有两首诗词抨击了推排法。诗云:

> 三分天下二分亡,犹把山川寸寸量。
>
> 纵使一丘添一亩,也应不似旧封疆。

词则调寄《沁园春》:

> 道过江南,泥墙粉壁,右具在前。述某州某县、某乡某里,住何人地,佃何人田。气象萧条,生灵憔悴,经界从来未必然。惟何甚!为官为已,不把人怜,思量几许山川。况土地分张又百年。
>
> 正西蜀巉岩,云迷鸟道。两淮清野,日警狼烟。宰相弄权,奸人罔上,谁念干戈未息肩。掌大地,何须经界,万取千焉。⑧

这两首诗词中百般排斥的经界法,就是南宋末年推行的经界推排法。其实早在南宋中叶,朱熹就已见过不少地方有给李椿年立"生墓"者:"熹少时见所在立土封,皆为人题作李椿年墓。"⑨可见怨怼之深。正因为推排法让形势豪右程度不等地多交了些许赋税,所以他们才有"不把人怜"、"何须经界"之类怨语。但也不能说这些埋怨全无道理,如"土地分张又百年",是指绍兴经界后的百余年间,因乡间田产分布状况已经发生了许多变化,再按原来的簿籍征纳税赋显然有失公允;"万取千焉"反映了两宋赋税"十取其一"的平均税率,亦属事实。再从诗词作者不满朝政、指斥吏治来看,似是中下层官僚士人创作的时政诗词,让今天的我们真实地感受到南宋末年政府捉襟见肘、田主怨气冲天之危局景象,可不悚然惕然乎?!

三、贾似道公田法:侵犯田主产权而丧尽人心

如果说政府不断滥发纸币是持续剥夺广大民众的血汗财产,那么贾似道公田法剥夺的不仅是田主阶层赖以为生的生产资料,而且剥夺了广大民众对于南宋王朝的最后一点信心。

我们知道,南宋每年仅军粮一项即需 300 万石,加上皇室清费和官员俸禄每年至少需要粮食 450 万石,但税粮实收止 330 余万石,其余部分全凭"和籴米"补足。这是绍兴末年的数据[⑦]。孝宗以降亦是如此(具体数据小有变化),半靠"上供",半靠"和籴"。所以直至南宋晚期,仍有"盖秋苗者,内外之大庄课也;和籴者,边郡之大庄课也"[⑪]的说法。事实上进入 13 世纪以后,政府更加依赖"和籴",一是因为粮食开支逐岁增加,到宁宗嘉泰年间(1201—1204)政府一年用粮已达 740 万至 750 万石之多[⑫];二是由于战祸频仍、疆土缩水,正赋所入日见不足,所以更加依赖籴粮,如理宗开庆元年(1259)"和籴"所入竟达 560 万石[⑬]。虽说"和籴"多半类同于"科籴",政府所付价钱往往不足额,但终究还是要付一部分价钱的,特别是在正赋日减、籴米日增的南宋晚期更是如此。但此时政府财政迹近破产,无奈之下只好增造纸币,作为支付的主要手段。而在嘉定纸币风潮之后,特别是端平以降宋蒙战争爆发之后,纸币已经丧失信用,类同废纸,所以"和籴"之策实已走到尽头,然而战争状态下军粮筹措又一天不可或缺。景定年间(1260—1264)由政府出钱回买民间"逾限"[⑭]私田,以充"公田",再用公田所收之租充作军粮的办法,就是在这种背景下出台的。

这个办法的始作俑者是时任知临安府的刘良贵和浙西转运使吴势卿。景定三年(1262)二月,他俩向贾似道献"买公田"之策,贾似道深以为然,指使殿中侍御史陈尧道等人联名上疏,向理宗进呈"买公田"的好处,建议在两浙和江东西这四路,将官民逾限田产由政府抽买三分之一作为"公田",预计可得良田 1000 万亩,每年可收租米六七百万石,用此充作军粮,可免和籴,可

停造楮,利莫大焉⑤。理宗依奏采纳此策,次年(1263)二月设"官田所"作为回买民间公田的专门机构,指示"要当始于浙西,庶他路视为则也"⑥,即先在浙西实施,取得经验后再行推广,以示谨慎。

此策以政府出钱收买品官形势限额之外的田产为理由,似与百姓田产无涉,颇有"摧制兼并"、"削富济贫"的意味在内。而且贾似道率先把自己在浙西的万亩良田献给刘良贵负责的浙西官田所,以示表率,理宗之弟嗣荣王赵与芮继之献田,浙西官员赵孟奎"亦申省自陈投卖"。宰相和皇室成员以身作则,率先示范,捐输家产以赴国难。实则不然,实际执行中往往变成白夺民田,大规模侵犯中小田主的土地产权。亲历亲睹此事的周密说:

> 先是,议以"官田逾限田外回买"立说,此犹有抑强嫉富之意。既而转为"派买"之说,除二百亩以下免行派买外,余悉各买三分之一。及其后也,虽百亩之家亦不免焉。

> 立价,以租一石者,偿十八界四十楮;不及石者,价随以减。买数少者,则全支楮券;稍多则银券多半;又多则副以度牒;至多则加以登仕、将仕、校尉、承信、承节、安人、孺人告身;……此则几于白没矣。……州县乡都则分差庄官,以富饶者充应,两年一替。每乡创官庄一所,每租一石,明减二斗,不许多收斛面。约束虽严详,而民之受害亦不少。其间毗陵、澄江一时迎合,止欲买数之多。凡六斗、七斗者皆作一石。及收租之际,元额有亏,则取足于田主,以为无穷之害。或内有硗瘠、及租佃顽恶之处,又从而责换于田主,其害尤惨。⑦

应该说这是南宋王朝国难当头、生死存亡之际,情非得已出此下策。若是能按最初政策设计之主旨,将权贵形势之家动辄数万亩、数十万亩甚至多达百万亩的巨额田产之一部分(政策规定是三分之一)收归国有,再将其租额降低百分之二十,租给无地农民耕种,政府收租赡军,亦不失为非常时期的非常举措,或能稍纾大敌当前、军需第一、纸币贬值、物价飞涨之国难。因为晚唐以降已是"田制不立"的时代,宋廷推行的是"不抑兼并"的政策,南宋时期土地兼并已经极其严重。光宗以降更是吏治败坏,不少权臣武将和贪官污吏乘局势动荡之际大发国难财,肆无忌惮地吞噬巨额田产。据刘克庄所说："昔之所谓富贵者,不过聚象犀珠玉之好,穷声色耳目之奉,其尤鄙者则多积坞中之金而已。至于吞噬千家之膏腴,连亘数路之阡陌,岁入号百万斛,则自开辟以来之有也"。^⑦以一亩收租一石计,则岁入百万石租至少拥田百万亩以上,如按当时乡村中下户平均水平每户二三十亩斗,相当于四万户农家的田产,到了令人不能相信的地步。若据大臣王迈所言,则"权贵之夺民田,有至数千万亩,或绵亘数百里者"^⑦,又较百万亩之家多出数十倍,而且是凭借权势,强夺民田。重赋繁役重压之下的乡村中下户(以自耕农为主),为躲差役又有不少人被迫将自家田产投献权贵。淳祐六年(1246)大臣谢方叔说:"小民百亩之田,频年差充保役,官吏诛求百端,不得已则献其产于巨室,以规免役。"^⑧不必再加征引,观诸上述材料,即知南宋晚期的土地兼并和贫富分化已到登峰造极的地步,确是"自开辟以来未之有也"。若能通过"回买公田",将权贵形势之家之部分田产收归国有,哪怕只支付象征性的低价,亦不失为"摧制兼并"的被迫举措。

看似有理的政策设计,在实行过程中却完全不同,并引发极其严重的社会后果。首先是"买逾限田"一开始即变为"派买",凡有田 200 亩以上的农户,而且不分官民,一律抽买其田产的三分之一,所谓"无官之家亦以九品之限与之"^⑧。稍后则百亩之家亦被囊括进去,这就侵犯了广大中小田主的土地产权,并直接威胁到家庭生计,等于断其生路。甚至还有一些民户,其田产因被执行官员夸大计算,倾其所有也达不到摊在自家头上的派买数量而自杀^⑧。于是"怨讟四起"、"民不聊生"就是必然的了。而那些有田成千上万亩的权贵形势户,真被抽买三分之一田产,也不会影响其"直把杭州作汴州"的奢靡生活,何况他们凭借权势,交通胥吏往往设计脱免。其时状况正如周密所言:"先是议以官品逾限田外回买立说,此犹有抑强嫉富之意。既而转为'派买'之说,除二百亩以下免行派买外,余悉各买三分之一。及其后也,虽百亩之家亦不免焉。"^⑧"百亩之家"按照政策规定原不在"派买"之列,在权相贾似道的故乡镇江金坛县采取"合族而强买"的办法,将数家田产叠加合计,轻而易举地将其变成有田两百亩以上之家,一律"派买公田"。而且专挑其中的肥腴上田"买"为官田,结果是"官取其腴,民受其瘠,上收其利,下被其殃。"⑧"百亩之家"可算中户,正是乡村中生产主力军的自耕农阶层。可见实行的结果与"抑强嫉富"完全背道而驰。这就反而加剧了贫富分化的程度,并引发新的社会不公。

其次是"派买"变为"白没"。政策规定以租额定地价,收租一石之田偿付楮币40缗。关键是中下之家被"派买"的田亩数额不大,按照规定"买数少者,则全支楮币";相反那些赀丰田广之家因抽买量大则可获得部分银两,此即"稍多则银券各半",再多者付以"官告"即官品证明文书。问题是此时之纸币几乎等同于废纸,"民持之而不得售,六郡骚然。"⑧被派买田产的中下之家等于被政府没收部分田产,欲告无门,欲哭无泪。就是那些被"派买"数百上千亩田产的权势豪右之家,所得田价亦无几,如镇江金坛县是"起租一石,该价二百贯",而作为常赋手段的一张迪功郎官诰,"准十五万贯",这是以"半幅之绫换百姓田七百五十亩,永令抱租七百五十石。以若所为,何异欺取?"⑧

更有甚者,负责回买公田的执行官员们为迎合权相贾似道,"止欲买数之多",将每亩收租六七斗者全都作为一石之田,收租之际再向原田主收取所定租额,中小田主哪能吃得消如此蛮横的二次盘剥?据黄震所言,有些地方不问土地肥瘠和原租多少,一律亩收八斗,甚至原租一亩只有五六斗、三四斗者,"乃例拘八斗",主持公田法的官吏是省事了,田主反要倒贴租米。⑧又用大斗收租,如丹阳知县赵某不顾当地130合例一斗的惯例,规定160合作一斗收取公田田租,租额增加了20%以上。黄震感叹道:"(公田)收买既不靠实,旱歉又不受诉,而反增抬虚数以取之。催而至扰,夫亦何怪!"⑧田已"白没",每年收成之际还要倒贴租额,这是"虎口夺食","卖户罄一岁之入,亦不足以赔其所抑","百姓苦于倍偿,十家九破。"⑧浙西百姓最后的一点生产积极性也就消失殆尽了!

执行结果,在不到一年的时间内,浙西平江、嘉兴、常州、镇江、江阴、安吉六郡,共"回买公田"达350余万亩,知平江府包恢在执行过程中用肉刑相逼,进展神速,而被擢升为签书枢密院事。不难想见,在包恢升官的背后,肯定是浙西民众呻吟无告、倾家荡产的一片哀嚎。特别是负责收租的无数庄官收租之际"责之卖户,叫嚣东西,隳突南北",加上执事官吏"巧计搜求,百般苛取",不仅"豪家富户皆为罄室之垂",就连佃种公田的租户也是"输纳不敷,赔阎靠损,破家荡产,卖子鬻妻,逃移外郡,贻累他人。"⑩公田法推行中,作为公权力化身的各级行政机构如此蛮横行事,其恶劣影响当然会波及社会生活的各个方面。武学生杜仕贤上书论劾宰相贾似道说:"不惟鬻田者被其害,佃田者被其扰,虽与公田了无相关者亦不得安居,民怨至此而极!"⑪

浙西在南宋各路中最为富庶,素以"产米州郡"著称,"苏湖熟,天下足"、"苏常熟,天下足"之类谚语即产生于该地区⑫。公田法强夺民田,强掠民食,这种倒行逆施的蛮横行政,必然导致"天怒人怨"。果不其然,景定四年"回买公田",第二年天现彗星,大臣们遂借"星变"进言,要求退田以收人心。高斯得在《彗星应诏奏事》中对理宗说:

> "(贾似道)骋其私智,市田以饷,自谓策略高妙,前无古人。陛下知其非计,尝欲罢之,有秋成举行之命。彼悍然不顾也,白夺民田,流毒数郡,告牒弃物,不售一城,遂使大家破碎,小民无依,米价大翔,饥死相望。有司尚谓田恶,日更月易,无有已时。奸佃乘之,咸叛其主。说者谓异日浙西有乱,必自公田始。"⑬

公田法"白夺民田"的结果是"大家破碎,小民无依",浙西产米之地却"米价大翔,饥死相望",所以高斯得警告说:"说者谓异日浙西有乱,必自公田始。"其时秘书郎文及翁说:"玷君德者,莫大于公田,东南民力竭矣。公田创行,将以足军储,救楮弊,蠲和籴也。奉行太过,限田之名,一变而为并户,又变而为换田。耕者失业以流离,田主无辜而拘系,此彗妖之所以示变也。"⑭曾参知政事、时已致仕家居的王爚上疏理宗,称公田法行,"千弊万蠹,田里骚然。"⑮又有太学生唐隶(一作"棣")、杨坦上书说:"强买民田,贻祸浙右,自今天下无稔岁,浙路无富家矣。"⑯可见公田法对浙西田主阶层的伤害之巨及浙西田主阶层的悲痛之深。就连后来由谢太后签发的《罢公田诏》中也不得不承认,公田法导致"田里嗟怨","人人离心","民甚苦之",实属"毒民误国"之计⑰。

高斯得进而指出,此时南宋王朝的种种作为,不仅丧尽"畿甸之心",而

且已"失远民之心"了。他说:

> 不特若此。又四出虎狼之吏,使之磨牙张吻,啖咋良民。柯山一
> 哄,远近为之震惊;莒水三贪,朝廷谓之妙选;史越翁到郡数旬而聚敛至
> 三百万,推剥之惨,不言可知。朝廷锄去黠吏,本以爱民也,不知反以为
> 害,一吏就擒,视为奇货,株连枝蔓,殃数十家,得钱数百千万,而犹未
> 已,质事卖子,破产亡躯,哭泣载途,臣所亲见。堂堂天朝而甘为破落州
> 县摊赖之举。凡此数者,皆为陛下失畿甸之心者也。

> 江汉上流,国家重地。中兴之后,简畀名臣,弹压抚摩,未始偏废。
> 今也举而付之一夫,容养故息,如奉骄子,颐指气使,求得欲从,斩劓杀
> 伐,偏于湖广,监司守令,畏慑而不敢争。使陛下创残遗民,沦坠汤火而
> 莫之救。

> 江西、湖北,岁籴给钱,其来已久。今亦半给告牒,人情宁不汹汹。
> 以至市舶尽利而蕃夷怨,盐法苛急而商贾怨。比日以来,复闻广寇赣盗
> 相挺而起。凡此数者,皆为陛下失远民之人心者也。此特臣田间所知
> 万分之一二耳,淮海以西、岭蜀以东,千万人之怨,又奚止是哉![⑧]

观此可见,负责推行公田法的各级官吏如狼似虎,"磨牙张吻",残害良
民,无所不为,真是"苛政猛于虎",百姓已被逼入绝境。而公田法以外的江
淮、荆湖、川蜀、岭南等地所行的和籴、舶利、盐策、商税等政,无一不是敲骨
吸髓的强夺行为。加之吏治败坏到极点,多地军将郡守假公济私,敛财自
肥,无所不用其极,甚至不惜"斩劓杀伐",越货而又杀人。所以当时就有"内
敌甚于外敌"之谣在民间流传[⑨]。所谓内敌,即指这批虎狼之臣推行的多项
苛政,其对社会生产和百姓生活的破坏力,远远超过蒙元铁骑的烧杀掳掠。
实际情况是从畿甸到各路,民怨沸腾,民变蜂起。南宋王朝此时确已人心丧
尽,不亡岂有天理? 应该说,人心丧尽才是公田法最大的危害!

如前引周密所说,回买公田之后,政府设官庄管理,而庄主则由当地富
豪充任,两年一替。这同样是倒行逆施之举。早自北宋中叶以降,因官田普
遍经营不善,所以大部卖给"系官佃户",成为名副其实的民田(即"私田");
剩余的少量官田多半也是"招租承佃",佃户"累世相承","视同己业",也已

等同于私田。此时把民间私田复变为官田，已是冒天下之大不韪；在"回买公田"之上再设官庄，更是逆潮流而动，经营效果肯定不尽如人意。于是十余年后，到咸淳四年(1268)，政府被迫"遂罢庄官，改为招佃"。⑩直至德祐元年(1275)即行都临安陷落前夕，才由垂帘听政的谢太后应群臣之请，下诏将浙西公田归还原主，"以收农心"⑩。不久临安陷落，"还田之事，竟不及行"⑩。浙西"公田"遂为元朝接管。周密感叹道："今宋夺民田以失人心，乃为大元饷军之利。"⑩确系史实。但他没能看到，直至明朝中叶，江南百姓还在因为这种名不符实的所谓公田承受"重租"之苦，流毒可谓深远矣。

注释：

①《唐会要》卷八四《赋税》载唐宣宗时中书门下之语。又见《文献通考》卷三《田赋三》。

②夏竦：《文庄集》卷一三《均赋敛》。四库珍本初集本。

③《宋史》卷一七三《食货志》（上一）。

④葛金芳：《从南宋义役看江南乡村治理秩序之重建》，《中华文史论丛》2007年第1期。

⑤《朝野杂记》甲集卷五《经界法》。

⑥《宋会要辑稿·食货》六之三六，七〇之一二四。

⑦《朝野杂记》甲集卷五《经界法》。

⑧梁克家：《淳熙三山志》卷一〇《版籍类·一》。

⑨《朝野杂记》甲集卷五《经界法》。

⑩此点王曾瑜先生早在20世纪80年代即已论证，参见王撰《宋代的鱼鳞簿和鱼鳞图》，《中国历史大词典通讯》1983年第1期，又载氏著《锱铢集》，河北大学出版社2006年版，第578—581页。

⑪《宋会要辑稿·食货》六之四七。

⑫《文献通考》卷五《田赋考》。

⑬《系年要录》卷一六一，绍兴二十年二月壬子条，第3册，第244页（上）。

⑭《系年要录》卷一七四，绍兴二十六年九月戊辰条，第3册，第457页（下）。

⑮《新安志》卷二《税则》，第65页。

⑯《朱文公文集》卷一〇〇《晓示经界差甲头榜》。

⑰《朱文公文集》卷四九《答王子合书》。

⑱梁庚尧:《南宋的农村经济》,第267—268页。

⑲魏豹文在其知婺州任上还和其继任者王梦龙推行过义役,此点请参本章第二节。

⑳《宋史》卷一七三《食货志上一》。

㉑(清)罗复晋:《雍正抚州府志》卷三九《文艺志补》。清乾隆七年刊本。

㉒(明)郭忠:《成化处州府志》卷三《名宦篇·丽水县》。明成化刊本。

㉓《成化处州府志》卷一〇《纪载篇》。

㉔《万历金华府志》卷六《田土志》。

㉕杜范:《杜清献公集》卷一六《常熟县版籍簿记》。

㉖(明)顾清:《正德松江府志》卷六《田赋志》。

㉗此据周藤吉之《南宋乡都的税制与土地所有制》,氏著《宋代经济史研究》,日本东京大学出版会1962年版。

㉘袁甫:《蒙斋集》卷一四《华亭县修复经界记》。

㉙《宋史》卷一七三《食货志上一》,第4192页。

㉚王圻:《续文献通考》卷一《田赋考·历代田赋篇》。

㉛徐元杰:《楳埜集》卷一〇《仁政楼记》,《四库全书》本。

㉜(宋)郑瑶等:《景定严州续志》卷二《赋税》。

㉝朱熹:《朱文公文集》卷一九《条奏经界状》。

㉞《朝野杂记》甲集卷五《经界法》,第124页。

㉟《宋会要辑稿》食货六之四九。

㊱即王承可,《宋会要辑稿》之《食货》六之四〇作"王鈇",《食货》七〇之一二六又作"王铁";而《宋史》卷一七三《食货志》作"王鈇"。"承可"是王铁的字,"王鈇"、"王铁"应为同一个人。笔者颇疑"鈇"是"铁"的宋代简化字。

㊲《宋会要辑稿》食货六之四〇。

㊳《朝野杂记》甲集卷五《经界法》,第124页。

㊴《宋会要辑稿》食货六之四七。

㊵《朝野杂记》甲集卷五《经界法》,第124页。

㊶《朝野杂记》甲集卷五《经界法》,第124页。

㊷《宋会要辑稿》食货七〇之一三三。

㊸《系年要录》卷一七四,绍兴二十六年九月戊辰条,第3册,第457页—459页。

㊹此点何忠礼曾有论及,认为官僚、地主和地方豪强出于既得利益而疯狂反对经界

法是此法失败的重要原因,并特别指出"这是一个非常值得后人重视的历史教训"。见氏著《宋代政治史》浙江人民出版社 2007 年版,第 402 页。

㊺赵彦卫:《云麓漫钞》卷一,辽宁教育出版社 1998 年标点本,第 7—8 页。

㊻《宋会要辑稿》食货六之四〇,七〇之一二六。

㊼楼钥:《攻媿集》卷八《汪大猷行状》。

㊽朱熹:《朱文公文集》卷二一《申诸司状》。

㊾王德毅:《李椿年与南宋土地经界》,原载台湾《食货月刊》第 2 卷第 5 期,1972 年版;又见《宋史研究集》第七辑,中华丛书编审委员会,1974 年版。

㊿《系年要录》卷一七四,绍兴二十六年九月戊辰条,第 3 册,第 458 页。

51楼钥:《攻媿集》卷八《汪大猷行状》。

52《永乐大典》卷七八九五引《临汀志丛录》。

53《永乐大典》卷七八九五引《临汀志丛录》。

54刘黻:《蒙川遗稿·补遗》,载《论经界自实书》,《永嘉丛书》本。

55参见李心传:《朝野杂记》甲集卷五《经界法》,《系年要录》卷一七二、一七三等处,不俱引。

56袁采:《袁氏世范》卷三《治家·富家量产当存仁心》,第 162 页。

57《宋朝事实》卷一五《财用》。

58《宋会要辑稿》食货七〇之五。

59《宋史》卷一七三《食货志上一》。

60《宋会要辑稿》食货六九之二四,载绍兴二十二年二月七日大理评事王彦洪言。

61《宋会要辑稿》食货六九之二五,载绍兴二十六年二月权发遣全州杨揆言。

62袁说友:《东塘集》卷一〇《推排扎子》,《四库珍本初集》本。

63《宋史》卷一七三《食货志上一》。

64《宋史》卷四〇九《高斯得传》。

65《宋史》卷一七三《食货志上一》,第 4198 页。

66《续文献通考》卷一《田赋考·历代田赋》。

67梁庚尧:《南宋的农村经济》,第 269 页。

68刘一清:《钱塘遗事》卷五《推排田亩》,《武林掌故丛编》本。此条材料首见张荫麟《南宋亡国史补》一文所引,文载台湾《宋史研究集》(第二辑),(台)中华丛书编审委员会 1964 年版,第 120—121 页。

69《朱文公文集》卷四九《答王子合书》。

⑩《系年要录》卷一八四绍兴三十年正月癸卯条,同书同卷八月甲戌条。

⑪吴潜:《许国公奏议》卷一《应诏上封事条陈国家大体治道要务凡九事》,《丛书集成》本。

⑫《朝野杂记》甲集卷一七《丰储仓》,第389页。

⑬《宋史》卷一七五《食货志》(上三),第4292页。

⑭宋代实行"不抑兼并"政策,不再限制势家豪右的拥有田产的规模。所谓"限田",即"公卿以下毋过三十顷,牙前将吏应复役者毋过十五顷",是此宋仁宗即位之初诏令中语,事见《宋史》卷一七三《食货志》(上一)。不少论著据此称之为"限田诏令",认为至少仁宗时曾经短暂实行过限田政策。笔者撰有拙文《试论不抑兼并》,认为诏中"应复役者"四字,点明了此诏要限的是各类形势户的免役特权,而非占田规模。其实仁宗时奉行的,仍然是"田畴邸第,莫为限量"(秦观《淮海集》卷一五《财用上》,四部丛刊本)的土地政策。拙文原载《武汉师范学院学报》1984年第2期,又见拙著《唐宋变革期研究》,湖北人民出版社2004年版,第30—54页。

⑮《宋史》卷一七三《食货志》(上一)。

⑯周密:《齐东野语》卷一七《景定行公田》,中华书局1983年版,第313—315页。

⑰周密:《齐东野语》卷一七《景定行公田》,第314—315页。

⑱刘克庄:《后村先生大全集》卷五一《备对札子》。

⑲王迈:《臞轩集》卷一《乙未馆职策》,《四库珍本初集》本。"乙未"为端平二年,即1235年。

⑳《宋史》卷一七三《食货志》(上一)。

㉑徐经孙:《徐文惠公存稿》卷三《上丞相贾似道言限田》。

㉒《宋史》卷一七三《食货志》(上一)。

㉓周密:《齐东野语》卷一七《景定行公田》,第314页。

㉔《至顺镇江志》卷六《赋税·秋租》,《宋元方志丛刊》本。

㉕《宋史》卷一七三《食货志》(上一)。

㉖《至顺镇江志》卷六《赋税·秋租》。

㉗黄震:《黄氏日抄》卷八四《与叶相公西涧书》。

㉘黄震:《黄氏日抄》卷七三《辞省札发下官田所铸铜印及人吏状》。

㉙《至顺镇江志》卷六《赋税·秋租》。

㉚《至顺镇江志》卷六《赋税·秋租》。

㉛杜仕贤:《星变论劾贾似道疏》,载庄仲方编《南宋文苑》外篇卷二。葛按:杜仕贤

又作"杜士贤",见周密《齐东野语》卷一七《景定彗星》,第319页。二者应是同一个人。

㊌"苏湖熟,天下足"之农谚,首见于薛季宣(1134—1173)《浪语集》卷二八《策问二十道·问水利》。"苏常熟,天下足"之农谚,首见于陆游《渭南文集》卷二〇《常州奔牛闸记》。

㊓高斯得:《耻堂存稿》卷一《彗星应诏奏事》。

㊔周密:《齐东野语》卷一七《景定彗星》,第317—318页。

㊕周密:《齐东野语》卷一七《景定彗星》,第319页。

㊖周密:《齐东野语》卷一七《景定彗星》,第320页。

㊗《至顺镇江志》卷六《赋税·秋租》。

㊘高斯得:《耻堂存稿》卷一《彗星应诏奏事》。

㊙阳枋:《字溪集》卷一《上余宣谕书》,《四库全书》本。

⑩《齐东野语》卷一七《景定行公田》,第316页。

⑩①《齐东野语》卷一七《景定行公田》,第316页。

⑩②《齐东野语》卷一七《景定行公田》,第316页。

⑩③《齐东野语》卷一七《景定行公田》,第316页。

南宋朝贡体系的构成与运行

黄纯艳(上海师范大学)

南宋时期,金朝和宋朝各自建立了自己的朝贡体系,使当时以金朝和宋朝为中心的政治格局形成了二元体系并存的特点。宋金关系直接影响了宋朝朝贡体系的构成形态。限于篇幅本文仅论述南宋王朝朝贡体系的构成,而不讨论宋金关系的演变。[①]有学者探讨过南宋与交趾、占城的贡赐贸易问题,[②]与本文所讨论的问题相关的更多是关系史的研究[③]。关系史的研究常常以对抗和交流为视角,而对秩序规定、交往方式和双向认识等疏于关注,本文拟从这一角度探讨南宋朝贡体系的构成形态。

一、南宋与西夏、高丽朝贡关系的断绝

(一)西夏与南宋朝贡关系的断绝

在十二世纪初,随着金朝崛起而出现的风起云涌的东亚格局中,西夏不断调整自己的政策,依违于辽、金、宋三大势力之间。开始是助辽抗金,在金人势如破竹的灭辽大势下,于1124年转而向金称臣,与金朝而联盟,夹击宋朝。由于金人不能兑现给西夏的承诺,反而侵夺西夏占有的辽地,导致西夏

与金朝联盟的破裂,为宋朝与西夏联手共同对付金朝创造了机会。④

南宋与西夏开始交往即放弃了宗藩关系,两国逐步形成"敌国"关系。建炎二年(1128),谢亮入西夏约和,"夏国主干顺已称制,倨见之",不对宋朝行藩臣之礼。谢亮"留夏国几月,乃与约和罢兵,更用钧敌礼"⑤。建炎三年(1129),张浚"谋北伐,欲通夏国为援",遣谢亮再使西夏,知道敌国之礼的形势已定,奏请"降夏国书二封,一如例程,一用敌国礼"⑥。但可见敌国关系已经为双方所接受,绍兴元年(1131),宋高宗"诏夏国历日自今更不颁赐,为系敌国故也"⑦。算是正式承认了双方的对等地位。

南宋初,面对共同的敌人金朝,两国关系总体上还是和平友好的。绍兴元年(1131),宋朝同州观察副使刘惟辅"弃德顺军,输款于夏,夏人拒不受",对宋朝表示出友好。同年"川、陕宣抚副使吴玠始遣人通夏国书"。次年"金、夏交恶,夏国屡遣人来吴玠、关师古军中"。绍兴四年(1134),"吴玠奏夏国数通书,有不忘本朝意"⑧。但宋夏始终未能形成抗金联盟。

绍兴八年(1138)宋金议和,宋朝无求于西夏,另一方面绍兴九年(1139)西夏国主干顺去世,新主仁孝继位,南宋想乘机恢复与西夏的朝贡关系。"朝廷命枢密行府与之通书","诏胡世将与夏人议入贡,夏人不报"。宋朝又向西夏示好,将陷于宋朝的西夏宰相王枢及其他一百九十四人"犒劳放还夏国"⑨。王枢遣还前,宋朝"令临安府燕犒",秦桧亲自"召枢至都堂,谕以讲和意"⑩。宋朝利用伴送王枢等回西夏之机,派"杨顺与夏人议入贡事"。西夏却表示:"吴玠七请和于我,我不之许。今诚结好,汝家国势非前日,约我兄弟可也。"西夏的态度是"与朝廷为兄弟之国"。吴璘为宣抚使,"遣间诘之,凡六七往,终不报",并"与金人合夺我会州"⑪。宋朝没有实现与西夏重建朝贡关系的目的。此后,宋朝不再做重建朝贡关系的努力,但仍寻机与西夏联合抗金。

隆兴元年(1163)宋朝宰相陈康伯给西夏国主的书信虽然仍称西夏皇帝为"夏国主殿下",但书中已经没有了君臣用语,而是强调"昔我祖宗与夏世修盟好","夏二百年与国也",希望两国"缓急同休戚,恤灾患,相与为无穷之托","义均一家,永为善邻"⑫。淳熙十二年(1185)宋孝宗御笔亲书,"专人付吴挺,使人结约夏国:若肯放达实契丹过彼界至陕西,许他时策为夏帝。彼此用敌国礼"⑬。许诺承认西夏皇帝称号,彼此用对等礼节。

十三世纪初,蒙古兴起使东亚世界再次孕育着巨大变化。金朝在北方的主导地位受到蒙古的挑战,西夏也面临蒙古的威胁。宋朝与西夏和金朝的关系出现新的动向。面对金、夏、蒙三方,一方是"金势日蹙,殆不过游魂假息耳",而另两方是"积强之夏、新造之鞑",都如狼似虎,"夏人久有吞噬关陕之志"。"(鞑靼)摧金如拉朽,乘胜如破竹"。在"三虏之角逐而未分"⑭的情况下,宋朝采取了谨慎的态度,吸取了当年"航海夹攻之盟不能止乱,而反有以养乱"的教训⑮。西夏受到蒙古攻击时向金朝求援未得,"以书来四川,议夹攻金人","欲与本朝合从犄角,恢复故疆"。宋朝没有理会,"由是议中绝"⑯。

嘉定十二年(1219)双方最后一次商谈联合抗金,"夏人复以书来四川,议夹攻金人",宋朝同意。但是次年宋夏两国军队"会于巩州城下",但是"攻城不克"。宋军又想转攻秦州,"邀夏人共攻秦州,夏人不从"。于是各自罢兵,联合以失败告终⑰。六年后西夏亡于蒙古。入南宋以后到西夏灭亡,两国始终没有重建朝贡关系。

(二)高丽与南宋朝贡关系的断绝

宋徽宗朝再次实行联丽制辽、图谋燕云的战略,曾试图恢复与高丽间的奉正朔关系。大观年间,宋朝向高丽示意册封,遣"信使刘侍郎、吴给事奉圣旨咨闻册礼事"。高丽表示:"当国地接大辽,久已禀行爵命正朔,所以未敢遵承上命。""所谓册立之命,正朔之颁,已曾禀受于大辽,不欲别行于上国。以示酌中之义,以宽北顾之忧。"宋朝只能表示谅解:"只去'权'字,以示正名。永除册立之命,以使一方无有后患。"⑱宣和五年(1123),宋朝以"今辽命已绝,可以请命朝廷",再次提出册封高丽。高丽以"今忧制未终而遽求大典,于义未安,实增惶愧"之由推脱了⑲。直至北宋灭亡,高丽始终未恢复奉宋朝正朔。

南宋建立后,宋朝不仅未与高丽恢复奉正朔关系,而且逐步断绝了朝贡关系。宋高宗即位后曾试图与金朝争夺高丽,"遣胡蠡等为高丽国信使。朝廷盖忧其通金人,而金亦以是时遣王枢持册使高丽,则亦忧其为我用也"[20]。建炎二年(1128),杨应诚上言"尝随其父任边吏,熟知敌情。若自高丽至女真,其路甚径,请身使三韩,结鸡林以图迎二圣"。宋高宗命其为大金高丽国信使,出使高丽。高丽国王楷见杨应诚,谨遵与宋朝的君臣之礼,杨应诚"谕旨。楷拜诏已,与应诚等对立论事"。但高丽不同意其过境前往金朝,向杨应诚说明:"金人今造舟将往二浙,若引使者至其国,异时欲假道至浙中,将何以对?"并说:"况女真旧臣本国,近乃欲令本国臣事,以此可知强弱。"[21]甚至说:"二圣今在燕云,大朝虽尽纳土,未必可得,何不练兵与战?"高丽"终不奉诏"。[22]

此时,高丽虽然不答应宋朝共同抗金的要求,但是尊宋朝为君。此后,绍兴二年和绍兴五年高丽有两次上宋朝表,仍然表达与宋朝的君臣之礼,有"天子之抚邦君,尚有省存之义,诸侯之事大国,岂忘眺聘之常","上尊周室,愧莫追晋伯之前功,内属汉庭,冀不失朝鲜之旧事"等语,但是表中并不用宋朝年号,而以甲子纪年,表示仍不奉宋朝正朔,说及建炎四年(1130)宋朝遣使时说"又于庚戌年,特诏使王政忠来传诏书,有候休边警当问聘期之语"[23]。

绍兴二年(1132)以后高丽已无使节入宋赴阙朝贡,绍兴六年(1136),高丽派金稚规,刘待举持牒致明州,此后宋丽的交往主要通过商人传递信息,两国的官方接触也只在明州与高丽礼宾省之间,即明州(庆元府)"与其礼宾省以文牒相酬酢,皆贾舶通之"[24]。已经在事实上断绝了朝贡关系。

宋金绍兴和议以后,宋朝向金称臣,高丽对宋朝交往的态度也发生了变化。如绍兴三十二年(1162)商人侯林到高丽,转呈明州牒,告知宋朝大败完颜亮事。事本属实,但高丽却认为"盖宋人欲示威我朝,未必尽如其言"[25]。完全失去了对宋朝的信任。而且开庆元年(1259)四月高丽礼宾省致庆元府牒,用甲子纪年,且已经没有了君臣宗藩之辞:

> 上大宋国庆元府。当省准贵国人升甫、马儿、智就等三人久被北人捉拏,越前年正月分逃闪入来,勤加馆养。今于纲首范彦华、俞昶等合纲船放洋还国,仍给程粮三硕,付与送还。请照悉具如前事。须牒大宋

国庆元府照会施行。谨牒。已未（即宋开庆元年——笔者注）三月日谨牒。㉖

高丽没有恢复对宋朝的奉正朔关系，其原因如宋朝人自己分析的那样，在金朝直接威胁下高丽实际上不可能倒向宋朝。杨应诚出使时高丽不同意杨应诚之请，宋高宗怒高丽之"负恩"，朱胜非却冷静地说："彼国与金为邻，而与中国隔海，远近利害甚明。"㉗后来马端临也作过中肯的评论："朱丞相言：彼与金为邻，与中国隔海，远近利害甚明，此乃曩时待之太厚，今安能责报。此语固得之。然政和之求医而献忠谋，建炎之肃使而不奉诏，则丽人固能报恩而未尝负恩矣。过乎此则难以责之也。"㉘在金强宋弱且高丽直接与金接壤的形势下，高丽的态度只能如此，过而求之，高丽未能为力矣。

就宋朝而言，宋金议和后，宋朝总体上实行消极退缩的对外政策，不仅没有实行联丽制金政策，且担心高丽被金人所用，为金人刺探宋朝情报。所以南宋臣僚们纷纷指出与高丽继续通使的不利，而主张断绝两国的交往。廖刚指出，宋神宗以来希望高丽有助于宋朝，而毫无裨益，现在亦不能指望于高丽，"且彼去北敌为近直，惴然承顺之不暇，又安知其不为之用耶？"应主动与其断绝交往㉙。郑兴裔谈到南宋与高丽通使有费财和安全两大问题，主张停止两国通使："今日三韩直趋四明。四明距行都限一浙江尔。虽自四明至高丽海道渺弥，中隔洲岛。然南北行各遇顺风，则历险如夷……乞止入贡报答之使，省縻费以裕军储。"㉚

南宋初以来，宋朝统治者就对高丽采取了疏远和戒备态度。如，建炎三年（1129）八月，宋徽宗可能遣内臣、宫女各二人随高丽贡使来，吕颐浩曰："此必金人之意，不然高丽必不敢，安知非窥我虚实以报。"于是诏止之。绍兴元年（1131）十月，高丽将入贡，礼部侍郎柳约言："四明残破之余，荒芜单弱，恐起戎心，宜屯重兵以俟其至。"绍兴六年，"高丽持牒官金稚圭至明州，赐银帛遣之，惧其为金间也"。绍兴三十二年商人徐德荣转达高丽欲遣贺使的信息，吴芾奏曰："高丽与金人接壤，昔稚圭之来，朝廷惧其为间，亟遣还。今两国交兵，德荣之请，得无可疑？使其果来，犹恐不测，万一不至，贻笑远方。"诏止之。隆兴二年（1164），明州言高丽入贡而史书无载，史臣怀疑为虚诈,实无其事,"其后使命遂绝"㉛。蒙古中统二年(1261,宋景定二年),高丽世子植入蒙古朝贡,蒙古官员问:"闻汝国亦尝与宋人通好,然乎?"植曰:"但商舶往来耳。"又问:"闻汝国用宋人正朔,然乎?"植曰:"第商人私有赍至本方者,实不为用耳。"㉜说明此时高丽对南宋既无官方使节,更不奉正朔。

二、南宋朝贡体系的构成

北宋王朝的重要朝贡国西夏和高丽都断绝了与南宋的朝贡关系,西域的西辽政权也未如北宋时期的于阗和高昌与宋朝保持一定的交往,不在南宋的朝贡体系之中。吐蕃也脱离南宋的朝贡体系。南宋朝贡体系与北宋相比大为萎缩。不仅如此,南宋还拒绝大理的朝贡,对交趾和占城朝贡实行限制措施,使朝贡国家和朝贡次数进一步减少。

在名分上南宋仍将本国与大理的关系规定为君臣关系,但实际上出于安全考虑,虽与大理买马却不接受大理国朝贡。张守所撰《代云南节度使大理国王谢赐历日表》按照君臣之礼表述两国关系,称"臣仰被宠灵,俯深荣悸",有"拱北之心","无思不服",对于宋朝"乃属清台之课历,复同方国之赐书","臣敢不恪遵侯度,恭布王正"㉝。赐历日本身就是奉正朔的标志。洪适所撰《代嗣大理国王修贡表》中也以"拜章北阙"、"幸藩方之世袭,惟忠节以家传"、"夷蛮效职,闻盛德以皆臣"、"皇帝陛下,日月照临,干坤覆焘"表达了同样的观念和认识。㉞两表出于宋人之手,反映的是宋人的态度。但是,在实际交往中南宋并不希望通过频繁朝贡来强化双方的君臣关系,而是采取务实的态度,接受博马贸易,而不接受进京朝贡。

南宋"自五路既陷,马极难得","今川陕马纲不通"。有人建议"岭外于西南夷接境,有马可市,而大理特磨诸国所产尤多"㉟。于是宋朝在广西横山寨设博易场与大理买马。绍兴三年(1133),大理请求朝贡,宋高宗回答说:"令卖马可也,进奉可勿许。"㊱宋高宗的态度成为以后宋朝处理大理关系的基本政策。绍兴六年(1136),"大理国王段和誉遣清平官以马五百及驯象随昂入献"，再次请求朝贡。宋朝只接受市马，不接受朝贡，"还马直，却驯象，赐敕书，即邕州劳遣其使"㊲。大理自广西入贡不顺，曾"请道黎、雅入贡"，为孟珙阻止㊳。南宋对大理始终严密防范。可以说，大理在事实上也脱离了宋朝的朝贡体系。

南宋与交趾仍保持着朝贡关系，且因西夏和高丽实际已与南宋断绝了朝贡关系，交趾实际上成为南宋最重要的朝贡国。宋高宗朝沿袭北宋的做法，仍对交趾首领实行交趾郡王、南平王、南越王依次进封的制度。如绍兴二年（1132），南平王李干德去世，宋高宗追封其为南越王，册封其子李阳焕为静海军节度观察处置等使、特进、检校太尉、兼御使大夫、安南都护、上柱国、交趾郡王。绍兴五年（1135），李天祚即位，宋朝册封其为静海军节度观察处置等使、特进、检校太尉、兼御史大夫、安南都护、上柱国、交趾郡王，绍兴二十五年进封南平王。宋孝宗改变这一制度，承认交趾为"国"，淳熙元年（1174），封李天祚为安南国王，次年赐"安南国王之印"㊳。

南宋仍通过给交趾颁赐历日体现正朔所在。乾道四年（1168）礼部说到，太史局每岁笺注历日印造后，"颁赐交趾国及内外臣僚"㊵。这是每年的例行做法，庆元三年都省谈到"每岁颁降安南国敕书、历日，系吏部差短使使臣管押前去。近据广西转运司申，庆元三年历日管押使臣竹端到司迟滞，合行措置"。宋宁宗特别下诏："今后颁降安南国敕书、历日，于枢密院使臣内依名次差拨管押前去，须管依程限赴广西运司交割。"㊶《文忠集》卷一一一、《晦庵集》卷九七、《攻媿集》卷四七、《云庄集》卷一三、《西山文集》卷二三、《盘洲文集》卷一六记载了多个年份宋朝颁赐安南历日敕书，说明南宋给交趾的赐历活动是经常性的。

但是，南宋对交趾入宋朝贡的态度较北宋消极。南宋一朝交趾朝贡29次，高宗、孝宗两朝占17次㊷，只有绍兴二十五年（1155）和乾道九年（1173）两次被允许赴阙，其他都在广西交割。绍兴二十五年交趾贡使首次"许令赴阙"，此前"自渡江后来（交趾）未曾遣使到阙"㊸。此后交趾"乞入贡，朝廷辄却之"㊹。绍兴三十年（1160），交趾进驯象等，宋朝再令广西安抚司"只就界首交割"㊺。此后只有乾道九年再次允许赴阙朝贡。而且，宋朝于乾道九年、淳熙三年(1176)、五年、九年、十年对交趾入贡实行了"十分为率止受一分"，淳熙四年的朝贡因交趾的特别请求改为"十分为率收受三分"⑯。

占城、真腊、阇婆、三佛齐是南宋重要的贸易国。"大贾自占城、真腊、三佛齐、阇婆涉海而至,岁数十柁"⑰。南宋对占城、阇婆、真腊、三佛齐四国都以藩臣视之,而且实行册封。《玉海》卷一三三《开宝安南都护》记载:"真腊,大同军节度云州刺史;阇婆,怀远节度琳州刺史;大理,云南节度;占城同阇婆封。"建炎三年(1129),宋朝"以南郊礼成加恩",加封阇婆国王为怀远军节度、琳州管内观察处置等使、金紫光禄大夫、检校司空、使持节琳州诸军事、琳州刺史、兼御史大夫、上柱国、阇婆国王。绍兴二年,又以南郊礼成加恩,并且形成了比较稳定的进封制度,"自后,大礼加食邑、实封恩数并同此"(《文献通考》卷三三二《四裔考九》说"自后每遇大礼必加食邑")⑱。綦崇礼《北海集》卷七记载宋朝对占城国王杨卜麻迭的封号是检校太傅、使持节琳州诸军事、琳州刺史、充怀远军节度使、琳州管内观察处置等使、兼御史大夫、占城国王,阇婆国王悉里地茶兰固野封号是检校司徒、使持节琳州诸军事、琳州刺史、充怀远军节度使、琳州管内观察处置等使、兼御史大夫、阇婆国王。《忠惠集》卷一记载真腊国王金裒宾深封号是大同军节度、云州管内观察处置等使、金紫光禄大夫、检校司徒、使持节云州诸军事、云州刺史、兼御史大夫上柱国、真腊国王。宋朝给三佛齐国王的封号是保顺慕化大将军、三佛齐国王⑲。

但南宋总体上对待这些国家的朝贡的态度是消极的。占城朝贡次数较多,但与北宋相比大为减少。南宋一百余年间占城朝贡宋朝6次,朝贡交趾15次。乾道三年(1167),占城入贡,宋朝"诏使人免到阙,令泉州差官以礼管设"。淳熙元年(1174),占城请求赴阙进贡,宋朝又令"占城使人免到阙,令泉州如法管待"。淳熙二年(1175),占城要求到海南买马不得,劫掠而回。淳熙三年(1176),宋朝又拒绝了占城到海南通商的要求⑳。此后占城与宋朝朝贡关系基本断绝(仅嘉泰元年一次)。史籍所见三佛齐入宋朝贡有绍兴七年(1137)、绍兴二十六年(1156)、淳熙五年(1178)㉑。史籍所见南宋时期大食入贡记载有建炎四年(1130)、绍兴元年(1131)、绍兴三年(1133)、乾道四年(1168)等不多的几次。建炎四年(1130),大食至熙州入贡,宋朝却而不受。绍兴三年(1133),大食入贡,"进奉使蒲亚里至广州,夜为盗所掠,其徒死者四人"。朝贡都不成功。[52] 罗斛国朝贡仅见绍兴二十五年(1155)与真腊贡象一次记载。[53] 真里富国于庆元六年(1200)、嘉泰二年(1202)、开禧元年(1205)入宋朝贡,[54] 已算朝贡较多的国家了。

三、朝贡诸国对宋朝的认识

南宋将大理与宋关系仍规定为君臣关系,但如上所述,宋朝虽与大理买马却不接受大理国朝贡,所以严格来说,大理已经脱离了南宋的朝贡体系。就大理而言,与宋朝保持朝贡关系可以保障市马贸易的进行并推动其他的贸易,是有利可图的。"蛮马之来,他货亦至。蛮之所赍,麝香、胡羊、长鸣鸡、披毡、云南刀及诸药物。吾商贾所赍锦缯、豹皮、文书及诸奇巧之物"[55]。所以大理一再来宋朝卖马。可以说大理向宋朝朝贡的愿望是真诚的,但在政治关系上大理并不完全遵行宗藩君臣之礼,而在本国内行皇帝制度。

南宋时期大理国王庙、谥、年号表

姓名	庙号	谥号	年号
段正严	宪宗	宣仁皇帝	永嘉、保天、广运
段正兴	景宗	正康皇帝	永贞、大宝、龙兴、盛明、建德
段智兴	宣宗	功极皇帝	利贞、盛德、嘉会、元亨、安定
段智廉		享天皇帝	凤历、元寿
段智祥	神宗		天开、天辅、仁寿
段祥兴		孝义皇帝	道隆
段兴智		向义天定贤王	天定

注:本表据段玉明《大理国史》大理国"各代帝王庙、谥号表"及"大理国纪年表"制作。

与南宋交往时,大理也有自称皇帝及用本国年号等不奉正朔的情况。绍兴三十年(1160),大理国"遣使遗邛部川蛮衣甲、金器、鞍马,且言:大云南皇帝欲遣左右使臣持货物入宋买卖。虚恨鬼主蒙备言于黎州,四川安抚制置使王刚中不答"⑥。乾道九年(1173),大理人李观音得至横山寨市马,"出一文书,称'利贞二年十二月'",知邕州姚恪盛虽然与其交易,并应其所求,送给《文选》、五经等书,但因不合礼仪,而"不敢上闻"⑤。宋朝廷也曾令广西:"安南自有私年号,并大理年号,可疾速体访以闻。"李曾伯得到大理国淳祐元年(1241)十二月十二日,奉使书"伪称道隆八年",淳祐九年(1249),大理国"翰学杨渊于正月吉日以谢状回经略董槐,称道隆十一年"⑱。

交趾对南宋的态度与北宋相同,一方面维持着朝贡关系,另一方面在国内自行皇帝制度。即使在贡赐活动相对集中的高宗、孝宗两朝,大部分朝贡并未赴阙,仅在广西交割。交趾在南宋朝贡次数的减少很大程度上是因为宋朝对交趾关系政策放弃了政治和军事上的收复目标,转向以经济贸易为主,为减少回赐而对其朝贡进行限制。而交趾希望更多地维持朝贡往来以获得回赐利益。交趾致牒广南西路经略安抚司称"自绍兴二十五年以后,未有纲运,恐失忠孝,怠于奉上之礼"⑲,都是表达朝贡的愿望。

在朝贡活动中交趾基本上能够遵循宋朝的规定。卫泾《后乐集》卷三《赐安南国王李龙翰加食邑实封仍加崇谦功臣散官勋如故制》称赞交趾"禀中华之正朔,久通象译之朝"。交趾进驯象表用规范的格式和具有象征意义的典故表达了双方的君臣关系:

> 臣某言:赐履南交,预藩臣之下,列效牵灵圉,备法驾之前……臣某诚惶诚惧。顿首。臣闻犀来徼外,表章帝之重,熙雉贡越裳,慕成王之极。治矧际明昌之运,尤勤就望之诚。伏念臣僻守龙编,密瞻铜柱,承陇西之旧族,居仰华风。处黎氏之故都,久陶圣化……只遣陪臣,往千属国,少致贡篚之义……其驯象谨随表上进以闻。臣某诚惶诚惧。顿首顿首。谨言。⑳

这虽是宋人秀润过的文本,但在一定程度上能够反映交趾对在入宋朝贡时的做法。如宝祐六年陈朝上宋朝传位表中也有"伏念臣功无帝赍,爵忝侯封。受命于朝,复阻来朝之礼。纳忠于国,未酬报国之封"㉑等表示君臣宗藩的用语。

朝贡活动中交趾也时有违犯宋朝规定的情况，特别是宋朝册封其为国以后。周必大曾气愤地说：安南"加封之后浸自尊大，文书称国不复可改。"日尊、乾德、阳焕、天祚、龙翰"其名曰日曰乾曰阳曰龙皆有僭上之意，然表章字如蝇头，几不可辨，玉音每嘉其恭顺"⑥。《宋史》卷四一四《史嵩之传》谈到淳祐元年"安南入贡不用正朔，（史）嵩之议用范仲淹却西夏书例，以不敢闻于朝还之"。南宋朝廷曾令广西："安南自有私年号，并大理年号，可疾速体访以闻。"广西报告，安南国于淳祐三年（1243）十二月钦州缴到伪陈太师当年七月交通博易牒，伪称天应政平十二年。至淳祐九年（1249），其伪太师十月内移牒经司，奉宋朝年号，称淳祐九年。"近凡有公文到司，并奉本朝正朔年号。但采访得其国于宝祐五年（1257）自伪称元丰七年。今夏杨庆成往彼国，见得陈日照退位，其子伪称绍隆元年"⑥。可见其与宋朝交往时大都使用宋朝年号，但也有书本国年号的情况。

交趾在其国内则如北宋时期一样，完全行皇帝制度，称皇帝，上尊号，行本国年号。绍兴二年（1132）干德去世，继位的李阳焕立李干德庙号为仁宗。李阳焕死，立庙号为神宗。此后的交趾首领皆如此（见下表）。其他立皇后、设百官等与北宋时期一样。

交趾首领改元称帝表

姓名	庙号	尊号	年号
李乾德	李仁宗	宪天体道圣文神武崇仁懿义纯诚明孝皇帝	泰宁、英武昭圣、广祐、会丰、龙符、会祥大庆、天符瑞武、天符庆寿
李阳焕	李神宗	顺天广运钦明仁孝皇帝	天顺、天彰宝嗣
李天祚	李英宗	体天顺道睿文神武纯仁显义徽谋圣智御民育物群灵丕应大明至孝皇帝	绍明、大定、正隆宝应、天感至宝
李龙翰	李高宗	应乾御极宏文宪武灵瑞昭符彰道至仁爱民理物睿谋神智化感政醇敷惠示慈绥猷建美功全业盛龙见神居圣明光孝皇帝	贞符、天资嘉瑞、天资宝祐、治平龙应
李昊旵	李惠宗	资天统御钦仁宏孝皇帝	建嘉

续表

姓名	庙号	尊号	年号
陈日煚	陈太宗	统天御极隆功厚德显功祐顺圣文神武孝元皇帝	建中、天应政平、元丰
陈晃	陈圣宗		绍隆、宝符
陈昑	陈仁宗	法天御极英烈武圣明仁皇帝	绍宝（绍宝元年宋亡）

注：本表据《大越史记全书》、《宋史》、《安南志略》、《越史略》制作。

交趾以外的东南诸国对中国文化的理解十分有限，他们对宋朝这个经济大国怀有敬意，却未必理解宋朝规定的朝贡秩序[64]。真里富朝贡携带国书，在宋朝君臣看来，其表章十分简陋可笑。庆元六年（1200），真里富上表，宋宁宗说："真里富国金表已见之，甚可笑，止是金打小卷子，又于木皮上别写一卷，其状屈曲，皆不可晓。盛书螺钿匣子又折一足，弊陋之甚，内有数斤缬帛。此必海上小国，如一小州之类。"谢深甫等奏："番字一体，绝类琴谱，竟不知所言何事，方欲下庆元府令译而来。"庆元府报告说："蒲德修等并译语人吴文蔚将金表章辩译表文。所有木皮番字一轴，据蒲德修等译语，即系金表章副本，意一同，恐大朝难辨识金表字文，本国又令南卑国人书写番字，参合辩照。"[65]但这样的表章却真实地代表了真里富本国的态度和认识。虽然庆元六年（1200）的表书未见其详，但开禧元年表书得以保留，其表云：

> 悉哩摩稀陀啰跋啰吽小心消息，心下意重，知有大朝，日日瞻望。新州近大朝，新欲差一将安竺南旁哮啰差出来，同大朝纲首拜问消息。回文转新州，已知大朝来去。今差一将出来，不敢空手，有雄象一头，象牙一对，共重九十二斤，犀角一十只，共重一十一斤，尽进奉大朝。望乞回消息。意要欲知大朝，年年进奉不绝[66]。

表章说到真里富自宋朝商人处打听宋朝的信息，说明其对宋朝的了解十分有限，表章可见其对作为大国的宋朝的尊敬。这一表书与宋人唐士耻所撰《代真里富贡方物表》按照君臣格式撰写，充斥着"葵心北户，久怀航海之诚，象译南琛，初上职方之奏"、"臣是敢遥起三呼，恭驰一介"、"恭惟皇帝陛下，离明继照，乾健统天"、"乃至微臣，亦知大义，法乎三圣，矧更出于亲

传,令彼四方,自式歌于来享"等表示华夷君臣关系用语对比,可见宋人对两
国关系规定与真里富本国态度的巨大差异。而这样的双向认识的巨大差异
并不仅仅存在于宋朝与真里富之间,在南海诸国很多国家与宋朝关系中都
存在。

四、结论

南宋的朝贡体系与北宋相比大为缩小,对进京朝贡的态度总体上较北
宋更趋消极,朝贡国家和朝贡次数都大为减少。南宋对交趾、大理、占城朝
贡实行限制措施,承认西夏的敌国地位等都表明其消极态度。北宋时期,高
丽、西夏,以及吐蕃、于阗、高昌等西北地方政权都与宋朝保持着朝贡关系,
而南宋时期高丽、西夏和西北诸国也不再与南宋保持朝贡关系。

从宋朝角度而言,南宋与朝贡国的基本关系仍然是君臣关系。南宋以
"厚往薄来"的代价维持自己在朝贡体系中的主导地位,对朝贡诸国"朝廷亦
厚加赐与,而不贪其利。故远人怀之,而贡赋不绝"⑥。这是南宋吸引诸国朝
贡的主要手段。

朝贡诸国因自身区域环境和经济状况的不同对本国与宋朝的关系认识
不尽相同。西夏、高丽在宋金关系大局下皆选择了断绝与南宋的朝贡关系,
而完全归属于金朝的朝贡体系之中。大理和交趾虽然入宋朝贡的主要目的
是获取经济利益,在其国内则自行皇帝制度。南海诸国对宋朝的朝贡也基
本上是出于经济利益考虑,而非认同宋朝规定的政治秩序。

注释:

　①宋金关系的演变可参赵永春:《金宋关系史》,人民出版社 2005 年版。

　②参见章深《宋朝与海外国家的贡赐贸易》,《学术研究》1998 年 6 月;黄纯艳:《转折
与变迁:宋朝、交趾、占城间的朝贡贸易与国家关系》,载汤熙勇主编:《中国海洋发展史论
文集》第十辑,台北"中研院"2008 年版;金成奎:《宋代における朝贡机构の编制とその
性格》,《史观》146,2002 年版;土肥祐子:《南宋期の占城の朝贡:〈中兴礼书〉にみる朝贡

品と回賜》,《史草》44,日本女子大史学研究会2003年版;《南宋乾道三年の占城朝贡:以大食人乌师点的诉讼事件为中心》,《史草》46,2005年版。

③如李华瑞对宋夏关系,陶晋生对宋辽关系,赵永春对金宋关系,金渭显、黄宽重、杨渭生、姜吉仲对宋丽关系的研究等。

④李华瑞:《宋夏关系史》,河北人民出版社1998年版,第104—110页。

⑤《建炎以来系年要录》卷一六建炎二年六月己卯,中华书局1988年版(以下同),第332页。

⑥《建炎以来系年要录》卷二五建炎三年秋七月癸未,第506页。

⑦《建炎以来系年要录》卷四六绍兴元年七月壬辰,第838页。

⑧《宋史》卷四八六《夏国传下》,第14023页。

⑨《北山集》卷一《修纂属籍总要疏》,文渊阁《四库全书》影印本。

⑩《建炎以来系年要录》卷一三二绍兴九年十月甲寅,第2126页。

⑪《建炎以来系年要录》卷一三四绍兴十年三月癸卯,第2159页;《建炎以来朝野杂记》乙集卷一九《西夏扣关》,中华书局2000年点校本,第847页。

⑫陆游:《渭南文集》卷一三《代二府与夏国主书》,文渊阁《四库全书》影印本。

⑬周必大:《文忠集》卷一四九《结约夏国御笔》,文渊阁《四库全书》影印本。

⑭魏了翁:《鹤山集》卷一六《专论择人分四重镇以备金夏轶事》,文渊阁《四库全书》影印本。

⑮吴泳:《鹤林集》卷三三《蜀师与夏人夹攻金人策问》,文渊阁《四库全书》影印本。

⑯《宋史全文》卷三〇嘉定七年七月,黑龙江人民出版社2005年版,第2100页。

⑰《宋史》卷四〇《宁宗四》,第771、775页。

⑱《高丽史》卷一三《睿宗世家二》。

⑲《高丽史》卷一五《仁宗世家一》。

⑳《文献通考》卷三二五《四裔考二》,中华书局1986年版(以下同),第2561页。

㉑《建炎以来系年要录》卷一四建炎二年三月丁未、卷一六建炎二年六月丁卯,中华书局1988年版(以下同),第304、330—331页。

㉒《宋史》卷四八七《高丽传》,第14050页。

㉓《东文选》卷三九金富佾《聘问表》。

㉔《宝庆四明志》卷六《市舶》,《宋元方志丛刊》本,中华书局1990年版。

㉕《高丽史》卷一八《毅宗世家二》。

㉖《开庆四明续志》卷八《收刺丽国送还人》,《宋元方志丛刊》,中华书局1990年版。

㉗《建炎以来系年要录》卷一八建炎二年十月甲寅,第 357 页。

㉘《文献通考》卷三二五《四裔考》,中华书局 1986 年版,第 2562 页。

㉙廖刚:《高峰文集》卷一《论遣使札子》,文渊阁《四库全书》影印本。

㉚郑兴裔:《郑忠肃奏议遗集》卷上《请止高丽人贡状》,文渊阁《四库全书》影印本。

㉛《宋史》卷四八七《高丽传》,第 14051—14052 页。

㉜王恽:《秋涧集》卷八二《中堂事记下》,文渊阁《四库全书》影印本。

㉝张守:《毗陵集》卷四《代云南节度使大理国王谢赐历日表》,文渊阁《四库全书》影印本。

㉞洪适:《盘洲文集》卷二七《代嗣大理国王修贡表》,文渊阁《四库全书》影印本。

㉟《建炎以来系年要录》卷四九绍兴元年十有一月丁酉,第 870 页。

㊱《建炎以来系年要录》卷六九绍兴三年十月甲午,第 1168 页。

㊲《建炎以来系年要录》卷一〇一绍兴六年五月乙亥,第 1652 页。

㊳《宋史》卷四一二《孟琪传》,第 12378 页。

㊴以上参黄纯艳《转折与变迁:宋朝、交趾、占城间的朝贡贸易与国家关系》,载汤熙勇主编《中国海洋发展史论文集》第十辑,台北"中研院"2008 年版。

㊵《宋会要辑稿》职官一八之九二,中华书局 1957 年影印本(以下同)。

㊶《宋会要辑稿》蕃夷四之五五。

㊷参前引黄纯艳《转折与变迁:宋朝、交趾、占城间的朝贡贸易与国家关系》,据该文统计北宋交趾和占城入宋朝贡分别为 75 次和 55 次。

㊸《宋会要》蕃夷四之三五、三九、四二、四三、七九。

㊹《岭外代答》卷二《安南国》,中华书局 1999 年点校本,第 58 页。

㊺《宋会要》蕃夷七之四八。

㊻《宋会要》蕃夷七之五二、四之五一,《宋史》卷四八八《交趾传》,第 14071 页。

㊼洪适:《盘洲文集》卷三一《师吴堂记》。

㊽《宋会要辑稿》蕃夷四之九七。

㊾《宋史》卷二一九《礼二十二》。

㊿《宋会要辑稿》蕃夷四之八三、八四、蕃夷七之五〇。

51《文献通考》卷三三二《四裔考九》,第 2610 页。

52《玉海》卷一五四《开宝大食贡方物》,广陵书社 2003 年版(以下同);《建炎以来系年要录》卷三二建炎四年三月己酉、卷七一绍兴三年十二月甲申,第 1188 页;《宋史》卷四九〇《大食传》。《宋史·大食传》所载建炎三年朝贡从内容看,即《建炎以来系年要录》

所载建炎四年的朝贡。

㉝《玉海》卷一五四《绍兴安南真腊罗斛献象》。

㉞《宋会要辑稿》蕃夷四之一〇〇、一〇一。《宋史》卷三八《宁宗二》所载嘉泰元年真里富国还"献驯象二"疑与嘉泰二年为同一次朝贡活动。

㉟《岭外代答》卷五《邕州横山寨博易场》,第 193—194 页。

㊱《建炎以来系年要录》卷一八四绍兴三十年二月甲子,第 3080 页。

㊲《宋史》卷一九八《兵十二》,第 4956 页。

㊳李曾伯:《可斋续稿》后卷七《回宣谕奏》。

㊴《宋会要辑稿》蕃夷七之五一。

㊵周必大:《文忠集》卷九三《代交趾进驯象表》。

㊶《安南志略》卷第六《前代书表》,中华书局 2000 年点校本,第 155 页。

㊷周必大:《文忠集》卷一七五《淳熙玉堂杂记上》。

㊸李曾伯:《可斋续稿》后卷七《回宣谕奏》。

㊹可参黄纯艳《蕃服自有格式:外交文书所见宋朝与周边诸国的双向认识》,《学术月刊》2008 年 8 月。

㊺《宋会要辑稿》蕃夷四之一〇〇、一〇一。

㊻《宋会要辑稿·蕃夷》四之一〇一。

㊼《宋史》卷四九〇《大食传》,第 14122 页。

南宋历史文化资源的当代产业化运用和路径探讨

陈　野(浙江省社会科学院)

南宋史研究开展至今,在南宋时期的政治、军事、经济、社会、文化、都城临安、人物等众多领域,取得了丰厚的研究成果。但在如何利用南宋历史文化资源为当代文化建设,特别是为发展文化产业提供传统资源、开发创意源泉方面,以笔者所见,论述似嫌薄弱。本文不揣浅陋,以南宋文化资源的当代产业化运作为专题,就教于专家学者。

一、传统文化资源在当前文化产业发展中所起的作用和存在的不足

近年来,浙江文化产业发展迅猛,形势喜人,影视动漫、图书出版、印刷发行、文化用品制造等产业领域发展良好,成就突出,其中不少门类位于全国前列。文化产业的崛起,文化与资本的初步结合,使文化环境带来巨大变化,市场迅速扩大,产品日益丰富。

同时,我们也应该看到我省文化产业发展中存在的一些问题和不足。比如在增长方式上,生产制作方面的增长要大于内容创意的增长;在效益实现上,对规模化生产效益的依靠要大于凭借自主知识产权所形成的产业链

的生产效益。举例而言,我省主要依靠以文化用品、设备及相关文化产品生产和销售为主的文化产业相关层实现增加值的局面延续至今,尚未得到根本改变。据不完全统计,截至 2008 年年底,我省共有规模以上民营文化企业 3.5 万余家,投资总规模达到 1300 亿元以上,吸纳就业人员 75 万余人。其中,印刷包装行业民营资本最为集中,共有各类民营印刷企业 14000 余家,吸纳就业人员约 40 万人,资产总额达到 730 亿元,年工业总产值 800 亿元;民营发行企业 7000 多家,其中批发企业 2000 多家。文化产业作为内容产业,内容品质决定产品质量,原创力是文化产品的生命力之所在。原创意识、原创能力、自主知识产权和知名品牌的缺乏,直接导致文化产业附加值不高、文化产品竞争力不强等问题的产生。仅从我省目前的一些电视娱乐节目、电视剧来看,确有类似情况,跟风、模仿、照搬套用等现象时有发生,原创性、自主性、品质与影响力兼俱的文化品牌相对缺乏。

文化产业作为内容产业,具有原创自主知识产权的"创意内容"是其最为本质的发展基础。因此,强化创新意识、提升原创能力,是当前发展文化产业的一项重要而迫切的艰巨任务。而中国传统文化在此中,具有极大的优势:

一方面,中国文化历史悠久、底蕴深厚、内涵丰富、思想深邃、至情至慧、进取开拓、传统维系稳固,是一座博大精深、取之不尽的思想、文化和生活智慧的宝库,足以为我们开拓创意源泉、发展文化产业提供绵延不断的源头活水。

另一方面,随着近年来我国综合国力的不断提升,文化市场持续繁荣,国际影响力和吸引力日益增强。以电影为例,其票房市场在全球所占比重日益增长,票房贡献力越来越大。如美国电影《2012》,在中国取得了 4.6 亿的票房成绩,占据了其海外市场的第一位置。从《花木兰》、《功夫熊猫》、《阿凡达》、《风之子》等大片分析,好莱坞已把中国内地看做是最有潜力的市场,为占有这个超级庞大的市场份额,好莱坞不仅在电影中使用中国元素,还着手了解分析中国人的观赏需求,为迎合中国的需要而研究中国文化,培育中国市场。据报道,《功夫熊猫》导演马克·奥斯本多年来一直研究中国文化,他认为其影片运用中国元素,是出于对中国传统文化的敬意,目的是以最轻松愉快的方式向世界观众展现中国。美国人认为,丰富的、具有浓郁神秘感的中国文化与美丽的自然风光相组合,是其创意灵感之所在,正是开拓好莱坞大片的新路之所在。由此分析,中国传统文化不仅在国内,而且在国外也是日益受到重视,具有广阔前景的资源。

我省文化产业发展至今,涌现出不少集传统文化资源保护、开发、利用于一体,将传统文化资源开发、文化产业发展与经济社会发展相结合,获取社会、经济效益的成功案例,不胜枚举。以浙江为例,比如杭州市上城区在老城改造中,把传统文化资源与现代城市建设相结合,科学保护,有机更新,成功保护和开发了南宋、中药、宗教等文化资源,将其以一种自然的方式内化成为城市的独特气质和能力,重新激发了文化遗产资源的经济价值和社会效益。嘉兴市主办"中国嘉兴端午民俗文化节",立足稻作文明孕育的"嘉兴粽子"的高知名度,以传统节日端午为载体,运用音乐、歌舞、戏曲、龙舟、剪纸、裹粽等形式,既有广度又有深度地有效融入契合嘉兴地域特色的民俗文化资源;举办民俗文化论坛,借助专家学者的研究成果和传播力扩大节庆影响力,以此打造综合性节庆品牌。精确判断、精准定位、精深提炼、精心运作,在"中国嘉兴端午民俗文化节"品牌的文化内涵和经济社会效益上,都取得了不俗的佳绩。

但是,毋庸讳言的是,在传统文化资源的保护、开发上,了解不深、认识偏差、把握不准、粗放经营、重复建设、盲目雷同、闲置浪费的现象普遍存在。文化产业运作过程中,缺乏对本地文化资源特色优势的深入了解,认知水平停留于众所周知的一般性文化常识,不作深入挖掘、细致分析、精心规划,严重制约了资源效应的有效释放,致使本地特色优势文化资源闲置荒弃和文化生产力的浪费,产业发展失却核心竞争力。

由此造成当今以传统文化为资源的文化活动和产品,存在着很大的不足和问题,主要有:

价值缺失:真、善、美的价值观遭到质疑、忽视甚至否定,甚至传播封建迷信以及黄、毒、黑等内容,祸害社会。

判断有误：未能在庞杂的传统中弃其糟粕、取其精华，泥沙俱下，沉渣泛起。

认识褊狭：对文化传统的认知只限于常识视野中的一些"名著"、"名篇"、"名人"、"名事"。

理解肤浅：对传统、经典不作全面研读，不求深入理解，断章取义，以功利主义的态度迎合低俗的市场需求。

错用形式：单纯地将传统文化因素作为借用符号、赢利工具，产品的形与文化的本质分离。

古今脱节：许多产品只是套用传统，未能真切融入现实生活和当代人的精神世界，现代意识、现代表现手段缺乏。

自我标榜：缺乏对传统文化的敬意，只将其作为个人谋取名利的工具，利用大众对传统文化的生疏和需求，伪传统泛滥，伪学者当道，肆意卖弄，自封"大师"，以此欺世盗名。

产生这些问题的原因复杂，其中一个主要方面，在于我们对传统文化资源的重视和理解、对传统文化资源如何发展为现代文化样式的研究，都做得还很不到位。一般情况下，传统文化造诣深厚、从事专业研究的专家学者，大多深居书斋，对当代文化建设关注不够，对文化产业发展态势关注不多，对文化产业运作不熟悉，甚至不认同；文化产业领域的决策者、制造商、经营者、传播者，大多为政府官员、企业家、文化商人、媒体从业人员，专业研究人员相对缺乏，对传统文化的了解不够，研究不深，把握不准；作为文化产品受众的社会大众，传统文化修养和文化符号的解码能力尚有可待提升的空间。

除上述问题与不足外，还有一个特别需要引起我们重视的问题是，随着全球化时代的到来，传统历史文化在保护中发展、在发展中保护的问题，愈益显示出其必要性和紧迫性。举例而言，随着中国文化资源价值的不断呈现和影响力的不断加大，国外的资源抢夺也愈演愈烈。以韩国为例，从2003年开始，韩国对"中国风水"进行了重新梳理，将其列为韩国国家遗产名录和申报世界遗产项目；2005年，由韩国申报的"江陵端午祭"被联合国教科文组织正式确定为"人类口头和非物质遗产代表作"；2006年，韩国首尔大学历史教授朴正秀认为是朝鲜民族最先发明了汉字，将建议韩国政府向联合国申请汉字为世界文化遗产；2007 年，韩国梨花女子大学教授郑在书主张，《山海经》中提到的炎帝、蚩尤、夸父及风伯等东夷系的神均在高句丽古墓壁画中出现，很多神话传说都是源自韩国；不久前，韩国人声称自己是活字印刷术发明的祖先。中国的浑天仪，也被印到了最新版的一万元韩币的背面，成了韩国人的专利，甚至连"豆浆的发源地"也挪移到韩国了；韩国首尔大学历史学教授声称道教鼻祖张道陵是真真正正的韩国人，道教由此"被韩国"；此外，孔子、西施、李白、李时珍等中国名人，也被他们归入了"韩国籍"。对照韩国学者的所作所为，我们作为史学工作者应该感受到保护民族文化资源、弘扬民族文化传统的责任召唤和职责所在。在"坐而论道"的同时，也需要"起而行之"的行动。

综上所述，在做好学术研究、保存积累文化的同时，进一步重视传统文化的现代交流、传播，切实做好传统文化资源的现代转换，在文化产业风起云涌的今天，重视把握文化产品的社会效益，把握传统文化的精神实质，取其精华，弃其糟粕，有健康、优秀的文化产品服务大众，既是我们历史工作者义不容辞的责任，也是历史学研究因巨大社会需求而产生的发展空间。

二、丰富多彩的南宋历史文化资源

有关"历史文化资源"的定义和分类，学术界至今并无明确的定论。有的分为物质文化遗产和非物质文化遗产，有的分为物质文化遗产和精神文化遗产，有的分为文献类资源、文物类资源和民俗资源，等等。在实际工作中，各地根据各自地情和具体项目的需要，都有不同的认识和分类。以历史文化资源丰富，当代保护、开发、利用成效显著的北京、云南、广西等地为例，都有切合本地实际的不同思考和规划。例如北京市城市规划设计研究院在规划名城保护和建设时，对北京的历史文化资源作了现状的梳理和分类，列出世界文化遗产，国家、市、区县指定的文物保护单位，普查登记文物，挂牌保护院落,优秀近现代建筑,地下文物埋藏区,历史文化保护区,历史文化名城 8 类资源。[①]在云南历史悠久、文化积淀深厚,具有以多姿多彩的民族历史文化为核心的原生性、地域性、独特性文化资源。由云南大学发展研究院西南民族研究中心、浙江大学管理学院旅游系、云南省旅游局联合开展的《云南民族文化旅游资源开发研究》,从旅游开发的角度,将其资源分为实体文化旅游资源(建筑、村落)、社会氛围文化旅游资源(服饰、饮食)和精神文化旅游资源(宗教、歌舞)三类。而着眼于整体规划全省资源角度的"云南文化资源研究与开发研究",则将其划分为历史文化资源、民族文化资源、宗教文化资源、综合性历史文化名城文化资源、历史特色建筑文化资源、经济商贸文化资源(如南方丝绸之路文化、茶马古道文化、马帮文化)、自然地貌与文化相结合的文化资源(石林民族文化旅游区)、开发自然植物形成的特殊文化资源(原生稻作文化、思茅茶文化)。[②]广西学者从地方文化与旅游关系研究的角度,将当地的文化资源划分为宗教、历史、民俗、文学艺术四个大类,以供旅游资源开发利用。[③]

因此,在本文的论述中,笔者不拟对"历史文化资源"的定义和分类进行深入的学理辨析和研究,仅就南宋历史文化资源的现实转换和运用,作粗浅探讨。

浙江历史悠长,人文灿烂,蕴涵着极其深厚博大的文化资源宝库,是推动文化产业发展的巨大动力源泉。1127 年,南宋定都临安(今杭州),奠定了杭州的都城地位。南宋一朝,在社会经济、思想文化、科学技术、国计民生等方面取得的成就,对中华文明产生巨大影响。南宋其时,浙江"近水楼台",自是得月在先;而近乎千年的流风遗韵,则一直惠及于今,既是浙江的财富,也赋予浙江保护、开发、利用的重任。作为具有鲜明浙江特色和优势的传统文化珍宝,南宋文化资源在保护基础上的科学合理的开发、利用,必将会在激发创意、打造品牌、提升核心竞争力等方面,对浙江文化产业发展起到极大的资源转换效应作用。

根据笔者的理解和认识,现有南宋文化资源种类繁多,内涵丰富,大致可分为历史文献资源、文物资源和民俗资源三大类。就当代文化建设开发利用而言,这些不同类型的历史文化资源,既可以单独利用,也可以融合会通。以杭州目前正在开展的南宋皇城大遗址综合保护工程来说,它包括中山路有机更新工程、吴山综合保护工程、玉皇山南综合整治工程、将台山佛教文化生态公园(暂定名)、江洋畈生态公园建设工程、白塔景区建设工程、凤凰山路综合整治保护工程(含万松岭路、凤凰山脚路)、南宋博物院建设工程八大项目,称得上是融合了各种历史文化资源,加以现代理念、科技手段的鸿篇巨制。

以目前的实际情形来看,历史文献资料应该是现有南宋历史文化资源中的主体部分。南宋一代,人文鼎盛,"是中国古代文化最为光辉灿烂的时期"④。与南宋有关的历史文献,大致可分为南宋时期的文献,南宋以后历代记述、整理、研究南宋历史的文献,当代有关南宋的研究成果。举其要者,有《宋史》、《宋会要辑稿》、《建炎以来系年要录》、《三朝北盟会编》、《全宋词》、《全宋诗》、《全宋文》、《全宋笔记》(正在编辑出版中)、《宋画全集》等。2005年6月,杭州市社会科学院成立南宋史研究中心,启动《南宋史研究丛书》研究项目,由"南宋专题史研究"、"南宋人物史"、"南宋与杭州"、"南宋全史"组成。至2010年年底,已完成《南宋史研究丛书》41卷,论文集2卷,《南宋及南宋都城临安系列研究丛书》1卷,对南宋历史文化作了全方位的梳理和研究,初步实现了"还原一个真实南宋"的预定目标。由此可见,学术界在南宋历史文献资料的汇集、编纂、整理,南宋历史的研究等各个方面,都做了大量比较全面、系统的文献整理和研究工作,已经构建起了比较完备的文献资料库和研究总汇,既为进一步的学术研究打下了厚实的基础,也为历史文化资源的当代开发利用提供了足可取用的原始素材。

三、南宋历史文化资源当代产业化运用的路径探讨

开发、利用历史文化资源,迎合市场、一味搞笑娱乐、低俗歪讲的"戏说"、"新说"不可取,而泥古不化、刻意模仿、迂腐庸俗的长袍马褂、稽首跪拜

也同样不可取。笔者认为,将传统文化资源与现代先进理念相结合、与艺术表现手法相结合、与高新科技相结合、与现代传播手段相结合,生产出与现实生活接轨、与大众文化接受能力接轨、与人的心灵接轨、与国际文化需求接轨的文化产品,是我们需要面对和急需开展的工作。现就南宋历史文化资源的产业化运用路径,从具体操作层面提出如下初步设想。

1. 构筑管理和运作平台

整合政府、科研单位、文化企业的资源和能力,建立政策、研发、产业、服务一体化的"南宋历史文化资源保护开发"工作平台,兼具行政管理、协调职能,学术研究、开发职能,市场运作机制,统一规划、统筹协调,打通各方界限、整合跨界力量,分类组织、逐项实现。

2. 建立资源与创意载体

建立南宋历史文化资源库和发布、传播、应用平台,以项目为纽带、以研究成果和作品为产业资本,直接进入生产领域,与文化企业开展互动式的产品研发和生产。建立南宋历史文化资源创意基地或创意实验室,并以此为龙头,建立各级、各类联动的社会创意网络。

3. 重视发挥专业人员作用

在当今不少地方传统文化资源被肤浅、粗放、错用甚至恶搞的环境里,真正的专家应该发出声音,传递准确的资源信息。建议专业科研人员更新观念,走出书斋,面向社会,服务大众,在研究历史文化的同时积极传播历史文化。

4. 运用现代科技和传播手段

文化产业一方面是"创意为王",另一方面也必须重视"渠道为王"、"传播为王"。如果只有好的创意与作品,缺乏流通渠道,传播乏力,那么在当今"传播力决定影响力"的社会环境里,也只能是"养在深闺人未识",失去存在的价值。充分运用数字技术、网络技术、影视技术、舞台技术等现代高新科技手段和现代传播方式,制作适合于现代社会、特别是青年受众欣赏口味和习惯的作品,创新传播平台,畅通传播渠道,使南宋历史文化资源以现代的方式真正进入现实社会。举例而言,多年来,白先勇一直做着昆曲传承的

"义工队长",在推广昆曲的过程中,他十分注重将古老昆曲与当代社会欣赏口味相对接、与现代科技手段相结合。自2006年开始世界巡演,在美国西部加州大学4个校区共演了12场,场场爆满,全场惊艳。美国的表演界、学术界反应热烈,加州大学柏克莱校区在他们表演之后第二年,马上由他们的音乐系和东方语言文化学系联合设立了昆曲课程,密西根大学也设立了昆曲课程。2008年白先勇和他的昆曲班底又去了英国莎士比亚的故乡和西方戏剧发源地希腊,5年来他们共在两岸三地、世界各地进过30所重点大学演出。国外演出经历带给他的一大启示就是:外国人也能看懂昆曲,但相比于中国人的欣赏传统之美,他们很看重戏剧的整体制作,灯光音乐舞台设计都要打分,这就需要充分借助现代科技手段,提高制作水平,用现代科技包装古老昆曲,使之重新焕发精彩和魅力。白先勇启动昆曲创新行动,这是一大原因,也是重要内容。

5.积极开掘创意创作源泉

南宋是一个有故事的时代,南宋历史文化中的政治风云、经济发展、社会民生、灿烂文化、科技创造、精致艺术、历史事件、重要人物、民间传说、爱国精神、民族气节、市井生活,等等,丰富多样、精彩无限、意味深长,具有好听可看、养心养眼的艺术潜力。通过对南宋历史文化资源的梳理,可以为新闻出版、影视创作、动漫网游、舞台艺术、大众娱乐、城市建设、旅游产品开发等提供生产创意和艺术创作的活水源泉。然而,现实情况却不容乐观。据统计,从2004—2008年,共有1274部动画片在国家广电总局获批立项,其中以传统文化资源为题材的动画片为221部。在这221部动画片中,有35部以宋朝为历史背景,如《水浒传》、《说岳全传》、《大英雄狄青》、《三侠五义》。⑤其中,北宋题材占据很大比例,南宋题材则以岳飞为主。据笔者非常粗浅的印象,在历史题材尤其是帝王宫廷题材充斥银幕、荧屏的今天,在《秦时明月》、《大唐风云》、《隋唐英雄传》、《三国杀》以及青少年喜闻乐见的动漫网游等现代娱乐领域,南宋题材似乎都很少见。这种状况既与南宋在历史上的地位不相符合,也是历史文化资源的闲置和浪费。

此外,南宋历史文化资源的旅游产品开发,也是一个可以发掘的空间。

浙江已有"唐诗之路"旅游产品,指的是晋唐以来文人墨客往来频繁、对唐诗发展有着重大影响的一条山水人文旅游线。我们可以借用专家力量,深入分析南宋的诗词、书画、笔记、民俗等历史资料,发掘文化要素,与山水、生态、乡村农耕文化体验紧密结合,在文化旅游的平台上串珠成链,做成精彩纷呈、美不胜收的现代南宋文化产品,奉献社会。

6. 开展社会化的普及工作

结合社会主义核心价值体系大众化工作,采用大众文化传播形式和渠道,结合高新科技手段,借助新媒体、影视文体明星、互动、参与等流行时尚元素,组织开展以社会大众,尤其是青少年为主体的各类南宋历史文化普及活动。比如编写社科普及类的南宋文化史读本,开展易于被老百姓喜闻乐见的南宋艺术、南宋生活、南宋习俗等内容的讲座;在电视、网络上举办诗词歌赋、文化常识及其基础知识大赛;以南宋历史文化资源为题材举办动漫、短剧、歌词创作大赛;集聚南宋历史文化要素、紧密联系现代生活场景、利用现代科技手段、发挥明星主持影响力、借助电视秀场的时尚元素,打造电视综艺节目;等等。

当然,要真正做实做好南宋历史文化资源的保护、开发、利用,实非易事。"纸上得来终觉浅","事非经过不知难"。以上构思只是我们的粗略设想,目的在于提供线索、开阔思路,一切都需要来自实践的检验。我们相信,只要政府、企业能够从思想认识、政策支持、资金扶持、产业布局和项目运作上,充分重视南宋历史文化资源、彰显其特色优势;史学工作者能够破除传统观念束缚,发挥专业特长,以弘扬、顾问、咨询、评审等方式积极参与传统文化资源的现代转换和开发利用,南宋历史文化资源一定能在浙江的文化产业和当代文化建设中,发挥越来越大的作用。

注释:

①北京市城市规划设计研究院:《历史文化资源分类及现状》,见该院网站。

②综合《云南日报》、《云南文化资源研究与开发》等资料。

③徐秋明:《地方文化研究与旅游文化资源开发——以广西桂东南旅游文化为例》,

见《经济与社会发展》2008 年第 6 卷第 11 期。

④徐规:《南宋史研究丛书·序言》,引自《南宋绘画史》,上海古籍出版社 2008 年版,第 36 页。

⑤高薇华、青语潇:《中国传统文化题材动画片创作的历史现状及趋势 1926—2008》,《现代传播》2010 年第 9 期。

南宋出版文化特色考述

章宏伟(故宫博物院)

　　对宋代出版文化的研究,从百年前叶德辉的《书林清话》开篇,王国维继起,之后张秀民、宿白有个别讨论,长期处于冷寂状态,缺乏深入讨论。近一二十年才有了较大改观,取得了长足的发展,相关研究向前有了较大的推进。

　　问题是往往对两宋作共同的考察,还处于长时段的概括阶段。在目前相关的 200 余篇论文中,把"南宋"列题来考察的,不过十余篇。把北宋、南宋作为一个整体来考察,往往以北宋涵盖南宋,又以南宋顶替北宋,所谓的两宋文化特色有的实际只为北宋或南宋所有,并不贯串两宋。就是北宋,也是缺少作历史顺序的考察。至少在北宋前期,出版并未见发达。洪迈(1123—1202)曾说:"国初承五代乱离之后,所在书籍印板至少。"[①]北宋名臣韩琦(1008—1075)"少年时家贫,学书无纸……时印板书绝少,文字皆是手写"[②]。宋前期出版业的兴起,主要表现在官方出版的迅速发展:(1)大量刊刻儒家经典;(2)大规模雕印大藏经;(3)开始编印大书。私家出版的材料在目前见到的文献中极为稀少,说明此时私家出版尚未兴起。大概要到仁宗时期,私家出版才迅速发展,古文家穆修倡导韩、柳古文不遗余力,"晚年得《柳宗元集》,募工镂板,印数百帙,携入京相国寺,设肆鬻之。"[③]时为仁宗天圣年间(1023—1032)。"相国寺每月五次开放,万姓交易,……殿后资圣门前,皆书籍、玩好、图画及诸路罢任官员土物香药之类。……寺东门大街皆是幞头腰带、书籍冠朵铺席。"④对于相国寺书市,当时人还有不少记载⑤,可知相国寺书市的图书内容相当丰富,各类图书应有尽有,是文人学士购求图书的最佳去处。可惜可考的汴京书铺仅有穆修、荣六郎两家。⑥苏轼后来说:"近岁,市人转相募刻诸子百家之书,日传万纸。学者之于书,多且易致如此。"⑦可见仁宗年间私家出版出现蓬勃兴起的势头。但"治平以前,犹禁擅镌,必须申请国子监,熙宁后方尽驰此禁。"⑧此后,宋代的出版业才开始了持续的兴旺发达,并得以形成南宋出版业的繁盛。可见,长时段,尤其是通贯两宋的考察,不能真正把握南宋的脉络和特点,难以做到复原历史真相的目的。

学界对于宋代出版的研究,目前还停留在定性分析阶段,缺少数量的分析,这固然是受制于宋版书佚失严重,十不存一,但也不能不说是我们功夫下得不够。我们对于宋代实际刻过什么书、刻书的数量难以把握,但至少对现存宋版书应该如数家珍。其实不然,除了沈治宏《现存宋人别集版本目录》⑨,祝尚书《宋人别集叙录》、《宋人总集叙录》⑩,严绍璗《日本藏宋人文集善本钩沉》⑪对集部书下了工夫外,只有张秀民《中国印刷史》对宋代刻本数量有个说法:"估计宋代刻本当有数万部。明权相严嵩被抄家时,中有宋板书籍六千八百五十三部。传至今日,国内外所存不过一千部左右,内今台湾约存二百部,又多为残本或复本。"⑫这个数字无疑过于保守,日本阿布隆一考查了日本、中国大陆和台湾等地所藏宋版书,日本藏有 890 多部,620 版种;中国大陆有 1500 多部,1000 多版种;中国台湾有 840 部,500 多版种(不包括大藏经之类文献)。此外,俄、德、英、美等也有少量宋版书⑬。对于我们来说,应该能够编出一部《现存宋版书目录》,如果能够再加上覆刻,有了这个基本数据库,再来研究宋代出版文化,可能会是另一种气象。当然,由于宋版书佚失严重,十不存一,仅用现存书目来研究是远远不够的,这也是笔者先做《明代版刻总目》,而对宋代、元代迟迟没有下手的原因。但如果连现存书目的数据库都没有,至少说明我们的研究还有待深入。由于笔者的宋版书数据库还未完成,因而本文尚无法采用新的数据来阐述南宋出版业的发展。好在张秀民、宿白、李致忠、曹之、祝尚书、顾志兴、徐学林、方彦寿、张宏生、王岚、杨玲、杨青、张丽娟、程有庆等的成果,可以让我们对南宋出版文化有一个大致的印象。因而本文对于没有新意的内容,就采用点到为止的做法。

南宋出版产业持续兴旺,出版文化高度繁荣,有着鲜明的时代特色,大致归纳如下。

一、官府、私家、民间三大出版系统各领风骚

从现存南宋刻本书籍,可以看出南宋中央和地方官府、书坊、书院、寺院和家塾等都从事雕版印刷,刊刻了众多书籍。现在学界讲宋代的刻书机构,一般都沿袭版本学的说法,分为官刻、私刻和坊刻三大系统。尽管李致忠早就将宋代的刻书机构,按其投资和经营的性质分为官刻、私刻和民间刻三大系统[14]。杨玲《宋刻研究》已采纳官刻、私刻和民间刻三大系统的分类,但她说:"许多编辑出版史专著,如姚福申的《中国编辑史》、方厚枢的《中国出版史话》等均把宋时的编辑出版业分为官、民、私三大系统[15],而这又与宋代刻书业的三大系统基本一致。"[16]则与事实不符。就是其随文注释列举的姚福申《中国编辑史》,并没有把出版业分为政府主办与民营出版业,而是专节论述"宋代的官刻、家刻与坊刻"[17]目前学界普遍仍然坚持官刻、私刻和坊刻三大系统的说法,既有的观念根深蒂固,要改过来其实很难。

(一)官府出版业

官府出版业是指政府各级机关的刻书业。中央各殿、院、监、司、局;地方各州(府、军)县、各路茶盐司、安抚司、提刑司、转运司、漕司、公使库、仓台、计台;各州学、府学、军学、郡斋、郡庠、学宫、黉宫、学舍,各县县斋、县学等机关单位,大多有出版行为,这些用公帑投资所刻之书,通常称为官刻本。

1.国子监

国子监在北宋不仅镂版颁行了正经正史,还校刻了类书、医书、算书等

子部书和文选等。刻书事业极其辉煌。靖康之乱，金兵破宋，汴京失守，国子监所藏书籍版片被劫掠一空。

宋高宗绍兴三年六月丁未诏："驻跸所在学置国子监"。[18]南宋国子监既是最高教育机关，又兼事刻书，是中央政府刻书的主要机构。绍兴中期局势稍定，朝廷就开始了刻印经籍的工作。《建炎以来朝野杂记》载："监本书籍，绍兴末年所刊。国家艰难以来，固未暇及。九年九月，张彦实待制为尚书郎，始请下诸州道学，取旧监本书籍，镂板颁行。从之。然取者多有残缺，故胄监刊六经，无《礼记》；正史无《汉书》。二十一年五月，辅臣复以为言。上谓秦益公曰：'监中其他阙书，亦令次第镂板，虽重有费，不惜也。'由是经籍复全。"[19]绍兴年间的刊印，是以北宋监本为底本，而由临安府或各州郡承担镂板刊刻，洪迈《容斋续笔》云"绍兴中，分命两淮、江东转运司刻三史板"等，[20]确实，《史记》为淮南漕司所刊，《汉书》、《后汉书》为江东漕司所刊，《三国志》为衢州所刊，南北朝七史为临安府所刊[21]。而经部书，则有可能如魏了翁《六经正误·序》所说，"南渡草创，则仅尽取板籍于江南诸州"，直接使用江南地方政府的现成书版印刷颁行而已，"与京师承平（即北宋时）监本大有径庭，与潭、抚、闽、蜀诸本互为异同，而监本之误为甚"。[22]

绍兴二十六年（1156）三月，诏令各级考试，"并试刑法，令国子监印造《礼部韵略》、《刑统律文》、《诏兴敕令格式》，并从官给"[23]。

国子监还校刻医书，"（绍兴）六年（1136）正月四日，置药局四所，其一曰和剂局。十八年（1148）闰八月二十三日，改熟药所为太平惠民局。二十一年（1151）十二月十七日，以监本药方颁诸路。"[24]所述"监本"即《太平惠民和剂局方》[25]。绍兴二十七年（1157），"八月十五日，昭庆军永宣致仕王继先上重加校定《大观证类本草》书，诏令秘书省官修润讫，付国子监刊行。"[26]

南宋国子监刻书的数量，王国维《五代两宋监本考》引各书中有关宋代监本书籍的材料，共考出两宋监本170部，其中北宋112部，南宋58部。而据《西湖书院重整书目》，南宋末，国子监中有书名可考的书版有100多种。[27]南宋灭亡后，国子监书板皆归入西湖书院，仍用于印书[28]。

2. 中央其他机构

除国子监刻书之外，南宋中央一些机关部门也刻书，如秘书省、国史院、左廊司局、修内司以及太医局等。

(1)秘书省:绍兴元年(1131)重建秘书省,"掌凡邦国经籍图书、常条祝版之事"。㉙秘书省也刻书。如:淳熙五年(1178)"九月十四日,有旨,秘书省见印到《中兴馆阁书目》,内将二十部进入,余给赐前日赴坐官每员一部。"㉚隶秘书省的太史局,"掌测验天文,考定历法。凡日月、星辰、风云、气候、祥眚之事,日具所占以闻。岁颁历于天下,则预造进呈。""其别局有……印历所,掌雕印历书"。㉛

(2)国史院:如建炎元年(1127)"诏宣仁圣烈皇后保佑哲宗,有安社稷大功。奸臣怀私,诬蔑圣德。著在史册。可令国史院差官撰实刊修,播告天下。"㉜

(3)左廊司局:尚书省隶属的左廊司局曾于淳熙三年(1176)刻印过《春秋经传集解》三十卷。此书卷末有题记:"淳熙三年四月十七日,左廊司局内曹掌典秦玉祯奏闻:《壁经》、《春秋》、《左传》、《国语》、《史记》等书,多为蠹鱼伤牒,不敢备进上览,奉敕用枣木椒纸,各十部,四月九日进览。监造臣曹栋校梓,司局臣郭庆验牒"。㉝

(4)修内司:《齐东野语》载:"《混成集》,修内司所刊本,巨帙百余。古今歌词之谱,靡不备具。只大曲一类凡数百解,他可知矣,然有谱无词者居半。"㉞修内司为将作监所属单位,"掌宫城、太庙缮修之事"。㉟不知为何刻与本职不相关的乐谱。《绍兴校定本草》,"医官王继先等奉诏撰。绍兴二十九年上之,刻板修内司。每药为数语辨说,浅俚无高论"。㊱

(5)太医局:宋宁宗嘉定年间刻《小儿卫生总微论方》。㊲

3.地方机构

南宋地方官府刻书的地域范面广、刻书单位多、刻书内容丰富。据前人著录和现存传本,南宋地方各类官署如茶盐司、漕司、转运司、计台司、提刑司,以及各州学、军学、郡学、县学都有刻书。州县政府刻书在东南一带尤为普遍。㊳南宋学者王明清说:"近年所至郡府多刊文籍"。㊴可见当时刻书风气之盛。一些地方官在公务之余,往往同属吏以校雠刻书为美绩,南宋诗人尤袤、杨万里、范成大、陆游与理学家朱熹、张栻等人,在各处做官时都刻过书。

洪迈刊行《万首唐人绝句》,而受到宋孝宗"转秩赐金帛"的厚奖,⑩因此更鼓励大家刻书。由于地方官府用公帑投资,所以都属于官刻书。地方官府刻书是南宋书籍出版的主要力量。杨青《南宋官府对刻书业的管理》曾以《书林清话》中所载南宋地方官府机构所刻书籍为依据,以刻本书籍的类别(用四部分类)、种数为经,以刊印书籍的地点为纬,编制了一个表格,从中可以一窥南宋各时期的地方官府刻书的大体状况。⑪作者的思路是对的,用《书林清话》的记载也便于完成这项统计,其实在目前来说,我们完全可以做得更好,如果利用《中国古籍善本书目》来做这个统计表,得出的结论肯定更令人信服。杨玲《宋刻研究》,利用既有的各种地方官府刻书资料,大体罗列介绍了各路使司、公使库、州(府、军)县、州(府、军)郡、县学刻本的情况。⑫顾志兴《浙江出版史研究——中唐五代两宋时期》,⑬江澄波等编《江苏刻书》,⑭杜信孚、漆身起《江西历代刻书》,⑮杨晏平《宋代江西的刻书》,⑯谢永顺、李珽《福建古代刻书》,⑰方彦寿《建阳刻书史》⑱等,对于各地地方官府出版资料的搜集和研究,都为我们提供了丰富的南宋地方官府出版资料。因为笔者现一时提供不了新的研究成果,这里就略而不述,仅就公使库为例稍作阐述。

4. 公使库

公使库最初是"太祖既废藩镇,命士人典州,天下忻便,于是置公使库,使遇过客,必馆置供馈,欲使人无旅寓之叹……承平时,士大夫造朝,不赍粮,节用者犹有余以还家。归途礼教如前,但少损"⑲。《建炎以来朝野杂记》记载:"公使库者,诸道监帅司与边县州军与戎帅皆有之。盖祖宗时,以前代牧伯皆殄于民,以佐厨传,是以制公使钱以给其费,惧及民也。然正赐钱不多,而著令许收遗利,以此州郡得自恣。若帅宪等司又有抚养备边等库,开抵当卖热药,为所不为,其实以助公使耳。"⑳

公使库的主要任务是接待过往官员,专供公使厨传。"厨传"是饮食住行的总称,公使库不仅要为公使提供饮食住行的方便,还要承担其所需的一切费用,其职能大体相当于今天政府官办的宾馆或招待所㉑。公使库的本职是接待来往的官吏,但往往设有印书局刻印书籍,刻书的经费来源于节余的款项和专款,公使库利用刻书积累了不少资金,反过来又促进了刻书事业继续发展,公使库成为地方官刻的主要机构。台州太守唐仲友利用职权之私,放出因伪造会子而入台州监狱的明州刻工蒋辉,让其为公使库刻《荀子》等书㉜。蒋辉能伪造纸币会子,可见其技术之精。当时和蒋辉一起为台州公使库刻书者有 18 人㉝。

公使库刻书的数量究竟有多少,现在已经不得而知,曹之、杨玲都曾整理过公使库刻印书籍概况,大家请参阅。笔者这里只是要指出,在这些公使库刻本中,属于北宋的只有两种:嘉祐四年(1059)苏州公使库刻《杜工部集》二十卷、元符元年(1098)苏州公使库刻《吴郡国经续记》三卷,其他都是南宋刻本。虽然公使库在北宋初年就已设立,但其刻书或许是与整个宋代社会书籍市场的形成和壮大同步的,因而主要是在南宋时期刻书多,现在所知的南宋有吉州、明州、沅州、舒州、抚州、春陵、台州、信州、泉州、鄂州、婺州、平江、两浙东路茶盐司等公使库刻过书。更多的公使库是否刻过书,由于文献无征,已经不得而知了。笔者的这个猜测由于公使库刻书的全貌已经不能复原,可能只能作为猜测存在而无法得到证实。

(二)私家出版业

私家出版是指私家和个人出资校刻图书,包括私宅、家塾和书棚、书坊、书肆、书籍铺等,通常称为家刻或坊刻。书坊是古代卖书兼刻书的店铺,是一种具有商业性质的私人出版发行单位,古代称书肆,后来也被称作书林、书堂、书棚、书铺或书籍铺、经籍铺和书坊。其实以往版本学上刻意与坊刻分列的"私刻",除了标有"某家塾"、"某宅"等字样外,与坊刻并没有什么实质性的区别,本文就把它们归为一类。

宋代私家刻书的规模有很大发展,地域分布广阔,刻印数量也大。有些书坊专门接受委托雕印业务,刻印和售卖书籍。有的书坊拥有自己的刻工和印刷工匠,并聘人编辑新书,印刷出售。还有的坊肆主人本身就是藏书家,而且兼事编撰、刻印、售卖业务,集编撰、出版、发行于一坊一肆之中。

书坊刻书内容十分广泛,所刻既有文人学子必需的字书小学、经史文集,也有供平民日常应用的农桑医算、类书便览。其中的诗歌、小说、评话等民间通俗文学作品有很高的文学和史料价值。杭州中瓦子街张家书铺出版的《大唐三藏取经诗话》是现存宋人平话小说中最早的刻本。

(三)民间出版业

民间出版介于官府出版与私家出版之间,它们所刻书的投资有的既非公帑,亦非个人私家之钱,而是靠民间集体的力量集资刻书,如某些寺院、道观、祠堂等,用募捐或家族积累所刻的书,书院刻书也应该归于这个系统。宋代书院基本属于私学,即使官办书院也多依赖民力。书院性质决定书院刻本与官刻既有联系又有区别,而更接近于民间刻书。

二、出版业分布大部分地域,形成了杭州、福建、四川三大出版中心

宋代的刻书出版业,适应着政治和文化的需要,伴随着农业、手工业和商业的发展,逐渐兴盛发达起来,出现了许多刻书机构、单位和个人,刻书地点遍及全国。宿白《南宋的雕版印刷》,以现存南宋印本为依据,对南宋雕版印刷的地方特征和刊工的活动等作了初步探讨。[54]宿白曾对晁公武《郡斋读书志》、尤袤《遂初堂书目》、赵希弁《郡斋读书志附志》和陈振孙《直斋书录解题》等四种南宋著名的私家书目著录的刻本书的刊印地点作过统计,晁、尤二目著录的刊地合计不足20,赵目超过30,陈目更超过60。《直斋书录解题》共著录图书3096种,标有刊地的175种版本仅占其中的5%强,统计出这60余个刊地,已遍布南方大部分路、州。[55]张秀民考得南宋刻书之地近200处,在《南宋刻书地域表》中列有183处。[56]张秀民《南宋刻书地域考》,对南宋两浙路的临安府、绍兴府、明州、婺州、严州、湖州、平江府,江南路的建康府,四川的成都府、眉山,福建路的福州与建宁府的建安、建阳等地的官府、书坊刻书概况作了论述。[57]

1. 两浙路

两浙路的刻书出版业非常繁盛,这是与该地区的地位密切相关的。两

浙地区生产发达,经济繁荣,是南宋的政治中心、经济中心和文化中心,学术繁荣,人才辈出,《宋元学案》载南宋两浙状元共23人(南宋状元总数49人)居首位,福建13人居次。据《宋史·宰辅表》统计南宋两浙先后有23人任相,比第二位的福建9人远多。⑤⑧南宋两浙学术文化的繁盛,为图书市场提供了巨大的读者市场,有力地促进了刻书业的发展。大量人口迁入,为经济发展提供了大批劳动力,也带来了北方先进的生产技术,使得南方优越的自然资源得到较为充分的开发和利用,经济得以迅速恢复和发展。经济的发展为文化的发展提供了坚实基础。而两浙地区盛产纸张,使得刻印书籍可以就地取材,更加促进了刻书业的发展。

南宋都城临安有刻书的传统,而且质量上乘,王国维《两浙古刊本考》:"监本刊于杭者,殆居泰半。"⑤⑨宋室南迁杭州之后,大批刻书工匠南迁。宿白统计,大约孝宗以后,约12世纪末叶临安府刊刻《仪礼疏》时,使用了160余人的刊工。而大约同时,绍兴府刊刻分量较多的《毛诗正义》用了30多人的刊工,湖州刊刻版数差不多的《北山小集》用了27人。⑥⑩

两浙地方刻书地区有临安和绍兴、吴兴、台州、衢州、婺州、明州、平江府、镇江府、湖州、严州、台州、象山、余姚、括苍等。其分布地点不但有各州府、军的所在地,也有偏僻的小县。南宋时期刻书出版在两浙地区得到普遍发展。

2. 福建

南宋时期,政治经济和文化中心南移,福建地位提高,移民的大量涌入,特别是海外贸易成为重要支柱,福建经济繁荣,已跻身于国内发达行列,这为文化发展提供了直接有利的物质条件。特别是发达的福建教育,官学与私学成为推动文化发展的基础力量。"宋代福建官学(学校)教育出现的一个奇迹就是各州县建立学校达100%,而同期全国各路县学设立的比率仅为44%。"⑥①这是福建在两宋掀起三次兴学高潮后的结果,《文化的地理过程分析:福建文化的地域性考察》图2.1"两宋时期福建学校教育地域扩展分布图",展现了宋代福建学校地域扩展过程的连续画面。第四幅图是南宋所建学校的情况。这一时期建学最主要的特色是福州的不少偏远小县也相继建立学校,有的县刚建成不久便有官学的兴建。原已建立但因处于文化积累较薄弱的边远或过渡地带的一些县学,此时期也得到进一步完善。官学教育的完善对福建私学有重要的榜样和启示意义,社会风气成为支撑私学发展的主要动力。私学与官学稳步发展相伴随使教育得以深化,私学在数量和质量上为州县学奠定了坚实的基础。福建在南宋时期人才荟萃,文化高度繁荣。"各种统计不断说明两宋福建人才的涌现与文化地位的显赫:《宋史》所列《儒林传》和《道学传》中闽人 17 位,居全国第一;'福建出才子'列为全国第一;两宋进士总数约为 28900 多人,福建占了近五分之一,居全国第一;《宋元学案》立案学者 988 人,福建 178 人,居全国第一;《宋史》闽人位宰辅之职,居全国第三位;《全宋词》福建北宋词人 14 人,居全国第六位,南宋词人 63 人,居全国第三,若以著名词人而论,福建 29 人,亦居全国第三位;《宋诗纪事》福建诗人 128 位,居全国第二位……至于宋代文献言及福建文化之盛,更是接踵而至,'冠带诗书,翕然大肆人才之盛,甲于天下';'今世之言衣冠文物之盛,必称七闽',以至朱熹慨然叹曰:'天旋地转,闽浙反居天下之中。'"[62]

福建采用麻类造麻纸,楮树皮造楮纸,麻藤造藤纸,竹子造竹纸。"楮纸出连江西乡,薄藤纸出侯官西岸,厚藤纸出永福辜岭。"[63]其中楮纸和藤纸是印书的优质纸。福建竹子资源广布于各县山区,竹子出产丰盛的县多达二三十个,如闽北的浦城、崇安、松溪、政和、建瓯、建阳、邵武、泰宁、建宁,闽中的永安、沙县,南平、尤溪、古田,闽西的明溪、连城,清流、宁化、长汀、上杭、武平、永定、龙岩、漳平,闽东的罗源、宁德等产竹都较多。造竹纸所需的原料如石灰、胶汁等易制易得,丰富的原料和辅助材料是福建竹纸得以兴盛的物质基础。造纸业的发达,使刻书可以就地取材,满足需求。福建竹纸的质量在北宋时还很成问题[64],南宋以后质量大大提高,建阳麻沙本均采用邵武、三明、延平诸地所产的竹纸。而建阳在南宋一跃成为三大刻书中心之一。

教育的兴盛,扩大了对图书的需求,为福建的书籍销售扩大了市场,促进了福建刻书业的发展。建安是南宋重要的刻书中心之一。清叶德辉说:"夫宋刻书之盛,首推闽中,而闽中尤以建安为最,建安尤以余氏为最。"[65]南宋时期建安不仅坊肆刻书繁多,漕司和郡斋都刊刻书籍。福建官署印书,除福州、建安、泉州这些地方外,宁化、临汀、莆田、福唐、怀安各县,或郡斋,或学宫,都刻印过不同数量的书籍。

3. 江南西路和江南东路

江南西路盛产的竹、麻、葛等农产品,都是造纸的优质原料。南宋初期,洪州曾经上供纸张达 85 万张,"依例分下分宁、武宁、奉新三县收买解州装发。"⑯抚州的草钞纸也非常有名,《癸辛杂记》中记廖莹中刻书事云:"《九经》本最佳……以抚州草抄纸、油烟墨印造,其装褙至以泥金为签。"⑰廖莹中选纸独重抚州草钞,可见此纸胜于他产。造纸业的兴旺为刻书业奠定了良好的基础。另外,当时江南西路教育兴盛,书院、书馆遍布,读书人多,文人交往频繁,这也刺激了刻书业的发展。

北部的隆兴(今南昌),自古以来就是江西政治经济和文化的中心,南宋时期是江南西路的治所。东部的抚州刻书种类多,质量精,其中抚州公使库的刻书最为著名。淳熙四年(1177)抚州公使库召募两浙和本地高安国、高安道等 30 余名雕刻良工来刻印《六经三传》,是江西较早一次雕印大工程,所刻书籍极为精审,被历代藏书家奉为至宝。除隆兴和抚州外,临川、袁州、吉州、九江等地官府也都刻书。

江南东路位于两浙的外围,在雕版之始深受两浙的影响。乾道年间(1165—1173)当涂姑熟郡斋所刊的《洪氏集验方》、《伤寒要旨》等医书和淳熙三年(1176)广德桐川郡斋所刊的《史记集解索隐》主要依赖浙工。⑱宋孝宗以后,江南东路的雕印业发展很快,如淳熙七年至嘉泰四年(1180—1204)池州所刊刻的几部书,两浙的刊工已经很少,绝大部分是本地刊工。江南东路官府刻书范围也很广,包括建康、宣州、信州、池阳、姑熟、当途、新安等地。

4. 四川

四川自古有"天府"之称,经济、文化素称发达。唐末黄巢起义后,全国政治、经济中心移向成都。加上蜀地木材资源丰富,盛产纸张,自唐以来四川的印刷业就在全国居领先地位。后蜀宰相毋昭裔曾经刻过《初学记》和《文选》。宋太祖开宝四年(971)命宦官张从信在成都刻《大藏经》5048 卷,历时12年,不仅带动了当时的印刷业,而且为当地培养了大批刻工和印刷工。

南宋时期,绍兴十四年,"井宪孟为四州漕,始檄诸州学官求当日所颁本。时四川五十余州皆不被兵,书颇有在者,然往往亡缺不全。收合补缀,独少《后魏书》十许卷。最后得宇文季蒙家本,偶有所少者,于是七史遂全,因命眉山刊行。"⑥"七史"即《宋书》、《南齐书》、《梁书》、《陈书》、《魏书》、《北齐书》和《周书》。顾廷龙认为,"蜀刻的中心由成都移向眉山大约就在这个时期"⑦。

宋宁宗庆元五年(1199),成都学署雕印《太平御览》1000卷,动员刻工140余人,规模之大可以想见。蜀刻本中有相当一部分是唐宋名家的诗文集。陈振孙《直斋书录解题》说:"大抵蜀刻唐六十家集,多异于他处本。"蜀刻唐人集有每半叶11行、12行两个系统,11行本为北宋或南北宋之际所刻,南宋初到中叶,变成12行本,传世的有孟浩然、李长吉、郑守愚、欧阳行周、皇甫持正、许用晦、张承吉、孙可之、司空一鸣等,还有孟东野、元微之、刘文房、陆宣公、权载之、韩昌黎、张文昌、刘梦得、姚少监等残本流传。眉山、成都成为四川的主要刻书中心。

5.其他地区

淮南路的官方刻书多在东西两路的路治扬州、庐州(今合肥)及舒州、高邮几个地方。从《书林清话》所载书籍看,扬州州学、庐州州学、舒州公使库、高邮郡庠都刻过书籍。

荆湖南北两路刻书地包括潭州(今长沙)、江陵、鄂州、全州、沅州、沔阳、邵阳等。

潭州,自唐以来,就是我国中部地区南北交通要道。王阮《代胡仓进圣德惠民诗》云:"乙卯(绍兴五年,1135)饥荒后,长沙富庶全,纪年四十载,斗米二三钱。县县人烟密,村村景物妍。朱蹄骄柳陌,金镫丽花钿。"⑦南宋时潭州不但经济繁荣,而且文风昌盛,著名理学家张轼、朱熹都曾在岳麓书院主持过讲学活动。刻书形成一种风气,如潭州州学于乾道二年(1166)刻印了胡安国编集的《二程文集》15卷,淳熙、庆元(1174—1200)年间又先后刊行了《程氏遗书》25 卷和《程氏外书》12 卷,流传广泛,对程朱理学在湖南乃至全国的传播发挥了相当显著的作用。潭州州学刻印的经籍,还有易、书、诗、三礼、孝经、论语、孟子、春秋三传等。

鄂州处在川、浙之间的长江中游,和川、浙的交通极为便利。两浙和成都附近的雕版印刷业发展迅速,鄂州刻书业在很大程度上受着川、浙影响。鄂州在南宋也是纸的产地之一,其中蒲圻生产的纸,质地匀称,"厚薄紧慢皆得中",[72]是较有名的产品。鄂州公使库于淳熙十四年刻《花间集》10 卷。

总之,至南宋后期,刻书出版业在各地已遍地开花,经济发达、文化繁荣和造纸业发达的地区,如两浙、福建等地,刻书量和刻书点比较多,相应的偏远地区、经济相对落后的地区,如广南东路、广南西路等地区,则刻书量和刻书点比较少。张秀民《宋孝宗时代刻书述略》对当时刻书地域分布有详尽考述。[73]

三、刻书数量巨大,品类繁多,四部皆有

雕版印刷术的发展,为南宋出版业的兴盛提供了技术上的保证,不论是旧籍还是新著,均得以大量且迅速地繁衍传播,既增加了图书的数量,丰富了公私藏书,又刺激了人们著书立说的积极性。由于宋版书佚失严重,尽管学者们做了种种努力,如编纂《中国古籍善本书目》、《现存宋人别集版本目录》、《宋人别集叙录》、《宋人总集叙录》,要想统计南宋刻书总量实际上已经不可能做到。

现在能做的,主要就是通过史志目录、通过南宋的公私藏书,从侧面角度来一窥南宋的刻书量。

靖康之乱后,宣和馆阁之储,荡然靡存,南宋移都临安后,乃建秘阁省,颁献书之赏,在全国搜访佚阙,于是四方之藏,稍稍复集,日益以富,"当时类次书目,得 44486 卷。至宁宗时续书目,又得 14943 卷……盖以宁宗以后,史之所未录者,仿前史分经、史、子、集四类而条例之,大凡为书 9819 部,119972

卷"⑭。《宋史·艺文志》所述当时书目、卷数的规模，固然会有相当比例的写本，但不容否认其中有相当大的比例是刻本。南宋政府藏书数量已经超过以前历代藏书。南宋私人藏书已经形成一种风气，潘美月《宋代藏书家考》"博采史传、郡志，遍搜历代文集、笔记、杂说，兼及于公私簿录"，收录宋代藏书家 126 人⑮。方建新《宋代私家藏书补录》又增至 160 人⑯，范凤书《中国私家藏书史》搜罗宋代私家藏书达万卷以上的大藏书家 214 人，约占宋代藏书家总数的三分之一左右，可见当时私家藏书数量之大⑰。南宋私家藏书与北宋私家藏书相比，藏书数量大增，北宋私人藏书一二万卷已属名著一时的藏书家，三四万卷的藏书家更为凤毛麟角，七万卷已到顶峰，而南宋三四万卷的藏书家比比皆是，甚至出现了十余万卷的大藏书家。如此众多的藏书自然是出版物兴盛的结果。

四、编校实践发展为理论总结

北宋时期，国家刊印颁行对政治文化和国计民生有重要意义的典籍，大都由馆阁主持校勘⑱。南宋虽然刻书出版业繁荣兴盛，但秘书省无须对各类经典古籍进行新的专门校勘，秘书省仅在某些特定的情况下，充当一下审定润色的角色，如"删润"《校定大观证类本草》，馆阁校勘的职能明显削弱。国子监是馆阁之外与图书典籍整理刊印关系最密切的部门，南宋时也无多大作为。嘉定十六年（1223），诏令刊修经板，"柯山毛居正义甫期于经传，亦既博览精择。嘉定十六年春，朝廷命胄监刊定籍，司成谓无以易，义甫驰书币致之，尽取六经三传诸本，参以子史字书、选粹文集，研究异同，凡字音切毫厘毕校，儒官必叹，莫有异辞。旬岁间刊修者凡四经，乃犹以工人惮烦，诡窜墨本，以给有司，而板之误字实未尝改者十二三也。继欲修《礼记》、《春秋三传》，义甫以病目移告，事遂中辍。"⑲这次刊修六经，由毛居正校正，因病中辍，仅修四经。校勘虽毫厘必校，由于刻书工人怕麻烦，"诡窜墨本，以给有司"，有不少错字未加改正。

　　陈骙《南宋馆阁录》卷三所载馆阁《校雠式》,以往被看做是校勘书籍的格式、方法渐趋完备的表现,标志着中国古典校勘学到宋代已成为专门之学。实际上,这个"校雠式"不具备如此性质和意义。⑩

　　由政府各部门和地方机构组织的,以及士庶人等自发的书籍校勘和刊印比比皆是。私家刻书校订,其志既不在干禄,又不受命于人,多采用精选的善本,因此质量很高。方松卿刻《韩愈集》,参校版本达70家之多,韩集文字才得以正本清源。廖莹中刻《九经》,"凡以数十种比较,百余人校正而后成"⑪,私人刻书动用百余人校正,在刻书史上非常罕见,可见其刊书之不苟。

　　随着图书编校实践的发展,到南宋已是名家辈出,开始有人在理论上加以总结,如朱熹在《昌黎先生集考异》序中说:"悉考众本之同异,而一以文势义理及它书之可证验者决之。苟是矣,则虽民间近出小本不敢违;有所未安,则虽官本、古本、石本不敢信。又各详著其所以者,以《考异》10卷,庶几去取之未善者,览者得参伍而笔削焉。"论述非常精辟,强调文势义理,不迷信古本、石本,是一种实事求是的态度。更可注意的是,编辑工作出现了向理论发展的最初趋势。方松卿《韩集举正》、廖莹中世彩堂《九经总例》和彭叔夏《文苑英华辨证》可以视为这一趋势的代表著作。

　　廖莹中世彩堂《九经总例》⑫,贯穴九经,综其互异,分类举例辨证,提出校勘应遵守的事项,包括书本、字画、注文、音释、句读、脱简等六个条目。提出尽量搜集异本、择善而从,尽可能接近书的原貌,对详审字画,考证注疏、音释,正确断句,补足脱简,汇集比较各本异同等校勘必经的程序,都规定为必须遵守的条目。具体分析这六条例言,可以看出著者只是从正字、正音、正义的准则和便读的要求出发的,但由于它来自编校《九经》的实践经验,其中包括了校勘的某些典型经验,因此具有理论价值。

　　值得一提的是:有人以为郑樵的《通志·校雠略》是中国研究编校工作的第一部专著,甚至认为《校雠略》是中国古典编辑学的奠基之作。实在是一种误会。《校雠略》对于设官专守、搜集图书、辨别真伪、确定类例、详究编次、设法流传等提出了自己的创见,主要论述的是目录学方面的问题。所论21个问题,只有第11个问题《求书遣使校书久任论》与校雠稍有一点关系,指出："司马迁世为史官，刘向父子校雠天禄，虞世南、颜师古相继为秘书监，令狐德 三朝当修史之任，孔颖达一生不离学校之官。若欲图书之备，文物之兴，则校雠之官，岂可不久其任哉?"

五、装帧形式定型

宋初，处于写本书向印本书全面转化的时期。雕版印书这种书籍制作方式的改变，使得书籍装帧形式也发生了明显变化。清人钱曾尝言："自北宋刊本书籍行世，而装潢之技绝矣。"⑧正反映出书籍生产方式的变革，对装帧形式变化的深刻影响。

南宋常见的书籍装帧形式是蝴蝶装。蝴蝶装已是印本书籍的形式。这种形式，是由许多单页装订成册的。这种书籍制度称为册页制度。本册是由许多印有字的纸页装订而成的。一张没有装订的印页，叫做"叶"（也写作"页"），装订起来的整体，叫做册。这种册页制度之所以在印刷术通行以后才产生，是因为雕版印刷的一版恰好相当于一页，它最适合印刷术的要求。最早的册叶制度是蝴蝶装。蝴蝶装又称"蝶装"，因书页展开似蝶形而得名。其装订方法，是先将每一印页由书口向内对折，即把有字的纸面相对折起来，然后将每一书页背面的中缝粘连在一张裹背纸上，再装上硬纸（有时用布或绫锦裱背）作封面，便成一册书。这是早期的册页装订形式。其特点是版心向内，单边向外，使书心得以保护。边角污损可以裁去，而不影响文字内容。因为它是糊贴的，没有穿孔，易于改装。这些都有利于保护图书。

由于蝴蝶装采用硬纸作封面，故可以竖立排架。排架时书口向下，书背向上，书根向外。为了便于寻检，常把书名及卷第写在书根上，从书背到书口成一直行。中国国家图书馆所藏宋装《欧阳文忠公集》、《册府元龟》书根上就有这样的题字。其书口处带有摩擦的痕迹，可以证明当时是采用上述排架法的。

　　蝴蝶装虽然在保护图书方面有它自己的优点，但却给阅读带来了不便。由于书页都是单层的，纸较薄，印刷面容易粘连，阅读时往往是先见到纸背，而且读一页，必须连翻两页才能继续读下去，很不方便。于是，在南宋后期出现了包背装。

　　包背装是把书页背对背地折起来，使文字面向外，把版心作为书口，将书页的两边粘在脊上，再用纸捻穿订，外加书衣绕背包裹。这种装订的方式，基本上和蝴蝶装相同，但经过书页正折，版心向外，使页页相连，便于阅读，避免了蝴蝶装翻空白叶的不便，在后代也很流行。包背装的书口是书的中缝，如果仍照蝴蝶装的样式排架，将会磨损书口，使一页裂为两半，因此，就改为平放在书架上了。既然平放，硬封面的作用也就不大了，所以也可以改用软质材料作封面。

　　佛经依然采用经折装。

六、图书版式不断推陈出新

　　南宋时期的书坊主在经济利益的驱动下，为了谋求更广泛的图书市场和最广大的读者群，从方便读者阅读利用图书的角度出发，在编辑技术、图书版式和编排形式上不断推陈出新，讲求图书的实用性。这些发明有以下几个方面：

　　（1）象鼻与书耳的创制。象鼻（黑口）是雕版版心的中线，通常位于鱼尾外端与版框线相连，因与鱼尾和起来看像大象的鼻子，故称之。北宋刻书受卷轴制度的影响，书口无象鼻。南宋时期福建建安、建阳一带的书坊出版商最早使用象鼻，在鱼尾和版框之间刻一条细线。如宋庆元年间建安黄善夫刻《后汉书注》版心刻有细线象鼻。线黑口后来又发展为粗黑口（线条刻得较宽），如宋刻本《桯史》的版心刻有粗象鼻，近似大黑口。象鼻的功能与鱼尾相同，是鱼尾功能的延伸，它的基本功能是对折符号，方便折纸和装订。宋代晚期出现包背装后，版心刻象鼻的现象比比皆是。书耳也称"耳格"、

"耳子",指版框外侧上端附刻的小方格,专门用来记录篇名、书名简称或者帝王年号室名等内容,大多见于蝴蝶装版式的图书。因为蝴蝶装图书版心位于订口的位置,读者查找版心内书名篇名和有关版本记录事项不大方便。为了方便读者翻检图书的内容,南宋建阳书坊的出版商有意在版框边栏外的左上角或右上角刻一小长方框,内刻篇名卷次等,相当于当今图书书眉的作用。书耳的出现也始于南宋建阳书坊。

(2)创立经疏合刊的编排体例。经史典籍在以前都是正文与注疏分开排列的,南宋建阳书坊出现了经疏合刊的新形式,有的是"三位一体",有的是"四位一体",即把经、注疏、音义、释义等刻在一起,注疏、音义、释文等用双行小字与正文附刻在一起,方便读者阅读,尤其是对初学者最为方便。

(3)重言、重意的运用这是书坊出版商最早应用的互注形式。重言就是将同一书中重复出现的相同词句用"重言"标注位置;重意:就是将意思相同而词句不同的句子以"重意"标注。可以说是最早的主题词索引。通过在正文中重复词句和句义的标注,提示读者对句义的理解,加强了上下文之间的联系,便于读者查考和记忆。如建阳书坊刻《监本纂图重言重意互注点校毛诗》即是。

(4)分栏分版的创新。南宋刻本,在文字四周都有边栏,以上下单边左右双边为普遍,间有四周单边或四周双边的。有的边栏上又加上一层短横栏,注明生字之音,如巾箱本《公羊春秋》,充分体现出古代出版商讲求版面的美化与图书的实用性。书坊主人们煞费苦心地在雕版版式上标新立异。把版面分为上下两栏,上图下文,或上刻点评,下刻正文。

(5)插图的运用和版面美化。在图书版面内附刻插图,增加图书的通俗性和趣味性,吸引读者阅读。不仅佛教的印刷品中使用大量的插图,而且在历史故事、小说平话、技术著作,甚至儒家经典的书籍中,也都配有插图,以通俗的形式刻印,是宋代编辑出版业的创举。出版商多用"绣像"、"全相"之类字眼标榜书名,招徕读者。附刻插图、图文混排的版式多种多样:上图下文版式、小幅插图版式、全幅插图版式、对幅插图版式和团扇形插图版式等,设计上争奇斗巧。

（6）"巾箱本"风行一时。宋人戴埴《鼠璞》："今巾箱刊本无所不备。嘉定间，从学官杨璘之奏，禁毁小板。近又盛行，第挟书非备巾箱之藏也。"[84]这是为适应科举作弊之用而由书坊创造的。所印多为经书，开本长不及四寸，宽不及三寸，密行细字。

七、注重出版行销

以刻印售卖图书为业的民间书坊是书籍生产的基本力量，是商品书籍流通的主体。唐末五代的书坊规模很小，刻书内容也仅限于阴阳杂汇和历书，故称某家，而到宋代就称为书林、书棚、书堂、书铺、经籍铺和书坊，可谓名正言顺。

书商以营利为目的，他们所刻的书，多是社会需求量大、销路好的书。在这个意义上，不妨说，从书籍的刊刻上可以看出社会的需求。如孝宗诏进士骑射，书坊便刊出《增广射谱》，[85]韩侂胄准备北伐，书坊便编成《三国六朝五代纪年总辨》，"以备程试答策之用。"[86]《宏辞总类》一书，初编于绍兴年间，几十年来，一续再续，而嘉定元年（1208）之后，"时相不喜此科"，遂不再有人续刻。[87]这样，一方面，书商的活动反映了社会的需求，另一方面，又在客观上刺激着这种需求，使其更为广泛化。

为适应市民文化发展需要的通俗读物，如各种酬世大全、医卜星相、农工杂技等应用性较强的书籍和日用百科全书如居家必用和事林广记，以及为市民阶层喜闻乐见的话本小说、杂唱变文等俗文学书籍等，在宋代大量出版。

宋代民间书市贸易遍布全国，曹之先生曾据《郡斋读书志》、《遂初堂书目》、《直斋书录解题》等编制了一份宋代全国书市贸易分布地区表，有浙江、福建、四川、江西、湖北、湖南、江苏、安徽、河南、山西、广东等十多个地区。[88]此表当然只是举例性质。但不难看出，宋代书肆几遍全国。比较而言，汴京、浙江、福建、四川、江西、湖北、湖南等地是宋代书业贸易的中心地区。

赵宋南渡后，建都临安（今杭州），文化中心随之南迁，浙江书市贸易日趋活跃。临安、绍兴、宁波、婺州、衢州、严州、湖州、平江（苏州）等地都有不少书铺。可考的临安书铺有杭州大隐坊、临安府太庙前尹家书籍铺、杭州钱塘郭宅、临安府棚北大街睦亲坊南陈宅书籍铺、临安府鞔鼓桥南河西岸陈宅书籍铺、临安府洪桥子南河西岸陈宅书籍铺、钱塘王叔边书铺、钱塘李氏书铺、临安赵宅书籍铺、临安俞宅书塾、杭州猫儿桥汉东岸开笺纸马铺钟家、临安棚前南街西经坊王念三郎家、临安府众安桥南贾官人经籍铺、杭州积善坊王二郎、杭州沈二郎经坊、临安府中瓦南街东开印输经史书籍铺荣六郎家、临安桔园亭文籍书房、临安府修文坊相对王八郎家经铺、钱塘门里车桥大街郭宅经铺、临安保佑坊前张官人诸史子文籍铺、太学前陆家、临安孟淇等。书商既刻书又卖书，信息灵通，对市场行情了如指掌。

以上书铺之中，以棚北大街睦亲坊南陈宅书籍铺最为著名。主人陈起，字宗之，号芸居，生年不详，卒于理宗宝祐四、五年（1256—1257）。[89]陈起是一位书商也是出版家，他所刊刻之书的种类很多，"诗刊欲遍唐"。对于当代诗人，他往往直接向诗人索诗，有类于现在出版社的组稿。黄文雷《看云小集》自序云："芸居见索，倒箧出之，料简仅止此。自《昭君曲》而上，盖经先生印正云。"危稹《巽斋小集·赠书肆陈解元》二首之一云："巽斋幸自少人知，饭馆官闲睡转宜。刚被旁人去饶舌，刺桐花下客求诗。"赵师秀《清苑斋诗集·赠陈宗之》云："每留名士饮，屡索老夫吟。"陈起卖书的形式多种多样：读者可以邮购，例如他曾多次给许棐寄书，许棐因有《陈宗之叠寄书籍小诗为谢》之诗；读者手中没有现钱，还可以采用记账的形式，等到有钱时再还，黄简因有"赊书不问金"的诗句；陈起还经常推着图书车走街串巷，流动售书，送书上门，叶绍翁因有"随车尚有书千卷，拟向君家卖却归"的诗句；对于好友或经济拮据的读者，陈起常常毫不吝惜地把书借给人家，时人因有"成卷好诗借人看"、"时容借检寻"等诗句。[90]由于陈起能为读者着想，因此他和读者的关系非常融洽，读者把陈起当做自己的知心朋友，其书坊简直成了广大读者的学术活动中心。据记载，刘克庄、郑斯立、黄佑甫、杜耒、周文璞、黄简、许棐、俞桂、徐从善、周端臣、朱继芳、黄文雷、危稹、吴文英等数十人都是陈起书坊的常客。陈起去世的时候,广大读者悲痛不已,纷纷写诗寄托哀思。除了陈起等20余家书铺之外,其他书铺已不可考了。

据《宋史·吕祖谦传》:"书肆有书曰《圣宋文海》,孝宗命临安府校正刊行,学士周必大言《文海》去取差谬,恐难传后,盍委馆职铨释,以成一代之书,孝宗以命祖谦。"书肆主人是谁,已不可考。

浙江婺州的可考书坊有婺州市门巷唐宅、金华双桂堂、婺州义乌青口吴宅桂堂、婺州义乌酥溪蒋宅崇知斋、婺州东阳胡仓王宅桂堂、婺州永康清渭陈宅等。绍兴、宁波等地的书坊已无从查考了。

福建书商分布在建阳、福州、邵武、武夷、泉州、莆田等地,其中以建阳为盛,建阳麻沙号称"图书之府",因为古代建阳隶属建宁府建安郡管辖,故麻沙书商每称"建宁"或"建安"。建阳书坊可考者有建宁府黄三八郎书铺、建宁蔡琪、建宁陈八郎书铺、建安江仲达、建邑王氏世翰堂、建安余唐卿、建安余彦国、建安余仁仲、余靖安、余慕礼、建安刘叔刚、建安刘日新、麻沙刘仕隆、建安刘元起、蔡子文、麻沙刘仲吉、麻沙刘仲立、麻沙刘将仕、麻沙刘通判、建安虞氏家塾、麻沙虞叔异、麻沙虞千里、建安魏仲立、建安魏仲举、建安魏仲卿、黄善夫、建安黄及甫、建安陈彦甫、蔡梦弼、建安王懋甫、建安王朋甫、建安唐氏、建安庆有书堂、建安万卷堂、建阳龙山堂、建安余腾夫、建安刘学礼、建安蔡建侯、建安谢维新、建阳宋咸、建宁李大异等。其中余仁仲、余慕礼、余唐卿、余腾夫、余彦国为书商世家。余仁仲是南宋中期人,肆名万卷堂,万卷堂刻印、销售图书最多,计有《尚书精义》、《春秋公羊经传解诂》、《事物记原》、《礼记注》、《周礼注》、《尚书注疏》、《陆氏易解》、《尚书全解》、《王状元集注分类东坡先生诗》等。^①

福建其他地方可考的书坊有三山杨复、三山黄庚、泉州韩仲通、泉州中和堂、武夷安乐堂、闽川黄壮猷、邵武俞翊、武夷詹光祖、闽山阮仲猷种德堂等。

四川书商分布在成都、眉山、广都、涪州等地。可考的书铺有眉山万卷堂、眉山程舍人宅、西蜀崔氏书肆、眉山书隐斋、成都辛氏、成都俞家、眉山秀岩山堂、广都费氏进修堂、涪州性善家塾、眉山文中等。

江西可考书坊有吉州周少傅、临安新喻吾氏等。

广东潮州书商也比较多。

湖南书市分布在长沙、道州、邵阳、茶陵等地,长沙书坊自刻自卖《百家词》,据《直斋书录解题》卷二十一:"自南唐二主词而下,皆长沙书坊所刻,号《百家词》。其前数十家皆名公之作,其末亦多有滥吹者。市人射利,欲富其部帙,不暇择也。"

湖北书市集中在鄂州、江陵、黄州等地。

江苏书市集中在金陵等地。

安徽书市集中在徽州、池州等地。

八、书籍广告流行

随着出版业的普及与大量商业化,南宋书坊在出版经营手段和出版经营理念方面也有了新的发展,刻书牌记的大量出现就是一项明显的标志,许多牌记具有明显的广告特点,是刻书家的自我宣传。坊刻本更是普遍附刻刊记。刊记的广告文字大量增多,用语日益讲究,直面读者,招揽生意的自觉公关意识已表现得十分突出。出版者的广告意识更加自觉、更加成熟、更加强烈。如宋绍兴二十二年临安府荣六郎家刻本《抱朴子》一书,在卷二〇后刻有75字的牌记:"旧日东京大相国寺东荣六郎家,见寄居临安府中瓦南街东开印输经史书籍铺,今将京师旧本抱朴子内篇校正刊行,的无一字差讹,请四方收书好事君子幸赐藻鉴。绍兴壬申岁六月旦日。"这些文字依版面顺行格而刻,没有任何框栏。后来,也许是为了醒目,遂在这些刊语边上加围墨栏,成了名副其实的牌记。牌记又称墨围,以其有墨栏围绕而得名;又称碑牌,是为有些牌记状如石碑之故;此外还有墨记、书牌子、木记、木牌等多种名称。牌记是刻书家的字号标志,反映刻书内容及有关情况,有方形、碑形、钟形、鼎形、亚字形、香炉形等式样。最初是为便于读者识别,争取商业信誉,后来逐渐发展成版权的记录,牌记的内容和形式更加完善。林申清《宋元书刻牌记图录》,依文字内容,把它分为几种类型:(1)记刻书时间。(2)记刊刻者斋名堂号。(3)兼记刊刻地点和刊刻者斋堂室名。(4)兼记刻书时间和刊刻者。(5)兼记刻书时间、地点及刊刻者。(6)记版权。(7)刻书咨文。这是南宋书籍广告的主要形式。无论是官刻还是私刻,这种广告牌记已经很普遍。

纵观这类刊记,主要目的是为了竞售商品和招揽读者,可以举出很多,如福建路转运司刻本《太平圣惠方》:"福建路转运司今将国子监《太平圣惠方》一部一百卷二十六册,计三千五百三十九板,对证内有用药分两及脱漏差误共有一万余字,各已修改,开板并无讹舛。于本司公使库印行。绍兴十七年四月日。……"②

试再举几例。如建阳坊刻本《新纂门目五臣音注扬子法言》的刊记云:"本宅今将监本《四子纂图互注》附入重言重意,精加校正,殆无讹谬。誊作大字刊行,务令学者得以参考,互相发明,诚为益之大也!建安□□□谨咨"。③又如王叔边刊本《后汉书注》的书前牌记云:"本家今将前后汉书精加校正,并写作大字镂版刊行,的无善错。收书英杰伏望炳察。钱塘王叔边谨咨"。又如南宋龙山书堂《挥麈录》牌记云:"此书浙间所刊止前录四卷,学士大夫恨不得见全书。今得王知府宅真本全帙四录,条章无遗,诚冠世之异书也。敬三复校正,镂木以衍其传,览者幸鉴。龙山书堂谨咨。"这些刊记广告均以标榜校对精细,内容准确无误,大字便易观览为号召。有的广告还以内容见长,观其广告犹如读其内容提要,从而勾起读者的购书欲望。宋建阳余氏刻本《活人事证药方》,目录前牌记云:"药有金石草木,鱼虫禽兽等物,具出温凉寒热、酸碱甘苦、有毒无毒、相反相恶之类,切虑本草浩繁,率难检阅。今将常用药性四百余件附于卷首,庶得易于辨药性也。"宋淳祐间建阳朱士全刻本《新笺决科古今源流至论》的牌记:"源流至论一书,议论精确,毫分缕析,场屋之士得而读之,如射之中乎正鹄甚有赖焉。先因回禄之余,遂为缺典。本堂今求到邑校官孟声董先生镛抄本，欲便刊行，惟恐中间鲁鱼亥豕者多，更于好事处访购到原本，端请名儒重加标点，参考无误，仍分四集，敬寿诸梓，嘉与四方君子共之幸鉴。"

这些牌记、刊记中的广告，广告意识是自觉的、强烈的。或以"精加校正，绝无舛误"相标榜；或以"可以扫千军而降劲敌"的"诗战"之"秘籍"相炫示；或以当时刻印最精良、声誉最好的"监本"作号召；或以强调标点句读为特色。有的还不忘宣传字号之大，用纸之精；有的末了还告诉读者印卖的地址。至于称收书者为"君子"、"贤士"（其他广告中也有称"英杰"、"俊杰"等的），用"幸详鉴焉"、"谨咨"之类的礼貌用语，更可见视顾客为"上帝"的服务意识。

而且图书广告的内容越来越丰富，功能越来越完善。如南宋绍熙四年吕祖谦编注《新校正老泉先生文集》，目录后方面行草书的大牌子，则分十行，有一百六七十字，相当于一篇刻书序跋。有的用简明的语言，介绍图书的主要内容、特点、编印缘起等。如宋刻《诚斋先生四六发遣膏馥》目录后牌记云："江西四六，前有诚斋，后有梅亭，二公语奇对的，妙天下，脍众口，孰不争先睹之。今采二先生遗稿灼于急用者绣木一新，便于同志披览，以续膏馥，出售幸鉴。"宋建安余氏刻本《活人事证药方》目录前牌记云："药有金石草木、鱼虫禽兽等物，具出温凉寒热、酸咸甘苦、有毒无毒、相反相恶之类，切虑本草浩繁，率难检阅。今将常用药性四百余件附于卷首，庶得易于辨药性也。"阅此类广告犹如读其内容提要。简短的牌记介绍图书内容，通过对作者和内容的评介，以求获得读者的认同，其导购意识是很清楚的。

有的文字是介绍刊刻底本、校勘水平等。四川刻本《太平御览》的牌记："此集川蜀原未刊行，东南惟建宁所刊壹本，然其间舛误甚多，非特句读脱落、字画讹谬，而意又往往有不通贯者，因以别本参考，并从经史及其他传记校正，凡三万字有奇，虽未能尽革其误，而所改正十已八九，庶便于观览焉。"显然是在贬低别人，抬高自己，以便击败对方，独霸市场。刻书咨文中常出现的诸如"当心刊刻"、"的无差错"之类的用语，纯属广告性质，不足为刊刻质量之证明。如自我标榜"三复校正刊行"的福州阮氏种德堂淳熙三年刻本

《春秋经传集解》，在大大的牌记中就有明显的错别字，"了亡室碍处"之
"室"，竟误作"室"。这种过于商业化的广告对后世的消极影响也是不容忽
视的。

　　南宋刻书牌记中，也有不少新书预告和简短的刻书目录，对未出但即将
出版的图书进行"预告"。如宋祝太博宅刻《新编四六必用方舆胜览》，未收
淮蜀两地的地理内容，书中牌记标明"淮蜀见作后集刊行"。宋王叔边刊《后
汉书》目录后有"今求到刘博士《东汉刊误》，续此书后印行"。也有在新出
的图书牌记中对先前已出图书予以告知的，如以编刻医书著称的四川万卷
堂，其刻《新编近时十便良方》附刻书目录 14 条。这些新书预告、图书目录
通常采用单独排列方式，附于书籍的卷末或目录后或扉页处。

九、版权保护制度萌芽

　　南宋书业发达，出版商业化，当时不少通行之书屡经刊刻，竞争出现，盗
版现象屡见不鲜，盗版手段五花八门。书籍的版权所有者们为了保护自己
的作品完整权和名誉权，希望官府给予自己所刻书籍以版权保护，如朱熹见
"书肆有窃刊行者"，便"亟请于县官，追索其版"[94]；范浚知道有人假冒自己
之名，刻印书籍，便告到官府，"移文建阳破板"[95]。有的印刷作坊就要求政府
出面，来禁止别人翻刻自己的印版，以保护自己的经济利益，从而出现了我
国历史上的版权保护问题。

　　《书林清话》记载的三例南宋书籍版权保护刊记，已为大家所熟知并广
泛征引。[96]《东都事略》的"已申上司，不许覆板"，和现代书刊版权页上声明
的"版权所有，不得翻印"有异曲同工之妙，即便只是私人打着官方旗号保护
自己权益，在中国版权史上也是有非常积极意义的。而南宋官府对《方舆胜
览》及《丛桂毛诗集解》的保护，史证确凿。特别是南宋嘉熙二年（1238）两浙
转运司对祝穆《方舆胜览》相关权益的"给榜"保护，称得上是中国版权史的
无可争论的"开端"。从这三则版权声明可以看出，在版权萌芽的南宋时期，

作者(或其继承人)比较重视版权的精神权利,刻书者比较重视版权的经济权利,而且都是出于有势力的刻书者个别向官府的申请,一书之版权需个别"申禁",只有一二家"特有力之家"才能享受到这样的保护,当时的版权保护尚未制度化,官府对书籍版权的保护,还不具有普遍性。但这些申请之获得接受,和其后的版权声明之产生法律约束力,就足以证明南宋时期已出现版权的雏形。

潘铭燊、周宝荣、朱明远、叶坦、郑成思、徐枫、冯念华等人主张我国宋代出现版权保护。[97]刘茂林认为宋代的禁止"翻刻现象"是一种思想控制行为,那时中国不存在版权保护,只是产生了版权保护的要求。[98]美国哈佛大学东亚研究中心安守廉(WilliamAlford)教授认为,中国古代从未有过版权保护,诸如宋代的"牌记"之类的史实,仅仅是"帝国政府控制观念传播"的努力。[99]

叶德辉在《书林清话》卷二中说:"窃谓此等括帖之书,本无关于功令,当时干人门下,不过意图垄断渔利,假官牒文字以遂其罔利之私。此亦自来书坊禁人翻雕己书之故智也。"叶德辉透过版权公文,看到了书商的市场意识。叶德辉还列举了若干书刻牌记,"大都叙述刻书之由,并无禁人翻板之语。可见当时一二私家刻书,陈乞地方有司禁约书坊翻板,并非载在令甲,人人之所必遵"。[100]应该说,叶氏之论是持之有据的。

宋代政府印刷出版的书籍,还没有禁止翻版的记载,似乎并不介意别处翻刻,叶德辉认为"官刻诸书,则从无此禁例",[101]并用宁宗嘉定九年(1216)兴国军学刻《五经》和绍兴二年(1132)福建庚司刻《六经疏义》等印刷品附后的文字来证明。我们从一些宋版书的记载中,也可以发现在南宋,国子监所刻书板,地方须交纳一定的"赁板钱",便可租赁印行、出售。[102]有不少非官本就以明据监本作为标榜。周宝荣认为叶德辉所说的"官刻诸书",应该只是指除历书以外的官刻书籍。在我国封建社会,历法在一定程度上是皇权的象征。更换正朔,颁布历书是皇帝彰显自己受命于天的礼制,是体现自己统治合法性的一个标志。南宋设有印历所(隶秘书省),"掌雕印历书"。[103]《庆元条法事类》规定,盗印历日者,"杖以一百,许人告"。[104]官府禁止民间翻刻历书,也是一种版权保护。[105]

十、经济效益可观

由于史料的奇缺,一直以来,对于宋代出版,只有定性的分析,而没有基于数量的分析。特别是作为一项经济活动的出版业,如果说仅仅出于道义上的责任感,实在是难以解释在南宋时代何以有那么多的单位和个人对之趋之若鹜。说到底,就是趋利,从事出版经营,利润很高。但利润究竟有多高,一直缺少量的分析。自叶德辉《书林清话》[⑩]以后,袁逸《唐宋元书籍价格考》[⑩]、李致忠《宋版书叙录》[⑩]、王仲荦《金泥玉屑丛考》[⑩]、朱迎平《宋代刻书产业与文学》[⑩]、程生民《宋代物价研究》[⑪]都关注到了这个问题,并努力搜检史料,给予解释。虽然在资料挖掘上难有新的发现,但说明大家对此问题的关注。特别是周生春、孔祥来《宋元图书的刻印、销售价与市场》[⑫]依据目前掌握的少数图书刊印、销售价史料,来分析探讨宋元图书的刻印、销售价和图书市场,是极为难得的一篇宋代出版经济史论文。由于现存史料少且数据不全,该文有时不得不运用科学推算的方法来获取部分数据。笔者在本节准备围绕《宋元图书的刻印、销售价与市场》,谈一点读后感。

南宋官刻"许人赁板印造"。《汉隽》书板刊成后,既可用现金购买,又许人赁板印造。其"善本锓木,储之县庠,且借工墨盈余为养士之助"[⑬],可知现卖和印售价中均已包含售后利润。目前还未见私刻"许人赁板印造"的记载,从情理推想,也不会"许人赁板印造",只挣刻板的那点利润。绍兴十七年(1147)知黄州沈虞卿所刻《小畜集》(30卷)"见成出卖,每部价钱五贯文省"[⑭],是指买卖成书的价格,包括印造成本 + 利润。也可以备纸,交赁板棕墨钱、装印工食钱,来印得。则刻板者应能在赁板钱中获得利润。

周生春说:"赁板钱是作为固定资产的书板价值之损耗,以折旧或租金的方式逐渐转移到书籍印造成本中的价值,乃剩余价值或利润之体现。"这个"赁板钱"的定义是错误的,从而导致了以下图书印造价格、图书印造成本、刻书利润、刻书利润率等一系列错误。程民生《宋代物价研究》对于赁板钱的认识也不正确,存在错误。正确的表述应该是:"赁板钱是作为固定资产的书板价值之损耗,以折旧或租金的方式逐渐转移到书籍印造成本中的价值,加上刻板的剩余价值或利润之和。"因此,周生春给出的第一个公式:图书印造价格=物料钱+工直+赁板钱(印造利润)。就是错误的,对于刻书者来说,正确的公式应该是:

图书印造价格(单本)=(物料钱+工直+雕板钱)总/印数。

图书印造价格(单本)=物料钱+工直+赁板钱-印造利润(指该笔赁板钱中的刻板利润)。

周生春的认识是清晰的:"只要认真分析以上数据,便可知上述赁板钱是欲印书者向书板拥有者租赁雕版所支付的租金,而非雕版的开支和费用。《书林清话》卷六将上述物料工食和赁板钱视为刻印工价是十分错误的。"但周生春只注意到"从生产费用或成本的角度来说,赁板钱应是书板这一固定资产的折旧,一般是根据书板的原始价值及报废时的清理费和残值,按预计使用期限平均计算的",而忽略了赁板钱还包含了书板拥有者雕版的利润。周生春文中包括"赁板钱"计算的图书印造价格、页均价格都是从购书者带纸印造的角度来计算的,其中已包括有刻板者的刻板利润。如印造《小畜集》1部共需1584文足,其中赁板钱384文足,则如是刻书者直接印造的成本,当低于1584文足不少。

所谓书板价格,是书板价值之货币体现。它包括将木板雕刻成书板所需的物料和工食钱等刊刻成本或生产费用,以及作为剩余价值之体现的利润。简言之:

图书书板价格=刊刻成本(物料钱+工直)+刊刻利润(剩余价值)。

叶德辉《书林清话》卷六据上述《小畜集》诸书牒记所载,得出"宋时刻印工价之廉"的结论。周生春指出:这一"结论误将《小畜集》诸书牒记所载物料、工食和赁板钱等印造价视为刊刻、印造工价,因而是不能成立的",出错的原因是"论据错误"。

"从印造成本的角度来说,赁板钱应是书板这一固定资产的折旧,是根据书板的原始价值及报废时的清理费和残值,按预计使用期限平均计算的。

因此,在已知赁板钱和预计书板使用期限的条件下,可以推知书板的原始价值:

书板价格 = 赁板钱 × 书板预期印次。

再就书板的预计使用期限而言。这一预期与当时的技术水准即刊板可印刷使用次数的上限有关,更与市场需求直接相关。"

这里"书板价格"是虚的,在给出的两个公式中,我们无法得到一个确切的数据。倒是探讨书板刊刻成本或许能够得到一些比较切实的数据。周生春在文中还提供了几条明代书籍刊刻成本的史料。《酌中志》载,明代后期,"刻字工银,每字一百,时价四分"[⑬]。明末毛晋汲古阁"广招刻工,以《十三经》、《十七史》为主,其时银串每两不及七百文,三分银刻一百字"[⑭]。当时每百字刊刻工银 3—4 分。如按 1 页平均 400 字计算,页均刊刻工银为 0.12—0.16 两。又嘉靖中刊刻《豫章罗先生文集》,《目录》后木记有"刻版捌拾叁片,上下二帙,壹百陆拾壹页,绣梓工资贰拾肆两"等文字[⑮],可知页均刊刻成本为银 0.1491 两,与以上数据相吻合。

笔者这几年研究《嘉兴藏》,看到大量书籍刊刻成本的史料,这里试举毛晋故里常熟崇祯十五、十六、十七年三年的材料各一条:

明崇祯壬午(十五年,1642)常熟毛凤苞捐刻的《佛为海龙王说法印经一卷》,该经尾题后施刻识语分上下二栏,上栏记"常熟信士毛凤苞捐资刻《佛为海龙王说法印经》全卷。东塔寺释道源、海隅信士戈汕同对。崇祯壬午仲夏虞山华严阁识";下栏记"经一卷,共字三百八十个。计写银一分五厘,计刻银一钱三分六厘;板一块,共计工价银四分。上元于起龙书。长洲李如科刻"[⑯]。

明崇祯癸未(十六年,1643)常熟毛凤苞捐刻的《苏悉地羯罗经四卷》,最末卷尾题后有二方形木记,一镌"尝(常)熟信士毛凤苞捐资刻《苏悉地羯罗经》全部。东塔寺释道源、东湖信士戈汕同对。崇祯癸未仲冬虞山华严阁识";另一则记"经四卷,共字四万二千二百十个。计写银一两六钱八分八厘,计刻银十四两七钱七分三厘;共板五十六块,计工价银二两二钱四分。上元王茝(书?)、句容李焕刻"[⑰]。

　　明崇祯甲申（十七年，1644）常熟毛凤苞捐刻的《御制释迦牟尼佛赞一卷》，该经无尾题，但有二栏施刻识语，上栏题"常熟信士毛凤苞捐资刻《御制释迦牟尼佛赞》。东湖信士郁慈明、戈汕同对。崇祯甲申仲秋虞山华严阁识"；下栏题"经一卷，共字五百五十六个。计写银二分三厘，计刻银一钱九分五厘；计板一块，工价银四分。江宁黄铭书。句容潘守诚刻"。[20]

　　由此可知，刻经成本分为三部分：书板钱，写工银，刻工银。书板钱每块计工价银四分，三年没有变化。写工、刻工的费用则按字计价，这三种经的写刻工工钱分别为：

　　$(15 + 136) \times 380 = 0.39737$ 厘/字

　　$(1688 + 14773) \times 42210 = 0.38998$ 厘/字

　　$(23 + 195) \times 556 = 0.39209$ 厘/字

　　由此我们按晚明刊刻《嘉兴藏》的刻板费用来推算《小畜集》，板432块，计工价银 $4 \times 432 = 1728$ 分 $= 17.28$ 两。写刻暂按0.4厘/字计，每版按400字计，则写刻费用共计 $0.4 \times 400 \times 432 = 69120$ 厘 $= 69.12$ 两。则刻板费用总计86.40两。（这里就不再对南宋、晚明的币值作考察。）

　　周生春在文中有一个结论："南宋前期的页均书板价高于元代后期，其页均刊刻成本似高于元代后期，而元代后期的页均刊刻成本为中统钞5.570131两，折银0.2228两，又高于明代的0.12—0.16两。"我们剔除其他种种因素，就从刻书字体的变化，也可以说，正因为在雕版刻书中采用了宋体字，大大减轻了刻工的雕刻难度，加快了雕刻速度，使雕刻效率不断提高，才使得刻工工价得以下降。这也是技术改造的结果。

　　我们还能找到一条南宋书籍刊刻成本的史料。嘉定二年（1209）安州郡文学陈之强在《元宪集序》中说：

　　　　寓公李令尹之家旧有缮本，太守、今都运王公允初昔为通守，每与之强言，欲借而刊之。未能。逮持节京西，于其行，以帑藏之余几千缗，属之强与之锓本，以广其传，又分数册以往，将以速其就也。然考之二集，既富且赡，其言八十余万。工以字计，为钱几四百万，米以石计，百有二十，他费不预焉。之强惧其难成，而白之今太守陈公芾。公一闻

之,欣然谓之强曰:"是亦予志也! 郡当疮痍之后,虽赈恤施予,日不暇给。然亦当辍他费以成之。"㉑

据此可知,宋庠、宋祁兄弟的文集《元宪集》、《景文集》,共 80 余万字,刊刻费用约 400 万文,还要加上 120 石米和其他费用。以此计算,刊刻费用约合每字 5 文钱。这是目前所见唯一一条南宋书籍刊刻成本的史料。如果据此来推算刊刻《小畜集》的费用,则 16 余万字,需刊刻工钱 800 贯,还要加上 24 石米和其他费用。这个数字与周生春估计的南宋前期、元代后期书板价,与笔者求得的晚明书板价,差得实在太远,有 10 倍的差距。而一时又无法验证,只能以待来者。

有关南宋书籍售价、印造成本和销售利润的资料甚少,《元宪集》、《景文集》不算,只有《杜工部集》、《小畜集》、《大易粹言》和《汉隽》4 种书,而且《杜工部集》只有售价一项,起不到测算的作用。周生春因为前面作了大量的推算,因而说:"此四书的售价有明文记载,在已知页数、印造成本的情况下,运用'销售收入 = 印造成本 + 销售利润'的等式,可推算出以上四书的页均售价分别为:2.232 文足、11.574 文足、6.299 文足、3.846 文足,销售利润、页均利润和利润率分别为:《小畜集》3416 文足、7.907 文足和 215.7% ,《大易粹言》3400 文足、2.677 文足和 73.9% ,《汉隽》160 文足、1.026 文足和 36.4% 。"殊不知,这么转了一大圈回来,实际是回到了原料的位置,而且因为中间有不少假设,推算了页均售价、页均书板价、页均印造价、页均利润诸项内容,势必增加许多误差。在已知销售价格和印造成本的前提下,销售利润其实马上就可以得到:

宋代书籍销售价格与利润

书名售价页数印造价利润利润率

《小畜集》50004321396 文足 3604 文足 258.17%

《大易粹言》800012702700 文足 5300 文足 196.30%

《汉隽》600156260 文足 340 文足 130.77%

表中的单位暂时按"文足"来表示,以与《宋元图书的刻印、销售价与市场》相一致。我们将这张表与《宋元图书的刻印、销售价与市场》的表六作个

比较,就会发现有很大的误差:

书名售价页数表六得出的利润表六的利润率实际利润实际利润率

《小畜集》50004323415.824 文足 215.6%3604 文足 258.17%

《大易粹言》800012703639.82 文足 83.5%5300 文足 196.30%

《汉隽》600156168.012 文足 38.9%340 文足 130.77%

《宋元图书的刻印、销售价与市场》表六的误差,自然影响了周生春以下的论述。宋刊《小畜集》、《大易粹言》和《汉隽》的利润和利润率有如此之高,虽然如周生春所说,上表所列成本仅为印造成本,而未考虑销售成本等,但毕竟刻书的利润是很高的,因为作为刻书者来说,其成本还要减去赁板钱中的刻板利润部分,实际利润和利润率比上表所列还要高。有这么高的利润和利润率,才使得南宋的出版业如此繁盛,官民趋之若鹜。

当然,上表中会子 1 贯都是按字面意思折算为 1000 文,但实际购买力则不尽然,程民生《宋代物价研究》中,对于《小畜集》定价 5 贯省,就是折足钱 3 贯 850 文[102]。如此,利润就是 2 贯 454 文足,利润率为 216.02%。程民生在《宋代物价研究》"尾语"中还专门列一节"南宋后期物价问题及会子与铜钱的比价",列表汇集会子购买力(以铜钱为本位)的资料。请参阅。

《宋元图书的刻印、销售价与市场》文中用米价基准,对宋、元的币值作过换算。笔者在征引晚明刻书工价数据时,原也曾考虑做宋、明的币值换算,最终还是作罢,只是提供一些数据,仅供参考而已。

周生春、孔祥来《宋元图书的刻印、销售价与市场》对于页均印造价和书板价的估算值虽然有误,低估了刻书的利润和利润率,但作者能在这么几条简单的史料中发现问题,并积极探索,是非常值得学习的。也为我们探索南宋甚至整个中国古代出版业的经济问题提供了新的视觉。

注释:

①(宋)洪迈撰,孔凡礼点校:《容斋随笔》,《容斋五笔》卷七,中华书局 2005 年版。

②(明)焦竑撰,李剑雄点校:《焦氏笔乘》,《焦氏笔乘续集》卷四,"韩忠献"条,第300 页,上海古籍出版社 1986 年版。

③（宋）魏泰撰，李裕民点校：《东轩笔录》卷三，中华书局1983年版。

④（宋）孟元老：《东京梦华录》卷三，"相国寺内万姓交易"条，《东京梦华录（外四种）》，上海古典文学出版社1956年版，第19页。

⑤（宋）王得臣《麈史》卷中："予在开封时，长子渝游相国寺，得唐漳州刺史《张登文集》一册六卷。"（宋）吴处厚《青箱杂记》卷三："乡人上官极，累举不第，年及五十方得解，题省试，游相国寺，买诗一册。"（宋）张邦基《墨庄漫录》卷二："魏泰道辅强记（汉宫香方），面疏以示洪炎玉父，意其失古语，其于相国庭寺中买得古页《子书杂抄》，有此法，改正十字。"（宋）朱弁《曲洧旧闻》卷四："黄鲁直（即黄庭坚）于相国寺得宋子京（即宋祁）《唐史稿》一册归，自是文章日进。"佚名《枫窗小牍》卷下："余家藏《春秋繁露》，中缺两纸，比从藏书家借对，缺纸皆然，即馆阁订本，亦复尔尔……后从相国寺资圣门，买得抄本，两纸具全，此时欢喜，如得重宝，架囊似为生气。"（宋）邵伯温《河南邵氏闻见后录》卷十七："真宗尝问杨大年见《比红儿诗》否？大年失对，每语子孙为恨。后诸孙有得于相国寺庭杂卖故事中者。"

⑥穆修已见前述。荣六郎也在大相国寺开过书铺，刻过《抱朴子》等书。赵宋南渡后，他随之到了临安，继续刻卖图书。他在绍兴二十二年（1152）所刻《抱朴子》的牌记中说："旧日东京大相国寺荣六郎家，见寄居临安府中瓦南街东开印输经史书籍铺，今将京师旧本《抱朴子》内篇校正刊行，的无一字差讹，请四方收书好事君子幸赐藻鉴，绍兴壬申岁六月旦日。"

⑦（宋）苏轼撰，孔凡礼点校：《苏轼文集》卷一一，"李氏山房藏书记"，中华书局1986年版。

⑧（宋）罗璧：《识遗》卷一，《四库全书》本。

⑨四川大学古籍整理研究所编：《现存宋人别集版本目录》，巴蜀书社1990年版。

⑩祝尚书：《宋人别集叙录》，中华书局1999年版；祝尚书：《宋人总集叙录》，中华书局2004年版。

⑪严绍璗：《日本藏宋人文集善本钩沉》，杭州大学出版社1996年版。

⑫张秀民：《中国印刷史》，上海人民出版社1989年版，第58页。

⑬张大可、王继光主编：《中国历史文献学》，陕西人民教育出版社1991年版，第59页。

⑭李致忠：《宋代刻书述略》，《宁夏图书馆通讯》1980年第2期，收入《历代刻书考述》，巴蜀书社1990年版。李致忠：《宋代的刻书机构》，《北京出版史志》第11辑，北京出版社1998年版。笔者也持此观点，见章宏伟：《宋代出版业考述》（上），《出版史研究》

第六辑,中国书籍出版社 1998 年版;收入《出版文化史论》,华文出版社 2002 年版。

⑮见姚福申:《中国编辑史》,复旦大学出版社 1990 年版;方厚枢:《中国出版史话》,东方出版社 1996 年版。二书均把出版业分为政府主办与民营出版业。此外,高文学的《宋代编辑繁荣的原因》(《河南大学学报》1992 年第 7 期)一文,把宋代编辑出版分为官、家、坊三大系统。

⑯杨玲:《宋刻研究》,第 53 页,西北大学 2003 年硕士论文。

⑰见姚福申:《中国编辑史》第八章第五节,第 161—165 页,复旦大学出版社 1990 年版。

⑱(宋)李心传撰:《建炎以来系年要录》卷六六,绍兴三年六月丁未条,中华书局 1985 年版。

⑲(宋)李心传撰,徐规点校:《建炎以来朝野杂记》卷四,中华书局 2000 年版。

⑳(宋)洪迈:《容斋续笔》卷十四,"周蜀九经"条,《容斋随笔》,上海古籍出版社 1978 年版,第 338 页。

㉑参阅[日]尾崎康著:《正史宋元版研究》,日本汲古书院,1989 年;潘美月:《南宋重刊九行本七史考》,《故宫图书季刊》第 4 卷第 1 期,1973 年版。

㉒(宋)毛居正撰:《六经正误》,《影印文渊阁四库全书》第 183 册,台湾商务印书馆 1983 年版,第 457 页。

㉓(清)徐松辑:《宋会要辑稿》选举四之二九,中华书局 1957 年版。

㉔(宋)王应麟撰:《玉海》卷六三,"熙宁太医局"条,江苏古籍出版社 1987 年版,第 298 页。

㉕《太平惠民和剂局方》是在《和剂局方》的基础上修订而成。《和剂局方》是和剂局制售成药时的处方和制剂规范的总结,北宋大观元年(1107),由当时名医陈承、裴宗元、陈师文等进行校正而成。《玉海》云:"大观中,陈师文等校正《和剂局方》五卷,一百九十七道,二十一门。"(《玉海》卷六三,"熙宁太医局"条,江苏古籍出版社 1987 年版,第 298 页)此书在绍兴以后,"又有宝庆、淳祐续添诸方"。见李经纬、孙学成编校《四库全书总目提要·医家类及续编》,第 39 页,上海科学技术出版社,1992 年 2 月。

㉖(清)徐松辑:《宋会要辑稿》崇儒四"勘书"条,中华书局 1957 年版。

㉗(宋)潜说友纂修:《咸淳临安志》卷八"西湖书院重整书目",北京图书馆出版社 2006 年版。

㉘(元)黄溍撰:《文献集》卷七"西湖书院义田记",《影印文渊阁四库全书》第 1209 册,第 433 页,台湾商务印书馆,1983 年版。明初,西湖书院内的书板被移入南京国子监,

至清初,有个别南宋监本书板还被用于刷印,成为有名的"三朝本"。

㉙(清)徐松辑:《宋会要辑稿》职官一八之一,中华书局 1957 年版,第 2755 页。

㉚《南宋馆阁续录》卷六,"赐书"条,(宋)陈骙、佚名撰,张富祥点校:《南宋馆阁录续录》,中华书局 1998 年版,第 222 页。

㉛《宋史》卷一六四《职官志四》,中华书局 1977 年版,第 3879 页。

㉜(宋)李心传撰:《建炎以来系年要录》卷五,建炎元年五月庚寅朔条,中华书局 1985 年版,第 117 页。

㉝叶德辉:《书林清话》卷三,"宋司库州军郡府县书院刻本",中华书局据原古籍出版社 1957 年版影印,1987 年版,第 61 页。

㉞(宋)周密撰:《齐东野语》卷十,"混成集",中华书局 1983 年版,第 187 页。

㉟《宋史》卷一六五,《职官志五》"将作监"条,中华书局 1977 年版,第 3919 页。

㊱(宋)陈振孙撰:《直斋书录解题》卷十三,"绍兴校定本草",上海古籍出版社 1987 年版,第 386 页。

㊲张秀民:《中国印刷史》,上海人民出版社 1989 年版,第 149 页。

㊳参看罗树宝编:《中国古代印刷史》所列"宋代州、县政府刻印书籍情况(以南宋为主)",印刷工业出版社 1993 年版,第 126—129 页。此表虽然不能反映当时州、县刻书的全貌,但由此可见一斑。

㊴(宋)王明清撰:《挥麈录》前录卷一,"士大夫藏书多失于雠校",上海书店出版社 2001 年版,第 8 页。

㊵(南宋)叶绍翁撰,沈锡麟、冯惠民点校:《四朝闻见录》乙集,"洪景卢编唐绝句"条,中华书局 1989 年版,第 80 页。

㊶杨青:《南宋官府对刻书业的管理》,山东大学 2007 年硕士论文。

㊷杨玲:《宋刻研究》,西北大学 2003 年硕士论文。

㊸顾志兴撰:《浙江出版史研究——中唐五代两宋时期》,浙江人民出版社 1991 年版。

㊹江澄波、杜信孚、杜永康编:《江苏刻书》,江苏人民出版社 1993 年版。

㊺杜信孚、漆身起编:《江西历代刻书》,江西人民出版社 1994 年版。

㊻杨晏平:《宋代江西的刻书》,《文献》1991 年第 3 期。

㊼谢永顺、李珽:《福建古代刻书》,福建人民出版社 1997 年版。

㊽方彦寿:《建阳刻书史》,中国社会出版社 2003 年版。

㊾(宋)王明清撰:《挥麈录》后录卷一,"祖宗置公库以待过客,欲使人无旅寓之叹"

条,上海书店出版社 2001 年版。

⑩(宋)李心传撰,徐规点校:《建炎以来朝野杂记》卷十七,中华书局 2000 年版。

⑤顾志兴说:"南宋时,两浙东路茶盐司、两浙西路茶盐司、两浙东路安抚使、浙东庾司、浙右漕司、浙西提刑司等省级部门刻书颇多。这些政府机构用公库钱刻的书,统称'公使库本'。"显然是误解了公使库。见氏撰:《浙江出版史研究——中唐五代两宋时期》,浙江人民出版社 1991 年版,第 66 页。

㉒(宋)朱熹撰:《晦庵集》,按唐仲友第三状,《四库全书》本。

㉓清黎庶昌翻刻宋台州公使库大字本《荀子》,板心就有蒋黎辉等十八人的姓名。参见张振铎编著《古籍刻工名录》,上海书店出版社 1996 年版。

㉔宿白:《南宋的雕版印刷》,《唐宋时期的雕板印刷》,文物出版社 1999 年版。

㉕宿白:《南宋刻本书的激增和刊书地点的扩展——限于四部目录书的著录》,《中国出版史料(古代部分)》第一卷,湖北教育出版社 2004 年版。《唐宋时期的雕板印刷》,文物出版社 1999 年版。

㉖张秀民:《中国印刷史》,上海人民出版社 1989 年版,第 59、93—94 页。

㉗张秀民:《南宋刻书地域考》,《图书馆》1961 年第 3 期。

㉘参见程民生:《宋代地域文化》,河南人民出版社 1997 年版,第 135、142—143 页。

㉙参见王国维:《两浙古刊本考·序》,《王国维遗书》第 12 册,上海古籍书店 1983 年版。

⑥参见王国维:《两浙古刊本考·序》《王国维遗书》第 12 册,上海古籍书店 1983 年版。

⑥John. W. Chaffee, The Thorny Gatesof Learningin Song China: A Social History of Examinations, Camvridge University Press, 1985. 转引自林拓著《文化的地理过程分析:福建文化的地域性考察》,上海书店出版社 2004 年版,第 49 页。

⑥林拓:《文化的地理过程分析:福建文化的地域性考察》,上海书店出版社 2004 年版,第 47—48 页。原文的出处不再过录。所言两宋也不再细分北宋、南宋。

⑥(宋)梁克家纂,福建省地方志编纂委员会整理:《三山志》卷四十一,"土俗类三",方志出版社 2004 年版。

⑥如蔡襄在福建为官时,禁止手下人用竹纸写作公文,因为"诉讼未决,而案牍已零落,况可存之远久哉!"见(宋)蔡襄撰,陈庆元等校注《蔡襄全集》卷三十一,"文房杂评",福建人民出版社 1999 年版,第 701 页。

⑥叶德辉:《书林清话》卷二,"宋建安余氏刻书",中华书局据原古籍出版社 1957 年

版影印,1987 年版,第 42—47 页。

⑥⑥(宋)赵鼎撰:《忠正德文集》卷二,"乞免上供纸",《影印文渊阁四库全书》第 1128 册,台湾商务印书馆 1983 年版,第 657 页。

⑥⑦(宋)周密撰,吴企明点校:《癸辛杂识》,中华书局 1988 年版,第 85 页。

⑥⑧参见宿白:《南宋的雕版印刷》,载《唐宋时期的雕版印刷》,文物出版社 1999 年版,第 99 页。

⑥⑨叶德辉:《书林清话》卷六,"宋蜀刻七史",中华书局据原古籍出版社 1957 年版影印,1987 年版,第 147 页。

⑦⑩顾廷龙:《唐宋蜀刻本简述》,《四川图书馆学报》1979 年第 3 期。

⑦①(宋)王阮撰:《义丰集》,《影印文渊阁四库全书》第 1154 册,台湾商务印书馆 1983 年版,第 540 页。

⑦②(宋)陆游撰,李剑雄、刘德权点校:《老学庵笔记》卷二,中华书局 1979 年版,第 19 页。

⑦③张秀民:《宋孝宗时代刻书述略》,《大公报·图书副刊》1936 年第 155 期,同年为《图书馆学季刊》第 10 卷第 3 期转载,收入《张秀民印刷史论文集》,印刷工业出版社 1988 年版。

⑦④《宋史》卷二〇二《艺文志》。

⑦⑤潘美月:《宋代藏书家考》,(台湾)学海出版社,1980 年 4 月。

⑦⑥方建新:《宋代私家藏书补录》,《文献》1988 年第 1、2 期。

⑦⑦范凤书《中国私家藏书史》,大象出版社 2001 年版。

⑦⑧请参阅李更:《宋代馆阁校勘研究》附录"宋代馆阁校书考",凤凰出版社 2006 年版。

⑦⑨(宋)魏了翁撰:《鹤山集》,"六经正误序",《四库全书》本。

⑧⑩李更著:《宋代馆阁校勘研究》,凤凰出版社 2006 年版,第 205—207 页。

⑧①(宋)周密撰,吴企明点校:《癸辛杂识》,中华书局 1988 年版,第 85 页。

⑧②笔者以前考察《相台书塾刊正九经三传沿革例》时,只是怀疑其非岳珂所撰,见拙文《两宋编辑出版事业研究》,刊《山东大学学报》(哲社版)1997 年第 4 期。张政烺先生《读〈相台书塾刊正九经三传沿革例〉》,不仅尽释我疑,而且指出:《沿革例》中之总例七则,即其全书之主要部分,乃廖氏世彩堂《九经总例》原文,岳氏未敢有所增损于前。"《九经总例》属郑樵所谓"书有名亡实不亡"之例。是为确论。见《中国与日本文化研究》(第一集),中国大百科全书出版社 1991 年版。

㉘（清）钱曾撰，章珏、管庭芬校订:《读书敏求记校证》，上海古籍出版社 2007 年版。

㉙戴埴:《鼠璞》卷下，《四库全书》本。

㉚（宋）陈振孙撰:《直斋书录解题》卷十四，"增广射谱"，上海古籍出版社 1987 年版。

㉛（清）永瑢等撰:《四库全书总目》卷八十九，"三国六朝五代纪年总辨"，中华书局 1965 年版，第 758 页。

㉜（宋）陈振孙撰:《直斋书录解题》卷十五，"宏辞总类"，上海古籍出版社 1987 年版。

㉝曹之:《中国印刷术的起源》，武汉大学出版社 1994 年，第 422—426 页。

㉞张宏生:《陈起与南宋江湖诗派——兼谈书商的文化意义》，《江苏图书馆学报》1991 年第 1 期。

㉟叶德辉:《书林清话》卷二，"南宋临安府陈氏刻书之一"、"南宋临安府陈氏刻书之二"、"宋陈起父子刻书之不同"，中华书局据原古籍出版社 1957 年版影印，1987 年版，第 47—59 页。

㊱"建安余氏"是中国历史上著名的刻书世家，所出之书蜚声天下。请参阅肖东发《建阳余氏刻书考略》，《文献》1984 年第 2、3 期。

㊲这段文字系《出版说明》所引，言"抄本之一（现存三十四卷），末页记有下列字样"。见（宋）王怀隐等编:《太平圣惠方》，人民卫生出版社 1958 年版。

㊳王重民:《中国善本书提要》，上海古籍出版社 1983 年版，第 222 页。

㊴（清）永瑢等撰:《四库全书总目》卷三十五，"四书或问"，中华书局 1965 年版，第 294 页。

㊵（宋）范浚撰:《香溪集》卷十八，《答姚令声书》，《影印文渊阁四库全书》第 1140 册，台湾商务印书馆 1983 年，153 页。

㊶见叶德辉:《书林清话》卷二，"翻板有例始于宋人"，中华书局据古籍出版社 1957 年版影印本，1987 年版，第 36—37 页。周林、李明山:《中国版权史研究文献》，中国方正出版社 1999 年版，第 3—4 页。

㊷潘铭燊:《中国印刷版权的起源》，《出版发行研究》1989 年第 6 期。周宝荣:《宋代的版权保护》，《编辑之友》1994 年第 1 期。朱明远:《略论版权观念在中国的形成》，中国版权研究会编《版权研究文选》，商务印书馆，1995 年。叶坦:《宋代的印刷事业和版权保护》，载《中国研究》（日本），1996 年 5 月号。文可见于【2004 - 9 - 15】http://www.song-dai.com/shownews.asp? NewsID = 110。郑成思:《知识产权法》，中国人民大学出版社，

1997 年。徐枫:《论宋代版权意识的形成和特征》,《南京大学学报》1999 年第 3 期。冯念华:《我国宋代版权保护与现代版权法的比较》,《图书馆工作与研究》2005 年第 1 期;冯念华:《盗版对宋代版权保护现象的影响》,《图书馆工作与研究》2006 年第 3 期。

(98)刘茂林:《知识产权的经济分析》,法律出版社 1996 年版。

(99)参见安守廉、梁治平译:《知识产权还是思想控制:对中国古代法文化透视》,载梁治平编:《法律的文化解释》,生活·读书·新知三联书店 1994 年版,第 336—338 页。

(100)叶德辉:《书林清话》卷二,"翻板有例始于宋人",中华书局据古籍出版社 1957 年版影印本 1987 年版,第 37、41 页。

(101)叶德辉:《书林清话》卷二,"翻板有例始于宋人",中华书局据古籍出版社 1957 年版影印本 1987 年版,第 38 页。

(102)叶德辉:《书林清话》卷六,"宋监本许人自印并定价出售",中华书局据古籍出版社 1957 年版影印本 1987 年版,第 143—145 页。

(103)《宋史》卷一六四,《职官志四》,中华书局 1977 年版,第 3879 页。

(104)《庆元条法事类》卷十七"文书门",(清)薛允升等编《唐明律合编·宋刑统·庆元条法事类》,中国书店 1990 年版。

(105)周宝荣:《宋代的版权保护》,《编辑之友》1994 年第 1 期。

(106)叶德辉:《书林清话》卷六,"宋监本书许人自印并定价出售",中华书局据古籍出版社 1957 年版影印本 1987 年版,第 143—145 页。

(107)袁逸《唐宋元书籍价格考》,见《编辑之友》1993 年第 2 期。

(108)李致忠:《宋版书叙录》,北京图书馆出版社 1994 年版,1997 年 11 月第 2 次印刷本。

(109)王仲荦:《金泥玉屑丛考》,郑宜秀整理,中华书局 1998 年版。

(110)朱迎平:《宋代刻书产业与文学》,上海古籍出版社 2008 年版。

(111)程生民:《宋代物价研究》,人民出版社 2008 年版。

(112)周生春、孔祥来:《宋元图书的刻印、销售价与市场》,《浙江大学学报》(人文社会科学版)2010 年第 1 期。

(113)(宋)林钺辑:《汉隽》,北京图书馆出版社 2004 年版。瞿镛编纂,瞿果行标点:《铁琴铜剑楼藏书目录》卷十,上海古籍出版社 2000 年版。

(114)(宋)王禹偁:《王黄州小畜集》,跋,北京图书馆出版社 2004 年版。

(115)(明)刘若愚:《酌中志》,北京古籍出版社 1994 年版。

(116)(清)徐康撰,孙迎春校点:《前尘梦影录》卷下,中国美术学院出版社 2000 年版。

⑪(清)丁丙:《善本书室藏书志》卷二九。清光绪刻本。广文编译所撰:《书目续编·善本书室藏书志简目》,广文书局 1968 年版。

⑱故宫博物院藏《嘉兴藏》第 56 函,《佛为海龙王说法印经一卷》,第 2 页。

⑲故宫博物院藏《嘉兴藏》无施刻识语(故宫博物院藏《嘉兴藏》第 57 函,《苏悉地羯罗经卷第四》,第 27 页),此施刻文据台北"国家图书馆"特藏组编:《"国家图书馆"善本书志初稿·子部(四)·释家(汇编)》,"苏悉地羯罗经"条,台北"国家图书馆"2000 年版,第 164 页。

⑳故宫博物院藏《嘉兴藏》第 82 函,《御制释迦牟尼佛赞一卷》,第 8 页。

㉑(宋)陈之强:《元宪集序》,《元宪集》卷首,《四库全书》本。

㉒程民生:《宋代物价研究》,人民出版社 2008 年版,第 370 页。

南宋民众诉讼成本问题探析

郭东旭(河北大学)

　　诉讼成本,是指民众在诉讼活动中所要承担的各种耗费和损失。南宋法律中,对民众的诉讼费用并没有明确规定,史书中有关记载也不多,但从士大夫诫讼的言论中,可以透视出民众诉讼成本的实际情况。黄榦在《临川劝谕文》中讲:"毫末之争,动经岁月,赢粮弃业,跋涉道途,城市淹留,官府伺候,走卒斥辱,猾吏诛求,犴狱拘囚,棰楚业毒,何以堪忍。讼而不胜,所损固多,讼而能胜,亦复何益。"①胡颖在《妄诉田业》的判词中亦讲:"词讼之兴,初非美事,荒废本业,破坏家财,胥吏诛求,卒徒斥辱,道途奔走,犴狱拘囚。与宗族讼,则伤宗族之恩;与乡党讼,则损乡党之谊。幸而获胜,所损已多;不幸而输,虽悔何及。"②更何况"使了盘缠,废了本业,公人面前陪了下情,着了钱物,官人厅下受了惊吓,吃了打捆。而或输或赢,又在官员笔下。"③黄震在抚州颁布的《词讼约束》中也讲:凡忿争致讼者,必使"骨肉变为冤仇,邻里化为仇敌,贻祸无穷"。④南宋士大夫所言虽然是从劝诫百姓不可轻涉词讼的角度讲的,但从中透露的信息来看,民众诉讼不仅耗费钱物,废弃本业,伤害感情,而且枉遭禁系、惊吓和打捆,尤其是官府借机聚敛,官吏乘机勒索,讼师趁机欺诈,更是无法计算的额外成本。这使诉讼之民既耗费了财力、物力和人力,身体上亦受到伤害,精神上也要承受来自社会各方面的压力。亦因诉讼当事人的社会地位,经济实力和人际关系的不同,而带来不同的诉讼后

果。由此而言,南宋民众的诉讼成本是相当昂贵的。这也是造成广大百姓
畏讼的主要根源。

一、民众诉讼的精神成本

民众诉讼的精神成本,主要表现在诉讼当事人承受的各种舆论压力,包
括社会舆论的心理压力,亲邻和睦观念的制约和对官府衙门的畏惧心理等。
这些来自不同层面、不同渠道的精神压力,甚至超出了物质支出。

(一)社会舆论对民众诉讼构成的心理压力

在中国漫长的古代社会发展进程中,以血缘关系形成的聚族而居的村
落社会,则是广大乡村的主要生活形态。男耕女织、自给自足的自然经济,
是中国传统社会最基本的经济模式。在这种固定而封闭的生产、生活环境
中,广大乡村民众长期世代不移的生活在各自的地域内,形成了相互依存,
"患难相扶,疾病相救"⑤的人际关系和内向型的心理状态。因此,亲邻"和
睦"与社会"和谐",是中华民族一直追求的理想境界。

为实现这一理想,西周时已有"终讼则凶"和"讼不可长"的记载⑥。其
后孔子又提出了"闾里不讼于巷"的"无讼"理念。道家的"少私寡欲",使民
"不争",法家的"以刑去刑",使民"无争",都展现出追求社会"和谐"的精
神。这一理念,不仅制约着中国古代诉讼制度的发展,也左右着社会舆论对
诉讼行为的价值评判。

孔子的"无讼"自汉代之后,则成为历代统治者追求的目标和衡量官员
政绩的标准。因此,历代官府对民众的争讼一直采取否定和贬斥的态度。
这一精神在南宋时,则把兴讼者视为"刁健之徒",对诉讼行为,则"卑鄙而薄
之"。在社会生活中无论有多少不公平、不公正和冤屈,只要诉讼不兴,就是
"民风淳朴","人心敦厚",反之则被斥为"风俗浇离"、"习蛮斗狠"的恶习。
在这样的恶讼、厌讼、贱讼的社会环境中,使普通百姓也形成了耻讼和畏讼

的心理,这种心理则成为制约民众追求公平正义和维护自身权益的一种精神压力。

(二)亲邻和睦观念对民众诉讼活动的制约

在"满村无别姓"⑦的广大乡村中,为维护家族和睦和亲邻和谐,广大乡村普遍制定了家法族规、乡规民约,以此作为约束族人和制约乡民行为的民间自治规范。这种情况在南宋时有了进一步的发展。袁采曾讲:人生在世,"自幼至少、至壮、至老,如意之事常少,不如意之事常多……以人生世间无足心满意者,能达此理而顺受之则可少安。"⑧他指出,凡少安无事,"居家久和者,本于能忍"⑨。在袁采看来,忍让是求得安宁与和睦的最好方法。在陈氏家族的《义门家训》中则规定:"夫讼者,逞刁顽以求胜,非盛德也。破家亡身实始于此。凡我子孙于纤芥小忿,务宜含忍。倘有不平,在宗族,则具巅末诉之族长,从公以辨其曲直。""如不服,然后呈官治罪。"不得径自讼致官府,不然,"家长具其曲直,会宗族对庙神主声其是非,明加大罚大责。"⑩这些规定显然是限制家族成员擅自兴讼到官府。在聚族而居的大家族中,族长或家长不仅有管理家族事务,教化族人的责任,而且有规范族人行为和惩戒族人违犯家法族规的权力,以此维护家族秩序和制约族人争讼。

在南宋士大夫看来,聚族而居的广大乡村,无论是一姓还是多姓,亲邻乡党之间都应是一种"有无相资,缓急相倚,患难相救,疾病相扶"⑪的和睦关系,如果是亲族、邻里、乡党间因"小利致争",因"小忿兴讼",不仅会导致"骨肉失欢",亲情尽失,相互疾恶⑫,而且会使"骨肉变为冤仇,邻里化为仇敌"⑬。争讼者无论是胜诉还是败诉,都会损害双方原来的亲情关系。所以把人们的诉讼行为视为是对家族亲情和睦的一种破坏,是对家庭伦理道德的一种悖逆,对族望荣誉的一种危害。因此,任何争讼行为,不仅受到族人的非议,也会引起族众的鄙视。陆游在训诫子孙时讲:"纷然争讼,实为门户之羞。"⑭这种因争讼而失去亲情和睦关系,遭到败坏门风的非议所形成的精神压力,实际上成为制约人们诉讼活动的一种枷锁。

(三)民众对官府衙门的畏惧心理

在中国古代百姓的传统意识中,"法就是刑,就是罚",凡身涉诉讼,必遭刑罚。而各级官府和官员,在民众的心目中则是一种权力和威严的象征,由此使广大民众从心底里对官府和官员具有畏惧感和敬畏心理。

南宋州县官府"八字开的衙门布局",本来是为了展示司法公正,体现权力的正当性和权威性,表达亲民官为民做主的愿望,但衙门的重叠架构,公堂里摆着的板子、挟棍、刀剑,衙役持杖两面排开的公堂仪式,使百姓视而生惧。"父母官"之称本来是要表示对"子民"怨苦的关心和为民排忧解难之意,但官员的正襟危坐,百姓跪于堂下的格局,却使"父母官"变成了"老爷官";公堂上的"明镜高悬",本来是为了宣示"明察秋毫"和司法公正的理念,但为肃静公堂秩序的惊堂木,威吓当事人的喝堂威,刑讯逼供的讯杖,却又颠倒了所标榜的理念。如此森严的衙门布局,对业在田里,"足未尝一履守令之庭,目未尝一识胥吏之面,口不能辩,手不能书"⑮的一般百姓而言,实际上是一种威慑。这种场面,使广大百姓对官府无不产生恐惧心理。

在南宋的司法审判中,官吏使用恐吓威胁手段是很普遍的现象,由此使百姓无不害怕昏官恶吏。即使是名留史册的清官廉吏,民众也心生敬畏,如真德秀嘉定年间知泉州时,亦对"有讼田者,至焚其券不敢争"⑯。清官、名公尚且如此,而如狼似虎的讦官恶吏的行为,更加剧了百姓对诉讼的畏惧。

南宋官府衙门不仅威严恐怖,而且"民视令不啻如天之远,如神明之可畏"。"幸而获至其前,则吏卒禁诃,笞朴交错,畏懦者已神销气沮矣"⑰。即使是百姓遇见各级官员出行的仪仗,亦是"两岸坐者皆起立,行人望尘敛避"⑱。所以广大平民百姓,对官府和官吏产生畏惧心理是很自然的事情。尤其是"乡村小民,畏吏如虎"⑲,更使百姓视诉讼为畏途。这正是造成百姓心存畏惧的精神负担。

二、民众诉讼中的繁多费用

中国古代诉讼费在西周时已经出现,据《周礼》中记载:"以两造禁民讼,入束矢于朝,然后听之。以两剂禁民狱,入钧金,三日乃致于朝,然后听之。"㉒即民事诉讼,当事人需交纳"束矢",刑事诉讼需交纳"钧金"作为诉讼费而后受理。但在以后的法典、文献中,并未见到诉讼费的规定,只是官府对诉状的要求越来越严格,各种杂费越来越多。虽然有些名目并非与诉讼费用有直接关系,但也成为诉讼当事人的沉重负担。

(一)民众诉讼之前的咨询费用

南宋州县受理诉讼是有法定程序的,而习惯于正常生产、生活的平民百姓,是不愿轻易打官司的,如果在不得已而兴讼时,都会期望能够胜诉,这是诉讼者的一个共同心理。为了使自己心中有数和寻求心理安慰,有些当事人在诉讼之前则向神灵"扣以讼事"㉑。有的求签问卦㉒,有的委托族人代为卜卦㉓,有的则向当地闲居官吏、乡绅、健讼人进行咨询。虽然并不是每个争讼者都会这样做,亦非所有的咨询者都收取费用,但有相当一部分活动是要付出一定香火钱,卜卦费用或谢礼。如临川民张天祐在讼前曾向神灵扣问讼事,在得到能够胜诉的回答后,即"置百钱而退"㉔。有些号称灵验的占卜,甚至"卦直千钱"㉕。这些费用的支出虽然都是当事人的自愿行为,但也是诉讼成本的一部分,而对于一般百姓而言,也是一笔不小的支出。

(二)代写诉状的费用

南宋法定的诉讼形式是起诉人必须递交诉状。尤其是无诉状不受理,诉状不合格式不受理的规定,迫使目不识丁、手不能书的一般平民百姓,不得不花钱雇人代写诉状。因此宋代民间出现了专门替人代写词状的"佣笔之民"、"珥笔之人"、"茶食人"及由官府控制的"写状钞书铺户"。这些专门以替人代写诉状为业的"佣笔之人"在书写诉状中收取多少费用，史书并无记载，但他们收费是可以肯定的，而且多有借机教唆词讼，"邀难人户，多要钱物"㉖，有的"少以百数，多以千数"，甚至"费不十金"㉗。这说明，南宋百姓请人代写诉状的费用，亦是不可缺少的一项诉讼支出。

（三）诉讼中的繁杂费用

在民众诉讼过程中，投状费、传讯费、交通费、住宿费等都是不可少的开销。虽然南宋时的投状费尚无见到明文规定，但在《夷坚志》中有一个事例可以略见一斑。如宋孝宗乾道四年（1158），江西抚州临川县后溪民王四，因"事父不孝，常加殴击，父欲诉于官，每为族人劝止"。乾道六年（1170）六月，王四又殴击其父，"父不胜忿，走诣县自列。王四持二百钱，遮道与之曰：'以是为投状费。'"㉘这可能是临川县规定的投状费标准。诉状到官之后，公吏向当事人索钱的名目更多，诸如挂号费、传呈费、检验费、文具费、灯油蜡烛费、解锁费、带堂费，甚至有鞋袜钱、酒饭钱、车船钱等。这些名目繁多的费用，有的是官衙规定的收费名目，有的则是公吏借机索取，但都要由诉讼当事人负担，合起来也是一项不小的开支。

而居住在四乡八野的百姓，到州县诉讼都有远近不等的路程，不仅要"跋涉道途"，而且要住店吃饭，尤其是上诉、越诉、直诉及翻覆申诉，其食宿、交通费用更难以预计。也成为一般民众难以负担的诉讼成本。

（四）诉讼中的请托费用

在南宋民众诉讼中，有些当事人为了胜诉而挥金请托，这种行为虽是当事人出于自愿，其花费往往十倍于所争之值。如泉州"豪民巨室，有所讼愬，志在求胜，不吝挥金。"㉙有的诉讼双方为争胜，竞相请托关系，行贿官吏，付出了高额的请托之资。这项巨大的开支，自然是一般平民百姓难以承受的。这种争讼，实际上成为一场斗富拼财的竞争。是诉讼当事人自愿付出的一种无定量的诉讼费用。

三、民众诉讼的连带成本

所谓"连带成本",是指因诉讼而给当事人及干证人带来的损害。在这一方面,主要表现在诉讼当事人因诉讼而造成妨废本业,枉遭官吏的恐吓及证人和干连人因此而受到的损失。这亦是诉讼成本的一部分。

(一)妨废本业

在以农业为主的南宋,不违农时是农业生产之本。但往往"一夫在囚,举室废业"㉚。为此南宋法律亦明确规定了民事诉讼的"务限"和审判的期限。但在南宋的司法审判中,因讼案稽留而妨废本业的情况却非常普遍。黄榦讲:凡"人户词诉,官司追逮,虽曲直未可知,自当应时出官供对。"㉛而一般百姓在诉讼中为了不错过出官供对的时间,距离州县较远的当事人为提前到官,或是"冒夜以来",候于"谯楼下"㉜,或是"不远数百里赴愬于讼庭之下"㉝。如果诉讼当事人不按规定到厅供对,则由"巡尉差人,追呼呈押"㉞。然而州县官吏对民讼,"久者至累年,近者亦几一岁,稽违程限,率以为常"㉟。对刑狱,则是"罪无轻重,悉皆送狱;狱无大小,悉皆稽留……狱官视以为常,而不顾其迟。狱吏留以为利,而唯恐其速。"㊱即使"户部词诉公事,多是移送定夺,枝蔓迁延,遂致积年不曾结绝。"㊲既有"展转十年"者㊳,亦"有积十数岁而不决者"。㊴由此使诉讼当事人所付出的辛劳和承受的心理压力是可想而知的。

南宋造成久讼不决的原因是多方面的,有的是由于当事人陈述不实,以虚假之词导致法官误判,致使败诉方提起上诉。如江南东路南康军建昌县民妇刘氏在家产分析的诉讼中,因隐瞒养子的两个幼女,而导致法官判决有误,致使幼女的生母再诉㊵。亦有因法官素质不高或判案能力低下,"使直笔者不能酌情据法,以平其事,则无厌之讼炽矣。"㊶这也是导致当事人累讼的一个诱因。尤其是豪民依势拒不到官应诉而致案件淹延,如"王思权自知理曲,前政累追不出,以致词讼淹延"[42]。又如"李安抚宅抵拒监司、州郡及御史台已判断毁抹之契,十五年不肯出官"[43]。这亦是人户词诉无由结绝的原因,致使平民百姓荒废本业。由于因审理滞留和审判不公引起的累讼,使诉讼当事人耗费更多的时间和精力,更增加了当事人的诉讼成本。这对广大农民来说,其损失将是无法计算的。

(二)枉遭恐吓

在南宋诉讼中,无论是民众的争财之讼,还是刑事案件中的有罪之人,遭受禁系和杖责是一种普遍的司法现象。正如胡颖所言:民之争讼,"使了盘缠,废了本业,公人面前陪了下情,着了钱物,官人厅下受了惊吓,吃了打捆,而或输或赢,又在官员笔下"[44]。此言固然是胡颖从教化的角度讲给民众听的,但却反映了南宋司法审判中的实情。陆九渊亦讲:凡百姓争讼到官,"因累累如驱羊,怯于庭庑械系之威,心悸股栗"[45]。尤其州县吏胥,不仅利用行刑之便乞取钱物,而在行杖中,"或观望声势,或接受贿赂,行遣之时,殆同儿戏"[46]。致使富者有贿免于刑杖,贫者无赂而枉被鞭笞。陆游曾讲:"视郡县之庭,鞭笞流血,枷械被体者,皆贫民也。"[47]由于吏胥"好以喜怒用刑,甚者或以关节用刑"[48],不仅"辄加棰楚,哀号惨毒,呼天莫闻",而且"囚粮减削,衣被单少,饥冻至于交迫"[49],致使诉讼当事人枉受惊吓,身心受害,这亦是民众诉讼付出的一种连带成本。

(三)牵连证佐

在南宋的司法审判中,无论是民事争讼,还是刑事案件,都强调以证据作为判案依据。司法官吏为了获取证据,往往对证人采取勾追、押送、禁系、考掠的强制措施。即将罪人与证人同视为司法客体,因此对罪人与证人"捕同捕也,系同系也,讯同讯也"[50]。尤其在刑事案件中,凡是"事发之处,或在邸店,或在道路,一时偶与相逢之人,见其斗殴死伤,便为佐证,相随入狱"[51]。宋孝宗淳熙四年(1177)臣僚言:州县"每遇乡村一事,追呼干连,多至数十人,动经旬月,吏辈不得其所欲,则未肯释放"[52]。宋光宗绍熙元年(1190)臣僚亦讲:凡"公事到官,付之吏手,不问曲直,将干连无辜之人一例收禁。"[53]"至有讼一起而百夫系狱,辞两疑而连岁不决。"[54]如有小民在自己家门口"正遇两人相殴斗,折齿流血,四旁无人,遂指以为证。里胥捕送县,皆入狱。民固愚,莫知其争端,不能答一辞,受杖而归"[55]。亦有州县"以狱事为等闲,以六、七无辜之人累累械系于吏卒之手,淹时越月,押上押下,以饱诛求,以厌捶楚。"[56]胡颖在审理土军非法勾追证人一案中说:"罗闰不过知证人耳……若合追对,但以文引付之保正足矣,如何便差土军。推原其故,皆由居巡、尉之职者,以差头为买卖,借此辈为爪牙,幸有一人当追,则恨不得率众以往,席卷其家,以为已有,理之是非,一切不顾,此罗闰之家所以遭此横逆也。"[57]由于司法官吏非法勾追证人,尽行拘系,致使干证人"破家失业或至死亡"[58],此非个别现象。

南宋司法审判中,由于干证人不仅在作证中被勒索,被拘系,枉受财产损失和牢狱之苦,而且也妨农业,荒废生产。使无辜之民无故受害。这亦是由诉讼造成的一项潜在的连带成本。

四、民众诉讼中的额外支出

所谓"额外支出",是指超出规定的数量或范围之外的费用。在南宋民众诉讼活动中的额外支出,主要表现在官府的借机敛财,官吏的乘机勒索,教讼者的趁机欺诈。本来这些费用不是诉讼的直接成本,但因是民众诉讼引起的一种后果,对诉讼当事人而言,这项损害远重于其他耗费,亦是诉讼涉及人难以逃避的一项支出。

(一)官府借机敛财

南宋州县官府为解决财政困难,无不借百姓诉讼之机,"别作名色,巧取于民"[59]。如百姓向官府投递诉状,"必须官纸,必卖两券,受词必须传押,亦须定价,如不依此,并送南房,甚至有宣教纸墨钱,县主坯粉钱"[60]。因此诸邑

"多有出卖官纸者。吏人行遣,人户投词,非官纸不用"⑥。在民众诉讼过程中,有些地方官府千方百计非法收取民钱。如居民被盗,官司则令"先纳赏钱,应期限则有缴引钱,违期限则有罚醋钱"⑥。在湖南州县,"收领词状之际,则取醋息钱"⑥。广州新会县"受诉牒有醋息钱"⑥。惠州"醋息者取之讼牒"⑥。亦有"两讼不胜则有罚钱,既胜,则令纳欢喜钱"⑥。史料中此类记载不少。黄震在任广德军通判时亦说:"每见县吏之钱,全出于推狱之手。"⑥"因讼事而科罚,其初数十千,旋至于数百千。"⑥朱熹也曾讲:"科罚之弊,盖因岁入有限,而费出无常,是以不免巧取于民,以备支发。凡是百姓有事入门,不问曲直,恣意诛求,无有艺极,民间受弊,不可胜言。"⑥

地方官府为了聚敛财富,"州县辄用私意,违法拘籍,以资妄用"⑦。如绍兴二十六年(1156),御史台检法官褚籍言:"近来州县守令,类多贪墨,每有豪户及僧道富赡者犯罪,必令献助钱物,或作赡军支用,或作修造茸亭馆,多者数千缗,少亦数百缗,更不顾其所犯轻重,例作缘故释放。"⑦宋孝宗乾道元年(1165)正月一日的赦文中亦讲:"州县辄将犯罪人不问轻重,巧作名色,勒令献助钱物。"⑦而在官委吏行郡决囚中,"富贵之家,稍有冒挂,动籍其赀。又以趁办月桩及添助版帐为名,不问罪之轻重,并从科罚。大率官取其十,吏渔其百"⑦。"甚而罗织罪名,恣行抄估,信受妄状,没人产业。"若"人户论诉理曲,合与断罪,乃以修造为名,各阁钱入官若干"⑦。"遂使富民有罪得以幸免,贫者被罚,其苦甚于遭刑"。⑦宋宁宗庆元四年(1198)臣僚言:"今民词到官,例借契钱,不问理之曲直,惟视钱之多寡。富者重费而得胜,贫者衔冤而被罚。"⑦地方官府甚至以科罚钱财的多寡来决定罪之轻重。俞文豹曾讲:华亭县的版帐钱三倍于他邑,"每日无所从出,例是典押科抑见禁罪囚及词诉者,或从疏放,或从末减,公然取令尹之判,令亦幸其如此,欣然落笔"。⑦

从以上情况来看,南宋州县官府把民众诉讼作为聚敛钱财,解决办公费用不足的一个重要渠道,其名目之多也是少见的。如此聚敛不仅使诉讼当事人枉遭苛剥,而且由于以钱之多寡定曲直,亦使司法审判失去了公平性。

(二)官吏乘机勒索

南宋虽然待士大夫尤厚,但基层官员"俸入极微,曾不足以养廉"⑦。尤其是"天下吏人素无常禄,唯以受赇为生,往往致富者"[79]。因此,贪婪官吏乘民众诉讼之机进行勒索,亦是南宋司法活动中的一个普遍现象。

为防止胥吏在司法活动中徇私枉法,南宋时亦强调"鞫勘必长官亲临"。然而州县长吏有连日不出公厅,文书讼牒多令胥吏传押,因缘请托,无所不至,乡民留滞,动经旬月。"甚至有狱囚不得一见知县之面者"[80]。亦有"知县不理民事,罕见吏民,凡有词诉,吏先得金,然后呈判,高下曲直,惟吏是从。"[81]正是由于"大官拱手,惟吏是从"[82],由此造成了"吏习狡狯,故怯懦者有所畏"[83]的境况。

南宋地方官吏在司法审判中,往往是"贿赂未至,则行遣迁回,问难不已,所求如欲,则虽不可行,亦必舞法,以遂其请。"[84]由此形成了"不问理之曲直,惟视钱之多寡。富者重费而得胜,贫者衔冤而被罚"[85]的局面。由此可以看出,司法官吏的受贿枉法是造成司法不公的重要根源,也给平民百姓的诉讼带来极大的败诉风险。

南宋胥吏为饱私欲,又"一味根连株逮,以致岁月淹延,狱户充斥"[86],以此进行骗乞。如绍兴二十二年(1142)大理正孙敏修讲:"州县胥吏,因缘推究强、窃盗罪人,而教令虚通赃物,追逮无辜,因而受赂。"[87]宋孝宗初年诏中亦讲:"州县捕获盗贼,狱吏往往教导,使广引富豪之人,指为窝藏,至有一家被盗,邻里骚然,贼情未得,而胥吏之家贿赂充斥。"[88]南宋公吏借平民涉讼的机会,无所不用其极的勒索百姓。如江南西路建昌军南城县近郭南原村民宁六,因被弟媳游氏诬告强奸,"狱吏审其情实,需钱十千",宁六"自恃理直,坚不许",结果被"吏传会成案",宁六"坐死"[89]。临安府"凡讼于厢庭者,率系缧数日",即使赢得官司,也要"送吏需钱"[90]。甚至,为当事人开锁释枷,吏人也常借机敲诈。如明州刘元八郎,因为人作证而入狱,在其被释放时公吏则称:"两三日服事你,如何略不陈谢,且与我十万贯。"[91]如果当事人拒绝其无理要求,亦会遭受更多的苦难。

(三) 讼师趁机欺诈

讼师是活跃于民间的专以教唆诉讼收取消费为生的群体。这些"专以教唆词讼,把持公事为业"[32]之人,多是市井小民。胡颖讲:"乡村百姓,本无好讼之心,皆是奸猾之徒教唆所至。"[33]黄榦亦讲:"照得本县,词讼最多,及至根究,大半虚妄……皆缘坊郭乡村破落无赖,粗晓文墨,自称士人,辄行教唆,意欲搔扰乡民,因而乞取钱物。"[34]即百姓诉讼多受他们的骚扰欺诈。蔡杭在一则判词中也说,成百四本是闾巷一小民,"始充茶食人,接受词讼,乃敢兜揽教唆,出入官府,与吏为市,专一打话公事,过度赃贿。小民未有讼意,则诱之使讼;未知赇嘱,则胁使行赇。置局招引,威成势立,七邑之民,靡然趋之。以曲为直,以是为非,骗取财物,殆以万计。"[35]黄干又讲:浙江西安词讼所以多者,"皆是把持人操执讼柄,使讼者欲去不得去,欲休不得休。有钱则弄之掌股之间,无钱则挥之门墙之外。事一入手,量其家之所有而破用,必使至于坏尽而后已。民失其业,官受其弊,皆把持之人实为之也。"[36]这些人往往利用百姓诉讼之机骗取金钱,以助讼为名竭力盘剥,致使当事人倾家荡产。如哗徒张梦高,本是武义县吏人金眉之子,专以健讼欺诈为生,"始则招诱诸县投词人户,停泊在家,撰造公事……乘时邀求,吞并产业,无辜破家,不可胜数。"[37]在百姓不得已而开启讼端之际,却被哗徒欺诈勒索,即使得胜,也难免使诉讼人的财物丧失殆尽。这亦是造成民众诉讼成本昂贵的一个重要原因。

在南宋的诉讼中,亦有因官府审判不公,致使抱冤之民为追求公平正义而自残身体者,这种以残害身体为代价的申冤形式,既是小民的无奈之举,也是民众诉讼中付出的最高代价。由此更展现了南宋民众诉讼成本的昂贵。

注释:

①黄榦《勉斋集》卷三四《临川劝谕文》。

②《名公书判清明集》卷四《妄诉田业》。中国社会科学院点校本,中华书局1987年版,第123页(以下简称《清明集》)。

③《清明集》卷一〇《乡临之争劝以和睦》,第394页。

④黄震:《黄氏日抄》卷七八《词诉约束》。

⑤真德秀:《真文忠公文集》卷四〇《再守泉州劝谕文》,四部丛刊初编本。

⑥《周易·讼卦》。

⑦刘克庄:《后村先生大全集》卷三《南岳第二稿·溪西》,四部丛刊初编本。

⑧袁采:《袁氏世范》卷中《忧患顺受则少安》。

⑨《袁氏世范》卷上《人贵能处忍》。

⑩《义门陈氏大同宗谱》卷四《义门家训》,戴建国考证,上海图书馆藏民国木活字本。

⑪《真文忠公文集》卷四〇《潭州谕俗文》。

⑫《袁氏世范》卷上《亲戚不可失欢》。

⑬《黄氏日抄》卷七八《词诉约束》总说。

⑭《陆游诸训·戒子录》。

⑮《清明集》卷一二《先治教唆之人》,第479页。

⑯《宋史》卷四三七《真德秀传》,第479页。

⑰胡太初:《昼帘绪论·临民篇第二》。

⑱洪迈:《夷坚丙志》卷一四《綦叔厚》,中华书局2006年版,第489页。

⑲《真文忠公文集》卷四〇《潭州谕同官咨目》。

⑳《周礼·秋官·大司寇》。

㉑《夷坚三志壬》卷四《南山独骑郎君》,中华书局点校本1981年版,第1492页。

㉒《夷坚丁志》卷一《王浪仙》,第538页。

㉓《宋史》卷四三七《刘清之传》,第12957页。

㉔《夷坚三志壬》卷四《南山独骑郎君》,第1492页。

㉕《夷坚丁志》卷一《王浪仙》,第538页。

㉖《作邑自箴》卷六《劝谕民庶榜》,四部丛刊续编本。

㉗程珌:《洺水集》卷九《书富春断案集后》,文渊阁《四库全书》本。

㉘《夷坚丁志》卷八《雷击王四》,第601页。

㉙《真文忠公文集》卷四〇《谕州县官僚》。

㉚《真文忠公文集》卷四〇《潭州谕同官咨目》。

㉛《勉斋集》卷三三《龚仪久追不出》。

㉜《夷坚支志乙》卷四《衢州少妇》,第820页。

㉝《清明集》卷一〇《叔母讼其侄打破庄屋等事》,第390页。

㉞《朱文忠公文集》卷一〇《约束榜》。

㉟《宋会要》刑法三之四一。

㊱《宋史》卷二〇一《刑法三》。

㊲《宋会要》刑法三之三八。

㊳《清明集》卷八《处分孤遗田产》,第287页。

㊴《历代名臣奏议》卷一〇八《赵如愚奏》,第1455页。

㊵《后村先生大全集》卷一九三《建昌县刘氏诉立嗣事》。

㊶《清明集》卷七《立继有据不为户绝》,第215页。

㊷《清明集》卷八《已立昭穆相当人而同宗妄诉》,第247页。

㊸《清明集》卷九《出继子卖本生位业》,第297页。

㊹《清明集》卷一〇《乡邻之争劝以和睦》,第394页。

㊺《陆九渊集》卷五《与辛幼安书》。

㊻《昼帘绪论·用刑篇第十二》。

㊼《历代名臣奏议》卷四九《陆游奏》,第664页,上海古籍出版社1989年版。

㊽《清明集》卷一《咨目呈两通判及职曹官》,第2页。

㊾《清明集》卷一《劝谕事件于后》,第11页。

㊿杨万里:《诚斋集》卷八九《刑法上》。

(51)洪迈:《盘州文集》卷四一《乞勿禁系大狱干证人札子》,四部丛刊初编本。

(52)《宋会要》食货六三之二二三。

(53)《宋会要》刑法六之七一。

(54)《袁州府志》卷一三《新建郡小厅记》。

(55)《夷坚丙志》卷一一《钱为鼠鸣》,第462页。

(56)《清明集》卷一《具析县官不留意狱事》,第27页。

(57)《清明集》卷一一《弓手土军非军紧切事不应辄差下乡骚扰》,第438页。

(58)《宋会要》刑法六之四四。

(59)《朱文公文集》卷一一《庚子应诏封事》,四部丛刊本。

(60)《清明集》卷二《缪令》,第59页。

(61)《昼帘绪论·理财篇第九》。

(62)《定斋集》卷五《讼州县科扰之弊札子》。

(63)《建炎以来系年要录》卷一八三绍兴二十九年七月己酉,第3016页。

(64)《真文忠公文集》卷四五《通判广州吴君墓志铭》。

(65)《后村先生文集》卷一五六《墓志铭·惠州弟》。

(66)《历代名臣奏议》卷一〇八《江西运判赵汝愚奏》,第1456页。

⑥《黄氏日抄》卷七四《榜放县吏日纳白撰钱申乞省罢添倅厅状》。

⑧《宋会要》职官四八之二四。

⑥《朱文公文集》卷一四《延和奏札四》。

⑩《宋会要》刑法二之一二一,第 6556 页。

⑪《建炎以来系年要录》卷一七三绍兴二十六年秋九月甲辰。

⑫《宋会要》刑法二之一五七,第 6574 页。

⑬《宋史》卷二〇〇《刑法二》,第 49 页。

⑭《昼帘绪论·理财篇第九》。

⑮《清明集》卷一《劝谕事件于后》,第 15 页。

⑯《宋会要》刑法三之三八,第 6596 页。

⑰俞文豹:《吹剑录外集》。

⑱《昼帘绪论·僚寀篇第四》,第 104 页。

⑲沈括:《梦溪笔谈》卷一二《官政二》,第 106 页。

⑳《宋会要》职官四一之三〇。

㉑《清明集》卷二《知县淫秽贪酷且与对移》,第 42 页。

㉒叶适:《水心集》卷三《法度总论三》。

㉓《宋史》卷三五六《蔡居厚传》,第 11210 页。

㉔《建炎以来系年要录》卷二〇绍兴七年十二月丁亥,第 3408 页。

㉕《宋会要》刑法三之三八。

㉖《洗冤集录校释》卷二《疑难杂说下》,群众出版社 1982 年版。

㉗《宋会要》刑法三之八二,第 6618 页。

㉘《宋会要》刑法三之八三,第 6619 页。

㉙《夷坚支志甲》卷五《游节妇》,第 746 页。

㉚《咸淳临安志》卷五三《城南厢厅》。宋元方志丛刊第四册,中华书局。

㉛《夷坚支志戊》卷五《刘元八郎》,第 1086 页。

㉜《昼帘绪论·听讼篇第六》,第 106 页。

㉝《清明集》卷一二《责决配状》,第 476 页。

㉞《勉斋集》卷三三《徐锵教唆徐莘哥妄论刘少六》。

㉟《清明集》卷一二《教唆与吏为市》,第 476 页。

㊱《清明集》卷一二《专事把持欺公冒法》,第 474 页。

㊲《清明集》卷一三《撰造公事》,第 482 页。

宋代离婚探考

——重点以南宋《名公书判清明集》所载案件为例

方建新（杭州社会科学院）

一、前言

离婚，是指夫妻婚姻关系的人为终止。如果说，因夫妇一方去世而婚姻就此终止，是不可挽回的"自然"现象，那么，离婚作为婚姻的人为终止，是一种社会现象。

《礼记·郊特牲》："妻者，齐也，一与之齐，终身不改。故夫死不嫁。"所以，总的来说，儒家传统的观点对婚姻关系要求保持相对的稳定。除了要求妻即使夫死也不更嫁外，也要求男子一经结婚，即与妻"一与之齐"，就要终身不改，白头到老。但这是基于妻于礼未犯"七出"之条，于律未到"义绝"之时。

中国古代的离婚，唐代以前在法律上没有具体明确的条文①，主要根据儒家礼制精神进行，除了违反伦理、血缘的婚姻必须纠正即离婚外，解除原为符合礼、法的婚姻大致有三种：一是去妻亦称出妇，二是"义绝"，三是和离。

去妻即出妇，源于儒家"七去。"《大戴礼记·本命》："妇有七去：不顺父母去,无子去,淫去,妒去,有恶疾去,多言去,窃盗去。"完全是男方父母针对子妇、丈夫针对妻子。凡女子犯了以上"七去"中任何一条,男方父母都可以将子妇、丈夫将妻子去之、出之。作为"七去"的补充,儒家礼典又规定:"妇有三不去,有所娶无所归,不去;与更三年丧,不去;前贫后富,不去。"意即被出之子妇、妻子无处可归、无所依靠的,不能去;与夫一起为舅姑服过三年丧的,不能去;结婚时夫家贫穷,后来富贵了,不能去。

所谓义绝,是指夫妻恩义已绝而断绝婚姻关系,所谓"夫妇之道,有义则合,无义则离。"②班固《白虎通·嫁娶》:"夫有恶行,妻不得去者,地无去天之义也。夫虽有恶,不得去也。故《礼·郊特牲》曰:'一与之齐,终身不改。悖逆人伦,杀妻父母,废绝纲常,乱之大者,义绝,乃得去也。"据此,义绝最早似乎是针对妻主动提出离婚即"去夫"而言。妻子只有在丈夫"悖逆人伦,杀妻父母,废绝纲常,乱之大者",在义绝的情况下,乃得去。以后,义绝离婚是针对夫妻之间、夫妻双方家长、家族之间发生了严重违背人伦、人情与礼法之事而解除婚姻关系。

所谓和离,是指夫妇双方互相自愿离婚者。

将离婚以法律的形式作出具体的规定、限制并加以规范是在唐代。唐代制定的我国古代第一部全面系统的法律文书《唐律疏义》,第一次对离婚问题颁布了法律条文,并作了详细、具体的法律解释。宋代的离婚法律见之于宋初制定的《宋刑统》,及散见于《宋会要辑稿·刑法》、《续资治通鉴长编》、《宋史》等所引诏、敕、令法律条文及朝廷临时颁发的禁令等。《宋刑统》中离婚原则与有关法律条文基本照抄唐律,总的包括两个方面,一是本身就是违法婚姻,在禁止之列,一旦发现,当离;二是原为合法婚姻,但在婚姻期间发生某种变化而终止的婚姻。而这又分三种:

第一种"七出":"一无子,二淫泆,三不事舅姑,四口舌,五盗窃,六妒忌,七恶疾。"③

第二种"义绝"。义绝指:

"殴妻之祖父母、父母,及杀妻外祖父母、伯叔父母、兄弟姑姊妹,若夫妻祖父母、父母、外祖父母、伯叔父母、兄弟姑姊妹自相杀,及妻殴詈夫之祖父母、父母,杀伤夫之外祖父母、伯叔父母、兄弟姑姊妹,及与夫之缌麻以上亲若妻母奸,及欲害夫者,虽会赦皆为义绝。妻虽未入门,亦从此令。"④

第三种和离。所谓和离,指"夫妇不相安偕"而离婚,即"彼此情不相得,两愿离者"⑤。

但细加考察,有关宋代离婚及离婚的某些具体的法律条文,不但与唐代相比,而且北宋与南宋相比,还是有增有减,或作了较大修改,或对某些条文作出新的解释,增加了不少新的内容。兹以南宋《名公书判清明集》(以下简称《清明集》)所载离婚案件为例,结合宋代法律条文,对宋代而主要是南宋的离婚现象作一探考。

二、宋代的违法婚姻

根据《宋刑统》,《宋会要辑稿·刑法》及《长编》等所载,结合《清明集》(以下简称《清明集》)及其他史籍所载案例,宋代对违法婚姻的界定,基本承沿唐及唐以前礼律习俗,是从血缘、伦理、等级制度、道德标准等方面结合宋代社实际作出的。在对这一问题论述之前,先将《清明集》中的违法婚姻的案例列表概述如下:

《清明集》中非法婚姻案例

[序号]姓名夫/妻	事略	性质	处理结果	判决根据	出处:案件名称卷/页
[1]罗械/阿王	罗密妻阿王改嫁同曾祖从兄弟罗械	妇改嫁同曾祖之子	判离	在法:尝为祖免以上亲之妻,未经二十年,虽会赦犹离。罗械娶阿王方更三年。	罗械乞将妻前夫田产没官4/107

续表

[序号]姓名夫/妻	事略	性质	处理结果	判决根据	出处:案件名称卷/页
[2]赵必惯子/良子	李介翁与婢郑三娘所生女良子,在父卒、母改嫁后,从幼婚之议,纳余日荧子之聘,就养余家。后郑三娘与后夫夺良子改嫁赵必惯	女已聘再嫁	基于良子已与赵必惯成亲,判良子归赵必惯。但追还男方送女方聘礼与半年供给之费	许嫁女(已报婚书、受娉财),已嫁他人者,徒一年半,女追归前夫。前夫不娶还娉财,后夫婚如法	官为区处7/231
[3]外州人/阿吴	据阿吴说,被舅胡千三戏谑,然未经官司勘正,阿吴父、兄将阿吴收匿,嫁与外州人,妄向官府诉其女不知下落	女已婚未离再嫁	阿吴责付官牙,再行改嫁。	已嫁女背后再嫁	将已嫁之女背后再嫁9/343
[4]吴千二/吴氏	吴重五妻死,不在家,吴千二挈吴重五女至家,谋娶为妻,自知同姓不便。改嫁翁七七之子	同姓而婚	未成婚而自离	同姓不能为婚	定夺争婚9/348—349
[5]李三九/吴氏	吴千二将吴重五女改嫁翁七七之子后。吴重五取其女归家,复嫁与李三九为妻,并怀孕	已嫁妇再嫁并怀孕。	以人情承认既定事实。吴氏仍归李三九	鉴于阿吴虽违法既嫁李三九,但已怀孕,故仍归李三九。偿还翁七七财礼,使别行婚娶	定夺争婚9/348—349
[6]叶四/阿邵	叶四自写立休书,将妻阿邵嫁与吕元五,得吕父子聘财官会五百贯	非法卖妻。	叶四、吕元五皆不得妻,阿邵责付牙家别嫁	诸和娶人妻及嫁之者各徒二年,即夫自嫁者亦同。仍两离之。又曰:诸妻擅去,徒二年	婚嫁皆违条法9/352页

续表

[序号]姓名夫/妻	事略	性质	处理结果	判决根据	出处:案件名称卷/页
[7]魏汝楫/娟妇	魏汝楫自主婚,娶娟妇。	违法婚姻:娶娟妇	魏汝楫杖八十,离之	违法娶娟妇为妻	已嫁妻欲据前夫屋业9/356
[8]吴子晦/陈氏	丞相秀国陈公(升之)五世孙思永之女嫁与吴子晦为妻,家道扫地,雇于雷司广为侍婢	违法婚姻:雇妻与人	且令陈氏母刘氏领其女归家,若其夫子晦有可供赡,不至失所,却令复还。不能自给赡养其妻,合从刘氏改嫁	在法:雇妻与人者同和离法。合依上条定断	官族雇妻10/383
[9]杨自智/邵氏	杨自智与已亡亲堂兄弟杨自成妻邵氏奸。并将邵归房为妻。	乱伦婚姻。	判离:杨自智免监赃,牒押出处州界,阿邵断讫,责付其母陆氏交管	诸奸缌麻已上亲之妻者,徒三年	弟妇与伯成奸且弃逐其男女盗卖其田业10/390
[10]王木/阿连	阿连原系傅十九之妻,与王木奸通,继王木收阿连归家,妄以为乃父女使。既复奸通,以为妻。而傅十九未与阿连离婚,别娶妻	与人妻先奸,继以为妻	判王木与阿连婚姻无效,阿连别行嫁人	以妾为妻,徒一年半,各还正之	士人因奸致争既收坐罪名且寓教诲之意12/443—444
[11]傅十九/某氏	傅十九妻阿连与王木奸通,但并未离弃,傅十九别自娶妻	妻犯奸未离再娶	傅十九合有罪名,累经赦恩,与免根究	诸有妻更娶妻者,徒一年,各离之	士人因奸致争既收坐罪名且寓教诲之意12/443—444

根据宋代礼律,结合上表所列《清明集》中案例,宋代的非法婚姻主要有以下几种。

1. 违背血缘伦理的婚姻

宋代与前代一样,禁止"同姓及外姻有服共为婚姻"。《宋刑统》明确规定:

> 诸同姓为婚者,各徒二年,缌麻以上以奸论。若外姻有服属,而尊卑共为婚姻,及娶同母异父姊妹,若妻前夫之女者(谓妻所生者,余条称前夫之女准此)亦各以奸论。其父母之姑舅两姨姊妹,及姨,若堂姨,母之姑,堂姑,己之堂姨,及再从姨,堂外甥女,女壻姊妹,并不得为婚姻。违者各杖一百,并离之。⑥

缌麻以上亲属,即高祖父系内亲属、母系亲属辈,在这之内通婚,以奸论。"外姻为服属者,谓外祖父母、舅姨妻之父母"⑦。又,"诸尝为袒免亲之妻而嫁娶者,各杖一百,缌麻及舅甥妻徒一年,小功以上以奸论,妾各减二等,并离之"⑧。

另据《宋会要辑稿》刑法二之七六载:

> (宣和元年八月)十九日,河东路转运司奏:"律节文,诸堂外甥女不得为婚姻,违者杖一百,离之。《刑统·疏议》,外甥女亦系堂姊妹所生者,于身虽无服,据理不可为婚。契勘上件律文,止为堂外甥女不得为婚,即未审再从姊妹所生女合与不合成婚,有此疑惑。乞申明降下。"刑部参详,律称己之堂姨及再从姨、堂外甥女并不得为婚者,盖为母之同列及己身卑幼,使尊卑混乱,人伦失序,故不得为婚姻。虽《刑统议》止称堂外甥女,谓堂姊妹所生,缘律内称男不得娶己之再从姨,其再从舅者婚再从姊妹所[生]女,即与男娶再从姨尊卑事体无异,于理亦合禁止。从之。

据此,宣和元年(1119)八月,根据河东路转运司上奏提出"再从姊妹所生女合与不合成婚"的"疑惑"又作了补充,"其再从舅者婚再从姊妹所[生]女,即与男娶再从姨尊卑事体无异",亦在禁止之列。

在《清明集》中,这种违背血缘伦理的婚姻,被判离婚的案件有三起:在上表[1]罗械/阿王婚姻:罗密妻阿王改嫁同曾祖从兄弟罗械。[4]吴千二/吴氏婚姻:同姓而婚。[9]杨自智/邵氏婚姻:杨自智与亲堂兄弟亡妻先奸后为婚。另《清明集》卷三《惩恶门》"叔诬告侄女身死不明"一案中,发生叔与已死侄女息娘夫争夺奁田事,经官府契勘,息娘,"嫁与姨元三娘之子张崇仁"。"息娘唤张崇仁系堂外甥,息娘为堂姨,于法不当为婚,婚既当离",只是息娘已死,不需离婚。但知县翁浩堂仍判此张崇仁与息娘的婚姻为非法婚姻,故对息娘奁田,其夫张崇仁不能得,亦不得退还息娘娘家璩氏,而将奁田"以为绝户而没官"。但由于息娘死后,璩天佑论息娘生死不明,发冢剖棺,受剖棺之惨,故将奁田"舍入本州岛岛岛天宁寺内,充为常住""时节祭享,凭借佛灵,与之超度"⑨。由此可知,宋代对于违背血缘伦理的婚姻是十分重视的,处罚很重。

另据《宋会要辑稿》职官七三之二五载,庆元四年(1198)司农寺丞张镃出妻以后,"继娶郑氏,乃其弟妇杨氏之女",为臣僚弹劾,谓:"天下岂有母子自为娣姒之理?"为此,张镃与宫观。

宋代中期以后,随着"宗族蕃盛,多于勋旧之门迭为婚姻,其服纪尊卑虽于礼律无嫌"但在血缘伦理上也出现了较为混乱的现象。于是仁宗庆历二年(1042)七月庚午,诏大宗正司:"自今皇亲婚姻具依律令外,若父母亲姊妹及父母之亲姑为妯娌,或相与为妇姑行,而尊卑差互者,不得为婚姻。"⑩

2. 违反"良贱为婚"等级制度的婚姻

宋代与唐代及前代一样,禁止良贱为婚,以妾为妻,娶娼为妻。《刑统·户婚律》"主与奴娶良人诈妄嫁娶"条:

> 诸与奴娶良人女为妻者,徒一年半,女家减一等,离之。其奴自娶者亦如之。主知情者,杖一百,因而上籍为婢者,流三千里。即妄以奴婢为良人,而与良人为夫妻者,徒二年,奴婢自妄者亦同。各还正之。⑪

又:

> 诸杂户不得与良人为婚,违者杖一百。官户娶良人女者亦如之。

良人娶官户女者,加二等。即奴婢私嫁女与良人为妻妾者,准盗论,知情娶者与同罪。各还正之。⑫

对此条《宋刑统》解释说:"杂户配隶诸司,不与良人同类,止可当色相娶,不合与良人为婚。""官户娶良人女者亦如之,谓官户亦隶诸司,不属州县,亦当色婚嫁。"⑬另据《长编》载,至和元年(1054)十月壬辰,诏:"士庶之家尝更佣雇之人,自今毋得与主之同居亲为婚,违者离之。⑭"

为严格家庭中的等级制夜,维护妻在家庭中的地位,宋代严禁以妻为妾,以妾为妻,娶婢为妻,娶娼为妻。"诸以妻为妾,以婢为妻者,徒二年。以妾及客女为妻,以婢为妾者,徒一年半,各还正之"⑮。关于违反"良贱为婚"等级制度的婚姻被判离婚的案件,《清明集》中有上表所列[8]魏汝楫娶娼妇事。[10]王木/阿连一案,王木因收傅十九妻阿连归家,妄以为乃父使,既复奸通,犯以妾为妻罪。另,绍兴十四年(1144),右朝散大夫、主管台州崇道观万俟止"以婢妾作兄女嫁(林)谠",万俟止特"除名勒停,永不收叙。林谠罚铜六十斤,特送二千里外编管。"⑯次年,又发生"宗子成忠郎不皦娶倡女为妻"事,为大宗正司所劾,"不皦坐除名,令宗司庭训拘管"⑰。

在强调良贱不婚,维护婚姻的等级制度方面,宋代礼律还规定,非士族不能与皇室宗族为婚。庆历三年(1043),"翰林医官许希非士族,而其子乃与皇兄弁升之女纳婚",为权御史中丞王拱辰奏罢,其理由为"不可以乱宗室之制"⑱。神宗时,宗室"同管勾宗正事宗惠有女嫁徐州进纳人石有邻之子,石有邻之母曾为娼",权监察御史里行彭汝砺奏乞停婚。"又奏乞深责宗惠,因言皇族虽服属已疏,然皆宗庙子孙,不可使闾阎下贱得以货取,愿立法禁止"。于是如上已引述,有熙宁十年(1077)九月壬子,"宗室嫁娶,不得与'杂类'之家为婚"之诏。由此可见,以上婚姻也属禁止的违背礼律的非法婚姻,即使已缔结婚姻,也要"停婚"离之。

3. 违背一夫一妻制的婚姻

宋代坚持一夫一妻的聘娶形式的婚姻制度,禁止有妻再娶妻,许嫁女违约再嫁。《宋刑统》规定:"诸有妻更娶妻者,徒一年,女家减一等。若欺妄而娶者,徒一年半,女家不坐,各离之。"其解释曰:"依《礼》,日见于甲,月见于庚,象夫妇之义,一与之齐,中馈斯重。故有妻而更娶者,合徒一年。女家减一等,为其知情,合杖一百。若欺妄而娶,谓有妻言无,以其矫诈之故,合徒一年半。女家既不知情,依法不坐,仍各离之。称各者,女氏知有妻、无妻皆合离异,故云各离之。"[19]对于女家"诸许嫁女已报婚书,及有私约,而辄悔者,杖六十。虽无许婚之书,但受娉财亦是。""若更许他人者,杖一百,已成者,徒一年半,后娶者知情减一等,女追归前夫。前夫不娶还娉财,后夫婚如法。"所谓"许嫁女已报婚书者,谓男家致书礼请,女氏答书许讫。""约谓先知夫身老幼、残疾、养庶之类。""娉财无多少之限,酒食者非。以财物为酒食者,亦同娉财。"[20]《清明集》中属于此种类型的案件,有妻再娶的有一件:[11]傅十九/某氏一案。傅十九不曾离弃阿连,别自娶妻。女已聘、已嫁未离再嫁他人的有三件:[2]赵必惯/良子一案,良子已聘余日荧子再嫁赵必惯。[3]外州人/阿吴婚姻,父、兄将已嫁之女(妹)背后再嫁他人。[5]李三九/吴氏婚姻。吴氏先嫁翁七七之子,未离再嫁李三九。而[11]阿连未与傅十九离婚,先与王木奸通,继更嫁王力。

宋代保护定婚而未成婚婚姻,凡强娶定婚、未嫁女可诉之官府。真宗即位之初,毕士安权知开封府事,"时近臣有怙势强取民间定婚女,其家诉于府,士安因对奏,还之"[21]。而即使如"权势熏灼"的权臣韩侂胄,"夺民间已许嫁女",也被夫家告到临安府。[22]绍兴间,太府寺丞欧阳逢世,为巴结投靠秦桧,弃其妻赵氏及其二子,再娶秦家管庄人龚釜之女。绍兴二十六年(1146),为殿中侍御史周方崇上言弹劾而罢[23]。对于女方来说,除了不能将已定聘女未经离婚改嫁他人外,亦不能将已定聘未嫁之女未经离婚就雇于他人为妾、婢。如《清明集》中"女已受定而复雇当责还其夫"一案,姜百三将已受定之女一娘,复雇卖他人,被判"责姜一娘还其夫成婚,如法"[24]。

4. 采用欺骗手段缔结的婚姻

宋代婚姻立法有多条关于禁止在男女婚嫁过程中欺骗、假冒行为。如《宋刑统》规定:

"诸为婚而女家妄冒者,徒一年,男家妄冒加一等。未成者依本约,已成者离之。"疏议曰:"为婚之法,必有行媒,男女嫡庶、长幼,当时理有契约。女家违约妄冒者,徒一年,男家妄冒者加一等。未成者依本约,谓依初许婚契约,已成者离之。违约之中,理有多种,或以尊卑,或以大小之类皆是。"㉕在上列《清明集》非法婚姻中,在多个案件中,都有采取虚假欺骗手段的,根据规定"婚嫁妄冒"者,"离之正之"㉖。

5. 枉法娶人妻妾的婚姻

枉法娶人妻妾,一是指凡监临婚娶与和娶人妻。监临婚娶是指监临之官为自己或亲属娶所监临女为妻妾者。《刑统·户婚律》:"诸监临之官娶所监临女为妾者,杖一百。若为亲属娶者,亦如之。其在官非监临者,减一等。女家不坐。即枉法娶人妻妾及女者,以奸论,加二等。为亲属娶者亦同。行求者各减二等。各离之。"㉗所谓监临,《唐律疏议》云:"临统案验为监临。"即"谓州、县、镇、戍、折冲府等判官以上,各于所部之内,总为监临。自余唯据临统本司及有所案验者"㉘。故在唐代,广义而言,"长贰官对部属有直接统辖、监督之权,故总称监临"㉙。也就是说,监临官是指各级地方官中的长贰官。宋代的监临官是指"诸州军监临物务官",即监临诸场、院、库、务、局、监等各种税收、库藏、杂作、专卖的事务官㉚。但是,上引《宋刑统》照抄《唐律疏议》此条中的监临官,是沿袭当代的习惯用语,显然指的是各级地方官中的长贰官。如据《宋刑统》此条引《户令》:

> 诸州县官人在任之日,不得共部下百姓交婚,违者虽会赦仍离之。其州上佐以上及县令,于所统属官亦同。其定婚在前,任官居后,及三辅内官门阀相当情愿者,并不在禁限。㉛

明确地方官不能与下属官吏及管辖百姓为婚,以防止采取强迫手段与部下、庶民为婚。但上据《清明集》所列违法婚姻中,未有监临官即地方长官娶下属官吏及所管辖的百姓之女、妻为妻妾的案例,笔者也未搜查到地方官娶下属及百姓女为妻妾被查处的案例及有关记载。

二是和娶人妻,这是指甲乙双方通过不正当手段如钱财,甲娶乙妻为己妻,乙将己妻嫁给甲,即买妻卖妻。《宋刑统》:"诸和娶人及嫁之者,各徒二年,妾减二等,各离之。即夫自嫁者亦同,仍两离之。"疏议曰:"和娶人妻及嫁之者,各徒二年。若和嫁娶妾减二等,徒一年。各离之,谓妻妾俱离。即夫自嫁者亦同,谓同嫁妻妾之罪:二夫各离,故云两离之。"㉜上引《清明集》中有[7]叶四/阿邵婚姻一案,叶四将妻阿邵卖给吕元五,吕元五买叶四妻阿邵。

在宋代文献中,常见每逢灾荒战乱,或家庭变故,将未离妻卖于人的记载。根据法律,将别人之妻买作己妻或他人妻者,都属非法婚姻,当离之。

6. 娶逃亡妇女的婚姻

宋代承沿唐代规定,不能娶来历不明的逃亡妇女为妻。《宋刑统》:"诸娶逃亡妇女为妻妾,知情者与同罪,至死者减一等,离之。即无夫,会恩免罪者不离。"疏议曰:"妇女犯罪逃亡,有人娶为妻妾,若知其逃亡而娶,流罪以下并与同科,唯妇人本犯死罪而娶者,流三千里,仍离之。即逃亡妇女无夫,又会恩赦得免罪者,不合从离。其不知情而娶,准律无罪,若无夫即听不离。"㉝故娶逃亡妇女,其处理视逃亡的妇女有否犯罪与所犯罪行的大小以及男方是否知情而定,如果男方不知情,妇女无罪而流亡又无夫的,可以不离。《清明集》中未见有此案例,笔者也未收集到与此相关的实例材料。主要是此点较难掌握,特别是娶为妾的,大多很难知其来历。事实上,右宋代有很多所买妾原为官僚士大夫妻、女因故而流落他乡的。故是否可以作这样的解释,宋代文献中很少有娶逃亡女为妻妾被判离的案件,是照抄唐律的此条律文,由于操作起来有很大难度,实际上执行得并不严格。在现实社会中,妇女犯罪很难逃亡,大多数流亡妇女,是因灾荒、社会动乱、夫或父母去世等家庭变故而被迫所为。

7. 在居丧期间嫁娶的婚姻

宋代与旧时历代一样,居祖父母、父母及夫丧,不能婚嫁。如在父母及夫丧期间婚嫁,则为违法婚姻。"诸居父母及夫丧而嫁娶者,徒三年,妾减三等,各离之。知而共为婚姻者,各减五等,不知者不坐。若居周丧而嫁娶者,杖一百,卑幼减二等,妾不坐。"㉞

宋代礼律规定父母、祖父母亡,子女、孙、孙女当守丧二十七月,也有二十五个月的。在此期间,不得嫁娶。元祐五年秋,朝廷曾颁条贯,父母、祖父母亡,子女、孙、孙女守丧放宽到百日后可婚嫁,对此,引起了一批官僚士大夫的强烈不满。元祐八年(1093)三月,时任端明殿学士兼翰林侍读学士、礼部尚书的苏轼,专门上了《乞改居丧婚娶条状》:略云

> 臣伏见元祐五年秋颁条贯,诸民庶之家,祖父母、父母老疾,(谓于法应赎者)无人供侍,子孙居丧者,听尊长自陈,验实婚娶。右臣伏以人子居父母丧,不得嫁娶,人伦之正,王道之本也。孟子论礼、色之轻重,不以所重徇所轻,丧三年,为二十五月,使嫁娶有二十五月之迟,此色之轻者也。释丧而婚会,邻于禽犊,此礼之重者也。先王之政,亦有适时从宜者矣。然不立居丧嫁娶之法者,所害大也。近世始立女居父母丧及夫丧而贫乏不能自存,并听百日外嫁娶之法。既已害礼伤教矣,然犹或可以从权而冒行者,以女弱不能自立,恐有流落不虞之患也。今又使男子为之,此何义也哉!男年至于可娶,虽无兼侍,亦足以养父母矣。今使之释丧而婚会,是直使民以色废礼耳,岂不过甚矣哉。《春秋》礼经,记礼之变,必曰自某人始。使秉直笔者书曰,男子居父母丧得娶妻,自元祐始,岂不为当世之病乎?臣谨按此法,本因邛州官吏,妄有起请,当时法官有失考论,便为立法。臣备位秩宗,前日又因迩英进读,论及此事,不敢不奏。伏望圣慈特降指挥,削去上条,稍正礼俗。谨录奏闻,伏候敕旨。㉟

由于苏轼等大臣的激烈反对,哲宗"诏从轼请法婚姻"㊱,废止百日守丧婚嫁的条贯。但到南宋时,寡妇"诸居夫丧百日外,而贫乏不能自存,自陈改嫁"㊲。对寡妇守丧时间有所放宽。

8. 除祖父母、父母外,他人强迫夫丧服除女再嫁的婚姻

《宋刑统》还规定:"诸夫丧服除而欲守志,非女之祖父母、父母而强嫁之者,徒一年,周亲嫁者,减二等,各离之,女追归前家,娶者不坐。"《宋刑统》对此条的解释是:"妇人夫丧服除,誓心守志,唯祖父母、父母得夺而嫁之。非女之祖父母、父母,谓大功以下而辄强嫁之者,合徒一年。周亲嫁者,谓伯叔父母、姑兄弟姊妹及侄,而强嫁之者,减二等,杖九十。各离之,女追归前家,娶者不坐。"㊳

《宋刑统》此条法律规定,在《清明集》中未找到有关案例,在宋代文献中

虽然有不少非寡妇之祖父母、父母如寡妇之舅姑、伯、叔、夫之兄弟、族人及寡妇娘家兄弟等强迫欲守志的寡妇再嫁的事例，但却未见有这些人因此受到刑罚，当然为了吞并丧夫之妇的财产，有不少夫之舅姑、伯叔及族人强迫寡妇再嫁因此被处罚的事例，但其处罚的主要原因是抢夺、吞并寡妇财产。另联系宋代对妇女再嫁在舆论、礼法上又都较宽松，故此条律文似只在起警示作用，意在鼓励、支持妇女守节。实际上并没有实施。

以上所列宋代这些非法婚姻，原则上都在禁止之列，凡已为婚姻者，法律上不予承认。"诸违律为婚，虽有媒娉，而恐喝娶者，加本罪一等，强娶者又加一等，被强者止依未成法"。"当条称离之、正之者，虽会赦犹离之、正之，定而未成亦是，娉财不追，女家妄冒者追还"㊴。但是，从《清明集》中这些违法婚姻的实际判处来看，作为地方官的"名公"们，并不完全按照《宋刑统》所定，全部"离之"、"正之"，而是根据实际情况作了灵活的判处。如上表中[5]李三九/吴氏婚姻，吴千二将吴重五女改嫁翁七七之子后。吴重五取其女归家，复嫁与李三九为妻，故李三九/吴氏这桩婚姻属违法婚姻，当判离。但负责审理此案的韩似斋考虑到吴氏嫁与李三九后已怀孕，于是，将吴仍归李三九，但由吴家偿还翁七七财礼，使别行婚娶。另外，对大多数违法婚姻的判处，对比《宋刑统》的律文，都较要宽，这除了有一定的人情化的执法外，还说明南宋对违法婚姻的判处似较宋初所定法律要宽得多。

另外，宋代对不经媒妁、婚礼的婚姻，亦视为不合礼法的婚姻，加以禁止。如绍兴二十一年（1141），朱熹任泉州同安县主簿时，"访闻本县自旧相承，无昏姻之礼，里巷之民，贫不能聘，或至奔诱，则谓之引伴为妻，习以为风，其流及于士子富室，亦或为之，无复忌惮"㊵。而绍熙元年（1190），朱熹知漳州时，其劝谕榜亦云："夫妇婚姻，人伦之首，媒妁聘问，礼律甚严。而此邦之俗，有所谓管顾者，则本非妻妾，而公然同室。有所谓逃叛者，则不待媒妁，而潜相奔诱。犯礼违法，莫甚于斯。宜亟自新，毋陷刑辟。"㊶

再有，宋代不少地方，对僧道娶妻，也是被认为违背礼律的非法婚姻而遭官方禁止。

三、原为合法婚姻的离婚

上面考察了宋代的违法婚姻及被禁止、判离的情况。下面讨论的离婚种类,是针对原为合法婚姻,但在婚姻期间发生某种变化的婚姻。所谓某种变化,主要是妇犯七出、夫妇义绝及其他变故。其离婚种类有属七出的出妻、出妇,有以两个家族发生刑事纠纷引发的义绝离婚,夫妻和离及擅自弃夫、弃婿等。在《清明集》中也有多起这样的离婚案件。同样,为便于考察、分析宋代此种类型离婚的情况,兹将是书中此种离婚的案件列表表述如下:

《清明集》中原为合法婚姻的离婚案例

[序号]姓名夫/妻	事略	性质	处理结果	判决根据	出处:案件名称卷/页
[1]罗柄/赵氏	罗柄无嗣,有婢来安生一子,为罗妻赵氏所不容。罗柄出赵氏。	犯七出:无子而妬	准离	在法:妻有七出,无子为先。不惟无子,又尝谋其庶子	罗柄女使来安诉主母夺去所拨田产4/115
[2]黄桂/丘氏	丘教授未第之前,以女弟适黄桂,生五女。后丘教授中高科,黄桂家道凋零。丘教授遂夺女弟,令黄桂写离书。七年之后,黄桂翻悔	女家逼男家离婚,弃女弟婿	未判复合与否。谓:如黄桂夫妇复合,宜以丘氏还之。如不可复合,女方悯念黄桂贫乏,资助钱物,使之别娶	夫有出妻之理,妻无弃夫之条	妻以夫家贫而仳离9/346

续表

[序号]姓名夫/妻	事略	性质	处理结果	判决根据	出处:案件名称卷/页
[3]魏荣姐/陈鉴	刘有光后妻赵氏之女魏荣姐定婚嫁陈鉴,五年后男家方有词经县催促成婚,时女已嫁他人	和离。女方主动:弃夫	不同意男方复婚。准女改嫁。但因女方未能经官自陈改嫁,所有聘礼当还男家	违诸定婚无故三年不成婚之条	诸定婚无故三年不成婚者听离9/351
[4]林莘仲/五姐	卓一之女五姐嫁林莘仲。林莘仲因事编管,六年不通问,双方立定文约议和离。林莘仲领回聘财,许其妻改嫁。后林莘仲诉讼欲取卓氏归家	和离。女方主动:弃夫	和离,立文约。男方领去部分聘财	在法:已成婚而移乡编管,其妻愿离者听。夫出外三年不归,亦听改嫁	已成婚而夫离乡编管者听离9/353
[5]朱四/阿张	阿张无故谓夫痴愚,欲相弃背。且以新台之丑诬其舅,提出离婚	妻背夫悖舅,弃夫	准离。阿张既讼其夫,则不宜于夫矣;又讼其舅,则不悦于舅矣。事至于此,岂容强合,杖六十听离	在礼:子甚宜其妻,父母不悦,则出之	妻背夫悖舅断罪听离10/379—380
[6]江滨叟/虞氏	江滨叟欲弃其妻,遂诬以闺门暧昧之私,又谓妻盗搬房奁器皿	夫欲弃妻诬以暧昧事及盗。义绝	准离。虞女父士海称婿江滨叟情义有亏,不愿复合,官司难以强之,合与听离。夫杖八十	在礼:子甚宜其妻,父母不悦,则出之。在法:妻有七出之状,而罪莫大于淫佚	夫欲弃其妻诬以暧昧之事10/381

[序号]姓名夫/妻	事略	性质	处理结果	判决根据	出处:案件名称 卷/页
[7]吴子晦/陈氏	丞相陈升之五世孙思永之女嫁与吴子晦为妻,子晦家道扫地,雇于雷司广为侍婢(妾)	雇妻与人	未判离	在法:雇妻与人者同和离法。令陈氏母刘氏领其女归家,若其夫子晦可供赡其妻,令复还。不能自给赡养,从刘氏将女改嫁	官族雇妻 10/383
[8]蒋九/阿张	阿张不能奉尊长,厥舅两以不孝讼之,事涉暧昧。其夫蒋九因阿张之故,弃父养,出外别居	不孝舅,并诬以丑事。犯七出	阿张强逐之,射充军妻	礼曰:子甚宜其妻,父母不悦,则出之	妇以恶名加其舅以图免罪 10/387—388
[9]李起宗子/阿黄	李起宗子妇阿黄谓其舅对己有新台之事(乱伦)	妇不见悦于舅,犯七出。出妇	听离,阿黄别行改嫁	礼经:子甚宜其妻,父母不悦,出。其夫妇虽欲偕老,但阿黄不见悦于舅,听离	既有暧昧之讼合勒听离 10/388—389
[10]蔡八三/阿李	蔡八三娶阿李为妻,阿李与县吏叶棠奸通	妻与人奸。犯七出。出妻	准离:蔡八三经县告论,又自立离书,将妻阿李遗弃	妻与人奸。犯七出	吏奸 12/447
[11]蔡保/阿张	蔡保为蔡八三之子,与妻阿张夫妻不和	夫妇不和。和离	蔡保、阿张夫妻不和,遂从仳离	判准离婚:时蔡保离妻阿张,已逾一年,阿张既改嫁徐伯安为妻,蔡保亦再聘彭彦之女,法难追改	吏奸 12/447

1. 出妻

所谓出妻,是指丈夫主动提出离婚,将妻子赶出家门。出妻也叫休妻、停妻。在礼法上,宋代沿袭唐代,名正言顺的出妻理由是妻犯七出。如上表

《清明集》中有二出妻案例:[1]罗柄之妻赵氏。赵氏因无子而妒,被其夫出,其根据为:在法:妻有七出,无子为先。不惟无子,又尝谋其庶子。犯七出。另一案例是[10]蔡八三之妻阿李。蔡八三娶阿李为妻,阿李与县吏叶棠奸通,因淫佚而犯七出。由于妻子有明显的过错,所以,丈夫的出妻堂而皇之,理由充分,官府的判决也十分坚决。还有以七出中不事舅姑的过错出妻的,如仁宗、神宗朝累官通判和州、隰州的开封人程璠(1019—1075),"始娶倪氏,事姑不谨",程璠"以义罢遣"⑫。而与王安石同时代的谭掞(字文初),先娶某氏,"以资橐自负,颇不知训言,入门未几,舅姑有所不悦",谭掞父母以谭掞少且新纳妇,忍不言。谭掞发现后,曰:"吾亲之不悦,则乌用汝为? 昔曾参以藜蒸不熟为不顺,而出其妻矣,况于吾亲有不悦哉!"于是将妻出之⑬。孝宗朝,陆九渊的学生曹建(1147—1183),事母孝,"尝娶妇,不悦于姑,教之不从而去",曹建亦不再娶,"故卒无子"⑭。考察宋代的出妻,以妻不孝、不顺舅姑的理由被出者较为多见。韩元吉为庞谦孺(1117—1167)所撰墓志铭谓,庞谦孺母卒,其妻尝归娘家省亲,庞谦孺与妻子约定,母亲周年祭一定要回来。但妻子逾期未归。后妻子回家,庞谦孺闭门将其拒之门外。妻子苦苦哀求,庞谦孺始终不予原谅,最后将妻子出之⑮。

另有因妻悍妒而出的。如据《宋史》载:吏部侍郎孙祖德"娶富人妻,以规其有财。已而妻悍,返资以财而出之"⑯。

当然也有无故出妻的,如曾在太宗、真宗两朝为相的吕蒙正(946?—1011)之父龟图,"多内宠,与妻刘氏不睦,并蒙正出之"⑰。另李心传《旧闻证误》卷二称,欧阳修父亲欧阳观亦曾出妻。另"贾(黯)直孺母少亦为其父所出,更娶他氏"⑱。驾部郎中朱寿昌之母刘氏,在寿昌二岁时为父巽出,嫁民间⑲。而《长编》卷一一一记载了发生在仁宗朝的这样一件事:

有抚州司法参军孙齐者,初以明法得官,留其妻杜氏里中,而绐娶周氏入蜀,后周欲诉于官,齐断发誓出杜氏。久之,又纳倡陈氏,挈周所生子之抚州。未逾月,周氏至,齐捽置庑下,出伪卷曰:"若佣婢也,敢尔邪!"乃杀其所生子。⑳

这种为图新欢,一再出妇弃妻甚至残杀亲子的情况虽属个别,但因喜新厌旧而出妻者,在宋代并非鲜见。南宋庆元四年(1198),司农寺丞张镃"本娶刘氏累年,一旦弃之。初无可出之过;继娶郑氏,乃其弟妇杨氏之女"[51]。因喜新厌旧,竟不顾乱伦之嫌,为臣僚所弹劾。陆游所撰《朝奉大夫直秘阁张公(管)墓志铭》则谓,一名张瑨者,"得临安营妓,与之归,遂欲弃妻出子,其兄止之,复悖兄,兄以告官,公(张管)为逐妓,归临安,且以大义开谕之。于是瑨为兄弟、夫妇、父子如初"[52]。这一弃妻事件虽经地方官劝谕,当事人觉悟而未成,但由此可见,民间男子也有因狎妓而出妻者。类似的有欲再娶而出妻弃子的,还有嫌弃贫妻、巴结权贵的。如绍兴年间,太府寺丞欧阳逢世,弃其妻赵氏及其二子,而再娶权相秦桧家

管庄人龚釜之女[53]。另文天祥《上冢吟》诗,云:

> 湘人有登科者,初授武冈尉,单车赴官。守名家,正择婿,尉本有室,隐其实而取焉。官满,随妇翁入京,自是舍桑梓,去坟墓,终身不归。后官至侍从,其糟糠妻居母家,不复嫁,岁时为夫家上冢,妇礼不废。友人作古诗一首,曰《上冢吟》。某读之,为之感慨,因更广其意,赋五言一篇:

> > 余昔从君时,上堂拜姑嫜。相携上祖冢,岁时持酒浆。
> > 姑嫜相继没,马鬣不在乡。共君瓯盂饭,清泲流襦裳。
> > 君贫初赴官,有家不得将。妾无应书儿,松槚自成行。
> > 君别不复归,岁月何茫茫。长安拥朱绶,执雁事侯王。
> > 岂无一纸书,道路阻且长。年年酹寒食,妾心良自伤。
> > 君家旧巾栉,至今袭且藏。谅君霜露心,白首遥相望。[54]

以上事例说明,遗弃糟糠之妻,另娶权贵之女,在宋代并不鲜见。

2. 出妇

出妇是指子根据父母之意而出妻,实际上是舅姑不喜欢子妇而将其出之,故称之出妇。据司马光《涑水记闻》卷三载,原南唐重臣、后入宋于太宗朝任参知政事的张洎(933—996),其女嫁杨亿(974—1020),"骄倨不事姑,或效其姑语以为笑,后终出之"。就如青年男女结婚须经父母之命、决定权完全掌握父母手中一样,对于子、妇的离婚,男子的父母也有直接决定权。

最为典型的是人们耳熟能详的南宋著名诗人陆游,遵母命被迫与妻子唐琬离婚后,痛苦终身,无比凄惨的爱情故事。对此,南宋陈鹄《耆旧续闻》、刘克庄《后村诗话》,周密《齐东野语》都有记载,其中《齐东野语》的记载最为详细:

> 陆务观初娶唐氏,闳之女也,于其母夫人为姑侄。伉俪相得,而弗获于其姑。既出,而未忍绝之,则为别馆,时时往焉。姑知而掩之,虽先知挈去,然事不得隐,竟绝之,亦人伦之变也。⑤

据上《齐东野语》所载,陆游与表妹唐氏夫妻十分恩爱,但唐氏却不称陆游母意,陆游只好忍痛与妻绝,但心实不忍离之,为唐氏置别馆,"时时望焉",后被母知之,"竟绝之"。唐琬因此郁郁而逝。给陆游留下了无限悔恨、伤痛,至死不已。

在宋代,这种完全以舅姑好恶为标准,违背子孙意志,甚至严重摧残子孙幸福生活的出妇现象,有一定的社会思想基础。如司马光在论及"妻子失亲之意则如之何?"时,他不但反复引用《礼》经,强调:"子甚宜其妻,父母不悦,出;子不宜其妻,父母曰,是善事我,子行夫妇之礼焉⑤。还列举了历史上的与此相关三个例子,一是汉司隶校尉鲍永,'妻尝于母前叱狗,永去之'。二是齐征北司徒记室刘瓛,妻穿壁挂履,土落母床上,母不悦,即出其妻"。三是唐凤阁舍人李迥秀,母氏庶贱,其妻崔氏尝叱媵婢,母闻之不悦,迥秀即时出妻。或止之曰:"贤室虽不避嫌疑,然过非出状,何遽如此?"迥秀曰:"娶妻本以养亲,今违忤颜色,何敢留也!"竟不从⑤。司马光肯定、赞扬了以上鲍永、刘瓛、李迥秀的做法,将这三则故事记入《家范》中,要求为人子者遵奉而行。宋代另一大儒邵雍之子邵伯温(1057—1134)在与程颐的一次交谈时,亦引用《礼》经的所谓"子甚宜其妻,父母不悦,出;子不宜其妻,父母曰,是善事我,子行夫妇之礼焉",认为夫妇离否当完全以父母之命为是。程颐(1033—1107)听了邵伯温的话后,喜曰:"子之言得之矣。"⑤朱熹所撰《家礼》照录司马光《居家杂议》云:

> 凡子妇未敬未孝,不可遽有憎疾,姑教之;若不可教,然后怒之;若

不可怒,然后笞之;屡笞而终不改,子放妇出,然亦不明言其犯礼也。子甚宜其妻,父母不悦,出。子不宜其妻,父母曰是,善事我子,行夫妇之礼焉,没身不衰。㊾

不但司马光、邵伯温、程颐、朱熹等拘泥古礼,比较迂腐保守之儒,强调以父母喜欢好恶为是否出妻的标准,即使如苏轼等比较开明的士大夫对此亦持相同观点。如元祐六年七月,苏轼在所上《乞擢用程遵彦状》推荐程遵彦时谓:

> 伏见左朝散郎前金书杭州节度判官厅公事程遵彦,吏事周敏,学问该洽,文词雅丽,三者皆有可观。而事母孝谨,有绝人者。母性甚严,遵彦甚宜其妻,而母不悦,遵彦出之。妻既被出,孝爱不衰,岁时伏腊所以事姑者如未出。而母卒不悦,遵彦亦不再娶,十五年矣。身为仆妾之役以事其母,虽前史所传孝友之士,殆不能过。臣与之同僚二年,备得其实……伏望圣慈特赐采察,量材录用,非独广搜贤之路,亦以敦厉孝悌,激扬风俗。㊿

这又一原本夫妻甚宜,但为母所不悦,子迎合母意而出妻的悲剧,在苏轼看来,其主人公程遵彦的行为是孝友之士的美德,而朝廷擢用程遵彦,可以"敦厉孝悌,激扬风俗"。值得注意的是,程遵彦妻"既被出,孝爱不衰,岁时伏腊所以事姑者如未出",也就是说,

程遵彦妻并没有不孝顺舅姑,犯七出,但最终还是被出。

在宋代,不但司马光、程颐、苏轼、朱熹等人极力鼓吹"子甚宜其妻,父母不悦",出妻是天经地义,而且也成为一些被赞誉为"名公"的宋代地方长官判决离婚案件的依据。《清明集》中关于出妇的案件有二起,见前表中的[8]蒋九/阿张夫妻与[9]李起宗子妇阿黄。这两案例中的两子妇都称其舅对己有暧昧行为,而蒋九妻阿张,结婚不及一年。其舅两以不孝讼之,其夫蒋九因此弃父养,出外别居。从此案可知,蒋九、阿张夫妻关系甚宜。而官府对两案的判断依据都是《礼》经所谓"子甚宜其妻,父母不悦,则出之"。另外,由于前一案例阿张被舅二讼不孝,并对舅"诬以丑事"。故除了判离外,阿张

还被发配为军卒妻,处罚不可谓不重。

通过以上分析,可以发现,由于受儒家礼教的宣传,无论是时人的道德观念、社会舆论还是法律,都支持"子甚宜其妻,父母不悦,则出之";即使舅姑有严重过错,甚至出现"新台之事"、"河上之要"这样的乱伦丑行,当时的礼律仍旧站在迴护舅姑一方。如上[8]蒋九/阿张一案,对阿张所供其舅的丑行,审理此案的胡颖(石壁)在判词中还云:"妇之于舅姑,犹子之事父母。孝子扬父母之美,不扬父母之恶。使蒋八果有河上之要,阿张拒之则可,彰彰然以告之于人,则非为尊长讳之义矣。"[61]更有甚者,《清明集》中还有一"子妄以奸妻事诬父"案例,黄乙对子妇有乱伦之举,妇诉之其夫即黄乙之子黄十,后又讼之官府。还是这位胡颖,判云:

> 父有不慈,子不可以不孝。黄十为黄乙之子,纵使果有新台之事,在黄十亦只当为父隐恶,遣逐其妻足矣。岂可播扬于外,况事属暧昧乎!符同厥妻之言,兴成妇翁之讼,惟恐不胜其父,而遂以天下之大恶加之,天理人伦,灭绝尽矣。此风岂可长乎?决脊黥配,要不为过,且以愚蠢无知,从轻杖一百,编管邻州,勒归本宗。阿李悖慢舅姑,亦不可恕,杖六十。[62]

3. 义绝

宋承唐律,义绝是指夫、妻分别殴、杀对方祖父母、父母及近亲家族成员及妻与夫缌麻以上亲奸、及欲害夫等。主要针对夫、妻与对方近亲家族人员的关系与男女双方近亲家庭人员之间的关系。义绝的另一个特点因涉及殴打、杀害、奸淫等犯罪活动,一般都讼之官府,由官府定性判处。如仁宗天禧初任知制诰的夏竦(985—1051),娶杨氏,"竦尔显,多内宠,与杨不睦。杨与弟倡疏竦阴事,窃出讼之。又竦母与杨氏母相诟骂,皆诣开封府,府以闻,下御史台置劾而责之,仍令与杨离异"[63]。这一案件,涉及夫妻双方亲族,双方皆讼之开封府,后判夏竦与杨氏义绝而离异。另洪迈《夷坚志》记载了哲宗朝官拜知枢密院的王岩叟(1043—1093)之弟王齐叟夫妇离婚的故事:

> 王齐叟字彦龄。元祐枢密彦霖之弟也,任侠有声……娶舒氏女,亦工篇翰。而妇翁出武列,事之素不谨,常醉酒谩骂。翁不能堪,取女归,竟至离绝。而夫妇之好元无乖张。女在父家,一日行池上,怀其夫而作《点绛唇》曲云。"独自临流,兴来时把阑干凭。旧愁新恨。耗却来时兴。鹭散鱼潜,烟敛风初定。波心静,照人如镜。少个年时影。"后更适他族。彦龄讫浮沉不显。⑭

据上所载,王齐叟夫妇与陆游夫妇一样,夫唱妇随,志趣相投,夫妻和谐。只是王齐叟常酒醉后谩骂岳父,其妻为岳父取归而"竟至离绝"。显然,因为这是婿谩骂妻父而离婚,属于义绝离婚,故洪迈称"离绝"。

义绝的第三个特点,是所有离婚中判处最重的。宋代沿袭唐律:"诸妻无七出及义绝之状,而出之者,徒一年半。虽犯七出,有三不去,而出之者,杖一百,追还合。若犯恶疾及奸者,不用此律。""诸犯义绝者,离之,违者徒一年。"⑮也就是说,虽犯七出,除了"犯恶疾及奸者",只要符合"三不去"亦不去,不能离婚。但一经判为义绝,则一律离之,违者徒一年。

义绝的第四个特点,如男方犯义绝,妻作为男方家庭中的成员,与夫及舅姑犯其他罪而受牵连亦当被刑罚不同,妻免坐。《梦溪笔谈》就记载了一件因男方原因而义绝,错判、缘坐其妻子而得到纠正的案子。

> 近岁邢、寿两郡,各断一狱,用法皆误,为刑曹所驳。寿州有人杀妻之父母昆弟数口,州司以不道,缘坐妻子。刑曹驳曰:"殴妻之父母,即是义绝,况其谋杀。不当复坐其妻。"……⑯

对宋代的义绝离婚的特点,周密《齐东野语》卷八有一条记述,基本将笔者所概括的几点包括其中:

> 莆田有杨氏,讼其子与妇不孝。官为逮问,则妇之翁为人殴死,杨亦预焉。坐狱未竟,而值覃霈,得不坐。然妇仍在杨氏家。有司以大辟既已该宥,不复问其馀,小民无知,亦安之不以为怪也。其后,父又讼其子及妇。军判官姚珤以为"虽有仇隙,既仍为妇,则当尽妇礼",欲并科罪。陈伯玉振孙时以倅摄郡,独谓:"父子天合,夫妇人合;人合者,恩义

有亏则已矣。在法,休离皆许还合,而独于义绝不许者,盖谓此类。况两下相杀,又义绝之尤大者乎!初间,杨罪既脱,合勒其妇休离,有司既失之矣。若杨妇尽礼于舅姑,则为反亲事仇,稍有不至,则舅姑反得以不孝罪之矣。当离不离,则是违法。在律,违律为婚,既不成婚,即有相犯,并同凡人。今其妇合比附此条,不合收坐。"时皆服其得法之意焉。

按《笔谈》所载,寿州有人杀妻之父母兄弟数口。州司以不道,缘坐其妻子。刑曹驳之曰:"殴妻之父母,即为义绝,况身谋杀,不应复坐。"此与前事正相类。凡泥法而不明于理,不可以言法也。⑥

周密通过陈振孙,明确指出:"在法,休离皆许还合,而独于义绝不许者";而杨氏既犯义绝,其子妇仍留夫家,未离婚,为"当离不离,则是违法";故杨氏子与妇之婚姻已是"违律为婚",杨氏再讼其子及妇,妇与杨氏"并同凡人","即有相犯","不合收坐"。另外,周密在记述此事后,引述《梦溪笔谈》所载,夫方犯义绝,不能缘坐妻(子妇)。

4.去夫

在宋代,除非娘家有较大的势力与背景,妻子提出离婚很难得到社会的认可,甚至如李清照那样受到激烈批评,所以,在遭到丈夫、舅姑虐待或其他原因,婚姻生活不如意的情况下,一些妇女并没有如李清照那样,向官府提出离婚的诉讼,而是私下逃离夫家,这称为去夫、弃夫。但所谓夫有出妻之理,妻无去夫之道。宋承唐律,"妻妾擅去者,徒二年,因而改嫁者,加二等"⑥。如《清明集》中有一"将已嫁之女背后再嫁"的案件,吴庆乙将已嫁女儿阿吴收匿后,背后嫁与外州人事。官府判以"背夫盗嫁"。只是由于其舅"胡千三戏谑子妇(阿吴),虽未成奸,然举措悖理甚矣",未按律对阿吴处于徒二年、加二等的处罚⑥。当然也有其他原因妻弃夫而去的。如据《玉照新志》载,有一名郑绅者,"少日以宾赞事政府,坐累被逐,贫窭之甚。妻弃去适他人"⑩。而在《夷坚志》中则有不少去夫、背夫再嫁的例子。

5.和离与其他礼律准许的离婚

宋代律文指出:和离是指"夫妻不相安谐""彼此情不相得,两愿离者"⑪,即双方协议离婚。夫妻和离,一般要订立协议,即由男方出具休书,作为凭据,男女双方就能获得再婚再嫁的自由。如苏轼门人李廌(1059—1109)所撰《师友谈记》记载了这样一件趣事:"章元弼顷娶中表陈氏,甚端丽。元弼貌寝陋,嗜学。初,《眉山集》有雕本,元弼得之也,观忘寐。陈氏有言,遂求去,元弼出之。元弼每以此说为朋友言之,且曰缘吾读《眉山集》而致也。"[72]很明显,这位书呆子章元弼,同意妻子的要求,"出之",当属于和离。又据《夷坚志·甲志》卷一一《梅先遇人》载,绍兴间,其名梅先者,遇一道人,为学道,二十四岁,"即与妻异榻。曰:'人世只尔。殊可厌恶。汝盍同我学道。不然。随汝所之。'妻始犹勉从。不一年。竟改嫁"。以上几桩离婚事,都属和离。另如上表二所列《清明集》中,[11]蔡保/阿张夫妻:蔡保为蔡八三之子,与妻阿张夫妻不和而离婚。

虽说和离是因"夫妻不相安谐",但总的来说,夫妻不和责任大多在丈夫一方。而宋代礼律规定,夫有出妻之理,妻无去夫之道。故即使夫妻关系不好,女方要求离婚是很难的。魏泰《东轩笔录》载:

> 皇甫泌,向敏中之婿也,少年纵逸,多外宠,往往涉夜不归。敏中正秉政,每优容之。而其女抱病甚笃,敏中妻深以为忧,且有恚怒之词。敏中不得已,具札子乞与泌离婚。一日奏事毕,方欲开陈,真宗圣体似不和,遂离宸坐,敏中迎前奏曰:"臣有女婿皇甫泌。"语方至此,真宗连应曰:"甚好!甚好!会得。"已还内矣。敏中词不及毕,下殿不觉拉泪,盖莫知圣意如何。已而,传诏中书,皇甫泌特转两官。敏中茫然自失,欲翌日奏论。是夕,女死,竟不能辨直其事也。[73]

向敏中(949—1020),字常之,开封(今属河南)人。太平兴国(980)五年进士,太宗朝,累官同知枢密院事。真宗咸平初,拜兵部侍郎,参知政事。天禧初,进右仆射兼门下侍郎,三年进左仆射。此事当发生在天禧初(1017)向敏中为参知政事时。据这条记载,向敏中之女与夫皇甫泌夫妻关系不好,责任在男方。而女方只能忍气吞声,以至"抱病甚笃",而向敏中在妻子的"恚怒"之下,不得已奏请女儿与皇甫泌离婚。虽然事情的悲剧性结局带有偶然性与戏剧性,但是从中也说明,即使贵为执政之女,且有充足的"夫妻不相安谐"的正当理由,但主动提出离婚还是有很大的顾虑与忌讳,从向敏中而言,当是担心自己的声誉,怕遭物议。事实土,宋代舆论对女子主动提出离婚也确实都视否定态度,其中最为典型的当为南宋著名女词人李清照(1084—1155?)离婚一事。

南渡以后,中年的李清照流落浙江临安(今浙江杭州)、金华等地,孤苦伶仃,再嫁张汝舟。但婚后李清照很快发现,她与张汝舟之间在性格志趣方面存在着很大差异,在她《投翰林学士綦崈礼启》中说"高鹏尺鷃,本异升沉;火鼠冰蚕,难同嗜好"。不久,两人感情破裂,张汝舟对李清照"遂肆侵凌,日加殴击,可念刘伶之肋,难胜石勒之拳"[74]。最后李清照状告张汝舟,与张汝舟离婚。对此,时人多有评论。

朱彧云:"本朝女妇之有文者,李易安为首称,易安名清照,元祐名人李格非之女。诗之典赡,无愧于古之作者,词尤婉丽,往往出人意表,近未见其比。所著有文集十二卷、《漱玉集》一卷。然不终晚节,流落以死,天独厚其才而啬其遇,惜哉。"[75]

王灼(1081?—1160?)《碧鸡漫志》卷二称李清照:"若本朝妇女,当推文采第一,赵死,再嫁某氏,讼而离之,晚节流荡无归。"

胡仔(1110—1170)说:"近时妇女,能文词,如李易安者,颇多佳句。""易安再适张汝舟,未几反目,有《启事》与綦处厚云:'猥以桑榆之晚景,配兹驵侩之下才。'传者无不笑之。"[76]

著名目录学家晁公武(1105—1180),说她:"有才藻名,然无检操,晚节流落江湖间以卒。"[77]

南宋另一著名目录学家陈振孙亦说她"晚岁颇失节"[78]。

以上除陈振孙生活于南宋后期外,其他各人基本上都是与稍晚于李清照但都属同时代的人,对于李清照的才能与辞藻皆交口称赞,但对于她的离婚一事均不以为然,多鄙视之词。而李清照本人在提出离婚时,也预感到此举会遭到社会舆论的责难,故在给綦崈礼的信中说:"清照敢不省过知惭,扪心识愧。责全责智,已难逃万世之讥;败德败名,何以见中朝之士。虽南山之竹,岂能穷多口之谈? 惟智者之言,可以止无根之谤。"[79]

李清照离婚一事,之所以会引来如此多的人的关注与批评,这与李清照是当时文坛女名人,又是再嫁张汝舟以后很快就离婚有关,而且李清照为了达到离婚目的,还讼张汝舟"妄增举数入官"^⑩,张汝舟因此被除名,柳州编管。在世人眼里,李清照有反目成仇之嫌。但不管怎样,在普遍不赞成夫妻离婚的宋代社会,即使有充足的正当理由,女子主动提出离婚也是很难得到认可的。

由李清照离婚事,联系上面列举的一些和离案例,还可以发现,在宋代,很多的离婚,绝不是夫妻"两愿离者"的互相私自协议离婚的,而是对簿公堂,由官府判决而离婚的。这首先是为郑重起见,有官府判决,能受到法律的保护。而更多的是因为涉及法律纠纷,一方或双方直接诉讼到官府,请求官府判处。

另外值得注意的一点是,在宋代,还有的离婚既不属礼律上的妻犯七出,又非义绝,亦非因夫妻不相安谐的和离,但礼律却准许离婚。这主要有以下几种情况:

一是订婚后"诸无故三年不成婚者,听离"。上节所列《清明集》违法婚姻中,有一十分复杂曲折的案件。案件的起因是一名陈鉴者与赵氏之女于宝庆元年(1225)订婚后,一直未迎娶完婚,亦未向女家说明未按时成婚的缘故,直至绍定二年(1229),"男家方有词经县,催促成婚,许亲之时至陈诉之日,首尾已历五载"。而女方之母赵氏称,因男方在订婚三年后,未来迎娶,已将女儿嫁给他人。最后官府判处陈鉴与赵氏之女婚姻无效,不能迎娶赵氏之女,但由于女方在三年期限满后,未通知男方,未报经官府同意,私自嫁人,亦有过错,同时判决女家"所有聘礼当还男家"^⑪。从这个案例进一步说明,宋代订婚后,婚姻已经成立,夫妻关系已确立。男方如果没有正当原因(如父母、祖父母丧等)必须在三年内迎娶女方,否则,女方可以与男方解除婚约,自行改嫁,但是必须通知男方,并报经官府同意。而男方如果因故即有正当理由不能在三年内完婚,则同样要通知女方。

二是"已成婚而移乡编管,其妻愿离者听。夫出外三年不归,亦听改嫁"^⑫。《清明集》亦有据此判处离婚的案件:卓一之女五姐嫁林莘仲。林莘仲因事编管,六年不通问,揆之于法,自合离婚。后卓一因顾及原女婿"尚以半子为念，"，双方立定文约议和离。林莘仲领回聘财，许其妻改嫁。但后来林莘仲诉讼欲取卓氏归家。官府维持原判，不予同意。

以上两案所引用的"诸无故三年不成婚者，听离"；"已成婚而移乡编管，其妻愿离者听。夫出外三年不归，亦听改嫁"等条文不见于《宋刑统》，当是南宋所新增的，但官府在判处这两例离婚时，都以和离的名义。

三是南宋时，又新增"雇妻与人者，同和离法"⑧的律文。《清明集》中就有一雇妻案件是依此判决的。见上表［8］吴子晦/陈氏夫妻一案。需要注意的是，雇他人妻者的婚姻是非法婚姻，而将己之妻雇于人的，则同和离法。只是处理此案的官员出于"人情化"考虑，"且令刘氏母领其女归家，若其夫子晦有可供赡，不至失所，却令复还。不能自给赡养其妻，合从刘氏改嫁"⑭。

从南宋新增的法律条文与引述的以上几个案例，是否可以这样认为，宋代，至少是南宋，很多和离的离婚，并不仅仅是夫妻关系不相安谐，也包括除了七出、义绝以外，男女一方或双方违反有关礼律的婚姻。如果这一说法能够成立，则宋代的和离含义有了扩大，从而说明，南宋时对夫妻离婚的限制有所放宽。而以上新增属和离的三点：订婚后"诸无故三年不成婚者，听离"；"已成婚而移乡编管，其妻愿离者听。夫出外三年不归，亦听改嫁"；"雇妻与人者，同和离法"。在一定程度上给了妇女离婚自主权，这无疑是历史进步的表现，当值得肯定。

注释：

①关于离婚法律条文，或谓汉律中已有"七出"之条，但汉律及之后律文或已亡佚，或记载不全，尚未见到明确记载。

②《汉书》卷八一，中华书局点校本 1962 年版，第 3355 页。

③《宋刑统》卷一四《户婚律》，中华书局点校本 1984 年版，第 223 页。

④《宋刑统》卷一四《户婚律》，第 223 页。

⑤《宋刑统》卷一四《户婚律》，第 224 页。

⑥《宋刑统》卷一四《户婚律》，第 218 页。

⑦《宋刑统》卷一四《户婚律》，第 219 页。

⑧《宋刑统》卷一四《户婚律》,第 220 页。

⑨详《清明集》卷三《惩恶门》"叔诬告侄女身死不明"一案,第 501—503 页。

⑩《长编》卷一三七,第 3287 页。

⑪《宋刑统》卷一四《户婚律》,第 225 页。

⑫《宋刑统》卷一四《户婚律》,第 226 页。

⑬《宋刑统》卷一四《户婚律》,第 226 页。

⑭《长编》卷一七七,第 4283 页。

⑮《宋刑统》卷一三《户婚律》,第 214 页。

⑯《宋会要辑稿》职官七〇之二九。

⑰《建炎以来系年要录》(以下简称《系年要录》)卷一五三,绍兴十五年正月纪事,中华书局 1988 年版,第 2464 页。

⑱《长编》卷一五四,第 3514 页。

⑲《宋刑统》卷一三《户婚律》,第 213 页。

⑳《宋刑统》卷一三《户婚律》,第 212—213 页。

㉑《宋史》卷二八一《毕士安传》,第 9519 页。

㉒《宋史》卷四〇九《张忠恕》,第 12338 页。

㉓《系年要录》卷一七二,绍兴二十六年五月辛丑条纪事,第 2837 页。

㉔《清明集》卷九《户婚门》,第 345 页。

㉕《宋刑统》卷一三《户婚律》,第 214 页。

㉖《清明集》卷一三《户婚门》,第 212 页。

㉗《宋刑统》卷一四《户婚律》,第 221 页。

㉘《唐律疏议》卷一一《职制》,第 227 页。

㉙龚延明:《中国历代职官别名大辞典》,上海辞书出版社 2006 年版,第 599 页。

㉚参龚延明:《宋代官制辞典》,中华书局 1997 年版,第 558 页。

㉛《宋刑统》卷一四《户婚律》,第 223 页。

㉜《宋刑统》卷一四《户婚律》,第 223 页。

㉝《宋刑统》卷一四《户婚律》,第 221 页。

㉞《宋刑统》卷一三《户婚律》,第 216 页。

㉟《苏轼文集》卷三五,第 1009—1010 页。又见《长编》卷四八四,第 11513—11514 页。但《长编》系苏轼此状于元祐八年六月壬戌。

㊱《长编》卷四八四,元祐八年六月壬戌条纪事,第 11514 页。

㊲《清明集》卷一〇《人伦门》“妻已改远谋占前夫财物”一案,第378页。

㊳《宋刑统》卷一四《户婚律》,第220—221页。

㊴《宋刑统》卷一四《户婚律》,第227页。

㊵《朱文公文集》卷二〇《申严昏礼状》,《四部丛刊初编》本。

㊶《朱文公文集》卷一〇〇《劝谕文》,《四部丛刊初编》本。

㊷《河南程氏文集》卷四《程郎中(璠)墓志》,载中华书局《二程集》点校本2004年版,第499页。

㊸郑侠:《西塘集》卷四《谢夫人墓表》,影印文渊阁《四库全书》本。

㊹《朱文公文集》卷九七《曹立之墓表》,《四部丛刊初编》本。

㊺《南涧甲乙稿》卷二二《佑甫墓志铭》,《丛书集成初编》本,第1984册,第449页。

㊻《宋史》卷二九九《孙祖德传》,第9928页。

㊼《长编》卷三一,淳化元年九月戊寅条纪事,第705页。《宋史》卷二六五《吕蒙正传》,第9146页。

㊽《石林避暑录话》卷三,涵芬楼夏敬观校刻本,1920年。

㊾《长编》卷二一二,熙宁三年六月壬戌条纪事,第5143页。按:《宋史》卷四五六《朱寿昌传》谓寿昌母刘氏是其父之妾(第13405页)。

㊿《长编》卷一一一,明道元年十一月庚寅条纪事,第2592—2593页。

(51)《宋会要辑稿》职官七三之二五。

(52)《渭南文集》卷三八,《陆放翁全集》,中国书店据世界书局1936年版影印本1986年版,第234页。

(53)《系年要录》卷一七二,绍兴二十六年五月辛丑条纪事,第2837页。

(54)《文天祥全集》卷一五,江西人民出版社1987年点校本,第609页。

(55)《齐东野语》卷一《放翁锺情前室》,中华书局1983年点校本,第17—18页。按关于陆游与唐婉离婚及互相赋诗词事,最早见于南宋陈鹄的《耆旧续闻》,之后刘克庄《后村诗话》亦有记述,但都未云陆游妻子是其表妹唐婉,至周密《齐东野语》才称陆游娶表妹唐婉云云,似为附会之说。

(56)《书仪》卷四《婚仪下》,《丛书集成初编》本,第1040册,第43页。又见《温公家范》卷五《子下》,第89页。

(57)《温公家范》卷五《子下》,第89—90页。

(58)见《河南程氏外书》卷一二。载中华书局《二程集》点校本2004年版,第422页。

(59)《朱子家礼》卷一,《朱子全书》,第7册,第883页。

⑥《苏轼文集》卷三,第934页。方按:关于程遵彦被母逼被迫出妻一事,《师友谈记》载有作者李廌亲闻苏轼次子苏迨(字仲豫)所述:"遵彦之母极严厉,遵彦之妻不得其志,逐去。遵彦方三十岁,承顺母意,不复言娶,与母对床而寝,今二十年矣。因遂绝嗜欲,未尝一日失其欢心。其母亦抚养遵彦诸子,恩意周至,但诸孙或一言思其出母,则诉怒遵彦。妻亦贤,无辜得罪被逐,于其姑亦无怨言。岁时问安,奉礼物不辍,虽异居而妇礼甚修,至今独居,守节不可夺。士大夫贤遵彦,怪其母,悯其妻,哀其子也。"中华书局2002年点校本,第23—24页。

⑥《清明集》卷一〇《人伦门》,第387页。

⑥《清明》卷一〇《人伦门》,第388页。

⑥《长编》卷九〇天禧元年十二月庚寅条纪事,第2090页。又见《宋史》卷二八三《夏竦传》,第9571页。

⑥《夷坚志·三志壬》卷七《王彦霖舒氏词》,第1519页。

⑥《宋刑统》卷一四《户婚律》,第223—224页。

⑥《梦溪笔谈》卷一一《官政一》,上海古籍出版社《梦溪笔谈校正》据中华书局上海编辑所1962年新一版影印本,第413页。

⑥《齐东野语》卷八《义绝合离》,中华书局1983年点校本,第147页。

⑥《宋刑统》卷一四《户婚律》,第224页。

⑥《清明集》卷九《户婚门》,第343页。

⑦《玉照新志》卷二,上海古籍出版社1991年点校本,第23页。

⑦《宋刑统》卷一四《户婚律》,第224页。

⑦《师友谈记》,中华书局2002年点校本,第27页。

⑦《东轩笔录》卷三,中华书局1983年点校本,第30页。

⑦《李清照集校注》卷三,人民文学出版社1979年版,第168页。

⑦转引自《李清照资料汇编》,中华书局1984年版,第5页。是书编者按:"查明抄本、影抄本《萍洲可谈》均无此文,此据近王仲闻《李清照集校注》转引。"方按:此段文字亦不见上海古籍出版社点校本《萍洲可谈》。

⑦《苕溪渔隐丛话》前集卷六〇,人民文学出版社1962年点校本,第416页。

⑦《郡斋读书志》卷一九,上海古籍出版社《郡斋读书志校证》本1990年版,第1033页。

⑦《直斋书录解题》卷二一,上海古籍出版社1987年点校本,第621页。

⑦《李清照集校注》卷三,第168页。

○80《系年要录》卷五八,绍兴二年九月戊午条纪事,第 1003 页。

○81《清明集》卷九《户婚门》,第 351 页。

○82《清明集》卷九《户婚门》,第 353 页。

○83《清明集》卷一○《人伦门》,第 383 页。

○84《清明集》卷一○《人伦门》,第 383 页。

南宋临安与纸币

高桥弘臣(日本爱媛大学)

一、东南会子的发行

东南会子发行的直接原因,是由于对金战争引起的军事费用的扩大及货币尤其是铜钱的不足。[①]从绍兴三十一年(1161)九月到隆兴二年(1164)末对金战争的准备期中,南宋政府加大了财政支出,在支付方面陷入了货币不足的困境。在战争即将开始之前的绍兴三十年4月,左藏库库存的铜钱和银甚至陷入仅仅足够第二天开支之类的窘境,而开战之后的隆兴元年八九月,户部收支上的铜钱不足量达到 600 万贯以上。另一方面,作为货币供给来源的铜钱的铸造开始萧条起来。北宋时期在江南发现了大规模的铜矿,铜产出量在熙宁四年和五年(1071、1072)总计达 2174 万斤,铜钱的铸造额也在元丰三年(1080)达到 506 万贯。但是,进入南宋以来,由于铜资源的枯竭,加上战争带来的混乱及经营不当等原因,铜的产出量剧减,绍兴年间(1131—1162)末期总计仅有 26 万 3000 余斤,这与北宋时期的铜钱铸造额无法相提并论。绍兴二十八年,南宋政府在产出的铜的基础上,大规模地回收民间铜器用于铸钱,并定下铸造额 50 万贯的目标。可是,例如绍兴三十一年铸造额仅有 10 万贯,故铜钱铸造并不能成为缓解政府货币不足的手段。

于是，政府开始着眼于由临安的金融业者发行的且作为一种事实上的流通货币在城内外被使用的票据便钱会子。政府首先在绍兴三十年 6 月颁布诏令，授予地方政府临安府会子的经营权。同年 12 月，政府决定在财政支出上使用会子，以解除货币尤其是铜钱不足的危机。之后的绍兴三十一年 2 月，政府开始自行印制会子，自 3 月份开始，临安的官僚、士兵的俸禄支出也开始使用会子。这就是纸币东南会子的发端。

7 月，政府将会子的使用区域从临安扩大到整个浙西路，更扩大到因支付军事费用而对货币需求较高的淮南、湖北、京西、江东、江西路等地。这一时期会子的发行量估计有 300—400 万贯，面额有 1 贯、2 贯、3 贯三种类型。另外，还设定了 1 贯会子等于 770 文铜钱的比率，且在临安还设置会子务，可供会子兑换成铜钱。

对金战争结束后乾道年间（1165—1173），政府因财政赤字，从元年的 12 月至二年 2 月又重新印造了 300 万贯会子。但是之后由于军备的缩减，政府分别于乾道二年 7 月、11 月停止了会子的印刷、使用，同时还钱出积蓄，用来交换回收残留的会子。

然而，政府虽然尝试停止使用会子，但却未能找到代替会子填补财政赤字的手段，于是乾道三年 7 月以降，尚未回收的 490 万贯会子继续用于支付三衙士兵（殿前司、侍卫马军司、侍卫步军司）的俸禄。接下来的乾道三年 11 月至 12 月，又新印制了 1000 万贯会子，用于支付官僚及三衙士兵的俸禄。之后的乾道四年 3 月起，开始发行这种新会子。为了使新会子使用起来更便利，在面额上又增加了 200 文、300 文、500 文的零百会子（即所谓的零会），使用的区域更是扩大到除四川之外的南宋全境。另外，新会子作为一种不可兑换纸币，不得与铜钱兑换使用。此外，新会子还实行制界（规定纸币流通期限与期间发行额的制度），当初规定 1 界等于 3 年，界额为 1000 万贯，但之后会子在增加发行方面出现了多界并用且界额增加的情况。②

二、会子在临安的使用情况

1. 会子的发行

会子在临安被用于政府的种种开支。如前述绍兴三十一年(1161)3 月，政府将会子充当官僚、兵士的俸禄为会子使用的开端。由于左藏库库存的铜钱不足，临安诸官厅的官僚俸禄中的以铜钱支付的部分由 6 分银、4 分会子代替，士兵俸禄中以铜钱支付的部分则由 5 分银、3 分铜钱、2 分会子代替。③

正如前文所述那样，乾道二年(1166)11 月，政府在官僚、士兵的俸禄支付上暂时停止使用会子，主要使用铜钱和银，但是政府在乾道三年 7 月在三衙士兵的俸禄支付上又开始使用会子。另外，从乾道三年 11 月至 12 月，又新印造了 1000 万贯会子，乾道四年 3 月开始三衙之外的诸军(一般认为是厢军、就粮禁军)士兵及诸官厅官僚的俸禄亦决定开始使用会子来支付。④于是，临安的士兵和官僚的俸禄支付又开始再次使用会子。

在临安，会子也作为支付和籴的贷款被使用。《宋会要》食货 62 之 16《京储仓》乾道三年 7 月 23 日条有如下记载：

> 诏今岁后(俟?)秋成，委行在和籴场官吏，于新置二百万石仓内籴米二十万石，所有本钱，拨省仓等处见钱、会子充，若本钱不足，以经常窠名钱内贴支。

由此可知，在临安的名为两百万石仓的谷物仓中，政府为买进 20 万石大米，将省仓的铜钱、会子用于充当本钱(收购费用)。另据此史料可知，在省仓会子比二百万石仓更早用于支付和籴的本钱。省仓是临安谷物仓的中心仓库，在临安除了省仓、二百万石仓之外，还设置有丰储仓、淳祐仓、端平仓、平籴仓等各种谷物仓，分别通过和籴来购买储备大米。一直到南宋末期，会子都作为谷物仓的和籴本钱被使用。⑤

在临安，早在乾道年间会子就用于对皇族的赏赐和各项经费开支。至淳熙年（1174—89）以降，类似事例开始增加，在南郊大礼及明堂大礼之际均以供奉为由，每次赏赐5至15万贯的会子。另外，高宗退位后居住的德寿宫和皇族的宅邸、家庙的建筑费用等，每次亦使用1万至10万贯的会子。⑥

对屯住在临安的三衙和班直的士兵的赏赐也使用会子。尤其引人注目的是，不仅仅是临时的嘉奖，甚至连正月、大阅、大礼时的定例赏赐亦使用会子。在这种情况下，通常是50万贯左右的会子和铜钱、金、银等一起赏赐出去。⑦

在当时临安居住着不少贫民和下层民众。具体来说，贫民和下层民众是指在摆流动小摊和地摊的叫卖的商人、小本经营的工匠、日工以及以乞讨为生的流浪者，可以说都是一些接近无产、每天勉强糊口的人们。每到冬季和淫雨时节，他们的生活变得更加艰难的时候，政府会不时地给予他们赈济，发放铜钱和大米，从嘉定年间（1208—1224）起，会子开始连同铜钱和大米一起发放，且这样的事例不断增多。此外，对火灾的灾民和逃亡到临安的难民，也用会子来支付其救济金。还出现了会子用于支付乞讨者的暖气费、贫民的埋葬费、官府强制结业的流动小摊和地摊者的救济费的例子。会子不时也被用来支付屯驻在临安的三衙士兵在大雪、淫雨时节还有患病时所得，或是战死时家人所得的抚恤金。每次抚恤金支付的会子的金额最少有1000贯至2000贯，20万贯至40万贯这样大面额的支出亦不在少数。⑧

如前所述，尤其在淳熙年间以降，在临安的财政支出方面，会子的用途不断扩大，这说明了会子在临安的发行量在增加。进入13世纪后半期以后，亦有一次赏赐和抚恤上会子的发行额超过100万贯以上的例子。⑨从这些实例可知，随着时代的变迁，临安政府增加了会子的发行量。

会子在临安的发行量增加的直接原因，还在于临安的财政支出的加大。对金及蒙古的战争带来的军事费的扩张自不必言，此外，还有政府和国家机构的装备扩充、首府临安财政支出的增加。《建炎以来朝野杂记》甲集卷一七《国初至绍熙中都吏录兵廪》中记载道：

> 祖宗时，中都吏禄兵廪之费，全岁不过百五十万缗。元丰间月支三十六万，宣和崇侈无度，然后月支百二十万。渡江之初，连年用兵，然犹

月支不过八十万。至淳熙末,朝廷无事,乃月支百二十万,而非泛所支及金银帛绢不与焉。以孝宗恭俭撙节,而支费拟于宣和,则绍兴休兵以后,百司官禁循习承平旧弊日益月增,而未能裁削故也。

绍兴十二年宋金和议以来,临安诸官厅和皇宫的经费不断增加,据说临安的财政支出金额,在淳熙年末期仅仅是常规性财政支出,相当于开封在北宋末宣和年间(1119—1125)实施松散的财政运作时的支出金额。这无疑与淳熙年间以来会子的发行量的增加有关。此外,临安火灾多发,重建费用及消火、防火设备的支出,为确保饮用水源而进行的基础设施的整备和对运河的疏浚等等,都是临安财政支出增加的原因。

另一方面,从铜钱的铸造来看,地方钱监铸造的大部分铜钱都上供到临安,并由内藏库等财库分别收纳。可是其铸造额在绍兴年间不过10万贯左右,终究无法解决支出增加带来的货币不足的问题。⑩这样的支出增加、铜钱的供给不足增强了临安财政对会子的依赖性,使会子的发行量增大。

2. 会子的回收

已发行的会子,若不进行回收的话,便在流通上引起会子过剩,从而导致会子贬值。会子在临安的回收政策如下。

第一,是会子与铜钱的兑换。如前所述,政府在绍兴三十一年开始发行会子的同时,也在临安设置了会子务,使会子和铜钱可以保持平常性的兑换。换言之,就是通过与铜钱的兑换来回收会子。因为新会子为非兑换纸币,会子务这一机构于乾道四年3月即新会子发行之际被撤销。⑪

第二,政府将会子作为税来征收。换言之,会子通过征税来进行回收。在《梦粱录》中有关商业税的卷十八《免本州商税》中有如下记载:"杭州五税场,自赵安抚节斋申请减放外,一岁共收十八界会四十二万贯为定额。"

这里提到的五税场,是指临安城内外设置的五个商税务(都税务、浙江税务、北郭税务、龙山税务、江涨税务)。赵安抚节斋,是指淳祐年间临安知府赵与筹。据史料可知,临安知府赵与筹在提出减免商税的结果是十八界会子的定额为42万贯,这成为全年征收的标准。由此亦可知当时临安的商税也是通过会子来进行征收的。

另外,在临安,权货务都茶场通过购买商人出售的盐钞、茶引、矾引等票据来回收会子。⑫这些票据是盐、茶、明矾等专卖品的交换券,商人携带购买的有价证券赶赴生产地,然后再凭借票据在当地获取专卖品,在指定的区域内进行贩卖。商人在权货务购买票据,无非是缴纳专卖税,而通过会子来购买票据,则是通过征收专卖税来回收会子。临安的权货务都茶场在乾道六年的课额(票据的全年贩卖标准)为 800 万贯,因其最少有两成是用会子购入,故通过售卖票据,一年至少可以回收 160 万贯会子。

第三,通过财货和有价证券的交换来回收会子。例如,13 世纪初进行对金战争(即所谓的开禧用兵、开禧三年—嘉定元年(1206—1208)的时候,为了支付军事费同时使用第 11 至第 13 三界的会子,总发行额达到 1 亿 4000 万贯。政府为了回收增发的会子,于嘉定四年从临安封桩库钱出 15 万两金(1 两等于铜钱 40 贯)、7000 道度牒(1 道等于铜钱 1000 贯)、2000 多套官告绫纸乳香(1 套乳香等于铜钱 1 贯 60 文),用来同会子进行交换。⑬

另外,除了嘉定十年再次爆发的对金战争的军事费外,绍定四年 9 月临安大火的灾后重建费用的支付也是使用会子,故绍定四年至六年同时使用第 14—16 界三界的会子,其总发行额达 3 亿 5000 万贯。因此,政府从临安内藏库调出 20 万贯铜钱,用于兑换回收会子。同时,政府在这一时期亦用金银等货币来兑换回收会子,故向临安钱款 9 万 1830 余两金、201 万 6900 余两银。⑭

会子在临安的发行额如前述那样,随着时间的流逝而增加。其发行量虽然增加,可是会子的数额却被权货务都茶场售卖的票据和各种税收限制在一定的范围内。随后由于战争等原因,发行的会子一度超出了这一范围,或者有大量会子从外部流入,使得临安的会子流通出现通货膨胀局面时,便通过与金银等财物及度牒等有价证券的兑换来回收剩余的会子。

3. 其他措施

因为新会子属于非兑换纸币,在新会子发行之后,政府特别在使用上采取了各种强制措施。例如,除禁止在贩卖时将会子的面额分割开来使用和禁止拒收会子之外,还颁布法令禁止从事会子推行工作的官员在征税、上供和俸禄支付上拒绝使用会子。另外，在民间交易中，也规定在典当货贩卖田宅牛畜车船之时必须以铜钱和会子各一半来支付。这些法令应该也在临安颁布实施。⑮

政府从限制到禁止铜钱从临安带出，或是采取措施，强化对临安铜钱铸造和销毁的监管力度。这些措施从会子发行之前就已实施，会子发行以后，不仅仅是为了防止临安的铜钱量得减少，更是为了防止由于铜钱的减少而导致其升值，相反会子的价值（相对铜钱的兑换率）则会下降。

临安的限制带出铜钱的法令，早在会子发行前的绍兴二年十一月就已颁布，当时是禁止将 10 贯以上的铜钱带出城门。然而之后限制愈发严格，会子发行以后，乾道九年便规定禁止带出 3 贯以上的铜钱。⑯这之后甚至全面禁止将铜钱从城门带出。《两朝纲目备要》卷十一，嘉定二年 5 月甲寅年条记载如下："〔嘉定三年春〕又禁铜钱毋出都城，于是行在会子每千为钱七百，诸路州县才得其半云。"

由此可知，嘉定三年已采取了措施带出纸币的措施。在此之后，由于禁止从临安城内带出纸币，城内铜钱的数量增加，故会子与铜钱的兑换率下降为面额一贯的会子可兑换 700 文铜钱，而在铜钱紧缺的诸路州县，则只能兑换一半，即 350 文铜钱。当时的人们将禁止带出铜钱的法令视为维持会子价值政策的一环，而且是有效的一环。在政府限制带出铜钱随后更禁止带出铜钱的背景之下，采取这些措施抑不仅是为了抑制铜钱的减少，更是为了防止会子的贬值。

禁止铸造和销毁铜钱及私造铜器贩卖的法令作为所谓的钱禁的一环，早在北宋就已颁布，但其中却有特别针对临安颁布的法令。《宋史》卷一〇八《食货志·钱币》淳祐八年条：

> 监察御史陈求鲁言……京城之销金、衢、信之鍮器、醴、泉之乐具，皆出于钱。……今京邑鍮铜器用之类，鬻卖公行于都市。畿甸之近，一绳以法，由内及外，观听聿新，则鈺销之奸知畏矣……有旨从之。

这就是针对临安颁布的一则法令。

三、会子在临安的使用状况

1.会子的价值

通观南宋境内会子的价值(与铜钱的兑换率),整个南宋最高的就是临安。如前所述,政府发行会子时设定了一贯会子等于770文铜钱的比价,但在临安直到开禧用兵发生的嘉定年间(1208—1224)初期,会子的价格并未低于此官定价格很多。即使其价值下降,会子相对铜钱的比价亦多停留在700文左右,下降率在百分之十以下。[17]另外,临安城之外的其他地方会子的价格,12世纪末(庆元四年即1198)在浙西的大米产地(苏州、湖州等)为620—630文,到嘉泰年间(1201—1204),除临安以外的浙西一带为670—680文,江东、江西则降到600文以下。[18]

不过,进入端平至嘉熙年间(1234—1240),会子在临安的价值下降得非常厉害,第16、17界会子降到一贯仅值300—400文铜钱。另外,同时期临安以外的其他地域,第17界会子一贯也仅值220文铜钱。到嘉熙年间(1237—1240)末期,第16—18界会子并用之时,会子价值虽然还在不断下降,但其在临安的价值高于其他地域。[19]虽不清楚淳祐年(1241—1252)以降,会子在临安的具体价值,但由于与蒙古的战争仍持续,故军事费的增加使得会子增加发行,回收和强制使用等强化措施使其价值一度上升。话虽如此,从长期来看,会子的价值还是呈下降的趋势。而在景定五年(1264)纸币金银见钱关子发行以后,从咸淳年间(1265—1274)临安的物价攀升[20]这一情况来看,关子的价值也呈下降趋势。

那么,在南宋境内,为何会子在临安的价值最高呢?而为什么端平年(1234—1236)以降,会子在临安的价值又开始下降呢?关于会子在临安的价值最高的原因,笔者认为主要有以下几点。第一,作为南宋的首都,据说拥有100万人口并为作为一大物资集散地的临安,商业活动比其他地域更繁荣,这种情况下的临安对作为交换手段的会子自然比其他地方有更高的需求。这就是会子在临安的价值更高的第一大原因。

第二,会子是以皇帝、南宋政府的名义发行的,临安就在天子和政府脚下,天子威名对其的渗透比其他地方更为透彻,因此会子在临安的信用较高,价格也较为稳定。而且因为临安在政府的直辖之下,政府更容易掌握其价格的变动和流通状况等,即使其价值下降也可以强化回收,并抑制降会子的面额分割使用的情况。采取措施实地监督、激励及严厉监视官吏也更为便利。

第三,临安通过支付官僚、士兵的俸禄及赏赐、赈济及和籴等来发放铜钱。在临安,铜钱的支出与会子增发刚好相反,是在不断减少的,即便如此,进入 13 世纪以后,通过赈济等每次还是发放 10 万到 30 万贯的会子,[20]而且应该也有由商人从外部带入铜钱。在发放和由外部带入的铜钱中,除了通过征税进行回收的铜钱以外,还有储藏的铜钱、违反禁令铸造和销毁的铜钱及带到外部的铜钱。但尽管如此,在临安尤其是城内流通的铜钱的数量,依然远远高于其他地方,因此临安的铜钱量减少,价值升高。相反,会子的价值下降这样的情况则很难发生。

第四,会子在临安的流通量得到了适当管理。如前节所述,临安的权货务都茶场通过贩卖盐钞等,一年至少可以正常回收 160 万贯会子。另外,由于对金战争的原因一度增发会子,地方发行的会子大量流入临安,使得其会子的流通量膨胀。在这样的情况下便通过与有价证券和财物的兑换来回收会子。临安作为首都,财力与其他地方悬殊,储备了大量的财物,故通过与财物的交换来进行会子的回收应该并非难事。如前节所述,开禧用兵和绍定四年大火之时,临安为了回收会子投放了大量的财物和有价证券,恐怕当时临安的会子流通量问题,通过征税及与有价证券和财物的交换,在其贬值之前,就在能够回收的范围内得以解决。

但是,对金和蒙古的战争频发,军费不断增加,促使会子的发行量也持续增加。前述的绍定四年至六年三界(第 14—16 界)的会子并用,其总发行额超过 3 亿 5000 万贯,之后每年会子的发行额均达 2 亿贯至 4 亿贯,淳祐六年更是实际发行 6 亿 5000 万贯。淳祐七年 2 月会子的界制废止之后,会子的发行进入了散漫无制的阶段。结果,临安会子的发行和流通量不断膨胀,最终超出了可以通过征税及与有价证券和财物的交换进行回收的额度。端平年间(1234—1236)以降,临安会子不断贬值的原因就在于此。

嘉熙四年9月以降,政府在通过与第18界会子的交换来回收第16界会子时,将第18界会子1用来充当第16界会子5。另外,在第16界会子回收后,第17、18界会子并用之时,又用第17界会子5来充当第18界会子1。甚至在景定五年金银见钱关子发行后,用第18界会子3来充当关子1。㉒像这样的货币贬值常常发生,造成会子的信用丧失。这就是端平年以降,连临安会子的价值也在下降的原因。

2.会子的用途

会子在政府设定的使用框架中,换言之在临安的私有经济中,会子是如何被使用呢? 笔者在此欲着眼于会子的货币机能,进行以下若干探讨。会子的重量轻携带方便,而且是计算货币,只要能维持其信用,作为一种交换货币,比大重量的铜钱和称量货币金银及物品货币绢等更为便利。如前节所述,在临安会子端平年间会子的流通量得到了恰当的管理,信用较高,其作为一种交换手段在各种支付和结算中被广泛使用。另外下文也会提到,会子与金属货币相比,耐用年数较短,加之施行界制,实际上并不可能作为一种恒久的保存价值的手段来使用。而正是这一原因反而促使会子作为一种交换手段被广泛使用。

叶适《水心别集》描述了熙淳—庆元年间(1174—1200)的情形㉓,其中的卷二《财计》中记载道:"凡今之所谓钱者反听命于楮,楮行而钱益少。……大都市肆,四方所集,不复有金钱之用,尽以楮相贸易。"

由此可知,在大都市的市肆并不使用铜钱,尽以楮即纸币来进行交易的支付。即使在会子发行之后,还有一些零散的交易使用铜钱进行支付。㉔这一史料虽有夸大之嫌,但在当时以临安为首的南宋大都市中,会子等纸币多用于交易中一定额度以上的支付及结算,由此可窥知会子已代替金银成为主要的交易手段。据《梦粱录》等都市繁华录可知,临安商业的繁荣声名远扬,其背后的一大原因,是因为使用便利的会子作为一种交换手段得到了充足的供应。作为首都的临安,汇集了许多商人和商品,使繁荣的商业活动得以较大规模地开展。这成为了会子被接受的基础,而由于会子的发放,纠缠铜钱的重量及所谓的钱荒问题得到了解决[35],这就更加快了商业活动发展的进程。

据《梦粱录》、《武林旧事》、《西湖老人繁盛录》可知,在临安,会子除了作为一种交换手段以外,同时也作为订婚之时的赠品及表示物价的手段被使用。[36]尤其是作为赠与手段被使用更是说明了会子在临安的信用极高。另外,由于会子为纸制品,与铜钱和金、银等货币相比,耐用年数更短。加之其施行界制,界一旦被废除,会子便不过是废纸而已,而且界制的使用,实际上亦非常混乱,常有突然延长或缩短期限等情况发生。因此,会子基本上只能作为暂时的价值保存手段,并不可作为长久的价值保存手段使用。而端平年间以降,临安的会子价值不断下降,会子甚至失去了作为一时的价值保存手段的功能。另外,随着其价值的下降,会子作为一种赠予手段被使用的例子亦逐渐减少,而且南宋末期的临安,就像元朝那样,纸币的价格暴跌使其不过形同纸屑,几乎再看不到物物交换发生的痕迹,尤其是会子作为一种交换手段,一直到南宋灭亡之前仍在持续使用。

四、结论

在临安,会子从发行之初,便用于官僚、士兵的俸禄及和籴的代金支付等,至淳熙年间(1174—1189)以降,会子在财政支出上的用途日益多样化,其发行额亦开始增加。增加发行的主要原因,是以军事费为主的财政支出的增加,及铸造业衰落带来的铜钱供给不足等。伴随着会子用途的多样化,会子的使用者也从皇族、官僚、士兵、商人扩大到下层民众。

虽然政府在发行会子之初,就通过与铜钱的兑换来回收会子,但作为非兑换纸币的会子发行以来,便主要是通过征税来进行回收。在临安,会子的发行、流通量扩张而不能通过征税进行完全回收的情况下,就通过与财物和有价证券的交换来进行回收。另外,为了维持会子的价值,政府强制按规定的面额使用会子,并严格限制从临安带出铜钱及在临安铸造、销毁铜钱。

临安的商业活动比其他城市更繁荣,对会子的需求更强,且临安地处天子脚下,故会子的信用较高,对会子进行管理统制也更为便利,且铜钱的流通量比较高,还可通过与财物及有价证券的交换来对会子的流通量进行适度调节,基于上述种种原因,会子在南宋境内的价值最高,会子不仅作为一种交换手段被广泛使用,而且也作为赠与及表示价格的手段被使用。但端平年(1234—1236)以降,会子在临安的发行和流通量超出了能通过征税及与财物和有价证券的交换进行回收的范围,加上界制的混乱和屡次贬值使得会子信用丧失等原因,临安的会子价值不断下降。伴随而来的,便是物价的暴涨。但会子的发行,为限额以上的大数额支付及结算提供了充裕而便利的货币支持,这就是临安之所以在经济上取得令人瞩目的发展的原因之一。

浙江工商大学梁琼之译

注释:

①下文有关会子发行经过的叙述,主要以草野靖 A《南宋行在会子的发展》上·下(《东洋学报》49 - 1·2,1966 年)及 B《会子在南宋财政中的品搭收支》(《东洋史研究》41—12,1982 年)为依据。

②研究会子的界制和界额的专论有草野靖《东南会子的界制与发行额》(《刘子健先生颂寿纪念宋史研究论集》,同朋舍,1989 年)、汪圣铎《南宋各界会子的起讫、数额及会价》(《文史》25,1985 年)等,下文有关界制、界额的论述均以上述论文为参考依据。

③《要录》卷一八九,绍兴三十一年三月甲午条。

④《建炎以来朝野杂记》甲集卷一六《东南会子》。

⑤在此举一例说明,《宋史》一七八卷"赈恤",景定元年(1260)条记载道,此时在平粜仓,用封桩库的第 17 界会子约 1000 万贯作为本钱进行和粜。

⑥《武林旧事》卷七《干淳奉亲》、《宋会要·职官》二七之五四—五五《供奉》、淳熙八年闰三月二十八日条·八月二十一日条、十一年七月二十六日条、十二年十月二十三

日条・十一月二十三日条、十三年四月十六日条・十二月四日条、十四年三月二十九日条、十五年八月二十五日条、十二月二十六日条、同书《帝系》二之五八《濮秀二王杂录》、开禧元年(1205)七月二十一日条、同书《礼》十二之二十四《群臣士庶家庙》、嘉定十四年(1221)正月二十日条等。

⑦《宋会要・兵》二〇之三三《军赏》、淳熙十三年正月一日条、同书《礼》九之三〇《大阅讲武》、庆元二年十月十七日条、同书《礼》二五之二六一二七《郊祀赏赐杂录》、嘉泰三年十月二十八日条。

⑧这些例子在《宋会要・食货》五八之二七一二九、三二一三三《赈贷》、同书《食货》六八之一〇四——一〇五、一〇八——一〇九《赈贷》、同书《兵》二〇之四〇一四一《军赏》、《宋史全文》卷三三一三六等均比较常见。

⑨《宋史全文》卷三五、宝祐六年(1258)九月己巳条,《癸辛杂识前集・施行韩震》。

⑩有关南宋的新铸钱上供和铜钱的铸造额,参照的是中嶋敏《北宋时代的新铸钱上供与财库》、《高宗孝宗两朝货币史》(《宋代史研究及其周边研究》,汲古书院1988年版)、曾我部静雄《关于南宋使用的铜钱》(《社会经济史学》3—13,1943年)、汪圣铎《两宋货币史》上(社会科学文献出版社2003年版)等。

⑪前引草野A下,66页。

⑫下文有关权货务都茶场的票据贩卖的论述参见注2草野B论文及《南宋时代的淮浙盐钞法》(《史渊》86,1961年)。

⑬《宋史》卷一八一,《食货志・会子》。

⑭《宋史全文》卷三二,绍定六年九月辛卯条、吴泳《鹤林集》卷二一《缴薛极赠官词头》。

⑮有关会子的使用条令参照注2草野A论文下61—70页,同B论文102—109页。另外在会子的使用条令中,有关其在交易上的强制使用令,于乾道九年正月被废除。

⑯上文以《要录》卷二〇,绍兴二年11月庚午条、《宋会要・刑法》2之159《禁约》,乾道九年3月条为论述基础。

⑰清楚阐明会子的价值的有以下史料,括号内标明的为出处。淳熙九年→771文(《周易国文忠集》卷一四四《论和籴》),淳熙十二年→750文(《容斋随笔》卷一四《官会新闻》),嘉泰年间→720—730文(《历代名臣奏议》卷二七二《理财》,袁说友的上奏),嘉定三年→700文(《两朝纲目备要》卷一一,嘉定二年五月甲寅条),端平元年→第16界会子330文・第17界会子429文(《许国公奏议》卷一《应诏上封事条陈国家大体治道要务凡九事》),端平—嘉熙年间→第17界会子300文(《清正存稿》卷五《论待敌救楮二箚上

枢密院》)。

⑱关于临安之外的其他地方的会子价值的论述,除参照注 3 汪的论文以外,还参考了程民生《宋代物价研究》(人民出版社 2008 年版)等。

⑲《蒙斋集》卷七《论会子札子》。

⑳《梦粱录》卷一三《都市钱会》。

㉑《宋史全文》卷二九嘉泰元年四月甲申条、卷三〇嘉定二年三月壬戌条、卷三三嘉熙四年七月甲子条。

㉒参照注 3 草野论文,第 221—225 页。

㉓据《水心别集》卷一五末自跋可知,叶适《水心别集》成书于淳熙乙巳(12)从苏州赶赴临安途中,庆元己未(5)患病之前。

㉔因会子最低面额为 200 文,故使用会子进行支付和结算的金额必须在此之上,会子发行之后,不满 200 文的零散的支付仍使用铜钱。以临安为例,真德秀《西山文集》卷四四《赵邠武墓志铭》记载嘉定年间的事例"后〔临安府〕尹赵公师权加严泄钱之禁,有犯者悉锢之外寨。侯(赵宜伯)又谓,民愚无知情可悯,手疏二百余辈丐原之。且谓城外细民贩鬻鱼虾菜果诸物,不过营求鹾合,逻卒利其获,亡多寡辄指为出境钱,既没入,又治辜而责之偿,非所以矜困穷"。嘉定年间,赵师权担任临安府尹,是嘉定二年十一月至三年十二月(《咸淳临安志》卷四八《秩官》)。住在临安城外的贫民,将蔬菜和鱼贝类带进城内贩卖,故这些人卖的商品非常廉价,一个未满一文,故不得不使用铜钱来支付商品的价款。但当时临安有"泄钱"之禁,即禁止将铜钱带出城门外,故看管城门的巡逻士兵便将贫民贩卖把所得的极小数额的铜钱带出城门外亦视为违法行为(出境钱),从而进行处罚。会子发行之后,在临安仍有一些零散的小交易使用铜钱进行支付。

㉕岳珂《桯史》卷三《机心不自觉》中有"秦桧在相位,颐指所欲,为上下奔走,无敢议者。曹泳尹天府,民间以乏见锱告,货壅莫售,日嚣而争。因白之桧,桧笑曰,易耳。即席命召文思院官,未至,趣者络绎,奔而来,呕谕之曰,适得旨,欲变钱法,烦公依旧夹锡样铸一缗,将以进入,尽废见锱不用。约以翌午毕事。院官不敢违,唯而退,夜呼工鞴液,将以及期。富家闻之大窘,尽辇宿藏,争取金粟,物价大昂,泉溢于市。既而样上省,寂无所闻矣"。这是描绘曹泳在担任临安知府时的史料,其担任临安知府的任期为绍兴二十三年十月至二十五年十月(《咸淳临安志》卷四七《秩官》),于秦桧担任宰相专权的时期(绍兴八年三月至二十五年十月)大致重合。据此史料可知,当时在临安因富豪们囤积财产致使铜钱的流通量不足,商业活动发展停滞。故秦桧新铸夹锡钱,禁止使用当时正流通的铜钱,富豪们担心囤积的铜钱无法再使用,慌忙将其与金谷进行交换,故铜钱又得以流通。此史料所记载

的,恐怕是为了夸大秦桧的权势而编造的故事,内容多少含有夸张的成分。但从这一史料的记载来看,临安在会子发行之前,作为交换手段的铜钱的流通量无法满足需求,且不时给商业活动带来障碍,故会子的发行在一定程度上使这一问题得以解决。

㉖会子作为赠予手段被使用的记载见于《梦粱录》卷二〇《娶嫁》,作为物价的表示手段被使用的记载见于《武林旧事》卷三《都民避暑》、《西湖老人繁盛录·街市点灯》等。

走出宫院：南宋宫学向宗学的转变

何兆泉(中国计量学院)

一、引言

宗室是中国皇权政治体制下的特殊群体。与唐代比较,宋代最大的变化是打破"五世而斩"的五服限制,把三祖(赵匡胤、赵光义、赵廷美兄弟)以下的所有子孙一律修入皇族谱牒,明确其宗室身份,并给予相关待遇①。由此带来的后果是赵宋宗室人口迅速膨胀,仅据《宋史·宗室世系表》不完全统计,两宋男性宗子人数已超过六万,不仅数量庞大,而且阶层分化严重,对朝廷治理提出了极大挑战。

具体到教育问题,伴随人口的不断繁衍,宋代宗室因为与皇帝的关系远近各异,他们所享有的教育模式也不同。如皇太子有东宫教育,亲王有翊善、赞读、直讲等王府学官②,不过这些都只涉及极少数人。至于一般宗室子弟,则又别立专门的官学,史籍多以"宗学"一词来泛称宗室官学。如《宋史·选举志三》谓:"宗学废置无常。"③《文献通考》则在太学后附及宗学④。但两书对宗室官学的整个体系语焉不详,很多地方写得不明不白,疑窦重重。相对来说,《宋会要辑稿》记载稍详,它援引南宋宗学谕范楷所上奏扎,将宗室官学分作宫学和宗学,"国家始立宫学,所以训诸王之近属,继创宗庠,所以徕四方之宗亲"⑤。据此,宫学与宗学虽然都属宗室官学,但彼此教育对象实有差异。直到宁宗嘉定九年(1216)十二月,朝廷经过再三合议,把宫学并入宗学,宗室两学终归于合流。⑥

然而,迄今为止,学术界对宋代宗室宫学与宗学的关系,以及南宋宫学缘何会转向宗学等问题,似乎都未引起应有的关注,偶尔提到,也容易以讹传讹⑦。鉴于宗室在南宋社会的重要影响,本文拟以南宋为重点,对宗室宫学和宗学的演变加以考述,考虑到两宋制度的延续性,行文许多地方还会上溯北宋时期。不当之处,尚祈方家批评指正。

二、宫学盛极而衰

宋代宫学最初是对既有王府学官的一种延展,面对诸宫院中不断繁衍的宗室子孙,不得不提出新的应对办法,对他们对施予教育,而且教养本身也是一种非常有效的控制方式。

于是,在建国三十余年后的至道元年(995),太宗仿太子侍读、诸王讲读制度,为皇侄、皇孙设置教授⑧,但当时只设教授一人,其实很难覆盖三祖下宗室的教育。咸平初,真宗令诸王府官分兼南宫、北宅教授⑨。南宫是太祖、太宗子孙居所,北宅为秦王廷美子孙居所。仁宗亲政后,以诸王邸散居京师,下诏在玉清昭应宫故址修建大型宫院,将南宫宗室迁入其中,赐名睦亲宅。随后,以秦王子孙众多,而北宅隘狭,又在王钦若故第基础上加以扩修,改赐广亲宅。⑩仁宗时期是宫学发展的重要阶段,特别是新修睦亲宅、广亲宅以后,两宅分设教授官,专职的学官人数增加至六人,并通过新创的大宗正司机构,对教授和宗室双方均加强监督⑪,使得宫学教育趋于常规化。

到治平初,开封聚居的宗室子弟已超过八百人,但教学之官仍只有六人,教学比例严重失调。为此,英宗下诏增设学官,"凡皇族年三十以上者百三十人,置讲书四员;年十五以上者三百九人,增置教授五员;年十四以下者别置小学教授十二员。并旧六员为二十七员,以分教之"⑫。熙宁以后,神宗允许祖免以外宗子应举入官,激发了宗室求学热情,但为改善财政,裁减学官至十三人,让他们分别兼大、小学[13],并基本确立了宫学的大、小学教育模式。哲宗时重视宫学,将小学建于各宫院尊长厅侧,以便于本位尊长和学官共同教导[14]。徽宗时,宗室子弟遍布都下,也是宋代宫学发展的鼎盛时期,宋人即称宗室官学"最备于崇、观之时"[15]。当时京师宗室主要聚居在六宅,即睦亲、广亲、北宅(以上皆为三祖下宗室居住)、亲贤(英宗直系子孙居住)、棣华(神宗直系子孙居住)、蕃衍宅(徽宗直系子孙居住),"宅各有学,学皆有官"。崇宁初,徽宗即以各宫宅距离较远,令每宅各置大、小二学,规定宗子十岁以上入小学,二十岁以上入大学,讲书、课试、规罚、监督等制度也趋于完备,还专门编修了《宗子大小学敕令格式》。至此,宋代的宫学规模也达到巅峰,据政和四年(1114)的统计数据,诸宫宅小学生近一千人,这还不包括大学生的人数。[16]这样的办学规模,即便与当时中央国子监教育相比,也不逊色。此外,西京、南京还设敦宗院,为外居两地的宗子置教授,故南宋初礼部有云:"昨在京日,有宫学教养,在京睦亲等宅。宗室在外,就西、南两外宗学教养。"[17]有关宗学问题,本文将在下节再讨论。

北宋末年,金兵攻陷汴京,宫学遂废。其后,幸存宗室在金兵追逼下辗转南徙,动荡之际,皇族教育根本无暇顾及。绍兴二年(1132)正月,宋高宗自绍兴府"移跸临安",从此中央政府在临安逐渐稳定下来,才将各项重建工作提上议程。次年,知大宗正丞谢伋请依据北宋故事,要三省遴选儒臣担任宗室大、小学官。绍兴五年,临安府正式设立诸王宫大、小学教授两员[18],又命陈沃、富元衡两人充诸王宫大、小学教授,供职于绍兴府宗正司[19]。之所以会出现临安府和绍兴府分设诸王宫教授的情况,这里有南宋初期的特殊原因。根据李心传的记载,高宗朝"以行在未有居第,权分宗子居之",在绍兴府设宗正司,安置部分宗室近属子弟,这一临时的宗司机构直到孝宗朝才省罢。由此可知,朝廷在绍兴府宗正司设置宫教,实出于部分南班近属寓居当地的考虑。[20]

不过,尽管高宗及时恢复了宫学教授之职,并有意按照《政和学制》来重兴宫学,但实际上宗室教育却迟迟未能推广。绍兴五年(1135)临安睦亲宅修盖了大、小学舍，然只有散落居所区区五间，"除教官二员各得直舍屋一间外，余讲堂三间，更无斋舍可以容处。欲各就宗子所在讲说训导，非特与民间混杂，所居偏隘，又散漫不一，难以遍诣"[20]。朝廷本打算在睦亲宅附近勘察空闲之地，增广学舍。然而，数十年后，宫学凋敝的现状并没有多大改观，此时的宫学规模与北宋中后期相比，早已今非昔比。绍兴二十七年（1157）八月，宗正丞吴景偲上奏说："……宫学兴复既已历年，止有敝屋数间，萧然环堵，释菜无殿，讲说无堂。逼近通衢，又无廊庑。师儒斋几，卑隘浅陋。生徒讲读游息之地，抑又可知。"不仅如此，之前诸王宫大、小学教授陈棠还批评说，自南渡宫学恢复二十余年，睦亲宅南班官及其子弟所授只是《论语》、《孟子》，"唯讲此二书，周而复始。学官失于申明，无有以六经讲授者"[22]。而当时朝廷科举取士以经术为先，宫学完全摒弃六经，无疑对宗室进取非常不利。

孝宗隆兴年间，裁减诸王宫大、小学教授一员。自此以后，"月朔止一人上讲，所教惟南班宗室十余人，往往华皓。每教授初除及朔望，则赴堂一揖而退"[23]。宁宗庆元五年（1199），这时距高宗恢复宫学已过去六十余年，但时任诸王宫教授的谯令宪仍然喟叹道："中兴虽创学官，然无斋舍以居，无廪给以养，课试之法不立，行艺之习亡闻。"[24]可见，高宗以后历朝，宫学在规模、制度等方面都未见任何发展。朝廷一次次下令要扩建、重整宫学，但并没有取得显著效果。南宋宫学只能勉强以一种衰败面貌聊备形式罢了。

考察南宋宫学衰落的原因，并非因为南宋皇帝忽视宫教，而主要受到两方面因素的直接影响。一是靖康之难中大量宗室近属被俘，导致旧有宫宅体系遭到严重破坏。北宋时先后在开封兴建睦亲、广亲、北宅、亲贤、棣华、蕃衍等宫宅，分别安置三祖下子孙、英宗子孙、神宗子孙和徽宗子孙，南宋临安则只有睦亲一宅，"自绍兴以来，天属鲜少，故不复赐宅名"[25]。加上南宋高宗、宁宗、理宗都无子嗣，更加剧了近属凋零的局面；二是南宋宫学教育对象发生转变，专门面向少数近属。北宋宫学虽以诸宫宅为单位进行教育，但它面向的对象并不囿于宗室近属（关于这一点，前引《宋会要辑稿》的表述也不尽恰当），徽宗时甚至允许外居宗子重新入宫就读就是一个有力证据。然高宗在重建宫学的过程中，却将教育对象限制在人数甚少的睦亲宅南班尊属，服属疏远者无缘附学。孝宗朝所谓宫学学生即只有十余位白发苍苍的南班宗室，根本没有讲授、考课之实。南宋宫学对象的转变给自身发展带来了极大损害。南宋时期宗室近属不兴，宫学教育又将大量疏属排斥于外，这两重因素共同影响，必然造成宫学衰颓不振。于是，嘉定九年（1216）宫学归并入宗学。随后朝廷又保留诸王宫大、小学教授一员，但所谓宫学早已有名无实，诸王宫教授和宗学博士、宗学谕一起轮流负责宗学讲授，南宋宗学最终以合并的方式取代了宫学。[26]

三、宗学取而代之

宗学是赵宋宗室教育的一种创新形式，但由于这一名称的歧义，加上北宋灭亡造成的文献散失难稽，南宋以后，一些士大夫对宗学肇始、宗学体制等问题已不甚了然。他们或以宗学泛称宗室教育，或混淆宗学、宫学两者关系，将其视同一事。实际上，宋代宗学和宫学是两种不同形式的宗室教育。最明显的区别就在于：宫学源于王府官学体系，故它从始至终都以诸王宫院为单位开展教育，学官、本位尊长以及相关宗司机构对教学过程共同负责；宗学则于诸王宫之外别创专门学校，统招宗室子弟进行集中教育，并不以王府宫院或亲疏远近为限，其管理也更近于太学体系。如果说王府宫邸之学汉唐既有，那么宗学无疑属宋代首倡[27]。另外，两者在设置时间上也不相同，宋代宫学始于太宗为皇侄、皇孙设置教授，至仁宗时已趋于常规化，其后各项制度日趋完备，至徽宗朝终于蔚为大观。宗学出现时间则明显较晚，它是在神宗改制允许宗室外居、疏属应举入仕，原来的宫宅聚居、教而不用的格局被打破之后，才有人提出别创宗学的要求，希望能将散落的宗室纳入官学体系，从而提高他们与庶姓士人在科场、仕途的竞争力。让人始料不及的是，宗室教育摆脱封闭的宫学模式，新的宗学模式的建成，却历尽反复，直到南宋中后期才真正实现。

　　据史籍记载,最早提议建置宗学的是宋太祖五世孙赵令铄。《宋史·职官志五》与《文献通考·职官考十一》都称:"元丰六年,宗室令铄乞建宗学,诏从之,既而中辍。"而《宋会要辑稿》崇儒一之一则曰:"初,元祐六年,宗室令铄尝乞建宗学,及毕工,以赐蔡确家。"考蔡确(1037—1093)自元丰五年(1182)登相位,于元祐(1086—1094)初罢知陈州,其后又因"车盖亭诗案"流放岭南新州(今广东新兴),元祐八年死于贬所。既然如此,《宋会要辑稿》所谓元祐六年赐第蔡确的说法就不能成立,宗学之议应该始于神宗元丰六年(1083)㉘。毫无疑问的是,学校虽然建成了,但甫落成便挪作他用,神宗朝并没有真正建成宗学。

　　建中靖国元年(1101),赵令铄之父、知大宗正事赵世雄及同知大宗正事赵仲爰再次向徽宗奏请兴建宗学㉙。此次建议一开始同样受到了徽宗肯定,但在实际执行中,也是半途而废。朝廷只是沿袭原来的宫教模式,对宫学加以扩充而已。至少从现存文献看,尚没有任何史料可以确凿证明徽宗曾于宫学之外,又在开封复置宗学。唯崇宁初在西京、南京设敦宗院,"院皆置大、小学教授,立考选法"㉚。宣和三年(1121),又增置西、南外宗院教授㉛。南渡后,西外、南外分别迁至福州、泉州,仍沿袭保留了宗室学官。熊克《中兴小纪》卷一一谓:南宋初,"西外宗居福州,南外宗居泉州,其后两宗学各置教官,如诸州例"。但两地外学的实际教育效果,其实完全不能与京师的管理相比,政策往往沦为文具。对此,绍兴二十六年(1156),泉州通判黄祖舜就说过:"今西外、南外敦宗院,虽有教授,未尝讲说。宗子无课程之规,徒事虚文,无益治道。"㉜结合两宋之际的这些材料,可以大体明确,北宋时期,东京开封的宗室教育始终以宫学为主,独立的宗学迟迟没有建成,在外的两京敦宗院虽设有教授,但缺乏一系列的制度规范,成效有限。

　　前文提到,南宋承徽宗朝制度,泉州、福州两外敦宗院(后改称睦宗院或厚宗院)的宗学教育至少在形式上勉强维持着。绍兴十四年,"始建宗学于临安,生员额百人:大学生五十人,小学生四十人,职事各五人。置诸王宫大、小学教授一员。在学者皆南宫、北宅子孙"。至于亲贤宅近属,则别选馆职教授,不在宗学之列。㉝除限定学生人数外,朝廷还拟在临安分设宗室六学,"宗子学制有学规、斋规并小学规,并系增损太学之制",入学宗子并依州学例,"日给饮食"。据此,宋高宗似首次在宫学之外,于京师再创宗学,并颁布了具体的管理制度。但细究就会发现,绍兴十四年倡言兴建的宗学,其实还是绍兴五年时恢复的宫学模式,故学官仍称诸王宫大、小学教授。甚至当时的宗室官员也仍旧以宫学相称,故云:"行朝在外居住有官、无官宗子,愿入学者,并许令赴宫学。"㉝可见,高宗朝也未能在京师建成独立的宗学,及至其禅位孝宗,我们也找不到更多临安宗学教育实践的证据。

结合上一节所论,南宋宫学衰败,京师宗学则自北宋以来就只停留在纸上谈兵,这种尴尬局面竟长久地持续下去。宋孝宗即位以后,对宗室应举广施优惠,龙飞榜宗子一次入仕者就骤逾千人,但他在宗室官学建设上了无兴趣,光宗亦然。

一直到宁宗时,朝臣对行在宗室教育的现状颇为不满,纷纷奏请扩充学宫,并要求在临安成立宗学。嘉定七年(1214)八月,宁宗下诏临安府建宗学,设宗学博士、宗学谕各一员。九年十二月,旧的临安宫学重行改造,更为宗学,隶属宗正寺管理(之前宫学隶属王府官体系或接受大宗正司管理)。诸王宫大、小学教授改作宗学博士,"宗学博士班序在太常博士之下,宗学谕班序在国子正直上,其请给、人从、赏典等并依国子博士、国子正体例施行"㉟。

自元丰六年(1083)首议至嘉定九年,跨越北宋和南宋,前后经历一百三十余年的反反复复,宗学终于在南宋临安府正式建成。宗学取代了北宋以来的宗室宫学教育,原隶宫学诸生以及内外疏属子弟,只要通过补试即能入学教养㊱。宗学规模起先仍按照绍兴十四年提出的设计,初定生员百人,一共分为六斋。每斋置长、谕各一人,作为本斋学生之表率,负责颁行宗学规矩,记录月考行艺等事务。另有专知官负责管理学舍所有钱物、书籍、柴米等㊲。吴自牧《梦粱录》卷一五《学校》也记载,宗学有关学廪、膳供、舍选、释褐等制度皆仿太学规制,其内建有大成殿、御书阁、明伦堂、立教堂、汲古堂,六斋亦各有匾额,分别题作"贵仁"、"立爱"、"大雅"、"明贤"、"怀德"、"升俊"。可见,宫学转变为宗学,整个的学校隶属关系、日常管理、选试制度,都更多地向国子监体系靠拢,也正因为这样,宗学对南宋后期的宗室教育、人才培养举足轻重,甚至对南宋后期的政治生态都产生了重要影响。

事实上,正是在宁宗创设临安宗学之后,南宋宗学和太学、武学始被人并称"三学"。原来封闭宫院中默默无闻的宗室士大夫,借助宗学这个新的平台日渐活跃,在南宋的政治中心发出更多的声音。临安宗学处京师之便,宗学生常和太学、武学诸生同声相和,匡论朝廷政事,甚至直接抗言上书,"激扬名声,以求胜于小人",颇有东汉太学生参政余风。如理宗朝监察御史洪天锡屡次抨击宦官、外戚,触怒权贵。宝祐三年(1255)洪氏去职时,舆论哗然,三学纷纷上书挽留天锡,并指陈执政之过[⑱]。宝祐四年(1256)丁大全为左谏议大夫,三学诸生又伏阙抗议,最后理宗不得不"下诏禁戒,诏立石三学",并判处太学、武学生刘黻等八人拘管江西、湖南州军,宗学生赵与𡓼等七人并削籍,拘管外宗正司。宗室子弟能够积极参与政治,与他们在宗学受过良好教育,培养了儒家士大夫的入世情怀与政治意识密不可分。度宗咸淳三年(1267)正月,朝廷以郊祀大礼,宗学、太学诸官各进一秩,"诸斋长谕及起居学生,推恩有差"[⑲]。这表明临安宗学教育一直延续到南宋末年。

四、结语

本文通过对宫学与宗学的具体考察,试图澄清一些长期存在的误解。如果将上述两学放在宋代朝廷治理和宗室命运的整体去观照,本文最后还想重申几点思考,供大家讨论和批评。

第一,宫学与宗学尽管有时都用来泛称宗室教育,但它们本质上是两种不同的宗室官学模式,不能混为一谈,也不能简单地认为宫学对象是宗室近属、宗学对象是宗室疏属。宫学源于王府官学,始终以诸王宫院为单位开展教育,很大程度上接受宗司机构和本位尊长的监督管理;宗学则突破王府体系,别创学校,方便散居宗室集中教育。宋代宗室两学既有对汉唐以来王府宫邸之学的继承,也有自己的创新,对明清影响深远。有学者认为清代宗学属前所未有的创举,值得商榷。

第二,学者普遍认为宗室教育是宋代文治发达的又一反映,却忽视从宫学到宗学的转变,正体现出宗室冲出封闭的宫宅约束的努力。总体而言,宫学相对自我封闭,鼎盛时期虽曾作出开放的姿态,但始终未获得实质性突破。宫学除了教育本身,更有防范的意义,基本奉行教而不用的培养旨趣。随着宗学的倡议和最终建立,宗室才真正走出封闭的王府宫院,向国子监庶姓士人培养方式靠近。南宋宫学转变为宗学,固然有着近属凋零、宫学式微等原因,但促成这种转变的最大动力,其实还在于数以万计的宗室融入社会、融入士大夫阶层的自身要求,这种要求会倒逼朝廷重新考量制度选择。南宋宗室活跃于政治等各个领域,包括临安宗学生在公共领域的积极表现,而没有像北宋或明朝那样"名为天枝,实为废物",相当程度上折射出南宋朝廷治理和制度改革的成功。

第三,南宋宗室教育的发展,除宗室两学等官学形式之外,还要关注的是私学层面。家学、私塾、书院、游学等,它们的影响更为广泛,它们对南宋宗室人才的培育、价值观念的养成,常常起到最关键的作用。但学术界对此关注极少,值得我们去做专门的研究。

注释:

①唐代五服之外的宗室基本同于庶姓,皇族谱牒一般也只登记五服内成员。王溥《唐会要》卷六五《宗正寺》记载高宗永徽二年(651),宗正寺官员将五服外疏属三百余人除落皇族谱牒。

②李心传《建炎以来朝野杂记》乙集卷一三对东宫讲官、资善堂直讲、王府翊善、教授等多有记载,中华书局 2000 年版,第 720—724 页。朱瑞熙、祝建平《宋代皇储制度研究》对皇子教育等问题有专门分析,收入《宋旭轩(晞)教授八十荣寿论文集》,台湾中国文化大学 2000 年版。

③《宋史》卷一五七《选举志三》,中华书局 1985 年点校本,第 3676 页。

④《文献通考》卷四二《学校考三》,中华书局 1986 年版,第 400 页。

⑤《宋会要辑稿》崇儒一之二四。实际上,该书崇儒一之一至二八,所述均为两宋宗室教育。

⑥《宋会要辑稿》崇儒一之一五至一六。

⑦专门研究宋代宗室教育的论文主要有两篇,一是宋晞《宋代的宗学》,收入宋史座谈会编《宋史研究集》第9辑,台湾中华丛书编审委员会1977年;二是葛庆华《宋代宗室教育及应试问题散论》,载《中州学刊》1999年第1期。但它们均侧重讨论学校规制,对宫学与宗学的差异极少涉及。其他如苗春德主编《宋代教育》一书,也提到宗室两学,但称"诸王宫学如同宗学",未能辨明彼此异同。

⑧李焘:《续资治通鉴长编》(以下简称《长编》)卷三七,至道元年正月戊申条,中华书局2004年版,第807页。

⑨《长编》卷四三,咸平元年正月癸酉条,第907页。

⑩《长编》卷一一七,景祐二年九月己酉条,第2757—2758页;同书卷一六一,庆历七年九月癸巳条,第3887页。

⑪《长编》卷一五五,庆历五年三月己未条,第3757页。

⑫《长编》卷二〇二,治平元年六月己亥条,第4889页。要留意的是,英宗分大、中、学三等设学,覆盖面极大,但初衷不尽在完善宗室教育,而有防范宗室的意图。故纵观北宋宫学教育,自太宗至英宗基本上秉持有教有养而不用的政策,神宗以后才有较大的改变。参见杨仲良《续资治通鉴长编纪事本末》卷五六《教养宗室》,台湾文海出版社1967年影印本。

⑬《长编》卷三〇五,元丰三年六月戊戌条,第7417页。

⑭《长编》卷四六七,元祐六年十月庚辰条,第11155页。

⑮潘自牧:《记纂渊海》卷三八《宗学》,文渊阁《四库全书》本。

⑯《宋会要辑稿》崇儒一之三。

⑰《宋会要辑稿》崇儒一之七。

⑱《建炎以来系年要录》卷八八绍兴五年四月乙卯条、《宋会要辑稿》崇儒一之八皆载诸王宫教授复置于绍兴五年。《宋会要辑稿》崇儒一之四系于绍兴四年,当误。

⑲《建炎以来系年要录》卷九〇,绍兴五年七月癸未条。

⑳《建炎以来朝野杂记》甲集卷一《大宗正司两外宗废置》,第58页。

㉑《宋会要辑稿》崇儒一之六。

㉒《宋会要辑稿》崇儒一之一〇。

㉓《建炎以来朝野杂记》乙集卷一三《宗学博士》,第724—725页。

㉔真德秀:《西山先生真文忠公文集》卷四四《谯殿撰墓志铭》,《四部丛刊》初编本。

㉕《建炎以来朝野杂记》甲集卷二《睦亲宅》,第78页。

㉖潜说友：《咸淳临安志》卷一一《诸王宫大小学、宗学》，中华书局 1990 年影印宋元方志丛刊本。

㉗清代顺治以后也设置了宗学，有学者指出："以往各朝代……对宗室子弟多采取一王一府的个别教育，像清代将宗室子弟集中起来进行学校教育，确属一个创举。"这一结论显然值得商榷。参见吴吉远：《清代宗室教育述论》，载《社会科学辑刊》1997 年第 6 期。

㉘因史料记载不明，常给后人研究带来误解，如王善军《宋代宗族和宗族制度研究》（河北教育出版社 2000 年版）第 223 页、徐连达主编《中国历代官制词典》（安徽教育出版社 1991 年版）第 654 页"宗学"条都认为宋代宗学创立于元丰年间。

㉙《宋会要辑稿》崇儒一之一。

㉚《宋史》卷一五七《选举志三》，第 3676 页。

㉛《宋会要辑稿》崇儒一之四。

㉜《宋会要辑稿》崇儒一之一〇。

㉝《宋史》卷一五七《选举志三》，第 3677 页；《建炎以来朝野杂记》甲集卷一三《宗学》，第 281 页。

㉞《宋会要辑稿》崇儒一之八。

㉟佚名：《续编两朝纲目备要》卷一四；《宋会要辑稿》崇儒一之一五至一六。

㊱《宋会要辑稿》崇儒一之二四至二五。

㊲《宋会要辑稿》崇儒一之一八至一九。

㊳周密：《齐东野语》卷七《洪君畴》，中华书局点校本 1983 年版，第 122 页。

㊴《宋史》卷四六《度宗纪》，第 897 页。

南宋皇城东宫初探

林正秋(杭州师范大学)

东宫,是古代皇太子生活居住与学习治国本领的宫殿群的总称。按今天话说,他是皇帝接班人居住生活与学习本领的宫殿。南宋皇太子居住生活的宫殿群,也沿称"东宫"。东宫之名,约始于汉,它的建筑与规制是完备于唐,正如宋代学者朱熹称唐代东宫是个"小朝廷"。东宫的取名,古代学者有多种解释,其中常见的说是与八卦有关系。八卦中有"震卦",宋代学者徐天麟解释说,震为长子,震在东方,故把太子所居称为东宫。

北宋建立之初,承袭了唐代东宫的规制,但又作了精减、省略得多,而南宋定都临安府(今杭州)之后,对东宫的建筑与规制又作了进一步精简,东宫的许多机构常常是有名无实,即是无职司、无定员,亦不全置;而且东宫的官员,大多是朝廷官员兼职的,极个别才是专职的。这些机构,太子即皇位后也就废置。

南宋的东宫,在皇城中是处于东部,即丽正门内东,但具体的四至范围,史书缺载。据后人考释,大致在今馒头山东麓一带,多数学者以皇城九里计算,应该是到今中河为止。2002 年市园文局所立的《南宋皇城北城遗址碑》也说:"东沿中河南段之西岸。"

正因史书缺乏四至的记录,直至今天,学者也未取得一致的看法,[①]本文仅作试探,希望为大家进一步研究起着抛砖引玉的作用。

一、南宋大内东宫的最早记录

关于南宋皇城东宫的最早记录,目前找到三种宋元古籍,其中最早是南宋著名史学家李心传(1167—1244)所撰《建炎以来朝野杂记》:

"东宫旧无有。孝宗及信王未出阁,但听读于资善堂。绍兴三十二所(1162),孝宗为皇太子,始居东宫,在丽正门内,其地甚狭。庄文太子立,复居之。庄太子薨,其妃子出外第。光宗立为太子,孝宗谓辅臣曰:'今次东宫,却不须创建,朕宫中空间不用宫殿甚多,可掇移修立。'由是工役甚省。淳熙二年(1175)夏,始创射堂一,为游艺之所。囿中又有荣观、玉渊、清赏等堂,凤山楼,皆燕息之地也。绍熙末(1194),欲以为泰安宫,既而不果云。"②

李心传《建炎以来朝野杂记》分甲乙两集。甲集撰于嘉泰二年(1202)7月;乙集撰于嘉定九年(1216)。这甲乙两集均撰于南宋宁宗赵扩在位期间(1195—1224),因此,李心传对南宋前期三位皇帝即高宗、孝宗、光宗的东宫记录,应是最可靠的史料。他指出南宋初无有,直至绍兴三十二年(1162)才始建。东宫初建时,范围较狭小。孝宗以后在逐渐扩大,亭楼建筑不断增加。到宋宁宗在位时,已形成一定规模,囿苑中的荣观、玉渊、清赏三堂与凤山楼等。

第二则史料记载,大约在四十年后,南宋临安府志《咸淳临安志》编撰于宋度宗咸淳四年(1268),他在《朝野杂记》记录的基础上,对东宫沿革又有增加的内容为:

"绍兴三十二年(1162)五月,孝宗皇帝为皇太子,始有讨论东宫典故,越旬日即受禅。乾道元年(1165),庄文太子受册,尝下礼工部、太常寺,皆无典故可稽,惟武臣张孝杰能记政和(宋徽宗年号,即1111—1117),制度,止系厅堂诸宫属人从屋宇。(乾道)七年(1117),光宗皇帝升储(即太子),乃召于丽正门之东,盖造太子宫门。淳熙二年(1175),始创射堂,为游艺之地。囿中有荣观、玉渊、清赏等堂及凤山楼,皆次第建置。宁宗皇帝由嘉邸,理宗皇帝由近邸入继大统,不皇筑宫。今上皇帝(宋度宗)位青宫,始于禁中营建,大抵不以定所。"③

从这段记录看,李心传《建炎以来朝野杂记》所载东宫诸建筑,都是宋孝宗在位时所建。而宋宁宗、理宗时东宫中都少有增建。

此外,《咸淳临安志》卷一《大内》载有两殿的记录,均以东宫殿堂改建:

"熙明殿:今上皇帝(度宗)即东宫新益堂改建,以为讲读之所。"称为"东宫讲堂",咸淳三年(1263)3月落成,度宗皇帝还亲撰《明熙殿记》。

"嘉明殿:今上皇帝,咸淳二年(1266)即东宫绎已堂改建。"

第三种史料,曾是咸淳年间东宫宫员陈随应所撰《随应漫录》中有《南渡行宫记》,内容又有补充与增加,对皇城九里中的宫殿、后苑、东宫等建筑作了详细的记述,尤其是对东宫内的园林建筑与范围比前书具体一点。这有利探索东宫的位置与范围。

"东宫,在丽正门内,南宫门外,本宫会议所之侧。入门,垂杨夹道,间芙蓉,环朱栏二里到外宫门。节堂后为财帛、生料二库,环以官属直舍。转外窑子,入内宫门廊。右为赞导(善之误)、春坊直舍;左讲堂七楹,扁新益,外为讲官直舍。正殿向明,左圣堂,右祠堂,后凝华殿、瞻箓堂,环以竹。左寝室,右齐安,位内人直舍百二十楹。左彝斋,太子赐号也。接绣香堂,便门通绎已堂。由绎已堂过绣臙廊百八十楹,直通御前。廊外即后苑。"④

从这段记录看,皇太子东宫与大内后苑都在大内的东部,东宫在南,大内后苑在北,两者相接。除了记述东宫园林、廊庑以外,还增加记录了东宫官员及内侍等人员宿值之舍。

此外,东宫还有议事堂,据元代佚名《宋史全文》载淳熙十四年十一月"孝宗手诏:皇太子可令参决庶务。右丞相周必大奏,乞创议事堂。于是诏以内东门司改为之。"

东宫的建筑四至虽不得而知,绍熙五年(1194),曾任皇帝侍讲的大学问家朱熹在奏中言及四事,首先提到东宫,"略曰:闻有旨修葺旧日东宫为屋三数百间。"⑤这也大致看到东宫的相当规模与范围。

南宋皇城上的宫殿建筑的毁坏,主要在元代。至明代万历七年(1579)

前,仅存"颓垣废址而已"。与今人无关。自改革开放后,杭州人保护历史文物的意识日益增强,故近年来十分关注此事,这是好事。

南宋皇城的废坏,主要在元代,有三件事可以作证:

一是德祐二年(1276),南宋朝廷投降元军之后不久,南宋临安城、皇城等都被元代统治者拆毁,他们以此来显示"天下一统"的局面。《万历杭州府志》卷一三《城池》作了记录说:"元既取宋,禁天下修城,以示一统。"

二是至元二十五年(1288),江南释教总统杨琏真伽的奏请,把南宋皇城上宫殿建筑改为五座佛寺:改垂拱殿为报国寺,延和殿改为尊胜寺,福宁殿改为兴元寺,芙蓉殿改为兴元寺,和宁门改为般若寺。[6]

三是至正十六年(1356),元末农民起义军张士诚占领杭州。至正十年(1359)十月,起义军张士诚之弟张士信重建杭州城。"东自艮山门至候潮门,视旧拓开三里,而络市河于(城)内。南自候潮门迤西,侧缩入二里,而截凤山(即凤凰山)于(城)外。南嘉会门改名和宁门。"[7]

南宋皇城的旧址范围,经过元代的破坏,至明代已难以确指。故明初洪武年间杭州府学教授徐一夔(1319—1398),曾主持编纂《洪武杭州府志》,[8]并亲自撰文《宋行宫考》对南宋皇城九里的四至范围作了考证,他说:"今以地度之,南自圣果入路,北侧入城环至德牟天地牌坊,东沿河,西至山岗,随其上下以为宫殿。"

这里的"东沿河",省考古所原所长王士伦指出即"中河南段",得到许多学者的赞同。

二、东宫官制述略

宋代的东宫官制,约始于北宋太宗至道元年(995),立寿王元侃为皇太子,才建设了东宫官制。宋代的东宫规制,基本上沿袭了汉唐的"立嗣必子,立嫡必长,不以贤"的传统。除北宋创立者宋太祖未立皇太子外,自宋太宗至南宋度宗共立了十五位皇太子,能即皇位仅十二位,其中宋太祖后裔被立太子三人,都在南宋时期。

皇子,一旦立为太子,地位高于其他诸子,就要建立东宫与一套东宫官制及一套礼仪规则,保证皇太子继承皇位的合法制与不可动摇的地位。通常,皇太子不预朝政,除非皇帝生病,特命监国。东宫太子,又有皇嗣、储君、储贰、帝储、少主、元良、国嗣与殿下等十多种别称。

宋代东宫官制,据龚贤明教授《宋代官制辞典》载,有两种不同情况:

一是沿用唐代东宫官制名称,不是全部设置,而是因事而设,随宜而置,或多或少;即使设官,也是无定员、无职事,多由朝廷的宰执或近臣兼充。唯有东宫侍读,侍讲等少数官员,有其实职实事,经常给太子讲授经史。

二是宋代前期与唐代东宫官制,如"小朝廷"那样盛况相比,宋代简略得多;东宫诸官仅作为阶官。⑨

据此,宋代东宫名义上设置的官名有太子太师、太子太傅、太子太保,太子少师、太子少傅、太子少保(合称太子六傅);太子宾客、太子詹事、太子少詹事、太子左右春坊、太子左右庶子、太子左右谕德、太子左右赞善大夫、太子洗马、太子家令、太子率更令、太子中舍、太子舍人、太子侍读、太子侍讲、左右卫、司御、清道、监门、内率府率与副率等。⑩

(一)太子六傅

都无专职,为文臣迁移官阶或宰执官致仕所带衔。前三太为官从一品,后三少为官从二品。总称为"东宫师傅"。据李心传《建炎以来朝野杂记》乙集卷十三《宰相兼东宫三少》载:

"东宫三少,在祖宗时为散秩,前执相及执政官告老者,例得之。……后神宗、钦宗、孝宗、光宗在东宫,皆不复置。……明年(嘉定元年1208)太子侍立,遂以钱丞相兼太子少师;已而并置二相,左相改兼少师,右相兼少傅。"

南宋时曾为东宫师傅还有赵汝愚(1140—1196)曾做过太子少傅;嘉定元年(1208),右丞相兼枢密使史弥远兼太子少傅;景定元年(1260)3月,贾似道以右相兼太子太师。

(二)太子宾客

唐代东宫已设,宋代沿袭。主要职责是训导调护太子。北宋多以执政官兼。南宋高宗孝宗时,未见设此官,多设太子詹事,兼此职责。《宋史·职官志》说:"太子宾客,中兴后不置。"南宋大约在宁宗开禧三年(1207),立荣王赵峕(即景献太子)为太子时,复置太子宾客,始以执政官兼。《宋史》卷一六二《职官志》载:"开禧三年,史弥远自太子詹事入枢府,乃进兼太子宾客。"又说:"开禧三年,景献太子立,始以执政兼宾客,后复省。景定元年(1260),度宗升储,以朱熠、皮荣龙、沈炎并兼宾客。"(《宋史》卷四四《理宗记》)景定元年(1260)宋理宗立忠于王赵禥为太子。次年,命江万里端明殿大学士、同签书枢密院事兼太子宾客。

从宋光宗开禧三年(1207),史弥远自詹事入枢府,乃进兼宾客之后,至景定五年(1264),不到五十年间,做过东宫宾客之官,据《宋史》、《宋史全文》、《宋代宰辅年表》等书记录,计有十九位太子宾客:

姓名	兼官时间	兼官职务
1. 史弥远	开禧三年(1207)闰四月	枢密院事兼
2. 卫泾	嘉定元年(1208)	参知政事兼
3. 雷孝友	嘉定元年(1208)	参知政事兼
4. 林大中	嘉定元年(1208)	签书枢密院事兼
5. 楼钥	嘉定元年(1208)八月	同知枢密院事兼
6. 钱象祖	嘉定元年(1208)十月	左丞相枢密使兼
7. 宇文绍节	嘉定二年(1209)正月—嘉定七年六月	签书枢密院事兼
8. 郑昭先	嘉定七年七月	权参知政事兼
9. 曾从龙	嘉定七年七月—嘉定十二年初	签书枢密院事兼
10. 任希夷	嘉定十二年二月	签书枢密院事兼
11. 朱熠	景定元年(1260)七月	知枢密院事兼
12. 皮龙荣	景定元年(1260)七月	参知政事兼

姓名	兼官时间	兼官职务
13. 沈炎	景定元年(1260)七月	
14. 何梦然	景定二年	签书枢密院兼
15. 马光祖	景定十二年十二月	同知枢密院兼 浙西安抚使知临安府兼
16. 孙附凤	景定三年三月	签书枢密院兼 六月,权参知政事兼
17. 杨栋	景定三年十月	签书枢密院事兼 参知政事兼
18. 叶梦鼎	景定三年十月—景定五年十月	同签书枢密院事兼
19. 姚希得	景定五年五月	同签书枢密院事兼

兼任太子宾客,多为执政官,短者数月,长者数年,如宇文绍节,兼职长达六年之久,多数为一二年。⑪

(三)太子詹事

简称"詹事",掌管东宫内外众务。

太子詹事,是立皇太子时设,多为朝廷官员兼职。乾道元年,东宫詹事二人为专职官,陪侍太子赵惇。为从三品官。

东宫太子詹事简表⑫

姓名	任职时间	备考
1. 蒋芾	孝宗乾道元年(1165)年八月—闰十一月	中书舍人兼
2. 魏杞	乾道元年(1165)—乾道二年正月	初起居郎兼,给事中乃兼
3. 王曮	乾道二年四月—乾道三年五月	以权礼部侍郎兼,中书舍人兼
4. 梁克家	乾道二年五月—乾道四年九月	以起居郎兼 以给事中兼
5. 王十朋	乾道七年正月至九月	以敷文阁直学士兼
6. 陈良翰	乾道七年正月至十月	以敷文阁待制兼

续表

姓名	任职时间	备考
7. 胡沂	乾道七年十二月—乾道八年九月	以给事中兼　以礼部尚书仍兼
8. 李彦颖	乾道七年九月 乾道九年正月 淳熙元年(1174)七月至十二月	以礼部侍郎兼　以吏部尚书兼 以吏部尚书仍兼
9. 王淮	乾道九年十二月 淳熙元年十二月 淳熙二年正月至九月	以中书舍人兼　以翰林学士兼 以翰林学士知制诰兼
10. 沈枢	淳熙元年十二月 淳熙二年六月	以兵部侍郎兼　以权吏部侍郎兼
11. 周必大	淳熙二年十月至五年 淳熙六年九月	以兵部侍郎兼　以礼部尚书、翰林学士兼
12. 阎苍舒	淳熙七年五月—淳熙八年九月	以权吏部侍郎兼。此前曾任东宫左庶子、左谕德等
13. 木待问	淳熙九年七月	以中书舍人兼,此前曾任东宫左庶子、左谕德
14. 施师点	淳熙八年九月	以给事中兼,此前为左庶子
15. 葛邲	淳熙十年二月 淳熙十一年至十二年至十三年 淳熙十四年正月至十五年六月	以中书舍人兼,此前为左庶子　以吏部侍郎兼　以刑部尚书兼
16. 史弥远	光宗开禧三年(1207)十一月	以吏部尚书兼
17. 赵梦极	开禧三年十二月	以给事中兼,此前为左庶子
18. 楼机	嘉定元年(1208)正月	以吏部侍郎兼,七月升权礼部尚书乃兼
19. 曾霂	嘉定元年八月	以刑部侍郎兼,此前为左谕德
20. 邹应龙	嘉定元年八月 嘉定二年正月至十二月	以起居舍人兼,此前为左谕德　左庶子　以合事中兼
21. 戴溪	嘉定三年正月至四年	先以兵部侍郎兼,后以工部尚书兼。此前曾为左右庶子、右谕德
22. 汪逵	嘉定四年四月至七年 嘉定五年十月	以权吏部尚书兼　升吏部尚书乃兼
23. 曾从龙	嘉定七年七月	以礼部尚书兼

续表

姓名	任职时间	备考
24. 范之柔	嘉定八年七月	以礼部尚书兼
25. 刘榘	嘉定八年七月	以权工部尚书兼
26. 黄畴若	嘉定九年十二月至十年	以权兵部尚书兼，此前曾为右庶子
27. 蔡幼学	嘉定十年三月	以权兵部尚书兼
28. 任希夷	嘉定十年十一月至十二年	嘉定四年正月以宗正寺丞兼太子舍人，十年升詹事兼
29. 徐应龙	嘉定十三年三月	以刑部尚书兼
30. 杨栋	理宗景定元年（1260年）六月	以工部侍郎兼
31. 叶梦鼎	景定元年六月至二年 景定三年正月	以吏部侍郎兼　以兵部尚书兼
32. 徐经孙	景定三年至五年十月理宗崩	以刑部侍郎兼

（四）皇太子宫左右春坊司

东宫官司名称。唐代时为东宫两大机构大致与朝廷中书、门下两省相比。宋代变化、名存实废。

左春坊下属官，有太子左庶子、中允、左谕德、左赞善大夫、洗马等。

右春坊下属官，有太子右庶子、中舍人、舍人、右谕德、右赞善大夫、通事舍人等。

南宋乾道七年，设主管左、右春坊事二员，主管太子宫庶务。以内侍兼充，一般由武臣中小有才者充，或说挑选贤德者为之。左、右春坊事，一般是立皇太子时设，皇太子登皇位后，即撤销。

此外设左、右春坊谒者，也是差遣官，主要职责是导引、传宣通报，往来于皇太子与东宫之间。

皇太子宫都监，职责为太子府庶事监督。皇太子登皇位，立即撤罢。

皇太子宫祗候：它的地位低于都监，主要职责是听候差遣之事。

皇太子宫承受：差遣官，临时而设，以承受传宣旨意为名，实辖东宫事务,位于左、右春坊官之上。

(五)太子诸率府

是东宫导引仪仗与武卫的机构,下分十个率府。南宋时不常全设置,唯有左、右监门率府率为环卫阶官,率府的官员,多是宗室子弟,没有具体职事,仅领俸禄而已。

北宋时,机构比较完整,有太子左、右卫率府率、副率,太子左右清率府率、副率;太子左、右监门率府率、副率等官员,均为从七、八品。

率,秦汉时东宫的保卫、门卫机构,称为卫率。唐宋时沿称,卒府率,为官长,副率,即副官长。如宗室赵与谈,于嘉泰二年(1202)担任右内率府副率,为资善堂伴读。《宋史》卷一百六十二《官志·东宫官》载:"中兴后不置,惟以监门、率府、副率为环卫阶官。"[13]

三、两宋皇太子简述

宋代,自北宋太宗开始立皇太子,至南宋度宗,共立皇太子十五位,南宋三位早卒。其中皇太子即位皇帝的有十一位,其中三位由皇子即皇位。其中北宋皇太子即位的计有五人,南宋六位。

(一)北宋五位太子简介

第一位皇太子是赵恒,是宋太宗第三子,至道元年(995)立为皇太子,至道三年三月,太宗崩,赵恒登上皇位,在位二十六年,庙号真宗(968—1022)。[14]

第二位皇太子赵祯,是宋真宗第六子,生母李宸妃,杭州人。开禧二年(1018)立为皇太子,乾兴元年(1022)真宗卒,赵祯即皇位,在位四十二年,庙号仁宗(1010—1063)。[15]

第三位皇太子赵顼,是英宗长子,治平三年(1066)十二月立为皇太子,次年正月英宗崩,赵顼即位,在位十九年,庙号神宗。⑯

第四位皇太子赵煦,宋神宗第六子,元丰八年(1085)三月初一立为皇太子,三月初五,神宗崩,赵煦即位,在位十六年,庙号哲宗。⑰

第五位皇太子赵桓,宋徽宗长子,政和五年(1115)二月立为皇太子。宣和七年(1125),宋徽宗禅位,赵桓登位,在位仅一年四个月,而被金兵北俘,庙号钦宗。⑱

此外,三位皇帝是由皇子登位、即北宋英宗赵曙与宋徽宗赵佶及南宋理宗赵昀。

(二)南宋六位太子简介

南宋(1127—1279)共一百五十三年中,立为皇太子有六位,其中二位早卒,登皇位仅四位。

第一位赵旉,是宋高宗之子,建炎元年(1127)六月诞生。建炎三年(1129)三月,禁军苗傅、刘正彦举行兵变,逼高宗禅位于仅三岁的赵旉。四月,苗刘兵变失败,高宗复皇位,立赵为皇太子。不久,皇太子病崩,谥元懿,时称"元懿太子"。⑲

第二位皇太子赵昚,宋太祖七世孙。绍兴三十二年(1162)五月立为皇太子;六月高宗禅位,赵昚登位,是主张努力抗金的皇帝,在位十六年,庙号孝宗。⑳

第三位皇太子赵愭,宋孝宗嫡长子。乾道元年(1165)立为皇太子,乾道三年太子病极而卒,年仅24岁,谥号"庄文太子"。㉑

第四位皇太子赵惇,宋孝宗第三子。乾道七年(1171)立为皇太子。为太子长达十八年之久。淳熙十六年(1189)孝宗禅位,赵惇登位,已是43岁了。在位仅六年,以疾禅位,称太上皇,庙号光宗。㉒

第五位皇太子赵询,宋太祖十一世孙。开禧三年(1207),立为皇太子。嘉定十三年(1220)八月病卒,年仅29岁。谥号"景献太子"。㉓

第六位皇太子赵禥,宋太祖十一世孙,景定元年(1260)立为皇太子。景定五年(1264),宋理宗崩,赵禥登位,在位十年,庙号度宗。㉔

南宋虽有六位皇太子生活居住在大内东宫,但生活时间都不长,共计约四十余年上下,其中短则仅一个月,一般为二三年,最长者是光宗,长达十八年之久,皇太子对父皇孝宗极为不满,以心病不常到重华宫朝见问候父皇赵昚,孝宗卒时也未能主丧。

以上是对南宋东宫作了最初的探述,因匆匆撰稿,内容不甚完整,史料也未齐全,希望起到抛砖引玉之效。

注释:

①今人论著很多,大致有林正秋:《南宋都城临安》,杭州西泠印社出版社 1986 年版;陈桥驿主编、徐吉军常务副主编:《中国都城辞典》,江西教育出版社 1999 年版(此条内容为浙江大学教授倪士毅撰稿);徐吉军:《南宋都城临安》,杭州出版社 2008 年版;傅伯星、胡安森:《南宋临安探秘》,杭州出版社 2002 年版;清华大学教授郭黛姬主编:《中国古代建筑史》第三卷《宋辽金夏建筑》,中国建筑工业出版社 2003 年版;王士伦:《南宋故宫遗址考》刊《南宋京城杭州》,杭州市政协出版社 1984 年版。2009 年 12 月,国家文物局主编《中国文物地图集》中《浙江分册》关于南宋皇城四至的记述中也提到"皇城东城墙沿馒头山东麓,往南延伸到今杭州铁路装卸机修厂内"。

②(宋)李心传:《建炎以来朝野杂记》乙集卷三《东宫楼观》,中华书局 2000 年点校本。

③(宋)潜说友:《咸淳临安志》卷二《东宫》,"宋元方志丛刊",中华书局 1990 年版。

④(宋)陈随应:《随应漫录·南渡宫殿记》引自元代陶仪仪《南村辍耕录》卷一七《记宋宫》。陶宗仪(1329—1412)黄岩人,号南村。著名学者。2010 年中华书局出版了孔凡礼点校《随应漫录》。《佚文》收录此段文字。两者文字标点,略有差异。

⑤详见(元)佚名:《宋史全文》卷二八《宋光宗》,黑龙江人民出版社 2004 年点校本。

⑥(明)田汝成:《西湖游览志》卷七《南亦胜迹》。

⑦《万历杭州府志》卷一三《城池》。

⑧洪焕春:《浙江方志考》,浙江人民出版社 1984 年版,第 51 页。

⑨详见龚诞明:《宋代官制辞典》,中华书局 1997 年版。

⑩详见《宋会要辑稿》职官一之二一《东宫官》,中华书局 1957 年影印本。

⑪本表参阅《宋史》、《宋宰辅年表》、《宋会要辑稿》、《宋史全文》与李之亮《宋代京朝官通考》1—5 册等。

⑫本表参阅《宋史》、《宋宰辅年表》、《宋会要辑稿》、《宋史全文》与李之亮《宋代京朝官通考》1—5 册等。

⑬详见《宋会要辑稿》职官一之二一《东宫官》。

⑭详见《宋史》卷六、卷七、卷八《真宗纪》，中华书局 1977 年点校本。

⑮详见《宋史》卷九——一二《仁宗纪》。

⑯详见《宋史》卷一四——一六《神宗纪》。

⑰详见《宋史》卷一七——一八《哲宗纪》。

⑱详见《宋史》卷二三《钦宗纪》。

⑲详见《宋史》卷二四六《宗室》。

⑳详见《宋史》卷三三——三五《孝宗纪》。

㉑详见《宋史》卷二四六《宗室》。

㉒详见《宋史》卷三六《光宗纪》。

㉓详见《宋史》卷二四六《宗室》。

㉔详见《宋史》卷四六《度宗纪》。

南宋临安十大御前宫观考略

鲍志成(浙江省文化艺术研究院)

一

南宋行都临安的十大御前宫观,源自时人吴自牧"御前十宫观"之说。《梦粱录》卷十五《城内外诸宫观》记载:"在城宫观,则以太乙、万寿为首。余杭洞霄次之。……今撮宫观在杭者,除御前十宫观外,编次于后。"在同书卷八《御前宫观》条又说:"御前宫观,在杭城者六,湖边者三,多是潜邸改建琳宫,以奉元命,或奉感生帝,属内侍提举宫事,设立官司守卫兵士。凡宫中事务,出纳金谷日膳,道众修崇醮款,凡有修整宫宇,及朝家给赐银帛,殿阁贴斋钱帛,并皆主计给散,羽士俱沾恩甚隆,外观皆不及也。"①

这里所说的在城6所,湖边3所,合计只有9所,在其后列条记载的御前宫观有东太乙宫、西太乙宫、佑圣观、显应观、四圣延祥观、三茅宁寿观、开元宫、龙翔宫、宗阳宫9所,而万寿观在《御前宫观》之前列条,在太庙、景灵宫之后,洞霄宫则不在其列。若依照他所列御前宫观的特征或条件,即多以原潜邸改建,所奉神只为元命或感生帝,由皇帝任命内侍即太监为提举宫事,所有建造、维修、道士及祈禳、斋醮等费均由朝廷拨给等,那么万寿、洞霄也当为御前宫观。

　　而《乾道临安志》卷一《行在所·宫观》列举六所宫观依次为太乙宫、万寿观、四圣延祥观、三茅宁寿观、显应观等，多系御前宫观；《咸淳临安志》卷十三《行在所录·宫观》所记十所宫观，依次是：太乙宫、西太乙宫、万寿观、佑圣观、开元宫、龙翔宫、宗阳宫、四圣延祥观、宁寿观、显应观。余杭大涤山洞霄宫虽早已有之，但绍兴年间派兵修建，南宋帝后多有巡幸赐封，且为城外诸县宫观之首，无论按照御前宫观标准还是参照佛教余杭径山寺为禅宗五山之首，皆可列入十大御前宫观之列；而太乙宫祀奉神只与西太乙宫相同，西太乙宫建立后，原太乙宫才有东太乙宫之称，故东西合称为一宫，比较合乎情理。因此，综合各种记载，十大御前宫观应为太乙宫、万寿观、佑圣观、显应观、四圣延祥观、三茆宁寿观、开元宫、龙翔宫、宗阳宫、洞霄宫。

二

　　下面逐一考述。

　　1.太乙宫。包括东太乙宫和西太乙宫。东太乙宫，《梦粱录》卷八载："东太乙宫，在新庄桥南。元东都祠五福太乙神也。驻跸于此，以北隅择地建宫，以奉礼寺讨论，宜设位塑像。按十神者，曰五福、君棊、大游、小游、天一、地一、四神、臣棊、民棊、直符。凡行五宫，四十五年一移，所临之地，岁稔无兵疫。绍兴间，命浙漕度地建宫，凡一百七十四区，殿门匾曰'崇真'，大殿匾曰'灵休'，挟殿匾曰'琼章宝室'，元命殿匾曰'介福'，三清殿匾曰'金阙寥阳'，斋殿匾曰'斋明'，火德殿匾曰'明离'。两庑俱绘三皇五帝、日月星宿、岳渎九宫贵神等与从祀一百九十有五，遵太平兴国旧制。每祀用四立日，设笾豆簠簋尊罍，如上帝礼，两庑以次降杀。车驾遇四孟朝飨，尝亲诣焉。孝庙又建元命殿，匾曰'崇禧'。淳熙建藏殿，匾曰'琼章宝藏'，钟楼匾曰'琼音之楼'。理庙建长生殿，奉南极。度宗建通真殿，以奉佑圣；申祐殿，奉元命；顺福殿，奉太皇元命，盖易长生名，改为延寿，俱宸翰也。又北辰殿，奉北斗。崇真馆在宫南,有斋八,曰观妙、潜心、泰定、集虚、颐真、集真、洞微、虚白。馆有小圃,亭匾'武林',山在宫后小坡,山乃杭之主山也。"②

《咸淳临安志》卷一三《太乙宫》记载:

"在新庄桥南,始于太平兴国初,即京都祠五福太一。驻跸以来,岁祀于慧照僧舍,言者以为未称,即行宫北隅,择爽垲地建祠,诏礼寺讨论,权宜设位,塑十神像。按十神者,曰五福、君棊、大游、小游、天一、地一、四神、臣棊、民棊、直符,凡行五宫,四十五年一移,所临之地,岁稔无兵疫。绍兴十七年,遂命两浙转运司度地建宫,十八年三月成,凡一百七十四区。殿门曰崇真,大殿曰灵休,挟殿曰琼章宝室,皇帝本命殿曰介福,三清殿曰金阙寥阳,斋殿曰斋明。又用礼部待朗沈该言,国家秉火德王天下,宜即道宫别立殿,专奉火德,配以阏伯,祭以夏至。遂又建殿曰明离,匾皆高宗皇帝御书。两庑绘三皇五帝、日星岳渎、九宫贵神等,与从祀一百九十有五,大略如太平兴国旧制。每祀用四立日,设笾豆簠簋尊罍,如上帝礼,两庑以次降杀。车驾尝亲谒焉。孝宗皇帝建本命殿曰'崇禧'。乾道间以旱亲祷,即日雨。淳熙四年,重建《道藏》成,御书'琼章宝藏'以赐。十三年,又御书钟楼曰'琼音之楼'。光宗皇帝改'介福'殿为'崇福'。宁宗皇帝嘉定二年,五福、太乙自辽东来入吴越,遂以冬至日迎奉,从太史局之奏也。理宗皇帝建长生殿,以奉南极。今上皇帝建通真殿以奉佑圣,申祐殿以奉元命,顺福殿以奉皇太后元命,而易'长生'之名曰'延寿',四殿皆御书。

臻福观,孝宗皇帝严事北斗,乾道八年建殿,以旧斋殿为之。淳熙三年,更建观,令附太乙宫,名观与殿皆曰'璇玑'。咸淳三年改观曰'臻福',殿曰'北辰',皆锡以御匾。

崇真馆,在宫之南,正堂、丈室皆宁宗皇帝御书匾。斋八,曰观妙、潜心、泰定、集虚、颐真、集真、洞微、虚白。

武林亭,在宫之后,有小坡,亭其上,旧匾曰武林。理宗皇帝御书二字以赐。"③

这两个记录虽大同小异,但详略有所不同,可互为补正者不少。从中可知:东太乙宫又称太乙宫,为汴京迁建,址在新庄桥南,祀奉五福等太乙十

神,从祀有195神;规模宏大,高宗绍兴初建时凡174间,孝宗、理宗、度宗都
有扩建有近15座大殿,祀奉本人元命及火德等;宫南还有8斋崇真馆,当系
道士居所;陈设齐备,供器精良,每逢祭享御驾亲临,礼同上帝。从其功能或
目的看,主要是元命崇奉、祈福延寿。

对此,有关南宋其他史志记载不少,颇足参证。《续资治通鉴》记载:太
乙之祀,始自太宗。南宋初,百事待举,权奉于钱湖门外惠照寺僧舍。绍兴
十七年(1147)冬十月载:"癸卯,诏建太一宫于行在。自驻跸以来,岁祀十神
太一于惠照僧舍,言者以为未称钦崇之意,乃作宫焉。"④《玉海》载:是年十一
月,奉礼寺奏,宜设位塑像,诏择新庄桥南地建。十八年(1145)二月宫成,有
大殿、元命、三清、火德及挟殿等计一百七十四间,两庑绘三皇五帝、日月星
辰、岳渎、九宫贵神等,从祀者一百九十有五,依太平兴国旧制,四立日皇帝
亲祀如上帝礼⑤,与《梦粱录》一致。五月,增建明离殿,"权礼部侍郎兼直学
士院沈该言:国家秉火德之运以王天下,望用故事,即道宫别立一殿专奉火
德,配以阏伯,而祀以夏至。从之。后建于太一宫,名'明离'。"⑥对太一宫的
规模和所供诸神,李心传《建炎以来朝野杂记》甲集卷二也记载说:"明年宫
成,凡一百七十楹,分六殿,大殿曰'灵休',夹殿曰'琼章宝室';别殿四,曰介
福、金阙寥阳、明离、斋明。两庑绘三皇五帝,至里域星官,凡一百九十五。"
又记载祠祀的细则说:"每岁四立日,以笾豆祠之,用素馔火禁,依皇城法,士
民许即道院设道场,品官听升殿。""以秦太师为奉安太一使。翌日,上亲诣
职事宫,寺监簿、在京厘务官、通直郎已(以)上皆立班。道士官给粮,岁为五
百斛。其后,又诏市嘉兴田三十顷,以为道粮。"⑦

关于西太乙宫,《梦粱录》卷八记载:

"西太乙宫,在西湖孤山。淳祐间,太史奏太乙临梁、益分,请用天圣故
事,于国城西南别建新宫,以顺方向,于是择八角镇地,建宫奉安。遂析延祥
观地为宫,以凉堂建正殿,匾曰'黄庭之殿',殿门匾曰'景福之门',安奉太乙
十神帝像。东有延祥殿,以备临幸,其外匾曰'福祥之门'。凡宫之事仪,四
立祀典,皆如东太乙例遵行。咸淳间,以德辉堂为元命殿,明应堂为太皇元
命殿。迎真殿在宫之右,有斋者二,曰通真、养素。宫中旧有陈朝桧,至今七

百五十余年矣。苏东坡尝为僧志诠作诗以记。侧有小亭,孝庙宸翰,其诗石
刻于亭下,曰:'道人手种几生前,鹤骨龙姿尚宛然。双干一先神物化,九朝
三见太平年。忽惊华表依岩出,乞与佳名到处传。此柏未枯君记取,灰心聊
伴小乘禅。'"⑧

《咸淳临安志》则记载稍详:

"西太一宫,在孤山,淳祐十二年(1252),太史局奏:太乙临梁、益,请用
天圣故事,建西太一宫。有旨从之。乃析延祥观地为宫,即凉堂建殿曰黄庭
之殿,其外为景福之门,东有延祥之观,以备临幸。其外为福祥之门,皆理宗
皇帝御书。凡宫之事,视东太乙。咸淳年,即德辉堂为殿,奉今上皇帝元命,
明应堂奉寿和圣福皇太后元命。

陈朝桧,旧有堂,苏轼尝为僧志诠作诗以记,今有小亭,孝宗皇帝御书轼
诗刻石亭上。

玛瑙坡,地有玛瑙石。

迎真之馆,理宗皇帝御书匾,有斋二,曰通真、养素。"⑨

据此记载,西太乙宫也系东都旧宫在临安新建者,只是到理宗时才因太
史奏依天圣故事而析孤山四圣延祥观而建,所祀奉神只与东太乙宫相同,为
太乙十神,规模虽逊于东太乙宫,富丽壮观却有过之;度宗时辟有自己和理
宗元命殿;至于所谓"陈朝桧",当系南陈永福寺时物,北宋苏轼与孤山克勤
交游,以诗赞为"鹤骨龙姿"。今尚存。

又《玉海》等记载:宝祐元年(1253)十一月,奉安圣像。二年(1254)九
月,诏以十月三日诣宫行礼,设醮为国祈福。"栋宇轮奂,金碧神丽,雕珉盘
础,缕檀竦溙,碧瓦鳞差,瑶阶肪截,阁凝瑞雾,楼横祥霓","其左右则飞宇回
带,修廊班属,云溙百层,芝蕊万状",极尽奢华壮丽⑩。牟子才说:"随太乙所
在,筑室迎祠,大率皆方士杂引道经、星历之学而为之。比者国家以五福太
乙临蜀分,乃建西太乙于西湖之滨,以为禬祈之地。厥有故事,然是役也,土
木巨丽,一时囊封轶奏,已交言其非。"并指责理宗,"岂可尽循承平之盛观,
以启丰亨豫大之心乎?"⑪

根据陈骙《南宋馆阁录》卷五记载,南宋临安还有南太乙宫、北太乙宫。

2.万寿观。《梦粱录》卷八记载：

"万寿观,在新庄桥西。绍兴间建殿,观宇以太霄殿奉昊天,宝庆殿奉圣祖,长生殿奉长生帝,西侧纯福殿,奉元命。后殿十二楹,为二十二室,奉太祖以下。会圣宫、章武殿应天璇运,皆塑像,以存东都遗制。前殿东有圆庙室,匾曰'延圣',章惠后室匾曰'广惠',温成后室匾曰'宁华'。四孟庙献毕,上由御圃诣本观诸殿行烧香礼。景定改道院斋阁,以奉皇太后元命。观东建神华馆,命羽士焚修。"⑫

《咸淳临安志》记载：

"在新庄桥西,绍兴十七年建,以奉皇帝元命。殿东乡挹生气也,为三室:昊天曰太霄殿(玉像),圣祖曰宝庆殿(金像),长生帝曰长生殿(神位)。西则皇帝元命殿,曰纯福。后殿十有二楹,为二十二室。太祖曰会圣,宫曰章武殿。由太宗皇帝而右,凡六庙,皆一宫,曰会圣。由徽宗皇帝而右,凡七庙,皆二宫,曰会圣,曰应天启运(塑像),皆以存旧京遗制。前殿之东,又有真宗皇帝室,曰延圣;章惠皇后曰广爱,温成皇后曰宁华。每四孟朝献毕,车驾由御圃诣诸殿,行烧香礼。景定二年,改道院斋阁,以奉寿和圣福皇太后元命。

晨华馆,在观之东。"⑬

而《朝野杂记》等也说:万寿观系绍兴十七年建,位于新庄桥之西,与东太乙宫几乎同时同地。太霄殿奉昊天,宝庆殿奉圣祖,长生殿奉长生帝,西侧纯福殿奉高宗本命星官。后殿十二楹二十二室,奉太祖以下神御。三十二年(1162),于观东建道院晨华馆,有掌观内侍二人,道士十一人,吏卒一百五十。四时庙献,上由御圃诣观诸殿,行香致礼。皇帝生辰、圣节,道士就纯福殿做道场⑭,所记略同,可资参证。孝宗淳熙三年(1176)八月,曾维修万寿观;十六年(1189)五月,又向南扩展,增造殿屋各一、门三、廊屋七间⑮。

从这里可以推知,万寿观在《梦粱录》中之所以与太庙、景灵宫排列在一起,是因为观内祀奉的不仅有当朝皇帝高宗的本命星官,而且有太祖以下赵宋列祖皇帝的神御,有类似太庙、景灵宫之功能。

3. 显应观。《梦粱录》卷八记载：

"显应观,在丰城门外,聚景园之北,处湖之东,水四面绕观,观额宣和所赐。靖康年间,高庙为康邸,出使至磁州,神马引而南。建炎初,秀邸妻梦神指一羊谓曰:'以此为识。'遂诞毓孝庙。由是累朝祠祀弥谨。殿中为'显应之殿',其神位曰'护国显应兴圣普佑真君'。高庙为书殿匾,且揭以御名,昭其敬也。孝庙宸书'琼章宝藏'之匾,理庙书《洞古经》以赐刻石,宁庙御题观碑,其额以表功忠。观之东有崇祐观。"⑯

《咸淳临安志》记载：

"显应观,在涌金门外。始,绍兴十八年,诏有司建观于城南包家山,以奉磁州崔府君。二十四年,分灵芝佛刹之半,移建今处,在湖之东,水四面绕观,额本宣和所赐。靖康间,高宗皇帝出使磁州,神马引而南。建炎初,秀王夫人梦府君拥一羊谓曰:'以此为识',遂诞毓孝宗皇帝。由是累朝祠祀弥谨。中为显观之殿,其神位曰护国显应兴圣普佑真君,高宗皇帝为书殿匾,且揭以御名,昭其敬也。孝宗皇帝为书'宝章琼藏',理宗皇帝书《洞古经》以赐,刻之石。又有殿奉今上皇帝、寿和圣福皇太后、皇后元命。嘉定三年,参知政事楼钥奉诏撰观碑,宁宗皇帝御题其颜。

崇祐馆,在观之东。"⑰

显应观可谓南宋朝廷的命脉所系,既有白马救康王的感恩,又有孝宗诞生的感生,因此高宗建观封号书匾,不胜其敬;而孝宗、理宗、宁宗也竭尽忠孝之能事,奉护有加,累赐御翰。所祀奉的神祇崔府君原系唐贞观时滏阳县令、蒲州刺史⑱,公正廉明,昼审阳,夜审阴,判案准确;杀蛇治水,为民造福,后人立庙祭祀,奉为"磁州土地",属河朔一带地方保护神。北宋时进封加爵,为公为王,到宣和三年(1121),敕封其观额曰"显应"⑲。两宋之交,崔府君以所谓泥马显应救渡康王赵构的故事,同高宗搭上了关系。《南渡录》载:"康王质于金,与太子同射,三矢俱中。以为此必检选宗室之长于武艺者冒名为此,留之无益,遣还,换真太子来。高宗得逸,奔窜疲困,假寐于崔府君庙。梦神人曰:'金人追及,速去,已备马于门首。'康王惊觉,马已在侧,霜蹄雾鬣翘立,跃马南驰。既渡河,马不复动,视之则泥马也。"《攻媿集》卷五四

《中兴显应观记》云："靖康中,高宗由康邸再使金。磁去金营不百里,既去,谒祠下,神马拥舆,蛉蠁炳然。州入知神之意,劝帝还辕。"姑且不论"泥马渡康王",或"神马拥王舆"的荒诞无稽,但崔府君这尊神却因此而受到高宗青睐。高宗南还,秀王之妻又生下孝宗。《要录》载:太祖第六代孙嘉兴丞赵称之妻张氏,一夕梦神人自称崔府君,拥一羊,谓之曰:"以此为识。"已而有孕⑳。建炎元年(1127)十月,生孝宗于秀州官舍,时"红光满室,如日正中"㉑。

康王的神话与孝宗的诞生,两件风马牛不相及的事,又由崔府君串联起来。绍兴十八年(1148),"诏有司建观于城南包家山,以奉磁州崔府君"㉒。二十二年(1152)十一月,诏"显应观可令两浙转运司于西湖灵芝寺空地上修建,须管日近了毕"㉓。"祠宇宏丽,像设森严,长廊靓深,彩绘工致。铁骑戎卒,左出右旋,戈铤旗盖,势若飞动。敞西斋堂以挹湖山之秀,为崇祐馆以处羽衣之流,称其为大神之居"。高宗亲书殿额,且揭以御名,"昭其敬也",并多次幸观,行香朝拜,赐金藻饰㉔。孝宗淳熙十三年(1186),"皇帝、皇后聿追祖考意",改封崔府君为"真君",并"命延福宫使、安德军承宣使张去为提举官,传子及孙。""命兴葺,又赐钱二万,买田供斋,并多次赐金藻饰。""道士初止十人,今益以众;田止百余亩,今益以广。启观门而许士庶祈禬,咸有定期。季夏六日,相传以为府君生朝,都人无不归向,骈拥竟夕,尤为一时之盛。孟冬十日,又谓为府君朝元之节,或云以是日上升,禁庭皆设斋醮,北人之寓居者,是日亦必至焉。乾道六年(1170),遣使贺金国正旦,臣以假吏从行,过磁,使介下马。相率望拜于驿中。盖往来者必致敬,行则先祷于西湖之祠,归则洁羞以谢之。"㉕较之高宗时有过之而无不及。

4. 佑圣观。《梦粱录》卷八记载:

"佑圣观,在端礼坊西。元孝庙旧邸,绍兴间以普安外第设立。光庙乾道年间,又开甲观之祥。淳熙岁,诏改为道宫,以奉真武。绍定重建观门,曰'佑圣之观',殿曰'佑圣之殿',藏殿匾曰'琼章宝藏',御制《真武赞》及宸翰《黄庭经》,皆刻之石以赐。后殿奉元命,西奉孝庙神御,即明远楼旧址也。孝庙少年时题杜甫诗曰:'富贵必从穷苦得,男儿须读五车书。'理庙又书全篇,锓于东宫厅屏风上,曰:'碧山学士焚银鱼,白马却走深岩居。古人已用三冬足,年少今开万卷余。晴云满户团倾盖,秋水浮阶溜决渠。富贵必从苦勤得,男儿须读五车书。'延真馆在观之右,命道流修晨香夕炬之供。馆有道纪堂、虚白斋"㉖。

《咸淳临安志》记载:

"在兴礼坊内。孝宗皇帝旧邸。绍兴十六年,以普安就外地时建,明年诞生光宗皇帝。乾道四年,宁宗皇帝又开甲观之祥(时为恭邸)。淳熙三年,诏改为道宫,以奉真武。绍定间重建,门曰佑圣之观,殿曰佑圣之殿,藏殿在西庑,曰琼章宝藏,皆理宗皇帝御书。尝御制《真武赞》曰:于赫真武,启圣均阳,克相炎宋,宠绥四方。累朝钦奉,显号徽章,其佑我宗社万亿无疆。及御书《黄庭经》以赐,皆刻之石。后殿奉今上皇帝元命。西为孝宗皇帝神御殿,即明远楼旧址也。……延真馆,在观之西,有道纪堂、虚白斋。"㉗

佑圣观其实是孝宗大力推崇真武信仰和自我崇拜的产物。真武原称"玄武",大中祥符年间,避圣祖讳改"玄"为"真",属北方星辰。"玄,龟也;武,蛇也。此本虚、危星形似之,故因而名。北方为玄武七星"㉘。"丹家借此以喻身中水火之交,遂绘为龟蛇蟠虬之状"。故宋人释为"龟与蛇交曰玄武"㉙。真武绘像建宫官祀始自宋代,太宗建北极四圣观于京城侧,其中便祀有真武㉚。真宗天禧二年(1018),因拱圣营有龟、蛇现,建"祥源观",专祀真武㉛。六月,将真武将军封号加为"真武灵应真君"㉜。钦宗靖康元年(1126),诏加号为"佑圣助顺真武灵应真君"㉝。但在全国形成普遍崇信风气,则在南宋孝宗、理宗两朝。尤其是孝宗崇尚教化,淳熙三年(1176),以其旧邸改建佑圣观,祀奉真武神。十二月,佑圣观落成开放,人们入内一看,惊异地发现"真武像,盖肖上御容也!"㉞实际上,真武神是以孝宗本人为模特来塑造神像的。对此时人多有记载,《建炎以来朝野杂记》说:"佑圣观,孝宗旧邸也。"原注又谓:"淳熙三年(1176)建,以奉佑圣真武灵应真君,十二月落成。或曰真武像,盖肖上御容也。"㉟自佑圣观落成以后,孝宗几乎每年或隔一年都要到这里去参拜祭祀㊱。理宗绍定年间(1228—1233),重修佑圣观大门,扩建殿宇,设置经楼,并建延真道馆,"命道流修晨香夕炬之供"㊲。宝祐五年(1257),理宗以真武"道周六合,咸摄万灵。锺元黄一气之真,阴功有赖;握坎离二精之妙,神化无边",又特封为"北极佑圣助顺真武福德衍庆仁济正烈真君"㊳。从此,礼文有加,"奉祠益严"㊴。

可以说,佑圣观其实是孝宗一手炮制的自我崇拜的产物,观舍为孝宗潜邸,祀奉真武神按照孝宗本人写真而塑设,兼奉孝宗元命、神御;御制《真武赞》、宸翰《黄庭经》刻石和理宗书杜甫诗,说明孝宗青睐有加。

5. 四圣延祥观。《梦粱录》卷八记载:

"四圣延祥观,在孤山,旧名四圣堂。道经云:'四圣者,紫微北极大帝之四将,号曰天蓬、天猷、翊圣、真武大元帅真君。'先是,显仁韦太后绘像,奉事甚谨,朝夕不忘香火。高庙为康邸,出使将行,见四金甲神人,执弓剑以卫。绍兴间,慈宁殿出财建观侍奉,遂于孤山古刹,徙之为观。次年,内庭迎四圣圣像,奉安此观。观额诏复东都'延祥'旧名,殿匾曰'北极四圣之殿',殿门匾曰'会真之门';三清殿匾曰'金阙寥阳',法堂匾曰'通真',元命阁匾曰'清宁',皆理庙奎墨。藏殿匾曰'琼章宝藏',孝庙亲墨。有堂匾曰'瀛屿',元是凉堂匾,建西宫,以堂为黄庭殿,别创新堂,以此匾奉之。观有瑞真道馆,即延祥观门也。"㊵

《咸淳临安志》记载:

"四圣延祥观,在孤山,旧名'四圣堂'。四圣者,道经云:'紫微北极大帝之四将,号曰天蓬、天猷、翊圣、真武'。先是,显仁皇太后绘像,事甚谨。高宗皇帝以康邸北使将行,有见四金甲人执弓剑以卫者。绍兴十四年,慈宁殿斥费即今地建观,凡古佛刹如宝胜、报恩、智果、广化之在此山者,皆它徙。十五年,内出神像奉安(斩以沉香)。二十年,诏复东都'延祥'旧名,殿曰'北极四圣之殿',门曰'会真之门';又三清殿曰'金阙寥阳',法堂曰'通真',皇帝元命阁曰'清宁',皆理宗皇帝御书。藏殿曰'琼章宝藏',孝宗皇帝御书。庆元四年,起居郎张贵谟为观记。

瀛屿,在观之西,旧有凉堂,在御圃,累朝皆尝临幸。理宗皇帝书其颜曰'瀛屿'。淳祐十二年建,以为西太乙宫,遂更创新堂于此,而奉御匾其上。

御圃,六一泉,覆以石亭,揭以御匾,前为堂(即旧报恩院之观音殿)。秀月,亭在山椒,环植梅花,仍大书林逋诗一联刻于屏。挹翠,瞰湖为堂,尽挹西北诸山之胜。清新,面山而宅,其础在挹翠之后。右四匾及屏皆缉熙殿宸翰。香莲亭。射圃。金沙泉。瑞真道馆(即延祥观门)。"④

　　四圣的崇奉,源自曹勋的奏言。《挥麈后录》载,建炎元年(1127)秋,曹勋奏语云:"昨从徽宗北狩,至燕山逃归,显仁(即韦太后,高宗母)令奏高宗曰:上为康王,再使虏中。欲就鞍时,二后自宫人送至厅前,有小婢招兄者,见四金甲人,状貌雄伟,各执弓剑拥卫上体。婢指示众,虽不见,然莫不畏肃。后即悟曰:我事四圣香火甚谨,必有阴助。今陷虏中,愈当虔事。自后夜深必四十拜止。更令奏上,宜严崇奉,以答景贶。"②这又是高宗感恩神佑、编织故事而设的宫观,《建炎以来朝野杂记》记载:"绍兴十四年(1144)建,以奉四圣真君。初,靖康末,上自康邸北使,将就马,小婢招儿见四金甲人,各执弓剑以卫。上指示众,皆云不见。显仁后闻之曰:'我事四圣,香火甚谨。必其阴助。'及陷虏中,每夕夜深,必四十拜。及曹勋南归,后令奏上,宜加崇奉,以答景贶云。观在今西湖上,极壮丽,其像以沉香斫之,修缮之费,皆出慈宁宫,有司不与。"③这里所谓的四圣阴助高宗,无非是赵构编造的谎言,目的是宣扬他是真命天子。《玉海》也说:高宗驻跸临安,绍兴十四年(1144)六月,遂诏于西湖孤山徙古刹以建观。次年,内庭迎四圣像奉安。诏复东都"延祥"旧名为观额,故称"四圣延祥观"。观中奉北极四圣、三清及皇帝本命星官,设法堂、斋舍④。"其像以沉香凿之,修缮之费皆出慈宁宫","甚为壮丽"⑤。因为韦太后笃奉四圣,出资迁孤山寺而建观,凿沉香木而为像,其观额也是"诏复东都'延祥'旧名",殿堂匾额皆孝宗、理宗御书,足见其皇家御前宫观之盛。绍兴二十三年以后,几乎每年正月或二月,高宗都亲自去延祥观参拜,真是"感恩"之情,常念在心啊。孝宗淳熙五年(1178),增创经楼、轮藏,为屋三百楹。因徒众日增千指,又赐钱千计,田亩以万计,观周七百余丈属之⑥。

　　6. 三茅宁寿观。《梦粱录》卷八记载:

　　"三茅宁寿观,在七宝山,元三茅堂,因东都三茅宁寿之名,赐观额'宁寿观',殿匾曰太元,奉三茅真君像。观中有三神御殿。观中曾蒙赐三古器玩,皆希世之珍：一曰宋鼎，乃宋孝武帝之牛鼎，以祀太室之鼎；二曰唐钟，系大唐常州澄清观旧物，内庭出内帑金帛易以赐之，禁中每听钟声，以奉寝兴食息之节；三曰褚遂良书小字《阴符经》，此物宣取复赐贾秋壑。观之外曰东山，为殿以奉元命。有亭匾曰'宾日'，俯见日出。又有庵，匾曰'仁寿'。"㊼

《咸淳临安志》记载：

"宁寿观，在七宝山，本三茅堂。绍兴二十四年，因东都旧名，赐观额，殿曰太牙，奉茅君像，徽宗黄度御画也。有徽宗皇帝、钦宗皇帝、高宗皇帝神御殿（徽庙、钦庙神御元在禁中，高庙元在聚景园，皆迎奉于此）。有累朝所赐御书，则高宗《黄庭度人经》，宁宗皇帝'道纪堂'字，理宗皇帝《养生论》。又有绍兴赐古器玩三种，皆稀世之珍。其一宋鼎，今以焚香殿中；其二唐钟，本唐澄清观旧物，尚方出金帛度牒易以赐，今禁中每听钟声，以为寝兴食息之节；其三褚遂良书小字《阴符经》，景定庚申，今太傅平章军国重事魏国公贾似道以江汉功成入相，理宗皇帝赐内府金币百钜万直，固辞，续有旨就观宣索《阴符经》以赐。观之外曰东山，为殿以奉今上皇帝、寿和圣福皇太后元命。有亭曰寅宾，俯见日出。有庵曰仁寿。东山之南，则帝居，北则太室，今皆为禁地。庆元初，中大夫陆游为观碑。"㊽

江苏茅山传为三茅君修道成仙之处，相传高宗过江遇到风阻，因得茅君而济，所以高宗对此圣地，"屡遣中使传宣，严敕监司保护"㊾。根据《浙江通志》记载：高宗南渡阻风，祠茅君而济，见绛衣人坐吴山，因改庵为观，使道士蔡道像主管观事。同书又称：王嗣昌自北海来，望吴山五色云趺坐顶上竟日，众异其貌，编茅供茅君其中居焉。遂不下山，尝画地为狱，囚妖燔馘之，治病即愈。居吴山三十年，无疾朗吟而化。高宗感其灵异，为建三茅观。李心传《建炎以来朝野杂记》记载："宁寿观，在七宝山上，旧名三茅堂，有徽宗御画茅真君像。绍兴二十年赐额"，派道士管理和奉祀香火㊿。陆游《行在宁寿观碑》说："绍兴二十年（1150）十月，诏赐行在三茅堂名曰宁寿观，因东都三茅宁寿院之旧也。初，章圣皇帝建会灵观，实为崇奉之始。至是，高宗皇帝方跻天下于仁寿之域，尤垂意焉。乃命道士蔡君大象知观事，蒙君守亮副之，许其徒世守，又命中贵人刘君教典领置吏胥，给禁卫兵，略用大中祥符故

事。后十年,刘敖遂请弃官,专奉宁寿香火,诏如所请,赐名能真,改左右街
都道录,仍领观事,实又用至道中内侍洪正一故事。上心眷顾,每示优假如
此。"⑤理宗淳祐九年(1249)三月,又封三茅君为"太元妙道冲虚圣祐真君",
"定录右禁至道冲静德祐真君","三官保命微妙冲慧仁祐真君",赐威仪十二
件,沉香五十两,官会十万缗,付崇禧观,以示尊宠⑫。

7. 开元宫。《梦粱录》卷八记载:

"开元宫,在太和坊内秘书省后,元宁庙潜邸,为道宫。向东都有开元阳
德观,以奉火德。嘉泰年,诏以嘉邸改充开元宫,仪制皆视佑圣观,匾曰'明
离之殿',祀以立夏。又诏临安府即殿左别建皇伯宣明王殿,遂徙大宗正司
他所,悉以址为宫,作宁庙神御殿。又有璇玑殿,奉北斗,易匾曰'北辰'。衍
庆殿以奉真武,顺福、神佑二殿奉元命。皆嘉明殿奎画。宫北建阳德馆,以
存修真之道侣。"⑬

《咸淳临安志》记载:

"开元宫,在泰和坊内。宁宗皇帝潜邸。皇朝以火德王,东都有开元阳
德观,以奉荧惑。嘉泰元年四月,诏以嘉邸府改充开元宫,仪制皆视佑圣观。
殿曰明离,祀以立夏。四年又诏临安府,即殿之右别建阙伯宣明王殿。绍定
间,更创。先是,大宗正司分其地之半,遂徙宗司他所,悉以其址为宫。端平
初,增创宁宗皇帝神御殿。又有殿曰璇玑,以奉北斗,曰衍庆,以奉真武,匾
皆理宗皇帝御书。咸淳三年,创顺福之殿,奉寿和圣福皇太后元命;申祐之
殿,奉今上皇帝元命,而易北斗殿之匾曰北辰之殿,皆熙明殿奎画。

阳德馆,在宫之北,理宗皇帝御书匾。"⑭

宁宗嘉泰元年(1201)四月,仿太一宫以潜邸建开元宫,祀火德真君,仪
制依佑圣观。四年(1204),又扩建,立宣明王殿奉火神阙伯,差道士十四人,
兵卒三十人管理⑮。理宗绍定间重修火神宣明王殿。端平初,增造神御殿奉
宁宗,璇玑殿奉北斗,衍庆殿奉真武,建阳德馆居道士。开元宫其实就是宁
宗祀奉自己元命的道宫。

8. 龙翔宫。《梦粱录》卷八记载:

"龙翔宫,在后市街,元理庙潜邸,旧沂靖惠王府,诏建道宫,赐名'龙

翔'，以奉感生帝。大门匾曰'龙翔之宫'，中门匾曰'昭符之门'，殿匾曰'正阳之殿'。礼官讨论祀典，以正月上辛日，差侍从三献官等，升为上祀行礼，备牲牢礼料，用十二笾豆，设祭歌、宫架、乐舞，受誓戒，望祭斋宫行事。内牲牢依祀天地礼，例用羊豕。所有仪像、服色制度，有灵体殿庑下画像可遵。朝议以龙翔宫奉感生帝，既属羽流，合用斋醮之法，其正月上辛日望祭，自如其旧，奉旨从之。宫之左曰'福庆殿'，以待车驾款谒，改为神御殿。正阳之后殿为醮宫。宫西奉南真馆，门曰'南真之馆'；中门曰'启晨之门'；三清殿匾曰'三境储祥'；后殿匾曰'申祐'，以奉元命；西曰顺福殿，以奉太皇元命；寿元殿，奉南斗；景纬殿，奉十一曜；钟楼，匾曰'和应之楼'；经楼匾曰'凝真之章'；藏殿匾曰'琅函宝藏'；小位次以备车驾宴坐，匾曰'仙源'。羽士之室，匾曰'澄虚'；内侍之舍，匾曰'泉石'。有高士三斋，曰履和、颐正、全真。"㊱

《咸淳临安志》记载：

"龙翔宫，在后市街。理宗皇帝潜邸，旧魏惠宪王府改为沂靖惠王府。淳祐四年（1244），建道宫，赐名龙翔，以奉感生帝。大门曰龙翔之宫，中门曰昭符之门，殿曰正阳之殿，仍下礼官讨论祀典。……宫门之左曰福庆殿，以待车驾款谒。咸淳二年改为理宗皇帝神御殿，即宫禁，迎玉殿圣像奉安其中。正阳之后为醮殿（旧膺庆殿）。

南真馆，在宫之西，门曰南真之馆，中门曰启晨之门，正殿曰三境储祥，以奉三清。后殿曰申祐，以奉今上皇帝元命。又西曰顺福殿，以奉寿和圣福皇太后元命。又有奉南斗，曰寿元之殿，十一曜曰景纬之殿，钟楼曰和应之楼，经楼曰凝真之章，藏殿曰琅函宝藏。小位次以备车驾，燕坐曰仙源，羽士之室曰澄虚，提点官之舍曰泉石。自宫门而次，今揭匾十有四，皆今上御书。馆有斋曰履和、颐和、全真。"㊲

另根据《钱塘遗事》等记载，建宫时撤附近民房三分之二，赐名"龙翔"，奉感生帝。有正阳、福庆、三清、申佑、顺福、寿元、景纬诸殿，仙源、澄虚二室，经楼、钟楼及履和、颐正、全真三高士斋，皆御书匾额。淳祐六年（1246）七月，内礼寺定祀典，依《中兴礼书》，每年正月上辛日行大祀之礼，用十二笾豆,设祭歌、宫架、乐舞,受誓戒,从道教斋醮之法。每孟享"车驾由御街过中瓦前景灵宫,驾回则自灞头过龙翔,归则自太平坊出至御街。"宝祐元年,中瓦回禄,自御街当中取道直入⑱。

9.宗阳宫。《梦粱录》卷八记载:

"宗阳宫,在三圣庙桥东,以德寿宫地一半建宫,赐名以奉感生帝。盖此地前后环建王邸,又建庙毓圣之所,天瑞地符,益大彰显,诏两司相度建宫。大门匾曰'宗阳之宫',中门匾曰'开明之门',正殿匾曰'无极妙道之殿',以奉三清;顺福殿,奉太皇元命;三清殿后为'虚皇之殿';直北有门,匾曰'真应之门';中建'毓瑞之殿',以奉感生帝;后为'申祐殿',奉元命;通真殿,奉佑圣。自开明门内,左有'玉籁之楼'、'景纬之殿'、'寿元之殿',右有'栾简之楼'、'琼章宝书'、'北辰之殿'。规制祀典,并视龙翔宫。行常以原飨回归,行款谒礼,有降辇殿,内福临之殿,门曰福临殿门;进膳殿曰'端拱'。后有轩,匾曰'劲霜'。有圃,建堂二,曰志敬,曰清风。亭匾曰'丹邱元圃'。亭之北凿石池,堂匾曰'垂福',后曰'清境'。圃内四时奇花异木,修竹松桧甚盛。宫西有介真馆,堂曰太范、观复、观妙,斋曰会真、澄妙、常净,俱度庙奎藻。"⑲

《咸淳临安志》记载:

"宗阳宫,在三圣庙桥东。绍兴间,望气者以其地有郁葱之祥,已而前后环建王邸。既绍开两朝,复为今上皇帝毓圣之所,天瑞地符,益大章显。咸淳四年四月,诏筑宫,赐名宗阳,门曰宗阳之宫,曰开明之门,中为无极妙道之殿,以奉三清,东为顺福之殿,以奉寿和圣福皇太后元命。三清之后为虚皇之殿,直北为门曰真应之门,中为毓瑞之殿,以奉感生帝。后为申祐之殿,以奉今上皇帝元命。又为通真之殿,以奉佑圣。自开明以内,左则玉籁之楼、景纬之殿、寿元之殿,右则蕊简之楼、琼章宝书、北辰之殿,规制大抵视龙翔宫。常以原飨回跸,行款谒礼,有降辇殿,曰福临之殿,门曰福临殿门;进膳殿曰端拱。后有轩曰劲霜,松桧森立。有御圃,为堂二,曰志敬,曰清风,植四时花果竹木。亭二,曰丹丘,曰元圃。亭之北累石凿池,堂其上,前曰垂福,后曰清境。凡所揭华匾,皆圣上御书。

介真馆,在宫之西,门曰介真之馆,堂曰大范,曰观复,曰灌妙,斋曰会真,曰澄妙,曰常净,亦皆揭以奎藻。"⑩

10. 洞霄宫。《梦粱录》卷十五《城内外诸宫观》记载:

"如洞霄宫者,按诸志书云:自汉武帝迄唐五代,至宋一千九百余年,元名天柱,宋大中祥符年赐观额'洞霄'。按《真境录》云:宫有五洞交局,九峰回抱,千岩万谷,秀聚其中,或泉飞彤厦之檐,云锁碧坛之角,祥光神异,兼木返于春秋,抚掌泉灵,更丹藏于翠石。又有亭馆者七,匾曰漱玉、超然、税驾、翠蛟、飞玉、宜霜、聚仙、贞抱是也。自晋、宋以来,得道之士,许迈而下,凡二十有四人焉。更有神异曰'捣药禽',盖山中异鸟甚多,仅有其一,昼隐夜鸣,莫得而见,声音清亮,彻旦不绝,类如杵药之声。曰五色云气,出于洞中。高庙脱屣万几,颐神物表,遂于乾道二年,自德寿宫行幸山中,驻跸累日,敕大进蔬膳,御翰《度人经》以赐。自有天地,即有此山殊尤之迹胜矣。苏文忠公诗:上帝高居悯世顽,故留琼馆在凡间。青山九锁不易到,作者七人相对闲。庭下流泉翠蛟舞,洞中飞鼠白鸦翻。长松怪石宜霜鬓,不用金丹苦驻颜。又方干诗:早识吾师频到此,芝童药犬亦相迎。师今一去无消息,花洞石泉空月明。其余名贤赋咏,不尽详述。"

《咸淳临安志》等也记载:洞霄宫原为西汉武帝元封三年在大涤洞前创建的宫坛,系投龙祈福之所。唐高宗时,迁移到洞前山谷,为天柱观。光化二年,钱王更建。北宋大中祥符五年,漕臣陈尧佐以地涌泉、祥光现、枯木荣"三异"上奏朝廷,因赐额为"洞霄宫",并赐田 15 顷,复其赋。后在战火中焚毁。绍兴二十五年,朝旨赐钱重建。乾道二年,太上皇、太上皇后乘舆临幸,御书《度人经》一卷以赐。又次年,太上皇后再次游幸。淳熙六年,所刊《道藏》成书。八年,赐藏经,孝宗赐道士俞延禧画、古涧松诗。光宗御书"怡然"二字赐'延禧'为斋匾,宁宗御书"演教堂",理宗赐内帑铸钟,御书《清净经》一卷及"洞天福地"四大字以赐。宫内有五洞交叠,九峰回抱,千岩万谷,秀聚其中。或泉飞彤厦之檐,或云锁碧坛之角,祥光神异,兼木返于春枝,抚掌泉灵,更丹藏于翠檐。亭馆有漱玉馆、超然台、税驾馆、翠蛟亭、飞玉亭、宜霜亭、聚仙亭。自晋到宋,来此得道之士,许迈而下有 24 人。有陈尧佐撰《二鼎铭》、陆游撰《洞霄宫记》、曹叔远撰《新铸钟记》、吴宝学撰《演教堂记》、洪咨夔撰《檀越施田记》等。题咏有陈尧佐、赵清献、苏轼等 10 多人[61]。

《洞霄图志》记载，洞霄宫系高宗绍兴二十五年（1155）下诏修内步军司修建，"以皇太后之命，建昊天殿、钟楼、经阁，表以崇闳，缭以修庑。费出慈宁宫，梓匠工役具于修内步军司。中使临护，犒赐踵至"[62]。洞霄宫淳祐间称田产素薄，理宗特出内府度道牒赐之，易买田阳羡，筑塘立圩，建常丰庄。宝祐间，又特旨拨赐长兴、荻川田以广之。后又更以乌程、归安二县官田建万年庄。至元代，冠裳云集，食者倍增，仍资用不竭[63]。

三

这十大御前宫观大多建造于高宗、孝宗、理宗三朝，是南宋诸帝信道、崇道政策的具体体现。虽然南宋临安宗教在总体上呈现佛教繁盛、道教勃兴、并行发展、各臻巅峰的局面，但佛道两教仍因政局、财政及皇帝个人因素不同而有微妙的消长起伏。纵观十大道教御前宫观的建置，可以看出如下几个特点。

一是系宋室南迁、神只随驾而建。在建炎、绍兴年间，以高宗为首的朝廷经历了南下渡江、流亡沿海的逃亡流窜岁月，和定都临安、另起炉灶、建纲立制、百废待兴的艰难草创时期。在这个政局大变迁过程中，随驾南渡的汴京和北方外郡人口在南迁江南特别是临安的同时，把他们的宗庙神主、佛道信仰、各路神祇也都带到了这里，许多僧人、道士也随迁临安。于是寺观的迁建重修，神祇的安置奉祀，僧道的安身立命，一切被战争动荡打乱的宗教秩序开始重建，颠沛流离的神主神只被搬迁挪移，互不相关的宗教信仰被移花接木，毫不相同的巫俗异术被掺杂糅合，上演了一幕众神随众人而迁居的情景。他编织的"泥马渡康王"、"神马拥王舆"的故事，只是欲借崔府君的神灵来神化自己皇权。他在临安立足未稳、百废待举、国库亏空之时，仍然不惜巨资，劳民伤财，大兴土木，兴建御前宫观，甚至拆迁原来在那里的佛教寺院，强夺寺院寺产为道观，给杭州的佛教造成相当的冲击甚至一时的破坏，如孤山的诸多寺院就是因为要建造太一宫而被强行迁建到北山,而原地原址变成了"道窟"。

二是与南宋诸帝和后宫有关。为昭彰朝廷合法和王权神佑,宋高宗和母后编造了许多故事,为他的君权皇位,制造合乎天意、合乎法理、合乎人情的借口和依据。于是危难之际"救度"过他的白马成了临安最大的新神祇——显应观里的崔府君,四圣延祥观与韦太后的梦有关,而佑圣观的神主原来就是孝宗自己。为了安抚人心,稳定大局,他在惊魂未定时就把列祖列宗的神主,从流寓途中的温州天庆观奉安到临安新建的太庙里。高宗在位期间,是南宋临安宗教发展过程中非常特殊的一个时期,在完成朝廷大挪移的同时,也经历了众神随迁、崇道抑佛的第一波冲击和消长变迁。

三是极尽御前宫观之富丽。因宋室南渡而兴建的临安御前十大宫观,可以说是当时中国道教发展史上的史诗性工程。在皇室的直接参与下,它们占据了杭州和西湖最好的地段,不惜迁建寺院而为道观。它们规制宏伟,建筑富丽,藻饰精美,神只庄严,香火兴旺,祈禳斋醮,殆无虚日。在杭州道教发展历史上,从来没有建造过皇家宫观,也从来没有一下子建造那么多富丽宏伟的道教宫观。尽管这些宫观在南宋以后大多湮没消失了,但它们的盛极一时,有着无可替代的历史地位。

四是备极皇室之荣宠。宋高宗常把许多道士或道教学者召入宫内,或赐钱物,或赠封号,或授官爵,尊宠备至。他沉迷祈禳道术,利用道士为其母亲举行祝寿法会,多次召道士祈祷、斋醮,甚至索要符水。他倡导祠祀,多次制定祀典,下诏编《绍兴正祀录》,恢复真宗故事,任命大臣为宫观使或提举。凡此种种,可见作为一国之君,高宗于恢复中原无能为力,但对装神弄鬼却情有独钟,无所不用其极,无所不用其能,也无所不用其权。说穿了,高宗"为国为民,祈福于上下",其实只不过为他自己而已。

五是道观生活之市井化。由于临安城厢和西湖山水交互一体,这十大宫观就在市井街巷,进出如过家门,即便是在湖山之间,也傍城依廓,往来便捷。这样一种特殊的地理空间布局,使得临安城市与宫观形成城内城外宫观密布、市井湖山处处琳宫梵宇的景象。常言说得好,近朱者赤,近墨者黑,市井流行的时风习俗也越过高高的山门飘进宫观寂静幽僻的角落;甚至有的经不住诱惑,作奸犯科,破戒违法,锒铛入狱了。宫观道士日常生活的社会化、市井化,正是宗教世俗化的集中而生动的体现。借道教诸神的诞日而组织举办的各类道会,通过诵经、燃香、贡献、做法事等在民间极为普遍,各种节日成为开展宗教结会活动的契机,如传统岁时节日元旦、中元、重阳、小春、除夕等,各道观常作醮会、法会等招引宗教信徒与游人,在宗教性节日中,如六月六日崔府君生日等,各种宗教结会活动更是盛况空前,既是虔诚信徒们表现其宗教信仰的重要形式,也是宋代社会从上到下全体民众集体参与游玩的赏心乐事之一。岁时风俗、巫俗禁忌中糅杂了道教和民间崇拜各种元素,呈现众神共舞、和谐交融的新趋势。

注释:

　①《梦粱录》卷八"御前宫观"条,第 67 页。

　②《梦粱录》卷八"东太乙宫"条,第 67—68 页。

　③《咸淳临安志》卷一三《行在所录·宫观》。

　④《续资治通鉴》卷一二七。

　⑤《玉海》卷一〇〇《绍兴太一宫》。

　⑥《续资治通鉴》卷一二八。

　⑦《建炎以来朝野杂记》甲集卷二。

　⑧《梦粱录》卷八"西太乙宫"条,第 68 页。

　⑨《咸淳临安志》卷一三《宫观·西太乙宫》。

　⑩《玉海》卷一〇〇《宝祐西太一宫颂》。

　⑪《历代名臣奏议》卷二八七《巡幸·牟子才奏》。

　⑫《梦粱录》卷八"万寿观"条,第 66—67 页。

　⑬《咸淳临安志》卷一三《宫观·万寿观》。

　⑭《朝野杂记》甲集卷二《万寿观》,《宋会要·礼》五之二三。

　⑮《宋会要·礼》五之一一。

　⑯《梦粱录》卷八"显应观"条,第 69 页。

　⑰《咸淳临安志》卷一三《宫观·显应观》。

　⑱《长编》卷一一七,景祐二年七月丙戌。

⑲《攻媿集》卷五四《中兴显应观记》。

⑳《要录》卷一〇,建炎元年十月丁卯。

㉑《宋史》卷三三《孝宗纪》。

㉒《咸淳临安志》卷一三《宫观·显应观》。

㉓《舆地纪胜》卷一行在所《宫观庙宇》显应观条引《中兴会要》。《咸淳临安志》卷一三,《玉海》卷一〇〇作绍兴二十四年徙。

㉔《梦粱录》卷八《显应观》。

㉕《攻媿集》卷五十四《中兴显应观记》。

㉖《梦粱录》卷八"佑圣观"条,第68—69页。

㉗《咸淳临安志》卷一三《宫观·佑圣观》。

㉘《朱子语类》卷一二五。

㉙《书叙指南》卷一九《鬼神祠庙》。

㉚咸淳临安志》卷一三《宫观·四圣延祥观》张贵谟记引《灵验启圣记》。

㉛《宋会要·礼》五之四。

㉜《长编》卷九二,"天禧二年六月己未"。

㉝《文献通考》卷九〇《郊社考》二三。

㉞《朝野杂记》甲集卷二《佑圣观》。

㉟《建炎以来朝野杂记》甲集卷二。

㊱《宋史》卷三十四、三十五《孝宗本纪》。

㊲《梦粱录》卷八《佑圣观》。

㊳《武当福地总真集》卷下《宋封圣号》。

㊴《云麓漫抄》卷三。

㊵《梦粱录》卷八"四圣延祥观"条,第69—70页。

㊶《咸淳临安志》卷一三《宫观·四圣延祥观》。

㊷《挥麈后录》卷二。

㊸《建炎以来朝野杂记》甲集卷二。

㊹《玉海》卷一〇〇《绍兴延祥观》。

㊺《宋朝事实》卷七《道释》,《方舆胜览》卷一临安府《宫观门》,《挥麈后录》卷二。

㊻《咸淳临安志》卷一三《宫观·四圣延祥观》附庆元三年张贵谟记。

㊼《梦粱录》卷八"三茅宁寿观"条,第70页。

㊽《咸淳临安志》卷一三《宫观·宁寿观》。

㊾《三茅真君加封事典》卷上，《道藏》第三册，第334页。

㊿《建炎以来朝野杂记》甲集卷二。

51《渭南文集》卷十六《行在宁寿观碑》。

52《茅山志》卷四《淳祐加封三茅真君诰》。

53《梦粱录》卷八"开元宫"条，第70页。

54《咸淳临安志》卷一三《宫观·开元宫》。

55《宋会要·礼》五之八至九。

56《梦粱录》卷八"龙翔宫"条，第71页。

57《咸淳临安志》卷一三《宫观·龙翔宫》。

58《宋季三朝政要》卷二《理宗》，《钱塘遗事》卷一《龙翔宫》。

59《梦粱录》卷八"宗阳宫"条，第71—72页。

60《咸淳临安志》卷一三《宫观·宗阳宫》。

61《咸淳临安志》卷七十五《寺观一·洞霄宫》。

62《渭南文集》卷一六《洞霄宫碑》。

63《洞霄图志》卷五《孙灵济先生》，卷六《洞霄宫庄田记》。

南宋绍兴二十五年的占城朝贡

土肥祐子(东洋文库)

一、前言

在宋代,随着北方民族势力的逐渐增强,比如北宋时期的辽、西夏,南宋时期的金等政权,都曾占领过宋朝领土的北半部分,使得宋与亚洲内陆诸国间的交流、交易、朝贡等陆上来往不多。但另一方面,许多西亚和东南亚国家却频繁地从海上而来,与中国进行商品贸易、文化交流以及朝贡等活动。为数众多的人怀着各种各样的目的航海而来,带来了大量的南海交易品。而在中国方面,中国商人们制造了大船,携带着本国的商品,远航到东南亚以至印度等地,从事商品贸易活动。这些商人,就是后来华侨的前身。

本文试图研究的是两国之间交流的一种形式——朝贡。朝贡的历史非常悠久,很多学者也都曾进行过研究,提出各种不同的论点。然而,对于朝贡过程中很多具体的问题,如,什么时候、哪个国家、出于什么目的、带来了哪些进奉品、搭乘了哪条船航行到中国的? 而接受朝贡的中国方面,又是如何接待的,准备了哪些返礼物品,如何以护卫兵士作为引伴者、陪同朝贡的使者往返于市舶司和都城之间的? 等等,这些问题都尚未解决。因此,本文试图撷取其中的一例,对南宋绍兴二十五年(1155)的占城(ChămPa)朝贡事件作尽可能详细的分析和阐明。

本文研究的文献资料,主要是《中兴礼书》卷二二七中关于占城的记述,同时还以《宋会要》"蕃夷四·占城",以及其他有关的历代朝贡、四方馆等方面的资料作为补充。占城方面的资料,有 G. Maspero(法国考古学家马司倍罗)1928 年对美山碑文的详细研究"leroyaumede CHAMPA"Pariset Bruxelles。本文主要参考了其中绍兴 25 年部分(P150—157、250 的年表)的内容。

二、《中兴礼书》中关于占城的记述及其价值

《中兴礼书》收录于《续修四库全书》"史部政书类",由宋代礼部太常寺纂修,清代徐松辑,原书为三百卷,但颇多残缺。关于占城的内容,主要见于《中兴礼书》卷二二七,"宾礼六·占城"。笔者在研究占城的内容时,查看了书中的目录,从目录中看,在"占城"之前的部分,应该有卷 224—225 "交趾",卷 226"罗国·真腊",然后是卷 227 的"占城",再往后是卷 228 的"三佛齐"。但是在正文中,除占城以外,其他几卷都已散佚了,因此就缺了关于东南亚关系的记载。在研究占城的时候,由于缺少东南亚几个重要大国的记载,因此无法将占城与这些国家作比较研究,是一大遗憾。而正因为如此,也更显示出《中兴礼书》中对占城详细记载内容的宝贵性。

《中兴礼书》为清代学者徐松所辑。清嘉庆年间在编纂《全唐文》时,编纂官徐松利用编《全唐文》之便,从《永乐大典》中辑出此书。除此之外,徐松还从中辑出了《宋会要》、《河南地理志》等书。《永乐大典》现大部分已散佚无存,无法复原,因此徐松所辑的这些内容就成为现存唯一的研究资料了。

从《中兴礼书》中关于占城记载的内容来看,《宋会要》"蕃夷四·占城"中也基本完全记载着。不过在《宋会要》中有两处显然是引自《中兴礼书》的。一是绍兴二十五年(1155)11 月 28 日条的夹注中有双行的引用,二是乾道元年 6 月 8 日条的夹注中有双行的引用。此二处夹注中对《中兴礼书》的引用,与《中兴礼书》"占城"处的文字完全一样。在研究占城朝贡的时候,很

有必要对这两种文献资料进行对照,对其中的误字、脱字等加以探讨。不过本文仅对其中一些必要的具体内容进行了对照分析,而尚未作全面性的比照研究。笔者计划在今后对这些资料作一全面的对照研究,对《宋会要》中"四方馆"等记载作更详细的探讨,以尽可能复原当时朝贡的实际情况。

那么,为什么只有绍兴二十五年的记载残存下来了呢?也许是一种偶然性吧?也许是因为这是南宋建立后,东南亚国家的使者第一次来到都城杭州的宫殿中,举行正式的朝贡仪式吧?由于这是南宋的第一次正式朝贡,在此之前没有可供借鉴的资料,因此匆匆忙忙地作成朝贡条例,并加以完备。而这次占城的朝贡仪式,就成为后来历次朝贡典礼的一个范例。次年,交趾、三佛齐等国的朝贡就是依照占城的仪式进行的。如前所述,交趾和三佛齐的朝贡资料都已散佚无存,已无法获知他们具体的朝贡情况,正因为如此,仅剩的关于占城方面的资料就尤显重要。

关于绍兴二十五年占城朝贡的相关资料,本应在文中尽数列出,然后依次加以解释说明。不过由于篇幅所限,在正文中暂省略不表,而按照记载时间,根据文中标注的(A)—(S)的序号进行叙述。另外,(宋1)—(宋7)则是《中兴礼书》以外文献中的记载,本文中只将各项摘要列出加以缕述。

三、绍兴二十五年十月以前的情况

《中兴礼书》卷二二七中关于绍兴二十五年占城朝贡的记载,是从当年十月二日始,止于十一月二十八日,而对此以外朝贡前后的情况未作记载。因此,本文在此先探讨十月二日占城朝贡之前,占城方面和接受朝贡的中国方面各自的情况。占城使者在八月航行到福建省泉州,朝贡的准备从此时开始进行。此处参照《宋会要》"蕃夷四·占城"、"蕃夷七·历代朝贡"以及马司倍罗的研究等资料。

十月二日之前有关朝贡的相关经过,在《宋会要》"蕃夷四·占城"中记载如下。行首的编号(宋1)—(宋4)表明是从《宋会要》中的引用(而非引自《中兴礼书》)。

(宋1)绍兴二十五年,"邹时巴兰嗣立,贡方物,求封爵",结果"诏授以其父官",被赐予同样的称号。根据《宋会要》的记载,他的父亲是杨卜麻叠。在此我们根据占城方面的资料,先来看看杨卜麻叠和邹时巴兰的情况。据M. Georgos Maspero "le Royaume de Champa" Pariset Bruxelles 1928 年(《占婆史》,马司倍罗著,冯承钧译,商务印书馆 1962 年版)的研究,前往朝贡的邹时巴兰(又作兰巴),占城名为 Jaya Harivarman1,1145 年(绍兴十五)—1160年(绍兴三十)在位。邹时巴兰在位时,国势相当强盛。据记载,他曾在 1149年(绍兴十九)攻破了柬埔寨军队,1151 年(绍兴二十一)成功地联合了各地的势力,成为当时著名的英雄人物(同前引书,150—157)。这是占城历史上辉煌显赫的一个时期。而邹时巴兰就正是在这样一个强盛时期前来中国朝贡,希望从南宋的皇帝处得到封号,以使自己成为名副其实的占城国王。

至于他的父亲杨卜麻叠,在占城被称为 HarivarumanIV(同前引书 P250有一张年表,其上写的是 HarivarumanV,不过正文 P150 中作 HarivarumanIV,年表中的 V 可能有误)。HarivarumanIV,于 1114—1129 年(政和三年—建炎三年)在位,曾数次入宋朝贡。这些在《宋会要》"蕃夷四·占城"中都有记载。根据文献记载,他得了一个非常长的封号。不过从前述年表的记载来看,在杨卜麻叠和邹时巴兰之间应该还有两位王。杨卜麻叠之后是JayaInndravarman Ⅲ(在位时间 1139—1145 年,绍兴九年—十五年)。其次是RudravarmanⅠV,1145(绍兴十五)年在位。此二王与中国方面没有来往,因此在中国方面的文献资料中没有他们的名字记载。接下来就是邹时巴兰JayaHarivarmanⅠ。从建炎三年到绍兴十五年之间,没有正式的朝贡。估计这是因为当时占城和中国南宋处于混乱时期的缘故吧("le Royaume de Champa"的王位年表,P250)。无论如何,绍兴二十五年的占城国王 JayaHarivarman Ⅰ是一位拥有强大实力的占城王。

(宋2)八月十四日,"占城国计置驯象进献",答复是"暂时搁置"。占城的进奉使们乘着南来的季风一路航行,于八月到达泉州的市舶司,然后在泉州开始物色给南宋的进奉品。他们带来的主要是香料,不过如果南宋的皇帝想要驯象的话,他们大概是打算去向交趾购买的吧,因为原先准备的进奉品中并没有驯象。向中国的进奉品需要筹措,这一点是很有意思的。

(宋3)八月二十一日,提举福建市舶郑震上奏,说占城正在办理朝贡的手续,将要赴阙,希望市舶司差选熟习事务的使臣作为引伴者陪同前来。另外,宰相秦桧还上奏说按规定占城方面不能向南宋官吏赠送礼物,请求皇帝不要开此先例。

在正式朝贡被许可的情形下(虽然朝贡使都希望能赴阙面见皇帝,但很多时候并未被允许进京朝贡,而是由市舶司将文书、进奉品等转送至都城,然后再带来转赠回赐品),提举市舶(长官)挑选办事熟练的使臣作为引伴者。这次占城的朝贡,以韩全为首,共有八位引伴者一起赴阙(0—1),此外还有兵士三十名(主要为了护卫和搬运物品)一同前往。

占城方面还向市舶司询问该给具体办事的官员准备什么礼物。表面上是不允许向官员馈赠礼物的,但事实上通常都是送的。

(宋4)九月二十五日、尚书省提出了赐给朝见使和朝辞使的礼服,得到允许。

朝见使	紫罗宽衫、小绫宽汗衫、大绫衫夹袜、头袴、小绫勒帛、十两金腰带、幞头、丝鞋、衣着三十匹、紫绮被缛毡一副
副使	紫罗宽衫、小绫宽汗衫、大绫夹袜、头袴、小绫勒帛、七两金腰带、幞头、丝鞋、衣着三十匹
判官	紫罗宽衫、绢宽汗衫、小绫夹袜、头袴、十两金花银腰带、幞头、丝鞋、衣着十匹
防援官	紫罗绝衫、紫绢汗衫、绢夹袜、头袴、绢勒帛、幞头、麻鞋、衣着七匹(朝见使、副使、判官各一人,防援官十七人,合计二十人)
朝辞使	紫罗窄衫子、小绫窄汗衫、小绫勒帛、银器五十两、衣着三十匹
副使	紫罗窄衫子、小绫窄汗衫、小绫勒帛、银器三十两、衣着二十匹
判官	紫罗窄衫子、银器十两、衣着十匹
防援官	银器十两、衣著五匹(朝辞使、副使、判官各一人,防援官十七人,合计二十人)

以上记载在《中兴礼书》中未见,不过在（B）—2《习见朝仪》中,有要求使者"服本色服"的记载。当时所穿的正式朝服,应该就是上文所列的这些服饰吧。从朝贡的经过来看,占城的朝贡一被许可,马上就着手开始准备了,因此本条9月25日的内容就记载了尚书省准备正式朝服之事。如果朝见的时候不用穿朝服,就没有必要如此急急忙忙地制作服饰了。比较朝见和朝辞的服饰,可以发现朝见的时候穿的是宽松的上衣,而朝辞的时候穿的是紧窄的上衣,其他应该都大致相同。防援官朝见和朝辞的时候似乎穿的是一样的服饰,因此朝辞的服饰没有特别列出。朝贡团一共有二十人,其中防援官有十七人。关于服饰的详细情况,将作为以后的课题来探讨。

在《宋会要》"蕃夷四"中,关于朝贡的情况,后面还有很多内容,不过和《中兴礼书》中的记载基本一致,因而此处不作重复。

四、朝贡的条例

在第二章中介绍了《中兴礼书》所载绍兴二十五年朝贡之前的内容。接下来,将对《中兴礼书》卷二二七"占城"条中,绍兴二十五年的朝贡资料按照日期顺序作逐一分析。将每天的内容依次引录,记录每天的大致事项,在其下再作相应解释和说明。在本章的论述中,还参考了《宋会要》"蕃夷四·占城"、"职官三五"、"四方馆"等资料的记载。

（A）十月二日

礼部、户部和兵部收到了尚书省（都省）发下的札子（上级发往下级的公文书）,说"勘会占城国已降指挥许入贡,其使副已到泉州,窃虑非晚到阙。所有合回赐钱物及应合行事件,割付礼部等处检具,申取朝廷指挥,逐部会勘"。按照以往对交趾的旧例,令朝贡团在怀远驿安泊,并令客省司确定所赐礼物。除此之外,其他事项具列如下:

1.鸿胪寺（专门负责接待国外宾客的部门,建炎3年归入礼部,绍兴二十五年十月六日复置）条:

进奉人的归途中,从步军司差拨檐擎防护兵士 30 人,其中,节级(低级军佐)每到一驿即行轮换,到临安府界处,则由下一州军差人替换。令押判所在进奉使团未起发之前,先预报沿路州军差人在界首准备交替。

在进奉使团来回途中配备 30 人的檐擎防护兵士,是宋代首例,大概也是为了在跨越州界的时候能快速办理手续,使进奉使的行程更顺利吧。

2. 主客条例(尚书省礼部主客司对朝贡的接待)

除了朝廷的回赐品以外,还有以下的别赐物品:翠毛细法锦夹袄子一领、二十两金腰带一条、银器二百两、衣着绢三百匹、白马一匹、八十两闹妆银鞍辔一副。费用由户部负责,制造由工部负责,然后交由客省司依例回赐。其中的白马由骐骥院调拨。

从上述资料的记载来看,当时由于准备时间很短,因此各项工作相当匆忙。如前所述,这是南宋时期初次在都城中迎接正式的朝贡使。根据下文(B)处的记载来看,此后才开始拟定相关的条例。返礼物品的费用由户部负责,具体物品的制作估计应该是由工部的文思远负责的。

(B)十月八日

占城国的进奉使和副使到都城后,在驿站中所行的礼数仪范有六项,以下我们来看这六项的内容。《宋会要》"职官三五·四方馆"(以下略称为"四方馆")绍兴二十五年十月八日条载"在驿礼数仪范缘无旧案牍……诏并依拟定"。进入南宋后,虽然早已在绍兴 2 年定都杭州,但很多关于礼仪制度的书籍都已纷失,还有些尚未及做整理。到了绍兴二十五年,终于做好了迎接海外朝贡使的准备工作。然而,由于已往朝贡相关的文献均已不存,因此经皇帝同意,开始收集现有的资料并加以讨论拟定。以下所探讨的就是有关这方面的问题。如前所述,占城是南宋时期正式入京举行朝贡仪式的国家,因此占城的朝贡仪式就成为今后各国朝贡的范例,故文献中常见"依占城例"的字句。交趾等国虽然在南宋初期已前来朝贡,不过朝贡仪式是在国境附近举行,朝贡文书、进奉品的进献以及回赐物品等活动都在国境边进行,使团并未到过都城。正因为如此,这一次占城初次正式入京朝贡的礼仪非常详备,重复的工作也很多,未及时处置的事项也颇多。笔者虽然也很想将本次朝贡与其他国家的仪式进行比较,可是占城以外关于礼仪的文书未有存留(前述)。而正因为只有占城的资料,因此这些记载就显得十分珍贵。

拟定的礼数仪范共有六项。1. 进奉使副与押伴官相见;2. 习见朝仪;3. 朝见;4. 赐节料;节仪;5. 御筵;6. 起发。以下作简单的说明。

(B)—1(进奉使副与押伴官相见)

客省使在双方之间进行斡旋,整个相见过程相当复杂。

(1)进奉使到达怀远驿后,客省承受带着翻译,与进奉使一起到押伴官处。

(2)押伴官问候"远来不易"。

(3)翻译把押伴官的话转译给进奉使。

(4)客省承受带着翻译到进奉使的位次。进奉使和副使起立迎接,初次与客省承受对面寒暄。

(5)客省承受向进奉使传达押伴官"远涉不易,喜得到来"之欢迎语。

(6)很快就进行披见(披露)。

(7)客省承受领着首领到押伴官的坐席,押伴官再次问候"远来不易"。

(8)客省承受拨差人员到押伴官处。

(9)客省承受喝唱"在路不易"。

(10)翻译将进奉使和副使的名衔交给客省承受,请他转交给押伴官。

(11)少顷,客省承受引领着押伴官进入厅堂,与进奉使和副使在厅中见面。客省承受向双方转述相互问候之语,相见。

(12)揖礼寒暄之后各自入座,点茶。

(13)客省承受喝唱"入桌子",奉入五盏酒食。

(14)客省承受喝唱"撤桌子",再次点茶。

(15)押伴官和进奉使、副使相互揖礼完毕后,离席。

至此仪式结束。这是与担当具体事务的押伴官的见面(给押伴官的谢礼请参照 Q)。

(B)—2 习见朝仪

阁门(官名,掌藩国的朝见、辞谢等礼,奉旨供奉朝会、游宴的事宜)差人来到驿站。在教习仪范前,客省和阁门先一起见过押伴官。然后通过翻译,请进奉使和副使穿用本色的服饰。客省承受和翻译一起引进奉使等人来教习仪范,相互揖礼,然后学习朝见仪。朝辞礼的学习也是同一套形式。

此处"本色服"之语,在《四方馆》中未见。"本色服",不管是中国的服装还是占城的服装,总之是谒见皇帝时候的正式服装,之所以特意对进奉使提出这一要求,因为这是一件很重要的事。而且朝见和朝辞的时候都要穿本色服。所谓本色服,最初的时候,是指与正式的官品相称的服装,后来逐渐变成到中国的进奉使所穿着的正式服装,因此朝见的时候必须穿着本色服。这种正式服饰,是什么时候由中国方提供的呢?据《宋会要》"蕃夷四·占城"绍兴二十五年九月二十五日条的记载,尚书省下令,进奉使一到都城,马上就要给朝见和朝辞使(包括其他所有十八人)相应的服饰。在进奉使尚未到达,朝廷事先准备馈赠礼物的时候,就已经包括了此朝服,因此占城的进奉使遂穿着本色服来谒见皇帝。唐代《大唐开元礼》"宾礼·蕃主奉见"中有"蕃王服其国服……蕃王诸官各服其国服"的记载,当时也是服"其国服"。此处的"其国",应该是指中国的意思吧。本条中的"本色服",应解释为正式的服装,即穿着中国的正式服装谒见皇帝。

(B)—3 朝见

按顺序简单地记录如下:

(1)五更(凌晨 4 时),客省承受通过翻译,请进奉使和副使上马。

(2)押伴官与进奉使和副使相互行礼,策马而行。

(3)首领(进奉使和副使以下的使节)于门外上马,至待漏下马。

(4)待内门开后,押伴官和进奉使、副使上马,至皇城门外下马。

(5)在殿门外的幕次(临时搭起的帐篷)待班(此处指按顺序排列的人群),首领以下步行入皇城门。

(6)阁门按顺序报班,引领进奉使和副使出幕次,入殿朝见。

(7)拜数的礼仪并如阁门事先所教习的(具体是什么样的礼仪,此处不作论述。参与朝见的人,应该仅限于阁门和进奉使、副使以及首领吧)。

(8)朝见介绍后,阁门引领进奉使和副使出殿。

(9)客省承受来接引,回到幕次。

(B)—4 在驿站赐节料和节仪

(1)等候客省承受带来赐目。

(2)节料等到达驿站后,客省承受先报知押伴官。

(3)在厅前设望阙,铺设所赐物品。

(4)客省承受引进奉使和副使立定,进奉使和副使拜受赐目,跪拜接受赏赐。

(5)首领以下人员也拜受赐物,跪拜受赐。

(B)—5 御筵(皇帝所赐的宴会)按顺序记载如下。

(1)等候传皇帝令赐御筵的御史来到驿站。诸司(各部门)为此作各种准备。

(2)客省承受取进奉使和副使的名衔,转交给押伴官。

(3)御史接受名衔,传达皇帝赐御筵的旨意,由翻译转告知进奉使。

(4)客省承受引御史、押伴官和进奉使、副使立定。

(5)客省承受先引押伴官按照礼仪望阙谢恩(具体为何种礼仪,书中未作记载)。

(6)(客省承受)又引着进奉使和副使谢恩。

(7)御史与进奉使、副使相互揖礼。御史先退。

(8)押伴官与进奉使、副使相互揖礼。(客省承受)引押伴官和进奉使、副使入厅,立于坐席后。

(9)客省承受引首领以下诸人行谢恩礼仪,立于坐席后。

(10)客省承受上厅,揖礼以后入座。

(11)点茶、行酒食,然后撤除桌子。

(12)首领以下诸人也行相同的谢恩仪式,客省承受立于后方。

(13)客省承受引押伴官、进奉使和副使下阶而立。

(14)引押伴官谢恩后回到坐席。

(15)客省承受引御史立在前面的席位上。

(16)进奉使和副使通过翻译,跪着敬上谢恩上表。

（17）进奉使和副使跪着向御史转交上表。回到坐席上，和御史相互揖礼。御史先退。

（18）押伴官与进奉使、副使相互揖礼。

因为只是一个较简略的概括，可能没有完全包括入所有内容。整个御筵过程的主持者是客省承受，因此这的主语都是客省承受。

（B）—6 起发日，进奉使、副使与押伴官相别

（1）在驿站进五盏酒食。

（2）客省承受引押伴官、进奉使和副使相对立定，相互转达文状以示送别之意。

（3）客省承受引首领以下诸人与押伴官辞别，均按照参见押伴官的礼仪进行。

（4）将朝贡团转交给伴送使臣，使团出发。

本项关于起发的内容，在《四方馆》中有相对更详细的记载（不过《四方馆》中将起发日误作为进奉日）。

根据《四方馆》的记载，由于原先的旧案牍中没有朝贡条例相关的条文，因此在参考原有零星资料的基础上作成此条文，这就是以上十月八日的内容。不过条文只是书面条文而已，在实际操作中是否完全能按照条文来实行，则不太确定。因此，接下来就记载了占城进奉使参照条文实际的朝贡过程。以下我们根据文献资料的记载，看看具体是怎么行动的。

（C）十月八日在驿站中的准备

皇帝下诏说，占城进奉使入京后，驿站的主管诸司官须差监驿官，与临安府排办事务官（准备）一起，疾速施行。

此处可知皇帝为迎接进奉使朝贡而匆忙的样子。

（D）十月二十八日进奉使参加大礼

四方馆提出："将来占城国进奉人到阙，遇大礼（南郊，冬至日举行），其使副并大小首领并合趁赴郊坛陪位，及登门肆赦称贺。"得到许可。

此处的大礼（南郊），在十一月癸亥（19 日），是三年一度在冬至时举行的最隆重的活动。作为占城方面，能参加大礼是一种很大的荣幸；而作为中

国方面，则是对外邦显示国家权威的有效手段。大礼一类的国家性典礼，凝缩了当时的文化、风俗和思想等各方面的内容。不知占城的进奉使们有什么样的感想。应该是有所感触的吧？不过在《四方馆》中没有相应的记载。

五、占城的朝贡

以上讨论的都是在都城中为迎接朝贡使而制定的规则、条文等。以下探讨的，是《中兴礼书》所记载十一月一日以后的情况，即依照以上的这些条例，占城的进奉使及护卫进奉使的兵士们向都城杭州行进的情形。不过关于具体的行动，书中并没有完整的记录，而只是一些片段的内容，因此没有十分详细的记载。首先是从朝贡团泉州出发到都城杭州为止的日程、行程、跟随左右的护卫兵士、朝贡仪式的种种、占城方面的进奉品和皇帝方面的回赐品、给引领者的礼品及其数量等，以及回程时同样的待遇等。据笔者所知，记载这一系列行程内容的，只有《中兴礼书》中"占城"部分的内容。而令人感到意外的是，这次朝贡是在中国商人陈惟安和占城王的筹划之下实行的，而且商人陈惟安还在怀远驿中向进奉使教示礼仪并兼做翻译，并和朝贡使一起宿泊在驿站中。从文献记载中也隐隐约约可见中国商人与占城朝贡以及商业行为的关系。以下将按照文献记载的顺序，介绍按日记载的大致事项，并作相应的探讨。

（E）十一月一日日程及进奉使等全员的姓名

客省言："潮·梅州（广东省）巡辖马递铺押伴占城奉使韩全状，今月（此处今月指十月）十二日押伴进奉人到建州（福建省），约十一月六日到阙。及会问使副以下职位、姓名、称呼、等第，下项：一、进奉使，部领，姓萨名达麻。呼部领，是官资。

一、进奉使副，渰，姓摩名加夺。呼渰，是官资。

一、判官，姓蒲名都纲，呼大盘，是官资。

一、蒲翁团、翁但、翁加艳、翁邈、翁僚、亚辛、沙喝、尼累，已上八名，系在番干办掌执人。

　　一、翁儒、翁鸡、翁廖、蚁蟓、亚哪、不队、班儿、麻菱、日罕,已上九名,系亲随防护礼物人。"

　　接下来看一下旅程情况:

　　(一)根据韩全的报告,进奉使们从福建省泉州市舶司出发,十月十二日到达建州(福建省),预计十一月五日到达都城杭州。那么,具体是哪一日从泉州出发的呢? 关于出发日,文献中未作记载,推测应是九月末或十月一日出发的。行程路径未经海路,而是沿陆路前行。从泉州到福州,溯闽江而上,出南平,然后北上建州,再北上出蒲城,入浙江,终于到达杭州。后世明代的琉球国进奉使上京,前半途中也是走了同一条路径,即从福州市舶司溯闽江而上,出建州,进入浙江省,再继续前往北京。从泉州到杭州的日程,是从九月末—十月一日间出发,至十月十二日到达建州,约12—15天;从建州到都城杭州,是从十月十二日出发,至十一月六日到达,计24天。因此从泉州到都城,共计40天左右。如前述(A)十月十二日条的记载,尚书省下令各部门为朝贡使的早早到来速做准备,可知当时朝贡使出发的通知应该已经到达都城。由此推算,出发日应为九月中旬或下旬吧。

　　(二)《中兴礼书》中记载了占城朝贡团自进奉使以下全员二十人的姓名和职位,这是一份非常珍贵的历史资料。进奉使萨达麻,呼为部领。这位萨达麻因为本次朝贡的功绩,被皇帝授予归德郎的称号。而且此次朝贡以后,下一次乾道三年(1167)的朝贡,萨达麻再次作为朝贡使航海而来。当时占城国内已处于一片混乱之中,正是国王更换(政变)的时候,即使如此,他还是再次出任朝贡使前来中国。这应该是占城方面认为必须熟悉朝贡事宜的人前来比较合适吧? 笔者考虑今后从这一点出发,再深入探讨占城国王对于入宋朝贡必要性的认识。

　　(F)十一月三日条例

　　这一条也是客省司关于进奉使接待事宜方面的内容,基本上与前述(B)条的内容相同,故有重复的部分。《四方馆》中有更详细的记载,是将两条的内容合在一起记述。正如前面(B)条处已提到的,《四方馆》的最初部分有

"缘本省别无见存条令,案牍捡点"之语,可见此处的条例当为南宋时期的朝贡条例,即绍兴二十五年的占城朝贡条例。此处扼要简述如下:

（1）客省在驿站设置部门主管事务。

（2）为迎接进奉使而事先准备鞍马。准备押伴使和进奉使相见时的茶汤和五盏酒食。其中五盏酒食由御厨翰林司负责。

（3）朝见之时,本省（即客省司）须先取到进奉人的牓子（由谒见者奉上的写有姓名的书札）。朝辞时也同样如此。皇城门外待漏幕次中需要的杂物,由仪鸾司准备。

（4）（据《四方馆》补充）押伴官、进奉使和副使所乘骑的马四匹,判官等的鞍马需十匹,所需马匹由马军司差拨（马的数量不合,全部应该是 24 匹）。

（5）（据《四方馆》补充）进奉人到都城后,因本省（指客省司）要设置部门受领文书,因此请步军司差拨兵士五人递送文书,事后将发遣回（步军司）。本省将（五人的）身份证明书向皇城司报告,（皇城司）研究后请发给宫门的通行证五道,每人各自带在身上,完事后返还。

（6）进奉人的起发日,在驿站中置办酒食五盏,与押伴官道别。所有酒食五盏,由驻在驿站的御厨翰林司置办[参考后述（R）26 日的记载,后文的记载作 9 盏]。

（G）十一月五日马匹的安排

据押伴占城进奉使韩全所言,进奉团全部共二十人,外加翻译二人。所有押伴与进奉人使用的鞍马共需二十四匹,由马军司差拨。

（H）十一月六日中国商人陈惟安的同行及同在驿站宿泊

占城番使的部领萨达麻说,纲首陈惟安和朝贡使们带着贡奉物和章表等一起前来朝贡。达麻等人都是外国人,不熟悉天朝的礼仪,因此进退行动全靠纲首陈惟安的指点。陈惟安每年到占城经商,熟习占城的语言,与占城番王交情也很深。此次前来朝贡,为了不致在典礼中有所失礼,故与陈惟安一同前来。因此提出请求,让陈惟安和进奉人一起在驿站中宿泊,得到了皇帝的许可。从此处的记载可明确看出怀远驿中暗藏的商业行为,同时也可看出中国商人（船长,船的所有者）与占城进奉使以及占城王之间的密切关系。陈惟安在此次朝贡中所作的努力,使中国方面得到了很大的利益,由于他在这次朝贡中的功劳,绍兴二十六年二月二十八日被授为承信郎(从九品,武官的最下等级)(《宋会要》"蕃夷七·历代朝贡")。一名商人一跃而成了一员官吏,作为商人来说,这比经商交易所获得的礼仪远远大得多。

这是一个商人直接参与朝贡的详细事例,是一份非常珍贵的历史资料。

(I)十一月九日朝见日定为十三日

占城进奉使萨达麻等人已于本月六日到达驿站。朝见日定为十三日。

(J)十一月十一日随行翻译通行证的发行

占城进奉使和副使的见辞,应由宣赞舍人(阁门宣赞舍人,掌传宣赞谒之事)引领着揖礼拜跪,随行有翻译二人。为此(发行通行证的要求)请下令皇城司给入殿门号和坛殿号各两道。

值得注意的是,拜礼之后,还参拜了圆坛。

(K)十一月十三日朝见

占城进奉使萨达麻等人入见,按照礼仪,在殿门外赐酒食。(F)项中有记载。

(L)十一月十五日给占城国王邹时巴兰的书简

学士院根据皇帝的旨意,发出书简。其中敕令的格式、书写方法、皇帝的玺印、诏书的包裹形式等都根据过往交趾国的形式。关于敕令的形式、所属的负责部门等等,笔者对这些内容都很感兴趣,不过在此处暂省略不述,今后再另作文稿加以研究。

《中兴礼书》中,在此条十五日的项目下,二十八日的内容为双行的记载。

二十八日的内容因为和(L)项的内容相关,因此先提上来,在此处作双行处理。

(M)十一月十六日怀远驿赐御筵

(N)十一月二十一日进奉品与回赐

二十一日,户部言:"太府寺申:占城人使到阙,所有回赐钱物,准绍兴二十五年十月二日指挥。候见得所进物色价直,划刷(汇总)参酌应付。其人使虽到行在,缘所进物色尚在泉州,并未起发。依熙宁六年指挥,今后诸番进奉,如有进奉物色,令本寺(太府寺)看估计价,下所属回赐。今将所进香货名次下所属勘估细计,得香货等钱十万七千余贯。本寺划刷回赐物帛数目,乞下所属支给,关报客省回赐。今具下项:

(一) 占城进奉

到物:沉香九百五十六斤。附子沉香一百五十斤。笺香四千五百二十八斤。速香四千八百九十斤。象牙一百六十八株、三千五百二十六斤。澳香三百斤。犀角二十株。玳瑁六十斤。暂香一百二十斤。细割香一百八十斤。翠毛三百六十只。番油一十瑝。乌里里香五万五千二十斤。

(二) 回答数目(回赐)

锦三百五十匹。生川绫二百匹。生川压罗四十匹。生樗蒲绫四十匹。生川克丝一百匹。杂色绫一千匹。杂色罗一千匹。熟樗蒲绫五百匹。江南绢三千匹。银一万两。"

占城在这次朝贡中进贡了哪些东西,多少数量? 有多少回赐? 此处有明确的记载,不过宋代关于本

次朝贡的贡物和回赐品的记载,仅此而已。当然,其他文献中也有一些零星的记载。但将双方准备的物品都加以记载,而且记录下双方物品的平衡表的,就显出《中兴礼书》此处材料的可贵性了。关于这份资料,笔者有以下几个想法。

(一) 关于进奉品

在唐代,进奉品是和进奉使一起,通过陆路运送而至的。然而根据此处的记载,进奉品都留在泉州市舶司,只有进奉人前来都城。这可能是因为进奉品的总重达40吨以上,搬运工作非常繁重的缘故吧? 既然说是朝贡,却将进奉品留在泉州,这可能也是出于占城方对中国以及市舶司的信赖吧? 朝贡品运入市舶司后,有时并非全都送到都城,而是只选取其中一些较好的能

得到皇帝喜欢的东西运往都城,剩下的部分,都由市舶司出售,所得金额作为返还进奉使(回赐)资金的一部分(《宋会要》"市舶司"绍兴元年十一月二十六日)。因此在这种情况下,朝贡品事实上并没有全部送到都城,而大半应该是被市舶司卖掉了吧。

(二)前文(H)处已经提到,这次朝贡进奉品的准备工作,是由纲首陈惟安负责的

当年八月,占城进奉使团到了泉州。当时,占城方打算献上驯象,先向中国方面进行试探。由此看来,朝贡的进奉品虽事先已大致确定,但也有到了中国以后,由市舶司再行物色添加的。在这次驯象的问题上,如果皇帝说想要象,那么毫无疑问,占城方肯定会在中国购买越南的大象。这时,由于皇帝说可以稍等今后(再送),因此驯象就从本次的朝贡品单中去掉了。作为弥补和替代,占城方献上了大量的特产香料、象牙等估计皇帝会喜欢的东西。而物色、准备这些物品的,正是中国商人陈惟安。陈惟安既为纲首,应该就是船主吧。他每年往复中国和占城之间,在占城从事商贩活动,和占城国王的关系也非常亲密,还学会了占城语言,甚至还参与筹划了本次朝贡的过程。可以肯定的是,他所拥有的船只,应该不止一艘,而是有两三艘相跟着,满载着朝贡品、二十人的进奉使,以及他自己的大量商品,一路航行。占城国的王室与中国商人之间有非常密切的关系,这从同时代另一位商人王元懋的活跃中也可看出。而占城方面则通过朝贡之类的活动,与宗主国中国加强联系,以仰赖于中国方面的权威。

此处,稍稍偏题一下谈论下去。商人陈惟安还出于进奉使"不谙天朝礼仪",为使进奉使不致失礼的理由,同泊在都城怀远驿中。在驿站中的礼仪活动持续了近一个月,因此他待在驿站中的时间是相当久的。在这期间,陈惟安无疑也进行了一些生意上的买卖活动。在南宋当时,原则上是禁止商人携带南海交易品跨州越界的,而且跨越州境还有税费的问题。如果在与朝贡团随行的过程中,有免除这些禁令以及税费的优遇措施,那陈惟安无疑会得到相当大的利益。

（三）进奉品与回赐

关于此项内容,笔者已在《南宋时期占城的朝贡——〈中兴礼书〉中所见朝贡品与回赐》(《史草》44,2003 年,日本女子大学)一文中作过论述,因而在此略过详细内容,只对结论作一记述。

进奉品(香药、象牙等)共计 44 吨,据太府寺查定,约价值 10 万 7 千贯。与此相应的回赐绢银,按时价计算,不过 6 万 6 千贯。也就是说,相对于 10 万贯的进奉品,返还的只有 6 万贯。如果按照纯粹商品价值上的计算,则回赐只有进奉的一半左右。而且,10 万贯进奉品如果按照时价来计算的话,实际上应值 20—30 万贯,然而回赐的却只有 6 万贯,相对进奉来说是非常少的。这些进奉品由市舶司出售后,获利当非常丰厚。而正因为如此,商人陈惟安才能得以受封官号。不过,朝贡并非为了简单的"平等交换",而是有很多其他目的包含在内。而且我们还必须考虑到中国方面其他很多费用支出,如提供朝贡团前往都城的交通手段,在驿站中两个月左右的食宿费用,举行仪式的各种费用等。估计正是因为中国方面费用支出庞大,所以进奉使上京的次数很少。乾道三年,占城再次朝贡,不过这次并没有前往都城,而只到泉州市舶司为止。(N)中十一月二十一日的情况,在《四方馆》的记载中,除了以上所述之外,还有其他两项内容,现对此两项内容作一介绍。此两项内容主要关于护卫进奉使的随从人员的津贴、文具、食费等的拨给以及支拨部门。

(一)"福建市舶司差到使司韩全等八人押伴占城进奉人到阙,回日,可就差伴送前去合得券钱,令临安府自到阙日照券批文。"

(二)"客省置局,主管日轮官一员到驿照管,合破酒菜吃食等,依押伴官支破。其客省使臣、行首(班首)、承受(内侍官)、典书(书物)、投送文字(文书)兵士各日支食钱,并合用纸劄、朱红,据数并令临安府支破。食钱自入驿日起支,起发日住支。"

客省司设置在驿站中的部门,其官吏的食费、办事所需的文具等,由临安府支给。食费的支付,从入驿日始,至起发日止,统计日期后,由临安府支给。

(O)十一月二十二日回赐品以外的馈赠物品

回赐品以外的物品,在(A)条十月二日记载了对各部门的命令,其中"主客条例"中要求各部准备好馈赠的服饰。而在本条中,所有物品都已制造完毕,送往只候库,在学士院封题,并请盖皇帝印,由客省送往押伴所。

(O)—1 同日十一月二十二日归途的伴送

进奉使归途的伴送与来程相同,由福建市舶司差拨的使臣韩全等八人负责。

(P)十一月二十六日起发前御筵中赐音乐

钤辖钧容直(从禁军中选拔出来的演奏军乐的仪仗乐队)所言,起发前一日,在驿站中赐御筵席,依例为九盏(此处九盏似应为五盏之误,一般九盏仅在皇帝的特别场合所用)。逐次由钧容直的本班五十人演奏乐曲。特别要采用勾曲念语(意义未详)。

(Q)十一月二十七日给伴送者、押伴官等人的谢礼

一是引伴占城进奉人的使臣韩全等八人和翻译二人,特赏给等第(与位阶品级相应的)犒赏(宴席)招待一回。另赏使臣韩全一百贯,给占射差遣一次(可以担任一次自己所期望职位的权利),令吏部支给证明书(许可占射差遣一回的证明)。翻译二人、衙前一名各赏五十贯,手分一名赏三十贯,军兵五人各赏十五贯,以上赏赐均由户部支给。

二是押伴官按馆伴金国使副之例减半,支给银绢各一百匹两,可以私觌(觌有卖、买的意思)这些谢礼,并以此私下收买占城的物品。客省(在驿站)所设局的主管,依国信所主管官之例减半,每人支给银绢各二十五匹两。以上都由户部支给。当行房分(征发来的工匠等人的宿泊所)食费的折食钱(食粮折合成钱来支付),由临安府按照金国人使到阙之例减半支付。

由此处的记述来看,对朝贡相关工作人员的谢礼,有些是按照金国来使谢礼的一半支付的。在这些谢礼中,很有意思的是关于占射(给予想要担任的职位),甚至私觌的内容。这是给押伴官才有的赏赐,即可以用谢礼的金额来购买占城的附搭品。其他的人员定然也想要占城的物品(但无

此赏赐）。

（R）十一月二十七日朝辞日定为十二月三日

占城进奉使萨达麻等人提出请求希望回国，皇帝诏令朝辞日定为 12 月 3 日。

（S）十一月二十八日进奉人的回程与来程相同

与（O）条十一月二十二日的内容相同。进奉人的回程中，沿途的递马、宿泊、饮食等与来程相同。

（S）-1 十一月 28 日给占城国王的勅书

（L）十一月十五日条下，有关于 11 月 28 日的双行记述内容，本文将这些记述内容移到此处解说。

对于占城国王所上章表的回答书简，学士院对太常寺提出了咨询，决定依照交趾国敕书的体例书写。写完封题后送学士院，由客省交付押伴所，转交给进奉使和副使。

（S）-2

《四方馆》十一月二十八日条中有略微更详细的记载。

一是与（O）处相同的关于回程之事。在进奉使归途中，逐州交替之时，各州也须派巡尉防护。因此在出发前，由押伴所发出转牒给经由州军，预先做好准备。

二是次年交趾国到阙之时，按照占城国进奉的体例行事……今后诸蕃到阙，都依此而进行，交趾到来之时，朝见后皇帝分赐之物等都按照占城的事例行事。

《中兴礼书》中关于绍兴二十五年的记述到此为止。但占城在绍兴二十五年的朝贡尚未结束，仍在在持续中，以下用《宋会要》"蕃夷四·占城"和"蕃夷七·历代朝贡"等关于绍兴二十五年朝贡的材料来补足。其序号为（宋5）—（宋7）。

（T）十二月三日朝辞

依照（R）的内容。

（宋5）十二月六日赐国王礼物，进奉使也获称号赐给国王的礼物有：银、绢各一千匹两、宽衣一对、二十两镂金带一条、细衣着一百匹、金花银器二百两、衣着一百匹。

进奉使萨达麻获归德郎的称号。(《宋会要》"蕃夷四·占城")

(宋6)十二月九日国王邹时巴兰获得与其父杨卜麻叠相同的称号

特授紫金光禄大夫、检校司空，使持节琳州诸军事、琳州刺史，充怀远军节度观察留后，兼御史大夫、上柱国、占城国王，食邑一千户，食实五百户(此称号与其父相同)。(《宋会要》"蕃夷四·占城")

(宋7)绍兴二十六年二月二十八日陈惟安获承信郎的称号

陈惟安由于此次朝贡中引接(诱导)的功绩，获得了承信郎(武官从九品，武官的最下等级)的称号。作为每年来往占城进行商品交易的商人陈惟安，这个称号主要是一个名誉。但由于有了这个称号，可以和官僚攀上关系，这对他从事商贸活动应当是很有利的。这是商人由于在朝贡中的功劳，而被授予称号的一个历史记载(《宋会要》"蕃夷七·历代朝贡")。

以上关于占城朝贡的一系列记述到此结束。根据文献记载，这次朝贡从绍兴二十五年八月开始，十月从泉州市舶司出发，十一月六日到达都城杭州，宿泊在怀远驿，十一月三日朝见皇帝，十一月二十一日双方分别送上进奉品和回赐品，十二月三日举行朝辞礼，十二月九日占城国王获得封号。

此后，促使这次朝贡成功进行的商人陈惟安，在翌年(绍兴二十六年二月二十八日)获封官位。占城的进奉使们，估计应该是搭乘陈惟安的船只回国的吧。

六、结语

以上探讨了绍兴二十五年占城(ChǎmPa)朝贡的情况。入南宋以后，被允许赴阙当面谒见皇帝的正式朝贡，始自绍兴二十五年的占城朝贡。在此之前的入南宋朝贡，均为"免人使到阙"，即免除使者来到都城。前来朝贡的使者们，通过陆路前来的就直接在国境附近，从海路而来的则在市舶司，和南宋政府进行简单的文书对答、进奉品和回赐等朝贡活动。不过到绍兴二十九年后,南宋的政局终于恢复稳定,国家日益安定下来。与此同时,海外蕃商们的船只纷纷前来,聚集到离都城较近的泉州。当时,政府方面也看好南海交易品的利益,因此对海外贸易持积极支持的态度。正是在这样的时期,朝廷许可了占城使者前来都城正式朝贡。由于这是进入南宋以后初次迎接进奉使,查找以前的相关资料,却没有资料记录,因此南宋方陷入了临时匆匆忙忙制定条例的纷乱之中。此后,这些占城朝贡的条例就成为以后历次朝贡的范本。这些内容在《中兴礼书》中都有记载,因此本文根据书中的记载而一一加以介绍。关于这次朝贡,有两三个较明显的特征,兹记录如下。

(1)如果两国之间没有任何有形或无形的利益,朝贡一事就无法成立。这个时期的占城王邹时巴兰,占城名 JayaHarivarman1,1145—1160 年(绍兴十五年—三十年)在位,是一位攻破柬埔寨、实现国内统一的国王。这位国王为了求得和以前的国王杨卜麻叠相同的称号,派遣使者前来朝贡。而另一方面,伴随着江南的开发,南宋政府的目光开始对准了海外。而将两国连接起来的,则是每年往来占城从事商贩的中国商人陈惟安。他不仅为占城方准备了深受中国欢迎的 40 吨香药作为进奉品,而且还在怀远驿中为进奉使指导礼仪,提供翻译,和使者们同泊在驿站中。在朝贡的名义下,中国商人在东南亚的活跃是相当引人注目的。

(2)进奉品与回赐

关于进奉品,已在正文中作了叙述,因而此处省略不述,仅来看一下回赐(Ⅱ"绍兴二十五年的进奉品与回赐")。回赐有:1.一般的回赐;2.回赐以外的衣服等;3.赐给王的银、绢和衣服;4.进奉使共 20 人,包括朝见使、副使、判官、防援员等,在回程时,以朝辞使的名义分别赐给衣服和银器等。事实上,朝见和朝辞是同一人;5.朝见后的节料;6.授予占城王称号,对进奉使萨达麻、商人陈惟安也分别授予不同的称号。即所有参与本次朝贡活动的占城人都给予了谢礼。

(3)全程参与这次朝贡活动的国内引伴者(Ⅲ"给引伴者的谢礼"),也给予各种不同的谢礼。给押伴官私觌的恩典,在交趾的事例中也有过,这可以作为今后的课题来作进一步研究。不过在这次朝贡活动中最活跃的客省,却没有谢礼的记载,可能因为这是他的本职吧。另外,来回途中搬运货物的兵士 30 人也没有收到谢礼的记载。

(4)驿站中朝贡相关人员的食费、使用到的文房用具,甚至绳带之类……都有详细的规定,

明确由哪个部门具体支付。

(5)行程和日程等都有非常详尽的安排。这次赴阙朝贡,占城方面在中国大约待了半年。朝贡使们大概是乘着夏天的季风入航而来,然后顺着冬天的北风回国的吧。他们虽然多在泉州活动,但应该是从广州市舶司前来,所需要的日程当是相当长的。

以上探讨了绍兴二十五年的朝贡情况。事实上,此后进奉品与回赐品的关系也改变了。进奉品中的大部分后来就不成为进奉品了,而变成了买卖品,即作为南海交易品而被买卖交易。同理,由于进奉品减少,因此皇帝赐予的回赐品也相应变少。这就是说,进奉品已经成了南海交易品,在市场中流通,一方面增加了国家的关税收入,另一方面无疑也促进了从事买卖的商人们的活跃。关于朝贡进奉品的具体情况,打算作为今后研究的课题。

南宋早期宫廷用瓷及相关问题探析

——从原杭州东南化工厂出土瓷器谈起

邓禾颖(杭州南宋官窑博物馆)

2009年上半年,在原杭州东南化工厂厂址,曾出土大量具有南宋时代特质的精美瓷片标本,且窑口十分丰富,据不完全统计有越窑、定窑、建窑、吉州窑、高丽窑、汝窑、巩县窑绞胎器等,其中越窑、定窑出土量甚巨。因杭州东南化工厂址距南宋皇城遗址不远,地理位置较特殊,加之出土瓷器内涵的多样性,引发了众多古陶瓷爱好者的浓厚兴趣。由于越窑停烧于南宋早期已被大多数学者认可,加之同伴出土的瓷器中未见南宋官窑瓷器以及在南宋中后期常见的龙泉青瓷,故将它们归为南宋早期宫廷用瓷应是恰当的。笔者有幸上手观摩了一批标本,从中对古陶瓷学界一直关注的南宋早期宫廷用瓷的话题有了进一步的认识和思考。今将之撰写成文,以抛砖引玉,草率及不妥之处敬请方家斧正。

一、特殊的出土地点和丰富的出土瓷器

杭州东南化工厂位于杭州市上城区江城路与上仓桥路交叉口,西临六步桥,再往西即为南宋御街(今中山路),东与候潮门隔江城路对望。经与

《咸淳临安志》中的南宋皇城图对应查考,并与南宋临安城考古及历史专家交换意见,判断该地点即为南宋临安城的都亭驿位置所在。

都亭驿,相当于今天的国宾馆,始建于北宋。据史料记载,北宋与辽订立澶渊之盟后,正式建立了和平外交关系,自此确立了互派使节的制度。都亭驿就是北宋王朝招待辽使团的国宾馆,也是当时东京最大的驿馆,有房舍数百间,辽使臣可在驿内进行商品交易。南宋自绍兴和议(绍兴十一年,即1141)后,宋金不仅恢复了互派使节制度,还将此作为正式合约内容写入宋朝的誓书中,每逢元旦、新皇帝即位、皇帝和太后的生辰或丧事等吉庆丧哀之时,两国都定期互派使节,且不受战争的影响,而在一些特殊时期也多派使节往来,尽量和平解决纠纷和争端。据《建炎以来系年要录》卷一四四“绍兴十二年三月己酉条:都亭驿成”的记载,都亭驿的建成使用时间得以明确;《乾道临安志》卷一有“都亭驿在候潮门里”的记载。在绍兴十一年底宋金和议后,南宋根基基本稳固,遂开始了大规模的建设,都亭驿作为国家重要机构,理当优先考虑。查阅史料可知,南宋时期的都亭驿功能十分广泛,不仅皇帝在此宴请大臣和金朝来客,也是大臣们相互宴请处;不单外交使节在此住宿,就连外地的大将、大臣初来乍到京城,若一时找不到住处,都亭驿亦可提供住宿,如史料记载,南宋初期的名将刘锜刚来到临安时,就暂居在都亭驿。

了解了该处地理位置的特殊性,我们便不难理解此处为何会集中出土如此丰富且质量上乘的南宋各窑口瓷片了。出土物中,以越窑、定窑数量最为众多,其他如建窑、吉州窑、高丽青瓷、汝窑和巩县窑绞胎器也有一定数量或少量出土,以下将笔者所见各窑口代表性瓷器标本作简要介绍:

1. 越窑

出土的越窑瓷器有盖罐、碗、盘、盏、执壶、钵、炉、长颈瓶等等,均为传统越窑釉色。基本采用垫圈垫烧,装饰手法主要有划花和刻花两类,也有印花、镂空、堆塑等,纹饰有莲瓣纹、荷花纹、菊花纹、兰草纹、婴戏纹、牡丹纹、波涛纹、魔羯纹、龙纹、凤纹、花鸟纹等等,题材广泛,刻工线条流畅精美、技法娴熟。部分器物底部有釉下或釉上刻款,如“御厨”、“苑”、“后苑”、“司”、“贵妃”、“翟贵”等。

以往对越窑的认识一直认为越窑在北宋中晚期已衰亡,对于南宋越窑的认识存在着不确定性,即没有一处越窑遗址能被确定为南宋时期。随着上世纪九十年代寺龙口窑址的发现与发掘,得知越窑的烧造历史延续到南宋时期。寺龙口窑南宋时期烧制刻划花青瓷与乳浊釉青瓷两类产品,前者虽为越窑传统釉色,但与北宋时期的产品相比风格差异较易判别,主要在于其刻划方法及纹样与北方定窑、耀州窑的刻划花瓷器相似,有异曲同工之妙;后者则是以往所未见,古陶瓷研究界普遍认同这类产品与河南汝窑有一定关系。

将出土的越窑标本与寺龙口越窑窑址南宋早期地层出土标本比对,所有器物均能一一对上号,表明应该就是当地的产品,这也与文献记载吻合。因此基本可以肯定这批越窑产品的产地为慈溪寺龙口。

2. 定窑

出土的定窑器以白釉为主,间有少量黑釉,器形以日用的盘、碗、罐为主。装饰手法,刻划花和印花的数量都很大。刻划有萱草纹和荷花、荷叶的,均为定窑常见的装饰纹样;多单面刻划,也有少量双面装饰的,线条流畅。印花类题材比较丰富,有海水鱼纹、凤纹、螭纹、龙纹、飞雁纹等等,产品制作精美,堪称为定瓷中的上品。发现部分带有釉下或釉上刻款,如"苑"、"殿"、"尚药局"、"殿外"、"赛"、"翟位"、"和国"、"提辖□用"等等。此外,还可见少量盘碗等器皿的外壁涂有一层暗红色的漆,而几乎所有上漆的外壁均为素胎。另外,笔者还见到两件黑釉碗,胎体轻薄、釉色黑亮,釉施至近圈足处露白胎,胎质坚致细腻。

3. 其他窑口

(1)建窑:出土一些黑釉茶盏,胎骨紧密、釉色黑亮,属常见的建窑产品,器型以束口为主,个别底部刻有"供御"款。值得一提的是,出土一件器身带有结晶斑点的茶盏,宝蓝色的不规则斑点熠熠生辉,宛若新作,令人拍案称绝。其因曜变而生的艺术效果丝毫不亚于日本静嘉堂文库美术馆所藏的同类作品,是目前为止笔者所见建窑呈色最上等之产品。

(2)吉州窑:同为茶盏的吉州窑产品,虽然质地粗松,但与建窑独创的油滴、兔毫及曜变天目等神秘釉色不同,其创新的木叶纹及剪纸贴花类的作品,别有一番风雅情趣,让人耳目一新。出土的几件茶盏及罐类器皿,黑、褐釉上以木叶纹、剪纸贴花、玳瑁斑等作装饰,均为典型的吉州窑风格产品。

（3）高丽青瓷:就笔者所见的几件高丽青瓷标本,有茶盏、鸳鸯形香薰、雏鸡形砚滴以及梅瓶类型的大器残片。装饰方法既有素面也有阴刻、阳刻等高丽青瓷于12世纪初开始流行的纹样及象生器形。有的器盖内部釉上刻有与越窑相同的"贵妃"款。

（4）此外,笔者还见到几件汝窑及绞胎器残片,因数量个别,这里不再展开介绍。

二、由出土瓷器引发的思考

1.对南宋宫廷所用定窑白瓷的探讨

在宋代众多窑口的瓷器中,定窑白瓷为宫廷所用的记载相对于其他窑口的瓷器而言应是最多的。尽管有史料记载表明在北宋晚期定窑瓷器因芒口而被排除在宫廷用瓷之外,但随着宋室南迁,定窑在南宋宫廷中重新又受到喜爱和重用。南宋人周密在《武林旧事》的记述中,几次提到宫廷陈设中有定窑瓷器;南宋太平老人的《袖中锦》还特别记录了当时世人所称的一些"天下第一",其中就包括"定瓷"。定窑白瓷在南宋京城临安大量出土,充分说明了这一点。此外上述的一些越窑产品纹饰及器形具有明显对定窑产品的模仿痕迹,也进一步说明定窑瓷器在南宋宫廷受喜爱的程度。

有观点认为临安城出土的定瓷应属北宋制品,可能是宋室南迁的携带之物。笔者以为这样的认识是片面的。试想,宋室南渡之时一路有金兵追赶,包括高宗在内的皇室成员连自家性命都难保,在如此狼狈的情形下,谁还会在乎仅仅只为日常吃喝所需又极易破碎的瓷器呢,更何况这些具备了北宋末至金早期定瓷特点的产品在南宋京城的出土量并不少,这就更难认定它们属于南渡携带之物了。据《大金集礼》载,天眷二年(1139),以"定器一千事"为金朝公主的礼物。说明北宋灭亡后,定窑的生产未受太大影响,仍保持着较一般窑场为高的品质,并依旧作为供奉为朝廷使用。定窑近年的考古发掘亦表明,金早期定瓷的确延续了北宋晚期的高品质生产,包括"尚药局"、"尚食局"款的产品,进入金朝后仍在生产。

也有观点认为在宋金对峙的局面下,不可能有如此大量的北方产品来到南方,结合清代陶瓷书籍有"南定"的记载,推测在南宋疆域出土的定瓷中绝大部分应为南方白瓷窑场烧造。

这里有必要稍稍展开话题,谈一谈宋金之间的贸易往来。绍兴十一年底宋金和议后,于第二年即在今江苏、安徽、河南、湖北、甘肃等地设立了多个榷场,作为南北货物交换中心,进行官方课税管理下的贸易。(绍兴十二年的确是百废待兴之年,许多机构都在这一年建立,文章开头提到的都亭驿亦于该年建成。)但在丰厚利润的诱惑下,人们寻找更多的渠道,从长江、淮河或海上进行走私。据相关史料反映,从事走私贸易的,有大小资本的商人,前线的军官,出使的官员,而在他们的背后,还有作为出资人身份的贵族乃至朝廷官员。文献记载双方贸易涉及的范围相当广泛,这其中必然包括定窑瓷器。隋唐大运河通济渠段的考古发掘中曾发现了大量宋金时期的瓷器,其中就有定窑产品。

事实上,从南宋窑址考古发现的白瓷产品,其品质难与定窑并论。故笔者相信,临安城出土的这些与定窑近似度极高的产品就产自定窑。

2. 关于出土部分定窑白瓷上漆的问题

在东南化工厂出土为数众多的定窑白瓷中,有少量盘碗类日用器皿的外壁涂有一层暗红色的漆,几乎所有上漆的外壁均为素胎,内壁施有匀净的白釉,有的为素面,有的则有纹样装饰。素胎的外壁表明这类瓷器是刻意定制的。笔者曾就此问题咨询过有关专家,了解到在北方出土的宋金时期定窑产品未曾出现过上漆现象。

经查找相关资料可知,最早给瓷器上漆应始于唐朝。1987年陕西扶风法门寺地宫出土两件秘色银棱平脱瓷碗,系将金银平脱工艺运用于瓷器上,即在秘色瓷上贴金银、再涂漆,这在我国浩瀚的文献和以往考古发掘中均属首次发现,实属弥足珍贵。但这与东南化工厂出土的上漆定器显然不属于同一类情况。类似的情况只见于几百年之后《清宫造办处活计档案》中的相关记载,在明清官窑祭器中有上漆的瓷器,当时是因为漆器不足,遂由瓷器外壁上漆作为替代品。档案中没有刻意说明上漆的外壁是否施釉。

我们知道北方不产漆器。绍兴三年(1133)、乾道七年(1171)都曾有"漆货"入北界的记载。漆器是江南的产品,且于各地广泛制作。浙江漆器在北宋中期以后尤其获得较高评价。《袖中锦》书中将浙漆与定瓷、端砚、监书、内酒等同列天下第一的产业。笔记小说中也常见"温州漆器铺"为名号的商店。从考古资料所见,南宋漆器上不乏书写杭州、温州、江宁、湖州、常州、潭州等产地名。可以推测,给这类瓷器上漆应该就在杭州或附近完成。而在当时属于金朝统治区域的定窑产地定制这批外壁为素胎的产品,是作为类似明清宫廷替代漆器的祭器使用还是有其他的特殊用途,尚需要更多的史料及相关实物进行考证。但至少可以说明,在南宋早期,宋金两国间的互赠礼品及贸易往来确实超出过去传统的认识范畴。

3.关于南宋越窑中的类汝窑乳浊釉产品

在东南化工厂出土的众多南宋越窑标本中,类汝窑乳浊釉产品很少见,结合寺龙口发掘报告称:"乳浊釉产品器形和釉色都达到合适的标准的较少,往往生烧或过烧,说明窑工还未能熟练掌握这一技术,此时还处于初期和试制阶段"。笔者认为,寺龙口仿汝窑产品在南宋早期尚未作为成熟产品批量进入宫廷使用,后随着京城重设的南宋官窑的烧造成功,宫廷没有必要再舍近求远,从而放弃了这类产品的生产,这也是类汝窑产品无论在窑址还是京城出土量都不大的原因。毋庸置疑的是,越窑窑工们尝试用不同的胎釉和窑炉来恢复深得高宗青睐和怀念的汝瓷,其技术难度可想而知,但正是由于他们的努力,才为其后南宋官窑的重设打下了技术基础。

4.曜变天目在南宋临安城遗址出土的意义

在东南化工厂出土的瓷器碎片中,建窑产品的出土量并不多,而其中一件曜变天目盏虽残缺不全,却颇为引人注目。众所周知,黑釉茶盏在日本被称之为"天目"。而曜变天目因为是世上罕见之物,在十六世纪初期的日本史料《君台观左右帐记》(这本书是足利将军的朋友们对他收藏的唐物进行评鉴的记录）中就被标榜为建盏中的无上神品。目前，所知曜变天目的传世器仅为三件，均在日本，分别珍藏于静嘉堂文库美术馆、京都大德寺龙光院和大阪藤田美术馆。它们被日本政府定为国宝，并被放入特制的保险库内，每七到十年才展出一次。其中静嘉堂文库美术馆所藏的曜变天目盏，更被誉为"世界第一名碗"。

曜变的效果是偶尔生成的，到目前，在建窑窑址中从未发现过可与静嘉堂文库美术馆所藏的那只曜变天目相媲美的产品。但如此罕见的曜变天目盏却在南宋临安城遗址出土了，且是迄今为止的孤例，其意义就非同一般了。据亲眼见过且上手过静嘉堂文库美术馆的曜变天目的日本学者森达也先生介绍，静嘉堂的曜变天目是有明显使用痕迹的。而东南化工厂出土的这件曜变天目残件则恍若新品，未见使用痕。究竟是什么原因让这件稀世之宝未经历茶水的洗礼，这恐怕会是个永远的谜题，同时也留给后人无限想象的空间。

5. 关于高丽镶嵌青瓷的生产时间

我们注意到，南宋临安城时有出土的高丽镶嵌青瓷，在东南化工厂的出土物中几乎未见。过去，韩国及日本有部分学者依据出土于高丽王朝仁宗（1123—1146）长陵的青瓷遗物中没有发现镶嵌青瓷以及《宣和奉使高丽图经》中对此也无记载为由，提出高丽青瓷的镶嵌技术产生于12世纪中期的说法一直因为论据不足而未得到充分认可。这批南宋早期的产品，倒恰好可以作为镶嵌青瓷产生于12世纪中期的一个论据。

三、结语

杭州东南化工厂丰富而具高品质的各类瓷器的发现，为我们探讨南宋早期宫廷用瓷开启了一扇窗户。尽管这只是当时宫廷用瓷的一个缩影，但由于其特殊的出土地点，典型性不容忽视。瓷器，仅仅是当时宫廷生活的一项物化载体，透过它，我们从中可以窥探到南宋中兴之始那一特殊历史阶段，在经济、文化、军事乃至对外交流等方方面面的诸多现象。

日僧俊芿与南宋文人士大夫的交往

定　源(上海师范大学)

中日两国一依带水,有着悠久的友好交流历史。在这两国友好往来的历史长河中,佛教文化发挥过重要的桥梁与纽带作用。隋唐以来,日本有许多僧人不畏万里波涛之险,来华求法。迄至宋代,随着中日两国交流的频繁,来华僧人进一步增多。据不完全统计,我国南宋时期来华日僧就达一百余人,其中广为大家所熟知的有重源、荣西、觉阿、道元、圆尔等人,相比之下,日僧俊芿(1166—1227)则鲜为人知。

俊芿,字我禅,号不可弃,日本仁安元年(1166)八月十日出生于肥后国饱田郡(现熊本县上益城),十四岁出家,十九岁受具足戒。他早年显密兼学,后主要致力于律学的宣扬,在日本佛教史上作为"北京律"之祖受到极高的评价。他三十四岁时,有感于鎌仓佛教律学的衰微,于南宋宁宗庆元五年(1199)入宋求法,在宋前后共十二年,于嘉定四年(1211)回国。若以俊芿三十四岁入宋为界,对他六十一年的生涯大致可分为入宋前、在宋中与归国后三个时期。在这三个时期内,俊芿归国后的活动对日本佛教作出了巨大贡献。其实,作为俊芿归国后宣扬佛学等所有活动的基础,与他在宋时期的游学经历是分不开的。应该说,若想要全面了解俊芿及其佛学思想的形成,他的在宋行迹是不可回避的课题。然而,从目前学界对俊芿的研究看,大多成果仅着眼于他归国后的建寺、弘法等活动,[①]关于他的在宋游历、交往等事迹,似乎还没有引起足够的重视。

有关俊芿的传记,信瑞撰《泉涌寺不可弃法师传》(以下简称《法师传》)②所述甚详。该传是俊芿圆寂十七年后所写,传中记载俊芿在宋行迹的内容约占全文一半以上。此外,在我国宋代佛教资料以及宋人文集中,也可以看到一些关于俊芿的零碎记录。笔者曾经利用这些资料,对俊芿在宋所游历的寺院作了考察③。其实,俊芿在宋期间除了游历名刹、参访高僧之外,与当时的文人士大夫亦有所来往,且交情甚笃。本文主要是讨论俊芿与南宋文人士大夫的交往情况。希望通过这一探讨,为了解俊芿在宋行迹的同时,加深我们对中日文化友好交流史的认识。

一、俊芿与杨简

庆元五年(1199)四月十八日,俊芿与弟子安秀、长贺等一行,乘庄次郎的商船,从日本九州博多港出发,五月初停泊于常州江阴军(现江苏省常州市江阴县),到达宋地。自此长达了他十二年的在宋修学之旅。

据考察显示,俊芿在宋期间巡游两浙名刹,足迹遍历杭州、台州、明州、秀州、温州、湖州等地,即《法师传》所谓的"游两浙名境"。俊芿在宋足迹之所以仅限于两浙境内,其主要原因,可能是与宋室南渡(1127)后北方战乱频仍、北路阻塞有关。俊芿入宋正值南宋中期,全国政治、经济、文化中心已南移江左,当时以临安(杭州)为首的江南已然是人文荟聚之地。

有关俊芿与南宋文人士大夫的交往,《法师传》中有一段值得关注的记录:

> 或公卿大夫,闻名皆钦仰,所谓钱相公、史丞相、楼参政、杨中郎等是也。此众贤者,宋代俊颖,博古儒士,珪璋受体,自有廊庙柱石之材。……然而深归释教、大爱佛乘,问法师律(问法法师),朝复暮矣。④

上文提到的公卿大夫分别是指钱象祖、史弥远、楼昉、杨简四人。钱象祖(1145—1211),字伯同,号止庵,台州临海人。历任太府寺主薄丞、刑部郎官、枢密院检详、工部侍郎。宁宗朝时他与史弥远一同,任左右丞相⑤。史弥远(1164—1233),字同叔,庆元府(宁波)鄞县人,淳熙六年(1179)进士,后迁大理司直、司封郎官兼国史编修。嘉定元年(1205)任右丞相之职,直至他绍定六年(1233)去世,历任宁宗、理宗两朝前后二十五的丞相。

与丞相钱象祖、史弥远相比,楼昉、杨简二人作为宋代儒学的代表人物则更加有名。楼昉,字旸叔,与史弥远同乡,庆元府鄞县人,绍熙四年(1177)进士,是东莱先生吕祖谦的门人,与朱子学代表者朱熹(仲晦)有过亲交,著有《崇古文决》三十五卷等。杨简(1141—1226)⑥,字敬仲,四明(宁波)慈溪人,乾道五年(1169)进士,是陆九渊的门人。因曾居慈溪德润湖,故一般人称他为"慈湖先生"⑦。有《慈湖遗书》十八卷,《续集》二卷等传世。

上述钱象祖等四人身名显赫,博学好古,《法师传》称他们均为国家栋梁,并认为他们都归心释教,敬崇佛法,钦仰俊芿的高名。从以上引文"问法师律"或"问法法师"的表述来看,他们与俊芿的交往,不仅是一种礼节上的接待,而是有过佛学问题等思想层面上的交流。然而,遗憾的是,俊芿与钱象祖、史弥远、楼昉等三人的交往,除了上文言及之外,目前尚没有其他资料证实。至于他与杨简之间的交流,《法师传》中又云:

> 又,著作郎杨先生,事笔砚述圣人道以赠法师。及从政郎孙起予,一见斯文,感叹之余,续跋其末。其文在别。⑧

"著作郎杨先生"指的就是杨简,他曾任过佐著作郎兼权兵部郎官。依上文可知,杨简曾述"圣人道"赠给俊芿,孙起予在感叹之余为其文作跋。孙起予(生卒年不详),字商友,四明人,孙枝之子,嘉定七年(1214)进士,淳祐四年(1244)任监察御史⑨。从孙起予为俊芿所作跋文一事推测,他们之间可能有所来往。只可惜其所跋内容,除了《法师传》中提示"其文在别"之外,我们现在不得而知。不过,值得庆幸的是,杨简所述的所谓"圣人道"现可见于《慈湖遗书》卷三,题名为"日本国僧俊芿求书",全文如下:

> 日本俊芿律师请言于宋朝著庭杨子,杨子举圣人之言而告之曰:"心之精神是谓圣。此心虚明无体象,广大无际量,日用云为虚灵变化,

实不曾动、不曾静、不曾生、不曾死,而人谓之动、谓之静、谓之生、谓之死。昼夜常光明,起意则昏、则非。"⑩

上文所谓"圣人之言"主要是指"心之精神是谓圣"一句,语出《孔丛子·记问》,它原本是孔子回答其弟子子思的话⑪,这句话在杨简著作中经常被引述,可以说是慈湖心学的主要思想根源。以上引文从"此心虚明无体象"下即是杨简对"心"的一种诠释。与此类似的解释,散见于杨简著作⑫。其中,值得注意的是在《慈湖遗书》卷十八,炳讲师求训中杨简还解释道:

> 孔子曰:心之精神是谓圣。即达磨谓:从上诸佛,惟以心传心,即心是佛,除此外更无别佛。⑬

在此杨简把儒家的"心"等同于佛教禅宗所谓"以心传心"的"心"。在杨简看来,无论是儒家所说的圣人也好,抑或佛教所说的佛陀(Buddha)也罢,他们都是由"心"而成。这显然是有意通过"心"的诠释来融合儒佛二教。对于俊芿的请言,杨简之所以录"圣人之言"相赠,或是基于他自己对"心"的这种理解。从某种意义上说,这种解释代表了宋代新儒学立场的一种儒佛融合论。俊芿作为一位代表佛教的来华日僧,他与杨简之间的交往,正是在这种儒佛融合的历史背景下进行的,也是儒佛融合的一种反映。

一般而言,来华日僧大多希望得到中国僧人的法语,获得印可。杨简送给俊芿的"圣人之言"虽似法语,但却不是宗教意义上的印可。通过俊芿的请言,反映了俊芿与杨简之间的交谊,以及他对宋代新儒学的一种关心。

二、俊芿与楼钥

楼钥(1137—1213),字大防,明州鄞县人。有关他的详细传记可见袁燮(1144—1224)撰《絜斋集》卷十一"资政殿大学士赠少师楼公行状"⑭一文。据行状载:楼钥是隆兴元年(1163)进士,应第时考官胡铨(1102—1180)激赏他有"翰林之才",后敕令删修"淳熙法议",绍熙初任考功郎兼礼部中书舍人，又兼直学士院。嘉定元年（1208）在丞相钱象祖与史弥远之下任知枢密院事。晚年自号攻媿主人，有文集《攻媿集》一百二十卷传世。

关于俊芿与楼钥之间的交往，日本方面的资料可见于《法师传》与《元亨释书》卷十三，因后者比前者记录较详，为叙述方便，兹引详者如下：

> 又，山阴义铦述不可刹那无此君赠芿。铦号朴翁，内外兼明，禅教并通。所谓会稽名士，葛天民无怀者也。铦又写南山、灵芝二师像，倩（请——笔者按）四明楼钥，述赞其上以送。⑮

据上引文，俊芿与楼钥之间的来往，山阴义铦起了重要作用。有关山阴义铦其人，居简《北涧集》、道融《丛林盛事》以及周密《癸辛杂识》等文献均有记录。山阴（绍兴）人，号朴翁，早年出家，居湖州上方寺，嗣法于佛照德光禅师。他天资奇逸，学通内外，尤精天台教学，上文提到赠送给俊芿的《不可刹那无此君》就是阐述一心三观、一境三谛与一念三千的天台学著作。对于该文的撰述时间，其文末跋云：

> 大唐宋天台宗，达磨山阴沙门义铦，开禧丁卯暮春，述天台宗大旨。嘉定二年己巳仲春四日，录赠日本国芿法师。⑯

依此跋文，《不可刹那无此君》是义铦撰于开禧三年（1207）三月的作品，后于嘉定二年（1209）二月录文赠予俊芿。不仅如此，另依前一引文得知，义铦还绘有唐代南山道宣与宋代灵芝元照二律师画像，请楼钥题赞后，赠给俊芿。楼钥题赞的二律师画像原本，现藏于俊芿开山的京都泉涌寺，已被指定为重点文物。笔者有幸，曾于泉涌寺拜观过原件。两幅画像均为挂轴绢本，有著色，是以写实的手法描绘而成。结跏趺，披法衣。道宣像两手平放，执拂尘。元照像右手执笔，左手握经卷。从两幅画像的整体风格来看，是典型的宋代佛教祖师像样本。两幅画像上方，均可见楼钥用楷书题写的画赞内容，兹录文如下：

［道宣像］（长宽 171.0cm×81.7cm）

日禅日教，无非为人。惟兹律仪，尤切于身。

仰止南山，与佛无间。人天师尊，不容赞叹。

嘉定三季中元四明楼钥作赞

[元照像]（长宽 171.0cm×81.7cm）

南山既远，教道中微。化身再来，是为灵芝。

持律益严，护法甚劳。灵芝之风，南山相高。

嘉定三季中元四明楼钥作赞

据上录内容，我们可以知道，楼钥为二律师画像的题赞时间是在嘉定三年（1210）七月，即俊芿回国之前的半年左右。其实，以上题赞除了作赞年月之外，同内容亦收入《攻媿集》卷十一，并且在赞后附有一段相当于跋文的文字：

> 佛法自天竺流入震旦久矣，而四海之外，奉之尤谨。今有日本国僧俊芿，慕南山灵芝之法，航海求师，首画二师之像，求余为赞。芿公恪守律严，究观诸书，既得其说，欲归以淑诸人。余非学佛者，吾儒曲礼三千，散亡多矣。然见于日用者，如入公门而鞠躬，上东阶而右足，虽造次，不可废也。《诗》曰："我心匪石，不可转也。我心匪席，不可卷也。威仪棣棣，不可选也"，此非律之说乎。归矣，使律之一宗，盛行于东海之东，于以补教化之所不及，其为利益，岂有穷哉。⑰

对于上文，首先值得注意的是，其中不但没有提及义铦绘像之事，而且也没有透露出义铦请楼钥题赞的任何信息。相反，从文意来看，还有俊芿亲自请楼钥作赞的可能。这与前述《元亨释书》的内容相抵牾。考义铦生平的相关资料，目前我们看不到有关他擅长于绘画的记录。详审两幅画像真迹，用笔天成，技巧娴熟，绝非一般平庸画工所为。因此，现存两幅画像是否真的为义铦所绘，还有探讨的余地。

我们知道，道宣与元照分别是代表唐宋律学的集大成者。楼钥赞道宣如人天之尊的佛陀，赞元照是道宣的化身，这意味着两者在律学思想上的一脉相承。楼钥上文提到俊芿是为求律而入宋的，并称赞他持律谨严，博览群书，同时对他归国宣扬律学寄予了厚望。谈及律仪，楼钥在上文中引

《诗经·邶风》文,说明儒家威仪与佛教律仪并无差异,这是从威仪或社会伦理的角度强调儒佛两者的一致性。楼钥对佛教的认识,虽然上文自称"余非学佛者",其实这是他一种习惯式的自谦,与此相同或类似的表述,可以在他撰述的《径山涂毒禅师塔铭》、《瑞岩石聪禅师塔铭》⑱以及《雪窦足庵禅师塔铭》⑲中看到。《攻媿集》中收入不少楼钥所撰的佛教相关文章,从这些文章我们可以得知楼钥的佛学修养以及他与南宋僧人之间的交往,甚至在《攻媿集》卷五十七所收"天童山千佛阁记"中,他还记录了俊芿之前入宋的荣西从日本运木建构千佛阁的情况。

俊芿在宋期间,楼钥是钱象祖、史弥远之下的知枢密院事。另外,从《攻媿集》可以得知,楼钥与杨简、楼昉之间亦有所交往,他与楼昉还是南宋四明楼氏文人家族的代表。换言之,俊芿在宋所交往的文人士大夫,他们之间本身就是交谊至深,互有往来。这种友好的人际关系,无疑为促进俊芿与文人士大夫之间的进一步交流营造了良好环境。

三、俊芿与北峰宗印周边的文人

俊芿虽然是为了求律入宋,但他到了宋地之后,并没有专治律学,而是遍习南宋流行的禅、教、律三宗,且尤精天台。在宋期间,他主要是依止当时天台学权威北峰宗印学习天台教观。

北峰宗印(1148—1213),字元实,号北峰,盐官(现浙江海宁)人。十五岁受具,为四明知礼山家派南屏系学者竹庵可观(1092—1182)的门人,历住杭州上天竺寺与秀州华亭超果寺等名刹。俊芿入宋,正值宗印重建超果寺。据我们考察,俊芿自第二次游历天台山之后,从嘉泰四年(1204)春至他回国的嘉定四年(1209),期间除了短暂出游杭州、台州、温州以及随宗印到湖州宝云寺参加净业念佛之外,一直都住在超果寺。在宋期间,俊芿居住超果寺依止宗印学习的时间最长,他与宗印身边的文人是否有所来往,是我们以下要讨论的问题。

据《法师传》载，俊芿在超果寺期间，与华亭当地的章氏、官人周大孺、贡士周冕以及钱氏家人等均有来往。他们当中大多是由于疾病、难产等原因，到超果寺请宗印祈福，宗印推荐俊芿，认为他"智行兼备，堪为祈之"。后来的确通过俊芿的祈祷，尤其是通过他修持密法仪轨而感得不少灵验，于是大家便敬重俊芿，正如同寺慧明比丘称他"戒行道德，花（华）亭士庶，尊敬如佛"。不过，从章氏、周大孺等在家者的举措看，他们与俊芿之间主要是建立在一种信仰层面上的交流。

此外，俊芿在超果寺期间，因他对天台教观以及律学思想的出色理解，在赢得宗印的极高赞誉的同时，也赢得宗印周边士大夫的尊重。《法师传》说"因慈（兹——笔者按）公卿大夫庶人等拜谒北峰者，必问讯法师"。由此看来，俊芿与宗印周边的公卿大夫等亦有所交往。

有关宗印周边的公卿大夫，他的两位在家嗣法者最值得注意。查《佛祖统纪》卷十七，宗印的嗣法者包括俊芿在内共有十六人，其中有两位在家文人，他们的名字分别是赵彦肃与吴克已。

赵彦肃与吴克已在《佛祖统纪》卷十七中均有立传。赵彦肃（生卒年不详），字子敬，严陵（现杭州桐庐）人，庆元（1195—1200）进士，曾谒宗印研讨佛法大意，并删定止观，其学问有"洛学翘楚"之称，有著作《复斋易说》六卷等。吴克已（1140—1214），字复之，号铠庵居士，因目疾祷圆通大士（观音）有感而深信佛教。一生著述颇丰，儒学、历史学方面有《儒语读史精骑》二卷、《杂著》《历代纲领》各一卷，《习易》《遗稿集》《封建井田》各三卷、《孟语集注》等。佛教方面有《科四教仪》、《楞严纲目》、《楞严集解》、《止观大科》、《法华枢键》、"重刊删定止观序"、"与喻贡元书"、"刊往生行愿略传序"等。上列著述虽然传世不多，但从书名来看，吴克已学通内外，佛教方面尤精楞严与天台。

提到吴克已的著作，我们不应该忘记他编撰《释门正统》的功绩。《佛祖统纪》卷十七所立其传云"晚编释门正统，未就而亡，良渚宗鉴为续成之"。现收于《卍续藏经》卷七十五的《释门正统》虽题为宗鉴所集，但这只是宗鉴继承了吴克已的未竟之业。换言之，现存《释门正统》的一部分内容原本是吴克已所撰的。实际上,宗鉴在编撰过程中,他并没有埋没吴克已的先辑之功,《释门正统》卷七所立"吴克已传"宗鉴作了以下交代:

> 晚编释门正统,曰纪运、曰列传、曰总论,未就伦理,今兹所集,资彼为多。宗鉴不没其实,于其高义,必标"铠庵曰"字以冠之。⑳

《释门正统》的编撰很大程度上是模仿司马迁《史记》的体例,吴克已所编的内容主要是纪运、列传与总论部分,宗鉴为了尊重吴克已的劳动成果,援引或参考的部分均标以"铠庵曰"三字,以示说明。然而,有趣的事,在现存八卷《释门正统》中,有关俊芿的事迹记录多达三处。由于吴克已是《释门正统》的编撰者之一,因此其中所见三处记事,是否可能出自吴克已之手,值得讨论。

通过考察,《释门正统》所见关于俊芿的三处记事,除了该书卷七"北峰宗印传"中所见一处之外,其余两处均有可能是吴克已执笔的。卷七一处非吴克已所撰的理由是"北峰宗印传"末有"嘉定十七年,删(嗣——笔者按)子元粹绍其席云"一句,因为吴克已是死于嘉定七年(1214),所以他不可能记述死后十年之事。至于剩余两处是否为吴克已所撰,以下分别进行引述。

首先,《释门正统》卷三"弟子志"谈到密教传承时云:

> 先是不空弟子慧果,授与日本空海,传授不绝。近俊芿来云间,从北峰印学者,即其遗派,学术行业,真东海翘楚也。㉑

上文大意主要是说中国密教通过空海传至日本,绵延不绝传授至俊芿,并赞俊芿学业道德,实乃东海之翘楚。然而,我们知道,俊芿是为求律入宋,虽然早年也学过密教,但在宋期间学习最多的是天台。在密教传承中,对俊芿作如此之高的评价是超乎想象的。不过,考察俊芿在宋活动,如前所述,俊芿在超果寺期间,曾经的确为当地在家信徒章氏及周大孺等修持过密教式的不动法与七佛药师法,且通过俊芿的祈祷,最终感得灵验,于是华亭信众对他钦仰有加。以上引文的撰述背景,也许与俊芿在超果寺进行密教活动不无关系。

"云间"是华亭的别称。从"近俊芿来云间"的措辞看,执笔者在撰此文时可能也在华亭,且与俊芿有面识之缘。吴克已晚于宗印一年去世,他作为宗印的门人之一,往来于其座下是自然的。《释门正统》卷二收吴克已所撰的唐代"梁肃传"中谈到"铠庵曾于北蜂(峰——笔者按)处睹写本"[22],即指吴克已曾于北峰(宗印)处看到过《梁肃文集》的写本。此所谓的北峰处,应是指宗印长期所住的超果寺。若这种推测无误,吴克已知道俊芿在超果寺修持过密教活动是可以肯定的。因此,上举引文当可视为是吴克已对俊芿密教活动的一种评价。

其次,在《释门正统》卷八"律宗相关载记"中还有以下一文:

> 铠庵曰:南山一宗,始优婆离结集毗藏,……但据古来弘成论,论师之义,谓空宗五义,分通大乘,遂立圆宗戒体(今被日本法师立问,终莫能答)。[23]

此文是讨论有关戒律传承以及戒体的问题,因明确冠有"铠庵曰"三字,可以肯定这段文字是吴克已所撰。文末小字注"日本法师"指的就是俊芿,《法师传》中引此文云"释门正统第八立圆宗戒体,注曰:今被日本法师问,终莫能答。已上"。围绕戒体等问题,由俊芿提问,了然、智瑞等南宋律僧作答的内容,现可见于《律宗问答》以及守一所编的《终南家业》。有关俊芿在宋的律学问答,须另文探讨。

总之,从上文引述的内容来看,吴克已不仅知道俊芿在超果寺期间所举行的密教修持活动,而且对他与南宋律僧之间的有关律学讨论亦有所了解。在宗印门人的两位在家嗣法者中,俊芿与赵彦肃之间是否有过来往,我们目前不得而知,但与吴克已之间的交往是可以肯定的。

四、俊芿对儒学的关心

这里所谓的"儒学",主要是指宋代新儒学而言。福井康顺曾撰《俊芿律师の宋学初传について》[24]一文认为:宋代新儒学最早是通过俊芿传至日本的。福井氏的这种看法是否正确虽然还有讨论的余地,但俊芿对宋代新儒学曾表示出极大的关心是值得肯定的。这点从以上所讨论的俊芿与南宋文人士大夫的交流可以略窥一二。俊芿作为一位佛教僧侣,他不但精通内典,而且在世俗学问方面也造诣不浅。《法师传》称他是"又孔夫老庄之教,相如、扬雄之文,天文、地理之籍,诊脉、漏刻之方,淘汰混淆,洞达深致"。又据《法师传》载:俊芿在嘉定三年(1210)秋准备从四明乘乡船回国时,当时船上载有"佛像经卷,内外典籍及古今名贤书法,道俗饯别诗篇等"。后来虽因大风回国未果,但在第二年,即嘉定四年(1210)顺利回国时,他携回日本的典籍有:

> 律宗大小部文三百二十七卷,天台教观文字七百一十六卷,华严章疏百七十五卷,儒道书籍二百五十六卷,杂书四百六十三卷,法帖御书堂帖等碑文七十六卷,杂碑等不能委记,都庐二千一百三卷。[25]

俊芿携回的典籍共达二千一百余卷,通过这个目录以及各宗部所收集的典籍数量,可以侧面了解俊芿在宋所关心的问题。佛教方面数量最多的是天台典籍,依次是律宗与华严宗。世俗文书中,仅儒道典籍就达二百五十六卷。遗憾的是,由于各种原因,俊芿携回的这些典籍,保存至今的寥寥无几。儒道典籍除了以上提示有多少卷数之外,具体是哪些内容,我们几乎无从得知。不过,俊芿回国后,在建寺、弘法之余,也积极宣扬宋代新儒学。《法师传》说:

> 自是厥后,笔精之义,宋朝之谈,日新月故,亹亹不怠。五经三史奥粹,本朝未谈之义,法师甫陈,左府闻之,无不叹异。[26]

"左府"是指当时的贵族左大臣德大寺继公。依上引文得知,对于当时镰仓中期的日本而言,俊芿携回的儒道典籍,其中一部分无疑是代表了宋代的一种最新学问。

中国文化对日本文化的影响,无论给予多少评价都不过分。但是,我们知道任何一种文化的交流它都应该是互动或双向的。也就是说,我们在考察中国文化输入日本的同时,也应该重视从日本回传的一种文化逆流现象。仅以俊芿为例,他回国后并没隔断与南宋之间的联系,相反在《法师传》中我们还可以看到以下记录：

> 同五年春，差思齐、幸命两徒为使，赠《四分律疏》（法砺律师撰）并
> 财货数十（什——笔者按）物于宋朝。二僧管领出博多津以后，人物共
> 失不知存没，若是白浪覆船，以入龙渊欤。㉗

"同五年"是日本建元五年（1217），即俊芿回国后的第六年。是年春，俊
芿派遣弟子思齐、幸命二人携唐·法砺撰《四分律疏》及其他财物等赠予宋
朝。他们自博多港出发后，杳无音信，或是中流遇难。与此类似的记载亦可
见于《释门正统》卷七中的"北峰宗印传"，传文中云"芿遣徒于日本取五部
法，而徒死于海。吁！圣教行否，亦有时耶"。值得注意的是，这里虽然提到
俊芿弟子死于海难，但赠书宋朝的不是上述的《四分律疏》，而是密教五部
法。无独有偶，元朝盛如梓撰《老学丛谈》卷上也提到俊芿向中国赠书的情
况，其文如下：

> 书之百篇，倭国犹有本。……汤东涧跋曰：日本僧芿书，朱文公言，
> 闻外国书逸篇皆全，其释孟子尽心一条，亦托外国本以备考。今北峰之
> 弟（弟——笔者补）子行果为予言，芿来中国，见六经之本不同，既归模
> 其国中本，遣高弟僧护行以送吴越知旧，中流失舟。芿以丧其弟子，误
> 谓此书不当入中国以致于此。㉘

上文的"书之百篇"是指《尚书》。据汤东涧所作的跋文，我们可以知道，
南宋时期某些儒家典籍已经散佚，或存在版本上的差异，相反，这些典籍在
日本有所保存，足资校勘，并可补宋本之缺。因此俊芿回国后，努力收集有
关"六经"版本，并遣徒送予旧友，只可惜中流失舟，人物两失。这里所说的
旧友，不知具体何指，有可能是俊芿在宋交往的某位士大夫。

汤东涧，名汤汉，字伯纪，饶州安仁（现江西余江市）人，《宋史》卷一百九
十七有传。关于他的生卒年代，《宋史》没有交代，只说他享年七十一岁。依
《宋史》卷四十六本纪咸淳八年春正月条"己丑，汤汉卒，赐谥文清"载，可推
知他是出生于嘉泰二年（1202）。从汤东涧的生卒年推测，他与俊芿不太可
能有直接交往。汤东涧的如上跋文内容，其信息是来自"朱文公"即朱熹与

北峰宗印弟子行果，尤其是有关俊芿向南宋赠送"六经"之事主要是来自行果。行果与俊芿为同一师门，是宗印十六位嗣法弟子之一。至于他与汤东涧的关系，《续佛祖统记》卷一云：

> 法师行果，号南涧。住天竺灵鹫，与汤文清公汉为莫逆交，有唱和
> 诗文。㉙

"汤文清公汉"即是汤东涧，行果与汤东涧原本是莫逆之交。因此，行果告诉汤东涧有关俊芿的赠书之事足以信赖。

然而，综观以上资料，俊芿弟子赠书宋朝而遭遇海难的记录虽然一致，但所赠之书则分别有法砺撰《四分律疏》、密教五部法以及儒家六经的不同，这是否意味着俊芿前后三次派遣弟子向宋朝赠书？首先，尽管八百年前的中日交通航海技术无法与今日相比，海难事故在所难免，但我们还是很难相信俊芿三次派遣弟子而均遇难的事实。其次，在由俊芿开创的京都泉涌寺僧团中，除了以上思齐、幸命二人之外，继俊芿之后入宋的律僧至少还有昙照净业、月翁智镜、理性道玄以及闻阳湛海等㉚，他们四人都顺帆入宋、安全回国。因此，有关俊芿向宋朝赠送典籍而遭遇海难之事，合理的解释应该只有一次。

俊芿向宋朝赠送的典籍原来都是中国传去的。法砺撰《四分律疏》最早应该是由鉴真传入日本的㉛。密教五部法当指由空海传入日本的金刚界五部法或密教类经典。《诗经》、《尚书》、《礼经》、《乐经》、《周易》、《春秋》等"六经"虽然不知始传于何时，但有关《尚书》的回传，欧阳修《日本刀歌》中言：

> 徐福行时书未焚，逸书百篇今尚存。
> 令严不许传中国，举世无人识古文。㉜

这里所说的"逸书百篇今尚存"即是前引《老学丛谈》开篇"书之百篇，倭国犹有本"的意思。通过欧阳修《日本刀歌》我们可以得知，北宋时期虽然听说在日本百篇《尚书》保存完好，但却不许回传中国。所谓的不许回传，这可能是与当时日本藤原氏时期实行严禁对外贸易的一种锁国政策有关。由

于是一政策，北宋时期的中日交流一度几乎中断。迄至南宋，尤其是南宋中期之后，中日两国恢复并加强了友好来往。俊芿有意将中国业已散逸不全的《尚书》等典籍回传，正是这一时期两国文化友好交流的结果之一。

风波无情，俊芿赠书最终未能达到宋地是令人叹惜的。然而，我们知道，任何一种文化的传播都离不开人与书籍。换言之，文化的传播是以人为主体，以书籍为载体的。俊芿的入宋，不仅促进了两国佛教文化的友好交流，对宋代新儒学的传播与汉籍的回传也做出了一定贡献。

五、结语

自隋以降，来华日僧与我国文人士大夫的交流不绝于书。仅有宋一代而言，成寻与王安石、寂照与杨亿等人的友好交往，即是极好的例子。

俊芿在宋前后共十二年，与大约同时期入宋的荣西、道元、圆尔（此三人在宋时间大约都是五年）等相比，他的在宋时间最长。随着在宋时间的延长，他与当时僧侣士庶的交往想必也越来越频繁。仅以南宋文人士大夫的交往情况看，俊芿所交往的对象非常广泛，上至丞相下至在家的一般信众。他们之间的具体交往情况，虽然大部分仅见于《法师传》的记载，不得其详，但有些是可以通过南宋文人的文集，比如杨简的《慈湖遗书》与楼钥的《攻媿集》等记录得到进一步了解，同时可以借此证实《法师传》所载信息的可靠性。此外，宗印门下的在家嗣法者吴克已，其名字虽不见于《法师传》，但通过我们对《释门正统》记述内容的考察，他与俊芿之间应该有过直接交往，并且对俊芿在宋的活动情况也比较了解。

总之，通过俊芿与南宋文人士大夫之间的往来，可以充分看出他对宋代新儒学的关心。俊芿在宋时收集到不少儒书，以及他回国后还在宣扬儒学也多少反映了这一点。最后，附带值得一提的是，通过俊芿向宋朝赠书一事，说明了我国从唐末五代以后，由于社会动乱等各种原因造成了大量文献亡佚的事实。依《佛祖统纪》记载，我国从五代时期吴越王开始就已向日本搜访业已散佚的天台典籍。㉝从俊芿的赠书来看,有宋一代从日本输入中国的不仅是佛教典籍,儒家经典的回传也是值得我们注意的现象。㉞

注释:

①有关俊芿研究,据笔者管见,中国方面至今为止尚没有专题论文。日本方面,1942年,《支那佛教史学》第5期发表有高雄义坚:《不可弃法师俊芿の入宋に就いて》一文,该文可谓是本领域的开山之作。1972年,石田充之编:《镰仓佛教成立の研究——俊芿律师》(法藏馆)一书,收入俊芿研究的相关论文17篇,并附有资料篇,这是一部集俊芿研究之大成。此后,虽然陆续也有一些研究论文面世,但从俊芿研究的总体成果来看,他的在宋行迹还没有作个案研究。

②《大日本佛教全书》第115册收。此外,有关俊芿传记资料,还可见《元亨释书》卷一三、《律苑僧宝传》卷一一、《东大寺圆照上人行状》卷中、《招提千岁传记》卷中、《高野春秋编年辑录》卷七、《本朝高僧传》卷五八等。不过,这些资料记录大多超不出《法师传》内容范围。

③拙稿:《俊芿在宋の行历について——游学した寺院を中心にして》(第79届禅学研究会学术大会,于京都花园大学,2009年11月29日,口头发表,未刊)。

④《大日本佛教全书》卷一一五,第524—525页。

⑤《宋史》卷二一三《宰辅表》嘉定元年戊辰:"十月丙子,钱象祖自右丞相除,特进左丞相,兼枢密使兼太子宾客。史弥远自知枢密院事除,通奉大夫右丞相,兼枢密使兼太子少传"(《二十五史》第32·宋史3,台湾艺文印书馆,清乾隆武英殿刊本影印,第2567页)。

⑥在关杨简传记,《慈湖遗书·附录》收杨门人线时于宝庆三年(1227)撰"宝谟阁学士正受大夫慈湖先生行状"一文,所载甚详。此外,《宋史》卷一六六中亦有立传。

⑦"简居德润湖,濒以湖在慈邑,易名慈湖。宗其学者,不称其官,皆称曰慈湖先生"(《宋元方志丛刊》第五《宝庆四明志》卷九,中华书局1990年版,第5105页)。

⑧《大日本佛教全书》卷一一五,第525页。

⑨《宋史》卷一七八《刘伯正传》:"淳祐四年,拜端明殿学士,签书枢密院事兼权参知政事,真拜参知事,以监察御史孙起予言罢"。

⑩《文渊阁四库全书》,上海古籍出版社1989年版,第1156册第638页。

⑪即"子思问于夫子曰：'物有形类，事有真伪，心审之，奚由？'子曰：'由乎心，心之精神是谓圣，推数究理不以疑，心诚神通，则数不能遁同其所察，圣人难诸'"（四部丛刊初编本《孔丛子》卷二，第16页）。

⑫如"自古谓之心，又谓之神，孔子曰：'心之精神是谓圣'，此心无体虚明，洞照如鉴，万象毕见其中而无所藏"（《慈湖遗书》卷二·昭融记）。又如"心之精神，无方无体，至静而虚明，有变化而无营为"（《慈湖遗书》卷二·申义堂记）。

⑬《文渊阁四库全书》，上海古籍出版社1987年版，第1156册第898页。

⑭《文渊阁四库全书》，上海古籍出版社1987年版，第1157册第638页。

⑮《大日本佛教全书》卷一〇一，第163—164页。

⑯石田充之编：《镰仓佛教成立の研究——俊芿律师》（法藏馆1972年版，第400—401页）。

⑰《攻媿集》卷一一（《四部丛刊》初编本，第746页）。

⑱同上，第1080—1083页。

⑲同上，第1085页。

⑳《卍续藏经》卷七五，第439b页。

㉑《卍续藏经》卷七五，第288a页。

㉒同上，第227b页。

㉓同上，第362ab页。

㉔石田充之编：《镰仓佛教成立の研究——俊芿律师》（法藏馆1972年版，第250—270页）。

㉕《大日本佛教全书》卷一一五，第527页。

㉖同上，第530页。

㉗《大日本佛教全书》卷一一五，第528页。

㉘《文渊阁四库全书》上海古籍出版社1987年版，第866册，第520—521页。

㉙《卍续藏经》卷七五，第739c—740a页。

㉚参见《律苑僧宝传》卷一一收"戒光寺开山昙照业律师传"、"来迎院月翁镜律师传"、"我圆理性二律师传"、"闻阳湛海律师传"（《大日本佛教全书》卷一〇五）

㉛根据《唐大和上东征传》，由鉴真携往日本的中国佛教典籍共有四八部，其中包括法砺撰《四分律疏》。

㉜引自伊藤松辑、王宝平·郭万平等编《邻交征书》，上海古籍出版社2007年版，第62页。

㉝"自唐末丧乱,教籍散毁,故此诸文多在海外,于是吴越王遣使十人,往日本国求取教典"(《大正藏》第19册,第191a页。)。

㉞有宋一代,有关从日本回传的汉籍,俊芿之前入宋的奝然、寂照、成寻等日僧亦做出一定的贡献,相关资料分别见《宋史·日本传》、《杨文公谈苑》以及《参天台五台山记》等。

东京梦华:南宋人的开封记忆

梁建国(中国社会科学院历史研究所)

伴随着城市化浪潮的推进,城市更新的速度日益加快,如何记录和保存不断逝去的城市历史,是人们需要面对的现实问题。近年来关于城市记忆的研究成为学术界的热点问题之一。"城市记忆"就是城市形成、变迁和发展中具有保存价值的历史记录,是人们对这些历史记录以信息的方式加以编码、储存和提取过程的总称。正如陈平原所说:"当我们努力用文字、图像、用文化记忆来表现或阐释这座城市的前世与今生时,这座城市的精灵,便得以生生不息地延续下去。"

靖康之难,开封沦陷,宋室南迁,驻跸临安。一座曾经熟悉的繁华都市,因为战乱的原因而被迫离去,南渡移民内心的痛楚显然是刻骨铭心,南宋朝野对于开封有着无限的怀恋。那么,他们对于开封有着什么样的城市记忆?他们又是如何来重建这些记忆呢? 这其中既有对建筑等实体的再建,也包括风俗习惯的移植,既离不开南渡移民的口述言传,更有赖于文字的记述和文献的整理。本文拟就这一文化现象作一初步的探讨,不当之处,敬请方家指正。

一、城市景观与风俗的移植

(一) 城市景观

开封沦陷之后,南宋朝廷迫切需要在南方寻找一座城市来承担帝国都城的功能。几经周折,选定杭州,改名临安,并参照开封来着手建设。《玉海》卷一六《绍兴临安定都》所载:

> 绍兴四年,将还临安,始命有司建太庙。十二年,作太社、太稷、皇后庙、都亭驿、太学。十三年,筑圆丘、景灵宫、高禖坛、秘书省。十五年,作内中神御殿。十六年,广太庙,建武学。十七年,作玉津园、太一宫、万寿观。十八年,筑九宫、贵神坛。十九年,建太庙、斋殿。二十年,作玉牒所。二十二年,作左藏库、南省仓。二十五年,建执政府。二十六年,筑两相第、太医局。二十七年,建尚书六府。凡定都二十年,而郊庙官省始备。

经过多年经营,至绍兴二十八年,临安作为都城所必备的功能建筑终于初具规模。从某种意义上讲,南宋朝廷对于临安城的建设俨然是对于开封城的复制,正可谓"一时制画规模,悉与东京相埒"。当时城中的许多建筑都是仿效东京而建,比如南宋临安的皇宫,不仅规模和东京的皇宫相仿,而且连宫殿的格局也和汴京相同。再如临安大内丽正门前的宫廷广场也是仿照开封而建,并在广场的四周设有红漆权子,限制行人通过。与东京宫殿一样,临安也是一殿多用、一殿多名。贯穿临安南北的"天街",同样是仿效东京御街,在街中划设御道、河道、走廊等不同功能的分道。

原在开封的一些宫观也先后在临安复建。"宋南渡时,凡汴京有庙者,皆得祀于杭。"这些侨置宫观大多与帝国政治结合紧密,是帝国统治连续性与合法性证实的舞台,并且是帝国与皇室安危的心理保障。因其在南宋帝王政治中的特别意义,而受到皇室的特别眷顾。

作为休闲游乐的场所，园林也是南渡宋人怀旧情愫中不可或缺的载体。在临安的园林营建中东京的建筑技术和方法被大量采用，而且连名称、布局等也沿用东京。比如建于绍兴十七年(1147)的御园玉津园，就是沿用"东都旧名"，并在园林布局上也仿效东京南薰门外的玉津园。北宋东京开封园林流行种植的牡丹，同样风靡临安，如聚景园中的牡丹，就称盛于时。这样，南渡宋人虽在临安却恍然回到开封故园，产生"只把杭州作汴州"的幻觉。未曾有过开封经历的南宋人也能通过临安城中的"汴都遗风"去想象、体验北宋开封的城市意象。

当然，关于开封的城市记忆在现实中并不可能完全复制，而是结合临安的山形水系因地制宜地加以改造。因此，这座崭新的临安城既融入了汴都文明的诸多元素，又保留了西湖山水的明丽风情。

（二）城市风俗

如果说临安城的建设是朝廷和官方对于开封记忆的再造，在民间社会则是以另外的形式在临安城中营造开封当年的市井氛围。

入乡随俗，本来是移民生活方式的基本变化趋势，但这对于南渡的开封人却并不适用。开封百姓是在帝都沦陷的情况下背井离乡，被迫流落南方，所以他们对于故土的感情非常复杂，其中既有离别之情，更有亡国之恨。开封的记忆深深烙在心底，来到临安以后，他们通过各种方式复制以前的生活内容，试图将开封的城市记忆在临安中得以再现。对于南渡开封人来说，曾经熟悉的开封城虽已陷落，而曾经熟悉的市井风情能在临安重现，这也不失为开封生活的另一种复活。而当时更多的未曾到过开封的南宋人，对于开封的城市形象则并不了解，他们正是经由临安城中处处点缀的那些"汴京遗风"形成了对于开封的印象。

临安作为赵宋皇室的行在所，成为开封人南迁的重要聚集地。陆游《老学庵笔记》卷八云："大驾初驻跸临安，故都及四方士民商贾辐辏。"开封人移居到临安城内往往重操旧业，"如厢王家绒线铺，自东京流寓，今于御街开张，数铺亦不下万计"。"都城食店，多是旧京师人开张。"开封城的这些特色饮食最能引起时人的怀旧情怀。直到孝宗(1162—1189年在位)时,"尚有京师流寓经纪人,市店遭遇者,如李婆婆羹、南瓦子张家团子。"袁褧《枫窗小牍》卷上亦载:"旧京工伎固多奇妙,即烹煮盘案亦复擅名。如王楼梅花包子、曹婆肉饼、薛家羊饭、梅家鹅鸭、曹家从食、徐家瓠羹、郑家油饼、王家奶酪、段家爊物、不逢巴子南食之类,皆声称于时。若南迁湖上,鱼羹宋五嫂、羊肉李七儿、奶房王家、血肚羹宋小巴之类,皆当行不数者也。"南迁的开封人在临安城内经营着具有开封特色的酒楼、茶肆和食店。对于曾在开封生活过的来说,临安城内的这些"汴京气象"能够勾起他们对于开封的记忆。对于未曾到过开封的南宋人来说,临安城中这些带有开封印记的事物让他们感受到越来越浓郁的帝都气息。

开封人初到临安,对于当地的气候、风俗多不习惯。比如开封的饮食业比较发达,"京师人家日供常膳未识下箸,食味非取于市不属餍",而这些饮食在临安就不容易买到,有些人就开始思念开封,"命仿效制造",但做出来的效果"终不如意",再也找不回当年的韵味。不仅是饮食,临安城里所售的其他很多物品,也大都仿效东都开封的遗风,虽然"名色自若",但最终还是不能原汁原味地再现,反而是在商业利益的驱动下"日趋苟简",只图容易销售而已。不仅士庶百姓,就连在开封生活过的宋高宗对于汴京的特色食品也是念念不忘。孝宗淳熙年间,太上皇赵构"宣索市食,如李婆婆杂菜羹、贺四酪面、脏三猪胰、胡饼、戈家甜食等数种"。赵构笑谓史浩曰:"此皆京师旧人。"总之,南下"京师人"带来了东京的传统烹饪技术、风味制作以及冷藏食物等方法和技术,且为当地人所采用。当然,这种模仿并不能完全地还原开封的面貌。比如临安城中的饮食既模仿了汴京的烹饪方法,也保持和发展了鱼米之乡特色丰盛的优势,"南料北烹",经过一百余年的交流与融合,遂"混淆无南北之分矣"。

此外,临安的饮食店为招揽顾客,也刻意按照开封的习惯来装饰门面和布置店内陈设,营造出东都汴梁的氛围。"汴京熟食店,张挂名画,所以勾引观者,留连食客。今杭城茶肆亦如之,插四时花,挂名人画,装点店面。""如酒肆门首,排设权子及栀子灯等,盖因五代时郭高祖游幸汴京,茶楼酒肆俱如此装饰,故至今店家仿效成俗也。"有些高级酒楼的门首更是"以枋木及花样沓结,缚如山棚,上挂半边猪、羊,一带近里门面窗牖,皆朱绿五彩装饰",一如汴京酒楼的"欢门"。并沿袭东京风习,拓宽店堂,厅院廊庑,花木森茂,酒座雅洁,分阁座次,重帘遮隔,自成天地,不使食客群集一处,以避免人来客往,嘈杂不适。"杭城食店,多是效学京师人。开张亦效御厨体式,贵官家品件。""杭城风俗,凡百货卖饮食之人,多是装饰车盖担儿,盘盒器皿新洁精巧,以炫耀人耳目,盖效学汴京气象。及因高宗南渡后,常宣唤买市,所以不敢苟简,食味亦不敢草率也。"开封的早市场景也在临安城中再现。每日交四更,"御街铺店,闻钟而起,卖早市点心"。各行铺食及流动食贩,"填塞街市,吟叫百端,如汴京气象,殊可人意"。

时人习惯于将开封和临安对举,关于临安的文献在描绘临安的市井风俗时,对于开封每每提及。比如《武林旧事》在细致描绘临安的市民风俗之时,又以"东都遗风"来作结,这也间接表达了他们对于开封的城市印象。史籍的撰述者在描绘临安城时,对于其中的汴京文明的积极捕捉,也暗示着帝都形象由开封向临安的成功转移。也就是说,临安越来越肩负起都城的功能,而这自然是其积极模仿开封的结果。

在这一演化过程中,展露出时人的多种心态。首先是开封人对于古都的怀旧心理,他们对于故土的思念体现最直接地体现就是对开封饮食习惯的念念不忘。其次是临安人对于开封的积极追随心理,这既是迎合开封人的思乡情结,也是为了提升临安的城市层次而刻意营造开封的氛围,使其能尽快达到帝都的高度,并承担起都城的功能。再次是临安商人的逐利心理与开封人的无奈心理。时人对山寨版的开封文化显然是不满意的,但也只能接受这种现实。这些打着开封名号的物品,至少能勾起时人的怀旧情结,虽然在消费之后难免有几多失落和惆怅。随着时间的推移,半个多世纪之后,南渡的第一代移民逐渐谢世,他们的儿孙辈们对于开封的城市印象也就在与临安的交叠中逐渐模糊。

二、南宋时人的口述与笔传

（一）

开封的沦陷，象征着北宋王朝的覆灭，南宋文人的亡国之痛也反映到以汴京为主题的文学创作中。刘子翚之父刘韐在靖康之难时奉命出使金营，拒绝金人诱降，自缢而死。刘子翚时年 30 岁，接到噩耗后，悲愤交加。他"慨念故国，伤心禾黍，既痛国家变乱之端，亦识君臣误国之由"，不久写下了《汴京纪事》二十首，前七首纪国都沦陷，后十三首忆往日繁华，以对比的方式将他那种交织萦心的"靖康血难，国仇家恨"表现得淋漓尽致。刘子翚受其父爱国思想影响很深，南渡后虽隐居乡里，但无时不忧国，唯因病魔缠身，无力请缨，壮志难酬，因而写入诗中，多以长篇或组诗全景式地反映社会时事，如《望京谣》、《谕俗十二首》等。

南渡开封人对于当年的生活难以忘怀，在日常生活中对人每每言及，希望能够将开封的美好记忆传之后人。比如周辉的祖母，"暇日与子孙谈京都旧事"。特别是在绍兴初年，"故老闲坐必谈京师风物，且喜歌曹元宠'甚时得归京里去'十小阕，听之感慨有流涕者。五六十年后，更无人说着，盖着旧日就沦谢，言之可胜于邑。"但是，随着这代人的谢世，人们对于开封的感情也就逐渐变淡，少有提及了。这对于第一代移民来说，这又是他们所焦虑的。

南渡文人在著述中也会点点滴滴地追忆开封旧事。比如叶梦得（1077—1148），在北宋时历宦哲宗、徽宗、钦宗数朝，宋哲宗绍圣四年（1097）登进士第，调丹徒尉。宋徽宗时入京，后与当权丞相蔡京交往密切，用蔡京荐，召对，特迁祠部郎官，累迁翰林学士。由于久在京城为官，见多识广，故而谙熟朝廷典章制度和掌故轶事。他在晚年隐居湖州弁山玲珑山石林。绍兴五年（1135）因酷暑难熬，不能安其室，于是每日早起，即择泉石深旷、竹松幽茂处避暑，与其二子及门生"泛话古今杂事，耳目所接，论说平生出处及老交亲戚之言，以为欢笑，皆后生所未知"。后由其子栋据以择记之，因名《避暑录话》。他的另一部笔记《石林燕语》也是成书于南渡之初，书中有不少内容涉及北宋开封。

再如蔡絛，其父蔡京在宣和六年第四次被起用为宰相，因其年老体衰而不能视事，一切政务悉决于蔡絛，且代京入奏。次年，金兵南犯，开封沦陷，蔡絛被流放到白州（今广西博白）。在此期间，蔡絛撰写了《铁围山丛谈》。此书为笔记体裁的杂著，上起宋乾德年间（963—968），下及南宋绍兴（1131—1162）中，这之间二百年的轶事，无不详志备载。所记内容，都是他在京师亲见或亲闻之事，其中有许多记载，比其他笔记、野史乃至正史的有关记载都更为详尽。

还有一些文人虽然未有过在北宋开封生活的经历，但在日常生活中会听到父祖辈谈及当年在开封的见闻。他们当中有喜欢著述者，遂将听到的内容诉诸文字。比如《清波别志》的作者周煇（1126—1198），"早侍先生长者，与聆前言往行，有可传者。岁晚遗忘，十不二三，暇日因笔之。"这就是传世文献中的笔记小说，构成关于开封记忆的另一个系统，是后人了解北宋开封的另一重要的史料来源。

陆游（1125—1210）也未曾有过开封的生活经历。不过，他"尤熟识先朝典故沿革，人物出处，以故声名振耀当世"。他家中富有藏书，自幼得以博览群书；又随他父亲会见过许多前辈的学者和士大夫，得以聆听他们的谈吐；成年后，到临安（今杭州）、四川、江西、福建等处做过官，阅历见闻极富。他的《老学庵笔记》大约创作于宋孝宗淳熙末年到宋光宗绍熙初年这几年间，其中有不少条目即有关开封的城市生活及朝廷的人事掌故。

笔记小说这一系统的相关记载比较零散，涉及人物、风俗、掌故、传闻等，范围比较广。有些虽然不是直接关于开封城，但由于其人物、事件发生于此，可以极大地丰富后人对于开封城市生活、城市社会、城市文化等领域的认知。

(二)

如果说笔记小说的记载显得支离零散,孟元老的《东京梦华录》则专门对开封进行了比较系统的描述。

孟元老在徽宗崇宁二年(1103)癸未来到东京,居住于"金梁桥西夹道之南",度过了二十四年太平和美的生活。可是,靖康二年(1127)金人入侵,北宋灭亡,孟元老只好逃离开封,举家南下,避地江左,终老此生。在南方居住时,他缅想当年在开封"节物风流,人情和美"的生活,难免愁绪满怀。孟元老在《梦华录》序中谈及著书缘起时,亦云:

> 近与亲戚会面,谈及曩昔,后生往往妄生不然。仆恐浸久,论其风俗者,失于事实,诚为可惜,谨省记编次成集,庶几开卷得睹当时之盛。

对于北宋开封曾经有过的繁华,在南宋成长起来的年轻人没有亲身体验过,他们只是从父祖辈的言谈中获知一些零碎甚至失实的信息,而对此又不以为然,缺乏深厚的感情。孟元老敏感地意识到,一旦他们这代人谢世之后,后人再谈起北宋开封的情况,就更难以说清了。因此他油然而生一种使命感,决心在有生之年将开封的情形写出来以传之后世,以缅怀昔日的市井繁华,使人"开卷得睹当时之盛"。南宋绍兴十七年,《东京梦华录》终于撰成。

《梦华录》所描述的内容相当丰富,远远超出之前所有关于开封的文献,为我们描绘了上至王公贵族,下及庶民百姓的日常生活情景。

该书第一卷是京城的外城、内城及河道桥梁、皇宫内外官署衙门的分布及位置,这既勾勒出开封城的外部轮廓和地理框架,也体现出开封作为京城的政治功能。

第二卷、第三卷、第四卷集中介绍开封城内的主要街巷,而这些街巷无不是充满着浓郁的商业气息,即使相国寺这样的佛家圣地也不例外。沿街的店铺,特别是饮食店铺又是介绍的重点内容。

第五卷是介绍开封的民俗,包括京瓦伎艺、娶妇、育子等。

第六卷、第七卷、第八卷、第九卷、第十卷逐一介绍一年中的各种时令节日,描述了上自皇家下至庶民在节日期间的各种庆祝活动,而对于朝廷朝会、郊祭大典多有渲染,鲜明地体现出皇城的帝都气象。

从《梦华录》所记述的内容来看,孟元老心中最为深刻的开封记忆主要有以下几点:第一,以街巷为中心的开放式的城市格局。这反映出北宋开封城市发展的新变化,打破了之前城市的坊里结构。第二,发达的商业所浸润的浓郁的世俗气息。第三,繁荣的娱乐业所熏染的无边的享乐氛围。第四,皇家的威仪所烘托的煊赫的帝都气息。

那么,《东京梦华录》这一孟元老的个人作品能否视为南宋人的集体记忆呢?

自从《梦华录》刊行以来,就一直被视为研究北宋都市社会生活、经济文化的极其重要的历史文献内容。后人在谈及北宋晚期东京掌故时,莫不首引此书,如赵甡之的《中兴遗史》、陈元靓的《岁时广记》以及陶宗仪的《说郛》,对本书的部分资料,都有所选录。因此,这部书虽然是孟元老的个人创作,但在写成之后即广为流传,成为了解北宋开封的最重要的读物,这说明他的个人感受获得了普遍共鸣,获得广泛认可。这种个体记忆也由此逐渐凝固为集体记忆。

记忆是有选择性的,作为开封城市记忆的载体,《东京梦华录》中的图景也不可能是北宋开封的全貌。相对于开封城市本身的多元性、复杂性而言,《梦华录》所展示的也只是一个横截面。就时段而言,所记大多是宋徽宗崇宁到宣和(1102—1125)年间的情况;就内容而言,也带有明显的倾向性。《梦华录》则是着眼于城市生活的积极面,而粉饰、屏蔽了其消极面。北宋开封虽然繁华,也有社会下层贫困人群,乃至流氓恶棍之类的存在。而对于城中的恶棍,《梦华录》是这样描绘的:"妓女旧日多乘驴,宣、政间惟乘马,披凉衫,将盖头背系冠子上。少年狎客往往随后,亦跨马轻衫小帽。有三五文身恶少年控马,谓之'花腿马'。用短缰促马头刺地而行,谓之'鞅缰'。呵喝驰骤,竞逞骏逸。"《梦华录》传递了这样一种骑马护送妓女的"恶少年"形象,包括他们温和又使人怜爱的模样,是片面的。其他文献资料则清楚地展现出"恶少年"气势汹汹和蛮横放肆的形象,难得一见他们在《梦华录》里殷勤的样子。与"恶少年"类似的还有乞丐。《梦华录》描述的时期内,尽管徽宗做了种种努力,显然也无法周全地照顾汴梁的穷人,仍然有许多人流落街头。但是,在整本《梦华录》里,乞丐只有一处被提及:"至于乞丐者,亦有规格。"在汴梁街衢上的人们似乎不大可能像《梦华录》里描写的那样,井然有序而且毕恭毕敬。

南渡文人经历了《东京梦华录》所描述的繁盛景象,却又突遭靖康之难,美好岁月戛然而止。目睹开封城的沦陷,心灵上烙下难以磨灭的创伤。从南渡文人的心理来讲,回忆既是对过往生活的怀恋,也是对残缺记忆的修复。回忆的过程中必然经过了筛选,那些容易触动负面情绪的事物已多被过滤。比如艮岳,这一北宋晚期开封城中最显赫的园林,在《东京梦华录》遍录东京之名胜佳景,而于艮岳却一字不提。联系艮岳建造的历史,这一疑窦也就不能理解。当年宋徽宗穷奢极欲,为造艮岳,从江南征发花石纲,劳民伤财,直接导致方腊起义。内忧刚刚平息,外患接踵而来,北宋灭亡,生灵涂炭,繁华之东京遂成华胥一梦。虽然不能肯定孟元老就是艮岳的督造官孟揆,但被视为亡国祸根的艮岳确实是宋人心中的伤疤,是汴都繁华图景中很不协调的污点。因此,孟元老自然不愿意触及。

其次,讨论文本的内容,不能脱离作者的个人身份、阶级立场及其思想意识。就孟元老而言,在《梦华录》序中说,自幼随父亲宦游南北。宋徽宗崇宁癸未(1103),来到京师。成年后,孟元老是否做过官,他在序中语焉不详,后人颇多猜测。但从本书的内容来看,作者十分熟悉东京的宫廷生活。尽管作者在书末的按语中说:"凡大礼与禁中节次,但尝见习按,又不知果为如何。"一般以为这只是通常的谦约之辞,也可能是作者借以隐蔽身份之言。我们抛开孟元老的具体身份,至少可以判定他出身于官宦之家,生活在京城的上流社会。因此,他在开封的生活体验脱离不开他所在的圈子,进入他的写作视野。

孟元老在《梦华录》中对于城市风貌的选择性描述也是基于他自己的生活内容。比如,北宋汴京商业手工业中,有各种不同的行业,见于《东京梦华录》卷二、卷三、卷四的就有:姜行、纱行、牛行、马行、果子行、鱼行、米行、肉行、南猪行、北猪行、大货行、小货行、布行、邸店、堆垛场、酒楼、食店、茶坊、酒店、客店、瓠羹店、馒头店、面店、煎饼店、瓦子、妓院、杂物铺、药铺、金银铺、彩帛铺、染店、珠子铺、香药铺、靴店等三十多"行"。但实际上开封城内远远不止这三十多种行业。仔细分辨,不难发现孟元老所提到的这些多是与他的生活息息相关,他所熟悉的饮食、服装及娱乐行业。

就店铺而言,《梦华录》共提到的一百多家,其中酒楼和各种饮食店就占有半数以上。城中有"白矾楼"(后改为"丰乐楼")、"潘楼"、"欣乐楼"(即"任店")、"遇仙正店"、"中山正店"、"高阳正店"、"清风楼"、"长庆楼"、"八仙楼"、"班楼"、"张八家园宅正店"、"王家正店"、"李七家正店"、"仁和正店"、"会仙楼正店"等大型高级酒楼"七十二户"。其中如著名的丰乐楼,"宣和间,更修三层相高,五楼相向,各有飞桥栏槛,明暗相通,珠帘绣额,灯烛晃耀。"《东京梦华录》卷二"饮食果子"条不完全的统计,就有:乳炊羊、羊闹厅、羊角腰子、鹅鸭排蒸荔枝腰子、还元腰子、烧臆子、莲花鸭签、酒炙肚胘、入炉羊头签、鸡签、盘兔、炒兔、葱泼兔、假野狐、金丝肚羹、石肚羹、假炙獐、煎鹌子、生炒肺、炒蛤蜊、炒蟹之类不下五六十种之多。孟元老之所以能够对饮食方面的店铺有如此详细的描述,说明他平日里经常在外就餐,故而对开封城内的餐饮业情况非常了解。这自然离不开汴京市民饮食消费商品化的大背景。关于这一点,正如周煇《清波别志》中所云:"京师人家日供常膳未识下箸,食味非取于市不属餍。"另一方面,这也反映了初到临安的开封人对于当地饮食尚不习惯,故而对当年开封的生活愈加怀念。

(三)

开封沦陷后,宋人虽然日夜期盼着"王师北定中原",收复京师。但现实中的开封依然是遥不可及,只有参与军事或外交活动的人才可能有机会亲临开封。

郑刚中在绍兴九年随楼照宣谕京陕,曾路过开封。他在《西征道里记》中对于所见的混乱景象有如下描写:

> 京师旧城外不复有屋。自保康门外西至太学,道无数家。太学止

廊庑,败屋中存敦化堂。堂榜犹在,兵卒杂处其上,而牧彘于堂下。国子监令以养太学生,具牖壁略如学校。都亭驿东偏厅事栋牌尚是伪齐年号,糊牖用举人试卷,见当是试题及举人文字,专用本朝庙讳。琼林苑北人尝以为营,至今围以小小城。金明池断栋颓壁,望之萧然。

战乱过后的开封城中一片狼藉,触目惊心。街巷人烟稀疏,民居所剩无几。太学里没有了学生,而成了兵卒杂处和养猪的所在。伪齐的年号还高挂着,写着宋朝庙讳的试卷被用来糊窗户。琼林苑成为兵营,金明池断垣残壁。抬眼望去,满目苍凉,想起靖康之前繁花似锦的开封城,亡国之痛难以言表。

后来可以目睹汴京旧迹者,就是出使金国的使臣。楼钥在乾道年间曾以随员身份随舅父汪大猷使金,所撰《北行日录》对于开封及中原的情况均有反映。此时的开封已被金国改称“南京”。海陵王在重修开封城时保留了旧城原状,只是稍扩地基,重点修筑了宫阙和城楼,而其他大部分街巷和建筑并未修整。所以楼钥看到的多是颓败景象,比如:“城外人物极稀疏”,“城里亦凋残”,“景德、开宝寺二塔,并七宝阁寺上清储祥宫,颓毁已甚”,“又有栾将军庙颓垣满目”,等等。这与孟元老《东京梦华录》所记的繁华气派有着巨大的落差。

范成大在乾道六年出使金国时路过开封,所见与楼钥类似。宜春苑是一片“颓垣荒草”,入新宋门,“弥望悉荒墟”,“大相国寺,倾檐缺吻,无复旧观”。范成大最后总结:

> 旧京自城破后,疮痍不复。炀王亮徙居燕山,始以为南都,独崇饰宫阙,比旧加壮丽。民间荒残自若。新城内大抵皆墟,至有犁为田处;旧城内粗布肆,皆苟活而已。四望时见楼阁峥嵘,皆旧官观,寺宇无不颓毁。民亦久习胡俗,态度嗜好,与之俱化,最甚者衣装之类,其制尽为胡矣。自过淮已北皆然,而京师尤甚。惟妇人之服不甚改,而戴冠者绝少,多绾髻。贵人家即用珠珑璁冒之,谓之方髻。

可以想见,南宋使臣亲眼所见的残破之象与他们在《东京梦华录》中所读到的繁华印象简直是判若云泥。然而,比城市建筑的损毁更令范成大揪心的是,开封居民的生活习俗已被金人同化。由此也可以理解孟元老之所以那么细致地叙述北宋开封的风俗的良苦用心了。

周煇在淳熙年间随使节前往金国,也曾途经汴都。他在《清波别志》中写道:

> 大相国寺旧有六十余院,或止有屋数间,檐庑相接,各具庖爨,每虞火灾,乃分东西,各为两禅,两律,自经沦覆,未知今存几院。煇出疆日,往返经寺门,遥望浮屠峻峙,有指示曰:"此旧景德院也。"匆匆揽辔径过,所可见者,栋宇宏丽耳。固不暇指顾问处所。

周煇在出使之前显然对开封的城市建筑有所了解,但故土尚未收复,作为旅人的他只能行色匆匆,未能来得及一一指认。在亲临汴京旧京之时,国土沦丧之痛更加勾起内心的怅然,字里行间不禁流露出黍离之叹。但他相信,"以中原复中原,规恢洪业,信自有时节",并渴望着这一天的到来。对于渴望收复中原的南宋子民来说,这也是激励时人与后人抗金斗志的方式之一。

三、有关开封的文献搜集汇编

如果说陆游这样出生于两宋之交的一代人,还有机会直接聆听南渡移民对于开封的口述,那么南宋建立百年以后出生的人,对于北宋开封的印象就只能是来自于前人文献的记载了。比如王应麟(1223—1296),他出生时距离靖康之难已近百年。对于以王应麟为代表的南宋人来说,北宋文献中关于开封的记述是他们感知开封的其中一个来源。他的《困学纪闻》一书中关于开封坊里的记载就是转引自前人的文献:

> 宋次道《春明退朝录》,晁子止《昭德读书志》,考之《东京记》:"朱雀门外天街东,第六春明坊,宋宣献公宅,本王延德宅。宣德门前天街

东,第四昭德坊,晁文元公宅。致政后辟小园,号养素园,多阅佛书,起密严堂。"

王应麟的另一部巨著《玉海》是一部类书,分天文、律宪、地理、帝学、圣制、艺文、诏令、礼仪、车服、器用、郊祀、音乐、学校、选举、官制、兵制、朝贡、宫室、食货、兵捷、祥瑞二十一门,每门各分子目,凡二百四十余类。由于开封是北宋都城,这些门类中有不少内容就和开封有着各种各样的关系,从而间接保存了大量有关开封史地的资料。比如在《玉海》中可以看到北宋文人以开封为题所进行的辞赋创作:

淳化三年(992),杨亿《东西京赋》。

淳化三年春,和·献《观灯赋》。

咸平四年(1001)二月五日,钱惟演献《东京赋》;吴淑作《论都赋》。

天禧年间(1017—1021),杨侃作《皇畿赋》。

元丰六年(1084),周邦彦作《汴都赋》。

元丰年间,关景晖奏《汴都赋》。

宣和四年六月二十九日(1122),李长民上《广汴都赋》。

虽然这些作品多是文人为取媚当道、宣扬政见而创作颂德之作,为文造情,艺术水平不高,但也在不同层面反映了汴都的风貌。比如《皇畿赋》全文4860字,通过对开封四郊风土文物、人文景观的描写,表现了宋都开封的富裕繁华。赋作开篇作者先写京畿的军事防御,随后作者以方位为序分写四郊。东郊着意描画宜春苑、太乙宫和籍田礼,南郊着重描写南郊坛和玉津园,西郊着重写金明池和琼林苑,北郊重点写瑞圣园。关于北宋前期东京的富庶,则以汴河、蔡河的漕运状况加以概述。

再如李长民写的《广汴赋》,近七千字,全面描述了汴都宫衙、宫庙建筑的分布图景,突出汴都在政治、仪式上的城市职能。和真宗时杨侃创作的《皇畿赋》表现世俗情调不同,李长民的赋承周邦彦赋,尽量滤去汴都的人间气息,着力渲染其礼仪性,展示汴都在天地间独一无二的崇高地位,借此以表现宋王朝奉天承运的主题。

《玉海》对宋代史事大多采用"实录"和"国史日历",有较高的史料价值。后来宋继郊在编撰《东京志略》时就搜罗了很多《玉海》中的这些资料。但是,自北宋以来,专门记载开封史事的书籍并不多。北宋时期,宋敏求写过一部《东京记》二卷,载宫阙里巷事迹,可惜未能留传下来。王权的《夷门记》、环中的《汴都名实志》等有关开封的志书已难寻找。南宋初年,孟元老的《东京梦华录》虽然是记载宋代开封史事的极为重要的文献,但作为一部回忆录式的著作,内容范围较窄,未能涉及北宋开封的各个方面。鉴于这种情况,到了明朝时期,有学者开始着手搜集整理与北宋开封有关的文献。

李濂(1488—1566)是祥符(河南开封)人,入仕前曾读书于开封吹台。他有感于长安、洛阳、建业、临安等历代都城都有地志,而独汴京则无。李濂用了几十年的时间写成了《汴京遗迹志》,于嘉靖二十五年(1546)刻版印刷。《汴京遗迹志》一方面记载北宋开封的遗迹,另一方面根据这些遗迹,采摘排比前人著作中有关宋代开封史事的资料。全书所征引之书籍、篇章六七十种,篇幅不大,而且有一半收录的是前人所写有关开封的诗词歌赋。清朝初年所修纂的《开封府志》和《祥符县志》中关于宋代开封的记载,虽然增加了一些内容,但也大都没有跳出《汴京遗迹志》的范围。

周城是浙江嘉兴人,大约生活于清代康熙、雍正、乾隆三朝,但具体的生卒年月就不得而知了。他曾旅居开封三年,搜罗宋代遗迹传闻,著成《宋东京考》,于乾隆二十七年(1762)重刻。《宋东京考》的编撰方法,是将北宋首都开封的历史、地理、城池、宫殿、名胜古迹等分为四十二个门类。在每个门类下面,又分若干条目。《宋东京考》不但通过调查广泛记录了北宋开封的遗迹,而且采摘排比前人著作中有关宋代开封的资料,超出《汴京遗迹志》好几倍。据初步统计,被《宋东京考》选录资料的书籍,共有三百多种,其中有些书今天已经不存在,因此越发显得这些资料的可贵。

宋继郊(1818—1893)是开封府祥符县人。他热爱家乡,由于曾"慨然想见东京之盛",在近30年的岁月之中积极从事《东京志略》的编撰。先是收集宋人说部,后又收集《玉海》、《宋史》、《汴京遗迹志》等专书,再采各家杂著、诗文集等500多种书籍,收集材料120余万言,编入各个门类。在每目之下排列文献资料,资料排列次序为:"先经、次史、次说部、次诸家诗文集。"他所收集的资料,除了《宋会要》《续资治通鉴长编》这两部书没有找到收入以外,从宋至于明、清,关于东京及以后开封城的材料,绝大部分都收了进去。《东京志略》远比记载宋东京的明人李濂的《汴京遗迹志》、清人周城的《宋东京考》所收材料广博丰富,可谓辑录宋代至清关于开封资料之集大成者。

作为北宋的都城,大部分朝廷政治事件都发生于开封,传统政治史所涉及的政治人物、活动空间往往与这座城市有着千丝万缕的联系。因此,涉及开封的文献史料非常庞杂。可以说,从《汴京遗迹志》到《宋东京考》,再到《东京志略》,对于开封资料的搜集汇编代不乏人,所搜集的文献范围越来越宽,不断构筑着开封城市文化记忆的系列链条,丰富了开封的城市内容。这对于后人全面了解开封这座城市的历史无疑有着重要的学术意义。《东京志略》也不是这项工作的终点,关于北宋开封的史料仍有不少遗落在各种文献中,诸如宋人的文集、诗集、墓志石刻等考古资料。作为一门新兴学科,广义上的城市史,涉及历史学、地理学、社会学、经济学、建筑学、人口学、文化人类学等诸多学科,更多的文献史料可以纳入到开封的研究范围中来。

但是,由于其阅读面相对狭窄,后人搜集和汇编的开封文献,并不易构成普通民众对于开封的城市记忆。以《东京梦华录》为代表的南宋人的记述仍然是北宋开封文献系统中最为重要的组成部分。

四、余论

对于北宋开封的城市记忆,南宋人是经由多种渠道得以感知。临安城中仿建的开封景观、流行的"汴都遗风",都是他们开封记忆的重要来源。此外,南宋人还以不同的方式持续建构着开封记忆中的文献系统。他们或者如孟元老那样,以满腔的热忱、深重的感情将爱国之情诉诸笔端,或者是在日常生活中饱含深情地将旧都往事向身边的人口述言传,其中一些喜欢著述的听众再将耳闻的轶事记入史籍。也是从南宋开始,一些学者开始有意识地搜集汇编

有关开封的文献,付出了巨大的努力。这些南宋人以不同的方式来编织有关
开封的记忆链条,实际上也是对于开封记忆的重新解构和再造。一些未曾体
验过北宋时期开封生活的后人,通过这些史籍得以了解这座城市,感受其曾经
的辉煌。因而可以说,开封作为宋代都城的城市形象正是在宋室南迁之后,经
由一代一代文人的追忆、口述、笔录、整理而塑造完成。

　　"所有对于往事的记忆,必定都是残缺不全,有因时间侵蚀而断裂,也有
因人为破坏而损耗。面对往日生活的破碎印象,必须有足够的想象力与理
解力,方才能很好地复原那些远去了的历史场景,并对其作出准确的价值评
判。"南宋人历经靖康之难、国破家亡的洗礼,对于开封有着复杂的情愫,在
缅怀逝去的岁月之时,每每注入深重的家国情怀。显而易见,这些夹杂着记
述者当事人个人体验的开封记忆,距离北宋开封的客观状貌必然有一定距
离,但正因此更能体现出人与城市在时空变迁中的互动。

　　如果将南宋人和北宋人关于开封的记述加以对比,会感受到其中的明
显差异。北宋人在诗文、书信中对于开封的记述多是身在其中地即时感受,
是浑然不觉地无意识地自然流露,故而呈现出不系统、零散性的特点。南渡
宋人的个人回忆则融入了国难家仇的复杂感情,是有意识地以文字重建旧
京的记忆,努力复原开封的面貌,因而追求系统,较有条理。当然,这种复原
也带有强烈的个人主观的选择性。在叙述内容上,北宋文人多是个人在开
封城的生活感受;而南渡文人则侧重于描摹开封这座城市的地理风俗。北
宋文人在诗文中也有涉及开封的城市问题,但更多的是宣泄对于城市病的
不满,而南宋人在时空上则是从一个较远的距离来审视这座已经失去的城
市,更多的是怀念这座城市曾经的美好,因而大都是正面的记述。

　　相对于城市这一客体而言,城市史是时人与后人以文字等方式对于城
市发展历程的记述,是经由个体感受、再次创造的文化产物,因而带有鲜明
的主观性。文献作为记述的载体,是连接城市与城市史之间的纽带,北宋开
封的城市记忆就是由一系列的文献层累叠加地构筑起来。

　　当然,除了这些史籍之外,《清明上河图》这样的绘画作品也是我们今
天感受北宋开封的重要载体。不过,张择端在完成画作之后就呈献给宋徽

宗,宋徽宗酷爱此画,成为此画的第一位收藏者。在此后 800 多年的岁月里里,这幅旷世杰作一直是历代帝王权贵巧取豪夺的目标。而对于南宋时的普通民众来说,反而少有机会看到,因此并不能构成时人开封记忆的重要元素。

南宋西湖上的游船有多大?

——论宋代量度船只大小的单位与方法

李弘祺(台湾清华大学)

　　南宋杭州的西湖早已经是一个游览的胜地,不只是山光水色,令人着迷,历来更是游人如织,激发诗人墨客,吟咏不止。而西湖上更有各样的船只穿梭来往,留下许多流传后代的佳话,凡是中国人没有不知道西湖的美景的和那里被后世人艳称的许多故事。

　　西湖的美景有许多是和湖面上的大小船只连接在一起的,这些船只至少从唐代就已经装饰得美如绘画,争艳缤纷,令人印象深刻。所以画舫之名由此而起;唐人刘希夷《江南曲》之二:"画舫烟中浅,青阳日际微。"宋人尹廷高的"西湖画舫归欲尽,孤峰犹照夕阳红",都用画舫来与江南的山光水色相对比,令人有无限的遐思。

　　记述南宋杭州的生活最为详尽的吴自牧说西湖的船只"不下数百,船舫有一千料者,约长二十余丈,可容百人。五百料者,约长十余丈,亦可容三五十人。亦有二三百料者,亦长数丈,可容三二十人。"他又说,"浙江乃通江渡海之津道,且如海商之舰,大小不等。大者五千料,可载五六百人。中等二千料至一千料,亦可载二三百人。余者谓之钻风,大小八橹或六橹,每船可载百余人。"这两段话在描绘湖上或海上船只航运发达的情形。另外,《都城记胜》(作者佚名,自署为耐得翁)也这么说:"西湖舟船大小不等:有一千料,约长五十余丈，中可容百余客，五百料约长三二十丈，可容三五十余客。"①这三段话对西湖上的船只大小，不完全吻合，特别是对一千料船的大小，说法相距太大，令人觉得一定有一个说法是不可靠的。另外，对于海船的大小及其载人的数目，吴自牧的说法，也有可疑的地方，主要是因为这是中国历代文献中，唯一讲到有"五千料船"的记载，没有其他的旁证可以合在一起比较。

吴自牧所提到的"料"，究竟应该怎样量度，它的大小究竟又是如何，一般的学者恐怕不甚了了。一艘五千料的船究竟有多大，学者也似乎没有共同的说法。这个问题对研究明代海洋史，特别是对研究明代郑和"宝船"的学者则有相当的重要性。郑和的"宝船"究竟有多大，传统的说法众说纷纭，历来有许多争论，尤其是究竟一料有多大，说法不一，但是解决这个问题的一个途径，就是研究宋代船只的大小。按照上面吴自牧的说法，航海船竟然有大到五千料的。如果我们能从宋代的史料来讨论这个问题，那么或许可以找出一点头绪或甚至于答案。

本文就是想从度量衡的角度来尝试估算宋代的料的大小，一方面可以检验吴自牧的两条资料，另一方面也了解宋代的"料"的大小，以便对宋代丈量船只大小（所谓载重量）有一个初步的认识。

一、从重量单位看宋代的"料"

作为量度船的体积或载重量的"料"是在宋代才出现的，而且作为单位，它一定是指船的大小，可以负载的重量，或更确切地说，是指船的容积。这一点大概没有什么疑问。过去学者偶而有注意到这各个字的，但是第一个指出它等于"石"的，应该是包遵彭。包遵彭在早年的作品《郑和下西洋之宝船考》一书中，引用明代文献（特别是《漕船志》）指出一料就等于一石。宋代的资料里，对这个问题可以有所说明的，应该是《宋会要·食货志》，卷四三所说的：

每纲船十只，且以五百料船为率。依条：八分装发，留二分揽载私物。如愿将二分力升（按，或为"力胜"之误写）加料装粮，听。八分正装计四百硕。第四十硕破一夫，钱米二分。如（按，或为"加"之误）料计一百硕。

这里的硕就是石。五百料的船看来正好揽载 500 石（硕）。而这里的料或者石应该是指容积。硕与石相通，这是宋代文献资料很多都可以查到的。②

然而，我想在这里提出一个说法，就是一艘船有多少料或石，这是政府用来抽税的依据，其演算法可能有一定程式，与实体可以装载的物料的容积可能有所出入。我这篇文章就是希望了解官方可能的计算方法，并探讨它和实体的容量或重量之间的差距。

容量常常和重量相混，这是人类文明各地方都有的现象。例如，宋代人也常常还是把石当做是重量的单位。关于这一点，吴承洛在早年的《中国度量衡史》已经讨论过；宋代人也普遍知道这件事，但是还是难免混用。显然的是：用石来兼为容量及重量的单位，这是不切实际的事。所以宋代时的确已经渐渐不把石当做是重量的单位了。实际上，如果以米作为测量的东西，那么一石的粳米实际上只重 92.5 斤，而不是想象中的 100 斤。③

换句话说，一石就是等于 92.5 斤的粳米的重量。④那么，理论上，一料的船就是应该只载 92.5 斤的粳米。但是一艘船不会都载满米，它也必须留有水手和他们的私物（上面所说的"揽载私物"）所需要的空间，而且一艘船的形状也影响它所能使用空间的大小，因此一定要有一个相对简单的公式，来计算船只的容量，作为可不可以进入港口或河道，以及课税的参考。最后这一项特别重要，在后代漕运的记载里，常记载有关船的大小（长宽），显然是用来作为课税的标准。船只以料作为单位，当然与船的长宽也有关系。同时，在漕运史的资料里，它们所提到的船大概都是专门用来载运米的船只，一般言之，这一类的船，底阔会比较大，也比较不讲究速度。它们和战船，或海船有所不同。⑤这一点是必须特别需要提出来的。西湖舫船的形状和容量应该与运载米粮的船比较相近。

这样看来，料难以说是重量的单位，而应该是容积的单位。用传统中国的说法，料就是船只的量的单位，而不是衡的单位。一千料的船就是它在理论上能装载大约一千石的容量，当然，这是理论上的说法。如果这艘船运载的是粳米，那么它的载重量就应该是925斤，但这也得看它必须与留给水手、工人的空间，以及顺流、逆流的情形而定。既然船所运的不会只是米，因此用容量来计算，自然有它的合理性。

元代时沙克什著《河防通义》，是一本对河船的度量以及建造河岸及河船方法的重要典籍。由于沙克什说他根据的是金代的"监本"（即国子监刊本）以及宋代"朝奉郎尚书屯田员外郎骑都尉沈立"所撰的所谓"汴本"。因此这本书的内容，应该大多可以适用于宋代，至少它指明是抄自"汴本"的当然是宋代的文献。⑥他在卷下的《装船斤重》（注明是汴本）有这么一段话：

> 河桥司渡船每只各长七十尺、口阔一丈八尺，系八百料。今比附定到三百料至八百料船合装般运物数、合用椽梢埽兵如后：
>
> 三百料，一十五人。下水装一万六千二百五十斤，上水装六千斤。
>
> 四百料，一十八人。下水装二万一千六百五十斤，上水装八十（当为千之误）斤。
>
> 五百料，二十一人。下水装二万七千五百斤，上水装一万斤。
>
> 六百料，二十四人。下水装三万二千四百五十斤，上水装一万二千斤。
>
> 七百料，二十七人。下水装三万七千四百五十斤，上水装一万四千斤。
>
> 八百料，三十人。下水装四万三千二百五十斤，上水装一万六千斤。
>
> 二百料小船，合装物料，梢装六百束，草装七百束，竹索二百一十条。桩三丈，二十条；二丈五，三十五条；二丈，七十条；一丈六尺，八十条。拽后概三百条七尺五寸，签概一丈百六十条，擗概一百条一丈五尺。

这段话明显是政府的制式说法或标准。棹梢指的是船上的杂役或工人，[7]埽这个字是宋代才普遍使用的字，按照沙克什的说法，它是用草或木梢、柴薪等物料缠绑成圆条，堆积作为防水堤。埽兵指的是沿河看守河堤的工人。[8]这里大概引申为船上的工作人员，或水手。梢即细木枝，而桩、橛，也都是大家熟知的木料，各有不同的用途。拽后橛、签橛及擗橛也是作为木桩（橛等于今天的木桩）的各种材料名称。

从这段话可以看出几个消息：一是宋代比较常用的船大约是在 300—800 料之间，200 料的船属于小船。载木头一类的物料，大约一料在顺水（下水）时，扣除"揽载私物"所要的空间，剩下来可以装载 54 斤左右的木材。如果在逆水（上水）时，那就不能装得很满，大概每一料就只可以装 20 斤。这两个数目对我们估算宋代的河船所能载的人的数目，很有说明。

总之，船只的大小虽然用容积来计算，但是载运不同的物料，它们的重量自然不同。以木材言之，在宋代时，每一个单位容积（以一料言之），只能载约 37 斤（20 斤与 54 斤的平均）的木料。以当时河流通用的载货船只（300—800 料）来计算，每条船大概只能载约 11,125（300 料；以顺水的 16,250 斤与下水的 6,000 斤来平均）到 29,625 斤（800 料；演算法相同）的重量，多了似乎就不行。若以这两个平均载重量的数目来估计能载的人数，并以一个人平均重为现代公制的 70 公斤计算，那么一艘 300 料的船就大概能载 91 个人。若以 60 公斤算，那么就可以增加到大概 113 个人。[9]这个结果和吴自牧（三二十人或略多）及耐得翁（三五十人）的说法有相当的出入。好像这两位宋代的作者，把人数讲少了。

1. 宋代船只的容积

上面说的主要是一般的船。但是吴自牧说，湖船也有一千料的，长达二十余丈，而五百料的则约长十余丈，至于二三百料的，也可以长数丈。耐得翁更为夸张，他说一千料的湖船，更可以长达五十余丈，而五百料的船，也可以长到三二十丈。我们现在对这些数目作一些考察。[10]

首先，宋代有关船的大小，而有数字材料可供参考的资料清单如下：[11]

船种	料(l)/石(d)	长(丈)	面阔(丈)	深(丈)	载人数
1. 海船	5,000l				500—600 人
2. 海船	1,000—2,000l				200—300 人
3. 客舟	2,000d	>10	2.5	3	
4. 海船	2,000l	(4.2)	3/0.3⑫		
5. 魛(或作刀)渔船		1.2 - 1.3			
6. 河船			1.4		
7. 同上		1.5—1.6			
8. 同上			1.7—1.8		
9. 河船			1.8		
10. 河船			2.0		
11. 河船			≥2.1		
12. 魛渔船		5	1.2		50 人
13. 战船	800l	8.3	2/0.4		200 兵
14. 双桅多桨船	1.2—1.3				
15. 明州船	3.5				
16. 池州海鹘	1,000l	10	1.8/0.4	(0.37)⑬	
17. 八橹海鹘	400l	8			
18. 四橹海鹘		4.5			
19. 鄂州大战舰		20—30			
20. 鼎州楼船		20—30			700—800 兵
21. 铁壁铧觜船	400l	底阔 0.85			
22. 漕船	1,000d	9.2	1.15	0.23	
23. 湖船	1,000l	20		100 人	
24. 湖船	500l	10 +			30—50 人
25. 湖船	200—300l	数丈			20—30 人
26. 黄河渡船	300—800l	7—1.8	0.36	16,250 斤⑭	
27. 西湖湖船	500l	20—30			30—50 人
28. 同上	1,000l	>50		>100 人	
29. 三山(福州)码头		3	0.4		
30. 同上	4.6	1.5			
31. 同上	4.4	1.1			
32. 同上	3.9	1.0			
33. 海船	>30				
34. 河船	300l	4.5	1.0		
35. 大龙船	30—40	3—4			

说明：

1. 吴自牧：《梦粱录》，12。吴氏的说法，殊难采信，请参看注 9，以及下面 13 及 23 条的说明。

2. 同上。

3. 徐兢：《宣和奉使高丽图经》，卷三四。此虽称为客舟，应属海船。

4.《宋会要》，食货，50:18。原文如下："海船六只，每面阔三丈，底阔三尺，约载二十料，比鲀鱼船数已增一倍。"文中二十料，或为二千料之误。又，本处只提到其底阔及面阔。若依照沙克什的公式，则其长度应为 4.2 丈，而深为 0.86 丈(？)。是大型的海船。

5. 梁克家：《淳熙三山志》，14。沿海边的小海船，兼可为战船。参见斯波义信：《宋代商业史》，第 61—62 页。又，上面第 4 条资料说：(大小)"比鲀鱼船数已增一倍"，若比较第 5 条资料的鲀渔船 1.2—1.3 仗的面阔，的确颇为合理。

6. 同上。

7. 同上。

8. 同上。

9. 同上。

10. 同上。

11. 同上。

12.《宋会要》，食货，卷 50:8。

13. 同上，50:22b—23a："冯湛近打造多浆船一艘，其船系湖船底、战船盖。海船头尾通长八丈三尺，阔二丈，并淮尺。计八百料。用浆四十二枝，江海淮河，无往不可。载甲军二百人，往来极轻便。"按：若以沙克什的公式计算，则这艘船的底阔大约是 4 尺。请参看上面注 9 索引《宋会要》的材料。按照该条资料，可以知道 300 料的船可以乘载 100 人左右，但 800 料的船则可以乘载 200 个军人。前者是"空手"，后者可能另外也携带武器。

14. 同上，50:18。

15. 梅应发：《开庆四明续志》，卷六。

16.《宋会要》,食货,50:32b—33a。这种船属于轻便战船。详见斯波义信的《宋代商业史》,第62页。

17. 同上,50:11。

18. 同上。

19. 陆游:《入蜀记》,卷四。

20.《宋会要》,50:15。可见要能乘载700—800兵的战船,就应该有20—30丈的长度。比较第13条资料,这艘鼎州的战船,应该有前者的三倍半以上。就长度言之,也算合理。

21. 同上,50:33—34。

22. 洪迈:《夷坚志·支丁》,卷七。

23. 吴自牧:《梦粱录》,12。这里记载的船只的大小,比较它能承载的游客,显得很不对称,颇难采信。参看注9及上面第一条的说明。

24. 同上。

25. 同上。

26. 沙克什:《河防同议》,卷下。按:《河防通议》此段文字颇有用,已经在上面引用(参考注6和7)。比较第13条资料,可见这两艘船的尺度相近,容量也与尺度颇相符,可以载送的人数,本船如以人平均重60—70公斤(参考上面注9)计算,则大概可以乘载100(300料)到大约300人(800料)左右。

27. 耐得翁:《都城纪胜·舟船》条。耐得翁与吴自牧一样不可信。请参看上面的注9及第23、26条资料。

28. 同上。一艘可以载一百余人的船,不应该大到超过50丈。

29. 梁克家:《淳熙三山志》,卷三。本条资料与其他《三山志》的资料(看下面第30、31、32条)出入。

30. 同上,卷五:"船长四丈六尺,面一丈五尺,头各八尺,板二,间长各四丈四尺,阔一丈。直梁八围各三尺六寸,轮木阔各一尺三寸,厚一尺。……其次桥门第二船三港马头,船长四丈四尺,面一丈一尺,头六尺,其余船长三丈九尺,阔一丈,头五尺五寸,板每间长二丈三尺,阔一丈。直梁七围,各二尺四寸,轮木阔一尺,厚八寸,鐵□二,各四斤。勾栏每扇各二,柱高二尺五寸,方五寸上下。压枋阔五寸。厚三寸。"

31. 同上。

32. 同上。

33. 叶梦得:《石林奏议》,卷九。

34. 沙克什:《河防通议》,卷下。

35. 孟元老:《东京梦华录》,卷一。这里提到的船可能只作观赏用。

从上面的这些材料来看,由于各样不同的船,其功用及形制都不同,所以很难推定船只的容积与长宽深的数目。但是我们至少可以有一些比较可靠的印象或估计:

（一）首先是不管是河船、海船或战船,二千料或以上的船非常少见（只有第1,2,3,4条）,其中之1及2都是吴自牧的说法,难以采信。但是第3、4两条的资料,或许可以佐证宋代应该有2,000石的船。

（二）船长与面阔（船宽）的比例大约在3:1（第30条）到10:1（第35条）之间。但是比较多是在4:1到4.5:1。这个比例与船只的形状及功用有关联,一般言之,比例小得多是0陆船只,大的则一般是航行海洋的船。船长与面阔这两个数目字的纪录最多,而船深的数目则比较少见（一般都不深）。至于其他部位的大小除非是专门的书,通常没有人会注意及记录它们。

（三）船的长度小自两丈,大至30、40丈。耐得翁更说有超过50丈的。耐得翁的说法,很难置信,而30、40丈的船也极稀罕,这里唯一的纪录（第35条）是节日庆典的船,可能不能真正航行。平均言之,宋代的船虽然小到三四丈的也很多（可以想象还有更小的,只是它们不会引人注意就是）,但是比较多的是10—30丈长。

（四）船的容积究竟应如何估算,从上面的各种数字,我们还不能确定。

我在上面说要有一个相对简单的公式,来计算船只的容量,作为可不可以进入港口或河道,以及课税的参考。那么,究竟这样的公式存不存在呢?

请先从沙克什的记录说起。沙克什在《造船物料》说：

> 船每一百料,长四十尺、面阔一丈二尺、底阔八尺五寸、深三尺。

在《般运石段》则说：

> 三百料船…长四十五尺,阔一丈。除前后水仓占迄一丈五尺外,有三丈。每尺为一十料,每一料容重六十斤。

如果从第一段的话来看,那么我们可以作下面的计算。首先,从这个公式可以看出每一百料的船,其最大容积应该是 1,230 立方尺。宋尺约等于今天的 32.76 公分(厘米),[⑮]因此一百料的容积(1,230 立方尺)如果用现代的单位来说,就是 4,324,680 立方公分,或 432.47 立方公尺;如果用宋代的容积来计算,那么 1,230 立方尺就等于约 61.60—65.12 石。[⑯]

这个资料可以拿来跟第二段话比较,[⑰]也就是说,料的定义虽然在理论上等于一石,但是既然一艘船并不能完全用来载货,所以从实际估计的载货多少来看,每一百料的船实际上只能说载 60 斤。我想这个数字,应该是官方在估计运粮的重量,以及许不许在一定港口靠岸,在一定河流航行的标准吧! 上面我已经引了沙克什,说如果以土来计算,那么一石的土以 60 斤计算。[⑱]这个数字当然是在计算工作量以决定应付给工资时,所用的计算标准。相同的,计算石段的实际重量时,一石则是 120 斤。[⑲]

一百料的船,实际容积不会超过 1,230 立方尺或大约 61.60—65.12 石。要估计所载货物的重量,中国人并不是不知道怎么做。曹冲称象的故事为我人所熟知。但是毕竟不可能每艘船都拿来"称"一下。我上面说必须要有一个简单的公式就是这个原因。我现在找不到宋代的公式,也对找到这样的公式不怀期望。但是或许可以从上面沙克什保留的资料和讨论来看看:政府可能每一百料的船载负的容积是如何估计的,因为这是政府课税的依据。从这里再来与后代的公式作比较,如果相近,那么或许可以作出一个合理而且多少符合历史事实的估计,并从而确定每一百料船在宋代时一般(特别是从政府的眼光来看)的载重量的大小。

2. 宋船的容积与一般的载重量

我在上面已经提过,就是宋代的一艘船,每一百料理论上可以载负约

100石（容量）的米（重大约是9,250斤）。但是事实上，这是不可能的事。
按照上面的讨论（根据《河防通议》的说法），300料的船装载木材时，可以载
6,000—12,650斤。这两个数目的平均是9,325斤。也就是说，载运木材
时，平均可以载9,325斤。载米时，空间用得比较大（假定米的密度小于石
段），但是重量也很难超过这个数目。[⑳]再者，根据上面所引《搬运石段》的说
法："每一料容重六十斤［石段］"，那么用300料的船来运载150块石段，它
就只能载到9,000斤。与上面所说的300料船的载重量（木材：9,325斤；
米：9,250斤）非常相近。[㉑]

这个结果有相当的重要性。因为在上一个世纪的三十年代，中国江南
地方的民船公会有一条非常简单的公式，可以帮助我们了解这里所谈的宋
元时代的计算方法。按照当时的记录，中国计算船只的容量的公式是：[㉒]

$$长度（英尺）\times 阔（英尺）\times 深（英尺）\div 40（立方英尺）$$

按照调查到这条公式的日本学者的说法，这条公式是1930年代用来计
算船只载重量（吨，deadweight）的简易方法。例如他们调查到的一艘西漳
船，长为54尺，宽是9尺，而深是5尺，这艘船的载重量就被认定是60吨（实
际是60.75吨）。这是当时通用的计算方法。

请注意这里用的单位都是现代西方的单位，读者或许会觉得这是从西
方引进来的公式。但是笔者有信心认为它很可能也是传统中国使用的公
式。因为笔者认为东西方对于计算船只载重量的估算，在历史上很可能是
相同或相通的。[㉓]大家都必须涉及的问题是：如何转换船只的容积（或说体
积）成为"重量"。因为按照载重量来课税，这才是比较实际的做法。事实
上，十九世纪的《淮关统志》就有类似的记载，而且与上面的式子非常相近：[㉔]

量载，先杆深、长若干；量长，除去船梁净长若干；量宽，以船两边展板为
主，量宽若干。用三成四因法，合成石数。照则报纳钱粮，按依石数起钞。

无锡蒲鞋头邵伯吊当暨蛮头船，头尾皆尖，面窄身宽，装载抵关。先量
深、长，量宽时均在船站板之内量宽。演算法同前。

航海海船，面阔底窄。杆量时，见载量载，量长，除去梁头，净长若干，量
宽，在站板内，以大桅舱宽为主。演算法同前。合成石数，例照七折报纳。

这个资料应该是十九世纪早期，中外海运还没有大通时制定下来的，但是它也采用"三乘四因演算法"，就是把三个数目乘起来，然后用四去除。

换言之，虽然一般认为一料就是一石，两者都是容量的单位，但是一艘100料的船，实际上并不表示它能把船上所有的空间都填满。有的物料比较重，像石段，它每1.5立方尺就被定为120斤。一立方尺体积等于是0.4石，所以一石的石材等于重200斤。曾公亮在《武经总要》说：⑳

> 凡水战，以船舰大小为等。胜人多少，皆以米为准，一人不过重米二石。

> …木罂，缚甖缶以为筏，甖缶受二石，力胜一人。

一个人作两石米的重量计算，等于是195宋斤，也就是等于是现代的124.8公斤。这个数目显得太大。我们只能这么认为，政府的规定是以每一个人在船上应该预留二石的空间。一个人实际上不可能重达195宋斤。同时，如果说300料的船有300石的空间，那么这艘船也很难装载150人（包括工人及私物），更不可能说载重达60,000宋斤（以一石等于200斤计算）或29,250（以每人重195斤，占二石的空间算）宋斤。事实上，我在上面已经说，一艘300料的船，平均可以载大约9,325斤的货。再多也不可能超过16,250斤。可见一艘船的"料数"跟它实际的容量或载重量是有一定的落差的。

因此，一艘三百料的船，虽然号称是300料，它实际上能载的货大概是在9,000宋斤左右，而可以乘载的人员大约是在100人上下。按照上面所引沙克什的资料，我们可以看到：船上工作人员的数目，如果是河船的话，那就大概有十五个人。800料的河船大概可以乘载将近300人，工作人员则是三十人。

从上面的讨论，我想可以接受这么一个说法，那就是"料"并不直接等于容积的"石"。显然的，政府必须有一个简易的公式来估量船只的大小，以作为课税的依据。这个公式所推算出来的数值就用"料"来称呼它。可能是因为船大多是用来运米，而米的单位容积是以"石"来计算，所以就造成了料和石混用的情形。

既然谈到米，那么我就也一起加以讨论，以结束本文。米的重量，按照沈括的记载，应该是每石 92.5 斤。这个数目当然是一般粳米实际重量的平均值。我们现在试用这个数值来与三百料船所能载负的平均重量作一比较。上面说，一艘三百料的船，平均大概可以装载 9,000 斤左右的货。这样看来，它所能装的米大概就是 97.29 石。可见 300 料的船只只能载大概 100 石的米而已。

沙克什事实上还提到：

> 米每石重一百六斤一十二两，定一百斤。粳米一斗重一十七斤，糯米一斗重一十八斤一十五两。㉖

这里粳米重达 170 斤，而糯米更重达 180 斤 15 两。或许有人会认为这些可能是元代的重量单位，所以与沈括的记载不同。但是元斤与宋斤事实上是等重的，所以我们必须就容量的大小来解释这个不同。元代的容量单位和宋代一样，但是大了很多：大概在 1.35—1.5 倍。㉗这样一来，元代一石的粳米当然多过宋代一石的粳米，而且大很多，也自然重很多。

既然容量与重量单位的比例有了相当大的改变，那么，元代估量一条船的容积，以便课税时，便必须修订它的公式（修订除数，或说因子的数值）。但是，另一方面，因为元代的长度单位和实际长度都与宋代相同（一直沿用到民国初年），那么相同的一条船，它的容积如果用元代的石来量度，那么就变得少了很多石（或料）了。一艘宋代是 300 料的船，在元代时，如果丈量的公式没有改变，那么它便很可能只有 222.22 料或甚至于 200 料了（大概都会认为是 200 料船），而其载重量，因为宋元之间衡（重量）的大小没有改变，因此它就仍然可以载负大约 9,000 斤的货物。宋代的 1,000 料的船，也因此在元代时只有 741 料（大概会称为 700 料）或 666.6 料（大概也会称为是 700 料的船）了。

明代时，体积或容积的大小又继续增加，于是明代的 300 料的船很可能已经是宋代的 457 料船了。郑和的宝船，有说是 2,000 料的，这当然是很大了。但是从宋元明量度长度的单位及大小都没有改变的这个角度来看，它实际的大小并没有改变！与宋代的 2,000 料的船一样大。宋代如果有 2,000 料的海船，那么明代有同样大小的海船也就不稀罕了。这个问题就留待将来再继续研究、考证吧。

3. 结论：

宋代最常见的河船或载货的内陆船大小大约在300—800料之间。它的大小，就长度言之，应该在4.5丈（300料）以上，而800料的船则或许可以接近10丈。战船会比较长些。一般河船的宽大概是在一到二丈之间（参看上面资料对第26、30—32、34条）。一艘300料的船，虽说也称为300石，但实际上不会载到那么多的货。从官方的标准看来，这样一艘船可以载大约100石的米，重量在9,325斤—16,250斤之间。它能载的人数大约是100人上下，外加15个工作人员。我想宋代西湖上的游船，它的大小应该与这样的船不相上下吧！

注释：

①明代人引用这段话的人有如田汝成《西湖游览志余》。该书卷二〇说："宋时湖船大者一千料，约长十余丈，容四五十人。小者二三百料，长四五丈，容三二十人。"又，田艺蘅《留青日札》卷一八则谓："千料船，宋长十余丈。"清人翟均廉：《海塘录》卷26页也引用《梦粱录》此条，可见自宋至明，一般皆认为一千料船大约长十余丈。也就是说一般作者相信吴自牧的说法比较可靠，而不取信《都城纪事》的说法。但是元人沙克什《河防通议》卷下说："河桥司，渡船每只各长七十尺，口阔一丈八尺，系八百丈船。……三百料船，……船四十五尺，阔一丈。"由此可见，宋元时代（沙克什的书，系沿袭宋朝的沈立的原作；请看下面）的河船，八百料的，只长到七丈，二三百料的更只有四丈五尺。沙克什的书专门讨论河防，可信度应当比吴自牧或耐得翁较高。按照他的说法，那么一艘一千料的河船，顶多也就是十丈左右，不太可能长到十余丈。下面我们将作进一步的考察。这里的目的是指出明代人对宋代船只的大小已经不甚了了。

②《宋会要辑稿》，食货，二六/五，宋代"石"、"硕"并用的例子还可以在黄干：《勉斋集》，30；《新淦申临江军及诸司乞申朝廷给下卖过职田钱就人户取回》32；《申省赈粜月日及米价》看到。在《江苏金石志》，14：15以及李焘：《续资治通鉴长编》，516：也可以单到两字掺杂使用。

③吴成洛：《中国度量衡史》上海：商务出版社1937年版，第104、112—113页。按：至少从战国时代开始，一石已被定义为120斤，见《吕氏春秋》、《仲夏第五》及《仲秋第八》，《汉书》（北京中华标点本）卷二一上，李淳风：《五经算术》卷上等处，因此沈括说：

"钧石之石，五权之名。石重百二十斤，后人以一斛为一石，自汉已如此。饮酒一石不乱是也。挽蹶弓弩古人以钧石率之，今人乃以粳米一斛之重为一石。几石者以九十二斤半为法。"这段话说明，一般以一石为 120 斤重，但宋代时，一石的粳米实际上只重 92.5 斤。沈括的说法为大多人所采信（英国的小麦产出采自 Allen 前引文（1994）运算式 5.7，第 112 页。这里的 18 世纪英国温彻斯特（Winchester）蒲式耳（35.238 公升，不是相当于 36.3678公升的帝国蒲式耳）与中国的石（100 公斤）——二者均为容量单位——之间的等量重量磅数当然只是大约数字。英国史学家一般采纳 1 蒲式耳小麦相当于 60 磅重量，亦即每石 170.4 磅，这与中国 1 石稻米的重量（160 市斤或者 176 磅）相当接近。我感谢罗伯特·艾伦为笔者澄清了英国的度量单位）。下面会在米一石究竟在宋代时是重多少这个问题再作讨论。另外，沙克什说宋代人做工，担一石的土，以 60 斤计算，见《河防通议》，卷下《历步减土法》。这当然是用来估算工资的标准。

④按：现代学术界大致把米分为三种：粳米（即粳米）、籼米以及糯米。沈括所说的粳米，就是现代人所说的粳米。但是宋代文献中，几乎没有"粳"（当时多以粳指今人所说的树枝或树干）和"米"合用的例子，我只找到三个例子，其中一个是说毗骞国的人"有宫室衣服，噉粳米"（参见《太平御览》，卷一七六《四夷》）。另外两个例子（唐慎微《重修政和经史证类备用本草》，卷十及洪遵《洪氏集验方》卷二，后者显系抄自前者）都提到"粳米粥"，应该是"粳米粥"之误。宋人文献大多作后者，即"粳米"。

粳米是现代人最多食用的米，比较接近日本的米，在台湾俗称为"凤来米"。台湾"行政院"农委会农粮署北区分署的陈先生告诉笔者说，"粳"或"粳"一般都通用，正确应该写成"粳"。曹彦约《昌谷集》卷九《湖北提举司申乞赈济赏格状》状（用文渊阁《四库全书》本）说："本司相度欲不立定钱米，许从民便，或以官口入纳。许自本司委所属知通收籴认数，或以粳米、黏米入纳"。糯米一般又称为黏米，分粳糯及籼糯两种。因此曹彦约这里说的"以粳米、黏米入纳"应该是指粳米或［粳］糯。粳米比籼米重，也比粳糯重。米一般当然比谷重。

⑤陆游在《老学庵笔记》卷一说："建炎中，平江造战船，略计其费，四百料八橹战船长八丈，用钱一千一百五十九贯。四橹海鹘船，每只丈五尺，用钱三百二十九贯。"比较上面所说的舫船（吴自牧及耐得翁），也可感觉两人有夸张之处。比较注 1 所引沙克什的记录，可见载货的河船（八百料只长七丈），比战船短很多（四百料就有八丈）。战船显然比较窄长。陆游的记载并见《宋会要》食货 50 之一。

⑥参看上面第 1 注。所谓汴本，题为沈立撰，而或以"宋丞司点检周俊"撰《河事集》为名。沙克什说汴本"视监本为小异"。

⑦参看《宋会要辑稿》，职官四二："吕源又言：近乞责限江湖路打造粮船二千七百余只。合用棹梢八千余人。欲从本司委官于辖下州军根刷闲慢窠坐厢军抽差，起本司充。棹梢每名与起发钱一贯，每日量添食钱二十文。"又，李心传《建炎以来系年要录》卷七十四："应用舟船，令两路量事力制造。棹梢即于厢军内刷差，不足则召募百姓。"《宋会要》尚有多处记载，可以看出棹梢是船上的杂役，不是军人（兵），也与水手有别。这个用法似乎仅见于宋代。

⑧《河防通议》"埽"字凡71见，并有专条（卷上）说明。"埽兵"凡五见。这些都是很宝贵的资料。请并参看程颢：《二程文集》卷一二："时中人程昉为外都水丞，怙势蔑视州郡，欲尽取诸埽兵治二股河，先生以法拒之。"又，脱脱：《金史》卷二七、志第八："仍于岸上置埽官廨署，及埽兵之室，庶几可以无虞也。"这两条材料可以佐证《河防通议》的说法。

⑨若三百料船用来载客，大约可以载至少11,125斤的人，这是除了工作人员和他们私人的东西除外，可以载的重量。如果宋代人平均体重是现代公制的60—70公斤，那么按照吴成洛：《中国度量衡史》，第74页的换算表来算，大约就是98.5—113.25宋斤。可见一艘300料的船，大约可以载大概90到113人，另加水手、工作人员，及一些粮食；800料的船（平均载重29,625斤）就可以载约272—301人。但是后面我们要再讲到，在实际的航行作业里，每一料的船实际上只能载重约60斤。

现在拿徐松：《宋会要辑稿》方域一三的说法来做比较。它说："绍兴七年六月四日立定：渡船三百料许载空手一百人，二百料六十人，一百料三十人，一百料已下递减。"所谓"空手"100人，大概是指一艘300料的船大概可以载不带货物的人100人。与载货的船（或运兵的船）相当接近。不过渡船所需的工作人员及私人用的粮食或器材应该比较少一些，因此我相信或许可以再多载一点人。这里文字中的"空手"两字，查遍史料，只有三例可以这样解释，都在《宋会要辑稿》里。所以可以说，一艘300料的近距离渡船或远距离、在河上航行的货船大概就只许载100个人，而800料的船则平均可以载约270人。这个结果和上面的估计（90—113及272—301人）还算符合。西湖的游船如果采信吴自牧的说法，那么位子会显得过分宽敞。耐得翁的说法也一样难以取信。

⑩事实上，据梁克家：《淳熙三山志》，卷一四："（淳熙）十年转运司措置阔一丈三尺以上海船，籍之。……二十九年帅司奏：船阔一丈二尺以上，率十只岁拘三只，备缓急雇募。余听其便，寻以一丈二尺以上者不多，乃令一丈以上亦籍之。……明年，安抚司以一丈面船，冒风涛，非便缓急，无所益。自一丈一尺九寸以下并免轮番。"可见当时在福州地区（算是航海发达的地方），船长超过一丈或一丈三尺的，数目并不多。

⑪这份表主要是选抄自斯波义信的：《宋代商业史》，东京：风间，1968年版，第63、

68—69 页。凡是没有长或阔的尺寸的，笔者就不抄进来。笔者另外再多找到三条资料。现将各条资料列如下表。

⑫0.3 丈是底阔。

⑬这是参考沙克什公式所作出的估计。

⑭参看上面所引的沙克什《装船斤重》的文字。

⑮沙克什书中使用的多是淮尺，因此我这里根据的是郭正忠对淮尺的估计，见他的《三至十四世纪中国的权衡度量》（中国社会科学出版社 1993 年版），第 295 页。

⑯宋时一立方尺，若以淮尺计，则为今之 0.3516 立方公尺。宋时的量的大小，十分复杂，各地方量器不一，吴承洛认为每一宋升，应为今 664.1 立方公分，见其《中国度量衡史》，第 71、238 页。丘光明认为是 585 立方公分，见其《中国历代度量衡考》，第 263 页。郭正忠则认为是 580—704 立方公分，见其《三至十四世纪中国的权衡度量》，第 346—364 页，第 375—385 页。现在取丘光明、邱隆、杨平合著的《中国科学技术史·度量衡卷》（科学出版社），第 378 页所采用的 702 立方公分来换算。南宋时，按照郭正忠的说法，斛与石一般仍然通用。

⑰关于"料"应该如何计算，下列的五篇文章都值得参考：

韩振奋：《论中国的船料及其计算法则》，《海交史研究》1990 年第 1 期。

陈希育：《宋代大型商船及其"料"的计算法则》，《海交史研究》1991 年第 1 期。

山形欣哉：《关于〈南船记〉里"料"的讨论》，《海事史研究》第五十三号，1997 年。

山形欣哉：《今日中国文献中有关"料"论文的讨论》，《海事史研究》第五十四号，1997 年。

苏明阳：《宋元明清时期船"料"的解释》，《海交史研究》，2002 年第 1 期。

五篇论文，都引用元朝沙克什所撰《河防通议》，但是各篇对"料"的解释，还是不完全一致。所以，笔者在这里另外提出自己的看法。

⑱参看上面注 3，引用沙克什同书，《历步减土法》。

⑲同上注，在《诸石斤重》，沙克什又说："定石每块长一尺，阔一尺，厚一尺，重一百二十斤（原注：元[朝]定一百三十斤）"。元朝为什么增加了 10 斤，就是因为元朝的容量的量器加大了。也就是说，元朝的一料比宋朝的一料要大一些。请看后面的讨论。

⑳当然，如果载运密度特别小的东西时（如羽毛），或许整艘船都塞满它，也未必能达到 9,325 斤的重量。我们在这里暂时把木材和米的密度都当做约略相等，或不是特别小。同理，人的密度也是这样假定。

㉑沙克什说，"若用三百料船可载一百五十块[石段]。……船四十五尺，阔一丈，除

前后水仓占讫一丈五尺外，有三丈，每尺为一十料。每一料容重六十斤。"（见《般运石段》）这就是说，当时定规的演算法，每块石段以 120 斤重计算。但是再按照沙克什的说法，采大石头，每块长一尺五寸，阔厚各一尺，重量为 120 斤。（见《采打石段》）就是说，1.5 立方尺的石材，政府认定为 120 斤。300 料的船被认定是能运载 150 块的石段，这也就是说它能载 18,000 斤。这条 300 料的船，长为 45 尺，宽为 10 尺，那么它的深就恰好是十尺（一丈）。

㉒这是 1943 年出版的日本南满铁路株式会社在苏州调查中国民船业的发现：《中支の民船业：苏州民船实态调查报告》（东京：博文社 1943 年版），第 18—19 页。我是在斯波义信的《宋代商业史》第 57 页看到的。现在这本调查报告已经可以直接在网上（http://kindai.da.ndl.go.jp/info:ndljp/pid/1068334）看到。

㉓笔者在这里不详细讨论它们相同的地方。但是可以简单说，东西方对渔船的载重量的计算都是从空船所可能载的全部容量来作为计算的基础，然后换算为重量。英制的吨本来是从空酒桶的名字（tun）来的，也就是说每一只船的容量原来是用能载负多少桶的酒来计算的。后来 tun 就演化成为重量的单位。笔者在上面一直不断地讨论容积，但是最后还是难免讨论如何去算载重量，木材如此，石段也是如此，其原因就在这里。下面我们谈到米时，也会注意到最后还是要估计每一个单位容量的米有多少重量。

㉔《淮关统志》（用成文出版社 1985 年影印光绪三十二年重印，嘉庆二十一年续编本）卷七《则例》第 13 页，全书第 165 页。

㉕同见《武经总要》前书的卷一一。按："力""胜"两字连用大概唐代才开始。杜佑《通典》卷一○六一（兵十四）："军行遇大水河渠沟涧，无津梁舟楫，以木罌渡。用木缚罌为筏，受二石，力胜一人。罂间阔五寸，底以绳勾连，编枪于其上；形长勿方，前置拔头，后置梢，左右置棹。又用枪栰，枪十根为一束，力胜一人。四千一百六十六根即成一栰。"这一段话与上面引的曾公亮的话意思相同。相同的文字并见李昉《太平御览》卷第 360"兵部三十七"。这是"力胜"在唐时的新用法。宋朝开始征"力胜税"，苏东坡便曾批评它，说："自先王以来，未之有改也。而近岁法令始有五谷力胜税钱。使商贾不行，农末皆病，废百王不刊之令典，而行自古所无之弊法。使百世之下，书之青史曰：收五谷力胜钱，自皇宋某年始也。臣窃为圣世病之。"见苏轼《苏文忠公全集》东坡奏议卷一二，《乞免五谷力胜税钱札子》。力胜税的征收，大概始于太宗祥符五年，见李焘：《续资治通鉴长编》。斯波义信在《宋代商业史》的第 496—522 页也有系统的讨论。

㉖见卷下"杂运诸物斤重"。

㉗郭正忠：《中国的权衡度量》，第 369—370 页。

从造纸遗址的发现看南宋临安的竹纸生产技术

唐俊杰(杭州市文物考古所)

造纸术是中国古代四大发明之一,对世界文明的发展产生了极其深远的影响。宋代造纸术在继承前人的基础上又有新发展,随着新工艺、新技术的不断运用,特别是竹纸的生产技术更加成熟,纸质更佳,推动了印刷、书画及社会经济的发展。长期以来,由于自然和人为的因素,造纸遗址很难保存。2008年,在杭州富阳意外发现了迄今为止我国时代最早、工艺流程保存最为完整、规模最大的宋代造纸遗址,它的发现,为研究宋代特别是南宋时期临安地区竹纸生产技术的发展提供了重要实证。

一、宋代造纸遗址的发现

富阳是中国竹纸的传统产地之一,"京都状元富阳纸"曾是富阳人津津乐道的骄傲。①它地处杭州西南,南宋时为都城临安府的属县。

造纸遗址位于富阳市高桥镇泗洲村,距杭州约半小时车程。它南傍凤凰山,北临古白洋溪,西、北处则是连绵起伏的天目山余脉,地理位置和自然环境均十分优越。整个遗址临水而存,布局合理,其东部为生活区,西部为作坊区,总面积约16000平方米。(图一)

图一　泗洲造纸遗址发掘现场

　　遗址南部原为东西向古河道,现已湮灭。从清光绪十九年(1893)浙江舆图局《浙江全省舆图并水陆道里记》所附《富阳县五里方图》②中发现,该河道发源于西部大山深处,来自凤凰山西侧周公坞的水源也在今泗洲村并入该河,最后汇入遗址北部的古白洋溪。遗址所在地在清代即称为"清池塘"。③可以想象,当年,从大山里流淌出来的必定是清清的水,源源不断。而造纸正需要大量的水,特别是清澈的山水是造纸的极好水源。中国古代造纸匠人在长期的生产实践中,早已知道水质对造纸的重要性,因此十分注意水源的选择,此所谓"其中优劣,半系人工,亦半赖水色"。④

　　水如何引入作坊?有村民说可以用竹笕,因为过去他们就以此引水,方便而快捷。当然也可以用水车,在水力或人力的带动下,通过水斗将清水源源不断地引入作坊。这种水车在富阳当地,特别是水系发达的地域曾广泛使用。从遗址南部残存的两个圆形大坑推测,后者的可能性更大。

　　古河道北面为两条南北向的石砌排水沟,蜿蜒如长龙。造纸过程中的各道工序就安排在排水沟的东西两侧,从河道引入的清水经排水沟流入整个作坊区,可以浸泡原料,也可漂洗。而水沟左右的两口水井,则可为抄纸提供更高质量的纯净水。

排水沟的尽头另有一条东西向的大型水渠,造纸产生的大量废水,同样可以通过两条排水沟又源源不断地进入该水渠,最后流向北侧的古白洋溪。水渠旁为同向的道路,全部用小石块平铺而成,平整如初。(图二)

图二　水渠和道路

古白洋溪是富阳有名的"一江十溪"之一。它源自天目山余脉,自西北蜿蜒而来,又经东南汇入富春江,水面开阔,利于航行,曾是富阳重要的交通水道。如果在宋代,沿古白洋溪顺流而下,船行不过半日,便可将成品纸运送到当时最繁华的都城——临安。

遗址所在地为早已抛荒的农田,当地政府已将其作为320国道改道工程的必经之地。由于距地表较浅,最浅处仅30厘米,因为耕种等其他原因,埋藏千年的造纸遗迹受到较为严重的破坏。所幸遗址遭遇的并非灭顶之灾,反映造纸主要工序的各种遗迹得以残存。

遗址所在地层中出土了大量遗物。除了石碾、石臼、石碓等造纸工具外，还有碗、盘、罐、韩瓶、炉、盒等瓷片，另有铜钱、砚台、铁刀等。部分器物底部还清晰地留有墨书"库司"、"五"、"商"等文字。根据遗物判断，经考古发掘而暴露的遗迹主要为南宋时期，遗址中发现的"至道二年"、"大中祥符二年"等纪年铭文砖有可能将遗址的时代上推之北宋早期。这是目前我国发现的时代最早、规模最大的宋代造纸遗址。

二、复杂的造纸工序

纸的发明使人类历史的传承和智慧的传播变得快捷和便利，但从竹到纸，却是个耗时、烦琐和单调的过程。

竹纸的生产工序十分复杂，据说要经过大小七十二道工序，才能完成整个造纸过程。明代宋应星在其《天工开物》中记载，竹纸的生产需要经过砍竹、青竹浸塘、杀青、浆石灰、蒸煮、漂洗、浆柴灰水、再蒸煮、淋灰水、舂捣、漂洗、入槽和水、加纸药、打槽抄纸，最后才榨纸和焙纸。⑤现在富阳当地的土法造纸作坊，尽管降低了对纸质的要求，省却了部分工序，但从砍取嫩竹到最后成纸，也需耗时两月。

尽管遗址破坏较为严重，但结合文献记载、土法造纸工艺并通过遗址现场发现的沤料池、蒸煮锅、抄纸槽、排水沟等一系列石构遗迹，我们仍可以复原当时从沤料、浆灰、蒸煮、制浆、抄纸、焙纸等主要造纸工艺流程。

每当小满前后，满山遍野的竹笋卸下了身上的壳衣，放枝长成嫩竹。纸坊主人便组织帮工上山砍竹，再将经过预处理的竹料浸泡在清水池中"沤"，该清水池也叫沤料池或滩塘。遗址中的沤料池东壁长 3.9 米，南壁长 4.55 米，深 0.28 米，虽已残缺不全，但依然能感受到当时竹料满池的生产场景。

沤过的竹料必须在灰浆池中用石灰水或灰碱浆腌过才能蒸煮，这道工序的到位程度直接关系到纸张的质量。遗址中的灰浆池保存较好，平面略呈梯形，南壁宽 1.4 米，北壁宽 1.8 米，南北长 2.8 米，深 0.5 米，用石块砌壁。灰浆池西侧还连接一供水用的石构水槽，保存完整且做工考究，水槽底

部还存留少量石灰。(图三)

图三　灰浆池

　　把浆过石灰水或灰碱水的竹料在蒸煮锅中蒸煮数日,便是造纸工序中的"煮",目的是清除竹料中的非纤维杂质。在富阳当地,蒸煮锅也叫皮镬。用石块垒砌成方形或圆形的超大锅台,上置大木桶,桶内堆放竹料。遗址中发现的蒸煮锅仅残存底部,平面呈圆形,直径5米,残高0.5米,由石块砌成,底部呈锅底形,至今还残存着较多当时生产时遗留下来的灰烬和红烧土。(图四)

　　用人力、水碓(脚碓)或石碾等舂捣浆料,可使浆料中的纤维分丝和帚化,能够交织成具有一定强度的纸页,"捣"是造纸过程中最繁重的一道工序。在富阳当地,主要用脚碓人工舂捣,两个身强力壮的人,站在碓车的一头奋力踩踏。久之,碓下浆料被捣成泥膏状,而碓上之人早已挥汗如雨,气喘如牛。遗址现场至今还散落较多的石碓头、石臼等遗物,大多残破不堪,不知它们经历了多少的捶击后才遭抛弃。(图五、图六)

图四　蒸煮锅

图五　石碓头

图六　石臼

　　舂捣过的纸浆经漂洗干净后,就要开始"抄"纸了。这是造纸中难度最大的工序,既需要力气,更需要经验和技巧。把细料放入纸槽,和水搅匀,先前的纸浆便成了稀薄的浆液。抄纸工持竹帘入槽,浆液随竹帘的晃动均匀入帘,但见抄手一晃一提,一拎一扣,转瞬间,一张湿纸页便脱帘而出。遗址中发现磉礅 11 个,揭露的抄纸房面阔 15.8 米,进深 12.2 米,开间三间。磉礅之间距离较小,推测该房屋应是当时南方常见的穿斗式建筑。在抄纸房内发现两处抄纸槽,其中保存较好为两块并置的石板构成的石板面,长1.5米、宽1.4米。该石板就是抄纸槽残存的底部,四周的石板早已无存,但连结石板的桐油状黏结物还依稀可见。(图七)

图七　抄纸槽底部石板

　　把湿纸页变成可以使用的干产品即为"焙",也称烘纸或晒纸。焙纸的方法是把经过榨干的湿纸刷贴在空心的火墙外壁,利用墙内烧火的热量,传递到外壁蒸发纸内的水分,使纸页变干。焙纸时火墙表面温度不可过高,否则纸页易起皱和发脆。火墙在富阳当地被称为"煏弄"。遗址中还残留火墙的东、西两面墙基,其底部的灰烬似欲向后人再现当时纸工挥汗如雨、烘焙纸张的繁忙景象。(图八)

　　在已揭露的2000余平方米范围内,反映造纸工序的主要遗迹均分布在东侧排水沟的两侧。而西侧排水沟仅暴露一小部分,其余部分尚为土层所覆盖。如果一条排水沟及其周边的遗迹就像现代工厂的一条生产线,那么,这个宋代造纸遗址当时起码有两条"生产线"在同时忙碌。

图八　火墙

三、先进的竹纸生产技术

过去,在泗洲最好找的是什么? 是竹子。

在宋代,今泗洲村附近曾有一座当地最大的妙庭观。《咸淳临安志》卷七十五记载:"妙庭观在富阳县西十五里,旧号明真。治平二年改赐今额。"⑥遗址东侧的观前村依稀说明以前凤凰山上道观的存在。南宋诗人章渊曾游历该观,见其周边环境清幽,在《妙庭观》七绝中称赞其"桃花流水小桥斜,古观临溪翠竹遮"。⑦另一位诗人祝铸,在一个风雨如晦之夕投宿妙庭观,风声雨声夹杂连山的松涛声和竹鸣声,给诗人无穷遐想,也留下"风雨连山松竹鸣,宦途牢落若为情"⑧的感慨。

优越的自然环境和丰富的竹资源为泗洲造纸提供了必需的条件,而优质的竹子则是打造高品质竹纸的基础。

据老一辈村民反映,当年村子及其周边的房前屋后,田间地头,山坡溪边,长满了一种细细长长的竹子,叫水竹。抗战前村名就叫水竹村,后来才改名泗洲。如今在遗址周边的田头、溪边和山坡上,尚能见到水竹的身影。

水竹虽然竹身不高,但根系发达,适宜生长,且用途广泛,全身是宝。竹笋经简单烹饪既味鲜甘甜,为民间传统美食;用水竹制成的竹编器具和工艺品也美观耐用。由于水竹的主干材质柔韧,富于弹性,纤维极强,更是抄造优质纸张的极佳原料。

在富阳,水竹主要分布在泗洲所在的高桥镇一带。据土法造纸的传人说,过去水竹主要用作高档工艺纸的原料,纸质拉力强,韧性极好。只可惜随着过度的开发及竹笋的大量挖掘食用,水竹已越来越少,逐渐淡出造纸的历史舞台。

竹纸在唐朝虽已初露头角,但到北宋时,竹纸的出现还是件新鲜事物。就连大文豪苏东坡也以为:"今人以竹为纸,亦古所无有也。"⑨而且北宋初期的竹纸易碎,质量实在不敢恭维。苏易简在《文房四谱·纸谱》中就说:"今江浙间有以嫩竹为纸,如作密书,无人敢拆发之,盖随手便裂,不复粘也。"⑩

直到北宋晚期,竹纸的质量得到迅速的提高。由于单纯的竹料制成的纸张易脆,除了选用优质的竹料外,在竹料中添加适量皮料或其他原料,对纸质的改善可以起到很大的互补和改善作用,这在当时是一项新发明。经初步检测,从遗址现场残存的纸浆标本中发现了竹和皮两种原料,说明泗洲造纸遗址已采用了当时先进的混合制浆技术。

遗址现场的抄纸槽旁还发现一口奇怪的陶缸。在土法造纸作坊考察时,见其抄纸槽旁也有类似的缸或大罐,纸工说那是盛放"纸药"用的。

纸药的发明,是造纸技术史上的另一项重要变革。它提高了纤维的悬浮能力,确保了成纸的高品质。"纸药"一词是明代的说法,它原是利用植物的一种黏液,加入纸浆中能起一种悬浮剂的作用,使抄出的纸薄而均匀。《天工开物》记载:"竹麻已成,槽内清水浸浮其面三寸许,入纸药水汁于其中,则水干自成洁白。"只是当时宋应星并不知其为何物,他在其自注中说它"形同桃竹叶,方语无定名"。⑪

其实,用植物黏液作为纸药的出现年代可上推到唐甚至更早,但至宋后才得以推广开来。南宋周密《癸辛杂识续集》记载："凡撩纸,必用黄蜀葵梗叶,新捣方可以撩,无则沾粘,不可以揭。如无黄葵,则用杨桃藤、槿叶、野葡萄皆可,但取其不粘也。"⑫此黄蜀葵等的黏液便是后来所谓的纸药。而在富阳当地,纸户用得最多的是杨桃藤。

竹、皮混合制浆和纸药的运用,极大地改善了纸质和纸浆的性能,特别是纸药的添加,减少了纸工反复搅打纸槽的烦琐,提高了抄纸的生产效率,这是我国造纸史上的独特发明,并广泛为世界各国所采用,为世界造纸技术的不断发展做出了重大贡献。

入宋以后,随着社会经济的发展,我国古代造纸术步入成熟阶段。宋室南渡,临安作为行在以后,当地的皮纸、竹纸等造纸业也得到很大发展。南宋潜说友《咸淳临安志》卷五十八记载："岁贡藤纸。按旧志云,余杭由拳村出藤纸,省札用之。富阳有小井纸,赤亭山有赤亭纸。"⑬南宋吴自牧《梦粱录》卷十八也记载："余杭由拳村出藤纸,富阳有小井纸,赤亭山有赤亭纸。"⑭此次泗洲造纸遗址的发现,进一步揭示了中国南宋时期都城临安地区先进的竹纸生产工艺流程,也是我国古代造纸技术先进性的重要实证。

注释:

①浙江省富阳市政协文史委员会编撰:《中国富阳纸业》,人民出版社 2005 年版。

②杭州市档案馆编:《杭州古旧地图集》图 86,浙江古籍出版社 2006 年版。

③(清)光绪《富阳县志》卷首《县治图》,线装本,富阳市文物馆藏书。

④(清)光绪《富阳县志》卷一五《物产》,线装本,富阳市文物馆藏书。

⑤(明)宋应星著,潘吉星译:《天工开物译注》,上海古籍出版社 2008 年版。

⑥(宋)潜说友:《咸淳临安志》卷七五,道光庚寅钱唐振绮堂汪氏仿宋本重刻,江苏古籍刻印社 1986 年版。

⑦(清)厉鹗:《宋诗纪事》卷四八,文渊阁《四库全书》本。

⑧(清)厉鹗:《宋诗纪事》卷八二,文渊阁《四库全书》本。

⑨(宋)苏轼:《东坡志林》卷九,文渊阁《四库全书》本。

⑩(宋)苏易简:《文房四谱》卷四《纸谱》,文渊阁《四库全书》本。

⑪(明)宋应星著,潘吉星译:《天工开物译注》,上海古籍出版社 2008 年版。

⑫(宋)周密:《癸辛杂识续集》下《撩纸》,中华书局 1988 年版。

⑬(宋)潜说友:《咸淳临安志》卷五八,道光庚寅钱唐振绮堂汪氏仿宋本重刻,江苏古籍刻印社 1986 年版。

⑭(宋)吴自牧:《梦粱录》卷一八《物产》,知不足斋丛书本,浙江人民出版社 1984 年版。

北宋中原风俗对南宋浙江的影响

徐吉军(浙江省社会科学院)

宋钦宗赵桓靖康元年(1126),金军攻入北宋都城开封。次年二月,金废宋徽、钦两帝,宣告了北宋王朝的灭亡。同年五月,赵构即位于南京应天府(今河南商丘),改元建炎,是为宋高宗,史称南宋开始。此后,随着金兵南下,南宋朝廷被迫南迁,直至绍兴八年(1138)三月,高宗才正式以临安为都城。

随着宋代政治中心的南迁,备受战争之苦的中原地区的士民也大量南下。史载"高宗南渡,民之从者如归市"[①]。李心传说:"中原士民,扶携南渡,不知其几千万人。"[②]赵抃说:"淮民避兵,扶老携幼渡江而南无虑数十百万。"[③]庄绰说:"建炎之后,江、浙、湖、湘、闽、广,西北流寓之人遍满。"[④]朱熹说:"靖康之乱,中原涂炭。衣冠人物,萃于东南。"[⑤]

经济和文化发达的浙江地区,是中原和江淮移民的首选之地。莫蒙说:"四方之民云集二浙,百倍常时。"[⑥]郑毅说:"平江、常、润、湖、杭、明、越,号为士大夫渊薮,天下贤俊多避地于此。"[⑦]此外,文献中还有"两淮之民,自房骑入境,迁移渡江,散处浙西、江东诸郡"、"自开禧兵变,淮民稍徙入于浙、于闽"等记载。[⑧]

杭州是南宋都城的所在地,所以南迁的移民大量寓居于此。如文献载:"大驾初驻跸临安,故都及四方士民商贾辐辏";"中朝人物悉会于行在";

"天下贤俊多避地于此"⑨;"西北士大夫,多在钱塘。"⑩由于移民的大量迁入,其人数也远远超过了当地的土著人口。绍兴二十六年(1156)起居舍人凌景夏说:"切见临安府自累经兵火之后,户口所存,裁十二三,而西北人以驻跸之地,辐辏骈集,数倍土著,今之富室大贾,往往而是。"⑪

南宋时的绍兴号称三辅之地,同样有许多北方人迁入。陆游说:"予少时,犹及见赵、魏、秦、晋、齐、鲁士大夫之渡江者。"⑫其他如明州(今浙江宁波)、台州、处州、婺州(今浙江金华)、衢州、秀州(今浙江嘉兴)、湖州等地也都有大量北方移民寓居。⑬

北方人大量移居浙江,带来了北方的风俗习惯,特别是北方先进的文化和生活方式,进一步促进了北方中原文明向南方特别是南宋浙江地区的渗透,从而使浙江地区的社会风俗及其生活方式发生了较大的变化。

一、衣食住行

(一)饮食

首先是浙江人的饮食结构发生了较大的变化。南人食米,北人食面,这是北宋时人们早已熟知的生活习惯。可是在南宋,浙江人尽管在一定程度上仍然保持着自己的饮食习惯,但大量迁居浙江的北方人,尤其是由东京来的移民携来了以东京为代表的北方烹饪方法,在南宋都城临安(今浙江杭州)等地纷纷从事饮食业的经营,这就在很大程度上改变了临安等地饮食业经营者的成分,同时也使临安等地饮食业经营的品种发生了很大的变化。吴自牧在《梦粱录》卷一六《面食店》中说:"向者汴京开南食面店,川饭分茶,以备江南往来士夫,谓其不便北食故耳。南渡以来,几二百余年,则水土既惯,饮食混淆,无南北之分矣。"这种面食的风气一直影响到浙江各地。慈溪人刘应时《过田家》诗云:"更遣儿童炊麦饭,殷勤相劝且徘徊。"⑭由于临安、四明等地吃面食的人口骤然增多,使浙江等地农民竞相种麦,⑮获利十分优厚,以致"竞种春稼,极目不减淮北"⑯。

"西北口味,止以羊为贵。"⑰受北方人的影响,羊肉被浙江人视为贵重食品,均以嗜食羊肉为美事,以至临安市民在讽刺封建官僚制度腐败风气时有"户度金仓,细酒肥羊"的俗语⑱。据《梦粱录》、《武林旧事》、《都城纪胜》、《西湖老人繁胜录》等书所载,临安以羊肉为主要原料制成的菜肴有蒸软羊、鼎煮羊(羔)、羊四软、酒蒸羊、羊血粉等20多种。品种之丰富,远远超过北宋都城东京。

与此同时,北方人喜喝牛奶和食用奶酪制品的风气也影响到了浙江的居民。如张仲文《白獭髓》曰:"浙间以牛乳为素食。"

东京市民重视饮食卫生,如孟元老《东京梦华录》卷五《民俗》载:"凡百所卖饮食之人,装鲜净盘合器皿,车檐动使,奇巧可爱,食味和羹,不敢草略。"这种良好的风俗在临安也可见到,如吴自牧《梦粱录》卷一八《民俗》载:"杭城风俗,凡百货饮食之人,多是装饰车盖担儿,盘合器皿,新洁精巧,以炫耀人耳目,盖效学汴京气象。及因高宗南渡后,常宣唤买市,所以不敢苟简,食味亦不敢率也。"

特别需要指出的是,在临安众多的商铺中,东京人开设的饮食店更占有举足轻重的地位。时人耐得翁在《都城纪胜·食店》里述及临安的食店时说:"都城食店,多是旧京师人开张。"同书"市井"条又载孝宗(1162—1189年在位)时事云:"是时尚有京师流寓经纪人,市井遭遇者,如李婆婆羹、南瓦子张家团子。"这些东京人不仅纷纷在临安等地开设酒楼、茶肆和食店,把北方传统的烹饪技术、东京风味制作以及饮食店的经营管理方法等带到了杭州等地,从而使当时的都城临安颇多"汴京气象"。袁褧《枫窗小牍》卷上就称赞说:"旧京工伎,固多奇妙。即烹煮盘案,亦复擅名。如王楼梅花包子、曹婆肉饼、薛家羊饭、梅家鹅鸭、曹家从食、徐家瓢羹、郑家油饼、王家奶酪、段家爊物、不逢巴子南食之类,皆声称于时。若南迁湖上鱼羹宋五嫂、羊肉李七儿、奶房王家、血肚羹宋小巴之类,皆当行不数者也。"

在他们的影响下,浙江,特别是临安等地的商人也纷纷效学东京,从而使得临安等地的商业以异乎寻常的速度蓬勃发展起来了。《都城纪胜·食店》载："如猪胰胡饼，自中兴以来只东京脏三家一分，每夜在太平坊巷口，近来又或有效之者。"周辉在《清波别志》卷中也十分感慨地说道："辉小时见人说，京师人家日供常膳，未识下箸食味，非取于市不属餍。自过江来，或有思京馔者，命仿效制造，终不如意。今临安所货节物，皆用东都遗风，各色自若，而日趋苟简，图易售也。"此外，东京饮食店为招揽顾客而采取的注重门面装饰和店内陈设的一些方法也传到了浙江。例如吴自牧《梦粱录》卷一六《茶肆》云："汴京熟食店，张挂名画，所以勾引观者，留连食客。今杭城茶肆亦如之，插四时花，挂名人画，装点店面。"同卷《酒肆》又载："如酒肆门首，排设杈子及栀子灯等，盖因五代时郭高祖游幸汴京，茶楼酒肆俱如此装饰，故至今店家仿效成俗也。"有些高级酒楼的门首更是"以枋木及花样沓结，缚如山棚，上挂半边猪、羊，一带近里面窗牖，皆朱绿五彩装饰"，一如东京酒楼的"欢门"。并沿袭东京风习，拓宽府堂，厅院廊庑，花木森茂，酒座雅洁，分阁坐次，重帘遮隔，自成天地，不使食客群集一处，以避免人来客往，嘈杂不适。吴自牧《梦粱录》卷一六《分茶酒店》载："杭城食店，多是效学京师人。开张亦效御厨体式，贵官家品件。"

不仅坐贾待沽的店家如此，而且连那些肩挑车推、走街串巷的流动小贩，也纷纷学起东京商人的生意经。《梦粱录》卷一三《天晓诸人市》就对此作了非常详细的描述：每日交四更，"御街铺席，闻钟而起，卖早市点心"。各行铺食及流动食贩，"填塞街市，吟叫百端，如汴京气象，殊可人意"。同卷《夜市》又载："赏新楼前仙姑卖食药。又有经纪人担瑜石钉铰金装架儿，共十架，在孝仁坊红杈子卖皂儿膏、澄沙团子、乳糖浇。寿安坊卖十色沙团。众安桥卖澄沙膏、十色花花糖。市西坊卖炮螺滴酥，观桥大街卖豆儿糕、轻饧。太平坊卖麝香精、蜜糕、金铤裹蒸儿。庙巷口卖杨梅糖、杏仁膏、薄荷膏、十般膏子糖。内前杈子里卖五色法豆，使五色纸袋儿盛之。通江桥卖雪泡豆儿、水荔枝膏。中瓦子前卖十色糖。更有瑜石车子卖糖糜乳糕浇，亦俱曾经宣唤，皆效京师叫声。"

此外，北方地区特别是东京的传统烹饪技术、风味制作以及冷藏食物等方法和技术也随着宋室的南迁而传入了浙江，且为当地人所采用。例如，临安的菜肴就融合了南下"京师人"所带来的烹饪方法,保持和发展了鱼米之乡特色丰盛的优势,"南料北烹",结合杭州西湖胜迹风貌的风采,形成了具有鲜明特色的菜系,把中国的古代菜肴发展到了一个新的高峰。东京人宋嫂的鱼羹制作技术就在临安广为流传。据《武林旧事》卷七载:"明有卖鱼羹宋五嫂,对御自称东京人氏,随驾至此。"又如杭城有"效学京师古本十般糖"的糖食方法[19]。

另据文献记载,浙江人入冬藏雪的方法也系仿学东京而来。庄绰《鸡肋编》卷中载:"二浙旧少冰雪。绍兴壬子(1132)驾在钱塘,是冬大雪,冰厚数寸,北人遂窖藏之,烧地作荫,皆如京师法。临安府委诸县皆藏,率其北人教其制度。明年五月天中节日,天适晴暑,供奉行宫,有司大获犒赏。其后钱塘无冰可收,时韩世忠在镇江,率以舟载在行在,兼昼夜牵挽疾驰,谓之进冰船。"而正是这种藏冰技术的传入,使当时的临安市民又多了一种职业,并可在炎热的夏天品尝到冰凉的饮料。对此,时人杨万里有诗描述道:"北人冰雪作生涯,冰雪一窖活一家。帝城六月日卓午,市人如炊汗如雨。卖冰一声隔水来,行人未吃心眼开。甘霜甜雪如压蔗,年年窖子南山下。"[20]正是经过这种南北饮食文化一百余年的交流与融合,临安遂"饮食混淆,无南北之分矣"[21]。

总之,以东京为代表的北方饮食文化的南传,不仅丰富了南宋浙江人的饮食生活,而且进一步提升了浙江饮食业在全国的地位,以至于社会上时有"不到两浙辜负口"的谣谚[22]。

(二)服饰

从衣饰来看,北宋中原,特别是东京开封的许多服装式样和发饰等在南渡以后传到了浙江。袁褧《枫窗小牍》卷上云:"汴京闺阁妆抹凡数变。崇宁间,少尝记忆,作大鬓方额。政宣之际,又尚急把垂肩。宣和以后,多梳云尖巧额,鬓撑金凤。小家至为剪纸衬发,膏冰芳香。花靴弓履,穷极金翠。一袜一领,费至千钱,今闻房中闺饰复尔。如瘦金莲方、莹面丸、遍体香,皆自北传南者。"因临安市民流行和崇尚北宋末年东京的衣饰,以至于一些寓居临安而以经营东京衣饰的服装店铺大发横财。据文献记载,临安城中的绒线铺就以自东京流寓的移民开的最为著名。耐得翁《都城纪胜》"铺食"条载:"又如厢王家绒线铺(自东京流寓),今于御街开张,数铺亦不下万计。"

东京各类人士的服装,多有行规,如孟元老《东京梦华录》卷五《民俗》载:"其卖药卖卦,皆具冠带。至于乞丐者,亦有规格,稍似懈怠,众所不容。其士农工商诸行百户衣装,各有本色,不敢越外。谓如香铺裹香人,即顶帽披背;质库掌事,即着皂衫角带不顶帽之类。街市行人,便认得是何色目。"这种风俗同样影响到浙江,如吴自牧《梦粱录》卷一八《民俗》载:"杭城风俗……士农工商诸行百户衣巾装着,皆有等差。香铺人顶帽披背子。质库掌事,裹巾着皂衫角带。街市买卖人,各有服色头巾,各可辨认是何名目人。"

(三) 园林住居

南宋浙江的住居受到北方中原文明的影响,特别是都城临安的皇宫建筑和城市园林建筑等,竞相仿效北宋都城东京开封和西京洛阳。如《鼠璞》载:"南渡驻跸,王公贵人园池竞建。"都城临安西湖的四周,"台榭亭阁,花木奇石,影映湖山,兼之贵宅宦舍,列亭馆于水堤,梵刹琳宫,布殿阁于湖山,周围胜景,言之难尽"[23]。绍兴、吴兴等城市也是如此,园林建设蓬勃兴起,特别是私家园林犹然。时人陈鹄在《西塘集耆旧续闻》一书中载道:"南渡初,南班宗子,寓居会稽为近属,士子最盛,园亭甲于浙东,一时坐客皆骚人墨客。"周密《吴兴园林记》也云:"吴兴山水清远,升平日,士大夫多居之,其俊秀安僖王府第在焉,尤为盛观。城中二溪横贯,此天下之所无,故好事者多园池之胜。倪文节《经钥堂杂志》尝纪当时园圃之盛。余生晚,不及尽见,而所见者亦有出于文节之后。今撫城之内外,常所经游者列于后,亦可想象做梦也。"[24]

这些园林不仅大量采用北宋东京开封和西京洛阳的建筑技术和方法,而且连名称、布局等也沿用北宋两京。如建于绍兴十七年(1147)的临安御园玉津园,就是沿用"东都旧名",并在园林布局上也仿效东京南熏门外的玉津园。而北宋东京开封与西京洛阳园林流行种植牡丹的风尚,同样影响到临安。如聚景园中的牡丹,就称盛于时。孝、光、宁三帝时常临幸此园观赏牡丹花。吴兴赵氏兰泽园,园中植物同样以牡丹为特盛。

(四)行旅

在行旅习俗方面,浙江也同样受到了北方风俗的影响。据周辉《清波别志》卷中载:"士大夫于马上披凉衫,妇女步通衢,以方幅紫罗障蔽半身,俗谓之盖头……皆为北地风尘设。凡贵游出,令一二十人持镀金水罐子前导,旋洒路过车,都人名曰水路。"但临安城中街衢皆砌以砖块和石板,"初无蓬勃",非北宋东京可比,但临安城中贵族妇女和士大夫等出游,照样以方幅紫罗巾盖身,前面用水洒路,又成为后人的一大笑料。

二、岁时节日

在节日风俗方面,南北宋之交的浙江与北方中原地区尚有较大的差异,故时人庄绰《鸡肋篇》卷上载:"南方之俗,尤异于中原故习。"但到南宋晚期,这种情况已经完全改变。我们试将吴自牧《梦粱录》、周密《武林旧事》、耐得翁《都城纪胜》等书所载的南宋末年杭州社会风俗与孟元老《东京梦华录》所记北宋东京的社会风俗作一比较,几乎看不出这两个都城之间有什么差异。毫无疑义,这些风俗正如周密在《武林旧事》卷三《乞巧》中所说的"大抵皆中原旧俗也"。这说明经过长时期的糅杂以后,北方中原地区的社会风俗已深深地融合于浙江的社会风俗之中。

(一)元旦

元旦,是一年岁月的更始。由于这一天是岁之朝、月之朝、日之朝,因此又有"三朝"的称呼。宋人对这一节日最为重视,认为"一岁节序,此为之首"[⑤],故将其列为三大节日之一,上自帝王将相,下至平民百姓,隆重加以庆祝。

元旦,宫廷中要举行大朝会,而民间则有拜年、放炮仗、贴桃符、饮屠苏酒、食素饼等习俗。

1.拜年

拜年是宋人在元旦这一天必不可少的活动。它可分为官府和民间两种,其中官府的拜年活动又可分为宫廷大朝会和官员之间的相互拜年。

每年元旦,宫廷要按常例举行大朝会。一清早,皇帝"精虔炷天香,为苍生祈百谷于上穹";而在京的文武百官则要赶往宫廷给皇帝拜年。这一风俗,北宋都城东京和南宋都城临安几乎没有差异之处,这在孟元老《东京梦华录》卷六《元旦朝会》和吴自牧《梦粱录》卷一《元旦大朝会》等书的记载中看出。

另据施宿《嘉泰会稽志》卷一三《节序》记载,除宫廷外,各州的地方官员、士大夫在元旦这一天则赴州衙序拜。序拜不按官位高低,而是依年龄大小进行的。

中原一带百姓在元旦这一天,皆穿着鲜艳的新衣,往来拜年。如宋孟元老撰《东京梦华录》卷六《正月》载:"正月一日年节,开封府放关扑三日,士庶自早互相庆贺。"这一风俗影响到了浙江,例《梦粱录》卷一《正月》载南宋都城临安风俗云:"细民男女亦皆鲜衣,往来拜节。"

2.放爆竹

元旦放爆竹以驱鬼辟邪,是宋人迎春的重要活动之一。据《东京梦华录》等书记载,每到新年钟声敲响之际,东京城内顿时鞭炮齐鸣,为新年增添了了热闹欢乐的气氛。王安石《除日》诗生动地描述道:"爆竹声中一岁除,春风送暖入屠苏;千门万户曈曈日,总把新桃换旧符。"[21]南宋临安等地亦然,据《武林旧事》等书记载,之所以如此,是求"开门大吉"。

3.祭祖

北宋中原地区元旦有上坟祭祖的风俗,以示孝顺。北宋韩琦就作有《元日祀坟》、《元日祀坟马上》、《元日祀坟道中》等诗。[22]南宋时,这种祭祖风俗传入浙江。在元旦这一天,绍兴人要举行隆重的家祭或墓祭。祭祖一般在家中进行,届时有展先像之俗。其时,家家户户在堂屋中悬挂祖先画像,具香烛、茶果糕点等,家长肃衣冠,率全家老少依次祭拜。如施宿《嘉泰会稽志》卷一三《节序》载:"元旦男女夙兴,家主设酒果以奠,男女序拜,竣乃盛服,诣亲属贺,设酒食相款,曰岁假,凡五日而毕。"

(二)元宵节

正月十五为元宵节,因这一天以放灯、观灯为主要活动内容,故民间又称为灯节。其俗在北宋东京非常盛行。《东京梦华录》卷六《元宵》载东京元宵习俗云::

> 正月十五日元宵,大内前自岁前冬至后,开封府绞缚山棚,立木正对宣德楼。游人已集御街,两廊下奇术异能,歌舞百戏,鳞鳞相切,乐声嘈杂十余里……灯山上彩,金碧相射,锦绣交辉。面北悉以彩结山呇,上皆画神仙故事,或坊市卖药卖卦之人,横列三门,各有彩结,金书大牌,中曰都门道,左右曰左右禁卫之门,上有大牌曰宣和与民同乐,彩山左右以彩结文殊、普贤,跨狮子、白象,各于手指出水五道,其手摇动,用辘轳绞水上灯山尖高处,用木柜贮之,逐时放下,如瀑布状。又于左右门上,各以草把缚成戏龙之状,用青幕遮笼,草上密置灯烛数万盏,望之蜿蜒如双龙飞走。自灯山至宣德门楼横大街,约百余丈,用棘刺围绕,谓之棘盆,内设两长竿,高数十丈,以缯彩结束,纸糊百戏人物,悬于竿上,风动宛若飞仙,内设乐棚,差衙前乐人作乐杂戏,并左右军百戏在其中。驾坐一时呈拽,宣德楼上皆垂黄缘帘,中一位乃御座,用黄罗设一彩棚,御龙直执黄盖掌扇,列于帘外,两朵楼各挂灯球一枚,约方圆丈余,内燃椽烛,帘内亦作乐。宫嫔嬉笑之声,下闻于外。楼下用枋木垒成露台一所,彩结栏槛,两边皆禁卫排立,锦袍幞头簪赐花,执骨朵子,面此乐棚。教坊钧容直,露台弟子,更互杂剧。近门亦有内等子班直排立。万姓皆在露台下观看,乐人时引万姓山呼。

到南宋时,临安的灯会,其规模之宏大、景观之奇丽、花色之纷繁和技艺之精巧,都是前代所不及的。史书载:"巷陌爪札,欢门挂灯,南自龙山,北至北新桥,四十里灯光不绝。城内外有百万人家,前街后巷,僻巷亦然,挂灯或用玉栅,或用罗帛,或纸灯,或装故事,你我相赛。州府札山栅,三狱放灯,公厅设醮,亲王府第、中贵宅院,奇巧异样细灯,教人睹看。"②"四十里灯光不绝","城内外有百万人家"参与,真可谓盛况空前绝后了!

杭州的元宵灯会,虽然在唐代就有了,但从文献记载来看,南宋临安的元宵灯会深受北宋东西两京的影响。以极富情趣的猜灯谜为例,周密《武林旧事》卷一《灯品》曰:"绢灯剪写诗词,时寓讥笑,及画人物,藏头隐语,及旧京诨语,戏弄行人。"

(三)立春鞭春

鞭春又称打春、祭春牛,是指地方官员按例在立春日举行鞭打土牛的仪式,以此劝人们春耕。此俗在北宋的北方地区非常盛行,如《东京梦华录》卷六《立春》载北宋开封府鞭春习俗时说:

立春前一日,开封府进春牛入禁中鞭春。开封、祥符两县,置春牛于府前。至日绝早,府僚打春,如方州仪。

到南宋后又传入浙江。如《梦粱录》详细记载临安风俗曰:

临安府进春牛于禁庭。立春前一日,以镇鼓锣吹妓乐迎春牛。往府衙前迎春馆内。

至日侵晨,郡守率僚佐以彩仗鞭春,如方州仪。太史局例于禁中殿陛下,奏律管吹灰,

应阳春之象。街市以花装栏,坐乘小春牛,及春幡春胜,各相献遗于贵家宅舍,示丰

稔之兆。宰臣以下,皆赐金银幡胜,悬于幞头上,入朝称贺。㉙

(四)寒食节

寒食节原来流行于北方,南渡后逐渐在浙江地区传播开来。故时人刘克庄有"古来禁火惟汾晋,今遍天涯海角然"的诗句。㉚作为都城的临安,更是其中的代表。周密《武林旧事》卷三《祭扫》载:"清明前三日为寒食节,都城

人家,皆插柳满檐,虽小坊幽曲,亦青青可爱,大家则加枣𥺛于柳上,然多取之湖堤。有诗云:'莫把青春都折尽,明朝更有出城人。'"又曰:"朝廷遣台臣、中使、宫人,车马朝飨诸陵,原庙荐献,用麦糕稠饧。而人家上冢者,多用枣𥺛姜豉。南北两山之间,车马纷然,而野祭者尤多,如大昭庆、九曲等处,妇人泪妆素衣,提携儿女,酒壶肴罍。村店山家,分馂游息。至暮则花柳土宜,随车而归。"这里所载的插柳之俗和"寒食",便充满中原文化的色彩。枣𥺛为一种面粉为主料制成的饼,俗称为"寒食"。时人有"馋妇思寒食,懒妇思正月"的谚语。

同样,寒食上坟之俗也见于四明等地。如楼异"两守乡郡,首尾五年,每寒食上冢,旌旗鼓吹,皆集茔下,乡里以为荣"。[30]

(五)端午节

北宋时,东京等北方地区以五月初一为端一,初二为端二,数至五,谓为端五[32]。此俗随宋室南迁传到浙江,人们也以五月初五为端午节。周密《武林旧事》卷三《端午》云:

> 先期学士院供帖子,如春日禁中排当,例用朔日,谓之端一。或传旧京亦然。插食盘架,设天师艾虎,意思山子数十座,五色蒲丝百草霜,以大合三层,饰以珠翠葵榴艾花。蜈蚣、蛇、蝎、蜥蜴等,谓之毒虫。及作糖霜韵果,糖蜜巧粽,极其精巧。又以大金瓶数十,遍插葵榴栀子花,环绕殿阁。及分赐后妃诸阁大珰近侍翠叶、五色葵榴、金丝翠扇、真珠百索、钗符、经筒、香囊、软香龙涎佩带,及紫练、白葛、红蕉之类。大臣贵邸,均被细葛、香罗、蒲丝、艾朵、彩团、巧粽之赐。而外邸节物,大率效尤焉。

北宋东京等地的百姓,在端午日插艾人、蒲人,家中挂张天师像等习俗,以希望求得家中的平安和幸福的风俗。在南宋时传入浙江。如周密《武林旧事》卷三载临安端午风俗云:"以青罗作赤口白舌帖子,与艾人并悬门楣,以为禳檜。道宫法院,多送佩带符篆。而市人门首,各设大盆,杂植艾蒲葵花,上挂五色纸钱,排钉果粽。虽贫者亦然。"绍兴同样如此,《嘉泰会稽志》

卷一三《节序》载："重五日，户户皆以土偶张天师置门额上，或以虎，或以艾束作人形，而以土作天师头，竹作剑，木作印。"

又，在古人的观念里，五月为恶月，鬼邪活动猖獗，因些要借助五色的神奇力量来驱鬼辟邪。供养花木，就是人们流行的一种做法。此俗始行于北宋都城开封，如《东京梦华录》卷八《端午》云："自五月一日及端午前一日，卖桃、柳、葵花、蒲叶、佛道艾。次日，家家铺陈于门首，与粽子、五色水团、茶酒供养。"宋室南迁后，这种习俗也带到了浙江。如《西湖老人繁胜录》载临安风俗道："（五月）初一日，城内外家家供养，都插遭蒲、石榴、蜀葵花、栀子花之类，一早卖一万贯花钱不啻。何以见得？钱塘有百万人家，一家买一百钱花，便可见也。酒果、香烛、纸马、粽子、水团，莫计其数。只供养得一早，便为粪草。虽小家无花瓶者，用小坛也插一瓶花供养。盖乡土风俗如此。寻常无花供养，却不相笑，惟重午不可无花供养。端午日仍前供养。"

（六）七夕

七月七日为乞巧节。这一天晚上，妇女对月穿针，饮酒为乐，叫做"乞巧"，以小蜘蛛贮盒内，候看结网的疏密，作为得巧多少的应验。

在北宋东京，一些富贵人家在自己的庭院内搭起华丽侈靡的乞巧楼，以纪念牛郎织女。陈元靓《岁时广记》卷二六引《岁时杂记》曰："京师（开封）人七夕以竹或木或麻秸编而为棚，剪五色彩为层楼，又为仙楼。刻牛女像及仙从等于上以乞巧；或只以一木剪纸为仙桥，于其中为牛女，仙从列两傍焉。"又曰："京师人祭牛女时，其案上先铺栋叶，乃设果馔等物。"与此同时，女子们也利用牛郎织女雀桥相会这一千载难逢的机会，向织女讨教，以使自己变得心灵手巧。这种风俗同样流传到浙江。③如《武林旧事》卷三《乞巧》载："七夕节物，多尚果食、茜鸡及泥孩儿号摩睺罗……小儿女多衣荷叶半臂，手持荷叶，效颦摩睺罗。大抵皆中原旧俗也。"

另据文献记载，南宋浙江在乞巧节时还有吃巧、巧竿的习俗。如庄绰《鸡肋编》卷上说："浙人七夕，虽小家亦市鹅鸭食物，聚饮门首，谓之吃巧。"而巧竿之俗则流行于绍兴地区，如《嘉泰会稽志》卷一三《节序》载："七夕，立长竿于中庭,上设莲花,谓之巧竿。以酒果饼饵祭牛女,盖乞巧也。"

磨喝乐又称摩侯罗,为梵语的音译。在佛经中,磨喝乐本为天龙八部神之一。据说当年曾为一国国王,后因罪坠入地狱。经过六万年的修炼才得以脱身成胎,再经过六万年方出世成人。六年出家成佛,名磨喝乐。人们喜爱这个人物,希望也能生一个这样的孩子,于是便将磨喝乐用泥捏成一种具有浓厚佛教色彩的儿童玩具。《东京梦华录》卷八《七夕》曰:"七月七夕,潘楼街东宋门外瓦子,州西梁门外瓦子,北门外,南朱雀门外街,及马行街内,皆卖磨喝乐,乃小塑土偶耳。悉以雕木彩装栏座,或用红纱碧笼,或饰以金珠牙翠,有一对直数千者。"至南宋时,磨喝乐的制作愈加精致,《武林旧事》卷三《乞巧》载:"立秋日……泥孩儿号摩睺罗,有极精巧,饰以金珠者,其直不资……小儿女多衣荷叶半臂,手持荷叶,效颦摩睺罗。大抵皆中原旧俗也。"

(七)中秋

八月十五日中秋节,是宋代的重要节日之一。其日的活动,主要有以下几项:一是赏月、拜月;二是放灯;三是歇眼。

赏月是中秋节最重要的节日活动,《梦粱录》卷四《中秋》描述南宋临安市民玩月风尚时也说:

> 此夜月色倍明于常时,又谓之月夕。此际金风荐爽,玉露生凉,丹桂香飘,银蟾光满,王孙公子,富家巨室,莫不登危楼,临轩玩月,或开广榭,玳筵罗列,琴瑟铿锵,酌酒高歌,以卜竟夕之欢。至如铺席之家,亦登小小月台,安排家宴,团圞子女,以酬佳节。虽陋巷贫窭之人,解衣市酒,勉强迎欢,不肯虚度。此夜天街卖买,直至五鼓,玩月游人,婆娑于市,至晓不绝。盖金吾不禁故也。

与民间一样,宫中也在倚桂阁、秋晖堂、碧岑等处举行赏月延桂活动,并设夜宴,"天乐直彻人间"。[34]

(八)重阳节

九月九日为重阳节,又称重九节,是宋代的重要节日之一,该节的主要内容有爬山登高、赏菊、吃重阳糕等。

赏菊习俗盛行于北宋,《东京梦华录》卷八《重阳》载北宋都城开封赏菊风俗道:"九月重阳。都下赏菊有数种:其黄白色蕊若莲房曰万龄菊,粉红色曰桃花菊,白而檀心曰木香菊,黄色而圆者曰金铃菊,纯白而大者曰喜容菊。无处无之。酒家皆以菊花缚成洞户。"南宋临安、绍兴等地亦然。《梦粱录》卷五《九月重九附》曰:"年例,禁中与贵家皆此日赏菊,士庶之家亦市一二株玩赏。"《嘉泰会稽志》卷一三《节序》载:"重九亦相约登高,佩萸泛菊,不甚食糕,而多食栗粽,亦以相馈然。"

重阳节那天,临安等地百姓又仿东京习俗,有食重阳糕的风俗。重阳糕由糖面蒸制而成,里面嵌镶以猪肉、羊肉、鸭肉等斩成的"丝簇钉",或以果实(如石榴子、栗子黄、银杏、松子肉之类)为钉,上面再插五色小彩旗。宫廷蜜煎局还以五色米粉塑成狮蛮,以小彩旗簇之,下以熟栗子肉杵为细末,入麝香糖蜜和之,捏为饼糕小段,或加五色弹儿,皆入韵果糖霜,名之为"狮蛮栗糕"。供衬进酒,以应节序。按宋代习俗,这种重阳糕一般在重阳节前一二日制作,店铺中也有出售,人们纷纷以此相馈赠。⑤又以苏子微渍梅卤,杂和蔗霜梨橙玉榴小颗,名曰"春兰秋菊"。

(九)冬至

冬至是宋代的三大节日之一,又称"亚岁"、"冬除"、"二除夜",有的甚至称"除夜"。⑥在北宋,东京市民最重此节。如《东京梦华录》卷一〇《冬至》曰:"十一月冬至,京师最重此节。虽至贫者,一年之间,积累假借,至此日更易新衣,备办饮食,享祀先祖。官放关扑,一如年节。"这一观念在浙江同样得到了充分的反映。据文献记载,这里的冬至之俗与年节大致相同,如周密《武林旧事》卷三《冬至》载临安风俗说:"都人最重一阳贺冬,车马皆华整鲜好,五鼓已填拥杂沓于九街。妇人小儿,服饰华炫,往来如云。岳祠、城隍诸庙,炷香者尤盛。三日之内,店肆皆罢市,垂帘饮博,谓之'做节'。"《梦粱录》卷六《十一月冬至》亦曰:"十一月仲冬,正当小雪、大雪气候。大抵杭都风俗,举行典礼,四方则之为师,最是冬至岁节。士庶所重,如馈送节仪,及举杯相庆,祭享宗禋,加于常节。士庶所重,如晨鸡之际,太史观云气以卜休祥,一阳后日晷渐长,比孟月则添一线之功。杜甫诗曰:'愁日愁随一线长',正谓此也。此日宰臣以下,行朝贺礼。士夫庶人,互相为庆。太庙行荐黍之典,朝廷命宰执祀于圜丘。官放公私僦金三日。车驾诣攒宫朝享。"馄饨是此日人们祭祀祖先和享用的最佳物品,此俗自北宋都城东京传入,⑩流行于临安。如周密《武林旧事》卷三《冬至》曰:"享先则以馄饨,有'冬馄饨,年馎饦'之谚。贵家求奇,一器凡十余色,谓之'百味馄饨'。"

(十)腊日

十二月八日为腊日,民间俗称腊八节。此日,据佛教所说,是佛祖释迦牟尼成道日,故此在这一天各寺院都要举行纪念仪式,并熬煮腊八粥以供佛。

我国吃腊八粥的习俗始于北宋,如孟元老《东京梦华录》卷一〇《十二月》载:"初八日,街巷中有僧尼三五人作队念佛,以银铜沙罗或好盆器,坐一金铜或木佛像,浸以香水,杨枝洒浴,排门教化。诸大寺作浴佛会,并送七宝五味粥与门徒,谓之腊八粥。都人是日各家亦以果子杂料煮粥而食也。"南宋时浙江亦流行这一风俗,如都城临安"大刹等寺,俱设五味粥,名曰腊八粥;亦设红糟,以麸乳诸果笋芋为之,供僧,或馈送檀施贵宅等家"。⑱

(十一)交年

交年节在每年十二月二十四日,因其时将近年夜,故民间视之为小年或称小岁。此日,北宋北方地区有所谓的"醉司命"、"照虚耗"、"打夜胡"等活动。如《东京梦华录》卷一〇《十二月》载:"二十四日交年。都人至夜请僧道看经,备酒果送神,烧合家替代钱纸,帖灶马于灶上,以酒糟涂抹灶门,谓之'醉司命'。夜于床底点灯,谓之'照虚耗'……自入此月,即有贫者三数人为一火,装妇人鬼神,敲锣击鼓,巡门乞钱,俗呼为‘打夜胡’,亦驱祟之道也。”这些风俗在临安等地的交年节中也可见到,如《梦粱录》卷六《十二月》载临安风俗说:“二十四日,不以穷富,皆备蔬食饧豆祀灶。此日市间及街坊叫买五色米食、花果、胶牙饧、萁豆,叫声鼎沸。其夜家家以灯照于卧床下,谓之照虚耗。”又《武林旧事》卷三《岁晚节物》曰:“二十四日,谓之交年,祀灶用花饧米饵,及烧替代及作糖豆粥,谓之口数。”

(十二)除夕

除夕在宋代又称为除日、除夜、岁除等,为十二月的最后一天,也是一年之终结,“月穷岁尽”,故极为隆重。

除夕晚上,民间有守岁、馈岁、别岁等俗。守岁又称分岁,其俗盛行于北宋时期。如《东京梦华录》卷一〇《除夕》曰:“士庶之家,围炉团坐,达旦不寐,谓之守岁。”[39]时人认为,“守冬爷长命,守岁娘长命”。因此,一些“痴儿騃女”往往通宵达旦不睡,为娘守岁。此俗至南宋时仍然盛行于临安等地。如周密《武林旧事》卷三《岁晚节物》载:“至(除夕)夜……如饮屠苏、百事吉、胶牙饧,烧术卖懵等事,率多东都之遗风焉。”

而这一天晚上,南宋宫中和民间又沿袭东京等地的习俗,举行驱傩仪式。如《武林旧事》卷三《岁除》载临安宫中风俗云:“禁中以腊月二十四日为小节夜,三十日为大节夜,呈女童驱傩,装六丁、六甲、六神之类,大率如《梦华》所载。”

另据文献记载,除夕浙江吃馎饦的习俗也来源于北方。馎饦是一种汤饼之类的食物,为宋代除夕最具特色的食品,时有“冬馄饨,年馎饦”的谚语。[40]南宋陆游《岁首书事》一诗曰:“扶持又度改年时,耄齿侵寻敢自期。中夕祭余分馎饦。”并自注:“乡俗以夜分毕祭享,长幼共饭其余。又岁日必用汤饼,谓之冬馄饨、年馎饦。”[41]

除上述诸节外,南宋浙江还有一些岁时风俗也受到中原地区风俗的影响。如清明节的禁火与子推燕。上元夜临安的“扫街”风俗来自东京,如《武林旧事》卷二《元夕》载:“至夜阑,则有持小灯照路拾遗者,谓之扫街,遗钿坠珥往往得之,亦东都遗风也。"再如中元节,临安居民有接祖之举,盖因南宋临安居民有许多由汴京南迁而来,祖宗坟墓在中原,无法设祭,遂有是举,并相沿成习,为他郡所无。故杭谚有"七月十二接祖宗,西瓜老藕瞎莲蓬"之说。

三、诞生与婚丧

(一)诞生

南宋都城临安的生育风俗,与婚姻礼俗一样,也深受北宋都城东京的影响,这可以从孟元老《东京梦华录》卷五《育子》与吴自牧《梦粱录》卷二〇《育子》的对比中可以清楚地看出。

北宋东京宫中在举行完"洗三"礼后,君臣照例也要举行非常盛大的庆贺活动,大臣们或敬献贺表,或以诗赋庆贺,而皇帝则对参加庆贺活动的大臣赐以"洗儿钱"。如蔡绦《铁围山丛谈》卷四载:"祖宗故事,诞育皇子公主,每侈其庆,则有浴儿包子,并赏巨臣戚里,包子者,皆金银大小钱、金粟涂金果、犀玉钱、犀玉方胜之属。如诞皇子,则赐包子罢。又逐后命中使人密赐来,约颁诸宰相,余臣不可得也。密赐者,必金合,多至二三百两,中贮犀玉带或珍珠瑰宝。"宋室南渡后,这一风俗也带到临安,时人洪迈《容斋随笔·四笔》卷六《洗儿金钱》就作了详细的描述:

> 车驾都钱塘以来,皇子在邸生男及女,则戚里、三衙、浙漕、京尹皆有饷献。随即致答,自金币之外,洗儿钱果,动以十数合,极其珍巧。若总而言之,殆不可胜算,莫知其事例之所起。刘原甫(敞)在嘉祐中,因论无故疏决云:"在外群情,皆云圣意以皇女生,故施此庆,恐非王者之令典也。又闻多作金银、犀象、玉石、琥珀、玳瑁、檀香等钱,及铸金银为花果,赐予臣下。自宰相、台谏,皆受此赐。无益之费、无名之赏,殆无甚于此。若欲夸示奢丽,为世俗之规则可矣,非所以轨物训俭也。宰

相、台谏，以道德辅主，奈何空受此赐，曾无一言，遂事不谏。臣愿深执恭俭，以答上天之贶，不宜行姑息之恩，以损政体。"伟哉！刘公之论，其劲切如此……盖官掖相承，欲罢不能也。

他如育子满月、百日、周岁的礼仪，同样渗入了中原的礼俗。如当时新生儿满月时，要举行汤饼会。如宋末奉化人陈著《喜弟观得男弥月数句识之》诗云："弥月汤饼席，云集尊与少。欢极不知醉，老怀得倾倒。"诗注："某今日为新生小儿弥月，徇俗具汤饼，因敢会宗族姻邻及客。"⑫

（二）婚姻

北宋中原地区的婚姻礼俗，一个重要特点就是婚姻论财。北宋大史学家司马光就曾指出：

> 今世俗之贪鄙者，将娶妇，先问资装之厚薄；将嫁女，先问聘财之多少。至于立契约，云某物若干，某物若干，以求售某女者。亦有既嫁而欺给负约者，是乃驵侩鬻奴卖婢之法，岂得谓之士大夫婚姻哉！其舅姑既被欺给，则残虐其妇，以摅其忿，由是爱其女者，务厚资装，以悦其舅姑，殊不知彼贪鄙之人不可盈厌，资装既竭，则安用汝女哉！于是质其女以责货于女氏，货有尽而责无穷，故婚姻之家往往终为仇雠矣。是以世俗生男则喜，生女则戚，至有不举其女者，因此故也。然则议婚姻有及于财者，皆勿与为婚姻可也。⑬

南宋都城临安的婚姻礼俗，基本上沿袭北宋东京，其时的临安是个商业性的大都会，这种"娶妇直求资财"的现象更甚于各地。婚姻各个程序中都与"财"字密切结合在一起，特别是聘礼、陪嫁奁具的多少，对能否缔结婚姻具有举足轻重的地位。⑭如宋末奉化人陈著有感道："慨古道之难，逢娶而论财。顾时流之方竞，兹宠存于月谱。"⑮正因为厚嫁成风，造成一些家底较薄的人家无力娶妇嫁女，以致婚姻失时。绍兴二十六年（1156），尚书吏部员外郎王晞亮言："比年以来，承平寝久，侈俗益滋，婚姻者贸田业而犹耻率薄，以至女不能嫁，多老于幽居。"⑯

　　此外,中原地区男女婚姻重媒妁介绍、父母做主的通常惯例,同样影响到了南宋浙江地区,这可以通过孟元老《东京梦华录》和吴自牧《梦粱录》两书所载相关内容的比较中清楚地看出。

(三)丧葬

　　北宋中原地区盛行火葬,都城开封及其所在的河东地区,是当时火葬最为盛行的地区。王偁《东都事略》卷三载:"近代以来遵用夷法,率多火葬。"江少虞《宋朝事实类苑》亦载:"河东人众地狭,民家有丧事,虽至亲,悉燔爇,取骨烬寄僧舍中。以至积久,弃捐乃已,习以为俗。"⑰

　　宋室南迁以后,火葬迅速在长江流域地区盛行起来,并成为一种社会习俗。两浙路是南宋火葬最为盛行的地区。绍兴二十七年(1157),监登闻鼓院范同上奏曰:"今民俗有所谓火化者,生则举养之具唯恐不至,死则燔爇而捐弃之,何独厚于生而薄于死乎? 甚者焚而置之水中,识者见之动心。国朝着令,贫无葬地者,许以系官之地安葬。河东地狭人众,虽至亲之丧,悉皆焚弃。韩琦镇并州,以官钱市田数顷,给民安葬,至今为美谈。然则承流宣化,使民不畔于礼法,正守臣之职也。方今火葬之惨,日益炽甚。事关风化,理宜禁止。仍饬守臣措置荒闲之地,使贫民得以收葬,少裨风化之美。"⑱次年,又有大臣奏曰:"臣闻吴越之俗,葬送费广,必积累而后办。至于贫下之家,送终之具,唯务从简,是以从来率以火化为便,相习成风,势难遽革。"⑲其实,不仅贫下之家率以火化为便,就是富裕人家也是如此。周辉《清波杂志》卷一二《火葬》说:"浙右水乡风俗,人死,虽富有力者,不办蕞尔之土以安厝,亦致焚如。"

　　在丧葬习俗方面,据《光绪杭州府志》记载:南宋临安民间盛行的"缓葬"风俗,也是从中原地区传入。相传临安多汴京人和西北流民,他们希望"返骨"故乡,故形成"权厝"(暂放)之俗。这种风俗在清代仍然未变,以至康熙、乾隆两帝南巡,杭州的地方官均要在皇帝到达之前,花费大量精力对西湖一带"权厝"之棺材进行清理。

四、宗教信仰

南宋临安宗教的兴盛，与宋室的南迁有着密切的联系。宋室南渡时，东京有四座祠庙及神像随朝廷迁到临安祖奉，并沿用旧名。如《梦粱录》卷一四《东都随朝祠》载："惠应庙，即东都皮场庙，自南渡时，有直庙人商立者，携其神像随朝至杭，遂于吴山至德观右立祖庙，又于万松岭侍郎桥巷元贞桥立行祠者三。"按《会要》云："神在东京显仁坊，名曰皮场土地祠。政和年间赐庙额，封王爵。中兴，随朝到杭，累加号曰明灵昭惠慈佑王，神祀封曰灵婉嘉德夫人、灵淑嘉靖夫人。"在汴京祖奉的神在宋室南渡后也同样迁到临安来相奉，如"二郎神即清源真君，在官巷，绍兴建祠。旧志云：东京有祠，随朝立之"[50]。郑州张端义曾在临安见酒市多祭二郎祠山神，颇多感叹，撰诗云："箫鼓喧天闹酒行，二郎赛罢赛张王，愚民可煞多忘本，香火何曾到杜康"[51]。《武林旧事》卷三《都人避暑》载："六月六日，显应观崔府君诞辰，自东都时庙食已盛。是日，都人士女，骈集炷香。"又"四圣延祥观在孤山，旧名四圣堂……绍兴间，慈宁殿出财建观侍奉，遂于孤山古刹徒之为观。次年，内庭迎四圣圣像，奉安此观。观额诏复东都延祥旧名"[52]。"三茅宁寿观在七宝山，元三茅堂，因东都三茅宁寿之名，赐观额宁寿观。"[53]汴京有开元阳德观，临安有开元宫。

不仅临安的一些祠庙寺观、神像是汴京旧有的，就是把奉祀的方法亦如在汴京时那样。《梦粱录》卷八《御前宫观东太乙宫》条载："遵太平兴国旧制，每祀用四立日，设笾豆簠簋尊罍，如上帝礼。"

五、语言

北方移民的大量南迁，使浙江地区的方言发生了重大的变化。据洪迈

《夷坚志》载:"江浙路岐伶女有慧黠知文墨者,能于席上按物题咏,应命辄成,谓之'合生'。其滑稽玩讽者,谓之'乔合生',盖京都遗风也。"民国《重修浙江通志稿》的编纂者也总结道:"浙江自宋高宗南渡,中州臣民扈跸相从,散处各州府县,文言土语,参杂糅混,因双声叠韵之转变,渐趋分异。"

　　南宋初年,临安由于北方移民在政治、经济、军事、人口等方面的优势,于是北宋官话"汴音"(或称"中州音"),逐渐取代了当地的方言。但其时临安居民的语言可以明白无误地分辨出"杭音"和"北音"两种语音。经过一段时期以后,北方的语音成分和所用的词汇,逐渐融合于"杭音"及语言之中。明代学者郎瑛在其所著的《七修类稿》一书中说:杭州"城中语音好于他郡,盖初皆汴人,扈宋南渡,遂家焉,故至今与汴音颇相似。惟江干人言语躁动,为杭人之旧音。教谕张杰尝戏曰:'高宗南渡,止带一百过来。'"⑭(按:"百"音摆。)《戒庵漫笔》载:"杭州俗呼黄矮菜为花交菜,谓诸菜多变成异种。俗多南渡遗风。卖冰者叫'大雪',以大雪收者佳。籴芝麻者叫'何何',旧姓何者鬻此故也。"

　　《近峰闻略》云:"今人呼谑之语皆有所本,如宋都汴,有何家数者,其下行货恶滥,故呼何数。今越人云'数头'者,当是南渡之遗也。"

　　杭州人至今为傲的"杭铁头"精神形成于南宋时期。如吴自牧《梦粱录》卷一八《民俗》载:"但杭城人皆笃高谊,若见外方人为人所欺,众必为之救解。或有新搬移来居止之人,则邻人争借动事,遗献茶汤,指引买卖之类,则见睦邻之义。又率钱物,安排酒食,以为之贺,谓之暖房。朔望茶水往来,至于吉凶等事,不特庆吊之礼不废,甚者出力与之扶持,亦睦邻之道,不可不知。"但这种保护弱者、伸张正义、平等互爱、淳朴纯真的民俗同样来自于东京,如孟元老《东京梦华录》一书说:"加之人情高谊,若见外方之人为都人凌欺,众必救护之。或见军铺收领到斗争公事,横身劝救,有陪酒食檐官方救之者,亦无惮也。或有从外新来,邻左居住,则相借措动使,献遗汤茶,指引买卖之类。更有提茶瓶之人,每日邻里互相支茶,相问动静。凡百吉凶之家,人皆盈门。其正酒店户,见脚店三两次打酒,便敢借与三五百两银器。以至贫下人家就店呼酒,亦用银器供送。有连夜饮者,次日取之。诸妓馆只就店呼酒而已,银器供送,亦复如是。其阔略大量,天下无之也。"⑮

六、结语

上述史实说明,经过一百余年的糅杂以后,北宋中原地区的社会风俗已深深地融合于浙江、特别是临安的社会风俗之中。从风俗的各个层面来看,这种影响可以说是全方位的;从区域来说,凡是中原人士寓居集中的地方,其影响就越大。其中,当以中原人士寓居最多的都城临安最具典型性。有鉴于此,明代学者沈士龙识孟元老《东京梦华录》一书说:"余尝过汴,见士庶家门屏及坊肆阖扇一如武林,心窃怪之。比读《东京梦华录》所载,贵家士女小轿不垂帘幕,端阳卖葵蒲、艾叶,七夕食油麦糖蜜煎果,重九插糕上以剪彩小旗,季冬廿四日祀龟,及贫人妆鬼神逐祟,悉与今武林同俗,乃悟皆南渡风尚所渐也。至其谓勾栏为瓦肆,置酒有四司等人,食店诸品名称,武林今虽不然,及检《古杭梦游录》往往多与悬合。"⑯其影响之大、之深,于此可见一斑。

注释:

①《宋史》卷一八七《食货志》,中华书局 1985 年版。

②李心传:《建炎以来系年要录》(以下简称《系年要录》)卷八六,绍兴五年闰二月壬戌,中华书局 1988 年版,第 1422 页。

③赵抃:《清献集》卷八《便民五事奏札》,文渊阁《四库全书》。

④庄绰:《鸡肋编》卷上《各地食物习性》,中华书局 1983 年版,第 36 页。

⑤《晦庵集》卷八三《跋吕仁甫诸公帖》,文渊阁《四库全书》。

⑥《建炎以来系年要录》卷一五八,绍兴十八年十二月己巳条,第 2573 页。

⑦《建炎以来系年要录》卷二〇,建炎三年二月庚午条,第 405 页。

⑧《宋会要辑稿》兵一三之二四。

⑨《系年要录》卷二〇,建炎二年二月庚午,第 405 页。

⑩陆游:《老学庵笔记》卷八,中华书局 1979 年版,第 104 页;陆游:《渭南文集》卷一

五《傅给事外制集序》,《陆游集》第5册,中华书局1976年版,第2111页;《宋史》卷四三七《儒林七·程迥传》,中华书局1985年版,第12949页。

⑪《系年要录》卷一七三,绍兴二十六年七月丁巳,中华书局1988年版,第2858页。

⑫陆游:《渭南文集》卷三四《杨夫人墓志铭》,《陆游集》第5册,第2111页。

⑬如袁桷《清容居士集》卷一九《鄞县小溪巡检记》载,鄞县小溪"北客多乐居之"。

⑭刘应时:《颐庵居士集》卷下,《四明丛书》本。

⑮如《宋史》卷六七《五行志五》载,开禧二年(1206)"绍兴府、衢、婺州亡麦"。

⑯庄绰:《鸡肋编》卷上《各地食物习性》,中华书局1983年版,第36页。

⑰周煇:《清波杂志》卷九,文渊阁《四库全书》。

⑱《老学庵笔记》卷六,第83页;《宋诗纪事》卷一〇〇《临安语》。

⑲《梦粱录》卷一三《夜市》,浙江人民出版社1983年版,第119页。

⑳《诚斋集》卷一八《荔枝歌》,《杨万里诗文集》,江西人民出版社2006年版,第324页。

㉑《梦粱录》卷一六《面食店》,第146页。

㉒《谈苑·辜负口眼》,载《类说》卷五三,文渊阁《四库全书》本。

㉓《梦粱录》卷一二《西湖》,第106页。

㉔陶宗仪:《说郛》卷六八下,文渊阁《四库全书》本。

㉕《梦粱录》卷一《正月》,第1页。

㉖《王文公文集》卷七二,上海人民出版社1974年版,第771页。

㉗前二首见《安阳集》卷一三,后一首见《安阳集》卷二〇,文渊阁《四库全书》本。

㉘《西湖老人繁胜录》"街市点灯"条,《南宋古迹考》(外四种),第99页。

㉙《梦粱录》卷一《立春》,第2页。

㉚《后村集》卷三八,文渊阁《四库全书》本。

㉛楼钥:《攻媿集》卷六〇《长汀庵记》,《丛书集成初编》本。

㉜陈元靓:《岁时广记》卷二一,文渊阁《四库全书》本。

㉝金盈之《醉翁谈录》卷四说:"其夜妇女以七孔针于月下穿之,其实此针不可用也,针偏而孔大。其余乞巧,南人多仿之。"

㉞《武林旧事》卷三《中秋》,第44页。

㉟《梦粱录》卷五《九月(重九附)》,第30页。

㊱陈元靓《岁时广记》卷三八引《岁时杂记》云:"冬至既号亚岁,俗人遂以冬至前之夜为冬除,大率多仿岁除故事而略差焉;《提要录》谓之二除夜。"

㊲《醉翁谈录》卷四《十一月》载北宋都城东京冬至风俗，有"新年已过，皮鞋底破，大担馄饨，一口一个"之谚。

㊳《梦粱录》卷六《十二月》，第49页。

㊴《岁时广记》卷四〇《岁除·视长命》；《醉翁谈录》卷四《十二月》。

㊵《武林旧事》卷三《冬至》："享先则以馄饨，有'冬馄饨、年馎饪'之谚。"

㊶《剑南诗稿》卷三八，《陆游集》第2册，第992页。

㊷陈著：《本堂集》卷七三，文渊阁《四库全书》本。

㊸司马光：《司马氏书仪》卷三《婚仪》，《丛书集成初编》本。

㊹其实，此风在北宋时已可在杭州见到，如何薳《春渚纪闻》卷二《杂记·瓦缶冰花》载："宣义郎万延之，钱塘人。性刚不能屈曲州县，中年拂意而归，徙居余杭。……后有诱其子结婚副车王晋卿家，费用几二万缗，而娶其孙女。"（中华书局1983年版，第24—25页）

㊺陈著：《本堂集》卷八二，文渊阁《四库全书》本。

㊻《宋会要辑稿》刑法二之一五四，第7册，中华书局1957年版，第6572页。

㊼江少虞：《宋朝事实类苑》卷二三《官政治绩·韩稚圭》，上海古籍出版社1981年版，第275—276页。

㊽《宋史》卷一二五《礼二八·凶礼四》，第2918—2919页。

㊾《宋史》卷一二五《礼二八·凶礼四》，第2919页。

㊿《梦粱录》卷八《显应观》。

51 (宋)张端义《贵耳集》。

52《梦粱录》卷八《四圣延祥观》。

53《梦粱录》卷八《三茅宁寿观》。

54《七修类稿》卷二六。

55孟元老：《东京梦华录》卷五《民俗》。

56见王云五主编《丛书集成初编》，商务印书馆1936年版。

宋高宗时期的策试与应试者对社会的认识

裴淑姬(韩国庆尚大学)

一、导论

宋朝科举在王安石变法以前,殿试主要考诗、赋、论三题。神宗熙宁三年(1070)王安石改革科举,罢废诗赋,进士殿试改试策一道,限以千字以上,但实际上宋代的殿试策字数都很长,一般大大地超过了一千字。此后,殿试试策为定制,以"金殿对策"定进士名次的做法,一直沿用到清朝末年科举制度被废除为止。

就宋代殿试策的内容而言,包括了政治、经济、学术,对外政策等多个方面,几乎涵盖了国家大事和重要的社会问题。策题虽由有关官员拟定,但必须呈报皇帝,获得他的认可,甚至经过他的删改和润色才能作为试题。因此,殿试策代表了最高统治者的观点和要求,当毋庸讳言。

殿试策作为一种固定的文体,包括皇帝策题和贡士对策两个部分。考官所出题的题目叫"策题",以"朕惟"(或"朕闻")开头……举子回答为"对策",起始须写"臣对"、"臣闻"、"臣伏读圣策曰","臣昧死谨上愚对"等字样。"臣"字旁写,不写题目,不许点句钩股。高宗建炎、绍兴年间(1127—1162),共举行过10次殿试。由于策试内容涉多及时政,不仅具有考察人才的作用,也有向举子们征询社会问题和国家管理方面的目的。殿试的进士们,便将他对当前治理社会的理念,作为对策的内容,因而这种策被称为"时务策"。

殿试策题分为正奏名、特奏名和武举三种策题,第一天是正奏名与宗子应试,第二天是特奏名与武举应试。

本文使用的基本材料主要有《宋会要辑稿》记载的高宗时期的十篇正奏名策题和存的对策(自建炎二年至绍兴三十年的十一次科举中,绍兴八年因高宗在谅闇期间,诏命罢殿试)。另外,还有《绍兴十八年同年小录》、《宋史》、宋人《文集》中所保存的有关策文。当然,这些对策大部分是进士第一名所作,第二三名所作的则很少,其他进士所作的几乎很难看到。

下面,本文拟对南宋高宗朝殿试策试的具体内容进行深入探讨,并分析其与当时社会现实的关系。

二、南宋高宗朝的策试内容

笔者认为,殿试策题的内容,在一定程度上能反映出当时最高统治者的治国理念,其对国家内政和外交的关注点,即当时最重要的政治和社会问题等,对今后制定政策有着一定的导向作用。

按以往科举制度三年一试的规定,靖康元年(1126)当为开科之年。可是,由"靖康之变",南宋诸路于建炎二年(1128)春天由各路提刑司负责举行类省试①,各地类省试合格的正奏名进士,于八月二十三日在扬州参加殿试。这次殿试的策题是:

> ……朕承宗庙、社稷之托,于俶扰阽危之后,怀父母兄弟之忧,于携贰单微之时,念必抚民以格天,庶几悔祸以靖难。逾年于兹,寝兴在是。故府库殚匮,军费倍滋,而赋敛加薄;外患未弭,寇盗尚多,而追胥有程。择守令以厚牧养,责按廉以戢贪暴,命令为民,而下者十常六七。凡曰聚所欲、去所恶者,朕有弗闻,未有闻而不恤,恤而不行也。然而迎亲之

使接武在道,而敌情未孚;保国之谋刻意在兵,而军势未张;躬纯俭以厚本,而骄侈之习未悛;扩大公以示训,而私枉之俗尚胜。刑赏不足以振偷惰之气,播告不足以革狂迷之心,田亩未安,旱蝗害岁。岂朕不德,无以动天,抑政令失宜,而民以为病乎?何精诚之弗效,而祸患之难戢也。伊欲复亲族,奠疆埸,清寇坏,善风俗,使百姓安业而叠叠迓衡,何修而可以臻此?子大夫涉艰险以副详延,诚亦勤矣。其必有至言,欲为朕陈者,其悉言之毋隐。若乃矜空文而无补于实,咎既往而无益于今者,非朕之所欲闻也。其以朕所未闻而宜于时者言之,朕将亲览焉。②

于是奏名进士胡铨对策云:"汤武听民而兴,桀纣听天而亡。今陛下起干戈锋镝间,外乱内讧,而策臣数十条,皆质之天,不听于民……"策文长达万余言,高宗见而异之,欲将他置于前三名,有忌其直者,被移置第五。③

绍兴元年(1131)又值省试之年,于二月下诏,举行第二次类省试。类省试毕本要举行殿试,因为在时间上与明堂大礼相冲突,才延到翌年三月在临安府举行。其策题是:

> 朕承中否之运,获奉大统六年于兹,顾九庙未还,两宫犹远,夙兴夕惕靡敢康宁……古先辟王,继中微之世,乘思治之民,芟夷大乱,事半而功倍。少康一旅而复有夏,宣王兴衰以隆成周,光武三年而兴汉祚,肃宗再岁而复两京,皆蒙前人之绪业,拨乱反正,若此其易也。今赖四方黎献翊(载)〔戴〕眇躬,列圣之泽未远也。朕焦心劳思,不敢爱身以勤民。然屈己以和戎,而戎狄内侵;招携以弭盗,而盗贼犹炽;以食为急,漕运不继而廪乏羡储;以军为重,选练未精而军多冗籍;吏员猥并,而失职之士尚众;田(菜)〔莱〕多荒,而复业之农尚寡;严赃吏之诛,而不能革贪污之俗;优军功之赏,而无以销冒滥之风。方今非外攘夷狄则不足以靖民,〔非〕取于民有制则不足以给车徒之众,为人父而摧其子,则又何以保民而王哉?朕弗明治道,仍暗事机,凡此数者,常交战于胸中,徒寝而不寐,当食而叹也。子大夫与国同患难久矣,宜考前世中兴之主,其施为次序有切于今者,祖宗传序累世,其法度有可举而行者,平时种学待问,奇谋硕画,本于自得,可以持危扶颠者,其悉意以陈,朕将亲览。

当天,高宗批赐御试考校官曰:"今次殿试对策,直言之人擢在高等,谄佞者置之下等,辞语尤谄佞人与诸州文学。"④

时奏名进士张九成的对策,获得高宗赏识,成为该榜进士第一人(状元)。由于建炎三年(1129)秋天,金人大举南下,次年秦桧返回南宋,提出与金人议和,张九成在对策中不肯附和秦桧。秦桧主政后,张九成遭到他的打击,后来尽管仕途坎坷,但张九成不改其志,并与志趣相投的绍兴五年(1135)状元汪应辰交情深厚。

绍兴五年,殿试的策题是:

> 朕德菲陋,绍承大统,遭家多难,求济未获。是以博延豪俊,咸造在廷,觊闻治道之要。子大夫其必尽精极虑,为朕言之……越自即位九年于此矣,思欲雪父兄之耻而复祖宗之烈,夙夜只惧,罔敢荒宁,而施为缪戾,治效阙然,深惟其故,不惮改作间者。乃下铨量之令以择吏,而真才犹未显也;严科敛之禁以恤民,而实惠犹未孚也;谨简练之法以治兵,而冗食犹未革也。夫吏道未肃,民力未苏,兵势未强,朕之治所以未效也……欲风化行,习俗厚,奸宄不作而中外恊心。兹可以占天人之助矣,夫何敌不克,何难不济,兴复大业,其庶几乎。子大夫以为何修何营而可以臻此,其条列而茂明之,务适于用,朕将有稽焉。

奏名进士汪应辰在对策中要高宗"从谏如转圜,见善如不及,纯而不已,盛德日进。使海内皆有归往之心,然后大举六师,削平蕃伪,所谓以天下之所顺攻亲戚之所叛也,惟陛下力行之耳。"高宗对他的试卷十分满意,遂将他定为第一名⑤。后来汪应辰上疏反对高宗与金人和议,引起秦桧的忌恨,把他从秘书省正字外派到建州任通判。他请求辞去官职,被批准。

绍兴八年徽宗在金朝去世,按谅阴例,不举行殿试。该年以省试第一名黄公度为状元,授官秘书省正字。后来因为黄公度不附和议,被秦桧罢了官,直到秦桧死后,才被召回朝廷,再授肇庆府通判。

按科举三年一试的规定,绍兴十一年是殿试之年,但如果新进士与有荫人同时出官的话,没有这么多的官职可授,所以省试、殿试相应推迟到绍兴十一年、十二年举行。此后,三年一次科举,再也没有间断。

绍兴十二年的殿试策题主要围绕"中兴"的主题。具体的内容是：

> 朕以凉薄之资，抚艰难之运，宵衣旰食，未知攸济。今朕只承上帝，而宠绥之劾未着；述追（光）〔先〕烈，而绍开之瞳未集。至德要道，圣治之本也，而欲未得；散利薄征，王政之所先也，而势未行。设科以取士，而或以为虚文；休兵以息民，而或以不武。至若宗社迁寄，扈卫单寡，士狃见闻而专用私智，民习偷惰而莫知返本。子大夫所宜共忧也，其何以助朕拯几坠之绪，振中兴之业，详着于篇，朕将亲览焉。

在这个策题中，高宗表面上是渴望奏名进士能献上治国的良策，以帮助自己完成中兴大业，实际上是要听一下他们对刚刚签订的"绍兴和议"的态度。奏名进士陈诚之心领神会，他对策时引证汉高祖和汉光武帝的功绩说："今日之事，审彼已之状，校胜负之势，利害相半，虽战无异也。故臣之深思，窃以休兵息民为上策。"对高宗、秦桧与金人签订"绍兴和议"的举动大唱赞歌。他还要求高宗对秦桧"任贤不贰，行之以诚"，认为若能如此，则"振中兴之业，又何难乎"？奏名进士杨邦弼的策文说："陛下躬信顺以待天下，又得贤相，相与图治，中兴之功，日月可翼。"⑥与陈诚之一样歌颂和议，歌颂秦桧。殿试唱名时，有司为迎合秦桧，起初定秦桧子秦熺为第一名，陈诚之为第二名。后来因秦熺是有官人，按宋朝惯例不能成为状元，于是遂赐陈诚之为榜首，秦熺退居第二名，以杨邦弼为第三名。

绍兴十五年殿试的策题是：

> ……然扶世导民，须德行也，或同于乡原；排难解纷，须智略也，或专于谋身。为政苟趣辨，则不修廉隅；詀摛文徒华藻，则不本忠信。平居下轻上爵，肆贪得之心；临事避剧就易，蔑首公之节。岂古之所谓德行智略，政事文章，心术节概，与今举异欤？将教化不明，狃于末习而然欤？子大夫学优而仕，于斯数者，其自处固已审，使风俗旷然大变必有术。悉之复之，详著于篇，朕将亲览焉。

该年奏名进士刘章在对策中说："陛下既以先修其身，而又任用真儒，始终如一。"王刚中策言，"帝王之应世，非治天下之难，必得真贤硕能之用为难。"许必胜策言:"今日庙堂之上,其所以董正百官者,竭诚尽忠以谋国事,缙绅知之,将见观感视效,自然而化。"⑦从三个对策中可以看出,刘章之策最合高宗心意,因而当御试官要将刘章定为第三名时,"及进呈,上亲擢为首,刚中次之,必胜又次之"⑧。

南宋的现存《登科录》之一就是《绍兴十八年的同年小录》。保留着绍兴十八年的殿试前三名的简单的对策的记载。这本书还记载了朱熹第五甲九十人及第的事实,但遗憾的是他的对策没有保存。

绍兴十八年殿试的策题是:

> 朕观自古中兴之主,莫如(先)〔光〕武之盛。盖既取诸新室,又恢一代宏模,巍乎与高祖相望,垂统皆二百祀,朕甚慕之。今子大夫达通国体,咸造于廷,愿闻今日治道,何兴补可以起晋唐之陵夷,何驰骤可以接东汉之轨迹?夫既抑臧宫之锐,谢西域之质,则柔道所理,必有品章条贯,要兼创业守文之懿,视夏康周宣犹有光焉,固子大夫之则蓄积也。其著于篇,朕将亲览。⑨

该年原定为第一名的董德元,因为已有迪功郎的官位,故改为第二名。他的策文说:"晋之失不在于虚无,失于用兵故耳。唐之失不在于词章,亦失于用兵故耳。"⑩用以推崇高宗的对金政策,可谓到了极致。后来升为第一名王佐的策文说:"况陛下今日任用真儒,修明治具,足以铺张对天之宏体,扬励无前之伟绩,即光武之治,不足深羡。"⑪也极力鼓吹不能对金用兵,不必效法光武中兴。第三名陈孺也认为东汉的事不足羡慕,与王佐的看法相同。

绍兴二十一年的策题是:

> ……今朕乘中兴之运,任拨乱之责,所赖于有官君子为至切矣。顾狃于闻见,小慧相先,谓了官事为矼,谓履忠信为拙,以括囊为深计,以首鼠为圆机,如此则国家何望焉?子大夫读先圣之书,通当世之务,其为究复,何7濯可以华旧习,何陶冶可以成美化……⑫

该年状元是赵逵,他在殿试策文中说:"陛下以神器之大,方与元老大臣协谋比德,以缉熙中兴之功。承平日久,士为曲学,阿私之计,而风俗坏。尚赖祖宗之泽未远,廊庙大臣有质正不挠者……"⑬

赵逵赞扬以中兴为己任的君主高宗,认为是因士人的错误,造成风俗变坏。

绍兴二十四年殿试的策题是:

> ……及间暇之时,延见儒生,博询当务。子大夫袤然咸造,其精思经术,详究史传,具陈师友之渊源,志念所欣慕,行何修而无伪,心何治而克诚,不徒观子大夫之立志,抑国家收取士之实效,夫岂小补? 其详著于篇,靡有所隐。⑭

绍兴二十四年,秦桧的孙子秦埙初定为殿试第一名,秦桧的从子秦焞、姻亲周寅、沈光杰等都被录取,因此引得议论纷纷。当时秦桧排斥程学,故秦埙的对策曰:"自三代而下,俗儒皆以人为胜天理。而专门为甚,言正心而心未尝正,言诚意而意未尝诚。言治国平天下,而于天下国家会不经意,顽顿亡节。实繁有徒虑亡不怀诡而嗜利自营者,此而不黜顾欲士行之无伪譬犹立曲木而求直影也。"张孝祥对策曰:"往者数厄阳九。国步艰棘陛下宵衣盱食,思欲底定,上天佑之畁以一德元老。志同气合,不动声色,致兹升平。四方协和,百度具举,虽尧舜,三代无以过之矣。"曹冠的对策曰:"自伊川唱为专门之学。蔽于一曲,不该不偏,述正道而称邪侈,好夸大而无实用,盖其初有待于释氏,潜窃其说。入室操戈而伐之,习其学者,尤为迂诞,为师者不传旨要,而使之默会,为友者不务责善。而更相比周实足以战? 贼善端而已,故凡为伊川之学者,皆德之学者,皆德之贼也。"又曰:"自西学盛行。士多浮伪。陛下排斥异端,道术亦有所统一矣。至此而或有弗棱则鬼琐之徒尧舜所不能化者也。岂容这官于两亲之诛乎臣愿陛下至诚乐与勿贰勿疑。惟和唯一。则勿有闻之则于万斯年受之佑。异端何自而芽薬哉。"⑮

考官魏师逊等,皆是秦桧党人,他们就定秦埙为第一名,张孝祥为第二名,曹冠为第三名。高宗读了秦埙的对策,觉得他说的都是秦桧的话,所以把孝祥提为第一名,秦埙定为第三名。陆游也与张孝祥同时参加绍兴二十四年的科举。而陆游却为秦桧所讽见黜,"盖疾其喜论恢复。"⑯秦埙与曹冠的对策都是攻击程学,张孝祥的对策则是主张尊奉德高的元老以及保存赵氏的事。

绍兴二十五年(1155),秦桧去世。其自绍兴八年以来居相位十八年之久,故秦桧之死亦为政治上的一件大事。

绍兴二十七年殿试策题是:

> ……朕缵绍丕图,恪守洪业,凡一号令,一施为,靡不稽诸故实,惟祖宗成法是宪是若。然画一之禁,赏刑之具犹昔也,而奸弊未尽革;赋铫之制,经常之度犹昔也,而财用未甚裕;取士之科,作成之法犹昔也,而人材尚未盛;黜陟之典,训迪之方犹昔也,而官师或未励。其咎安在?岂道虽久而不渝,法有时而或弊,损益之宜,有不可已耶?抑推而行之者非其人耶?朕欲参稽典册之训,讲明推行之要,俾祖宗致治之   复见于今,其必有道。子大夫学古入官,明于治道,蕴蓄以待问久矣,详著于篇。朕将亲览。⑰

是年奏名进士王十朋对策曰,"守成宪,尊祖至,革时弊",而非议时局。他时时处处不忘申论《春秋》尊王"大义"。"臣愿陛下以文王为法,以武帝为戒,端厥心居,以化为本,非正勿视,非正勿言,非正勿动。"因为高宗重视《春秋》,考官以王十朋的文章"经学淹通,议论醇正"被选为第一名。第二名的阎安中对策是与策题无关的内容。本来与对策无关当为不及格,但是如果有责任感地论及国家首要的政事也有可能成绩优秀。其内容是"…太子天下之本,陛下尝修祖宗故事,累年于兹矣。…而储位未正,嫡长未辨,臣愚深恐左右前后之臣…"⑱自秦桧专政以来,高宗已很久没有听到敢于直言选立储君之事的言论。高宗览其对而异之,遂擢第二。三十年二月,高宗借阎安中对策借再考虑储位问题之机,对宰相汤思退、陈康伯及知枢密院事王纶、同知院事叶义问等说了自己的想法。三十一年九月,金人入侵,十月下诏亲征,高宗欲令皇子玮遍识诸将,遂于十月扈从幸建康,明年还临安,五月立为皇太子,六月十一日受内禅。

绍兴三十年的殿试策题是:

> ……今详延子大夫于廷,冀闻古昔之宜,以裁当世之务。其悉意致

思,朕垂听而问焉。盖闻善为国者仁以得民,义以制事,宽猛相济,政是以和,无异道也。而《记》称商周尊而不亲、亲而不尊之异,议者乃有尚严者尊、尚恩者亲之说焉。《史》述齐鲁有举贤上功、尊尊亲亲之异,议者乃有齐政近商,周公治周,乃所以治鲁之说焉。圣贤之为国,若是其不同欤?抑道初无二,而因时制宜,有不可得而同者欤?施之当今,亦将有所取舍欤?汉七制皆贤君也,太宗躬行恭俭,以德化民,宽足尚矣,而议者谓不若孝宣之严明;显宗法令分明,幽枉必达,严足尚矣,而议者〔谓〕不若章帝之长者。然则治道所尚,又将孰从而可欤?今世之当务多矣,吏道之未勤也,士风之未醇也,民力之未裕也。将宽以御之,则无以革恭惰之习;将严以督之,则惧其有苛察之失。伊欲风流而令行,实修而名立,比迹两汉而庶几三代,其何道以臻此?子大夫茂明之,朕将亲览焉。[19]

这道策题的学术意味较重,若不熟悉历史,恐怕一时答不上来。从历史上看,无论商周、两汉还是唐代,孰优孰劣,见仁见智,各不相同,这对奏名进士的答策存在着一定的难度。是榜考官原定右迪功郎许克昌为第一名,后循故事改为第二名,以梁克家为状元。此二人的对策无史料记载,故内容不详。

三、通过策试看高宗时期的现实问题

从南宋高宗一朝历次的殿试策文内容来看,关于所谓"中兴"或和议(绍兴十二年以前)的较多。尤其是高宗时期避难江南,所以历史上情况类似的后汉时期的中兴常常作为策问被提出来。高宗虽上不能为光武恢复故土,终步晋元帝之后尘,以成偏安之局,但是在南宋士大夫的眼里,高宗时期的内治已达到了北宋的水平,所以称得上实现了"中兴"。

秦桧曾任御史中丞,与徽、钦二帝同掳至金,后成为金太宗弟挞懒亲信。建炎四年(1130)逃回南宋,绍兴元年(1131)出任宰相,第二年一度罢相。高宗一意求和,秦桧才于绍兴八年复相位,并长期擅权,直到绍兴二十五年死去。秦桧当宰相时,凡是反对和议的状元和成绩优秀的进士合格者,大都遭到排斥。虽然殿试是皇帝亲试,但仍可见秦桧的影响力。对策的内容若反对和议或不与秦桧立场相同,如绍兴二年的张九成,绍兴五年的汪应辰,绍兴十五年的刘章、王刚中等,均被贬谪到边远地区任官,秦桧死后,他们才由高宗召回。那么,绍兴时期状元或及第者为了通过科举都赞成和议吗?与金朝和议后,绍兴十二年举行的殿试策题是关于"中兴"的问题,当时状元陈诚之认为"休兵息民为上策"。第三名杨邦弼对高宗与秦桧的绍兴和议评价也很高。但也有奏名进士不愿附和和议,如徐庭筠在对策中说:"今日岂歌颂时耶!""吾欲不妄语而敢欺君乎?"[20]他不肯附和秦桧,歌颂"中兴",认为当时不足以称为中兴。结果科举不及格,只授予他特奏名出身。

按照科举考试规定,士子在科场上"凡私意臆说尽黜之"。但是绍兴二十七年的阎安中,他在对策中虽然提出了与策题无关的内容,竟然考上了第二名,这似乎是一个例外。究其原因,是因为自北宋名人范仲淹提出读书人要"先天下之忧而忧,后天下之乐而乐"的公意识以后,宋代士大夫多具有强烈的责任感,喜论国家大事,忠于王事,官僚不仅是国家之臣,也是天子的门生,所以他们认为有理由干涉天子的家事[21]。阎安中就是其一,阎安中于绍兴二十七年赴殿试,对策时主张早立王储,虽然未与策题对答,但却荣居第二名,高宗于绍兴三十年二月始商议储位问题,第二年六月孝宗即位。这是可以说是采纳对策的一例。

南宋初殿试策试时,高宗、秦桧、应试者之间对王安石与程颐的学问有过争论。宋高宗是以二程系统的道学从政治上,学术上打击王安石的。特别是绍兴四年,赵鼎任参知政事后,南宋二程门人对王安石之毁诋,达到高峰。如朱胜非说:"赵鼎作相,殿试策不问程文善否,但用(程)颐书多者为上科。"[22]程学在科举中占据优势。绍兴十四年高宗说:"曲学臆说,诚害经旨,当抑之。"但是,秦桧当宰相的绍兴二十四年殿试策文,却打击程学,秦桧姻亲秦埙与曹冠虽在策文中批评程学,也获得了优秀的成绩,这与秦桧平常崇拜王安石是分不开的。绍兴二十九年,曹筠反对学校、科举将以"专门之学"(指程朱理学)作为考试标准,因而上书提出弹劾。绍兴二十一年状元及第者赵逵也在对策中说"士为曲学,阿私之计而风俗坏",同样是反对二程之学。

绍兴后期,秦桧死,二程之学得到迅速发展,并独占科场,举人的程文更加僵化,从而为理学的最终形成奠定了学术和政治上的基础㉓。殿试成绩除了文章质量以外,还要看是否倾向于当时当权者的意见。有的只是取决于皇帝的意志,或是迎合了当权者的政治需要。

下面介绍一下高宗时期不一致的选拔状元的标准。建炎二年(1128)九月,高宗即位后的第一次殿试结束后,御药院按惯例将前十名卷子奏上,请高宗定夺。高宗说:"取士当务至公,既有初覆考详定官,岂宜以联一人之意,更自升降?自今勿先进卷子。"㉔但是,高宗曾一度将殿试策卷中有犯庙讳及文理纰缪者上命黜降。故大臣在赞颂高宗时曾说,"太上皇帝之策士……至有犯御名者又曰免降黜。"绍兴二年殿试对策直言者在高等,谄佞者在下等。张九成对策忠慎激发无所顾惮取第一,吕颐浩言:"景夏词胜九成请更之",帝曰:"士人初进便须别其忠佞,九成所对上自朕躬下至百执事,言之无所畏避宜首选。"㉕

绍兴二十一年,状元赵逵策论君臣父子之情甚切。详定官拟逵第五,上览其策论唯有古文风度擢第一。绍兴二十七年王十朋对策万言,高宗览而异之擢第一。㉖那么当时对皇帝这样状元选拔有何评价呢?绍兴十八年题名录的作者认为,这年的第一甲第一名王佐的志行不如张九成或者文天祥,但是被选为状元并不为过。㉗状元的决定是比较客观的。

高宗时期策题和对策都十分注重现实问题,而且具体地反映了其时宋朝对金的政策。策试为"子大夫"(宋代把应考的举人称为"子大夫")直言极谏提供了环境,从而出现了子大夫对策敢于直言批评时政的风气。策题的内容很多都是关于如何实现"中兴"的问题。应答策者看待这些问题都有较为深刻的认识和见解,所以弥补了君臣之间沟通不足的状况。

注释:

①参见何忠礼:《论南宋高宗朝的科举制度》,载《探索与争鸣》,2007 年;裴淑姬:《南宋四川类省试与其出身者的社会地位》,载《宋辽金元史研究》。

②《宋会要辑稿》选举八之一至二。

③《宋史》卷三七四《胡铨传》,中华书局 1977 年点校本,第 11579 页。

④《宋会要辑稿》选举八之二至三。

⑤《系年要录》卷九三,绍兴五年九月乙亥条。

⑥《系年要录》卷一四五,绍兴十二年四月庚午条。

⑦《系年要录》卷一五三,绍兴十五年三月己巳条。

⑧《系年要录》卷一五三,绍兴十五年三月己巳条。

⑨《宋会要辑稿》选举八之六。

⑩《绍兴十八年的同年小录》,四库全书本。

⑪《系年要录》卷一五七,绍兴十八年四月庚寅条。

⑫《宋会要辑稿》选举八之七。

⑬《建炎以来系年要录》卷一六二,绍兴二十一年四月丙子条。

⑭《宋会要辑稿》选举八之七至八。

⑮《系年要录》卷一六六,绍兴二十四年三月辛酉条。

⑯叶绍翁:《四朝闻见录》乙集《陆放翁》,中华书局 1989 年点校本,第 65 页。

⑰《宋会要辑稿》选举八之八。

⑱《建炎以来朝野杂记》乙集卷一《壬午内禅志》,中华书局 1989 年点校本,第 504 页。

⑲《宋会要辑稿》选举八之九至十。

⑳《宋史》卷四五九《徐中行传》,第 13458 页。

㉑宫崎市定:《宋代の士风》,载《亚洲史研究》4,同朋舍 1975 年版。

㉒《系年要录》卷九三,绍兴五年九月乙亥条。

㉓参见何忠礼《论南宋高宗朝的科举制度》,载《探索与争鸣》,2007 年。

㉔《系年要录》卷一七,建炎二年九月庚寅条。

㉕《宋历科状元录》卷五《高宗朝》,第 234 页。

㉖《宋历科状元录》卷五《高宗朝》。第 277 页。

㉗参见《绍兴十八年的同年小录》附录。

南宋初期降伪游寇略论

虞云国　倪洪(上海师范大学)

关于两宋之际的游寇问题,学界的研究主要侧重其出现的原因与性质,南宋政权平定游寇的军事活动,以及游寇对南宋政局的影响。赵俪生先生的《靖康建炎间各种民间武装势力性质的分析》认为,山东“群盗”与“军贼”是当时四种民间武装势力中的一种。笔者在《从海上之盟到绍兴和议期间的兵变》中认为,入伍“盗贼”与土豪武装的兵变是南宋不同于北宋的两种兵变形式。石文济先生的《南宋初期寇乱》就这一期间寇乱的原因及骚扰情形做了研究,认为形成寇乱的原因包括天灾影响、政治不修、经济破产与军事崩溃,而建炎年间至绍兴二年六年间作为寇乱最严重的时段,与金军的南侵有着很大的关系。吴松弟先生在《北方流民武装和南宋初期时局》中,从移民角度出发,认为两宋之际由溃兵、勤王军、平民等组成的北方流民武装集团是当时一种特殊的移民形式。何忠礼先生在其《略论南宋初年平定游寇的斗争》中研究了游寇形成的原因、成分和危害,以及南宋平定游寇的过程与影响,认为对游寇的平定有利于南宋政局的安定与抗金事业的开展。

本文选择了游寇投降伪齐的切入角度,旨在研究降伪游寇的代表人物及其投降伪齐的原因以及他们投降以后对宋、金、齐政权所产生的影响。需要说明的是,本文列为研究对象的“降伪游寇”,大体可以区分为三类,即容易定义的游寇(如李成、刘忠、孔彦舟等),性质难定的土豪武装(如徐文、许约等),出身游寇的南宋官军(如郦琼);至于在北方坚持抗金抗齐的义军(如翟兴)、南方的农民起义军(如杨幺、范汝为),不在所定义的"降伪游寇"范围之内。

一、投降伪齐的游寇代表

两宋之际,"时金人横行山东,群盗李成辈因之为乱"[①],游寇横行。但随着南宋境内的形势变化,一部分游寇被南宋剿灭与招抚,还有一部分则降附于刘豫傀儡政权,成为伪齐军队的重要将领。在降伪游寇中,其名最著者有四:

(1)李成,字伯友,雄州归信人。绍兴元年(1131)五六月间,投降伪齐。降齐后,李成参与过击败李横,侵占襄阳六郡的战争。绍兴四年,李成又率军在襄阳等地抗阻岳家军的进攻。绍兴六年秋,伪齐独自南侵,由李成、孔彦舟等"分三道入寇"。[②]伪齐被废后,他随即转而隶属金朝,在降金诸汉将中"最勇鸷,号令甚严,众莫敢犯"[③],堪称降齐降金诸汉将的领头羊。

(2)孔彦舟,字巨济,相州林虑人。绍兴二年六月,孔彦舟北降伪齐,因其实力并未受到南宋削弱,故而刘豫的兵力大为增强。绍兴六年秋,他自领一路军"由光州犯六安"[④],后因刘锜藕塘大败,乃解光州围而去。伪齐被废后转降金朝。

(3)徐文,字彦武,莱州掖县人。他曾聚众灵山寺,劫持赵宋宗室,自称忠训郎、权密州都巡检使。绍兴三年四月率舟师归附伪齐,并透露南宋水军虚实,建议从海道南侵,"具言沿海无防虞之人,可以径至二浙,且图上驻跸所在军马之数"[⑤]。绍兴四年七月,刘豫集中五百只舟船并军民近两万人,命其为前军,"声言欲袭定海县"[⑥]。他后来也归附金国,完颜亮时,曾在通州(今北京通州)参与造舟,又以水军进讨东海县人张旺、徐元。他是伪齐与金最为得力的水军将领。

(4)郦琼,字国宝,相州临漳人。绍兴七年,他裹挟四万军兵叛附伪齐,大大增强了伪齐的军事实力。他还提供了南宋重要情报,"具言王师必欲北征,且告以诸军虚实"⑦,刘豫为此再遣冯长宁乞师金国,不啻为藕塘大败后业已颓弱的伪齐政权打了一剂强心针。伪齐被废后,他也转而成为金军将领。

另外,还有一些投降刘豫的游寇。比如王江,山东巨寇,刘豫降金后,刘麟"破降之"⑧。刘忠,号"白毡笠",又号"花面兽",后为韩世忠击败,北投伪齐,刘豫"以忠为登、莱、沂、密等州都巡检使"⑨,后为部下所杀。许约"与伪境往来,兼用绍兴、阜昌年号"⑩,投降伪齐后出知光州,曾围攻南宋固始县,后再降南宋。王嵩,原为黠寇霍明的属将,后"奔刘豫"⑪,参与过伪齐侵宋战争,曾知随州,岳飞第一次北伐,他被牛皋击败,擒杀于襄阳。王才"据濠之横涧山为寨,纵兵剽掠"⑫,降刘豫后"引伪知宿州胡斌以兵入寇"⑬,后归降南宋。靳赛初为贼,后降刘光世,淮西军变,他与郦琼一起叛逃伪齐。李忠,"扰于京西,渐犯金州,谋入蜀",后为王彦击败,"走降刘豫"⑭。祝友,游寇王善余党,"叛附于刘豫"⑮。罗兴,"杀朝散郎、通判府事侍其镳,叛降伪齐"⑯。李齐,沧州人,"在海中聚众"⑰,南宋招之不及,而北降伪齐。不过,总体而言,他们的实力与代表性远不能与上述四人相比肩。

二、游寇降附伪齐的原因

游寇集团具有一定的独立性乃至割据性。他们相互杀伐,争夺地盘,并且攻击官军。游寇之势力大者,甚至有割据方面之心、觊觎天下之志。比如桑仲,他"有窥四川之意"⑱,屡与王彦战;又如李忠,也"有窥川蜀之心"⑲;再如李成,道士陶子思言其"有割据之相,劝之西取蜀",他即听从,"遂有叛意"⑳,"乘金人残乱之余,据江、淮六七州,连兵数万,有席卷东南之意。使其徒多为文书、符谶,幻惑中外"㉑,并"自呼李天王"㉒,显露不臣之心。由此看来,游寇中很多人并非愿意臣服于包括伪齐在内的政权。但他们中的某些人最终摒弃独立、割据与僭伪之志,而甘心降附伪齐。他们之所以作出如此选择,主要有以下几方面的原因。

其一,游寇自身军事力量遭到严重削弱。

游寇之所以能在南宋初年的历史舞台上画上浓重的一笔,关键在于他们具有强大的军事实力。史称"刘忠据潭州白面山,有众一万"[㉓],与曹成、马友等"阴相交结"[㉔],"跨三年"乃败[㉕]。又如,"孔彦舟强据武陵……李成尤悍,强据江淮、湖湘十余州,连兵数万"[㉖]。再如徐文,"所部五千人,海舟百五十"[㉗];李忠也"聚众数万"[㉘]。而南宋政权的军事力量在炎兴之际十分孱弱。尽管未必真如宋高宗哀言的那样,是"以守,则无人;以奔,则无地"的尴尬局面,[㉙]至少也说明南渡之初宋室军事实力的短缺与支绌。

但随着南宋政局站稳脚跟,高宗朝廷对跳梁于境内的主要游寇武装开始推行行剿抚并用的两手政策。与此同时,游寇之间也相互征伐,自相残杀。很多游寇的实力因此受到来自两方面的重创,有些游寇考虑到已与南宋朝廷处于敌对状态,不得不被迫选择北走降伪之策。绍兴元年,张俊领兵大破李成军,"追杀贼将孙建、马进及首领无数。自黄梅、六安诸郡,贼徒闻风远遁"[㉚]。李成实力大为削弱,不得不北投刘豫政权。同年九月,王彦在秦郊店与李忠激战,李忠部"大奔溃,擒馘万数,俘生口无算,辎械蔽野"[㉛],大败之后走降刘豫。绍兴二年九月,韩世忠遣统制解元以水军袭击刘忠于蕲阳,大破之。刘忠实力大受损失,仅"与其徒数十人遁走北去"[㉜],狼狈归降伪齐。

其二,南宋对武将采取抑制猜忌与收兵权政策。

南宋立国初年,为对付政权内外的敌对势力,不得不倚重武将。绍兴二年七月,右正言吴表臣以"天下危,注意将"为由,反对武臣试换文资。高宗认同他的建议,"权令住罢"[㉝],以维持军事力量。在此情况下,南宋出现了武将势力抬头的局面。

但是,南宋并不真正重视武将,"朝廷素轻武臣,多受屈辱"[㉞],并且畏惧、猜忌武将,包括游寇武装,认为"自古以兵权属人久,未有不为患者……不早图之,后悔无及"[㉟],开始逐步削其兵权。绍兴七年,张浚收夺刘光世兵权,以吕祉节制其军。吕祉以身为文臣而歧视武将,"简倨自处,将士之情不达"[㊱]。他"奏乞殿前司摧锋军统制吴锡一军屯庐州以备缓急",并密奏朝廷"乞罢(郦)琼及靳赛",为郦琼等得知,"大怨怒"[㊲]。加上郦琼又得知"朝廷命张俊为淮西宣抚使,置司盱眙;杨存中为淮西制置使,刘锜为副,置司庐州;召琼赴行在"㊳,"被旨易置分屯",其意在收夺其兵权,且闻将有不测之祸。康渊又以"归事中原则安"劝其叛变,终于促使郦琼率众奔降伪齐㊴。又如孔彦舟,南宋以其不受约束,"将以兵执之"㊵,迫使他不得不叛走伪境。再如徐文,在李成、孔彦舟降伪后,朝廷把猜忌的目光转向徐文,"亦疑文有北归志"㊶,加之阁皋谮毁徐文,言其"将为变"㊷,并派朱师闵前往密捕,徐文发觉,这才决意叛降伪齐。

其三,伪齐的重武国策与招降方略。

与南宋不同,伪齐立国,自甘成为金朝的马前卒,其基本国策只能倾向于重武。绍兴二年四月,刘豫迁都汴京,其所下诏书有"文武杂用,不限资格"之语㊸,奠定了伪齐的用人政策。荆超为班直,号"万人敌",刘豫"才而用之",㊹命他知郓州。伪齐又沿袭北宋"三卫官"制度,注重考核武艺,"弓马合格人出官"㊺,作为官员升迁的捷径之一。祝简投献《国马赋》,因"有补于军政"㊻,刘豫便减其磨勘。关于伪齐重武国策,南宋官员也已有关注。郦琼叛变之前,其统制官康渊就曾指出:"(南宋)朝廷素轻武臣,多受屈辱。闻齐皇帝折节下士,士皆为之用。"㊼

为了扩充军事实力,伪齐想方设法招降游寇。其于宿州设立归受馆,以"招延南方士大夫、军民"㊽。李成作乱于南宋,伪齐就派遣雄州大侩王友直"抵豫书招李成"㊾。孔彦舟为蕲黄州镇抚使,刘豫"访得彦舟母、妻及子,厚给以禄,使其舅卢某持书招之,彦舟乃有叛意"㊿。桑仲死,刘豫"遣通直郎张珫持敕书至随州招李道,使臣彭乂至邓州招李横"[51],尽管二李最后未予听从,却也说明伪齐主动招降纳叛的策略。

其四,人际矛盾促成部分游寇叛降伪齐。

这一方面的具体原因,虽然因人而异,但在降齐游寇中却并非个案。王嵩因其上司霍明与李横有仇,不愿隶属李横,在绍兴二年闰四月北降刘豫。孔彦舟早年与权邦彦有隙,闻知权邦彦入枢密院,唯恐不利于己,"心不自安"[52],无疑是导致其降齐的原因之一,他临行就公然声称:"所以反者,盖疑权邦彦也"[53]。又如徐文,一方面他与诸将不合,诸将"忌其材勇"[54],另一方面又与阁皋有隙，"耻在阎皋之下"⑤，于是北投敌国。郦琼与王德原本就不相容，"王德留都督府为都统制，且锡赉极优渥"，郦琼"等皆觖望"，"于是始萌叛意"⑤。

此外，南宋对边境统治薄弱，使命不通，也是游寇降伪的一个原因。淮西与伪齐接壤，南宋以"剧盗"为守，采取类似羁縻的政策。他们徘徊于南宋与伪齐之间，朝三暮四，时而降宋，时而附伪。例如寇宏，"虽受朝命，阴与伪宿州守胡斌通"⑤。再如许约和陈卞，南宋委以守土之责，他们却"皆与伪境往来，兼用绍兴、阜昌年号"⑧。而王才占据横涧山，"以王命阻隔，乃以其众附伪齐，用阜昌年号"⑨。

三、降伪游寇对宋、齐、金三方政权的影响

游寇的降伪，引起了宋、齐、金三方实力的变动与消长，也在相当程度上影响了这一时期政局的走向。

其一，对南宋的影响。

游寇北降伪齐，对南宋的影响具有看似矛盾的两重性。一方面，加大了南宋政权的军事压力。李成叛降后，高宗意识到事态的严重性，曾经不惜"以节度使待之"⑩，指望其重新归顺南宋。岳飞也派遣间谍王大节前往北方招降李成。绍兴七年的淮西兵变，更令南宋朝野为之震惊。张浚还为此引咎，辞去相位，官员激进者更"引汉武诛王恢为比"⑪，请杀张浚。由于郦琼的叛逃，造成淮西一带兵力几近空虚，岳飞甚至提出"愿提全军进屯淮甸"⑫，以防万一。

另一方面，游寇北投刘豫，客观上却有利于南宋政局的内部稳定。正如后代史家指出："绍兴诸帅用群盗而废其长……李成、刘忠宁使之北降刘豫，而不加收录……宋之抚有江、淮，贻数世之安，在此也"⑬。由此可见，南宋的稳定，客观上得益于李成、刘忠等游寇势力在南方的退出。在游寇降伪问题上，历史充分呈现了自身的辩证法。

其二，对伪齐的影响。

作为傀儡政权，伪齐一方面受到金国的扶植与卵翼，另一方面又必须充

当金国侵宋战争的走卒与炮灰,对南宋作战是其存在的必要前提。而游寇的降附,对刘豫的南侵起到了巨大作用。

首先,伪齐因南宋游寇的来降,增加了军事人才,加强了军事力量。李成其人尽管不足齿,却颇有军事才能,当时人甚至将其与古名将相提并论,"若得李成,如汉得关侯,唐得尉迟敬德"⑭。他由宋降齐后,成为刘豫政权的一员骁将。孔彦舟、郦琼也堪称一时将才。在军事实力上,孔彦舟的兵力在归降伪齐前未受严重削弱,基本是以全军归附的。再如徐文,"以所部海舟六十,官军四千三百"来降⑮,增强了伪齐的水军,而水军正是刘豫兵力中的弱项。至于郦琼,更因裹挟淮西兵四万投降伪齐,在很大程度上动摇了南宋的淮南防御体系,增强了伪齐的武装。连金朝都深感其威胁,"虑其兵多难制"⑯,郦琼来降反而转化"为伪齐废灭之资"⑰。

其次,降伪游寇在一定程度上推动了伪齐的南侵。比如徐文,他在绍兴三年率水军投降,就向伪齐建议从海道南侵,"具言沿海无防虞之人,可以径至二浙,且图上驻跸所在军马之数"。刘豫闻言大喜,即以其"知莱州,以海舰二十益其军,令犯通泰等州,且至淮南与大军会合"⑱。又如许约,伪齐用他知光州后也曾主动围攻南宋固始县。郦琼从淮西来附,即"劝豫入寇"⑲,伪齐因而再遣人向金朝乞师南犯。

其三,对金朝的影响。

首先,降伪游寇有力帮助了金军的南侵。金国"务广地而兵力不能周"⑳,因本身兵力有限,故而扶植傀儡政权作为侵宋的急先锋,而伪齐也履行了助金侵宋的义务。绍兴三年三月,伪齐"会金人及遣李成领众西去"㉑,联兵击败势如破竹的李横北伐军,并侵占南宋襄汉六郡。绍兴四年,李成又联合金兵南下。六年,伪齐又以李成、孔彦舟等"签乡兵三十万,号七十万,分三路入寇"南宋㉒。郦琼降齐后"具言王师必欲北征,且告以诸军虚实。豫入其言,复遣伪户部侍郎冯长宁乞师于金国"㉓,金齐再次联手南侵。

其次,降伪游寇以后都转为金朝的军事将领。金废伪齐后,原降伪游寇摇身一变,成为金军将领,参与了金朝的内外作战。绍兴十年,金人背盟,以"骠骑大将军知冀州李成犯河南,而宗弼自将精兵十余万人与知东平府孔彦舟、知博州郦琼、前知宿州赵荣抵汴"[74]。徐文则以所部"破宋将李宝于濮阳、孟邦杰于登封"[75]。正隆五年（1160），东海县人张旺、徐元起义，金帝完颜亮"遣都水监徐文等率师浮海讨之"[76]。从这个意义上讲，游寇投降伪齐可以说是归附金朝的前奏与过渡。

再次，降伪游寇给金朝造成一定的威胁。金朝对伪齐怀有复杂情感，一方面积极扶植以对抗南宋，一方面又加以限制，防其反噬，"金人既立豫，以旧河为界，恐两河民之陷没者逃归，下令大索，或转鬻诸国，或系送云中，实防豫也"[77]。对降伪游寇，金朝同样不放心。绍兴七年郦琼叛降伪齐，"金主亶虑其兵多难制"[78]，下令遣散其原来编制。甚至在李成等归顺金朝后，金帝仍猜忌他们，史称"废伪齐豫后，虑中州怀二三之意"[79]，乃置屯田军以防之。正隆二年，宿王提醒完颜亮说："白沟、河南、中原诸城，往往皆汉人握其重柄，如李成、孔彦舟、郦琼、靳赛、王善、徐文等五十万正军，此当治之。"[80]其时伪齐已废20年，但金朝仍视降伪游寇为潜在的威胁。

四、余论

南渡之初，南宋朝廷还不能有效对军队与地方进行统治。当时虽设置镇抚使，笼络地方武装，但游寇并不乐于听命政府，肆虐大江南北。然而，游寇降伪以后，在史料中却少有他们在伪齐境内骚乱的情形。关于这点，可以从伪齐、金朝以及游寇三个角度来加以探究。

首先，从伪齐角度来看。一方面，伪齐可以说是"以武立国"，出于对南宋的战争政策，刘豫不得不建立自己的强大武装。在这一背景下，与南宋相比，伪齐更积极笼络游寇首领，游寇首领也心甘情愿为其所用。例如，刘豫重用郦琼，虽给予其军"廪给皆不及朝廷之数，人人悔恨"[81]，但郦琼却以降齐为"得策"[82]，并力劝刘豫南侵。另一方面，伪齐对来降游寇的控制比较有效。在伪齐的武装力量中，除去归降的游寇，还有刘豫与其子刘麟直接控制的军队，即所谓"云从子弟"与"皇子府十三军"，后者号称"乡兵十余万"[83]，足以对付来降的游寇。而伪齐的南侵军队,主要来自临时征发的签军,他们并不是游寇直属的私军。

其次,从金朝角度来看。金廷对归降游寇采取了严密防范的限制政策。郦琼降齐后,"金主宣虑其兵多难制"[84],当即遣散其兵。绍兴十年,宗弼与孔彦舟、郦琼等南下侵宋,金廷并不信任这些游寇,"孔彦舟、郦琼、赵荣之徒只单马随军,并无兵权"[85]。关键的是,金朝兵力强悍,足以威慑游寇,也大大降低了归降游寇为非作歹的危险系数。

最后,从游寇本身来看。他们作乱肆虐的军事资本大为削弱。游寇武装虽构成伪齐军队的组成部分,但很多游寇是在受到南宋沉重打击后才归附伪齐的,故而在伪齐总兵力中所占比重应该有限。例如,张俊破李成,"追杀贼将孙建、马进及首领无数"[86];刘忠败于解元,仅"与其徒数十人遁走北去"[87]。郦琼降军虽号称四万,但金熙宗随即遣散其兵,刘豫也通过"归农"来削弱其实力,"是时有郦琼叛军为刘豫放归农者"[88]。随着实力的削弱,游寇自身也不想再做冯妇,倘若再度作乱,只能给人以反复无常的印象,使自己无立足之地。于是,这些降伪游寇只能对伪齐与金朝表现出忠顺。史载,郦琼守亳州,"凡六年,亳人德之"[89];有人诬告李成反金,李成"杖而释之"[90];孔彦舟破濠州而禁杀,"人颇以此称之"[91]。这些异乎寻常的情景,也说明了游寇在特定环境中还是可以改邪归正的,关键在于形势的变易与对策的得当。

游寇最初降伪与后来附金,反映出当时南宋、金朝与伪齐三方政局变化的错综复杂。建炎南渡后,新造的南宋实力不敌金国,对地方的控制力大为削弱,游寇因之而起,又趁势而盛。随着南宋政权的逐渐稳定,游寇在南宋军队的打击下不得不北走伪齐,成为其侵略南宋的急先锋。伪齐被废后,降伪游寇首领基本上被纳入金国军事体系。由于宋金双方势力趋于均衡,南北重新回归相对稳定的对峙局面。北降游寇在这一时段的活动,也从一个侧面勾画出从南北纷争到不得不达成对峙格局的历史轨迹。

注释:

①(宋)李心传:《建炎以来系年要录》(以下简称《系年要录》)卷一八,建炎二年十

二月戊寅。

②(元)脱脱:《宋史》卷四七五《刘豫传》。

③(元)脱脱:《金史》卷七九《李成传》。

④(宋)李心传:《系年要录》卷一〇五,绍兴六年九月庚寅。

⑤(宋)李心传:《系年要录》卷六七,绍兴三年八月丙戌。

⑥(宋)李心传:《系年要录》卷七八,绍兴四年七月月末。

⑦(宋)李心传:《系年要录》卷一一四,绍兴七年九月壬申。

⑧(元)脱脱:《金史》卷七七《刘麟传》。

⑨(宋)李心传:《系年要录》卷五八,绍兴二年九月月末。

⑩(宋)李心传:《系年要录》卷五一,绍兴二年二月月末。

⑪(宋)李心传:《系年要录》卷五三,绍兴二年四月月末。

⑫(宋)李心传:《系年要录》卷四四,绍兴元年五月癸亥。

⑬(宋)李心传:《系年要录》卷四九,绍兴元年十一月乙未。

⑭(宋)李心传:《系年要录》卷四七,绍兴元年九月丁巳。

⑮(宋)徐梦莘:《三朝北盟会编》(以下简称《会编》)卷一五三,绍兴二年十月六日癸巳。

⑯(宋)李心传:《系年要录》卷七五,绍兴四年四月月末。

⑰(宋)李心传:《系年要录》卷四四,绍兴元年五月甲寅。

⑱(宋)徐梦莘:《会编》卷一四二,建炎四年九月二十日己未。

⑲(宋)徐梦莘:《会编》卷一四八,绍兴元年九月二十四日丁巳。

⑳(宋)李心传:《系年要录》卷一七,建炎二年八月庚寅。

㉑(宋)李心传:《系年要录》卷四〇,建炎四年十二月乙未。

㉒(宋)徐梦莘:《会编》卷第二〇七,绍兴十一年十二月二十九日癸巳。

㉓(宋)徐梦莘:《会编》卷第二一八,绍兴二十一年八月四日辛未。

㉔(宋)李心传:《系年要录》卷五二,绍兴二年三月乙未。

㉕(宋)李心传:《系年要录》卷五六,绍兴二年七月己卯。

㉖(元)脱脱:《宋史》卷三六九《张俊传》。

㉗(宋)李心传:《系年要录》卷三四,建炎四年六月壬辰。

㉘(宋)徐梦莘:《会编》卷第一四八,绍兴元年九月二十四日丁巳。

㉙(宋)李心传:《系年要录》卷二六,建炎三年八月丁卯。

㉚(宋)徐梦莘:《会编》卷第一一四七,绍兴元年六月。

㉛（宋）徐梦莘:《会编》卷第一四八,绍兴元年九月二十四日丁巳。

㉜（宋）李心传:《系年要录》卷五八,绍兴二年九月。

㉝（宋）李心传:《系年要录》卷五六,绍兴二年七月乙酉。

㉞（宋）李心传:《系年要录》卷一一三,绍兴七年八月戊戌。

㉟（宋）李心传:《系年要录》卷四二,绍兴元年二月癸巳。

㊱（宋）李心传:《系年要录》卷一一三,绍兴七年八月戊戌。

㊲（宋）李心传:《系年要录》卷一一三,绍兴七年八月戊戌。

㊳（元）脱脱:《宋史》卷三七十《吕祉传》。

㊴（宋）李心传:《系年要录》卷一一三,绍兴七年八月戊戌。

㊵（元）脱脱:《金史》卷七九《孔彦舟传》。

㊶（元）脱脱:《金史》卷七九《徐文传》。

㊷（元）脱脱:《宋史》卷三九九《仇悆传》。

㊸（宋）李心传:《系年要录》卷五三,绍兴二年四月庚寅。

㊹（宋）李心传:《系年要录》卷六九,绍兴三年十月甲辰。

㊺（宋）李心传:《系年要录》卷三七,建炎四年九月戊申。

㊻（宋）李心传:《系年要录》卷五三,绍兴二年四月庚寅。

㊼（宋）李心传:《系年要录》卷一一三,绍兴七年八月戊戌。

㊽（宋）李心传:《系年要录》卷三九,建炎四年十一月辛酉。

㊾（元）脱脱:《宋史》卷四七五《刘豫传》。

㊿（宋）李心传:《系年要录》卷五五,绍兴二年六月壬寅。

51（宋）李心传:《系年要录》卷五四,绍兴二年五月辛酉。

52（宋）李心传:《系年要录》卷五五,绍兴二年六月壬寅。

53（宋）徐梦莘:《会编》卷第一五一,绍兴二年七月。

54（元）脱脱:《金史》卷七九《徐文传》。

55（宋）徐梦莘:《会编》卷第一八〇,绍兴七年闰十月。

56（宋）李心传:《系年要录》卷一一三所引《吕祉行述》,绍兴七年八月戊戌。

57（宋）李心传:《系年要录》卷五一,绍兴二年二月月末。

58（宋）李心传:《系年要录》卷五一,绍兴二年二月月末。

59（宋）李心传:《系年要录》卷四四,绍兴元年五月癸亥。

60（宋）徐梦莘:《会编》卷第一六一,绍兴四年九月十五日辛酉。

61（元）脱脱:《宋史》卷三五九《李纲传》下。

(62)(宋)李心传:《系年要录》卷一一四,绍兴七年九月癸酉。

(63)(清)王夫之:《宋论》卷十《高宗七》。

(64)(宋)李心传:《系年要录》卷七七,绍兴四年六月己丑。

(65)(宋)李心传:《系年要录》卷六七,绍兴三年八月丙戌。

(66)(宋)李心传:《系年要录》卷一一四,绍兴七年九月月末。

(67)(宋)李心传:《系年要录》卷一二三,绍兴八年十一月壬寅。

(68)(宋)李心传:《系年要录》卷六七,绍兴三年八月丙戌。

(69)(元)脱脱:《宋史》卷四七五《刘豫传》。

(70)(宋)李心传:《系年要录》卷二,建炎元年二月丙寅。

(71)(宋)李心传:《系年要录》卷六五,绍兴三年五月丙辰。

(72)(宋)李心传:《系年要录》卷一〇五,绍兴六年九月庚寅。

(73)(宋)李心传:《系年要录》卷一一四,绍兴七年九月壬申。

(74)(宋)李心传:《系年要录》卷一三五,绍兴十年五月丙戌。

(75)(元)脱脱:《金史》卷七九《徐文传》。

(76)(元)脱脱:《金史》卷一二九《李通传》。

(77)(元)脱脱:《宋史》卷四七五《刘豫传》。

(78)(宋)李心传:《系年要录》卷一一四,绍兴七年九月月末。

(79)(宋)徐梦莘:《会编》卷第二四四,绍兴三十一年十一月二十八日丙申。

(80)《大金国志》卷一四。原书"徐文"作"徐斌",据校勘记改作"徐文"。

(81)(宋)李心传:《系年要录》卷一一四,绍兴七年九月壬申。

(82)(宋)李心传:《系年要录》卷一一四,绍兴七年九月壬申。

(83)(宋)李心传:《系年要录》卷五三,绍兴二年四月庚寅。

(84)(宋)李心传:《系年要录》卷一一四,绍兴七年九月月末。

(85)(宋)徐梦莘:《会编》卷第二〇二,绍兴十年六月十一日甲寅。

(86)(宋)徐梦莘:《会编》卷第一四七,绍兴元年六月。

(87)(宋)李心传:《系年要录》卷五八,绍兴二年九月月末。

(88)(宋)李心传:《系年要录》卷一三三,绍兴九年十二月丁巳。

(89)(元)脱脱:《金史》卷七九《郦琼传》。

(90)(元)脱脱:《金史》卷七九《李成传》。

(91)(元)脱脱:《金史》卷七九《孔彦舟传》。

"层累地造成"的宋金采石之战史发覆

顾宏义(华东师范大学)

一

著名史学家顾颉刚先生针对上古史研究提出的"层累地造成的中国古史"的著名观点,对探讨被誉为宋、金战争重要战役之一的"采石之战"的战史记载及其演变过程,也有其特殊价值。

公元 1161 年(宋绍兴三十一年,金正隆六年)十月,金军数十万人马分五路攻宋,海陵王完颜亮亲率主力南渡淮河,南宋淮西主将王权不战而逃,退驻长江南岸采石(今安徽马鞍山市西南)一带。十一月初,完颜亮进占和州(今安徽和县)城,欲由此南渡长江,直取临安(今浙江杭州),一战灭宋。结果,正在采石的宋中书舍人虞允文督军反击,挫败了金军渡江企图。此即于宋孝宗时被定为南宋"中兴"以来"十三处战功"之一的宋、金采石之战。①

虽然金人并未认可宋军大捷之说,直称金军"未尝败于采石",宋人所云不过"浮辞相欺"而已;②而宋人也有对此异议者,认为所谓宋军大捷乃属夸饰之辞,"不可取信"。③但世人还是主要依据宋朝官史记载,认为宋军取得了采石大捷,且历代评介甚高,如元末史臣以为"昔赤壁一胜而三国势成,淮淝一胜而南北势定",而"采石之功,宋事转危为安,实系乎此"。④清初王夫之

《宋论》,也将采石之战与东晋谢安淝水之战相提并论。⑤当时记载采石之役的文献不少,但其中对于采石之战的规模、作战经过、双方参战兵员数量及其伤亡人数等,却多不相同,甚至有大相径庭者。通过仔细比勘、分析这些记载,可清晰发现后世所熟知的宋军采石大捷,实也属"层累地造成"的,即文献纂修的时代越后,其所记载的战果就越显"辉煌"。

由于现见金方史料中,如张棣《正隆事迹》、佚名《炀王江上录》等,所记采石之战皆颇简略,且《炀王江上录》所记内容过于夸张,未可信从;⑥《金史》虽为元人纂修,但主要依据金朝史料,其中《海陵本纪》、《李通传》等相关记载虽不多,却颇具史料价值。但总体而言,对采石之战的研究,还是要以宋方文献为主。

宋方有关史料,自当以虞允文当时所上三封报捷奏札为最早。稍后周必大《辛巳亲征录》也简要记载了采石之战经过,孝宗初年由虞允文门人蹇驹纂有《虞尚书采石毙亮记》,又有员兴宗撰《采石战胜录》,再后有杨万里所撰《虞公神道碑》。晁公愬《金人败盟记》、佚名《中兴御侮录》等,也约纂修于孝宗朝,但《中兴御侮录》等所记采石之战大多颇简略。此后,赵甡之《中兴遗史》、熊克《中兴小历》、王明清《挥麈三录》也有关于采石之战的记载,但都对虞允文采石战功有所质疑。至于徐梦莘《三朝北盟会编》乃会录诸多史料而以年月编排之作,不删改,也不予置评,对于采石之战,除引录《中兴遗史》、《金人败盟记》、《采石战胜录》等史料外,还有若干不标注出处之文字,也大体为当时人的记载。与徐著不同,李心传《系年要录》所载采石之战经过,于官方史书如"国史"、"实录"、"日历"以外,又汇聚诸私家史料,考订其异说而裁正之,以成定说,故影响甚巨。此外,李心传《建炎以来朝野杂记》甲集卷二〇《虞丞相采石之胜》所述,与《系年要录》同而文字较简略。

此外,绍兴末知建康府张焘之《行状》与代王权为主将的李显忠之《行状》也从不同侧面述及采石之战。

上述诸史除赵甡之《中兴遗史》等少数几家外,大多为褒扬虞允文的战功而作,然其所依据者于虞允文数封报捷奏札及官方文书外,时有将传闻失实之词采录其间,故其所记采石之战多有不同,真伪相杂。即是李心传《系年要录》,虽以"尽其实"为标榜,考订诸异说,而批评《中兴遗史》诸家之说"大率纪事之体,抑扬予夺,当尽其实,若稍涉用情,则后之人将有所不信矣"。⑦然而考辨其论述,如其对虞允文战功的辩护文字,其间于"抑扬予夺"之际也不无"稍涉用情"之嫌,因而在有关采石之战的细节考订上,便时有疏漏、臆断之处。因此,本文就采石一战中颇有争议的诸问题,如一、关于虞允文激励将士,列阵迎战;二、关于宋军参战兵员及舰船之数;三、关于金军参战兵士与舰船之数;四、关于杨林河口之战,分别考察相关诸史书之不同记载,以此揭示后世所知的宋、金采石之战史是如何"层累地造成"的,以及其背后之原因。

二

作为宋方采石之战的最原始史料,虞允文所上三封报捷奏札,为赵甡之《中兴遗史》所引录,也收载于今日《全宋文》卷四八五三,题《江上军事第一札子》、《江上军事第二札子》与《江上军事第三札子》。⑧

关于采石之战经过,虞允文所上三封报捷奏札有较完整的记载,其《江上军事第一札子》略云:

> 蒙圣恩令从军江上,今月六日抵建康。次日准叶义问差臣前来采石会李显忠,并给犒御前军马。臣于八日午后到采石,见江北虏兵甚厚,极目望上下二三十里不绝,鼓声震地。臣即时跃马至岸口,舆诸统制相见。北岸有一高台,台上大红绣旗、黄旗各二,左右分立,中有大黄盖,有一人服金甲,以胡床坐其下。问之,此虏酋也,昨已登台祭天,刑白马,舆诸将盟矣。兵号四十万,马数倍之。臣与统制官张振等共议,列马步军为阵,静以待之。分戈船为五,以其二傍东西岸行;其一驻中流,载精兵以待战;其二藏小港中,以备不测。摆布仅毕,忽闻虏虏众齐声发喊,虏酋亲执小红旗,麾数百舟绝江而来。未顷刻间,已有七舟遽达南岸。虏登岸与官军战,臣往来行间,再三传令,激以大义,许以醲

赏。步军统制时俊先登，军皆殊死斗，俘斩既尽，而战于江中者艨艟相击，虏舟皆平，沈水死者以万数。天色向晦，北岸鼓声乃止，虏引余舟遁去。臣等尚虑其诈，不敢以兵掩其前，但以强弓弩袭其后追射之，虏兵多伤。至夜师旋，计其岸上之尸凡二千七百余人。射杀万户一人，服紫茸绵甲注丝战袍。生获千户二人，女真三十余人，余皆伉健者。……

《江上军事第二札子》略云：

臣观虏所用之船皆如州县渡口雇驾者，诚不足以当官军战舰。又逐船惟满载敢死士，意在直截来夺岸口，初不为水中战具也。以昨日之战，虏有旗头为官军斫断其左臂，尚能以手持小旗麾其下进战，久之乃仆地死，金人之伉健可概见矣。诸统制欲于濒江掘堑，阔一丈五尺，深八尺，以防虏兵奔冲上岸及更夜潜渡之寇。见役丁夫开堤数百丈，以卫内堤。官军立于堤上，既有所捍蔽，又无遁心，可以固守也。……

《江上军事第三札子》云：

臣于今月八日大破虏兵，已具战守之计、斩获之数敷奏去讫。次日绝早，臣与将士同在江口摆布戈船，分兵待敌。其贼众行列比昨日稍稀。至辰、巳来，虏凡再鼓。臣等举旗麾出海鳅战船五分之二，分其半向北岸上流，直至杨林河口，以其半傍南岸而行，其余仍藏港中，以防不测。良久，虏兵益稀。臣恐虏酋欲遁，亟令水军统制盛新引船杜塞河口，以神臂弓、克敌弓齐力射虏，应弦而倒者以万数。虏见船无归路，即时从下流发火自焚，官军亦于河口上流举火尽焚其余，凡一百五十余舟。完颜亮引余众遁去，遣一小舟，令张千者持书遗王权。观其书意，似与权有先约，虽其策出于用间，然亦不可不以朝廷已行遣王权之事报之，以绝其观望。遇李显忠至，臣与显忠商量作报，遣所获女真奴婢二人赍往，已绿白，同逆亮书真本缴进去讫。其张千本是镇江军使臣，在瓜洲战陷虏中，臣验得本人身上有数处重伤，已即时与转两官，发归本贯收管，听候朝廷追唤外，所有采石至太平州一带民兵各已安堵。

可见虞允文第一、第二两封奏札上于八日、九日之间，而据虞允文《谕诸军大会江口王刚往御泰州疏》,虞曾于"今月十二日再具事宜敷奏",于"十三日自采石回至建康",⑨则知虞允文第三封奏札当上奏于十二日。虞允文奏札所言,颇可与其他史书所载印证:完颜亮于十一月四日(壬申)进抵和州西采石。六日(甲戌),宋知枢密院事叶义问"至建康府。夜,被旨罢王权赴行在,以李显忠代之",并命"中书舍人、参谋军事虞允文往芜湖趣显忠交权军,且犒师采石"。七日(乙亥),完颜亮"临江筑台,刑白、黑马各一以祭天,期用翌日南渡"。⑩《金史·李通传》也言是日完颜亮披甲登台,"杀黑马以祭天,以一羊一豕投于江中",决定次日渡江。八日(丙子),完颜亮遣武平军都总管阿邻、武捷军副总管阿撒率水师先进,宿直将军温都奥剌、国子司业马钦、武库直长习失等从征。完颜亮并在高台置黄旗、红旗两面"以号令进止,红旗立则进,黄旗仆则退"。⑪但关于采石之战的具体进行,则诸史所记多有异同,虞允文三通报捷奏札,宋人即有质疑其中多夸饰之词而不足信者。对此,台湾学者陶晋生《金海陵帝的伐宋与采石战役的考实》认为三封报捷奏札"有安定人心的成分,所以比较不实在",而随后虞允文又上的《论江上事宜疏》,乃正式上奏天子者,故不如那三封奏札"夸大"。⑫下面即对虞允文《江上军事》三通奏札的"虚张报捷者",据有关史料分别讨论之。

1. 关于虞允文于临战前赶至前线,激励将士,列阵发船迎战

《江上军事第一札子》云虞允文于"八日午后到采石",见金军即将发船渡江,故"与统制官张振等共议,列马步军为阵,静以待之;分戈船为五,以其二傍东西岸行,其一驻中流,载精兵以待战,其二藏小港中,以备不测"。诸史所言大多与此合,但赵甡之《中兴遗史》对此记载有异:云:"丙子晨,隔江见杨林,金人筑台四旁有黄黑烟突起,人皆莫知所谓。或曰:'昨日刑白马祭天,今日祭风,欲出船渡江耳。'少刻,烟渐微细而青白色。辰、巳刻之间,有红伞登台,(完颜)亮在其下,有绣旗环绕之。俄闻枢密行府有参赞军事、中书虞舍人到采石市中吃食,乃允文也。或走报允文,请临江督军。允文至江口,是时风色已作,人谓金人祭风果应乎。望杨林口,有一舟出江,相次尾首相衔而出",直奔江南。但对虞允文麾军列阵一事,赵甡之质疑曰:

> 允文谓午后到采石,鼓声已震地。允文方与统制张振等议列马步

军为阵,分戈船为五。若金人已击鼓,乃欲进兵也。允文方列马步军为阵,分戈船为五,不亦遽乎? 列马步军为阵,刹那间犹可办也,分戈船为五,非一刻不能办,岂容摆布仅毕,敌人方发喊? 况鼓声振地已久,虽欲出舟,何用发喊? 又谓数百舟绝江而来,且杨林渡当冬月干浅,惟单舟乃能出口,若欲出数百舟,非二十刻不能办,岂可谓顷刻间? 通计官军分戈船为五,金人出数百舟,当占三时,自午后又占三时,日已莫(暮)矣。⑬

由于虞允文布阵情况,与采石之战规模等关系密切,故此处先考订一下虞允文抵达采石矶的时间。因虞允文报捷奏札中明言其七日领命,八日至采石,故诸史多以为虞允文是七日离建康往采石,如《绍兴采石大战始末》即云虞允文"初七日发建康,初八日早,去采石余路十五里,闻鼓声震野"。⑭但据《张焘行状》,虞允文于七日"夕漏下二鼓"时拜见知建康府张焘,云"适谍者自江北来,云虏房于和州作战舰,日夜打造,不计只数,期以明日渡采石,约晨炊玉麟堂"。⑮又周辉《清波杂志》也说"绍兴辛巳冬,金师及淮。……一日,传海陵有'来日早炊玉麟堂'之语,闻者震骇"。⑯是当时建康城内确有金主"约晨炊玉麟堂"之言流传,从而证实《张焘行状》所言不虚,即至七日夜"二鼓"时分,虞允文仍在建康城中。据《元丰九域志》卷六,宋代江宁府"西南至本府界九十里,自界首至太平州三十里"。又《方舆胜览》卷一五《太平州》言"采石山在当涂北三十里","上有蛾眉亭"。可知宋时采石距建康城约有百里开外,而虞作为文臣,当此一日数惊之际,夜赴前线的可能性不大,且诸书皆未载其曾夜行。若虞允文拂晓出城疾行,计其路程,赶至采石也确当在中午时分。如此则虞允文奏札中所云待军马、战船布阵"仅毕",而金主"麾数百舟绝江而来",确实存在如赵甡之所云之时间问题。由此,虞允文奏札所言的临战之充分准备,恐仅为虚夸之词,当时溃散至江南岸的宋军士卒,只是在虞允文的激励下,仓促迎敌而已。

虞允文采石战功之一大内容,即其于激战之际,在战阵间奋勇督军反击而获大捷:《江上军事第一札子》称当时"虏登岸与官军战,臣往来行间,再三传令,激以大义,许以酬赏。步军统制时俊先登,军皆殊死斗,俘斩既尽"。

然《中兴遗史》对此却言"至于当涂采石之人,指此语为笑端",指出当激战之时,"允文坐蛾眉台中,战灼几不能止"。赵甡之此说,也可与《盛新墓记》所记相印证:当时水军统制"盛新贾勇将士,以海鳅船一十只进先破敌,贼船覆溺杨林岸下。时中书虞舍人宣谕江上,至采石,登山观看战阵,发使收兵,保守南岸,申发报捷"。[17]蛾眉台即《方舆胜览》所言之蛾眉亭,正在采石山上。看来虞允文"往来行间"、"激以大义"而督军反击之说颇存疑问。

2. 关于宋军参战兵员及舰船之数

对于八日作战,虞允文于《江上军事第一札子》中仅云当时"列马步军为阵,静以待之;分戈船为五,以其二傍东西岸行,其一驻中流,载精兵以待战,其二藏小港中,以备不测",而未及具体兵卒之数与战船之数。是夜,《第二札子》言"诸统制欲于濒江掘堑,阔一丈五尺,深八尺,以防虏兵奔冲上岸及更夜潜渡之寇。见役丁夫开堤数百丈,以卫内堤"。九日,《第三札子》言宋军"出海鳅战船五分之二,分其半向北岸上流,直至杨林河口,以其半傍南岸而行,其余仍藏港中,以防不测"。然还是未言及具体人数。至《论江上事宜疏》,称采石战后"又分采石戈船百艘来援京口"。[18]对此"采石戈船百艘来援京口"之说,李心传即明言其船数实不可信。[19]

宋军当日参战战船,诸书也多含糊其数,《虞尚书采石毙亮记》仅云"王权所留水军车船咸在",而《绍兴采石大战始末》所言大抵同于虞允文奏札。[20]仅《中兴遗史》云当时虞允文"命发战船,有水军蔡将、韩将二人各有战舰一艘,皆唯唯不动,乃急命当涂民兵登海鳅船踏车,每舟有兵数人,发十海鳅往迎之。……军人皆说谕民兵曰:'此是必死之地,若齐心求生,万一有回归之理。'民兵皆然之"。是役"官军止有海鳅十艘迎战,二战舰终不出,允文追蔡将、韩将各鞭一百"。[21]然虞允文《江上军事第一札子》云"分戈船为五",至《第三札子》仅云"出海鳅战船五分之二",而无片语言及戈船。其实戈船、海鳅船并不相同(其说详下),虞允文此处似是故意含糊之。

3. 关于金军参战兵士与舰船之数。

对于金军参与采石之战的士卒、战舰之数及损失情况,虞允文《江上军事第一札子》曰:金军"兵号四十万,马数倍之"。八日,金主"麾数百舟绝江而来。未顷刻间,已有七舟遽达南岸",登岸与宋军激战,战罢"计其岸上之尸凡二千七百余人,射杀万户一人,服紫茸绵甲注丝战袍。生擒千户二人,女真三十余人,余皆伉健者",至于金军"战于江中者",其舟为宋军艨艟击沉,而"沉水死者以万数"。其数显然过于夸饰。如虞允文《论江上事宜疏》就曾称完颜亮"住和州,穷日夜之力以造船",却"今止有百十小舟,殊无笼盖遮掩,如州县渡口所用者",以用于渡江作战。㉒此与《江上军事第一札子》中金主"麾数百舟绝江而来"者迥然相异。由于《论江上事宜疏》是虞允文为消弭宋高宗的畏惧金军心理而上,故其所述当较报捷奏札为较可信。

4. 关于杨林河口之战

史载九日(丁丑),"虞允文遣水军统制盛新以舟师击金人于杨林河口,又败之",于是"金主亮焚其舟而去"。㉓"杨林,西采石之渡口也",㉔与长江南岸的采石矶相对。虞允文《江上军事第三札子》记录了此战经过,然所云金兵"应弦而倒者以万数",金战船自焚、被焚"凡一百五十余舟",从上述《论江上事宜疏》所言金军"今止有百十小舟"来看,也属夸大战果之词。

虽然虞允文三通报捷奏札,大有夸张战功等不实之处,但此后述及采石之战的诸史籍,大多以此奏札文字为依据,并再大加夸饰。

三

采石之捷对南宋王朝的重大意义,南宋人多有论及,周必大《辛巳亲征录》即为其中较早者。

周必大《辛巳亲征录》记事,上起绍兴三十一年十月一日宋高宗下诏亲征,下至次年六月。其十一月庚辰日记事云:

> 庚辰(十二日),采石捷书闻。初,金兵虽胜,视瓜洲江阔难渡,而采石浅狭,且朝廷方以李显忠代王权统金陵之师,亮意其号令未定也,以此月八日、九日亲执旗鼓,督细军临江,而聚所掠之舟,密载甲士南渡。会渔人喋知其期,走白显忠及虞允文,亟命舟师逆。敌舟杂以木筏,又

其人不习水,我以战舰乘风冲击,贼兵皆溺死。亦有数百人已登南岸者,允文激励士卒殊死斗,尽数杀之,不然几殆。辛巳,闻采石北师稍稍引去。㉕

周必大时为国史院编修官。故陶晋生《考实》认为《亲征录》所记为著者亲闻,其"记采石之役的战果,却并没有采用虞允文的捷报,所以比较可靠"。此说疑不确。因据虞允文《江上军事第三札子》,直至采石兵败,完颜亮尚未知晓宋廷已罢免王权军职,可证《亲征录》云完颜亮以为宋廷"方以李显忠代王权统金陵之师",故"意其号令未定也",而"以此月八日、九日"督"细军"自采石渡江的说法,也只是传闻之辞。而且据诸史记载,李显忠于采石之战以后赶至采石,故《亲征录》称"会渔人牒知其(金军渡江之)期,走白(李)显忠及虞允文",也当出自不实的传闻。同时,此时宋廷已得"采石捷书",随驾的周必大势必知晓,故《亲征录》所云当是据"采石捷书"加上其他传闻编成,所以其所记金军"亦有数百人已登南岸者",就较虞允文报捷奏札中所言少了许多。

纂修于宋孝宗初年的《虞尚书采石毙亮记》,又名《采石瓜洲毙敌记》,"纪虞雍公(允文)事,雍公门人潼川蹇驹撰。隆兴改元,漫叟序"。㉖蹇驹字少刘,潼川府盐亭县人,绍兴十八年(1148)中进士第三甲第七人。㉗宋冯时行《缙云文集》附录载蹇驹《古城冯侯庙碑》,署衔"朝奉郎、权发遣雅州军州事、主管学事、沿边都巡检使",㉘时在乾道间。《涵海》本题名《采石瓜洲记》,末云"驹以门下士获侍燕间,并从幕府诸公间,或闻此事甚详。退录之,以报里中新友云"。㉙而《三朝北盟会编》引录《虞尚书采石毙亮记》末云:

> 今亮以滔天之逆,阴谋数十年,长驱犬羊,空国来寇,而虞公奋然以忠义徇国,帅罢散之卒,身自督战,遂成采石之功,而瓜洲之虏不战而自毙,此岂与赤壁、淝水乘危徼幸同日语哉!异时国史大书特书,与宋匹休,荐绅巨工,亦必有能效勒燕然铭、颂淮西碑以扬厉无前之绩者。然远书生亟欲广其事,以壮吾中国之威,激厉士大夫之气。㉚

可知蹇驹只是日后"从幕府诸公间"闻知采石战事,并非亲历其事,而为能表彰虞允文功盖赤壁、淝水之殊勋，而"大书特书"，故内中颇多虚夸、错讹之处。如云十一月初七日，虞允文"往采石，道遇王权败兵。各鸟兽散。去采……石尚二十里，北虏鼓声动地，从者止公曰：'事已至此，舍人欲何之？'虞公不听，亟索马行。暨至采石，望北岸贼硬寨连亘数十里，我军星散亡纪律"。虞允文收拢散兵，慰抚众心，"即与勾集战舰，简水军五千余人，连小舟护岸，以戈船军当前，终夜整齣。十一月乙亥，虏筑坛于采石西岸上，亮登坛，杀牛羊豕、黑白马各一，祭天祷江，乞风以济"。丙子日，完颜亮发军渡江。^③蹇驹未知十一月乙亥日即初七日，据虞允文《江上军事第一札子》，是日虞允文正在建康城，直至次日午间方赶至采石。蹇驹为夸饰虞允文采石之战指挥有方，编造事实，遂至此误。

关于采石之战经过，《虞尚书采石毙亮记》云：

> （完颜）亮摅金甲坐坛上，麾红旗以发战舰，凡五百余艘，缘岸铁骑周匝三、四十里间。虏军大呼，我军辟易。会北风急，虏船如劈箭，有数十艘即薄南岸。公见统制盛新，抚其背曰："昨与尔议破虏为期，今乃不用命乎？"盛回顾曰："舍人在此。"即麾军鏖战，士气百倍，无不一当十，虏兵大败。戈船前断贼路，岸上余众悉拜降。先是敌酋恃其众，欲径跨江而渡，故所用皆是小舟，一舟济数十人，其指可掬。而官军所操皆艨艟巨舰，士卒用命，遇敌船即撞劈中折，全舟沉没。

虞允文《江上军事第一札子》云当时金军"数百舟绝江而来，未顷刻间，已有七舟遽达南岸"，而蹇驹增饰为金军"战舰凡五百余艘"，"会北风急，虏船如劈箭，有数十艘即薄南岸"。但盛新乃水军统制，战于江上，蹇驹于此似误。故赵甡之批评云："允文有门下士，昧于名数典礼，乃拾掇三札，溢其虚美，作为记事之文，夸大允文之功。允文，蜀人也，首自蜀中传写之，众皆和之，于是蜀人家家有传本矣。"^②所云当即指蹇驹此记。然因《虞尚书采石毙亮记》第一次较为完整地述说了采石之战经过，故此后述及采石之战者，大多参考于此，从而影响甚大。

员兴宗《采石战胜录》一卷，收录于《三朝北盟会编》卷二四二，员兴宗《九华集》卷二五所载题《绍兴采石大战始末》，《系年要录》所引也作《绍兴采石大战始末》。员兴宗字显道,成都人,绍兴年间王十朋榜同进士出身。乾道四年(1168年)六月以秘书省正字兼国史院编修官,五年十一月除著作佐郎,六年四月兼实录院检讨官,主管台州崇道观。③又据《九华集》附录《金山住持印老祭员兴宗文》,知员兴宗卒于乾道六年八月十三日以前。是知《绍兴采石大战始末》当撰于乾道前期。陶晋生《考实》认为此书是员兴宗为国史院编修官、实录院检讨官时所撰,"应多根据官方的史料"。但从其所记采石之战经过来看,并不如此,如云采石战后,虞允文"遣探马渡江,至暮归,(原注:初九夜。)说金主焚龙凤车,斩船作头二人,鞭梁大使一百,连夜往瓜洲"。据《系年要录》卷一九四绍兴三十一年十一月庚辰注文,云"赵甡之《遗史》、员兴宗记《采石始末》皆云亮以丁丑往淮东,而晁公悫《败盟记》云金亮十二日离采石,十三日宿旷口,十六日抵维扬。今从之"。可证完颜亮离和州去扬州的具体日期,宋官方史料中并无记载,故李心传采用《败盟记》的说法。又比勘《绍兴采石大战始末》文字,可知其有关采石之战的内容,乃源出虞允文三通报捷奏札,并参考蹇驹《虞尚书采石毙亮记》,而在细节上更为详细曲折,并添入采自其他史料的内容,如云:

> 于是方布阵摆戈船。是时江北虏兵甚众,极目望上下流二、三十里不绝,鼓声振地。虞侯即驰马至岸口,见北岸一高台,台上有大红绣旗、黄旗各二左右立,中有大黄盖,有一人服金甲,据胡床,坐其上。众云此胡酋也。兵号四十万,马数倍之。虞侯遂与诸将议,与统制官张振、王琪、戴皋、时俊、盛新列马军、步军为阵,静以待之。分戈船为五,以其二傍东西岸行,东护岸,西拒贼船,其一驻中流,载精兵待战,其二藏小港中,以待不测。摆布仅毕,忽闻虏中发喊,虏酋亲执小红旗,麾数百舟绝江而来,顷刻间有十数舟近南岸,渡虏登岸,与官军战。公往来行间。公令时俊先登,军皆死斗,斩虏过当,岸上之录皆投拜。战于江中,死以万数。天色晦,亮犹未退。会官军在淮西有溃散三百人自光州路转江而至,虞侯拊劳之,授以旗鼓,设为疑兵。虏果以为援兵至,鼓声乃已,却打梆子声,虏引余舟遁去。……至夜师旋,计岸上之死三千七百余人,射死万户一人,生获千户五人,女真三百余人,余皆正军健者。④

其中"顷刻间有十数舟近南岸"、"计岸上之死三千七百余人，射死万户一人，生获千户五人"，《九华集》卷二五作"未顷间有数十舟达南岸"、"计岸上之尸二千七百余人，射万户一人，生获千户五人"。与虞允文《江上军事第一札子》所云"未顷刻间，已有七舟遽达南岸"、"生获千户二人，女真三十余人"相比较，其数字夸大许多，但两者间的渊源关系历然。而"会官军在淮西有溃散者三百人"云云，当是员兴宗采录自他书者。因虞允文《江上军事第一札子》所云金人达南岸者"七舟"，而金兵被毙、获者达"二千七百余人"，则一舟当载近四百人，显然与其《江上军事第二札子》"虏所用之船皆如州县渡口雇驾者"及《论江上事宜疏》金军"小舟，殊无笼盖遮掩，如州县渡口所用者"之说冲突，故为弥合此矛盾，《虞尚书采石毙亮记》、《绍兴采石大战始末》遂皆改"七舟"作"数十舟"。

又九日杨林河口之战中金军焚毁的战船之数，《江上军事第三札子》云"凡一百五十余舟"，而《绍兴采石大战始末》增作"凡一百八十余只"。

淳熙元年(1174)虞允文卒，杨万里为撰神道碑。[35]《虞公神道碑》当属研究虞允文事迹的第一手史料，但因宋人碑传行状"皆子弟门生所以标榜其父师者，自必扬其善而讳其恶，遇有功处辄迁就以分其美，有罪则隐约其词以避之"，颇有溢美失实处，"故是非有不可尽信者"。[36]《虞公神道碑》亦是如此，其有关采石之战的记载，据《中兴遗史》所云，大体源出虞允文所上报捷奏札。其《虞公神道碑》略云：

> 是日(乙亥)，逆亮已次采石，刑白、黑马祭天，期以诘朝渡江。丙子，(虞)公未至采石十五里所，已闻江北鼓声震天。公见官军十十五五坐道旁，盖王权败军也，公……策马至采石，趋水滨，望见江北虏兵连营三十余里，不见其后，号七十万，马倍之，而王权溃兵止一万八千人，马数百而已，诸将已为遁计。公召其将时俊、张振、戴皋、盛新、王琪劳问之，……公即与时俊等谋整步骑为阵，分戈船为五，其二上下东西两涯为游军，其一载精兵于中流以待战，其二伏内港以备不测。号令甫毕，公复上马至水滨，见北岸有一高台，其上立大朱绣旗左右各二，环立侍者，中张一大黄盖，有一人被黄金铠，据胡床，坐其下者，逆亮也。忽虏

众大呼,声动天地。亮亲秉一小朱旗,麾舟数百艘绝江而来,一瞬间七十余舟已达南岸。其登岸者与官军战,我师小却。公乘马往来阵间,顾见时俊,抚其背曰:"汝胆略闻四方,今作气否? 若立阵后,则儿女子耳!"俊回顾曰:"舍人在此耶!"即手挥双长刀,出阵奋击,士皆殊死战,无不一当百,俘斩略尽。其中流者船小而卒众,又自争舟,兵刃隔塞,运棹不俊,而我之蒙冲往来如飞,横突乱刺,虏舟被溺死者数万,顷刻江水为丹。虏引余舟遁去,公命强兵劲弩追射之,虏兵多伤。至夜师还,数尸四千有七百,杀万户二人,生得千户五人、女真五百人。

探析《虞公神道碑》相关文字的史源,可知其不少内容还源自蹇驹《虞尚书采石毙亮记》,只是杨万里对虞允文的临阵不乱、指挥有素以及其战功的描述更显夸饰,如:《江上军事第一札子》云金兵"号四十万",金战船"数百舟绝江而来,未顷刻间,已有七舟遽达南岸",至夜岸上计其"尸凡二千七百余人,射杀万户一人,⋯⋯生获千户二人,女真三十余人",江中金兵"沈水死者以万数",次日杨林河口之战焚毁敌船"凡一百五十余舟",至《虞公神道碑》中却大增添作金兵"号七十万",金战船"舟数百艘绝江而来,一瞬间七十余舟已达南岸",结果被杀之"尸四千有七百,杀万户二人,生得千户五人,女真五百人",江中"虏舟被溺死者数万",而次日作战"尽焚其余二百艘"。

《虞公神道碑》的这一说法当为宋"国史"所采用,故《宋会要辑稿·兵》九之一四所记采石之战即作"虏兵七十余舟遽达采石南岸,⋯⋯岸上之尸凡四千七百余人,杀万户二人,⋯⋯生获千户五人、女真五百余人"。[37]而主要依据宋"国史"纂成的《宋史·虞允文传》相关数字也相同,可证其亦当源出于杨万里《虞公神道碑》,而影响至今。

此外,淳熙五年张抡所纂的代王权为采石宋军主将的李显忠之《行状》也述及采石之战。[38]然对于采石之战,"《李显忠行状》又尽以为显忠之功,尤

四

为谬妄。盖敌舟之来在丙子，显忠之至（采石）在丁丑。方捍敌之时，显忠实未至也"。㊴即《李显忠行状》大抵依据《虞公神道碑》等，变换文字，虚构战绩，以为李显忠之战功。此即赵翼所云"遇有功处辄迁就以分其美"的具体表现。

绍兴末知建康府张焘之《行状》也述及采石战事。《张焘行状》为《三朝北盟会编》卷二四八所引录。陶晋生《考实》称"《张焘行状》记采石之役，只著其大概"。案《张焘行状》所记采石之战本末并非"只著其大概"，记此事甚简略者乃周必大《张忠定公焘神道碑》，仅言"公再帅江东，完颜亮已深入，人情凶惧，公不敢辞。亮死"云云。㊵陶氏所云，或属误记。《张焘行状》所记采石之战略曰：

> 明日，（虞允文）跃马至江上，而虏骑充斥，战舰数百艘列在北岸，若欲济者。虏酋方筑台，刑白马祭天，旗帜满野，金鼓之声闻数十里，喊声动天地。王权所留水军车船咸在，而诸将故等夷，未有统属，莫肯用命，尽伏山崦。虞公使人谓曰……将士皆欢呼曰："舍人既肯向前，某等当竭力，以死报国家。"有顷，贼船济江，直来南岸。虏酋亲在台上，手挥红旗催发。须臾，贼船渐近，我军徐出山崦，摆列江岸。贼初未之觉，一见大惊，欲退不可，遂以箭相射。我军群弩齐发，贼在中流，中箭者坠江中。车船乘势冲撞，应时沉没，遂不能济。次日复来，方擂鼓装船欲进，见我水军，贼船尽却，遂不敢前。我以海鳅船二十余只先往北岸，截断杨林渡口，用克敌弓齐射。贼弃船上岸，悉陷泥中不能动，坐受箭而毙。虏酋度势不可进，遂自取御寨，舟船焚毁而去，余舟为我师所爇皆尽。㊶

据《宋史·孝宗本纪》，张焘死于乾道二年（1166），故《张焘行状》当早于《虞公神道碑》。从上引文字来看，其部分内容应出自虞允文报捷奏札及蹇驹《虞尚书采石毙亮记》，但又颇有异同，即削去了那些夸饰虞允文战功的文字，其中尤其可注意的是，渡江之金兵仅在舟中与南岸宋军对射而已，而未能登岸激战，从而与虞允文报捷奏札以下记载采石作战的史料大异。

晁公迈《金人败盟记》所言采石之战经过，与虞允文报捷奏札等也颇有异同，当别有所本，而李心传《系年要录》多有采用，并时据以批驳《中兴遗

史》所云。晁公忞事迹不可考,当也是南宋前期人。《金人败盟记》略曰:

> 初八日,虏酋在坛上建黄绣真珠旗四面,亮摄渗金铁甲坐旗下,麾红旗告戒诸军有敢死之人,赏以金椀一只,酌以好酒,然后登船。而船小者径五尺许,则大者可知矣。皆壮健雄锐,兵器俱精。先登船者约三十余人,共千余艘。是时,西岸虏兵铁骑周回三十余里,鸣鼓大喊,以助战舰。其船开岸,呼噪挥棹,辄便冲突过江,我军辟易。又会北风,虏船如箭,有数十艘将泊南岸,我师有恐色。虞舍人跃马行阵,挥鞭督战。统制官张振、王琪、盛新、时俊皆曰:"候其登岸,一剿无遗。"虞舍人曰:"昨与公等议破虏为期,今乃用命乎? 且虏来势甚急,若容纵放登岸而击之,倘或机会一失,奈何? 与其到岸,不若中流击之为宜。"诸将曰:"诺。"即统帅海鳅车船冲撞往来鏖战,士气百倍,无不一以当十,金贼大败且走。逆亮将发战船渡江也,恃其兵众,意欲径趋而渡,故所用舟船乃山东平底前后轩昂运载粮船也,一舟济五十余人,以为大江如平常运河,棹渡不难,遂于船左右插棹数枝,飞棹奔突,不知江流与运河之水缓猛之势绝异,又亮迫以酷刑,战士尽死不回,而我军战船皆艨艟巨舰,士卒用命,遇敌贼船即冲撞中折,全舟沉没者十六、七。[42]

《金人败盟记》也云金兵未曾登南岸作战,且其所言金战船情况也为他史所未载录,但其中所记颇多出于传闻,如金战船"共千余艘"之类。

与上述诸书记载不同,当时也颇有质疑虞允文采石战功为"虚妄"者,主要为熊克《中兴小历》、王明清《挥麈三录》以及赵甡之《中兴遗史》等。

对于《中兴小历》、《挥麈三录》的质疑,李心传《系年要录》指出其记事不当,云:"王明清、熊克辈乃谓诸将已却敌军,而(虞)允文后至采石,不已诬乎?"[43]然而云"诸将已却敌军,而允文后至采石"者乃王明清《挥麈三录》,而《中兴小历》实言"允文自建康来,因使人督之"迎敌,非云虞允文于战后方抵达前线。李心传云云或误。

赵甡之《中兴遗史》(也简称《遗史》)有关采石之战的记载,见载于《三朝北盟会编》卷二三八、卷二三九。据陈振孙《直斋书录解题》卷四,赵甡之于宋宁宗庆元年间上进其书。赵甡之生平不详,陈乐素《〈三朝北盟会编〉

考》认为赵甡之乃南宋初年陕西将领赵哲之子。因赵哲为张浚所杀，故其书"于张浚多作贬词"。⑭赵甡之对虞允文的采石战功几乎全面质疑，对此，李心传认为《中兴遗史》"诋允文为多"，所记乃"用掩允文之功，尤非其实"。⑮然未论及赵甡之"诋允文为多"的原因。陶晋生《考实》大体沿从李心传的说法，并以为张浚、虞允文"皆蜀人，同为主战派，而且先后为朝廷所重用"，故赵甡之因"仇视"张浚，从而也对虞允文"具有偏见"。按陶氏此说，埋由似不充分。赵甡之撰作《中兴遗史》，并非据传闻浮言，其自言"常用心稽究采石事实，质之于士人、僧道、军兵、商贾、官员，观誊报之功状，考一时之记录"，并且至采石"熟视其地利"，故认定虞允文诸报捷奏札"莫不张其声势，大其功伐，皆不可取信"，而"惟太平州及东采石之百姓所言者不约而同，盖其所亲见而又无容心于毁誉也，愚取之遂为定说，不敢诬天下，亦不敢诬后世也"。如其一，虞允文激励将士、列阵迎战之事，赵甡之认为当金军发舟南渡之际，虞允文根本就无时间麾军布阵，对此前文已有论述，此处从略。其二，关于宋军参战兵员及舰船之数，赵甡之云除岸上军兵外，"允文命发战船，有水军蔡将、韩将二人各有战舰一艘，皆唯唯不动，乃急命当涂民兵登海鳅船踏车，每舟有兵数十人，发十海鳅往迎之"，结果江上作战，"官军止有海鳅十艘迎战，二战舰终不出"。"每舟有兵数十人"，《系年要录》卷一九四绍兴三十一年十一月丁丑注文所引《中兴遗史》作"每舟有军兵数人"，无"十"字。赵甡之并指出："采石丁夫不过有数千人，况踏车转战至夜，疲怠之余，安可役使？允文谓掘堑阔一丈五尺，深八尺，一夕之间开得数百丈，又为内堤，可立官军，计其工料，非疲怠之卒一夕可办者。"赵甡之"尝经由采石，寻访掘堑立堤之地，采石人皆大笑之，且曰：'采石地势有高有下，有山有水，虽有连接，亦有断头，安能掘数百丈之堑，立数百丈之堤？'愚熟视其地利，深以其言为非是"。其三，关于金军参战兵士与舰船之数，赵甡之云"金人死士五、六百人"，乘舟自杨林口出江，"相次尾首相衔而出，凡出十七舟，杨林口忽生沙塞断江口，余舟皆不可出"。其出江之舟，为宋海鳅船冲"分为二"，而金舟"其底阔如厢，极不稳，且不谙江道，皆不能动手。其能施弓箭者五、七人而已，遂尽死于江中。有一舟为水漂流至薛家湾者，采石之下数里，有王琪军在焉,以劲弓齐射,舟不得著岸,舟中之人各中一、二百箭,往往缀尸于板而死。取金人之舟视之,乃用和州民舍拆板而造者,每舟可载二十人,板木钉灰皆不如法,其败故宜也。是役也,金人有四十舟,在杨林出江者止十七舟"。赵甡之进而质疑虞允文奏札所云战果:

> 又谓(金人)七舟遽达南岸,既战罢,计岸上之尸凡二千七百余人。七舟可载二千七百余人,则一舟可载四百人矣。国家水军舟船大而壮实者无如马船,官军每队五十人,一马船犹不能载八队,况金人拆人家板木旋钉为舟,而能载四百人乎?

其四,关于杨林河口之战金兵"应弦而倒死者以万数",赵甡之也质疑曰:

> 夫敌人应弦而倒者以万数,不知用几万神臂弓、克敌弓能如是耶?况官军以舟船杜塞杨林河口而已,杨林河口不甚宽阔,而又敌人摆布何处,在岸上乎,在舟中乎?若在岸上,则与河口全不相干;若在舟中,不过有数舟相对,安得应弦而倒者以万数也?

为此,赵甡之激烈批评"(虞)允文乃虚张功伐,大其劳绩,意在于邀求厚赏以结将士之心,自誉己才而冀日夕之用,可谓之要君,亦可谓之欺君矣"。又云"允文借此盖有心望为宰相也"。[⑥]此当即李心传批评赵甡之《遗史》"诋允文为多"的由来。因为出于激励士气等考虑,虚报战功应是宋军中一大惯例。若说虞允文当日"虚张功伐",其意"在于邀求厚赏,以结将士之心",以"冀日夕之用",此自无疑问,但虞允文拜宰相在乾道五年八月,而此时其官不过中书舍人,距宰相尚远,故指斥虞允文此时即"有心望为宰相"却似不然。不过赵甡之如此言论,却也属有激而发。即采石战功成为虞允文此后仕途中的重要进身之阶,如王明清《挥麈三录》所云"虞自中书舍人除兵部尚书,自此遂蒙眷知",而其门生、故吏、友朋也尽力为之吹嘘,虞允文数年后官拜执政、宰相,皆与此战功密切相关。孝宗隆兴二年十一月,虞允文为签书枢密院事,其制词有曰"昨当牛渚(采石也称牛渚)之役,独励戈舡之师。一扫妖氛,微管仲民其左衽";十二月为同知枢密院事兼权参知政事,其制词曰

"运堂上之奇兵,方显兼资之略;扫舟中之敌国,遂成无竞之功"。而乾道八年九月虞允文罢左相之制词,更扼要总结了两者间联系,云其"方为言语之官,已莅师干之事。曩江干之开衅,窥重险以冯陵。煽祲象以滔天,缔妖氛而贯日。彼凶匪茹,断流正拟于投鞭;我道有光,制命殆同于折箠。坐失群雄之匕箸,居成万里之金汤。泰阶于以告平,鼎铉为之增重。永言忠壮,厥有本原。遂持枢宥之权,即奉岷梁之使。器与名并,位由德跻。赞法座之懿纲,实相以济;翊岩廊之景化,有功见知"。[47]

李心传《系年要录》虽引录《中兴遗史》颇多,但对于赵甡之对虞允文采石战功的质疑,却因遭到李心传的严厉批驳,而不为后人所重视。

五

宋、金采石之战始末,载于《系年要录》卷一九四,略云:

> 丙子,……(虞)允文未至采石十余里,闻鼓声振野,允文见官军十十五五坐路傍者,……策马至采石,趋水滨,望江北敌营不见其后,而(王)权余兵才万八千人,马数百而已。金主亮登高台,张黄盖,被金甲,据胡床而坐。诸将已为遁计。允文召其统制张振、王琪、时俊、戴皋、盛新等与语,……允文即与俊等谋整步骑阵于江岸,而以海鳅及战船载兵驻中流击之。时水军将蔡某、韩某二人各有战舰一艘,皆唯唯不动。乃急命当涂民兵登海鳅船踏车。……布阵始毕,风色作,金主亮自执小红旗,麾舟自杨林口尾尾相衔而出。亮所用舟,皆撤和州民居屋板以造,及掠江滨渡舟,舟中之指可掬。敌始谓采石无兵,且诸将尽伏山崦,未之觉也,一见大惊,欲退不可。敌舟将及岸,官军小却,允文往来行间,顾见时俊,抚其背曰:"汝胆略闻四方,今可作气否?若立阵后,则儿女子耳!"俊回顾曰:"舍人在此!"即手挥双长刀,出阵待敌。风色忽止,官军以海鳅船冲敌舟,舟分为二。……金人所用舟底阔如箱,极不稳,且不谙江道,皆不能动。其能施弓箭者,每舟十数人而已,遂尽死于江中。

有一舟漂流至薛家湾,薛家湾者,采石之下数里,有王琪军在焉,以劲弓齐射,舟不得著岸,舟中之人往往缀尸于板而死。是役也,二战舰终不出,允文追二将各鞭之百。……方敌舟未退,会淮西溃卒三百人自蒋州转江而至,允文授以旗鼓,使为疑兵。……

上述文字,显然是综合虞允文报捷奏札、蹇驹《虞尚书采石毙亮记》、杨万里《虞公神道碑》等史料而成,如"淮西溃卒三百人"即出自《绍兴采石大战始末》,而"水军将蔡某、韩某二人"事、"当涂民兵登海鳅船踏车"事、金舟情况及"一舟漂流至薛家湾"诸事皆出自《中兴遗史》。同时,李心传又在《系年要录》注文中对"诸书所载参差不齐"的"采石却敌事"予以考辨分析,对《中兴遗史》多有批驳,云:

赵甡之《遗史》……至谓敌出十七舟,每舟可载二十人,则亦未足据。金亮之来,其势甚盛,若如甡之所云,是金人渡江之兵才三百余人,岂不儿戏。今江滨渡舟不甚大者,尚可容五、七十人,孰谓敌所造舟反不及之也? 晁公迈《败盟记》言一舟济五十余人,当得其实。甡之又称官军发十海鳅船,每船有军兵数人,及谓采石丁夫踏车转战至夜,疲怠之余,安可役使? 此言最为紧切。以《日历》所载,明年五月二十九日建康府具到采石当时籍定踏车夫数考之,凡六千三百人,若尽使之踏车,则每一海鳅用夫六百三十人,是又大于马船一倍矣,况每舟止有军兵数人,而用夫六百人乎? 以是观之,恐不止于十海鳅。若止用十海鳅,则余夫甚多,犹不妨于掘堑也。大率纪事之体,抑扬予夺,当尽其实,若稍涉用情,则后之人将有所不信矣。杨林口生沙塞断江口,他书皆不载。按《日历》、《会要》所载叶义问奏疏,其言沙塞港口事,乃云"敌人开二港,欲径冲丹徒,一夕大风沙涨不得渡"。以此奏考之,丹徒县属镇江,则非采石交兵之地,一夕沙涨,则亦非午后出舟之时。甡之载此以明敌舟得出者,少用掩允文之功,尤非其实。

不过,由于赵甡之对虞允文报捷奏札内容的质疑,如认为虞允文根本无临敌布阵之时间,宋、金两军参战兵士及舰船之数过于夸大等,李心传以

"《毙亮录》所书虽简而尽，员兴宗记载差详，但其间如麾数百舟、死以万数之类，乃文士遣词之常语，亦犹前史所载睢水为之不流、秦军为却五十里之类，固不可以此而遂没其实也"予以辩解，而对于时间上的疑点，因未易辩解，故索性对此回避不言，在记载采石交战经过时，对相关时辰全无述及。同时，对于金兵是否曾登岸作战，因《张焘行状》、《中兴遗史》等所云确然，故《系年要录》以"敌舟将及岸，官军小却"、时俊"即手挥双长刀，出阵待敌"等语含糊其词，而未再取虞允文报捷奏札、《虞公神道碑》之说。

以下即对李心传所批驳的金舟大小及其入江战舟之数、采石丁夫之数等问题作一考察。

首先，关于采石丁夫之数，赵甡之、李心传皆提及与"濒江掘堑"的关系，赵甡之据己所见采石"地利"，质疑此事为虚。对于沿江"掘堑"防敌之举，稍前督视江淮军马叶义问也曾在镇江做过：

> 时江水低浅，沙洲皆露，义问役民夫掘沙为沟，可深尺许，沿沟栽木枝为鹿角数重，曰："金人若渡江，姑此障之。"乡民执役且笑曰："枢密肉食者，其识见乃不逮我辈食糠粃人，一夜潮生，沙沟悉平，木枝皆流去矣。"㊽

李心传似对"掘堑立堤"事也有疑问，故《系年要录》正文中未与提及，只在注文内反驳了《中兴遗史》的说法。然"掘堑立堤"事如确实为虚，则此六千三百人尽为"海鳅踏车"人，其人数便存在很大问题。

诸书提及当日宋军战船有戈船、车船、海鳅船等名目。所谓"戈船，其来久矣。《吴越春秋》云：'楼船之卒三千人。'又云：'戈船三百艘。'《西京杂记》云：'昆明池中有戈船、楼船各数百艘，楼船上建楼橹，戈船上建戈矛'云云。㊾但宋人一般也用以指称车船。㊿所谓车船，《中兴小历》卷一三引李龟年《杨么本末》曰："车船者，置人于前后踏车，进退皆可。"《梦粱录》卷一二《湖船》也云"车船，船棚上无人撑驾，但用车轮脚踏，而行其速如飞"。据陆游云：绍兴间"鼎澧群盗如钟相、杨么，战舡有车船，有桨船，有海鳅头。……官军战船亦仿贼车船而增大，有长三十六丈、广四丈一尺、高七丈二尺五寸，未及用，而岳飞以步兵平贼。至完颜亮入寇，车船犹在，颇有功云"。㋄而在绍兴初,知岳州范寅敷认为"车船如陆战之阵兵,鳅头船如陆战之轻兵",故建议"以水军万人分五军,每军二千人,用车船二只,每只容正兵二百五十人,将佐、梢工百人;鳅船三十只,每只容正兵五十人,并棹夫、押队共八十二人,各令附带钱粮,多集矢石,其行常与鳅船一进一却,进必有所取,却必有所诱,亦计之上者也"。为宋廷所采用"行之"。㉜鳅头船即海鳅船。此当即陆游所云"官军战船亦仿贼车船而增大"之事,也可证绍兴末兵船之制及其配备兵员情况大略相同。据《中兴遗史》,由于"各有战舰一艘"的"水军蔡将、韩将二人"不听调遣,虞允文只好急命"当涂民兵登海鳅船踏车"迎敌。至于其仅遣海鳅船十艘,当与仓促之间,附近又无其他水军战舰、兵士可供调遣有关。一海鳅船配备兵卒数,《系年要录》引《中兴遗史》作"数人",而《三朝北盟会编》所引《中兴遗史》作"数十人"。若以前者"数人"计,则海鳅船上当以当涂民兵为主。㉝因《日历》所载"采石当时籍定踏车夫数"凡六千三百人,如以一海鳅船配备五十人计,则六千三百人约需战船一百二十余艘左右,显然当时采石并没有如许多的海鳅船。因此,那所谓"建康府具到采石当时籍定踏车夫数"凡六千三百人,显属虚报。而且据《景定建康志》卷四三所引《盛新墓志》,也称当时水军统制盛新"贾勇将士,以海鳅船一十只进先破敌"。因此,李心传以此"踏车夫"之数来否定《中兴遗史》"官军止有海鳅十艘迎战"之说,理由实不充分。

其次,关于金舟大小及其入江战舟之数,归纳李心传对《中兴遗史》批驳,主要有二:一,是否有"生沙塞断"杨林江口之事? 二,金军战船大小如何?

李心传认为"生沙塞断"杨林江口之事为虚,乃金人"开二港"而遭"大风沙涨不得渡"之事的讹传。对此,虞允文奏札中也有述及:《论江上事宜疏》云完颜亮"引兵会于淮东,见开河于第二港,决艾陵之水,通出船筏,以窥京口"。《论诸军大会江口王刚往御泰州疏》又云"除第二港探得虏所开河以沙涨不成,已罢开掘之役"。㉞虽然史书仅载第二港"所开河"因"沙涨不成,已罢开掘之役",但并不能由此断定杨林河口未曾"沙塞"。且《系年要录》又言第二港河因"一夕大风,沙涨,截断不得渡"。㉟而《中兴遗史》也云当金战船出杨林江口，"是时风色已作"，风起沙涌，正与沙涨截断第二港河之情况类同。于此还应加注意的是，诸书如《中兴遗史》、《系年要录》卷一九四、《宋史·虞允文传》皆载当日自江上而还的金军士卒，被完颜亮"尽数杀之"，并有所谓"怒其舟不能出江也"之说。《金人败盟记》、熊克《中兴小历》虽未言"怒其不出江也"，但仍称"其回北岸者，亮皆杀之"。但据《金史》，渡江作战失利的金将如阿邻、世杰并未被诛。《金史》卷五《海陵本纪》云"上驻军江北，遣武平总管阿邻先渡江，至南岸，失利。上还和州，遂进兵扬州"。卷九一《蒲察世杰传》云"海陵欲观水战，使世杰领水军百人试之，宋人舟大而多，世杰舟小，乃急进至中流，取胜而还"。所称"取胜而还"，自属讳败为胜之举，但也由此可证宋人所谓"士不死于江者，亮尽敲杀之"之说不确。此外，《江上军事第一札子》有"天色向晦，北岸鼓声乃止，虏引余舟遁去"之说；《绍兴采石大战始末》也有"鼓声乃已，却打梆子声，虏引余舟遁去"之文。完颜亮既已鸣金收兵，则不当"怒其复回，悉敲杀之"，故所谓"其舟不能出江"者，当指战船未能驰入长江而言，因当日宋舰并未堵阻杨林河口，则此"不能出江"的原因，可能就因河水"冬月干浅"，加上"生沙塞断江口"所致。因此之故，金舰"出江"者或正如《中兴遗史》所载仅"十七舟"，故宋军能以民兵驾驶的海鳅船十艘迎战而获全胜。

关于金军战船情况，据王明清《挥麈三录》，当"王权之众"逃离和州时，"尽遣渡船过南岸"。《虞尚书采石毙亮记》也云当时"溃兵抱芦苇浮江而过者，散而之他"。因此，纵有舰船留在北岸，其数量也当甚少，难以满足金兵渡江之需。《金史·李通传》云完颜亮曾预先在山东建造战船，以备渡江之用，但"是时梁山泺水涸，先造战船不得进，乃命（李）通更造战船，督责苛急，将士七八日夜不得休息，坏城中民居以为材木，煮死人膏为油用之"。此与虞允文《论江上事宜疏》及《中兴遗史》等记载吻合。由于金战船是在七八天中仓促建造，因地取材，故船形甚小，虞允文即称其船"殊无笼盖遮掩，如州县渡口所用者"，其他宋人记载略同，甚至金人自己也称"宋军船高大，我船庳小"。⑤《中兴遗史》认为金船"每舟可载二十人"，李心传驳斥其说，认为"晁公愬《败盟记》言一舟济五十余人，当得其实"。但《金人败盟记》所谓

"一舟济五十余人",是指山东运粮船而言者。宋代自山东至和州水路并不直达,一般经运河南下至扬州,自瓜洲入长江西行方能抵达。虞允文曾在京口上奏宋廷云:"瓜洲渡虏见筑塞渡口,造三闸以储水。探得目今水深数尺,又探得于洪泽役人力,从陆路扛船入运河,伎俩百出,然度其船必不大,不足以当官军戈船"。[57]将山东所造战船运抵瓜洲已是如此艰难,更何况经瓜洲再转至和州。晁公悉当是将发生在瓜洲之事误作和州了。《金史·海陵本纪》载完颜亮乘胜于十月癸亥(二十四日)进入和州,却直至十一月八日方发动渡江之战,当即因为战船的问题。

李心传还云"江滨渡舟不甚大者,尚可容五七十人",质疑《中兴遗史》金军"每舟可载二十人"之说,认为"金亮之来,其势甚盛,若如牲之所云,是金人渡江之兵才三百余人,岂不儿戏"。此说也属似是而非。因为金船大小虽"如州县渡口所用者",但考虑到作为战船,出于放置兵器之类物件以及作战需要,其所能乘坐的"甲兵"数自当少于平日之渡船。而《中兴遗史》实言金战船有"四十舟",则所乘金兵当在千人左右,只是进入长江者仅"十七舟"而已。而《金人败盟记》也云金兵"敢死之人""先登船者约三十余人,共千余人",似当作"一舟坐三十余人"之理解,则"敢死之人"所乘战舰约有三四十艘。

金军以千余精兵为先锋南渡长江,此前也曾有先例。南宋初建炎末年,金将兀术率军自采石附近渡过长江深入江南地区,据宋将陈淬言:"彼众虽多,然止有二十船,一艘不越五十人,每至不过千人。"[58]完颜亮此次南侵,也处处比拟兀术。史载,"初,(完颜)亮问:'顷年梁王(即兀术)何以渡江?'或答曰:'梁王自马家渡过江,江之南虽有兵,望见我军即奔走,船既著岸,已无一人一骑。'亮曰:'吾渡江亦犹是矣。'"[59]

李心传纂修《系年要录》时大致汇聚诸家异说,详加考订,以成定说,故一般认为记事较为客观。然而在采石之战的记载上,由于李心传于关键处每以颇有"虚张功伐"的虞允文报捷奏札等内容为准,而与此内容有违的史书记载,李心传或辩驳其误,或删补其文,但对于记载有据且难以辩驳者如《中兴遗史》等有关内容,或设法巧为辩说,或干脆回避不言,故而难言实录。

陶晋生云:李心传对虞允文的功绩评价"很得当",但对"采石之役的经过,并没有加以深考。而且对于虞允文的记事,也不免有些偏袒"。⑩其实不仅是"有些偏袒"而已。如王明清《挥麈三录》云采石之战后,"(王)琪除正任观察使,诸将在江中获捷者亦皆次第而迁,水军统制盛新功多而获赏最轻,抑郁而死,建康、采石军马至今怜之"。李心传却认为"及赏功,以张振为遥宣、王琪为遥察,允文言其薄,愿以己官与之,于是张振、时俊除正任承宣使,琪等观察、团练使。明清乃谓琪赏重而新赏轻,亦非其实"。又言盛新"自以功多而赏轻,抑郁而死,建康、采石军士至今怜之"。注曰:"盛新事以王明清《挥麈第三录》修入。盖新于接战次日,又引舟师扼杨林河口,而其赏与张振等无异,故自以为赏轻也。"⑪按采石诸将赏功迁官,张振为定江军承宣使、时俊宁国军承宣使、戴皋舒州观察使、王琪宣州观察使,盛新濠州团练使,确为官衔最低者,且观察使、团练使之间尚有防御使一级。周必大也曾于当地听说"辛巳采石之战,水军统领盛新最有功,而人不知"。⑫故盛新死后,宋廷于"淳熙二年(1175)追录前劳,特赠福州观察使,继赠昭庆军节度使"。⑬当也是为"功多而赏轻"所作的补救。看来确实存在南岸作战之将获重赏,江上作战的盛新却"最有功,而人不知"之现象。李心传于《挥麈三录》所记"盛新功多而获赏最轻,抑郁而死"句上加"自以"二字,成"自以功多而赏轻,抑郁而死",于是盛新"抑郁而死"的原因在于其自我认识有偏差所致,而与虞允文报捷、宋廷赏功等了不相干。李心传护持虞允文"战功"的苦心于此可见。《宋史·李心传传》有云:"心传有史才,通故实。然其作吴猎、项安世传,褒贬有愧秉笔之旨。盖其志常重川蜀,而薄东南之士云。"看来并非苛评。

六

李心传曾为《中兴四朝国史》编修官,故其意见必然影响着"国史"的纂修。而元人纂修《宋史》,又主要依据宋"国史"。《宋史》中所载采石之战文

字,以《虞允文传》为最详,其略云:

> (十一月)丙子,(虞)允文至采石,……我师三五星散,解鞍束甲坐
> 道旁,皆(王)权败兵也。允文……至江滨,见江北已筑高台,对植绛旗
> 二、绣旗二,中建黄屋,(完颜)亮踞坐其下。谍者言,前一日刑白、黑马
> 祭天,与众盟,以明日济江,晨炊玉麟堂,先济者予黄金一两。时敌兵实
> 四十万,马倍之,宋军才一万八千。允文乃命诸将列大阵不动,分戈船
> 为五,其二并东西岸而行,其一驻中流,藏精兵待战,其二藏小港,备不
> 测。部分甫毕,敌已大呼,亮操小红旗麾数百艘绝江而来,瞬息抵南岸
> 者七十艘,直薄宋军,军小却。允文入阵中,抚时俊之背曰:"汝胆略闻
> 四方,立阵后则儿女子尔。"俊即挥双刀出,士殊死战。中流官军亦以海
> 鳅船冲敌,舟皆平沉,敌半死半战,日暮未退。会有溃军自光州至,允文
> 授以旗鼓,从山后转出,敌疑援兵至,始遁。又命劲弓尾击追射,大败
> 之,僵尸凡四千余,杀万户二人,俘千户五人及生女真五百余人。敌兵
> 不死于江者,亮悉敲杀之,怒其不出江也。……夜半,部分诸将,分海舟
> 缒上流,别遣兵截杨林口。丁丑,敌果至,因夹击之,复大战,焚其舟三
> 百,始遁去,再以捷闻。⑭

分析上述引文,可见其主体内容当源出于杨万里《虞公神道碑》,而又加
夸饰。清人赵翼云宋人碑传行状颇有溢美失实处,"故是非有不可尽信者",
而"宋时修国史即据以立传",元修《宋史》"又不暇参互考证,而悉仍其旧,
毋怪乎是非失当也"。⑮

《宋史》作为正史,其影响自非野史笔记可比,明、清时期人们论及采石
之战,大多以《虞允文传》为据,由此宋方大捷之说,大抵为后世所接受。延
至近时,鉴于《宋史》错讹处累累,故研究采石之战者,基本取用《系年要录》、
《三朝北盟会编》等史料,然大体据李心传之"定说"立论。如上世纪中叶,台
湾学者陶晋生撰《金海陵帝的伐宋与采石战役的考实》,对采石之战之作战
经过、规模与双方参战兵员和战船数等方面以及有关宋代史书等都作了较
为详细的考辨,认为有关采石之战的记载当以李心传之书为确,其战果虽不
如宋人所夸饰的那么大,但金人还是受到了沉重打击,损失不小。陶说对以

后研究采石之战者影响颇大，但由于李心传《系年要录》有关采石之战的论述中有"曲笔"，故以李心传之书为确的认识，影响了陶氏对部分史料的判别。如对虞允文所云金人"七舟遽达南岸"之说，陶氏认为《三朝北盟会编》卷二三八《中兴遗史》所引虞允文奏札"作七舟抵南岸，当为七十舟之误"，因为其一，《宋会要辑稿·兵》九所引虞允文奏札正作"七十舟"；其二，因虞允文奏札中说宋军杀死登岸金兵二千七百余人，而七十舟则每舟乘四十人左右，如仅有七舟，则每舟要乘四百人左右，显与其所云金船甚小"如州县渡口所用者"的说法自相矛盾。并进而指出《宋会要辑稿》"应据官方所存捷报而节录"，而赵甡之"所见到的，是抄错的副本"。⑥然考之诸史所记，陶氏考辨颇有可商榷之处：其一，《中兴遗史》因虞允文奏札中有金船七舟、金兵二千七百余人，而质疑一舟乘四百人为不合理，《系年要录》也引录了赵甡之的质疑，却并未反驳说赵氏是误读了"抄错的副本"，可知李心传所见的虞允文奏札，实同于赵甡之。其二，《宋会要辑稿·兵》九之一四所记实作"虏兵七十余舟遽达采石南岸，……岸上之尸凡四千七百余人，杀万户二人，……生获千户五人、女真五百余人"，则金兵抵南岸者至少有五千二百余人，平均于七十余舟，则每舟要乘七十余人，而与宋海鳅船之乘员数相仿，显然也非事实。从《宋会要辑稿》所云来看，其文字并非是"据官方所存捷报而节录"，而实是源出自杨万里《虞公神道碑》。

今日论及采石之战者，除少数论著明确指出"宋人的记载大多夸大其词"，当以《金史》的记载"较为准确"外，⑥一般论述大体仍取宋军大捷之说，只是对宋人所宣称的辉煌战果有所保留而已。⑥

虞允文的采石战功，自虞允文的三通江上报捷奏札、蹇驹《虞尚书采石毙亮记》、杨万里《虞公神道碑》，经李心传等史家的"客观"考辨，直至此《宋史·虞允文传》，层层加码，由此一场作战规模有限的宋、金采石之战，就由宋军小胜而变成了一场大捷，而辉映千秋的采石之战史也由此"层累地造成"了。虽然采石一战中金军损失并不算大，但其意义却十分重大：一是遏制了完颜亮自采石渡江的企图，且使女真士卒对长江天堑更为惧怕，成为日后兵变的一大因素；二是扭转了金军渡淮以来，宋军连战连败的势头；三是自古北方军队攻取江南，多自采石一带渡江，而此次虞允文率领"疲弱之军"就在采石击败金兵，大大提振了宋军士气。然究其实，只是一场影响甚巨、但规模不大、战绩有限的遭遇战而已。

注释：

①（宋）李心传：《建炎以来朝野杂记》甲集卷一九《十三处战功》，中华书局 2000 年版，第 449 页。

②（元）脱脱等：《金史》卷八九《移剌子敬传》，中华书局 1975 年版，第 1989 页。

③（宋）徐梦莘：《三朝北盟会编》卷二三八引赵甡之《中兴遗史》，上海古籍出版社 2008 年版，第 1712 页。

④（元）脱脱等：《宋史》卷三八三《虞允文传·论曰》，中华书局 1985 年版，第 11805 页。

⑤（清）王夫之：《宋论》卷一〇，中华书局 1964 年版，第 199 页。

⑥《炀王江上录》一卷，佚名撰。《四库全书总目》（中华书局影印本）卷五二认为"观其炀王之称，当为金人所撰，故虞允文拒守之事，略不一言也"。此书有关采石之战的内容，载于《三朝北盟会编》卷二四三，宋李心传《建炎以来系年要录》（以下简称《系年要录》，上海古籍出版社 1991 年版）卷一九四绍兴三十一年十一月丁丑注文也有引录，云宋"虞允文督张振等海鳅船共七百八十只，措置防守江岸"，称金人"战船一千余只出杨林口，沿江摆布"，太过夸大。

⑦《系年要录》下册，卷一九四，绍兴三十一年十一月丁丑注文，第 785 页。

⑧曾枣庄、刘琳主编：《全宋文》第 207 册卷四八五三，上海辞书出版社 2006 年版，第 10—13 页。

⑨《全宋文》卷四五八四虞允文《谕诸军大会江口王刚往御泰州疏》第 207 册，第 17 页。

⑩《系年要录》下册，卷一九四，绍兴三十一年十一月甲戌、乙亥，第 777 页。

⑪《金史》卷一二九《李通传》，第 2787 页。

⑫陶晋生：《金海陵帝的伐宋与采石战役的考实》（以下简称《考实》），台湾大学文学院《文史丛刊》1963 年版。

⑬《系年要录》下册，卷一九四，绍兴三十一年十一月丁丑注，第 783—784 页。

⑭《系年要录》下册，卷一九四，绍兴三十一年十一月丁丑注，第 780 页。

⑮《三朝北盟会编》卷二四八，第 1782 页。此玉麟堂，陶晋生《考实》据清《直隶和州志》卷五所记，认为即和州毓麟堂之误。今按：陶氏此说实沿袭清人之误。宋范成大《吴船录》卷下（《范成大笔记六种》，中华书局 2002 年版，第 233 页）有"壬子，至建康府，泊赏心亭下。癸丑，集玉麟堂。甲寅、乙卯，泊建康"之文，祝穆《方舆胜览》卷一四《建康府》（中华书局 2003 年版，第 240 页）也云"玉麟堂在府治，取'留守玉麟符'之义"。可证玉麟堂乃是宋建康府衙中之建筑。

⑯（宋）周煇撰，刘永翔校注：《清波杂志校注》卷五《辛巳扰攘》，中华书局 1994 年版，第 216 页。

⑰（宋）周应合：《景定建康志》卷四三，中华书局《宋元方志丛刊》本，第 2037 页。

⑱《全宋文》第 207 册，卷四五八三《论江上事宜疏》，第 14 页。

⑲《系年要录》下册，卷一九四，绍兴三十一年十一月癸未注，第 786 页。

⑳《系年要录》下册，卷一九四，绍兴三十一年十一月丁丑注，第 780 页。

㉑《系年要录》下册，卷一九四，绍兴三十一年十一月丁丑注，第 783 页。

㉒《全宋文》卷四五八三《论江上事宜疏》第 207 册，第 15 页。

㉓《宋史》卷三二《高宗纪九》，第 606 页。

㉔（宋）王应麟：《通鉴地理通释》卷一三，上海古籍出版社影印《四库全书》本。

㉕（宋）周必大：《文忠集》卷一六三《亲征录》，上海古籍出版社影印《四库全书》本。

㉖（清）王士祯：《居易录》卷二六，上海古籍出版社影印《四库全书》本。

㉗（宋）佚名：《绍兴十八年同年小录》，上海古籍出版社影印《四库全书》本。

㉘（宋）冯时行：《缙云文集》附录，上海古籍出版社影印《四库全书》本。

㉙转引自《金海陵帝的伐宋与采石战役的考实》，第 133 页。

㉚《三朝北盟会编》卷二四一，第 1735 页。

㉛《三朝北盟会编》卷二四一引《虞尚书采石毙亮记》，第 1732—1733 页。

㉜《三朝北盟会编》卷二三九引《中兴遗史》，第 1718 页。

㉝（宋）陈骙：《南宋馆阁录》卷七、卷八，中华书局 1998 年版，第 98、132、138 页。

㉞《三朝北盟会编》卷二四二引《采石战胜录》，第 1737—1738 页。

㉟（宋）杨万里：《诚斋集》卷一二〇《宋故左丞相节度使雍国公赠太师谥忠肃虞公神道碑》（以下简称《虞公神道碑》），商务印书馆《四部丛刊初编》本。

㊱（清）赵翼：《廿二史札记》卷二三《宋史各传回护处》，中华书局 1984 年版，第 500—501 页。

㊲（清）徐松辑：《宋会要辑稿·兵》九之一，中华书局影印本。

㊳(宋)杜大珪:《名臣碑传琬琰集》下集卷二四张抡《故太尉威武军节度使提举万寿观食邑六千一百户食实封二千户陇西郡开国公致仕赠开府仪同三司李公行状》,台湾文海出版社1969年版。

㊴《系年要录》下册,卷一九四绍兴三十一年十一月丁丑注文,第784页。

㊵《文忠集》卷六四《张忠定公焘神道碑》。

㊶《三朝北盟会编》卷二四八引《张焘行状》,第1783页。

㊷《三朝北盟会编》卷二三九引《金人败盟记》,第1717页。

㊸《系年要录》下册,卷一九四绍兴三十一年十一月丁丑注文,第784页。

㊹陈乐素:《求是集》第一集,广东人民出版社1986年版,第280—281页。

㊺《系年要录》下册,卷一九四,绍兴三十一年十一月丁丑注文,第784—785页。

㊻《三朝北盟会编》卷二三八、卷二三九引《中兴遗史》,第1712—1716页。

㊼(宋)徐自明撰,王瑞来校补:《宋宰辅编年录校补》卷一七,中华书局1986年版,第1178、1181、1213—1214页。

㊽《系年要录》下册,卷一九四,绍兴三十一年十一月辛未,第775页。

㊾(宋)张淏:《云谷杂纪》卷一《楼船戈船》,中华书局1958年版,第12页。

㊿如《宋史・虞允文传》云采石战后,诸军驰援京口,"惟海鳅船不满百,戈船半之",而后"临江按试,命战士踏车船中流,上下三周金山,回转如飞"。《中兴小历》卷四〇又载:"中书舍人虞允文亦自建康驰至镇江,时江岸有车船二十四艘。"《虞尚书采石毙亮记》云"时江中止有二十四舟,(李)显忠所遣船亦至,虞公命战士踏戈船上下流如飞"。可证。

○51(宋)陆游:《老学庵笔记》卷一,中华书局1979年版,第1—2页。

○52《系年要录》上册,卷六六,绍兴三年六月甲午条,第856页。

○53陶晋生:《金海陵帝的伐宋与采石战役的考实》,第161页云:宋海鳅船上"每舟仅军兵数人,未免太少了。而且这样说,似乎海鳅船很小。显然不合理"。今按:陶氏对《中兴遗史》原文似有误读。《中兴遗史》是说每舟于民兵之外,另有军兵"数人",非云海鳅船上所乘"仅军兵数人"。

○54《全宋文》第207册,卷四五八三、卷四五八四,第14、17页。

○55《系年要录》下册,卷一九四,绍兴三十一年十一月甲午,第793页。

○56《金史》卷八〇《乌延蒲卢浑传》,第1804页。

○57《全宋文》第207册,卷四五八四虞允文《论诸军大会江口王刚往御泰州疏》,第18页。

○58《宋史》卷四五二《忠义传七》,第13296页。

○59《系年要录》下册,卷一九四,绍兴三十一年十一月丙子,第779页。

○60《金海陵帝的伐宋与采石战役的考实》,第130页。

○61《系年要录》卷一九四,绍兴三十一年十一月丁丑注,下册,第784页;卷一九五绍兴三十一年十二月甲子,下册,第810页。

○62《文忠集》卷一六八《泛舟游山录》二。

○63《景定建康志》卷四三引《盛新墓记》,第2037页。

○64《宋史》卷三八三《虞允文传》,第11792—11794页。

○65《廿二史札记》卷二三《宋史各传回护处》,第500—501页。

○66《金海陵帝的伐宋与采石战役的考实》,第165页。

○67参见周峰:《完颜亮评传》,民族出版社2002年版,第254—256页。

○68参见蔡美彪等:《中国通史(第五册)》,人民出版社1978年版,第303—304页;何忠礼、徐吉军:《南宋史稿(政治军事和文化编)》,杭州大学出版社1999年版,第187页;陈振:《宋史》,上海人民出版社2003年版,第474—475页;赵永春:《金宋关系史》,人民出版社2005年版,第239—240页;[德]傅海波、[英]崔瑞德编,史卫民等译:《剑桥中国辽西夏金元史》,中国社会科学出版社1998年版,第279—280页。

虞允文事迹编年考

祖慧　张香宁（浙江大学）

　　虞允文（1110—1174），字彬甫，一字并甫、彬父，隆州仁寿县人，绍兴二十四年（1154）进士。绍兴三十一年，金主完颜亮率军大举南侵，赵宋王朝岌岌可危，虞允文以文官之职成功领导了采石之战，击退金兵的进攻。孝宗朝，他官至宰相，并三度经略四川，力谋北伐恢复大业。不幸于淳熙元年（1174）病逝，终年五十六岁，孝宗赐谥"忠肃"。

一、宋徽宗大观四年庚寅（1110）一岁

　　十一月二日丙寅，虞允文生于成都府路仙井监仁寿县（今四川省眉山市仁寿县）。

　　（元）脱脱《宋史》卷三八三《虞允文传》："虞允文，字彬甫，隆州仁寿人。"

　　按：南宋隆兴元年（1163），仙井监升格为隆州，允文出生时仁寿县属仙井监。

　　（宋）杨万里《诚斋集》卷一二〇《宋故左丞相节度使雍国公赠太师谥忠肃虞公（允文）神道碑》："初，秦公未有子，祷于梓潼神。是夕，梦入一官府，

见一大官衮冕迎秦公,执客主礼,甚敬。主人忽指其侧一人,介胄而立者曰:
'此为而子',秦国夫人娠,公将生,户外有异光云。"

按:虞允文生于何月何日,《宋史·虞允文传》、《虞公(允文)神道碑》中
皆未提及。据王质作《枢相宣抚虞公寿雅并序》载:"乾道三年丁亥十一月壬
子二日丙寅,仁寿虞公生之日。"由此可推断,虞允文生于大观四年十一月
二日。

时年,允文父虞祺(1077—1147)三十四岁。

(明)赵琦美《赵氏铁网珊瑚》卷五、(宋)杨椿《虞秦公祺传》:"祺字齐
生,蜀之隆州仁寿县人。"

按:杨椿《虞秦公祺传》:"复漕潼川,以疾卒于官,年七十一。"(明)任瀚
《虞秦公世德碑》:"绍兴十七年,以寿终。"由此可断,虞祺生卒年
为1077—1147年。

二、政和五年乙未(1115)六岁

春(正)月一日壬申朔,女真阿骨打(1068—1123)称帝,国号"大金"。

《金史》卷二《太祖纪》:"(太祖)讳旻,本讳阿骨打……收国元年正月壬
申朔……即皇帝位……于是改元大金,改元收国。"

是年,父虞祺登进士第,初授华州蒲城县主簿。

(明)赵琦美《赵氏铁网珊瑚》卷五、(宋)杨椿《虞秦公祺传》:"祺后登徽
宗政和四年进士第,初主华州蒲城簿……起为潼川府路转运判官,尤多善
政,改漕夔,后复漕潼川,以疾卒于官,年七十一。"

《宋史》卷三八三《虞允文传》:"(允文)父祺,登政和进士第,仕至太常
博士、潼川路转运判官。"

是岁,允文已能口诵《九经》。

《宋史》卷三八三《虞允文传》:"允文六岁诵《九经》,七岁属文。"

钦宗靖康二年丁未(1127)十八岁。

三月二十七日丁巳,金帅斡离不退师,胁徽宗北行。

(宋)李心传《建炎以来系年要录》卷三、建炎元年三月丁巳:"金右副元帅宗杰退师,道君太上皇帝北迁,自滑州路进,后妃诸王以下皆从。"《宋史》卷二三《钦宗纪》:"(靖康二年)三月丁巳,金人胁上皇北行。"

四月一日庚申,金帅粘罕退师,胁钦宗、朱皇后、皇太子、百官以及宫廷图书、财物北行,北宋灭亡。史称"靖康之祸"。

(宋)李心传《建炎以来系年要录》卷四、建炎元年夏四月庚申朔:"金左副元帅宗维退兵,渊圣皇帝北迁。"

《宋史》卷二三《钦宗纪》:"(靖康二年)夏四月庚申朔,大风吹石折木。金人以帝及皇后、皇太子北归。凡法驾、卤簿……太清楼秘阁书、天下州县图书及官吏、内侍、技艺、工匠、倡优、府库积蓄,为之一空。"

三、高宗建炎元年丁未(1127)十八岁

康王赵构在南京应天府(今河南商丘)称帝,是为宋高宗。改元"建炎",史称南宋。

《宋史》卷二四《高宗纪一》:"高宗讳构,字德基。徽宗第九子……(建炎元年)五月庚寅朔,帝登坛受命,礼毕恸哭,遥谢二帝,即位于府治。改元建炎。"

四、高宗绍兴四年甲寅(1134)二十四岁

是年,虞允文母亲去世。此前,他以父荫入仕,初监成都府榷茶司卖引所。历任监雅州名山县茶场、权四川都大茶马司干办公事、四川总领所所属行在分差户部粮料院干办公事。母逝,七年不调。

《宋史》卷三八三《虞允文传》:"以父任入官。丁母忧,哀毁骨立。既

葬,朝夕哭墓间。念父之鳏且疾,七年不调。"

(明)赵琦美《赵氏铁网珊瑚》卷五、(宋)杨椿《虞秦公祺传》:"子允文聪慧夙成,早由祺任补官,祺年老,遂弃官不仕。祺卒后,允文始擢绍兴二十三(四)年进士第……初仕,监成都府榷茶司卖引所。又监雅州名山县茶场,权四川都大茶马司干办公事。四川总领所辟差干办行在分差户部粮料院。即登第。转左奉议郎、通判彭州。"

按:允文以门荫入仕,因母丧七年不调。父亲去世,允文理当守丧三年,再应举。而允文历经四次锁厅试,费时十年方登进士第。即母亲去世后二十年后,允文方登进士第。而允文登第时间为绍兴二十四年。由此可推,绍兴四年当是允文母去世之年。

五、绍兴十一年辛酉(1141)三十二岁

绍兴十一年十一月,宋金签和议,史称"绍兴和议"。两国划定以淮河中流为界,南宋岁贡银二十五万两、绢二十五万匹,宋帝向金主称臣。

《金史》卷七七《宗弼传》:"(皇统二年二月),宋主遣端明殿学士何铸等进誓表,其表曰:'臣(赵)构言:今来画疆,合以淮水中流为界,西有唐、邓州割属上国。自邓州西四十里并南四十里为界,属邓州。其四十里外并西南尽属光化军,为弊邑沿边州城。既蒙恩造,许备藩方,世世子孙,谨守臣节。每年皇帝生辰并正旦,遣使称贺不绝。岁贡银、绢二十五万两、匹,自壬戌年为首,每春季差人般送至泗州交纳。有渝此盟,明神是殛,坠命亡氏,踣其国家。"

《宋史》卷二九《高宗纪六》:"(绍兴十一年十月)是月,与金国和议成,立盟书,约以淮水中流画疆,割唐、邓二州畀之。岁奉银二十万两、绢二十五万。休兵息民,各守境土。"

六、绍兴二十三年癸酉(1153)四十四岁

任四川总领所所属行在分差户部粮料院干办公事。

(明)赵琦美《赵氏铁网珊瑚》卷五、(宋)杨椿《虞秦公祺传》:"初仕,监成都府榷茶司卖引所。又监雅州名山县茶场,权四川都大茶马司干办公事。四川总领所辟差干办行在分差户部粮料院。即登第,转左奉议郎、通判彭州。"

按:允文以命官赴锁厅试前,历任监成都府榷茶司卖引所等职,惜每任具体时间难考。然最后一任必在绍兴二十四年登进士第之前。由此可断,绍兴二十三年,允文正担任四川总领所所属行在分差户部粮料院干办公事。

七、绍兴二十四年甲戌(1154)四十五岁

春,虞允文锁试得解,赴礼部省试、殿试,于张孝祥榜登进士第,调左奉议郎、彭州通判,未赴,遂改权知黎州。

(宋)杨万里《诚斋集》卷一二〇《宋故左丞相节度使雍国公赠太师谥忠肃虞公(允文)神道碑》:"(允文)锁厅试凡四荐名,至绍兴二十四年第进士。既登第,转左奉议郎、通判彭州,未赴。制置司檄权黎州,改知渠州。"

《宋会要辑稿》卷八《选举》、《亲试》:"(绍兴)二十四年三月八日,上御集英殿,试礼部奏名进士……得张孝祥以下三百五十六人。"

(宋)陈骙《南宋馆阁录》卷七《官联》上:"监修国史乾道以后五人:虞允文,字彬甫,仙井人。张孝祥榜进士出身,治诗赋。八年二月,以左丞相兼。"

按:《宋史·虞允文传》将允文登进士第时间系于"绍兴二十三年",误。高宗绍兴二十三年未开榜取士,当以《虞公(允文)神道碑》所记"绍兴二十四年"为是。

八、绍兴二十六年丙子（1156）四十七岁

正月二十二日甲子，四川制置司以左奉议郎、权知黎州虞允文改知梁州。

（宋）杨万里《诚斋集》卷一二〇《宋故左丞相节度使雍国公赠太师谥忠肃虞公（允文）神道碑》："锁厅试凡四荐名。至绍兴二十四年第进士。既登第，转左奉议郎、通判彭州，未赴。制置司檄权黎州，改知渠州。"

（宋）李心传《建炎以来系年要录》卷一百七十一、绍兴二十六年正月甲子："左奉议郎、新通判彭州虞允文改知梁州。允文，祺子。沈该所荐也。"

《宋史》卷三八三《虞允文传》："父死，绍兴二十三年始登进士第，通判彭州，权知黎州、渠州。"

按：《要录》载允文"改知梁州"，然宋无梁州名（唐兴元时，改梁州为兴元府）。查《宋史·虞允文传》、《虞公（允文）神道碑》，所记均为"改知渠州。"由此推判，"梁州"乃"渠州"之误。且允文"改知渠州"前曾"权知黎州"。《要录》记载有误。

高宗欲录用蜀士，中书舍人赵逵首荐虞允文。

《宋史》卷三八三《虞允文传》："秦桧当国，蜀士多屏弃。桧死，高宗欲收用之，中书舍人赵达首荐允文，召对……上嘉纳之。"

（宋）李心传《建炎以来系年要录》卷一七六、绍兴二十七年十二月庚戌："宰执进呈赵逵所荐士，上曰：'蜀人道远，其间文学行义有可用者，不由论荐，无由得知。'……自秦桧专权，深抑蜀士，故上语及之。"

按：《宋史·虞允文传》作赵达。考《皇宋十朝纲要》卷二〇《高宗朝》，所载高宗朝七十九名中书舍人中有"赵逵"无"赵达"。又《宋史》卷三八一《赵逵传》、《要录》卷一七均记载，赵逵尝荐蜀士，并官至中书舍人。由此推断，"赵达"当为"赵逵"之误。

九、绍兴二十七年丁丑（1157）四十八岁

虞允文任承议郎、知渠州。他体恤民情，为民减轻赋税负担，奏罢流江县赋敛六万五千余缗。

（宋）李心传《建炎以来系年要录》卷一八〇、绍兴二十八年十月戊子："左承议郎虞允文为秘书丞。允文知渠州，地硗民贫，而常赋之外，又行加敛，流江一邑，尤甚之。允文奏罢之。凡六万五千余缗。沈该荐其才，召对。允文献言，谓君道有三：曰畏天，曰安民，曰法祖宗。时论韪之。又论州县科需，寻诏监司约束。"

十、绍兴二十八年戊寅（1158）四十九岁

十月二日戊子，虞允文迁秘书丞，寻兼兵部员外郎。

（宋）杨万里《诚斋集》卷一二〇《宋故左丞相节度使雍国公赠太师谥忠肃虞公（允文）神道碑》："既登第，转左奉议郎、通判彭州，未赴。制置司檄权黎州，改知渠州。召除秘书丞兼兵部员外郎兼实录院检讨官兼国史院编修官。"

（宋）陈骙《南宋馆阁录》卷七《官联》上："秘书丞绍兴以后二十六人：虞允文，二十八年十月除，二十九年八月为吏部员外郎。"

十一、绍兴二十九年己卯（1159）五十岁

六月三日丙戌虞允文任秘书丞兼国史院编修官。

（宋）李心传《建炎以来系年要录》卷一八二、绍兴二十九年六月丙戌：

"秘书丞虞允文兼国史院编修官。"

八月一日壬子，虞允文进尚书吏部员外郎兼国史院编修官。

（宋）李心传《建炎以来系年要录》卷一八三、绍兴二十九年八月壬子朔："秘书丞虞允文、秘书省校书郎洪遵并为尚书吏部员外郎，仍兼国史院编修官。"

（宋）陈骙《南宋馆阁录》卷八《官联》下："国史院编修官 绍兴以后十三人：虞允文，二十九年六月，以（秘书）丞兼。"

（宋）杨万里《诚斋集》卷一二〇《宋故左丞相节度使雍国公赠太师谥忠肃虞公（允文）神道碑》："召除秘书丞兼兵部员外郎兼实录院检讨官兼国史院编修官。"

按：《虞公（允文）神道碑》载：允文"兼实录院检讨官"。查《南宋馆阁录》卷七所载"兼实录院检讨官"名单中无允文，《要录》亦未记录。疑《神道碑》记载有误，故不采纳。

九月二十日庚子，皇太后韦氏崩于慈宁宫。次日，百官入慈宁殿听宣遗诰，皆着吉服。独吏部员外郎虞允文服丧服。朝廷从之。

（宋）李心传《建炎以来系年要录》卷一八三、绍兴二十九年九月："庚子：皇太后韦氏崩于慈宁宫，年八十。辛丑，百官班慈宁殿宣遗诰。时百官入临皆吉服，吏部员外郎虞允文独易服，有非之者，允文不改。俄召百官易服。"

十二、绍兴三十年庚辰（1160）五十一岁

正月九日戊子，吏部员外郎虞允文应诏入殿议政，力言金人必再败盟，宜为之备。

（宋）李心传《建炎以来系年要录》卷一八四、绍兴三十年正月戊子："吏部员外郎虞允文面对，论敌决败盟，异时为南牧之计必为五道：出蜀口，出荆襄，止以兵相持，淮东沮洳非用骑之地；他日正兵必出淮西，奇兵必出海道。

宜为之备。颇纳其言。"

八月十二日丁巳，虞允文守起居舍人兼权中书舍人。此前，允文已兼尚书省右司员外郎。

（宋）李心传《建炎以来系年要录》卷一八五、绍兴三十年八月丁巳："吏部员外郎兼权右司员外郎虞允文守起居舍人兼权中书舍人。"

十月三日丁未，起居舍人虞允文假工部尚书、贺大金正旦使，出使金国。避金太祖（旻）讳，权改名虞允。至金廷，允文与金国接待使者比射箭，一发中的。宋文君武艺如此高强，令金国君臣惊异。

（宋）李心传《建炎以来系年要录》卷一八六、绍兴三十年十月丁未："起居舍人虞允文为贺大金正旦使，允文避金太祖讳，权改名允。及至金廷，与馆客者偕射，一发中的，君臣惊异。"

《宋史》卷三八三《虞允文传》："十月，借工部尚书充贺正使，与馆伴宾射，一发破的，众惊异之。允文见运粮造舟者多，辞归，亮曰：'我将看花洛阳。'允文还，奏所见及亮语，申言淮、海之备。"

十三、绍兴三十一年辛巳（1161）五十二岁

三月十九日辛卯，权中书舍人虞允文言阁门之职，奖励边功，祖宗以来不妄授人。力阻武义大夫金鼎迁阁门宣赞舍人。

（宋）李心传《建炎以来系年要录》卷一八九、绍兴三十一年三月辛卯："武义大夫金鼎为阁门舍人。起居舍人兼权权中书舍人虞允文言：'阁门帼职，祖宗所奖励边功，未尝妄予。按鼎，以财雄于东南，因纳粟授官，交结故相秦桧……累官正使，人所不齿。今一日授以上合之秩，人言籍籍。臣以为决非陛下本意。'上览奏，谓辅臣曰：'朕初不知曲折如此。当如所请，以戒后来侥幸之门。'"

五月二十二日甲午，金主完颜亮遣使乞割两淮、襄汉之地。中书舍人虞允文于都堂议兵，反对重兵屯聚襄汉，建议保留部分兵力以备两淮之急。执

政不听。

（宋）李心传《建炎以来系年要录》卷一百九十、绍兴三十一年五月："壬辰，宰执内殿奏事。上曰：'彼欲割地，何以应之？'……闻金主亲提兵将大举，声势极可畏。甲午，宰执召三衙帅赵密、成闵、李捧及太傅、醴泉观使杨存中赴都堂议举兵……执政欲遣闵全将禁卫兵御襄汉上流。允文言：'不必发兵如此之多，虑必不从上流而下。恐发禁卫，则兵益少，朝廷内虚，异时无兵可为两淮之用。'执政以金主在温汤（汝州），恐其涉汉而南，不听。"

二十四日丙申，起居舍人虞允文擢试中书舍人，以其力主抗金故。

（宋）李心传《建炎以来系年要录》卷一九〇、绍兴三十一年五月丙申："起居郎杨邦弼、起居舍人虞允文并试中书舍人。允文自贺金主正旦还，首言敌已授甲造舟，必为南渡之计，至是遂擢用之。"

六月十一日壬子，试中书舍人虞允文再请屯兵江州、池州间，执政不听。

（宋）李心传《建炎以来系年要录》卷一九〇、绍兴三十一年六月壬子："成闵率众发临安。闵行未旬日，得报金主自温远还汴京。中书舍人虞允文复白执政云：'金主已去，请留闵后军屯江、池之间。若金出上流，自江、鄂往援，即淮西兵盛，便出大信口，近采石，亦可以援淮西。'不听。"

九月十七日丙戌，中书舍人虞允文兼权直学士院兼侍讲。

（宋）李心传《建炎以来系年要录》卷一九二、绍兴三十一年九月丙戌："中书舍人兼权直学士院虞允文兼侍讲。"

（宋）杨万里《诚斋集》卷一二〇《宋故左丞相节度使雍国公赠太师谥忠肃虞公（允文）神道碑》："使虏归，除中书舍人兼直学士院兼侍讲。"

九月，完颜亮亲率三十二总管兵伐宋。

《金史》卷五《海陵纪》："（正隆六年九月）庚寅，上自将三十二总管兵伐宋，进自寿春。"

十月七日丙午，金世宗完颜雍（本名乌禄）在辽阳称帝，改元"大定"。下旬，金主亮在和州始得报。

《金史》卷五《海陵纪》："（正隆六年十月）丙午，东京留守曹国公乌禄即位于辽阳，改元大定，大赦。数海陵过恶。"

《金史》卷六《世宗纪》上："世宗讳雍,本保乌禄……(十月丙午)亲告于太祖庙,还御宣正殿,即皇帝位。丁未,大赦,改元大定。下诏暴扬海陵罪恶数十事。"

(宋)李心传《建炎以来系年要录》卷一九三、绍兴三十一年十月丁未："是日,金人立其东京留守葛王褒(完颜雍)为皇帝。改元大定。"

按:《金史·海陵纪》、《金史·世宗纪》上所载金世宗即位时间为十月丙午,《建炎以来系年要录》卷一九三所载为十月丁未,实差一天。

十月八日丁未,完颜亮不知乌禄称帝事,率大军渡淮。

《金史》卷五《海陵纪》："(正隆六年十月)丁未,大军渡淮,将至庐州。"

十月十九日戊午,中书舍人兼直学士院虞允文任督视江淮军马司参谋军事。

《宋史》卷三八三《虞允文传》："(绍兴三十一年十月)是月戊午,枢臣叶义问督江、淮军,允文参谋军事。"

《宋史》卷三二《高宗纪》九："(绍兴三十一年十月)戊午,命吴璘趣兵汉中。叶义问督视江、淮军马,中书舍人虞允文参谋军事。"

(宋)杨万里《诚斋集》卷一二〇《宋故左丞相节度使雍国公赠太师谥忠肃虞公(允文)神道碑》："使虏归,除中书舍人兼直学士院兼侍讲,为江淮督视府参谋军事。"

(宋)李心传《建炎以来系年要录》卷一九三、绍兴三十一年十月戊午："知枢密院事叶义问督视江淮马军,中书舍人兼直学士院虞允文参谋军事。"

十一月六日甲戌,中书舍人兼直学士院兼督视江淮军马司参谋军事虞允文受命赴芜湖,催御营先锋都统制李显忠接管建康都统制王权军权,且犒师采石。此时,新帅李显忠尚未至,旧帅王权已离职,军无统帅,一盘散沙,而敌骑正欲南渡。危急时刻,允文挺身而出,立招诸将阻击。

《宋史》卷三八三《虞允文传》："(绍兴三十一年十一月)壬申,金主率大军临采石,而以兵争瓜洲。朝命成闵代锜、李显忠代权,锜、权皆召。义问被旨,命允文往芜湖趣显忠交权军,时权军犹在采石,权已去,显忠未来,敌骑充斥。我师三五星散,解鞍束甲坐道旁。皆权败兵也。允文谓坐待显忠误国事,立激诸将,勉以忠义,曰:'金帛、告书皆在此,待有功!'众曰:'今既有主,请死战!'或曰:'公受命犒师,不受命督战,他人坏之,公任其咎乎?'允文叱之曰:'危及社稷,吾将安避!'"

(宋)李心传《建炎以来朝野杂记》甲集卷二十《虞丞相采石之胜》:"辛巳十月,建康都统制王节使权,弃庐州去,屯采石……乃命叶审言(义问)以元枢督视军马,虞并甫(允文)舍人参谋军事。十一月甲戌,审言至建康……命并甫驰至池州,趣显忠交权军事……海陵将自采石至。乙亥,临江筑坛,刑白、黑马祭天,期用翌日南渡。丙子,并甫将至采石,道闻之,即疾前督王权余军决战,士皆愿死。于是统制张盛、王琪、盛新、时俊等列于江岸,静以待之。而以海鳅船载精兵驻中流迎敌,布阵甫毕,金主自以小红旗麾舟绝江而来……尽为官军所杀……金主引去,夜往瓜洲。是日,李显忠至采石。"

十一月八日丙子、九日丁丑,虞允文指挥一万八千宋军击败四十万金军,史称"采石大捷"。金军自采石渡江南侵的计划失败。

《宋史》卷三二《高宗纪》九、绍兴三十一年十一月:"乙亥,金主亮临江筑坛,刑马祭天,期以翌日南渡。丙子,虞允文督建康诸军统制官张振、王琪、时俊、戴皋等以舟师拒金主亮于东采石,战胜,却之。丁丑,虞允文遣水军统制盛新以舟师击金人于杨林河口,又败之,金主亮焚其舟而去。"

《宋史》卷三八三《虞允文传》:"(绍兴三十一年十一月)时敌兵实四十万,马倍之,宋军才一万八千。允文乃命诸大将列大阵不动,分戈船为五……部分甫毕,敌已大呼,亮操小红旗麾数百艘绝江而来,瞬息,抵南岸者七十艘,直薄宋军。军小却。允文入阵中,抚时俊之背曰:'汝胆略闻四方,立阵后则见儿女子尔!'俊即挥双刀出,士殊死战……大败之,僵尸凡四千余,杀万户二人,俘千户五人,及生女真五百余人。敌兵不死于江者,亮敲杀之……亮乃趣瓜洲。"

二十七日乙未夜,完颜亮被弑于扬州龟山寺。

(宋)李心传《建炎以来系年要录》卷一九四、绍兴三十一年十一月乙未:"金人弑其主亮于龟山寺。亮在位十二年,年四十。"

《宋史》卷三二《高宗纪》九:"(绍兴三十一年十一月)乙未,金人陷泰州。是日,金人弑其主亮于扬州龟山寺。"

三十日戊戌,金都督府遣人持檄诣镇江军中议和。

(宋)李心传《建炎以来系年要录》卷一九四、绍兴三十一年十一月戊戌:"是日,金国都督府遣人持檄来镇江军议和。初,金主亮既殒,诸军喧嚣不定……户部尚书梁球……乃草檄言班师讲好。"

《宋史》卷三二《高宗纪》九:"(绍兴三十一年十一月)戊戌,金都督府遣人持檄诣镇江军中议和。"

十二月二日庚子,杨存中、虞允文等人黄旗奏报临安府。高宗极赞采石之战。朝野相贺。

(宋)李心传《建炎以来系年要录》卷一九五、绍兴三十一年十二月庚子:"太傅、御营安宿卫使、和义郡王杨存中,淮东制置使成闵,督视江淮军马府参谋军事虞允文,司农少卿、领淮东军马钱粮朱夏卿等黄旗奏报:已杀金主完颜亮迄。朝野相贺。上曰:'此人篡君弑母,背盟兴戎。自采石与海道败后,知本国已为人所据,乃欲力决一死战,今遽灭亡,是天赐也。'"

十二月六日甲辰,中书舍人兼权直学士院兼侍讲虞允文自镇江入临安府,高宗召见,慰劳赏赐甚丰。

(宋)李心传《建炎以来系年要录》卷一九五、绍兴三十一年十二月甲辰:"中书舍人兼权直学士院虞允文自镇江还,入见,上慰借甚渥。"

十二月十四日壬子,金人北撤,朝廷罢督视江淮军马府。

《宋史》卷三二《高宗纪》九:"(绍兴三十一年十二月)庚戌,金人渡淮北去。壬子,次平江。罢督视府。虞允文还至镇江。"

十四、绍兴三十二年壬午(1162)五十三岁

正月二日己巳,高宗欲驻跸建康府,遣中书舍人、权直学士院兼侍讲虞允文先往建康措置。

(宋)李心传《建炎以来系年要录》卷一九六、绍兴三十二年正月己巳:

"遣中书舍人、权直学士院虞允文先往建康措置。"

二十九日丙申，诏虞允文试兵部尚书充江淮、荆襄路宣抚副使，未赴。改命川陕宣谕使。

（宋）李心传《建炎以来系年要录》卷一九六、绍兴三十二年正丙申："太傅、御营宿卫使、和义郡王杨存中为江淮荆襄路宣抚使，中书舍人、权直学士院兼侍讲虞允文试兵部尚书充江淮荆襄路宣抚副使。时，上将还临安，军务未有所付。张浚判建康府，众望属之。及除存中宣抚使，中外大失所望。"

《宋史》卷三八三《虞允文传》："正月，上至建康。寻议回銮，诏以杨存中充江淮、荆襄路宣抚使，允文副之。给、舍缴存中除命。于是允文充川陕宣谕使。"

二月一日戊戌，中书舍人、权直学士院兼侍讲虞允文任兵部尚书、川陕宣谕使，措置招军买马，并与四川宣抚使吴璘共同议事。

（宋）李心传《建炎以来系年要录》卷一九七、绍兴三十二年正月戊戌："中书舍人、权直学士院兼侍讲虞允文试兵部尚书、充川陕宣谕使，措置招军马，且与吴璘相见议事。"

六月十一日丙子，皇太子赵眘即帝位，是为孝宗。当日，于紫宸殿行内禅之礼。高宗赵构受尊为太上皇帝，退居德寿宫。

（宋）李心传《建炎以来系年要录》卷二〇〇、绍兴三十二年六月丙子："上行内禅之礼。"

《宋史》卷三二《高宗纪》九："（绍兴三十二年六月）丙子。诏皇太子即皇帝位。帝称太上皇帝，退处德寿宫，皇后称太上皇后。孝宗（赵眘）即位。"

九月三日丁酉，虞允文以论边事与执政不合，罢川陕宣谕使，改显谟阁直学士、知夔州。

《宋史》卷三三《孝宗纪》一："（绍兴三十二年）九月丁酉，川陕宣谕使虞允文以论边事不合罢。"

《宋史》卷三八三《虞允文传》："允文再上疏，大略言：'恢复莫先于陕西，陕西五路新复州县又系于德顺之存亡，一旦弃之，则窥蜀之路愈多，西和、阶、成，利害至重。'前后凡十一疏，且移书陈康伯，康伯牵于同列，不能回也。上将召允文问陕西事。执政忌其来,以显谟阁直学士、知夔州。"

十五、孝宗隆兴元年癸未(1163)五十四岁

正月,虞允文应召入对,寻以敷文阁学士知太平州。

《宋史》卷三八三《虞允文传》:"(隆兴元年)允文入对言:'今日有八可战。'上问及弃地,允文以笏画地,陈其利害。上曰:'此史浩误朕。'以敷文阁待制知太平州。"

(宋)杨万里《诚斋集》卷一二〇《宋故左丞相节度使雍国公赠太师谥忠肃虞公(允文)神道碑》:"孝宗即位,徙知夔州,未上。召除敷文阁学士、知太平州。"

按:虞允文知太平州时所带贴职,《宋史·虞允文传》作"敷文阁待制",《虞公(允文)神道碑》作"敷文阁学士"。查,宋代文官贴职分直阁、阁待制、阁直学士、阁学士、殿学士诸等,绍兴三十二年,允文既以显谟阁直学士知夔州,后未见责罚,似不应由"直学士"降为"待制"。另据《宋史·孝宗纪》一载:隆兴元年六月,"以敷文阁学士虞允文为兵部尚书兼湖北、京西宣谕使。"若此时允文只为"待制",亦不可能半年后迁至"学士"。由此推断,允文所带贴职应为"敷文阁学士"。《宋史·虞允文传》记载有误。

六月二十五日甲申,敷文阁学士、知太平州虞允文擢兵部尚书兼湖北、京西宣谕使。

《宋史》卷三三《孝宗纪》一:"(隆兴元年)六月甲申,以敷文阁学士虞允文为兵部尚书兼湖北、京西宣谕使。"

(宋)李心传《建炎以来朝野杂记》甲集卷二十《癸未甲申和战本末》:"(隆兴元年六月)甲申,虞并甫为湖北、京西宣谕使,后六日,改充制置使。"

七月一日庚寅朔,虞允文任敷文阁学士、兵部尚书兼湖北、京西制置使。

《宋史》卷三三《孝宗纪》一:"(隆兴元年)秋七月庚寅朔,以虞允文为湖北、京西制置使。"

（宋）李心传《建炎以来朝野杂记》甲集卷二十《癸未甲申和战本末》："（隆兴元年六月）甲申,虞并甫为湖北、京西宣谕使。后六日,改充制置使。"

（宋）杨万里《诚斋集》卷一二〇《宋故左丞相节度使雍国公赠太师谥忠肃虞公（允文）神道碑》："（孝宗即位）改兵部尚书兼湖北京西宣谕使,就升制置使。"

七月四日癸巳,虞允文罢试兵部尚书兼湖北京西制置使,除显谟阁学士、知平江府。徙知潼川府,未上,再以显谟阁学士、知平江府。

《宋史》卷三八三《虞允文传》："（隆兴元年）时,朝廷遣卢仲贤遣使金议和,汤思退又欲弃唐、邓、海、泗,手诏谓唐、邓非险要,可置度外,允文五上疏力争……思退阳请召允文,实欲去之也。允文上印,犹以四州不可弃为请,乞致仕。诏以显谟阁学士知平江府。"

（宋）杨万里《诚斋集》卷一二〇《宋故左丞相节度使雍国公赠太师谥忠肃虞公（允文）神道碑》："（孝宗即位）改兵部尚书兼湖北京西宣谕使,就升制置使。改显谟阁学士、知平江府,徙知潼川府,未上,再知平江府。"

（清）徐松辑《宋会要辑稿》卷三四《选举》三四之一四《特恩除职》："隆兴二年七月四日,诏试兵部尚书兼湖北京西制置使虞允文除显谟阁学士、知平江府。"

十六、隆兴二年甲申（1164）五十五岁

正月十日丙申,显谟阁学士、知平江府虞允文奉命调兵征讨广西诸盗。

《宋史》卷三三《孝宗纪》一："（隆兴）二年丙申,命虞允文调兵讨广西诸盗。"

六月十九日壬申,命显谟阁学士、知平江府虞允文弃唐、邓诸州,允文不奉诏。

《宋史》卷三三《孝宗纪》一："（隆兴）二年六月壬申,命允文弃唐、邓,允文不奉诏。"

（宋）范成大撰《吴郡志》卷一一《牧守》："虞允文,显谟阁学士、左朝请大夫,隆兴二年十月到十一月赴召。"

十一月二十一日壬寅,孝宗罢主和派宰相汤思退,拜虞允文端明殿学士、同签书枢密院事。

（宋）徐自明撰、王瑞来校补《宋宰辅编年录校补》卷十七:"(隆兴二年十一月)壬寅,虞允文端明殿学士、签书枢密院事。自显谟阁学士、知平江府召除。"

（宋）杨万里《诚斋集》卷一二〇《宋故左丞相节度使雍国公赠太师谥忠肃虞公(允文)神道碑》:"再知平江府。召拜端明殿学士、同签书枢密院事。"

《宋史》卷三三《孝宗纪》一:"(隆兴)二年十一月壬寅,以显谟阁学士虞允文同签书枢密院事。"

《宋史》卷三八三《虞允文传》:"(隆兴)二年,金兵复至,思退贬。上悔不用允文言。陈俊卿亦荐虞允文堪大用。除端明殿学士、同签书枢密院事。"

按:《宋史·孝宗纪》一、《宋史·虞允文传》、《虞公(允文)神道碑》均作"同签书枢密院事",《宋宰辅编年录校补》作"签书枢密院事",盖脱"同"字。

十二月十一日辛卯,虞允文同知枢密院事兼权参知政事。

（宋）徐自明撰、王瑞来校补《宋宰辅编年录校补》卷十七:"(隆兴二年十二月)辛卯,虞允文同知枢密院事兼权参知政事。"

（宋）杨万里《诚斋集》卷一二〇《宋故左丞相节度使雍国公赠太师谥忠肃虞公(允文)神道碑》:"召拜端明殿学士、同签书枢密院事。改参知政事兼同知枢密院。"

《宋史》卷三三《孝宗纪》一:"(隆兴)二年十二月辛卯,以钱端礼为参知政事兼知枢密院事,虞允文同知枢密院事兼权参知政事。"

十七、孝宗乾道元年乙酉(1165)五十六岁

正月,宋金签订和议,史称"隆兴和议"。

《金史》卷八七《纥石烈志宁传》:"(大定四年)宋人议和不能决,都元帅仆忠散义移军泰和(泰州),志宁移军临涣(临潢),遂渡淮……宋人惧,乃决意请和,使者六七反,议遂定:宋世为侄国,约岁币二十万两匹。魏杞奉誓书入见,复通好。"

(清)毕沅《续资治通鉴》卷一百三九、乾道元年正月己未:"通问使魏杞等赍国书至金,书式为'侄宋皇帝眘,谨再拜致书于叔大金圣明仁孝皇帝阙下',岁币二十万。金人复书'叔大金皇帝',不名,不书'谨再拜',但曰'致书于侄宋皇帝',不用尊号,不称'阙下',自是为定式。"

三月十一日庚申,召虞允文为参知政事兼同知枢密院事。

(宋)徐自明撰、王瑞来校补《宋宰辅编年录校补》卷一七:"(乾道元年)三月庚申,虞允文参知政事兼同知枢密院事。自同知枢密院事除。"

三月二十一日己未,诏参知政事虞允文兼权提举修《三朝国史》。

(宋)陈骙《南宋馆阁录》卷七《官联》上:"提举国史 乾道以后六人:虞允文,元年三月,以参知政事权提举《三朝国史》。"

(宋)李攸《宋朝事实》:"乾道元年,参政虞允文权提举国史,皆前所未。"

八月十一日丁亥,虞允文因钱端礼收受李宏玉带一事所累,罢政,以端明殿学士提举江州太平兴国宫。

(宋)徐自明撰、王瑞来校补《宋宰辅编年录校补》卷一七:"(乾道元年)八月己丑,虞允文罢参知政事,除端明殿学士、提举江州太平兴国宫。允文自隆兴二年十一月除同知枢密院事,十二月除同知枢密院事,是年三月除参知政事,是月罢,执政凡九月。"

《宋史》卷三八三《虞允文传》:"乾道元年,拜参知政事兼知枢密院事。会钱端礼受李宏玉带,事连允文,为御史章服所论,罢政,奉祠西归。"

(清)毕沅《续资治通鉴》卷一百三九、乾道元年八月丁亥:"参知政事虞允文罢。"

十八、乾道三年丁亥(1167)五十八岁

二月十二日辛巳,虞允文奉诏至阙,拜端明殿学士、知枢密院事。

《宋史》卷三四《孝宗纪二》:"(乾道三年)二月辛巳,以端明殿学士虞允文知枢密院事。"

《宋史》卷三八三《虞允文传》:"三年二月召至阙,除知枢密院事兼参知政事。"

六月八日甲戌,虞允文拜左太中大夫、资政殿大学士、四川宣抚使,寻诏依旧知枢密院事。

(宋)徐自明撰、王瑞来校补《宋宰辅编年录校补》卷一七:"(乾道三年)二月辛巳,允文见于内殿,宣坐赐茶,遂除知枢密院事。会吴璘卒,上谓允文曰:'今命宣抚使无以易,卿其为朕一行。'六月,除资政殿学士、四川宣抚使。上犹疑其权轻,仍以知枢密院遣行,称枢密行府,仍除左太中大夫。"

《宋史》卷三八三《虞允文传》:"上谕允文曰:'吴璘既卒,汪应辰恐不习军事,无以易卿。凡事不宜效张浚迂阔,军前事,卿一一亲临之。'即拜资政殿大学士、四川宣抚使,寻诏依旧知枢密院事。归蜀一月,召至阙,不数月复使蜀。太上赐御书《圣主得贤臣颂》,上又为之制跋,陛辞,复以所御双履及甲胄赐焉。"

《宋史》卷三四《孝宗纪》二:"(乾道三年六月)甲戌,以虞允文为资政殿大学士、四川宣抚使……戊寅,复以虞允文为知枢密院事充宣抚使,帝亲书'九事'戒之。"

按:虞允文宣抚四川,《宋史·孝宗纪》二、《宋史·虞允文传》均记带"资政殿大学士"贴职,《宋宰辅编年录》记为"资政殿学士",疑脱"大"字。

十九、乾道五年己丑（1169）六十岁

六月二十四日乙酉，资政殿大学士、知枢密院事、四川宣抚使虞允文拜枢密使。

（宋）徐自明撰、王瑞来校补《宋宰辅编年录校补》卷一七：“乾道五年六月己酉，虞允文为枢密使。自资政殿大学士、知枢密院事、四川宣抚使召除。”

《宋史》卷三四《孝宗纪》二：“乾道五年六月己酉，以虞允文为枢密使。”

八月六日己丑，虞允文除尚书右仆射、同中书门下平章事兼枢密使兼制国用使，封济国公。

（宋）徐自明撰、王瑞来校补《宋宰辅编年录校补》卷一七：“乾道五年八月己丑，陈俊卿左仆射。虞允文右仆射，自枢密使除右仆射、同平章事兼枢密使。”

（宋）杨万里《诚斋集》卷一二〇《宋故左丞相节度使雍国公赠太师谥忠肃虞公（允文）神道碑》：“再进尚书右仆射、同中书门下平章事兼枢密使兼制国用使、济国公。”

《宋史》卷三四《孝宗纪》二：“乾道五年八月己丑，以陈俊卿尚书左仆射。虞允文为尚书右仆射，并同中书门下平章事兼枢密使兼制国用使。”

二十、乾道六年庚寅（1170）六十一岁

五月九日己未，陈俊卿、虞允文上神宗、哲宗、徽宗、钦宗《四朝会要》、《太上皇玉牒》。

《宋史》卷三四《孝宗纪》二：“（乾道六年）五月己未，陈俊卿、虞允文等上神宗、哲宗、徽宗、钦宗《四朝会要》、《太上皇玉牒》。”

八月三日庚戌,虞允文请立太子。是月,上《乾道敕令格式》等二百四十六卷。

(宋)李心传《建炎以来朝野杂记》乙集卷五《炎兴以来敕局废置》:"乾道六年八月,虞允文上《乾道敕令格式》等二百四十六卷。"

《宋史》卷三四《孝宗纪》二:"(乾道六年)八月庚戌,虞允文请早建太子。是月,虞允文上《乾道敕令格式》。"

二十一、乾道七年辛卯(1171)六十二岁

正月五日庚辰,允文复请建太子,帝命允文拟诏以进。

《宋史》卷三四《孝宗纪》二:"(乾道)七年春正月庚辰,虞允文复请建太子,帝命允文件拟诏以进。"

二月八日癸丑,诏立子惇为皇太子,大赦天下。

《宋史》卷三四《孝宗纪》二:"(乾道)七年二月癸丑,诏立子惇为皇太子。大赦。"

三月二十一日丙申,册立皇子赵惇为皇太子。

《宋史》卷三四《孝宗纪》二:"(乾道)七年三月丙申,御大庆殿册立皇太子。"

二十二、乾道八年壬辰(1172)六十三岁

二月六日乙巳,诏改尚书左、右仆射、同中书门下平章事为左、右丞相。

《宋史》卷三四《孝宗纪》二:"(乾道八年)二月乙巳,诏改尚书左右仆射、同中书门下平章事为左、右丞相。"

二月十二日辛亥,虞允文除特进、左丞相兼枢密使、华国公。

(宋)杨万里《诚斋集》卷一二○《宋故左丞相节度使雍国公赠太师谥忠

肃虞公（允文）神道碑》："进尚书右仆射、同中书门下平章事兼枢密使兼制国用使、济国公。进左丞相兼枢密事、华国公。"

（宋）徐自明撰、王瑞来校补《宋宰辅编年录校补》卷一七："乾道八年壬辰，二月辛亥，虞允文左丞相，自左仆射除特进兼枢密使进封华国公。梁克家右丞相，自参知政事除兼枢密使。"

《宋史》卷三四《孝宗纪》二："（乾道八年）二月辛亥，以虞允文左丞相，梁克家右丞相，并兼枢密使。"

是月，左丞相虞允文兼监修国史。

（宋）陈骙《南宋馆阁录》卷七《官联》上："监修国史乾道以后五人：虞允文，字彬甫，仙井人。张孝祥榜进士出身，治诗赋。八年二月，以左丞相兼。"

九月十二日戊寅，帝命选谏官，允文以李彦颖、林光朝、王质三人对，皆鲠亮有文学者，为时所推重。孝宗不听，允文遂力求去。诏罢左丞相，授少保、武安军节度使、充四川宣抚使，进封雍国公，赐诗及家庙祭器。

（宋）徐自明撰、王瑞来校补《宋宰辅编年录校补》卷一七："乾道八年九月戊寅，虞允文罢左丞相。授少保、武安军节度使、充四川宣抚使，进封雍国公。"

（宋）杨万里《诚斋集》卷一二○《宋故左丞相节度使雍国公赠太师谥忠肃虞公（允文）神道碑》："进左丞相兼枢密事、华国公。终少保、武安军节度使、西川宣抚使、雍国公。"

《宋史》卷三八三《虞允文传》："上命选谏官，允文以李彦颖、林光朝、王质对，三人皆鲠亮，又以有文学推重于时，故荐之。久不报。曾亲荐一人。赐第，擢谏议大夫。允文、克家争之不从，允文力求去。授少保、武安军节度使、四川宣抚使，进封雍国公。"

《宋史》卷一○九《礼十二·功臣酌享》："乾道八年九月，诏有司，赐少保、武安节度、四川宣抚使虞允文家庙祭器，如故事。"

二十三、乾道九年癸巳（1173）六十四岁

虞允文经营四川一年，未能如孝宗所期出兵北伐，孝宗不悦。

《宋史》卷三四《孝宗纪》二："（乾道九年）冬十月庚辰，金遣完颜襄等来贺会庆节。丁亥，襄等入辞，别函申议'受书之礼'，仍示虞允文速为边备。"

《宋史》卷三八三《虞允文传》："（乾道）九年，至蜀……上尝谓允文曰：'丙午之耻，当与丞相共雪之。'又曰：'朕惟功业不如唐太宗，富庶不如汉文、景'。故允文许上以恢复，使蜀一岁，无进兵期，上赐密诏趣之，允文言军需未备，上不乐。"

二十四、孝宗淳熙元年甲午（1174）六十五岁

二月，少傅、武安节度使、四川宣抚使、雍国公虞允文薨，年六十五岁。

《宋史》卷三四《孝宗纪》二："（淳熙元年）二月癸酉，虞允文薨。"

《宋史》卷三八三《虞允文传》："淳熙元年，薨。"

（宋）杨万里《诚斋集》卷一二〇《宋故左丞相节度使雍国公赠太师谥忠肃虞公（允文）神道碑》："（公）终少保、武安军节度使、四川宣抚使、雍国公，以少傅致仕。薨……实淳熙元年二月癸酉也，享年六十有五。"

二十五、淳熙六年己亥（1179）

四月，诏赠允文太傅，赐谥忠肃。

（宋）徐自明撰、王瑞来校补《宋宰辅编年录》卷一七："淳熙六年四月，上思采石之公，诏特赠太师，谥忠肃。始封济、华，后封雍。"

（宋）杨万里《诚斋集》卷一二〇《宋故左丞相节度使雍国公赠太师谥忠肃虞公（允文）神道碑》："终少保、武安军节度使、西川宣抚使、雍国公。以少傅致仕。又赠太傅、谥忠肃。"

《宋史》卷三八三《虞允文传》："淳熙四年，薨。后四年，上幸白石大阅，见军皆少壮，谓辅臣曰：'虞允文行沙汰之效也。'寻诏赠太傅，谥忠肃。"

按：虞允文赐谥时间，《宋史》、《虞公（允文）神道碑》均未明载，今权依《宋宰辅编年录校补》，系于"淳熙六年四月"。

二十六、宁宗庆元元年（1195）

诏赠虞允文太师。

（宋）杨万里《诚斋集》卷一二〇《宋故左丞相节度使雍国公赠太师谥忠肃虞公（允文）神道碑》："今上庆元元年，赠太师。"

图书在版编目（CIP）数据

南宋史及南宋都城临安研究 （续上下）/ 辛薇主编.
-北京：人民出版社，2012
ISBN 978-7-01-011234-3/
Ⅰ.①南… Ⅱ.①辛… Ⅲ.①中国历史–研究–南宋
②临安市–地方史–研究–南宋
Ⅳ.①K245.07 ②K295.51
中国版本图书馆 CIP 数据核字（2012）第 227519 号

南宋史及南宋都城临安研究（续上下）

NANSONGSHI JI NANSONG DUCHENG LINAN YANJIU (XU)

主　　编：辛　薇
责任编辑：张秀平
装帧设计：徐　晖

人民出版社出版发行
地　　址：北京市东城区隆福寺街 99 号
邮政编码：100706　www.peoplepress.net
经　　销：新华书店总店北京发行所经销
印　刷　厂：北京昌平百善印刷厂
出版日期：2013 年 5 月第 1 版　2013 年 5 月第 1 次印刷
开　　本：787 毫米×1092 毫米　1/16
印　　张：71.25
字　　数：1200 千字
书　　号：ISBN 978-7-01-011234-3/
定　　价：195.00 元

南宋史及南宋都城临安研究（续）下

辛　薇　主编

人民出版社

目 录

南宋史及南宋都城临安研究（续下）

宋蒙白鹿矶之战述论

杨倩描(河北省社会科学院)

发生在公元 1259 年(宋理宗开庆元年,蒙古宪宗九年)冬至 1260 年(宋理宗景定元年,蒙古忽必烈中统元年)春的白鹿矶之战是宋蒙战争中的一次规模不大、但却颇有政治影响的战役。

元人作《宋史·贾似道传》,为塑造贾似道权奸的形象,竟然胡编乱造:"会宪宗皇帝晏驾于钓鱼山,合州守王坚使阮思聪踔急流走报鄂,似道再遣京议岁币,遂许之。大元兵拔砦而北,留张杰、阎旺以偏师候湖南兵。明年正月,兵至,杰作浮梁新生矶(作者按:新生矶在白鹿矶对岸),济师北归。似道用刘整计,攻断浮梁,杀殿兵百七十,遂上表以肃清闻。帝以其有再造功,以少傅、右丞相召入朝,百官郊劳如文彦博故事。"以致数百年来,谬种流传,以讹传讹。有鉴于此,故撰此文。

一、战役背景

1258 年(宋理宗宝祐六年,蒙古宪宗八年)二月,蒙哥大汗发布了三路攻宋的命令:中路军由皇弟忽必烈率领,进攻鄂州(治今湖北武汉市武昌);南路军由兀良合台(亦作兀良哈台、乌兰哈达)率领,由云南进攻广西、湖南,与中路军相呼应;蒙哥自己则亲率西路军进攻四川,东出夔门。同时,又命山东的李璮出兵对南宋淮东地区作牵制性攻击。

蒙哥原计划在三路蒙古军会师荆湖后,再顺江而下,占领临安,一举灭宋。但在具体实施中,因种种原因,三路蒙古军在战术上缺乏协同,实际上并不是在同一时间展开作战的。

蒙哥率领的蒙古西路军在1258年冬便对四川宋军发动了大规模进攻。至1259年七月,因蒙古围攻钓鱼城失利,蒙哥病死在金剑山的温汤峡(今重庆北碚的北温泉),蒙古西路军不久便解围北撤。

忽必烈率领的东路蒙古军直到1259年八月才渡过淮河,分兵并进,至黄陂(旧治在今湖北黄陂北)。九月一日,蒙古亲王穆哥派遣的使者来到忽必烈军中,向他报告了蒙哥的死讯,"且请北归,以系天下之望"①。但忽必烈认为既已南下,不能无功而返,于是指挥麾下蒙古军三道并进,渡过长江,围攻鄂州城。

兀良合台率领的蒙古南路军在1258年八月由云南出兵攻入广西,但由于军中瘟疫流行、军事进展不利,被迫于十二月撤回了云南。1259年六月,兀良合台率部沿原路再次进入广西,舍城不攻,快速前进。广西宋军也多据城自守,不主动拦击。因此,蒙古军得以在未经激烈抵抗的情况下经武缘(治今广西武鸣)、宾州(旧治在今广西宾阳东北)、柳州、静江府(治今广西桂林),进入湖南。又取道全州、永州(治今湖南零陵)、衡州(治今湖南衡阳),于十一月进抵潭州城下,派人与围攻鄂州的忽必烈取得了联系②。

南宋方面因四川方面战事危急,宋理宗于开庆元年(1259)正月便任命枢密使、两淮宣抚大使贾似道以枢密使的头衔出任京西湖南北四川宣抚大使、都大提举两淮兵甲、湖广总领、知江陵府,全面指挥抗蒙战争,并改命知靖州、节制鼎澧辰沅靖五州吕文德为保康军节度使、四川制置副使兼知重庆府,率军增援四川。贾似道坐镇峡州(治今湖北宜昌)指挥,吕文德则率军击败在涪州(治今重庆涪陵)蔺市江面阻击的蒙古军纽邻部,进入重庆。

在蒙哥病死、蒙古军主力撤出川东后,贾似道闻知鄂州有警,便又率部顺流东下,进驻汉阳军(治今湖北武汉市汉阳区),指挥宋军全力抵抗蒙古的进攻。不久,从重庆率军东下的吕文德也赶到了汉阳,并冲破蒙古军的阻截,乘夜过江,突入鄂州城中,大大加强了鄂州、汉阳的城防力量。

蒙古军围攻鄂州的消息传到临安,中外震动。宦官董宋臣、宰相吴潜都劝说理宗迁都,朝野弥漫着一片失败气氛。但宋理宗没有接受迁都的意见,他一面下诏责己,一面下令诸路宋军进兵支援鄂州,并拿出大量内库钱财充作军费。宋理宗一面派特使到军中,拜贾似道为右丞相;一面又派遣御史陈寅赴淮东,督促淮东调兵五万增援上流;一面又命令侍御史沈炎往沿江制置使司,督促其迅速派兵援鄂。沿江制置使马光祖受命移驻江州(治今江西九江),沿江制置副使史岩之则受命移驻寿昌军(治今湖北鄂州),以应援鄂州、汉阳。

鄂州、汉阳的攻防战异常激烈。宋军夹江而战,鄂州城中的宋军"死伤者至万三千人"③,鄂州统制张胜也战死于汉阳。而蒙古军损伤也极为惨重,至十月末,"诸军疾疫已十四五"。宋军在鄂州城防薄弱之处又抢筑了新月城,从"西南隅抵东北隅","上可并行大车,排槎串楼,缔构重复",坚固异常。忽必烈谋士派郝经与张仲一去观察新月城的虚实,郝经回来向他报告,称其"必不可攻"。

这时,忽必烈的妻子派遣使者脱欢、爱莫干来到鄂州,报告说忽必烈的幼弟阿里不哥已遣阿兰答儿等调兵于大漠南北,图谋称帝,请忽必烈迅速北还。十一月二日,郝经也恳请忽必烈立即班师,并提出建议:"先命劲兵把截江面,与宋议和,许割淮南、汉上、梓夔两路,定疆界岁币,置辎重,以轻骑归",迅速北返,与阿里不哥争夺帝位④。经过反复权衡,忽必烈声称将率兵进攻临安,留大将拔突儿等人指挥部分蒙古军佯作继续围困鄂州,并派大将张柔率部南下接应潭州的兀良合台所部北返,自己则于闰十一初率主力北返。忽必烈离开鄂州后的第六天,蒙古大将拔突儿等人也根据忽必烈事先的安排,迅速从鄂州解围撤军了。

二、白鹿矶之战

兀良合台率军进入湖南后，于十一月开始围攻潭州。南宋湖南制置副使兼知潭州向士璧、湖南提点刑狱胡颖率领军民坚守城池，多次挫退了蒙古军的进攻。在潭州城下顿兵一个多月，蒙古军陷入进退维谷的困境。因此，兀良合台在接到忽必烈撤退的命令后，便迅速解围北撤。

受忽必烈之命负责接应兀良合台所部北撤的张柔派遣也里蒙古领兵两千南下潭州⑤、铁迈赤"将练卒千人、铁骑三千"驻岳州（治今湖南岳阳），以接应兀良合台⑥。但因宋军在湘阴一线拆断桥梁、设防拦截，蒙古军无法从岳州南下。另外，兀良合台一军的前锋北进至湘阴县界时，则因两次战马无缘无故地伏地不起，遂不敢入湘阴⑦，于是，兀良合台一军被迫兵分两路，一路直接绕过湘阴北上，与从兴国军（治今江西兴国）、寿昌军（治今湖北鄂州市）南下的蒙古军合师，一路则由醴陵（今属湖南）而进入江西，经袁州（治今江西宜春）、隆兴府（治今江西南昌）、瑞州（治今江西高安）一线，辗转而往寿昌军。

为接应兀良合台所部渡过长江，蒙将张柔奉忽必烈之命，"总领蒙古、汉军城北鹿矶"⑧，在白鹿矶架设浮桥，并修筑简单的城防，以确保白鹿矶浮桥的安全。

黄州（今湖北黄冈市）与寿昌军隔江相对。新生洲，在黄州州治"西北三十里"的"团风镇下"，"亦曰新生矶"⑨。当时的团风镇即今黄冈市的团风县。《大清一统志》卷二五八《武昌府》又记载："白鹿矶在武昌县西九十二里神人山下，与黄州新生矶相对，为江滨险要处。"清代的武昌县即南宋的寿昌军。《明一统志》卷五九《武昌府》记载："神人山，在武昌县西九十二里。《历代帝王记》云：吴建衡二年，有神人乘白鹿从此山出，故名。"此为白鹿矶之来历。

开府于寿昌军的南宋沿江制置副使史岩之得知蒙古军在新生洲—白鹿

矶的江面建造浮桥的消息后,听从其参议军事刘子澄的意见⑩,发兵对占据白鹿矶的蒙古军发起进攻,想趁蒙古军立足未稳而将其消灭。由于低估了蒙古军的战斗能力,加之是逆水作战,宋军结果被蒙古军击败,武功大夫、沿江制置副司咨议官吕文信战死,寿昌军随即也失陷了。

吕文信是吕文德之弟,其阵亡之事,对南宋震动很大。事后,宋理宗下诏"赠吕文信宁远军承宣使,立庙赐额。子师宪带行阁职,更与两子承信郎",其同时战死的部将辅周也被赠予和州防御使⑪。史岩之则因此战的失利而受到不公正的指责:"轻信狂生,欲邀奇功,遂使已去之虏回戈致死"⑫,遭到严厉处分。刘子澄则被贬谪封州。

南宋朝廷得知吕文信战死的消息后,一面于开庆元年年底紧急抽调淮西大将夏贵率军逆江而上,接受开府于隆兴府(治今江西南昌市)的沿江制置使赵葵的指挥,驻防丰城(今属江西),以屏卫隆兴府;一面派遣都官郎中林光世急赴鄂州,催促贾似道率兵南下。当林光世行至黄州时,贾似道已经从鄂州到达了黄州⑬。

在从鄂州到达黄州的途中,贾似道一行在苹草坪⑭曾与一支北撤的蒙古军遭遇。当时,大将吕文德派遣孙虎臣带领精兵七百护送贾似道。与蒙古军遭遇后,"虎臣匿似道,自挺身出战"。由于蒙古军只是由降将储再兴领路北返的老弱辎重队,没有太强的战斗力,因而很快便被孙虎臣的人马消灭了。⑮这本是一次小规模的战斗,但后来事情的发展却转向了两种极端——吹捧贾似道的人将其吹嘘为一场大捷,而攻击贾似道人又将其改编为贾似道的一段丑事。

在黄州,林光世向贾似道传达了宋理宗的旨意:对蒙古军"当自内托出,不当自外赶入"⑯。这个意见原本是监察御史饶应子提出的,其要点就是不要再采取史岩之那样的行动,不能将蒙古军堵死在长江以南予以消灭,而是要将其赶过长江,放开一条路,让其北撤。

为防止宋军从下游进攻白鹿矶,蒙古军的战船一直游弋到蕲州(治今湖北蕲春县蕲春镇)一线,进行警戒。宋将夏贵奉贾似道之命,率军由江州(治今江西九江)逆流而上,进兵鸿宿洲,⑰在漳源击败蒙古军,缴获舟船三百余艘；又战于黄石港（在今湖北黄石市一带），缴获战马三十余匹匹。夏贵指挥宋军继续推进，乘胜收复了寿昌军；又在黄州团风镇一带与蒙古军交战，缴获舟船七十余艘，"去白鹿矶二十里而近"，[18]直逼蒙古军架设在新生矶（在今湖北黄冈市西北）与白鹿矶之间的长江浮桥。

在这里，由贾似道督战，夏贵指挥所部对蒙古军发起了进攻。《夏贵神道碑铭》对此有较为详细的记述：

> 时南北两岸毡帐为满。先是，下流舟师多失利，公以计悉引兵，浮桥上流，昼攻夜击其北岸，以舟师阵于白鹿矶浮桥下。贾丞相督战，公方率舟师交战，夜登岸陆战，夺所掠耄倪三千余人还。有忌公功者，谮于朝，谓公不战南而战北岸，公以书遗丞相，谓："毡庐虽满南岸而辎重尽在北岸，所以夜击昼攻于北岸者，救其所必救也。俟其拔毡庐以救辎重，因扫其南巢，以速其北走。不出三日，江可肃清矣。"乃部分其军出战：某军断桥，先上桥者有上赏，次者次之，违者以军制论。每夜五更一点至桥下。桥上皆设备，公皆不战而退。是夜，先一更至桥下，公子松最先上桥，推桥上兵悉投之水次。戴祥次、苏才并力而上，一鼓而桥尽断，明尽夺其舟。明日，江南无一骑；明日，江北无一舟，江面肃清。

由此可见，此次作战由于贯彻了宋理宗"当自内托出，不当自外赶入"的旨意，而采取了"扫其南巢，以速其北走"的作战方式，等到南岸蒙古军大多已经渡过长江后，宋军才在夏贵之子夏松及其部将戴祥次、苏才等人的指挥下，一举攻断浮桥。这样，兀良合台、张柔所部的蒙古军在几乎没有受到太大损失的情况下，在1260年（宋理宗景定元年，蒙古忽必烈中统元年）正月完成了渡江北撤行动，白鹿矶之战遂告结束。

三、战役评价及相关史实的订正

综上所述，我们对宋蒙白鹿矶之战可以得出以下认识：

第一，"当自内托出，不当自外赶入"的战役指导原则不是贾似道制定的，而是监察御史饶应子首先提出而得到宋理宗首肯的。在当时的情况下，这个战役指导原则是完全合理的，也是符合《孙子兵法·军争第七》所谓"归师勿遏，围师必阙，穷寇勿追"基本原则的。

我们看到，在鄂州之战中，宋军主力云集鄂州，与忽必烈麾下的蒙古军展开了激烈的攻防战。蒙古军损伤极为惨重，至十月末，"诸军疾疫已十四五"[19]；而鄂州城中的宋军也"死伤者至万三千人"[20]，连鄂州统制张胜也战死于汉阳。因此，当时鄂州宋军主力一方面经过连续作战，需要休整，另一方面又要防范新生洲的蒙古军回窜鄂州，因而无法分兵南下作战。贾似道奉命到黄州指挥下游以夏贵所部为主力的宋军作战，也只有孙虎臣带领七百卫兵护送。

从宋蒙两军的作战能力看，宋军水师有能力截断新生洲—白鹿矶浮桥，但步兵和骑兵却最多只能击溃北岸或南岸的蒙古军，而无能力将其围歼，甚至反倒可能被蒙古军击败。史岩之、刘子澄兵败就是明证。另外，如果截断新生洲—白鹿矶浮桥，那势必逼迫南岸蒙古军进行大范围的转移性举动作战，给长江南岸地区带更大的损失和恐慌。

兀良合台率领的蒙古南路军在战略上是一支"斡腹之师"，曾先后攻入四川、广西等地，具有很强的长距离迂回穿插作战能力。其对广西、湖南的进攻，令拙于野战的南宋军队防不胜防："寇未至则先抽外戍以自卫，寇至则坚闭四壁而不敢出，使蛮鞑数千乌合之寇残昭、容、柳、象，破全、永、衡诸郡及潭之诸邑。"[21]给南宋带来了巨大的物质损失和社会恐慌。

再看蒙古军侵扰江西的情况。

进入江西的蒙古军为加快北撤速度，一般是过城而不攻，先后只是顺道攻掠过临江军（治今江西清江县）和瑞州（治今江西高安市）。这两座州城均无城池，没有防御能力。在蒙古军到来时，知瑞州陈昌世则在城破之前，被"百姓拥之而逃"[22]，从而瑞州百姓没有伤亡。但临江军则因江西制置副使徐敏子故作从容状，"寓阁金凤洲，拥妓王妙日酣饮"，因而"士民恃敏子不迁避"[23]。当蒙古军进抵临江军时，军民都惊慌失措。知临江军陈元桂不愿逃跑，"端坐亭上，誓死封疆。左右散去，为兵所执。握拳切齿，骂声不辍"[24]，不屈而死。而"制司近隔一水,终不调兵"。而且,当"士民趋浮桥将依金凤洲,敏子已断桥自保",导致临江民众"迸拥入水死者十数万人"㉕。当然,这里所谓"死者十数万人"自是夸大之词,不足为信,或"十数万人"之"万"字为衍字,但这也说明当时民众"迸拥入水死者"的事实已经引起了极大的社会恐慌。

另外,袁州(治今江西宜春市)、吉州(治今江西吉安市)、隆兴府、抚州(治今江西抚州市)的部分属县不仅遭到过境蒙古军的扫荡,而且还遭到了南宋军队的趁火打劫。姚勉曾在景定元年(1260)借轮对之机,向宋理宗揭发了宋军小校吴思忠、将领李虎在瑞州抢劫的罪行:

> 小校吴思忠,江东西宣阃本遣之戍豫章没口,闻敌已去瑞,乃不禀宣阃之命,提兵往来,自谓敌退之后,例有检拾。盗仓廪府库之钱粟,发城市富民之窖藏,连艘捆载而去。李虎继至摄郡,又尽其所未尽者而席卷之,毫孔靡有遗者。遂使瑞阳无力可以修复,合举城筑,为之孔艰。今摄郡之将虽窜南荒,所得既充,未失为富。而作俑之偏校,犹有漏网者。朝廷不知也。㉖

由此可见,如果将蒙古兀良合台所部阻截在长江南岸,那势必会引发南宋更大的社会恐慌。这对急于结束战争以稳定后方的南宋政府而言,自然是不愿为之的事情。

兀良合台所部原本是一支贯彻"斡腹"的蒙古战略部队。这支"斡腹之师"从吐蕃千里跃进、绕道攻占云南、安南(今越南)后,便已经形成了对南宋的夹击之势,在这次战役之前,已经先后以云南为基地,攻入过四川和广西,随后又退回云南,对南宋的威胁相当严重。这次兀良合台奉忽必烈之命北归,尽管南宋方面不一定就知道其北归是为了协助忽必烈与阿里不哥争夺汗位,但无论如何,兀良合台的北归也是南宋方面求之不得的。因而,南宋自然不会将其阻截于长江之南,以防这一支"斡腹之师"在不能渡江的情况下再度回撤云南,使南宋依旧陷入两线作战的艰难境地。

后来的历史也证明:兀良合台的北归实际上意味着忽必烈为了争夺汗位,已经被迫放弃了实施了二十多年的"斡腹"战略。自此以后,无论宋蒙在四川、襄樊、江淮一线的战事怎样激烈,也再无蒙古军从云南出兵配合作战以牵制南宋兵力的情况出现了。

第二,《宋史·贾似道传》"似道用刘整计,攻断浮梁"的记述是张冠李戴。

《宋史·贾似道传》称在白鹿矶之战中,贾似道"用刘整计,攻断浮梁,杀殿兵百七十,遂上表以肃清闻"。这纯属驴唇不对马嘴之事。

刘整字武仲,原为金朝邓州穰城(今河南邓州)人,沉毅有智谋,善骑射。金朝灭亡后,入宋,隶荆湖制置使孟珙麾下,积功至小校。后因善于教练战士,被四川宣抚使兼京湖制置大使李曾伯所重用,提拔为将,累迁为潼川府路安抚使、知泸州,长期在泸州一线与蒙古军作战。1261年(宋理宗景定二年,忽必烈中统二年),因受到排挤而投降蒙古。

《元史·刘整传》等书未见刘整有献计"攻断浮梁"之事。刘整在降蒙之前,一直在四川与蒙古军作战,从未离开过四川。1259年(宋理宗开庆元年,蒙古宪宗九年)正月,蒙哥大汗率领的蒙古西路军在集中重兵围攻钓鱼城的同时,又分兵四出,"破利州、隆庆、顺庆诸郡",南宋"阆、蓬、广安守将相继降北"。为阻击下游援救重庆的宋将吕文德所部逆江而上,蒙古军"又为浮梁于涪州之兰市",以致"蜀道梗绝"[27]。三月,因形势危急,宋理宗同意了南宋政府"乞立赏格以激将士"以攻断涪州(治今重庆涪陵)兰市浮桥的建议,下诏宣布:"如能出奇斫桥袭寨,有显著者,旌赏有差。"[28]五月,时任京西湖南北四川宣抚大使的贾似道上奏:"蜀江(雪)[水]涨,水冒桥趾,吕文德等与宣司所调兵数战皆克,攻断浮梁。"[29]这样,历时数月的艰苦作战,南宋援军终于击败蒙古军,取得了攻断涪州浮桥的胜利,从而进入重庆。

刘整当时是否参与了这次作战,不得而知。据《元史》卷一二九《纽璘传》记载,蒙将纽璘在宋军攻断涪州浮桥后,奉命引军去成都,与都元帅阿答胡会师。"宋制置使蒲择之,遣安抚刘整、都统制段元鉴等,率众据遂宁江箭滩渡以断东路。纽璘军至不能渡,自旦至暮大战,斩首二千七百余级,遂长驱至成都。"由此可见,刘整当时在遂宁一带作战,而不在涪州的可能性极大。但是,作为一员颇有水战经验的骁将,刘整献计破涪州浮桥的可能性也是存在的。不过，即使是刘整真有献计"攻断浮梁"之事，那也只能是在这次作战中，而与白鹿矶之战毫无关系。

刘整献计"攻断浮梁"之事，除《宋史·贾似道传》之外，在元人张枢所撰《汪端明（立信）仗节记》中也有记述：

> 初，己未岁，我师伐宋，四道并攻。似道为江淮宣抚大使，守鄂州。世祖在藩，帅大军围之。似道穷蹙援绝，鄂几下者数矣。会宪宗崩于合州，师还。宋守臣王坚以功告于国。南来元帅锡尔格攻长沙久不下，闻问，亦帅师而退。而亲王居守者作乱京师，我军上下未之知，似道微知之，因使人诣军中告其故，且请纳岁币以定盟。既师还，似道用刘整计绝流，取后军数万人，以战克闻。[30]

但是，这里所谓"取后军数万人"，更是天方夜谭，不足为信。

注释：

①《元史》卷四《世祖一》。

②《元史》卷四《世祖一》。

③《宋史》卷四七四《贾似道传》。

④以上引文并见（元）郝经：《陵川集》卷三二《班师议》。

⑤《元史》卷一二一《兀良合台传》。

⑥《元史》卷一二二《铁迈赤传》。

⑦《永乐大典》卷之五七六九，（宋）陈兰孙：《重修魁星桥记》；（宋）邵群美：《赵侯保民惠政纪实诗一十五首·纪哨马伏地十四》。

⑧（元）苏天爵：《元名臣事略》卷六《万户张忠武土（柔）》。此处"北鹿矶"，当为"白鹿矶"之讹。

⑨《大清一统志》卷二六三《黄州府》。

⑩（元）刘将孙：《养吾斋集》卷二六《跋刘玉渊〈道州九嶷山虞帝庙碑稿〉后》，文渊阁《四库全书》影印本。

⑪《宋史》卷四五《理宗五》。

⑫（宋）刘克庄：《后村先生大全集》卷八七《进故事·壬戌（景定三年）七月初六日》。

⑬《后村先生大全集》卷九三《水村堂记》。

⑭"苹草坪",简化字作"萍草坪"。《后村先生大全集》卷八七《进故事·壬戌(景定三年)七月初六日》作"苹草坪":"臣虽不及前贤,惟愿陛下戒惧俭勤,常如虏偷渡时;大臣洪毅忠壮,常如苹草坪、白鹿矶时。"(元)周密《齐东野语》卷一二《贾相寿词》亦作"苹草坪":"所谓三月三者,盖颂其庚申苹草坪之捷。"但因字形相近,《宋史》、《宋史全文》又作蘋草坪。两相比较,当以"苹草坪"为正。

⑮《宋史全文》卷三六,开庆元年十一月庚子。

⑯《宋史全文》卷三六,开庆元年十一月庚子。

⑰《明一统志》卷六一《黄州府》记载:"鸿宿洲,在蕲州西二里大江中,秋冬有鸿集此。"[雍正]《湖广通志》卷八《蕲州》记载:"鸿宿洲,去州一里大江中,秋冬多鸿集。"

⑱(元)刘岳申《申斋集》卷八《大元开府仪同三司行中书省左丞夏公(贵)神道碑铭》,文渊阁《四库全书》影印本。

⑲(元)郝经《陵川集》卷三二《班师议》,文渊阁《四库全书》影印本。

⑳《宋史》卷四七四《贾似道传》。

㉑(宋)刘克庄《后村先生大全集》卷八七《进故事·壬戌七月初六日》。

㉒《宋史全文》卷三六,景定元年正月甲寅。

㉓(元)赵景良编:《忠义集》卷三《临江军守臣陈公(元桂)》。

㉔《宋史全文》卷三六,景定元年正月甲寅。

㉕《忠义集》卷三《临江军守臣陈公(元桂)》。

㉖(宋)姚勉:《雪坡集》卷四《庚申(景定元年)轮对第二札(玉音问答附)》。

㉗《宋史全文》卷三六,开庆元年正月丁卯。

㉘《宋史全文》卷三六,开庆元年三月己酉。

㉙《宋史全文》卷三六,开庆元年五月乙卯。

㉚《新安文献志》卷六五。

南宋国家和宫廷藏书的恢复和重建

——以高宗、理宗为例

顾志兴(浙江省社会科学院)

中国自有藏书事业以来,官府藏书为重要内容。南宋建都杭州,皇家内府、中央政府及地方政府皆例有藏书。尽管"自来殿阁藏书,又深閟宫门,宁饱蠹鱼,禁不供阅"、"中国历来内府藏书虽富而为帝王及蠹鱼所专有",其余"公家藏书则复寥落无闻"①,然而宋高宗重视文化,他自己喜爱读书、藏书,对南宋宫殿和政府藏书的恢复和建设起了重要作用,使国家藏书再度辉煌。理宗专辟缉熙殿作为读书、藏书的殿堂,至今仍有典籍传世,就是一个很好的证据。

一、高宗重视国家藏书建设,重建秘书省收藏典籍

南宋绍兴八年(1138)高宗定都临安(今浙江杭州),称行在所,示不忘汴都之意。靖康元年(1127)三四月间,金人先后掳徽钦二帝及后妃诸王以及官吏工匠倡优等数千人,同时将北宋立国以来所蓄积文物宝藏图书劫掠一空,辇载而去,就图书而论,毁损十分严重,有史为证:

仁宗既新作崇文院,命翰林学士张观等编四库书,仿开元四部录,

为《崇文总目》，书有三万六百六十九卷。……徽宗时更《崇文总目》之号为《秘书总目》，诏购求士民藏书。其有所秘而未见之书，足备观采者，仍命以官。……自熙宁以来，搜访补辑，至是为盛矣。……尝历考之，始太祖、太宗、真宗三朝三千三百二十七部、三万九千一百四十二卷。次仁、英两朝一千四百七十二部、八千四百四十六卷。次神、哲、徽、钦四朝一千九百六部、二万六千二百八十九卷。三朝所录则二朝不复登载，而录其所未有者，四朝于两朝亦然。最其当时之目，有部六千七百有五，有卷七万三千八百七十有七焉。迨夫靖康之难，而宣和馆阁之储，荡然靡遗。②

简而言之，北宋馆阁之藏，自宋初起所积储藏书，至"靖康之难"时已全数毁于战乱。至于南宋一朝馆阁藏书，则全为南渡杭州后重新征集、购置而渐复旧观的。其间高宗对国家藏书的重建起了重要作用。南渡之初，在戎马倥偬之际，高宗就关心国家典籍的收藏，屡下搜访之诏，当时规定凡献书者可补官，凡见故家藏书者或命人传录，愿出让者，则悉数市之，为抄录典籍，专门设置了补写所机构，规定献书赏格，由是献书者多有来者。对此，王明清、马端临皆有所记，李心传言之最详：

> 《中兴馆阁书目》者，孝宗淳熙中所修也。高宗始渡江，书籍散佚。绍兴初，有言贺方回子孙鬻其故书于道者，上命有司悉市之。时洪玉父为少蓬，建言芜湖县僧有蔡京所寄书籍，因取之以实三馆。刘季高为宰相掾，又请以重赏访之。五年九月，大理评事诸葛行仁献书万卷于朝，诏官一子。十三年，初建秘阁，又命绍兴府借故直秘阁陆宾家缮藏之。宾，农师子也。十五年，遂以秦伯阳提举秘书省，掌求遗书、图画及先贤墨迹。时朝廷既右文，四方多来献者。至是数十年，秘府所藏益充牣……③

故而《宋史·艺文志》卷二〇二云："当时类次书目得四万四千四百八十六卷。至宁宗时续书目又得一万四千九百四十三卷，视《崇文总目》又有加焉。"

经高宗努力，重建后的秘书省藏书丰富。秘书省为官署名，掌古今经籍图书、国史、实录、天文历算等事，南宋时具有国家图书馆职能。高宗重视文教，绍兴元年（1131）驻跸越州（今浙江绍兴）即恢复秘书省建置；二年（1132）移跸临安（今浙江杭州），秘书省先迁油车巷东法惠寺；十三年（1143）重建于天井巷东故殿前司寨（原址在今延安南路南端，已无踪影可寻）。高宗为书"右文殿"、"秘阁"两榜。秘书省内共有书库及办公用房150余间，其中主要为书库，有秘阁书库、道山堂、图画库，以及经、史、子、集各库、印书作、搜访库、国史库等等。秘书省所藏图书，据淳熙五年（1178）《中兴馆阁书目》所载，有四万四千四百八十六卷。至宁宗嘉定十三年（1220）《中兴馆阁续书目》，又增一万四千九百四十三卷。故《宋史·艺文志》所言"视《崇文总目》又有加焉"，并非虚夸之词。唯陈骙《中兴馆阁书目》及张攀《中兴馆阁续书目》久佚，王应麟《玉海》卷五二《淳熙中兴馆阁书目》、《嘉定续书目》条尚有具体数字，王氏曰：

> 淳熙四年，陈骙编《馆阁录》载秘阁诸库书目：御札六百七轴三十五册五道；太上圣政六十一册；日历一千二册，并藏阁上。经、史、子、集四类一万三千五百六卷、三千九百五十八册，分两库。御前书：经、史、子、集四类，二千五百二卷、六百十四册。四库书：经、史、子、集二万三千五百八十三卷、六千五百十二册。续搜访库：经、史、子、集二万三千一百四十五卷、七千四百五十六册。诸州印版书：六千九十八卷、一千七百二十册。

又，王应麟言张攀《中兴馆阁续书目》："秘书丞张攀等乞编新目，以续前书，得书七百五十二家、八百四十五部，凡一万四千九百四十三卷。"这是南宋秘书省藏书权威的数字。

高宗、孝宗均曾驾幸秘书省阅书。绍兴十四年（1144）七月丙子，高宗幸秘书省，据王应麟《玉海》卷二七载：

> 至道山堂降辇，遂幸秘阁。先是戊午游操等上表请幸。召群臣观累朝御制御书、晋唐书画、三代古器。还御右文殿，群臣茗饮，少监游操

御书扇。戊午,上曰:"秘府书籍尚少,宜广求访。"诏曰:"周建外史,掌三皇五帝之书,汉选诸儒,定九流七略之奏。"④

《玉海》又载孝宗秘书省阅书:

五年九月十二日壬申,幸秘书省,受朝右文殿。移御秘阁,入东西壁观累朝御书。上手以光尧太上皇帝所书《琴赋》示群臣,谕曰:"此钟王所不及"。既又修太平兴国故事,张宴右文殿。酒五行罢。翌日癸酉,赐御制诗。诗有"宴开芸阁,坐对蓬山"之语。又曰:"稽古右文惭菲德,礼贤下士法前王。"⑤

有时皇帝需要调阅秘书省所藏某书,则有一套仪式,据《西湖老人繁胜录·或遇进书》条载:

五府隔夜观书,次日习仪。夜自秘书省前烧矾盆,密布到内前,至五更引迎,前用香案、彩亭、法物、仪仗,红纱栀子行灯二百盏,两行列亲从禁卫两侍中道数十,朱红盒盛书在内,用销金龙图袱盖,百官从行,五府在后,入内进呈,圣上观看毕,午后方回秘省奉安。⑥

其仪式繁琐、隆重若此。

二、高宗重建和恢复内廷诸阁藏书

自北宋建国后,皇宫内设有专门保存、收藏皇帝御笔御札及供皇帝阅读使用图书的场所,有太清楼、翰林御书院及龙图阁等。宋室南渡,建都杭州,政局稍加稳定以后,高宗重视文教,在绍兴二十四年(1154)于宫内复建存放祖宗御制御集的诸阁,此后南宋诸帝逝世后,继位皇帝又复建阁藏御制御集,高宗主持的有:

复建北宋诸阁:

龙图阁始建于咸平(998—1003),复建于绍兴二十四年(1154)。此阁贮藏太宗御制御集及四部书。

天章阁始建于天禧四年(1020),复建于绍兴二十四年(1154)。此阁贮藏真宗御制御集。

宝文阁始建于嘉祐八年(1063),复建于绍兴二十四年(1154)。此阁贮藏仁宗御集,后附英宗御制御集。

显谟阁始建于元符元年(1098),复建于绍兴二十四年(1154)。此阁贮藏神宗御制御集。

徽猷阁始建于大观二年(1108),复建于绍兴二十四年(1154)。此阁贮藏哲宗御制御集。

据《咸淳临安志》卷二《宫阙二·祖宗诸阁》载,尚有"太祖皇帝",未列阁名,复建时间亦未载。

南宋新建诸阁:

敷文阁,绍兴十年(1140)建,此阁贮藏徽宗御制御集。

此后为先王建阁藏御集形成制度,孝宗以后所建诸阁有:

焕章阁,淳熙十五年(1188)建,此阁贮藏高宗御制御集。

华文阁,庆元二年(1196)建,此阁贮藏孝宗御制御集。

宝谟阁,嘉泰二年(1202)建,此阁贮藏光宗御制御集。

宝章阁,宝庆二年(1226)建,此阁贮藏宁宗御制御集。

显文阁,咸淳元年(1265)建,此阁贮藏理宗御制御集。

北宋太宗朝起,在宫内设有御书院,收藏图书、法帖等。绍兴十六年(1146),高宗复置御书院,周密《武林旧事》卷四《故都宫殿》所载:稽古堂,注曰:"御书院";博雅楼,注曰:"书院",均为藏书之所。

三、高宗建损斋藏书室

损斋为南宋宫廷中一书斋。据李心传《建炎以来朝野杂记》甲集卷一称:此斋为宋高宗亲自命人建造并命名,建于绍兴末期。宋高宗颇好学,喜读书。早年尝谓辅臣曰:"朕居宫中,自有日课:早阅章疏,午后读《春秋》、

《史记》,夜读《尚书》,率以二鼓罢,尤好左氏《春秋》,每二十四日而读一过。"后胡康侯进《春秋解》,高宗置之座侧,极其珍爱。又悉书六经,刻石置首善阁下。建损斋时,高宗已进入老年,因自作《记》,刻石以赐近臣。损斋内贮经史古书其中,摒去一切玩好之物,为高宗晚年读书、藏书之所。

关于损斋,据《咸淳临安志》卷一载:绍兴二十八年十一月,内出御制亲札《损斋记》石本赐群臣,谕宰执曰:朕宫中尝辟一室,名为损斋,摒去声色玩好,置经史古书其中,朝夕燕坐,亦尝作记以自警,记曰:"尝谓当天下之正位,抚域中之万微,苟日徇异物而无以立其独,则多见弊精神、疲志意而不知止;广宴游、事不急而牵于爱,胶胶扰扰,莫收其放心。顾能回光抑损之道,岂不较然有感于斯!且汉唐之君,乐道为切而未烛元览者,武帝以雄心,内慕神仙,外攘夷狄,穷边黩武,天下骚然矣,非用损以持盈也;明皇以侈心,委信逆房,弥缝斯文,耽惑内嬖,烟尘四溟矣,非知损以守位也。推原本指,俱失满戒。兹鉴往事,夕惕以思,凡追逐时好,一切长物率屏去,不复经意,常恐昧于省己,积习易溺,日丛脞于悔吝。几案间但有书史,以商略古今,尽撤无益,示不贵之化。其于荡心侈目、惑志害性者,罔不扫除;清心寡欲、省缘薄费者,奉以周旋焉。不则染毫弄翰,真草自如,浓淡斜行,茂密惟意,第于笔砚间有未能忘情似贤乎已。夫乾坤之道易简也,易简则天地之理得矣。传曰:'器用不作,车服从给。'信斯言哉!宵旰余暇,乃辟殿庐之侧明窗户为游息之所,欣然摭前说,榜曰损斋,朝夕清燕,视以自警,庶几损德之修,自奉养有节,式稽于训。"

四、理宗建缉熙殿以为读书藏书之所

缉熙殿是理宗与臣子研究理学与藏书、读书的殿堂。

宋理宗赵昀(1205—1264),初名与莒,宋太祖赵匡胤十世孙。嘉定十七年(1224)宁宗死,被丞相史弥远矫诏立为帝。绍定六年(1233)弥远死后亲政,在位四十年,其间任用贾似道,朝政日坏,又崇信理学,表章《四书》,确立理学在思想界的统治地位。

缉熙殿建于绍定六年（1233），是年理宗亲政。关于缉熙殿，《宋史》及宋人笔记、《咸淳临安志》皆有所记，清人朱彭《南宋故迹考》亦有考证。

《宋史》卷四一《理宗纪》：绍定六年九月辛酉"经筵官请以御制敬天、法祖、事亲、齐家四十八条及缉熙殿榜、殿纪宣付史馆。"

《西湖老人繁胜录》："诸殿属"下有缉熙殿。

吴自牧《梦粱录》卷八"大内·禁庭诸殿更有者十"，缉熙殿名列其中。

周密《武林旧事》卷四："故都宫殿·后殿"有殿二十五，有"缉熙"，下有注："理宗建。"

潜说友《咸淳临安志》卷一："缉熙殿，理宗皇帝辟旧庐为之。"并收录理宗《缉熙殿记》全文，中有言曰：

> 朕以凉薄，绍休令绪，通遵成辜，祗迪懿训，罔敢暇逸师式于前闻。视朝之隙，临经幄日再款对群臣，商略经史。乃即讲殿辟旧庐，采成王日就月将之意，匾以"缉熙"。屏去长物，衰置编简，燕闲怡愉，藏修移日，习熟滋久，若常程然。

王应麟《玉海》卷一六〇《绍定缉熙殿》条称："绍定五年十一月二十日，御制敬天命、法祖宗、事亲、齐家而下凡四十八条，诏讲读说书官撰箴辞。明年六月甲午，缉熙成，御书'缉熙'二字榜之，亲为记文，以所制箴辞，亲洒宸翰列殿上备览观。便殿名'膺福'"。

有关缉熙殿的建造经过等，清朱彭《南宋故迹考》卷上《内朝后殿·缉熙殿》有所考证，然所据多为上述王应麟《玉海》所言，故不录。

从以上有关引文，可以看出缉熙殿乃宋理宗与群臣"商略经史"、"衰置编简"之所，藏书是缉熙殿的主要功能之一。

缉熙殿为了藏书，专门设置了为之搜集购置典籍的官员。南宋杭州藏书家、书商陈思曾任此职。据《四库全书总目》卷八六《宝刻丛编》提要称："宋陈思撰。思，临安人。所著《小字录》前有结衔称成忠郎，缉熙殿、国史实录院、秘书省搜访。"于此可证陈思曾任缉熙殿搜书访书的职务，国史实录院、秘书省也是大量需要书籍的政府机构。据考，陈思生活年代正在理宗时期。

笔者研究浙江和杭州的藏书史多年,近年判定缉熙殿是理宗的藏书处,始分别写入《浙江藏书史》(2008 年版)和《南宋临安典籍文化》两书。缉熙殿未有书目传世,只是在《天禄琳琅书目》卷一中查到清大内乾隆皇帝的"天禄琳琅"藏书处曾入藏过缉熙殿的旧藏《六经图》和《唐宋名贤历代确论》两部宋版书,然"天禄琳琅"藏书处于嘉庆三年(1797)遭火,后重新搜集为"天禄琳琅续藏",但在彭元瑞撰的《天禄琳琅书目后编》中已找不到这两部书,估计已不在人寰,深为可惜。近日,在一个偶然的机会里得知当年缉熙殿旧藏尚有《洪范政鉴》、《文苑英华》两书尚保存在国家图书馆。遂检有关史籍、前人笔记、藏书记等考其传承和得以保存原因。

(一)《洪范政鉴》十二卷,宋仁宗赵祯撰

此书为赵祯撰于康定元年(1040),北宋国灭,无迹可寻。南宋建炎三年(1129),高宗因这部书是祖宗和先皇所著,故而特别重视,曾下诏访求无着。及至孝宗淳熙十三年(1186)访到稿本,遂"令秘阁缮《洪范政鉴》一本进纳。"前后经历了五十八年。这部淳熙重缮本,后收藏于理宗缉熙殿,今藏国家图书馆。根据文化部颁发的《古籍定级标准》有关规定,定为一级甲等的古籍为"北宋及北宋以前(包括辽、西夏时期)刻印抄写的古籍"。《洪范政鉴》是南宋淳熙十三年(1186)内府写本,故定为"一级古籍乙等,"但鉴于"此本内有,'内殿文玺'、'御府图书'、'缉熙殿书籍印'等印,原系宋代官藏之物。宋代宫廷写本传世极罕,具有特别重要的历史价值及版本价值。……定为一级乙等;又根据……不为时限原则,上靠为一级甲等。"[⑦]

此书清末民初大藏书家傅增湘曾入载,叙其版式甚详:全书十二卷,每卷分上下,凡为子卷二十四,朱丝栏,左右细线,无边阑,半叶九行,每行十七字。避宋讳至慎字,敦字不缺笔,审为孝宗时重缮本。桑皮玉版,厚如梵夹,蝶装旧式,凡十二册。

(二)《文苑英华》一千卷,宋李昉等编,为北宋编纂的四部大书之一(余为《册府元龟》、《太平御笔》、《太平广记》)

目前存世的宋版原书仅十五册一百五十卷。国家图书馆藏十三册,为二百三十一至二百四十、二百五十一至二百六十、二百九十一至三百、六百一至七百卷。此书亦为南宋理宗缉熙旧藏。书上钤有"内殿文玺"、"御府图书"、"缉熙殿书籍印"等印。"宋刻宋印,开本宏朗,流传至罕。……书为蝴蝶装,封里有'景定元年十月,装褙臣王润照管讫'一行字样。其重要价值在于保留了宋代原装,书上有装褙臣的姓名仅此一见。"⑧此书据中国国家古籍保护中心编《古籍定级参考图例(试用本)》定为一级古籍乙等,又根据"不为时限原则","上靠为一级甲等"。

傅增湘于己巳(民国十八年,1929 年)寓目二百三十一至二百四十卷(十卷一册),有文记曰:宋刊本,十三行二十二字,注双行同,白口双阑,版心上计字数,下记刊工姓名,……宋讳避至廓字止。每卷后标题后空一行书"登仕郎胡柯、乡贡进士彭叔夏校字"衔名,钤有"内殿文玺"、"御府图书"、"缉熙殿书籍印",均南宋内府所钤。附叶有墨书木记一行,文曰"景定元年十月初六日装褙臣王润照管讫"。黄绫书衣,蓝色绫签,宋人手书书名卷数及本册门类,盖宋时原装,与北京图书馆所藏十册正同⑨。此条后尚有庚申年(民国九年,1920 年)四月初九在宝应刘翰臣家目验此书卷二百五十一至六十,二百七十一至八十(二册二十卷)所记内容大同小异。

《文苑英华》为宋太宗初定天下诏修三大书之一,书成后于《太平御览》、《册府元龟》,闽蜀已有刊本,虽真宗景德四年(1007)有与《文选》摹印颁行之敕,然据傅增湘考证,其时实未曾印刷,他说:

> 然据(周)必大所言,经南渡以前迄未行世,至孝宗时重经乙览,始成秘阁缮写校正之本,上溯太平兴国敕修之日正阅二百年,其成书若斯之难也。更由淳熙下逮嘉泰初元,又历二十三年,始有刊本。其刊布也,必大校正于前,叔夏考辨于后,且版幅宽阔,镌工雅丽,眎世传《册府》、《御览》二书特为精善。似此煌煌巨编,工艰费广,当为官刊之定本。⑩

傅增湘考定周必大嘉泰吉州本为《文苑英华》之初刊本,他认为"景德刊本不特人所未见,亦世无传闻,设果有其书,《郡斋读书志》岂宜不录?周益公序何以不言?疑当时虽有摹印之敕,其后以一再覆校而终未付雕也。"⑪故而这部宋刊初印进御本更弥足珍贵。

(三)缉熙殿旧藏《洪范政鉴》、《文苑英华》传世至今原因探索

南宋缉熙殿藏书未闻有书目传世,故具体情况不详。但从清宫天禄琳琅所藏《六经图》、《唐宋名贤历代确论》及今存国家图书馆之《洪范政鉴》、《文苑英华》等书揣度,其时缉熙殿藏书为数绝不在少。缉熙殿藏书之所以今日尚有传世,笔者以为应不出于以下数端。

一是,元灭宋后,南宋国家及内府藏书未受到毁灭性的损失,被妥然运至元大都(今北京)。

北宋"靖康之难",国家和内府图书损失惨重。"迨夫靖康之难,而宣和馆阁之储荡然靡遗"⑫、"太清楼秘阁三馆书,天下州府图……府库畜积为之一空。"⑬南宋名臣洪皓于建炎三年(1129)出使金国,留金十五年,在此期间于漠北荒凉之地"访求廛市之间,换易于酋渠之家",搜罗到原北宋秘阁藏书多种就是个证据。南宋的书籍损失情况比北宋灭亡时要好得多。德祐二年(1276)恭宗向元投降,上传国玺及降表,《元史》载:辛丑,率百官拜表祥曦殿诏谕郡县使降大元,使者入临安府封库、收史馆、礼寺图书及百司符印。⑭因此南宋国家内府藏书即或有所损失,但大体上得到了保护。

至元十三年(1276)二月以后发生的如下一些事,同样证明内廷的藏书得到了一定的保护。

伯颜就遣内侍王埜入宫收宋国衮冕、圭璧、符玺及宫中图籍、宝玩、车辂、辇乘、卤簿、麾仗等物……

丁巳,命焦友直括宋秘书省禁书图等。……

三月丁卯,……伯颜入临安,遣郎中孟祺籍宋太庙四祖殿、景灵宫礼乐器册宝暨郊天仪仗及秘书省、国子监、国史院、学士院、太常寺图书、祭器等物。⑮

以上这些"战利品"并未加以毁损,而是运到元大都入府库保存。

当时元政府的一些有识之士,亦十分珍视宋宫的图书,董文炳即为其中之一。董文炳奉伯颜之命封府库及诸图籍事,时翰林学士李槃奉诏招宋士

至临安。文炳谓之曰："国可灭，史不可没。宋十六主有天下三百余年，其太史所记具在史馆，宜悉收以备典礼。乃得宋史及诸注记五十余册归之国史院。"⑯

这样，可说南宋中央政府秘书省、国子监及宋宫大内的典籍皆在囊括之内致之大都。至元十三年（1276）十月，由两浙宣抚使焦友直将杭州宋宫及政府经籍图书，阴阳秘书运之元大都，至元十五年（1278）元帝接受许衡建言"遣使至杭州等处取在官书籍版刻至京师"。（《元史》卷九《世祖纪》）

尽管这些宋宫大内及国家秘书省的藏书在播迁过程中会有损失，但总体应该说是比较安全地到达元大都（今北京）的，这也是南宋缉熙殿藏书能尚有少数至今还在人间的主要原因。

二是，明大将军徐达攻克元大都（今北京），保护图籍，并致之南京。

元至正二十八年（1368），亦即明洪武元年，大将军徐达奉朱元璋之命攻克元大都。徐达是个很有政治头脑的将领，攻下大都后不事杀戮，即下令"封府库，籍图书宝物。令指挥张胜以兵千人守宫殿门，使宦者护视诸宫人妃主，禁士卒毋所侵暴，吏民安居，市不易肆"⑰。徐达后来又将这些元朝所藏的图籍尽数运到南京。此事在《明史》卷九六《艺文志》及明沈德符《万历野获编》卷一都有明确记载。《明史·艺文志》说："明太祖定元都，大将军收图籍致之南京"；《万历野获编》说：大将军徐达"收其秘阁所藏图书典籍尽解金陵"。以上两书所记笔者以为十分可信，因为这不仅是徐达的职责所在，且徐达本人亦重视知识，重视知识分子。《明史》本传称他："归朝之日，单车就舍，延礼儒生，谈议终日，雍雍如也。"且徐达亦喜藏书，清彭元瑞《天禄琳琅书目后编》卷八著录元版经部有《大广益会玉篇》，书有圆形朱文章"徐"、方形朱文章"元勋开国"、白文章"带砺山河"三藏书印，彭氏考曰："书中有徐氏印三，盖明魏国公府所藏。"另有一书，则钤"魏国公"。此足以证之。故徐达对元宫大内之藏书则是尽心尽力保护移至南京的。

明永乐十八年（1420）北京皇宫建成，成祖将首都从南京迁到北京。次年明成祖"诏修撰陈循取文渊阁一部至百部，各择其一得百柜运致北京"，（《明史》卷九六《艺文志》）藏于新建的藏书阁文渊阁。据沈德符《万历野获编》卷一《访求遗书》条称:"太宗移都燕山,始命取南京所贮书,每本以一部入北,时永乐十九年也。"至于南京旧藏之书尚多,但正统十四年(1449),"南京所存内署诸书悉遭大火,凡宋元以来秘本,一朝俱尽矣。"[18]

这是明初的情况,可以判定原宋宫缉熙殿藏书,自杭州而至元大都,而后徐达致之南京。

包括《洪范政鉴》、《文苑英华》诸书都完好地到了南京。

(四)宋宫缉熙殿藏书的传承

1. 关于《洪范政鉴》的递藏

今藏国家图书馆之南宋淳熙十三年(1186)原缉熙殿藏书《洪范政鉴》,据国家图书馆古籍馆编《中华典籍聚珍》称:"此本是我国现今仅存的一部完整的宋代内府写本,蝶装绢面,保存宋代宫装原貌,弥足珍贵。深藏宫禁,迭经四朝。"[19]这四朝自然指宋、元、明、清四朝。其流转过程,当是由临安(今杭州)宋宫而至元大都,而后由徐达致之南京入明太祖之大内贮藏。傅增湘言此书除缉熙殿三藏书印外,"别有'大本堂印',知洪武中曾入内府。"[20]后明成祖迁都北京,《洪范政鉴》则在其"诏修撰陈循取文渊阁书一部至百部,各择其一得百柜运致北京"之列,[21]而随之入藏北京明宫大内。这里有个直接的证据,则是《洪范政鉴》曾收入《永乐大典》内。说此书"深藏宫禁,迭经四朝"还存在一个疑问,则是傅增湘所言,"又'海隅'朱文印,则明人藏印也。"[22]如傅说成立,明北京文渊阁藏书历朝皆有散失,此书曾流入民间。沈德符言之甚详:

> 祖宗以来,藏书在文渊阁,大抵宋版居大半。其地既居邃密,又制度卑隘,窗牖昏暗,虽白昼亦须列炬,故抽阅甚难。但掌管俱属之典籍,此辈皆赀郎幸进,虽不知书,但盗取以市者实繁有徒,历朝所去已强半。至正德十年乙亥,亦有讼言当料理者,乃命中书胡熙、典籍刘祎、原管主事李继先查对校理。繇是为继先窃取其精者,所亡益多。……至于今日则十失其八。更数十年,文渊阁当化为结绳之世矣。[23]

监守者自盗的结果是此书从大内流入"海隅"之手的可能性是存在的。

然后又如何入清宫大内则乏记载。清末《洪范政鉴》流入盛昱之手。盛昱（1850—1900），字伯羲，清光绪三年（1877）进士，历官编修、侍讲、侍读、国子监祭酒，喜藏书，其郁华阁藏书，人称所庋宋元古椠，名贤钞校，琳琅溢架，无虑万签。民国元年（1912）盛昱遗书散出。为完颜景贤所得。傅增湘于戊辰（民国十七年，1928 年）三月中浣所撰题记中谓盛昱郁华阁遗书散出"绝世奇珍，断推此书为弁冕"。景贤卒后，有书估中介，尽管此书价极昂，"余乃斥去日本、朝鲜古刻书三箧，得巨金而议竟成，舍鱼而取熊掌，余心固所甘焉。"㉔在《藏园辟书经眼录》卷七中又不无得意地说："原书清宫旧藏，后归盛伯羲昱，盛没后归景朴孙贤，余获之景氏之后，与百衲本通鉴俪成双鉴，巍然为吾家藏书之冠。"㉕后傅氏将书化私为公，损赠于北京图书馆，给了《洪范政鉴》以最好的归宿。

2. 关于《文苑英华》的递藏

今存之《文苑英华》除了宋宫缉熙殿三藏书印外，尚有三印，即"晋府书画之印"、"敬德堂图书印"、"子子孙孙永宝用"。这证明明初此书已由朱元璋颁赐给晋王朱棡，从藏书地点而论，已从江南的南京流向中原的山西太原。

据《明史》所载，朱元璋建立大明王朝后，立长子朱标为皇太子，其余诸子陆续分封为藩王，镇守各地，以夹辅皇室。这些藩王在分封各地之初，朝廷常赐以宋元旧版书。又据李开先言："洪武初年，亲王之国必以词曲一千七百本赐之。"㉖故而诸亲王藩府得朝廷书极富。后来经建文、永乐间两次削藩，藩府军权尽失，在政治上受到严格的限制，不得干预朝政，然生活上给以优厚待遇，有些藩王则以藏书刻书为乐事。这在明代藏书史上是一个很特殊的现象。

晋藩朱棡是朱元璋的嫡三子。于洪武十一年（1378）就藩太原府，封晋王。朱棡雅好文事，曾就学于宋濂、学书于杜环。其曾孙朱钟铉、玄孙朱奇源后来成为明代藩王藏书最著名者。清阮葵生《茶余客话》所言"明代藏书，周晋二府"，这晋府藏书，就是指的朱棡及其家族藏书，是明代藩王藏书最著名两家之一。晋府藏书印有"敬德堂图书印"、"子子孙孙永宝用"、"晋国奎章"、"道济书府"、"晋府书画之印"、"清和珍玩"、"乾坤清气"等。今存国家图书馆之《文苑英华》二百三十一至二百四十卷及二百五十一至六十卷、二百七十一至八十卷,计二十卷二册皆有宋理宗缉熙殿三藏书印外,尚钤有"晋府书画之印"、"敬德堂章"、"子子孙孙永宝用"三印,足以说明此书于明初由朱元璋赐予晋王朱㭎,这是确实无疑的。

迄至清代,晋府的藏书大部或一部分流入清宫内府,虽无明文记载,但从以下事实足以证明,一是据傅增湘所考"嗣于京师图书馆见宋刊本一百卷,为内阁大库旧物"。㉗又云:"此亦内阁所储,宣统元年清查进流出于外"。㉘二是更为有力的证据是清乾隆时内府天禄琳琅藏书处所藏明代晋府原藏书甚多。天禄琳琅藏书处原为康熙皇帝寝宫昭仁殿,乾隆皇帝热爱汉文化,尤好中国古籍,故即位后于乾隆九年(1744)命内廷翰林院内府所藏之宋、元、明三代善本藏于昭仁殿,并亲书"天禄琳琅"榜幅,成为清宫中专庋善本藏书处,这批藏书于嘉庆二年(1797)遭火,后又重新搜集宋、元、明三代善本庋藏,称为"天禄琳琅续藏",这些藏书先后有于敏中等奉敕撰《天禄琳琅书目》和彭元瑞等奉敕撰的《天禄琳琅书目后编》,在这两个书目中著录原明代晋府藏书颇多,兹分述之。

于敏中《天禄琳琅书目》著录的晋府图书有:

南宋绍兴末年《监本附音义春秋穀梁注疏》二函十册。序、卷二、四、六、八、十、十一、十二、十四、十六、十八、二十诸卷皆钤有朱文"晋府书画之印"。(《书目》卷一)

南宋绍兴间明州刊本《诸史提要》二函十六册。序、卷三、五、七、九、十一、十三、十五,诸卷皆钤有"晋府书画之印";卷二、四、六、八、十、十二、十五,诸卷皆钤有朱文"敬德堂图书印"、"子子孙孙永宝用"。(《书目》卷二)

元翻刻宋本《增广注释音辩唐柳先生集》一函八册。序、卷二六有朱文"晋府书画之印";卷二十五、附录有朱文"敬德堂图书印"、"子子孙孙永宝堂用"二印。(《书目》卷六)

彭元瑞《天禄琳琅书止后编》著录的晋府图书有:

南宋岳珂刻本《论语》一函二册。卷首、卷六钤有朱文"晋府书画之印";

卷五、十有朱文"敬德堂图书印"、"子子孙孙永宝用"二印。(《书目后编》卷三)

南宋岳珂刻本《孟子》一函六册。卷首、卷六、十一有朱文"晋府书画之印";卷五、十、十四,诸卷有朱文"敬德堂图书印"、"子子孙孙永宝用"二印。(《书目后编》卷三)

宋版《汉书》八函六十四册。每册之首有朱文"晋府书画之印"、"子子孙孙永保用"二朱文印;卷八下、十九、五十三、五十八,诸卷有朱文"敬德堂图书印"。(《书目后编》卷四)

元版《宋史全文续资治通鉴》二函十二册,此书不著撰人,所记至南渡后七朝,下至益、广二王俱入纪中,系元人冒《续长编》之名而作。据彭元瑞言:"然其书援据极富,中多两宋轶籍,锼手款式俱古雅,亦未可废之书。"是书每册首有朱文"晋府书画之印",每册末有朱文"敬德堂图书印"。(《书目后编》卷九)

据以上统计,原明晋藩王府流入清宫内府所藏的典籍见于著录的达九种之多(含《文苑英华》),足证清代内府收藏原明晋藩之书甚多。唯流入清内府的途径未见记载,有待进一步的文献发现和考证。

最后还有一点需要说明的是,清乾隆时纂修《四库全书》,除向全国各地征书外,还尽出内府藏书以供采择,然最终收入《四库全书》的《文苑英华》不是南宋周必大的嘉泰四年(1204)的吉州本,也不是明隆庆元年(1567)的闽刻本,而是御史刘锡嘏进呈的家藏万历本。其原因不外乎以下两个:一是清内府所藏的宋缉熙原藏本已经是个残本,无法编入《四库全书》;二是即或是个足本,但深藏宫中未被发现。这个情况和缉熙殿原藏淳熙写本《洪范政鉴》相似,尽管清宫藏有宋本《洪范政鉴》,但编入《四库全书》却用的是《永乐大典》的辑佚本,唯一的解释是深藏宫禁人未知。

注释:

① 吴晗:《江苏藏书家史略·序言》,《吴晗史学论著选集》,人民出版社1984年版。

② 《宋史》卷二〇二《艺文志》。

③李心传:《建炎以来朝野杂记》甲集卷四。

④王应麟:《玉海》卷二七,江苏古籍出版社、上海书店 1987 年版。

⑤王应麟:《玉海》卷二七,江苏古籍出版社、上海书店 1987 年版。

⑥见王国平主编:《西湖文献集成》第二册,杭州出版社 2004 年版,第 13 页。

⑦中国国家古籍保护中心编:《古籍定级参考图例(试用本)》,第 13、9 页。

⑧国家图书馆古籍馆编:《中华典籍聚珍》,浙江古籍出版社 2009 年版,第 71 页。

⑨傅增湘:《藏园群书经眼录》卷一七,中华书局 1983 年版,第 1479 页。

⑩傅增湘:《藏园群书题记》卷一八,上海古籍出版社,第 902、901 页。

⑪傅增湘:《藏园群书题记》卷一八,上海古籍出版社,第 902、901 页。

⑫《宋史》卷二〇二《艺文志》。

⑬《宋史》卷二三《钦宗纪》。

⑭《宋史》卷四七《瀛国公纪》。

⑮《元史》卷九《世祖纪》。

⑯《元史》卷一五六《董文炳传》。

⑰《明史》卷一二五《徐达传》。

⑱沈德符:《万历野获编》卷一,中华书局 1959 年版,第 4 页。

⑲见浙江古籍出版社 2009 年版,第 167 页。

⑳傅增湘:《藏园群书题记》卷六,上海古籍出版社 1989 年版,第 322 页。

㉑《明史》卷九六《艺文志》。

㉒傅增湘:《藏园群书题记》卷六,上海古籍出版社 1989 年版,第 322 页。

㉓沈德符:《万历野获编》卷一,中华书局 1959 年版,第 28 页。

㉔傅增湘:《藏园群书题记》卷六,上海古籍出版社 1989 年版,第 324 页。

㉕傅增湘:《藏园群书经眼录》卷七,中华书局 1983 年版,第 619 页。

㉖李开先:《李中麓闲居集》,见《四库全书存目丛书》集部第九二册,齐鲁书社 1997 年版。

㉗傅增湘:《校本文苑英华跋》,见《藏园群书题记》卷一八,上海古籍出版社 1989 年版,第 896 页。

㉘傅增湘:《藏园群书经眼录》卷一七,中华书局 1983 年版,第 1479 页。

论南宋戏文的思想性、艺术成就及其影响

徐宏图(浙江艺术职业学院)

南宋是中国戏曲的生成期,我国最早成熟的戏曲"温州杂剧"或称"永嘉杂剧",即于南宋之初或稍前首先诞生于浙江温州,因唱南曲又名"南曲戏文",简称"南戏"或"戏文"。其发展、盛行则在南宋都城杭州。南宋戏文的发展,与宋室南迁密切相关,因为南迁不仅使南方的封建社会呈现出商品经济繁荣的新局面,使戏曲的生存获得必需的物质支持,而且还带给了先进的中原文化及大批技艺精湛的艺人,使固有的戏曲在南北文化的交融中迅速提高自身的艺术品位,以满足观众日益提高的审美需求,最终导致南戏的兴盛。南戏反映下层百姓的愿望与生活状况,反对封建统治与封建礼教,有着进步的思想性和较高的艺术性,在中国戏曲史上拥有崇高的地位并产生深远的影响。

一、南戏的思想性

南戏兴起于南宋民间,是劳动人民自己的作品,反映老百姓的呼声,对封建统治与封建礼教具有一定的冲击,因而一开始就受到当局的榜禁,如宋

光宗朝,都城临安即出现宋室官员赵闳夫出榜禁演戏文一事,禁演的剧目有《赵贞女》、《王魁》等。可见,南宋戏文具有强烈的斗争精神,表现出一定的人民性。

首先,揭露封建礼教下不合理的婚姻制度。宋元两代是理学盛行的朝代,妇女被压在社会的最底层,婚姻问题成为民间最关心的问题。因此,戏文子弟创作的各类题材的戏文脚本中,反映婚姻问题的剧目,约占总数的三分之一以上,它们提倡婚姻自由,反对"父母之命"、"媒妁之言",反对守节、殉夫等。如据《钱塘遗事》卷六"戏文诲淫"载:《王焕戏文》演出后,使某仓官"诸妾群奔"。又如《孟月梅写恨锦香亭》,叙孟月梅与陈珪私订终身,遭父反对,恨别锦香亭,经过奋斗,终成眷属;《崔莺莺西厢记》叙张生与莺莺相恋,因试场失利,不得与莺莺相见,饮恨终身。《张浩》演西洛才子张浩与李莺莺于宿香亭私订盟约,互换手帕题《牡丹诗》为证,后浩被迫与孙氏成亲,莺莺讼于官,待制陈公审得实情,判云:"宜从先约,可断后婚。"二人终成眷属。《董秀英花月东墙记》演临阳秀才马彬与未婚妻一见倾心,于海棠亭幽会,被老夫人撞破,逼其上京赴试,后中状元终获团圆。《崔怀宝月夜闻筝》演唐代狂生崔怀宝与开元宫第一筝手薛琼琼相爱,经乐师杨羔策划私奔,后被押回,又因杨羔求情贵妃与明皇,终成连理。《裴少俊墙头马上》演李千金与秀才裴少俊相恋,先是私奔,被藏后花园七年,后被逼休弃,仍坚贞不贰,终获团圆。《罗惜惜》演南宋端平间,张幼谦与罗惜惜邻居同日生,既长私订终身,罗父嫌张贫不许,后历经"执送有司"、"投井不果"、"到官具实供答"、"会试首魁"等磨难,终成眷属。此外尚有《磨勒盗红绡》、《韩寿窃香记》、《王月英月下留鞋》等。这些剧目的演出,鼓舞了青年男女为争取婚姻自由而斗争,给封建礼教观念以沉重打击。

其次,抨击科举制度下富易交、贵易妻现象。自唐宋以来,封建统治者推行科举取士制度,一些出身寒门的士子,一旦金榜题名,便经不起权势和钱财的诱惑,往往丢弃昔日曾与其共患难的贫贱妻子,而另攀豪门。"但见新人笑,不闻旧人哭",使许多被遗弃的妇女饮恨终身。婚变成了当时社会的普遍现象。为了谴责忘恩负义的可耻行径,替遭遗弃的下层女子鸣冤,戏文子弟和书会才人们编写了大量以这类事件为题材的剧目。号称"戏文之首"的《赵贞女》、《王魁》,就是其中的代表作。《赵贞女》演蔡二郎上京赶考,得中状元后,喜新厌旧,抛弃了供养他读书并历尽艰辛奉养他父母的结发妻子赵贞女。赵贞女上京寻夫,蔡二郎不仅不认,还放马将她活活踹死。因天良丧尽,终天触怒天公,令暴雷将其轰死。《王魁》演书生王魁发迹前与妓女桂英相爱,并海誓山盟,决不相负。但王魁得中状元后,即把誓词抛向九霄云外,另娶崔氏,不认桂英。桂英挥刀自刎,化为厉鬼,活捉王魁,押赴阴曹地府问罪。戏文子弟编演的这类戏,后人称为"负心戏"或"婚变戏"。属于这一类的戏,尚有《张琼莲》、《崔君瑞江天暮雪》等。这类戏的演出,使广大百姓观众扬眉吐气,却使达官贵人深感恐惧懊恼,以至对它采取政府禁限的手段,上述赵闳夫榜禁戏文的名目中即有《赵贞女蔡二郎》一目。

再次,暴露宋金对抗时期的忠、奸斗争。南戏诞生于宋、金对抗之际,围绕抗金保国还是投降求荣,展开一场生死斗争。戏曲作为近代的一面镜子,便产生了一系列反映忠奸斗争的剧目。最著名的有《秦桧东窗事犯》,《南词叙录》"宋元旧篇"著录,《永乐大典目录》作《秦太师东窗事犯》。本事见宋洪迈《夷坚志》,叙岳飞于牛头山大败金兵之时,金兀术派人收买秦桧,秦与妻王氏密谋于东窗,诬陷岳飞于高宗面前,发十二道金牌召回岳家父子,并打入天牢,杀害于风波亭。后进香灵隐,遇一疯神警告曰:"东窗事发矣!"秦惊恐,得头风病而亡,入十八层地狱受苦。岳飞冤案获昭雪。本剧为宋元间作品,与《南词叙录》"本朝"所载明初戏文《岳飞东窗事犯》为不同剧目。又如《贾似道木棉庵记》,《南词叙录》"宋元旧篇"著录,本事见《宋史》卷四七四本传。演南宋理宗朝,奸臣贾似道专权,积怨甚多。值与元兵交战大败,为大臣陈宜中等所劾,谪为高州团练使,至漳州木棉庵,为同行者郑虎臣所杀,描写误国奸臣应得的下场。影射当时现实的尚有《苏武牧羊记》与《赵氏孤儿记》,均见诸《南词叙录》"宋元旧篇"。前者演苏武出使匈奴十九年,"餐毡啮雪,持节守羝羊",表现了凛然不可侵犯的浩然正气,嘲讽南宋卖国求荣者的可耻行径。后者演奸臣屠岸贾残害忠臣赵盾一家的故事,揭露了陷害忠良的秦桧之流的滔天罪行。总之,这一时期的戏文,既反映尖锐的民族矛盾,也表达人民除奸起忠、抵抗侵略的强烈愿望。

第四,反映市民阶层的生活百态。南戏来自民间,首先反映的是老百姓的生活,包括衣、食、住、行;思想状况,包括忠、孝、节、义等,不一而足,无不在戏文中得以再现。例如:《王祥卧冰》,以王祥卧冰捕鱼飨母为主要情节,在宣扬孝悌的同时也批判了某些后母的歹毒。《朱文太平钱》,批判欺贫贪富的养母破坏养女婚姻的罪行。《吕洞宾三醉岳阳楼》与《吕洞宾黄粱梦》,反映了市民的神仙信仰,也嘲讽某些人的官梦。《孟母三迁》,以孟母为教子三迁住处,反映市民教育子女注意并懂得选择环境的思想。相关的戏文尚有《商辂三元记》,演春雪梅教子有方,连中三元的故事。《周处风云记》,以孤儿周处射虎斩蛟,入吴从二陆求学,励志为善的故事,反映了时人相信"恶"可以改"善"的观念。《柳耆卿诗酒玩江楼》,演北宋词人柳永任余杭令时与名妓谢玉英、黄秀才与歌妓周月仙的故事,反映歌妓的悲惨命运;《冤家债主》,演看钱奴曹仁的故事,反映南宋山东农村的经济、社会、人际的状况及人们的金钱观。《唐伯亨因祸致福》,演唐伯亨之妾私通唐弟谋害唐夫妇的故事,反映了昔日的妻妾间的矛盾。《教子寻亲》,演周羽妻郭氏为人所觊,乃毁容教子成进士,子周羽弃官寻父二十年终相见的故事,亦反映了孝义思想。《苏小卿月夜泛茶船》,演妓女苏卿与双渐、冯魁的故事,反映了江南茶商的生活。《刘文龙菱花镜》,演刘文龙与萧氏的坚贞爱情,反映了市民对贞洁爱情的歌颂。相关的戏文尚有《乐昌公主破镜重圆》等。

二、南戏的艺术成就

南戏是最早成熟的戏曲,它熔歌唱、舞蹈、念白、科范、音乐于一炉,以表演一个完整长篇的故事,使戏曲真正成为一种综合性的艺术,从而开辟了我国戏曲历史的新纪元。它的艺术成就,主要体现在以下两个方面。

一是高度的综合性。众所周知,南戏之前的古剧,或以歌唱取胜,或以舞蹈见长,或以说白驰名,或以动作称赏,从未有过高度的集中综合以表演一个长篇完整的故事,因而始终无法形成真正的戏曲。经历漫长的岁月之后,南戏终于完成了这一历史任务。

关于"唱"的综合。唱是戏曲最重要的形式之一,南戏熔唐宋大曲、宋词、诸宫调、唱赚、里巷歌谣等各种演唱伎艺于一炉,然后组合成曲牌联套体的南曲音乐与唱腔。大曲,《张协状元》采用的大曲有【大圣乐】、【普天乐】、【新水令】、【薄媚令】、【后衮】、【歇拍】、【终衮】、【迎仙各】等,其中多数为宋大曲。关于宋代大曲的联套,宋王灼《碧鸡漫志》卷三云:"凡大曲有散序、靸、排遍、撷、正撷、入破、虚催、实催、衮、遍、歇指、杀衮,始成一曲,此谓大遍。而【凉州】排遍,予曾见一本,有二十四段。"①《张协状元》第十六出【剔银灯】套,其中【后衮】、【歇拍】、【终衮】三支为大曲【入破】后的遍数,同时也是【菊花新】的叠遍,总名为【菊花新破】。宋词,《南词叙录》称南戏"其曲则宋人词而益以里巷歌谣",可见其所占比例之大。据王国维《宋元戏曲考》,南戏出于唐宋词者凡一百九十支,约占全部曲调的五分之二。另据胡雪冈《温州南戏考述》统计,《张协状元》采用唐、北宋词者共三十六支,远远超过南宋词调;南宋词调仅【糖多令】,始见辛弃疾《稼轩词》;【荷叶铺水面】,始见于康与之《顺庵乐府》,南渡至绍兴年间人;【亭前柳】,见朱雍词,绍兴年间人;【似娘儿】见越长卿《惜香乐府》,约绍兴年间人;【凤时春】,始见王质《雪山词》,王孝宗淳熙中曾游临安;【惜黄花】,不详,共计七支,均为南宋初年之作。这一事实说明《张协状元》的创作年代较早,是"宋人词益以里巷歌谣"时代的产物。诸宫调,一般认为创始于北宋熙丰元祐孔三传,为说唱艺术,用多个宫调排列并率曲说唱故事,末加尾声。南宋光宗朝,盛行于江浙绍兴一带,女艺人洪惠英等驰名会稽,熊保保等驰名杭州。《张协状元》首出"副末开场"称,"诸宫调唱出来因",用【凤时春】、【小重山】、【浪淘沙】、【犯思园】、【绕地游】五曲组成。据钱南扬、叶德均、杨荫浏、胡雪冈诸家所考,本南戏吸收诸宫调时间之早,或在南北曲"将分未分"之际。唱赚,是采用一个宫调里的曲子说唱一段故事。据《梦粱录》载,于北宋汴京时只有缠令、缠达。有引子、尾声为缠令;引子后只有两腔迎互循环为缠达。《张协状元》第十四出与二十出各有一套唱赚,且均有引子与尾声,可见其进入南戏的时间较早,同时也证明本剧的创作年代较早。里巷歌谣,是最早用作南戏曲调的,据胡雪冈《温州南戏考》统计,《张协状元》约有六十余支,占全剧整个曲牌三分之一多。著名的有【东瓯令】、【福清歌】、【台州歌】、【福州歌】、【赵皮鞋】、【双劝酒】、【吴小四】、【福马郎】、【刮鼓令】、【斗双鸡】、【孝顺歌】、【十五郎】等,充满着乡土气息。大多为温州及其附近的民歌,强有力地说明南戏最早出自温州,其唱曲大多来自当地村坊小曲,也证明徐渭"宋人词益以里巷歌谣"的论断是基本正确的。经过上述的综合之后,南戏采用南曲曲牌音乐,分独唱、对唱、轮唱、接唱、合唱等多种形式,并和道白、表演动作等手段相结合,刻画人物形象和铺展戏剧情节。

　　关于"念"的综合。念白与唱曲一样,也是南戏表演的重要组成部分。分散白和韵白二种。散白与生活语言相近,惟往往插入对句,成了半韵白。如《张协状元》首出末白:"看的,世上万般俱下品,思量惟有读书高。若论张叶,家住西川成都府,兀谁不识此人,兀谁不敬重此人。真个此人朝经暮史,昼览夜习,口不绝吟,手不停披。正是:炼药炉中无宿火,读书窗下有残灯。"韵白分词体与诗体。词体如《张协状元》首出末白【水调歌头】"韶华催白发,光景改朱容。人生浮世,浑如萍梗逐西东。陌上争红斗紫,窗外莺啼燕语,花落满庭空。世态只如此,何用苦匆匆"云云。诗体一般用七言,如《张协状元》第二出生白:"祖来张协居西川,数年书卷鸡窗前。有意皇朝辅明主,风云未际何惏惏。"有时亦用五言,如同剧第二十四出生白:"家贫未是贫,路贫愁杀人。遭逢毒害手,去住不自由。"王骥德《曲律·论宾白》云:"名字长短平仄,须调停得好,令情意宛转,音调铿锵,虽不是曲,却要美听。"南戏的宾白正是如此,所以做到这样,这是因为南戏除了继承了先秦优戏、唐宋滑稽戏、宋杂剧等古剧以说白见长的传统外,还广泛吸收各种说唱艺术,包括小说、讲经、说诨话、说三分、五代史,以及打诨、使砌、打调、口技、吟叫、弹词等各种民间技艺,并进行高度综合,形成南戏独有的宾白。如《张协状元》首出【水调歌头】"苦会插科使砌"的"使砌"即来自宋人口语,也称"打砌"或"打诨",见《辽史·伶官传》,也见宋无名氏《应用碎金·技艺》,罗烨

《醉翁谈录·小说开辟》曰："的得词，念得诗，说的话，使的砌。"全句是指插入的诙谐说话，诨、砌同义，故下文白曰："醑酢词源诨砌，听谈论四座皆惊。"第二出【望江南】也有"谙诨砌，醑酢仗歌谣"之句。

关于"做"与"舞"的综合。南戏的做、舞，包括身段、武打、舞蹈、眼神、手势等动作表演，统称"科范"、"格范"、"格调"等，与后世的"科泛"同。来源很早，魏晋以来即已习用。王季思《西厢记》注，引《砚北杂志》载庐山道士黄可立之言曰："寇谦之、杜光庭之科范，不如吴均之时。"言出自道教科仪。《张协状元》首出【满庭芳】"暂息喧哗，略停笑语，试看别样门庭。教坊格范，绯绿可同声。"《宦门子弟错立身》第四首【紫苏丸】"把梨园格范尽番腾，当场敷演人钦敬"，皆标榜自己的演艺不寻常。在作品中往往有所提示，标作"介"，或"科介"，前者如《张协状元》首出于末白"你还不肯不相饶"后，标"（末介）"，后者如《小孙屠》第九出于末白"我投家里去走一遭"后，标"（作听科介）"。《南词叙录》曰："科者，相见、作揖、进拜、舞蹈、坐跪之类，身之所行，皆谓之科。……今戏文于科处皆作介，盖书坊省文，以科字作介字，非科、介有异也。"南戏的这些表演动作，也是继承并综合汉代的角抵戏、唐宋的参军戏、滑稽戏、宋杂剧等古剧以及各种民间技艺的结晶。例如：武打，有东汉角抵戏《东海黄公》人、虎相斗及北齐大面《兰陵王》、《灌口神队》的搏斗等；身段，有歌舞戏《樊哙排闼》中樊哙出入时"喑呜叱咤，虎步龙骧"的雄姿等；舞蹈，有《钵头》中的"格兽复仇"之舞及《苏中郎》"寻欢之醉容"等；眼神、手势等动作，有参军戏《拍弹》李可及"弄眼作头脑"及《踏摇娘》"弄假妇人"等，均为南戏所吸收、提炼与综合运用。据周贻白、胡雪冈等考证，《张协状元》第八出五鸡山强人等舞拳弄棒的武工表演，吸收自《武林旧事》记载的"官本杂剧段数"中的《闹夹棒》表演；第二十四出"赖房钱麻郎"，可能就是"官本杂剧段数"的"赖房钱啄木儿"的移植；第四十八出净、丑"蹴球"表演，则是宋代市井流行的百戏伎艺。②

二是表演一个完整长篇的故事。这是南戏诞生时又一破天荒的巨大贡献，具有里程碑意义。众所周知，有了高度综合的表演艺术，没有长篇完整的故事，依然产生不了真正的戏曲。纵观世界三大古老戏剧，中国戏曲的起源时代并不比古希腊戏剧和古印度梵剧晚,如同它们一样亦萌芽于原始时代的祭神歌舞仪式,或许更早,这可从四千年前的良渚文化时期已出现祭台与傩面具图案取得佐证。但是产生戏剧的年代却相当悬殊,古希腊戏剧产生于公元前六世纪后期,脱胎于酒神祭祀,比中国戏曲的产生早约一千八百年;印度梵剧约产生公元前间之间,源于民间祭神仪式,比中国戏曲早了一千二百年左右。中国戏曲直至公元十二世纪才在浙江温州诞生,时称"温州杂剧"。究其原因,虽然很复杂,既有经济、政治等原因,同时也包含艺术本身的因素,迟迟没有产生长篇完整的故事,则是其中最重要的原因。古希腊悲剧产生之前,已有了《伊利亚德》、《奥德赛》等长篇史诗。印度梵剧诞生之前,也已有《摩诃婆罗多》和《罗摩衍那》两大史诗。它们都是情节曲折的长篇故事,这不仅为即将诞生的戏剧提供必要的题材,且为戏剧创作需要用韵文与浪漫抒情语言演说故事和刻画人物提供了锻炼的机会,为戏剧的诞生准备了必要的前提。而我国文学史在整个先秦时代未出现长篇诗史,有的只是像《诗经》那样带有抒情性的短诗。汉代终于出现如《陌上桑》、《秋胡行》、《白头吟》等少数几首包含故事的叙事诗,惜篇幅均不长,故事也不甚完整,其中《陌生桑》稍好些。直至南北朝,才出现如《孔雀东南飞》、《木兰诗》等真正叙事诗。可见叙事诗的姗姗来迟,终于导致中国戏曲的滞后难产。唐代"变文"、宋代"话本"等长篇说唱文学的出现才加速戏曲的脱胎而出。"变文"是我国民间叙事诗受印度佛教文学的影响而产生的一种韵文与散文相间的新诗体,始于寺庙讲经,后逐渐扩大题材,包括世俗内容,如《王昭君变文》、《伍子胥变文》等。"变文"的进一步嬗变即产生"话本"、"诸宫调"等说唱文学。而我国最早戏曲脚本就是从这些说唱文学的作品中直接改编的,例如在南戏《赵贞女蔡二郎》问世之前,就早有鼓词《蔡中郎》在浙东一带农村传唱,宋陆游《小舟游近村舍舟步归》诗云:"斜阳古柳赵家庄,负鼓盲翁正作场。身后是非谁管得,满村听唱蔡中郎。"本剧正是根据鼓词唱本移植改编的。其他如《王魁》、《王焕》、《乐昌公主》、《张协状元》等戏文,亦均如此。可见长编说唱文学是产生中国戏曲最重要的前提之一。说唱的文本,时称"话文",表演"话文"的就是"戏文",可见戏文直接来自"话文",这从

《张协状元》首出"似恁唱说诸宫调，何如把此话文敷演"可知。温州与杭州除了其他有利条件外，说唱文学亦甚兴盛。据胡雪冈《温州南戏考述》引梅尧臣《苑陵先生文集》载，温州自北宋开始即有人擅长讲说《汉书》，详载该文集卷五三《吕缙叔云永嘉僧希用隐居，能谈史汉书讲说，邀余寄之》。另据宋叶适《水心文集》卷八《送朱相士朱文昭族孙云得刘碧云相法》："南荡书林长砌萝"云云，可知南宋时温州已出现编写小说的组织"书林"。"书林"的性质，《水浒全传》引首说："试看'书林隐处，几多俊逸儒流。虚名薄利不在愁，裁冰及剪雪，谈笑看吴钩。评议前王并后帝，分真伪占据中州，七雄扰扰乱春秋。……不如且覆掌中杯，再听取新声曲度。'""书林"或当是"书会"的别称，主要为民间艺人编写话本，兼"演史"、"小说"、"影戏"、"唱赚"等项。时温州有"九山书会"、"永嘉书会"等，《张协状元》云："九山书会，近日翻腾，别有风味。"又说："这番书会，要夺魁名，占断东瓯盛事"，可见书会活动之盛。杭州的说唱文学更兴盛，据《武林旧事》"诸色伎艺人"统计，南宋五十多色伎艺，共有艺人五百十九名，其中"小说"五十二人，居首位，"演史"二十三人，"说经诨经"十七人，"弹唱因果"十一人，"诸宫调传奇"四人，合计一百零七人，约占总数五分之一。书会、话文如此之盛，难怪南戏首先在温州诞生，然后在杭州一带盛行。

此外，南戏的诞生还在剧本规范、音乐格律、脚色体制、虚拟的表演及其程式化，以及化妆、服饰等，为后世戏曲作了表率。总之，南戏在中国戏曲发展进程中占有开创和奠基的地位。

三、南戏对后世戏曲的影响

中国戏曲在时、空两方面都是流动的艺术，上下或彼此又有所继承与吸收，因此，前代戏曲对后世戏曲的影响是客观存在的，其中对元杂剧及明清传奇的影响尤深。

首先，对元明杂剧的影响。关于南戏对元杂剧的影响，前辈与近人已有所论及。前辈如周贻白《中国戏剧史长编》第三章"宋元南戏"即称"南戏的形成既在元剧之先,则一事一物俱有为元剧取法的可能"。并以"脚色"为例说:"南戏中所用脚色,通常为末、生、外、旦、贴、净、丑等七种。末即末泥,生亦末之类。……但元剧男脚色以'末'为主,南戏以'生'为主,地位上自当可通。'旦'即'妆旦','净'即'副净',其名称俱见南宋杂剧。"③钱南扬《戏文概论》则以"题目"为例说:"试看金元杂剧,也有题目,末一句也即是剧名。这种方式,盖即来自戏文。杂剧吸收了这种方式,又有所变化。"④近人徐扶明《元代杂剧艺术》另以唱的方式为例说:"元杂剧一人主唱制的某些突破,又是受到什么影响呢? 大家知道,元代流行的戏曲剧种,除北杂剧外,还有南戏。南戏体制,不必一种脚色独唱到底,可以二人分唱或对唱,也可以数人合唱,完全不受约束。……那么,他们舍北杂剧之短,取南戏之长,打破北杂剧一种脚色从头唱到底的体制,采用分唱、互唱、轮唱、合唱,借以更能灵活地反映生活,塑造人物,并适合当时南方观众的欣赏习惯,这是很自然的事了。"⑤胡雪冈《温州南戏考述》,更从元杂剧突破"旦本"或"末本"一人唱到底的基本规则、突破"四折一楔子"的结构体制以及脚色体制等三方面,详尽论述了南戏对元杂剧的深刻影响。

除上述各种影响外,笔者认为:南戏变"叙述体"为"代言体"这一点,对元杂剧也有一定影响。众所周知,元杂剧是从宋金杂剧、院本发展而来的,其中唱词方面受"诸宫调"与"唱赚"的影响尤深,它们虽然有歌唱,有舞蹈,有角色,可就是因为属"叙述体",一直成不了戏曲。南戏由演员扮演人物,用第一人称当众表演故事,从此才使中国有了真正成熟的戏曲,金元杂剧在它之后,或受其影响。接受影响的时间当在金末,这可从董解元与王实甫的创作实践中获知。董解元,金代诸宫调作家,《录鬼簿》列于"前辈已死名公有乐府行于世者"之首,注云"金章宗时(1190—1208)人";《太和正音谱》称他"仕于金,始制北曲"。他创作的《董西厢》即《西厢记诸宫调》,是现存宋金时期唯一完整的诸宫调,代表了当时说唱文学的最高水平。《董西厢》既为诸宫调,当然是叙述体。可是过后不久,王实甫据《董西厢》改编的杂剧《王西厢》,即《崔莺莺待月西厢记》,却已是名副其实的代言体了。《王西厢》写作的年代,不少学者认为是金末,如戴不凡《王实甫年代新探》提出两点可能:一是"金章宗时(1190—1208)写成《西厢记》",二是"在金亡(1234)以前……完成了《西厢记》"。⑥赵景深写给戴不凡的信,同意上述第二点,即写于金亡之前。徐朔方《论王实甫〈西厢记〉杂剧的创作年代》也说:"《西厢记》杂剧的创作时间可以定为1224—1232。金亡于1234年,这可能是《西厢记》杂剧的创作没有留下任何直接间接记载的原因。"⑦其实,此前,王实甫已作有《丽春堂》杂剧,其写作年代则多数学者认为是金代。如郑振铎《插图本中国文学史》说:"王实甫写《四丞相高会丽春堂杂剧》,事实全为金代的,却以'从今后四方八荒,万邦齐仰贺当今皇上'为结。我们如依据于此,而主张着此剧系实甫作于金代的之话,实大有可能性。"⑧徐朔方《说戏曲》也有相同的结论。

其次,对明清传奇的影响。关于南戏与传奇的关系,学界讨论已久,最具代表性的是孙崇涛与徐扶明两位先生。孙崇涛《关于"南戏"与"传奇"的界说——致徐扶明先生》一文说:"我以为'南戏'与'传奇'的不同,就好似一个人的青年与壮年的区别,而非如一个先死、一个后生的两个人。"⑨对此,徐扶明作了截然不同的回答:"我看,南戏与传奇,并非来函所说'好似一个人的青年与壮年的区别',而是南戏自南戏,传奇自传奇,既有继承性,又有独立性。母与子,当然有血缘关系,但母亲并不等于儿子。否则,就很容易混为一体。"我比较同意孙先生的观点,因传奇与南戏没有根本的区别,它们之间不存在如徐扶明先生所说的母与子的关系。只是对同一事物前后两个阶段的不同称呼,后者比前者更加成熟而已。但对孙先生根据传统说法,即梁辰鱼《浣纱记》出,始把昆山腔搬上戏曲舞台,是为明传奇的开端,以嘉靖末期"昆剧的形成"作为它们的划限标志,尚觉不甚妥当。孙先生于上文说:"这样划分的理由,主要我认为,昆剧的形成,在中国戏曲发展史上,是个非常重要的转折。从此,文人传奇创作及其相应的戏曲批评,渐趋全盛阶段;剧坛上,'花'、'雅'分途,民间演出与氍毹品赏异趣;剧本创作上,'场上之本'与'案头之作'相左;理论界的'格律'与'辞藻'说争端,等等,构成了一个异彩斑斓、有别于主要只是民间戏曲创作与演出的南戏时期的明清传奇阶段。"这些文字只能说明当时昆剧之盛,并不能标志传奇时代的开始。因为"昆剧的形成"与传奇的开端,没有必要的联系与因果关系,换言之,传奇并不是因昆剧的形成而出现的。传奇是南戏发展的一个阶段,是同时为海盐、昆山、弋阳、余姚诸腔而创作,并非单为昆山腔撰写。其时除余姚腔衰落外,海盐、弋阳二腔,均还有一定的优势。其中弋阳腔与昆山腔势均力敌,还形成"昆、戈之争"的局面。可见,传奇时代的出现,并非昆山一腔所致,而是南戏发展的阶段性产物,其界限不能断然而分,主要区别在于:前者为民间戏曲,除《琵琶记》等个别作品作外,几乎全为无名氏艺人为演出而编写的舞台演出本,即所谓"台本"、"脚本"云云;后者大多系文人为抒发情感而创作的文学本,即所谓"墨本",较少考虑演出,因此大都不能全本演出,所演多为经过择选与修改的折子戏。

再次,南戏是中国戏曲的总根。南戏是中国戏曲之祖,后世戏曲几乎无不以它为根,在中国戏曲史上占有十分重要的地位。它与稍后的北杂剧不同,北杂剧由于形成一套束缚过严的声律和体制,如语言雅化、一人主唱等,因而脱离民众,过早消亡,南戏却始终札根民间,且与时俱进,不断创新,借繁衍不同腔系以延续生命,因而根深蒂固,生生不息,历千年而不亡。至今尚有以下几方面的遗存:

声腔犹存遗响。例如,在"温州腔"、"杭州腔"基础上发展起来的南戏四大声腔中,昆山腔与弋阳腔至今传唱未衰;海盐腔为昆山腔所吸收,不仅缠绵婉转、柔曼悠远的演唱风格被昆山腔所继承,且大部分曲牌为昆山腔所沿用;余姚腔为新昌调腔、宁海平调以及青阳腔所继承,其滚唱一直被继承了下来。另外,泉潮腔等仍然传唱不衰。

剧种犹存嫡系。剧种由声腔而来,因声腔与语言而别。其中由昆腔嫡传的剧种有苏昆、浙昆、北昆、湘昆、永昆等;由弋阳腔嫡传的剧种有各地的高腔,如浙江的松阳高腔、新昌调腔、宁海平调、西安高腔、侯阳高腔;江西弋阳腔、青阳腔;安徽青阳腔、岳西高腔;江苏高淳阳腔、福建四平腔;广东正字戏、白字戏;湖南湘剧高腔、祁阳主腔、辰河戏;四川川剧高腔;湖北襄阳青戏、麻城高腔;山西万泉青戏;闽、粤泉潮腔与兴化腔的嫡传梨园戏、莆仙戏、潮剧等。不一而足。

剧目遗存丰富。据近人不完全统计,宋南戏存目五种,元南戏存目二百十六种,明初南戏一百十七种,合计三百三十九种。其中宋元戏文传本十五种,选本一百三十六种;明人改本戏文传本一百零三种,选本三十种。各种高腔演出脚本不计其数,如有"温州杂剧"之首称号的《王魁》《赵贞女》,其中《王魁》被温州高腔改编为《活捉王魁》,活跃于民间舞台;《赵贞女》被高则诚改编为《琵琶记》,成为"永昆"的看家戏,一直盛演不衰。现存《永乐大典戏文三种》中的《张协状元》系南宋中叶温州九山书会"才人"创作,不仅完好保存,近年仍由永昆传习所演出,轰动全国。有元代"五大南戏"之称的《荆钗记》《白兔记》《拜月亭》《杀狗记》《蔡伯喈琵琶记》以及《祖杰戏文》,亦一直为各地昆剧与高腔的常演剧目。近年新发现的尚有《两世缘》(祝英台)、《太平春》、《降天雪》、《云水亭》等,均在民间传唱。

表演根深叶茂。后世剧种表演中的所谓"唱、作、念、打"、"手、眼、身、法、步"以及角色行当等,无不继承南戏的表演传统。其他如副末开场、人作道具等,亦被保存了下来,至今尚在永嘉昆剧中运用。

总之,南戏贯穿中国戏曲近千年全部历史的始终,且与当代戏曲紧相沟通,许多古老剧种,至今尚在上演南戏遗存的剧目,声腔音乐同宋元戏文仍有着千丝万缕的联系;新兴剧种也在不断移植或改编南戏传统剧目。南戏不愧为中国戏曲的总根,在中国戏曲史上享有崇高的地位与深远的影响,深入研究南戏,继承南戏的优秀遗产,对于振新与发展新时期的戏曲事业具有一定的战略意义。

注释:

①王灼:《碧鸡漫志》卷三,《中国古典戏曲论著集成》第1册,中国戏剧出版社1982年版,第131页。

②胡雪冈:《温州南戏考述》,作家出版社1998年版,第209页。

③周贻白:《中国戏剧史长编》,人民文学出版社1968年版,第154页。

④钱南扬:《戏文概论》,上海古籍出版社1981年版,第164页。

⑤徐扶明:《元代杂剧艺术》,上海文艺出版社1981年版,第177页。

⑥戴不凡:《戴不凡戏曲论文集》,浙江人民出版社1982年版,第74页。

⑦徐朔方:《说戏曲》,上海古籍出版社2000年版,第71页。

⑧郑振铎:《插图本中国文学史》,人民文学出版社1982年版,第636页。

⑨孙崇涛:《南戏论丛》,中华书局2001年版,第124页。

《王魁负桂英》故事在宋代的
变迁及其政治道德意涵

杨 果(武汉大学)

一、引子

有关《王魁负桂英》故事的研究,学界已有不少成果。相关研究主要围绕两类问题展开:一是王魁是否确有其人,王魁的原型人物究竟是谁? 二是王魁故事的结局在元明清文艺作品中的流变(通常认为,宋至明清王魁与桂英的故事历经三变,由悲剧到喜剧再到悲剧,王魁的形象从宋代的负心到明代的痴心又到清代的负心),变化的原因是什么?[①] 围绕这两个研究主题,存在着一些有争议和尚未解决的问题。

关于第一类问题,学者们普遍认为王魁确有其人,其原型人物多数认为是宋仁宗时的状元王俊民,也有的说是宋朝其他王姓状元,如王十朋[②]。这类问题的研究较多,暂不是本文讨论的话题。第二类问题,宋至明清,王魁与桂英的故事经历了悲喜剧的转变,其原因是什么? 本文所要探讨的问题与此有一定关系,属于"流变"问题的源起部分。

笔者注意到,不仅是宋至明清,王魁的故事发生了变化,即使在宋朝,这个故事也是前后有所变化的,这种变化与其所处时代的变迁有着直接的关系。

宋人记载王魁故事的文字不少,至少有近十种③,如:夏噩《王魁传》④,张师正《括异志》⑤,李献民《云斋广录》⑥,刘斧《摭遗》⑦,罗烨《醉翁谈录》⑧,张邦基《侍儿小名录拾遗》⑨,曾慥《类说》⑩,周密《齐东野语》⑪。另外,最早记载王魁故事的是唐末陈翰编《异闻集》,其书所载王魁事"当是后人剿入",这一点宋人周密、陈振孙等就已说得很清楚⑫,此所谓"后人"当是宋人,因此它也可算宋人记载之一种。在这些记载中,王魁被认定为宋仁宗嘉祐六年的状元王俊民,其形象则先是一个精神染疾之人,因狂疾发作而逝,后则变成一个富贵易妻的负心汉,最终因其所负妓女桂英的鬼魂报复而发疯致死。宋人戏曲如宋官本杂剧《王魁三乡题》⑬,南宋永嘉人所作《王魁》⑭,莆仙戏《桂英割》⑮等,均遵循着负心汉的故事脉络,对王魁持强烈的批判态度。

二、王魁故事在宋代的变迁

王魁形象在宋代的变迁,有章可循者,始于刘斧的《摭遗》。

《摭遗》一书已散佚,其文字在曾慥《类说》、张邦基《侍儿小名录拾遗》中有保留,现录《类说》所引《摭遗》于下⑯:

> 王魁下第失意,入山东莱州,友人招游北市深巷小宅,有妇人绝艳,酌酒曰:"某名桂英,酒乃天之美禄。足下得桂英而饮天禄,前春登第之兆。"乃取拥项罗请诗。生题曰:"谢氏筵中闻雅唱,何人蓦玉在帘帏。一声透过秋空碧,几片行云不敢飞。"桂曰:"君但为学,四时所需我办之。"由是魁朝暮去来。逾年,有诏求贤,桂为办西游之用。将至州北,望海神庙盟曰:"吾与桂誓不相负,若生离异,神当殛之"。魁至京闱,寄书曰:"琢月磨云输我辈,都花占柳是男儿。前春我若功成去,好养鸳鸯作一池。"后唱第为天下第一,魁私念科名若此,以一娼玷辱,况家有严君不容也,不复与书。桂寄书曰:"夫贵妇荣千古事,与君才貌各相宜。"又曰:"上都梳洗逐时宜,料得良人见即思。早晚归来幽阁内,须教张敞

画新眉。"又曰:"陌上笙歌锦绣乡,仙郎得意正疏狂。不知憔悴幽闺者,日觉春衣带系长。"魁父约崔氏为亲,授徐州佥判。桂喜曰:"徐去此不远,当使人迎我矣。"遣仆持书,魁方坐厅决事,大怒,叱书不受。桂曰:"魁负我如此,当以死报之。"挥刃自刎。

魁在南郡试院,有人自烛下出,乃桂也。魁曰:"汝固无恙乎?"桂曰:"君轻恩薄义,负誓渝盟,使我至此。"魁曰:"我之罪也。为汝饭僧诵佛书,多焚钱纸,舍我可乎?"桂曰:"得君之命即止,不知其他也。"魁欲自刺,母曰:"汝何悖乱如此?"魁曰:"日与冤会,逼迫以死。"母召道士高守素屡醮,守素夜至官府,魁与桂发相系而立,有人戒曰:"汝知则勿复拔"。数日,魁竟死。

比刘斧年代稍早些的仁宗时太常博士张师正,在其《括异志》中先已记载过王魁的故事,其所载文字与《类说》中辑录《摭遗》之文颇有不同,亦转录于次:

王廷评俊民,莱州人,嘉祐六年进士,状元登第,释褐廷尉评、签书徐州节度判官,明年充南京考试官。未试间,忽谓监试官曰:"门外举人喧噪诟我,何为略不约束?"令人视之,无有也。如是者三四。少时又曰:"有人持檄逮我。"色若恐惧。乃取案上小刀自刺,左右救之,不甚伤,即归本任医治。逾旬创愈,但精神恍惚如失心者。家人闻嵩山道士梁宗朴善制鬼,迎至,乃符召为厉者,梦一女子至,自言:"为王所害,已诉于天,俾我取偿,俟与签判同去尔。"道士知术无施,遂去。旬余,王亦卒。或闻王未第时,家有井灶婢蠢戾,不顺使令,积怒,乘间排坠井中。又云:王向在乡与一娼妓切密,私约俟登第娶焉。既登第为状元,遂就媾他族。妓闻之,忿恚自杀。故为女厉怊怛,夭阏而终。

仔细对比张师正与刘斧的两个文本(以下简称"张版"和"刘版"),不难看到二者有明显的不同:张版中,王魁患有精神疾病(类似今之"被害型妄想症"),并因此而病逝。当时人认为这种疾病是因鬼魅作祟而起,其家人便请了道士捉鬼,发现是女鬼作祟。这女鬼究竟是何人,民间有两种传说,一说是王未第时被他杀害的家中"蠢戾"婢女;一说是曾与王有约嫁娶、而王登第后被他抛弃的娼妓。张师正以"或闻"的形式记载了这两种说法,但都只是简要带过,并未加以分辨。张版的重点在于王魁"精神恍惚如失心者"的病症。刘版中,王魁的精神疾病完全被隐略不见了,刘版通篇所记都是王魁与被赋名桂英的妓女之交往,双方如何两情相悦、诗词唱和、王魁如何受桂英资助、海誓山盟,又如何背誓渝盟,甚至翻脸不认,连桂英的书信都怒斥不受。刘版中的王魁是一个冷酷无情的负心汉,王魁之死则明确是被桂英冤魂报复的结果。刘版与张版的故事情节不同,男主人公王魁的死因不同,二者叙说的口气也不一样,张版用的是"或闻",也就是得自民间的传说,作者自己不做结论;刘版则直接是文人精英的撰写,将故事明明白白地道来,字里行间寄寓着作者的道德指向。

在刘斧以后的宋代王魁故事中,王魁之死都延续了刘版的轨迹,王魁是因负心而受报应殒命,所不同者是故事情节越来越丰富,王魁也死得越来越惨烈,有的文本简直成了恐怖故事。略引《醉翁谈录》的相关文字如下[17]:

> ……仆还之,桂英喜迎之,问,闻及此语,乃仆地大哭。久之,谓侍儿曰:"今王魁负我盟誓,必杀之而后已。然我妇人,吾当以死报之。"遂同侍儿乃往海神祠中,语其神曰:"我初来与王魁结誓于此,魁今弃恩负约,神岂不知。既有灵通,神当与英决断此事。吾即自杀,以助神。"乃归家取一剃刀,将喉一挥,就死于地,侍儿救之不及。桂英既死,数日后,忽于屏间露半身,谓侍儿曰:"我今得报魁之怨恨矣。今已得神以兵助我,我今告汝而去。"侍儿见桂英跨一大马,手持一剑,执兵者数十人,隐隐望西而去。遂至魁所,家人见桂英仗剑,满身鲜血,自空而坠,左右四走。桂曰:"我与汝它辈无冤,要得无义汉负心王魁尔。"或告之曰:"魁见在南京为试官。"桂忽不见。魁正在试院中,夜深,方阅诚卷,忽有人自空而来,乃见桂英披发仗剑,指骂王魁负义汉,"我上穷碧落下黄泉,寻汝不见,汝却在此。"语言分辨,魁知理屈,乃叹之曰:"吾之罪也,我今为汝请僧课经荐拔,多化纸钱,可也?"桂曰:"我只要汝命,何用佛书楮钱。"左右皆闻之与桂言语,但不见桂之形。于是魁若发强悸,乃以

剪刀自刺，左右救之，不甚伤也。留守乃差人送魁还徐。魁复以刀自刺，母救之。然魁决无生意。徐有道士马守素者，设醮则有□处，母乃召之，使母果梦见儿魁与一妇人以发相系，在一官府中守素，告其魁母曰："魁不可救。"举家大恸，哭。后数日，果自刺死。

看到桂英死时"取一剃刀，将喉一挥"；死后数日，"从屏后忽露半身"；至魁所，"满身鲜血，自空而坠"等等文字，相信大多数读者都会心悸的。

三、王魁故事变迁寄寓的宋人政治道德期待

从张师正到刘斧，从民间传说到文人撰述，王魁的故事何以发生这样的变化？而且，在刘斧以后的宋代王魁故事中，王魁之死都延续了刘版的轨迹，是他背信弃义、停妻再娶的报应。王魁故事在宋代的这种变化，究竟反映了宋代社会的何种现实？

正像一些学者已经指出的那样，王魁故事的变化与宋元其他婚变戏的演进类似，与科举科下文人地位的变迁、妓女的社会重要性上升、市民阶级的果报观念强化等有关[18]，除此之外，笔者关心的是，在王魁死因的选择上，刘版舍弃了张版的"灶婢蠢戾，不顺使令"一说，仅只聚焦于桂英痴情、王魁负心，这种主题的转换，既是艺术审美的需要，因为男女情爱与情变的主题较之于主仆之争的故事更能迎合世人的情感需要；更重要的在于，这种主题的转换受到了时代因素的影响，是宋代特有的政治局势带来的宋代士大夫重视士风、倡导"忠贞"的产物。

美国学者柏文莉（Berverly Bossler）在分析宋代妇女贞节观之强化的原因时曾经指出，宋朝立国伊始就存在着严重的外患压力，而中央政权又始终处于消极防御的状态。在"内忧外患"的时代，臣子的"忠"与妇女的"节"具有同样重要的时代意义，朝廷以妇女的节烈来激励臣子的忠诚，统治阶级有一种政治上的需要。[19]与柏文莉所分析的背景相同，宋人对于背信弃义、富贵易妻之负心汉的批判，也有一种政治上的需要。其根源是士大夫对五代乱世

历史教训的诫惕,加上现实政治所面临的周边政权对宋王朝的压力,使得宋代士大夫有比较强烈的砥砺士风、刷新政治的需要。

北宋是在五代的基础上立国的。五代士风颓败,士人在乱世中如何生存?"长乐老"冯道是一种典型,尽管政权更迭频繁,他却能"历任四朝,三入中书,在相任二十余年"。⑳对冯道"事四姓十君"的政治品格㉑,北宋前期的士大夫们基本持批判态度,以欧阳修、司马光等人为代表,对冯道是全盘否定的。如欧阳修称冯道为"无廉耻者矣"㉒。司马光说:"忠臣不二君,贤女不二夫,……天之制也。彼冯道者,存则何心以临前代之民,死则何面以见前代之君?自古人臣不忠,未有如此比者。"㉓北宋士大夫们通过对于五代官僚苟且偷生、政治道德卑下的严厉批判,来大力彰显儒家道德,尤其是"忠义"政治道德。正是在这种背景下,王魁作为背盟毁约、停妻再娶的负心汉的代表,成为了遭天谴的对象,故事中的王魁被赋予了一种政治上的象征意义。

到了南宋,时刻面临严重外患的政治格局,使文人志士们更是充满危机感,"忠信节义"更是被看重,背信弃义的王魁们也就更成为被批判的对象。如果说,北宋张师正版因狂疾发作而死的王魁故事还比较接近于事实本身,刘斧版的王魁则是被附加上因背信弃义而受报应致死的色彩;那么,到了南宋,时代的需要使得文人笔下王魁的背叛行径更变本加厉,其所受的报应也愈加严厉。在刘斧的文字中,桂英的鬼魂对王魁多少有所留情,还称之为"君",而到了莆仙戏《桂英割》之时,桂英责骂王魁为"贼魁",痛斥他"所行残忍"、"人面兽心"。㉔在宋末话本《王魁负心,桂英死报》那里,桂英的鬼魂更是"满身鲜血"、"披发挂剑",口口声声指骂王魁"负心汉",并声称"上穷碧落下黄泉"也要找到王魁报冤。㉕王魁故事在两宋的变化,反映出随着时代的变迁,宋人对王魁的批判越来越严厉,折射出的是宋人对忠贞道德的期待越来越强烈。

南宋以降,随着王魁故事流传的日益广泛,一些关心传说中王魁原型王俊民的人也开始为其辩诬,周密在《齐东野语》中引初虞世所集《养生必用方》等书,极力考辨王魁故事是失实,力证仁宗时的状元郎王俊民"性刚峭不可犯,有志力学,爱身如冰玉"㉖,但周密的努力并不能改变社会上流传的王魁形象。人们并不关心此王魁是否是王俊民，人们希望看到的是王魁那样的负心汉受到惩罚。周密等人的辩诬，倒是更加从反面衬托出，在当时的士大夫心中，负心汉是道德沦丧的代表，所以他们才不希望把这样的恶名加在高中状元的士大夫精英代表王俊民身上。

四、结语

王魁负桂英的故事最初系民间作品，在坊间流传，它所反映的更多的是民间的果报观念和市民的审美情趣，正如周密所说，是"有妄人托夏噩姓名作《王魁传》，实欲市利于少年狎邪辈"。[20]但在宋代士大夫那里，对这一故事加以记载和修饰，不断加大了对王魁的批判力度。士大夫们正是借用民间作品来抨击士风的沦丧，借助"女鬼复仇"来惩戒"背叛"，从而表达出对忠信节义的期待和倡导。王魁故事中的王魁和桂英都有特定的意向，并非简单的当时士人与妓女的风貌，其深层内涵，是士大夫利用艺术形象来表达自己的看法，来进行"忠义"观念的教化。王魁负桂英故事在宋代的传播，以及同时代的话本、戏曲中王魁和桂英形象的不断丰满，正是在这种背景下逐渐形成的。

注释：

①相关研究如许肇鼎的《王魁的故事和剧本》，《四川大学学报（哲学社会科学版）》1980 年第 2 期；戴德源的《怨歌一曲唱新谱倩魂千载绕余音——川剧王魁戏源流》，《成都大学学报（社会科学版）》1983 年第 2 期；徐宏图的《戏曲与时代同步——从王魁三变谈起》，《温州师范学院学报》1987 年第 3 期；钟韬的《名通质变创意造言——川剧中王魁戏嬗变的描述》，《戏曲艺术》1989 年第 1 期；柯子铭的《古南戏〈王魁〉的遗存及其演变形迹》，《中华戏曲》1997 年第 1 期；郑尚宪的《南戏的珍贵遗存——莆仙戏〈王魁〉、〈刘锡〉、〈陈光蕊〉考述》，《厦门大学学报（哲学社会科学版）》2006 年第 3 期；罗莹的《试论南戏婚变戏的主题走向——以赵贞女、王魁的形象演变为中心》，《戏剧文学》2009 年第 8 期等。

②参见周贻白:《中国戏曲发展史纲要》,上海古籍出版社 1979 年版。持这种看法的人很少,仅备一说。

③许肇鼎作过相关研究,收录虽不完备,但可资参考。见许氏著:《王魁的故事和剧本》,《四川大学学报》1980 年第 2 期。

④周密:《齐东野语》卷六《王魁传》条。

⑤张师正:《括异志》卷三《王廷评》条。

⑥李献民:《云斋广录》卷六《丽情新说下》"王魁歌并引"条。

⑦曾慥:《类说》卷三四、张邦基《侍儿小名录拾遗》卷三皆引。

⑧罗烨:《醉翁谈录》卷二辛集《王魁负心,桂英死报》;卷二甲集《小说开辟》条。

⑨张邦基:《侍儿小名录拾遗》卷三。

⑩曾慥:《类说》卷三四《王魁传》。

⑪周密:《齐东野语》卷六《王魁传》。

⑫陈振孙:《直斋书录解题》卷一一《异闻集》条。

⑬周密:《武林旧事》后卷四《官本杂剧段数》条。

⑭宋人作,已佚。元叶子奇《草木子》卷四:"讲优戏文,始于《王魁》,永嘉人作之。"明徐渭《南词叙录》:"南戏始于宋光宗朝,永嘉人所作《赵贞女》、《王魁》实首之。"

⑮转引自郑尚宪:《宋元南戏的珍贵遗存——莆仙戏〈王魁〉、〈刘锡〉、〈陈光蕊〉考述》,《厦门大学学报(哲学社会科学版)》2006 年第 3 期。

⑯《类说》卷三四《王魁传》。

⑰罗烨:《醉翁谈录》卷二辛集《负约类》"王魁负心,桂英死报"篇。该书标明系宋人罗烨撰,但里面转录的诗却有元朝人的作品。因此,它实际上可能是宋末元初的作品,至少是掺入了元人的作品。

⑱参见王萍、胡足凤:《论状元婚变戏中男主人公形象流变——以南戏〈张协状元〉、〈荆钗记〉、〈琵琶记〉为代表》,《语文学刊(高教版)》2006 年第 21 期;罗莹:《试论南戏婚变戏的主题走向——以赵贞女、王魁的形象演变为中心》,《戏剧文学》2009 年第 8 期;Berverly Bossler:Courtesans,Concubines,and the Cultof Female Fidelity;Shifting Identities:Courtesans and Literatiin Song China,Harvard Journal of Asian Studies June,2001,62.1;柏文莉著,林珊译《贞操的想象:从贞妓到节妇》,载游鉴明等主编:《重读中国女性生命故事》,(台北)五南图书公司 2011 年版。

⑲参见柏文莉(Beverly Bossler)Faithful Wives and Heroic Maidens:Politics,Virtue,and Genderin Song China(《节妇烈女和宋代的政治、道德和性别观念》),邓小南主编:《唐宋

女性与社会》,上海辞书出版社 2003 年版。

㉑《旧五代史》卷一二六《冯道传》。

㉑《新五代史》卷五四《冯道传》。

㉒《新五代史》卷五四《冯道传》。

㉓司马光:《温国文正公文集》卷七三《史赞评议》"冯道为四代相"条。

㉔莆仙戏:《桂英割》,转引自郑尚宪:《宋元南戏的珍贵遗存——莆仙戏〈王魁〉、〈刘锡〉、〈陈光蕊〉考述》,《厦门大学学报(哲学社会科学版)》2006 年第 3 期。

㉕《醉翁谈录》卷二辛集《负约类》"王魁负心,桂英死报"篇。

㉖《齐东野语》卷六《王魁传》。

㉗《齐东野语》卷六《王魁传》。

宋代佛教清规与国法

——以僧尼治罚问题为中心

石川重雄(日本东洋大学)

一、前言

佛教东传,在融入中国传统文化过程中,必须考虑王法与国法的关系。本文讨论有关僧尼犯罪处罚的问题,也得考虑王权与佛教两方面的不同。

佛教有严于律己的戒律,在僧尼处罚方面原本不存在体罚。然而,佛教传入中国后吸收了世俗所使用的笞罚、杖罚和赎罚等处治方式。王权方面,僧尼犯罪的有关条文明确载入法律文书,并敕命设有"僧制"。佛教内部的整肃与规范是从唐代百丈怀海《百丈清规》开始,乃至宋代还出现有多种清规出现。于是有一个问题,即对于僧尼犯罪,是依佛教教团内部的戒律或清规处罚?还是依王权方面设立的世俗法律处罚?从佛教角度,前者是称佛律或内律,后者则称俗法或俗格。竺沙雅章先生曾撰文讨论过中国佛教僧尼治罚史的演变,指出应该重新以往偏重于从俗法方面来考察佛教的法制现象,僧尼犯罪应考虑内律与俗法的双重限制。此外,严耀中先生在《佛教戒律与中国社会》一书中也谈到了中国佛教戒律与社会的关系,他从社会、经济、法律等角度对宋代佛教的情况进行了分析,认为宋代佛教各种制度受到不少社会制度的影响,并提出必须重视官僚的"公罪"、"私罪"、"赃罪"以及"赎法"等俗法范围扩延到僧尼身上的现象,同时还强调有必要从地方官僚判语中来考察僧尼的治罚问题。本文主要是征对竺沙雅章与严耀中两位先生尚未论及的部分,重新探讨宋代僧尼的治罚问题。

二、清规与治罚

中国佛教在五世纪初,就已译出了《十诵律》与《四分律》等律藏,律藏对僧尼违反戒律,视犯罪轻重而定,有分波罗夷(淫戒、盗戒、杀戒、妄语戒)等重罪乃至众学法等轻罪的五篇七聚。戒律处罚方法主要是逐出僧团、默摈或忏悔等,而不存在体罚。然而,随着寺院与僧团制度的发展,僧团内部出现了罚拜(处罚礼拜次数,主要是视犯罪轻重而定)、杖刑(即仿效俗法中的答、杖刑)等,这表明佛教僧团已经吸收了世俗法律。这些问题,先行研究认为它是中国佛教的特有现象。北魏时期,统治阶级为了管理佛教,设置僧官,制定僧制,采取"犯杀人以上罪者依俗法,以下罪者则付僧司依僧制治罚"(世宗·宣武帝)等内律与俗法的折中方法(往往依内律情况为多)。降至唐代,僧尼则受俗法与戒律的双重制约,唐初寺院的僧制有些甚至不依戒律反而依俗法,实行杖罚、苦役等法,出现了僧制世俗化现象。在九至十世纪的敦煌寺院中,据说对违反戒律的僧尼,还采取罚宴、罚酒、罚麦、罚油、罚杖等完全无异于俗法的处罚方式。

不过,敦煌佛教社会中的处罚、治罚,基本上是征对不遵守教内清规与违反社邑组织规约等不端行为而言,而不是指盗窃、伤害以及致死等犯罪行为。例如,若违反"社内每年三斋二社",将采取"罚酒一角"、"罚酒半瓮"、"罚麦一硕"、"罚麦一斗"乃至"决杖卅"等措施(P.3544《大中九年九月廿九日社长王武等再立条件》)。同时在"社司转帖"中还可以看到"罚酒一角"、"罚酒半瓮"、"准条科罚"、"罚麦三斗"、"痛决尻杖十五"以及"决杖七下"等规定。此外,就戒律方面而言,敦煌佛教中本来被禁止的饮酒则成了日常之事。中国佛教对于戒律条文的实施,必须承认有着时空与地域的差异。

作为佛教教团制度中国化的事例,唐·百丈怀海《百丈清规》(原书散佚,请参见南宋·道原《景德传灯录》卷六怀海传所附的"禅门规式")之后,还可以举出宋·宗赜《禅苑清规》、元·自庆《增修教苑清规》等多种清规。《百丈清规》内容现可从"禅门规戒"中窥其大概,文中以"不扰公门,省狱讼故",强调了制定清规的意义。对犯罪僧尼清规明确规定是实施罚杖、罚拜、罚钱、罚香、罚油。直至宋代,根据不同规制,在治罚方面,原则上是重罪者遵循俗法,轻罪者依丛林清规。随着货币经济的发展,甚而在实行罚钱制度上,还存在宋代征收铜钱,明代征收银钱的不同。

这里想谈一下道教的情况。道教清规的正式形成始于全真教。1163年,全真教以王重阳为开祖,在陕西地区创立了新的道教教团,这一教团受佛教禅宗的影响颇大。元初道士陆道和编《全真清规》"教主重阳亭君责罚榜",可以说是道教内部形诸文字的最早清规。若违反清规,其处罚有遣出、竹篦罚出、罚斋、罚香、罚茶、罚拜等。有人指出,这些治罚受到不少佛教的影响。

总之,清规在佛教教团中主要是僧尼、大众的一种日常规范、仪式作法、威仪等方面的规定,再附加一些对违反行为的处治法则。实际上,对于僧尼犯罪,哪些应依教团内部清规处罚,哪些应依俗法处罚,许多情况是不清楚的。不过,宋代以前,教团内部的一些纠纷,原则上还是通过内部审议后加以处罚,佛教内部难以解决时,才送付官司,于是受到了清规与俗法两个方面的制约。

《庆元条法事类》卷五十"道释门一·道释令"中载:

诸僧道争讼寺观,内事者,许诣主首。主首不可理者,申送官司。

北宋·宗赜《禅苑清规》所附"百丈规绳颂"亦云:

圣众内,或有盗窃、酒色及斗争,污众,喧乱,不律等事,皆集众弃逐出院,不从即闻公。

以下再举一些宋、元时代的清规条文进行讨论。首先北宋·宗赜《禅苑清规》中对庄园的管理有如下规定：

> 诸庄行者所托非轻，第一，清廉不侵常住。第二，了事不惹官方。第三，善巧调和行者庄客，与庄舍和睦不令斗争。第四，知时耕田下种各务合宜。第五，慈心照管头口勿令羸瘦，及不得令使牛人乱有鞭打。第六，护戒铃束行者不作非违之事，防关庄客不偷常住钱谷。第七，精勤常诣地头照管地界及诸色田苗。第八，明本不为供勤三宝、则是劳而无切。车头行者常须照管头口充肥，及不少欠斛斗，在外止宿之处看守草料，惜护行止，不得饮酒食肉，及作非违之事。参头、堂主常务公心，统众不得挟私。众人有过须当举白，大则覆知事住持人行遣、小则报典座罚钱入众。行者等若参头支拨，不得违背稍有稽迟。（《禅苑清规》卷九，训童行，作务第三）

从以上文末内容来看，若大众（教团内部的僧侣）犯过，当须举白，大者则须申告知事由住持定夺，小者则应申报典座实行罚钱。元·东阳德辉（重编）、笑隐大䜣（校正）《敕修百丈清规》对犯罪僧尼的处罚记载更加明确：

大藏经（《景德传灯录》）内载。宋翰林学士杨亿，推原百丈立规之意。略曰：有或假号窃形混于清众，别致喧挠之事，即当维那捡举。抽下本位挂搭，摈令出院者，贵安清众也。或彼有所犯，即以拄杖杖之，集众烧衣钵道具，遣逐偏门而出者，示耻辱也。详此一条制有四益。（1）不污清众，生恭敬故。（2）不毁僧形，循佛制故。（3）不扰公门，省狱讼故。（4）不泄于外，护宗纲故。然百丈创规，折中佛律五篇七聚，弘范三界。梵檀摈治，自恣举过，以肃其众。国朝累圣戒饬僧徒，严遵佛制，除刑名重罪。例属有司外，若僧人自相十犯，当以清规律之。若斗争犯分，若污行纵逸，若侵渔常住，若私窃钱物，宜从家训，勿扬外丑。盖悉称释氏，准俗同亲。恪守祖规，随事惩戒。重则集众棰摈，轻则罚钱、罚香、罚油，而榜示之。如关系钱物，则责状追陪，惟平惟允，使自悔艾。古规绳颂云：（盗财并斗争，酒色污僧伦。速遣离清众，容留即败群）。又云：（犯重焚衣钵，应当集众人。山藤聊示耻，驱摈出偏门）。大惠禅师住育王时，榜示堂司，僧争无明，决非好僧。有理无理，并皆出院。或议有理而亦摈，疑若未当，盖僧当忍辱。若执有理而争者，即是无

明。故同摈之,息诤于未萌也。(《敕修百丈清规》第二、住持章第五、肃众)

在此,有关对斗诤、侵犯常住钱物或私物的僧尼,则依家训(清规)进行处罚,处罚方式可以举出棰摈、罚钱、罚香、罚油等具体例子。"榜示"、"责状追陪"属于俗法,此用词常见于地方官僚的判语中。此外,在元·自庆编述《增修教苑清规》"清规榜"中还可以看到"不许共住"、"罚香五两"、"罚七拜"以及"罚三七拜"等记录。

然而,上文所说的罚钱具体如何操作,详细情况不得而知。从后世文献清·行策《起一心精进念佛七期规式》来看,或许可以得到一定的理解,如"罚例"一节记述云:

> 罚有三等,上罚钱百文,中罚五十文,下罚十文,不论钱之贵贱,准此为式。堂中悬水牌一面,置笔砚一副。有应罚者,监直师随书牌上,书已,持示本人。令知俟期满,结算某某罚钱若干。仍令本人买香供佛,或放生命。若无钱者,罚持往生咒,每咒十徧,准钱一文。
>
> (中略)
>
> 此三等罚,其计二十三条。今开明记罚式,如左。
>
> 犯不语禁。一上罚。
>
> 多语。一上罚。
>
> 高声语。一上罚。
>
> 私入寮舍坐卧。一上罚。
>
> 定夜失时。一上罚。
>
> 越班出堂。一中罚。
>
> 非时出堂。一中罚。
>
> 乱班旋念。一中罚。
>
> 入夜别作功行。一中罚。
>
> 随班失次。一中罚。
>
> 定夜失时。一中罚。
>
> 讬事久出。一下罚。
>
> 接踵出堂。一下罚。

临班坐立。一下罚。

数数出入。一下罚。

行动急遽。一下罚。

左旋梗众。一下罚。

冲班出入。一下罚。

伫立妨后。一下罚。

高声乱众。一下罚。

食毕先起。一下罚。

造次送人入堂。一下罚。

定夜失时。一下罚。

根据上文,处罚方面分上罚、中罚、下罚三等。上罚钱百文,中罚钱五十文,下罚钱十文。堂中放一笔砚,若有应罚者,监直师记录后传达于应罚者本人,让当事者支付所定罚钱数额,买香供佛。若无钱者,则罚持往生咒,以持咒十遍抵钱一文。又从上、中、下三种级别的处罚,再细分出二十三条规定,依此可以看出不同时代教团内部罚钱的情况。此外,在后世道教史料中,如道藏所收《灵宝领教济度金书》(奉戒颂)、《金箓大斋补职说戒仪》(奉戒颂)、《无上黄箓大斋立成仪》(科仪门)、《洞玄灵宝斋说光烛戒罚灯祝愿仪》(法师还东面向西说戒威仪)、《天皇至道太清玉册》(醮坛清规)、《要修科仪戒律钞》等也可以看到一些处罚的方式。根据犯罪轻重,罚拜又分为五拜、十拜、二十拜、三十拜、四十拜、五十拜、六十拜、七十拜、八十拜、九十拜、一百拜等不同阶次。至于罚油、罚朱(朱)、罚香,也是按照罚拜的标准。兹以表格方式整理如下:

罚油半斤	准礼五拜	罚朱半两	准礼五拜	罚香半斤	准礼十拜
罚油一斤	准礼十拜	罚朱一两	准礼十拜	罚香一斤	准礼二十拜
罚油二斤	准礼二十拜	罚香二斤	准礼四十拜	罚油三斤	准礼三十拜
罚油四斤	准礼四十拜	罚油五斤	准礼五十拜	罚香五斤	准礼一百拜

此外,我们还可以看到油、朱(朱)、香三者共罚的事例,如《洞玄灵宝斋

说光烛戒罚灯祝愿仪》"妄语绮语论"中载"罚香一斤、油五升、朱三两"。总之,相对而言,佛教清规在处罚方面不明之处甚多,有关处罚的详细内容史料缺载,不甚清楚。

三、公罪、私罪、赃罪与赎法的延伸

南宋·志磐《佛祖统纪》关于历代"僧制治罚"诏敕云:

> (大中祥符三年)诏天下州郡,应僧道有犯公罪者,听用赎法。敕品官无故毁辱僧尼,口称秃字者,勒停见任,庶民流千里。(卷四四)

北宋·真宗大中祥符三年(1010)颁布的诏敕,明确记载允许犯公罪的僧道赎法。《续资治通鉴长编》卷七十三、大中祥符三年条亦云:

> 闰二月丙辰,僧、尼、道士、女官(冠)犯公罪者,听赎。

以上两文可以相互参证。此前,《续资治通鉴长编》卷六十六景德四年(1007)七月丁卯条云:

> 诏妇人犯罪,杖以下非故为者,量轻重笞罚、或赎铜释之。

诏敕中对妇人犯罪,依然是根据所犯轻重施予笞罚或赎铜的方式。这里所说的赎法、赎铜,是指以货币来代替五刑,即徒、杖等正刑。众所周知,关于赎铜,早在《唐律》就有明文规定。具体情况是:(1)皇族或官员误杀伤他人时(斗讼律第三三九条);(2)七十岁以上,十五岁以下,超出责任、能力范围的人群(名例律三十条);(3)嫌疑对象者(断狱律五〇二条)等。元·徐元瑞《吏学指南》,对于赎铜记云:

> 即输赎也,自唐宋以来,定数不等。今国家定例,每一下罚钞一两,其赎例有四:
> 听赎,谓犯罪之人情有可矜者。
> 罚赎,谓犯公罪而赎免者。

收赎,谓老幼疾病之人应收赎者。

荫赎,借亲荫而收赎罪者,所谓借荫亲属也。

宋代也使用《唐律》中的赎铜处罚,常见有罚铜、罚金等用语。梅原郁先生认为,《唐律》中实行的赎铜与宋代频繁出现的罚铜不同,罚铜与罚钱金额也有一定的差距。如前所述,宋代对妇人或僧尼、道士、女冠的犯罪往往是实施赎法,这种赎法似乎是从真宗时代开始。《庆元条法事类》卷五十道释门一·名例敕云:

> 诸僧道犯私罪杖以下,及僧道录犯赃,私罪杖·【以上称私罪、赃罪,并谓非重害者】公罪徒以下,并赎。

这里明确记载了僧道所犯轻罪施行罚金、赎法的条文。在赎铜、罚铜问题之外,公罪徒、私罪杖、犯赃等也值得我们重视。有关公罪、私罪的定义,滋贺秀三先生《唐律疏议译注》一文有简要说明,即"所谓私罪,是指与公务无关的所有私人犯罪,以及在公务上恶意所为不正,违法犯罪而言;所谓公罪,即指因公务上的过错而依法定罪,然并无恶意"。对于公罪、私罪,除了梅原先生有论及之外,柏桦先生也有专文研究。柏桦先生以明代公罪、私罪问题为中心,指出公罪的处分在于督励官职,私罪的处分在于儆戒官邪。所谓赃罪,它始于《唐律疏议》,包括强盗、窃盗、枉法、不枉法、受所监临、坐赃六种。当财物争夺以及授受造成犯罪时,成为夺取或授受对象的财物称为"赃",伴随"赃"的各种犯罪,以不同标准来量定刑罚的轻重(滋贺秀三氏)。

本文以探讨僧尼犯罪为主,如上所言官员的公罪、私罪或赃罪并适用于僧尼问题,可以从以下史料分析中得知,如《庆元条法事类》卷五十道释门一·名例敕云:

> 诸僧道犯盗诈恐喝财物(未得者同),若博赌及故殴伤人并避罪逃亡,或犯私罪徒,公罪流并编管及再犯私罪杖(不以赦前后),并还俗。

《庆元条法事类》卷七十六当赎门、罚赎·名例敕亦云:

> 诸州县学生、医生、州职医、助教犯公罪杖以下,太学、武学外舍生,

僧道犯私罪杖以下,摄诸州助教,翰林只候,曾得解及应免解举人【武举同】,太学武学上舍内舍生,僧道录,犯赃私罪【以上称私罪、赃罪,并谓非重害者】,公罪徒以下,御前忠佐,犯赃私罪,公罪流以下,并赎。

前一资料专对僧道(僧侣、道士)犯罪具体列出了"盗诈恐喝财物"、"博赌"、"故殴伤人"、"避罪逃亡"以及"还俗"等处分。后一资料对僧道犯罪列举了"私罪徒"、"公罪流"、"编管"、"私罪杖(以下)"、"赃私罪"、"公罪徒(以下)"、"公罪流(以下)"等处分。这里显然是依文武官僚的公罪、私罪、赃罪来制定僧道或僧道官的公罪、私罪、赃罪。这里虽以僧尼为对象,但所用的概念是相同的。就佛教而言,宋代以后,教团、寺院、僧尼的管理已全部纳入官僚机构系统,因此,以官僚为对象所制定的条文,也同样适用于僧尼,这可视为世俗律制向佛教教团的一种延伸。在选举寺院住持上,推进由甲乙徒弟院向十方住持院的转变;另一方面,仍维持由中央、地方官僚(长官)推荐的住持任命制。

此外,根据《庆元条法事类》卷五十道释门一、断狱令云:

诸僧道犯私罪,断讫,以所犯月日、刑名批书度牒,书印给还。

上文明确谈到度牒中记入僧道犯罪的时间和刑名。度牒,实际上有如官僚的一种勤务评定文书,也就是说,僧尼度牒是模仿了官僚批文。进一步而言,这可能与当时征税政策有关,因为与赎法相同对于公罪的裁判必然会衍生出罚金或科税。有宋一代,对犯罪者实行裁判,往往是没收、追偿民间科罚所得到的罚金,这一般称为"赃罚钱"。县、州、路(提点刑狱司)、大理寺等各种行政区域都有这种情况,有时还设置"赃罚库"。元丰五年甚至还推行无额上供钱,于是导致州军横赋,民不聊生。赎罪范围扩延至僧尼,这与宋代货币经济发展以及不断推出各种纳税政策等财政问题有关。

四、从判语看僧尼治罚
——以《名公书判清明集》资料为主

本节拟根据《名公书判清明集》(以下简称《清明集》)中的一些判语,来探讨依俗法的律、敕对犯罪僧尼进行制裁的有关情况。从宋代的判语来看，对僧尼犯罪所采取的刑罚大致与世俗者相同，通常也是笞·杖·徒以及编管等。不过，"不应为罪"一条颇值得注意。此罪虽然也可以说是汉律，但到了《唐律疏议》才真正明确化，如该书卷二十七·杂律·第六十二条云"诸不应得为而为之者，笞四十（谓律令无条、理不可为者）。事理重者，杖八十。"在律令中既没有正式条文，也没有比附条文，它是指作为一个人的不应为之罪。从文字表面看，如中村先生所言，它所含涉的范围非常之广。宋代的地方官，一般是把此罪用在犯轻罪的僧尼身上。随着整个诉讼等案件的增多，相应的围绕僧尼的各式各样犯罪，以及出乎律令所制定范围的案件频数也在上升。佛教教团虽然努力防止或有意避免王权力量的介入，但事实上由于僧侣人口流动性较强，加之寺产管理困难，内部的一些纷争问题往往有赖于行政机构的力量而得以解决。从《清明集》记载亦可看出，裁判方面的官僚在某种程度上也承认"不应为罪"的处罚。如围绕墓木筏采，蔡久轩的判语"舍木与僧"条云：

> 舍坟茔之木以与僧，不孝之子孙也，诱其舍而斫茔木者，不识法之僧也。若果如县断，则是为尊者可舍墓木，为姪者不合诉墓木，与法意大差矣。程端汝勘杖一百，僧妙日不应为，杖六十。帖县照断。（《清明集》卷九·户婚门·墓木）

根据前举"不应为罪"中的"事理重者，杖八十"条文，以上判语"杖六十"或许是杖八十的误写。另，根据彭仓方判语"客僧妄诉开福绝院"条云：

> 所有宗琦四人妄诉生事，合坐不应为勘断科罪、特与照赦免。当厅戒厉入案，行下本县，逐出开福寺门。所有赡学添田养学，此乃美事，帖本县，别行踏逐官田，具申，切待区处施行。（《清明集》卷十一·人品门·僧道）

上文是开福寺对宗琦等四人客僧占据寺院土地所提出的诉讼。开始拟以"不应为"之罪处治，但因赦而免其罪状。不过最终依然以"逐出开福寺门"罚之。"逐出"、"出院"或"弃逐出院"，即摒弃出教团。这种处置原本是教团内部对极恶僧尼者的一种处罚。通过这则判语，我们可以推知，包括判语者彭仓方在内裁判方的官僚，他们不仅是依据国法，对佛教清规也有一定的理解。

其次，值得注意的是有关"还俗"的判语。"毁度牒"意指"还俗"。蔡久轩的判语"捕放生池鱼倒祝圣亭"条云：

> 叶森以一顽狡民户头，累经户部，动使断罪编管，乃敢用财买使赵时渻，聚采劫取放生池鱼。又自聚集持杖，会合从臾，乘势打坏祝圣亭碑、情理巨蠹、决脊杖十五、刺配温州牢城。方百五、徐富、陈六、魏百三、系持杖随从打坏祝圣亭碑之人、各决脊杖十二、编管邻州、牢固拘管。僧楮英计谋停著、杀猪犒众、情理尤重、勘杖一百、毁抹度牒、编管邻州。只今帖州院解上本司断、仍备榜市曹。（《清明集》卷一四、惩恶门、奸恶）

以上记录是有关宗室赵时渻等劫取放生池鱼，打坏祝圣石碑的事件。僧楮英因参与出谋而受到"勘杖一百，毁抹度牒，编管邻州"处分。有关毁度牒，在刘寺丞的判语"母子不法同恶相济"条，还可以看到以下一文：

> 当职到官之初，咨访民瘼、已知有顺昌官八七嫂母子之名。识年凶恶，恣为不法，贻毒一县平民，及外州商旅。前后官府月吏素与交结同，往往将词人科罪，含冤白死者不一。是以三十年间，民知有官氏之强，而不知有官府，乡民有争，不敢闻公、必听命其家。官八七嫂姓刘，已经编管信州，老而益肆。长男官千乙，名日新。次男官千二，名世肃，纳粟得官，今任鄱阳西尉。两孙官千三，名衎，同恶相济，蓄养恶少适犯，百十为群，以为爪牙鹰犬。私置牢狱，造惨酷狱具，如蒺藜，槌棒，狱仗，铜钟索，手足锁之类，色色有之，兵仗、弓、刀、箭镞，特其末者。最惨酷者，取细砂炒，令红赤，灌入平民何大二、罗五二、五三、廖六乙耳内，使之立见聋聩。追到被苦之人，流涕供对。虽蛮夷之地，未必行此，而官氏王民，乃尔不道。只此一节，已骇听闻。……（中略）……

僧惠倮为官氏子母率敛民财，寄收赃物，及奸范廿三妻，决脊杖十三、毁

度牒。(《清明集》卷一二、惩恶门、豪横)

上文乃是对顺昌县(福建路)官八七嫂母子长年行恶的裁判。僧侣惠崃为官氏母子以不正手法敛得不少民众财物,且通奸范廿三之妻,最终被罚以"脊杖十三,毁度牒"。奸通他人之妇,惠崃的罪状恕不可免。"还俗"、"毁度牒"的同时,还施予脊杖、编管等处罚。但是,犯轻罪或尼众犯罪的情况往往仅以"还俗"、"毁度牒"处治。比如"私剃度及买伪滥文书僧者,刺面决配牢城,尼即还俗"(《宋会要》道释一之一五)。如《元史》刑法志所载,对尼众犯罪通常是免刺,只是勒令还俗。还有"僧道饮酒至醉者,令还俗(免科罪)"(《庆元条法事类》卷五十一道释门·杂犯·户婚敕)。此外,在《清明集》中还记载到还俗后关于财产分配的事例。如翁浩堂的判语"僧归俗承分"条云:

> 余观何氏之讼,有以见天道之不可欺,人伪之不可作也。何南夫生三男,长曰点,次曰大中,幼曰烈。大中出家死绝。点有子曰德懋,七岁而父母亡,十二岁而祖亡,藐然孤儿,茫无依归。烈乃德懋亲叔父,壮年当家,所宜抚育犹子,教以诗书,置其家室,以续乃兄宗祀,岂不仁至义尽矣乎!何南夫身殁才及两年,德懋忽出家,投常山县茗原寺为行童。以十四岁小儿,弃骨肉,礼僧为师,在故家七十余里外,零丁孤苦,至今念之,使人恻然。死者有知,岂不含恨茹痛于九泉之下,何烈之设谋用计,何其忍哉!故国家立法有曰:诸诱引或抑令同居亲童行、僧、道、规求财产者,杖一百,仍改正,赃重者坐赃论,正为此也。……(中略)……在法诸僧?道犯罪罪还俗、而本家已分者、止据祖父财产众分见在者均分。何烈既已身亡,所有规求一节,且免尽法根究。其何氏见在物业,并合用子承父法,作两分均擘。缪氏子母不晓事理,尚执遗嘱及关书一本,以为已分析之证。此皆何烈在日,作此粘点,不曾经官印押,岂可用私家之故纸,而乱公朝之明法乎。(《清明集》卷五·户婚门·争业下)

此判语规定:僧侣、道士犯罪还俗时,分完自己的家产外,祖辈所遗留下来的财产也得均分。对僧侣还俗后的财产分割有详细规定。最后再看一下僧尼通奸的问题,如范西堂的判语"因奸射射"条,此文虽然有点长,为了叙

述方便,兹移录如下:

祖宗立法,参之情理,无不曲尽。傥拂乎情,违乎理,不可以为法于后世矣。临桂黄惭,窃衣缝掖,以小斀为生,侨寓永福,依于陶氏之家,携妻就食,贫不获已,此已可念。寺僧妙成与主人陶岑互相衣物,遂及其妻,因谓有奸。尉司解上,县以黄渐,陶岑与寺妙成各杖六十,其妻阿朱免断,押下军寨射射。此何法也,黄渐有词,县司解案,并追一行供对,与所诉同。如此断事,安能绝讼。在法,诸犯奸,徒二年,僧道加等。又法,诸犯奸,许从夫捕。又法,诸妻犯奸,愿与不愿听离,从夫意。今黄渐即不曾以奸告,只因陶岑与寺僧交讼,牵联阿朱,有奸与否,何由得宵实。捕必从夫,法有深意。黄渐即非愿离,县司押下射射。淫滥之妇、俾军人射以为妻,此固有之。当职昔在州县、屡尝施行。第三人以上方为杂户,或原来无夫、或夫不愿合、无可归宿之人、官司难于区处,方可为此。未闻非夫入词,而断以奸罪,非夫愿离、而强之他从、殊与法意不合。若事之暧昧,奸不因夫告而坐罪,不由夫愿而从离,开告讦之门,成罗织之狱,则今之妇人,其不免于射者过半矣。况阿朱有子,甫免襁褓、使之分离,遽绝天亲,夫岂忍为。数岁之子,贫而无恃,虽曰从公,焉保其生。以政事杀民,此其一耳。寺僧犯奸,加于常人可也,今止从杖罪。妇人和奸、从徒二年可也、今乃免断。妇断,寺僧减降,不妨从厚,胡为黄渐与之同罪。胡为阿朱付之军人。重其所当轻、而轻其所当重、为政如此、非谬而何。守令亲民、动当执法、舍法而参用己意、民何所凭。家人一卦、古今不可易之理也。凡人有家、当日置于座侧。然必于天下之家道、尽合乎易之家人、比屋可封矣。岂复有男女之讼更至官府。礼运之说、亦前圣之格言、夫人食味、别声、被色、而生斯世、岂容不知。然断天下之讼、尽干舍法而用礼、是以周公、孔子之道、日与天下磨砻浸灌、为羲皇之世矣。两造具备、岂复有人。敕令格式之文不必传、详定一司之官不必建、条法事类之书不必编,申明指挥之目不必续,文人儒士固愿为之,何待武弁始知有此。圣王垂训,所以经世,祖宗立法,所以治讼,二者须并行而不悖也。县司此断,悉由簿尉,非长官而受白状、非所司而取草欵，俱为违法。行下取问承吏张靡，刘松、必有取受、本合送勘、今且免行，各从杖一百。阿朱付元夫交领，仍责立罪状，不许再过永福，如违，先从杖一百。妙成照本县已行，押下灵川交管。（《清明集》卷一二、惩恶门、奸秽）

一般情况，妇人若通奸，主要是由其丈夫提起诉讼。上文提到把通奸妇女配给军人是一种特殊的处罚方式。《唐律疏议》杂律"诸色犯奸"条规定："诸奸者，徒一年半"。而上文判语说是"杖六十"，两者之所以不同，有待今后进一步探讨。对于僧尼犯奸，如上文"在法，诸犯奸，徒二年，僧道加等"所示，与一般人相比，僧道者往往加以重罚。此外也有一些僧侣娶妻的情况，如《庆元条法事类》卷五十一道释门·杂犯·户婚敕云：

> 诸僧、道，辄娶妻并嫁之者，各以奸论加一等。僧、道送五百里编管……

有关国法与僧尼的治罚问题，还必须考虑法律条文的可操作性。僧尼犯罪，揭发并诉讼于裁判之后，将受到与一般世俗者相同的处罚。有宋一代，对于僧尼犯罪的相关规定，虽然也有类同与官僚的公罪、私罪、赃罪等条文，且实行赎法，但仅《清明集》中的一些判语，尚缺乏具体事例，不明之处依然太少。

五、结论

本文主要对竺沙先生所提出的僧尼犯罪受到内律与俗法双重制约的观点，以宋代为中心，就夹杂在内律与俗法之间的僧尼犯罪问题进行了探讨。宋代以后，对于僧尼犯罪，原则上依然是重罪者依俗法，轻罪者依丛林清规处治。依佛律（内律）与俗法（俗格）的各自相关规定，在实际操作过程中如何平衡两者之间关系，目前尚缺乏资料说明。虽则如此，通过本文讨论，我们基本上已得到一种清晰的认识。宋代教团清规对僧尼日常生活的过失，如对窃盗、伤害等犯罪行为的处罚虽然也进行了区分,但事实上传述的资料并不多。从中国佛教史上看,宋代对僧尼犯罪的处罚有些颇值得我们重视,如实行罚钱制度就是一个典型的例子。在官僚体制中,赎法也适用于僧尼。僧尼的公罪、私罪、赃罪同样被法令化,这种倾向在北宋真宗时期尤为明显。作为证明僧侣的资格,国家所公认的辞令"度牒",在宋代若当事者受罚时,将规定在"度牒"上记入私罪的刑名以及月日,这与以往的做法不同。根据先行研究,解明的部分固然不少,但本文主要还是从佛教清规与国家法律(律·令)的两者关系角度,探讨了一些遗留问题,并以《清明集》为线索论述了处罚僧尼中的"不应为罪""还俗"以及"奸"等问题。至于判语中所见到的僧尼治罚的相关记载则有待今后进一步探讨。

上海师范大学　定　源译

"超子入经"与"经子两属"

——南宋《孟子》的目录学归属问题

王　宇(浙江省社会科学院)

一、《解题》以前南宋各家书目、类书对《孟子》的归类

到了南宋,《孟子》地位已经十分崇高,一方面,从高宗开始就把《孟子》纳入经筵进讲书目(其地位高于"进读"的书目),另一方面,高宗还手书《孟子》,刻石立碑,说明朝廷对《孟子》高度重视。但是,在陈振孙以前,多数南宋目录和类书把《孟子》列入子部。以下试举数例。

(1)李似之辑《太学新增合璧联珠声律万卷菁华》

此书刻于高宗建炎二年。后集卷十一"诸子门"著录《论语》、《孟了》。

(2)《秘书省续编到四库阙书目》

此书成于高宗绍兴年间,今本为清人叶德辉考证。在"子类·儒家"下著录《孟子》,在"经类"下著录《论语》。

(3)尤袤《遂初堂书目》

时间稍晚于晁公武《郡斋读书志》的尤袤《遂初堂书目》已经在"经总类"中著录了"成都石刻《九经》、《论语》、《孟子》、《尔雅》、旧监本《孟子》"两种版本的《孟子》。但同时他又在"儒家类"下著录了《孟子》,和《荀子》、

《孔丛子》并列。关于这种"经子两属"的现象,下文将结合《玉海》详细探讨。

(4)晁公武《郡斋读书志》

作为宋代著名的"黜孟"代表人物,晁公武对北宋宣和年间知成都府席旦在蜀石经中添刻《孟子》感到不可思议:"(席旦)云:'伪蜀时刻六经于石头,而独无《孟子》经未为备。'夫经大成于孔氏,岂有阙邪?"晁氏没有因为石经中出现了《孟子》而在目录中将其升格为经,相反他仍然把《石经孟子》十四卷著录于子部儒家类。

(5)陈骙《中兴馆阁书目》

陈骙于淳熙五年完成的《中兴馆阁书目》把《论语》著录经部,而把《孟子》入子部。《中兴馆阁书目》的这种分类影响了南宋官方的国史艺文志和嘉定十三年完成的《中兴馆阁续书目》,直到元人修《宋史·艺文志》时,仍将《论语》、《孝经》入经部,《孟子》入子部儒家类。

(6)郑樵《通志》

《通志》卷六十六把《孟子》列入"朱子类第六·儒术"中。

(7)章如愚《群书考索》

此书应该完成于宁宗嘉定更化以前。《群书考索》卷八把"孝经类"、"论语类"、"孟子类"都列入"诸子百家门"。

二、《解题》升《孟子》入经的学术史意义

综上所述,陈振孙以前的南宋各家书目、类书都将《孟子》著录于子部。在这样的现状之下,陈振孙必须对他的调整的理由作出必要的说明,于是在经部"语孟类"下出现了这样一段文字:

"前志《孟子》本列于儒家,然赵岐固尝以为则象《论语》矣。自韩文公称'孔子传之孟轲,轲死不得其传',天下学者咸曰'孔孟',孟子之书固非荀扬以降所可同日语也! 今国家设科取士,语、孟并列为经,而程氏诸儒训解

二书,常相表里,故今合为一类。"(卷三,第72页)

马端临在《文献通考·经籍考》中把孟子列入经部,并将这段文字原封不动地移植过来:

前史艺文志俱以论语入经类,孟子入儒家类,直斋陈氏《书录解题》,始以语、孟同入经类,其说曰:"自韩文公称孔子传之孟轲,轲死不得其传,天下学者咸曰孔孟。孟子之书固非荀扬以降所可同日语也。今国家设科,语、孟并列于经,而程氏诸儒训解二书,常相表里,故合为一类。"今从之。

有些研究者把此段文字中"今国家设科取士,语、孟并列为经"作为理宗朝褒扬道学而调整科举政策的证据。其实陈振孙的意思并非如此,早在北宋神宗熙宁年间,《论语》、《孟子》就被定为"兼经"、"小经":"于是改法,罢诗赋、帖经、墨义,士各占治《易》、《诗》、《书》、《周礼》、《礼记》一经,兼《论语》、《孟子》。每试四场,初大经,次兼经,大义凡十道,后改《论语》、《孟子》义各三道。"从此《论语》《孟子》成为必考内容,但是其重要性比"本经"(《易》、《尚书》、《礼记》、《周礼》、《诗》、《春秋》)还是要低很多。由于史料欠缺,现在已经不清楚《论语》、《孟子》经义在考试评分中的地位如何。但是在现存的宋人别集、科举时文选中,找不到一篇完整的科举考试用的《孟子》经义范文,是不是说明这两篇兼经经义在经义科考试中只具备参考价值呢?此处只能存疑。可以肯定的是,直到理宗朝,《论语》、《孟子》在科场中仍处在兼经的地位,陈振孙所表述的"今国家设科,语、孟并列于经",无非是一个自北宋后期以来没有改变的格局而已。问题的要害在于,陈振孙引用韩愈的话,拈出《孟子》上承孔子,下开宋代理学,在理学道统中居于关键的地位,加上朱子学蓬勃上升的大势,其升入经部已是水到渠成。由此可见,《解题》的独特价值恰恰在于它将朱子学的理念贯穿于目录学领域。

三、《孟子》"经子两属"的《玉海》

在南宋,除了将《孟子》著录于子部的晁公武等各家和升入经部的陈振孙外,还有将《孟子》同时著录于经部与子部的情形,姑名之为"经子两属",这方面的代表是尤袤的《遂初堂书目》和王应麟的《玉海》。

单从出现时间看,《孟子》"经子两属"现象的发明权应归于尤袤的《遂初堂书目》,而非《玉海》。如果说,尤袤是因为蜀石经中刻入《孟子》而将《孟子》列入经部的话,那么,晁公武已经指出,蜀石经中的《孟子》是北宋徽宗朝宣和年间补刻的,并不代表五代已经升《孟子》为经;《遂初堂书目》的经部还著录了旧监本《孟子》,是不是国子监刊刻就意味着《孟子》获得经部的资格呢?答案自然是否定的,因为宋代国子监还大量刊刻子部、史部书籍。因此蜀石经、监刻都不是升经的理由。在尤袤的时代,宋高宗已经将《孟子》刻入石经,以此为由将《孟子》升入经部,亦不为无因,然而《孟子》又出现在了《遂初堂书目》的子部。总之,尤袤这样处理反映了某种程度上的逻辑混乱,正因为如此,马端临根本没有注意到尤袤的这一"创举",或者他注意到了而认为尤袤此举毫无意义,不值得称引。

王应麟的《玉海》完成于南宋末年,现存最早的刻本是元惠宗至元六年(1340)庆元路儒学刊本。他在卷四十三经部中,将《孟子》列在《论语》、《孝经》后,立"《孟》"类,下有说明:"韩愈曰:孔子之道,大而能博,独孟轲氏之传得其宗,故求观圣人之道者,必自《孟子》始。"而且,王应麟在其《困学纪闻》的目录中也是这样排列的。同陈振孙、马端临一样,王应麟也引用了韩愈的话,突出了孟子在道统中承上启下的作用,以此作为《孟子》超子入经的理由。

可是,王应麟在《玉海》卷五十三"诸子"类中,又著录了《孟子》,下注:"见前。《论语》、《孝经》后。"所谓"见前",当指见前文的卷四十三经部。此注说明这种"经子两属"的现象并不是王应麟疏忽的结果,而是一种颇费踌躇的安排。

显然,《玉海》中《孟子》的"经子两属"是经过王应麟深思熟虑的,只是缺乏史料可以直观地反映他的考虑到底如何。这里只能做两种可能的推测。

第一,在《玉海》卷四十二的"经解、经总类"下,王应麟对经部的变化有一个扼要的说明，其中提到宋代："又以《孟子》升经，《论》《孝》为三小经，今所谓九经也。"似乎可以这样推论，在王应麟心目中，"小经"的地位高于子部，而低于传统的经部，《孟子》在《玉海》中的"经子两属"即反映了这种边缘地位。

第二，无论尤袤的"经子两属"还是陈振孙"超子入经"，升《孟子》入经都只是个人行为，并不具备权威性，而官方的书目分类仍自岿然不动。前面已经指出，受《中兴馆阁书目》影响，元人修《宋史·艺文志》仍旧列《孟子》于子部，《艺文志》主要依据四部《中兴国史艺文志》（高宗、孝宗、光宗、宁宗）编撰而成，成书于元代惠宗时期，距宋亡的时间不过六十多年，还可以看到很多宋代图籍。四部《中兴国史艺文志》中，最后一部由李心传等人修于宋理宗嘉熙二年（1238）至宝祐二年（1254），主要以《中兴馆阁书目》及《续书目》诠次而成，其书分为经史子集四部，下分五十二个小类。经部十一类为：易、书、诗、礼、乐、春秋、孝经、论语、经解、谶纬、小学。这些官方书目都形成于《解题》之后。王应麟修《玉海》时，自然不能无视宋代的官修国史艺文志的门类设置；但作为朱子学的传人，王应麟又深感《孟子》升经顺理成章，也许是怀着这样矛盾的心情，才出现了《孟子》"经子两属"的现象。

因此，问题的要害并不在于抽象地争论南宋时代《孟子》是不是"经"，而在于其在何种程度、何种意义上成为"经"。如果从经筵进讲、科举考试、石经刊刻这些范畴看，《孟子》早已是毋庸置疑的"经"，而不必等到陈振孙以《解题》加以确认。但在目录学领域，把《孟子》划入子部的习惯势力仍然十分顽固。就南宋而言，陈振孙以前的尤袤虽然将《孟子》升入经部，但同时又在子部著录，更没有从学术价值的立场出发阐述这样做的理由；到了马端临，他也明白表示自己是出于学术考量才追随《解题》将《孟子》"超子入经"的分类，而不是官方承认的既成事实。

四、对南宋《孟子》目录学地位的思考

如果我们进一步考察《解题》的话，还可以发现陈振孙虽然创造性地在

经部中合《论语》《孟子》为一类,但是还没有在目录学中体现"四书"的独立地位。陈振孙仍然把宋代数量繁多的《中庸》、《大学》著作归入卷二的"礼类"。而可资对照的是,刻于理宗淳祐五年(1245)的科举用途的类书《璧水群英待问会元》,其"儒事门"中,安排卷四十一、卷四十二为"经疑",内容为《诗》、《书》、《周礼》、《礼记》、《春秋》、《易》六经,而在卷四十三命名为"四书",内容为《论语》、《孟子》、《中庸》、《大学》。相比之下,《解题》的做法在目录学领域已经是创新,但从全社会的朱子学大众化、官学化的浪潮中,仍然显得保守。真正全面地把"四书"的地位提升到与"五经"等量齐观的地步,仍然要等到元代。

令人深思的是,无论在南宋后期朱熹的《四书集注》被官方抬高到怎样吓人的高度,陈振孙以后的类书、目录编辑者们并不将《解题》奉为圭臬,而官方的目录分类仍将《孟子》置于子部。更加耐人寻味的是,端平元年十月,时任太常少卿兼侍讲的徐侨进讲时奏请:"《论语》一书,先圣格言,乞以'鲁经'为名,升为早讲。"徐侨此举在于进一步提高《四书》的地位,北山四先生之一的王柏说:"圣人言行,万世大经,曰语曰子,顾不得与帝王之书,并理宗时,时讲官徐侨尝请锡名鲁经,有诏奉行。时议迁之而止。"理宗当即表示可行,但后来交有关部门讨论时不了了之。《论语》虽然早已是经,但属于"小经",与"六经"地位有间,原因是《论语》的体裁是弟子记载孔子的言行,不是孔子亲撰。朱子学人士对此十分不满,因此徐侨有此建议。

端平元年《论语》升为大经的失败,和《孟子》目录归属"地位未定"这两个现象反映了自宁宗嘉定元年发轫的朱子学官学化运动,在经历近半个世纪的突进之后,至理宗淳祐年间已呈现强弩之末。如果以淳祐元年五先生从祀作为这一运动的顶峰的话,那么此之后,朱子学的官学化运动再没有取得质的突破,而只是在量的范畴上继续积累程度。表面上看,由于朱熹弟子越来越少,因此对他们的褒扬仍在继续,譬如:淳祐五年三月,褒扬陈畏、叶武子;淳祐六年四月,褒扬胡安定、吕焘、蔡模。景定二年(1261),吕祖谦、张栻亦跻身从祀,这些虽然都是褒扬朱子学的姿态,但无非是淳祐元年以前褒扬朱子学的各种手段的一种延续,而朱子学人士所渴望的进一步的制度性的突破并未出现:第一,在制度层面上,朱熹的《四书集注》作为科举标准的地位一直没有明确。第二,在儒家经典体系中,《四书》相对于五经的优先地位一直没有得到官方的承认;《论语》的"小经"地位屈居"五经"之下,徐侨虽然曾经提出把《论语》升为"鲁经",却不了了之;《孟子》"经"的地位一直不稳定,时而为小经,时而为子书,时而"经子两属"。元朝的实践证明,这两步已是箭在弦上、不得不发,热爱朱子学的理宗却没有迈出朱子学官学化的最后一步,到底是什么原因让他怀疑、动摇了呢? 一个可能的理由是,端平更化、淳祐更化的失败已经让他对朱子学失去了信心,这种失望无疑波及了《论语》、《孟子》乃至"四书"的命运。如果此说成立,则无疑是理解朱子学在南宋后期命运的关键所在,不过已经超出本文的主旨,这里只是提出假说,尚留待今后的研究加以论证。

关于朱熹与书院关系的几个问题

粟品孝   熊   瑜(四川大学)

诚如学者指出:"在南宋时期的书院发展史上,朱熹是一位有着特殊历史地位的人物。他不仅积极参与了这一时期书院的创建与兴复,而且是这一时期最著名的书院教育家。"[①]但有关朱熹与书院的关系,历代史志记载歧异,学界也是意见纷纭。我们在研读有关史料和论著的过程中,对此做了一些梳理和辨析,谨述于下,并望方家教正。

一、关于乾道三年朱熹讲学城南、岳麓书院事

南宋孝宗乾道三年(1167)九月至十一月,朱熹偕门人范念德、林择之专程来到潭州(今湖南长沙)访问张栻,二人就许多学术问题展开了热烈的讨论,这就是有名的"岳麓之会",或称"潭州嘉会"。这次聚会讲论一向被认为是书院发展史特别是岳麓书院发展史上的大事。然而一些问题至今还存有分歧。

第一,朱熹是否讲学于城南书院? 一般认为,这次朱张之会二人曾一同在当地城南书院和岳麓书院讲学。最为人常引的史料是清修《岳麓志》卷三所谓:"乾道丁亥,(朱熹)如长沙访张南轩,讲学城南、岳麓(书院)。"有学者

据此写道：“乾道三年（1167），朱熹慕名不远千里自闽来访，居留岳麓、城南书院两个多月。”②此时岳麓书院刚修复不久（乾道元年即1165年知潭州刘珙修复之），朱张二人讲学其中不成问题，但此时是否有城南书院呢？最近有学者根据朱熹和张栻二人诗歌唱酬和往来书札，考证认为：“张栻早居长沙城南，其建城南书院经始于乾道九年（1173），至淳熙元年（1174）初已小成。……至九月，城南书院告成。”③指出张栻在建好书院后，曾给朱熹寄来《城南书院杂吟》及书院图样，朱熹随后写有《奉同张敬夫城南二十吟》和《跋张敬夫所书城南书院诗》④。此说的论证相当有力，可以信从。既然城南书院建成于朱张之会后数年，就不好说朱熹当年讲学于城南书院了。朱熹在《跋张敬夫所书城南书院诗》中也说：“久闻敬夫城南景物之胜，常恨未得往游其间。”⑤朱熹根本没有“往游”城南书院，遑论讲学之有？

　　第二，朱熹讲学岳麓书院的盛况如何？最常被引述的材料也是《岳麓志》卷三所记：“学徒千余，舆马之众，至饮池水立竭，一时潇湘洙泗之目焉。”一些学者据此指出：“朱熹当时就是一名颇有名望的学者，来听讲学的人很多，盛况空前，以至有‘一时舆马之众，饮池水立涸’，开创了岳麓自由讲学的风气。”⑥“乾道三年（1167）朱熹与张栻会讲岳麓书院，前来听讲者多达千人，出现了历史上空前繁荣的盛况。”⑦但也有学者认为《岳麓志》所说“乃夸饰之言，乾道朱张之会时岳麓书院决无此盛况。”⑧我们赞同此说。因为此时朱张二人学术尚在形成之中，很不成熟，著述、门人皆少，影响是很有限的，所以他们的讲论不太可能出现“学徒千余”的盛况。这当是后人依据朱熹日后的大名所作的追述，并加夸饰的结果，不宜信从。

　　第三，朱熹是否为岳麓书院大书“忠孝廉节”四字？不少论著都肯定确有其事，如说：“朱熹此次来岳麓，留下一些珍贵资料。手书的‘忠孝廉节’，明代保留在尊经阁，清道光时嵌刻于讲堂。”⑨“这次‘岳麓之会’，朱熹留长沙数月，手书‘忠孝廉节’四字于堂。”⑩前些年出版的《朱熹书院与门人考》也承袭了这一说法⑪。但是，早在1986年，虞逸夫等先生就从出土的碑刻、朱熹和文天祥的笔迹及书法风格等方面认真分析考订后断言，这四字是文天祥的手迹，并非朱熹所书⑫。我们注意到，凡是认为朱熹手书“忠孝廉节”

四字的论著,均不言其原始资料出处,而虞逸夫等人的考辨很有道理,因此我们倾向认为朱熹没有为岳麓书院手书"忠孝廉节"四字。

二、绍熙五年朱熹是否重建了岳麓书院

宋光宗绍熙五年(1194)五月,朱熹来知潭州、荆湖南路安抚使,至八月初离任。在此期间,朱熹曾对岳麓书院力加整顿,但是否"重建"了岳麓书院呢?

绝大多数学者持"重建"(或"改建"、"更建")说,但也有不同的意见。所知最早提出反对的是清代学者王懋竑,他在《朱熹年谱考异》卷四中说:"李本(按指李默《朱子年谱》)云改建,洪本(按指洪嘉植《朱子年谱》)云更建,今俱不从。……朱子至潭,牒委教授与黎、郑二君同行措置,别立员额,增廪给,而绝未有改建之议也。又牒言:到官两月,未及一往。而七月已有召命,八月去郡,亦不及有所改建矣。《语录》有'至岳麓讲书'之云,是亦曾一往,而亦不言改建。年谱李、洪两本俱言改建于爽垲之地,未详所据。"⑬陈荣捷先生针对王懋竑的意见加以反驳。他在《朱子与书院》一文中专立"朱子重建岳麓书院"部分,认为朱熹"重建"了岳麓书院,指出"王懋竑没有看过最早的《年谱》",即叶公回《朱子年谱》,王懋竑的说法不足为信,"朱子书牒,仅关切到别立员额,并不需讨论重建事。至若书院最后的坐落需要再设计,那都不排除重建计划最后的采纳与执行。总之,在王懋竑之前与后,书院之重建,已无问题地被学者所接受的。"⑭这种意见显然比较牵强,难以服人。当代学者袁征先生的意见很值得重视,他指出:"朱熹这次在潭州只有三个月左右。而岳麓书院不在州城,途中还有湘江阻隔。朱熹到任后的头两个月工作繁忙,没能抽出时间,去书院了解情况后最多一个月就离开了潭州,根本不可能重建书院。宋代各种文献也没有这样的记载。"⑮的确,从朱熹自己发布的《白鹿洞牒》和门人的一些记载来看,实在见不到书院"重建"的迹象,只有一些整顿的举措。

三、朱熹所建精舍是否可称书院

朱熹在其一生的教化活动中,还先后创建寒泉精舍、武夷精舍和竹林精舍(沧洲精舍)等私人学校,并在其中著书讲学。一些论著将这些精舍直称为书院。如民国时期盛朗西著《中国书院制度》,就以寒泉精舍作为书院[16]。苗春德先生主编的《宋代教育》"学校编"本在"宋代的私学"部分写道:"他除了在书院讲学外,还在私学中讲学,如寒泉精舍、武夷精舍、竹林精舍等,就是他讲学的场所。"此将书院和精舍分开。但又在"宋代的书院"部分说"朱熹最重视以书院为基地来发展和传播理学思想",接着举出包括寒泉、武夷和竹林三所精舍在内的一些"书院"来证明[17],从而将精舍又视为书院。

樊克政先生著《中国书院史》在列举"南宋建炎迄开禧间的书院"时,包括了朱熹的寒泉、武夷和竹林精舍;接着在叙述朱熹的书院教育活动时又说:"(朱熹)闲居崇安、建阳时,主要讲学于寒泉精舍、武夷精舍、竹林精舍。"[18]均将精舍视为书院。朱火金先生《朱熹与我国古代书院的发展》和方彦寿先生《朱熹考亭书院源流考》二文亦是如此[19],方先生在近出的《朱熹书院与门人考》中继续将这些精舍列为朱熹"创建"的书院。

但朱熹所建的这些精舍真可称为书院吗? 这涉及精舍和书院的联系和区别,应当慎重。

从联系上看,二者往往都有读书讲学的功能,精舍还是书院的渊源之一,在称呼上两者有时确可以互换。但从朱熹自称精舍而不称书院观之,二者必有明显区别。我们知道,精舍初为隐居之所,私人性是很强的;而书院最初是保存与编纂书籍的地方,因而也是读书的地方,在唐代出现时,或指朝廷图书机构(如集贤书院),或指私人读书处,公私皆有。这种情况的发展,形成后来(包括朱熹的时代)的书院可公可私、精舍则纯为私人的特点,这在经费和管理上都是如此。而且,书院往往有正式组织,有洞主、堂长,有捐赠等;至于精舍,则单纯地与某一学者相关联。而且,从宋代书院发展来看,北宋初著名的书院,其创设、存废几乎全与朝廷及地方官府有关,政府性是很强的;南宋朱熹时代许多书院的恢复和发展,也与政府密切相关(著名的岳麓书院和白鹿洞书院的修复就是分别由知潭州刘珙和知南康军朱熹所为)。大致可以说,正由于以上这些原因,朱熹不以书院而以精舍命名自己的私人学校。非朱熹一人如此,当时一些名儒自建的学舍,大多也不自号为书院,而是自称精舍、书堂之类,如陆九渊自立的槐堂、应天山精舍(后易名象山精舍)、吕祖谦设立的丽泽堂、陈亮的保社、陈傅良的瑞安书社等。显然,他们都是要与已染上浓重官方色彩的书院有所区分,毕竟当时他们的学问都还处于"在野"的地位,还是"私学"而非"官学"。后来随着朱熹一派理学由私而官,为官方所接纳,朱熹的一些私人精舍也自然地被改名为书院,如武夷精舍改名为紫阳书院,竹林精舍改名为考亭书院,不过这已是朱熹身后之事了。⑳

当然,精舍与书院还有至关重要的一个区别,那就是精舍在历史上最早为儒家所用,后来又为佛道宗教沿用,而书院则纯为儒家专有。朱熹等人发展儒学的一个重要针对性就是抵制佛、道,重塑儒家纲常伦理的权威地位,因此他们将自己的私人学校命名为精舍,未尝没有与佛、道争胜的原因。陆九渊的话可能是最有代表性的,他说:"精舍二字,出《后汉(书)·包咸传》,其事在建武前,儒者讲习之地,用此名,甚无歉也。"㉑即精舍现在虽为佛、道沿用,但本身是"儒者讲习之地",我们自然应该理直气壮地使用之。这与佛、道争胜的意味是很明显的。我们今天在言及当时的书院和精舍之名时,确不能不注意到这样的语境。

不过,朱门师生在一些场合谈到精舍时,也有称"书院"的。如朱熹晚年创办竹林精舍,门人叶贺孙记师生行释菜之礼的情况时说:"新书院告成,明日欲祀先圣先师……鸡鸣起,平明往书院……"王过描述朱熹的精舍生活时说:"先生每日早起,子弟在书院,皆先著衫到影堂前击板。……(子弟)随侍登阁,拜先圣像,方坐书院,受早揖……"㉒朱熹自己有时也如是称之,如写与黄榦一书说:"书院中只古田林子武及婺州傅君定在此,读书颇有绪","南康李敬子与一胡君同来,见在书院"。㉓但是,这些"书院"是代指精舍还是指精舍的部分建筑呢? 有学者在论及"精舍与书院之关系及其演变"时特别说道:"当精舍指谓有如书院时,其意谓正厅为藏书之所,正式讲授与讨论,亦都在正厅举行。我深信竹林精舍,其情形正是这样。"[24]即是说这些"书院"只是指精舍的"正厅",是精舍"正式讲授与讨论"的地方。这一观点比较独到,值得重视,是否可以成立,有待进一步考证。

我们认为,朱熹所建的这些私人精舍是不宜简单地纳入书院系统来分析的,它们与书院确有关系,但是源流必须清楚,后来之改名书院与当时是否称为书院是两回事,书院和私学有联系更有区别[25],不宜混为一谈。

注释:

①樊克政:《中国书院史》,台北文津出版社 1995 年版,第 62 页。

②邓洪波:《中国书院史》,东方出版中心 2004 年版,第 184 页。

③束景南:《朱熹年谱长编》上册,华东师范大学出版社 2001 年版,第 521 页。

④分载《张栻全集·南轩先生文集》卷七,杨世文、王蓉贵点校,长春出版社 1999 年版,第 637—641 页;《朱熹集》卷三、卷八一,郭齐、尹波点校,四川教育出版社 1996 年版,第 123—127、4163 页。

⑤《朱熹集》卷八一《跋张敬夫所书城南书院诗》,第 4163 页。

⑥杨慎初、朱汉民、邓洪波:《岳麓书院史略》,岳麓书社 1986 年版,第 41 页。2004 年湖南大学出版社出版的朱汉民先生主编的《岳麓书院》第 66 页亦如是说。

⑦江堤、彭爱学:《岳麓书院》,湖南文艺出版社 1995 年版,第 128 页。

⑧束景南:《朱子大传》,福建教育出版社 1992 年版,第 271 页(注 11)。

⑨《岳麓书院史略》,第 41 页。

⑩杨布生:《岳麓书院山长考》,华东师范大学出版社 1986 年版,第 16 页。

⑪方彦寿:《朱熹书院与门人考》,华东师范大学出版社 2000 年版,第 8 页。

⑫虞逸夫等:《岳麓书院"忠孝廉节"四字书者考辨》,《文物》1986 年第 11 期。

⑬王懋竑:《朱熹年谱》,何忠礼点校,中华书局 1998 年版,第 389 页。

⑭陈荣捷:《朱子新探索》,台北学生书局 1988 年版,第 503—505 页。

⑮袁征:《宋代教育——中国古代教育的历史性转折》,广东教育出版社 1991 年版,第 271 页。

⑯盛朗西:《中国书院制度》,中华书局 1934 年版,第 40 页。

⑰苗春德主编:《宋代教育》,河南大学出版社 1992 年版,第 81、93—94 页。

⑱樊克政:《中国书院史》,台北文津出版社 1995 年版,第 52、65 页。

⑲二文分载朱杰人主编《纪念朱熹诞辰 870 周年逝世 800 周年论文集》,华东师范大学出版社 2001 年版;《朱子学刊》1999 年第 1 辑(总第十辑),黄山书社 2000 年版。

⑳参见张惠芬:《论宋代的书院和精舍》,载《华东师范大学学报(教育科学版)》1987 年第 1 期;陈荣捷:《朱子新探索》第 485 页;李弘祺:《精舍与书院》,载《汉学研究》1992 年第 2 期(第 10 卷。此文承邱逸凡先生惠示,谨致谢忱);[韩]赵显圭:《朱熹人文教育思想研究》,台北文津出版社 1998 年版,第 231 页。

㉑《陆九渊集》卷三九《年谱》,钟哲点校,中华书局 1980 年版,第 500 页。

㉒黎靖德编:《朱子语类》卷九〇、卷一〇七,王星贤点校,中华书局 1994 年版,第 2295、2674 页。

㉓《朱熹集·续集》卷一《与黄直卿书》,第 5138、5144 页。

㉔《朱子新探索》,第 485 页。

㉕详见陈谷嘉、邓洪波:《中国书院制度研究》,浙江教育出版社 1997 年版,第 443—453 页。

朱熹理学概论

朱瑞熙(上海师范大学)

南宋思想家、教育家、文学家朱熹一生清贫,仕途坎坷,备受磨难,但矢志不渝,致力于思想理论、教育、文化事业,为中国传统文化作出了不可磨灭的贡献。

一、清贫、坎坷的一生

朱熹字元晦,后改为仲晦,号晦庵,又号晦翁、遁翁。祖籍歙州婺源(今属江西),南宋高宗建炎四年(1130)农历九月生于南剑州尤溪县(今属福建),曾寓居建州崇安(今福建武夷山市)和建阳(今属福建)两县。绍兴十八年(1148),进士登第。二十一年,铨试及格,授左迪功郎(从九品)、泉州同安县(今属福建)主簿。任满归乡,被差监潭州(治今湖南长沙)南岳庙,拜李侗为师。一再辞去官职,专心著书讲学。宋孝宗淳熙(1174—1189)间,历任知江西南康军(治今江西星子)、提举江南西路常平茶盐公事、提举两浙东路常平茶盐公事等。宋光宗时,历知漳州(今属福建)、秘阁修撰、知潭州兼荆湖南路安抚使。宋宁宗初,升焕章阁待制兼侍讲。庆元二年(1196),被反对派弹劾,落职罢祠。庆元六年(1200)农历三月病逝,享年七十一岁。

朱熹在地方和入朝真正担任差遣(实际职务)的时间并不很多,充其量不过九考(任满一年算一考),实际共七年稍多,立朝仅四十天。其余近四十年时间,大部分担任监司或主管、提举宫观一类闲职,领取不多的俸禄;另一部分时间待缺。此外,他还辞去了一些官职。这样,保证他有足够的时间去潜心学问,构筑他的庞大而精密的理学体系。

然而,在他治学和从政的半个世纪中,绝非一帆风顺,而是备受打击。宋孝宗淳熙八年(1181)十二月至九年九月,他担任提举两浙东路常平茶盐公事。九年七月,他巡历绍兴府属县后,进入台州境界。随后,因再三上疏弹劾前知台州(今属浙江)唐仲友,而遭到唐的姻亲、左丞相王淮等人的攻击。十五年(1188)六月,他被任命为兵部郎官,因足病请假,暂未就职。兵部侍郎林栗因为曾与朱熹辩论《易》和《西铭》意见相左,便乘机上疏,对朱熹横加指责。宋宁宗庆元二年(1196)正月,在权臣韩侂胄在支持下,右谏议大夫刘德修奏劾前宰相留正"引用伪学之党",直接把矛头指向朱熹等人,指出为"伪学之党"。同年十二月,监察御史沈继祖对朱熹进行激烈的弹劾,把朱熹等人的打击推向了高潮。沈罗织了朱熹的六大罪状[1],朱熹因而被责落秘阁修撰职,并罢宫观;其弟子蔡元定被罚发遣湖南道州(治今湖南道县)编管。三年十二月,韩侂胄正式从组织上打击朱熹等人,被定为"伪学逆党"而"得罪"者,共五十九人。理学被贬为"伪学",遭禁止。理学家及与理学家关系密切的官员被打成"逆党",皆被贬官,不准担任"在内差遣";各路长官不得推荐由"选人"(低级文官)进改为京、朝官(中级以上文官),推荐者必须在荐状上写明被推荐者"非伪学之人";举人参加科举考试,路长官必须在其"家状"上写"委不是伪学"五字等等。

庆元六年农历三月初九(公历4月24日),朱熹在建阳县考亭病逝。初六,他在病榻上还在修改《大学·诚意章》[2]。

二、时代的需要

朱熹早年研习儒家经典,此外,还学佛教禅学、道经、文学、兵法等,无所不学。追随李侗后，遂为北宋程颐、程颢的四传弟子（二程—杨时—罗从彦—李侗），专心攻求义理之学。同时，又吸取了周敦颐、张载等人以及禅学的部分学说。在宋孝宗朝，集北宋以来各派理学的大成，逐步建立起完整而系统的理学体系。

朱熹理学体系的形成，完全是出于时代的需要。从唐朝中叶开始，历经五代十国，直到宋朝，中国古代社会进入一个新的发展时期。社会生产的发展自不待言，阶级关系出现了新的重大的变化：由唐朝中叶前的门阀士族和均田户、部曲、奴客、贱民、番匠、奴婢等旧的阶级结构，转变为宋朝的官僚地主和佃客、乡村上户、乡村下户、差雇匠、和雇匠、人力、女使等新的阶级结构。在此基础上，出现了新的土地占有制度，地主出租土地、收取地租、剥削佃农的租佃制度成为宋朝社会普遍的经济形态，从而形成了新的社会经济结构。随之，宋朝社会的整个上层建筑都出现相应的变革。大致在北宋初的太祖、太宗时期，基本上完成了政治制度的第一次改革，其中科举制度的初步改革稍迟至真宗朝完成。在宋仁宗朝，基本完成了教育制度的初次改革。思想领域的变革则比较晚一些，这是因为意识、观念的变化则往往发生在物质生活的变化之后。仁宗朝出现了学者们"疑经"的风气，《孟子》、《系辞》、《周礼》、《尚书》、《诗序》等古代经典都受到怀疑，从神坛取下，被人们重新审视。随后，出现了理学的各个学派，虽然在相当长的时间里没有得到统治阶级的肯定，但到宋孝宗时才由朱熹集"唯理"学派之大成，并在理宗朝受到统治阶级的推尊，取得了思想上的统治地位。从此，理学成为符合统治阶级需要的思想理论体系。

三、对外主张抗金，对内主张变革

朱熹生活的时代，宋朝的北方有强敌金朝，内部也存在许多问题。对此，他都必须一一表示态度，提出一次解决的办法。

在宋孝宗初年，朱熹三十二三岁，他血气方刚，积极主张北伐金朝，"恢复"中原故土,激烈反对与金朝议和,站在抗战派的行列。绍兴三十二年(1162)八月,他应诏上书,提出依据"修政事,攘夷狄"原则,希望罢黜和议,同时任贤使能,立纪纲,厉风俗,数年之后,气定志饱,国富兵强,然后衡量自己力量的强弱、金朝寻衅程度,"徐起而图之","中原故地不为吾有,而将焉往?"③这时他还写信给陈俊卿,痛斥与金议和的主张。他指出:阻碍国家恢复大计的,是讲和之说;破坏边陲备御常规的,是讲和之说。对内违背我民忠义之气,对外断绝中原遗民之望,是讲和之说;虽然现在可免日坐愁城,但养成今后的"宴安之毒"的,也是讲和之说。他在信中还说:"祖宗之仇,万世臣子之所必报而不忘者",如果决定与金朝讲和,就会使三纲沦丧,万事废弃。④然而到隆兴元年(1163),抗战派首领张浚任枢密使、都督江淮军马,派兵攻入金境,一时占领了一些州县。但由于宋军将领间不和,坐失战机,反被金军在符离(今属安徽)击败,宋军损失严重。宋孝宗在金朝重兵的威胁下,屈辱求和。张浚北伐的失败,使朱熹对宋朝主动出击劲敌金朝、收复失土的决策发生了变化。这一年,他在《垂拱奏札》之二中,分析当时社会上人们应付金朝的三种对策。对于和议,他当然深恶痛绝,说:"和之策则下矣!而主其计者,亦以为屈己爱民,蓄力观衅,疑敌缓师,未为失计。"是违背"天理",其危害将使"三纲沦","子焉而不知有父,臣焉而不知有君"。至于战与守两策,他说:"战,诚进取之势,而亦有轻举之失。"表明他对张浚这次北伐的评价是准备不足,以致失败。"守,固自治之术,而亦有持久之难。"由此,他提出立即停止与金议和,使全国都知道朝廷复仇雪耻的本意,然后"表里江、淮,合战、守之计以为一,使守固而有以战,战胜而有以守。"这样,持以岁月,"以必复中原、必灭胡虏为期而后已"。这些言论表明,朱熹已经从积极北伐复仇,改变为"合战、守之计以为一"的主张。⑤在朱熹与弟子的随便言谈之间,他也多次议论"恢复"之事。最能代表他主张的是他说:"今朝廷之议,不是战,便是和;不和,便战。不知古人不战不和之间,亦有个且硬相守底道理,却一面自作措置,亦如何便侵轶得我!今五六十年间,只以和为可靠,兵又不曾练得,财又不曾蓄得,说恢复底,都是乱说耳。"⑥以上说明朱熹早期曾经是积极的抗战派,后来主张"合战、守之计以为一",成为坚定的主守派。他之所以前后主张不一，是因为他经过审时度势，认为首先应固守南宋本土，在内修政事，国富兵强后，再考虑北伐金朝、收复故土。在"文化大革命"前，中国哲学史界长期争论朱熹是否"投降派"，莫衷一是；"文化大革命"中，更是把朱熹打成"卖国贼"和"投降派"，这显然不符合史实。笔者在1977年撰成《朱熹是投降派、卖国贼吗?》一文，次年发表在《历史研究》第九期，为朱熹作了初步平反。可以肯定，朱熹是一位爱国者，不可能是投降派、卖国贼；不然，他怎么可能受到宋理宗以后历代皇帝和士大夫的推崇。

在内政方面，朱熹主张变革，并非一名顽固的反对改革者。他多次说过，"事极必有变"[⑦]，"《周礼》一书，圣人姑为一代之法尔。到不可用法处，圣人须别有通变之道。"[⑧]又说："自古无不晓事情底圣贤，亦无不通变底圣贤，亦无关门独坐底圣贤。"[⑨]他反对当时士大夫因循"苟且"和"得过且过"，说："今世士大夫，惟以苟且逐旋挨去为事，挨得过时且过，上下相咻，以勿生事，不要十分分明理会事，且恁鹘突。才理会得分明，便做官不得。有人少负能声，及少经挫抑，却悔其大惺惺了了，一切刓方为圆，且恁随俗苟且，自道是年高见识长进。当官者，大小上下，以不见吏民、不治事为得策，曲直在前，只不理会，庶几民自不来，以此为止讼之道。民有冤抑无处申诉，只得忍遏；便有讼者，半年周岁不见消息，不得了决。民亦只得休和，居官者遂以为无讼之可听。风俗如此，可畏！可畏!"[⑩]朱熹的这席话是对学生讲的，用当时的白话文讲，比较易懂，所以这里全文引录。他以一位学者的敏锐目光，看透官场的"不正之风"之一是官员们的懒散，无所事事。

所以，他在做地方官时，在福建和浙东实行社仓法，在漳州推行经界法，在浙东弹劾贪官唐仲友，在江西兴复白鹿洞书院，反对官府实行茶、盐专卖。宋孝宗乾道七年(1171)五月，建州(治今福建建瓯)遇到灾荒，朱熹在崇安县(见前注)五夫里创办社仓，且讲求仓的利病，具为条约，加强管理。同时，依照灾民人口数和年龄大小分发粮食，进行救济，灾民"遂得无饥乱以死，无不喜悦"。当年冬天，农田收获后，"民愿以粟偿官"，将所得的救济粮还给官府。[⑪]此法初见成绩，各地官员纷纷仿效。淳熙八年(1181)十二月，朝廷"下朱熹社仓法于诸路"，在全国范围加以推广[⑫]。

宋光宗绍熙元年(1190)四月,朱熹到漳州任知州之职。他见到当地"豪家大姓有力之家"多兼并民田,而且隐瞒田产,逃避纳税,以致赋税严重不均,所以主张实行经界法。当年十一月,他在得到朝廷批准后,在当地丈量田亩,清查赋税。次年十月,由于"豪家上户群起遮拦,恐法行,则夺其利,尽用纳税",加上士大夫们"不肯任事",朝廷命令停止推行。⑬宋孝宗淳熙九年(1182)七月,朱熹时任提举两浙东路常平茶盐公事,巡察所部,经过台州,百姓控告前知台州唐仲友者"纷纷"。他立刻赶到台州,"则诉者益众,至不可胜穷"。得知唐有"促限催税、违法扰民、贪污淫虐、蓄养亡命、偷盗官钱、伪造官会等事",立即奏报朝廷。他陆续写了六份"按"唐仲友的奏状,将经过调查了解到唐的贪腐罪行一一写明。应该说,确有实据。但因唐与当朝丞相王淮是"姻家",王"营救甚至",将大事化小,唐终于免受惩处。⑭不过,此事在官场带来很大影响。著名理学家陆九渊在给一位友人的信中谈及此事说:"朱元晦在浙东,大节殊伟,劾唐与正(案:唐仲友的字)一事,尤快众人之心。百姓甚惜其去,虽士大夫议论中间不免纷纭,今其是非已渐明白:江东之命,出于九重特达,于群疑之中,圣鉴昭然,此尤可喜。"⑮说明陆九渊对朱熹弹劾唐仲友贪腐一案十分支持,而且认为此事大快人心。

淳熙六年(1179)三月,朱熹赴江西任知南康军,十月决定兴复白鹿洞书院。次年竣工,并置学田,聘主讲,亲订规约,即著名的《白鹿洞学学规》(五教之目:父子有亲,君臣有义,夫妇有别,长幼有序,朋友有信。为学之序:博学之,审问之,慎思之,明辨之,笃行之。修身之要:言忠信,行笃敬,惩忿窒欲,迁善改过。处事之要:正其谊不谋其利,明其道不计其功。接物之要:己所不欲,勿施于人;行有不得,反求诸己),还常亲去授课,质疑问难。八年二月,他邀请另一位理学家陆九渊来书院讲学,陆以《君子小人喻义利》为题讲演,"听者莫不竦然动心"。⑯绍熙五年(1194),他恢复并扩建岳麓书院,学生达千余人。受此影响,南宋先后兴建的书院总数达300所以上,书院与州县官学遂成为南宋地方的主要教育机构,书院又多是理学的传布中心,理学因而益盛。

值得注意的是,朱熹还反对由官府垄断百姓日用品——茶叶食盐、酒的买卖。他说："财者,人之所好,自是不可独占,须推与民共之。"又说："如今茶、盐之禁,乃是人生日常之用,却反禁之。这个都是不能絜矩。"⑰所谓絜是度量;矩是画方形的用具,引申为法度。此处表示道德规范之意。此外,朱熹对当时的科举制度也有独特的看法,在《学校、贡举私议》⑱等文中系统地作了表述。尽管他本人进士出身,也写过"时文"即当时流行的考试文体(实际是八股文雏形),但他以敏锐的眼光,看到了这种文体的危害。他对学生说："如今时文,取者不问其能,应者也不必其能,只是盈纸便可得。"又说："不知时文之弊已极,虽乡举又何尝有好文字脍炙人口? 若是要取人才,那里将这几句冒头见得? 只是胡说! 今时文日趋于弱,日趋于小巧,将士人这些志气都消削得尽。……只看如今秤斤注量,作两句破头,如此是多少衰气。"⑲这里的"冒头"、"破头"是当时科举的术语,其中还分破题、承题、小讲等,类似现代文章的开头部分。为此,他提出了一系列改革的主张。

四、精密的理学体系

朱熹是中国历史上著述最宏富的学者和思想家之一。他的研究触角实及到儒家经典的所有领域。据《四库全书》的著录统计,朱熹现存著作共二十五种,六百余卷,总字数达两千万字左右。此处只能介绍他理学体系中的主要部分。

第一,理气观。以前,中国学术界受苏联哲学史研究的长期影响,将中国古代的思想家划分为唯物主义和唯心主义两类,朱熹被认为客观唯心主义者。最近有人写论文天祥的文章,还坚持这一观点。其实,这是一种误解。中国古代学者与欧洲人的传统思维方式不同。朱熹一直认为"理"和"气"是密不可分的。他说："天地间,只是一个气。"⑳他多次以人骑马为例,马是气,人是理,人与马两者互相依附,合为一体。"理搭在阴阳上,如人跨马相似。才生五行,便被气质拘定,各为一物,亦各有一性,而太极无不在也。""既有理,便有气;既有气,则理又在乎气之中。"㉑又说："天下未有无理之气,亦未有无气之理。气以成形而理亦赋焉。"有学生再三追问他"理在先,气在后"的问题,他答道:"理与气本无先后之可言。但推上去,却如理在先,气在后相似。"㉒可以这样讲,朱熹的理、气关系和两者先后的问题,实际上是在理、气密不可分和无时间先后的大前提下,从逻辑推理的角上说的,只是逻辑上的理在先、气在后。他还讲过:"人生初间是初有气。既成形,是魄在先。'形既生矣,神发知矣'。既有形后,方有精神知觉。"㉓气与形体在先,精神、知觉在后,这怎么是唯心主义呢?㉔

朱熹的"气"和"理"的概念也并不简单地指欧洲哲学界所谓的物质和精神。与中国传统思想家一样,他的"气"概念包括了物质和精神。他说:"'形既生矣',形体,阴之为也;'神发知矣',神知,阳之为也。"㉕意思是说"气"分为阴、阳二气,阴气产生物质、形体,阳气产生知觉、精神。至于"理"概念,乃指客观的规律、原理、原则、法则等,并非指精神。这些证明朱熹的理气观既非主观唯心主义,也非客观唯心主义。

第二,宇宙观。有关宇宙、天地、人类的起源,理学家们也在思考。朱熹认为天和地是阴、阳二气运行的产物。他说:"天地初间,只是阴、阳之气。这一个气运行,磨来磨去,磨得急了,便拶许多渣滓;里面无处出,便结成个地在中央。气之清者,便为天,为日、月,为星辰,只在外,常周环运转。地便只在中央不动,不是在下。"他认为宇宙在不停运转,说"天运不息,昼夜辗转,故地㮕在中间;使天有一息之停,则地须陷下。"还认为"地却是有空缺处,天却四方上下都周匝无空缺,逼塞满皆是天。地之四方底下却靠着那天,天包地。"㉖参照现代宇宙起源的一种理论,认为宇宙起源于 140 亿年前的一次"大爆炸",当时存在一个体积无限小而密度无限大、温度无限高的"奇点",引起了大爆炸。此前,没有时间,没有空间,也没有物质和能量(堪称"四大皆空")。大爆炸以后,才开始有了时空、物质和能量。这种理论,在朱熹的以上阴、阳二气互相研磨而产生天体的演化思想里可以找到一些影子。

不过,朱熹并没有提出"大爆炸"的理论,也不可能提出这个理论。他继承传统的"无极而太极"理论,说:"原极之所以得名,盖取枢极之义。圣人谓之太极者,所以指夫天地万物之根;周子(按周敦颐)因之而又谓无极者,所以著夫无声无臭之妙也。"[27]这里他的"太极"实际有宇宙之意。但他不赞同在"太极"之外另有"无极",他说:"太极本无极也,此当思无有阴阳而无太极底时节。"他认为"太极之前须有世界来,正如昨日之夜,今日之昼耳","太极"之后更有世界。[28]他的意思是宇宙以前还有宇宙。这当然不符合"大爆炸"理论宇宙起源的学说,但与另一种宇宙起源学说接近。另一种宇宙起源学说认为,一、有证据表明在大爆炸时,已经有存在数十亿年的完全成形的遥远星系。这种学说认为大爆炸从来没有发生过。二、宇宙是无限的,时空都是无限的。即使存在大爆炸,大爆炸前的"真空"不过是物质存在的另一种形式,并不等于"无"。按照这种学说,人类生活的这个宇宙之外还有别的宇宙,而且有多重宇宙甚至无限个宇宙。这种学说与朱熹的"太极之前须有世界"很相像。

朱熹还认为"天"本来是黑暗的。他说:"天明,则日、月不明。天无明。夜半黑淬淬地,天之正色。"[29]从今天看,这是一个科学的结论。现代天文学家都认为宇宙是黑暗无光的,人类见到的光是太阳等恒星照耀的结果。

朱熹吸收当时的地质学和古生物学知识,如沈括《梦溪笔谈》的一些见解来解释史前的历史。他多次讲过,"常见高山有螺蚌壳,或生石中,此石即旧日之土,螺蚌即水中之物。下者却变而为高,柔者变而为刚。此事思之至深有可验者。"据此他解释说:"'阳变阴合而生水火木金土'。阴阳,气也,生此五行之质。天地生物,五行独先。地即是土,土便包含许多金木之类。天地之间,何事而非五行? 五行、阴阳七者滚合,便是生物底材料。"[30]这一观点还是可取的。

第三,人类起源说。有关人类的起源,直到今天21世纪,自然科学界也还没有研究出一个大家都能接受的结论。可以说众说纷纭,莫衷一是。有的提出人类是鱼类从海上登陆,再由猴进化成现代人的。也有认为是外星人最早留给地球的。

作为一位思想家,朱熹对此问题也做过思考,并进行解释。他认为"天地之初,如何讨个人种? 自是气蒸(一作"凝")结成两个人,后方生许多物事,所以先说'乾道成男,坤道成女',后方说'化生万物'。当初若无那两个人,如今如何有许多人?那两个人,便如而今人身上虱,是自然变化出来。"③这种"气"如同面磨,昼夜运行不息,这就是"阴阳之两端,其四边散出纷扰者,便是游气,以生人物之万殊"。因为"四边只管层层撒出,正如天地之气,运转无已,只管层层生出人物;其中(气)有粗有细,故人物有偏有正,有精有粗"②。至于人与物的不同,是因为所"禀"的"气"有清和浊的区别。他说:"物之生,必因气之聚而后有形,得其清者为人,得其浊者为物。假如大炉镕铁,其好者在一处,其渣滓又在一处。"③由于人因"禀"得天地的"清气"或"正气",才成为人;物则"禀"得"浊气"或"晦暗昏浊底气",故只能成为物。这就是他的"气禀"说。

根据"气禀"说,他分析人的福、寿与卑、贱的不同,都是因为所"禀"的"气"有区别。他说:"有人禀得气厚者则福寿,气薄者则福薄;禀得气之华美者则富盛,衰飒者则卑贱;气长者则寿,气短者则夭折,此必然之理。"他还解释"圣、贤"是因为"禀得精英之气","便是得理之全,得理之正";"贵"者是因为"禀得清高者","富"者是因为"禀得丰厚者"。③究竟这些"气"的精粗、清浊、厚薄、华衰、长短怎样区分,为何存在这么多不同,他没有进一步论证。只是讲是"必然之理",不免带有神秘的"天命"论色彩。

第四,天人关系说。从汉朝以来,流行一种天人感应说,认为天与人密切相关,人做了坏事、恶事,上天必定有所报应,加以惩罚。董仲舒《春秋繁露》提出:"道,王道也。王者,人之始也。王正则元气和顺,风雨时,景星见,黄龙下。王不正,则上变天,贼气并见。"(卷四)又说:"灾者,天之谴也;异者,天之畏也。谴之而不知,乃畏之以威。……凡灾异之本,尽生于国家之失,国家之失乃始萌芽,而出灾害以谴告之;谴告之而不知变,乃见怪异以惊骇之"(卷八)。这本来是儒家学者提出的限制皇权的一个办法,既然皇帝是"天子",即"皇天之子",其皇位的拥有是受命于天,是代天理民的,那么在至高无上的皇帝上面还有一个有意志的"天"来控制他,防止他无法无天、胡作非为,促使他自我约束。

北宋神宗时,王安石推行新法。为了使各项新法顺利实行,减少阻力,他提出了三句名言，即"天变不足畏，祖宗不足法，人言不足恤"。这就是著名的"三不足"思想。其中的"天变不足畏"这句话，被现代有的学者认为是否定了有意志的"天"的存在，是一种唯物主义的观点，颇受称颂。但他们没有看到，这种观点在宋神宗时提出，其客观效果是为害无穷的。这就是整个社会失去了群臣、百姓假天之意志来约束皇帝的一种手段，皇帝既然不畏天，实际上是不畏人，于是滥用皇权，胡乱决策，为害整个王朝的长治久安。后来，宋徽宗和宰相蔡京就是利用王安石的这一观点，无视天灾、地震，也依据"不足畏"、"不足恤"㉟说，为非作歹，终于导致国破家亡。

南宋初，一些有远见的官员吸取北宋亡国的教训，不能不追溯到王安石的以上"三不足"思想。朱熹自然也会受到影响。他对王安石的"天变不足畏"说，指出王安石实际认为天与人"全不相关"，否认天与人之间有所"感应"。他说："古人意精密，只于五事（按指《洪范》所说谓统治者修身之貌恭、言从、视明、听聪、思睿，与五行对应）上体察，是有此理。如荆公（按即王安石）又却要一齐都不消说感应，……荆公固是也说道此事不足验，然而人主自当谨戒。如汉儒必然之说固不可，如荆公全不相关之说亦不可。"㊱显然，他不完全赞成董仲舒等汉儒的天人感应说，但又不赞成王安石的天与人"全不相关"说，认为依照王安石的理论，皇帝每遇自然灾害都不需"谨戒"了。大家知道，近数十年内，我们也曾提出过"人定胜天"、"彻底的唯物主义者是无所畏惧的"的理论。然而事实证明，人类现代科技的发展还没有完全达到战胜自然的水平，人类想"胜天"只是一个美好的愿望，依照现代的条件，人类只能与自然和谐相处，按照科学发展观，要尊重自然，适应自然；不然，会遭到大自然的报复。（孔子说：人有三畏，畏天命，畏大人，畏圣人之言。）

第五，对耦论。北宋的理学家在事物矛盾运动的规律方面，已经明确地提出了"无独必有对"或"一分为二"的新命题，指出"对"或"耦"（矛盾）方面的普遍性，甚至指出有些"对"的双方互相可以转化，这样就把中国古代朴素的辩证法思想提到新的高度。

朱熹在此基础上，发展了"有对"说，他从事物的生成说明"对"的原因：

"天地只是一气,便自分阴、阳。缘有阴、阳二气相感,化生万物,故事物未尝无对。"㊲他进一步探讨"无独必有对"的命题,认为"独中又自有对","就一言之,一中又自有对"㊳。虽然事物极小,甚至"一发之微",也可"破一为二"㊴。他依据邵雍"一分为二"一词㊵,从太极分为两仪、四象、八卦等现象,指出"只是一分为二,节节如此,以至于无穷,皆是一生两尔。"㊶把事物的对立统一现象用最简洁、明确的"一分为二"的命题表达出来,这在历史上尚属首次。他还主张,有些矛盾的对立面双方可以互相转化,称为"流行底",如寒暑、昼夜、四季、弦望晦朔;有些矛盾的对立面双方不可以互相转化,称为"定位底",如天地、上下、四方、夫妇、男女㊷。尽管朱熹把事物"有对"的终极原因归之于超自然的"理",认为"是理合当恁底"㊸,但他在当时的历史条件下,能觉察到事物"一分为二"的普遍性,并且觉察到有些矛盾的对立面可以互相转化,这不能不把中国古代朴素的辩证法思想提到新的高度。

当然,在世界上,事物的"一分为二"的普遍性不能理解为事物的两面永远势不两立,自始至终处于斗争状态,其实这也是一种形而上学的观点。任何事物的两面首先要"合二为一",存在"合二为一",才有此事物。所以,事物的"合二为一"是常态的,是绝对的;人自身便是一个对立统一体。相反,事物的两面互相斗争是非常态的,是相对的。朱熹的对耦论中,还有一种横对、竖对的提法。他在解释"太极"时,曾提出"太极只是个一而无对者"㊹,但他更主张"太极有无极对","太极便与阴阳相对。此是'形而上者谓之道,形而下者谓之器',便对过,却是横对了。"㊺有关横对与竖对两者究竟如何区分,留待进一步研究。

第六,批判佛教。宋代的理学家大都以反对佛、道为己任,同时又吸取佛、道的许多思想资料,其中主要是佛教华严宗和禅宗的说教。北宋和南宋前期,各个流派的理学家尚处于探索、创新的阶段,相当多的人的哲学思想前后曾有较大变化,并且在于佛教思想的争论中往往败北,而在晚年皈依佛教。直到南宋中期,朱熹建立起完整而系统的理学体系,从理气观、人性论、认识论、伦理学等方面辟佛,才算从理论上暂时抵制住佛教这个"异端"。

朱熹的学说实际上也吸取了佛教的许多内容,如他的"理一分殊"说,便是吸取了华严宗的"一多相摄"说。同时,他又从各方面诋佛。他认为,以前的学者欧阳修、程颐排佛,仅就礼法或理义而论,没有抓住"要领"。他从佛教的发展史指出,佛教在晋、宋间"剽窃"老、庄及列子的"意思","变换推衍,以文其说","皆是中华文士相助撰集"。这样,据他所说,就查到了佛教窃取老、庄学说的"正赃"。他又从唯理论区分儒、释的差别。他说,佛教"从劈初头便错了",因为从头到底都主张"空",把天、地看做"幻妄",把"四大"看做"假合",也把万理都看做"空""虚",而儒者认为"理是实理","万理皆实"⑯,"君君臣臣、父父子子、夫妇夫妇,皆是实理流行"⑰。在人性论方面,他指出佛教把"知觉运动"包括视、听、言、动当做"性",还进一步提倡"识心见性",而儒者认为仁义理智才是"性","性只是理,有是物便有是理",视、听、言、动只是"眼前作用",主张"天命之谓性,率性之谓道","以至诚尽人物之性,赞天地之化育",将"性"的实理运用到一切方面,佛教则把"性"与"用""分为两截",连眼前君臣、父子、兄弟、夫妇的关系上都"不能周遍"⑱。在"心"与"理"的关系上,他指出佛教"见得心空而无理",把心与理看成两件事;儒者则"见得心虽空而万物咸备",把心与理看成一回事⑲。他也从佛教"废三纲五常这一事",指出这是"极大罪名"。他还分析士大夫晚年"都被禅家引去"的原因,一是佛说玄妙,思想境界比"为取利禄声名之计"的士大夫要高,士大夫自身"工夫有欠缺处","说得来疏略";二是佛说"有个悟门,一朝入得,则前后际断",省得气力⑳。他比较全面、明确地分析理学与佛教观点的界限,揭露佛教与老、庄学说的关系,从而使宋代理学家能够暂时地在理论上抵制住这个"异端"。

第七,纲常伦理说。宋代理学家在论述理气观、人性论等学说时,往往在基本概念中贯注社会伦理原则,使哲理的论述以宣扬纲常伦理为归宿,即以纲常伦理来解释自然,既使自然道德化,又使道德自然化。

朱熹在北宋理学家的基础上,使哲理与伦理道德完全融为一体。他的"理"的范畴,既是表示规律、原理、法则而与"气"相对的"理",又是表示伦理道德和天理人欲的"理"。他认为,"天理"的流行,"其张之为三纲,其纪之为五常"。君臣、父子、夫妇之间的关系,都跟春、夏、秋、冬一样,是"天理使之如此"。他的"气"的范畴,既是表示物质与精神而与"理"相对的"气",又是表示神秘莫测的"气数"、"气运"、"精气"、"浩然之气"等的"气"。他认为人性的本质是善的,性是理的总名,但由于带有偶然性的"气禀之殊,其类不一"⑤,人们的"气质之性"便出现区别,因而有寿夭、贫富、贵贱、智愚、贤不肖的"参差不齐"。他又认为,性中的理即仁义礼智等"五常",人天生有此。只是因为"气质之有偏,物欲之有蔽也,是以或昧其性,一乱其伦"⑫。因此,人们需要"知性尽心","知性"即"格物穷理","尽心"即"致知"。"知性"的任务是"知君臣、父子、兄弟、夫妇、朋友各循其理"⑬,从自己身上去体会仁、义、礼、智、信等"五常"。这样,他把"理"、"气"、"性"等从自然界运用到社会上来,有意无意地在这些哲学范畴中添入了伦理道德的内容,使这些哲理的论述落实到伦理纲常,即以伦理纲常来解释自然,既使自然道德化,又使道德自然化。他还论证"三纲"、"五常"具有永恒性,认为三纲五常是"天理"在人间的具体体现,天理与三纲五常"亘古亘今不可易","千万年磨灭不得"⑭。还撰《小学集注》一书,收集《礼记》、《曲礼》、《论语》、《孟子》等古代文献中有关纲常的说教,编成《立教》、《明伦》、《敬身》、《稽古》四卷《内篇》;收集古人和当代人的"嘉言"、"善行",编成《外篇》两卷。在注释中,予以解说发挥,诱导少年遵照纲常伦理,确定自己的言行。传统的纲常伦理学说,经过他的理论化与具体化、通俗化,从而在社会上产生深远影响,成为后世专制制度的思想支柱。

　　宋代各派理学家在哲学上常常有所分歧,但在纲常伦理学说上,又并无多少差异;他们的教人之法也各有不同,但根本目的都是劝诱人们消除物欲,自觉地遵循传统伦常,服从统治。确实,中国古代的思想家都不免要受到时代的和阶级的局限,他们所处的时代,决定他们的学说必须对中唐以后转型的社会现状诸如阶级结构、各项制度等作出合理的解释,以便"统一"思想,保证本朝统治的长治久安。这是不以人们的主观意志为转移的。朱熹集大成了的理学体系,因为能够比较全面、精确地对宋朝社会作出了解释,对各种社会问题都提出了解决的原则和方法,而且提高到哲理的高度,因此最后获得以统治者宋理宗为首的士大夫的承认和推崇,被当成当时新的占统治地位的思想理论体系。

五、余论

过去，中国思想史界将宋代的思想家分为许多派，其中北宋二程和南宋朱熹被称为"程、朱理学"，或径称"理学"学派，而北宋王安石、南宋陈亮等被定为反对程朱理学的"荆公新学"、"事功学派"等。我认为，宋代的思想家人人都在探讨"性理"、理气、格物致知等，尽管个人的研究重点有所不同，观点有所分歧，但他们实际都在研究理学，他们都是理学家，他们与程朱理学意见相左，但不等于就是反理学家。就像今天，我们都在学习和研究哲学，有谁声称反对哲学，是一名反哲学家？所以，我们今天人为地将宋代有些思想家划分为反理学家而加以推崇，也并不符合事实。此其一。

朱熹的理学处于宋代这一特定的历史时期，肯定有其先进性，对当时社会起到推动的作用。不然，统治者不会承认它的正统地位。当然，也有其局限性，因为它的鼎盛正值晚宋社会经济趋于崩溃，政治秩序趋于混乱和失控的危机时期。它多谈性理、太极、无极等哲理的内容，被视为空疏、迂阔、空洞无用的东西，因此不仅未能消弭当时深刻的政经危机，反而成为人们获取名利，追求高官厚禄的手段。这完全违背了朱熹开创的本旨。此其二。

朱熹主张辟佛及辟道教，希望通过传播理学，来消除理学在社会上的影响，特别是消除在士大夫和士人中的影响。从今天来看，这是一种激进的观点。其实，宗教在当今世界上，还正在发挥一定的积极作用，诸如使人们有所敬畏，相互关心、帮助，维持社会稳定，人际和谐等。看来即使一千年后，儒、释、道及其他宗教并存的局面可能会一直维持下去。此其三。

朱熹等理学家对"一分为二"观点尤其津津乐道，以为发现了宇宙的一大规律，其实这也是一种激进的观点。他们过分强调事物的"分"，而忽视"合"即合二为一，即过分强调事物的两面的对立，而忽视事物的两面的"合"（统一）。这种观点绝对化的结果，是导致后世有的理论家只讲"一分为二"

而否定"合二为一",认为只有阶级斗争才能推动人类历史的发展,以致鼓吹"斗争"哲学,发明一种完全违背马克思主义的阶级斗争理论,这种极"左"的理论历史证明贻害无穷。所以,唯阶级斗争论,追根溯源,实际上继承并错误发展了宋代理学家的"一分为二"的观点;当然不可否认宋代理学家的"一分为二"论正是后代唯阶级斗争论的始作俑者。因此,如果宋代理学应该批判的话,宋代理学家的以上两个观点也是值得批判的。

注释:

①拙作:《评〈南宋反道学的斗争〉》,载武夷山研究中心编:《朱子学新论》,上海三联书店 1991 年版,第 116—181 页。

②(清)王懋竑撰,何忠礼点校:《朱子年谱》卷四,中华书局 1998 年版,第 265—267 页。

③朱熹:《朱文公文集》卷一一《壬午应诏封事》,四部丛刊缩编本,第 160—162 页。

④同上,卷二四《与陈侍郎书》,同上书,第 379—380 页。

⑤同上,卷一三《垂拱奏札》二,第 188—189 页。

⑥黎靖德编:《朱子语类》卷一三三《本朝七·夷狄》,中华书局 1986 年版,第 3200 页。

⑦《朱子语类》卷一一一《朱子八·论财》,第 2720 页。

⑧同上,卷八六《礼三·周礼·总论》,第 2205 页。

⑨同上,卷一一七《训门人五》,第 2830 页。

⑩同上,卷一〇八《朱子五·论治道》,第 2686 页。

⑪《朱文公文集》卷七七《建宁府崇安县五夫社仓记》,同前,第 1427—1428 页。

⑫《宋史》卷三五《孝宗三》,中华书局 1985 年版,第 677 页。

⑬《朱子语类》卷一〇九《朱子六·论取士》,第 2696 页。

⑭(清)王懋竑撰,何忠礼点校:《朱子年谱》卷三;《朱文公文集》卷一八、卷一九《奏状》。

⑮《陆九渊集》卷七《与陈倅》,中华书局 1980 年版,第 97 页。

⑯(清)王懋竑撰,何忠礼点校:《朱子年谱》卷二,第 95、112 页。

⑰《朱子语类》卷一六《大学三》,第 368、362 页。

⑱《朱文公文集》卷六九《杂著》,第 1273—1276 页。

⑲《朱子语类》卷一〇九《朱子六·论取士》,第 2693、2702 页。

⑳《朱子语类》卷六五《易一·纲领上之上》,第 1603 页。

㉑《朱子语类》卷九四《周子之书·太极图》,第 2374 页。

㉒《朱子语类》卷一《理气上·太极天地上》,第 3 页。

㉓《朱子语类》卷三《鬼神》,第 41 页。

㉔宫哲兵:《中国古代哲学有没有唯心主义?》,载《广西民族学院学报》1996 年第 1 期,当年《新华文摘》全文转载。2010 年《炎黄春秋》曾登载冯友兰先生一文,也持同样观点。

㉕《朱子语类》卷九四《周子之书·太极图》,第 2380 页。

㉖《朱子语类》卷一《理气上·太极天地上》,第 6 页。

㉗《朱文公文集》卷四五《答杨子直(方)》,第 771 页。

㉘《朱子语类》卷九四《周子之书·太极图》,第 2368 页。

㉙《朱子语类》卷一《理气上·太极、天地上》,第 6 页。

㉚《朱子语类》卷九四《周子之书·太极图》,第 2367—2368 页。

㉛《朱子语类》卷九四《周子之书·太极图》,第 2380 页。

㉜《朱子语类》卷九八《张子之书一》,第 2507 页。

㉝《朱子语类》卷一七《大学四·或问上·经一章》,第 375 页。

㉞《朱子语类》卷四《性理一》,第 80、77 页。

㉟周辉撰,刘永翔校注:《清波杂志校注》卷二《玉盏玉卮》,中华书局 1994 年版,第 79 页。

㊱《朱子语类》卷七九《尚书二·禹贡·洪范》,第 2048—2049 页。

㊲《朱子语类》卷五三《孟子三·公孙丑上之下》,第 1287 页。

㊳《朱子语类》卷九五《程子之书一》,第 2434、2435 页。

㊴《朱子语类》卷六三《中庸二·第十二章》,第 1534 页。

㊵邵雍:《皇极经世·观物外篇》,见冯友兰先生:《中国哲学史》下册,中华书局 1992 年版,第 834 页。

㊶《朱子语类》卷六七《易三·纲领下·程子易传》,第 1651 页。

㊷《朱子语类》卷六五《易一·纲领上之上·阴阳》,第 1602 页。

㊸《朱子语类》卷九五《程子之书一》,第 2434 页。

㊹《朱子语类》卷一〇〇《邵子之书》,第 2549 页。

㊺《朱子语类》卷九五《程子之书一》,第 2434 页。

㊻《朱子语类》卷一二六《释氏》,第3017页。

㊼《朱子语类》卷六三《中庸二·第十二章》,第1538页。

㊽《朱子语类》卷一二六《释氏》,第3023页。

㊾《朱文公文集》卷五六《答郑子上》之十五。

㊿《朱子语类》卷一二六《释氏》,第3036页。

(51)《朱子语类》卷四《性理一·人物之性、气质之性》,第74页。

(52)《朱文公文集》卷一四《行宫便殿奏札二》。

(53)《朱子语类》卷六〇《孟子十·尽心上》,第1426页。

(54)《朱子语类》卷二四《论语六·为政篇下》,第597、595页。

朱熹纂修史书的贡献与对后世史学的影响

王德毅（台湾大学）

一、前言

我国史学渊源久远，自三代以来，历代皆设史官，以记天子言行。所谓"君举必书"，旨在告诫天子勿妄言、勿谬行。历代当政者皆知以史为鉴，不要蹈前代之覆辙。史官记事是依年月之之次序，供后世修史之用，所以编年史为古史。第一部编年史就是孔子因鲁国史官的记载而修纂的《春秋》，这部书对宋代史学的影响太大了。首先称赞《春秋》的为司马迁，他的"自序"说：

> 夫《春秋》，上明三王之道，下辨人事之纪，别嫌疑，明是非，定犹豫，善善、恶恶、贤贤、贱不肖，存亡国，继绝世，补敝起废，王道之大者也。……《春秋》辨是非，故长于治人。……拨乱世反之正，莫近于《春秋》①

这已道尽了《春秋》的功用。治国者有是非观念，对人要明善恶，对前人之行事要辨是非，都要根据史实。君主先要分辨朝臣中何人为贤臣，何人为小人，然后亲贤臣，远小人，就能拨乱世反之正。孔子生长于乱世，时乱已二百多年，非一日之积。推其修《春秋》本意，全在据事直书，使后世知所鉴戒，并不是一字褒贬。朱熹便持此一看法。他说：

> 《春秋》大旨，其可见者，诛乱臣，讨贼子，内中国，外夷狄，贵王贱伯
> 而已！未必如先儒所言字字有义也。想孔子当时只是要备二三百年之
> 事，故取史文写在这里。何尝云某事用某法，某事用某例邪？

> 问《春秋》。曰：此事圣人据鲁史以书其事，使人自观之以为鉴戒
> 尔！其事则齐威（本为桓字，避钦宗讳而改）、晋文有足称，其义则诛乱
> 臣贼子。若欲推求一字之间，以为圣人褒善专在于是，切恐不是圣人
> 之意。②

朱子认为孔子修《春秋》是据事直书，善恶自见，乱臣贼子之事迹就在其
间，后世读史者即可知之，自取鉴戒，并不是于一字上定褒贬。但为因为上
下的名分、夷夏的关系，遣词用字微有区别，如诛与弑、侵与征之异，这中间
颇暗示褒贬，读之者自可了然。

《春秋》为编年体之祖，《左传》继之，其书重在记事，虽称扬齐桓、晋文公
尊王攘夷之功，但没有特别记述二公行事之始终。到汉武帝时，太史公司马
迁乃改以记述历史人物为主，既分别记述君臣事迹，又分别为某一时代有特
别贡献的人物立传，如孔子被尊为至圣，至汉武帝时已传至十六代，代有贤
哲，乃为立世家。③其弟子七十余人则共立一传，名曰《仲尼弟子列传》。观
其记事载人，天子用《本纪》，诸侯用《世家》，文武大臣、刺客游侠、工商大
老、学界领袖等则入《列传》，仅有少数变例。遂创为纪传体。东汉班固修
《汉书》承之，以后历代皆仿《汉书》修成一代专书，于是自汉至唐纪传体大
行。至于编年史，则以断代史为主，卷帙极少，不足以与纪传史相抗衡。但
到宋代，司马光以十九年的时光修成自战国迄五代的《资治通鉴》二百九
十四卷，既光大了编年体，更为南宋史学开创新世元，朱熹便是既承旧又创
新的伟大史学家，值得特别介绍，因而敬撰此文，与海内外研究宋代史学的
朋友共商之。

二、朱熹纂修的史书及其贡献

朱熹(1130—1200)字元晦,一字仲晦,号晦庵,徽州婺源人。父名松,学者称为韦斋先生,熹于建炎四年九月十五日生于尤溪,十四岁时父亲病逝,即受业于刘子羽、胡宪及刘勉之,尽得伊洛之传。绍兴十八年(1148)举进士,三年后始出任泉州同安县主簿,位政勤敏,以爱民为本,长官信赖之。又建尊经阁,贮藏官书,士子多知向学。六年后考满罢任,"其去也,士思其教,民怀其惠,相与立祠于学宫。"④可见熹的为政清廉,又乐于传道授业解惑,所以熹以讲学为急,不欲仕进,每有差遣,往往以奉亲为理由请求奉祠。等母亲逝世并守丧三年后,又以禄不及养亲为由而辞官,直到淳熙五年(1178)冬始知南康军。以后曾任提举浙东常平司茶盐,知漳州、潭州,直到绍熙五年(1189)七月宁宗即位,因宰相赵汝愚的推荐,熹被召来临安,除焕章阁待制兼侍讲。本来希望宁宗多亲近大儒以进德修业,但竟然因熹借讲筵进谏,不欲听闻,熹便请辞了。次年而有庆元党禁,目熹所倡的道学为伪学,韩侂胄竟传达上旨,禁止士子读四书,科举取士凡言义理者绝不录取,士风乃为之一变。综熹一生,志在教育,兴学养士,为其使命,然后弘扬儒学,既承袭伊洛,并上接孔孟。其大弟子黄榦曾称述熹平生力学、勤教、论著之贡献,认为前无古人。据云:

> ……若其措诸事业,则州县之设施,立朝之言论,经纶规划,正大弘伟,亦可概见。虽达而行道,不能施之一时,然退而明道,足以传之万代。谓圣贤道统之传散在方策,圣经之旨不明,则道统之传始晦。于是竭其精力,以研穷圣贤之经训。……从游之士,欲诵所习以质其疑,意有未谕,则委曲告之,而未尝倦。问有未切,则反覆戒之,而未尝隐。务学笃,则喜见于言,进道难,则忧形于色。讲论经典,商略古今,率至夜半,虽疾病支离,至诸生问辩,则脱然沉疴之去体。一日不讲学,则惕然常以为忧。⑤

可见朱熹一生学而不厌,诲人不倦,孔子以后殆无第二人。熹集宋代理学的大成,著述弘富,兹不俱论,今特就其在史书的纂修方面简言之。

(1)《资治通鉴纲目》:编年史系为古史体,但千余年来,所见之史书,卷帙既少,数量亦不多,而后出的纪传体史籍则甚浩瀚。唯至宋英、神宗时,司马光奉诏修成《资治通鉴》二百九十四卷,起于战国之初,终于五代之末,共一千三百六十二年,为一部编年体的通史。自此以后,编年史转盛,而且因之开创新史体。朱熹完全本《通鉴》的记载,改采大书和分注的撰述方法,纂成《通鉴纲目》五十九卷,即为其一。熹在乾道八年(1182)始与同志合力共同纂修,其自序先成,全书则次第修之。据云:

> 先正温国司马文正公受诏编集《资治通鉴》,既成,又撮其精要之语,别为《目鉴》三十卷,并上之。晚病本书太详,《目录》太简,更为《举要历》八十卷,以适厥中,而未成也。至绍兴初,故侍读南阳胡文定公(安国)始复因公遗稿修成《举要补遗》若干卷,则其文愈约而事愈备矣!然往者得于其家而伏读之,猷窃自病记识之弗彊,不能有以领其要而及其详也。故尝不自料,辄与同志因两公四书别为义例,增损櫽括以就此编。盖表岁以首年,因年以著统,大书以举要,而分注以备言。使夫岁月之久近,国统之离合,辞事之详略,议论之同异,通贯晓析,如指诸掌。名曰《资治通鉴纲目》若干卷,藏之巾笥,姑以私便检阅,自备遗忘而已!……虽然,岁周于上而天道明矣,统正于下而人道定矣,大纲概举而监戒昭矣,众目毕张而机微著矣![⑥]

此序中所列四项则例,其下皆有小注。编年史本来是依年序纪事,先用干支表示本年,下面即大书朝代及帝王年号,正统者大书,并立的其他政权则分两行小书注于下方。凡纲则大书,仿《春秋》,为某月某日之大事,太简略,难明原委,故在下面分注加以说明,仿《左传》,分注之原则为"有追言其始者,有遂言其终者,有详陈其事者,有备载其言者,有因始终而见者,有因事蹟而见者,有因家事而见者,有温公所立之言、所取之论,有胡氏所取之说、所著之评。而两公所遗与夫近世大儒先生折中之语,今亦颇采以附于其间。"是为述史必求其详尽分明,议论必博采众议,以求公正,而非专用一家之言,可以看出一位著明史学家史才、史识与史德并兼之。熹所以重修《通鉴纲目》,盖因不满于司马光《通鉴》没有正统观念,不符合南宋时代的政治背景。熹曾自述其修《通鉴纲目》的宗旨,有云:

> 温公《通鉴》以魏为主,故书蜀丞相寇何地,从《魏志》也。其理都错。某所作《纲目》以蜀为主。……三国以蜀汉为正统,而温公乃云:某年某月诸葛亮入寇。是冠履倒置,何以示训? 缘此,遂起意成书。推此意修正处极多。⑦

对正统的看法互异,盖因司马光是北宋大臣,宋承五代,如西晋必先尊三国时曹魏承汉统,其下为西晋。光自言是为了编年史纪年取其年代相接,并不是"尊此而卑彼,有正闰之辨也。"⑧但既已立《魏纪》,则必尊称曹丕为世祖文皇帝,而刘备被贬为蜀主,孙权被贬为吴主,所以称诸葛亮出师北伐为入寇,这是事实。朱熹甚不以为然,熹生长在南宋偏安江左时代,孝宗亦有北伐收复故疆之图,与蜀汉相类,乃以昭烈帝章武元年(221)继献帝建安二十五年(220),认为汉并未亡,魏文帝曹丕为篡贼,如同王莽。熹逝世后,其门人李方子撰后序,又有进一步的说明。李氏云:

> 粤自纪传创兴,而编年之法废。……独司马公处史法废坠之余,超然独览,推本荀悦《汉纪》,以为《资治通鉴》一书,凡一千三百六十二年之事,珠贯绳联,粲然可考,而《春秋》编年之法始复,其功可谓伟矣! ……至于帝曹魏而寇蜀汉,帝朱梁而寇河东,系武后之年,黜中宗之号;与夫屈原、四皓之见削,扬雄、荀彧之见取,若此类,其与《春秋》劝惩之法,又若有未尽同者,此子朱子《纲目》之所为作也。……纲仿《春秋》,而参取群史之良,目仿左氏,而稽合诸儒之粹。至于大经大法,则一本之圣人之述作,使明君贤辅有以昭其功,乱臣贼子无所逃其罪。而凡古今难制之变、难断之疑,皆得参验稽决,以合于天理之正,人心之安,而后世权谋术数利害苟且之私,一毫无得参焉,则是继《春秋》而作,未有若此书之盛者也。……自有史册而有《春秋》,自有《春秋》而有《通鉴》,有《通鉴》而有《纲目》。其间盖欲晚岁稍加更定,以趋详密,而

力有未暇焉者,然其大经大法之所存,是岂秦汉以后操觚执简之士,所能历其庭而涉其级哉!⑨

此序文颂扬《纲目》之功用,对往史之认知及影响于世道人心者甚弘伟。当嘉定三年(1210),方子获得此书,稍后曾借给真德秀研读,德秀读后,喟然叹道:"大哉深乎!信《春秋》以来未之有也。为人君而通此书,足以明德威之柄,烛治乱之源。为人臣而通此书,足以守经事之正,达变事之权。"⑩《纲目》的鉴戒功能是很广泛的,一个人之立身大节要坚持到底,不可因一时的富贵诱惑而改变,前述的扬雄本是汉臣,因仕于王莽,特贬之曰"莽大夫"。而晋臣陶潜至刘宋窃国后即隐居不出,乃尊之曰"晋处士"。至于他的朝代正统史观,如不书武后的纪元,仍用唐中宗的年号,是承袭北宋史家范祖禹《唐纪》的。祖禹于载述中宗复位、复国号曰唐后附论说:"天下者,唐之天下也,武后岂得而间之?故臣复系嗣圣之年,黜武后之号,以为母后祸乱之戒。窃取《春秋》之义,虽得罪于君子而不辞也。"⑪司马光《通鉴》是本之《唐书·则天皇后纪》,故纪年用武后所改元曰"垂拱"(658),题曰"则天顺圣皇后",以下皆书武后所改之新年号,直至中宗复位改元神龙(705),始用中宗纪。《纲目》全用嗣圣年号纪年,正是承袭范氏《唐鉴》的。又三国时代当以蜀汉为正统,此议论早在绍兴中胡寅撰《读史管见》已发之,寅曾批评司马光"推奖荀彧,宽宥曹操,至谓操取天下于群盗,非取之于汉室,而抑退蜀之主相,不少假借,于孔明北伐,又以入寇书之,亦独何哉?"⑫此观点正是朱熹所坚持的,所以陈振孙便如此说:

> 《读史管见》三十卷,礼部侍郎胡寅明仲撰。以《通鉴》事备而义少,故为此书,议论宏伟严正,间有感于时事,其于熙丰以来接于绍兴权奸之祸,尤拳拳寓意焉!晦庵《纲目》亦多取之。⑬

《读史管见》成书于绍兴二十五年(1155),家有稿本,熹曾阅之,《朱子语类》卷一百三十四论历代史曾引用之,自当得见上述之议论。熹之好友张栻曾撰《汉丞相诸葛忠武侯传》,末云:"近世钜公作史书编年,乃以魏年号继汉献之统,故其所言名不正而言不顺。予谓:献帝虽废,而昭烈以正义立于蜀,武侯辅之,汉统未坠地也。要尽后主末年始系魏年号为正。"⑭此处明明批评司马光《通鉴》之书法。栻曾持此传文给朱熹阅览,并交换意见,两人是相通的。这都可以看出,南宋史学家的正统论是一致的。

往年研究朱熹史学的学者多言:朱熹《通鉴纲目》为未完成之著作,今日传世的《纲目》,实多成于其弟子赵师渊之手。据钱穆说:"朱子史学方面之著作,最著者为其《通鉴纲目》,然实未成书,仅有一套计划与一部分草稿而已!"⑮这话有些武断,经钱氏考证,认为"不得谓此书全出师渊之手"。所以还待考证。今据元儒程钜夫所亲见之一幅《纲目》手稿,任定是朱子的亲笔。乃为跋云:

> 遂良出示《通鉴纲目》稿一幅,书建武二十六年、七年事,曰:朱子之笔。维昔道学诸儒,于字画不数数然也,独朱子少尝学书,而其字画奇伟卓绝,片纸流落,人之好之宝之殊尤。虽然,朱子之为人,《纲目》之为书,其所以可宝者,夫岂以其字哉!⑯

此跋撰于元至元三十一年(1294),朱熹已逝世九十余年了,尚有士人珍藏其书稿。当宁宗嘉定初年,伪学之禁已经解除,至十二年(1219),大儒真德秀刻板于温陵郡,已广为流传,学者皆可得而读之。史学大家李心传曾指正其错误。据云:

> 朱文公《通鉴纲目》条贯至善,今草本行于世者,于唐肃宗朝直脱二年之事,亦由门人缀缉,前后不相顾也。又自唐武德八年以后至于天祐之季,甲子并差,考求其故,盖《通鉴》以岁名书之,而文公门人大抵多忽史学,不熟岁名,故有误。余因诸生有问亦为正之矣!⑰

这说明由门人缀辑成书,朱熹晚年没有完全审阅改正,既有遗漏,又写错干支,李心传一生研究历史,其指正是绝对可靠的。从整体来看,该贯古今,是非善恶分明,功在劝惩,是可以肯定的。所以为人君者不可不读。理宗即位后,崇尚道学,曾于嘉熙元年(1237)二月二十一日下诏:"以朱熹《通鉴纲目》下国子监,并进经筵。"⑱自此,《纲目》乃成为帝王必读的史书。

(2)《五朝,三朝名臣言行录》——宋代史家很留心当代史的编修,如司马光便曾撰《皇朝百官公卿表》十五卷,自太祖建隆元年至神宗熙宁之初。南宋李焘加以增补,编至北宋末,共一百四十二卷。焘又以四十年的心力独修《续资治通鉴长编》九百八十卷,上起建隆元年,终于靖康二年(1127),为北宋一百六十八年最翔实的编年史。唯这些书重在记述政治变革,人事更易,方面较广,不是以人物为中心。只有朱熹所编辑的《八朝名臣言行录》是以每朝的名臣为中心。记述每位名臣的贡献,他们的建言和领道国家迈向升平,功不可没。他在自序中特说明纂修之故,有云:

> 予读近代人文集及记事之书,观其所载国朝名臣言行之迹,多有补于世教。然以其散出而无统也,既莫究见始终表里之全,而又汨于虚浮诡诞之说,予常病之。于是掇取其要,聚为此录,以便记览,尚恨书籍不备,多所遗阙,嗣有所得,当续书之。⑲

是熹辑录名臣事蹟之本意是供自己翻阅的,以后遇到新的史料,即加增入。但在乾道末年刻板问世以后,没见增订版。⑳《五朝名臣言行录》起太祖朝赵普,终于英宗朝,共载五十五人,尚有附传三人,共十卷。《三朝名臣言行录》,起神宗,至徽宗朝,共载四十二人,内中司马光附其子康,吕公著附其子希哲,共十四卷,内容较五朝加详,如韩琦独占一卷,刻本共六十五叶,已超过两万言,分条述事,每条下大半注明出处。当时名臣逝世后,其子孙或旧属为撰家传,恭请名儒或门人、朝中贤者为撰行状、神道碑或墓志铭,这是最基本的史料。名臣历任地方长吏,只要卓著政声,既清廉又公正,受到居民的爱戴,其任满离去后,当地父老为立生祠而祀之,撰有祠堂记,颂其亲民爱民之实。范仲淹言行录中即有征引。总之,宋代文网不密,又有不杀士大夫的家法,故士大夫常就其所见所闻撰为闻见录或随笔、日录、退朝录、语录、谈录等,皆为珍贵史料。朱熹在纂辑《名臣言行录》时,广搜博采,南宋时人撰的笔记亦予以采用,如邵伯温的《邵氏闻见录》便屡见征引。又名臣司马光《涑水纪闻》被征引的最多,其次为沈括的《梦溪笔谈》,欧阳修的《归田录》,魏泰的《东轩笔录》,苏辙的《龙川志略》等,至为繁富。有些著作今已不存,如王安石《王荆公目录》、吕大临《吕与叔文集》等,不及一一遍举。

修史者各有其观点,修前代史姑不论,如修本朝史则易引起争论。盖熹所论述宋代人物,距其修书时代,长者不过两百年,短者仅数十年,名臣的后裔或任朝臣,或为学界名流,得而读之,称誉之言自然认同,如有贬责,便难释怀。北宋大族要数东莱吕氏为第一,仁宗朝宰相吕夷简是一位颇受争议的大臣,各家记述有褒有贬,朱熹在纂辑《五朝名臣言行录》时,自当兼采。当时刻刊于建宁,夷简的六世孙祖谦为理学家,与熹交情甚笃,首先得而读之,便致书于熹,表达不同看法。书云:

> 近岁麻沙印一书,曰《五朝言行录》,板样颇与《(论语)精义》相似,或传吾丈所编定,果否?盖其间多合考订商量处,若信然,则续次往求教。或出于他人,则杂录行于世者固多有所不暇辨也。㉑

熹得书后曾有回信,略云:"《言行》二书,亦当时草草为之,其间自知尚多谬误,编次亦无法,初不成文字。因看得为订正示及为幸。"㉒既已刻板,欲删削或订正尚有待来日。亦未见祖谦再与书详论此事。不过祖谦尝与汪应辰书言及此事。有云:

> 近建宁刊书,《五朝言行录》,云是朱元晦所编。其间当考订处颇多,近亦往问元晦,未报,不知曾过目否?前辈言论风旨日远,记录杂说,后出者往往失真,此恐亦不得不为之整顿也。㉓

此书末注"癸巳",则是乾道九年(1173),时在与熹通书后不久,书中并未指出错在何处。熹所征引的各家记录杂说,各有独特的看法,难免有褒有贬,如司马光《涑水纪闻》多纪当代事,于行文间隐含贬义。熹在《许国吕文靖公夷简言行录》中仅引四条,并没有太贬,而只是陈述夷简很会用权术,人莫能测。当然这也是贬责。只是吕祖廉颇不以为然,熹的解释是:"某编《八朝言行录》,吕伯恭兄弟亦来辨,为子孙者只得分雪,然必欲天下之人从己,则不能也。"㉔此言甚合情理,故回覆祖谦之书牍很有礼貌,不必再分辨了。这是在当时引起的一点不同看法,然就研究北宋史而言,本书保存很多第一手史料,每个时代都有领道群伦的大政治家或大思想家,人物为历史发展的核心,他们的思想言行影响至广,值得研究。北宋仁宗初年宰相王曾是一位贤相,逝世后,其弟皡曾撰《王文正公言行录》三卷,记录曾平生言行凡六十七事。㉕朱熹在《五朝名臣言行录》卷五之一《丞相沂国王文正公言行录》中，也征引了二十二条。但终南宋高宗绍兴之末，尚未有史学家彙编前代或本朝诸名臣言行录者，熹的编辑《八朝名臣言行录》可谓首创，贡献于史学至为宏大。

（3）《伊洛渊源录》——宋代理学昌明，北宋周敦颐、程颢、程颐、张载、邵雍为五大家，强调圣人之道自孟轲死后便失其传，至周子、二程子、张子出而始大明。当时称伊洛之学，上承洙泗。历六十余年，至朱熹而集其大成，所以熹在乾道年间即不断搜集北宋五子及其门人的相关史料，欲汇辑一部专书。当乾道八年（1172），熹与吕祖谦书云：

> 欲作《渊源录》一书，尽载周、程以来诸君子行实文字，正苦未有此及永嘉诸人事跡首末。因书士龙，告为托其搜访见寄也。㉖

二程门人中有温州籍者，尚未有材料，因此恳托永嘉学者薛季宣（字士龙）帮忙搜访。季宣在乾道八年知湖州，所以熹亦称他薛湖州，不幸在次年七月便病故了，熹闻之甚哀悼，所以未能到得到季宣的帮助。因此，吕祖谦特致书劝熹不必太急，当少待些时。书云：

> 《渊源录》事书稿本复还纳，此间所搜访可附入者并录呈。但永嘉文字娄往督趣，犹未送到。旦夕陈君举（傅良）来，当面督之也。《渊源录》其间鄙意有欲商榷者，谨以求教。大抵此书其出最不可早，与其速成而阔略，不若少待数年而粗完备也。㉗

朱熹似乎未能久等，特回答一书专论《渊源录》，此书载《朱文公文集》卷三十五，评论理学家性向，文字很繁，不拟引述。其成书的时间，据清儒王懋竑纂《朱子年谱》载在乾道九年（1173）秋，至于刻板的时间则无记载。但可断言，至迟理宗时应已刻板印行。元朝平江南后，文献北传，北方学者许衡先得朱子之书而尊信之，真定人苏天爵家即珍藏《伊洛渊源录》一书，当为南宋末年刻本。到元至正三年（1343），天爵出任湖北参政时镂板于鄂州，至九年（1349）任浙江行省参政，又刻于苏州，以后流传日广。此书共载四十六人，前六卷记周子、二程及邵、张子五大儒学术思想与贡献，征引的文献有事状、行状、碑铭、年谱、祭文、奏状、语录等，当时流传杂史、随笔等亦加搜载，辑为遗事录。自第六卷后半至十四卷，分载诸门人事略，征引家传、奏疏、议状、书牍等，甚有史料价值。本书所载人物为道学家，与《三朝名臣言行录》专收名臣不同，但也有兼收者，如吕希哲，为吕夷简之孙，公著之长子。在《三朝名臣言行录》卷八之一中附在公著言行录之后，引录家传、杂志、家塾记、童蒙训等。与在《伊洛渊源录》卷七《吕侍讲》下所征引者几乎全同，最后特别载希哲好佛学，这是很少见的，当时吕祖谦曾经劝说："吕侍讲学佛事似不必载"，最后仍未改。但对大儒邵雍，两书虽皆编录，却只有征引《吕氏家塾记》一则是完全相同的。此仅就两书对照其内容而言，但《名臣言行录》重在政治因革及人事变迁，而《伊洛渊源录》则重在学术思想及道统之传。儒家思想自宋代以后更发扬光大，而程、朱之学的传布已遍及全国，更为元、明、清三朝儒者所继承，其影响是深远的。据苏天爵说：

> 《伊洛渊源录》者，新安子朱子之所辑也。朱子既录八朝名臣，复辑周程邵张遗事以为是书，则汴宋一代人材备矣……间尝诵程子之言曰：周公没，百世无善治，孟轲死，千载无真儒。盖治不出于真儒，虽治弗善也。自圣贤既远，治教渐微，汉唐数百年间，逢掖之徒岂无名世者欤？盖溺于词章记诵之习者，既不足以知道德性命之原，诔于权谋功利之说者，又不足以求礼乐刑政之本，此教之所以不明，治之所以弗古若也。宋代之兴，儒先挺出，周子得不传之学于图书，阐发幽祕，二程子扩大而推明之，穷理致知以究其极。邵子、张子则又上下其论议，然后天理之微，人伦之著，事物之众，鬼神之幽，焕然复明于世。一时及门之士，讲明正学，风采言论各有所传，朱子悉登载于是书，以为训焉，其有功于天下后世可谓至矣！盖自古为政者，必明道术以正人心，育贤才以兴治化，然则是书所述，其有关于世教已夫！[20]

这部书不仅阐述道学诸儒弘道之功，更重要的是在感化政治人物要先知道为政以德，内心要常存爱民之念，则天下必大治。所以天子要读此书，期防未萌之欲，以辅养君德，要使时时不离正人，此有益于天下国家者。所以苏天爵称许"明乎圣贤治人之方，必不诔于权谋功利之说"。此朱熹辑录此书以有望于后学者。天爵刊此书时，李世安为撰后序，亦加赞扬：

> 昔孔子缵述群圣之道，至孟子而愈明，孟子之后至二程夫子始克绍
> 其统。程子之学得于周子而益阐之，当时师友之盛可追洙泗诸子，非汉
> 儒之所敢望。及考亭先生出，又能集厥大成而折衷之。盖《伊洛渊源
> 录》一书，凡周程张邵及其门人之言行政事，无不备载，而圣贤相传之
> 道，炳然见于其中，如五纬之丽天，百川之有原委，其有功于世教大矣！②

此言本书有益世教，在今日看来尚不止此，如《四库总目提要》所言："道
学一派宗旨定于是书，《宋史》之分道学、儒林二传，亦据此书为定论也。"③正
是确论。而此书征引丰富史料，所收载之宋代文献，有些久已散佚，故今后
研究宋代学术思想史，必须依凭本书所引的第一手史料。

四、《伊川先生年谱》——这仅是一篇专文，并不是一部书，没有单独刊
行，后编入《朱文公文集》卷九十八中，熹曾编集《程氏遗书》，即将该年谱收
入附录中。此年谱载述程颐一生弘扬儒学之贡献，任侍讲时，念念以辅养君
德为急，谏君主勿生骄心，忽听近习之言。立于朝时常辞官，认为儒者当知
进退之道，其所坚持者乃是大德大节。本年谱系据程氏文集中所载，配合诸
门人所记《伊川语录》，更征引其他文献以佐证之。每条记事皆注出处，凡双
行夹注者皆征引他书，计有《哲·徽宗实录》、吕本中《童蒙训》、王巌叟之奏
疏，杨时的《龟山语录》等，其叙事与《名臣言行录》颇同，皆有本有源。熹又
与吕祖谦合辑《近思录》十四卷，皆掇取周子、二程子及张子之书中要语，皆
关于大体而切于世用者，以加惠后学。凡有志于学者皆可自习。此足以见
朱熹之崇仰伊川已竭尽心智了。

三、对后世史学的影响

朱熹所编纂的四种史书，皆有开创性，留给后世一些典范，起而效之者
前后相望。他的史学观点亦极正确，如从历史发展来看，政权的更替是大势
所趋，总要确定一个大原则令史家共同遵随，这便是正统史观。兹依前述四

种史书之次,分而述之。

(1)《通鉴纲目》——此书开创纲目史体,问世以后,甚受朝廷称赏,首先承其凡例而修成的史书为陈昀的《皇朝编年纲目备要》三十卷,因《通鉴纲目》终于五代之末,所以陈均接续修北宋九朝的纲目。绍定二年(1229)七月刊刻,真德秀为之序,内引陈均之言,有云:"昔尝读朱文公《通鉴纲目》,叹其义例之精密,盖所谓纲者,《春秋》书事之法也,而所谓目者,左氏备言之体也。自司马公《目录》、《举要》之作,至是始集大成。观者亡复遗憾。均窃不自揆,辄放而依之。然文公所述前代之史,故其书法或寓褒贬于其间,均今所书,惟据事实录而已,不敢尽同文公之法也。"㉚据事实录以待后世论定,正是宋儒修当代史之法。其书所立凡例,有正例六条,杂例九条,亦多参用朱熹《纲目》,仅稍微改变而已!均又纂辑《中兴两朝纲目备要》十八卷,起高宗建炎元年(1127),终孝宗淳熙十六年(1189),前无序,后无跋。陆心源的《仪顾堂题跋》卷三中载之,云:"不著撰人名氏,影写宋刊本。"又云:"大书分注体例亦与陈均《九朝编年》同。"最后考订当为陈均之著作。最后结语说:"曰举要备要者,平甫(陈均字)之谦辞,曰纲目者平甫之本意也。"㉜而今台北国家图书馆善本室藏有此书。继之者为不著撰人的《两朝纲目备要》十六卷,记光宗、宁宗两朝事,起绍熙元年(1190),迄嘉定十七年(1224),正是接续陈均之《中兴两朝》,现在通行者为《四库全书》本,乃四库馆臣辑自《永乐大典》者,然张金吾的《爱日精庐藏书志》则著录影写宋刊本《续编两朝纲目备要》十六卷,乃是续陈均之书。则是两宋前十三朝皆有纲目体的史书。这自然是继朱熹的《纲目》。当理宗之世,崇尚道学,儒学者尊称之曰"先正",曰"子朱子",曰"文公先生",时尹起莘撰《通鉴纲目发明》,于正统、篡伪之辨特严,当时名臣魏了翁为撰序,强调《纲目》本《春秋》之法。至元代,又有刘友益撰《通鉴纲目书法》,名儒揭傒斯为之序,也是强调:"朱子因司马氏《通鉴》作《纲目》,以正百王之统。此天地之经、君臣之义,而圣贤之心也。"㉝所以朱熹认定三国时昭烈帝继汉之统,汉并未亡,则魏王曹丕为篡贼。天下分裂,虽有新政权建立,实未统一,也是要到统一以后始可以得正统。元末史学家陈桱撰《通鉴续编》二十四卷,用纲目体,第一卷述盘古至高辛氏,以补金履祥撰《通鉴前编》之所未备。第二卷述辽之兴起及得国之故,事在唐末五代,以补《通鉴纲目》之所缺。其余二十二卷则专述宋事,始于太祖,终于二王,以续《通鉴纲目》。但在书法上,与陈均的《皇朝编年纲目备要》截然不同。据《通鉴续编书例》云:

> 宋建隆至太平兴国三年系于甲子,志其无异五代也。宋太平兴国四年以后系之统,志其同于汉唐也。辽年系于宋统之下,尊无二上也,……金承辽,故例同也。宋渡江而南系之统,同于东晋也。元灭金夏有中国而反系于宋,明天命之未绝也。㉞

南宋人陈均纂《皇朝编年纲目备要》,当然尊宋,其卷一即大书太祖皇帝建隆元年,其下分注南唐、吴越等国奉正朔及后蜀、南汉、北汉主之姓名、年号及年数。太平兴国四年以下便纯以宋为正,亦不注辽主年号。而《通鉴续编》为元人所修,依朱熹所说"国初未为正统,自太宗平了太原方为正统"。述宋太祖开国,特用干支纪年,如同五代时一样。至最后一年,仍大书"祥兴二年",下注"大元至元十六年"(1279),也合乎朱熹"前一代末全绝则后一代便不得居正统"之说。至明朝成祖永乐年间,胡粹中又继陈桱之后,修成《元史续编》十六卷,也是就元朝正统立言,以为德祐帝降元就是南宋亡了,以下二王不足以承正统,乃以元继之。此只是言史观,并非确论。到了宪宗成化年间,名儒商辂将宋元合为一,修成《宋元通鉴纲目》二十七卷,也称《续资治通鉴纲目》,始于宋太祖建隆元年,终于元顺帝至正二十七年(1367)。从卷一至二十二为《宋纪》,终于祥兴二年,与陈桱之《通鉴续编》相合。自卷二十三至二十七为《元纪》,本明朝史家的观点论述元朝,自至正十五年(1355)六月即大书"我太祖皇帝起兵,……"以下所有记述朱元璋之事,皆称"我太祖",记事至二十七年,便终止了。明年为洪武元年(1368),时元顺帝仍在大都,未免夺之太早,此并不合乎朱熹《通鉴纲目》之书法。㉟到万历初年,儒臣南轩特修《通鉴纲目前编》二十五卷,起于伏羲氏,终于周威烈王二十三年(西元前403年),如此,自上古至元末,纲目体史书已全备了。至于明代史,到清乾隆十一年(1746),高宗诏命张廷玉修《资治通鉴纲目三编》,冠以"御撰",全依朱熹义例,至四十年(1775),成书四十卷,起洪武元年,迄庄烈帝崇祯十七年(1644)，为有明一代之史。时至今日，纲目体可用之于纂修前贤年谱，梁启超著《中国历史研究法》，于《补编》中介绍年谱叙事的体例有两种，一种是最简单的平叙体，一种是稍严格的纲目体。并指出纲目体是钱德洪编《王阳明年谱》首创的。㉞特别要提及的是：今日各家的新闻报无一不是纲目体，每一版所载之中外新闻，大字标题为纲，小字引述记者采访，则是目，极方便读者阅览，这是纲目体的好处。

(2)《八朝名臣言行录》——将当代数十位名臣的言行汇编在一起，可以考见一代人才之盛衰，又可明察其政风之美恶。宋代重文治，学术振兴，人才辈出，朱熹汇辑八朝名臣的嘉言懿行以成专录，是前代所未有的。到理宗时，李幼武始继之先修成《皇朝名臣言行续录》八卷，所载为北宋末及南宋初年名臣，共二十九人，也是集各家杂史、语录、名臣的家传、行状、墓志碑铭，兼及于文集中的序跋及祭文，唯没有在每条下加注出处。再继之修《四朝名臣言行录别集》，搜载中兴高、孝、光、宁宗四朝的名臣，上集十三卷，载十七人，皆高宗及孝宗前朝名臣。下集亦十三卷，载四十八人，皆高、孝宗两朝名臣。此为《宋名臣言行录》五集本。然如王十朋、史浩、洪适、洪遵、王淮、范成大、周必大等名臣皆不载，但故宫博物院藏有宋末建阳书坊刊本之《四朝名臣言行录》续集十六卷（缺卷十二），别集十六卷，不题纂辑者姓名，或云李幼武撰，上述七人皆载之，何以两者有此不同？则不得而知。幼武又撰《皇朝道学名臣言行外录》十七卷，首五卷载周、程、张、邵五子，以下为其门人。又有朱熹、张栻、吕祖谦、陆九渊兄弟等道学大师，共载四十四人（内附傅六人），内中与朱熹《伊洛渊源录》大半相合。外录征载朱、张、吕、陆诸大师往来之书信，正是商量旧学，启迪新知之道。至元代，应奉翰林文字苏天爵以修史自任，纂辑当代名臣之言行事功，而成《国朝名臣事略》十五卷，始自太祖，迄于仁宗，共载四十七人，前有欧阳玄、许有壬、王理等儒臣所撰序，后有国史院编修官王守诚之跋，皆一致推崇。今国家图书馆藏有元朝元统三年(1335)刻本，清乾隆时修四库全书收入之，改名为《元朝名臣事略》。据提要云：

此书记元代名臣事实，始穆呼哩（原作木华黎），终刘因，凡四十有七人。大抵据诸家文集所载墓碑、行状、家传为多，其杂书可征信者，亦采掇焉！——注其所出示有征，盖仿朱子《名臣言行录》例，而始末较详。又兼仿杜大珪《名臣碑传琬琰集》，但有所弃取，不尽录全篇耳！……《元史》列传亦皆与是书相出入，足知其不失为信史矣！⑰

此处所言甚确切，苏天爵效法朱熹，每引录一条材料，皆注出典，一则示信于人，二则保存丰富的史料，以供后世史家研究或修史。由明至清，儒臣纂辑当代名臣言行录者，经查考海内外著名图书馆之典藏书目，就有十四家之多，皆是继朱熹而作者，兹不一一介绍了。

（3）《伊洛渊源录》——此书专就学术的传承探讨宋代道学的发展，如同《史记》中的《孔子世家》和《仲尼弟子列传》。在宁宗嘉定以后，伪学之禁解除，此书受到道学诸儒的重视，所以理宗时李幼武撰《皇朝道学名臣外录》，不仅朱熹的弟子蔡元定、蔡沈父子列入，即使理念不合陈亮也在其中。到明代成化年间，谢铎撰《伊洛渊源续录》六卷，以补熹之所缺略。是书收录二十一人，先述罗从彦、李侗两位朱熹的师长，以明熹之学所自来。次据黄榦所撰《文公行状》述熹生平履历，再次述熹之好友张栻、吕祖谦，共同明道。自黄榦以下为熹之门人，最后至何基、王柏，则为其再传弟子。可见其继往开来之功，一脉相承。独惜所载不广。至孝宗时，儒者宋端仪始创编《考亭渊源录》，仅成初稿，迨至隆庆初年，史学家薛应旂特加重修而成二十四卷。此编全仿《伊洛渊源录》之书例，首述熹的四位师长：李侗、胡宪、刘子翚、刘勉之，以考其师承。次述考亭朱子生平，长达壹万余言，经检对一过，知是抄自《宋史》卷四百二十九《朱熹传》，末后附备遗十余条，似是采自言行录。以下分述同时友人张栻、吕祖谦、陆九渊等七人，共同切磋，反覆论难。再次则备列门人黄榦及其再传弟子共二百九十三人。其卷二十三则为朱子门人无记述文字者凡八十八人名单。最后一卷则是分述赵师雍、傅伯寿、胡纮三个考亭的叛徒。此亦是仿《考亭渊源录》卷十四所载伊川门人周行己和邢恕二人，皆是贪富贵、把持不住的人，最后终于背离伊川。所以君子、小人之别每存于一念之间，是难以一概而论的。吾人当知：学术的分派是很自然的，先由大师开创，弟子继承，然后代代相传，遂及于远。应旂盛赞："考亭先生学宗濂洛,远绍洙泗,孰不谓其集大成哉!"⑱特修此书以继之。自宋以降,濂、洛、关、闽既已成派,各为一个学案。至晚明、清初,黄宗羲创学案体,先成《明儒学案》,再修《宋元学案》,其受《伊洛渊源录》的影响是很显然的。

关于朱熹所编《伊川先生年谱》乃是为弘扬程颐的学术贡献,并愿继承,加以发扬光大。在宋代,修前贤年谱之风已甚盛行,熹逝世后,其门人李方子即修成《文公先生年谱》三卷,尚有袁仲晦编《朱子年谱》一卷,正是继朱熹所编者。明代以后,编年谱者前后相望,如大师王守仁之弟子钱德洪即编《王文成公年谱》五卷,另一弟子王畿还加增补,扩至七卷,很快问世。至于今日,更为普遍了。特简而述之,不另立一目。

四、结论

朱熹集宋代理学的大成,所著《四书集注》早已成为读书人必读的典籍。他对经学的贡献太大了,乃掩盖了在史学方面的成就。他对于历代史的纂修,重在给后人垂法戒,不是仅供阅览而已!尤其是帝王,其言行关系到民命国脉,必须要慎言行。所以看看前朝亡国之君,心生警惕,就先要节欲、尚俭,心存大爱,兼爱天下苍生。为人臣者,观前代史,要知仕宦公正廉明,勤政爱民,一生重节义,而晚节尤重要。即使平民百姓,也要知心正、身修而后齐家,代代父慈子孝孙贤,人人如此,全社会始很美好。

历史上朝代有更替,两代之间到底以何者为正统呢?朱熹不以大小强弱为断,而是先论前一代有没有承接者,如有,即使偏安弱小,仍以正统与之。如曹丕废掉汉献帝自立为帝,国号魏,当时以为汉朝亡了。但是刘备即位于成都,国号仍曰汉,朱熹认为汉并未亡,正统仍在,至后主亡国,汉始灭。所以陈寿的《三国志》以曹魏为正统之论极不正确,就应改修。首先本朱熹的正统史观而改修的为庐陵人萧常所修的《续后汉书》四十二卷,以继班固《汉书》和范晔《后汉书》,志在取代陈寿《三国志》。在此同时,平阳儒者朱黼撰《纪年备遗》百卷,始尧舜,迄五代,对吕后、武后、王莽、曹丕及朱温皆削其纪年,以归于正统。㊟到南宋末,又有温州学者胡从政特撰《季汉正义》一书,本朱熹《通鉴纲目》所坚持之正统论,三国时代正统在蜀汉,曹魏为汉贼。宋遗臣林景熙特为撰书序云:"况老瞒(曹操)汉贼,玄德(刘备)汉胄,史不当黜胄而与盗。故以蜀汉系统,上承建安,下接泰始,而正统于是大明,用《春秋》法也。"又说:"正统在宇宙间,五帝三王之禅传,八卦九章之共主,土广狭,势强弱不与焉!"㊟蜀汉的正统地位遂告确定了。元明史学家皆有继之者。㊟这就叫做正义,用以诛奸雄,慰天地,千秋万世所不能改易。于是朱熹也认为五代时李克用父子镇守太原,反抗朱梁,有正当性,不应该"帝朱梁而寇河东",而且李存勖消灭梁,复国号曰唐。到清朝时代,陈鲤修《续唐书》,以五代后唐继唐,又以十国之南唐继后唐,使唐的正统地位又延长六十八年。可见朱熹的正统史观影响甚为深远。

　任何正统朝代,立国久长者,必有众多贤臣佐君主治天下,他们的事功理当有所记述。修断代史是后世史家的事,当代人应先有些记录,留下文献,供后世史家采用。朱熹编辑北宋名臣的言行,看到国家治乱与人才消长,二者关系甚大。自南宋至清末,法朱熹的修史成规,修名臣、大儒、名将言行事功之书太多了。再看看黄宗羲撰的《明儒学案》,如将陈献章、王守仁及王门弟子之学术成就与平日言行汇而辑之为一书,则可以名为"阳明渊源录"或称"姚江渊源录",如同朱熹的《伊洛渊源录》。所以说朱熹在中国史学史上的地位极崇高,可以想见了。

注释:

①见司马迁:《史记》(世界书局影印新校本)卷一三〇《太史公自序》。

②见黎靖德辑:《朱子语录》(中文出版社影印宋刻本)卷八三《〈春秋〉纲领》。

③见司马迁:《史记》卷四七《孔子世家》。

④见李方子:《朱子年谱》(《朱子语录》前附)绍兴二七年记事。据明阳思谦等纂修《万历泉州志》卷一〇《古今宦蹟》载:"朱熹,绍兴二十年任同安簿,莅官以教养为先务,革弊兴利,缓急有序。一时从学者众。建经史阁,作教思堂,日与讲论正学,规矩甚严。秩满去,士思其教,民思其惠。至今以斯邑为过化之地。"乃是综合言之。

⑤见黄榦:《黄文肃公文集》(元延祐二年刻本)卷三四《宝学朱文公先生行状》。

⑥见朱熹：《朱文公文集》（四部丛刊本）卷七五《资治通鉴纲目序》。

⑦见黎靖德辑：《朱子语类》卷一〇五《论自著书——通鉴纲目》。

⑧见司马光：《资治通鉴》（四部丛刊本）卷六九《魏纪》"臣光曰"。

⑨此序文载《御批资治通鉴纲目》（四库全书本）卷首。

⑩同注九。

⑪见范祖禹：《唐鉴》（上海古籍社影印宋刻本）卷四。

⑫见胡寅：《致堂读史管见》（台湾商务印书馆影印宛委别藏本）卷五《魏纪》。

⑬见陈振孙：《直斋书录解题》（四库全书本）卷四。

⑭见张栻：《汉丞相诸葛忠武侯传》（四部丛刊续编本）。

⑮见钱穆：《朱子新学案》（1971年自印本）第五期页一二〇。

⑯见程钜夫：《程雪楼文集》（国立中央图书馆编印元代珍本文集汇刊本）卷二四《跋朱文公通鉴纲目稿》。

⑰见李心传：《建炎以来朝野杂记》（文海出版社影印本）乙集卷一二《昔人著书多或差误》。

⑱见脱脱：《宋史》（鼎文书局影印新校本）卷四二，页八一三。

⑲见《朱文公文集》卷七五。又见《五朝名臣言行录》（四部丛刊本）卷首。

⑳案：傅增湘《藏园群书经眼录》（中华书局排印本）卷四载《五朝三朝名臣言行录》，宋刻本，"每卷题卷几之几，避讳至慎字止，审其刀法，应为豫章刻本。"慎为孝宗之讳，是此书修成于孝宗时代，四部丛刊本即据宋刊本影印，正是每半叶十行，行十七字，小字双行低一格，二十字。每一叶板心上方记本叶字数。与傅氏所记载相合。又据束景南著《朱熹年谱长编》（华东师范大学出版社出版，2001年版）载："乾道八年九月，《八朝名臣言行录》成，刻板于建阳。"刻板最快当在乾道九年。

㉑见吕祖谦：《东莱吕太史别集》（续金华丛书本）卷八《与朱侍讲元晦》。

㉒见《朱文公文集》卷三三《答吕伯恭》之一六。

㉓见《东莱吕太史别集》卷七《与汪端明圣赐》。

㉔见《朱子语类》卷一三〇《自熙宁至靖康用人》。

㉕见晁公武：《郡斋读书志》（台湾商务印书馆影印宛委别藏本）卷九。此为衢州刻本。

㉖见《朱文公文集》卷三三《答吕伯恭》之一八。

㉗见《东莱吕太史别集》卷八《与朱元晦侍讲》之三〇。

㉘见苏天爵：《滋溪文稿》（元代珍本文集汇刊本）卷五《伊洛渊源录序》，又见《伊洛

渊源录》(宋史资料萃编第二辑本)卷首。

㉙《伊洛渊源录》末附。

㉚见纪昀:《四库全书总目提要》(台湾商务印书馆影印本)卷五七、又见四库本《伊洛渊源录》书前提要。

㉛见真德秀:《西山先生真文忠公文集》(四部丛刊本)卷三七《皇朝编年举要备要序》,又见《皇朝编年纲目备要》(成文书局引印宋刊本)卷首。

㉜见陆心源:《仪顾堂题跋》(广文书局影印清光绪刊本)卷三《中兴两朝编年纲目跋》。

㉝见揭傒斯:《揭文安公文集》(四部丛刊本)卷八《通鉴纲目书法序》。

㉞见陈桱:《通鉴续编》(四库全书本)卷首《通鉴续编书例》。

㉟请参见拙撰:《商辂与资治通鉴纲目》,所述较详。《中国历史学会史学集刊》第41期,2009年中国历史学会出版。

㊱见梁启超:《中国历史研究法》(台湾中华书局印行)附补编页八六。

㊲见《钦定四库全书总目》卷五八《元朝名臣事略》。

㊳见薛应旂:《重编考亭渊源录》(四库存目丛书本)自序。

㊴请参考拙撰《萧常续后汉书及其影响》,《东吴历史学报》第十四期,2007年6月出版。

㊵见叶适:《水心文集》(四部丛刊本)卷一二《纪年备遗序》。

㊶见林景熙:《霁山先生集》(知不足斋丛书本)卷五《季汉正义序》。

朱熹陈亮王霸之辩申论

张希清（北京大学）

南宋孝宗淳熙年间（1174—1189），陈亮（1143—1194）与朱熹（1130—1200）之间，展开了一场关于"王霸义利"的大争论。这场争论是因为朱熹劝说陈亮"绌去'义利双行、王霸并用'之说"引起的。陈亮认为，朱熹说他主张"义利双行、王霸并用"之说是对他的极大误解，便和朱熹进行了一场长达将近三年之久的关于"王霸义利"的辩论，成为南宋思想史乃至整个中国思想史上的一个重大事件，被称做"朱陈王霸义利之辩"。关于这一事件，我的导师邓广铭先生早年（20世纪30年代）曾经在《陈亮传》中有专章描写，晚年（20世纪80年代）又写了一篇题为《朱陈论辩中陈亮王霸义利观确解》的文章，澄清800年来陈亮被误解为主张"义利双行、王霸并用"的这一公案。先生的《陈亮传》有单行本，并收入《邓广铭全集》第二卷；论文发表于《北京大学学报》1990年第2期，并收入《邓广铭治史丛稿》和《邓广铭全集》第八卷中，大家可以翻检，不再赘述。我这里只是在吾师的基础上，作一些申论。并从朱熹陈亮王霸之辩出发，讨论一下王道思想与以人为本的问题，不当之处，敬请方家教正。

一、朱熹陈亮王霸之辩史事

朱熹陈亮的王霸之辩的史事大概是:淳熙十一年(1184),陈亮因被诬告入狱,在他获释之后,朱熹写了一封信,奉劝他说:"老兄高明刚决,非吝于改过者,愿以愚言思之,绌去'义利双行、王霸并用'之说,而从事于惩忿窒欲、迁善改过之事,粹然以醇儒之道自律,则岂独免于人道之祸,而其所以培壅本根,澄源正本,为异时发挥事业之地者,益光大而高明矣。"①陈亮认为朱熹的这番奉劝完全是对他的误解,遂给朱熹写了一封回信,说:"自孟荀论义利王霸,汉唐诸儒未能深明其说。本朝伊洛诸公,辨析天理人欲,而王霸义利之说于是大明。然谓三代以道治天下,汉唐以智力把持天下,其说固已不能使人心服;而近世诸儒,遂谓三代专以天理行,汉唐专以人欲行,其间有与天理暗合者,是以亦能久长。信斯言也,千五百年之间,天地亦是架漏过时,而人心亦是牵补度日,万物何以阜蕃而道何以常存乎! 故亮以为:汉唐之君本领非不洪大开廓,故能以其国与天地并立,而人物赖以生息。惟其时有转移,故其间不无渗漏。……谓之杂霸者,其道固本于王也。诸儒自处者曰义曰王,汉唐做得成者曰利曰霸。一头自如此说,一头自如彼做;说得虽甚好,做得亦不恶。如此却是义利双行、王霸并用。如亮之说,却是直上直下只有一个头颇做得成耳。"②陈亮认为,"伊洛诸公"(指程颢等)说"三代以道治天下,汉唐以智力把持天下"已经不能使人心服,"近世诸儒"(指朱熹等)说"三代专以天理行,汉唐专以人欲行",更是使人难以置信。他认为,从三代到汉唐,都是用仁义、王道治理天下的,并不是三代"专行",而汉唐"暗合"。所谓"杂霸",本来就是在王道基础上而言的。像近世诸儒那样,把自身讲说的一套称做仁义、王道,把汉唐做成的功业称做私利、霸道;诸儒讲说得虽然很好,汉唐做成得也不坏,这才是"义利双行、王霸并用"呢! 陈亮自己的说法却是只有仁义、王道才能做得成。

但是,陈亮对王霸义利一元论的理解,不但未被朱熹所接受,反而进一步受到朱熹的诘难，朱熹在回信中说："老兄视汉高帝、唐太宗之所为而察其心，果出于义耶，出于利耶？出于邪耶，正耶？若高帝，则私意分数犹未甚炽然，已不可谓之无；太宗之心，则吾恐其无一念之不出于人欲也。"③朱熹认为汉高祖、唐太宗所为都是出于私利和人欲，绝非仁义和天理，所以其所行只是霸道。陈亮回答说："惟圣为能尽伦，自余于伦有不尽，而非尽欺人以为伦也；惟王为能尽制，自余于制有不尽，而非尽罔也以为制也。"④这就是说：只有三代圣王才能完全出自仁义，其他君主则不完全，但也并不是完全假借仁义来欺骗世人；只有三代圣王之制才能完全达到合乎王道，其他君主则不能完全达到，但也并不是完全假借王道来欺骗世人。

朱熹又回信指责陈亮此说"其大概不过推尊汉唐，以为与三代不异；贬抑三代，以为与汉唐不殊。"⑤他认为："以儒者之学不传，而尧舜禹汤文武以来转相授受之心不明于天下，故汉唐之君虽或不能无暗合之时，而其全体却只在利欲上。此其所以尧舜三代自尧舜三代，汉祖唐宗自汉祖唐宗，终不能合而为一也。"⑥朱熹认为，汉祖唐宗就"全体"而言，"只在利欲上"，绝不能与尧舜三代"合二为一"，陈亮之说是"推尊汉唐，贬抑三代"。陈亮不同意朱熹的指责，重申其王霸义利一元论之说，曰："其大概以为：三代做得尽者也，汉唐做不到尽者也。"⑦在陈亮看来，三代的禹汤文武，是完全出于仁义天理，推行王道的；汉祖唐宗则间或背离仁义天理，所推行的政令有不尽符合王道之处，但是二者的不同只是一个"尽"与"不尽"的问题，也就是说在推行"王道"上只是量的区别而并无本质的差异。

朱陈王霸义利之辩，经过近三年的往返书信论争，谁也没有说服谁，最后不了了之。朱熹此后也不再说陈亮主张"义利双行、王霸并用"了。而当时的陈傅良（1137—1203）在了解了朱陈王霸义利之辩之后，最后明确表示赞同陈亮的观点。他在给陈亮的信中写道："元晦往复诸书，何尝敢道老兄点当得错？……且汉唐事业，若说并无分毫扶助正道，教谁肯伏？……'暗合'两字，如何断人？识得三两分便有三两分功用，识得六七分便有六七分功用，却有全然识了，为作不行，放低一着之理，决无全然不识，横作竖作，偶然撞着之理。此亦分晓，不须多论。"⑧陈傅良明确指出汉唐也是"扶助正道"

即以天理行王道的,近世诸儒所谓"三代专以天理行,汉唐专以人欲行,其间有与天理暗合者"是无法使人信服的。与陈亮同时代的另一位学者叶适(1150—1223),在陈亮死后所作《龙川集序》中写道:"同甫既修皇、帝、王、霸之学,上下二千余年,考其合散,发其秘藏,见圣贤之精微,常流行于事物,儒者失其指,故不足以开物成务。其说皆今人所未讲,朱公元晦意有不与而不能夺也。"⑨看来,叶适也是同意陈亮的王霸观的。

但是,宋代之后,仍有不少人认为陈亮的王霸观是"义利双行、王霸并用"。如补修《宋元学案》的全祖望(1705—1755)即说:"自陈同甫有'义利双行、王霸并用'之论,世之为建安之徒者,无不大声排之。"⑩直到八百年后的今天,许多人仍然认为陈亮是主张"义利双行、王霸并用"的。吾师邓广铭先生在他1936年所撰写的大学毕业论文《陈龙川传》(指导教师:胡适)中也是持这种看法的。先生晚年,经过深入思考,认为从朱熹到今人,都是对陈亮的误解。因此特地专门撰写了《朱陈论辩中陈亮王霸义利观的确解》(1984年初稿,1987年修订,1989年定稿)一文,澄清了这个被历代学人误解了800年的哲学命题。

陈亮所以论证汉唐同三代一样,都是出于仁义而推行王道的,目的在于反对空谈性命道德,提倡注重事功,希望像汉唐那样,能够富国强兵。南宋时期,诸儒空谈性命道德,连宋孝宗也认为:"近世士大夫好高论,耻言农事,微有西晋风。岂知《周礼》与《易》言理财,周公、孔子曷尝不以理财为务?且不独此,士夫讳言恢复,不知其家有田百亩,内五十亩为人所据,亦投牒理索否?"⑪朱熹却说:"今世文人才士,开口便说国家利害,把笔便述时政得失,终济得甚事!只是讲明义理,以淑人心,使世间识义理之人多,则何患政治之不举耶!"⑫陈亮在《上孝宗皇帝第一书》中则说:"辛卯、壬辰之间,始退而穷天地造化之初,考古今沿革之变,以推极皇帝王伯之道,而得汉魏晋唐长短之由,天人之际,昭昭然可察而知也。始悟今世之儒士,自以为得正心诚意之学者,皆疯痹不知痛痒之人也。举一世安于君父之雠,而方低头拱手以谈性命,不知何者谓之性命乎!"⑬他在《送吴允成运干序》中又说:"自道德性命之说一兴,而寻常烂熟无所能解之人,自托于其间,以端悫静深为体,以徐行缓语为用,务为不可穷测以盖其所无,一艺一能皆以为不足自通于圣人之道也。于是天下之士始丧其所有,而不知适从矣。为士者耻言文章、行义,而曰'尽心知性';居官者耻言政事、书判,而曰'学道爱人'。相蒙相欺,以尽废天下之实,则亦终于百事不理而已。"⑭他所作《酌古论》、《中兴五论》及《上孝宗皇帝四书》等,都是"上关国计,下系民生",或为"伯王大略,兵机利害",或为治国大体、谋政大略,目的在于外抗金朝,收复失地,内整纪纲,中兴宋室。正如宋末元初人刘埙所说:"宋乾、淳间……当是时,性命之说盛,鼓动一世,皆为微言高论,而以事功为不足道,独龙川俊豪开扩,务建实绩。"⑮

光宗绍熙四年(1193)五月,陈亮状元及第,授官为签书建康府判官厅公事。陈亮历经坎坷,五十一岁始中状元,老而益壮,很想有一番作为。他在《及第谢恩和御赐诗韵》中云:"治道修明当正宁,皇威震叠到遐方。复仇自是平生志,勿谓儒臣鬓发苍。"⑯雄心壮志,跃然纸上。朱熹亦复信祝贺云:"老兄'志大宇宙,勇迈终古',伯恭之论,无复改评。今日始于后生丛中出一口气,盖未足为深贺。然出身事主,由此权舆,便不碌碌,则异时事业亦可卜矣!"⑰陈亮状元及第之后,遂衣锦荣归故里,打算明年开春之后去建康府(今南京)上任,一展抱负。但是,第二年年初,陈亮即"忧患困折,精泽内耗,形体外离,未至官,病,一夕卒"。⑱可惜"壮志未酬身先死,长使英雄泪满襟"也!

二、朱熹陈亮王霸之辩的渊源

朱熹陈亮的王霸之辩是具有深远的渊源的。至少从春秋战国时开始,就存在两种不同的王霸观。"王道"一词最早见于《尚书》。《尚书·洪范》曰:"无偏无党,王道荡荡;无党无偏,王道平平;无反无侧,王道正直。"⑲但对究竟什么是"王道",没有作具体解释。孟子曰:"养生丧死无憾,王道之始也。"⑳又曰:"以力假仁者霸,霸必有大国;以德行仁者王,王不待大——汤以七十里,文王以百里。"汉赵岐注云:"言霸者,以大国之力假仁义之道,然后能霸,若齐桓、晋文等是也。以己之德行仁政于民,小国则可以致王,若汤、文王是也。"㉑在孟子看来,王道是以德统一天下之道。依靠道德施行仁政者,小国也可以称王于天下,不需要国力的强大;依仗武力假借仁义者,可以称霸于诸侯,称霸必须凭借大国的力量。对于五帝三王五霸,孟子曰:"尧舜,性之也;汤武,身之也;五霸,假之也。"㉒他认为:尧舜的实行仁义,是习于本性,因其自然;商汤和周武王是亲身体验,努力推行;五霸则是假借仁义,以此谋利。五帝三王是行王道,五霸是行霸道。

荀子的思想与孟子有所不同。他在《王霸》篇中说:"用国者,义立而王,信立而霸,权谋立而亡。三者明主之所谨择也,仁人之所务白也。"㉓即是说,遵循仁义可以称王于天下,恪守诚信可以称霸于诸侯,玩弄权术就要灭亡。荀子又说:"君人者,立隆政本朝而当,所使要百事者诚仁人也,则身佚而国治,功大而名美,上可以王,下可以霸。"㉔即是说,作为国君,如果为本朝所确立的大政方针都是恰当的,所任用的宰相执政真是有才德的人,那么就可以自己十分安逸而国家安定,功绩很大而名声美好,上可以统一天下,下可以称霸诸侯。他还说:"国者,巨用之则大,小用之则小;綦大而王,綦小而亡,小巨分流者存。巨用之者,先义而后利,安不恤亲疏,不恤贵贱,唯诚能之求,夫是之谓巨用之。小用之者,先利而后义,安不恤是非,不治曲直,唯便僻亲比己者之用,夫是之谓小用之。巨用之者若彼,小用之者若此,小巨分流者,亦一若彼,一若此也。故曰:'粹而王,驳而霸,无一焉而亡。'此之谓也。"即是说,立足于大处来治理国家,最大可以统一天下;立足于小处来治理国家,最小可以灭亡;介乎两者之间,则国家可以存在。立足于大处者,就是先义而后利,不顾亲疏、贵贱,只求任用有才德的人;立足于小处者,就是先利而后义,不顾是非、曲直,只求任用阿谀奉承、亲近自己的人;介乎两者之间者,则是上述两种人参用之。《礼赋》所说:"纯粹任用有才德的人可以统一天下,掺杂任用有才德的人可以称霸诸侯,所任用者没有一个有才德的人就要灭亡。"就是说的这种情况。

荀子虽然说"义立而王,信立而霸",但又说"粹而王,驳而伯",可见他的王霸观与孟子并不相同,王霸之间并没有一道鸿沟。南宋人黄震评论荀子的王霸观说："其于论王伯曰：'粹而王,驳而伯。'曰：'义立而王,信立而伯。'几谓王伯无异道,特在醇不醇之间。至于内心义利之分,则略不及之。"㉕黄震所说是有道理的。

春秋以降,直至宋代之前,大概主要只有汉宣帝说过："汉家自有制度,本以霸王道杂之,奈何纯任德教用周政乎?"㉖除此之外,很少有人谈论王霸之道。正如陈亮所说："自孟荀论义利王霸,汉唐诸儒未能深明其说。本朝伊洛诸公,辩析天理人欲,而王霸义利之说于是大明。"㉗

在宋代,最早谈论王霸之道的并不是程颢(1032—1086)、程颐(1033—1107)等"伊洛诸公",而是李觏(1009—1059)。李觏在《常语》中说："皇、帝、王、霸者,其人之号,非其道之目也。自王以上,天子号也,惟其所自称耳。……霸,诸侯号也。霸之为言,伯也,所以长诸侯也。……道有粹有驳,其人之号不可以易之也。世俗见古之王者粹,则诸侯而粹者亦曰行王道;见古之霸者驳,则天子而驳者亦曰行霸道,悖矣。宣帝言'汉家制度,本以霸王道杂之',由此也。……所谓王道,则有之矣,安天下也;所谓霸道,则有之矣,尊京师也。非粹与驳之谓也。"㉘他认为王是天子之号,霸是诸侯之号,王霸只是名号的不同,而不是施政本质有什么区别。王道是"安天下",霸道是"尊京师",而其为政之道在本质上则是一样的,都是行仁义,只是有"粹"与"驳"之别。因此,他认为三代与汉唐都是行王道,只不过是"三代王而粹,汉唐王而驳者也"。㉙李觏的王霸观与孟子不同,而与荀子颇有相似之处。

李觏的王霸观是为富国强兵的政治改革服务的。庆历四年(1044)六月,他在《寄上范参政(仲淹)书》中说："儒生之论,但恨不及王道耳,而不知霸也、强国也,岂易可及哉? 管仲之相齐桓公,是霸也,外攘戎狄,内尊京师,较之于今何如? 商鞅之相秦孝公,是强国也,明法术耕战,国以富而兵以强,较之于今何如? 是天子有帝王之质,而天下无强国之资,为忠为贤,可不深计?"㉚在这封信中,他明确反对俗儒的"王道"之论,支持范仲淹(989—1052)效法管仲、商鞅推行庆历新政,以富国强兵,外抗辽夏,内安万民。

司马光(1019—1085),在王霸观上也是"疑孟"的。他在《疑孟》中,针对孟子所说"尧舜性之也,汤武身之也,五霸假之也"质疑道："所谓性之者,天与之也;身之者,亲行之也;假之者,外有之而内实亡也。尧舜汤武之于仁义也,皆性得而身行之也;五霸则强焉而已。夫仁义者,所以治国家而服诸侯也。皇、帝、王、霸皆用之,顾其所以殊者,大小、高下、远近、多寡之间耳。假者,文具而实不从之谓也。文具而实不从,其国家且不可保,况能霸乎?虽久假而不归,犹非其有也。"③①他在《迂书·道同》中又说:"合天下而君之之谓王,王者必立三公,三公分天下而治之,曰二伯[处乎外],一公处乎内,皆王官也。周衰,二伯之职废,齐桓、晋文纠合诸侯以尊天子,天子因命之之为侯伯,修旧职也。伯之语转而为霸,霸之名自是兴。自孟、荀氏而下,皆曰'由王道而王,由伯道而霸',道岂有二哉? 得之有浅深,成功有小大耳。"③②其所著《王霸说》说得更加直接和明白,他说:"王霸无异道。昔三代之际,礼乐征伐自天子出,则谓之王。天子微弱,不能治诸侯,诸侯有能率其与国同讨不庭以尊王室者,则谓之霸。其所以行之也,皆本仁祖义、任贤使能、赏善罚恶、禁暴诛乱,顾名位有尊卑、道德有深浅、功业有巨细、政令有广狭耳,非若黑白甘苦之相反也。"③③与李觏略同,司马光也认为,王与霸也只是名号的不同,而所行的"道"一样都是"仁义",只不过尧舜汤武与五霸相比,"得之有浅深,成功有小大",有"大小、高下、远近、多寡"的不同罢了。

　　晚于李觏、司马光的程颢(1032—1086)、程颐(1033—1107)等"伊洛诸公",则继承了孟子的王霸观。如熙宁二年(1069),程颢在上神宗的《论王霸札子》中说:"得天理之正,极人伦之至者,尧、舜之道也。用其私心,依仁义之偏者,霸者之事也。王道如砥,本乎人情,出乎礼义,若履大路而行,无复回曲。霸者崎岖反侧于曲径之中,而卒不可与入尧、舜之道。故诚心而王则王矣,假之而霸则霸矣。"又说:"汉、唐之君,有可称者,论其人则非先王之学,考其时则皆驳杂之政,乃以一曲之见,幸致小康,其创法垂统,非可继于后世者,皆不足为也。"③④他还说:"三代之治,顺理(天理)者也;两汉以下,皆把持天下者也。"③⑤程颐(1033—1107)《程氏经说》卷五说:"王者奉若天道,故称天王,其命曰天命,其讨曰天讨,尽此道者,王道也。后世以智力把持天下者,霸道也。"二程认为,尧、舜行王道,"得天理之正,极人伦之至";汉、唐之君尽管在事功上有所表现,但不过是行霸道,不足以效法。他们进一步发挥了孟子的王霸之说，把王道与"天理"、霸道与"私心"（人欲）联系起来，说明二者的不同。

与二程同时代的王安石（1021—1086），也继承了孟子的王霸观。他在《王霸》一文中说："仁义礼信，天下之达道，而王霸之所同也。夫王之与霸，其所以用者则同，而其所以名者则异。何也？盖其心异而已矣。……王者之道，其心非有求于天下也，所以为仁义礼信者，以为吾所当为而已矣。以仁义礼信修其身而移之政，则天下莫不化之也。……霸者之道则不然，其心未尝仁也，而患天下恶其不仁，于是示之以仁；其心未尝义也，而患天下恶其不义，于是示之以义。其于礼信，亦若是而已矣。是故霸者之心为利，而假王者之道以示其所欲；其有为也，唯恐民之不见而天下之不闻也。故曰其心异也。"㉞王道与霸道其所用都是"仁义礼信"，但是内心即出发点不同，王者之心为义、为公，无求于天下；霸者之心为利、为私，而假借王者之道以示其所欲。

此后，张栻（1133—1180）在论述汉代"霸王道杂之"时也说："学者要须先明王伯之辨，而后可论治体。王伯之辨，莫明于孟子。大抵王者之政，皆无所为而为之；伯者则莫非有为而然也。无所为者，天理义之公也；有所为者，人欲利之私也。"㉟彭龟年（1142—1206）也说："王霸之分，虽不过公私两字，亦要人别得分明。……古今辨王霸，无如孟子。孟子曰：以德行仁者王，以力假仁者霸。以德行仁者，无所为而然也；以力假仁者，有所为而然也。"㊱张栻、彭龟年都继承了孟子的王霸观，并继承了二程的观点，将王霸与天理人欲、义利、公私联系起来。

朱熹的王霸观与程颢等"伊洛诸公"是一脉相承，都是尊孟的。宋人余允文（字隐之）针对李觏的《常语》、司马光的《疑孟》等，专门撰写了《尊孟辨》。如他针对李觏《常语》辨曰："不谈王道，樵夫犹能笑之，孰谓学而为士，反不知道乎？谓之王道者，即仁义也。君行王道者，以仁义而安天下也；君行霸道者，以诈力而服天下也。"㊲朱熹在余允文的基础上又写了《读余隐之〈尊孟辨〉》。他在《读余隐之〈尊孟辨〉》之《温公〈疑孟〉上》写道："温公云'假者，文具而实不从之谓也。文具而实不从，其国家且不可保，况于霸乎？

虽久假而不归,犹非其有也。'愚谓当时诸侯之于仁义,文实俱丧,惟五霸能具其文耳,亦彼善于此之谓也。又有大国资强辅,因窃仁义之号以令诸侯,则孰敢不从之也哉! 使其有王者作,而以仁义之实施焉,则爝火之光其息久矣。孟子谓久假不归,乌知其非有,止谓当时之人不能察其假之之情,而遂以为真有之耳。此正温公所惑而反以病孟子,不亦误哉!"⑩

朱熹在答友人的信中指责人们"略王道而尊霸术",说:"近日又有一般学问,废经而治史,略王道而尊霸术,极论古今兴亡之变,而不察此心存亡之端。若只如此,读书则又不若不读之为愈也。"㊶他认为,王道与霸术之存心是不同的。他在给陈亮的回信中也曾说:"老兄视汉高帝、唐太宗之所为而察其心,果出于义耶,出于利耶? 出于邪耶,正耶? 若高帝,则私意分数犹未甚炽然,已不可谓之无;太宗之心,则吾恐其无一念之不出于人欲也。"㊷这些信中都是在说,王道出于义、出于正、出于天理,而霸道出于利、出于邪、出于人欲。

陈亮关于皇、帝、王、霸的观点,则是与李觏、司马光相一致的。如陈亮在一篇关于皇帝王霸之道的策问中说:"伏羲神农用之(按指仁义)以开天地,则曰皇道;黄帝、尧、舜用之以定人道之经,则曰帝道;禹汤文武用之以治天下,则又曰王道;王道衰,五霸迭出,以相雄长,则又曰霸道。"㊸陈亮在给孝宗的上疏中,多次提到"推极皇帝王霸之道"。如他在《上孝宗皇帝第一书》中说:"辛卯(乾道七年,1171)、壬辰(乾道八年,1172)之间,始退而穷天地造化之初,考古今沿革之变,以推极皇帝王伯之道,而得汉魏晋唐长短之由,天人之际,昭昭然可察而知也。"㊹他在《上孝宗皇帝第三书》中也说:"臣本太学诸生,自忧制以来,退而读书者六七年矣。虽夤夜以求皇帝王伯之略,而科举之文不合于程度不止也。"㊺陈亮所推极的"皇帝王伯之道",与李觏一样,也是认为皇、帝、王、霸亦皆名号也。皇帝王伯之道在根本上是一致的,汉唐与三代一样都是以仁心行仁政,只不过是有"驳粹"、"浅深"、"小大"的不同罢了。这些同他在与朱熹辩论中所说"其大概以为:三代做得尽者也,汉唐做不到尽者也"㊻是一致的。

三、王道思想与以人为本

尽管孟子、荀子、李觏、司马光、陈亮、二程、朱熹等在王霸观上有不同的见解,但对王道的内涵则有大致相同或相近的认识。孟子说:"养生丧死无憾,王道之始也。"⑰百姓对于生养死葬都没有什么不满,就是王道的开端。陈亮也说:"孟子言王道,本之以农桑。而鸡豚狗彘之微,往往无所不及;至于言经界、谷禄,其事为尤详。"⑱即王道自民生始。嘉祐二年(1057),程颐《上仁宗皇帝书》曰:"窃惟王道之本,仁也。臣观陛下之仁,尧、舜之仁也。然而天下未治者,诚由有仁心而无仁政尔。"⑲王道就是以仁心施仁政。孟子曰:"仁者爱人。"⑳施行王道、仁政就是要以民为本。

民本思想也是自三代而起的。《尚书·五子之歌》云:"民惟邦本,本固邦宁。"《尚书·大禹谟》说:"德惟善政,政在养民。"百姓是国家的根本,根本稳固了,国家才会安宁。德就是善于治理政事,治理政事在于养育百姓。宋人继承了三代这一民本思想。如程颐在《代吕公著应诏上神宗皇帝书》中说:"为政之道,以顺民心为本,以厚民生为本,以安而不扰为本。"㉑以民为本,第一,就是"顺民心",范仲淹曾经撰写了一篇《用天下心为心赋》,其中写道:"不以己欲为欲,而以众心为心。达彼群情,侔天地之化育;洞夫民隐,配日月之照临。……噫!何以致圣功之然哉,从民心而已矣。"㉒就是要顺乎民意,"情为民所系"。第二,就是"厚民生"。《管子·治国》云:"善为国者,必先富民,然后治之。"《论语·子路》云:"冉有曰:'既庶矣,又何加焉?'曰:'富之。'"孔子周游至卫国,看到人口众多,感叹道:"好稠密的人口!"为之驾车的冉有问道:"人口已经众多了,又该怎么办呢?"孔子说:"使他们富裕起来。"刘敞(1019—1068)《上仁宗论折变当随土地之宜》云:"善言政者,莫不欲富民。"㉓就是要"利为民所谋",为人民谋幸福,不只是让少数人富起来,而是让全体人民都富裕起来。第三,就是不扰民。包拯(999—1062)曾多次上疏指出:"民者,国之本也。财用所出,安危所系,当务安之为急。"㉔又说:

"持政之仁暴,惟在薄赋敛、宽力役、救灾患,慎行三者,则衣食滋殖,黎庶蕃息矣。"⑤赋税、徭役繁重最为扰民,灾害频仍,也使之不得安宁;"薄赋敛、宽力役、救灾患"即是施仁政。

在宋人看来,王道还有着更为广泛的内容。如元祐七年(1092)十一月,苏轼(1037—1101)被擢升为端明殿学士兼翰林侍读学士、守礼部尚书,遂上《谢除两职守礼部尚书表》,因以规谏,其第二表云:"恭惟皇帝陛下,即位以来,学如不及。问道八年,寒暑不废。讲读之官,谈王而不谈霸,言义而不言利。八年之间,指陈文理,何啻千万!虽所论不同,然其要不出六事。一曰慈,二曰俭,三曰勤,四曰谨,五曰诚,六曰明。慈者,谓好生恶杀,不喜兵刑;俭者,谓约己省费,不伤民财;勤者,谓躬亲庶政,不迩声色;谨者,谓畏天法祖,不轻人言;诚者,谓推心待下,不用智数;明者,谓专信君子,不杂小人。此六者,皆先王之陈迹,老生之常谈。言无新奇,人所忽易。……若陛下信受此言,如御饮膳,如服药石,则天人自应,福禄难量,而臣等所学先王之道,亦不为无补于世。"⑥此表被南宋的宗室宰相赵汝愚收入《宋朝诸臣奏议》,将标题改为《上哲宗论王道六事》,因为苏轼谢表中自云此六事乃是从讲读之官所谈王道中概括出来的。在苏轼看来,"好生恶杀,不喜兵刑;约己省费,不伤民财;躬亲庶政,不迩声色;畏天法祖,不轻人言;推心待下,不用智数;专信君子,不杂小人"均为"王道",其范围就相当大了。另外,苏轼在《策别安万民二》中还说道:"夫民相与亲睦者,王道之始也。"⑦在《乞改居丧婚娶条状》中又说道:"人伦之正,王道之本也。"⑧这样,所有善政都是"王道"了。

中国古代的民本思想体现了国家政权为民众而设("立君为民"),以民众为根本("民为邦本"),施政为民("政在养民")的治国理念,而且在很大程度上承认统治源于民众,并间接承认统治者是经人民选择的("得民心者得天下","水则载舟,水则覆舟"),包含有现代民主思想的因素和具有普遍意义的政治智慧,对今天具有借鉴意义,如孙中山的"三民主义(民族、民权、民生)",我们的"为人民服务"、"以人为本"、"执政为民",以及"权为民所用,情为民所系,利为民所谋"、"权为民所赋"等,都是借鉴中国古代的民本思想而提出来的。但是,中国古代的"民本思想"并不是"民主思想",因为:

从理论特质上看，"民本思想"始终没有明确提出"治权在民"的思想；从制度设计上看，"民本思想"与中华帝制具有高度的匹配性；从政治实践上看，"民本思想"的主要功能是优化君主专制政治。"为民父母"与"人民公仆"，"民贵君轻"与"公民平等"，不能同日而语；民本思想与"民有（权力属公民所有；政府权力由公民所授）、民治（政事由公民治理）、民享（利益由公民共享）"，也有着极大的差别。

近年来提出了"以人为本"的命题，这也是从王道思想的"民为邦本"衍化而来的。二者的共同点在于都强调"人、民"的重要性和"政在养民"的目的性。不过二者也有很大的不同。一是"民为邦本"中的"民"是"君、官、民"体系中的"民"，而"以人为本"中的"人"应该是"天、地、人"体系中的"人"，是"人、神、物"体系中的"人"。这里的"人"也可以理解为"公民"。"以人为本"首先是尊重人，倚靠人，发挥人的主观能动性。要保障人的与生俱来的生存权、财产权、自由权等人权。要维护人的尊严，维护公平与正义。保障每个人都拥有"独立之精神，自由之思想"。其次是"一切为了人"，一切都是为了人的幸福，为了不断满足人日益增长的物质与精神的需要。"以人为本"就是要实现人与自然界的和谐，人与社会的和谐，人本身精神与肉体的和谐。"以人为本"就是当代的王道、仁政。

注释：

①朱熹：《朱文公文集》卷三六《与陈同甫》。

②《陈亮集》（增订本）卷二八《又甲辰秋书》。

③朱熹：《朱文公文集》卷三六《答陈同甫》。

④《陈亮集》（增订本）卷二八《又乙巳春书之一》。

⑤朱熹：《朱文公文集》卷三六《答陈同甫》。

⑥朱熹：《朱文公文集》卷三六《答陈同甫》。

⑦《陈亮集》（增订本）卷二八《又乙巳春书之二》。

⑧陈傅良：《止斋集》卷三六《答陈同父书三》。

⑨叶适：《水心文集》卷一二《龙川集序》。

⑩《宋元学案》卷五六《龙川学案》，谢山：《陈同甫论》。

⑪《宋史》卷三九六《赵雄传》。

⑫黎靖德编:《朱子语类》卷一三。

⑬《陈亮集》(增订本)卷一《上孝宗皇帝第一书》。

⑭《陈亮集》(增订本)卷二四《送吴允成运干序》。

⑮刘壎:《隐居通议》卷二《龙川功名之士》。

⑯《陈亮集》(增订本)卷三九《送吴允成运干序》。

⑰朱熹:《朱文公文集》卷三六《答陈同甫》。

⑱叶适:《水心文集》卷二四《陈同甫王道甫墓志铭》。

⑲《尚书正义》卷一二《洪范》。

⑳《孟子注疏》卷一《梁惠王章句上》。

㉑《孟子注疏》卷三《公孙丑章句上》。

㉒《孟子》卷一三《尽心章句上》。

㉓《荀子·王霸》。

㉔《荀子·王霸》。

㉕黄震:《黄氏日钞》卷五五《荀子》。

㉖《汉书》卷九《元帝纪》。

㉗《陈亮集》(增订本)卷二八《又甲辰秋书》。

㉘《李觏集》卷三四《常语下》。

㉙《李觏集》卷三四《常语下》。

㉚《李觏集》卷二七《寄上范参政书》。

㉛司马光:《传家集》卷七三《疑孟》。

㉜司马光:《传家集》卷七四《迂书·道同》。

㉝《宋文选》卷四《司马君实文·王霸说》。

㉞《河南程氏文集》卷一《论王霸札子》。

㉟《河南程氏遗书》卷一一。

㊱王安石:《王文公文集》卷二八《杂著·王霸》

㊲张栻:《南轩集》卷一六《汉家杂伯》。

㊳彭龟年:《止堂集》卷八《潜邸讲堂王霸辩释义》

㊴朱熹:《晦庵集》卷七三《读余隐之〈尊孟辨〉·李公〈常语〉下》。

㊵朱熹:《晦庵集》卷七三《读余隐之〈尊孟辨〉·温公〈疑孟〉上》。

㊶朱熹:《晦庵集》卷七三《答沈叔晦》。

㊷朱熹:《朱文公文集》卷三六《答陈同甫》。

㊸《陈亮集》(增订本)卷一五《策问·问皇帝王霸之道》。

㊹《陈亮集》(增订本)卷一《上孝宗皇帝第一书》。

㊺《陈亮集》(增订本)卷一《上孝宗皇帝第三书》。

㊻《陈亮集》(增订本)卷二八《又乙巳春书之二》。

㊼《孟子注疏》卷一《梁惠王章句上》。

㊽《陈亮集》卷一五《策问·问古今治道治法》。

㊾程颢:《河南程氏文集》卷五《上仁宗皇帝书》。

㊿《孟子注疏》卷八《离娄章句下》。

51程颢:《河南程氏文集》卷五《代吕公著应诏上神宗皇帝书》。

52《范文正公文集》卷一《用天下心为心赋》。

53刘敞:《公是集》卷三二《上仁宗论折变当随土地之宜》。

54《包拯集校注》卷四《请罢天下科率》。

55《包拯集校注》附录一《孝肃包公墓志铭》。

56赵汝愚编:《宋朝诸臣奏议》卷三,苏轼:《上哲宗论王道六事》;《苏轼文集》卷二四《谢除两职守礼部尚书表》之二。

57《苏轼文集》卷八《策别安万民二》。

58《苏轼文集》卷三五《乞改居丧婚娶条状》。

陆九渊与吕祖谦、朱熹的吏治思想比较

邢舒绪(宁波大学)

一、南宋前期的政治局面与吏治状况

宋代尤其是南宋,官吏冗滥、吏治腐败是突出的政治现象。而以"中兴"闻名的孝宗时期,其实吏治之滥更加甚之。孝宗即为之初,也曾立志恢复,隆兴元年(1163),孝宗不顾稳健的主守派大臣史浩、陈康伯等人反对,升颇负抗战派领袖虚名的张浚为枢密使,迫不及待地开始了对金的北伐。宋朝军队虽然在战争开始稍微取得一点胜利,但终因将领的腐败无能、士气的低落和战斗力削弱,以及敌我力量对比的差距、宋高宗的牵制,以及仓促兴师、举措失当等等原因,北伐以失败告终。第二年的十二月,南宋在金朝的军事压力下,与其签订了屈辱性的《隆兴和议》,以割地和缴纳岁币结束了这场战争。此后孝宗又进行了一系列的战争准备,但终因财力不足、朝内妥协势力的干扰以及太上皇高宗的牵制阻挠等而流产,孝宗最终意志消沉,锐气尽去,于是从此文恬武嬉,"直把杭州作汴州",南宋国势也一步步走向衰落。

在政治上,孝宗吸取高宗时秦桧专权的教训,加强皇权。他采用"异论相搅"的祖宗家法,使官员互相牵制,而自己则"躬揽权纲,不以责任臣下"[①],事事独断,且不容半点不同意见。尤其对宰相之任,更加重视,他动辄更换宰相，"数置而亟免"②，对谁都不放心，疑心甚重。不仅对宰相，对于谏臣、将帅、地方守臣亦是如此，频繁的调换最终造成了"官无成绩，奔竞之风，由此而盛"③的局面，如丞相周必大所说："陛下练兵以图恢复而将数易，是用将之道未至；择人以守郡国而守数易，是责实之方未尽。诸州长吏，倏来忽去。婺州四年易守者五，平江四年易守者四，甚至秀州一年而四易守，奸吏何由可察，民瘼何由可苏？"④由此造成的弊病可见一斑。同时孝宗因独断专权，宰臣不授以实责，便因此而宠幸近习，使近习势力大张，几乎形成朋党弄权之势，且引起文臣群僚与近习的对立，更加深了吏治的混乱腐败。

孝宗晚年的沉沦，对收复失地信心的泯灭，文恬武嬉、苟且偷安的政治局面，以及孝宗的猜忌、多疑、用人不专和宠幸近习造成的吏治混乱腐败等等，都成为南宋这一时期的政治特征。而面对这种局势，当时的文人名士、尤其宋学的著名代表人物，无不对此发表主张见解，提出自己对这种局面的看法及解决之道，而他们的见解，其实也正是反映了各个学派的为学主张、思想特点。因此，由此入手，对了解各个学派的思想及学术体系也不无裨益，本文即以心学创始人陆九渊、鹜学代表吕祖谦及道学家朱熹为例，通过他们对当时南宋吏治局面的认识和解决之道，来了解三位学派代表人物的异同之处。

二、"养民重在治吏"，陆九渊的吏治思想

1. "张官置吏，所以为民"的民本思想

在陆九渊的文集中，有多封关于其家乡江西金溪社会现实生活状况的书信，这些内容多是反应家乡百姓受吏治腐败之累，以致生活艰难的情形。如作于淳熙十四年（1187）的《与宋漕》，内中写道：

> 比年民力日竭，国计日匮，郡县日窘，独吏胥肥耳。郡县积负，日加
> 岁增，版漕监司督之州郡，郡督之县，县督之民，吏胥睢盱其间，转相并
> 缘，以济其私。吏欲日饱而积负自若，文移之烦，追逮之频，赇谢之厚，

敛取之苛,皆此其故也。故督积负无补于县官,独足为吏胥贿谢之地,以重困吾民耳。⑤

此外,陆九渊还有多封书信讲到家乡农业生产的情况,流露出对百姓生活艰难的同情:"……今风俗积坏,人材积衰,郡县积弊,事力积耗,民心积摇,和气积伤,上虚下竭,虽得一稔,未敢多庆,如人形貌未改而脏气积伤,此和扁之所忧也……"⑥这些都表现出陆九渊对现实政治的关注和见解,是他民本思想的反映。陆九渊同许多正统的中国封建士大夫一样,认为百姓是国家的根本,百姓的安危祸福是治国者所当关注的第一要务。他屡次强调"民为邦本"⑦,治国应以安民为主,教民之法则当以礼义为先。他认为人君和官吏的出现及设置是为了辅佐上天以安济百姓人民,所以他对孟子"民为贵,社稷次之,君为轻"的观点极为赞同,称自三代之后,真正知道人君职责所在者,只有孟子。并且他进一步对此进行发挥,道:"天生民而立之君,使司牧之,张官置吏,所以为民也……民为邦本,得乎丘民为天子,此大义正理也。"⑧主张为政的根本在得人心,取民心者才能取天下。他甚至激烈地评论道:"后世人主不知学,人欲横流,安知天位非人君所可得而私。"⑨在当时的时代里,陆九渊这一思想可以说十分激进、然而也十分可贵的,正是他强烈民本思想的反映。

在此基础上,陆九渊认为人君的职责所在,就是:为君在德,德在善政,政在养民,为了完成这一职责,人君的另一个重要任务,就是选拔那些道德修养、才能智慧出众的贤且能者,带领并指挥他们共同尽力以保证天理道德的流行不失,所以公卿百官是善政即仁政的具体构筑者,是人君的辅弼,他们的职责就是辅佐人君施行上天所赋予的重任,这是设置百官的根本意图所在。因此为官者要尽己之责,悉心于政事民隐,致力于"承流宣化"的职守,而不能只考虑自身的利益得失,为官的本分道德正在于此。陆九渊认为:为官就要恪尽职守,君子不能以难易论势事,被事情的难易所左右,扶道济民之心任何时候都不可退缩。他宣扬人的才智有高下的不同,但"当官守职,惟力是视"⑩,公心道德却是一致的,所以他斥责那些置百姓的困苦于不顾,而只图谋自己聚敛的官吏为"不仁"之甚。他崇尚那种"君臣同德"、"风教流行"的政治局面,极力宣称"保民而王,莫之能御"⑪的观点,归根到底,都是他民本思想的反映。

2. 养民重在治吏的吏治思想

在上文所说陆九渊的多封书信中,其内容都有一个突出的特点,就是他对地方胥吏的危害认识非常深刻,因而十分重视对胥吏的治理。他在书信里指斥地方胥吏的为害一方,怙恶不悛,并且分析他们的为害之由,主张对这些人深察痛惩,严加防范。在陆九渊看来,君主所选任的各级官员多能尽心于保民养民的责任,但是之所以狡黠奸恶之迹不绝,百姓的贫穷困苦日甚一日,这全在于地方胥吏的为非作歹,欺下瞒上。胥吏虽然品级低下,甚至"自食而办公事"⑫,但他们却是官府制度、命令的直接执行者,以官府的名义呼喝号令于百姓之前,他们之间又互相勾结,蒙蔽长官以贪污聚敛、欺压良善,因此胥吏不良的危害远在天灾之上,是百姓首当之大患。陆九渊对于这些不良胥吏可谓深恶痛绝,他说:胥吏贪污卑鄙,腐蚀公库,侵渔百姓,唯利是图,哪里能为国家着想?"大抵吏胥献科敛之计者,其名为官,其实为私,官未得一二而私获八九矣"。指出他们"田连阡陌,楼观岩巍,服食燕设,拟于贵近,非朘民脂民膏而何以取之?"⑬充分揭露了胥吏对社会的危害,表达了对他们的痛恨。

陆九渊还分析胥吏为害的原因,指出他们狐假虎威、盘剥百姓的根源,在于利欲所驱使。"吏人自食而办公事,且乐为之、争为之者,利在焉故也"⑭。借官名而谋私利,是胥吏们的惯用伎俩,他们互相勾结,沆瀣一气,对百姓进行残酷的欺压剥削,甚至到了肆无忌惮的地步:"方且用吾君禁非惩恶之具以逞私济欲,置民于囹圄械系鞭箠之间,残其肢体,竭其膏血,头会箕敛,槌骨沥髓"⑮,这一切所作所为,无不是为了私利,所以他们找各种名目巧取豪夺、搜罗索取以至于无所不至,最终成为百姓的大害。同时陆九渊还对胥吏们之所以能够如此胡作非为的原因进行了深刻分析,他说胥吏们之所以能够为非作歹,是因为官府督办的具体事务,都要着落在这些人身上施行,这给了他们欺上瞒下的可乘之机。比如积欠赋税的征收:版漕监司以此责之州郡,州郡又责之以县,县则取之于民,但是在这一过程中斡旋于上下,交通于其中的,都是胥吏,因此他们得以在这其间互相勾结串联,中饱私囊,结果造成"吏欲日饱而积负自若……故督积负无补于县官,独足为胥吏贿谢之地,以重困吾民耳"⑯。再如断狱,陆九渊说断狱之权常为吏卒所把持,平民百姓一到狱中便等于陷入他们的魔掌,任由他们所为,"棰楚之下,何求不得"。上级官府只据文案判断,真实情况则不可得而知,"盖其词情皆由于吏卒之所成练"⑰,在这种情况下即使皋陶再生,也会认为百姓是真的有罪且死有余辜,这是造成胥吏害民的又一个原因。

　　胥吏们所以能肆无忌惮地公行不法的原因之二,陆九渊认为在于他们上下勾结,形成群党之势以互相包庇,蒙蔽官府。他说胥吏们用横征暴敛来的金银财物以贿赂上级官府的走卒胥吏,与其交结合盟成为朋党,互通消息,狼狈为奸,共为不法又互相掩盖,包藏奸宄。在这种勾结串通下,得以更加变本加厉地压榨百姓,饱奸济私,托公名以谋私利却使官府不得闻其罪,为害地方使百姓受到欺凌却无处申诉,终于出现"田亩之民劫于刑威,小吏下片纸因累累如驱羊;劫于庭庑械系之威,心悸股栗。棰楚之惨,号呼吁天,隳家破产、质妻鬻子仅以自免,而曾不得一字之符以赴诉于上"的悲惨局面。另外,这些胥吏还与地方豪门相勾结,互为表里共为民贼,渐渐成为一股难以动摇的势力。陆九渊称他们虽为下贱的卑吏,却是最能蚕食百姓的蛀虫,痛斥他们将"百里之宰真承宣抚字之地,乃复转为豺狼蝎虿之区"⑱。对这些不良胥吏表现出了极大的愤慨。

　　陆九渊还以为,胥吏们所以如此妄为不法,与官员们的任期不长、对当地政务不熟也有关系。即便郡守县令等多能尽心于扶道济民的职责,担负起保民养民的重托,但是其一:"官人者异乡之人,吏人者本乡之人。官人年满三考,成资者两考,吏人则长子孙于其间。官人视事,则左右前后皆吏人也"⑲,在这种情况下,为官者被胥吏们隐瞒甚至欺骗,也就很正常了。因此即使为官者想了解事情的真相,胥吏们为了自己的利益也会千方百计做手脚,所以"官人欲得事实甚难",不明事实,则处事必难公正。陆九渊在一封致杨姓官员的信中,生动地揭露了胥吏为奸,玩长官于股掌之上的种种伎俩,他说:

吏胥居府廷、司文案,宿留于邦君之侧,以闲剧劳逸尝吾之喜愠,以日月淹速尝吾之忘忆,为之先后缓急、开阖损益,以蔽吾聪明、乱吾是非而行其计。豪家拥高赀,厚党与,附会左右之人,创端绪于事外以乱本旨,结左证于党中以实伪事,工为节目以与吏符合而成其说,吾以异乡之人,一旦而听之,非素谙其俗,而府中深崇,闾里之事不接于吾之目,途巷之言不闻于吾之耳,被害者又淳厚柔弱,类不能自明自达,听断之际,欲必得其情而不为所欺,此甚明者之所难也。吾虽得其情,彼尚或能为之牵制以格吾之施行:吾断之速,则文疏事漏而无以绝其辞;吾求之详,则日引月长而适以生其奸。况其是非曲直之未分,而常有以二吾之心、疑吾之见、变乱其事实。而其情亦未易得也,一堕其计,奸恶失所畏,善良失所恃矣,岂不难哉![20]

对胥吏所以能为奸作恶、甚至连官员也无奈何的原因,陆九渊分析得十分清晰透彻。

胥吏非法妄为而郡守县令却不能纠治的另一原因,陆九渊认为与官员的不才无能也有很大关系。他指出,为官者才智浅陋,昏聩不明,或者刚愎自用,优柔寡断等,也都是胥吏得以放肆胡为的原因,因为这给了他们为非作歹的可乘之机,客观上放纵甚至促进了他们的卑鄙恶行。陆九渊说:为官者如果清明的程度不足以察觉事情的真相,那么奸猾狡黠之人就会伺机取巧;如果公正的程度不能够达到实事求是的水平,那么就会受到豪族权势的牵制摆布。刚愎自用的结果是反而败坏了正理,优柔寡断却使有恶迹者得不到应有惩罚。最后,正直有识的人受到怀疑、排斥,奸恶之辈却更加得意洋洋,养民之官反而成了胥吏的保护者,人民的疾患,这也是胥吏之所以屡行不法而不得禁绝的原因之一。

揭露了地方胥吏的种种危害,并分析了其为害的缘由之后,陆九渊以为百姓的最大祸害在胥吏,对于担负着教化和保养人民职责的郡守县令、地方长官来说,要想做到明于职守,不辜负上天的重任所托,使百姓生活安宁和谐,道义流行民间,严治胥吏,禁绝其害是应当着手的关键所在。保民养民的职守和治理政事的方略,就多体现在对地方胥吏的处置上,并且他还提出了治理胥吏的方法,其方法一言以蔽之,就是"深察、痛惩"。即深察以防其奸,痛惩以杜其弊,只有对那些奸滑胥吏严加防守,严厉惩处,"断然革之"㉑,才能阻塞其为害之路,杜绝其作恶之迹。如何对胥吏之奸加以防范,陆九渊说:"要在于不厌详复,不忽卑近,相与就实,以讲求至理,研核其实。毋遽以大意粗说盖之,则至理可明,诐说可破,至理明、诐说破,则自其身达之家国天下无不可为者。"㉒

即为官者要不惧烦琐,公听并观,对事务处以求实态度,最后再落实到实处,不要被那些含糊其辞的解释所蒙蔽,这样才能弄清楚事情的真谛所在,而使那些巧借名目、假公济私等恶行无计可施。陆九渊一贯强调为学的最主要义旨在于"实学",即为学要脚踏实地,做真实学问。这个"实"不仅是指独立思考的学习精神,同时更强调的是做好实事,即在实物实事上用心考究、锻炼,"且据见在朴实头自作功夫"㉓。这个"朴实的功夫",就是实际事务上的道德磨炼。因此陆九渊提出为官者应用心于实事,在实际处着手以防吏胥之奸。比如会计账目等"簿书名数"之事,士大夫向来不屑关心,甚至以此为耻,但陆九渊却以为"此奸贪寝食出没之处",不仅不可鄙视,反而对此还要"精熟"。他主张为官者要在这类事情上下工夫,如此才能有效地防范胥吏为奸作恶,他自己就曾经把抚州赋税的名目、数量及变革来源等详细地列出来,寄给当时任抚州知州的赵汝愚以为参考,由此可见可见其做"著实功夫"之一例。

陆九渊还提出,除乱驱暴、遏恶扬善,是深察痛惩的又一方法。陆九渊对胥吏的害民作恶行为深恶痛绝,认为要想治理这种现象,就要对那些为非作歹怙恶不悛的恶吏施以严惩,尤其对那些为恶极大的歹毒胥吏,就应该施以严刑重法,以"绝其本根,勿使能殖",这才是善政的根本。对于胥吏之间勾结联盟,以宽仁为托辞,在试图察治其同党的守宰官员面前巧言游说、以互相包庇开脱罪行的现象,陆九渊更强调,对那些贪婪狡黠、害国伤民之罪行昭然不可掩的奸胥恶吏,决不能宽仁,就当严惩不贷。否则,"于其所不可失而失之,于其所不可宥而宥之,则为伤善,为长恶,为悖理,为不顺天,殆非先王之政也"。㉔刑罚的施用并不违背先王宽仁的宗旨,去不善不仁者而成就善政仁化,这是陆九渊以严刑治胥吏的根据所在,而以严刑治胥吏的主张,体现了陆九渊的法制思想。

但是在主张以刑罚治奸恶的同时,陆九渊更加强调那些负有养民之责的官员们,务必要先存"遏恶扬善,顺天休命"_㉕之心,来行驱恶扬善、长善消恶之事。即刑罚的目的不是君主为政的本心或根本,只是一种不可或缺的手段,为政的根本手段还在于培养和贯彻仁义礼智等封建伦理道德,只有这样,才能最终达到教化行而风俗淳的清明世界。这也是儒家学者共同的仁政思想的反映。

三、法德并举,吕祖谦的吏治思想

1."以深刻之刑,制强暴之恶"的法治思想

作为以兼收并蓄、圆通融合为特点的鸷学代表,吕祖谦的吏治思想也正反映了鸷学的这一特征。宋代,士大夫普遍重儒轻法,法制观念不强,像陆九渊这样公然强调以严刑治胥吏的学者,可说是绝无仅有的,但吕祖谦却在这方面,与陆九渊有着相似之处,成为宋代士大夫中少有的法治观念较强的儒家学者。

吕祖谦认为,在整治吏治的过程中,法治是必需的。因为随着世事变迁,当下的人无论官员还是百姓,都已不如古时之人善良淳朴,所以现今之法,也须较以前严厉。他非常赞同北宋时苏洵关于法治的一段议论:"古之法简,今之法繁,简者不便于今,而繁者不便于古。非今之法不若古之法,而今之时不若古之时也……先王作法也……任吏而不任法,故其法简。今则不然,吏奸矣,不若古之良;民偷矣,不若古之淳。"_㉖因为人情世事的逐渐奸邪,而法律也应随之而严苛繁密,这是吕祖谦法治思想的来源。

在这一基础上,吕祖谦提出了自己对法治的看法。他认为法是随着人情物理的变化而相应改变的,是人情物理变迁的体现所在,古者以仁义行法律,今者以法律行仁义,虽然看似法律严苛了,但是法律施行的根本是为保证仁义之气的流行这一宗旨是不会变的,因此单纯以法的轻重来衡量它是

否"仁义",这是错误的,甚至会使法的根本丧失。因为法律宽松,就会使人难以对它产生惧怕之情,这就失去了法律本身的告诫或警示作用,"内有轻刑之名,外有杀人之实",㉗反而助长了犯罪的发生。所以,严刑峻法有时看似残忍,然而正是这样才能使人心生畏惧而不敢为非作歹,因此刑法的严峻在某种意义上来说却恰好是"仁义"的,吕祖谦说道:"大抵为恶先从发足处制之,则恶必不能长也。履校灭趾,禁之使不得行也。既不入于恶,必自进于善矣,所以无咎也。昔周公治商之顽民,不急于他事,乃切切在于禁其群饮之愚夫,何故? 商民染纣之沈酗,遂致顽而不淳。周公察其所从来,自其所以为恶之本原而治之,岂后人区区制其末流之比哉!"㉘

正是如此,吕祖谦提出了他"以深刻之刑,制强暴之恶"的吏治思想,他说:

> 六二,乘初刚,是用刑于刚强之人。刑刚强之人,必须深痛,故至灭鼻而无咎也。居中正之位,用刑之峻如此,得非过于中乎? 治刚强而用严刑,正如病深者用猛药,方得适宜,乃所谓中。居中得正,用刑之君子也。乘初九之强暴,而用刑以制之,故不得不下毒手也……殊不知以深刻之刑,制强暴之恶,正圣人之中也。㉙

吕祖谦这里所说的刚强、强暴之恶,即是指那些为祸国家的奸恶之臣,和对抗统治秩序的所谓豪猾之民,后者暂且不表,吕祖谦认为整吏治而用严刑,正如对重病的人用猛药才能把病治好一样,可以去除根源,遏制统治阶级队伍中蠹虫的蔓延。而且,吕祖谦说用严刑而制刚强,也是符合所谓圣人治世的宗旨的。至于如何"以深刻之刑,制强暴之恶",吕祖谦主张大罪当诛,对那些罪行严重、祸害国家的官吏,就必须杀之而才能罚其罪,也才能警示后来者以免蹈其覆辙。与此同时吕祖谦认为用刑以制恶,关键还在于执法的人如何对刑法加以应用,倘若执法不力,执法不公,照样会使奸恶之徒逃脱法律制裁,因此,吕祖谦对官吏的执法问题也提出了自己的观点。

吕祖谦强调,官员执法最重要的便是秉公无私。为官者其责任就是辅佐人君以完成上天赋予的养民之任,所以为官出仕之道,就在于君主分忧而为百姓谋福,因此为官无论职位高低,遵循国家法令、维护统治制度是其职责的根本。而为了做到这一根本,就要求为官者在执法中不能徇私枉法,不能计较个人得失,如此才是"以深刻之刑,制强暴之恶"的目的能够达到的保证。那么如何不徇私、不计较个人利害得失? 吕祖谦提出最主要的便是处理问题、断狱执法时的"公心",凡事秉公而论,既不能畏权势,又不能避嫌疑,即不能以私害公,只有将职守与国家法令放在首位,才是为官者的原则。他说:"持心平恕,固是一君子长者,苟其不计人主之喜怒者,自能尽其平允,缘不曾透得利害祸福关,缓急如何作得主宰。"㉚也就是说为官守职应处处以公心而论,不能只考虑迎合君主的喜好厌恶而算计自身的祸福得失,否则便会失去法令的公允。即便是事及权贵,也必须坚持法令原则,不能只想驱嫌避祸而丧失自己的职责根本,他说道:"凡治事有涉权贵,须平心看理之所在,若其有理,固不可避嫌故,使之无理,直须平心看,若有一毫畏祸自恕之心,则五分有理,便看作十分无理。若其无理,亦不可畏祸,曲使之有理,政使见得无理,只须作寻常公事看。断过后,不须拈出说。寻常犯权贵取祸者,多是张大其事,邀不畏强御之名,所以彼不能平。若处得平稳妥帖,彼虽不乐,视前则有间矣。然所以不欲拈出者,本非以避祸,盖此乃职分之常,若特地看做一件事,则发处已自不是矣。"㉛

所谓"平心看理之所在",就是处事断案时要公正无私,秉公而论,哪怕面对的是权势贵胄,也不可畏惧回护,吕祖谦认为只有这样,才能使法令的施行取得最大的效果,一方面对罪大恶极者施以严厉惩罚,从而达到对刚强、强暴之恶者的制裁与震慑;另一方面也整肃了官吏队伍,使得吏治得以清明。吕祖谦这种以重典治罪恶的思想,在南宋当时来说同陆九渊一样,有他的积极性与进步性。

2. 当官之法"曰清、曰慎、曰勤"的德治思想

虽然吕祖谦重视以法治吏的作用,但是作为南宋时期的思想家、学者,他同当时的大多数士大夫一样,更加强调的是官员队伍的品德素质,即加强吏治更要以德治为主。吕祖谦认为虽然法治是必需的,但单纯地依靠法治却绝不是整治吏治的最重要手段,要强化吏治、争取民心,应该是以德服人,即以德为主。吕祖谦以为,法治虽能降服人,看起来严厉而缜密,但这并不

能使人心悦诚服而心甘情愿地对国家、对君主尽职尽力,况且时事易变,法令也不可能尽善尽美,因此现实政治中必然有法令无法顾及之处,到了这时,以德服人、以恩结人才是巩固秩序的最好良方,是最有效的统治措施。他说道:"马之不敢肆足者,衔辔束之也;民之不敢肆意者,法制束之也。衔辔败,然后见马之真性情;法制驰,然后见民之真情。困之不敢怨,虐之不敢叛者,劫之于法制耳。大敌在前,抢攘骇惧,平日之所谓法制者,至是则涣然解散矣。法制既散,真情乃见,食马之恩,羊羹之怨,恩恩怨怨各以其情而报上,苟非豫暇之时深恩固结于法制之外,亦危矣。"⑱即是说百姓们之所以不敢肆意妄为,遇困苦而不敢抱怨,遭虐待而不敢叛乱,是因为受到了法制的约束,但正如马儿卸掉衔辔就会难以驾驭一样,一旦到了非常之时,法制涣散,百姓平时被压抑的情绪就会勃然而起,倒那时恩恩怨怨一齐发作,统治秩序就会受到严重威胁。所以,作为统治者,无论朝廷还是官吏,都须在平时于法制之外结恩于百姓,这样才能真正保持统治秩序的长治久安,这是吕祖谦德治思想的来源。

如何才能实现德治呢?吕祖谦认为首先就是要保证统治集团内部的同心同德与团结一体,作为君主,最重要的就是任贤使能,选拔贤才而使其辅佐自己以治天下。并且举贤之后,更重要的是养贤,即亲君子而远小人,对具有真才实学、才德兼备的人才,就该让他们处其安而受其利,而对那些小人之才,则相反应该让他们不得安处其位并得到惩治,只有这样,才能使吏治清明真正出现。

君主之德治职责如此,那么作为吏治主体的官吏们本身,又该如何呢?吕祖谦提出了他的六字为官之法,即:"当官之法,曰清、曰慎、曰勤。"⑲所谓"清"者,即清明廉洁,吕祖谦强调为官不可唯利是图,不可图财贪贿,当官者一旦为财、利所迷,就会失去辅君养民的准则,不仅违背上天赋予的职守,更重要的是最终甚至丧失自己的身家性命。吕祖谦对那些唯利贪财之官告诫道:"世之仕者,临财当事,不能自克,常自以为不必败,持不必败之意,则无不为矣,然事常至于败而不能自已。故设心处事,戒之在初,不可不察。借使役用权智,百端补治,幸而得免,所损已多,不若初不为之为愈也。"⑳这就是俗语所说千里之堤溃于蚁穴，官吏贪污腐败，都是因为在最初之时把握不住自己，而到后来便多是存侥幸之心，认为自己不会败露，如此以往便越来越变本加厉，以致最终自食恶果。所以吕祖谦总结为官的清廉之道便在于："与其巧持于末，孰若拙戒于初，此天下之要言，当官处事之大法。"⑤

对于当官之法的"慎"字，吕祖谦提出了两个方面的见解，其一便是在断案决狱时，为官者对待各个诉讼案件都要小心谨慎，切勿鲁莽武断，以致造成冤狱。他说道："聪明不可恃。人多恃其聪明以折狱，故失之于过。君子虽聪明而不敢自恃其聪明，故于狱无敢折。大抵无敢折狱者，非谓延淹退缩也，乃周详审察，常若不明者所为，故曰无敢折狱。"⑥即为官者在断狱之时一定要靠详细周密的审察研究，才能得出是非对错的结论，而不能靠要小聪明来解决问题，因为聪明者往往会自恃聪明而失去客观的思考和判断，靠小聪明断案，往往就是凭想当然的理由来作出判决，这样不可避免地会导致断案的偏差。所以吕祖谦同时提出了"用平心去看"的断案方法，所谓平心去看，就是在断案判狱中不要存有先入为主的成见，而是应平心静气，客观公正地去分析事情的是非曲直，如此才能真正明鉴于狱而不枉曲。此外，吕祖谦还提倡在断案判事之中的认真态度，也成为他慎于断狱的又一内容，他举例说黄允中为县尉时，每遇到验尸，哪怕是盛暑酷热，也不避臭味污秽，一定要亲自验看，对此吕祖谦大为赞扬，认为这才是官吏在对待案件时应有的正确态度。他还强调在断案时对卷宗档案的仔细阅读思考，说详读公案，则情伪自现，即于案件资料中仔细寻找线索，以达到公正判决的目的。此外，还有不急于求成、不敷衍了事、沉思静虑等，这些都是吕祖谦慎于决狱的思想组成部分。

当官之法曰慎的第二个方面，吕祖谦指出就是在风云莫测的官场上，官员在人际关系上的小心谨慎。他说："当官既自廉洁，又须关防小人。如文字历引之类，皆须明白，以防中伤，不可不至谨，不可不详知也。"⑦或者这是吕氏家族自北宋起便世代居官，宦海沉浮年深日久之际得出的切身体会，所以吕祖谦对范育做库务官时，将随身箱笼放于官厅之上而防止别人猜疑和毁谤的做法极为赞扬，认为这是做官者的所知之要。此外，吕祖谦还提出比如在任期间不可与巫祝僧尼之类打交道、与同僚幕属团结友好等所谓为官之窍,这些都是他当官曰慎的组成内容。简言之他主张作为官员,理想的人际态度应该是不因正直不阿而使自己获罪,但是也不能因为与同僚和睦而损害道义,即直不犯祸、和不害义,吕祖谦认为这才是为官的至高之道。但是如何才能做到这些呢? 吕祖谦一言以蔽之曰"忍",他说忍之一字,乃是众妙之门,忍是当官处事的第一先务,若能在清、慎、勤之外更加一个忍字,那么便无往而不利,没有做不到的事了。

吕祖谦所说当官之法的"勤"字,简而言之就是要求官员们尽心职守,对待公务就像对待自己的家事一样,想尽一切办法将本职工作做好。在这个过程中作为官员不仅要尽心,更要劳力,既不能得过且过、苟且迁延,也不能只说不做,眼高手低,他认为只有如此,才是为官者的应有之道,也才能最终欲所为而有所为,欲所成而有所成。

四、精选任而明德刑,朱熹的吏治思想

1. 精选任而明体统,为政求本的统治观念

作为南宋道学一派的集大成者,朱熹的吏治思想与他的学术思想一样,带有明显的道学色彩,道学以"理"为万物本源,万事万物都不过是"理"的体现,为学的过程便是一件一件、一步一步去体验、认识万物中间所包含的"理",而最终达到对"理"本身的心领神会。这种思想用在统治当中,用在对吏治问题的看法与解决上,便是朱熹以人君为主、精选任而求治本的思想观点。朱熹认为,吏治的好坏,最重要的其实就在于君主本身,作为统天下而治纲常的最高统治者,君主的存心立意、言行志向,尤其是能否知人善任,是决定政治好坏的根本原因,他说道:"天下万事有大根本,而每事之中又各有要切处。所谓大根本者,固无出于人主之心术,而所谓要切处者,则必大本既立,然后可推而见也。如论任贤相、杜私门,则立政之要也;择良吏、轻赋役,则养民之要也;公选将帅、不由近习,则治军之要也;乐闻警戒、不喜导

诹,则听言用人之要也,推此数端,余皆可见。然未有大本不立而可以与此者,此古之欲平天下者所以汲汲于正心诚意以立其本也。"⊗所以君主是否能够励精图治、是否能够知人善任选对大臣僚属尤其是宰相一职,是决定国家治乱的关键所在,朱熹强调君主在国家统治中的义务和责任,认为只有君主贤明而志向远大,又能够亲贤远佞而赏罚严明,才是统治稳固的保障,否则将会给国家带来祸害。他在给孝宗的奏札中写道:

> 所谓精选任以明体统者,臣闻人主以论相为职,宰相以正君为职,二者各得其职,然后体统正而朝廷尊,天下之政必出于一而无多门之弊。苟当论相者求其适己而不求其正己,取其可爱而不取其可畏,则人主失其职矣。当正君者不以献可替否为事,而以趋和承意为能;不以经世宰物为心,而以容身固宠为术,则宰相失其职矣。二者交失其职,是以体统不正、纲纪不立,而左右近习皆得以窃弄威权、卖官鬻爵,使政体日乱、国势日卑,虽有非常之祸伏于冥冥之中而上恬下嬉亦莫知以为虑者,是可不察其所以然者,而反之以法其所已用而审其所将用者乎?选之以其能正己而可畏,则必有以得自重之士,而吾所以任之,不得不重任之,既重,则彼得以尽其献可替否之志而行其经世宰物之心,而又公选天下直谅敢言之士使为台谏、给舍以参其议论,使吾腹心耳目之寄,常在于贤士大夫而不在于群小,陟罚臧否之柄常在于廊庙而不出于私门,如此而主威不立、国势不强、纲维不举、刑政不清、民力不裕、军政不修者,臣不信也。⊗

朱熹清楚地说明了君主能否正确地选任贤能给国家统治所带来的不同结果,强烈地表达了他君者统纲之所系的观点,这是朱熹吏治思想中非常突出的一个特点,他屡次强调君主的立意正大与否、选大臣尤其是宰相的得当与否对国家政治的影响,成为他吏治思想中最重要的部分,如他说:"圣心诚无不正,则必能择宰相以选牧守矣,择台谏以公刺举矣。圣心诚无不正,则必能严宦官兵将交通之禁而以选将属宰相矣。宰相诚得其人,则必能为陛下择将帅以作士气、计军实广屯田以省漕运矣。上自朝廷、下达州县,治民典军之官既皆得人……凡州县之间无名非理之供、横敛巧取之政,其泰甚而可去者可以渐去,而民力庶乎其可宽矣。"⑩又说:"斯民之戚休,臣则以为系乎守令之贤否。然而监司者,守令之纲也;朝廷者,监司之本也。欲斯民之皆得其所本原之地,亦在乎朝廷而已。陛下以为今日之监司,奸赃狼藉、肆虐以病民者谁? 则非宰执台谏之亲旧宾客乎? ……然则某事之利为民之休、某事之病为民之戚,陛下虽欲闻之,亦谁与奉承而致诸民哉? 臣以为惟以正朝廷为先务,则其患可不日而自革。然其之所长者不同,则任之所宜者亦异……进退取舍惟公论之所在是稽……则朝廷正而内外远近莫敢不一于正矣。监司得其人而后列郡之得失可得而知,郡守得其人而后属县之治否可得而察。重其任以责其成,举其善而惩其恶,夫如是,则事之所谓利民,之所谓休,将无所不举。"⑪又如:"……以陛下之聪明,岂不知天下之事,必得刚明公正之人而后可任也哉? 其所以常不得如此之人,而反容鄙夫之窃位者,非有他也,直以一念之间未能撤其私邪之蔽,而燕私之好便嬖之流不能尽由于法度。若用刚明公正之人以为辅相,则恐其有以妨吾之事、害吾之人而不得肆,是以选论之际,常先排摈此等置之度外,而后取凡疲懦软熟、平日不敢直言正色之人而揣摩之,又于其中得其至庸极陋、决可保其不至于有所妨者,然后举而加之于位……夫其所以取之者如此,故其选之不得而精,选之不精故任之不得而重,任之不重则彼之所以自任者亦轻……盖自其为台谏、为侍从,而其选已如此,其后又择其尤碌碌者而登用之,则亦无怪乎陛下常不得天下之贤材而属任之也。"⑫这些都是朱熹吏治思想的鲜明写照。总之用一句话来概括朱熹的这一思想,便是:"天下事须是人主晓得通透了自要去做方得,如一事八分是人主要做,只有一二分是为宰相了,做亦做不得。"⑬

2. 德礼为本、严刑为辅,德刑并用的吏治观点

与吕祖谦一样,在整治吏治中朱熹也主张德治与法治并举,而且朱熹更加强调法的作用,如他说:"或问为政者当以宽为本,而以严济之。曰:'某谓当以严为本,而以宽济之。'"⑭但与吕祖谦施刑法是行仁义的观点不同,朱熹认为,施政的要旨是在"德",为政以德才是政治的根本,而刑罚是为了辅助德政的实行才出现的,是属从、是枝叶而非本根。如他说:"为政以德,非是不用刑罚号令,但以德先之耳。以德先之,则政皆是德。"⑮这是朱熹德政思

想的根本来源,也是他德主刑辅思想的形象说明,鲜明地体现了他吏治思想的主体内容。他在一系列的文章、言论中都宣扬他的这一思想,为这一思想进行充分的说明与论证,如:"臣闻昔者帝舜以百姓不亲、五品不逊,而使契为司徒之官,教以人伦……又虑其教之或不从也,则命皋陶作士,明刑以弼五教,而期于无刑焉。盖三纲五常,天理民彝之大节,而治道之本根也。故圣人之治,为之教以明之,为之刑以弼之……至于鄙儒姑息之论、异端报应之说、俗吏便文自营之计,则又一以轻刑为事。然刑愈轻而愈不足以厚民之俗,往往反以长其悖逆作乱之心,而使狱讼之愈繁,则不讲乎先王之法之过也……凡执法治民之官,皆使略知古先圣王所以敕典敷教、制刑明辟之大端,而不敢阴为姑息果报、便文之计,则庶几有以助成世教,而仰称陛下好生恶死、期于无刑之本意。"⑯

又如:"为政以宽为本者,谓其大体规模意思当如此耳。古人察理精密,持身整肃,无偷惰戏豫之时,故其政不待作威而自严,但其意则以爱人为本耳。及其施之于政事,便须有纲纪文章、关防禁约,截然而不可犯,然后吾之所谓宽者得以随事及人,而无颓弊不举之处……圣人说政以宽为本,而今反欲其严,正如古乐以和为主,而周子反欲其淡。盖今之所谓宽者乃纵弛,所谓和者乃哇淫,非古之所谓宽与和者。故必以是矫之乃得其平耳,如其不然,则虽有爱人之心,而事无统纪,缓急、先后、可否与夺之权皆不在已,于是奸豪得志,而善良之民反不被其泽矣……所谓以宽为本,体仁长人孰有大于此者乎?"⑰(卷四五;答廖子晦十四)

再如:"吴英茂实云:'政治当明其号令,不必严刑以为威。'曰:'号令既明,刑罚亦不可弛。苟不用刑罚,则号令徒挂墙壁尔。与其不遵以梗吾治,何若惩其一以戒百;与其敷实检察于其终,何若严其始而使之无犯? 做大事岂可以小不忍为心。"⑱

诸如此类,都是朱熹严刑以辅德政的具体说明,总之,他的吏治观点就是:在君主确立了励精图治、求道兴德的前提下,在精选大臣、严格牧守宰执的基础上,以行德政为本,以严刑惩治奸恶作为施德政的有力手段和保障,从而最终达到纲纪鲜明、政体有序的国家统治境界,而这一境界的内涵,便

是所谓"德政",用朱熹自己的话来说就是"平易近民,为政之本"。⁴⁹

五、陆九渊、吕祖谦与朱熹吏治思想的分析比较

作为南宋当时最有影响的思想家和学派代表,陆九渊和吕祖谦、朱熹三人在吏治思想上各有他们的特点,而这些特点,与他们各自的出身、人生经历及学术思想又是密切相连的。陆九渊出身于江西抚州的一个没落官僚之家,以经营药肆、种植和做塾师为主要生计的家境可说是很平常,加之他一生中大部分时间都是生活在家乡,因此对于普通百姓的生活状况和境遇十分熟悉,而这些都是他比较浓重的民本思想的来源,所以他才强调地方胥吏之害,主张养民重在治吏。同时陆九渊心学强调"实学",即关注现实、注重实物,通过对具体事物的解决与处理来获得对学术的理解与进展。与南宋其他大多数理学家崇尚空谈、鄙视实物不同,陆九渊讲"利",重事功,他提倡务实,讲求实干,知荆门军时,他修筑城池、整顿军备、训练士兵、改革税收、创办官办医院,这些都是他"实学"的体现,也是窥探他严治胥吏以养民的吏治思想由来的基础。

而吕祖谦,则出身于累世显达的贵族之家,其先祖吕蒙正、吕夷简、吕公著等累世为宋宰相,因而吕氏有"累朝辅相"之称,可谓显赫世家。不仅如此,吕氏一族还家学深厚,源远流长,其学以不名一师、不私一说为主要特点,博采兼收,极具声望。吕祖谦二十六岁中进士,累官至著作郎兼国史院编修官,他秉承家学,得中原文献之传且为学"博杂",不主一门、不私一说,没有门户之见、不立党相攻,对各家之说兼取其长,进行提纲挈领的融会贯通而加以润色,形成自己轻经重史、平实笃厚、圆通融合而无偏矫的学术特色,在当时学术界影响极大。而这种"博杂",也正是吕祖谦既强调德、又重视法;既主张以法治吏、又强调为官者自清自廉自谨的吏治思想的根本。

相较于陆九渊和吕祖谦来说,朱熹的一生经历可谓曲折而丰富。朱熹父早卒,虽然十八岁即中进士第,但此后仕途并不通畅,入官凡五十年,"仕

于外者仅九考,立于朝者四十日"⑩,而且在为官期间,朱熹几乎总是因与其他官僚意见不合而短任辄去,其中尤为著名的便是浙东弹劾唐仲友案,这场纷争最终由于宰相王淮对姻亲唐仲友的庇护而使朱熹失利。同时由于宰相王淮聚集一大批保守官员盘踞要津,递相传衍,与主张进取有为的理学家们展开了长期激烈斗争,以致最终在宁宗时期造成了所谓道学之禁。而这一斗争的核心,便是集理学之大成的朱熹,因此朱熹与王淮之间有着极为深刻而尖锐的矛盾,朱熹甚至曾写信给王淮当面进行措辞严厉的指责,所以,由此来看朱熹的吏治思想,便可知晓他为何强调君主取向立意的重要,为何耿耿于宰相牧守之任的挑选,以及他为何在主张德治的同时,又强调法的作用。

当然,从他们三人的吏治思想本身来说,陆九渊也好、吕祖谦朱熹也好,又各有他们的长短在。陆九渊重视对地方胥吏的治理,可说是抓住了问题的实际,并且这一主张简明有效,确实是整治吏治的重要下手处。但只治胥吏而无自上而下的制度建设和对官员的监督管理,对吏治的根本治理是无法做到的。朱熹则与陆九渊恰好相反,他注重的是对中央官僚的选拔与任用,强调的是自上而下的觉悟提高,虽然有他的道理在,但是字里行间,却看出了朱熹的有所针对和意有所指,因此他的思想,又显得有意气用事的成分在。相较而言,吕祖谦的思想就显得沉稳很多,他既强调了制度,又重视官员本身的修养和素质,而且言语也是平和中见厚重,循循善诱又恩威并施,充分体现了宰相世家的见识修养及学术博杂的圆融通达。

注释:

①《宋史》卷三九四《林栗传》。

②《历代名臣奏议》卷一四四,虞允文奏议,文渊阁《四库全书》本。

③《历代名臣奏议》卷一四四,虞允文奏议。

④《宋史》卷三九一《周必大传》。

⑤《象山全集》卷八《与宋漕》。

⑥《象山全集》卷九《与王谦仲·二》。

⑦《象山全集》卷七《与陈倅·一》。

⑧《象山全集》卷五《与徐子宜·二》。

⑨《象山全集》卷三四《语录上》。

⑩《象山全集》卷一一《与王顺伯·一》。

⑪《象山全集》卷三二《拾遗·保民而王》。

⑫《象山全集》卷八《与赵推》。

⑬《象山全集》卷四《与赵宰》。

⑭《象山全集》卷八《与赵推》。

⑮《象山全集》卷五《与辛幼安》。

⑯《象山全集》卷八《与宋漕》。

⑰《象山全集》卷八《与赵推》。

⑱《象山全集》卷五《与辛幼安》。

⑲《象山全集》卷八《与赵推》。

⑳《象山全集》卷九《与杨守·三》。

㉑《象山全集》卷四《与赵宰》。

㉒《象山全集》卷五《与徐子宜·二》。

㉓《象山全集》卷一五《与陶赞仲·二》。

㉔《象山全集》卷五《与辛幼安》。

㉕《象山全集》卷九《与杨守·三》。

㉖苏洵:《嘉祐集》卷五《论衡下·用法》,文渊阁《四库全书》本。

㉗吕祖谦:《丽泽论说集录》,《吕祖谦全集·二》,浙江古籍出版社 2008 年版,第 265 页。

㉘吕祖谦:《丽泽论说集录》,《吕祖谦全集·二》,第 35 页。

㉙吕祖谦:《丽泽论说集录》,《吕祖谦全集·二》,第 35 页。

㉚吕祖谦:《丽泽论说集录》,《吕祖谦全集·二》,第 266 页。

㉛吕祖谦:《家范·官箴》,《吕祖谦全集·一》,第 367 页。

㉜吕祖谦:《左氏博议》,《吕祖谦全集·六》,第 128 页。

㉝吕祖谦:《家范·舍人官箴》,《吕祖谦全集·一》,第 368 页。

㉞吕祖谦:《家范·舍人官箴》,《吕祖谦全集·一》,第 368 页。

㉟吕祖谦:《家范·舍人官箴》,《吕祖谦全集·一》,第 368 页。

㊱吕祖谦:《丽泽论说集录》,《吕祖谦全集·二》,第 37 页。

㊲吕祖谦:《家范·舍人官箴》,《吕祖谦全集·一》,第 369 页。

㊳朱熹:《晦庵集》卷二五《答张敬夫·三》,文渊阁《四库全书》本。

㊴《晦庵集》卷一二《己酉拟上封事》。

㊵《晦庵集》卷一一《戊申封事》。

㊶《晦庵集》卷一一《壬午应诏封事》。

㊷《晦庵集》卷一一《戊申封事》。

㊸朱熹:《朱子语类》卷一〇八《朱子五·论治道》。

㊹《朱子语类》卷一〇八《朱子五·论治道》。

㊺《朱子语类》卷二三《论语五·为政以德章》。

㊻《晦庵集》卷一四《戊申延和奏札》。

㊼《晦庵集》卷四五《答廖子晦·十四》。

㊽《朱子语类》卷一〇八《朱子五·论治道》。

㊾《朱子语类》卷一〇八《朱子五·论治道》。

㊿黄榦:《勉斋集》卷三六《朱先生行状》,文渊阁《四库全书》本。

狂态痴情陆放翁

邹志方（绍兴文理学院）

中国文化发展到宋代，进入了一个新的历史时期，诚如当代学者陈寅恪《金明馆丛稿·邓广铭〈宋史职官志考证〉序》所指出的："华夏民族之文化，历数千载之演进，造极于赵宋之世。"这一时期每一位有作为的士子，必然受时代的影响和制约，表现出独特的个性和风貌。作为伟大爱国诗人，陆游的个性表现，可概括为"狂"、"痴"两字。

一、狂态痴情举隅

狂本谓狗发疯，后借喻个人行为态度之表现。在陆游《剑南诗稿》（以下简称《诗稿》）9229 首诗作中，含"狂"的诗作达 334 首之多，粗略梳理一下，至少具有下列表现。

一是自身称谓的有意修饰。

有时以"狂奴"自称。如《诗稿》卷三《睡起书事》："烈士壮心虽未减，狂奴故态有谁容？"

有时以"狂生"自指。如《诗稿》卷二十三《秋思》："年少若为评宿士，狂生曾是说高皇。"

有时以"狂夫"自述。如《诗稿》卷二十六《狂夫》："狂夫与世本难谐,醉傲王侯亦壮哉!"

有时以"狂士"自陈。如《诗稿》卷四《成都行》："倚锦瑟,击玉壶,关中狂士游成都。"

有时干脆称为"狂渔夫"。如《诗稿》卷二十二《题湖边旗亭》："八千里外狂渔夫,五百年前旧酒楼。"

有时甚至称为"狂道士"。如《诗稿》卷十七《自嘲》："身是在家狂道士,心如退院病禅师。"

陆游自称"奴"、"生"、"夫"、"士"、"渔夫"、"道士",本身含有对社会特别是朝廷的态度在,上着"狂"字,以示强调,则其态度更为明显,属思想和精神之外露。有时,为了表达得更加显露,竟将"狂"字重复,诸如《诗稿》卷七《登子城新楼遍,至西园池亭》："狂夫无计奈狂何,何况登临逸兴多。"卷十《将至金陵,先寄献刘留守》："归来要了浯溪颂,莫笑狂生老更狂。"

二是自身形象的自然流露。

这种流露,有时是行为的形容,如《诗稿》卷二九《连日有雪意,戏书》："狂心那复缴鸿鹄,世事已如风马牛。"又二十二《书叹》："只知求醉死,何惮得狂名?"又卷七《锦亭》："又怜狂眼老更狂,令看广陵芍药蜀海棠。"又卷十八《雪夜有感》："狂胆轮囷欲满躯,一麾谁悯滞江湖?"又卷六十四《刈获后书事》："耄岁谁知困不苏? 每虞黠鬼笑狂图"。心如何狂? 名如何狂? 眼如何狂? 胆如何狂? 图如何狂? 无非是诗人自身狂态的一种表现罢了。诗人写得较多如是言狂,试举三例:

未除豪气每自笑,欲吐狂言无与同。①

狂言欲发畏客传,一笑未成忧祸稔。②

治道巍巍本易成,狂言安得略施行?③

这种表现,有时是行为的修饰。诸如"狂呼"、"狂吟"、"狂走"、"狂学"、"狂倚"、"狂扣"、"狂笑"、"狂舞"、"狂语"、"狂忆"、"狂诵"等。也分别各举一例:

狂呼起舞先自困,闭户垂帷真庙胜。④

狂吟词跌宕,新沐发飔飔。⑤

少时狂走西复东,银鞍骏马驰如风。⑥

狂学菱舟曲,闲寻竹院僧。⑦

狂倚宝筝歌白纻,醉移银烛写乌丝。⑧

夜卧相蹋语,狂笑杂嘲呕。⑨

狂舞学谁属?清吟空自知。⑩

狂忆射麋穷楚泽,闲思钓雪泛吴松。⑪

狂诵新语驱疟鬼,醉吹横笛舞神龙。⑫

这些修饰,均是诗人某种行为状态,是诗人内心极度悒郁的表现。需要指出的是,这种修饰,以"狂歌"为最多,《诗稿》所用达 17 次之多。其次是"狂吟",也有 9 次之数。

三是自身行为的充分肯定。

对于"狂"这一行为,诗人是持肯定态度的。这在不少与"狂"字有关的词语组合上,表现得尤为明显。

疏有疏远之义,诗人却将疏与狂连在一起,强调其"迂阔"的一面。《诗稿》卷十二《书感》:"半世狂疏践骇机,暮年持此欲安归?"又卷四十《杂咏》,"少日狂疏触怒嗔,每缘忧患丧吾真。"

狷带有偏急之义,诗人与"狂"连在一起,强调其"忿"意。如《诗稿》卷七十一《忆昔》:"巍巍阙里门,未尝弃狂狷。"

逸有放纵之意,诗人亦与"狂"连在一起,以示狂态之甚。《诗稿》卷八十《饮酒》:"醉或能离狂,不醉或狂逸。"与之有联系的"放",诗人亦自然地组合起来。《诗稿》卷四十六《养气》:"耐老高能消劫石,放狂聊复醉江天。"与之有联系的"豪",诗人亦连在一起考虑。《诗稿》卷二十三《郊居》。"狂豪尽道非平昔,老胆轮困尚满躯。"

颠即癫,是一种带有病状的狂态,为表达深心抑郁之尤,诗人亦喜欢与"狂"连在一起。《诗稿》卷三《再赋梅花》:"老来爱酒成狂颠,况复梅花到以前。"又十三《卯酒径醉走笔》:"少时凭酒剩狂颠,摘宿绿云欲上天。"卷五十一《舍北溪上垂钓》:"此生自笑狂颠足,依旧人间一布衣。"

猖有恣意妄为之义,诗人亦采取肯定态度,与"狂"一起表态。《诗稿》卷三十三《白首》:"萧散且为无算饮,猖狂未免不平鸣。"又卷六十三《秋思》:"少时猖狂不自谋,即今垂老更何求?"又卷七十九《自咏》:"醉后猖狂醒自笑,梦中虚幻觉方知。"在词语组合上,除了意义相近"疏"、"猖"、"逸"、"放"、"豪"、"颠"、"猖"等外,尚有"妄"、"痴"等,以于篇幅,不作展开。

痴是感情特别深厚而几乎陷于迷惘的一种情性。在陆游诗作中写到"痴"的诗 172 首之多。作大体疏理,亦有三个方面。

一是作为自身的称谓。

有以"痴子"自称的。如《诗稿》卷五十五《杂感》:"困厄终身元自好,可怜痴子恨无津。"

有以"痴汉"自谓的。如《诗稿》卷二十七《共语》:"黄金已作飞烟去,痴汉终身守药炉。"

有以"痴儿"自指的。如《诗稿》卷十五《对食》。"痴儿自堕阇黎计,欢喜闻钟已过斋。"

有以"痴翁"自喻的。如《诗稿》卷八十四《病中遣怀》:"堪笑痴翁作黠计,欲将绳子系浮云。"

有时则自称"书痴"。《诗稿》卷四十七《苦贫戏作》:"箕踞浩歌君会否?书痴终觉胜钱痴。"

有时竟自称"白头痴"或"老白痴"。如《诗稿》卷七十三《杂兴》:"虚费年光作闲事,人间信有白头痴。"又卷三十九《自嘲》:"天公大度一何奇,养此无能老白痴。"

用得最多的当为"痴人"。仅举三例:

生憎快马随鞭影,宁作痴人记剑痕?[13]

痴人自作浮生梦,腐骨那须后世名?[14]

痴人痴到底,更欲数期颐?[15]

二是作为移请的表现。

梦无所谓痴与不痴,痴人做梦,梦仿佛亦痴了。如《诗稿》卷七《躬耕》:"唤回痴梦尘机息,空尽闲愁酒地宽。"有谁看到过痴腹,无非在痴人身上,才有是谓。《诗稿》卷十一《思故山》:"从渠贵人食万钱,放翁痴腹常便便。"有时为了表现痴情,甚至将所见之物亦以"痴"相形容。仅举三例:

藩日孤村晚下程,痴云残日半阴晴。[16]

戏钻故纸似痴蝇,妆复孳孳不少惩。[17]

驯獐随几杖,痴蝶入衣裳。[18]

三是自身情感的高度集中。

诗人对皇上、朝廷、祖国、人民可谓一片忠心,但时有无人理解之感,而自己又无比执著,故唯有"痴"字可自白或自嘲。《诗稿》卷七《和范待制秋日书怀二首》:"老病已全惟欠死,贪嗔虽断尚余痴。"又卷五十二《恩除秘书监》:"才艺荒唐痴独绝,功名蹭蹬老如期。"又卷八十二《闲咏》:"养成林下无穷懒,占尽人间彻底痴。"类似诗句不胜枚举,不赘述。值得注意的是,诗人每每将"痴"字与"黠"、"钝"、"憨"、"绝"等词相配合,以表达"痴"之程度。兹各举一例:

去来尽向无心得,痴黠相除到处闲。[19]

孤翁痴钝如寒蝇,霜夕不瞑愁严凝。[20]

平生万事付憨痴,兀兀腾腾到死时。[21]

少年妄想已痴绝,镜里何堪白发生?[22]

配合得最多的,大概要算"顽"字,粗略统计一下,达三十多处。仅举四例:

忘忧缘落魄,耐老为痴顽。[23]

痴顽自笑归何日?家在东吴更向东。[24]

止足极知于道近,痴顽更喜与人疏。[25]

八十年间几来往,痴顽不料至今存。[26]

二、狂态痴情之关系

对政治品节和高高人格的尊奉,是中国士人的优良传统。国难当头之时,这一传统尤其为士人所重视。诚如王水照先生《宋代文学主体论纲》㉗一文所指出的:"作为赵宋政权赖以运行的中坚力量,宋代文人在政治生活中,无论是入参大政者,还是郁于下僚者,均怀有当世之志和报国精神。在报国中,还呈现出'被露腹心,捐弃肝脑,尽力所至,不知其他'"㉘的态势,其主要表现是"感激论天下事。"对于陆游一生的"狂"与"痴",便应作如是观。

在陆游诗作中,固然有"狂"、"痴"不分的情况,诸如《诗稿》卷四《醉乡》:"痴欲煎胶粘日月,狂思入海访蓬莱。"又卷二十四《壁老求笑庵诗》:"台省诸公六出奇,江湖狂客一生痴。"又卷五十五《书室独处,欣然有咏》:"凿空学道本无师,欲尽狂心颇自奇。……常笑祖龙痴到底,一生辛苦觅安期。"又卷七十三《杂赋》:"贵固不如贱,狂应未胜痴,""狂"与"痴"简直是同义语。

但如前所述,在一般情况下,陆游写"狂"大多在"态",属外部行为;陆游写"痴",大多在情,属内心世界。这是有必要分清的。试看陆游自己所述:

壮心自笑老犹在,狂态极知人不容。㉙

豪气不除狂态作,始知只合死空山。㉚

书生独占世间痴,过计私忧无已时。㉛

腾腾不许诸人会,兀兀从嘲老子痴。㉜

前二例均表明"狂态",后二例虽只出现一个"痴"字,但痴情可知。需要说明的是,陆游对自身的痴情,有时似乎表现出否定的态度,而实际上是以否定作肯定,表达得更为肯定。这在陆游诗作中以"绝痴"或"痴绝"的用语最为明显,试举四例:

早慕功名已绝痴,晚耽笔墨愈无奇。㉝

赤脚踏增冰,此计又绝痴。㉞

我生本痴绝。万事不系怀。㉟

少年痴绝晚乃晤,束缚珠襦均一死。㊱

还须指出的是,陆游所表现的狂态,往往与醉酒连在一起。在醉酒中,陆游往往毫无掩饰。这当然是内心情思的外溢。亦举四例:

吕子奇才非复常,诗来起我醉中狂。㊲

谁知得酒尚能狂,脱帽向人时大叫。⑧

今朝生意才丝发,便拟街头醉放狂。㊴

琴书自是闲中乐,天地能容醉后狂。㊵

于此可见,在大多情况下,"狂"是陆游所要表现的外在姿态,"痴"是陆游所要表达的内心情思,两者相辅相成,构成陆游的痴狂形象。

为求清楚,不妨引一些诗作,并略作分析。

宣华辇路牧牛羊,摩诃龙池草茫茫。

宫殿犁尽余缭墙,南风远吹禾黍香。

草间白骨横秋霜,何由唤起醽一觞。

痴人走死声利场,我独感此惜流光。

苹花开时风榭凉,美人缥缈如鸾翔。

尧年舜日乐未央,非子之故为谁狂?㊶

少年虽狂犹有限,遇酒时能傲忧患。

即今狂处不待酒,混混长歌老岩涧。

拂衣即与世俗辞,掉头不受朋友谏。

挂帆直欲截烟海,策马犹堪度云栈。

枵然痴腹肯贮然? 天遣作盎盛藜苋。

发垂不栉性所便,衣垢忘濯心已惯。

眼前故人死欲无,此生行矣风雨散。

羞为尘土伏辕驹,宁作江湖断行雁。㊷

台省诸公六出奇,江湖狂客一生痴。

无人为问净光老,抚掌掀髯端为谁?㊸

贵固不如贱,狂应未胜痴。

闭门真已矣,命驾欲何之?

碧缕生香袖,清漪张砚池。

是中有佳处,不觉昼阴移。㊹

例一作于宋孝宗淳熙三年(1176)五月,诗人时年五十二,在成都领祠禄。是年三月,诗人被免成都府安抚使参议官兼四川制置使参议官之职,在

《饭保福》(《诗稿》卷七)诗中便曰："饱饭即知吾事了,免官初觉此身轻。"心情可以想见,故有"痴人走死声利场"之认识。痴人者,痴情之自身也。由此,不由得想起对高宗和孝宗之痴情,故曰："尧年舜日乐未央,非子之故为谁狂?"所称之"子"指代上句之尧舜。是高宗和孝宗不领诗人之"痴"情,诗人才有"宣华辇路牧牛羊,摩诃龙池草茫茫"、"草间白骨横秋霜,何由唤起醽一觞"之叹。由此,诗人"夜宴"中之狂态可以想见。

例二作于宋孝宗淳熙十年(1183)十月,诗人时年五十九,在家乡领祠禄。诗人于淳熙六年(1179)由提举福建常平茶事改除江南西路常平茶盐公事。淳熙七年(1180)十一月,被命诣行在所,至严州寿昌县界,得旨,许免入奏。旋为给事中赵汝愚所劾,遂奉祠。在家乡投闲置散四个年头,深心当然痛苦,于是饮酒"狂歌",在狂歌中表达对自身和社会的不满。其地点当在云门精舍。此乃诗人少年求读之地,故从"少年"开篇,有"岩涧"之谓。要注意的是,题中之"狂"和诗中"少年虽狂"、"即今狂处"之"狂",均指狂态而言;"枵然痴腹"之"腹",乃"衣垢忘濯心已惯"之"心"。一者为避重复;二者与前"挂帆直欲"、"策马犹在"等平仄相应;三者"心"、"腹"历来相通。据此,"痴腹"即痴情人之腹,其"痴"字,亦乃深心情思之谓。

例三作于宋光宗绍熙三年(1192)夏天,诗人时年六十八,在家乡领祠禄。诗人于孝宗淳熙十六年(1198)十一月二十八日,为谏议大夫何澹所劾,诏罢朝议大夫、礼部郎中兼实录院检讨官之职,返故里。又是四个年头,在会稽石帆别业待老,深心当然难受。此前《爱闲》诗曰："堪笑放翁头白尽,坐消长日事儿嬉。"《读史有感》诗曰："英雄古自埋秋草,世上儿童共笑狂。"已见心情,故僧人壁老求诗,便将心中之烦恼一吐为快。首句即用典,汉司马迁《史记·陈丞相世家》有"凡六出奇计,辄益室,凡六益封"之谓,诗人以之借喻"台省诸公",与自身作强烈对比,故次句突出"江湖",突出自身之"狂"和"痴"。诗人将"狂"、"痴"对举,表明"客"之身份和"痴"之"一生",则"狂"之外在姿态和"痴"之内在深情十分明显。

例四作于宋宁宗开禧三年(1207)冬天,诗人时年八十三。诗人于宁宗嘉泰二年(1202)五月入朝,修孝宗,光宗两朝实录及高宗、孝宗、光宗三朝

史,十二月除秘书监,次年正月除室谟阁待制,五月回家,写此诗前之正月,
又晋封渭南伯。告老还乡,依然领祠禄。生活有着,但心境依然不平,特别
是开禧北伐失败以后。请看该年夏日所作《自九里平水至云门陶山历龙瑞
祠而归,凡四日》诗:"老子无心老尚狂,山程随处寄怅怅。"夏日所作《杂咏》
诗:"极知此手终无巧,那得随人尽作痴!"秋日所作《秋晚杂兴》:"放翁皓首
归民籍,烂醉狂歌坐簧床。"又《晓思》"老农自得当年乐,痴子方争后世名。"
《小园醉中作》:"狂时湖海犹嫌逸,达处羲农亦未淳。"秋冬间所作《醉歌》:
"花残狂有限,酒熟闷无多。"冬日所作《杂兴》:"虚费年光作闲事,人间信有
白头痴。"由此而及,《杂赋》其四曰"贵固不如贱,狂应未胜痴"并非偶然。
要说明的是,早在十三年前(光宗绍熙五年,即 1194 年)诗人在《闷极有作》
开篇,亦曰:"贵已不如贱,狂应又胜痴。"诗人再作强调,而且依然从"贵"与
"贱"中提出,依然表达同一情致,足见诗人心境。而两者略有区别,即"已"
改为"固","又胜"改为"未胜"。这些区别正是诗人对"狂"、"痴"认识深化
的结果。但无论如何,其"狂",其"痴",包括所引该年诗中之"狂"与"痴",
狂者多指外在状态,痴者多指内心深情。

三、狂态痴情之历史承传

陆游一生的狂态痴情,当然取决于当时的时代风云,取决于不得施展才
能的坎坷一生,但陆游是一位转益多师的诗人,其诗作之历史承传不能忽
视。王水照先生在《情理源流·对外文化关系》一文[45]曾经指出:"宋代作家
在丰厚的传统文化遗产面前,其创作观念中已积淀着深刻的历史意识。他
们在写作时不仅感受到自己时代的风云,而且时时领悟到从远古直到唐五
代的文学积存。"揆之陆游诗作,不无道理。

纵观陆游一生,东晋王羲之,唐代贺知章、李白,北宋苏轼、黄庭坚不时
影响着陆游的艺术生命。其狂其痴,当然亦有所承传。

宋施宿《(嘉泰)会稽志》卷十四有载:"王羲之既优游无事,与吏部郎谢

万书曰：'古之辞世者，或被发阳狂，或污身秽迹，可谓艰矣。……'"王羲之所谓"或被发阳狂"者，当指范蠡。东汉袁康、吴平《越绝书》卷六曰："范蠡其始居楚也。……一痴一醒，时人尽以为狂。……大夫种入其县……以为狂夫多贤士，众贱有君子，泛求之焉。"

"阳狂"为诗人得意之举，故诗中每每道及，兹择要举四例：

我游四方不得意，阳狂施药成都市。⑯

散发阳狂不计年，园林只在小窗前。⑰

阳狂自是英豪事，村市归来醉跨牛。⑱

十年醉郫筒，阳狂颇自许。⑲

欧阳修《新唐书·贺知章传》曰："知章晚节尤诞放，遨嬉里巷。自号'四明狂客'及'秘书外监'。"唐李白便以'狂客'称贺知章。《送贺宾客归越》曰："镜湖流水漾清波，狂客归舟逸兴多。"《对酒忆贺监》曰："四明有狂客，风流贺季真。"又"狂客归四明，山阴道士迎。"陆游对贺知章仰慕备至，其"三山别业"筑于贺知章道士庄不远处，便是仰慕之表现。陆游诗中不时以"狂客"推崇贺知章，有时竟至以"狂客"自许。亦举四例：

贺监称狂客，刘伶赠醉侯。⑳

知章自称狂供奉，士季那容醉步兵？㉑

皇天亦大度，能容此狂客。㉒

青衫尚记称狂客，白发宁知作老仙？㉓

李白之狂放，为其个性行为之显著特点。刘昫《旧唐书·李白传》载："白既嗜酒，日与饮徒醉于酒肆。玄宗度曲，欲造乐府新词，亟召白，白已卧于酒肆矣。召入，以水洒面，即令秉笔，顷之成十章。帝颇嘉之。尝沉醉殿上，引足令力士脱靴，由是斥去。"陆游崇拜李白，不但不少歌行有学李痕迹，而且不少醉中之狂志痴情，委实受李白影响。仅举四例：

自笑平生醉后狂，千钟使气少年场。㉔

野卉满头狂取醉，草庐容膝乐忘贫。㉕

老子狂醉还自笑，持竿画字满中庭。㉖

今朝生意才丝发，便拟街头醉放狂。㉗

不仅如此,李白的有些诗句,对陆游亦有直接影响。略举数例:

李白《庐山谣》:"我本楚狂人,凤歌笑孔丘。"㊳

李白《江西送友人之罗浮》:"如寻楚狂人,琼树有芳枝。"㊴

陆游《初夏燕堂睡起》:"歌凤平生类楚狂,山城迟暮得深藏。"㊵

陆游《新年》:"坐中使气如秦侠,陌上行歌类楚狂。"㊶

李白《陪侍郎叔游洞庭醉后三首》:"三杯容小阮,醉后发清狂。"㊷

陆游《病中久废游览,怅然有感》:"裘马清狂遍两川,十年身是地行仙。"㊸

陆游《泊舟湖桥酒楼下》:"谁知老子清狂甚,独占城南十里秋。"㊹

李白《赠僧朝美》:"谁人得此宝,窃笑有狂夫。"㊺

李白《代赠远》:"妾本洛阳人,狂夫幽燕客。"㊻

陆游《登子城新楼遍,至西园池亭》:"狂夫无计奈狂何?何况登楼逸兴多。"㊼

陆游《狂夫》:"狂夫与世本难偕,醉傲王侯亦壮哉!"㊽

李白《送贺宾客归越》:"镜湖流水漾清波,狂客归舟逸兴多。"㊾

李白《对酒忆贺监》:"四明有狂客,风流贺季真。""狂客归四明,山阴道士迎。"㊿

陆游喜用"狂客"已如上述。

杜甫亦属狂放之士。刘昫《旧唐书·杜甫传》如此记述:"甫性褊躁,无器度,恃恩放恣……于成都浣花浦种竹植树,结庐枕江,纵酒啸咏。与曰畯野老相狎荡、无拘检。"陆游服膺杜甫,《梅花》曰:"钦酒得仙陶令达,爱花欲死杜陵狂。"⑦当然不能不受影响。杜甫《官定后戏赠》有"耽酒须微禄,狂歌托圣朝。"⑦陆游则曰:"赖有浊醪生耳热,狂歌醉草寄吾豪。"⑦杜甫《江畔独步寻花七绝句》有"江上被花恼不彻,无处告诉只癫狂。"⑦陆游则曰:"灯前耳热癫狂甚,虏酒谁言不醉人?"⑦杜甫《寄李十二白二十韵》有"昔年有狂客,号尔谪仙人。"⑦陆游则在诗中多次运用(见前)。杜甫在《不见》曰:"不见李生久,佯狂真可哀。"⑦杜甫在《狂夫》诗以"自笑狂夫老更狂"收结,⑦陆游则在《诗稿》卷十《将至金陵,先寄献刘留守》曰:"归来要了浯溪颂,莫笑狂生老更狂。"需要指出的是,杜甫在《闻官军收河南河北》写到"却看妻子愁何在? 漫卷诗书喜欲狂。"写到"放荡齐赵间,裘与颇清狂。"^⑦陆游大概对"喜欲狂"和"清狂"两词最感兴趣,故诗中屡屡用到。按粗略统计,用"喜欲狂"的至少有 12 处,用"清狂"的至少有 15 处。兹分别各举两例:

书生习气重,见书喜欲狂。^⑧

吾儿从旁论治乱,每使老子喜欲狂。^⑧

裘马清狂锦水滨,最繁华地作闲人。^⑧

短帽簪花舞道旁,年垂八十尚清狂。^⑧

苏轼不乏狂放之态,其友文同《往年寄子平》有句:"顾子心力苦未老,犹弄故态如狂生。"^⑧苏轼在狂放中追求任真,诗词中亦屡屡写到,如:

《送岑著作》:"人皆笑其狂,子独怜其愚。"^⑧

《和刘道原咏史》:"仲尼忧世接舆狂,藏谷虽殊竟两亡。"^⑧

《江城子》:"老夫聊发少年狂,左牵黄,右擎苍。"^⑧

《满庭芳》:"且趁闲身未老,尽放我些子疏狂。"^⑧

《十拍子》,"莫道狂夫不解狂,狂夫老更狂。"^⑧

关于"疏狂"、"老更狂"、"狂客"等上面已有述及,不赘。关于"接舆狂",留待后面再述。关于"少年狂",陆游似乎很感兴趣。仅举四例:

衰翁不减少年狂,直马直与飞蝶竞。^⑨

病思无事乐,老悔少年狂。^⑨

偶住人间日月长,细思方觉少年狂。^⑨

贫甚不为明日计,兴来犹作少年狂。^⑨

黄庭坚为江西诗派"一祖三宗"的三宗之首,黄庭坚一生坎坷。关于"狂"和"痴",诗中不时写及。诸如《谢答闻善二兄九绝句》:"诗狂克念作酒圣,意态忽如少年时。"^⑨《代书寄翠岩新禅师》:"聊持楚狂句,往往天女供。"^⑨《溪上吟》:"狂夫移九鼎,深巷考四科。"^⑨《次韵奉送公定》:"人生会面难取醉听狂痴。"^⑨《赠张仲谋》:"下马索酒呼三迟,骑奴笑言客竟痴。"^⑨《已未过太湖僧寺》:"韵为涌书语,行歌类楚狂。"^⑨《登快阁》:"痴儿了却公家事,快阁东西倚晚晴。"^⑩《漫尉》:"豫章黄鲁直,既拙又痴狂。"《戏答公益

春思》："能狂直须狂，会意自不恶。"⑩《戏书效乐天》："造物生成嵇叔嬾，好
人容纵接舆狂。"⑩《书蔡秀才屏风颂》："堪笑痴人不省悟，犹说此翁真个
痴。"⑩《悲秋》："眩百足之狂攘兮，蹙踟蹰以行地。"⑩陆游一生亦坎坷，其
"狂"、"痴"受黄庭坚影响十分明显。如《诗酒》："酒隐凌晨醉，诗狂彻旦
歌。"⑩《识喜》："偶逃鼍作鲸吞地，幸保诗狂酒病身。"⑩《登子城新楼遍，至两
园池亭》："狂夫无计奈狂何，何况登临逸兴多。"⑩

黄庭坚对陆游的影响，除了"狂"，似乎"痴"显得更多一些。上引已有
"痴"字之例。不妨再举五例：

万里西游为觅诗，锦城更付一官痴。⑩

幸是元无了事痴，偷闲聊复学儿嬉。⑩

客鬓新添几缕丝，山城且付一官痴。⑩

痴儿已遣了官事，伏日元知当早归。⑪

囊钱不贮还成癖，官事都捐未免痴。⑫

上述五例，明显地从黄庭坚《快阁》"痴儿了却公家事，快阁东西倚晚晴"
化出，其他有关"狂"、"痴"的诗句，借鉴、化用、活用，则可以想见。

从历史承传这一特定角度考察陆游诗作中的"狂"和"痴"，最值得注意
的是陆游对始祖陆通的歌颂。其《宋会稽陆氏重修宗谱序》中曰："陆氏出自
妫姓，后齐宣王少子通，字季达，封于平原般县陆乡，因以为氏，卒谥元侯。"
陆通何许人也？《论语·微子》有载："楚狂接舆歌而过孔子。曰：'凤兮，凤
兮何德之哀。往者不可谏，来者尤可追。已而，已而，今之从政者殆而！'孔
子欲与之言。趋而辟之，不得与言。"此事《庄子·逍遥游》和《庄子·人间世
第九》亦有记载。嵇康《圣贤高士贤》专门写有《狂接舆》篇。陆游以有这样
的始祖而自豪，在危难中亦以这样的始祖作标榜。在整部《剑南诗稿》中，有
关"楚狂"和"接舆狂"的诗句比比皆是。择要各举三例：

歌凤伥伥类楚狂，畏牺龊龊笑蒙庄。⑬

家世由来出楚狂，湖山垂老得仿样。⑭

茹芝却粒虽无术，散发犹当效楚狂。⑮

谁识龟堂新力量，东家却笑接舆狂。⑯

但恨相逢无鲁叟,浩歌小试接舆狂。⑰

薄俗空成士龙笑,长歌未尽接舆狂。⑱

总而言之,陆游诗中出现那么多"狂"字和"痴"字,绝不是一种偶然现象。在宋金对峙,南宋王朝无力收复失地的现实面前,在陆游有心报国、无路请缨的个人遭际之时。陆游外露的情绪和思想必然要找到一个发泄点,这个发泄点就是"狂"和"痴"。如果说,"狂"主要表现其外部行为,那么"痴"主要表现其内心世界。是否可以这么说,"狂"和"痴"是陆游个性特征、精神风貌和内心世界的集中表现。单从这个方面看,陆游便是一位顶天立地、无与伦比的活生生的爱国诗人。

注释:

①《诗稿》卷一四《久两小饮》。

②《诗稿》卷二五《醉倒歌》。

③《诗稿》卷三五《醉中信笔作四绝》。

④《诗稿》卷五《病酒新愈》。

⑤《诗稿》卷三四《晨起》。

⑥《诗稿》卷六《春感》。

⑦《诗稿》卷八三《湖上夜赋》。

⑧《诗稿》卷二《南窗》。

⑨《诗稿》卷一《送韩梓秀才十八韵》。

⑩《诗稿》卷二一《晚秋风雨》。

⑪《诗稿》卷一七《秋思》。

⑫《诗稿》卷一九《寓叹》。

⑬《诗稿》卷一《村居》。

⑭《诗稿》卷一九《晚游东园》。

⑮《诗稿》卷四九《冬至后一日书》。

⑯《诗稿》卷一三《杭头晚兴》。

⑰《诗稿》卷二六《示子聿》。

⑱《诗稿》卷五九《杂兴》。

⑲《诗稿》卷八四《八月二十三日夜》。

⑳《诗稿》卷六《客中夜寒,戏作长谣》。

㉑《诗稿》卷三七《自咏》。

㉒《诗稿》卷三七《偶读陈无己芍药诗》。

㉓《诗稿》卷四《久客书怀》。

㉔《诗稿》卷七《遣兴》。

㉕《诗稿》卷五五《归老》。

㉖《诗稿》卷七八《稽山道中》。

㉗《首届宋代文学国际研讨会论文集》,复旦大学出版社 2001 年版,第 15 页。

㉘《苏轼文集》卷二五《上神宗皇帝书》,中华书局 1986 年版,第 729 页。

㉙《诗稿》卷二〇《七月十日到故山》。

㉚《诗稿》卷三六《杂感》。

㉛《诗稿》卷四〇《读退之》。

㉜《诗稿》五六《老甚自咏》。

㉝《诗稿》卷五五《登东岩》。

㉞《诗稿》卷六七《剧暑》。

㉟《诗稿》卷四二《初春书喜》。

㊱《诗稿》卷八三《秋思》。

㊲《诗稿》卷三六《次吕子益韵》。

㊳《诗稿》卷三《三月十七日夜醉中作》。

㊴《诗稿》卷八〇《病少愈偶作》。

㊵《诗稿》卷二六《霜天杂兴》。

㊶《诗稿》卷七《夜宴即席作》。

㊷《诗稿》卷一五《狂歌》。

㊸《诗稿》卷二〇《壁老求笑唐诗》。

㊹《诗稿》卷七三《杂赋》。

㊺载《王水照自选集》,上海教育出版社 2005 年版。

㊻《诗稿》卷六《楼上醉歌》。

㊼《诗稿》卷三七《小园新晴》。

㊽《诗稿》卷一三《西村醉归》。

㊾《诗稿》卷六一《杂感五首》。

㊿《诗稿》卷五四《立秋前一夕作》。

○51《诗稿》卷一九《寒夜移疾》。

○52《诗稿》卷一七《游镜湖》。

○53《诗稿》卷五二《直舍独坐思成都》。

○54《诗稿》卷二《自笑》。

○55《诗稿》卷二一《或问余近况,示以长句》。

○56《诗稿》卷五五《晓雪》。

○57《诗稿》卷八四《病少愈,偶作》。

○58《全唐诗》卷一七三。

○59《全唐诗》卷一七七。

○60《诗稿》卷一八。

○61《诗稿》卷一七。

○62《全唐诗》卷一七九。

○63《诗稿》卷一七。

○64《诗稿》卷五五。

○65《全唐诗》卷一七一。

○66《全唐诗》卷一八四。

○67《诗稿》卷七。

○68《诗稿》卷二六。

○69《全唐诗》卷一七六。

○70《全唐诗》卷一八二。

○71《诗稿》卷三八。

○72《全唐诗》卷二二七。

○73《诗稿》卷一六《病起》。

○74《全唐诗》卷二二七。

○75《诗稿》卷一六《偶得北金泉酒小酌》。

○76《全唐诗》卷二二七。

○77陆游则多用"阳狂"一词(见前)。

○78《全唐诗》卷二二六。

○79《全唐诗》卷二二二。

○80《诗稿》卷一二《抄书》。

○81《诗稿》卷二二《示儿》。

㉒《诗稿》卷八《醉题》。

㉓《诗稿》卷五一《醉舞》。

㉔《全宋诗》卷四四七。

㉕《全宋诗》卷七九〇。

㉖《全宋诗》卷七九〇。

㉗唐圭璋《全宋词》第 1 册,第 299 页。

㉘唐圭璋《全宋词》第 1 册,第 278 页。

㉙唐圭璋《全宋词》第 1 册,第 295 页。

⑨〇《诗稿》卷九《二月十六日赏海棠》。

⑨①《诗稿》卷三一《夜坐》。

⑨②《诗稿》卷四七《忆昔》。

⑨③《诗稿》卷八〇《晚步湖堤》。

⑨④《全宋诗》卷九九三。

⑨⑤《全宋诗》卷九九八。

⑨⑥《全宋诗》卷九九九。

⑨⑦《全宋诗》卷一〇〇二。

⑨⑧《全宋诗》卷一〇〇五。

⑨⑨《全宋诗》卷一〇〇九。

⑩⑩《全宋诗》卷一〇〇九。

⑩①《全宋诗》卷一〇一八。

⑩②《全宋诗》卷一〇二一。

⑩③《全宋诗》卷一〇二四。

⑩④《全宋诗》卷一〇二五。

⑩⑤《诗稿》卷九。

⑩⑥《诗稿》卷六八。

⑩⑦《诗稿》卷七。

⑩⑧《诗稿》卷七《春晚书怀》。

⑩⑨《诗稿》卷九《冬日》。

⑪⑩《诗稿》卷一八《焚香作墨决沸决讼》。

⑪①《诗稿》卷六《伏日独游城西》。

⑪②《诗稿》卷八二《还东》。

⑬《诗稿》卷一三《对居酒熟》。

⑭《诗稿》卷五一《彷徉》。

⑮《诗稿》卷七六《初夏喜事》。

⑯《诗稿》卷四六《偶作夜雨诗》。

⑰《诗稿》卷八二《山居》。

⑱《诗稿》卷八二《睡起》。

杨简社会改革思想探析

张　伟(宁波大学)

杨简(1141—1226),字敬仲,南宋庆元府(今宁波)慈溪人,因晚年筑室于德润湖(今称慈湖),世称慈湖先生。作为陆学传人,杨简继承了陆九渊的心性一体思想,提出了"道在人心,人心即道"[①]的哲学命题,不仅发展了陆氏心学,而且直接开启了有明一代的阳明心学,在中国心学发展史上具有承上启下的历史地位。近年来,学术界对杨简的心学思想多有研究,且成果颇丰,然而对他的政治思想与社会改革主张则研究其少,迄今尚无专文论及。本文拟结合南宋政情,就杨简的政治思想及社会改革主张作一初步探析。

一

杨简生于高宗绍兴十一年(1141)正月,卒于理宗宝庆二年(1226)三月,一生经历高、孝、光、宁、理宗五朝。孝宗乾道五年(1169),杨简登郑侨榜进士,授迪功郎,出任富阳县主簿,自此开始了仕宦生涯。此后,历任绍兴府司理,浙西安抚司干办公事,乐平知县,国子博士,秘书郎,秘书省著作佐郎兼权兵部郎官、兼考功郎官、兼礼部郎官,著作郎,将作少监,兼国史院编修官兼实录院检讨官,温州知府,驾部员外郎,工部员外郎,军器监兼工部郎官,

将作监兼国史院编修官兼实录院检讨官等职。宝庆二年（1226）以宝谟阁学
士、太中大夫致仕。死后以遗奏闻特赠正奉大夫。

　　杨简的政治活动主要在孝宗、光宗、宁宗三朝,在这近70年的时间中,南
宋王朝开始由"中兴"走向衰落。在外交方面,南宋立国东南后,宋金和战是
这一时期民族斗争的核心。绍兴三十二年（1162）六月,高宗"禅位",孝宗继
位。次年,孝宗改元隆兴。孝宗继位之初,锐意恢复,一心想改变高宗以来
"偷安忍辱"②的偏安局面。隆兴元年（1163）五月,在张浚的大力支持下,他
置史浩等大臣的合理建议于不顾,仓促发动了对金战争,但结果以失败而告
终。隆兴二年（1164）十二月,宋金签订和议,史称"隆兴和议"。"隆兴和
议"签订后,孝宗并不甘于屈辱的地位,他在虞允文的支持下,积极备战,以
图待时而动。但因长期来形成的财屈兵弱局面一时难以改变,加之金世宗
统治初期,"金国平治,无衅可乘"③,这样,随着虞允文的去世,年事渐高的孝
宗意气消颓,最终放弃了收复计划,并于淳熙十六年（1189）二月传位光宗。
光宗在位五年,宋金关系大致维持和平的局面。宁宗继位后,随着北方蒙古
族的崛起与金国的衰落,开禧二年（1206）五月,宋廷再次下诏伐金,史称"开
禧北伐"。然而,由于韩侂胄的用人不当、指挥失误以及史弥远、杨皇后集团
的从中破坏,北伐再度宣告失败。嘉定元年（1208）九月,双方签订"嘉定和
议",宋方再次接受了屈辱的条件。对金战争的连连失利,不仅加剧了南宋
统治集团内部的纷争,而且也导致了南宋国力的进一步衰弱。

　　在内政方面,自孝宗继位,尤其是进入光宗、宁宗朝后,南宋统治集团内
部争权夺利斗争层出不穷,政治日趋腐败。孝宗即位后,为了防范大臣擅
权,他"躬揽权纲,不以责任臣下"④。据学者统计,在其统治的二十六年中,
先后任用宰相十七人,每人每次平均不到二年;先后任用参知政事达三十四
人⑤。频繁更换宰执,虽然保证了皇权的充分行使,但挫伤了大臣们的主观
能动性;而宰相权轻,势必造成近习得以乘隙弄权。据《宋史·佞幸传》载,
两宋著名近习十二人,其中孝宗一朝即有曾觌、龙大渊、张说、王抃四人。用
相不专与宠信近习,造成了朝臣与近习的对立与斗争,加剧了统治集团内部
的纷争,最终使淳熙之政无所起色。光宗即位后,因不愿接受孝宗的控制,

加之李皇后从中挑拨，父子矛盾愈演愈烈，以致孝宗死后，其葬礼因光宗的拒不临丧而无法正常进行，一度使政局动荡不安。最后，宗室赵汝愚、外戚韩侂胄联手发动政变，迫使光宗"禅位"而暂使政局转危为安。宁宗上台后，统治集团内部又围绕"定策功"展开了激烈的权力之争，最后韩侂胄击败赵汝愚，并制造"庆元党禁"排斥异己，擅权达十三年之久。"开禧北伐"失利后，史弥远又勾结杨皇后发动政变，诛杀韩侂胄，并通过玩弄权术而最终控制朝政。史弥远当政后，"幸帝耄荒，窃弄威福"⑥，朝政更加腐败。同时，自孝宗以来，为了准备对金战争与满足统治集团的穷奢极欲，南宋的冗兵、冗官、冗费较以前更为严重，从而使财政更为拮据。而政府解决财政困难的手段，无非是横征于民。对此，宁宗朝时，蔡戡曾上书指出："二税，古也。今二税之内有所谓暗耗，有所谓漕计，有所谓州用，有所谓斛面；二税之外，有所谓和买，有所谓折帛，有所谓义仓，有所谓役钱，有所谓身丁布子钱，此上下通知也。于二者之中，又有折变，又有水脚，又有糜费，有隔年而预借者，有重价而折钱者，其赋敛烦重，可谓数倍于古矣。然犹未也，有所谓月桩，有所谓盐产，有所谓茶租，有所谓上供银，有所谓干酒钱，有所谓醋息钱，又有所谓科罚钱。其色不一，其名不同，各随所在有之，不能尽举。"⑦这里，蔡戡所列仅是二税附加税及额外加征之税，尚不包括各地随时巧立之目，但据此也足见其征敛之广。沉重的赋税剥削，使阶级矛盾趋于尖锐，广大百姓为生存计，或以闹荒、抗交租税等形式向地主阶级展开斗争，或揭竿而起，直接走上与官府相对抗的武装起义。

　　总之，自孝宗至宁宗朝，由于统治集团的腐败无能，南宋的内忧外患局面非但没有得到改变，相反呈现出加重之势。在这种情况下，统治集团内部的一些有识之士已敏锐地觉察到局势的严重性，本着强烈的忧患意识，他们纷纷提出改良方案，希冀以此解决社会危机，杨简便是其中的一员。

二

　　行先王之道、致三代之治历来是儒家的政治理想，在这一理想的激励下，匡济时艰，致君尧、舜，自然成为历代儒家学者的经世目标。与同时代的朱熹、陆九渊等儒家学者一样，杨简一面致力于儒家经典的诠释，努力从中构建出一套新型的学说以服务于现实政治；一面针对时弊，提出了一系列社会改良方案。在他的身上，集中体现出儒家知识分子忧国忧民的高尚情操。

　　杨简的政治思想继承了儒家传统的德政学说，并将之上升到天理高度，明确提出"为政之道，无出于德"的政治观。他说："大哉德乎，天以此覆，地以此载，日月以此明，四时以此行，百物以此生，君以此尊，臣以此卑，父以此慈，子以此孝，家以此齐，国以此治。"他认为，法令不出于德，则无以遏民之不善；礼乐不出于德，则无以导民心之正、民心之和；任选不出于德，则以贤者为不肖，以不肖者为贤；赏罚不出于德，则赏以行一人之私喜，罚以行一人之私怒；兵财不出于德，则将不肖而兵惰，兵虽多而蠹财，兵多财匮，虽周公不能为。正因国家法令、礼乐、任选、赏罚、兵财等政事无不出于德，他批评那种认为德之外有事的观点是"不惟不知德，亦不知政"，并指出："政事不出于德，非德政也；政非德政，苟非安即危乱矣。"同时，他认为德在人心，人皆有之，为天下所同然，而天下治道之机总于人君之一心，得其大纲，则"万目必随一，正君而国定矣"⑧。这里，杨简不仅反对别道德与政事为二途，而且视道德为纲、政事为目，认为统治者能以德驭政，则纲举而目张，便可实现王道之治。

　　在这一德政思想指导下，杨简针对当时内政腐败、外患不断的南宋政局，提出了一整套改革方案，他说："方今治务最急者五：一曰谨择左右大臣、近臣、小臣；二曰择贤久任中外之官；三曰罢科举而乡举里选贤者能者；四曰罢设法导淫；五曰教习诸葛武侯之正兵以备不虞。其次急者八：一曰募兵屯田以省养兵之费；二曰限民田以渐复井田；三曰罢妓籍俾之从良；四曰渐罢和买、折帛暨诸续增之赋及榷酤，而禁群饮；五曰择贤士聚而教之于太学，教成，使分掌诸州之学，又使各择邑里之士聚而教之，教成，使各掌邑里之学；六曰取《周礼》及古书，会议熟讲其可行于今者，三公定其议而奏行之；七曰禁淫乐；八曰修书以削邪说。"⑨治务"最急者五"、"次急者八"集中反映出杨简的政治思想及要求改变社会现状的强烈愿望，结合《慈湖遗书》中的《论治道》、《论封建》、《论兵》等，不难发现，其改革主张实已涉及政治、经济、军事、文化教育等各个层面。

在政治改革方面：杨简认为，要改变南宋政治腐败之现状，首先要革新朝政，而革新朝政必先自朝廷始。近君子、远小人是历代封建政治家竭力倡导的为政之道，杨简自然也不例外。他深刻认识到近臣对国家治乱的影响，认为国家治乱安危之机在于朝廷，如果侍臣贤能清正，则朝中政风端正；朝政端肃，则外政清正。这就是杨简所说的"近治而后远治，近臣贤而后远臣贤"。因此，他主张简择有道盛德之士以充讲筵官，择忠信秉正之士以代内侍之事，如此，则小人便无隙可进。朝中大臣、近臣固然重要，但宫中小臣也不可忽视。他说："小臣虽卑贱，而人主之德性，实熏染渐渍于左右亲近。"即小臣们地位虽然卑微，但由于长期伴随在君主身边，久而久之，人主难免会受其影响。正因杨简深刻认识到国家治乱安危之机在近而不在远，因此，他把"谨择左右大臣、近臣、小臣"列为革新政治的首务，认为如能行此，则君子可安，百姓可安，社稷可安。

其次，改革任官制度，使贤能者久其位。杨简认为，国家设官分职，将以治国理民，如果举选得当，使贤者、能者在位，则国家的恤民政策就能切实施之于民，使百姓真正得到实惠；反之，如果选举不当，使不贤、无能之人在位，则百姓就会深受其害，最终贻祸国家。针对当时"贤者甚无几，不肖者满天下"的现状，他主张治务当以择贤为急。同时他指出，现有的选任制度多有弊端："郡邑无久远安固之备，其患不可胜言。送往迎来，徒劳徒费，居官不为长久之计，贪墨以为待阙之资，虽间有贤者，方谙物情利病，又已将代而治归装，守御无素备，寇至辄溃。民知其不久于位，不服从其教令。奸顽好讼，俟新吏诉，幸新至未谙情伪，姑肆其欺扰，害善良，无有已时。"需予以彻底改革。由此他建议，升县为州，升大县为大州，准许州官自辟属官，州事专达于朝。如为官苟非其人，则罢去；其甚贤而有功者，则通过褒、赐、增秩、贴职等使其久任于职⑩。他认为久任与择贤一样，是关乎国家安危的大事："择贤、久任，诚为当今大利。"⑪从而将"择贤久任中外之官"列为改革政治的急务之一。

再次，改革人才选拔制度，以乡举里选制取代科举制。杨简认为，自汉代以降，古道渐丧，上古流传的选贤与能制度已被遗弃，士子或陷于经说，不务实德；或溺于吟诗作赋，以粉饰华藻为事业，唯科举高中是求。这种不重德业、践行的选才制度，于治国安民有百害而无一利。他说："士子所习唯曰举业，不曰德业，高科前列多市井无赖子弟，笃实端士反见黜于有司，何以德行？为文华而尊荣，相师成风，沦肌浃髓，欲使事君而君获其忠，使临民而民不被其害可得哉？虽间得其人而亦无几。仕宦大概惟群饮，惟求举，惟货，惟色，惟苟且，甚者，民思寝处其皮而食其肉。"他认为科举制已成败坏人心之业，如果代之以贤人举贤才的乡举里选制，则天下士心便可"即趋于善"。

在经济改革方面：针对当时贫富分化日趋严重、百姓负担过于沉重，从而导致阶级矛盾尖锐的社会现实，首先，杨简主张限民田，以渐复井田。杨简指出，贫富不均是导致社会动荡的主要原因，而所以造成贫富不均，在于废弃了古代的井田良制。他说："田不井则贫富不均，贫民仰不足以事父母，俯不足以育妻子，乐岁终身苦，凶年不免于死亡。救死不瞻，奚暇治礼义？无礼义则乱，乱则国危。"因此，要解决贫富不均问题，根本之举便是恢复井田制；而要恢复井田，先要从限制民田开始。这也就是他所说的"限田，井田之渐也"。他认为，在初限民田田亩数时，可略宽一些，但限外之田只许减而不可增。这样，通过民户不断的析产异户后，即能渐析渐均；再立限时又渐减民户田亩数，如此循环往复，不数年即可使田产趋于平均化，最终恢复三代良制。

其次，渐罢和买、折帛及诸续增之赋，以纾民力。杨简指出南宋的和买、折帛已成为百姓的沉重负担，他说："所谓和买，初未尝不给钱，今直取于民；又不止于直取而已，又俾约折帛每疋六贯五百，其价大过于绢直。至于夏税折帛，则每疋七贯，以折为名，实强取多。"⑫因此，他认为在裁省兵费后，应渐次免除和买、折帛等赋税。同时，从"民为邦本，本固邦宁"这一民本思想出发，杨简也要求统治者裁节浮费，节用以宽民。他曾说："治国之道，敬信为大，其次节用。节用则可以推有余以补助斯民，不节用则厚敛于民矣。民为邦本，厚敛于民，是自伐其邦本，民离国亡，君随以亡。爱民而后能使民以时,国君爱民乃所以自爱其国,自爱其身。"⑬

在军事改革方面:在当时复杂的民族斗争形势下,出于强烈的忧患意识,杨简早年即致力于古代兵书、兵法研究。他自称"有志于武备逾四十年"⑭,力图从历代兵书中汲取用兵之道,为时所用。针对南宋的"兵弱"之状,杨简在如何强兵方面也提出了改革措施。

其一,教习诸葛武侯之正兵,以备不虞。杨简认为,教阅无方是导致南宋军队战斗力下降的一个重要原因。通过精究历代兵书、兵法,他认为:"今七书首《孙子》。孙子善用兵者,譬如率然。率然者,常山之蛇也,击其首则尾至,击其尾则首至,击其中则首尾俱至。《孙子》之书,非无善者,而率然之喻,验其不达正兵之法。正兵者,不可败之法也。"⑮并论证说:"马隆、李靖,皆得正兵之法,皆规八阵而用之,皆根本乎黄帝丘井之制。二子之为将,皆古今名将之所畏仰,然则正兵何畏乎大敌!"⑯因此,他竭力主张州郡教阅诸葛亮正兵之法,认为此法能训练出不可败之兵,以备不测之虞。

其二,募兵屯田,以省养兵之费。杨简认为,养兵之费过重是导致南宋财政拮据的主要原因,而要裁省兵费,需改革兵制,推行军屯制。他说:"古者兵出于农,无坐食之费;今国家财计,大概十九养兵。今将理财,罢横敛,不屯兵何以省费? 法当因募补籍之兵而新其制,曰吾授尔田以为衣粮之资。兵多死亡,补以屯田兵,则费可渐省。"⑰他认为,募兵屯田,推行屯田制,不唯可以省费,而且在此基础上若能选择良将加以训练,也可提高军队的战斗力。

在文化教育改革方面,杨简则提出了行太学与邑里之教和"修书以削邪说"等建议,以改变教育现状。杨简认为,自孔子后,大道正学沦丧,学者多持异端之说,似是而非,似正而邪,各徇偏孤,以致圣人之学晦而不传。为此,他指出:"不得大贤教救之,则刑名者自刑名,清静者自清静,杨者自杨,墨者自墨,任侠者自任侠,文华者自文华,议论者议论。"由此,他建议简选修谨之士,使之聚诸太学或乡学,接受系统的儒学教育,并通过这些修谨之士,使先王之学代代传承。

所谓"修书以削邪说",则体现出杨简要求统一教育内容的思想。他说:

"夫聚贤士而教之,固已明圣道之大体,指异说之谬误。而经子史集差失已久,其惑乱人心已深,不修成书,则邪说不衰熄,正道不开明,人心乖乱。人心乖乱,则祸作国危。"⑱可见,"修书"的目的,在于剔除种种惑乱人心的异端邪说,使教育在明正道、正人心、易风俗上充分发挥出其特有的教化功效,从而在此基础上逐步建立起一个人心向善、礼义流行的理想社会。

三

杨简的政治思想与改革主张无不渗透出浓厚的心学色彩与强烈的时代责任感,他的政治思想与其治学宗旨是一致的,即通过发明"本心",致君为尧、舜之君,使民为尧、舜之民,最终实现治国平天下的政治理想。然而,就杨简的政治思想及所提出的改革主张来看,其局限性是十分明显的。如他主张恢复井田制,反映出他对所谓古圣先王时代的推崇,这种推崇几乎到了盲目眷恋的程度,以致看不到井田制早已随着土地私有制的发展而作古。因此,通过限田以恢复井田不过是良好的愿望而已,不可能解决贫富不均这一社会现实问题。他对科举制所带来的一些弊端的揭露,不乏灼见,但将人心不古、吏治不正的根源归咎于科举制,显然是因噎废食。其实,与以往选举制相比,科举制在选拔人才、扩大统治基础等方面恰恰起了重要的作用。对此,清四库馆臣有精辟的评论:"其论治最急者五事,次急者八事,大抵欲罢科举以复乡举里选,限民田以复井田,皆迂阔不达时势。"⑲我们认为,杨简的上述主张所以被认为"不达时势",根本原因在于杨简将经后世美化了的三代视为理想治世,以致认为"如欲生民之皆安,祸乱息,风俗善,国祚久长,则三代之制不可详考熟讲而图复之也","图治而不本之三代之制,终苟道也"⑳。这也是杨简的改革建议未能被统治集团所采纳的原因之一。

但另一方面,作为一位关注现实的思想家,加之长期为政地方,使得杨简对当时南宋社会的积弊与地方政情有更深刻的了解与体会,这样,尽管其政治思想中有着浓厚的复古色彩,然而在政治实践过程中,对其过于理想化的某些内容也作了一些修正。对此,四库馆臣又评论说:"盖简本明练政体,亦知三代之制至后世必不可行。……及其莅官临事,利弊可验而知者,则固随地制宜,不敢操是术以治之,故又未尝无实效也。"[21]而当时人真德秀也曾说他于当世治务,"讨论区画,若指诸掌,又非脱略事为者也"[22]。这又使杨简的社会改革主张中又具有务实的成分,值得研究者重视。

注释:

①(宋)杨简:《慈湖诗传》卷一六《大雅一》,《四明丛书》本。

②(元)脱脱:《宋史》卷三二《高宗本纪九》,中华书局 1985 年版。

③(元)脱脱:《宋史》卷三五《孝宗本纪三》,中华书局 1985 年版。

④(元)脱脱:《宋史》卷三九一《周必大传》,中华书局 1985 年版。

⑤何忠礼:《宋代政治史》第十三章,浙江大学出版社 2007 年版,第 432—434 页。

⑥(元)脱脱:《宋史》卷四〇《宁宗本纪四》,中华书局 1985 年版。

⑦(宋)蔡戡:《定斋集》卷五《论州县科扰之弊札子》,上海古籍出版社文渊阁《四库全书》本,1987 年。

⑧(宋)杨简:《慈湖遗书》卷一〇《家记四·读论语上》,广陵书社影印《四明丛书》本,2006 年。

⑨(宋)杨简:《慈湖遗书》卷一六《家记十·论治务》,广陵书社影印《四明丛书》本,2006 年。

⑩(宋)杨简:《慈湖遗书》卷一六《家记十·论治务》,广陵书社影印《四明丛书》本,2006 年。

⑪(宋)杨简:《慈湖遗书》卷一六《家记十·论治道》,广陵书社影印《四明丛书》本,2006 年。

⑫(宋)杨简:《慈湖遗书》卷一六《家记十·论治务》,广陵书社影印《四明丛书》本,2006 年。

⑬(宋)杨简:《慈湖遗书》卷一〇《家记四·读论语上》,广陵书社影印《四明丛书》本,2006 年。

⑭(宋)杨简:《慈湖遗书》卷一《陈规守城录序》,广陵书社影印《四明丛书》本,2006 年。

⑮(宋)杨简:《慈湖遗书》卷一六《家记十·论治务》,广陵书社影印《四明丛书》本,

2006 年。

⑯（宋）杨简：《慈湖遗书》卷一六《家记十·论兵》，广陵书社影印《四明丛书》本，2006 年。

⑰（宋）杨简：《慈湖遗书》卷一六《家记十·论治务》，广陵书社影印《四明丛书》本，2006 年。

⑱（宋）杨简：《慈湖遗书》卷一六《家记十·论治务》，广陵书社影印《四明丛书》本，2006 年。

⑲（清）永瑢：《四库全书总目》卷一六〇《别集类一三·慈湖遗书》，中华书局影印本 1992 年。

⑳（宋）杨简：《慈湖遗书》卷一六《家记十·论治道》，广陵书社影印《四明丛书》本，2006 年。

㉑（清）永瑢：《四库全书总目》卷一六〇《别集类一三·慈湖遗书》，中华书局影印本，1992 年。

㉒（宋）杨简：《慈湖遗书》卷一八《附录·文忠西山先生真公跋文元公行状后》，广陵书社影印《四明丛书》本，2006 年。

略论"朱陈之辩"

——兼谈南宋理学与事功之学对立的实质

陈国灿(浙江师范大学)

宋室南渡后,思想领域进一步呈现出不断分化的趋势。不同思潮和学派从各自的认识角度出发,构建自身的理论体系,由此引发彼此之间的激烈辩论。朱熹与事功陈亮的论战,正是在这种环境下出现的。从宋孝宗淳熙十一年(1184)到十三年(1186),"朱陈之辩"前后持续了三年时间,反映出双方从理论思想到社会观念的一系列分歧,显示了理学与事功之学两种思潮的尖锐对立。本文试就此作一番讨论和分析。

一、"朱陈之辩"的发生及其核心问题

事功之学是崛兴于浙东(今浙江钱塘江以东)地区的学术思潮,是北宋以来新型功利主义思想与浙东地区经世致用的传统学风相结合的产物。[①]面对民族危机和社会危机不断加剧的社会现实,事功学者积极倡导讲实事、究实理、重实功、求实效的学风,表现出强烈的实学倾向,这与理学家们热衷于谈道说理、讲性论命的风气形成鲜明对比。因此,薛季宣等部分早期事功学者就已对理学的一些观点和学风提出质疑,认为理学家所宣扬的儒学"道

统"是虚构的,存在着明显的"记事参错"②;指出理学有关"道器"、"理气"、"义利"等理论问题的阐述牵强附会,颠倒本末;批评理学学者沉溺于"清谈脱俗"而无视社会现实,"诚未能无恶"③。尽管这些批评显得零散、个别,缺乏系统性,在态度上也较为含蓄、平缓,但从中表现出事功之学与理学不同的学术思想倾向。正是承此学术倾向,陈亮在进一步构建事功之学思想体系的同时,对理学的态度也由批评上升到批判和否定。在淳熙五年(1178)给孝宗皇帝的两次上书中,他认为,"今世之儒士自以为得心诚意之学者,皆风痹不知痛痒之人也。举一世安于君父之仇,而方低头拱手以谈性命,不知何者谓之性命呼!"④指斥理学家"论恢复则曰修德待时,论富强则曰节用爱人,论治则曰正心,论事则曰守法……夫岂知安一隅之地则不足以承天命,忘君父之仇则不足以立人道"⑤。在写给友人应仲实的信中,陈亮以更为峻激的言辞尖锐地指出:"世之学者,玩心于无形之表,以为卓然而有见,事物虽众,此其得之浅者,不过如枯木死灰而止耳;得之深者,纵横妙用,肆而不约,安知所谓文理密察之道?泛乎中流,无所底止,犹自谓其有得,岂不可哀也哉!"⑥

对于事功之学强烈的求实致用倾向,朱熹一直持批评态度。在谈到以薛季宣、陈傅良、叶适为代表的永嘉事功之学时,他一再表现不满,强调"永嘉学问专去利害上计较","大不成学问"⑦;指责事功学者"草率苟简,未曾略识道理规模",便"高自标置,下视古人",所论"全是含胡影响之言,不敢分明道着实处"⑧。对于陈亮之学在社会上的传播,他更是深感忧虑。"陈同父(即陈亮——引者注)学已行到江西,浙人信向已多,家家谈王伯。不说萧何、张良,只说王猛;不说孔孟,只说文中子。可畏! 可畏!"⑨

正是由于思想倾向上的对立,最终引发朱熹与陈亮之间的激烈论战。因此,这场辩论,从表面上看只是两人对三代、汉唐历史的看法不同,实际却是双方在一系列根本性问题上的重大分歧。诚如陈亮后来在给陈傅良的信中所说:"亮与朱元晦所论,本非为三代、汉、唐设。"⑩

对"道"的认识和理解,是引发"朱陈之辩"的首要问题。朱熹把孔子所强调的"道"说成是超越自然和社会而独存的先验性东西,是"非人所能预"

的"亘古亘今常在不灭之物"⑪。陈亮则认为,所谓"道"不是抽象和观念性的"无形之物",而是存在于天地万物之中的内在本质和规律,是任何人都可以体察和认识到的。"夫道,非出于形气之表,而常行于事物之间者也"⑫;"天地之间,何物非道?赫日当空,处处光明。闭眼之人,开眼即是。"⑬

基于对"道"的不同解释,朱熹和陈亮进而就"王道"与"霸道"问题展开激烈辩论。朱熹认为,"道"为尧、舜、汤、文、武、周公等圣人施行于天下,由此形成了以义理之心为基础的"王道"。但三代以降,利欲炽盛,王道不行,"道未尝息而人自息之"⑭。至于汉祖唐宗,则更是假借仁义之名而行霸道之实。显然,朱熹的这种观点,实际上是对孟子崇王贱霸思想的继承和发展,即《孟子·公孙丑上》所说的"以力假仁者霸,霸必有大国;以德行仁者王,王不待大"。陈亮则以为,"道"既存在于万事万物之中,其在不同的历史环境下有着不同的表现形式。"伏羲、神农用之以开天地,则曰皇道;黄帝、尧、舜用之以定人道之经,则曰帝道;禹、汤、文、武用之以治天下,则又曰王道也;王道衰,五霸迭出,以相雄长,则又曰霸道。"⑮因此,王道也好,霸道也罢,只是形式上的差异,而非实质上的区别。事实上,王道和霸道是可以互相结合的。王道借霸道而行,霸道本王道而立。"谓之杂霸者,其道固本于王也。"⑯显然,在陈亮看来,尊王贱霸乃是一种主观之见,而以此崇三代而贬汉唐,更是无视历史发展实际的片面观念。

与"王霸之争"相联系,义理和利欲问题是"朱陈之辩"的又一个焦点。从尊王贱霸的思想出发,朱熹进而将义理和利欲完全割裂和对立起来,强调"行义理,灭人欲",将义理上升到本体论的高度,视之为世界的本质和为人的根本,而利欲是与此背道而驰的,即便是人赖以存在的基本物质欲望,也有碍义理之心的纯正。他指责陈亮等事功学者所倡导的实事实功思想有违义理之本,其"立心之本在于功利"⑰。陈亮则坚持认为,"义"和"利"乃是一个事物的两个侧面,彼此是合为一体的。义必须通过实际的利来体现,没有利,也就无所谓利。事实上,即便是上古三代的圣王也并不讳言对功利的追求。"禹无功,何以成六府;干无利,何以具四德,如之何其可废也?"⑱仁义并不空洞的抽象之物,而是体现于实实在在的功利之中。"非以空言动人也,人道固如耳。"[19]同样,"理"与"欲"也绝非是水火不相容的,"才有人心,便有许多不净洁"[20]。人们生活于世,都会有相应的物欲,这是客观存在的自然之理。"耳之于声也,目之于色也,鼻之于臭也,口之于味也,四肢之于安佚也,性也,有命焉。"[21]因此,理学家所谓"三代以前都无利欲,都无要富贵"的说法是根本不可信的,属于有违历史实际的主观虚构。

王霸和义利之争,归根到底是如何做人的问题。因此,围绕"成人之道",朱熹和陈亮也展开激烈辩论。朱熹强调,成人当"以儒者之学求之",否则,"恐其畔弃绳墨,脱略规矩,进不得为君子,退不得为小人"[22]。而且,这种"儒者"应该是"尽心尽性",做到"穷理修身,学取圣贤事业,使穷而有以独善其身,达而有以兼善天下"[23]。对于朱熹所推崇的这种成人目标,陈亮颇不以为然。在他看来,理学家津津乐道的"儒者",不过是只知"研穷义理之精微,辨析古今之异同,原心于秒忽,较礼于分寸,以积累为功,以涵养为正",却不知"事功之为何物,形势之为何用"的迂腐之流,根本不值学习和仿效。"学者,所以学为人也,而岂必其儒哉!"[24]真正的"成人",应该是将仁义和事功结合起来,做到"仁智勇之达德具于一身",具有"堂堂之阵,正正之旗,风雨云雷交发而并至,龙蛇虎豹变见而出没,推倒一世之智勇,开拓万古之心胸"[25]的气势,由此才能"与天地并立而为三"。

二、"朱陈之辩"的思想分歧

从陈亮和朱熹各自的理论思想体系来看,两人的辩论反映出彼此在哲学观、历史观、价值观、人生观等方面的对立。

在哲学观方面,朱熹倡导的是理本气末、理气对立的本体论,强调理是宇宙之本,万物之源,它无形、永恒、至善,属于善美之源,具有绝对性、至上性和神圣性。"未有天地之先,毕竟也只是理。有此理必有此天地,若无此理便亦无天地,无人无物,都无该载了。有理便有气,流行发育万物。"[26]理表现在人身上,便是天地之性,亦即作为人性之本的"道心",是纯然至善之"未发"。本于道心而推及天下,就是"王道",在社会活动中便衍化为仁、义、礼、智等一系列伦理道德规范。与理相对应,气既源于形而上的理,又离异于理,它有形、粗陋、混杂、多变,是丑恶之源。气表现在人身上便是气质之性,亦即性、欲之"已发"。因此,理气对立反映在实际生活中,就是仁义与利欲的对立。行仁义必先去利欲,去利欲才能存仁义。陈亮所坚持的是道存于物、道物合一的本体论,强调在宇宙和社会历史中,除了实实在在的物与事之外,不存在其他任何独立的抽象东西。"盈宇宙者无非物,日用之间无非事。"[27]道也一样,只能存在于事物之中,而且必然与事物融合于一体,并通过事物的演变——具体讲也就是天、地、人三者的互动——表现出来。道不可能独立于天、地、人三者的活动之外,特别是作为社会历史主体的人的活动而独存。"人之所以与天地并立而为三者,非天地常独运而人为有息也,人不立则天地不能以独运,舍天地则无以为道矣。"因此,"若谓道之存亡非人所能与,则舍人可以为道,而释氏之言不诬矣"[28]。由此可见,朱熹所说的"道"是指"天理之道",属于绝对先验性的形而上逻辑本体;陈亮所说的"道"是指"社会历史之道",属于客观性的形而下物质本体。

在历史观方面,朱熹从先验本体论出发,将"道"与社会历史割裂开来,把两者视为彼此独立的系统。在他看来,汉唐以降千百年间,"只是架漏牵补过了时日,其间虽或不无小康,而尧、舜、三王、周公、孔子所传之道,未尝一日得行于天地之间。"但这并不意味着道已灭绝,"若论道之常存,却又初非人所能预,只是此个自是亘古亘今常在不灭之物,虽千五百年被人作坏,终殄灭他不得"[29]。由此出发,朱熹坚持汉唐不及三代的历史观,认为三代是天理大行的"王道盛世",汉唐虽间或与"道"有"偶合"之处,但毕竟是利欲横流的"霸世",与三代有着天壤之别。陈亮则认为,既然道不能离开人们的活动而独存,则历史的演进乃是不以人的意志为转移的内在必然性与人的主体能动性相结合和统一的结果,只不过在不同历史时期和不同社会环境下,这种结合和统一的具体表现形式有所差别而已。一切历史事物的产生和存在都有其合理性,无论是社会的源起、国家的诞生、王朝的建立,还是君臣的定位、法度的建立,或者家天下格局的形成等,既非偶然现象,更非个人意志所加,而是属于历史发展之必然。就三代、汉唐来说,不过是历史发展过程中的先后经历和展现的两个阶段,道既存在于三代,则当存在于汉唐。如果说到不存于汉唐,"千五百年之间,天地亦是架漏过时,而人心亦是牵补度日,万物何以阜藩?"㉚因此,汉祖唐宗决不应该是被贬斥的对象,他们所建立的历史功绩,使"天地赖以常运而不息,人纪赖以接续而不坠"㉛,如此"大功大德",足以与三代圣王相匹配。

在价值观方面,朱熹从天理的绝对性、至上性和神圣性角度出发,主张以绝对的伦理道德价值为标准,来评价人的一切活动。他强调:"立心之本,当以尽者为法,而不当以不尽为准。"㉜也就是说,区别善恶好坏,绝不能掺杂一丝人欲之心,必须出于纯而又纯的"天理之心"。如果有一丝"不尽",就会差之毫厘而谬之千里,以至"将圣人事业去就利欲场中比并较量"㉝。陈亮则认为,一切道德原则都不过是人们活动的产物,也只有适应社会之需要并产生一定的实际效果才具有真正的价值。理学家所谓绝对的、至善的道德原则以及在此基础上产生的"圣人之心"在社会历史中并不存在,其实质不过是一种主观构造和美化的虚幻之物。因此,评判人活动之善恶好坏不能仅看其道德动机和出发点,更应注意其活动的具体效果。可见,在价值观上,朱、陈的分歧主要在于:其一,历史与道德作为价值评判的标准,何者更重要? 朱熹主张的是绝对道德标准论,陈亮主张的是历史本位的道德原则,认为道德作为历史活动的产物,只具有相对的价值,亦即为历史所规定的、并与历史相关联的价值,故评价人的核心在于其对社会的贡献大小。其二,如何看待社会实践中人们行为的动机与效果的主次关系? 朱熹从动机价值论出发,认为人的内在动机是最重要的。"天理、人欲二字,不必求之于古今王伯之迹,但反之于吾心义利邪正之间。"㉞也就是说,实践活动之成功与否并不能说明实践主体内在动机的纯正高尚与否,故价值评价只能依据其内在动机的"义利邪正"和"善与不善",至于实践效果好坏,则属于另外一事。陈亮从动机与效果相统一的价值论出发,反对只以动机衡量人之功过,认为仁义道德绝不只是个人的内心修养,而是必然发为天下之事功。一个人若无智、无才、无勇、无功,"则亦何有于仁义哉"。

在人生观方面,基于历史观和价值观的对立,朱熹和陈亮所设计和推崇的理想人格也是迥然有异。朱熹敬仰的是以道德自律、以道及天下的"圣贤",因而特别注重人的内在自觉性和自律性,强调成人之道应以学儒为先,学儒才是做人根本,否则就不可能获得成就。"后世之所谓英雄豪杰者,亦未有能舍此理而得有所建立成就者"。因此,不以修身养性为本的人格追求,就好像"弃舍自家光明宝藏而奔走道路,向铁炉边磕矿中拨取零金"⑤。陈亮所推崇的是在历史上为社会建立奇勋伟业的英豪人杰,提出为人要做"人中之龙",为文要成"文中之虎"。因此,他特别强调人的能动性、创造性和进取性,认为人的最高价值在于取得突出的成就,为社会作出独特的贡献。"要之,天下不可以无此人,亦不可以无此书,而后足以当君子之论。"⑯由此,他反对朱熹所倡导的"穷理修身",先"独善其身",再"兼善天下"的人生哲学,强调人生之路并不仅限于学儒一途,而是依据社会的需求而有多种道路,就像金银铜铁作成各式器具,只要适用便是有用。社会分工和从业领域的多样化,决定了人生道路的多样化。一个合理的社会,应该是人尽其才,物尽其用。至于朱熹所说的超越于社会之上的"圣贤",是根本不存在的。他尖锐地指出:"人只是这个人,气只是这个气,才只是这个才。譬之金银铜铁,只是金银铜铁,炼有多少,则器有精粗,岂其于本质之外换出一般,以为绝世之美器哉!"⑰

三、从"朱陈之辩"看理学和事功之学对立的实质

毫无疑问,陈亮与朱熹的辩论绝不是当时宰相王淮等人所说的那样,属于文人之间互争"闲气",而是事功之学和理学两种思潮彼此对立的反映。这种对立不仅仅是由于理论思想的分歧,更重要的是双方在如何看待和解决现实社会各种危机问题上的不同认识。

在朱熹等理学家看来,当时宋廷的统治之所以陷入内外交困之中,根源在于人心之不正,纲常之不振,礼义之颓废,这也是三代以下,尤其汉唐以来

利欲滋盛、王道衰微的必然结果和表现。因此,解决现实危机的关键不在于要不要抗金和改革,而在于能不能正人心,振纲纪,兴礼义。"纲维解弛,衅孽萌生,区区东南事犹有不胜虑者,何恢复之可图乎?"㊳基于这种认识,朱熹主张在暂时维持南北之间和局的基础上,朝廷应先求得东南之治。"只是讲明义理以淑人心,使世间识义理之人多,则何患政治之不举耶。"㊴这就是说,如果追求道德博化和人心"向善",那么东南一隅之安的局面自当稳固,抗金复土、中兴国势的大业也可以自然实现。

事功学者对现实问题的看法与理学家截然不同。他们从"道在物中"的哲学本体论和"义利合一"的价值观出发,强调历史发展的必然性,倡导"因事作则"、奋发有为的人生道路,追求实事实功的人生价值,其目的在于说明统一乃是历史大势所趋,也是"道"与"道"的集中体现。"仁人正谊不谋利,明道不计功。此语初看极好,细看全疏阔。古人以利与人不自居其功,故道义光明;后世儒者行仲舒之论,既无功利,则道义者乃无用之虚语尔。"㊵因此,当权者若继续一味地苟且偷安,满足于偏局一隅的现状,就不能承历史潮流而顺"道"前行,最终"必将有承之者"。相反,朝廷若能弃苟安之策,励志图强,革弊布新,奋发有为,并广泛地调动广大民众的激情和力量,抗金复土,积极倡导为国建功、为民谋利的事功观念,则危机可除,国势可兴,社会可盛,民心可安,三代圣王之盛世可以重现,仁义礼智之伦理亦可深入人心。

应该说,朱熹等人的观点与宋室南渡以后那些屈膝投降以求苟且偷安的主张有着很大的区别。但在当时南北对峙且南宋处于守势的形势下,又不免具有不切实际的理想化倾向,而且客观上也容易为苟且偷安者提供了理论上的依据和借口。这显然是事功学者所不能认同和容忍的。在分析各种时弊时,事功学者便将理学学者空谈性命之学的风气视为弊中之最,认为理学学者曰性曰命,热衷于脱离实际的人心修养,结果是"舍实事而希影像,弃有用而为无益","二十年间,道德性命之说一兴,迭相唱和,不知其所从来。后生小子读书未成句读,执笔未免手颤者,已能拾其遗说,高自誉道,非议前辈以为不足学矣。"㊶正是在这种风气影响下,上自朝廷,下至士夫,无不高谈阔论,务虚自欺。"为士者耻言文章、行义,而曰'尽心知性';居官者耻言政事、书判,而曰'学道爱人'。相蒙相欺以尽废天下之实,则亦终于百事不理而已。"[42]因此,理学思潮"其本少差,其末大弊"[43]。

从宋代学术思想史的角度来看,"朱陈之辩"以及从中反映出来的事功思潮与理学思潮的冲突,乃是新的历史环境下从不同角度对传统儒学进行改造和发展的结果。事功学者虽然对理学家以及历史上的部分儒家学者多有非议和责难,但这并不意味着他们对儒家学说持否定态度。恰恰相反,事功学者处处以正统儒学的继承者自居。薛季宣一再强调:"学者为道而舍经,犹工人而去其规墨也,虽有工锤之指,其能制器乎?"[44]陈傅良也明确表示:"凡不本于孔子而敢为异说者,岂不甚可畏哉!"[45]陈亮则更是公开宣称,自己的学说是"发出三纲五常之大本,截断英雄差误之几微",[46]以达到"立大体"、"定大略"的目的。事实上,事功学者明确坚持传统儒学以仁义、纲常为核心的道德价值理论,认为仁义道德既是引导人们正确做人的关键,也是治平天下的基本原则。"礼乐刑政,所以董天下而君之也;仁义孝悌,所以率天下而为之师也。"[47]这种认识与理学家的观点并不矛盾,所不同的是陈亮等人注重道德规范与社会实际相结合,反对将仁义纲常的先验化和虚无化。事功学者坚持传统儒学的民本观和仁政思想,认为导致国势日衰的根源之一是"变生养之仁为渔食之政",政治腐败,弊端丛生,故中兴国家的关键在于树立以民为本的观念,施行仁政,由安民而安邦,富民而富国。这种思想与理学家的主张也是一致的,所不同的是陈亮等人将民本和仁政与抗金复土的现实结合起来,反对脱离实际的说教。事功学者继承了传统儒学的"夷夏观",并以此作为反和主战、追求"中兴"国家这一最大事功的理论依据,这与理学家所提出的"修政事,攘夷狄"的主张并无本质区别。所不同的是,朱熹等人将重点放在"华夏"自身的"心正行纯",而陈亮等人则注重对"夷狄"的揭攘。

当然,将事功之学与理学的对立完全归结于两者对传统儒家学说的不同理解和发挥又是不全面的。事功学者在坚持儒学基本理论和思想的同时,也积极吸收了传统功利主义的不少内容,并试图将两者有机地结合起来,以此改变汉唐以来经学化的儒学日趋空洞、教条、神秘的发展倾向,使之走上"义利合一"的现实主义道路。正因为如此，朱熹等人一直将陈亮等人的事功之学视为纯实用主义的功利之说，认为此学流行于世，必致人心混乱。但理学家没有认识到，事功学者所倡导的功利主义，实际上是一种儒学化的功利主义，如同理学是对汉唐经学的反动一样，事功之学也是对汉唐经学的一种反动，只是彼此在对经学改造的方向、方法和途径上有所不同罢了。

注释：

①有关这方面的情况，参见拙作：《南宋事功学派学术思想渊源探析》，载《孔子研究》1998 年第 2 期。

②薛季宣：《浪语集》卷二八《策问》，文渊阁《四库全书》本。

③《浪语集》卷二五《抵杨敬仲简》。

④《陈亮集》（增订本）卷一《上孝宗皇帝第一书》，中华书局 1987 年版，第 9 页。

⑤《陈亮集》（增订本）卷一《上孝宗皇帝第二书》，第 10 页。

⑥《陈亮集》（增订本）卷二七《与应仲实书》，第 319 页。

⑦黎德靖编：《朱子语类》卷三七、一二二，中华书局 1986 年版。

⑧朱熹：《晦庵集》卷五六《答叶正则》（四），《四部丛刊》本。

⑨《朱子语类》卷一二四。

⑩《陈亮集》（增订本）卷二九《与陈君举》，第 390 页。

⑪《晦庵集》卷三六《答陈同甫》（第六书）。

⑫《陈亮集》（增订本）卷九《勉强行功大有道》，第 100 页。

⑬《陈亮集》（增订本）卷二八《又乙巳秋书》，第 351—352 页。

⑭《晦庵集》卷三六《答陈同甫》（第八书）。

⑮《陈亮集》（增订本）卷一五《问皇帝王霸之道》，第 172 页。

⑯《陈亮集》（增订本）卷二八《又甲辰秋书》，第 340 页。

⑰《晦庵集》卷三六《答陈同甫》（第八书）。

⑱《宋元学案》卷五六《龙川学案》，《黄宗羲全集》第五册，第 237 页。

⑲《陈亮集》（增订本）卷三四《赠楼应元序》，第 272 页。

⑳《陈亮集》（增订本）卷二八《又乙巳秋书》，第 352 页。

㉑《陈亮集》（增订本）卷四《问答下》，第 42 页。

㉒《晦庵集》卷三六《答陈同甫》(第八书)。

㉓《晦庵集》卷三六《答陈同甫》(第十书)。

㉔《陈亮集》(增订本)卷二八《又乙巳春书之一》,第 346 页。

㉕《陈亮集》(增订本)卷二八《又甲辰秋书》,第 339 页。

㉖黎靖德编:《朱子语类》卷一《理气上·太极天地上》。

㉗《陈亮集》(增订本)卷一〇《六经发题·书》,第 103 页。

㉘《陈亮集》(增订本)卷二八《又乙巳春书之一》,第 345 页。

㉙《晦庵集》卷三六《答陈同甫》(第六书)。

㉚《陈亮集》(增订本)卷二八《又甲辰秋书》,第 340 页。

㉛《陈亮集》(增订本)卷二八《又乙巳春书之一》,第 346 页。

㉜《晦庵集》卷三六《答陈同甫》(第八书)。

㉝《晦庵集》卷三六《答陈同甫》(第九书)。

㉞《晦庵集》卷三六《答陈同甫》(第六书)。

㉟《晦庵集》卷三六《答陈同甫》(第九书)。

㊱《陈亮集》(增订本)卷九《扬雄度越诸子》,第 98 页。

㊲《陈亮集》(增订本)卷二八《又乙巳春书之一》,第 347 页。

㊳《晦庵集》卷一一《戊申封事》。

㊴朱熹:《朱子全书》卷三《学三》,文渊阁《四库全书》本。

㊵叶适:《习学记言》卷二三《前汉书》,文渊阁《四库全书》本。

㊶《陈亮集》(增订本)卷二四《送王德仲序》,第 270 页。

㊷《陈亮集》(增订本)卷二四《送吴允成运干序》,第 271 页。

㊸叶适:《水心文集》卷二七《答吴明辅书》,《四部丛刊》本。

㊹《浪语集》卷三〇《论语直解序》。

㊺陈傅良:《止斋集》卷二八《经筵孟子讲义》,文渊阁《四库全书》本。

㊻《陈亮集》(增订本)卷二八《又甲辰秋书》,第 340 页。

㊼《陈亮集》(增订本)卷一一《廷对》,第 116 页。

略论陈傅良的学派、思想和风格①

——读《通考·止斋曰》札记②

杨国宜(安徽师范大学)

陈傅良(1137—1203),南宋温州瑞安人,字君举,人称止斋先生。是著名的事功学派思想家。他的著作甚多,现存于《四库全书》者,主要有《止斋集》、《春秋后传》、《历代兵制》和《八面锋》。另有不少著作散佚,仅马端临的《文献通考》中,引用的"止斋曰"就有四十条左右,大多不见于上述诸书,颇可见其学术思想之特点,故特为摘要检出,略加分类诠释。虽属管窥蠡测,仅见一斑;但未尝不可以小见大,想见其全貌呢!

马端临的《文献通考》是一部详于历朝典章经制的史学名著,内容十分广泛,共分二十四门,主要有田赋、职役、征榷、市籴、国用、荫补、考课、兵制、经籍等类,每一门类又分若干子目,按时间先后排列"叙事",这一部分皆本之历史事实,是比较客观的文字记载,故谓之"文"。同时又在"文"之下,低一格进行"论事",这部分是"参以唐宋以来诸臣之奏疏、诸儒之议论",谓之"献",就颇有些史学评论的个人看法了。《文献通考》中引用有关"止斋"的言论就属于"论事"的部分,很能真实反映止斋先生的治学精神、学术特点和政治倾向。

《文献通考》中引用有关"止斋"的言论,若按《通考》体例顺序看,前二十二条属于经济制度的评述,中间七条属于政治军事的评述,后面十来条属于经籍图书的评述。为了叙述的方便,让我们的阅读从经籍图书的评述部分开始。

一、学派师承和治学特点——反对空言的求实精神

陈傅良的言论有何可贵之处? 是何学派? 有何特点? 值得《通考》频繁引用呢?《通考·经籍考》中许多有关"止斋"的言论。可能回答这个问题。(为节省篇幅,多属摘要,如有违原意,敬请指正)

《通考》卷240,著录了陈傅良的《止斋集》,对该书作介绍和评论时,引用叶适为陈傅良所作的《墓志铭》说:

> "初讲城南茶院,时诸老先生传科举旧学,摩荡鼓舞,受教者无异辞,公未三十,心思挺出,陈编宿说披剥溃败,奇意芽甲新语懋长,士苏醒起立,骇未曾有,皆相号召,雷动从之,虽縻他师亦籍名陈氏,由是其文擅于当世,公不自喜,悉谢去。独崇敬郑景望,薛士龙,师友尊之。入太学,则张钦夫、吕伯恭、相视遇兄弟也。公之从郑、薛也,以克己兢畏为主,敬德集义于张公尽心焉。至古人经制三代治法,又与薛公反复论之。而吕公为言本朝文献相承,所以垂世立国者。然后学之内外本末备矣。公犹不已,年经月纬,昼验夜索,询世旧,翻吏牍,搜断简,采异闻,一事一物,必稽于极,而后止千载之上,珠贯而丝组之,若目见其身,相旋其间。"③

这段"介绍评论",对我们了解陈傅良的学派师承和治学特点很有帮助,文中提到的郑、薛、张、吕诸公都与陈傅良的关系十分密切,或为"师友",或如"兄弟",形成了一个与传统理学很不相同的学术团体。他们的思想倾向颇相接近,具有反对空言的求实精神。

求实,是浙学的一大特点,早在东汉时,王充在《论衡》中,就以"实事疾妄"为指导思想,严厉批判各种虚妄迷信,提出"事有证验,以效实然"治学方法④。开创了浙学实事求是的可贵风气。南宋时期,全国范围内理学盛行,

出现了达官贵人空谈性命,拱手危坐竟日无言,倡为专门之学,实则远离现实毫无实用的坏风气。浙东地区经济发达,特别是商业的空前繁荣,孕育了浙东学派与空谈理学迥然不同的风气和思想,他们讲实事、究实理、求实效、谋实功,注重实际的功用和效果。对空谈道德性命之学的理学采取批判的态度。例如:

开永嘉学派之端的薛季宣(士龙),虽然曾师事过程门弟子袁溉,"得其所传,无不可措之用",但对"自附道学者"、"语道不及事"、"清谈脱俗之论"深表厌恶,又博览群书,探究各项制度渊源,"以求经学之正,讲明时务本来利害,无为空言,无戾于行",提倡"实事实理",以求实用。他"教人就事上理会,步步着实,言之必使可行,足以开物成务。"⑤这种求实的学风经过陈傅良得到了继承和发扬。

陈傅良虽也在三十岁前,便"文擅于当世",但"不自喜,悉谢去",另求更好的学术门路,找到薛季宣师事之,对古人经制三代治法,共同反复论之。一事一物,必稽于极而后已,反对浮文虚论,强调立论"要与时务合,不为空言。"⑥他对当时"顾使讲读,皆为空言"⑦,"以文词取士,而病其不以实学应科"的情况,很不满意;希望科举考试能"以时务发策,以求实学",⑧"由渊源之实学,出文字之绪余"。⑨"于当世之务,凡与吾儿切磋言之者,皆实学也。"⑩因此他的文"集中多切于实用之文。"叶适认为"永嘉之学,必弥纶以通世变者,薛经其始而陈纬其终也"⑪。陈傅良是南宋永嘉学派中,承前启后的重要人物。他把从薛季宣那里学到的求实学风又传给了叶适。

叶适是永嘉学派集大成的人物,他在治学和从政过程中,一再提出"治世黜虚而务实","惟愿务实而行,不至汗漫而无统。"⑫务实,确实是永嘉学派留给后人,值得永远学习的精神。

二、重视历史研究——博古通今的史学思想

重视历史研究,是浙东学派的另一个特点。学派中人多有史学著作问

世。例如：

《通考》卷一八三，著录了薛季宣（士龙）所撰《春秋经解指要》，其《序》专言：

> 诸侯无史，天子有外史掌四方之志，而职于周之太史，隐之时更周历，而为鲁史。季宣博学通儒不事科举，陈止斋师事之。

可见薛季宣对史学的重视。他不仅身体力行，着书立说颇有成就，而且指导陈傅良如何读史，他在《答君举书》中说："通鉴、礼图皆二册，纳上，史书制度自当详考，不宜造次读过。"另一浙东学派人物吕祖谦（伯恭），与陈傅良的关系也很密切，"相视遇兄弟也。吕公为言本朝文献相承，所以垂世立国者。然后学之内外本末备矣。"

《提要》称："傅良之学终以通知成败谙练掌故为长，不专于坐谈心性，故本传又称傅良为学自三代秦汉以下靡不研究，一事一物，必稽于实而后已。"因此，陈傅良潜心究史，颇多著述：

《通考》卷一八三著录了陈傅良所撰的《止斋春秋后传·左氏章指》，楼钥的序说：

> 左氏存其所不书以实其所书，公羊穀梁以其所书，推见其所不书，而左氏实录矣，此章指之所以作也，若其他发明，多新说。

说明陈傅良在研究《春秋》时，对左氏、公羊、穀梁三书进行比勘，发现三人宗旨不同，取舍有异，左氏堪称实录，为前人所未发，颇多新意，评价甚高。陈傅良治史精神——实事求是，也于此可见一斑。

《通考》卷一九三还著录了陈傅良所撰的《读书谱》，陈氏曰：

> 自伏羲迄春秋，终于书、诗、春秋诸经考，世代而附着之，共和而下始有年数。

说明陈傅良治史的范围很广，对书、诗、春秋诸经都有所考证，而且按时间顺序编排，自远古迄于春秋，颇得史学"知时论事"的深意。可惜此书今已失传，其详不得而知了。

《通考》卷一九三还著录了陈傅良所撰的《建隆编》，止斋自序曰：

李焘作《续通鉴》起建隆元年,尽靖康元年,而一代之书萃见于此。然篇帙浩繁,难以观览,今撮取其要,系以年月,其上谱将相大臣除罢,而记其政事因革于下方。夫学之为王事,非若书生务多而求博,诚能考政事之因革,而识取士、养民、治军、理财之方,其后治乱成败,效出于此,斯足以成孝敬、广聪明矣。

这里明确说明,他编着此书的目的,绝不是一般书生那样"务多求博",因此篇幅只有一卷,也不是单纯的为史学而史学,"强调客观,遇事即录",而是考政事之因革,在治乱成败方面多下工夫,以史为镜,总结历史的经验,提出自己的意见,为现实治国的需要服务。例如:

《通考》卷二七七《封建考》:德昭,太祖子,初授贵州防御使,后封武功郡王,死后赠中书令,追封魏王:止斋陈氏曰:

> 前代皇子出合即封王,上以德昭未冠,特杀其礼。夫贵州属广西下州,防御使从五品耳。皇子始命以此。艺祖起百世之后,独追古意,自王礼杀而为防御使,非圣人能之乎。绍圣中皇子初命,便封国公,遂为故事。

陈傅良研究了这段"皇室封建"的历史后,即认为:古代皇室贵族子弟享受特权,到了一定年龄即可封王,本来已经成了名正言顺的制度,但宋太祖却"杀其礼",不按制度办事,对其子德昭,只封作偏远落后地区一个下州的防御使(五品小官),不让他享受特权。不是具有高尚品格的"圣人"是办不到的。可是后来这个好的传统没有坚持下去,"皇子初命,便封国公,遂为故事",颇为叹息! 鲜明地表示了自己对这一历史事件的看法,发人深省。

《通考》卷一八三,徐得之所撰的《左氏国纪》,止斋陈氏序曰:

> 昔夫子作春秋,博极天下之史矣,诸不在拨乱世反之正之科,则不录也。学者诚得《国纪》伏而读之,因其类居而稽之经,某国事若干,某书,某事不书,较然明矣。扵是致疑,疑而思,思则有得矣。徐子殆有功扵左氏者也。余苦不多见书,然尝见唐某左氏史与国纪略同,而无所论断。今《国纪》有所论断矣。余故不复赞,而道其有功于左氏者,为

之序。

陈傅良在这里强调治史著书,要"拨乱反正",某事书,某事不书,要有所"论断",没有自己的论断,无所取舍,远离"资治"的要求,辗转抄袭无所发明的"史书",是没有价值的。他不仅自己重视史学、编著史书,而且要他的学生也以编著史书的方式,提高学识。

《通考》卷一九三,《纪年统论》一卷,《纪年备遗》一百卷,陈氏曰:

> 永嘉朱黼文昭撰,从陈止斋学,尝着纪年备遗,起陶唐终显德,为百卷,盖亦本通鉴稽古录,而撷其中论正统者,为统纪论。

从这里可以看出,朱文昭是接受陈傅良的教导,按照《通鉴》的方式,先编出了一百卷《纪年备遗》,再从其中抽出有关"正统"的资料,编出了一卷《统纪论》。先编资料,后出论文。有史有论,论从史出。应该说是治史著书,最实在的好办法。

陈傅良对地方志书的编著也非常重视,

《通考》卷二〇一有何一之的《长乐财赋志》十六卷,陈氏曰:

> 往在鄞学,访同官薛师雍子然几案间,有书一编,大略述三山一郡财计,而累朝诏令申明沿革甚详,其书虽为一郡设,于天下实关通,问所从得,薛曰外舅陈止斋修图经,欲以为财赋一门,后录卷帙多,不果入,因借录之。

可见此书的原稿实为陈傅良所修。

《通考》卷二〇五有《长沙志》五十二卷《续志》十一卷,陈氏曰:

> 郡守赵善俊以绍熙二年命教授褚孝锡等七人撰,时止斋持漕相与考订商略,故序言当与长乐志并也。

可见此书是陈傅良担任湖南转运判官时,"相与考订商畧"而成的。

陈傅良重视历史研究,不仅成绩卓著,而且治学的态度十分严谨,对基本功的训练要求很高,他特为被人轻视的小学、字书之类的著作,作序作跋加以推介。

《通考》卷一八九，止斋陈氏《尔雅疏》曰：

> 古者重小学，尔雅所为作也，汉兴除秦之禁，常置博士，列于学官，隋唐以来，以科目取士，此书不课于举子，由是寝废。余忆为儿时入乡校，有以尔雅问题者，余用能辨？豹不识蝘蜓为对，其事至浅，诸老先生往往惊叹以为博也。郡有刊疏并音释，久不就，字画多残阙，金华赵君子良来为推官，缮补之，颇可读。赵征余言，因叙此书之所以废，且见子良之志。

《通考》卷一九○，《正字韵类》谢季泽撰，止斋陈氏序畧曰：

> 季泽家学长于诗礼，颇欲有所论次，而未就，仅及就此篇，其于字学偏傍训，故学者易入焉。韩昌黎尝言注尔雅虫鱼非磊落人，欧阳公序韵总亦曰儒者莫暇精之，其有精者往往不能乎其他。余方悲季泽官不足行其志，位不足称其才，且惧后之人见此书，如二公之云也。于是道其平昔大概序之篇端焉。

陈傅良认为世人对小学、字书的态度，多有轻视的言论，是不对的，应予纠正。文字偏傍、音义训诂，对初学入门的人很重要，只有把古代事物的原名原义弄清楚，才能真正认识历史的原貌。当然，开始时可能有点难，但必须闯过这一关，掌握历史研究的基本功，才能登堂入室，真正进入学术大厦。

有志于学术研究的人，要在前人研究的基础上不断进步，有所继承，有所发展，提出新说。例如：

《通考》卷一八一，夏君休的《周礼井田谱》，止斋就为之作《序》，略曰：

> 夏君休所著井田谱，亦有志矣。郑氏井邑若画棋然，班固食货志亦谓井方一里八家各私田百亩，公田十亩。凡若此夏君皆不取。其说畿内广成万步谓之都，不能成都谓之鄙，不能成鄙即成县、成甸，至一丘一邑。上下相摄，备其数不必具其负，岁登下民数。于是损益之，是谓相除之法。皆通论也。虽泥于数度，未必皆叶。然其意要与时务合，不为空言。《周礼》一经尚多三代经理遗迹，世无覃思之学，顾以说者谬，尝试者复大谬，乃欲一切驳尽为慊，苟得如《井田谱》，与近时所传林勋《本

政书》者数十家,各致其说,取其通如此者,去其泥不通如彼者,则周制可得而考矣,周制可得而考,则天下庶几于治矣。

陈傅良认为井田制的真实情况如何? 值得认真研究,夏君休不满意郑玄和班固的看法,提出自己的新意见,是可以的。他的说法"其意要与时务合,不为空言",是最大的优点,堪称"通论"。但也还有些不足的地方,"泥于数度,未必皆叶。"需要继续研究。若得数十家写出像《井田谱》,《本政书》这样扎扎实实的论著,"井田"的真相就能搞清楚,就能有助于当今田制的改革。

陈傅良史学思想的特点,从以上概略论述中已经十分清楚地凸显出来。其实这不仅是他个人的爱好,而且也是当时浙东学派的普遍风气。他们反对言之无物,多引史事作借鉴。例如:吕祖谦曾编着《大事记》、《历代制度详说》、《东莱博议》等书,并多次教人如何读史,提倡观史以进学,教人"看史须看一半便掩卷,料其后成败如何? 其大要有六:择善、警戒、阃范、治体、议论、处事"。"观史当如身在其中,见事之利害,时之祸患,必掩卷自思,使我遇此等事,当作如何处之? 如此观点,学问亦可以进,知识亦可以高,方为有益"。[13]叶适曾"辑录经史百家条目,为《习学记言》",对历史材料的搜集整理是很下工夫的。他"根底六经,折衷诸子,剖析秦汉,迄于五季",加以评论。书方写成,未及刊刻,就已流传开来,"天下学子争师诵之",影响很大。

浙东学派重视史学的特点,与理学、心学很不同。程颐反对史学,认为读史是"玩物丧志"。朱熹认为离开道德性命原则,看历史就"只如看人相打"。陆九渊则只讲"六经注我",明心自悟,不凭外物,更不借史鉴。朱熹虽也曾作《通鉴纲目》,但目的在于以理学原则统率历史。不按理学原则编撰的历史,就是"看人相打",毫无价值。因此他曾说:"陈同甫一生被史坏了,……东莱(吕祖谦)教学者看史,亦被史坏了。"[14]为什么会"坏"呢? 他说:"伯恭《大事记》甚精密,古今盖未有此书,岂非美事。但恐其所经世之意,未离乎功利术数之间,则非笔削之本意耳。"书,是"精密"的,是"美事"。但目的在于"经世",没有脱离"功利"思想,其书就没有价值了。不难看出,朱夫子论"史"的思想,主观的原则性实在太强了,不按他的观点研究,就不能算是历史,就"坏"了。可是,史学,真能与现实脱离,无须经世吗?

三、重视现实——经世致用的事功思想

浙东学派的学者认为:治学,应注重实际的功用和效果,学以致用,建功立业,是天经地义,理所当然的事。讲求事功,本来没有什么不好,但却被人污为"功利",就变成俗人俗事,"俗不可耐"了。事功学派的真义,究竟如何呢?

《四库全书总目》卷一三五著录了《永嘉八面锋》十三卷,《提要》说:

> 相传此为傅良所撰,今观其间多傅良平日之语,其为陈氏无疑,案宋史本传载,傅良有《诗解诂》、《周礼说》、《春秋传左氏章指》行于世,独不载此书,其为果出傅良与否? 别无显证。永嘉之学倡自吕祖谦,和以叶适及傅良,遂于南宋诸儒别为一派,朱子颇以涉于事功为疑。然事功主于经世,功利主于自私,二者似一而实二,圣人之道有体有用,亦顾其事功何如,未可以其末流,遂全斥永嘉为俗学也。

这里明确指出:永嘉学派有别于其他学派,其特点就在于提倡事功。他们本着重事功、讲实际的思想,立足现实,针砭时弊。

陈亮对以高谈儒道,不讲事功的风气,很有意见。在《戊申岁再上书》说:"本朝以儒道治天下,以格律守天下,而天下之人知经义之为常程,科举之为正路,法不得以自议其私,人不得以自用其智",造成了二百年所谓的"太平"。可是社会危机越来越严重,"至于艰难变故之际,书生知议论之当正,而不知事功之为何物,知节义之当守,而不知形势之为何用"。若不及时纠正,后果将不堪设想。

吕祖谦说:"居官患在因循苟且,趣过目前,不以功业自期。故更端而警之,欲其注于心也。功者业之成也,业者功之积也。所谓功业者,非欲经营分表而求新奇,凡一官一职莫不有无穷之事业也。崇其功者存乎志,广其业者存乎勤,勤由志而生,志待勤而遂。"[15]

叶适认为当时"高谈者远述性命，而以功业为可略"，影响很坏。"人之才不获尽，人之志不获伸，昏然俛首，一听于法度，而事功日隳，风俗日坏，贫民愈无告，奸人愈得志，此上下之所同患。"[⑯]不讲求事功，人的积极性调动不起来，社会危机是无法解决的。

陈傅良作为浙东学派的重要人物，对事功思想自然也会有自己的看法。他说："六经之学，以兢业为本。"[⑰]"所贵于儒者，谓其能通世务，以其所学见之事功"[⑱]。读书人之所以可贵，就在于他有知识，能够"经世致用"，报效国家。因此他"解剥于《周官》、《左史》，变通当世之治具条画"[⑲]。要为治理国家作出自己的贡献。

政府应该给官员的事功创造必要的条件。地方官员的任用，调动不应太频繁，要保持一定年限，"从官而后可久任，可久任而后可责事功，如此则帅漕总领始晓然知朝廷委寄不轻矣。"[⑳]皇帝还要对有志于事功者多加保护。他对皇帝说："人主不自强，则谗间迎合之计得以乘之，因其厌省览也，则有以好名之说中伤忠谠，因其惮改作也，则有以生事之说沮坏事功，凡若此皆谗间也。谗间之计中则君子日疏，迎合之计中则小人日亲，边警不闻。如是而天下不多事者，未之有也。"[㉑]讲求事功是"天意"，"天意元来向事功，谨毋遐心自金玉"。[㉒]要坚持，不能惑于流言蜚语，半途而废，一事无成。

浙东学派的事功思想的传播，引起了理学家极大的恐慌。朱熹"还自浙东，每语学者深斥其所学之误。以为舍六经语孟，而尊史迁，舍穷理尽性而穷世变，舍治心修身而喜事功，大为学者心术之害。极力为吕祖俭辈言之，又答陈亮书，箴其义利双行，王伯并用之说。尝曰，海内学术之弊，不过两说，江西顿悟，永康事功，若不极力争辩，此道无由得明。"[㉓]

于是，在朱熹与陈亮之间出现了著名的"王霸义利之辩"，朱熹主张"必以仁义为先，而不以功利为急。"陈亮则认为："王霸可以杂用，天理人欲可以并行。"二人反复辩论，长达数年之久。陈傅良写信给陈亮说："功到成处便是有德，事到济处便是有理，此老兄之说也，如此则三代圣贤枉作功夫。功有适成，何必有德，事有偶济，何必有理，此朱丈之说也。""且朱丈便谓兄贬抑三代，而兄以朱丈使五百年间成大空阔。"[㉔]他们二人互相指责，颇近忿争，并不完全符合对方的实际。其实,朱熹也说过:"正其义则利自在,明其道则功自在。专去计较利害,定未必有利。"㉕只是他把"事功"完全斥之为"功利",确实难以服人。前引"四库馆臣"的评价是:"事功主于经世,功利主于自私,二者似一而实二,圣人之道有体有用,亦顾其事功何如,未可以其末流,遂全斥永嘉为俗学也。"㉖颇为公正,值得重视。任何时候,经世致用的事功思想,都是应该提倡,不可或缺的。

四、轻徭薄赋——减轻农民负担的民本思想

陈傅良等浙东学派倡导的事功思想,绝不只是停留在空洞的王霸义利之辩上,而是要将其学习掌握到的知识本领,联系社会实际问题,加以分析,寻求解决问题的方案,向皇帝建议以备采纳。叶适认为陈傅良"既实究治体,故常本原祖宗德意,欲减重征捐末利,还之于民,省兵薄刑,期于富厚,而稍修取士法,养其义理?耻,为人才地,以待上用,其于君德内治,则欲内朝外廷为人主一体,群臣庶民并询迭谏,而无壅塞不通之情。其操术精而致用遂,弥纶之义弘矣。"㉗这些经世致用的思想很有现实意义,是颇有特色的治国方略。其中许多轻徭薄赋的主张,更是着眼于减轻农民负担的仁政,是传统民本思想的体现。

《通考》卷四,"建隆二年遣使度民田"条,止斋陈氏曰:

> 历代以圣人之后,不预庸调,至周显德中遣使均田,遂抑为编户。太平兴国中,遣使均福建田税,岁蠲伪闽钱五千三百二十一贯,米七万一千四百余石。用知周朝均田,孔氏抑为编户,本朝至蠲伪闽之敛以数千万计。以其政之宽猛,足以卜其受命之长短矣。

陈傅良从历代田赋制度史上了解到,在民众的负担轻重方面,后周施行的是"猛"政,宋初施行的是"宽"政。结果后周的国命短暂,宋朝的国运长久。究其原因,在于"天命之永不永,在民力之宽不宽耳"。因此,应该减轻民众的负担,施行较为宽松的轻徭薄赋政策,减免苛捐杂税。

《通考》卷四：开宝六年诏"头子钱纳官"条,止斋陈氏曰：

> 是岁令川峡人户两税以上输纳钱帛,每贯收七文,每疋收十文,丝绵一两茶一斤秆草一束各一文。头子钱数始略见于此。

陈傅良认为在应收租赋之外,又按比例附加征收若干"头子钱",是加重农民负担,不应该有此一举,特书"始见于此",说它开了一个不好的"先例"。

《通考》卷二〇：淳化五年"诏诸州科买物"条,止斋陈氏曰：

> 和预买始于太平兴国七年,然折钱未有定数,如转运使辄加重,诏禁绝之。熙宁理财多折见钱,今之困民莫甚于折帛,而预和市尤为无名之敛,两浙䌷绢每疋七贯文,内和买六贯五百文,绵每两四百文,江东路䌷绢每疋六贯文。则科折之重,至此极矣,不可不务宽之也。

从"和预买"的历史看,宋太宗时,政府为了保证庞大军需的供应,常向民间购买丝麻产品,本为两相情愿的公平交易,故称和买、预买。但仁宗时,各地逐渐出现减少、扣克和买本钱的情况,和买成了民间沉重的负担。熙宁时,又将其折纳现钱,称折帛钱。南宋初,完全演变成定额税,按人户家业税额摊派,官府不再支付和买本钱。不少地区,和买额超过夏税额,成为南宋的重赋。因此,陈傅良惊呼"和买科折之重,已达极点",请求宽减。

《通考》卷一二,开宝平蜀后,令西川得替官部纲赴京,与减一选。止斋陈氏曰：

> 熙宁罢衙前应纲运,皆募得替官管押,自令下无应募者。

宋朝的差役,也是乡民十分沉重的负担。史称"役之重者,自里正乡户为衙前主典府库,或辇运官物,往往破产"。仁宗时,"稍欲宽里正衙前之法,乃命募充,罢里正衙前,而复选赀最高者为乡户衙前",但只不过是换了另一批人,换汤不换药,只是"能免里正重复应役之苦,而衙前之弊如故"。熙宁时,罢乡户衙前,募得替官管押,可是仍无应募者。于是,只好出台"免役法",施行真正的募役法才能解决农民应役过重之苦。

尽管陈傅良对王安石的变法颇有不同的看法,但对其免役法还是肯定的。他在《跋苏黄门论章子厚疏》中说："余每读章氏论役法札子,温公有爱君爱国之心,而不知变通之术,尝叹息于此,使元佑君子不以人废言,特未知后事如何。"他在《转对论役法札子》中又说"使民出钱募役而逸其力,未为非良法也"。问题出在"反取其钱以赡他用,既取其钱以赡他用,则必且白着,而役法不得不坏"。以致到南宋时,"今之困民力诚非一事,而役害最大之家破荡相继。"原因何在呢?陈傅良认为"今天下州县之胥皆浮浪之人,而乡村催科专责之保正长是也。以州县浮浪之人行遣公事",必然"蠹民",如果不改变"以保甲法乱役法"的现状,要"尽宽民力"就很难实现了。为了宽民力,他又进"故事":以真宗诏两浙、福建、荆湖身丁钱,并特除放,以为减折帛不如身丁切于穷民。都是从民本思想出发,减轻农民负担的具体表现。

减轻农民的负担,实际问题多,牵涉面很广,要多为农民着想,才能了解其真实情况,找到解决问题的办法。《止斋集》中有关"民"的词汇用语颇多,主要是提醒政府官员们,要关心我民(2见)、亲民(3见)、牧民(2见),政策要得民(5见)、民誉(9见)、民信(2见)、要了解民力(30见)、民心(20见),民欲(9见)、民俗(4见),不能扰民(1见)、民蠹(1见)、民瘼(1见),造成民怨(1见)、民流(4见)、生民涂炭(2见)。

为什么对"民"要如此关注呢?简单说来就是因为"民为邦本"啊!自古以来,中国传统思想就奉之为治国的指导思想。《止斋集》中民为"邦本"的言论屡见不鲜,他向皇帝"略陈祖宗立国深仁厚泽之意,与熙丰、崇观以来用事者之纷更,动危邦本"[28]。希望"惟圣有作,视民如伤,畴咨廷绅,申固邦本"[29]。

为了说明人民的重要性,他还专门写了一篇《民论》加以论述,主要是说"明智之君不畏夫方张之敌国,而深畏夫未见其隙之民心。古者有畏民之君,是以无可畏之民。后之人君狃于民之不足畏,而民之大可畏者始见于天下。嗟夫!民而至于见其可畏,其亦无及也"。人民的力量是非常强大的,人君对之应该感到畏惧,应该善待他们,不然就会招致灭顶之灾。他举例说:"秦以七世而亡六国,而六国之民以几月而亡秦,以秦之强不能当民之弱,天下真可畏者果安在乎?人君不得已而用其民以从事于敌国,可不惧哉。"我看这篇文章的大意与"水能载舟,亦能覆舟"差不多。都是说对人民要用其所长,不能压迫过分,导致反常。

因此,聪明的领导者要经常注意"人心"(55 见),要以"人心为本"(2 见)。要"仁者爱人",施行仁政(2 见),改革弊政。在出现社会危机的时候,更要有针对性地出台必要的政策措施以收民心。例如,他在《收民心策》中就提出"方今版图未尽复也,主上践阼以来,江浙之间饥馑荐臻,水旱相仍,固斯民病也,而圣心恻然,勤恤民隐,下减租之诏,遣赈饥之使,却免钱之请,又斯民幸也"效果就很不错。他曾向皇帝上扎,专论民力之困。他说:"艺祖深仁厚择,垂裕后人,专以爱惜民力为本。宜以救民穷为己任。"但爱惜民力,仅是民本思想的一个方面,真要全面贯彻民本思想的理念,还要从更多方面着手。

陈傅良淳熙十四年,赴桂阳军任职。首先向皇帝表态:"臣敢不懋明诏条,采听谣俗,平颁兴积,庶将自古以有年,懋迁化居不失,与民而共利。"㉚到职后,接连发布《桂阳军告谕百姓榜文》、《桂阳军劝农文》、《劝农》诗、《桂阳军告谕纳税榜文》,引入温州先进的农业技术,推广龙骨车的使用,以改变当地落后的生产状况。只有生产发展了,农民生活有所改善,社会才能保持稳定。

陈傅良对水利事业的兴修也十分重视,《止斋集》有《重修石岗斗门记》、《袁州分宜县浮桥记》、《温州重修南塘记》诸文,值得注意。

陈傅良对文化教育事业,更是十分关注。早年在家乡瑞安仙岩,就创办书院。后到湖南任职,又于郴之宜章、本军临武两县,"并建县学,所以劝奖风厉"也。《止斋集》中还有《潭州重修岳麓书院记》、《温州淹补学田记》等文,都是弘扬传统民本思想,企求"小康"有力的凭证。

五、轻商税,宽禁榷——以利商品流通的思想

浙东事功学派的另一特点是,对数千年来中国传统的重本(即农业)抑末(即商业)观念,提出了大胆的挑战。他们重视商业,鼓励商人赢利,反对

朝廷对商人课以高额的赋税。

陈亮认为："官民一家也，农商一事也，上下相恤，有无相通。民病则求之官，国病则资诸民，商借农而立，农赖商而行，求以相辅，而非求以相病。"[31]"官民农商，各安其所，而乐其生"。叶适也曾明白地表示："四民（指士、农、工、商）交致其用，而后治化兴，抑末厚本，非正论也。"[32]他们认为社会上的贫富差距是千百年来形成的，是理所当然的，朝廷不应为了多收税而侵夺商人的财富。

人们的日常生活离不开商业和商人，因之应该受到理解和尊重。陈傅良通过各种不同的方式，希望官府要轻商税，宽禁榷，以利商品的流通。

《通考》卷一四，建隆元年诏榜"商税则例"条，止斋陈氏曰：

> 此薄税敛初指挥也，恭惟我艺祖开基之岁，首定商税则例，自后累朝守为家法，凡州县小可商税不敢专擅创取，动辄奏禀三司取旨行下。至淳化三年，令诸州县有税，以端拱元年至淳化元年收到课利最多钱数，立为祖额，比校科罚，盖商税额比较自此始。及王安石更改旧制，增税额所申省司，不取旨矣。商税轻重皆出官吏之意，有增而无减矣。政和间，漕臣刘既济申明，于则例外增收一分税钱，而一分增税钱窠名自此起，至今以五分充州用，五分充转运司上供，谓之五分增收钱。绍兴二年，令诸路转运司量度州县收税紧慢，增税额三分或五分，而三五分增收税钱窠名自此始，至今以十分为率，三分本州，七分隶经总制司，谓之七分增税钱。而商税之重极于今日。

陈傅良根据宋朝商税演变的历史，认为北宋立国之初，首定《商税则例》，执行的是轻税政策，而且定为"家法"，不得擅自更改"专擅创收"，为北宋社会经济的活跃创造了条件。可是没过多久这个家法就被改了，不经批准就私定税额，就改变税率，先是增收一二分，后是三五分，终至于七分。影响所及，必然是商人的裹足不前，消费者负担加重，也影响到政府的实际收入，因此陈傅良惊呼"商税之重极于今日"！不能再无休止地增加商税了。

商税之外，政府又对人民生活的必需品，诸如盐、酒、茶、矾等，实行官府掌握下的专卖制度——禁榷，以求增加财政收入，对商品流通影响很大，也加重了民众的负担。陈傅良对禁榷制度的看法如何呢？

《通考》卷一五,建隆二年"始定官盐阑入禁法"条:止斋陈氏曰:

> 国初盐荚只听州县给卖,岁以所入课利申省,而转运司操其赢以佐
> 一路之费,初未有客钞也。雍熙二年,令河东北商人如要折博茶盐,令
> 所在纳银,赴京请领交引,盖边郡入纳算请,始见于此。端拱二年十月,
> 置折中仓,令商人入中斛斗,给茶盐钞。天圣七年,令商人于在京榷货
> 务入纳钱银算请末盐,盖在京入纳见钱算请,始见于此。而解盐算请始
> 天圣八年,福建广东盐算请始景佑二年,京师岁入见钱至二百二十万,
> 诸路斛斗至十万石。祖宗之意,虑客钞行,而州县之盐不足,则为之限
> 制。熙丰新法,增长盐价。于是,河北复官盐,而广盐亦通入江湖置使
> 籴司,以所封桩诸路增剩盐利钱充籴本。元祐裁损剩数,且罢封桩。未
> 几复新法,崇宁元年二月敕盐钞每一百贯于在京入纳九十五贯于请盐
> 处纳充盐本,遂尽罢诸路官,以盐钞每百贯拨一贯与转运司,于是东南
> 官卖与西北折博之利,尽归京师,而州县之横敛起矣。

盐,为人们日常生活生活的必需品。宋朝政府为了增加财政收入严加
控制,主要是采取官卖禁榷和折博通商两种办法。陈傅良通过北宋盐法的
曲折演变,扼要地叙述了官卖—折博—折中—入京纳钱—诸路请算—熙丰
增长盐价—元祐裁损剩数—崇宁复新法的全过程。最后说明不管是官卖或
通商,结果都是"尽归京师",并且导致"州县之横敛",老百姓只好吃贵盐了。

《通考》卷一八,端拱三年"令商人就出茶州府官场算买"条,止斋陈
氏曰:

> 太祖榷法,盖禁南商擅有中州之利,故置场以买之。凡茶之利一则
> 官卖以实州县,一则沿边入中粮草算请以省馈运,一则榷务入纳金银钱
> 帛算请以赡京师,以所有易所无,而其大者最在边备。盖祖宗以西北宿
> 兵,供亿之费重困民力,故以茶引走商贾。其后理财之臣,往往以遗利
> 在民,数务更张,大概以抑茶商及边民耳,始断然罢去买纳茶本,使客自
> 就山园买茶,而官场坐收贴纳之利。嘉祐四年天下无事,仁皇慨然一切

弛禁，当时诏书曰，上下征利垂二百年，江湖之间幅员数千里为陷阱，以害吾民，尚虑幸于立异之人，因缘为奸之党，妄陈奏议以惑官司，必置明刑，用惩狂谬，自此茶不为民害者六七十载矣，此韩琦相业也。至蔡京始复榷法，于是茶利自一钱以上，皆归京师，专以奉人主。而西北边粮草名曰便籴，而均籴结籴贴籴括籴之名起，盖以官告、度牒之类，等第抑配，而边民不聊生矣，京之误国类如此。

陈傅良对茶法禁榷的历史，也提出了自己的看法。由于茶叶的产地主要在东南地区，却为包括中州和西北在内的全国人民生活所必需，官府为了增加自己的收入，采取了三种方式：官卖，沿边入中粮草，入京纳钱请算。美其名曰"以所有易所无"。这种"以茶引走商贾"的办法，是三方有利的好事。可是后来某些理财之臣却以"遗利在民"为由，数务更张，采取"抑茶商及边民"的办法，严加禁榷，想"官场坐收贴纳之利"，弄得怨声载道。幸好仁宗时韩琦为相"一切弛禁"，茶不为民害达六七十年之久。可是，蔡京时又恢复榷法，并且变本加厉，扩大到粮草便籴、官告度牒之类，造成了"民不聊生"的后果。值得特别注意的是，陈傅良在这里明确地表明自己反对"抑商"的态度，"遗利在民（商）"没有什么不好，应该"一切弛禁"。这与陈亮、叶适等浙东学派的重商思想是完全一致的。

《通考》卷一七，"三京官造曲听民纳直诸州城内皆置务酿之"条，止斋陈氏曰：

> 国初诸路未尽禁酒，淳化四年令诸州，以茶盐酒税课利送纳军资府，于是稍严密矣（其后又）比较科罚，酒课立额，酒课上供，熙宁添酒钱，崇宁令官监酒务。建炎四年请权添酒钱，绍兴元年令诸州军卖酒随宜增价。酒政之为民害，至此极矣，不可不稍宽也。

《通考》卷一七，"中兴后增添酒价钱入漕计及总制司"条，本末见前止斋论

宋朝禁榷日用商品的范围很广，除盐、茶之外，可能就数曲酒为害为大了。陈傅良考察了宋朝榷酒政策演变的历史以后认为：宋初诸路未尽禁酒，

随后由于填补军费开支,才"稍严密"。再到后来便出现了什么比较、科罚、立额、上供、官监、权添酒钱、随宜增价等措施,为害之大达于极点。可是真要彻底弛禁,现实情况又不可能,只好呼吁"稍宽"了。

《通考》卷一五:"置矾务,许商人输金帛丝绵茶及缗钱官以矾偿"条,止斋陈氏曰:

> 太祖矾禁为契丹北汉设也,其后并盐酒皆榷之,本意非也。

矾,是当时人们日常生活中的重要商品,主要是用以净化饮水,又是染织业、浸铜、制革不可缺少的原料。对之设禁,当然会对其在市场的自由流通和人民生活带来许多不便。不过,宋朝初年政府之所以设禁,乃是为了对付北方的辽国,因其属于战略物资,情尚可原。但后来连盐酒皆禁,而且普遍施行于国内人民,便有违原来的"本意",阻碍了商品的流通,增加了人民的负担,就很不应该了。所以应该放宽。

宋朝官府为了增加商业税收方面的收入,采取了种种措施加强商务管理。陈傅良就其所见,也发表了不少评论。主要有:

《通考》卷一四,李重进平,"枢密直学士杜韡监州税"条,止斋陈氏曰:

> 以朝臣监州税始于此,盖收方镇利权之渐,然是时初未以此置官也。据太宗实录上谓赵普等曰:王仁赡纵吏为奸,诸州场院皆隐没官钱,朕初即位悉罢去,分命使臣掌其事,利入遂数倍,以此见诸州监当分差使臣自太宗始,雍熙三年始着于令,监当使臣京朝官并三年替,仍委知州通判提举之。

监当官,也就是由朝廷派往各地的税务官,专掌茶盐酒税场务征输及冶铸之事,按需要随事置官。其设置本来是"盖收方镇利权",监督地方以免截留挪用。可是后来这方面也日趋严密,机构冗杂,良莠不齐,冗吏冗费增多。到南宋时,陈傅良发现这方面存在两个问题,一是税务官多为猥鄙贪狠之徒所窃据,对民众损害很大,因此"卑于士议",给人们留下不好的印象,"莞库之士,自古卑之矣,而今为甚。"③这是自身素质不高,需要严加整顿。二是地方政府财政官员的职权待遇问题,由于当时朝廷的政策"重内轻外",对他们是"事权太轻,虽贤者犹不乐为之。恩数太薄,人人不乐也"。因此陈傅良认为"窃以为今日之势,莫若稍稍重外。重外之术,必使帅漕总领皆可驯致于从官。可以驯致于从官而后可久任,可久任而后可责事功"[31]。才有可能改变税务官员的面貌。

《通考》卷二〇,"置市舶司于广州"条,止斋陈氏曰:

> 是时,市舶虽始置司,而不以为利。淳化二年始立抽解二分,然利殊薄。元丰始委漕臣觉察拘拦,已而又置官望舶,而泉、杭、密州皆置司。崇宁置提举,九年之间收置一千万矣。政和四年施述奏市舶之设,元符以前虽有而所收物货,十二年间至五百万;崇宁经画详备,九年之内收至一千万。其后废置不常,今惟泉、广州提举官如故。

市舶司,是宋朝政府在广明杭泉密等港口,专对海外贸易设置的管理机构。内外商人进出港口必须先行登记,海外货物抵港须经市舶司抽分、博买,否则没收货物治罪。其初,"不以为利",随后"抽解二分,其利殊薄"。哲宗时十二年间收货物五百万,徽宗时九年收至一千万,增长很快。但进口商品中香药比重过大,造成金银铜钱大量外流,对社会经济不利。随着财计紧缩,香药滞销,宋廷对海外贸易热情减低,市舶司的设置也就"废置不常"了。

《通考》卷一九,"开宝三年令买扑坊务者收抵当"条,止斋陈氏曰:

> 买扑始见此,至淳化中而买扑、酬奖之法次第举矣,买扑之利归于大户,酬奖之利归于役人,州县坐取其赢以佐经费,以其剩数,此其大略也。自熙宁悉罢买扑酬奖之法,官自召买实封投状着价,最高者得之,而旧章举废矣。

宋朝官府为了便于对遍于各地、数量众多的场坊、河渡、坑冶基层税务的征收和管理,最初采取"买扑"的办法,也就是让有实力的人户向官府承买包销,取得经管的权利。后来又出现了承包者"酬奖"和"实封投状"(投标)高额者中标,等等制度。目的都在于提高税收额,不仅是加重了经营者商人的负担,也必然加重消费者民众的负担。

《通考》卷一九,"始收民印契钱"条,止斋陈氏曰:

元降指挥应典卖物会问邻,至有不愿,即书之于帐,听即两月批印,违者依漏税法。所以防奸伪,省狱讼,非私之也。庆历四年,始有每贯收税钱四十文省之条,至政和无所增。宣和四年淮浙江湖福建七路每贯增收二十文,绍兴五年每贯勘得产人合同钱一十文,名起发。乾道七年人户交易一十贯内正钱一贯。至是牙契,今为州县利源矣。

宋太祖开宝二年开始征收"印契钱",就是让民间有重大田宅买卖交易时,输钱印契,以防奸伪,本来是为民的好事。可是后来"印契钱"不断增高,成为地方财政的财源,有背于立法的初衷了。

《通考》卷一五,开宝七年诏三司"校诸州盐曲市征课而殿最之"条,止斋陈氏曰:

太平兴国以后,虽有比较岁入增亏酬奖之法,而累朝多不果行。至景德以后,且有诸盐场监受课出剩,不得理为劳绩。嘉祐赦文,又申严希求恩赏,苛阻商旅之禁。至熙宁五年,始令逐年转运司每岁比较州县盐酒课利,最多最少者两处,开坐增亏及知通令尉名衔闻奏,当行赏罚,合黜者,不以去官赦降原减。

宋朝政府为了增加禁榷专卖制度的收入,很早就制定了按岁入数额增亏进行"比较"赏罚的制度。虽然执行中遇到一些阻碍,或"不果行",或"不得理为劳绩",但最终到熙宁时还是下死命令严格执行了。这种将盐酒课利的比较与地方官员的劳绩,紧密联系起来的制度,无疑将大大促使地方官采取各种手段增加禁榷的收入,受害的最终还是普通的老百姓。

最后,让我们引用《通考》论"禁榷"的一段话"昔之权利,曰取之豪强商贾之徒,以优农民,及其久也,则农民不获豪强商贾之利,而代受豪强商贾之权,有识者知其横苛而国计所需,不可止也"。宋朝政府加重商税,严加禁榷,不仅是对商人的限制,也是对农民的剥削。陈傅良轻商税,宽禁榷的主张,是反对抑商,有利于商品流通的。

六、中外一体——加强管理的财政思想

宋朝政府在财政方面一直存在着不少问题与议论,陈傅良也就其所见提出了自己的看法。例如,人们常以为宋初实行强化中央集权的政策,守内虚外,把地方政府包括财权在内的一切权力,全都收了。对此,陈傅良颇有怀疑:

《通考》卷二三,"圣节进奉"条,止斋陈氏曰:

乾德三年平蜀后,《诏》诸州计度经费外,凡金帛悉送阙下,于是外权削而利归公上矣。窃考建隆以来凡上供纲,皆有元降指挥,独不见上件条贯。唯至道四年二月十四日《敕》"川陕钱帛令本路转运司计度,只留一年支备其剩数计纲起发上京,不得占留",盖平蜀后事也。足见国初未尝务虚外郡以实京师。今从《实录》。

陈傅良以事实为根据,加之《实录》不载,因此认为"国初未尝务虚外郡以实京师"。那么,如何解释《诏》与《敕》的重复矛盾问题呢? 马端临特加"按语",提出了自己的看法:

《通考》卷二三:按乾德三年有诸州金帛悉送阙下之诏,今复有此诏。

止斋遂以实录不载前诏为疑。盖唐末而方镇至于擅留上供之赋,威令不行故也。宋兴而州郡不敢私用留州之钱,纪纲素立故也。既欲矫宿弊,则不容不下乾德之诏,然纪纲既已振立,官吏知有朝廷,则不妨藏之州郡以备不虞,固毋烦悉输京师,而后为天子之财也。

陈傅良的怀疑,马端临的按语,都是意在辩明宋朝初年,究竟是否"诸州金帛悉送阙下,外权削而利归公上"? 二人的看法是一致的,互相补充并不矛盾。共同的结论是:乾德之诏只不过是欲矫唐末方镇的宿弊,事实上宋初纪纲既立,地方官不敢乱花朝廷的钱,不需全都送往京师,存之于州郡以备不时之需,仍然是朝廷的财产,何必全都送往京师呢! 那么,这个祖宗之法究竟是在何时才真正改变的呢?

《通考》卷二三,"诸州旧属公使钱物尽数系省,毋得妄有支费"条,止斋陈氏曰:

> 自唐末方镇厚敛以自利,上供殊鲜。天下财物皆藏州郡,祖宗之深仁厚泽于此见矣。熙宁五年曾布奏,伏以四方财物干没差谬,漫不可知,上下因循,全无检点,为弊滋多。遂乞专置司驱磨天下帐籍,公使钱始立定额,守臣窘束。后又以在州诸色钱类为一体封桩入便,若辄有支动,即当职黜降,元丰五年又以上供年额外,凡琐细钱定为无额上供。盖至熙丰系省,初无窠名,应在司最为冗长,此元佑群臣所以深罪王安石之纷更也,

陈傅良这一段历史考证,对宋朝政府财政史上中央与地方之间的关系,作了概略性的回顾:最初是,天下财物皆藏州郡,地方向中央上供很少。到熙宁变法时,以四方财物被大段侵欺,妄费不少,弊病很多,因而严加审核,要天下无遗利,全部上供,只给州郡留下少量的公使钱,以致地方官大感窘束。再到后来,更把盐茶诸色税钱一体封桩上供,并定有"上供年额",不得少供。后更出现"无额上供",上不封顶,有钱就必须上供。中央对地方管得太死,因此元祐诸臣对王安石的纷更,议论颇多,认为是把祖宗之法改坏了,深以为罪。

《通考》卷宗二三,"诸道给州车輦送上供钱帛"条,止斋陈氏曰:

> 国初上供,随岁所入,初无定制,而其大者在粮帛银钱诸路米纲。前朝理财务在宽大,随时损益,非必尽取。上供增额起于熙宁,虽非旧贯犹未为甚。崇宁三年始立上供钱物新格,于是益重。而斛斗地杂科不与焉。其取之民极矣。方今版图仅及承平之半,而赋入过宣和之数,虽曰饷军出不得已,要非爱惜邦本之道,此宽民力之说,所以为最先务也。

《通考》的编者马端临对这段话又特加《按语》说:"止斋此段足以尽宋

朝上供之委折。"认为陈傅良对宋朝上供历史的原委曲折和影响,已经讲得很清楚了。最初是务在宽大,没有定制,随岁所入,随时损益,留有余地,并不尽取。熙宁变法时,增加了定额,然尤未甚。崇宁时,制定了上供新格,危害益重。其实,陈傅良在这里只讲到北宋为止,还不够完全。《止斋集》中有他的《上光宗札子》对南宋的情况又有所论述,可作补充,摘要如下:

> 国家肇造之初虽创方镇之弊,以天下留州钱物系省,然非尽取之也,上供未尝立额,朝廷初无封桩起发之制。熙宁以来,用事者始取艺祖之约束一切纷更之,驯至于今而民力之困极矣,崇宁重修上供格颁之天下,率一路之增至十数倍,迄今为额,是特上供耳。以常平宽剩禁军阙额之类,至于宣和则以赡军籴本,与凡应奉司无名之敛,合而为经制,迄今为额。至于绍兴则又以税契七分得产勘合添酒五文,茶盐袋息之类,凡二十余色合而为总制,迄今为额。最后又以系省不系省、有额无额、上赡军等钱,均拨为月桩大军,迄今为额。而折帛、和买之类不与焉。夫取之之悉如此,而茶尽归于都茶场,不在州县。盐钞尽归于榷货务不在州县。秋苗斛面十八九归于纲运,不在州县。州县无以供则豪夺于民,于是取之斛面,取之折变,取之科敷,取之抑配,取之赃罚,无所不至,而民困极矣。

这段话之所以值得补充,一是重申宋初上供未尝立额,初无封桩起发之制,地方州县是留有余财的。二是熙宁变法更改祖宗之制,给后世的敛财者开了方便之门,影响不好。三是南宋时期,以各种名义出现的总制钱、经制钱、月桩钱等,都是加重人民负担的苛捐杂税。四是盐茶秋苗等税既不在州县,州县却要按定额上供,迫不得已只好变换花样、无所不至地豪夺于民。南宋政府辖区减少了一半,赋入却超过北宋原数很多,"民困极矣"就不难想象了。

地方州县的财物如何送到京师呢?

《通考》卷二五,国初以来四河所运粟未有定制:止斋陈氏曰:

> 本朝定都于汴,漕运之法分为四路:江南、淮南、浙东西、荆湖南北

六路之粟，自淮入汴至京师。陕西之粟自三门、白波转黄河入汴至京师。陈、蔡之粟自闵河、蔡河入汴至京师。京东之粟自十五丈河历陈济及郓至京师。四河所运惟汴河最重。

由于北宋的首都在汴京开封，便逐步建设出了一个以开封为中心，通向四面八方的水陆交通网。陈傅良在这里主要谈的是水路，就是利用淮河流域地势平坦、河流众多的有利条件，修整成人工运河，开展省力省费的漕运。主要是汴河、广济河、惠民河和蔡河，不仅把黄河与淮河沟通起来，而且连接淮南运河，进入长江，把东南地区的物资源源不断地输送到汴京。

此外，还有陆路交通网，向西经过洛阳，可以到达关中、四川和甘肃；向北经过大名，可以河北诸州；向东经过商丘，可以到达徐州和山东；向南经过陈州，可以到达淮河中游及东南各州；向西南经过许昌，可以到达湘湖和两广。交通运输网在社会经济中占有重要地位，对宋王朝的兴盛起了重要的作用。单从漕运官粮的数量看，据《宋史·食货志》记载：北宋初期"京师岁费有限，漕事尚简"。太祖开宝五年（972），"率汴、蔡两河公私船运江、淮米数十万石，以给兵食"。到太宗以后，漕运量日益加大，初时"岁运米四百万石"，到太平兴国六年（981），"汴河岁运江淮米三百万石，菽一百万石；惠民河粟四十万石，菽二十万石；广济河粟十二万石"。真宗景德四年（1007）规定了漕运上供年额，"汴河六百万石，广济河六十二万石，惠民河六十万石"。汴河运量以后越来越大，到大中祥符初（1008）为七百万石，有时高达八百万石。英宗治平二年（1065），各地漕粟至京的数额，仍然保持"汴河五百七十五万五千石，惠民河二十六万七千石，广济河七十四万石"。这些数字可以说明陈傅良对四路漕运特殊关注的原因。

地方州县的财物输送到京师后，是如何管理使用呢？也很值得注意：《通考》卷二三，乾德六年"置封桩库"条，止斋陈氏曰：

国初平僭伪，尽得诸国所藏之赋入内藏，是后时时以州县上供拨拨入库。盖祖宗盛时内藏库止是收籴给费之余，或坊场课利，不以多寡，初无定额。熙宁二年始命三司户部判官张讽核实，取自嘉祐至治平十年以来输送之数，令纳左藏库。逐年于左藏库拨金三百两银五十万两入内藏，遂为永额，自是条制益严密。元祐诏令诸路坑冶课利七分起发赴内藏库，三分充漕计。靖康改元三分复尽输内藏矣。

这里所说的内藏库，又叫封桩库，本为太祖所创，专收平定诸国所得的珍宝钱物，以供收复幽燕及军旅饥馑等不时之需，为天子之别藏。而左藏库，则收地方州县上供的赋税，为政府经费，供官府正常的开支。二者之间的界限本极十分明确，但执行中却常因皇帝个人的意愿轻易混淆。据陈傅良的研究，宋初内库只收平定诸国所得之赋，揹拨州县的上供赋税，只是个别现象。熙宁时，始令左藏库逐年按定额数量拨入内藏。哲宗时，令地方课利七分赴内藏，三分入"漕计"供修整水路运输之需。到钦宗时，连这最后三分也全都进入内藏了。内藏库的胃口越来越大，竟然吞没了地方课利的全部收入。到南宋时，陈傅良在殿试《对策》中批评这种"左藏（国库）之外，别为南库（内藏）者何也"？虽然名义上似乎分得很清楚，"经费一领于大农（户部），而增羡币余之入，南库受之"。实际执行中由于"增羡者专有迁擢，经赋办否则莫能黜陟"，因而促使地方官将其赋税宁肯输入内库，不愿输入左藏。这样既可得到天子的欢心，获得升官的奖赏，又无罢官撤职的危险，一举多得，何乐而不为呢！于是造成了严重的后果，"是以比岁经赋日耗，而南库之积日滋。"真是达到了"天子富有四海"，而国库匮乏，地方无余财。在这样的情况下，天子固然可以为所欲为，但朝廷的正常开支却是难以为继，地方更是寸步难行，难以有所作为了。

这种"州县金帛悉送阙下"，"外权削而利归皇室"的财政政策，带来的严重后果是无须细说的。皇室腐败难改，地方无力回天，哪有力量发展经济，稳定社会，抵抗外侮呢！这就是北宋政府导致崩溃的重要原因。南宋政府由于广大人民的积极抗战，以及南方雄厚经济实力的支撑，付出了惨重代价之后，终于稳定下来，获得了"中兴"。可是，财政负担过重，赋税增加，税务机构庞大重叠，多头领导，运转不灵活，仍是财政方面长期得不到纠正、解决的老问题。陈傅良眼见问题的严重："易道深矣。亦曰天地大德，次及于理财也。今宿师数十万，以天下之财赡之，不领于大农之经费，而居此官者，不知此谊，是不重为吾民病乎。"⑤不得不向皇上反映当时的情况："茶引尽归都茶场,盐钞尽归榷货务,秋苗以十之八九为纲运,是皆不在州县,于是取之斛面,取之折变,取之科敷、抑配、赃罪,而民之困极矣。"㊳恶性循环,后果已经十分严重了。

有什么办法可资挽救呢? 陈傅良针对当时"中外之势分,而事权不一,施行不专,虽欲宽民其道无由"的现实情况,开出的药方是"诚使都统司之兵,与向者在制置司无异;总领所之财与向者在转运司无异,则中外为一体。"要求恢复兵归制置司,财归转运司的老规矩,中央各部门与地方各有自己的职权,不要越权一起向老百姓伸手。只要做到"中外一体,则宽民力可得而议矣。"㊴民力宽了,生活得到改善,才有余力给政府纳税,税源充足,政府的财政收入自然就会好起来的。

七、养君德,正纪纲——天人和谐的吏治思想

宋朝的财政弊病,只不过是整个政治面貌的一个方面。当时政治方面也存在着许多弊病,亟须进行必要的改革。

史称陈傅良"淹贯六经,包括百氏,洞彻天人之奥,而于历代经制大法,与夫当世制度沿革失得之故,稽验钩索,委曲该洽"㊳,有很深入的研究。他认为被奉为吏治经典的《周礼》,纲领有三:"养君德,正纪纲,均国势。"㊴改革当代的弊政,可以从这三方面入手。

国君,身居高位,担当治国安邦、理政化民的重任,应该具有很高的道德修养,才能担当其任。诸如:爱民之心、谦虚逊让、崇俭知足、执政公正、知人善任等,都是应该时刻注意的。陈傅良利用一切可能的机会,多次向皇帝进言:"恭惟陛下因天人之心,应帝王之运。"㊵要注意天意和民心,使国家的命运日益昌盛。只有"天人和同,上下欢心"。才能"天人底豫,宗社延休"㊶。

国君在用人方面,知人善任:"择立心公正者为宰相,爱民听讼者为守令,丰财足用者使掌钱谷,原情立法者使掌狱讼,人主但视其功过而赏罚之,何忧不治。"㊷如果用人不当,必须纠正,陈傅良曾《缴奏陈源除入内内侍省押

班状》,因陈源"僭侈专横",不宜担任此职,虽奉"御笔",也不顾个人安危,抗命封还。

在处理国务时,要执政为公,要像权衡一样,掌握公平,体现和平的精神。"衡所以权万物之轻重,而归于平。周公曰:太宰,宰所以制百味之多寡,而适于和,惟其和平而已"。⑥"礼义以养其心,和平以收其气"。⑥"要皆归于和平而无恨。"⑥"用法公平,则人无怨。"⑥他认为古人治国的经验,无非是"使复其中和之常而已,故夫备天下之理,以措天下之事,则平正而不偏,矫枉而不失乎中,惩乱而不急于治,遵乎礼义之安,而无反侧,蹈乎中庸之节,而不作好恶,夫是以天下之弊,常若持衡,而祸患泯于无形。"⑥执政者只要有不凭个人的好恶行事,平正不偏,就能治弊惩乱,泯祸患于无形。

当然,治理国家不能单靠领导者个人的品德与智慧,还应该有必要的制度作保证,要"正纪纲"。例如,官员的选拔、任用与升迁,就不能单凭某个执政者个人的意见行事。

《通考》卷三九,建隆三年"令议成长定格"条,止斋陈氏曰

> 选人七阶,祖宗朝以考第资历,无过犯或有劳绩者递迁,谓之循资。若磨勘应格,自令录以上及六考者,皆改著作佐郎。无出身及十考者,改大理寺丞。自仁宗始以考第改官者猥多,遂诏用帅守通判监司保举,以岁改百员为额。元丰稍镌改官之额,观察判官以上改奉议郎,无出身人改通直郎,掌书记改通直郎,支使以下一例改宣德郎。

陈傅良认为政府官员的任用必须有考第资历,升迁必须按劳绩循资。并需"帅守通判监司保举",陈傅良在担任湖南提举司任内,就曾"赏功罚罪",知永州赵谧"率先减月桩钱",知武冈军王公弼"合郡之事,井井有条",奏请赵、王二人各减二年磨勘迁官。而知全州施广文是一个"鄙猥之计,略无顾惮,自上供军需至官吏之俸,一切不问",不干事的混混官,便奏请撤职与以宫观。还有堪称"贤士"的宋文仲、吴猎、蒋励、杨炤等人,"能行惠民之政,"皆推荐于朝。为防止冗官猥多,必须保举定额。而且要设置必要的管理机构。

《通考》卷三九,建隆二年"罢岁月叙迁之制"条,止斋陈氏曰:

太祖置审官院,考课中外职事受代,京朝官引对磨勘,盖复序进之制,其后稍立法,法尤为严密矣,非战功不得除授。

陈傅良认为官员管理的法制,必须严密,不能让其稍存侥幸,蒙混得官。在《守令策》中,他又说:"古之天下无冗官,亦无穷人,无幸法,亦无怨吏。夫官不滥,则人无滞叹,法不屈,则吏无满心。天下非怨吏之可畏也,今日迁某守,明日易某令,其扰则妨民,其费则伤民,其无意于留,而苟简于治,则弊民,其自以为亟迁,而求足其欲,则又困民。故夫吏之便,民之病也,有便民之法,而又有不便吏之忧,愚所不敢知也。"官制管理不严,必然出现官滥现象。冗官增多必然弊民,增加民众的负担,后果是十分明显的。为了防止冗官增多,必须限制官吏的特权。

《通考》卷三四,台省六品诸司五品登朝第二任方得荫补。止斋陈氏曰:

> 恭惟艺祖初定任子之法,台省六品诸司五品,必尝登朝资历两任,然后得请。太宗淳化始因改元恩霈,文班中书舍人,武班大将军以上,并许荫补。至道二年始有寿宁节推恩之令,大中祥符元年始有东封礼毕推恩之令。前朝患之,累尝裁定,今惟郊禋如故。至于致仕遗表之恩,凡与者皆特典也,而后亦为定制。至熙宁始裁定诸卫将军诸司副使,累奏不得过二人,非任路分都监差遣,即须入仕三十年方听奏荐,而限年限员之法立。

陈傅良考察了历代荫补之制的历史以后认为,高官子弟享受补官的特权,名义越来越多,数量越来越大,后果很坏。因此"前朝患之,累尝裁定",取消了不少。熙宁时,又订出了"限年限员之法",应该认真严格执行。

封建时代的统治者总是利用自己的权势,不顾政府的法律,为所欲为,享受特权,纪纲不正,影响很坏。陈傅良就其所见,在限制特权方面进行了力所能及的抗争。《止斋集》中有好几篇"奏状"值得注意:(1)《缴奏紫霄宫免科敷等事状》:"今紫霄宫复有御笔指挥,特与蠲免科敷措借等事,可谓烦渎天听,玩狎主威矣。况今贫民困于科折,若更令闲手坐食之徒,反得幸免,即本宫逋年合输财赋官司,难与除豁,须至均敷在人户名下,是恩足以及闲手,而不至于百姓,尤臣所深惜也。"(2)《缴奏罗良臣供给免折酒状》:"承修内司提辖刘信之白札子,令临安府宣借厢军一十五人,付浙西总管罗良臣使唤,所有罗良臣每月供给免折酒,差兵士十五人与之使唤,此至猥琐也。请受不折酒,此至微末也。今也遣中使传隆谕,下谕天府之尹,而及此至猥琐,至微末之事,岂不亏损国体,玩渎主威乎。"(3)《缴奏谢渊请给合支本色状》:"谢渊为皇太后亲弟,又开此门,则戚里攀援,何时而已。"因此希望"一切以定制裁之,以杜侥幸之门"。这些特权人物的背景很硬,而且有御笔白札子为据,但毕竟有违国家的法令规章,陈傅良据理力争,拒不执行,是很有胆量的。

不难看出,陈傅良虽然研究历史上的吏治经验,针对当时存在的实际问题,不仅在自己任职的地区,力所能及地内加以改进,而且一有机会边提醒皇上注意,在更大范围内进行整顿。但毕竟官卑职小、机会不多,作用十分有限。

八、整顿兵制——挽救危亡的军事思想

陈傅良眼见南宋时期山河破碎,民族危机严重的局势,本着事功学派的求实致用的精神,身体力行,深入研究历代兵制,联系当代军事方面存在的实际问题,提出了许多自己的看法和改进意见。

在《经筵孟子讲义》中,他说:

"今敌国之为患大矣,播迁我祖宗,丘墟我陵庙,膻腥我中原,左衽我生灵,自开辟以来,夷狄乱华,未有甚于此者也。"

因此,他要求皇上"每行一事,每用一人,必自警曰:得无为敌国所侮乎,吾民困穷如此,吾士卒骄惰如此,吾内外之臣背公营私如此,吾父子之间欢意未洽如此,吾将何以待敌国也"。为此,他深入研究历史,写出了《历代兵制》一书。

《四库全书总目》卷八二,《提要》说:《历代兵制》,陈傅良撰。

是书上溯成周乡遂之法，及春秋秦汉唐以来历代兵制之得失，于宋代言之尤详。其言至为深切，盖傅良当南宋之时，目睹主弱兵骄之害，故著为是书追原致弊之本，可谓切于时务者矣。

陈傅良在本书中认为：宋太祖"躬定军制，纪律详尽"。布置非常合理，"前后精兵不过二十余万，京师屯十万，足以制外变，外郡屯十万，足以制内患，京师天下无内外之患者，此也。京城之内有亲卫诸兵，而京城之外诸营列峙相望，此京城内外相制之兵也。府畿之营云屯数十万众，其将副视三路者，以虞京城与天下之兵，此府畿内外之制也，非特此也，凡天下之兵皆内外相制也，以勇悍忠实之臣，分控西北边孔道。"⑱内外相制，足以应付一切事变，国防十分巩固。此外，宋太祖还采取了种种措施，防止军队的腐败变质。

《通考》卷一五六，止斋陈氏曰：

> 自建隆二年以诸郡本城共百役，或更戍他郡，诸州兵士差往边上守把。不但以逸民户也，所以劳苦其身，违离其妻子，使习于南北风土之异，而不得坐食于本营。盖劳之则易使，散之则易养，此艺祖神谋也。三司禁旅就粮州郡，亦不得常坐食于京师。自列郡各置禁军，由是在军禁旅无就粮者。禁军在城防托，而厢军亦升为禁军，不复戍役矣。养兵之费偏天下，北人犯阙无或能发一矢者，以不守艺祖旧章也。

陈傅良认为宋初军队的供役、更戍、就粮等法，在劳苦其身、不得坐食，以逸民户，减少养兵之费等方面，都是很有作用的。可是后来军队数量却不断增加，又是为何呢？

《通考》卷一五二，"诸州长吏选所部兵送都下以补禁旅之阙"条，止斋陈氏曰：

> 世多言国家养兵之费，自艺祖时增置禁军始，考之则不然。按《祥符天圣编》诸部郡自骑射至牢城凡名额二百二十三，总为本城而已，则天下无禁兵也。所谓禁兵者皆三司之卒分屯而更戍，而钤辖都监监押之官，所部领者也。三边之兵，间因事宜升为禁军者，则所谓四十四处禁军是已。自元昊叛而西北有保毅，王伦叛而东南有宣毅之类，于是列

郡稍置禁军。熙宁按天下厢军之籍五十万人，而亦不足战，于是教阅之法起，其后以厢军团并为额，则今之两浙崇节、福建保节之类是也。五年始排立在就粮禁军之下，元丰兵令悉以雄节之类升同禁军，由是禁军始遍天下，此不可不辨。

有人把禁军的增加归罪于太祖，事实上当时"天下无禁军"。后来，列郡增置禁军，乃因元昊、王伦的叛变，特别是熙宁变法把厢军升为禁军，于是禁军遍天下。到南宋时，陈傅良说："自州郡各有禁军，而三司之卒不出，不出则常坐食于京师；常坐食于京师，则必尽天下之利归之公上；利尽归于公上，而州郡之益兵已多，则其势必巧取阴夺而后足，于是养兵始为大患。"⑩为了避免养兵之费成为大问题。宋初在控制军队数量方面，采取了淘汰老弱，设置剩员等办法加以处理。

《通考》卷一五二，"阅所掌兵，骁勇升为上军，老弱怯懦置剩员处之"条，止斋陈氏曰：

> 剩员之置，不但以仁羸卒，亦以省冗食也。熙宁十年，诸路州军以逐州就粮禁军厢军通计，十分立一分为额。自宣和之难，养兵益众，战功之赏例加官资，于是退兵重为天下费。乾道二年，州县之力困于养退兵矣。

设置剩员，处理退休之兵，不失为节省冗兵冗食的好办法。但随着后来养兵总数的增加，养退兵的费用也成了州县的大问题。为补政府军的不足，又有"民兵"问题：

《通考》卷一五六，"发县民治城壕，因立为保毅军，弓箭手分镇戍寨"条，止斋陈氏曰：

> 此所谓义军也，艺祖有志于民兵矣。咸平五年始置营升为禁军，而前朝名臣多言不便，韩琦为相，尝身历西事留意兵政，刺陕西义勇。知谏院司马光至六疏争之不听。已而新法行，熙宁六年十月遂罢强壮弓箭手而行保甲，海内骚然，要之皆以刺配为军，失祖宗本意，而非民兵不可复，以臣愚见条约弓箭社，如庞籍苏轼则人情不扰，而边备修矣，此今

日所当讲也。

陈傅良认为宋太祖是重视"民兵"的，但只是用以治城壕、镇戍寨之类。可是后来却将之升为禁军，引起诸多名臣的反对，甚至"海内骚然"。民兵并非不可复，只是不能违背祖宗的原意，不能妨碍农时，不能增加养兵的经费。

宋初的"兵制"，虽然考虑得很周到，但岁久弊生，执行中还是出现了许多问题，"以积习刓弊，又数十年，教习不精，士气不振，拣兵则点数而已，宣借则重叠妄滥，逃亡已久，而衣粮自如，疲癃无堪，而虚名具数。"[50]

首先表现出来的是，士兵的数量增加：具体说来，咸平西北边境之役兵增至六十万，皇祐之初兵已一百四十一万。因此翰林学士孙朱说："古者兵足而已，今内外之兵百余万，而别为三四，又难为六七也，别而为三四者，禁兵也、厢兵也、番兵也。难而为六七者，谓之兵而不知战者也，给漕挽者兵也，服工役者兵也，缮河防者兵也，供寝庙者兵也，养国马者兵也，疲老而坐食者兵也，前世之兵未有猥多如今日者也。"[51]

养兵的费用也从而增加："总户口岁入之数，而以百万之兵计之，无虑十户而资一厢兵，十万而给一散卒矣，其卫士之给，又浮费数倍，何得而不大蹙也。"[52]国家财政在应付军费开支上已感到十分困难。

在这样的情况下，"天下之力竭于养兵，而莫甚于江上之军，故每欲省赋，朝廷以为可则版曹以为不可；版曹以为可，则总领所以为不可；总领所欲以为可矣，奈何都统司不可也。故虽欲宽民力，其道无由。"[53]考其原因乃是："执掌不同则彼此不能以相谋，事权不一则有无不能以相济，施行不专则前后不能以相守。"[54]所以要想轻徭薄赋，减轻农民的负担，却根本无法实行。

于是不少人失去了恢复中原的信心，陈傅良在《赴桂阳军拟奏事札子第一》中说：

> 比者贤士大夫类曰"时不可为"而以恢复为讳。虽臣至愚，窃所未喻。且隆兴用事之臣，虽以朴忠，竟无成功，天下不与其才而与其心。乾道用事之臣，虽以大言，亦无成功，天下不与其心而与其名。孔子曰："必也正名乎！"今顾以恢复为讳，果何名欤？论说定则习俗成，习俗成则人心不起，人心不起则赏刑不足以惩劝。是王业往往遂已也。

干任何事业都应该有必要的信心，可是南宋时某些人却说什么"时不可为"而以恢复为讳。陈傅良很不理解。他认为隆兴北伐虽然不成功，其将帅虽缺乏才干但忠心可嘉。乾道北伐又不成功，乃宰相大言，心术不正，但出师之"名"还是正确的。可是当前这种"讳言恢复"，却连"名"也丢弃了。"人心不起"的问题，危险更大，必须纠正。

出路何在？陈傅良认为："夷狄安能一旦入中国哉？民心离则天心不享，则其祸必及于此。而渡江诸臣不惟尽循宣和横敛之旧，又益以总制、月桩，另项起发。王朴有言：以此失之，以此兴之可乎？"⑤找到了失败的原因，也就找到了复兴的办法。既然北宋之亡，失在横敛。那么挽救南宋，也必须从制止横敛，收拾民心着手。陈傅良认为，宋朝"祖宗相承，其爱民之实，若出一心，谓民之作兵者多，与兵之仰民者不少，而民不可重困也"⑥。兵民关系十分密切，养兵必须爱民，若因养兵而困民，民穷财尽兵疲，将是十分危险的。因此，兵制必须进行坚决的整顿，稍宽民力，民富国强，兵精粮足，抗金保国，恢复故土，才有希望。

九、海纳百川——和而不同的宽容精神

从以上概括的论述中，不难看出陈傅良思想的方方面面，给人们留下了范围甚为广博，内容甚为深邃的印象，堪称"博大精深"。

《四库全书总目》卷一五九著录其《止斋文集》，《提要》称：

"傅良之学终以通知成败，谙练掌故为长，不专于坐谈心性。故《本传》又称傅良为学自三代秦汉以下靡不研究，一事一物，必稽于实而后已。"

蔡幼学在为陈傅良所作的《行状》中说："薛公（季宣）与公语合，喜甚，益相与考论三代秦汉以还，兴亡否泰之故，与礼乐刑政损益同异之际，盖于书无所不观，亦无所不讲。"陈傅良自己也说他"博极百家之说，断以中庸"⑦。可见其学识的渊博，绝非偶然，只有海纳百川，才能成其大。其为人处世的

品德,也很值得称道:

《四库全书总目》卷一五九著录其《止斋文集》,《提要》又称:

> "傅良虽与讲学者游,而不涉植党之私,曲相附和,亦不涉争名之见,显立异同。在宋儒之中可称笃实。"

在这方面,陈傅良确实表现得很突出,有许多具体的事例为证:如果说陈傅良"无党",当然不完全符合历史的事实。《宋元学案》卷五三专为之列有《止斋学案》专卷,上有师承,下有门人,并有学侣、同调,俨然是自成一派的大家。当然不是无所归依的"无党派人士"。只不过他不肯以此炫耀,树植党与,自以为了不起,曲相附和,压倒别人。在《答赵南书》中说:"吾党亦有患,自相推尊患太过,与人无交际患不及。"

他为人处世,和而不同。他与陈亮同属浙东事功学派,私人感情很好。但在《答同父书》中,却批评陈亮与朱熹在王霸之争的态度,"其间颇近忿争,养心之平,何必及此。"以致引起陈亮的不快。

他与朱熹在学术上分属理学、事功两派,但私人关系也很不错。在其《与元晦书》中,也善意批评,不肯苟同:"念长者前有长乐之争,后有临川之辩。又如永康往还,动数千言,动相切磋,未见其益,学者转务夸毗,浸失本指。盖刻画太精,颇伤易简,矜持已甚,反涉吝骄。"也引起了朱熹的不快。

他做学问,实事求是,不愿与人争论是非,标新立异,曾在《答刘公度书》中说:"年来笃信六艺之学,兢业为本,彼此纷纷,亦恐吾人躬未自厚,而责人不薄。"最能说明这一态度的事例是:

《四库全书总目》卷一五九著录其《止斋文集》,《提要》称:

> "考亭先生晚注毛诗,止斋陈氏得其说而病之,谓以千七百年女史之彤管,与三代之学校以为淫奔之具、偷期之所,窃有所未安。独藏其说不与考亭先生辨。考亭微知其然,尝移书求其诗说,止斋答以公近与陆子静互辨无极,又与陈同甫争论王霸矣,且某未尝注诗,所以说诗者,不过与门人为举子讲义,今皆毁弃之矣,盖不欲滋朱之辨也。"

尽管这种学术态度可能引起某些方面的不快,甚至"内外不讨好",但陈傅良坚持不悔。他在《答长溪王佐之书》中，认为自己"某无以愈人，独博交当代贤俊之心，出于天然，虽以之得谤讪，或相背弃，不悔"！不仅做学问的态度如此，在实际政治生活中，他也坚持这一原则，"汲引人才如恐不及，在湖南应诏，荐宋文仲、吴猎、蒋砺、杨照；在朝则荐朱熹、叶适、吴仁杰、王明清。修史苟知其贤，不复以私嫌为忌。"⑱不管这些人的学术思想是否同调，只要是"贤"者，他就坚持实事求是的原则，不以为"嫌"，正确处理。表现出了他治学与处世方面宽容博大的胸怀，值得后人尊敬。

本文初写作时，用的是副标题，企图以此探索陈傅良事功思想的特点。初稿完成后，自觉尝鼎一脔，基本上可以说明问题；但材料毕竟有限，难窥全豹。于是又将《止斋集》中的有关资料添入，补充论证，内容稍感丰富，论述较为全面。可是又出现了新问题——"文不对题"，乃改题今名，将原题移作副标题。读者谅之。

注释：

①陈傅良，为南宋浙东学派承前启后的重要人物，但当代学术界作全面研究者甚少。徐规先生早在 1947 年即发表《陈傅良之宽民力说》，后收入《仰素集》。先生曾赠我一部，读之颇受教益。本文即在先生著作的启发下写成。

②本文初写作时，用的是副标题，企图以此探索陈傅良事功思想的特点。初稿完成后，自觉尝鼎一脔，基本上可以说明问题；但材料毕竟有限，难窥全豹。于是又将《止斋集》中的有关资料添入，补充论证，内容稍感丰富，论述较为全面。可是又出现了新问题——"文不对题"，乃改题今名，将原题移作副标题。读者谅之。

③马端临：《文献通考》卷二四〇，《水心叶氏墓志铭》，文渊阁《四库全书》本。

④王充：《论衡卷》二九，《对作篇》；卷二六，《知实篇》；文渊阁《四库全书》本。

⑤黄宗羲：《宋元学案》卷五二，《艮斋学案》，四朝学案本。

⑥陈傅良：《止斋集》卷四〇，《夏休井田谱序》，文渊阁《四库全书》本。

⑦陈傅良：《止斋集》卷二一，《封事》，文渊阁《四库全书》本。

⑧陈傅良：《止斋集》卷四三，《策问》，文渊阁《四库全书》本。

⑨陈傅良：《止斋集》卷三二，《答杨知录》，文渊阁《四库全书》本。

⑩陈傅良：《止斋集》卷一二，《黄裳除给事中兼侍讲》，文渊阁《四库全书》本。

⑪叶适:《水心集》卷一〇,《温州新修学记》,文渊阁《四库全书》本。

⑫叶适:《水心集》卷二七,《代人上书》,文渊阁《四库全书》本。

⑬吕祖谦:《丽泽论说集录》卷八,《门人集录史说》,文渊阁《四库全书》本。

⑭黎靖德编:《朱子语类》卷一二三,《陈君举》。中华书局 1988 年版。

⑮宋时澜编:《增修东莱书说》卷三〇。《周官》,文渊阁《四库全书》本。

⑯叶适:《水心集》卷四,《实谋》,文渊阁《四库全书》本。

⑰陈傅良:《止斋集》卷三八,《答刘公度》,文渊阁《四库全书》本。

⑱陈傅良:《止斋集》卷一四,《大理寺主簿王宁除太府寺丞》,文渊阁《四库全书》本。

⑲黄宗羲:《宋元学案》卷五三,《陈傅良》,四朝学案本

⑳陈傅良:《止斋集》卷二六,《请对札子,第二》,文渊阁《四库全书》本。

㉑陈傅良:《止斋集》卷二二,《内引札子》,文渊阁《四库全书》本。

㉒陈傅良:《止斋集》卷四,《送蕃叟弟赴江西帅幕》,文渊阁《四库全书》本。

㉓李幼武:《宋名臣言行录外集》卷一二,《朱熹》,文渊阁《四库全书》本。

㉔陈傅良:《止斋集》卷三六,《答陈同父三》,文渊阁《四库全书》本。

㉕黎靖德编:《朱子语类》卷三七,《可与共学章》,中华书局 1988 年版。

㉖《四库全书总目》卷一三五,《永嘉八面锋提要》,文渊阁《四库全书》本。

㉗陈傅良:《止斋集·附录》,《叶适墓志铭》,文渊阁《四库全书》本。

㉘陈傅良:《止斋集》卷一九,《赴桂阳军拟奏事札子第二》,文渊阁《四库全书》本。

㉙陈傅良:《止斋集》卷三一,《湖南转运判官谢到任》,文渊阁《四库全书》本。

㉚陈傅良:《止斋集》卷三一,《湖南提举谢到任》,文渊阁《四库全书》本。

㉛陈亮:《龙川集》卷一一,《四弊》,文渊阁《四库全书》本。

㉜陈亮:《习学记言》,卷一九,《平准书》,文渊阁《四库全书》本。

㉝陈傅良:《止斋集》卷三八,《上婺守韩无咎书》,文渊阁《四库全书》本。

㉞陈傅良:《止斋集》卷二六,《请对札子第二》,文渊阁《四库全书》本。

㉟陈傅良:《止斋集》卷一八,《叶适除太府卿淮东总领》,文渊阁《四库全书》本。

㊱陈傅良:《止斋集》附录,《楼钥神道碑》,文渊阁《四库全书》本。

㊲陈傅良:《止斋集》卷二〇,《吏部员外郎初对札子第三》,文渊阁《四库全书》本。

㊳陈傅良:《止斋集·序》,《王瓒序》,文渊阁《四库全书》本。

㊴陈傅良:《止斋集》卷四〇,《进周礼说序》,文渊阁《四库全书》本。

㊵陈傅良:《止斋集》卷二六,《辞免再除起居郎状文》,文渊阁《四库全书》本。

㊶陈傅良:《止斋集》卷三〇,《贺寿成皇后从吉》,文渊阁《四库全书》本。

㊷陈傅良:《八面锋》卷四,《择吏》,文渊阁《四库全书》本。

㊸陈傅良:《八面锋》卷三,《省官》,文渊阁《四库全书》本。

㊹陈傅良:《八面锋》卷五,《养士气》,文渊阁《四库全书》本。

㊺陈傅良:《止斋集》卷四〇,《送蕃叟弟赴江西》,文渊阁《四库全书》本。

㊻陈傅良:《八面锋》卷三,《用法公平》,文渊阁《四库全书》本。

㊼陈傅良:《八面锋》卷一三,《天下之弊,自上启之》文渊阁《四库全书》本。

㊽陈傅良:《历代兵制》卷八,《本朝》,文渊阁《四库全书》本。

㊾陈傅良:《止斋集》卷一九,《赴桂阳军拟奏事札子第三》,文渊阁《四库全书》本。

㊿陈傅良:《历代兵制》卷八,《本朝》,文渊阁《四库全书》本。

(51)陈傅良:《历代兵制》卷八,《本朝》,文渊阁《四库全书》本。

(52)陈傅良:《历代兵制》卷八,《本朝》,文渊阁《四库全书》本。

(53)陈傅良:《止斋集》卷二〇,《吏部员外郎初对札子第三》,文渊阁《四库全书》本。

(54)陈傅良:《止斋集》卷二〇,《吏部员外郎初对札子第三》,文渊阁《四库全书》本。

(55)陈傅良:《止斋集》卷一九,《赴桂阳军拟奏事札子第二》,文渊阁《四库全书》本。

(56)陈傅良:《历代兵制》卷八,《本朝》,文渊阁《四库全书》本。

(57)陈傅良:《止斋集》卷三四,《答王签判》,文渊阁《四库全书》本。

(58)陈傅良:《止斋集·附录》,文渊阁《四库全书》本。

立法、变法

——论南宋陈傅良的法制理念

肖建新（安徽师范大学）

陈傅良（1137—1203），字君举，号止斋，谥文节，南宋温州瑞安（今属浙江）人，是南宋永嘉学派的杰出人物，清代四库馆臣予以很高的评价，"自周行已传程子之学，永嘉遂自为一派，而傅良及叶适尤其巨擘。"[①]永嘉学派总体呈现出实用、实学、功用的特色，是浙东"事功"或"功利"学派重要分支，既重道又重器，尤其是发展了儒学传统的"外王"、"经世"的思想。而法制作为外王、经世的工具，陈傅良以及永嘉学派必然有所思考，检阅陈氏著述，他的确对法制的本质以及立法、变法、司法都有过探索。我曾在《公正求实——陈傅良法制理念》一文中，[②]从他的法理和司法观念或法制的道器方面探究后认为：他既追求法制的公正公平，主张"行法自贵近始"；又重视司法的求实重人，强调"原情定罪"、"司法在人"。此外，他对立法和变法也有所思索，主张立法时要预防与惩罚结合，变法时要为民与趋利一致。这些观念，既有历史的继承，又有时代的创造，今天看来，也有其合理之处。为此，前文探讨的可谓陈傅良法制思想的逻辑起讫，而本文研究的则是他的法制思想的逻辑过程，二者当有一定的内在联系，两文可谓是陈傅良法制思想研究的姊妹篇。

一、立法设计：惩防结合

陈傅良对法制的设计和功能，尽管很重视法制的实际功能和效用，体现出事功学派思想的一贯风格，但是在古代德主刑辅的法制建设环境以及宋代明理趋道的政治思想背景下，还是继承了传统的德刑理念，尤其是德主刑辅思想的发展完善及其影响日益加强的趋势下，[③]他只能在此思想框架下探讨法制的功能，仍然聚焦在惩罚与预防的关系上，只是有所深入和推进罢了。尽管陈傅良主张省刑恤刑，所谓"省刑罚薄税敛，庆历元祐之所以惠天下也"，并称赞当时的皇上，"恭惟陛下临御于今五年，省刑薄敛，天下皆知其为仁。"[④]但是，他还是主张法制和刑罚，尤其强调公正司法，法律的惩罚功能是最基本的，也是最为有用的，只有在严格、公正用刑后才谈得上省刑，"刑所以残民，亦所以厚民；刑所以虐民，亦所以安民。今之天下惟严于用刑而后可以言省刑，惟公于明刑而后可以言恤刑……圣人之果无事于刑也，而天下可以免刑哉。故吾之所谓无刑者，非世之所谓无刑也，必有使之而至于无刑也。"[⑤]在此基础上，他对法制的惩罚与预防功能提出基本的看法：

> 古之立法，不惟惩天下之已犯，亦所以折天下之未犯。盖已犯之必惩，未犯所以必折也……已大抵始于必用，而终于无所用也。今之法则不然，始乎不用，而终于不胜用。夫法不求民之入，而拒民之入也。古之法，民不入也，不招以入，而民之入也，不纵以出。夫惟不出，是以不入，故始乎必用，而终于无所用矣。[⑥]

这段话非常精彩，辩证地阐明法制的基本功能，很有法哲学的趣味，当是法制思想史上的经典之言。这也就是说，立法或法制不只是为了惩罚，也包括预防，是针对已犯和未犯设计的；只能通过法制的必用或始乎用，实现不用或终无用，避免开始不用法制，最后导致法律不胜其用的恶果。当然，在他看来，古代法制是非常完美的，既不会使人们轻易陷入刑罚，也不会招徕违法犯罪之人，但谁若是铤而走险，必惩无疑，无法逃脱法律的制裁，而只有惩罚制裁,才能起到惩罚和预防的双重作用,最终实现有其法而不用,始必用而终无用的理想状态。不论其学说的现实可能如何,但他对法制功能的辩证思考,则充满法制智能,值得后人反思。

其实,他对法制惩罚与预防的思考,是离不开以往法制和法制思想成果的,一是刑罚本身具有惩治与预防双重功能,二是历史上的律(敕)、令是法律基本的形式,分别具有惩罚和预防的效能。前者,早在战国时期法家作了较为具体的表述,认为刑罚既可以阻止、惩罚犯罪,也可以震慑、防止犯罪,如商鞅所云,"以刑去刑","重刑连其罪,则民不敢试;民不敢试,故无刑也。"⑦韩非子也说,"重一奸之罪,而止境内之邪,此所以为治也。"⑧这种刑罚预防的思想对我国古代法制产生了深远影响,甚至古代法制落下了擅刑主义的恶名。不过,古代法制有其自洽的功能,又可能通过德主刑辅的原则来加以纠偏和调整。至于后者,古代法律发展至唐宋,基本形式为律(敕)、令、格、式等,实为中律(敕)与令、格、式两类。宋代对这四种形式法律作了明确的界定,"禁于已然之谓敕,禁于未然之谓令,设于此以待彼之至谓之格,设于此使彼效之谓之式。"⑨显然,敕与令等分别是针对已然、未然违法犯罪的惩罚和预防。因而,陈傅良指出,"法令以格其前,刑罚以督其后",⑩也就是要处理好法制的惩罚与预防的关系,发挥好这两方面的功能。

但是,法制又不是万能的,有其自身的不足:

> 然法令有时而穷,刑罚有时而不及天下,于其所穷、所不及之处,要当保其无穷邪,故夫人君所恃以革天下者,惟曰愧其心可也……威有所不至,察有所不及,彼其欺者未尝不自若也。呜呼,武帝刑政满天下而不能禁恶逆于庙堂之上,文帝至诚在方寸而朴厚忠实之风形见于一时之久。治天下者,亦何贵?夫斯人之不敢欺与不能欺耶。⑪

可见,法制不可能监控和处理所有的法律和社会问题,法制仅仅"使人有所畏"是远远不够的,重要的是"使人有所愧",也就是使人们真心地服膺法制,不敢蔑视和欺骗法制,从而真正遵守法纪,免蹈刑狱,使法律起到防范作用,否则,"若夫武宣则不然,杀戮非不惨,明察非不至,然宫闱之严或者逆节犹露,宗庙之敬或者包藏祸心,此非臣子之所忍为而为之,况其他乎!"结果必然是"刑政满天下"了。⑫

可见，法制功能的有效发挥，尤其是从"有所畏"到"有所愧"的升华，其中重要的是，不能只是展示法制的形式，而且要表达法制的本质，也就是说"示人以法，不若以意"：

> 以法示人，不若以意示人。其意在是，其法不在是，则不令而自行；其法在是，其意不在是，则虽令而不从。汉文帝诏书数下，岁劝民耕殖而野不加辟，至于示敦朴以为天下先，而富庶之风自还，意之所重，无待于法也。唐德宗即位，用杨炎议，作两税法，新旧色目一切罢之，未几刻剥之令纷然继出，法虽备具，意常诛求也。⑬

这是从更高的法理层面来说的，所示之"意"在于法制必须符合社会发展的需要和规律，适应人们的需求。如果真正到"法"与"意"契合的境界，也就不令自行，"无待于法"。否则，"其法是也，其意非也，虽重而亦轻；其意是也，其法非也，虽轻而亦重。"⑭也就是二者的背离和矛盾，必然导致虽令不从，轻重失衡，乃至严刑峻法的出现。因而，他要求履职的地方官吏，"当职到任，欲得民间通晓法意，检坐到见行条法"。⑮至于示人以意，当是法制设计和加强预防的最高境界，这也许是历代统治者孜孜以求的王道境界。

由此可见，陈傅良在主张法制和刑罚的前提下，强调法制的惩防双重功能，更趋向立法和法制的预防效能，显然带有德主刑辅和德政王道诉求的倾向。这一点与同时代朱熹、陈亮等的法制思想颇为相似。在此基础上，他又进一步指出，"使人之畏，不若使愧"，"示人以法，不若以意"，从内涵和法理上发挥法制的功能，这样，法制的防范机能和效能会也许会更大一点，"与其严罚峻刑制之而终不知为善，孰若以利心诱之而使之乐于为善邪"。⑯也就是通过法制的示以意，使之愧，使人们真正体会到法制之利，从而趋利从善，这显然优于严刑峻罚，甚至无须严刑峻罚就可以起到预防犯罪的效果。

二、变法取向：为民趋利

在历史、社会发展观上，陈傅良具有强烈的传统王道意识，竭力推崇三代，尤其周朝的制度。他认为，"前圣之德业莫盛于尧舜，后圣之述作莫盛于孔子"，[17]甚至说，"王道至于周备矣……惟孔孟知之。孔子曰，周监于二代，郁郁乎文哉。"[18]他主张效法先王之道，宁宗即位之初有人提出："今之献计者类曰陛下宜以孝宗为法，太上皇为鉴"，他毫不犹豫地指出孝宗和太上皇分别具有五个值得效法的地方，多属王道内容，希望"陛下诚上稽孝宗明断总揽之政，兼体上皇隆宽不自用之意，则天下可得而理矣"[19]。可见，陈傅良有法先王的思想倾向。

在历史，人们对于尧舜德业，也即王道，一般认为至周已经发展成为完备的制度，孔子对尧舜周制作了全面的清理和总结。陈傅良对此佩服得五体投地，甚至在法制建设上流露出保守的色彩，主张"守法度所以系民心"，反对频繁变更法制，"国家之典章法度，宜使斯民常见而熟识之，以习其耳目而系其心，自非不得已者，不宜轻有改易变置以自绝于民也。向使今日变其一，明日变其二，祖宗余泽日益就尽不在目前，不幸奸人撼之，则人心摇而天下亡矣。古者，公卿大夫犹知世守其家法，至数十世不易其衣冠，阀阅岂无隆替，而国人信服，终莫敢抗，谓之名家旧族，而况数百年为天下国家哉。"[20]至于历史上违反王道的变革法制，他更是态度鲜明加以历史性的批判，"自刘歆以其术售之新室，民不聊生，东都之舆服，西魏之官制，亦颇采《周礼》，然往往抵捂。至本朝熙宁间，荆公王安石又本之，为青苗、助役、保甲之法，士大夫争以为言。安石谓俗儒，不知古谊，竟下其法，争不胜。自是百年，天下始多故矣。"[21]其中，他对宋代王安石的批评很多，也很激烈，并把北宋熙丰以后的一些社会问题归结于他的变法，所谓"臣闻熙丰、崇观以来用事者，纷更祖宗之旧以致边兵之祸，今天下皆追咎之矣"[22]。"臣闻熙宁以来用事者始取艺祖之约束一切纷更之，驯至于今而民力之困极矣。"[23]可见，他反王安石变法的态度是事实，但这又未必表明他反对变法，这是两个不同的问题。

陈傅良推崇和追求的是王道，反对的只是违背王道的变法，但绝对不是一个泥古不化，因循守旧者。他实际上有一种明大体而通变的意识，"明古人之大体而能通当世之变"。[㉔]为此，在称赏尧舜孔子、王道周制时，坚持王道大体的前提下，能够理性看到时代的变化和进步，以及法制变化及其合理性。如他认为，三代之政各有不同，"夏政尚忠，商政尚质，周政尚文"，只要"大体既正，则微疵小害，虽时有之，亦执之所不免也。"[㉕]可见，夏商周三代之政差异很大，当是在前后继承基础上的变革，形成各自的特色，但大体或本体是合理正确的，即使各自存在一些瑕疵，也无伤大雅。三代以后，法制仍在继续变化之中。

西汉而下创法垂制，得三代之余意者，莫唐若也。夫取民之法，每患其轻重不均，唐则一之以租调；养兵之法每患其坐食无用，唐则处之以府卫；建官之法每患其名实杂糅，唐则纳之以六典，使民不至于困，兵不至于冗，官不至于滥。[㉖]

陈傅良在此颇为推崇唐代的"创制垂法"，显然是赞同法制变革的，只是强调是要符合王道，并且还要从长谋划，不能只顾眼前利益，所以，又不无遗憾地感叹道，"太宗之法，庶几先王者，非以此欤……太宗之法固美矣！夫惟不虑其所终，不稽其所弊，是以虽行之一时而卒不能以行之久远也。"也就是说，如果没有长远的考虑，不稽问题，法制必然无法实行久远。他又指出，"太宗平河东，立和籴法，时斗米十钱，余草束八钱，民乐与官为市。后物贵而和籴不解，遂为河东世世之患。仁宗治平中，诏陕西刺民号义勇，又降敕榜与民约，永不充军戍边，然其后不十年，义勇运粮戍边以为常。神宗熙宁中，行青苗之法，虽不许抑配，其间情愿，人户乃贫，不济之人鞭挞已急则继以逃亡，逃亡之余则均之于邻保。温公亦谓，'民知所偿之利，不知还偿之害是也。'"[㉗]因而，法制应该更多地基于长远的考虑和谋划，重点在是否利民便民，或者说，他的变法观是以民本为基础的。

陈傅良思想的民本倾向很明显，他认为："古者有畏民之君，是以无可畏之民；后之人君狃于民之不足畏，而民之大可畏者。"[㉘]叶适也在撰写的陈傅良墓志铭中说，"公既实究治体，故常本原祖宗德意，欲减重征，捐末利还之于民，省兵薄刑，期于富厚。"㉙当然，他的民本是古代或古典民本思想。无论从君、民、社稷，还是从舟、水关系考虑，实际上都从统治与被统治关系角度来阐发的，民为邦本，只是民为治本，民始终是统治的对象，这是由传统民本思想的阶级性所决定的。尽管如此，通过历代思想家的不断诠释和阐扬，民本思想涵养了关民瘼、惜民力、富民财、得民心等积极内容。陈傅良也说："太祖皇帝垂裕后人，以爱惜民力为本。"㉚民本既是他法制思想的基础，也是他法制追求的过程和目标。为此，无论是立法用法，还是变法定制，都不能扰民、害民：

> 　　详于法者，有法外之遗奸；工于术者，有术中之隐祸。药所以治病也，用药已过则药之所病甚于未药；耘所以治苗也，耘之数数则蹂践之害酷于稂莠……自春秋战国以及秦项之际，纵横捭阖之说行而天下之俗浮刑名，法家之说胜而天下之俗薄，浮薄之风相扇相激，而极为秦项之祸，大汉之兴，民始息肩，知有生人之乐也。㉛
>
> 　　天下之法，本欲便民，而反以害民者。夫岂一端而已哉！乡兵之法，本为民之防，而其弊也，操戈带甲，群噪聚斗，横行于里闾。市粜之法，本为民之利，而其弊也，配户督限，迫蹙平民有甚于租赋。保伍之法，所以联比吾民堤防盗贼，而其弊也，差役不均，执役之家至于破产。天下之法本无弊也，行之非其道，则弊由是而生。㉜

前者因立法用法过度而扰民，以致造成"秦项之祸"，后者因用法定制不得其道而害民，失去了法制本意。尽管春秋战国时期，法制在社会激荡中急剧变化，很难说是"浮薄之风相扇相激"，历史上的乡兵、市粜、保伍、常平等法的利弊成败要讲清楚，也绝非易事，但陈傅良指出立法或变法中问题时，强调的是要遵循法制的规律，不能脱离社会现实的需要，尤其是百姓的利益，否则，必然造成扰民、害民的法律后果。

当然，在法制的变革和实施中，必须坚持公私两便，民众才能受益，"法之在天下，惟公私两便者，良法也。便于公而不便于私，非法也；便于私而不便于公，亦非法也。"㉝并且要取信于民，不可轻毁成法，"商君之治，秦所以令行禁止者,惟其信尔。徙木细事也,必赐之金。是以人之有功者,知其无有不赏。弃灰微谴也,必寘之刑,是以人之有罪者,知其无有不罚。商君赏罚未必当于理,而卒以强秦者在是也……呜呼,诚信国之大纲也,徇目前之小利而伤国家之大纲,无乃谋之不远乎。"因而,陈傅良批评宋代法制的不公、不便,以及失信于民,"治平之政,拣刺义勇,当时诏谕永不戍边,未几或以代还东军,或以抵换弓手;东南买绢,当时著令一用见钱,未几买绢又为之折盐。"㉞至于宋代其他困民、病民、害民的变法或法制,陈傅良更是予以尖锐的批判:

> 熙宁以来,用事者始取太祖约束,一切纷更之。诸路上供岁额,增于祥符一倍;崇宁重修上供格,颁之天下,率增至十数倍。其他杂敛,则熙宁以常平、宽剩、禁军阙额之类别项封桩,而无额上供起于元丰,经制起于宣和,总制、月桩起于绍兴,皆迄今为额,折帛、和买之类又不与焉。茶引尽归于都茶场,盐钞尽归于榷货务,秋苗斗斛十八九归于纲运,皆不在州县州。县无以供,则豪夺于民,于是取之斛面、折变、科敷、抑配、赃罚,而民困极矣。方今之患,何但四夷? 盖天命之永不永,在民力之宽不宽耳,岂不甚可畏哉!㉟

这种批判在他的著述中较为常见,有上述综合性的,也有专门的,如在《义役规约序》中对保甲催科法制予以抨击,"今天下上无横敛,下无繁征,而民极困于保正长,则以保甲催科之故也。"㊱甚至提出,某些不合时宜、不利百姓的法制法令,应该收回或废除。㊲

为此,变革扰民、害民之法,建立便民、利民之法,也就是使法制对百姓有利,让百姓获利,起到兴利除弊的功用。

> 治天下有道,毋为天下立法,毋为百姓兴利。一法立,一弊起;一利兴,一害随。然则,如何曰:"毋立法,弊则革之;毋兴利,害则除之。"尘去而鉴自明,矿尽而金自见,弊革而法自立,害除而利自兴。封建之法非不善也,而秦更之以郡县,唐易之以藩镇,郡县、藩镇果能无弊乎。井田之政非不美也,而秦更之以阡陌,唐又变之以府兵,阡陌、府兵果能无

弊乎。常平、义仓足以赈民矣，而或为均输，或为青苗，均输、青苗果胜于常平、义仓乎。经术、词章足以取士矣，而或议三舍，或具八法，三舍、八法果胜于经术、词赋乎。法已更而弊自若，利已兴而害自如。故夫法之在天下，惟去其所以弊，除其所以害，则虽因今之法而有余；于弊不能去、害不能除，则虽百变其法而不足。㊳

陈傅良在求治道的名义下，主张"毋为天下立法，毋为百姓兴利"，但绝不反对立法、变法、兴利，而强调的是要符合治道，也即王道，落脚点在于法制的去弊除害，兴利便民，也即国计民生问题，否则，"虽百变其法而不足"。这正是其事功思想的重要表现和组成，或者说，他的法制思想具有鲜明的事功特色。这一点与同时代的永康学派陈亮的法制思想极为相像。㊴

三、余论：法制思想与学术风格

陈傅良对法制的本性以及立法、变法、司法都作了许多论述，有时还很专门深入，特别是追求公正、重视预防、强调民本、求实重人，涉及法制的主要方面以及法制建设的过程，因而，我们可以说，陈傅良的法制思想丰富多彩，甚至具有一定的体系。这在宋代思想史、古代法制史上应是非常突出的。明代学者王瓒为《止斋集》作序时说，"儒者之所难，曰德曰功曰言而已，三者克具，斯为儒者之盛。远而有以恢弘鲁邹所传之绪，近而有以昭阐濂洛未启之机，尚论其世有足征者，此止斋陈文节公所以不可及也。"陈傅良在立德、立言、立功上都有成就，几乎是个三不朽式的人物，㊵而他在法制上的探索和著述，正是其立言的重要组成部分，并且发展了我国古代法制思想的传统，凸显出宋代永嘉学派事功、外王，或务实、经世的思想风格。

他之所以从事功、外王角度思考法制，可能有两个直接的学术原因，一是学术承传，二是学有侧重。在学术传承上，楼钥的神道碑、蔡幼学的行状、叶适的墓志铭以及《宋史·陈傅良传》都有概括，如叶适的墓志铭说，"独崇敬郑景望、薛士龙，师友事之。入太学，则张钦夫、吕伯恭相视遇兄弟也。"㊶

《宋史》本传的表述相近，"当是时，永嘉郑伯熊、薛季宣皆以学行闻，而伯熊于古人经制治法，讨论尤精，傅良皆师事之，而得季宣之学为多。及入太学，与广汉张栻、东莱吕祖谦友善。祖谦为言本朝文献相承条序，而主敬集义之功得于栻为多。"陈傅良的学问传自郑、薛，得益于张、吕，而他"得季宣之学为多"。薛季宣正是伊川洛学的正宗传人，并且加以改造，突出"实用"，"惟永嘉许公景衡、周公行已，数公亲见伊川先生，得其传以归。中兴以来，言理性之学者宗永嘉，惟薛氏后出，加以考订千载，自井田王制、司马法、八阵图之属，该通委曲，真可施之实用。凡今名士得其说者，小之则擅场屋之名，大可以临民治军之际。"[42]可见，陈傅良的学问有其清晰的学术传承，有深厚的文化积淀，并且，也以平实醇厚著称，形成自己的学术体系，甚至超过其师其友薛季宣，清代全祖望就说，"永嘉诸子皆在艮斋师友之间，其学从之出而又各有不同，止斋称最称醇恪，观其所得似较斋艮更平实占得地步也。"[43]在学术侧重上，也许从薛季宣改造洛学、突出"实用"中受到启发，也可能从郑伯熊讨论"古人经制治法"获得灵感，与"理性之学"的差距愈来愈大，而是致力于经制、治法以及现实问题的探讨，体现出事功之学的本色，"公之从郑、薛也，以克已兢畏为主，敬德集义于张公尽心焉。至古人经制、三代治法，又与薛公反复论之，而吕公为言本朝文献相承所以垂世立国者，然后学之本末内外备矣。"[44]又如"薛公与公语合喜甚，益相与考论三代、秦汉以还兴亡否泰之故，与礼乐刑政损益同异之际，盖于书无所不观，亦无所不讲"[45]。四库全书所收的陈氏著述基本上是经世致用之作，这反映出止斋的学问特色。

在这种学术传承和侧重中，陈傅良把法制作为重点思考的对象和内容，就不足为怪了。事实上，他在构建永嘉学说时思考法制问题，又在形成法制思想中丰富永嘉学说。为此，在这种学术环境和氛围中，他在法制思想上取得上述成就并形成自己的特色，则是其学术思想发展的必然结果。

宋代的思想家、学问家很多，可谓群星璀璨，名气和学问比陈傅良大的也大有人在，但像他如此全面深入思考法制问题的并不多，其法制思想处在当时一流层次则没有问题。陈傅良的法制思想是我国古代珍贵的法制文化遗产，具有重要的地位和影响，[46]以及借鉴和现实意义，值得研究发掘，弘扬光大。至于其法制思想的时代和阶级的局限,前文有所指出,大多是古代法制史和思想史上的共性问题,在此就不作专门论述了。

注释:

基金项目:国家社会科学基金项目(05BZS008)

①永瑢:《四库总目》卷一五九《止斋集提要》,中华书局1965年版。以下注释,首次详注,其余从简。

②参见《安徽师范大学学报》2008年第1期。

③参见拙文《朱熹的德刑观新论》,《孔子研究》2006年第4期。

④陈傅良:《止斋集》卷一○《庆元改元诏》、卷二三《直前札子》,文渊阁《四库全书》本。

⑤陈傅良:《八面锋》卷四《爱民当思所以防民》,文渊阁《四库全书》本。

⑥陈傅良:《八面锋》卷四《爱民当思所以防民》。

⑦公孙鞅:《商子》卷三《靳令第二三》,《商子》卷四《赏刑第一七》,文渊阁《四库全书》本。

⑧何犿注:《韩非子》卷一八《六反第四六》,文渊阁《四库全书》本。

⑨脱脱:《宋史》卷一九九《刑法志》,中华书局1977年版。《宋会要辑稿·刑法》一之一二,"设于此而逆彼之至曰格,设于此而使彼效之曰式,禁其未然谓之令,治其已然谓之敕。"李焘《续资治通鉴长编》卷三四四、四四七,明陶宗仪《说郛》卷二七下亦作,"禁于已然之谓敕,禁于未然之谓令",而洪迈《容斋三笔》卷一六,上海古籍出版社1996年版,第600页,四库本《宋史·刑法志》,《说郛》卷一九下,则谓,"禁于未然之谓敕,禁于已然之谓令"。比较这两种说法,"禁于已然之谓敕,禁于未然之谓令"较为合理,因为律或敕都是针对已经发生的违法犯罪而作出的处罚规定,故中华书局本《宋史》所改为是。

⑩陈傅良:《八面锋》卷二《使人之畏,不若使愧》。

⑪陈傅良:《八面锋》卷二《使人之畏,不若使愧》。

⑫陈傅良:《八面锋》卷二《使人之畏,不若使愧》。

⑬陈傅良:《八面锋》卷一《示人以法,不若以意》。

⑭陈傅良:《八面锋》卷一《示人以法,不若以意》。

⑮陈傅良:《止斋集》卷四四《桂阳军告谕百姓榜文》。

⑯陈傅良:《八面锋》卷一一《使人速得为善之利》。

⑰陈傅良:《止斋集》卷四一《宰臣以下跋御制至尊寿皇圣帝圣政序记》

⑱陈傅良:《止斋集》卷四〇《进周礼说序》。

⑲陈傅良:《止斋集》卷二六《中书舍人供职后初对札子》(第二)。

⑳陈傅良:《八面锋》卷一〇《守法度,所以系民心》。

㉑陈傅良:《止斋集》卷四〇《夏休井田谱序》。

㉒陈傅良:《止斋集》卷一九《赴桂阳军拟奏事札子》(第三)。

㉓陈傅良:《止斋集》卷二〇《吏部员外郎初对札子》(第二)。

㉔陈傅良:《止斋集》卷四五《祭吕大著》。

㉕陈傅良:《八面锋》卷一《大体立则不恤小弊》。

㉖陈傅良:《八面锋》卷四《法不虑其终者必坏》。

㉗陈傅良:《八面锋》卷四《法不虑其终者必坏》。

㉘陈傅良:《止斋集》卷五二《民论》,陈傅良民本言论颇多,仅在《止斋集》中提及民者就有近四〇〇处,而相对集中的除《民论》外,还有如卷二〇、《吏部员外郎初对札子》(一至三)卷五二《收民心策》,而在《八面锋》有很多专条,如卷三《法以治民,不贵乎扰》、卷四《爱民当思,所以防民》、卷七《民心难以,小惠劫之》、卷九《吏爱民,则民亦爱吏》、卷九《法本便民,反以害民》、卷一〇《法令不信,则吏民惑》、卷一〇《守法度,所以系民心》、卷一一《民心以先入者为主》等,这些较为集中的条目多与法制相关。

㉙陈傅良:《止斋集》附叶适《墓志铭》。

㉚脱脱:《宋史》卷四三四《陈傅良》。

㉛陈傅良:《八面锋》卷三《法以治民,不贵乎扰》。

㉜陈傅良:《八面锋》卷九《法本便民,反以害民》。

㉝陈傅良:《八面锋》卷九《公私两便,则为良法》。

㉞陈傅良:《八面锋》卷一〇《法令不信,则吏民惑》。

㉟脱脱:《宋史》卷四三四《陈傅良》。

㊱陈傅良:《止斋集》卷四〇《义役规约序》。

㊲陈傅良:《八面锋》卷三《令有不便,则亦可收》。

㊳陈傅良:《八面锋》卷九《善兴利者,惟去其害》。

㊴参见拙文:《陈亮法制思想的特色》,《陈亮研究》,上海古籍出版社2005年版。

㊵王瓒:《止斋集序》,陈傅良:《止斋集》。

㊶叶适:《墓志铭》,《止斋集》附录。

㊷楼钥:《神道碑》,《止斋集》附录。

㊸黄宗羲:《宋元学案》,中华书局 1986 年版,第 615 页。

㊹叶适:《墓志铭》,《止斋集》附录。

㊺蔡幼学:《行状》,《止斋集》附录。

㊻陈傅良的法制思想影响值得研究,如元末明初著名政治家、思想家刘基的法制思想就有陈傅良的影子,参见拙文《因时·民本·尚德——试论刘基的法制思想》,《江海学刊》2008 年第 1 期。

"内举不避亲":宋元变革论实证研究举隅①

王瑞来(日本学习院大学)

一、绪论

"金子,黄黄的,发光的,宝贵的金子! 只要一点点儿,就可以使黑的变成白的,丑的变成美的,错的变成对的,卑贱的变成尊贵的,老人变成少年,懦夫变成勇士。"莎士比亚描述的,是金钱的魔力。如果我们把金钱置换为官位,则便是中国传统社会的逼真写照。

隋唐肇始的科举,到了宋代规模骤大,人们从压抑的云层中看到了一线光亮,这是改变命运的光亮。并且在这光亮的映照下,不少人真的就改变了命运。从此,中国的士人便有了一个千年不灭的梦,随之也有了一个千年乐此不疲的圆梦之旅。科举之途,从此便人满为患,拥挤不堪。不仅士人本身头悬梁锥刺股,全家甚至全家族也倾财力支持。这是投资,是改变全家族命运的捷径。官位比金子还有诱惑力。因为官位不仅可以带来金子,还能带来地位与尊严。据说宋真宗在鼓励士人向学时,也明明白白地说,"书中自有黄金屋"。②小说《儒林外史》中范进的遭遇,更显现着逻辑的真实。

文献中有大量的史实,记载着士人通往仕途的艰辛。不过,这种艰辛到了正史,便剩下结果:"登进士第。"漫长的排队买票时的焦虑、无奈、苦楚都看不到了,看到的,只是买到票后的喜悦,以及此后的经历。正史的缺失,更形成误导,入传的士大夫成为成功的榜样。幸亏有大量的野史在,至少让后世的研究者能体味到当年的艰辛。

苦读、竞争、入仕,这一过程的研究连篇累牍。然而,士人在千分之一高倍率竞争中突围之后的命运,则很少有人关注。其实,这是更为重要的后科举研究。作为一个士人,人生的悲喜大剧才刚刚开场。科举登第,获得的,只是一张通往仕途的资格许可证。被过去喻为人生四大喜之一的"金榜题名",的确风光。不过,这种风光极为短暂。正如今天苦读考上了大学,以后的就职还充满着变数。因此,就像鲁迅关注娜拉出走以后怎样,我考察士人,更为关注的是金榜题名以后,这些人的命运如何。

我的《金榜题名后:"破白"与"合尖"——宋元变革论实证研究举隅之一》,以宽泛的视角,俯瞰了士人进士登第后的命运。从我列举的大量事实中可以看出,科举的最大意义在于刺激并推动了全社会的教育向学与文化提升,促进社会流动仅仅是与门阀贵族垄断仕途相比较而言,程度相当有限。金榜题名带给士人的,并不都是高官厚禄。能够享受轻肥裘马、钟鸣鼎食的,只是其中的极少数。这也正如今天考上了公务员,也未见得可以青云直上,仅仅提供了一种可能而已。公务员也有大小之分,待遇地位也不啻天壤。

在士大夫政治体制下,宋代士大夫为了保证精英治国,并防止官满为患,精心设计了官僚选拔制度。士人入仕后,首先成为选人,在选人七阶内循资磨勘考课,在被当时人称为"选海"之中翻滚,论资排辈,耗时费日。在此期间,选人必须忍气吞声,小心翼翼,接受地位与待遇低下的现实。对于选人来说,做到这些还不困难,此时的命运还主要在自己手中把握。但脱离选海,升迁为京官,则犹如鲤鱼跳龙门,十分艰难,需要好风凭借力。

宋朝制度规定,选人改升京官需要有五份荐举信。这五份荐举信并不是随便找个官僚就可以写的,其中的三份必须要由选人直接主管的顶头上司来提供。有条件的五份荐举信是政府控制官员数量和质量的一道重要关口,也是下层官员通往光明仕途的必经瓶颈。《宋史·选举志》[③]即云:"铨法虽多,而莫重于举削改官、磨勘转秩。"这样制度设计无疑是理想的。不过,正如无菌状态只呈现于真空条件一样。理想的制度设计,一旦投放到政治实际之中,便会变形走样。

在科举考试这一环节中,宋朝政府为了避免出现唐代那种"受命公朝,谢恩私门"的状况,煞费苦心,采取了各种措施,废"公荐",④罢"公卷",⑤"御试进士不许称门生于私门",⑥但仍然无法制止在改官的过程中官僚之间结成紧密的私人关系。通过荐与被荐,官僚间结成了牢固的私人关系。与进与退,俱损俱荣。《朝野类要》卷三《改官》载:"承直郎以下选人,在任须俟得本路帅抚、监司、郡守举主保奏堪与改官状五纸,即趋赴春班改官。谢恩则换承务郎以上官序,谓之京官,方有显达。其举主各有格法限员,故求改官奏状,最为难得。如得,则称门生。"⑦

在循资的基础上,五份荐举信是选人脱离选海升为京官的关键。因此,"有官君子,皆以举削为虑"。⑧在命运已不完全掌握在自己手中的状况下,成千上万选人的命运也是千差万别。历史,在这一镜头之下,展示了许许多多人生的悲喜剧。低声下气,违心曲意,送贿索贿,官与吏的层层刁难。正心诚意修身齐家治国平天下,儒学的正面教育在这里全无踪影。除了少数春风得意者,多数选人脱出选海无望。严酷的现实,让选人及其亲属必须处心积虑,挖空心思,方有可能实现。请托无门而老死选调者,是选人中的绝大多数。

俗话说"朝中有人好做官",正是此意。不过,朝中要有什么样的人方能如愿以偿呢?并不是拥有一般能量的人就可以呼风唤雨的。即使是拥有相当地位的官僚,为自己的子嗣亲戚谋得几份荐举信,也殊属不易,需要搭进人情,需要利益交换,需要动用人脉,需要摧眉折腰。然而,这尚属有路可走,比起求助无门的选人来,已经是天上地下了。

关于宋代选人的荐举改官,学界已经有了相当的研究积累,举其荦荦要者,有金中枢⑨、梅原郁⑩、朱瑞熙⑪、邓小南⑫等先生的研究。几代人的先行研究,对于制度的复原缕析,翔实而具体,已臻缜密。笔者在先行研究的基础上,从制度层面上跳出,观察制度框架内的实际演绎,以社会史的视点去透视历来着眼不多的制度背后的人生百态,试图对选人改官的社会意义投入较大的关注。

以下,拈出杨万里为自己子嗣亲戚寻求荐举、斡旋改官的事实,窥一斑以见全豹,通过透视选人改官之难,来观察宋代官场实况,来考察严酷的仕途环境对下层士人的心理冲击与现实逼迫。正是这样的心理冲击与现实逼迫,无形之中,成为促进社会转型的众多推手之一。

且观我言。

二、艰难跋涉:杨万里的仕途经历

杨万里是南宋文坛四大家之一,名列《宋史·儒林传》,历仕高孝光宁四朝,孝宗称赞他有"仁者之勇",光宗亲自为他题写"诚斋"匾额,庆元四年(1198),以通议大夫、宝文阁待制致仕,[13]死后赠官为从二品的光禄大夫。[14]

杨万里本人可以说是在科举这条狭路上冲杀出的为数不多的幸运者之一。审视他的狭路奔波,二十二岁乡举失败,二十四岁再试,方得取解,但在二十五岁应试礼部,又名落孙山。不屈不挠,二十七岁再获乡解,遂于二十八岁,以并不年轻的年龄终得登第。其间颇历曲折,备尝艰辛。是年为绍兴二十四年(1155),此时南宋立国尽管未满三十年,但仕途已显拥挤。

登第后,杨万里成为最低一级的选人左迪功郎,授予赣州司户参军。不过,由于僧多粥少,杨万里还不能立即赴任,待阙两年后,方携父母与家人赴任。三十二岁的杨万里在赣州司户参军任满,被授予零陵县丞,又经历一年多归乡待阙后,再次携父母与家人赴任。

选人地位低下,几近于胥吏,所以,担任零陵丞的杨万里在给施渊然的诗中这样写道:"我岂登名晚,今仍作吏卑。"[15]虽已入官,但由于仅为地位低下之选人,所以自称为吏。这也是北宋以来的习惯说法。沈括就称自己的选人时期为"十年试吏"。[16]杨万里赠诗的这个施渊然,在绍兴三十二年杨万里临时担任试官的湖南漕试中取得了第一名的成绩。不过,从名列于淳熙十二年杨万里的《淳熙荐士录》[17]看，后来进士及第的施渊然，在选海中沉浮了二十余年，方由杨万里的推荐脱离选海。

在零陵县丞任上，杨万里一直做到三十七岁。在此期间，杨万里十分幸运的是，结识了因贬谪居于永州的名臣张浚和他的儿子理学家张栻，从而得以师事张浚。此后政治形势逆转，高宗禅让，孝宗即位，起用主战派张浚出任宰相。大概张浚动用了其宰相的权力，以堂除的方式，将零陵县丞任满赴调的门人杨万里改秩左宣教郎，任为临安府学教授。[18]从此，杨万里得以脱出选海。

在脱出选海之前，杨万里备尝选人的生活之清苦贫困。在零陵县丞任满后归乡筑室买田的杨万里，尽管在张浚推荐下脱出选海，但生活上还一时未能摆脱贫困。他在三十九岁丁父忧居家时，写下《悯旱》一诗，诗中描述了生活的贫困："书生所向便四壁，卖浆逢寒步逢棘。还家浪作饱饭谋，买田三岁两无秋。一门手指百二十，万斛量不尽穷愁。小儿察我惨不乐，旋沽村酒聊相酌。更哦子美醉时歌，焉知饿死填沟壑。"[19]

三、尺牍秘辛：选人改官的幕后斡旋

由于有过这种亲身经历，杨万里在官场具有一定的能量之后，便竭力提携帮助子嗣亲属尽早脱离选海。

《诚斋集》卷一〇四至卷一一一是尺牍，八卷尺牍共收录晚年家居的杨万里绍熙三年（1198）至嘉泰二年（1202）间写下的书信351通。我将这300多通书信阅读一过，粗粗统计，其中为儿子、亲属或者门人请求破白、合尖等荐举状的书信，或是请求关照的书信以及求得荐举状后的感谢信函，就达100多通，约占三分之一。

有的人杨万里并不太熟，他要先去信套近乎。往往等到与对方有过两三次通信往复之后，方提出自己的请求。可见杨万里也是煞费心思。倘若将这些铺垫的书信也计算在内，这八卷尺牍中三分之二以上都是具有请托意义的信件。此外,在《诚斋集》卷四九至六八的启与书中,也有不少这类信件。

可以说为儿子、亲属或者门人请托,几乎成了杨万里晚年家居的主要营生。由于是写给不同的人,所以他为了省事,用的几乎都是同样的词语。作为文学大家的杨万里,这八卷尺牍实在没有太大的文学价值。晚年的杨万里,身体并不好,右臂麻痹,不能写字,就口述让儿子或女婿代笔。以晚年带病之身,写下几百封请托书信,也着实难为了杨万里。

杨万里有着诗人的狂放,性格倔犟。不仅《宋史·杨万里传》说"万里为人刚而褊",他的友人葛天民也在诗中写道:"我与诚斋略相识,亦不知他好官职。但知拼得忍饥七十年,脊梁如铁心如石。不曾屈膝不皱眉,不把文章做出诗。"[20]杨万里自己也说:"士大夫穷达,初不必容心,某平生不能开口求荐。"[21]尽管是这样的性格,尽管张口求人难,数百封书信的事实表明,出于不得已的杨万里做到了勉为其难,这是为了子嗣亲朋。

经我统计,这上百封书信,主要是为十个后辈向在任的中央或地方的官员,特别是向后辈任职的上司求情。这十个人的姓名与关系请看下表:

杨万里尺牍所见斡旋改官者一览表

人名	杨长孺	杨次公	杨幼舆	罗濒	丁南隐	吴璪	陈经	陈章	戴重熙	金元度
关系	长子	次子	幼子	妻侄孙	甥婿	长子妻兄	女婿	陈经兄?	同乡	家乡州学教授

杨万里的三个儿子自不待言,其他人也不是与杨万里毫无关系。他们之中,有的是杨万里妻子的亲属,有的是杨万里儿子的亲属,还有就是利益相牵的乡党。具有显赫名声的退休高官,居然也要低声下气地为了子嗣和亲属的举状求人。

尽管杨万里已经退休家居,但几十年的为官生涯,特别是他曾经在淳熙十二年(1185)担任吏部郎中期间,应宰相王淮请求写下过《淳熙荐士录》,一口气提名推荐了60人。这些都是杨万里退休后推荐子嗣亲属时可资利用的人情资源。

实际上,对于杨万里来说,在张口求人时,心理也很复杂。长子的妻兄求他向一位不认识的官员写信求荐，杨万里回信说："陈漕无半面，不曾通书，亦不曾作幼舆托庇之书。彼此无情分，岂可干求，谈何容易？不惜取辱，但无益耳。"②

前面讲到，杨万里为子嗣亲属同乡进行改官斡旋的书信达数百通之多，这里不遑——引述。为了节省篇幅，我们先集中看一下杨万里为长子杨长孺斡旋的书启，然后再有选择地考察一下他为其他子嗣亲属同乡进行的斡旋。

卷一〇四《与江东万漕元享》：

> 某惶恐有恳：大儿长孺在中都时，尝令进拜年伯，蒙一见伟视。今官总司糟丘，幸得趋侍使华之末光。已书一考，前任有四考。今有益公、定叟、王枢使三章，最紧者职司合尖也。天惠孤寒，年丈来临。二紧之章，并在门下。东坡与王定国书云，吾儿即公儿也。惟年丈动心，一引手焉，不胜望恩愿赐之切。

万元享名万钟，时任江东转运副使。杨万里的信可谓恳切之至，不仅呼唤往事记忆，还援引东坡之语，说我儿子就是你儿子，不容对方推脱。苏轼这句"吾儿即公儿"，是杨万里在为儿子请托时最频繁使用的一句话，我在杨万里的八通书信中都看到了引用。"二紧之章"，即指顶头上司身份写下的职司举状和最后一通"合尖"举状。

卷一〇四的《与总领张郎中》，也是为长子谋求举状的书信。张郎中，名张抑，绍熙四年以后为湖广总领。信中提及已得"京削四章"的人名，益公为周必大，王枢使为王蔺，据《宋宰辅编年录》卷一九所记㉒，绍熙元年担任枢密使。张定叟名张构，时为江东安抚使知建康府。刘户部名刘颖，庆元年间为户部侍郎。杨万里此信中列述周必大等四人，并无前信所致之万元享，反由此信请求张总领为最后的合尖之奏，或许前信所请，为万元享所拒亦未可知。"此儿通塞，济以今日，否以今日"，意即这孩子今后仕途通达与塞涩，就全仰仗您这次是否施予援手了。杨万里还随信附上了长子的履历书"脚色状"㉓，大有不容对方不办的意味。

卷一〇四的《与新隆兴府张尚书定叟》，则是感谢知隆兴府张构为长子写荐张的书信。从信的内容看，张构不光自己为杨长孺写了荐章，还动员江东转运判官耿延年写了一份，这便让杨万里感激逾望。为此，杨万里专门写信向耿延年致谢说"荷合尖之大恩"。㉟站在选人的立场上看，获得举状，的确十分感谢荐举人的大恩大德。

有了耿延年这份合尖，总算凑齐了五通荐章，杨长孺得以改秩。看来杨万里所请托的万钟和张抑可能没买杨万里的账，最终也没有写荐章。

根据制度规定，在五通举状中，作为顶头上司州府、监司长官的推荐信是必须要有的。在朝廷中，杨万里熟识的高官并不乏人。然而，年辈较浅的地方官员，杨万里则并不是都很熟悉。以上这些书信，表达多有不同。含蓄而间接的，表明杨万里对其人不甚熟识，或者说交情尚浅。比较直言不讳请求的，表明杨万里对该人相当熟悉，有一定交情，甚至是曾有恩于对方。请求对方，也属寻求一种利益的回馈。

在杨万里的不懈斡旋之下，长子杨长孺终于在几年内连续升迁，脱离选海，踏上顺利的仕途。斡旋成功，还有扫尾工作要做。这就是必须向推荐者致谢。因为并非一锤子买卖，杨万里还有其他儿子和亲友需要这些在任官僚的推荐。这样的书信不少，包括写给同乡宰相周必大的感谢信。㊱

关于这两个同乡间的关系，《宋史·杨万里传》提及这样一件事可以窥见："万里为人刚而褊。孝宗始爱其才，以问周必大，必大无善言，由此不大用。"尽管据罗大经《鹤林玉露》记载，在晚还乡后二人交往亲密，㊲但于往事不能毫无芥蒂。不过，性格倔犟的杨万里还是要为了自己儿子的前程，不得不硬着头皮求周必大写第一份推荐信来"破白"。在两个儿子分别因此而改官和中铨之后，还要写信表示"感焉至骨"。

以上引述了杨万里为长子杨长孺改官斡旋的部分书信，以期展现一个官僚为子弟改官斡旋的全过程。包括上述援引在内，杨万里仅仅为长子一人，就写下了直接求情的书信多达20余封。这是一个缩影，透射的不仅仅是一件个案。

接下来，我们再考察一下杨万里为其他子婿、亲朋改官斡旋的书信。

请求的举状有的是五封推荐信的第一封，即"破白"之章。这是最为重要的。

卷六一收录的《谢赵德老大资举女婿陈丞京状启》，是杨万里为自己的女婿求到"破白"荐章后，写给资政殿大学士赵彦逾的感谢信。从这通书启可见，连杨万里这样有地位的人都慨叹"破白"荐章之难得，"尤艰破白之首章"。认为正是这犹如春风一般的"破白"荐章，带来五封荐章之"秋实"般的收获。

卷一〇九的《与权运使》，与《谢赵德老大资举女婿陈丞京状启》一样，内容也是荐举自己女婿之事。此信的内容是请求首章破白推荐，前信是感谢破白推荐。从这一相关内容似乎可以推测出，尽管此信杨万里对明明是后辈的对方卑辞低眉，甚至说自己也是出其门下。为了让自己的亲属早日升迁，脱离选海，杨万里曾给他推荐的亲属写信说"不惜取辱"，此亦可见选人升迁艰难与竞争激烈之一斑。不过，从前信感谢赵彦逾的破白推荐看，杨万里可能同时托付多人帮忙"破白"，而权运使极有可能拒绝了杨万里的请求，至少是没有破白推荐，杨万里得到事实上的第一份"破白"荐章来自赵彦逾。

从杨万里的这通请求信中，我们还可以读出这样的信息。这就是，杨万里的女婿陈经登第于宋光宗绍熙元年庚戌（1190），但至少到十三年后的宁宗嘉泰二年（1202）杨万里请求破白为止，依然是选人第六阶修职郎。可见选人升迁何其之缓。

卷一〇四《与提举王郎中（南强）》：

> 某悚息再拜，敬问庭闱致政中大国夫人寿康无恙。某进越有恳：妻侄孙分宁县主簿罗迪功瀛，少有俊声，早而擢第，廉勤厥职，好修未已。某已尝面纳爵里，欲于新岁上半年职状。破白之举，已蒙矜允。今专人拜赐，敢望不侵为然诺，不胜寒士如天之福。

这通是杨万里为远亲罗瀛请求"破白"职状的信函。从信中所言看，王南强似乎曾经当面答应过杨万里写举状的事。杨万里遣人持信去取，先是通过向对方的亲人问安来拉近关系，然后还婉转地希望对方不要食言。致信王南强之时，约为庆元元年（1195）前后[28]，此时长年家居的杨万里尚未正式退休。进士及第业已五年多的罗瀛，[29]尚为迪功郎、分宁县主簿，是选人中的最低层级，因而当时求乞的"破白"职状，当为四等七资之内的循资需用。

从杨万里以后为罗瀛寻求京削的信件看，这次，王南强并未食言，杨万里如愿以偿。然而，由于成为京官才是走上坦途，杨万里还要继续为罗瀛张罗。于是，又有了下述的书信。

卷一一一《答赣州张舍人》：

> 某属者行李还返，因之奏记，以谢嘉惠，且一再祈恩，以妻侄孙罗令瀛为门下荐，乞特辍今年上半年首章京削，以为破白之举。兹辱遣骑，坠以玉字之书，谂以金诺之实。大帅之橐兜戟纛曾未西柄，而春风已先到河阳之桃李矣。庞恩特达，何异老身之亲得出于其门也？多言何足以写中心之感。

观此信，与前信《与提举王郎中（南强）》一样，同是为了远亲罗瀛请求"破白"职状的信函。不过，此"破白"非彼"破白"，这次是寻求京削的破白。杨万里还有一信。

卷一一一《答赣州张右史移广西帅》：

> 某今月十一日，已令书吏龚世荣，持斐然之文呈似矣。今辱遣骑下教，乃十六日之书，盖两不相值，偶然参差耳，计程当已上达也。恭审帝谋元帅，公应畴咨。自玉虹翠浪之乡，建罗带碧篸之纛。恭惟庆愊。某僭有至恳：妻侄孙从政郎灵川令罗瀛，既冠收科，能文敏政，幸得仰事诗书之帅。敢乞先生长者，特辍庆元七年上半年一京削，为之破白之荐。一经拈出，诸司必和。不翅某受此恩也，拳拳至扣。

此信的收信人与前信为同一人，相隔时间亦未久。不过收信人已移帅广西。由于杨万里的前一信送出五天后就收到了回复，杨万里知道对方是在没看到他的前一封信时写的信，便又写了此信，重申前请破白之荐。把杨万里这三封都是为罗瀛请求的信联系起来看，第一封杨万里向王南强请求破白时，罗瀛尚是迪功郎、分宁县主簿，后面两信杨万里向张舍人请求破白时，罗瀛已升迁两阶，成为从政郎、灵川县令。不过，虽是升迁，依然还是在选海中打滚，所以杨万里还要有破白之请。其实，在卷一〇八，杨万里还有

《答广西张经略》一信，为了罗瀛，说道"破白京削之诺，极知践言，必不侵为者"，很担心张经略也变卦。不过这个张经略似乎跟杨万里关系比较深，频有书信往来，杨万里不止为罗瀛请求破白，还曾为一个叫陈章的人写信请求破白。这封同样题为《答赣州张舍人》的信见于卷一〇七：

> 某皇恐僭禀：陈干章绝识伟器，文学卓越，未冠擢第，借甚厥声。数年前为尉安福，贫则到骨而益廉，去则已久而见思。然孤寒无媒，蹉跎二十年矣。今幸遭一代之正人庄士、儒宗文师，一顾赏音，便价十倍。敢以荐诸箧椟未满之处，望特辍今岁上半年一京削，以为之破白。先生一唱，群贤毕和矣。知眷是恃，故敢于言。

从名字看，这个担任干办公事的陈章或许是前面提到的杨万里女婿陈经之兄。从此信看，陈章未冠登第，蹉跎二十年，尚未脱离选海。

除了为儿子、亲属请求破白之状，在《诚斋集》中，杨万里还有不少为儿子、亲属请求合尖之状。这是五封推荐信的最后一封，有了这一封，才不至于功亏一篑。

卷一〇五《答本路不迁运使》：

> 某皇恐有恳：赐书之初，不应便引惹请谒，仰恃年契爱焉，敢尔不自外。妻侄（孙）分宁主簿迪功郎罗瀛，通经学古，文词俊发，早忝科第，吏事敏明。已蒙定叟、南强、帅仓二丈举以职令之章矣，合尖之恩，舍门下而谁望焉？亦已书两考，敢望台慈特辍今年上半年文字，以成就之，某实并受此荐也。

前面备述杨万里为远亲罗瀛连写数信求职令与京削的破白之荐，此信则是为罗瀛求职令合尖之章。从信的内容看，转运使赵不迁是杨万里的晚辈，但为了求得这最后一纸关键的推荐书，杨万里在信中，居然谦恭地说，你推荐了他就像推荐了我一样。

卷一〇八《与澧州赵守》：

> 某惶恐敬致贱恳：推官吴承直璪，大儿之妻兄也。文词炳蔚，才识敏明。廉已勤民，足优世用。某淳熙己酉假守筠阳，渠为户掾，极得其

助。是时尚未作亲也，首以京削荐之。今又有余丞相、顾守二章，唐宪亦许以职司之章。所大缺者，合尖之举也。适有天幸，乃获趋事戟纛之末光。敢望台慈，特辍上半年一京削以成就之。似闻幕下宾赞多初官，未用得文字，计亦无争者。惟台座一洒荐墨，则五章之恩，并归门下。不然，则九仞亏一篑矣。其利害轻重大小，仁人必动心焉。

此信则是杨万里为长子杨长孺的妻兄吴璪求京削合尖。此时吴璪业已升迁至选人的最高阶承直郎。《诚斋集》卷一二五收录有《知漳州监承吴公墓志铭》，是杨万里为其父吴松年所作，写于绍熙四年（1193），文中提及吴璪为承直郎。而杨万里此信则写于嘉泰元年（1201）前后㉚。据杨万里信中说，此前的淳熙十六年（1189），杨万里任地方官时，曾经作为举主以京削推荐过尚未成为亲属的这个部下。但那次无疑没有成功，使吴璪在选人最高阶承直郎这个门槛延宕了十余年。由此亦可见，选人脱出选海之艰难。

请谁写举状，杨万里并非像无头苍蝇那样盲目投书，而是事先打探调查，进行一种可行性研究。比如此信所云"似闻幕下宾赞多初官，未用得文字，计亦无争者"即是。估计"无争者"，可能性很大，因而致书相求。

《朝野类要》在五纸推荐状中独独列举出第一份和第五份的破白与合尖，说明当时人认为这一前一后的两份最为重要。而杨万里此信也认为，尤其合尖，是为山九仞，若缺便功亏一篑。所以，杨万里既晓之以情，说只要你写了这最后一章推荐状，"五章之恩并归门下"，又动之以理，说就差这最后一章了，"利害轻重大小，仁人必动心焉"。这无疑隐含着你如不推荐你就不是仁人的意味。

卷一一〇《与湖北唐提刑》：

某惶恐敬有贱恳：小儿幼舆，愚騃不才，初试吏于澧之慈利税官，幸得趋事玉节光华之下，敢望帱以仲尼上律之天，庇以子美万间之厦，训迪之，挈携之，全度之，有万其幸。再有禀白：先是上状，尝以澧推吴承直璪举主已及四员，政欠职司合尖一章。仰干台造，乞特辍今年下半年或来年上半年一京削，以成就其改秩之荣。更祈亶赐剡发，至恳至扣。

在此信中,杨万里不光托唐提刑关照自己的小儿子,主要是为前述长子的妻兄吴璪索求最后一份合尖的推荐书。前面引述的《与澧州赵守》一信便是为吴璪求合尖,为何杨万里又写信转求唐提刑呢? 也许是遭到了被求的哪一方的拒绝,也许是经历过不少失败而为了增加保险系数。这些都不得而知。但从前面考察杨万里同时向几个人求破白,并屡屡叮嘱对方不要食言的语意看,以杨万里这样在政界有影响的人物为人寻找举主求得荐章亦非易事。

在卷一一一,还有一通《答湖北唐提刑》,再次为吴璪求合尖,其云:"以诸公间皆荐人来,那融未行,极知区处不易。今则上半年文字,已不敢希觊矣。某亦岂敢咄咄相逼。第吴推秩满近在,今冬考任过足,已有举主四员,所大阙者,所极紧者,正患未有职司与合尖之章也。"从这段话可以推察到,其实当时在位的官员,在担任举主写推荐书这件事上,日子也不好过。"举主各有格法限员",即制度规定,根据官职和地域,每年举官有名额限制。⑪僧多粥少,有限的名额给谁? 无权无势的普通选人来相求时还好推脱,但来自政界有影响的大人物的请托就不好推却,"区处不易"。杨万里说是"岂敢咄咄相逼",但对于被求的人来说,无疑是充满了压力。左右权衡不当,甚至会影响到自己的前程。固然,不能否认有出以公心荐举人才的举主,但在书写举状上,实在是充满了利益权衡和私相交换。

四、显宦斡旋:选人奔竞众生相

《续编两朝纲目备要》记载了宁宗朝的一件事。嘉泰三年(1203),潼川府路的转运判官王勋升任本路安抚使,同乡张演则接替王勋,担任了转运判官。"演之子绍曾监利州赡军酒库,演屡以举削恳于勋,不许。会勋为其子什邡丞驹干西宪傅伯成举削,伯成答云:'此削总卿以嘱利州张监库,业既许之,若能举张,则可奉荐。'勋喜,即命吏书绍曾奏牍,且急飞书报演。已而知伯成所属乃监利州大军库张灿,非绍曾也,遂亟更奏牍。演以为狎己,大憾之。"㉜这场让两个官员产生怨恨误会的闹剧，清楚地揭示了举状背后的利益交换。

孝宗时的王质就曾指出过在荐举之际的四弊：

> 今夫某人操某人之书而谒于某人，此必有所挟也。挟之愈重，则应之愈速，谓之应副。其求者，又如执券之取偿，其应之也如取诸怀而予之也。有某章而不敢用，有某人而不敢举，曰后将无以应权势之请也，谓之准备。宁忍而不发，以俟夫急而应也。某人祷某人而求荐某人，则某人亦祷某人而求荐某人，谓之换易。内有不酬，从而为辞曰，某人债未偿也。或委某人而治某事，则先令之曰，某事集则以某章荐。或以某人营某物，则阴嘱之曰，某物至则以某章荐。谓之酬劳。有不如其所欲，不特不荐而已，又加以罪焉。夫是四弊者，举内外流之失也。㉝

上述"利州张监库"的荐章误会闹剧，便是王质奏疏的绝好注脚之一。王质接着分析了上述四弊："应副之弊、准备之弊是生于畏而有所迫，换易之弊、酬劳之弊是生于爱而有所牵。"以上所述杨万里寻求举状的背后也一定有着所迫所牵的利益交换。利益交换不仅造成了对制度的破坏，更是损害了无权无势的普通选人的利益。大约当时这样的风气很盛，理宗淳祐元年（1241）专门发出诏书加以制止："自今宰执、台谏、侍从不许发私书求举削，诸路监司、帅守宜体国荐贤，毋徇权要。"㉞

就连地位与名望相当高的杨万里都要低声下气地求人，甚至也有达不到目的的失败之时。可见寻求举主之难。不过，此路不通走他路，条条道路通临安。最后，像杨万里这样在政界有一定势力与影响的官僚或退休官僚总能达成目的，完成对自己的儿子、亲属或者门人向政界高层的输送。

为了家声不坠，为了人脉延续，为了势力营造，杨万里的所作所为，其实是极为普通而可以理解的，这在当时的风气之下，也绝非特殊的个例。

朱熹在拒绝一个选人求荐的回信中写道："朝廷设官求贤，故在上者不当以请托而荐人。士人当有礼义廉耻，故在下者不当自炫鬻而求荐。平生守此愚见，故为小官时，不敢求荐。后来叨冒刺举，亦不敢以举削应副人情，官吏亦不敢挟书求荐。其在闲居，非无亲旧。在官亦未尝敢为人作书求荐。

唯老成淹滞实有才德之人，众谓当与致力者，乃以公论告之。"㉟

杨万里在推荐朱熹时，就说过朱熹"性近于狷介"。㊱然而即使是"性近于狷介"的朱熹，其实同杨万里一样，也会碍于人情来推荐一些人。朱熹信中的"其在闲居，非无亲旧"便已透露出这一事实。至于被他拒绝的人，大概是还未能进入他的"亲旧"圈子。

秦桧的亲信杨愿，就曾为亲属谋求举状。"王公明与原仲为中表，原仲为之经营举削改官，得知蕲水县"。㊲楼钥记载李才翁"尝叩钱公以亲党举削"。㊳编写《职官分纪》的孙逢吉尚为选人时，与编纂《续资治通鉴长编》的知常德李焘会晤。一番谈话，使李焘对孙逢吉颇为赏识，大有相见恨晚之感，居然给他写了举状，"亟以畀公"。李焘说："仪曹有京削，留以待乡人，今日不可失士。"㊳可见官居礼部侍郎的李焘，手中的举状原本是留给自己的老乡的。

《宋史·陈尧咨传》㊵记载："旧格，选人用举者数迁官，而寒士无以进。"鉴于这种状况，同判吏部流内铨的陈尧咨便"进其可擢者"，了解这种状况的仁宗也开方便之门，"特迁之"。然而，对于制度性的规定，少数人的破格并不能改变大的格局。近水楼台，向阳花木，有势者受荐易，脱选易，这种情况，在官场开始变得拥挤的北宋中期便已普遍。《清波杂志》卷一举了两个北宋的例子：

> 昔有胡宗英者，该磨勘引见日，仁宗惊其年少，举官逾三倍。阅其家状，父宿见任翰林学士。乃叹曰：寒畯安得不沉滞！遂降旨止与循资。熙宁间一选人，以贵援得京官削十三纸。引见日，神宗云：有举状一十三纸者是甚人？特与改次等官。㊶

由此可见，官宦势家的子弟要想得到举状并非难事，丝毫不为所困，十三纸、十五纸也可以轻易入手，连宋仁宗都慨叹"寒畯安得不沉滞"，而普通选人得一举状却难若登天。仁宗慨叹的正是当时的实际状况。

这种状况到了南宋愈演愈烈。楼钥就写道："选人有力者初任或并取京状，有妨平进。"㊷南宋末年的梁成大指出："改官举主五员，内用职司一员，始为及格。近奔竞巧取者，或用职司三四员，甚至五员，而寒畯终身不得职司合颖。"⑬南宋人方大琮在骈文书信中就这样形容:"矧惟职状,是真探虎穴觊得子之难。"⑭前述杨万里所求,亦多为职司举状。

选人为了获取举状,费尽心机,挖空心思。周密在《齐东野语》中记载一件逸事:

> 直斋陈先生云,向为绍兴教官日,有同官初至者。偶问其京削欠几何,答云欠一二纸。数月,闻有举之者,会间贺其成事,则又曰尚欠一二纸。又越月,复闻有举者,扣之则所答如前。余颇怪之。他日,与王深甫言之。深甫笑曰:是何足怪? 子不见临安丐者之乞房钱乎,暮夜号呼于衢路曰,吾今夕所欠十几文耳。有怜之者,如数与之,曰汝可以归卧矣,感谢而退。去之数十步,则其号呼如初焉。子不彼之怪而此之怪,何哉? 因相与大笑而罢。⑮

上述这个士人的伎俩,其实杨万里也使用过。杨万里同时向几个人寻求举状,常常提及一些高官的名字,说他们已经答应写了,或者说他们已经写了,只差您这一封了。这既无形中给了对方压力,同时又让对方产生成人之美做顺水人情的心理。

动这样的心机还不失为正人。越走越窄的仕途将选人逼向奔竞之路。南宋后期的伶人辛辣地讽刺了选人的奔竞之风与时政:

> 史丞相弥远用事,选人改官,多出其门。制阃大宴,有优为衣冠者数辈,皆称为孔门弟子,相与言,吾侪皆选人。遂各言其姓曰,吾为常从事,吾为于从政,吾为吾将仕,吾为路文学。别有二人出曰,吾宰予也,夫子曰于予与改,可谓侥幸。其一曰,吾颜回也,夫子曰回也不改。吾为四科之首而不改,汝何为独改? 宰予曰:"吾钻遂改,汝何不钻?"回曰:"吾非不钻,而钻弥坚耳。"曰:"汝之不改宜也,何不钻弥远乎?"⑯
>
> 楼钥也在《论风俗纪纲》的奏疏中指出士人"举削或以厚赂而后得"。⑰

手头有一条从《容斋随笔》中查到的史料:

> 吏部员多阙少,今为益甚,而选人当注职官簿尉,辄为宗室所夺,盖

以尽压已到部人之故。⑱

　　普通选人的官阙名额为宗室出身的选人所侵占，这便使得"员多阙少"的状况更为严重。据洪迈讲，这种状况至少在北宋后期以来便如此，而在洪迈写作《容斋三笔》之时，则是"今为益甚"。⑲

　　当时的选人为了获取举状，奔竞成风，但也有一些士人保持着读书人的矜持与志节。方大琮在前引信中接着写道："岂无垂涎之欲者，只恐取辱而辍焉。"另如《古今事文类聚》外集卷一五《不为秦客》载："汪涓字养源，尉宣城，秩垂满，阙令职状一纸。知州秦梓意其必求，即荐之。涓终不屈。或问何不从内翰求文字升陟？曰：若为所荐，则终身为秦客矣，涓不辞再为判司一任。"⑳监崇明镇杜杲，与岳飞的孙子上司淮东总领岳珂议事不合辞职，"珂出文书一卷曰：'举状也。'杲曰：'比而得禽兽，虽若丘陵弗为！'"㉑朱熹赞扬游九言说："如游诚之，但以误受举削之故，至今不为改秩计，已近十年。彼其人固多可议，而为学又非伯丰比。且其亲年已高，而身亦五十余岁矣，乃能断置如此，则其长处亦不可诬也。"㉒当然，为了前程，像汪涓、杜杲、游九言这样的选人是少之又少。

　　宋朝皇帝鉴于历史教训，对宗室入官，特别是成为高官加以限制，但这方面在北宋后期已经开始松动。到了南宋，为了维系正统，兴旺赵氏皇族，采取了更多的优待宗室的政策。不仅有赵汝愚那样的手握大权的高官出现，通过科举等途径成为低级官僚选人的宗室子弟则更多。宗室入官，加之历来就有的恩荫入官，与进士出身的选人合流，使得选海更为拥挤。势家出身的选人浮在选海的上层，宗室出身的选人浮在选海的中层，普通无权无势无背景的选人则沉淀于选海的底层，难以跃出海面。

五、结语

　　星移斗转，时移世变。不过，人心的变化却最为缓慢。两千年前，司马迁在《史记·货殖列传》中就引述俗语说"天下熙熙，皆为利来；天下攘攘，皆为利往"，从古至今，又何尝改变。背公为私，既是人性的弱点，也是本能。正因为有着太多的利来利往的充斥，才有了古代思想家的"公而忘私"的道德期许与教化，还有了历代历朝的法律制度约束。然而，正如马克思所言："资本如果有百分之五十的利润，它就会铤而走险，如果有百分之百的利润，它就敢践踏人间一切法律，如果有百分之三百的利润，它就敢犯下任何罪行，甚至冒着被绞死的危险。"不仅是资本主义社会，在任何社会，利益的驱动，会使许多人心中那多年垒起的道德教化之墙不堪一击，轰然坍塌。越界犯规，以身试法，也层出不穷。

本来，写状荐举，并且注重主管上司的荐举，制度设计的初始用意并不错，这是一种保证官员质量的连带责任制。不过，当程序一旦进入实际操作的领域，理想化的制度便产生了相当大的变异。

有私情便有舞弊，有舞弊自会曲法。这又正如南宋中期的员兴宗在《考绩荐举策》所指出的那样："天下无不弊之法。法而无弊，不在法也，在所以用之也。"[53]在这篇奏疏中，员兴宗还具体指出了荐举改官的不公平："士自入官不以举不升朝，法固然也。而举不以公者多矣。非父兄在职则不举，非赂遗越常则不举。甚者举削一及，则终身为举者之役。"

选人难脱选海状况的形成，一方面固然与政府控制改官数额有关，另一方面则是出于制度在执行过程中产生的流弊。在南宋前期议论改革选人改官制度时，洪遵等人就一针见血地指出："选人改官之法，自祖宗以来行之二百年，法令章程灿然并具。至于今日，不能无弊者，非法之不善也，患在士大夫以私情汩之耳。"[54]

杨万里书信所折射的显宦斡旋，让我们看到了中层以上官僚荣耀背后的辛酸，看到了选人这些大量的下层官僚奔竞于仕途的艰难，看到了理想的制度设计在实际操作中的变异。

透过杨万里的书信，并阅读其他相关史料，我的认识是，宋朝的政治家们在制度设计上处心积虑，在最大程度上保证了科举的公平，为普通平民百姓敞开了一扇通向仕途之门。然而，在下一道程序里，却在事实上恢复了一定程度的势族政治。只不过这个势族不是魏晋南北朝时期的势族，而是由科举出身的高官所形成的新势族。的确,宋朝在科举制度方面彻底废除了公卷与公荐。但在选官制度上实行举主制,等于是在这个领域又恢复了公卷与公荐。这种举主制,为包括杨万里这样官宦势家的子弟提供了便利,却给普通的士人带来极大困难。

质的突变一定是源自量的积累。人心的质变也当是出于精神的决绝。不撞南墙不回头。屡撞南墙,自会改弦易辙。在科举之途,像范进那样偏执的坚持者毕竟是少数。南宋以降,艰难的仕途让大量士人望而生畏,忍痛割舍,与主流政治产生疏离,不再目光向上,转而投身于地域社会,来谋求生路,来寻求实现自我价值。这种状况,逐渐促成士人流向多元化。利弊互动,绝望带来新生。士人流向,作为众多因素之一,汇入涌动的变革潮流,推动中国社会在宋元转型。

注释:

①本文为笔者《宋元变革论实证研究》系列之二,之一为《金榜题名后:"破白"与"合尖"》,载《国际社会科学杂志》(中国社会科学杂志社)第26卷第3期,2009年9月。

②(元)黄坚编:《详说古文真宝》(湖南人民出版社2007年版)卷一《真宗皇帝劝学》。

③(元)脱脱:《宋史》,(中华书局点校本1987年版)。

④(宋)李焘:《续资治通鉴长编》(中华书局点校本2004年版)卷四乾德元年九月丙子条。

⑤(清)徐松辑:《宋会要辑稿》(中华书局影印本1957年版)选举三之七。

⑥(宋)王栐:《燕翼诒谋录》(中华书局《唐宋史料笔记丛刊》诚刚点校本,1981年)卷一。

⑦(宋)赵升:《朝野类要》(中华书局《唐宋史料笔记丛刊》王瑞来点校本,2007年)。

⑧(元)陶宗仪编:《说郛》(上海古籍出版社影印本1990年版)卷一五上《以论语法言章句戏有官君子》。

⑨金中枢:《宋代的学术与制度研究》(稻乡出版社2009年版)。金先生60年代的研究成果体现在是书第三册《北宋举官制度研究(上):举官种类》、第四册《北宋举官制度研究(下):举官方法》之中。

⑩梅原郁:《宋代铨选的一幕:以荐举制度为中心》,《东洋史研究》第三九卷第 4 号,1981 年。梅原先生的研究成果后来被整理在其《宋代官僚制度研究》(日本京都:同朋舍1985 年版)一书中。

⑪朱瑞熙:《宋代幕职州县官的荐举制度》,《文史》第 27 辑,1986 年。朱先生的研究研究成果又概括见于其著《中国政治制度通史(宋代卷)》,人民出版社 1996 年版。

⑫邓小南:《宋代文官选任制度诸层面》,河北教育出版社 1993 年版。

⑬(宋)杨万里:《诚斋集》(《四部丛刊初编》本并参核中华书局 2007 年辛更儒《杨万里集笺校》本)卷一三三《通议大夫宝文阁待制致仕告词》。

⑭见《宋史》卷四三三《杨万里传》。

⑮《诚斋集》卷一《送施少才赴试南宫》。

⑯(宋)沈括:《长兴集》卷一三《除翰林学士谢宣召表》。

⑰载《诚斋集》卷一一三。

⑱(宋)胡铨:《胡淡庵先生文集》(汉华文华事业股份有限公司影印本 1970 年版)卷二五《杨君文卿墓志铭》载:"丞相尝荐其子,改秩左宣教郎,授临安府府学教授。"《宋史·杨万里传》亦载:"(张)浚入相,荐之朝,除临安府教授。"

⑲载《诚斋集》卷三。

⑳(宋)陈起:《江湖小集》(台湾商务印书馆景印文渊阁《四库全书》本 1986 年版)卷六七《寄杨诚斋》。

㉑(宋)罗大经:《鹤林玉露》(中华书局《唐宋史料笔记丛刊》王瑞来点校本 1983 年版)乙编卷四《雍公荐士》。

㉒《诚斋集》卷一〇八《答吴节推》。

㉓(宋)徐自明:《宋宰辅编年录》,中华书局王瑞来校补本 1986 年版。

㉔关于官员的履历书,参见《朝野类要》卷三《脚色》。

㉕《诚斋集》卷一〇八《答江东耿运使》之四。

㉖《诚斋集》卷五七《答周丞相贺长男改秩幼子中铨》。

㉗《鹤林玉露》乙编卷二《二老相访》。

㉘据《南宋馆阁续录》(中华书局张富祥点校本 1998 年版)卷八,王南强(名容)于绍熙五年(1194)出任江西提举。

㉙据清雍正《江西通志》(台湾商务印书馆景印文渊阁《四库全书》本 1986 年版)卷五〇《选举志》,罗瀛为绍熙元年进士。

㉚此信写作时间由《诚斋集》本卷系年及前后信件的写作时间可以大体推知。

㉛参见《庆元条法事类》（《中国珍稀法律典籍续编》第一册所收戴建国点校本,黑龙江人民出版社 2002 年版）卷一四《选举门·荐举总法》和《永乐大典》（中华书局影印本 1986 年版）卷一四六二七《吏部条法·荐举门》。

㉜（宋）佚名：《续编两朝纲目备要》（汝企和点校本,中华书局 1995 年版）卷七嘉泰三年十二月。

㉝（宋）王质：《雪山集》（台湾商务印书馆景印文渊阁《四库全书》本 1986 年版）卷二《论举能疏》。

㉞（元）佚名：《宋史全文》（文海出版社《宋史资料萃编》第 2 辑影印本 1969 年版）卷三三淳祐元年七月乙卯条。

㉟（宋）朱熹：《晦庵集》（台湾商务印书馆景印文渊阁《四库全书》本 1986 年版）卷六四《答卓周佐》。

㊱《诚斋集》卷一一三《淳熙荐士录》。

㊲（宋）王明清：《挥麈录》后录（上海书店出版社点校本 2001 年版）卷一一。

㊳（宋）楼钥：《攻媿集》（台湾商务印书馆景印文渊阁《四库全书》本 1986 年版）卷五二《静斋迁论序》。

㊴《攻媿集》卷九六《宝谟阁待制献简孙公神道碑》。

㊵《宋史》卷二八四。

㊶（宋）周煇：《清波杂志》,中华书局《唐宋史料笔记丛刊》刘永翔校注本,1997 年。

㊷《攻媿集》卷九八《龙图阁待制赵公神道碑》。

㊸《宋史全文》卷三一绍定二年二月丙午。

㊹（宋）方大琮：《铁庵集》（台湾商务印书馆景印文渊阁《四库全书》本 1986 年版）卷一一《上宪使留直院》。

㊺（宋）周密：《齐东野语》（中华书局《唐宋史料笔记丛刊》张茂鹏点校本 1983 年版）卷八《嘲觅荐举》。

㊻《齐东野语》卷一三《优语》。

㊼《攻媿集》卷二五。

㊽（宋）洪迈：《容斋随笔》（中华书局《唐宋史料笔记丛刊》孔凡礼点校本 2006 年版）三笔卷一三《宗室参选》。又,此条史料亦为《文献通考》卷二五九《帝系考》所援引。

㊾据洪迈自序,《容斋随笔》三笔完成于庆元二年(1196)。

㊿（宋）祝穆编：《古今事文类聚》,台湾商务印书馆景印文渊阁《四库全书》本 1986 年版。

(51)《宋史》卷四一二《杜杲传》。

(52)《晦庵集》续集卷一。

(53)(宋)员兴宗:《九华集》(台湾商务印书馆景印文渊阁《四库全书》本1986年版)卷一〇。

(54)(宋)李心传:《建炎以来系年要录》(上海古籍出版社影印本2000年版)卷一八三绍兴二十九年七月乙巳条。

刘克庄的司法活动述论

屈超立(中国政法大学)

刘克庄(1187—1269),字潜夫,号后村,莆田人(今属福建),他不仅是南宋诗词名家,而且是南宋政坛的活跃人物,颇为学界所关注。①他曾经长期担任地方官。②在中国古代行政与司法合一体制下,地方行政长官同时也是最主要的司法官。尤其是宋朝为了杜绝胥吏徇情枉法的弊端,强化地方长官的司法责任,规定地方长官必须躬亲狱讼(详后)。因此刘克庄具有长期审理民刑案件的经历和经验,③堪称通晓法律判案公允的司法官。开庆元年(1259),他将在江东提刑任上的书判收入《后村先生大全集》(以下简称《大全集》),④在文集卷一九三的"跋语"中说:"数佐人幕府,历守宰庚漕,亦两陈臬事……所决滞讼疑狱多矣,性懒收拾,存者惟建溪十余册,江东三大册。然县案不过民间鸡虫得失,今摘取臬司书判稍紧切者为二卷,附于续稿之后。"这就是该书的 192、193 两卷共 37 篇书判。据日本学者大泽正昭的研究,这 37 篇判词应该是刘克庄在淳祐四年(1244)至淳祐六年(1246)任江东提刑时所写。⑤此外,在南宋判例集《名公书判清明集》⑥(以下简称《清明集》)中,收录有他的 22 篇判词,其中有 10 篇在《大全集》中可以查到。另外的 12 篇则基本上是他在宝庆元年(1225)至绍定元年(1228)知建阳县时的判词。⑦这些书判所包含的内容相当丰富,既有民事案件,也有刑事案件和行政诉讼案件,书判中除了有案件的事实以外,还有审理该案件的依据和审理思路,是研究其司法活动的宝贵资料。而通过对刘克庄司法活动的研究,不仅可以加深对他的全面认识,而且对于了解宋代的法制也有重要意义。

一

传统看法认为中国古代政府官员在司法审判时,往往是不顾法律规定而以情或理作为判决依据,但这一说法并不符合宋代的法律规定。资料表明,宋代不仅审理刑事案件必须要依法判决,[⑧]即使是民事案件,也要以法律规定为依据。[⑨]宋朝是中央集权强化的时代,地方官在审理民间争讼时,必须遵循法律规定,是朝廷对地方司法的基本要求。担任地方官的刘克庄在司法活动中对此是非常重视的。在其书判中可以看到多篇引用了法令判决的例证。譬如他任江东提刑时所审理的建昌县刘氏诉立嗣案,即是引用法令对一件复杂的亲族财产诉讼作出判决的典范。该案的案情为:田县丞有二子,长名世光,为抱养之子,次名珍珍,为其妾刘氏所生之子。县丞身后财产,当做两分均分。世光死,无子,但有女使秋菊所生年龄尚幼的二女。田县丞有亲弟名通仕,以县丞与世光皆不娶,而侄与侄孙皆幼孤,可得而欺凌,于是欲以己子世德为世光之后以中分县丞之业,且持有世光立世德为嗣的遗嘱二纸为凭。刘克庄查明案情后指出:"世俗以弟为子,固亦有之,必须宗族无间言而后可。今争讼累年,若不早知悔悟,则此遗嘱二纸,止合付之一抹。何者? 国家无此等条法,使世光见存,经官以世德为子,官司亦不过令别求昭穆相当之人。况不由族众,不经官司之遗嘱乎?"并引用"诸户绝人有所生母同居者,财产合听为主"、"诸户绝财产尽给在室诸女。又云:诸已绝而立继绝子孙,于绝户财产,若止有在室诸女,即以全户四分之一给之"、"在法:惟一母所生之子不许摽拨"等条令,制止了田通仕以亲族的身份侵占侄与侄孙财产的行为,维护了刘氏、秋菊及二女的合法权益。本案反复审理数次,全篇书判长达三千余字,可见其审理案件的认真负责的精神及对法令的熟悉程度。[⑩]

建阳县魏峻不肖饮博，要得钱物使用，遂将众分田业，就丘汝砺处典钱，这实际上是违法行为，丘汝砺不顾法令规定，公然与之交易。危文谟为牙，实同谋助成其事。魏峻家人告到官府，丘汝砺、危文谟则妄称是魏峻承分物业。审理本案的刘克庄指出，交易田宅，自有正条，母在，则合令其母为契首，兄弟未分析，则合令兄弟同共成契，未有母在堂，兄弟五人俱存，而一人自可典田者。魏峻母李氏尚存，有兄魏岘、魏峡、弟魏峤，若欲典卖田宅，合从其母立契，兄弟五人同时着押可也。最后照违法交易的法令定判："钱没官，业还主，契且附案，候催追魏峻监钱足日毁抹。丘汝砺、危文谟犯在赦前，自合免罪，但危文谟妄词抵执，欺罔官司，败坏人家不肖子弟，不容不惩，勘杖六十，仍旧召保。如魏峻监钱不足，照条监牙保人均备。"⑪

在中国古代农业社会，历代政府都有屠牛之禁，宋代亦然。而建阳县曾得解人刘棠，顾以屠杀为业，每有屠牛之讼，计刘棠平日所杀，何啻累千百头。刘克庄引用法令，"在法，曾得解人止免公罪杖，而杀牛乃是私罪徒。又杀牛马三头者，虽会赦犹配邻州"。本合将刘棠送狱，根勘前后过犯，解府从条施行，但考虑到属当盛暑，刑狱使者方且奉诏虑囚，不欲淹延枝蔓。最终判决是将刘棠勘杖一百，牒尉司差人监下都保，将刘棠酒坊肉店日下拆除。⑫

再如鄱阳县周丙去世后有遗腹子，女婿李应龙辄将岳父膏腴田产，与其族人妄作岳父、岳母摽拨，与周丙之子均分。刘克庄引用"父母已亡，儿女分产，女合得男之半"的法令判李应龙败诉。⑬

以上数例，都是明确地引用了法令为判决依据。此外在刘克庄书判中还有一部分并未引用法令，甚至全篇判词仅寥寥数语者。例如《大全集》卷一九三《祁门县申许必大乞告示兄必胜充隅长事》："若必胜当充，他人纠论可也，官司定差亦可也，惟以弟纠兄则不可。贴县照已判行。"同卷《安仁县妄摊盐钱事》："吴兴四父子乃制牒所部追究之人，本县凭何追扰？可见纵甲摊乙，又纵乙摊丙，为民父母，宁忍之乎？贴具因依申。"这两篇判词仅短短一两句，从中显然看不出案件争议的事实和所引用的法律规定。但不能因此就简单地认为不是依法判案。之所以如此，乃是这些判词都是作为提刑使的刘克庄对下属官府申报案件所作的批示，因此没有必要再将案件事实及所引用法律的根据重复一次。这是由南宋书判的性质所决定的。⑭

　　虽然宋朝制度要求政府官员审判案件要以法令为依据，但用统一法令处理千差万别的纠纷，则需参考情理的因素。例如贫民吴重五妻死之时，外出未归，同姓人吴千乙兄弟与之折合，并将其幼女阿吴带回家。吴重五归来后亦置而不问。不久，吴千乙兄弟将阿吴卖与翁七七为媳妇，吴重五亦自知之。后来吴重五又其女接回归家中，并嫁给李三九为妻，致翁七七告论到官府。本案如果严格按照法律规定，阿吴应该判归翁七七之子。但审理中发现一特殊情况：即阿吴嫁李三九之后，已经怀孕，他时生子，合要归着，万一生产之时或有不测，则吴重五、李三九必兴词讼，后患无穷。刘克庄对翁七七加以劝导，说明利害。翁亦同意官府意见，但要求监还财礼，别行婚娶。最后判决阿吴归李三九家。令吴千一兄弟、吴重五犯在赦前，且与免断，引监三名备元受钱、会，交还翁七七。⑮本案如果严格地按照法律的规定做机械的判决，显然会造成更大的危害。这一判决看似不符法律的规定，其实与法律的精神并不矛盾。

　　在司法审判中作出正确判决的前提是对案情事实有清楚了解，因此调查案情搜集证据就格外重要。对此，刘克庄给予了充分重视。如为了处理饶州余干县的旱禾蠲放赋税以惠及贫民，他"访之土人与过往官员，皆言今年通收七分之类，却于三分损内斟酌普放一番，庶几实惠及民，贫富均沾，免使官司有检放之名，豪强受检放之实，贫弱反不在检放之列"⑯。在审理铅山县禁勘裴五四等为赖信溺死事的判词中写道："当职若非亲履两县，亦未知上件曲折。"他亲自到案情所涉及的两个县做了调查，才查明事情真相。这对于案件的正确裁判，无疑起到了积极作用。

二

　　儒家先师孔子说："听讼，吾犹人也，必也使无讼乎。"⑰将无讼作为一种致治的理想。在出现纠纷之后以调解止争，成为中国古代司法审判的一个传统。刘克庄在司法审判中重视依法判案的同时，也很重视调解息讼。他判徐端兄弟争财案，几乎通篇都是劝告双方和解的文字，"棠棣之华，鄂不韡韡。凡今之人，莫如兄弟，岂非天伦之至爱，举天下无越于此乎！徐端之一弟、一兄，皆以儒学发身，可谓白屋起家者之盛事，新安教授乃其季氏也。鸿雁行飞，一日千里，门户寖寖荣盛，徐端此身何患其不温饱，而弟亦何忍坐视其兄而不养乎？埙以倡之，篪以和之，此天机自然之应也。今乃肆作弗靖，视之如仇敌，乘其迍从之来，陵虐之状，殊骇听闻。且其家起自寒素，生理至微，乡曲所共知也。端谓其游从就学之日，用过众钱一千缗，是时双亲无恙，纵公家有教导之费，父实主之，今乃责偿，以此恩爱何在？况徐教授执出伯兄前后家书，具言其家窘束之状，历历如此，徐端虽窜身吏役，惟利之饕，岂得不知同气之大义，颠冥错乱，绝灭天理，一至于此乎！前此见于两府判之详议者至矣，尽矣，州家恐为风教之羞，且从金厅所申，修以和议。"最后警告说："过此以往，或徐端更肆无餍之欲，嚣讼不已，明正典刑，有司之所不容姑息也。"⑱

建阳县丁瑠、丁增兄弟分家析产之后，丁瑠侵凌其弟，将丁增之牛二头及禾三百余贴占为己有，丁增向官府告论。刘克庄查清案情，对双方加以调解，"人不幸处兄弟之变，或挟长相凌，或逞强相向，产业分析之不均，财物侵夺之无义，固是不得其平。然而人伦之爱，不可磨灭，若一一如常人究极，至于极尽，则又几于伤恩矣"。劝告丁瑠归还丁增财物，"官司不当以法废恩，不欲尽情根究，引监丁瑠，备牛两头，仍量备禾二贴，交还丁增。如更不体官司宽恤之意，恃顽不还，并勒丘州八，仍追搬禾人一并监还。"⑲

尤其是在刘克庄判建阳县谢迪之女与刘颖定婚之后又欲翻悔一案中，更能看到其对于调处息讼的良苦用心。谢迪之女与刘颖定婚事实清楚，"谢迪虽不肯招认定亲帖子，但唤上全行书铺辨验，见得上件帖子系谢迪男必洪亲笔书写，谢迪初词亦云勉写回帖"，"况定帖之内，开载奁匣数目，明言谢氏女子与刘教授宅宣教议亲，详悉明白，又非其他草帖之比"。按照法律的规定，"在法：许嫁女，已投婚书及有私约而辄悔者，杖六十，更许他人者，杖一百，已成者徒一年，女追归前夫。"具体到本案，"定亲帖子虽非婚书，岂非私约乎？律文又云：虽无许婚之书，但受聘财亦是。注云：聘财无多少之限。然则受缣一疋，岂非聘财乎？"书判所引法令系《宋统刑》卷一二《户婚律》的"婚嫁妄冒"条的规定。如果机械地依照法令强令双方完婚，无疑为日后的婚姻悲剧埋下了祸根。刘克庄考虑到双方"既已兴讼，纵使成婚，有何面目相见。"因此劝告双方和解，"只宜两下对定而已"。由于刘颖不愿退婚，刘克庄对此案前后进行了六次审理，一再劝告双方和解息讼。⑳以今天的眼光来看，无疑也是值得称道的。

在具体调处方法上，刘克庄除了自己直接调处外，更多的则是谕令当事人双方的亲族邻里从中劝和。如他审理德兴县董党诉立继案，虽然查明董党的养母赵氏的行为有违法律规定，但因事关伦常，"当以恩谊感动，不可以讼求胜"。所以谕令双方亲族从中调解："帖两县，请董、许二士亦以台牒及当职此判，请二士更为调护。赵氏若能念董党乃夫在日所立，幡然悔悟，复收为子，则子无履霜在野之怨，母无毁室取子之诮矣。盖见行条令，虽有夫亡从妻之法，亦有父在日所立不得遣逐之文，赵氏若不幡然悔悟，他日续立者恐未得安稳，岂如及今双立，求绝争讼，保守门户乎！董党亦宜自去转恳亲戚调停母氏，不可专靠官司。"㉑

官府调处不同于判决，不能强制当事人接受，调处如不成功，仍然只能依法判决。如刘克庄判建阳县赵氏与魏景谟、魏景烈争屋业案，"昨来官司未欲遽行定夺，谕令对定，亦欲姑全两家情好耳。而词说日见支蔓，只益烦絮。"调处未成，官府只得依法判决，"今据案下笔，惟知有理法耳。"㉒

虽然调处的指导原则是儒家的伦理纲常，其目的也以"正名分，厚风俗为主"，但这并不意味着调处的过程中就不讲是非曲直。从以上三例可以看到刘克庄在对案件进行调解时，往往是首先要查明争讼的事实，清楚当事人之间的是非曲直，而后在此基础上，劝告当事人息讼。包括刘克庄在内的宋代官员之所以重视调处结案，除了官府本身为了减轻讼案的压力以外，当事人一旦涉讼，往往要受到胥吏勒索和讼师的敲诈，既影响正常的生产和生活，又耗费大量财物，甚至因之而倾家荡产，正如刘克庄判词所说，"官司则欲民间和睦，风俗淳厚，教唆词讼之人则欲荡析别人财产，离间别人之骨肉，

以求其所大欲。"㉓所以从当事人自身利益着想,调解息讼是传统社会解决纠纷的一个不错的选择。㉔

三

刘克庄关心民间疾苦,禁止官府扰民,依法维护百姓合法权益,是其司法活动中的一个重要特点。

毋庸讳言,传统的政治体制之下,任何严密的制度都不可能得到认真执行,南宋时期地方官府中的部分贪官藏吏在司法活动中执法犯法的现象可谓举不胜举。㉕尤其是一些地方官府在征收赋税、科买或者因体究公事时,往往派遣吏卒下乡,由于胥吏的素质大都十分低下,给百姓造成极大的灾难,"所过之处,鸡犬为空,无异盗贼"。㉖刘克庄对这些残害百姓的行为予以坚决反对,"当职每苦与郡县争执,勿遣吏卒下乡"。㉗他在江东提刑任上,曾对鄱阳县差吏卒下乡催科事予以强烈谴责:"通天下使都保耆长催科,岂有须用吏卒下乡之理! 若有耆保不服差使,州县自合追断,枷项,传都号令,孰敢不畏? 今州县皆曰官物不办,因不差专人之故。去年蔡提刑任内亦禁专人,亦自不妨州县催科。无政事则财用不足,恐有之矣,未闻无专人而财用不足也。苗、绢失陷,缘人户规避和籴,飞走产钱之故,今不核版籍,并产税,整理失陷,而归咎于不专人,岂不与近日朝旨、台谏申请背驰乎?"最后在判词中还表示:"当职旧曾试邑作郡,未尝专人,亦未尝阙事,近日虽连被版曹督责,终不肯专人至饶州及徽州、南康。纵使州县力能撼摇,当职不过归奉宫观。当职平生无意仕宦,决不以浮议輙差专人。"㉘

他入信州巡察时,有"铺寨兵则论县道欠其衣粮。都保役人又论县道勒纳预借,谓如五年田方下秧,米已借足,又借及六年之米。"刘克庄指出官府"剥下如此,所不忍闻。知县或奋由科第,或出于名门,岂其署无学道爱人之心哉? 谅亦迫于州郡期会、军兵粮食之故。访闻预借始于近年,同此郡县,昔何为而有余,今何为而不足? 任牧养抚字之责者,盍于源头上讨论一番,自州宽县,自县宽民,庶几一郡百姓,渐有苏息之望。今贤而明者,但有颦蹙叹息;谬而暗者,又纵奸吏舞智其间。如预借税色,既不开具户眼,止据吏贴敷秤数目。抑勒都保,必欲如数催到。钱物或归官库,或归吏手,不知何所稽考。为百姓与都保者,不亦苦哉! 今虽未能尽革,亦须以渐讲求。滕州帖县,各以牧养抚字为念,共议所以宽一分者。"并判令信州官府对被论的吏人施以刑惩,"所论县吏取乞,且帖各县,于被论人内择其尤甚,谓如干没百姓、都保钱、会,不以输官者,断刺一二,以谢百姓,其赃多者解赴本州岛施行。"㉙

在贵池县民吕孝纯诉池口丘都巡催科事的判词中,刘克庄谴责州县官府,"当此夏税起催之时,或委州官,或委兼领巡、尉下乡,或差郡吏下县,置场创局,吏卒并缘,动成群队,布满村落,民不聊生"。而根据法令,"省限未满,不当追呼"。因此判决:"本司除已将越职催科官别作施行外,合行下所部州县,今后催科,专委县道,如长官缓不及事,则委佐官一员助之。如郡官、巡检,并免催科,郡吏并合抽回。省限未满,止宜劝谕输纳,不可遽有追呼鞭挞。如仍前数弊不肯更张,许被害人陈述,别有施行。"㉚以上几例都属于典型的民告官的案子,刘克庄以事实和法令为依据,制止官吏的违法行为,维护了百姓权益。

宋代官府中的不法胥吏,把持州县,妄作非为的现象时有发生,给社会造成了极大的危害,"害民莫如吏,官之贪者不敢问吏,且相与为市,官之庸者不能制吏,皆受成其手。于是吏奸纵横,百姓无所措手足。"㉛刘克庄担任江东提刑期间,对贪赃的吏人深恶痛绝,并依法予以惩罚。例如徽州都吏潘宗道违法强买同分人见争田产,且挟都吏之势,号令歙县官吏,曲断公事。当事人上诉到江东提刑司,江东提刑司先勒令分析,再行下诘责,有追上绝配之文,意欲使之退田还人,免致紊烦。而潘宗道公然占吞,阳为责退之辞,阴行谋算之计,致使官司久拖不决。加之他为势家望青斫木。被追久而不出。刘克庄判处将潘宗道"决脊杖十五,配徽州牢城。"㉜

南康军都吏樊铨,贪赃枉法,将本军已申朝廷桩下修城见钱三万贯,妄以赈荒为词,将钱变为会,会变为米,既而曰米曰会皆羽化不存,遂使前人之椿积一空,本郡之缓急无备。朝廷发下进武校尉绫纸,与人抽拈,众人各出

钱物，樊铨辄为暗阉，称是自己拈得。所积不义之财既富，遂有仕宦之想，径
将绫纸参部，公然作进士书填，且冒注吉州安福监税，赴任摄职，冒请俸禄。
其居乡自称税院，轿马出入，前呵后殿，恣为威风，置买膏腴，跨连邻境，庄田
园圃，士大夫有所不如。生放课钱，令部曲擒捉欠债之人，绷吊拷讯，过于官
法。受害者控诉到官府，樊铨又以财力买嘱官吏，欲反坐词人以罪名。刘克
庄指出：樊铨盗用府库钱物，冒受朝廷爵命，凭恃豪富，侵剥贫弱，一郡之巨
蠹也。今且以本是胥吏，而冒称进士，冒受进武绫纸，监税省札。按照法令
"决脊杖二十，刺面，配二千里州军牢城"。并将其将冒受绫纸、省札缴申朝
省，乞行毁抹。估到家业，催申账目，候到，拨付本军，为今岁救荒之备。[33]刘
克庄对不法吏人的坚决打击，对于惩治腐败维护弱势群体的利益有一定的
积极作用。

<h2 style="text-align:center">四</h2>

现今所能看到的刘克庄所写的判词，只是他做地方官时所审判的大量
案件的极少一部分，但是必定是最能代表其基本价值取向的部分。他之所
以能够在审理民刑案件时，做到关心民瘼，注重依法判案以保障当事人合法
权益，主要与以下两方面的原因密切相关。

第一，是当时社会风气的影响。宋代是传统社会的一个重要转型期，社
会政治经济文化有了长足发展。宋朝也是一个相当重视法制的时代。[34]一部
分正直的政府官员关心民间疾苦，重视狱讼，公正执法。以道德文章著称于
世的欧阳修即曾对此大力倡导，据他自述云："吾昔贬官夷陵，彼非人境也，
方壮年未厌学，欲求《史》、《汉》一观，公私无有也。无以遣日，因取架阁陈年
公案反复观之，见其枉直乖错，不可胜数，以无为有，以枉为直，违法徇情，灭
亲害义，无所不有。且以夷陵荒远偏小尚如此，天下固可知矣。当时仰天誓
心，自尔遇事不敢忽也。迨今三十余年，出入中外，忝尘三事，以此自将。"此
后，欧阳修逢人所谈主要就是包括司法审判在内的"吏事"。欧阳修的提倡，

在当时及以后的南宋时期都产生了很大的影响,据宋人记载:"张芸叟言,初游京师,见欧阳文忠公多谈吏事,张疑之,且曰:学者之见先生,莫不以道德文章为欲闻者,今先生多教人吏事所未谕也。"欧阳修回答说:"不然,吾子皆时才,异日临时当自知之,大抵文学止于润身,政事可以及物。"并告之以在夷陵的见闻。张芸叟又言:"自得公此语,至老不忘。"而同时在座的老苏父子也"尝闻此语,其后,子瞻亦以吏能自任。或问之,则答曰,我于欧公及陈公弼处学来"③。刘克庄在其文集中也说:"每念欧公夷陵阅旧牍之言,于听讼决狱之际,必字字对越乃敢下笔,未尝以私喜怒参其间。"③北宋时期的不少士大夫如曾巩、王安石、司马光、苏轼、韩维等人也对法律与吏事非常重视。③刘克庄在《大全集》卷一九三"跋语"中也提到了曾巩做地方官时认真负责的精神,他说:"昔曾南丰《元丰类稿》五十卷,续稿四十卷,末后数卷,如越州开湖顷亩、丁夫,齐州粜米斗斛户口,福建调兵尺籍员数,条分件例,如甲乙帐;微而使院行遣呈覆之类,皆着于编,岂非儒学吏事,粗言细语,同一机椽,有不可得而废欤!"③明显地表明刘克庄在其司法活动中,受到了欧阳修、曾巩的重视吏事思想的影响,断狱必须认真,儒学与吏事不可偏废。③

第二,不容否认,欧阳修诸公的倡导无疑对于宋代士大夫重视司法活动产生了重要的影响,但我们认为,起更重要作用的,还应该是当时的司法制度。因为一个时代的风气,固然与某些有影响人物的推动有关,但如果没有制度支持,这种推动作用会非常有限。从司法制度的角度来看,宋代所制定的地方长官躬亲狱讼的规定是促进地方官重视司法审活动的更为直接而重要的原因。

宋代以前,地方长官一般并不躬亲狱讼,刑民案件主要由佐官甚或牙校审理,于是不法吏人借机上下其手,枉法弄权,这是造成传统社会司法黑暗的重要原因之一。为了杜绝胥吏徇情枉法的弊端,宋王朝大力强化地方长官的司法责任,规定地方长官必须亲自审理民刑案件。仁宗乾兴元年(1022)十一月诏:"纠察在京刑狱并诸路转运使副、提点刑狱及州县长吏,凡勘断公案,并须躬亲阅实,无令枉滥淹延。"⑩天圣二年(1024)规定:"诸路州军自今常留县令管勾簿书、催督税赋及理婚田词讼,不得差出勾当小可公事。"⑪徽宗宣和二年（1120）进一步规定："州县不亲听囚而使吏鞠审者，徒二年。"⑫绍兴十五年（1145）诏："令诸路监司州县，将民户陈诉事务，并仰长官，躬亲审详，依公理断，无致少有偏曲。"⑬地方长官躬亲狱讼的制度规定，是传统司法制度的一个值得充分重视的重大变革，目的是强化地方长官的司法责任，以避免胥吏枉法弄权出现司法腐败。由于司法责任的压力，地方长官比以前任何一个时代都更为重视司法审判，并因之而产生了不少通晓法律，重视狱讼的优秀地方官。例如天圣八年（1030）进士陈公弼，"始为长沙县。浮屠有海印国师者，交通权贵人，肆为奸利，人莫敢正视。公捕置诸法，一县大耸。去为耒都。老吏曾腼侮法粥狱，以公少年易之。公视事之日，首得其重罪，腼扣头出血，原自新。公戒而舍之。会公筑县学，腼以家财助官，悉遣子弟入学，卒为善吏，而子弟有登进士第者。"⑭

再如南宋宁宗嘉定十年（1217）进士宋慈在20余年官宦生涯中，大部分时间从事司法活动，具有丰富的司法审判经验，是著名法医学著作《洗冤集录》的作者。刘克庄在《宋经略墓志铭中》称他"奉使四路，皆司臬事，听讼清明，决事刚果，抚善良甚恩，临豪滑甚威，属部官吏以至穷间委巷，深山幽谷之民，咸若有一宋提刑之临其前"⑮。

绍定五年（1232）登进士第的胡颖。《宋史》本传说他"正直刚果，博学强记，吐辞成文，书判下笔千言，援据经史切当事情，仓卒之际，对偶皆精，读者惊叹，临政善断，不畏强御"⑯。

还有许多地位并不很高的普通地方政府官员也很关心政事，把法令的贯彻落实到民间疾苦上。⑰刘克庄就是这个群体中的一员。他在《大全集》卷一九三的"跋语"中说道，"余少喜章句，既仕，此事都废"。在《陈敬叟集序》中也提到："宝庆初元，余有民社之寄，平生嗜好，一切禁止，专习为吏，勤苦三年。"⑱本文前引"跋语"中他所说的审理"民间鸡虫得失"案件的"建溪十余册"书判就是这个时期所写，足证其为地长官期间对包括司法审判在内的"吏事"的认真负责态度。刘克庄成为南宋时期的一位通晓法律重视狱讼的优秀地方官，与当时风气转换与制度变革的社会政治背景有密切的关系。

注释:

①参见看王述尧:《刘克庄研究综述》,《古典文学知识》2004 年第 4 期。

②刘克庄任地方官的主要履历,可参看李国庭:《刘克庄年谱简编》,《福建图书馆学刊》1990 年第 1、2 期;程章灿:《刘克庄年谱》,贵州人民出版社 1993 年版。

③刘克庄在其书判曾多次提到这些经历,如在《后村先生大全集》卷一九二《户案呈委官检踏旱伤事》:"当职更历州县,每见检旱官吏,所至与豪富人交通,凡所蠲放,率及富强有力之家,而贫下户鲜受其惠。"同卷《鄱阳县申差甲首事》:"当职累历郡县,所在义役词讼绝少。"卷一九三《铅山县禁勘裴五四等为赖信溺死事》写道:"当职白首州县,见此等事多矣。"

④刘克庄撰,王蓉贵、向以鲜校点:《后村先生大全集》,四川大学出版社 2008 年版。

⑤大泽正昭:《刘后村的判语——〈名公书判清明集〉和〈后村先生大全集〉》,[韩国]《中国史研究》第 54 辑(2008 年第 6 期)。

⑥中国社科会科学院历史研究所宋辽金夏研究室点校,中华书局 1987 年版。

⑦大泽正昭在《刘后村的判语——〈名公书判清明集〉和〈后村先生大全集〉》一文中认为,《名公书判清明集》中的刘克庄书判,可以确证为其知建阳县时的书判的有 9 篇。

⑧《宋刑统》卷三〇《断狱律》规定:"诸断罪皆需引律、令、格、式,违者笞三十。"

⑨参见屈超立:《南宋民事审判中的〈断由〉制研究》,[韩]《中国史研究》第 58 辑(2009 年第 2 期)。

⑩《大全集》卷一九三《建昌县刘氏诉立嗣事》。

⑪《清明集》卷八《母在与兄弟有分》。

⑫《清明集》卷一四《宰牛者断罪拆屋》。

⑬《大全集》卷一九三《鄱阳县东尉检校周丙家财产事》。

⑭参看屈超立:《〈名公书判清明集〉书判性质述略》,《中国古代法律文献研究》第 1 辑,巴蜀书社 1999 年版。

⑮《清明集》卷九《定夺争婚》。

⑯《大全集》卷一九二《户案呈委官检踏旱伤事》。

⑰《论语·颜渊》。

⑱《清明集》卷一〇《兄弟争财》。

⑲《清明集》卷一〇《兄侵凌其弟》。

⑳《清明集》卷九《女家已回定帖而翻悔》。

㉑《大全集》卷一九二《德兴县董党诉立继事》。

㉒《清明集》卷九《已嫁妻欲据前夫屋业》。

㉓《大全集》卷一九三《建昌县刘氏诉立嗣事》。

㉔有关南宋民事诉讼调处息讼的详细情况,可参见屈超立:《宋代地方政府民事审判职能研究》第七章"宋代地方政府对民事案件的调处",巴蜀书社 2003 年版。

㉕详细的研究,请参见何忠礼:《论南宋刑政未明之原因及其影响》,[日本]《东方学报》第 61 册,1989 年。

㉖《清明集》卷一《责罚巡尉下乡》。

㉗《大全集》卷一九二《饶州州院申徐云二自刎身死事》。

㉘《大全集》卷一九二《饶州申备鄱阳县申催科事》。

㉙《大全集》卷一九二《弋阳县民户诉本县预借事》。

㉚《大全集》卷一九二《贵池县申吕孝纯诉池口丘都巡催科事》。

㉛《清明集》卷二《汰去贪庸之官》。

㉜《大全集》卷一九三《饶州司理院申勘到徽州都吏潘宗道违法交易事》。

㉝《大全集》卷一九三《饶州州院申勘南康卫军前都吏樊铨冒受爵命事》

㉞徐道邻指出:"到了宋朝——这是中国过去最讲究法律的一个朝代。"见氏著《中国法制史论集》(志文出版社 1975 年版),第 188 页。王云海则称:"宋代是中国封建社会法制成就最高的朝代。"见王云海主编:《宋代司法制度》(河南大学出版社 1992 年版),第 1 页。

㉟(宋)吴曾:《能改斋漫录》卷一三《欧阳公多谈吏事》。

㊱《大全集》卷一九三"跋语"。

㊲有关的研究,看看陈景良:《文学法理,咸精其能——试论两宋士大夫的法律素养》(上),载《南京大学法律评论》1996 年秋季号。

㊳曾巩也曾长期担任地方官,具有丰富的审判经验和法律知识。其弟曾肇在给他写的《行状》中说:"为司法,论决重轻,能尽法意,由是明习律令,世以法家自名者有弗及也。"见《曾巩集》附录曾肇撰《行状》,中华书局点校本 1984 年版。wwdart. com. cn。

㊴陈智超在 20 世纪 80 年代已经提出这一观点,指出刘克庄是受了欧阳修以及曾巩的启发,断狱必须认真,儒学与吏事不可偏废。参见《清明集》附录七,陈智超:《宋史研究的珍贵史料——明刻本〈名公书判清明集〉介绍》)。

㊵(宋)李焘:《续资治通鉴长编》卷九九。

㊶《宋会要辑稿》职官四八之二七。

㊷(元)马端临:《文献通考》卷一六七《刑六》。

㊸《宋会要辑稿》刑法三之二七。

㊹苏轼撰,孔凡礼校点:《苏轼文集》卷一三《陈公弼传》。北京大学《儒藏》编撰中心编:《儒藏》精华编214册,集部,北京大学出版社2009年版。

㊺刘克庄撰,王蓉贵、向以鲜校点:《后村先生大全集》卷一五九《宋经略墓志铭》,四川大学出版社2008年版。

㊻《宋史·胡颖传》。

㊼参见陈景良:《文学法理,咸精其能——试论两宋士大夫的法律素养》(下),《南京大学法律评论》1997年春季号。

㊽《大全集》卷九四《陈敬叟集序》。

魏了翁的门生、书院与鹤山学派

——从考辨《宋元学案》的《鹤山门人》谈起

邱逸凡（台湾清华大学）

一、导言

魏了翁（1178—1237），四川邛州蒲江县人，南宋后期著名的四川理学家。晚宋士人认同魏了翁得朱熹之传，将他与福建理学家真德秀（1178—1235）齐名并驾。[①] 同时，更有士人肯定魏了翁之学汇集南宋巨儒朱熹（1130—1200）、张栻（1133—1180）、吕祖谦（1137—1181）等诸公之大成。[②] 魏了翁的宦绩亦广受推崇，仕宦各地，屡有善政。虽然魏了翁在朝时期颇为失意，成就不如担任地方官员的阶段，[③] 但这毫无损及魏了翁的崇高名望。尤其魏了翁不断力求朝廷赠予两宋理学先驱谥号，下开理学道统入主庙堂、得晚宋朝廷认可之先河。[④] 看来魏了翁重要的仕宦成就也和理学脱不了关系，这是他声名鹊起的一大要因。

与魏了翁的学术、宦绩成就相辉映，许多士人投拜魏了翁门下，进入魏了翁的鹤山书院学习，是以产生"鹤山学派"之称。[⑤] 在这方面，《宋元学案·鹤山学案》最为权威、详细，其中的《鹤山门人》胪列二十位魏了翁的门人，并清楚呈现魏了翁的学术、交游网络。在今天，许多学术思想史著作谈到魏了翁的学术网络,皆直接采用《宋元学案》。

尽管《宋元学案》清楚且详细地列出鹤山门生,勾勒了鹤山学派之概况,这个学派是如何形成、兴盛、衰微,仍有待考察。从《鹤山门人》可以看到,魏了翁的门生遍及西蜀、两湖、长江下游地区。这虽然与魏了翁的仕宦履历相合若干符节,但魏了翁宦游这些地方,其地位、境遇差距不小,有时甚至是待罪之身。魏了翁的学术成就,亦是逐步累积而成。《宋元学案》所载,实总结魏了翁毕生作育英才的成果,读者不易理解南宋士人何以趋附景从,愿意投拜魏了翁门下。

另一方面,《宋元学案》的《鹤山门人》不宜完全直接引用。众所皆知,今本《宋元学案》,从黄宗羲发端后,黄百家继承父业,全祖望倾力赓续,王梓材、冯云濠校补全氏书稿,方正式刊刻问世,耗费一百六十年(约1686—1846)。王、冯又另著百卷《补遗》。[6] 由于《宋元学案》以呈现宋元士人的学术网络为编纂目的,百余年间,上述先后接手的编纂者致力考辨师徒、学友关系。[7] 因此,成诸众人之手的《宋元学案》,不免有此阙彼漏的部分。现代学者亦做了大量的补充、考辨工作,可惜未有及于《鹤山门人》者。

补充、考辨《鹤山门人》,排除不宜在此列的宋代士人,集中探讨足堪鹤山门人之名的魏了翁门生,分析魏了翁如何延纳青年才俊于门下,将有助于理解鹤山学派的形成、基础、衰微。这是本文的研究目标。

本文将首先研究《宋元学案》的《鹤山门人》,试图探讨其史源,以及去取准则,作为全文基础。接著再结合魏了翁的仕宦履历与书院、门生资料,分析魏了翁如何接触士子、吸收门生。最后借著门生的生平资料与著作文章,探讨鹤山学派在魏了翁逝世之后的发展。

本文将指出,今本《宋元学案·鹤山学案》虽以全祖望之功殿最,但他沿用了黄宗羲的观点和资料,而黄宗羲的根据、观点不一定可靠。经过本文考订而较宜列为鹤山门人的士人,他们在鹤山书院接受科举教育,其中许多人在四川的特殊科举考试“类省试”获得成功,奠定魏了翁的声望。尔后魏了翁持续透过科举考试接触所到之处的年轻士子,进而吸收门生。当然,个人透过科举建立影响力也为魏了翁招来灾难,压缩鹤山学派的发展可能。尤有甚者,发达的鹤山门人并不多。早逝、卑官、蒙受战争磨难,是鹤山门人的特色。少数鹤山门人历经蒙宋四川战争,持续发展,享有盛名。但是,多元的家族发展策略,使师承鹤山的荣耀逐渐失去作用。

二、从《理学录》到今本《宋元学案》的《鹤山门人》考辨

根据王梓材的案语,全祖望对《鹤山学案》"修补甚备",用力甚深,贡献卓著。⑧当然,王梓材之语也显示,今本《鹤山学案》有全祖望"修"的部分,也有"补"的部分。今本《鹤山学案》有多少是黄宗羲原稿,令人好奇。这个问题关系重大,牵涉今本《鹤山学案》的观点和史料,是黄宗羲奠定厚实基础,还是全祖望屡创新意。

透过黄宗羲早年撰稿的《理学录》与黄氏后人编纂的《宋儒学案》,以《鹤山学案》为中心,我们将会发现,黄氏原本思图呈现的士人学术网络,只有学案主与其门人,远比今本《宋元学案》简单。全祖望旁征博引,开展出各种类别。不过,在《鹤山门人》这部分,全祖望完全沿用黄宗羲早已胪列出的名单和已使用的材料,然后再行增补,两人开列的门人数量约略齐等,各有其功,俱现于今本《鹤山学案》。然而,今本《鹤山门人》不能遽信、采用。检视黄宗羲和全祖望使用的材料,他们的准则不免令人摸不着头绪。黄宗羲的《鹤山门人》,并不完全可靠;全祖望增补的魏了翁门生名单,泰半也不可遽信。

1. 黄宗羲的《理学录》与黄氏后人续纂的《宋儒学案》

黄宗羲完成《明儒学案》后即投入宋、元文集的汇编工作,为编纂《宋元学案》预作充分准备。然而,直到黄宗羲逝世,《宋元学案》仍未成编。尔后《宋元学案》又历经多次、多人的增补与删削。一般认为,今本《宋元学案》主要呈现的是全祖望的宋元儒学史观点。

事实上,黄宗羲在《明儒学案》和《宋元学案》之前编有一部《理学录》,梳理宋、元、明的儒学思想史。比起《明儒学案》或《宋元学案》,《理学录》虽

然只是草稿,却代表黄宗羲的最初构思。《理学录》的卷帙与体例比较简单。《理学录》依照学案分卷,每一学案通常包含该学派的始祖与门人,最多述及再传门人。其所构筑的人物学术网络显然比较粗略。每一人物的资料分成三部分,一是著作名称(黄宗羲选录了少数人的著作),二是小传,三是案语。后两部分的文字和意义梗概经常被《明儒学案》或《宋元学案》续用。不过,《理学录》对于特定学者的学术传承、学术思想的评价,有时也与《明儒学案》或《宋元学案》不同,甚至有这两部著作未见的史料。⑨

《理学录》也有关于魏了翁的篇幅,将魏了翁置于《辅氏学派》之下,并列举数位魏了翁的门人。初见此安排,黄宗羲似认同元明以来的史籍文献视魏了翁为辅广之徒,而鹤山门人则为辅氏学派之下的一个支派。其实,黄宗羲的案语说明他完全否定这个观点:

> 《宋史》言鹤山筑室白鹤山下,以所闻于辅广、李燔者开门授徒,士争负笈从之,由是蜀人尽知义理之学。于是《嘉兴志》《辅汉卿传》遂谓鹤山是汉卿之门人。某考《鹤山集》言:"开禧中,余始识汉卿于都城。汉卿从朱文公最久,尽得公平生言语文字。每过余,相与熟复诵味,辄移暑弗去。余既补外,汉卿悉举以相畀。"又言:"亡友辅汉卿,端方而沈硕,文公深所许与。"乃知友而非师也。故以汉卿、鹤山并次,见源流之所自云。

这段案语亦可见于今本《宋元学案》,差距极微,但均作"百家谨案",而不是"宗羲案"。⑩可知黄宗羲虽然安排魏了翁于《辅氏学派》,但他并不认为魏了翁是辅广之徒。这个安排也凸显了《理学录》的草稿性质。

《理学录》也载录数位魏了翁门生,于《辅氏学派》依序列出吴泳、游似、牟子才、程掌四人,可惜程掌之后缺页,不能一睹全豹。⑪但是此一断简残篇已经显示,最初黄宗羲列出的鹤山门人与今本《宋元学案》极有可能存在差异,因为今本《宋元学案》的《鹤山门人》,首位并非吴泳。

虽然《理学录》的《辅氏学派》残稿无法提供更多《鹤山门人》的讯息,中研院史语所所藏的《宋儒学案》则能补足《辅氏学派》的缺漏。根据张艺曦的研究,全祖望开始续纂《宋元学案》后数月,曾有意将该阶段成果付梓刊印。

黄氏后人取得该本，再行编纂，其所成即史语所收藏的《宋儒学案》。该书之程大约在1826—1829年之间。黄氏后人一方面承认全祖望修补之功，一方面则尽可能地维持黄宗羲书稿的原貌。因此，《宋儒学案》应是目前所存、内容最接近黄宗羲原本的一部。⑫

《宋儒学案》的《鹤山学案》有两卷（卷65、66）。初步考察，可以相信《宋儒学案》继承了《理学录》处理魏了翁学术网络的方式与观点。首先，《宋儒学案》的体裁与《理学录》相当接近，每一学派仅包含该学派的始祖与门人。其次，《宋儒学案》虽另立以魏了翁为中心的《鹤山学案》，与《理学录》置魏了翁于《辅氏学派》不同，然而，观前引黄宗羲案语末端数句"故以汉卿、鹤山并次，见源流之所自云"，可以发现《宋儒学案》的做法更像是落实黄宗羲认为辅广与魏了翁非师徒的观点。最后，《宋儒学案》胪列的鹤山门人，前面四位也是吴泳、游似、牟子才、程掌四人，和《理学录》相同。虽然未知《理学录》还列了那些人，但《宋儒学案》依据全祖望的见解而列出的鹤山门人，必清楚标注为全祖望之贡献。显然，在黄氏后人增补的《宋儒学案》中，黄宗羲与全祖望的观点泾渭分明，黄宗羲之论定，作为该书的主体。

据此，《宋儒学案》载录的鹤山门人，大致上应可视为黄宗羲之原意。使用《宋儒学案》比对今本《宋元学案》的鹤山门人，即可知黄宗羲与全祖望选择魏了翁门人的异与同。这是下文的讨论主题。下一小节将先从《学案表》开始。

2.《宋儒学案》与《宋元学案》的《鹤山学案表》

《宋儒学案·鹤山学案二》的《鹤山学案表》依序为吴泳、游似、牟子才、程掌、史守道、蒋公顺、蒋重珍、税与权、滕处厚、蒋山、唐述之、虞兟、董梦程、许月卿、史绳祖。⑬其中，董梦程与许月卿标注"见《新安朱门》"，详细资料置于以董氏为首的卷七八《新安朱门学案》。就此而言，《宋儒学案》的《鹤山门人》数量有广义狭义之区别，广义言之有十五人，狭义言之为十二人（扣除董梦程、许月卿）。不过，此十二人有四人乃据全祖望之案语。在《学案表》，唐述之、虞兟、史绳祖之下标注"见案语"，指录入这三人乃参考全祖望之语，在卷末以小字书写。⑭另外，观正文，列入蒋重珍亦据全祖望案语，唯《学案表》无特别说明。

今本《宋元学案》的《鹤山学案表》则依序列入郭黄中、吴泳、游似、牟子才、王万、程掌、史守道、蒋公顺、税与权、滕处厚、蒋重珍、虞㮚、唐述之、蒋山、许月卿、史绳祖、叶元老、许玠、严植、张端义，一共二十人。⑮其中，游似、许月卿、张端义的详细资料被置于其他学案。⑯据此，百卷本《宋元学案》认定的广义鹤山门人有二十人，狭义则有十八人。

两相比较，有几点值得注意。第一，纯粹就各自的《学案表》而言，全祖望几乎照单全收黄宗羲提出的魏了翁门生。而且连董梦程、许月卿置于《新安朱门学案》，全祖望亦接收这个安排。差别在于，全祖望直接将董梦程从《鹤山学案》除名，并改《新安朱门学案》为《介轩学案》。⑰除此之外，今本《宋元学案》将游似置于卷七九《丘刘诸儒学案》，又增补六位魏了翁门生，是较显著的差异。第二，黄宗羲提出的鹤山门人顺序，基本上和今本《宋元学案》没有太大出入。唯蒋重珍在蒋公顺、税与权之间，蒋山在滕处厚、唐述之之间，唐述之、虞㮚、史绳祖的次序也和今本《宋元学案》不同。此为二者之别。

然而，跳离《鹤山学案表》，进一步探讨上述差异，反而足以说明全祖望继承黄宗羲的观点。首先，《宋儒学案》虽然在《鹤山学案表》安插董梦程之位次，但登载其详细资料的卷七八《新安朱门学案》的董梦程小传实际上并没有提到董氏与魏了翁的关系。⑱今本《宋元学案·介轩学案》的董梦程小传也没有提到这一点。换言之，全祖望直接将董梦程从《鹤山学案表》除名，其实不能算是今本《宋元学案》与《宋儒学案》的差异，反可视为二者的继承。

其次，游似置于《丘刘诸儒学案》，似非全祖望的改动，而是王梓材、冯云濠的主意。根据王梓材的案语：

> 梓材谨案：先生传本在《鹤山学案》，为鹤山门人。……则先生本后溪门人，而于鹤山特其学侣。⑲

由此可知，全祖望原订的《鹤山门人》当仍有游似，经王梓材考证而排除。王梓材根据的材料和考据，后面会再提到。

关于《鹤山门人》的顺序问题，虽然《宋儒学案》的《鹤山学案表》为蒋公顺→蒋重珍→税与权→滕处厚→蒋山→唐述之，但《鹤山门人》正文的顺序却是蒋公顺→税与权→滕处厚→蒋重珍→蒋山→唐述之。[20]如此,就蒋重珍之例而言,其与今本《宋元学案》的《鹤山学案表》、《鹤山门人》的顺序(蒋公顺→税与权→滕处厚→蒋重珍→虞忼→唐述之→蒋山)完全一致。蒋山之例虽仍为二者的差异,而且又与唐述之、虞忼、史绳祖三人参差,更显歧异;但是,《宋儒学案》的《鹤山门人》本即只是参考全祖望之见解而录入唐述之、虞忼、史绳祖三人,他们本来就不在黄宗羲的《鹤山门人》的范畴里。

因此,虽然乍看之下二者有几处差异,但大体上我们仍可以说全祖望完全接受了黄宗羲的处理、安排,然后再增补数人。全祖望增补的鹤山门人成为他与黄宗羲的最大差别。两人选拣魏了翁门生的根据、观点是否有所不同?他们采用的史料与观点是否合适?接下来将讨论这个问题。

3. 黄宗羲的《鹤山门人》考辨

辨析《宋儒学案》与《宋元学案》的《鹤山门人》,主要焦点在于检视黄宗羲与全祖望的诸人小传和史料依据,分析两人文字、观点和准则是否有异;并运用其他史料,讨论他们的安排、论定是否存在值得商榷之处。由于全祖望沿用黄宗羲提出的九位鹤山门人,此九人的鹤山门生身分,可说得到两位伟大清儒的认同。这一小节将首先辨析这九位宋末士人。

吴泳、游似、牟子才

黄宗羲列入吴泳三位四川士人为了翁门人,乃据《宋史·魏了翁传》"若游似、吴泳、牟子才,皆蜀名士,造门、受业"之语。[21]今本《宋元学案》中此三人之条目,全祖望沿用了黄宗羲使用的史料与安排,而略作改订、增补。[22]王梓材则将游似另置于《丘刘诸儒学案》。

考察其史料,《宋史》所谓"造门",实指吴泳与游似,"造业"则特指牟子才。以下依序论之。

虽然吴泳屡以书信和与魏了翁论学,[23]也曾亲访鹤山书院,[24]不过吴泳当属魏了翁的讲友而非门生。在一封致与魏了翁信中,吴泳首云"某每谓侍郎文章天下所共知,而某知之为最深,愈于天下之人",接着赞扬数篇了翁之文。吴泳这样说其实是为了铺陈,以向魏了翁辩难。吴泳的修辞意味着:自己是最了解魏了翁的人,所以提出来的问题绝对是魏了翁的疏漏。[25]其实吴泳致魏了翁的书信多充满问难与质疑。尽管吴泳认为魏了翁是可敬的前辈（例如他有一些为魏了翁祝寿的诗作），但还称不上恩师。王梓材亦认为吴泳当列于其他学案。㉖

王梓材根据魏了翁与游似的文章，考订游似是刘光祖的门人，与魏了翁实为学侣，两人也没有视彼此为师生，很有见地。㉗在此仅做补充。从游似在《鹤山师友雅言序》的铺陈、语气，可以发现，他隐约认为魏了翁对六经注疏的重视与兴趣，是受到自己和刘光祖的影响。㉘在游似看来，自己甚至还算得上是魏了翁的经学启蒙者。这个态度和学侣或门人皆有相当的差距。

牟子才，号存斋先生，四川井研人，嘉定十六年（1223）进士。黄宗羲说牟子才"学于文靖，又从李子方"，㉙全祖望也使用相似文字。㉚两人实改写、删节了《宋史·牟子才传》"学于魏了翁、杨子谟、虞刚简，又从李方子"之文，而特别强调魏了翁与李方子。不过《宋史·牟子才传》附加说明李方子是朱熹门人，原意凸显遍访名师的牟子才与朱熹一脉的关系。㉛

根据牟子才的墓志铭和魏了翁的叙述，称牟子才为鹤山门人无误。牟子才墓志铭虽未全文流传至今日，不过[成化]《湖州府志》牟子才小传引用该文，云牟子才"自幼从学于魏了翁，得其义理之传"。㉜牟子才墓志铭出自魏了翁兄子高斯得之手，㉝或有强调魏了翁的影响的可能，然魏了翁著牟子才之父的墓志铭也提到牟子才在父亲的要求下跟从魏了翁学习。㉞断定牟子才为鹤山门人，基本上没有问题。

程掌、史守道

程掌与史守道俱为四川眉州人。黄宗羲述程掌与史守道，乃改写自魏了翁为两人撰写的墓志铭。全祖望沿用其文。乍观两人小传，皆可见说明、证明各自与魏了翁存有师徒关系的语句；然而，浏览该二篇墓志铭原文，魏了翁只在史守道墓志铭使用了近似师徒关系的文字。黄宗羲引史守道自云"士不可多受恩，亦不可多受知"，然后作出史守道"故所依惟鹤山而已"的断语。不过魏了翁的原文是"故独于予为平生交"，看起来并未凸显师徒关系。尽管宋人的诗词文章通常称自己的学生为友，魏了翁所谓"平生交"或许属于此类的谦辞，不过大多数可直接判定为魏了翁门生的鹤山门人，可在魏了翁的文集里看到魏了翁使用了表露师生关系的字词。事实上，史守道长魏了翁五岁，虽长期与魏了翁保持联系，也钦服了翁其人其学，而且自居于相当谦卑的地位，但两人不宜视为师徒。㉟

在程掌的墓志铭里，魏了翁花费很大的篇幅敘述程掌的学问和政治才干，也提到两人的友好关系。例如，文中语录程掌临终遗言"吾羁而穷，惟鹤山是知；吾葬而铭，惟鹤山是祈。汝不吾从，吾死不瞑"。因此，程掌早逝，魏了翁深感惋惜。㊱

黄宗羲节录了魏了翁惋惜程掌之语，并加以改写，使魏了翁的语气宛如以师道自居。魏了翁的原文为：

> 观其自赞有曰："龘厉猛起，颇欠时中，彊矫磨礲，晚果有功。"方以觇进学之候，孰知其遂止于斯也！

最后两句话"方以觇进学之候，孰知其遂止于斯也"，黄宗羲径自改作"鹤山喜曰：'叔运进矣！'"这两句话的语气，是该程掌小传中，较能透露师徒情谊的部分。既与原文差异太大，显然不能采用。

蒋公顺

蒋公顺，字成父，湖南全州清湘人。黄宗羲首云蒋公顺"研精义理之学，从鹤山游者七年"。接着引用蒋公顺论《易经》之文，并提到魏了翁曾云"成父从予渠阳山中，所得甚多"。末则胪列蒋公顺的仕宦履历。全祖望沿袭其文，抄录了黄宗羲的蒋公顺小传。

搜索出处，"研精"云云和蒋公顺的仕宦履历，其史源当为[嘉靖]《广西通志》或万历时代刊刻的《万姓统谱》，文句相当接近；㊲而蒋公顺论《易经》之语，以及"成父"云云，则改写自魏了翁文集卷一九〇的短篇记述。㊳

魏了翁文集尚有其他有关蒋公顺的资料。据魏了翁所云，魏了翁贬谪靖州，蒋公顺与滕处厚同时前来拜谒。㊴六七年间，蒋公顺"始终相从"，魏了翁感到欣慰。㊵据此以及黄宗羲已经使用的材料，列蒋公顺为鹤山门人相当适宜。

税与权

税与权字巽父，重庆府（巴郡）人。黄宗羲云税与权"受业鹤山之门，精于经学",接着全文引录税与权《易学启蒙小传》自序,以及史子翚为此书撰写的跋文。㊶全祖望沿用其文。

尽管不清楚黄宗羲断定的依据,不过,能说明税与权和魏了翁师徒关系的资料很多。根据税与权自述,他在魏了翁离开靖州后"执经从之",后随魏了翁入京,随侍四年,汇集四年见闻为《鹤山师友雅言》。㊷另外,税与权还纂辑部分魏了翁的经学著作。㊸他在自己的《易学启蒙小传》提及魏了翁启蒙之恩泽。㊹宋人也早已肯定税与权是魏了翁门生。㊺黄宗羲应该都接触过这些资料,他的用语和判断并无问题。

滕处厚

滕处厚亦湖南全州清湘人,[嘉靖]《广西通志》有其小传,指为鹤山门生,该小传后为《万姓统谱》沿用。㊻这两笔资料与黄宗羲的滕处厚小传有不少文字相同,黄宗羲显然参考过其中之一,这和蒋公顺的情况相同。

不过,黄宗羲未引用《广西通志》直指滕处厚为鹤山门生之文句。黄宗羲引录魏了翁答滕处厚之书信,再引了翁称处厚为"通经穷理之士"之语。略考之,这段话出自魏了翁《郁林州金书判官陶君墓志铭》:

> 迁靖,又多识全士其间。如滕谨仲处厚、蒋成父公顺,辱从予游,皆通经穷理。㊽

平心而论,说明魏、滕之关系,"辱从予游"应该比"通经穷理"更具价值。总之,既有魏了翁自述,列滕处厚为鹤山门人亦无不可。

蒋 山

蒋山,字得之,靖州人。黄宗羲云"鹤山以言南迁,先生从焉",接着再引录魏了翁的《答蒋得之》。该书信为论《易》之文章。黄宗羲见魏了翁与蒋山讨论精密,进而推想蒋山才学之高。㊽全祖望承袭其文。

蒋山的资料不多,黄宗羲可能是据魏了翁于其处称蒋山"靖士",㊾断蒋山为靖州人,又见魏了翁有《答蒋得之》,遂叙述蒋山借魏了翁贬谪靖州之机缘而"从焉"。然而,我们透过魏了翁的《答蒋得之》,即可以说明蒋山仅与魏了翁书信往来,谈不上师徒关系。因为魏了翁在《答蒋得之》之末云"惜不及与得之面订其详,姑此奉报"。㊿魏了翁文集仅此寥寥数语和蒋山有关。

许月卿

如前所述，黄宗羲仅将董梦程与许月卿之名置鹤山门人，另立以梦程为首之"新安朱门学派"。董梦程，黄氏视之为朱熹门徒程端蒙一脉，无一词及其与魏了翁之关系。[51]全祖望则云董梦程受学于黄榦、程端蒙。[52]于此不讨论董梦程。但许月卿则值得讨论。

许月卿(1216—1285)，徽州婺源人，号山屋先生。《宋儒学案》云月卿"初从介轩(笔者案：即董梦程)游，乙而受学魏鹤山。登淳祐甲辰进士"。此语得全祖望沿用，全氏进而详补月卿之事迹。[53]

"初从介轩游"或许是黄宗羲认定许月卿为梦程门人之依据。然而，黄宗羲之安排，显出自学术思想史之观察：

> 新安之学，自山屋一变而为风节。盖朱子平日刚毅之气，凛不可犯。则知斯之为嫡传也。

由此可知，黄宗羲列许月卿于董梦程之学案，乃由于黄宗羲感到许月卿与朱熹学风之相似，其引则为亲炙朱熹门生程端蒙、黄榦的董梦程。

许月卿之家学确实受朱熹影响。其母"雅嗜子朱子之书，饮食以之"，遂遣月卿"从介轩先生子董子、鹤山先生子魏子游"。[54]

然而许月卿与其子则较强调与魏了翁之渊源。许月卿文集提到魏了翁皆以先师称之，并数度提到魏了翁称许其父，"以小篆扁其堂曰'友仁'"之事。很是重视。其季子在十四世纪初撰写许月卿行状，有一段概括之语：

> 公始受学于董公，去，事子魏子。子魏子为世儒宗，当时登其门者谓之登天。公受学有翮，学道有得，是以身益困而志益坚，志益坚而道益明。[55]

这段话极其凸显师从魏了翁的经验，跟从董梦程的经历反而不是那样重要。明代徽州、婺源的方志与乡贤录中的许月卿小传，多只载录许月卿跟随魏了翁读书，没有提到董梦程。[56]虽然不甚清楚许月卿师从魏了翁之情况，黄宗羲依其学术史观点而置许月卿于董梦程学案，未必得月卿及其后人之遗意。

通过以上的讨论,可以发现,倘若没有魏了翁的自述以佐证,黄宗羲的断定并不完全可靠。他提出的吴泳、游似、程掌、史守道、蒋山诸人,不宜列入鹤山门人。吴泳与游似之例,黄宗羲以《宋史》之断语为基础,尚称论定有据。至于程掌与史守道,黄宗羲可能阅读魏了翁为两人撰写的墓志铭,而深感他们关系匪浅,遂先入为主视之为鹤山门生,进而遽改魏了翁之文字。此举稍嫌太过。蒋山之例尤其缺乏说服力,黄宗羲的根据仅是一封魏了翁与蒋山往来的书信,而且信中竟有倾向否定两人师徒关系的讯息。尽管如此,全祖望不仅沿用黄宗羲提出的名单,连黄宗羲使用的材料也照单全收。

综合看来,黄宗羲甄别鹤山门人的观点、准则,并不容易掌握。他显然特别致力于在魏了翁的文集里拣择鹤山门人。从程掌的例子,可以认为黄宗羲的标准在于从魏了翁文集里找出和魏了翁关系密切(无论魏了翁是否曾明言该人为其门徒)的后生晚辈;从蒋山的例子,或许可以认为黄宗羲的标准在于从魏了翁的文集里找出曾和魏了翁有过论学书信的士人。但是,如果用这两个标准浏览魏了翁文集,可以挑出的鹤山门人数将远远超越黄宗羲提出的那九名。又如许月卿,黄宗羲乃依照自己的学术史观点、识见,将月卿归诸董梦程学案。循此例,黄宗羲之基准则愈加难捕捉。那么,全祖望的情况又是怎么样呢?

4. 全祖望增补的《鹤山门人》考辨

全祖望增补了十位鹤山门人,其中有四位已可见于《宋儒学案》。其中,蒋重珍的书写格式与黄宗羲提出的其他鹤山门人无异,唐季乙、虞焨、史绳祖则以小字书写,附于鹤山门人之末。显然,黄氏后人较认同蒋重珍,另三人则仅供参考。本节将先行探讨全祖望列入这四人的依据和案语,再分析其他六人。

蒋重珍

蒋重珍,字良贵,无锡人。《宋儒学案》录蒋重珍于鹤山门人,乃据全祖望案语:"先生本鹤山校试礼部门下士也,其后遂问业。尝有'心授神予'之语"。据此,全祖望视蒋重珍为魏了翁门生,有两层缘由,第一是科举考试的门生座主关系,第二是蒋重珍自云"心授神予"。

事实上,这两层根据俱出自魏了翁撰写的蒋母墓志铭,而且都是魏了翁引录蒋重珍自己的话:

> 惟昔试礼部,尝以文字受知于先生,由是幸有录于门。心授神予,非他人面交势合比也。墓中之石,不可以它属。㊼

可见,这整段话都是蒋重珍的请托之语。全祖望引此为蒋重珍乃鹤山门人之证,并不恰当。

不少宋元文献不认同蒋重珍为鹤山门人。[咸淳]《重修毗陵志》的蒋重珍条目即没有提到蒋重珍为鹤山门人,反云蒋重珍与魏了翁、真德秀并驾齐驱,讲学与行事"皆圣门义理"。㊽元人陆文圭亦认为蒋重珍与真德秀、魏了翁的部分文章"相表里,皆端嘉一时崇尚理学之文。前乎曾、苏无是也,又前乎韩柳亦无是也。非无是文也,无是识也"㊾相较于全祖望的安排,蒋重珍在宋元士人心目中的地位反而与魏了翁齐名,不是鹤山门人。

唐季乙、虞(亻先)

唐季乙与虞(亻先)都是四川士人,也都魏了翁的姻亲。严格言之,魏了翁与唐季乙较近于师徒关系。全祖望根据魏了翁的唐季乙墓志铭作唐季乙小传,云唐季乙与魏了翁家族结为姻亲后,"遂从鹤山游"。㊿观唐季乙墓志铭原文,魏了翁确实提到唐季乙"从我眉山者累月"。在这段期间,魏了翁观察、指点唐季乙之为人为学,称赞唐季乙"体行醇固"、"勤学厉行"。可惜两人之交往仅此而已,唐季乙很早就逝世。㉚

虞(亻先)为魏了翁友人虞刚简从子,娶魏了翁女。因此,全祖望称虞(亻先)"传其家学,又得妇翁之传"。㉜考察其他史料,魏了翁确实有所"传"于虞(亻先)。绍定三年虞(亻先)至靖州娶魏了翁女,㉝至少到绍定四年虞(亻先)皆偕了翁居住在靖州。当时虞(亻先)称了翁为"外舅"。㉞期间,魏了翁赠虞(亻先)《字通》。虞(亻先)自称受此启发,感到音韵之学的重要性,后将此书付梓。当时魏了翁已经去世,虞(亻先)在文章中提到魏了翁,也从"外舅"改为"先师"。㉟虞(亻先)或许为了宣传刊刻《字通》的学术性理由,遂称魏了翁为"先师",建立有力的学术渊源。

史绳祖

史绳祖，四川眉州人。其被列为《鹤山门人》，乃全祖望之意。全氏论定唐季乙、虞𡩋、史绳祖为鹤山门人的案语，被黄氏后人补入《宋儒学案》。[66]而今本《宋元学案》的唐季乙、虞𡩋小传与《宋儒学案》的全氏案语相同，史绳祖则异。《宋儒学案》的全祖望案语云"史绳祖，字庆长，尝游鹤山之门，著《学斋占毕》"。此语即根据史绳祖的《学斋占毕》。史绳祖于书中提到自己曾在鹤山书院读书，从魏了翁授《易》。《学斋占毕》书中亦屡称魏了翁为先师。[67]全祖望之案语颇有根据。

可是，今本《宋元学案》的史绳祖小传却只引用魏了翁的〈题史绳祖孝经〉，无一辞及于史绳祖曾游鹤山之门。[68]两相比较，《宋儒学案》之全祖望案语显然较有说服力。全祖望定稿《鹤山门人》之时，或许认为魏了翁赠史绳祖之序跋文足以说明两人的师徒关系。

郭黄中

今本《宋元学案》的《鹤山门人》，首列郭黄中，称黄中"尝往来鹤山之门"。[69]考魏了翁文集，此语确实有据。郭黄中虽出自晚宋陕、蜀将门，[70]却积极参与四川理学讨论。郭黄中曾与魏了翁往来讨论如何达致程朱之学，[71]也曾在陆氏之学延及四川时，与魏了翁从弟魏文翁一起请求提学司绝不能以陆氏之学取人。[72]

不过，尽管郭黄中确实如《宋元学案》所说经常与魏了翁往来，但我们从魏了翁的文集可以发现，了翁把郭黄中视为友人而非门人，因为魏了翁皆使用"余友"或"吾友"称呼之。

王　万

王万，字万里，与魏了翁同乡，也算是魏了翁的姻亲。全祖望的王万小传乃是根据魏了翁的王万墓志铭，引用了王万的长篇奏疏。不过，全祖望云魏了翁屡称王万"真吾徒也"，可能是自行添改。在王万墓志铭里，魏了翁只说"万里，吾徒也"。[73]

尽管全祖望的王万小传只有上述自行添改的部分说明魏了翁和王万的师徒关系，但王万其实是最早的鹤山书院毕业生。据魏了翁《赠王彦正》，王

万是魏了翁首开鹤山书院时，肄业其中的试子之一，也是该年（1209）类省试的状元。㉔

叶元老

全祖望的叶元老小传仅引用魏了翁赠叶元老之序，没有其他说明。宋人刘宰云叶元老"忘其年之长，不惮地之远且险，往从鹤山魏侍郎于渠阳"。㉕据此，叶元老到靖州拜见魏了翁，或许志在问学、拜师。不过，根据魏了翁的《答湖北李运使》，叶元老此行还有其他目的：为他人送书信给了翁。同时叶元老"以末事为请"，大概是请求作一些赠答诗文，魏了翁并没有全数答应。㉖由此可知，叶元老有任务在身、有事襄请，方往靖州拜见魏了翁。

其实全祖望所引之序文原文，提到叶氏师事陆持之（陆九渊之子），魏了翁称赞叶氏"具有师法"。㉗然全祖望没有根据这笔资料把叶元老归于象山学案，仅在象山学案存叶元老之名。㉘全祖望将叶元老置于《鹤山门人》，显然不宜。

许 玠

许玠，字介之。全祖望也只在许玠小传引用魏了翁答覆许玠的书信，没有其他评述。略考之，许玠乃襄邑许氏之后，两宋之际南迁衡州。南宋初尚书右丞许翰是这个族氏里较显达的一位，许玠为许翰的曾侄孙，被誉为"学有家法"。㉙许玠诗集《东溪诗稿》流传南方，魏了翁、真德秀、曹彦约、刘克庄皆曾经为许玠的诗集或诗作撰写赠答文章，他们都肯定许玠诗作的高水准。

魏了翁即是在答复许玠的书信表示欣赏许玠的诗作。从文中可知许玠是在魏了翁贬谪靖州时拜见了翁。不过，魏了翁提醒许玠"胡不深自收敛，以趋于实。而多求题识序引，为是无益也"。看来魏了翁认为许玠是个四处拜访名儒求取赠答之作的文人。㉚魏了翁与许玠之往来，仅此而已。许玠当非鹤山门生。

严 植

全祖望断定严植为鹤山门人，仅根据魏了翁《答严教授书》。目前未见其他资料以资佐证，或进一步讨论严植与魏了翁的关系。

张端义

张端义,郑州人,号荃翁。张端义晚年自述遍访名师的经历,魏了翁为其中之一。[81]不过,魏了翁曾经在一篇文章提过他与张端义的初识经验,当时张端义自称慈湖先生杨简的学生,他以这个身份向魏了翁请教学问。[82]《宋元学案》在《鹤山学案》存张端义之名,别置详细资料于《慈湖学案》,相当适宜。

综上所论,全祖望增补的十人中,唐季乙、虞兟、史绳祖、王万四人显然比其他六人允当。其中,史绳祖和王万之例尤其重要,有助于厘清蒲江鹤山书院的概况。另外,透过上述之讨论亦可发现,全祖望论定这四人所根据的史料,其实仍以魏了翁文集为主,与黄宗羲并无二致。未知何故,这数人成为黄宗羲手边的漏网之鱼。

而其他较不宜列为鹤山门人的六位宋士,全祖望之根据同样是魏了翁文集。六人中,郭黄中确实和魏了翁往来密切,全祖望增补郭黄中,犹如黄宗羲列入程掌。其余五人仅得魏了翁之赠答、请托文字,而全祖望却仅根据这些应酬文章论断诸人为鹤山门生,此与黄宗羲提出蒋山之例并无二致。同以魏了翁文集为基础资料的黄宗羲,不知为何没有列出全祖望所增补的这六名士人。

5. 小结

考订《理学录》、《宋儒学案》与今本《宋元学案》的《鹤山门人》,我们可以说,全祖望完全继承、援用黄宗羲列出的《鹤山门人》。而全祖望另行增补的部分,依据的史料范围以及判定门人的标准,仍与黄宗羲相同。因此,黄宗羲与全祖望合计提出的二十名鹤山门生,即使其中半数失当,比例甚高,难以令人信服的缘由却大体相同:或仅以单篇应酬文字,或仅见其人与魏了翁往来密切,即遽断为了翁门生。

综合本节的讨论,黄、全的《鹤山门人》中较能采信的名单,多有魏了翁的自述来佐证,如牟子才、蒋公顺、税与权、滕处厚、王万。少数人虽缺乏魏了翁的自述为据,然观其人与魏了翁之互动,以及相关史料的记载,或有师徒之实,姑列为鹤山门人。如唐季乙、虞兟、许月卿、史绳祖,即属此类。以上十人为本文考订的鹤山门人。

三、科举与鹤山书院、鹤山学派

上节考订的魏了翁门生，扣除许月卿，依照地域出身、入门先后，可区分为四川籍、湖南籍两大群体，恰好因应魏了翁的蒲江鹤山书院、靖州鹤山书院。这一节将以魏了翁的生平履历为脉络，综合魏了翁门生和两地鹤山书院的资料，勾勒鹤山学派的源起、发展。

我们将会发现，魏了翁透过南宋四川的特殊科举考试——类省试——建立名声、发展生徒网络。蒲江鹤山书院因此而兴，鹤山门人也因此而众。贬谪靖州而有靖州鹤山书院，登门者则全州科举之士。魏了翁复官后首先回到四川，依然借由类省试接触四川的青年才俊，进而吸收门生。然而魏了翁透过类省试构筑的生徒网络与蜀人政治势力，却也屡屡道致魏了翁遭受攻击。

1. 类省试与蒲江鹤山书院的兴盛

开禧二年，魏了翁由校书郎外任嘉定知府。从临安往四川途中，因吴曦之乱延迟行程，至嘉定元年方返蒲江。次年，魏了翁生父逝世，了翁遂心丧在家。这正是嘉定三年春天鹤山书院落成、魏了翁开门授徒的背景。乍看魏了翁文集，蒲江鹤山书院的直接、原始资料，莫过于《书鹤山书院始末》。不过，该文大约撰写于嘉定五年，[83]其所详者在于增广鹤山书院的过程。欲了解鹤山书院的建立，约在嘉定三年成文的《赠王彦正》，则是最珍贵的原始资料。[84]

根据《赠王彦正》，嘉定二年（1209）魏了翁生父逝世，了翁在风水术士王彦正的陪同、建议下选定墓庐于白鹤岗。同时，由于了翁"未有室居"，先庐风水甚佳，王彦正也建议魏了翁在该地建立居处。于是"即其地成室，是为今'白鹤书院'"。这就是后世学者习知的蒲江鹤山书院。

最初鹤山书院只是魏了翁的住处。在王彦正风水预言推波助澜下，鹤山书院遂成为邻近士人准备当年类省试的场所，成绩卓著。魏了翁详细记载王彦正之语和当年类省试的结果：

> 直夫又曰："书院,气势之所锺,当有以文字发祥者。"余乃约十余士
> 之当赴类省试者会文其上。是岁,自省元王万里而下,凡得七人。其不
> 在得中者,后亦接踵科第,或以恩得官,莫有遗者。又曰："白鹤书院虽
> 得江山之要,然此地堙郁已久,今一旦开豁呈露,则家于是山之下者,其
> 余气所锺,亦当有科级之应。"是岁,余弟嘉甫与邻居谯仲甫同登,即七
> 人之选也。先是,贡士题名于浮屠,以问直夫。直夫曰："在七级则当七
> 士后。"皆如其言。

鹤山书院在嘉定三年春天落成,十余士人造访学习,不过数月,最终竟
有七人通过秋天的类省试。除了文中已俱名的士人,前面提到的吴泳、王
万、史绳祖,即此十余人之可考者。透过这段记载可知,王彦正运用风水知
识预先知会魏了翁,魏了翁也言听计从。

《赠王彦正》不仅提供鹤山书院的源起资讯,也透露魏了翁刻意借着这
个事件宣扬声名、巩固地位。已有学者指出,风水卜算之术在宋代士人生活
中占据重要地位,士大夫逐渐接受这种"小道"。从北宋到南宋,士人感激术
士而撰写赠酬文章的数量越来越多,同时,这类文章的介绍性质也越来越浓
厚,术士借着这类文字游走士人圈。魏了翁亦认为卜者技艺裨益士人。[65]魏
了翁的《赠王彦正》详细说明事由、灵验,显然也成为王彦正的资产之一。同
时,王彦正借着魏了翁的赠序持续游走士人网络,也连带宣传造访鹤山书院
在类省试的卓越成就。虽然魏了翁在文末说明记此事乃"恐岁浸久而忘
之",但此番记事最后成为赠序,其所带来的可能宣传效果,相信魏了翁心知
肚明。

嘉定五年魏了翁撰《书鹤山书院始末》,文中云"负笈而至者襁属不绝",
以及鹤山书院的扩建、增缮(学生、来访者增加,束脩应该也增加不少),可说
是鹤山书院诸生科举成就带来的效益。〈赠王彦正〉至少推波助澜,成为广
告文宣。

鹤山书院的吸引力,和四川类省试的地区性、闭锁性关系密切。宋室南
渡初年,金兵南下、高宗逃难,遂令各地自行省试,本一时权宜。时局稳定

后,宋廷考量四川地理位置特殊,保留该地的类省试,由宣抚司与后来的制置司举行。考官、题目由四川宣抚司决定,从 1159 年开始朝廷选派高层考官,1172 年后题目被要求上报朝廷。尽管如此,宣抚司与制置司的权力仍然很大,他们决定其他考官,初拟试题。⑧通过制置司举行的类省试,合格者无论是否参与殿试(参加人数越来越多),其初任官职乃至于升迁多在四川四路各地。制置司也有权推荐类省试考生、合格者。⑨宋人因而经常诟病类省试根本遭到私门把持。

每年约有一百人通过的四川类省试,仅仅一个新开幕的鹤山书院,竟在短短数月产生七名合格者,一定是震动两川的大事。类省试的考试趋向与魏了翁的学术成就,愈使鹤山书院举足轻重。现代学者已指出,理学从十二世纪末叶开始浸染南宋科举。⑧考诸史料,魏了翁时代的类省试亦然。在鹤山书院建立前,嘉定元年四月,四川制置使吴猎甫到任,即在成都府学揭朱熹的白鹿洞书院学规,并建立祭祀周敦颐、二程、朱熹、张载的祠堂,邀请魏了翁撰写记文。⑨专断四川的制置使在最重要的官学揭示朱熹学规,建立两宋理学先驱的祠堂,堪称当时类省试考题的重要风向球。吴猎邀请魏了翁撰写此事记文,亦宣扬了魏了翁在四川的学术地位。而魏了翁不仅与吴猎关系密切,和下一任制置司安丙亦素有往来,日后更成姻娅。⑩简言之,在类省试的闭锁结构里,魏了翁的学术、交友,使鹤山书院备具优势。

魏了翁与鹤山书院的类省试成就,透过前引的《赠王彦正》必然愈加远播。这可说是魏了翁撰写该序赠与王彦正的策略。不过,魏了翁《书鹤山书院始末》倒显得七人中举只是意外事件:

> 嘉定三年春,诏郡国聘士。邛之预宾贡者比屋相望,未有讲肄之所。会鹤山书院落成,乃授之馆。其秋试于有司,士自首选而下拔十而得八,书室俄空焉。人竞传为美谈。了翁曰:"是不过务记览、为文词,以规取利禄云尔。学云学云,记览、文词云乎哉?"则又取友于四方,与之共学,负笈而至者缝属不绝。乃增广前后各为一堂,……

魏了翁讲述鹤山书院于类省试的成果,与学生的增加、以至于书院规模扩张的因果。但学生的惊人成绩,在这篇文章里宛如意外事件,魏了翁显得自己毫无教育学生中举的意图。他似乎想让读者感到出自学术性研究的"取友四方"才是他的最大目的。另一方面,魏了翁把原先类省试录取鹤山书院学生的数字,从符合卜士预言的七人改成八人。《赠王彦正》里的卜算记录,魏了翁更是不置一词。

事实上,在鹤山书院建立前,魏了翁已透过职权与私人关系接触、结识四川的科举考生,甚至可以上溯魏了翁初授职任。史守道即是嘉泰元年魏了翁到眉州校士后结识了翁,自后抱持谦冲的态度与魏了翁往来。当时魏了翁甫中第,担任剑南西川节度判官。⑨

开鹤山书院之后,嘉定六年魏了翁复官,知眉州,历宦四川各地。从此直到嘉定十五年魏了翁被召入对,其间各年的类省试合格者,魏了翁多与之相结。如嘉定六年知眉州,识唐季乙。与唐季乙同梯考生赴京殿试后,于嘉定八年返回四川,魏了翁亦设宴款待。⑨嘉定十年以潼川府路提刑摄东漕事,治遂宁府,了翁"赴遂宁进士期集",并赠诗该年类省元。⑨次年知泸州,仅三月即因母丧返家。⑨后了翁免丧,知潼川府,旋于嘉定十四年招该年进士游似于府中读易,⑨并为新出炉的类省试合格者举行释菜礼。⑨

由此可知,魏了翁相当积极地与未来准官僚相结纳,而年轻士人也相当愿意与魏了翁相结,蒙其召谒,拜其门下。可想而知,鹤山书院学生在类省试的成就是最有效的吸引力。魏了翁的积极与士人的仰望,使魏了翁离开鹤山书院后,门生仍不断增加。加以魏了翁从嘉定六年再度仕宦一直到嘉定十五年被召入京,莅官之处皆在邛州附近。他在这些地方不断接触青年才俊,延纳门生,使鹤山学派日渐茁壮的同时,亦具有稳固的地域关联。

简言之,四川鹤山学派实由鹤山书院与类省试而勃兴。魏了翁开鹤山书院,招徕试子,运用鹤山书院学生在类省试的成绩奠定声望,再积极透过类省试接触青年才俊,吸收门生。以鹤山书院为起点,类省试为媒介,魏了翁在邛州邻近地区凝聚了深厚的影响力。

2. 宋廷制约蜀人

个人以书院、门生、科举为媒介、场域,而在士人网络、官僚网络产生巨大影响力,当然不可能是朝廷乐见的结果。而且魏了翁入京担任考官,他的门生依然透过科举晋身。嘉定十六年魏了翁任省试参详官，前述的蒋重珍与牟子才即在该年中第。牟子才早已是魏了翁门生，而蒋重珍也自称了翁门生。此后，魏了翁在朝历任数职，很快地在理宗宝庆元年由于黜济王事而被贬官，该年十一月落职靖州居住。与魏了翁齐名、友善的真德秀也同时遭斥。[97]

入京短短两年魏了翁就被贬官，长期七年，与权臣史弥远脱不了关系。属史弥远党的梁成大是史弥远的打手，穷追真、魏两人罪行，他曾经私下指斥"真德秀乃真小人，魏了翁乃伪君子，此举大快公论"。[98]当时的谏议大夫朱端常则弹劾魏了翁"欺世盗名，朋邪谤国"。[99]

观"公论"、"朋邪"之语，及朱端常该年其他奏疏、魏了翁文集，此事实关乎朝廷严待蜀士的立场。朱端常于该年正月上奏：

> "蜀士当得郡者，绍兴以前悉亲诣阙下，庙堂因得以审其人物而进退之。自庆元以来，非制可辟差，则驰牍干请。今欲除曾任太守有治效人外，必令亲到堂除授奏，事讫之任，次任与免。"从之。[100]

朝士提出严格审视将要担任地方官的四川士人，得理宗（或史弥远）认同。而魏了翁自述被劾，尝云：

> 会朱端常论予不食周粟，并及真希元与万里。于是一时同志者皆得罪。而蜀人无一立朝者，盖先是未有也。[101]

在魏了翁看来，理学"同志"与"蜀士"是这个事件的主要受害者，且后者受的伤害尤其严重。梁成大所谓"公论"虽不得宋以后史家认同，[102]但透过朱端常的上疏、用语以及魏了翁的自述，魏了翁和蜀士、理学家借由科举构成的势力早已遭忌。针对济王之事，以魏了翁为首的蜀人、理学家势力提出相近意见，自然愈不见容于朝廷，给予政敌攻击的口实。

从魏了翁的遭遇，即可以理解何以从嘉定五年《书鹤山书院始末》开始，魏了翁长期定调他的书院只是"取友四方"所用。一直到《靖州鹤山书院记》，魏了翁仍提出他只是希望在鹤山书院"聚书求友"，"将以质其所未信"。

魏了翁被贬靖州，象征他以科举为媒介、以书院为场域构筑和巩固的人际网络、门生纽带遭遇中挫。但这也是靖州鹤山书院问世之机缘。魏了翁持续吸引各地士人前来。其中一部分人成为鹤山门生。他们同样想要通过科举,进入宋朝皇帝的"彀"。

3. 靖州鹤山书院与全州的科举家庭

追官居住靖州两年后,魏了翁在住处附近筑屋数间,作为读书、友朋之所,"榜以鹤山书院"之名。⑩从魏了翁的文集可知,靖州时代的魏了翁撰写了许多赠答和请托文字,前文也谈到当时的魏了翁也拥有一些门人和请学者,往来者非常多。这对魏了翁的生计是有帮助的,他被贬后不久,举家数十口皆移居靖州。⑩虽然追官居住的处罚很轻,有时还享有俸禄,⑩不过数十口的压力并不小。那些对他有实质帮助的往来者是那些人呢?

魏了翁曾自云于靖州"多识全士"。⑩前文考述较宜列入鹤山门人的士人,有蒋公顺、滕处厚、虞𥘵是在魏了翁居靖州时相从,蒋、滕即是邻近靖州的全州人士。虞𥘵则是四川人,由于娶魏了翁女而至靖州,两家实为世交。考察蒋公顺与滕处厚的家世背景,可知他们也都出身科举家庭,而且父祖辈已受理学影响。这一点可能是他们在魏了翁落难时依然前往问学的因素。

蒋公顺的伯父蒋元夫"嗜学善属文,两请乡荐",而且曾游张栻与陆九渊之门。可能在这两位理学家的影响下,蒋元夫"作本宗谱系序",敬宗收族,"家风大振"。家族组织的出现,或使蒋公顺得以受伯父影响,往读书、中举发展。蒋公顺"壮岁即学举子业,精研义理之学",但可能未曾中第,遂跟随魏了翁,前后七年。大约在嘉熙初年,蒋公顺"为亲老求仕",两淮制置使别之杰遂使之担任幕职。别之杰与魏了翁有旧,蒋公顺或许得了翁之助。

滕处厚的舅父陶崇,是嘉泰二年(1202)进士,"历仕两广,召试馆职",从龙理宗。然而陶崇与史弥远不合,未有大用。⑩魏了翁曾识陶崇。滕处厚的另一位舅父陶薰则是嘉定七年进士,颇受程朱之学影响。陶薰逝世后,滕处厚请求魏了翁撰写墓志铭。可见滕处厚与舅氏关系密切。⑩滕处厚精于《春秋》,在全州地方颇具名气。不过,他"名动场屋,再请于乡",看来也未曾中第。然而这并不减弱滕处厚的进取之志,他仍广泛交接,而且"常满议论,慷慨好言天下事"。后来滕处厚谒见魏了翁，拜其门下，得了翁赏识，成为魏家子嗣的家庭教师。[109]

看来魏了翁遭贬谪时期，往来者少有靖州当地人。在靖州，魏了翁自述相往来者除了"旧友"，即资质、学问、进取心普遍比较普通的靖州士人：

> 某居靖二年，士风民俗，久益相宜。城东筑室数椽，为聚友读书计。士人虽闻见稍陋，然无利禄之诱，故质实近本；无纷华之说，故寡欲易足。……自谓庶几不虚是行矣！[110]

这是魏了翁到靖州两年，与该地士民往来后，对靖州民情风俗的描述。魏了翁感到靖州读书人识见较浅，但欣慰他们资质淳朴，不受利禄之心诱惑。虽然魏了翁描述了靖州士人之"长"，却更近似自我解嘲，安慰自己正面对和适应一个与四川不同的社会、文化环境。

根据现代学者统计，两宋靖州士人之科举成就甚微，与魏了翁之描述相符。全州士人之中第者则十倍于靖州，尤其在南宋时期呈倍数成长。[111]此一对比初步解释了魏了翁门生多来自全州，乏靖州本地人。拜了翁门下者来自己受理学、科举影响的全州科举家族。他们在地方上早有声望，仍职志仕进，以通过科举、显宦荐举为敲门砖。魏了翁身为一位著名的科举经师，也是有名当世的名宦，对全州地方士人而言很具吸引力。显然，已受理学浸染的科举，构筑了魏了翁贬谪靖州时期的生徒网络。

4. 复官后的魏了翁与四川进士

绍定四年六月，宋理宗诏魏了翁与真德秀恢复原职。同年秋天，魏了翁离开靖州返乡，次年三月抵达蒲江。魏了翁到绍定六年才赴任泸州知州，并在端平二年六月抵京担任礼部尚书。魏了翁虽然此前被贬谪长达七年，但返四川期间的事迹显示，他仍是四川士人的代表人物。在魏了翁居家休息之时，四川士人刊刻各种理学著作，请魏了翁作序。[112]魏了翁赴任后也一如以往，接触新科进士、招徕门生。税与权正是在这个时候"执经从之"。[113]魏了翁还推荐数位待注授的蜀士，他们都是科举考试的佼佼者。魏了翁提出宋廷优待类省元与高第进士的旧例，要求朝廷征用他们进入中央政府。[114]

这些几位四川士人是类省元文复之、潘允恭、王辰应以及杨栋。他们与魏了翁多少存有私交。如王辰应,潼川府人,他是嘉定十三年进士。[⑩]当时魏了翁正担任潼川知州,为王辰应等类省试合格者举行释菜礼,并邀请他们观礼。[⑩]杨栋与潘允恭都是眉州人、绍定二年进士,[⑪]潘允恭则是类省元。杨栋乃杨汝明从子,而杨汝明实了翁友人。杨栋与潘允恭在魏了翁嘉定年间知眉州时都只是年轻士子。虽不清楚文复之与嘉定年间魏了翁任官四川各地是否已有接触,但可以确定的是,魏了翁复官后,闻文复之挟类省元之衔却待官于家,首先邀请文复之到泸州五峰书院讲学,再上书要求朝廷擢用。[⑱]

当时的魏了翁只是一路长官,要求朝廷举用蜀人为京官,连魏了翁自己也感到有些不妥。因此魏了翁在推荐三名类省元的上疏附上贴黄,强调自己乃是"循名按例",绝对不是"逾分妄请"。虽然魏了翁只是就官守职司言此事,却不能掩饰他对荐引蜀士的忧虑。[⑲]

尽管魏了翁有自清之言,却免不了因蜀士问题而遭受伤害。魏了翁在端平元年泸州知州任上举荐上述四人,次年六月抵京任礼部尚书,旋诏兼直学士院,草拟内命。四个月后,魏了翁立刻遭到攻击。侍御史李鸣复上书:

> 侍从乘机荐引,无非亲戚故旧之私。随事献替,实有党同伐异之意。高谈正论,满腹私情,似足以乱真,邪足以胜正。

魏了翁见李鸣复此言,认为所指关己,上书请辞,并大力辩驳:

> 臣自蒙召除,亦拟荐人报国。乃闻去岁蜀士庙堂访问,各引其私,以误差除,因此取轻于宰执。故臣半年之间,宁负蔽贤之媿,未尝辄荐一人者以此。陛下问之宰执,则知臣尝荐何人。[⑳]

魏了翁举荐文复之等四人虽早在抵京"侍从"之前,但"去岁蜀士"或许正指文复之等人。事实上李鸣复亦蜀人,但他极为不满四川贵要、权势之家非法占据科举前列。[㉑]据此,四川士人在朝廷构成的势力,必遭李鸣复忌视。魏了翁复官随即荐举蜀人,虽附上说明只是循例,却不可能为李鸣复之流接受。无论李鸣复之言是否真有其事,或魏了翁举荐文复之等人是否为他带来困扰,四川士人的相结持续造成魏了翁的困扰,从魏了翁对此事的反应也可以感到，魏了翁对于朝士攻击此种情况感到忧惧。

此后，魏了翁出督江淮兵马两个月。不少史家认为魏了翁督军马乃朝中小人排挤之策。襄阳陷落，魏了翁卸下军务，朝廷数度给予各地帅臣长官之职。魏了翁再也没有回到朝廷。不久，嘉熙元年三月，魏了翁在门人的照顾下拱手逝世于苏州。⑫

5. 小结

综合本节以上的讨论，鹤山学派之兴，实借由科举考试。根据魏了翁自述，原始的鹤山书院只是居处名称，由于魏了翁接受卜算者的预言与建议，招徕试子学习时文，他们在南宋的四川特殊科举考试——类省试获得巨大成功，鹤山书院遂声名远播，吸引大量士人前往，规模大为扩张。魏了翁离开鹤山书院，则继续透过类省试接触四川的青年才俊，进而吸收门生。类省试为鹤山学派成形、崛起之一大机括。

然而，魏了翁以类省试为媒介构筑的蜀士网络，也导致魏了翁遭受攻击、贬谪。首先是宝庆元年，魏了翁被指控"朋邪谤国"，落职靖州。魏了翁在靖州依然建立鹤山书院，作为读书友朋的场所，同时也有附近士人登门拜师，他们都是职志参与科举的全州士人。已受理学浸染的科举，持续构筑魏了翁贬谪靖州时期的生徒网络。魏了翁晚年复官，回到四川，他依然透过类省试结交、延纳优秀的四川士人，甚至为他们发声。同样的，魏了翁再度因此遭遇困难，他仕宦生涯的最后一页依旧困顿。

四、魏了翁逝世后的鹤山学派

魏了翁逝世后，以他为中心的鹤山学派有几项不利因素。首先是门生早逝、卑官。不长寿的鹤山门人，甚至比魏了翁还早撒手人寰。即使长寿，却又官位低微，在学术上的贡献也很有限，或者不受重视。其次是1230年蒙古入侵四川，造成严重破坏。这对以类省试、蜀士为基础的鹤山学派是一大打击。许多四川士人家族移民到东南方，尽力结纳新居地的士人阶层，透过各种方式、策略维持声望和家族发展。[123]幸存的鹤山门人亦然。他们即使宣扬师说，多元的生存策略仍逐渐掩盖了师承鹤山的荣耀。

1. 早逝的史守道、王万

前文考订的鹤山门人中，王万最为早逝，魏了翁甚至来得及撰写他的墓志铭。王万逝于端平元年。他一度与魏了翁同朝为官，但在魏了翁被贬靖州时，王万一同逢难。之后王万复官，历宦四川各地，死于治所。王万的子嗣继承衣钵，一为国子生，一者"贡于乡"，仍是地方上的儒学家族。

史守道虽不宜列为鹤山门人，但他至为尊信了翁之学，与了翁维持了长期的友好关系，颇为谦冲，因而在此一并论之。史守道比王万还早逝。根据魏了翁所写的史守道墓志铭，嘉定十三年守道将入京殿试，"忽以疾卒"。史守道的著述非常多，遍及各种经书的研究和宋朝史事。虽然史守道未曾为官，不过其族在地方上应该也是名儒。如史守道本人有大量著述，遍及各种经书的研究和宋朝史，合计超过三百卷。而史守道的族人也致力于在四川刊印理学著作。曾到江南地区游历的史守文，因拜谒黄干门生，而得朱熹的重要著作，遂带回四川刊行，请魏了翁撰写序文。[124]

史守道与王万的类省试成绩卓著，而家族成员仍致力于学术、科举，他们看起来仍是鹤山学派的后继者。尤其王万与魏了翁都是蒲江人。然而，蒙古入侵四川可能破坏了他们的家族基础。在今天很少看到两家的史料。

2. 官位不显、局促两湖的滕处厚与蒋公顺

滕处厚、蒋公顺两人在魏了翁之后依然活跃，但局限在两湖地方。在官守方面，滕处厚担任过柳州、潭州军职。蒋公顺也曾任军职与地方佐贰官。蒋公顺晚年本有县令之命，然未赴而卒。在著述方面，滕处厚精于《春秋》，震慑邻里，但没有著作传世。蒋公顺则有大量著述。蒋公顺曾撰写先人家传，"以扬潜德"，显然相当注重家族声望的延续；亦有"师友辩订、微言奥论，凡千余纸"，据此亦可知蒋公顺也很重视与师友往来论学之记录，与魏了翁有关的部分应当不少。可惜这些著作大部分毁于兵火。在交游方面，目前仅知滕处厚曾经在潭州拜见宋末名臣李曾伯。蒋公顺的交游讯息则待考。

蒋公顺与滕处厚在两湖地方应该名望不低，他们的恩师如此烜赫，自己也有所长。然而两人各种活动都局限在两湖地方。明朝人编写方志，列蒋公顺于该地宋代儒林之首，称蒋公顺的学问"山斗一方"。虽是很好的评价，但也可以从中看到，蒋公顺的学术、经历只在两湖地区非常著名。滕处厚也是一样的情况。同时目前也缺少他们和其他鹤山门人往来的资料。显然，蒋公顺与滕处厚的地方名望，对鹤山学派的延续并没有帮助。

3. 勤于著述、发扬师说的税与权

税与权是四川人，在魏了翁晚年随侍在旁。因此税与权避开宋蒙四川战争，迁居到东南地方。税与权也和滕处厚、蒋公顺一样，寿命较长、仅居小官，但税与权尽力宣扬师说，借着著书与彙编魏了翁之作，持续和魏了翁的族人与学友维持联系，并宣传魏了翁的学问特殊之处。透过编纂魏了翁对经典的见解如《周礼折衷》，得到了翁族子的帮助；⑫记录在魏了翁身边所闻见的轶事，编订了《鹤山师友雅言》，则请当时知枢密院事兼参知政事的游似撰写序文。⑫这两部书后来被编入四川版的魏了翁全集，⑫迄今仍是最完整的魏了翁文集。税与权功不可没。税与权自行著有《易学启蒙古经传》，亦得游似之助。

税与权往常在上述各种著作的序文、跋文盛称魏了翁对他的影响，并针砭时人读书之弊病。例如，税与权疾呼的正确读书方式，称是魏了翁的教诲与启迪。他在数篇序跋文反复申说这些论点，再商请当时居高位的游似撰写数篇序文。这可说是税与权提倡魏了翁之学的方式，同时也为自己的著作奠定学术基础。⑫正是这些作为，后人愿意给予税与权"究心理窟，为世儒宗"的评价。⑫

不断汇集魏了翁之作，让税与权成功的和诸多名士交往，他们通常也和魏了翁有关联。不过，鹤山之学之外，苏东坡在元祐三年所作的春词帖发挥了更大的作用，让税与权和子嗣持续跻身于士大夫阶层。苏东坡的书帖在宋元时期乃至于今天都是很珍贵的宝物。税与权偶得此物，许多前来观览的士人留下跋文。他的子嗣也继续这样做。除了税与权的跋文，该帖共有十五篇跋文，集中在淳祐三年和延祐年间。⑬其中一篇正是魏了翁尽力举荐的王辰应所作。元朝士人所写的跋文，尚提到税与权和魏了翁的师生关系，以及税与权编《师友雅言》之事。可以想见,这是税与权在东南方致力于撰述有关魏了翁的著作的影响。

4. 牟子才的声望与牟氏家族的发展

如前述,牟子才很早就跟随为魏了翁读书,他登第时的考官也是魏了翁。牟子才出仕后,虽与宋廷权臣斗争而被外放州郡多时,但是正如明人李濂所云,牟子才复起后,官礼部尚书兼崇政殿说书,又再为翰林学士,"不可谓不遇也"。[131]在教育后进方面,持续有士人登子才之门请学,或执弟子之礼,牟子才名望可见一斑。[132]在鹤山门人中,牟子才是较显赫的一位。

牟子才在魏了翁逝世前就居住东南,并在杭州、湖州建立家乡神只"梓潼"庙,[133]逐渐落地生根。后来牟子才举家居住在湖州,避开四川战争。在新的居住地,牟子才持续与魏了翁的学术网络联系。他的墓志铭由高斯得撰写,是最好的证明。[134]到了元代,仍有士人提出牟子才师事魏了翁是牟氏之学的起源。然而,牟子才个人为官事迹逐渐成为牟氏的象征,师承渊源渐少被提起。

牟氏受到元代南方士人尊重,和牟子才师事魏了翁有关。元人程端礼有云:

> 盖蜀自汉,已能以文擅天下。……一变于苏氏,再变于魏文靖公。文靖学程朱学,硕大光明,掩前闻人。清忠则学于文靖者也,又能以其践诸躬者格其君。自朝廷官掖、贿相、权奸、宦官、宫妾,言人之所不能与所不敢,其君不改不止也。故终理宗世,宋能以危为安。且未尝高谈性命而略事功,未尝有意为文人之文而文特妙。所谓蜀文变而益美者欤!此有志之士愿为执鞭而不可得者欤!

程端礼认为蜀之学以魏了翁习程朱之学为转折点,魏了翁因而掩盖了此前的蜀地名士。牟子才正是向魏了翁学习的优秀士人,而且在朝敢言,稳定宋廷,建立事功。这段话指出,牟子才承续了以魏了翁为转折点的蜀学变革,但是也刻意强调牟子才事功的烜赫。程端礼接着说自己有幸认识牟子才后人,深深感到:

其学一再传而益粹,著述行学者。涖官行己,具有本末,二百年文献之族,孰与为比![136]

在程端礼看来,牟氏家族的光辉接续着牟子才以来的事功。元人提及牟氏,必以牟子才的高节为始,牟子才因为在宋朝与权臣奸逆抗衡而受后人称道,师事魏了翁的故事,已经不是那样重要。

更多的元代士人从牟氏先人的立朝大节开始谈论其家之显荣,当他们谈论这个家族的学问与文名,也转而从牟子才开始。如揭傒斯赠诗给牟应复(字景阳),题云:

陵阳牟景阳以名祖父之子孙,负奇材劲气,而与世抹杀。自合州教授入掾翰林,一语不合,竟弃去不顾。以诗为别。[137]

元代著名的士大夫虞集为牟应龙撰写墓志铭,提到牟𪩘与牟应龙的经学,亦在家学的框架之内:

父子之间,计论经学,以忠孝道谊相切劘,若师友然。自大官显人,过吴兴者,必求大理公(按:指牟𪩘),拜床下,得一言而退,终身以为荣。而先生(按:指牟应龙)以元子侍左右,见者感服,一以为师焉。[138]

尽管魏了翁之名望在十三世纪是那样的显赫,而牟氏迁居东南之后,也有著名的士人尚提出牟氏之学术渊源其实是经由魏了翁转变的蜀学,才开始谈论牟氏的盛名,然而牟氏的学术名望却逐渐和魏了翁没有关系。牟子才的事迹揭示这个家族的光荣,子孙学问和文章的盛名,也来自家学的烘托。鹤山之学与井研牟氏的关联,在元代日渐淡化了。

史绳祖标榜朱熹之学、洙泗之旨

史绳祖也是迁居东南的鹤山门人中较显赫的一支,不在牟子才之下。史绳祖以荫入仕,历任多职,官场生涯的前半段皆于四川任官。嘉熙元年,魏了翁逝世前后,刚好开启史绳祖宦海浮沉的后半段,开始在江西与京畿供职。[139]当时他从四川、荆湖制司被召入京担任尚书,年余而除直宝章阁、提举江西常平茶盐。之后史绳祖多任京官。[140]

任官之余,史绳祖也从事讲学,在湖南澧阳以及晚年所居的浙江衢州都

有讲学的记录,今天仍可以知道几位门生的姓名。明人袁中道路过湖南澧
阳的竹林观(即寇准祠),有云:

> 宋南渡后,孟忠襄经署荆土,蜀士来依者多居此祠。淳祐中,眉山
> 史庆长名绳祖来此讲学二次。绳祖即著《学斋占毕》者也,极博洽。⑭⑩

史绳祖在澧阳的讲学对象应以四川人为主,因为该地正是蜀人的聚集
地。不过目前所知史绳祖的门人、学友则只与衢州有关,他们可能都是任官
衢州时登史绳祖之门,与史绳祖"研究先儒性理之学"。⑭⑪

史绳祖在东南地区依然自称鹤山门人。在《学斋占毕》里,史绳祖经常
提到跟从"先师"魏了翁学《易》。魏了翁的神道碑亦由史绳祖执笔。⑭⑫或许
受此影响,晚宋士人更认为史绳祖是魏了翁以来唯一一位出身四川的"堂堂
人物"。⑭⑬

史绳祖持续仕宦、讲学,也自诩鹤山门人,旁人亦作如是观,看来在魏了
翁逝世之后,史绳祖具有很好的条件以传播魏了翁之学。然而史绳祖的门
生,则标榜师门所承为朱熹之学。史绳祖的门人郭困为《学斋占毕》所写的
跋文,相当凸显史绳祖与朱熹的关联:

> 学斋先生无书不读,读而有所疑则思,思而有所得则录,名之曰"占
> 毕",所以惠后学者至矣。然岂先生自为之说哉? ……一以紫阳夫子之
> 书为证。先生学紫阳者也! 紫阳之诲人,曰学、问、思、辨,四者皆所以
> 穷理。先生此书,其学、问、思、辨而穷理者欤! 学者其即是书而求先生
> 之心,因先生而求紫阳之心。⑭⑭

郭困认为《学斋占毕》具体化史绳祖为学的方方面面,从中可以发现史
绳祖之问学呈现了朱熹之教,也就是"学、问、思、辨"的原则,史绳祖倚此而
穷理,实为"学紫阳者也"。因此,读《学斋占毕》可以求得史绳祖之心,也可
以凭此而求得朱熹之心。

比附史绳祖于朱熹的学术传统,显然是郭困的意图,事实上,史绳祖可
能很早就有这样的构思,他把朱熹、黄榦与自己的著作编辑在一起,正是一
例。朱熹之子赠魏了翁朱熹《孝经刊误》手稿,魏了翁刊行后,史绳祖向他索

取,欲加以注释。史绳祖取得《孝经刊误》,将这本书和黄榦《孝经本旨》以及
自己的《洙泗论孝》合为一书。朱熹之作刊误,乃是认为当时所见的《孝经》
已经掺入了其他文本,并非古本,因而加以辨析。⑯黄榦的《孝经本旨》则是各
种经传"言及于孝者"的汇编。⑭

史绳祖的企图是非常远大的,把这三部书合为一书,其意义显而易见:
朱熹刊误《孝经》,黄榦集结儒家经典论孝的章节,由史绳祖总结《孝经》的原
始意义,论定"洙泗"孔孟圣人的孝道理论。在这个脉络下,史绳祖宛如集结
朱熹与黄榦《孝经》学说之大成,继承成果、发扬光大。

史绳祖子孝祥,撰写史绳祖墓志铭,则描述史绳祖为探溯圣人真理的
大儒:

> 先生抱道韫德,六经与稽,蚤亲哲师,自作元命。□洙□□以底圣,
> 则穷神明之奥以谍其赜,探事物之理以致其知,玩阴阳之变以研其机,
> 溯圣贤之归以充其诣。著书立言,劬身徇道,秦汉以后之学不道也。

史孝祥虽然提到史绳祖"蚤亲哲师",但辅以郭囦《学斋占毕》跋文与史
绳祖刊行《洙泗论孝》之例,所谓"哲师"可能指朱熹而非魏了翁。在史孝祥
笔下,史绳祖之学探究、宣扬先秦诸子的真理古道,与任何理学传统都没有
关系,这比起郭囦的跋文所述,或史绳祖合刊《孝经》诸书的企图又跨出一大
步。史孝祥胪列的史绳祖著作目录,包罗万象,对四书五经的讨论与独见都
有成书,宛如试图穷尽整个儒家传统,极具气魄。⑰无论朱熹或魏了翁,完全
被抛在脑后了。

5.小结

税与权勤于整理魏了翁的讲学著作,积极发扬师说,促成完整的魏了翁
文集之问世,贡献卓著。不过,在今天看来,牟氏、史氏则是魏了翁的门生
中,最具盛名也是最有条件可以光大鹤山之学的两支。然而,牟氏的家族策
略与史氏的儒学志向,使他们没有选择这条道路。他们采取的模式应该都
是对家族发展最有利的策略。滕处厚、蒋公顺无问是官位或学术成果皆局
促一方,未能跨出两湖。史守道极为尊信了翁之学,亦为地方书香世家的一
分子;王万科第成就卓越,更曾经与了翁依同在朝为官,后来至少也一直担

任四川地方官员。但两人却都早逝,后裔或受四川战争之摧残,于鹤山学派
亦无助益。

五、余论

揆诸鹤山学派之形成基础,实是魏了翁个人透过类省试结纳四川地区
的优秀士人,从而不断地吸收门生。鹤山书院则是最初的据点。魏了翁逝
世,加以四川陷入宋蒙战争,鹤山学派的基础完全崩毁。流寓东南的鹤山门
人纵然有弘扬师说之志,世人也还记得他们与魏了翁的师承渊源,然而他们
或力有未逮,或时势与理想驱使他们用其他的策略荣耀自己。

魏了翁运用类省试构筑人际网络,也为他带来诸多麻烦。南渡后的宋
廷颇猜忌蜀士。魏了翁因此而遭难罹祸。这一点也压缩了鹤山学派的发展
性。魏了翁贬谪靖州长达七年,来访者虽众,可考的入门者并不多。复官后
在四川有税与权跟随,在东南方则有许月卿受学,然而这已是魏了翁生涯的
最后一幕。

元文宗年间,魏了翁的后裔魏起,慨言魏了翁家学之不传:

> 起所思念者先文靖之绪。而乱离以来,其门生学者,死亡已尽,无
> 能有所发明。而起生晚而力薄。先世坠绪,不绝如发,此所以朝夕兢
> 惧,如履春水而凭秋涛也。[148]

魏起之言,固然是比较魏了翁与元朝尊崇的两宋九儒后裔的待遇,而心
有不平,恳请元廷重立鹤山书院。然而,有鉴于鹤山学派在魏了翁逝世后的
不利情况,其语殆非虚言。

从宋末开始,已有士人并称魏了翁与真德秀,肯定二者不分轩轾。[149]元末
明初的士大夫王祎亦上书请求明太祖入祀真德秀与魏了翁于孔庙。[150]不过,
黄宗羲认为"鹤山之卓荦,非西山之依门傍户所能及";[151]全祖望则直云真德
秀"晚节何其委蛇也"、"宋史亦有微辞"。[152]

尽管如此,在元明两代,魏了翁的身后殊荣却一直比不上真德秀。至正

二十二年元廷接受金华士人的请求,肯定真德秀"接道统之传"、"发先儒之秘",升真德秀为"福国公"。⑱明朝正统二年,真德秀从祀孔庙。⑲于魏了翁,元明政府仅是数度恢复鹤山书院而已。至清世宗雍正二年,魏了翁终于从祀孔庙。⑳魏了翁与真德秀之轩轾,本文固不敢论。然观魏了翁于南宋时之名望孚众,以及黄宗羲与全祖望语,雍正帝之举算是给魏了翁一个公道吧。

注释:

①参见吴渊(1190—1257)撰写的宋刊本《鹤山先生大全文集》前序。《国立中央图书馆善本序跋集录·集部》(国立中央图书馆1992年版),第566—567页。

②参见吴潜(1196—1262)撰写的宋刊本《鹤山先生大全文集》的后序。

③Conrad Schirokauer, "Wei Liaoweng," in RoutledgeCurzon encyclopedia of Confucianism (London;New York:Routledge Curzon,2003), pp. 652—653.

④李范鹤:《魏了翁的先贤谥号奏请和理学官僚的登场——确立道统的政治史意义》,葛志毅主编:《中国古代社会与思想文化研究论集》(黑龙江人民出版社2007年版),第145—166页。

⑤ James A. Anderson, "Heshan xuepai", in Routledge Curzon encyclopedia of Confucianism,p. 258.

⑥吴光:《〈宋元学案〉成书经过、编纂人员与版本存佚考》,《杭州师范学院学报(社会科学版)》2008年第1期,第7—16页。

⑦连凡:《黄百家の〈宋元学案〉编纂について》,《中国哲学论集》(2010),第80—84页。

⑧《宋元学案》卷八〇,第2650页。

⑨彭国翔:《黄宗羲佚著〈理学录〉考论》,田浩(HoytTillman)主编:《文化与历史的追索:余英时教授八秩寿庆论文集》(台北:联经,2009),第185—243页。

⑩彭国翔:《黄宗羲佚著〈理学录〉考论》,第222—224页。

⑪彭国翔:《黄宗羲佚著〈理学录〉考论》,第193页。

⑫张艺曦:《史语所藏〈宋儒学案〉在清中叶的编纂与流传》,《史语所集刊》80:3(2009),第451—506页。

⑬《宋儒学案》卷六五,第1a—1b页。

⑭《宋儒学案》卷六六,第19b页。

⑮《宋元学案》卷八〇,第2647—2650页。

⑯游似见《宋元学案》卷七九,第2643页;许月卿见卷八九,第2973页;张端义见卷七四,第2503页。

⑰《宋元学案》卷八九,第2970页。

⑱《宋儒学案》卷七八,第1b页。

⑲《宋元学案》卷七九,第2643页。

⑳《宋儒学案》卷六六,第18a—18b页。

㉑《宋儒学案》卷六六,第14a—14b页;《宋史》卷四三七,第12966页。

㉒《宋儒学案》云吴泳"所著有潼川集",《宋元学案》则改正为"鹤林集"。另外,《宋儒学案》云牟子才为"嘉定进士",《宋元学案》补上牟子才中第年份,作"嘉定十六年进士"。见《宋儒学案》卷六六,第14a—14b页;《宋元学案》卷八〇,第2678—2679页。

㉓吴泳的第一封《与魏鹤山书》称了翁为"校书",知道该信的时间为了翁离开朝廷,居乡开办鹤山书院之时。换言之,当魏了翁居乡开办鹤山书院,吴泳已与魏了翁书信往来。吴泳:《鹤林集》卷二八,第1a—2a页,《与魏鹤山书》。

㉔虽不能肯定吴泳何时到鹤山书院,但可以肯定,吴泳在嘉定四年冬天,魏了翁复出任官之后才离开。吴泳:《鹤林集》卷三四,第14b—15a页,《段圣可墓志铭》。

㉕吴泳:《鹤林集》卷二八,第2a—4b页,《与魏鹤山书》(第二封)。

㉖《宋元学案》卷八〇,第2678页。

㉗《宋元学案》卷七九,第2643页。

㉘游似:《鹤山师友雅言序》:"尚忆嘉定十有四载,余方家居,公致之潼川郡斋,同诸友读易,偏考旧说,切磋究之。一日,言前辈赋雪诗,欲为人所未尝道者。今观其语,亦岂人说所不能道,若周濂溪无极太极,乃前无古人耳。余因及往岁侍后溪先生,先生谓刘侍郎招美,劝阅注疏,以为不先此而立论,恐徒高明而不实。公深然之。及公在渠阳,大肆其力于经,如注疏率三四读且钞成编。……"该序收录在,纪曾荫:[乾隆]《蒲江县志》卷三,第31a—32b页。

㉙《宋儒学案》卷六六,第14b页。

㉚"学于魏鹤山,又从李公晦"。《宋元学案》卷八〇,第2679页。

㉛《宋史》卷四一一,第12355页。

㉜牟子才条有一句"上嘉奖之",在明朝,此类前朝语当改为"宋帝"或庙号。显然,《湖州府志》直接引用了牟子才的墓志铭,才沿用了宋时用语。参见陈顺:[成化]《湖州府志》卷一九,第2b—3a页。

㉝陈颀:《湖州府志》卷一一,第13b页。

㉞魏了翁:《鹤山先生大全文集》(四部丛刊本)卷七八,第13b—16a页,《宣义郎致仕牟君墓志铭》。

㉟《宋元学案》卷八〇,第2682页;魏了翁《鹤山先生大全文集》卷八二,第10a—12b页,《故迪功郎致仕史君孟传墓志铭》。

㊱魏了翁:《鹤山先生大全文集》卷八三,第11a—13b页,《程叔运墓志铭》。

㊲林富:[嘉靖]《广西通志》卷四七,第1a—1b页。

㊳魏了翁:《鹤山先生大全文集》卷一九〇,第28a页。

㊴魏了翁:《鹤山先生大全文集》卷七八,第16a—18b页,《欝林州佥书判官陶君墓志铭》。

㊵魏了翁把蒋公顺"始终相从"之事写在赠予虞兟诗作的注脚。魏了翁:《鹤山先生大全文集》卷一一,第12b页,《和虞退夫见贻生日诗韵》。

㊶《宋儒学案》卷六六,第17b—18a页。

㊷税与权:《鹤山师友雅言》,卷首序文。

㊸即《周礼折衷》。"天官"部分有魏了翁的发明,其他通是税与权的著作。该书堪称师徒合著。见陈振孙(1183—1261),徐小蛮、顾华美点校:《直斋书录解题》(上海古籍出版社1987年版)卷二,第46页。

㊹税与权:《易学启蒙小传》,卷首序文。

㊺宋末元初隐士俞琰的《读易举要》和前引陈振孙的《周礼折衷》条目皆如是说。见俞琰:《读易举要》(四库全书本)卷四,第42a页。

㊻林富:[嘉靖]《广西通志》卷第四七,第12b—13a页。

㊼魏了翁:《鹤山先生大全文集》卷七八,第16a—18b页,《欝林州佥书判官陶君墓志铭》。

㊽《宋儒学案》卷六六,第18b—19b页。

㊾魏了翁:《鹤山先生大全文集》卷六三,第5b—7b页,《跋司马子巳先后天诸图》。

㊿魏了翁:《鹤山先生大全文集》卷三三,第15b—17a页,《答蒋得之》。

(51)《宋儒学案》卷七八,第1a页。

(52)《宋元学案》卷八九,第2970—2971页。

(53)《宋元学案》卷八九,第2973—2974页。

(54)许月卿:《先天集》卷二,《李太安人行状》,第2a—4a页。

(55)《先天集》附录下,许飞:《宋运干山屋先生行状》。

�见《先天集》卷末,《山屋许先生事录》。

�魏了翁:《鹤山先生大全文集》卷七三,第3a—5a页,《顾夫人墓志铭》。

㊳史能之:《重修毗陵志卷》卷第一七,第21a—21b页。

㊳陆文圭:《墙东类稿》卷一〇,《跋蒋良贵梅堂竹亭二记》,第5a页。

㊿《宋元学案》卷八〇,第2685页。

㊏魏了翁:《鹤山先生大全文集》卷七二,第1a—3b页,《绵州教授承奉郎致仕唐君季乙墓志铭》。

㊏《宋元学案》卷八〇,第2685页。

㊏《魏了翁年谱》,第332—333页。

㊏虞㳠:《魏鹤山遗陈深父子书跋》。

㊏虞㳠:《字通跋》。

㊏《宋儒学案》卷六六,第19b页。

㊏史绳祖:《学斋占毕》卷四,《禹直鼎卦》。

㊏《宋元学案》卷八〇,第2686—2687页。

㊏《宋元学案》卷八〇,第2678页。

�❼郭黄中的父亲可能以荫入仕,后官于汉中,统兵御边。郭氏家族有不少成员一起到汉中赴任,因嘉定晚期的宋蒙战争而几乎灭族,郭黄中是少数的幸存者。魏了翁:《鹤山先生大全文集》卷八二,第1a—5b页,《故太府寺丞兼知兴元府利州路安抚郭公墓志铭》。

㊑魏了翁:《鹤山先生大全文集》卷三六,第2a—3a页,《答巴州郭通判》。

㊑魏了翁:《鹤山先生大全文集》卷八一,第12b—13a页,《朝议大夫知敍州魏公》。

㊑魏了翁:《鹤山先生大全文集》卷八六,第2b—7b页,《太常博士知绍熙府朝散郎王聘君墓志铭》。

㊔魏了翁:《鹤山先生大全文集》卷九二,第25b—26a页,《赠王彦正》。

㊕刘宰:《漫塘文集》卷二四,《书叶元老渠阳送行诗卷后》。

㊖魏了翁:《鹤山先生大全文集》卷三五,第12b—13a页,《答湖北李运使》。

㊗魏了翁:《鹤山先生大全文集》卷五,第8b—10a页,《送吴门叶元老归浮光》。

㊘《宋元学案》卷五九,第1934页。

㊙周必大:《平园续稿》卷一五,《书匹纸赠许玠介之》。

㊚魏了翁:《鹤山先生大全文集》卷三四,第12a—12b,《答许介之解元》。

㊛张端义:《贵耳集》卷上,第20页。

⑧2 魏了翁:《鹤山先生大全文集》卷六三,第 8a—8b 页,《跋三传祠记行状》。

⑧3 《魏了翁年谱》,第 151—153 页。

⑧4 魏了翁在《赠王彦正》中首云嘉定二年返乡之事,末则有云"凡此皆余一岁间身履而目击者"。以下引《赠王彦正》,见魏了翁:《鹤山先生大全文集》卷九二,第 25b—26a 页,《赠王彦正》。

⑧5 廖咸惠:《体验"小道"——宋代士人生活中的术士与术数》,《新史学》20:4,第 1—58 页。与魏了翁有关的部分,参见该文 37 页。

⑧6 祝尚书:《论南宋的四川"类省试"》,《四川师范大学学报》2003.9,第 128—135 页;穆朝庆:《论南宋科举中的"类省试"》,《中州学刊》1987.6,第 117——120,129 页。

⑧7 裴淑姬:《南宋四川的类省试及其授官、考官的特点》,何忠礼主编:《南宋史及南宋都城临安研究》,第 932—952 页。

⑧8 de Weerdt, Competition over Content: Negotiating Standards for the Civil Service Examinations in Imperial China (1127—1279), Cambridge, Mass. : Harvard University Asia Center: Distributed by Harvard University Press, 2007.

⑧9 魏了翁:《鹤山先生大全文集》卷三八,第 1a—3b 页,《成都府学三先生祠堂记》。

⑨0 蔡东洲:《安丙家族考论》,《文献季刊》2004.10,第 244—260 页。与魏了翁有关的部分见第 256—257 页。

⑨1 《魏了翁年谱》,第 165 页。

⑨2 《魏了翁年谱》,第 175 页。

⑨3 《魏了翁年谱》,第 197—198 页。

⑨4 《魏了翁年谱》,第 202—203 页。

⑨5 《魏了翁年谱》,第 226 页。

⑨6 魏了翁:《鹤山先生大全文集》卷九八,第 13b 页《进士题名大成殿舍菜文》。

⑨7 此事参见陈邦瞻(1598 进士):《宋史纪事本末》卷九五,第 1060—1061 页。

⑨8 《宋季三朝政要》卷一,第 5b 页。

⑨9 《宋史》卷四三七,第 12968 页。

⑩ 李之亮点校:《宋史全文》卷三一,第 2135 页。

⑩1 魏了翁:《鹤山先生大全文集》卷八六,第 2b—7b 页,《太常博士知绍熙府朝散郎王聘君墓志铭》。

⑩2 后事史书提及此事,多指出"识者非之"或"笑之",显不认为梁成大之语可信。在宋代有《宋季三朝政要》,元代的《通鉴续编》、《钱塘遗事》,明代的《宋史纪事本末》皆然。

⑩魏了翁:《鹤山先生大全文集》卷四七,第1a—3b页,《靖州鹤山书院记》。

⑭魏了翁:《鹤山先生大全文集》卷三四,第10b—11a页,《答丁大监》。

⑩金强:《宋代岭南谪宦研究》(暨南大学博士论文,2004),第25页。

⑩魏了翁:《鹤山先生大全文集》卷七八,第16a—18b页,《郁林州金书判官陶君墓志铭》。

⑩林富:[嘉靖]《广西通志》卷四四,第20a页。

⑩魏了翁:《鹤山先生大全文集》卷七八,第16a—18b页,《郁林州金书判官陶君墓志铭》。

⑩林富:[嘉靖]《广西通志》卷四七,第12b—13a页。魏了翁的《答熊教授》也提到自己延请滕处厚。魏了翁:《鹤山先生大全文集》卷三六,第17b—18a页,《答熊教授》。

⑩魏了翁:《鹤山先生大全文集》卷三四,第1a页,《答林知录》。

⑪根据贾志扬(John Chaffee)的统计,北宋时代的靖州仅有一名进士,全州有九名。到南宋,靖州有两名,泉州则有二十二名。见贾志扬:《宋代科举》,第291—292页。

⑫《魏了翁年谱》,第360—361页。

⑬税与权:《鹤山师友雅言》,卷首序文。

⑭魏了翁:《鹤山先生大全文集》卷二四,第13b—16a页,《荐三省元奏》。

⑮《南宋馆阁续录》卷七,第23a页。

⑯魏了翁:《鹤山先生大全文集》卷九八,第13b页,《进士题名大成殿舍菜文》。

⑰《南宋馆阁续录》卷九,第5a—5b页。

⑱魏了翁:《鹤山先生大全文集》卷二四,第13b—16a页,《荐三省元奏》。

⑲魏了翁:《鹤山先生大全文集》卷二四,第15a—16a页。

⑳魏了翁:《鹤山先生大全文集》卷二五,第5a—8b页,《再乞祠奏状》。

㉑李鸣复:《论取士宜师宋高宗家法以进鲠直疏》,收录在《宋代蜀文辑存》卷八一,第17a—18b页。

㉒《宋史》卷四三七,第12970页。

㉓Paul J. Smith,喻满意译,《流寓策略中的家族、同乡和身份团体联系——1230—1330年间蒙古人入川和四川菁英的流徙》,收录在张国刚、余新忠主编:《新近海外中国社会史论文选译》(天津古籍出版社2010年版),第16—45页。

㉔魏了翁:《鹤山先生大全文集》卷五五,第7a—7b页,《朱文公五书问答序》。

㉕税与权:《周里折衷序》。

㉖游似:《鹤山师友雅言序》。

⑫见宋刊本《鹤山先生大全文集》诸序文。

⑫税与权:《周易古经跋》。

⑫张澍:《蜀典》卷一二,第2a页。

⑬李日华、屠友祥校注:《味水轩日记》(远东出版社1995年版)卷九,第538—542页。

⑬李濂:《嵩渚文集》卷七三,第6b—7b页,《跋赵松雪画李黄二公脱鞾返棹图》。

⑬牟𪩘:《陵阳集》卷一五,第7a—7b页,《题唐饶州遗墨后》;《大明一统志》卷六四。

⑬韩森(Valerie Hansen)、包伟民译:《变迁之神:南宋时期的民间信仰》(浙江人民出版社1999年版),第142—143页。

⑬陈顾:《湖州府志》卷一一,第13b页。

⑬程端礼:《畏斋集》卷四,《送牟景阳都事浙东代归序》。

⑬揭傒斯:《揭文安公全集》卷二。

⑬虞集、王颋点校:《虞集全集》,第878—880页,《牟伯成墓志铭》。

⑬史绳祖为魏了翁撰写神道碑,题署的官衔正是直宝章阁([洪武]《苏州府志》卷四四,第20a页),而他在此之前担任尚书年余,是以本文认为史绳祖仕途之转折,恰巧与魏了翁的逝世同时。

⑬此处所述史绳祖的官职,俱参考其墓志铭,由史孝祥撰写,释文见《浙江衢州市南宋墓出土器物》,《考古》1983.11,第1010—1011页。

⑭袁中道、钱伯城点校:《珂雪斋集》(上海古籍出版社1989年版),第1113页。

⑭咸淳四年进士孙潼发,官衢州时与史绳祖论学;郭困则为史绳祖门人,他也曾经在衢州当官。黄溍,王颋点校:《黄溍全集》,《盘峰先生墓表》,第719—720页;郭困:《学斋占毕跋》,收录在《学斋占毕》卷末;[道光]《浮梁县志》卷一三,第24b页。

⑭《苏州府志》卷四四,第20a页。

⑭刘壎:《水云村稿》卷九,《通史提举》。

⑭郭困:《跋学斋占毕》。

⑭朱熹:《朱子文集》卷六六,《孝经刊误》。

⑭陈振孙:《直斋书录解题》,卷三。

⑭释文见《浙江衢州市南宋墓出土器物》,《考古》1983.11,页1010—1011。

⑭虞集:《虞集全集》,第523—524页,《魏氏请建鹤山书院序》。

⑭参见吴渊(1190—1257)的宋刊本《鹤山先生大全文集》前序。

⑮王袆:《王忠文公集》卷一五,第1a—5b页,《孔子庙庭从祀议》。

⑮《宋元学案》卷八〇,第 2650 页。

⑯《宋元学案》卷八一,第 2695 页。

⑰《元史》卷七七,第 1921—1922 页。

⑱《明史》卷一〇,第 129 页。

⑲《大清会典则例》卷八二,第 41a—42a 页。

留正与光宗朝后期政局

——留正研究之四

张其凡　王冬梅(暨南大学、海南省图书馆)

一、患病后的光宗与孝宗

(一)孝、光父子的公开决裂

光宗与孝宗融洽的父子亲情,在光宗患病后发生重大变化。关于光宗发病的原因,《宋史·光宗本纪》记载:绍熙二年(1191)"十一月……辛未,有事于太庙。皇后李氏杀黄贵妃,以暴卒闻。壬申,合祭天地于圜丘,以太祖、太宗配,大风雨,不成礼而罢。帝即闻贵妃卒,又值此变,震惧感疾,罢称贺,肆赦不御楼。"[①]后来,光宗因病,有一段时间不朝重华宫,孝宗也体谅光宗,传旨暂停一月四朝之礼。

光宗父子之间的矛盾,随着光宗的患病逐渐恶化,这和李后与孝宗的关系有很大的关系。李后为恭王妃时,就"性悍妒,尝诉帝左右于高宗及寿皇……寿皇亦屡训斥,敕令以皇太后为法,不然行当废汝"[②]。孝宗的威胁性言论,使李后心生怨恨。之后,更是公然讽刺孝宗谢皇后:"我是官家(光宗)结发夫妻,盖谓成肃(即谢皇后)自嫔御册立也。语闻,成肃及寿皇皆大怒,有意废之。史太师已老，尝诏入见北宫，密与之谋，浩以为不可，遂已。其后益无忌惮。"③李后经常和宦官一起离间光宗与孝宗的父子关系。对于宦官的挑拨，孝宗也要负一定的责任。史载："会光宗即位，大恶近习，忽手批付内侍省，取其尤黠者首级。其党亟奔诉于重华，迨有教曰：'吾儿息怒。'光皇虽即奉旨，而词色加怒，意欲他日尽诛此曹。由是宦者相惧，而谋所以间三宫者。"④光宗"大恶近习"，很大部分的原因是宦者对自己及李后的"监视"，并且向孝宗打小报告。否则，光宗的日常行为和李后说的一些话不会那么迅速传至孝宗耳中。宦者向孝宗求救，也说明了他们的行为可能是得到孝宗的授意。

由于宦官的介入，光宗与孝宗的父子关系迅速恶化，发生了"过宫"风波，终至公开决裂。

绍熙二年（1191）十一月，光宗祭祀时受惊吓致病之后："寿皇购得良药，欲因帝至宫，授之，宦者遂诉于皇后曰：'太上合药一丸，俟宫车过即投药，万一不虞，奈宗社何？'李后见药实有，心衔之。顷之，内宴，后请立嘉王扩为太子，寿皇不许，后曰：'妾六礼所聘，嘉王妾亲生也，何为不可？'寿皇大怒，后持嘉王泣诉于帝，谓寿皇有废立意，帝惑之。"⑤至此，围绕废立问题，光宗和孝宗的关系恶化。再加上李后、宦官为了各自利益，在其间大肆挑拨，病中时常神志不清的光宗就信以为真，对孝宗日益不满。从此，开始了持续二年多的"过宫"风波。

起初，因孝宗体谅光宗病况，曾传旨免光宗过宫。其后，光宗常以此为借口不朝重华宫。其间，几经嗣秀王赵伯圭等人"调护"，大臣劝谏，光宗才勉强过宫探望孝宗。然而，至绍熙四年（1193）后，光宗就习惯性不过宫了。绍熙四年九月重阳节，光宗本定过宫向孝宗行礼，因李后所阻未果。绍熙四年十月，恰逢孝宗生日会庆节，"工部尚书赵彦逾上疏寿皇：'先期谕旨勿免过宫'，寿皇御笔：'朕自秋凉以来与皇帝相见，所有卿等奏札已进御前矣。'"⑥满朝大臣上疏，请朝重华，光宗不为所动，皆不报。无论众人如何劝慰也无济于事。至此，光宗与孝宗之间的矛盾完全公开化，两人关系公开破裂，光宗不再打着孝宗传旨免见的旗号，孝宗也不再为光宗遮掩。绍熙五年三月，孝宗郁悒致病。五月，孝宗病危。其间光宗一直未过宫探望、侍疾，只同意身为孙子的嘉王过宫探望。孝宗至死都没能见上儿子光宗一面。

（二）光宗不朝重华宫：过宫风波

绍熙二年（1191）后，光宗去重华宫朝拜孝宗，就日渐稀少，每每需大臣苦谏，方才成行。《历代名臣奏议》卷一一、一二《孝亲》中，收录了自绍熙二年以来，秘书正字项安世、中书舍人黄裳、校书郎蔡幼学、司农寺主簿吕祖俭、起居郎陈傅良、秘书郎彭龟年、陆游、权户部侍郎袁说友、朱熹、周必大、赵汝愚、曾三聘等人的奏疏数十篇，全为光宗朝重华宫之事而发。绍熙四年后，光宗几乎不朝重华宫，引发朝野骚动，大臣们群情激昂，上奏更多。比如吕祖俭三次上疏，陈傅良、彭龟年、赵汝愚五次上疏，袁说友七次上疏，力谏光宗，希望他能去探望孝宗。但是，光宗一概不听，拒不赴重华宫。关于此事，史称"过宫风波"。

仔细分析起来，光宗不朝重华宫的原因，除了光宗的身体原因和李后、宦官的挑唆外，更重要的是光宗疑心孝宗有废立意。

朝中大臣有人看出了光宗内心的疑惧。绍熙三年（1192），中书舍人黄裳上疏光宗：陛下之于寿皇未尽孝敬之道，意者必有所疑也，臣窃推致疑之因，陛下乃毋以焚廪浚井之事为忧乎？……又无乃以肃宗之事为忧乎？肃宗即位灵武非明皇意，故不能无疑。寿皇未倦勤，亲擘神器授之，陛下揖逊之风同符尧舜，与明皇事不可同日而语。……又无乃以卫辄之事为忧乎？辄与蒯聩父子争国，寿皇老且病乃颐神北宫以保康宁，而以天下付之陛下，非有争心也。……又无乃以孟子责善为疑乎？父子责善本生于爱。[7]黄裳敏锐地感觉到光宗不朝重华宫不仅仅是因为身体的问题。绍熙四年，陈傅良的奏折中有："且陛下独不记寿皇之疏魏邸乎？自古废立，出于爱憎，寿皇此时果何心耶？而陛下忍忘之也？"[8]从此奏中可看出，陈傅良指出了光宗病根之所在。其后，陈傅良上奏曰："臣窃睹两年以来，以不过宫谏者众矣，诵说义理条，陈利害非，不详尽非不激切，而陛下不曾加听，间或听之，亦不过勉强一出，近者且以面从为听，嬉笑不加怪矣。独臣私念以为，陛下误有所疑，积忧成疾,以至于此。故自去冬,凡四请对,每于陛下心事之间,一无隐情,反复开明,至于深入切中,往往陛下为臣倾倒,臣亦益得肆其狂愚,无所讳避……"⑨陈傅良直指"废立"之事为光宗心病,光宗也认同陈傅良的分析。

为什么光宗坚持认为孝宗有废立意?美国著名学者余英时先生在《朱熹的历史世界》一书中认为,是孝宗的"责善"造成的—责善则离。余先生从心理学的角度,详细分析了孝宗严厉的责善对光宗造成的压力及由此产生的怨恨,这些都让光宗认为孝宗对其有不满之意,有另立贤君的想法。余先生的分析是有道理的。除此之外,还有一个重要原因,即光宗的歉疚感和自卑感。孝宗的责善虽然严厉,但也是为了光宗更好地治理国家,这点光宗不会不明白。孝宗在有机会实现多年抱负之时禅位光宗,对光宗的期望不可谓不大,而光宗确实有令孝宗失望之处,责备是在所难免的。同时,光宗的歉疚感也源于孝宗及大臣乃至全国上下对光宗的期望,这些热切的期望都对光宗造成了莫大的压力。

《宋史》称孝宗为"南宋诸帝之首",实不虚言。在治国方面,孝宗即位不久即筹备武力雪国耻,支持张浚领兵北伐。虽在多种因素作用下以失败告终,但旋即勤修内政,加强军备,以待时机再起。在孝宗二十八年的统治之下,综合国力有很大提高。这些为大臣们所称道的丰功伟业越多,对光宗的压力越大。在孝道方面,孝宗以远支宗室入继大统,对高宗夫妇体贴备至,高宗得以高寿而终。高宗去世后,孝宗坚持禅位给太子赵惇,以守孝三年。在中国古代社会,非常重视以孝治天下,虽然皇帝无须守孝三年,但是孝宗为全孝道舍弃皇位,声望至此达到了顶点。孝宗对高宗付出的越多,对光宗的压力就越大,光宗的自卑感就越强。光宗是在举国上下的殷殷期望中登上宝座,重华宫里树立着一座一时甚至是一辈子都无法逾越的"丰碑"。大臣上书论事,首先都要谈"寿皇托付之重",篇末还要强调不要辜负寿皇的重托。天下子民引颈以待新天子的新功业,期待着长江后浪推前浪。这些都对光宗造成很大的压力。他即位未久就开始酗酒,在一定程度上是为了舒缓压力。而且"光宗皇帝受禅,凡一话言,一举措,必视太母慈颜,禀寿皇慈训。观其以倪公草伯圭制为惬寿皇之意,以缴吴琠除郎为契两宫之心,故骤自庶僚擢登禁从，他可想见。"⑩可见，光宗这个皇帝当得并不惬意。

一月四朝重华宫可称得上是光宗的受难日，既要面对孝宗的责善，又要平复内心的歉疚。陈亮在廷对中对光宗朝重华宫的看法是："岂徒一月四朝而以为京邑之美观也哉！"⑪在满朝谴责之声中，出现支持、理解的声音，让光宗倍感亲切："光皇（光宗）以为善处父子之间，故亲擢为第一。及发卷，首得亮，上大喜曰：'天下英才，为朕所得。'"⑫可见，陈亮之语触及光宗内心深处的苦闷。

光宗年近半百登位，也想建立功业以博孝宗之喜，以符天下之望，但基于当时的情况，短期内不能建立功业，加之光宗自身能力有限，这些都让光宗对朝拜孝宗产生恐惧感，唯恐孝宗及臣民产生所托非人的想法，被夺去帝位。光宗在祭祀时发病，孝宗前往探望，光宗惊吓得连连磕头请罪，也是基于这个原因。

按惯例，光宗是不得继位为帝的。他的即位，主要得力于孝宗的选定。也就是说，光宗做皇帝的合法性，来自于孝宗的授权。一旦孝宗收回授权，他的帝位就成为非法的了。因此，光宗对孝宗的态度十分在意，得知孝宗有"废立意"后，恐惧与不满情绪混杂在一起，导致光宗发病，最终演变成不朝重华宫的闹剧。

（三）对政局的影响

光宗患病影响其执政能力，放任自身酗酒、燕游无度。李后趁机干政，对后族大肆封官。宦官势力趁机挑拨两宫关系，以保自身富贵。宰相留正则忙于防范朋党，巩固自己的权位。此时朝政，可谓是处在一种无序的状态下，无人真正过问。光宗不朝拜孝宗时间越久，"过宫"一事就越成为天下头等大事。尤其是绍熙三年（1192）后，大臣劝谏光宗朝重华的声音更是不绝于耳。随着时间的推移，不仅宰执、大臣把劝谏朝拜作为政事的重心，连太学生、布衣也加入了这个队伍。结果导致全国谣言横飞，人心惶惶，这些都加剧了国家政局的动荡不安。

孝宗是一位有抱负、有能力的皇帝，在位期间，为国家的发展奠定了良好的基础,在大臣及人民中享有很高的声望。孝宗为完成为高宗守孝三年之制,禅位光宗,声望可谓达到了极点。孝宗禅位之举,被誉为舜授禹之举。孝宗的皇位传授,确认了光宗皇位的合法性。父慈子孝乃人之大伦,在以孝治天下的时代更是被奉为经典。光宗在孝宗病后不服侍汤药,甚至孝宗死后不举丧的种种荒唐行为,令天下臣民寒心,从礼制上动摇了其皇位的合法性,为后来的绍熙废立提供了契机。

二、"过宫"风波中的留正

绍熙三年(1192),光宗虽然疾病未能尽去,但已能御朝。因父子龃龉已生,孝宗顾及光宗大病初愈和仁君名声,传旨光宗可免过宫朝见。自此,劝谏光宗朝重华成为大臣的必备功课,宰相留正奏事也以温清定省为主。

随着光宗不朝拜孝宗逐渐成为"定制",大臣的谏议益加激烈,人心益摇。远在国门外的刘光祖,上书宰相留正、知枢密院事赵汝愚,建议:

> 其一,宜与群贤并心一力,损文而务实。若上未过宫,宰相以下皆不可归安于私第。其二,谓林、陈二寺自以获罪重华,日夜交谍其间,宜用韩魏公去任守忠故事。以释两宫疑谤。其三,谓今国家阽危,为大臣者不当徒忧闷自沮,或为明哲保身之计,所当总兵柄,密布腹心,是缓急有所倚仗。⑬

遗憾的是,留正没有听从刘光祖的建议。朝廷上"引裾恸哭"或"出城待罪"的劝谏方式开始流行。"时陈傅良为中书舍人,遂趋上引裾,请毋再入,随上至御屏后。李后叱之曰:'这里甚去处?你秀才们要斫了驴头'。傅良遂大恸于殿下。李后遣人问曰:'此是何理'?傅良对曰:'子谏父不听,则号泣随之'。后益怒,遂传旨:'已降过宫指挥,更不施行。'"⑭

绍熙五年四月,孝宗抑郁致病后,请光宗前去探望之呼声达到高潮。大臣出城待罪成为时髦之举:"馆学官上疏乞黜居家待罪,……职事官请去待罪者百余人,……陈傅良出城待罪。"⑮更有甚者:"留正引裾随帝至福宁殿,久之，泣而出。辛未，丞相以下，以所请不从求退，帝命皆退。于是丞相以下皆出城待罪。"⑯彭龟年不由得惊呼："窃见近日，廷臣自宰执至于百执事，陈乞陛下过宫，不知几疏皆不蒙听纳，至一日之间举朝求去，自古及今盖未闻有此等事也。"⑰这种从个人到群体，从朝廷发展到民间的行为，周密在《齐东野语》卷三中有生动的记载：

> 当是时，诸公引裾恸哭，朝士日相聚于道宫、佛寺集议。百司、皂隶，造伪话传，学舍、草茅争相伏阙。刘过改之一书，至有"生灵涂炭，社稷丘墟"之语。且有诗云："从教血染长安市，一枕清风卧钓矶。"扰扰纷纷，无所不至。⑱

对于此种情况出现的原因，周密的看法是：

> 大抵当时执政无承平诸公识度，不能以上疾状昭示天下，镇静浮言。而缙绅学士，率多卖直钓名之人，遂使上蒙疑负谤，日甚一日。⑲

出现这种朝野忧惧、全国人心浮动的局面，宰相留正应负主要责任。

绍熙三年后，光宗因病经常不坐朝。"近世，惟宰相日得献替于天子；侍从台谏之言，其进已有限矣；卿监而上虽有转对，然岁或不得见也；至于有官轮对，大率近三岁始一周尔。"⑳作为宰相，留正与皇帝相见频繁，与其他大臣相比，他更清楚光宗的身体状况。而留正没有努力"镇静浮言"，反而随波逐流，甚至带头折腾。对于留正论谏不行、动辄引领众人请辞的做法，虽得到很多大臣的响应，但也不乏批评之声。"时陈傅良以言过宫事不行求去，猎责之曰：'今安危之机，判然可见，未闻有牵裾折槛之士。公不于此时有所奋发，为士大夫倡，等洁身而去，于国奚益！'陈傅良为改容谢之。"㉑留正回应责备地说辞是："君殆未晓，夫上实有疾，然讳言疾，日御朝自如，兹所以为疾也。且人臣无自以疾名上身之理。"㉒也说明留正是清楚认识到光宗病情的。可留正不是利用多年的政治经验，去缓和日趋混乱的局面，却选择"引裾恸哭"、"出城待罪"这种方式，客观上加剧了这种混乱的局面。真可谓是"以与昏主妒后争口舌之短长，不胜，则相率而奔，如烈火之焚身，须臾不缓。"㉓

之前，对大臣因论不行求去的做法，留正的反应是："某有献替，上岂能

——垂听？然不敢以是求去也。公(孙逢吉)对曰：宰相与谏官不同，宰相平章国事，不能无可否。官以谏为名，是专以言为职业也，不得其言而不去，人将狗彘我矣。乌能与丞相比哉？"㉔明知"不敢以是求去"，却积极引导"出城待罪"这种潮流，在国家危急的非常时期，留正的种做法只能让人心愈加慌乱，使政局更加动荡。这实在不该是一个背负孝宗与天下之望的宰相所为。留正的上述作为，使他自我放逐，置身于中枢之外了。

三、绍熙废立

(一)起因

　　自绍熙二年(1191)十一月，光宗首病后疏于温清定省之礼，但经大臣劝慰后，"勉强一出"，朝拜重华。绍熙四年(1193)后，光宗逐渐坚不肯出。"四年三月，对于清燕，又言：中外所传，或谓陛下内有所制，不能遽出，或云溺于酒色，不恤政事。"㉕七月，留正和光宗"斗气"，出六合塔待罪之时，外朝大臣更是无法如以前般觐见。光宗视朝时："天颜肃穆，垂衣拱手，尊严若神，凡所施行，悉中机会，凡所延见，曲尽谦勤，未尝有一话一言，匆猝过差，一趋一步。"㉖此时光宗病势趋重，已呈现痴呆状，臣下虽然讳言君病极力掩饰，但也清楚地意识到这种状况："上自侍从台谏，下至百执事，或临遣郡国之臣，对扬敷奏，多见嘉纳，人人自以为得上意，且行其言，而章往往不下，他所指挥，动亦留滞。"㉗光宗如此境况，宰相留正待罪国门外，偌大朝廷，群龙无首。无奈之余，起居郎陈傅良只得通过嘉王向李后求救："至如留正、吴挺、魏王夫人等事，并未处分，此固非大王所敢与闻，亦乞达于中宫，庶知外间仰望之切。是日，嘉王唤某到讲堂，云札子极好，但要缴进中宫可改一本，不须做文字便封来。"㉘这一招可谓立竿见影。不久，"魏惠宪夫人之丧已降指挥"，㉙可见李后此时正式干预了朝政。光宗虽御朝如正常人，实质上与之前能和留正一起探讨政事的光宗，已经大有不同，虽然依然热衷于做皇帝，上朝时神态与常人无异,性情却和病前大相径庭,处事顽固。

绍熙四年(1193)九月,著作佐郎沈有开、秘书郎陈傅良、彭龟年、礼部侍郎倪思等人苦谏朝孝宗,不报。十月,孝宗生日会庆节快到了,为了劝谏光宗前往探望,陈傅良又求助于皇子嘉王及李后:"群臣是说不行了,别无靠处,只靠得大王入里头,宛转调护……奏知中宫,多方劝赞,期于必出。"㉚太学生汪安仁等二百一十八人上书请朝重华,不报。但是,光宗仍未在会庆节时去见孝宗。十一月,光宗始出朝孝宗,都人大悦。之后不久,召留正回朝理事。至此时,满朝的重心任务移至光宗与孝宗的关系上。十一月、十二月与绍熙五年正月,光宗均朝重华宫,探望孝宗。拜右相未久的葛邲对光宗朝重华有异议,即遭到留正势力的大力弹劾,并于绍熙五年二月罢相。于是,又成留正独相的模式。因此,左相留正的举动更是备受瞩目。留正"引裾泣谏",上疏"极论今日亡国之事,其大有四,皆人所不敢言者。"㉛即使如此,对留正的责备仍是接踵而至,"有责宰相:上有疾明矣。父子相见,宜俟疾瘳。公不播告,使臣下轻议君父,可乎?"㉜面对指责,留正也很无奈:"君殆未晓,夫上实有疾,然讳言疾,日御朝自如,兹所以为疾也,且人臣无自以疾名上身之理。"㉝虽然光宗"日视朝毋改",但左司郎中徐谊也意识到了光宗不对劲:"徐谊既入谏,退告宰相泪落曰:'上慰纳从容,然目瞪不瞬,意思恍惚,真疾也'"。㉞面对于一个精神病患者,即使举国上下文章论奏,说尽天下道理,也是无济于事的。

绍熙五年(1194)四月以后,光宗又开始不去重华宫了。随着孝宗的病情加重,满朝大臣愈加群情激愤,可是无论使用何种方法,都无法让光宗过宫探望。群臣绝望之余,把目光投向光宗唯一的儿子嘉王,虽然他还未被立为皇太子,但与皇太子无异。彭龟年上书,建议嘉王调和两宫,取得了一定的成果。孝宗病危后,大臣直接请求嘉王过宫探望,以慰孝宗之心。㉟"甲申,省札下,许之,内侍都监王德谦坚请复奏,王斥其说,遂行至重华宫,寿皇为之感动"。㊱嘉王之举博得满朝大臣的好感,同时也使大臣萌发了解决此种困境的想法。叶适对宰相留正建议,立嘉王为太子,承担起光宗的一部分责任。留正上疏光宗,请立嘉王为皇太子,但遭到光宗断然回绝。

绍熙五年(1194)六月戊戌,孝宗驾崩,光宗依旧不出面主持丧事,举国哗然。大臣哭谏不起作用,国家政局开始陷入混乱:"中外讹言益甚,或言某将辄奔赴,或传某军私聚哭,大抵皆反矣。朝士潜遁者前后数人,私窃以家去者甚众,近幸富民,竞匿重器村舍中,都人朝夕不自聊。"^⑰都城内外人心惶惶,大有风雨欲来之势。叶适再次向宰相留正建议立储:"上虽疾而不临丧,无以辞天下。今嘉王长,若豫建参决,则疑谤释矣"。留正怅然曰:"他日尝降出一草茅书,书言储副事,吾袖进取旨,上变色曰:'储副不豫建,建即代也,朕欲卿知其妄尔。'"^⑱光宗紧抓皇位不放手,与之前主动请立嘉王为皇太子的态度截然不同。光宗坚持不肯立嘉王为太子,忧心如焚的大臣不得不另谋他策。不久,宰执再请立太子,光宗的回复是:"甚好。"为了得到更明确的答复,留正再请示,"再报曰:'历事岁久,念欲退闲'"。^⑲光宗的反复无常,让留正无所适从,待得到光宗此御批,大惧,不以示同列。先是留正请立嘉王为皇储,奏章凡几上,不报。最后御批如此,似乎他有逼宫的嫌疑,自然不敢示"同列"了。同时,留正还叮嘱看过此御批的赵汝愚不得向外泄露。这关键的八个字成为绍熙内禅的先声,也成了解决困顿局面的突破口。

光宗不肯出面主持孝宗的丧事,也无人能代替。为了化解僵局,有部分大臣遂建议内禅。关于内禅的提议,首先始于叶适。"绍熙末年,光庙不过重华宫,谏者盈庭,中外汹汹,未几,寿皇大渐,诸公计无所出,水心时为司业,御史黄公度使其婿太学生王棐仲温密问水心曰:'今若更不成服,当何如'?水心曰:'如此,却是独夫也'。仲温归以告黄公,公大悟。而内禅议起于此。"^⑳留正则认为:"以上疾未克主丧,宜立皇太子监国,若丧尽未倦勤,当复辟。"^㉑从稳定国家的大局出发,留正的建议是合理的。虽然光宗的御批有内禅的意味,但是并未有明确立嘉王为太子的旨意,更何况是禅位给嘉王。并且从光宗对皇位的痴迷程度来看,未必是真心同意内禅,如操之过急,可能会出问题。在古代封建专制时代,皇位更替是极为敏感的事情,何况光宗患病,反复无常,后果难以预料。所以赵汝愚向宪圣皇太后提内禅的建议时,留正认为:"建储诏未下,遽及此,情理未安,两宫父子之间,他时必有难处者",^㉒表示不支持逼迫光宗禅位的做法。不久,留正称病逃出国门。而绍熙内禅最后发生的直接导火索,就是宰相留正的出逃。

> (绍熙五年)秋七月庚申朔,前一日,付出宰执所奏事,左丞相留正
> 不肯启封。是日,知枢密院事赵汝愚趣之,乃启封。正视牍尾,忧形于
> 色,始密为去计。⑬

光宗该御批没有流传下来,不知道其确切内容。此时光宗已表示了有
退位的倾向,如果御批内容是关于确认退位或是如何安排内禅的话,留正应
该不会如此忧虑,从留正前面的担心来猜测,可能是光宗推翻了自己说过隐
含内禅之意的御批,并对留正有所谴责,否则留正不会选择出逃的。

七月辛酉,上正临朝,仆于地,都人大惧。是日大祥,(留)正以五更天入
奏,致其仕,易肩舆出城去,人情益惧。⑭

在这关键时刻,留正不敢承担重任,选择了逃避以卸责,历史也就此抛
弃了他。

(二)宁宗之立

光宗因精神病发无法正常处理朝政,也无法主持孝宗丧事;主持大局的
宰相又出逃,朝廷局势更加动荡不安。稳定政局成为当务之急。面对困境,
知枢密院事赵汝愚遇危计无所出,有些不知所措,是时"(徐谊)责赵丞相(汝
愚)曰:'自古人臣为忠则忠,为奸则奸,忠奸杂而能济者,未之有也。公内虽
心惕,外欲做观,非杂之类矣。国家存亡,在兹一举'。赵公问策安在,公以
知阁门事蔡必胜授之。"⑮后来,叶适也对知阁门事蔡必胜曰:"国事至此,子
为近臣,庸坐视乎?""蔡许诺,与宣赞舍人傅昌期、知内侍省关礼、知阁门韩
侂胄三人定计"。⑯内禅之议便正式提上议事日程。由赵汝愚牵头,外朝联合
工部尚书赵彦逾,内应知阁门事韩侂胄及殿帅郭杲等人,最后劝服太皇太后
吴氏,出面主持大局,同意光宗内禅。《续编两朝纲目备要》卷三载:

> (关)礼遂简(韩)侂胄:"以来日寿皇梓官前垂帘引执政"。时已过
> 午矣。(赵)汝愚乃以谕参政陈骙、同知余端礼,关礼又使所亲阁门宣赞
> 舍人傅昌期密制皇袍。时王在嘉邸,殊不知,且方以疾在告。汝愚简官

僚彭龟年云:"禫祭重事,王不可不入。"甲子,禫祭,(郭)杲与步帅王仲先分兵卫南北内,太皇太后垂帘,命关礼引王先入,次执政奏事。太皇曰:'皇帝已有成命,相公当奉行'。汝愚出所拟太皇太后圣旨云:"皇帝以疾,至今未能执政,曾有亲笔'自欲退闲',皇子嘉王可即皇帝位,尊皇帝为太上皇帝,皇后为太上皇后。"太皇览毕云:"甚好。"太皇劝上即位,上固辞,且顾汝愚曰:"某无罪,恐负不孝之名。"关礼等以黄袍披上,上拒却不受。汝愚等固以请,端礼之言尤力,上挥涕勉受,遂即皇帝位于东楹之素幄。⑰

至此,嘉王赵扩在众人的合作下顺利登基,史称绍熙内禅。

在光宗缺席的情况下,由太皇太后主持,内外大臣协作,绍熙内禅顺利举行,嘉王即位为皇帝。绍熙内禅,实际上是一场温和的宫廷政变。光宗名为禅位,实为被废黜。绍熙废立进行得如此之迅速,连宁宗都觉得突然,"彭龟年奏事,上惨然久之曰:'前日闻大臣有建储之议,此亦可以息浮言、安人心。今匆遽乃尔,早泣告慈福,不允,至今悸动。'"⑱宁宗即位后,宪圣太皇太后曰:"公公在日,只知重留丞相。"⑲宁宗召还在外的宰相留正,经过对内禅有功大臣进行一番论功行赏之后,中央机构恢复正常运作。此次皇位交替顺利进行,主要有三方面的因素:其一是光宗"念欲退闲"的御批,有根有据;其二是宪圣皇太后的主持,师出有名;其三是赵汝愚与韩侂胄等内外大臣的携手合作,周密安排。如缺少其中任何一环,内禅就很难顺利进行。

绍熙废立有积极意义。光宗已不具备统治国家的能力,朝政大事处于停滞状态,这种局面一时却又无法改变。孝宗驾崩,激化了一直存在的矛盾,内外动荡。宁宗即位之后,"都人闻之,始(莫)〔奠〕枕矣"。先是,"京口诸军讹言汹汹,襄阳归正人陈应祥亦谋为变,举事前一日,登极赦书至,遂败。"⑳在宋代皇帝与士大夫共治天下的架构下,㉑宋代士大夫的主人翁精神在各个朝代中是位于前列的。忠诚的概念更加科学,不仅忠诚于君主、皇族,更要忠诚于国家。绍熙废立,也是士大夫高度发扬主人翁精神与责任感的具体表现。光宗患病不能有所作为,政局动荡,国家不安,如不采取行动,后果不堪设想。叶适冒天下之大不韪首提内禅之议,得到大部分大臣的支持；赵汝愚最终不顾身为宗室的敏感身份，牵头联合大臣；知阁门事蔡必胜等内臣，不顾不干政的禁令，积极奔走，最终策成此事。这次内禅即是"皇帝与士大夫共治天下"思想具体作用的结果。如果没有这种思想的铺垫，就不会有绍熙废立的出现。如出现其他结果，都将很难避免国家出现动荡的局面。

（三）绍熙废立中的留正

在"绍熙废立"前后，留正为当朝宰相，在皇帝无为、国家危难之时，本应该挺身而出，力挽狂澜，体现"士大夫与皇帝共治天下"的责任感，但是，他却临危脱逃，铸成一生之大败笔。念及留正辛苦维护的名节毁于一旦，不禁为之扼腕。留正再次驱逐姜特立失败，待罪范村时，为了"保全始终"，宁肯"辞指甚哀"，哀求光宗，甚至不惜历数以前的种种功劳作为筹码。而在此时出国门，必遭举国上下之谴责，甚至会遗臭万年。况且知枢密院事赵汝愚有信给他，请其稍留；但留正却不顾一切地出逃。留正何来如此大的勇气和决心？《续编两朝纲目备要》卷三中记载："（留）正之未达也，有善轨革者推其行年，至甲寅年乃为'兔伏草，鸡自焚'之象，殆莫可晓。及是，深以为忧，私谓所亲曰：'主上卯生，吾酉生，伏草、自焚，其兆已见矣'。遂定逃归之计。"[②]在"中外讹言靡所不至"的情况下，留正作为执政之首承担了极大的压力。内外动荡，人心惶惶，而光宗无作为，局面处于僵持状态。光宗不知真假的"念欲退闲"的想法，使危急的局面出现一个突破口，然而是福是祸，不可预知。走笔至此，留正如此选择，也就不奇怪了。因为对于内禅，留正是持保守观点的，不敢轻易支持内禅。因为他明白，此内禅实为废黜。如果在留正的领导下内禅成功，对他是光宗朝首相而言，就是带头废帝，以下犯上，担上不忠不孝的千古骂名。如果失败则身家性命不保，光宗不会轻饶他。同时，如果这种状态继续下去，他作为首相的作用就会显得更重要，权势更大。留正处于进退两难的境地中和所存私心的作用下，没有与赵汝愚合作。何况此难题连太皇太后都蹙颦久之才说："事顺则可，更切仔细。"[③]更别说"兔伏草，鸡自焚"的预测"其兆已见"，更坚定了留正出逃的决心。以留正所处的位置,从他习惯性的从私心考虑问题的角度看,出逃似乎是唯一的解决方法。

留正在绍熙废立中的作为,有人认为是"弘毅不足",有人亦认为是"弃国"。面对同一局面,留正选择出逃,赵汝愚则是出面主持大局。范仲黼对此的解释是:"赵,同姓之卿也;留,异姓之卿也。反复之不听则去。"[54]这种说法有失偏颇,这是狭隘的家天下思想,在宋代士大夫高度的主人翁精神面前不具有说服力的。留正作为国家重臣,在此危急时刻,未能发挥自己的作用,而选择了逃避。无论如何,留正都是难辞其咎的。

宁宗即位后,出于当时局势的需要,留正"渎职"没有被追究,仍被召回朝中。"宁宗即位,太皇太后曰:'公公(孝宗)在日,只知重留丞相。'闻已去,可速宣押。"[55]宁宗的看重,身为前朝宰相,沿用有助于稳定局面,最重要的是能起到证明宁宗即位的正统性、合法性。这些都是留正能回朝继续执政的重要原因。同时说明了太皇太后可能不认为留正的出逃是十恶不赦的。也许是经历其间方知其难吧。况且,赵汝愚也曾以出逃迫吴太后就范。宁宗时,御史张叔椿初次弹劾留正弃国,以张叔椿改任他职而终,再次弹劾时,留正罢相,表面原因是留正做事不称宁宗意,想必和绍熙内禅有一定关系。留正弃国而去,如没有赵汝愚等人的努力,端坐朝堂的人未必就是宁宗。更重要的是一朝天子一朝臣,政局稳定下来后,宁宗开始任用自己心仪的人选,留正就再无留朝的必要与可能了。

四、余论

对留正在光宗朝后期尤其是绍熙废立中的作为,清人王夫之在《宋论》中说:

> 呜呼! 人君之忍绝其心,公为不孝以对天下而无怍者,唯光宗耳。岂光宗者,旷古弥今,人貌禽心之无偶者乎? 于是而留正之咎,不能逃矣。叩阍牵衣,百僚庶士之喧争,无与弭之,而委大臣之责以倒授之。

乃使宁宗之立不正，韩侂胄之奸得逞，毒流士类，祸贻边疆，其害岂浅鲜哉？盖哄然群起而争者，皆有名心，非能以推己之孝成尽己之忠者也。正之所自处者，谏不从则去而已，去者，名之所归也。君益彰其不孝之名，而已得洁身之名已去。天理民彝，争存亡于一间，忍以覆载不容之名归之君父乎？若以去言，则光宗之不足相与为荃宰，灼然易见者也。知不可相，而不去之于早；其去也，又且行且止，反覆于郊关，以摇众志；举动之轻，适足资奸邪之笑，久矣。⑤

王夫之的评价，虽然尖刻，但不失客观之处。

光宗朝政局的演变，严重打击了孝宗辛苦建立的稳定局面。混乱的政局促使朋党之争悄然而起。绍熙废立后，党争愈演愈烈，严重影响了政局稳定和阻碍了社会发展。同时也开始了无法控制的南宋权相专权局面。这一趋势一直延续到南宋的灭亡。可以说光宗朝是南宋由盛转衰的转折点，开始了走向衰亡的第一步。光宗朝"奠定"了宁宗朝必然出现衰败局面的基础。《宋史》卷三六《光宗纪》赞曰："绍熙初政，宜若可取。及夫宫闱妒悍，内不能制，惊忧致疾。自是政治日昏，孝养日息。而乾、淳之业衰焉。"⑤"乾、淳之业衰焉"，是光宗直接造成的，作为光宗朝几乎唯一的宰相，留正在其中起了催化作用，是这个转折点上的一个关键人物。

纵观留正的宰相生涯，不由得令人感慨。当时时局可谓："强敌无压境之危，宗室无觊觎之虞，大臣无逼篡之谋，草泽无弄兵之变。"光宗初即位，上承孝宗朝大好形势，以留正的重名节的性格，应该辅佐光宗建功立业，扬名千古，而事实却并非如此。留正实在不堪《宋史》本传中所说的"以相业称"。《宋史·留正本传》对留正的评价是："谨法度，惜名器，毫发不可干以私。"而在朱熹行漳、泉经界问题上，留正的私心就表现得很明显。光宗病后，外朝大臣中接触光宗最多的就是留正，他对光宗身体情况应该很清楚。何况留正还明言"上实有疾，然讳言其疾"，既然如此，为何还要屡屡"苦谏"？光宗朝前期，留正确实做到了"以安人情"，但后期的做法却截然不同，对于一个在宦海中历练多年的老臣来说，如此表现，难免不让人怀疑留正的居心，后来一些大臣也看出了这一点，对留正提出批评。思及留正集权和后来绍熙内禅中的表现,很可能是留正有专权的私心。由此,留正在绍熙内禅中的表现也就是必然的了。

相对比留正在地方官任上的成绩来说,撇除其他因素外,可以说留正在能力上是不足以承担首相之任的。相比历代名相,留正在执政能力、谋略、气度、责任感上都有欠缺。如果留正依旧是个地方大员,依他的才干,将在朝廷和人民心目中获得很高的荣誉。而历史的机缘却把留正推到这个宰相位置上来,又遭遇患精神病的光宗,二者合一,其结果可想而知了。

福建留氏家族,先是因五代后期出了个留从效而扬名一时。百多年后,又出了个宰相留正,称雄一时。随着留正在政治舞台的消失,留氏家族从此以后似乎再也没有出现过什么杰出的人物了。

注释:

①(元)脱脱等撰:《宋史》卷三六《光宗纪》,中华书局 1977 年版。

②《宋史》卷二四三《光宗李后传》。

③(宋)周密撰:《齐东野语》卷一一《慈懿李后》,中华书局 1983 年版。

④(宋)叶绍翁撰:《四朝闻见录》乙集《皇甫真人》,中华书局 1989 年版。

⑤《四朝闻见录》乙集《皇甫真人》。

⑥《宋史》卷三六《光宗纪》。

⑦(明)黄淮、杨士奇等编:《历代名臣奏议》卷一一《孝亲·黄裳奏》,上海古籍出版社 1989 年版。

⑧(宋)陈傅良撰:《止斋集》卷二五《四月十八日直前札子》,文渊阁《四库全书》本。

⑨《止斋集》卷二五《四月二十六日直前札子》。

⑩(宋)刘宰撰:《漫塘集》卷二四《光宗宸翰》,文渊阁《四库全书》本。

⑪(宋)陈亮撰:《陈亮集》卷一一《廷对》,中华书局 1987 年版增订本。

⑫《四朝闻见录》乙集《光皇策士》。

⑬(宋)真德秀撰:《西山文集》卷四三《刘光祖墓志铭》,《宋辑珍本丛刊》,线装书局 2005 年版。

⑭《齐东野语》卷三《绍熙内禅》。

⑮《宋史》卷三六《光宗纪》。

⑯《宋史》卷三六《光宗纪》。

⑰(宋)彭龟年撰:《止堂集》卷三《论幸执陈乞过宫当赐听纳疏》,文渊阁《四库全书》本。

⑱《齐东野语》卷三《绍熙内禅》。

⑲《齐东野语》卷三《绍熙内禅》。

⑳《止堂集》卷二《论寡欲爱身务学三事疏》。

㉑《宋史》卷三九七《吴猎传》。

㉒(宋)叶适撰:《叶适集》卷一七《蔡必胜墓志铭》,中华书局1961年版。

㉓(清)王夫之著:《宋论》卷一二《光宗》,中华书局1964年版。

㉔(宋)楼钥撰:《攻媿集》卷九六《孙逢吉神道碑》,四部丛刊本。

㉕(宋)袁燮撰:《絜斋集》卷一二《罗点行状》,文渊阁《四库全书》本。

㉖《历代名臣奏议》卷四《君德》。

㉗《止斋集》卷二一《转对札子》。

㉘《止斋集》卷二三《上嘉王札子》。

㉙《止斋集》卷二三《又札子》。

㉚《止斋集》卷二三《上嘉王札子》。

㉛(宋)徐自明撰,王瑞来校补:《宋宰辅编年录校补》卷一九,绍熙元年,中华书局1986年版。

㉜《叶适集》卷一七《蔡必胜墓志铭》。

㉝《叶适集》卷一七《蔡必胜墓志铭》。

㉞《宋史》卷三九七《徐谊传》。

㉟(宋)佚名撰:《续编两朝纲目备要》卷三,绍熙五年五月,中华书局1995年版。

㊱(元)佚名撰:《宋史全文》卷二八,绍熙五年三月,黑龙江人民出版社2004年版。

㊲《叶适集》卷一七《蔡必胜墓志铭》。

㊳《叶适集》卷一七《蔡必胜墓志铭》。

㊴《续编两朝纲目备要》卷三,绍熙五年六月。

㊵(宋)吴子良撰《荆溪林下偶谈》卷三《水心能断大事》,文渊阁《四库全书》本。

㊶《宋史》卷三九一《留正传》。

㊷《宋史》卷三九一《留正传》。

㊸《宋史全文》卷二八,绍熙五年七月。

㊹《续编两朝纲目备要》卷三,绍熙五年七月。

㊺《叶适集》卷二一《徐谊墓志铭》。

㊻《宋史》卷四三四《叶适传》。

㊼《齐东野语》卷三《绍熙内禅》。

㊽《续编两朝纲目备要》卷三,绍熙五年七月。

㊾《宋宰辅编年录校补》卷一九,绍熙元年。

㊿《续编两朝纲目备要》卷三,绍熙五年七月。

(51)张其凡:《"皇帝与士大夫共治天下"试析——北宋政治架构探微》,《暨南学报》2001年第6期。

(52)《续编两朝纲目备要》卷三,绍熙五年七月。

(53)《宋史全文》卷二八,绍熙五年七月癸亥。

(54)《宋史》卷三九一《留正传》。

(55)《宋宰辅编年录校补》卷一九,绍熙元年。

(56)《宋论》卷一二《光宗》。

(57)《宋史》卷三六《光宗纪》。

赵范、赵葵研究

汪圣铎（河北大学）

近年，对于南宋抗金、抗蒙元的战争，颇有研究成果。①但恕笔者孤陋，对赵范、赵葵兄弟似未见有专文研究。赵范、赵葵是南宋后期抵抗金、蒙元入侵的重要统兵大臣，或有专门研究之必要，故拟作一尝试。

一、身世及与史弥远、郑清之的关系

必须承认，赵范、赵葵兄弟之所以在南宋后期军事史上发挥重要作用，除了其父赵方的地位和影响之外，他们同宋宁宗、宋理宗统治集团核心成员的不同寻常的关系是重要原因。其中最重要的，是赵氏父子同权相史弥远的关系、赵氏兄弟同宋理宗最信任的大臣郑清之的关系。

关于赵方同史弥远的关系，史载，赵方入仕之初，就是史弥远的下属，大约庆元六年前后，史弥远任知池州，赵方任属下知青阳县。②虽然史籍并没有具体记载二人关系的详情，但从史弥远任独相期间赵方得到朝廷信任来推断，二人间的关系应是不错的。另外，史载，嘉定末年赵氏兄弟主张平定李全，赵葵上书史弥远，内言："淮东安则江南安，江南安则社稷安，社稷安则丞相安，丞相安则凡为国之臣子为丞相之门人弟子莫不安矣。"赵范又遗赵善湘书曰:"今日与宗社同休戚者,在内惟丞相,在外惟制使与范及范弟葵耳。贼若得志,此四家必无存理。"③赵氏兄弟自称是史弥远的门人弟子,且公开讲史弥远、赵善湘、赵范、赵葵四家关系非同寻常,充分说明史、赵二家关系的亲密。

关于赵氏父子同郑清之的关系,那就更有传奇色彩。请看下引:

> 嘉定十年,郑清之登进士第,调峡州教授,帅赵方严重,靳许可,清之往白事,为置酒,命其子范、葵出拜,方掖清之无答拜,且曰:他日愿以二子相累。④

> 又赵忠肃开京西阃日,郑忠定丞相清之初任夷陵教官,首诣台参,郑素癯瘁若不胜衣,赵一见即异待之,延入中堂,出三子俾执师弟子礼,局踏不自安,旁观怪之。即日免衙参等礼以行,复命诸子饯之前途,且各出云萍录书之而去。他日,忠肃问诸郎曰:郑教如何? 长公答曰:清固清矣,恐寒薄耳。公笑曰:非尔所知。寒薄不失为太平宰相。⑤

> 郑清之字德源……教授峡州,江陵帅赵方善风鉴,夜梦有告者曰:明日当有贵客至,宜敬礼之。迟明,典客以峡州教授谒入。方从厅屏窥清之,状貌黧瘠且短小,殊不称所告梦。宾次坐逾日昃,方往来益视,清之危坐迄不惰,方大器服,设高会见其二子,挟使受拜礼,且曰:公他日大贵,愿以累公。后为相卒拔其二子。曰葵为丞相,曰范为襄阳帅。后王师入洛,皆葵、范赞启之。⑥

可知赵方对郑清之有知遇之恩,而赵范、赵葵又与郑清之有师生之谊。

这里应附带言及,赵氏父子与理学家有较密切的联系。据载,赵方为张栻学生,又师事刘光祖。赵方父赵棠为胡宏学生。⑦又史载:"方器之(赵葵),聘郑清之、全子才为之师。又遣从南康李燔为有用之学。"⑧

二、早年战功及战败李全

赵方本人在宋宁宗时期即是一位文臣统兵的成功典型,他在保卫襄阳、稳定南宋中部战局方面卓有贡献。赵范、赵葵兄弟从小就受到战火的熏陶，在青年时期曾随父亲参加抗击金军的战斗，且表现勇敢，立有功勋。史载，嘉定十年（1217，赵葵32虚岁），参加襄阳、枣阳保卫战。嘉定十三年（赵葵35虚岁），高头、邓州之战，葵为先锋。嘉定十四年，唐、邓之战，监军。范将左军，葵率突骑。大胜。"补葵承务郎、知枣阳军。范授安抚司内机。"⑨

在唐、邓取得胜利后，赵范、赵葵又转战淮西，据载：

> [嘉定十四年]七月二日，诏江陵副都统扈再兴特与先次转行右武大夫，带行忠州团练使；赵范特与转通直[郎、直]秘阁，依旧京湖制置司主管书写机宜文字；赵葵特与转承事郎，特免铨试，特差充京西安抚司主管书写机宜文字。以枢密院言：虏犯蕲黄，驱策未退，制置赵方遣再兴同监军赵范、赵葵率兵至蕲州久（衍）黄州神马岗，连日继夜鏖战获捷，边面平静。乞加旌赏。故有是命。⑩

> 金人既陷蕲州，扈再兴、赵范及其弟葵邀击于天长，全随行，袭金人。后谒而贺曰：二监军已立大功，乞以余寇付全追之。然全追之不甚力，亦以是进承宣使。⑪

当年，赵方病逝。⑫赵范、赵葵官阶虽不高，却破例被起复（不准解官服丧），先后被调离京湖，调到淮南，这为赵氏兄弟为南宋建一大功勋作了铺垫。此一大功勋就是击败李全割据势力。

李全割据势力是金朝统治衰落的产物。嘉定年间，李全投靠宋朝，宋朝想利用李全屏蔽淮南，就采取供给李全军饷、利用李全抵抗金军的策略。这种策略作为一时权宜是可以的，但时间一长，弊病就显现了：李全得到宋朝的钱粮，实力不断壮大，而宋朝将大量钱财送给李全，用于淮南的军费不能不减少，且淮南驻军长时间没有仗打，戒备也大大放松，军队战斗力逐渐减弱。而李全投靠宋朝，实际也只是名义上的，宋朝对李全的辖区用军队并没有实际上的管理权。李全与宋朝的关系也是时好时坏。到宋理宗即位不久，南宋发生了"霅川之变"，据揭发李全参与了此次旨在推翻宋理宗统治的政变，这使得李全与宋朝的关系变得异常紧张。于是，赵氏兄弟提出了坚决平定李全割据势力的主张。这一主张最初并没有得到当权者支持，直到李全与南宋的关系发展到不可收拾的地步，即到了绍定三年，宋廷才转变态度，决定起用赵氏兄弟、调集兵力与李全决战。范由知镇江府擢"直徽猷阁淮东安抚副使，寻转右文殿修撰，赐章服金带"知扬州。葵由知滁州加兼淮东提点刑狱。应当指出，赵范、赵葵作为讨伐李全宋军的主要首领，其官位显然是太低了，难怪李全得知后嘲笑说："岂有安抚、提刑能擒节度使哉。"但是，正是官阶较低的赵氏兄弟，统率数量上大大少于李全军的宋军，不但打败了李全军，而且杀死了李全本人，从而为宋朝消除了切腹之患。⑬此次战役说明了赵氏兄弟决非只靠父亲的威名、靠社会关系窃据要位的庸人，而是有非凡军事才能的英才。当然，赵氏兄弟此次成功，赵善湘的支持也起了重要作用。赵善湘是江淮制置大使，是名义上的统帅，"善湘季子汝楳，史弥远婿也。奏请无阻。而善湘以范、葵进取有方，慰借甚至，故能成功"。⑭

赵氏兄弟因击败李全而一举成名，他们本人的官阶也得到迅速提升。赵范先升任工部侍郎兼中书门下省检正公事，又进兵部侍郎淮东安抚使兼知扬州兼江淮制置司参谋官，加吏部侍郎，进工部尚书沿江制置副使，寻兼淮西制置副使。赵葵则先被授福州观察使、左骁卫上将军。因是武官，葵辞不受。随奉召回京任秘书监兼侍讲，授宝章阁待制、枢密副都承旨，再以兵部侍郎授淮东制置使兼知扬州。

三、赵氏兄弟遭受重大挫折

正当赵氏兄弟平步青云之时，他们却遭受了前所未有的大挫折。那就是他们因是端平入洛的提议者和主要实施者而受到惩处。而赵范则随后又因丢失襄阳而遭受了更大的挫折。端平入洛时，赵范的官衔是端明殿学士、京河关陕宣抚使、知开封府、东京留守、兼江淮制置使，赵葵则为权兵部尚书、京河制置使、知应天府、南京留守兼淮东制置使，级别之高，与平定李全时的官阶形成鲜明对照。他们是端平入洛的真正统帅。但众所周知，此次战役以失败造终。毋庸置疑，赵氏兄弟应对失败负责。但是，细读史籍中关于端平入洛全过程的记载，人们不难发现，端平入洛失败的主要原因，不是军事上的，而是由后勤补给不利造成的。⑮所以，赵氏兄弟在此事上的主要失误，并不是军事指挥上的，而更主要的或许是不该向朝廷提收复三京的建议。事前镇守襄阳的史嵩之曾讲"荆襄方尔饥馑"，⑯淮西转运判官杜杲也讲"沿淮旱蝗，连岁薄收"，⑰而朝廷及赵氏兄弟对这些意见没能予以充分重视。值得注意的是，赵氏兄弟最初并没有主张进兵的意向，据载

> [绍定六年十一月]丙寅，新除权工部侍郎赵范奏对……上又问曰："今日何者为急务？"范奏："事有本末、有缓急，正人心、变风俗、举贤能、奖廉退、黜贪佞、去奸邪，此为国之本务。国未富，兵未强，此今日之急务也，陛下不可不加之意……"⑱
>
> [绍定六年十一月]己巳，赵葵入见，帝问以金事，对曰："今国家兵力未赡，姑从和议。俟根本既壮，雪二帝之耻以复中原。"⑲

可知，至端平元年的前一年年底，赵氏兄弟都没有马上出兵的想法。为什么他们会在短时间内"改图易谋"呢？⑳史籍均载是受了降人谷安用的影响。这固然可能是一个重要原因，但更重要的可能是受了宋理宗及宰相郑清之的影响，权相史弥远新死，宋理宗、郑清之都急迫地想显示自己的能力，如果真的能收复三京，无疑是对"端平更化"效果的最好说明。然而，事情既以失败告终，赵氏兄弟自然成了替罪羊。先是由赵范出面，弹劾赵葵等。于是，"诏赵葵削一秩，措置河南京东营田边备，全子才削一秩，措置唐邓息营田边备，刘子澄、赵楷并削三秩放罢"。同年八月，将赵葵的帖职由端明殿学士降为龙图阁学士。㉑客观地讲，宋廷此次对赵氏兄弟的惩处并不算很严厉，事后，赵范被委任为京西湖北安抚制置大使兼知襄阳府，赵葵被委任为兵部侍郎、淮东制置使，仍旧是握有重要权力的大臣。

然而，赵范却又接着铸成大错，使南宋丢失了包括重镇襄阳在内的大片国土。一位在平定李全过程中显出有杰出军事才能的人，为什么会突然变成了一位庸才了呢？笔者以为，这必须从赵范此时期的心理活动中寻找原因。

赵范的心理素质不太坚强，他又较早地对宋朝官场的险恶有所洞察。

还在宝庆初他积极主张平定李全时,当权相史弥远告诫赵范"无出位专兵"时,他就在给史弥远的复信中讲:"其祸贼(李全)见范为备,则必忌而不得以肆其奸,他日必将指范为首祸激变之人,刦朝廷以去范。先生始未之信也,左右曰可,卿大夫曰可,先生必将曰是何惜一赵范而不以纾祸哉? 必将缚范以授贼,而范遂为宋晁错。虽然,使以范授贼而果足以纾国祸,范死何害哉。谚曰:护家之狗盗贼所恶。"要求朝廷允许他解官赋闲以避祸。㉒在他受命率大军收复三京时,"朝绅置酒以饯,适有呈缘竿伎者,曹西士赋诗云:'又被锣声送上竿,这番难似旧时难。劝君着脚须教稳,多少旁人冷眼看。'"㉓显然,此次出征,赵范始终承受着巨大压力。而在出征失败以后,赵范忧谗畏讥的心一定是很重的。虽然可能由于宋理宗、郑清之的保护,赵范所受处分并不重,但他心理上所受冲击恐怕是远远超过行政处分对他的影响的。而且事实上,朝廷上对他的弹劾似一直都未停止。端平入洛受挫后,魏了翁受命出任都视军马,他曾专门给皇帝上奏要求台谏官对统军者手下留情,以便让其集中精力处理军务,他说:

> 臣闻纠正官邪,固是台谏职分。但势有缓急,事有轻重。如乘边之守、临阵之将,苟无大恶,宜务优容。击一人未足戢奸,旷一官或能误事。况其间方倚之阃外之事,如陈韡、赵范、赵彦呐、丁黼、赵葵各当一面者,皆尝为台官所论,此用之他人犹难轻发,矧当重任,訾议尤不可易。盖御众之道全在威名,兼有知耻之人不肯受辱,辱之则不可用,用之则不可辱。既辱之又用之,彼亦何颜以居乎人上。㉔

可知,统军大臣在前方拼死指挥战斗,却仍然时时遭到朝廷官员的弹劾,这对统军大臣的情绪造成了不良影响。统军大臣遭受猜忌,这在宋代具有普遍性,就连作为督视的魏了翁也不能避免,魏了翁视察赵葵军,他与赵葵互赠了些礼物,事后马上向朝廷禀报,就说明了这方面的问题。㉕

由于赵范的心理负担过重,导致他的行为失常、举措失当。赵"范至[襄阳]则倚王旻、樊文彬、李伯渊、黄国弼数人为腹心,朝夕酣狎,了无上下之序。民讼边防一切废弛"。㉖唐州发生叛乱,是由于他处事粗率造成泄密所致。他命令亲信的部下全子才、刘子澄(二人都曾随他出征收复三京)去平叛,此二人的表现也一反常态,竟然是不战而逃。这说明端平入洛对他的部下也产生了很消极的影响。无奈赵范又转而寄希望于北军(金国的降宋部队),结果北军也不认真执行命令。这时"朝廷遣镇江都统李虎号无敌军偕光州都统王福所部军至襄策应"。我们看到了更加反常的情景:"赵出城迓虎,虎传朝廷宣谕之命。赵涕泣谢恩,乃对虎慷慨,共醮十余大觥以归。"㉗李虎传达了什么朝廷旨意,竟让赵范"涕泣谢恩"并痛饮呢?我们自然无法知晓,但这很容易让我们猜想是不是前此赵范又受了什么诬陷。李虎军的到来并没有起到好作用,反而逼反了北军,加速了襄阳及周围州军的失陷,从而造成了极恶劣的后果:"[襄阳]城中官民尚四万七千有奇,钱粮在仓库者无虑三十万,弓矢器械二十有四库,皆为敌有。盖自岳飞收复百三十年,生聚繁庶,城高池深,甲于西陲,一旦灰烬,祸至惨也。"㉘

作为此次事变的直接责任人,赵范先是被"降三官落职",随又"再降两官,送建宁府居住"(而朝廷对供给不济的责任者几乎没有追究)。赵范从此一蹶不振,基本退出了历史舞台。㉙赵范的结局固然主要是他自身心理素质薄弱所致,但也同时说明了南宋抗金、抗元大臣处境的恶劣。联系到他之前的岳飞、他之后的余玠等的遭遇,使人不能不深思南宋国力衰落的原因所在。

四、赵葵端平以后功绩

赵范的受挫似乎对赵葵并未造成过大影响,赵葵依然受到宋廷的信任,就在襄阳失陷不久,赵葵被任命为华文阁直学士、淮东安抚制置使兼知扬州。当年十一月"大元兵围光州。诏史嵩之援光,赵葵援合肥,陈韡遏和州,为淮西声援"。㉚赵葵成为抗元宋军东线三主帅之一。关于这次战役的具体过程,笔者未见有记载,但次年(嘉熙元年)三月"己巳,诏陈韡、史嵩之、赵葵各官两转"。嘉熙"二年春正月……己未,诏史嵩之、赵葵应援黄州、安丰,其立功将士等第亟具名以闻,光州、信阳二城共图克复。辛酉,诏史嵩之进端明殿学士视执政恩数,赵葵刑部尚书制置并如旧"。^㉛从赵葵等主帅得到优厚奖赏的情况看,战役是取得了较佳成绩的。

赵葵于淳祐二年正月被擢任同知枢密院事,五月,以资政殿学士出知潭州,三年,坚决要求为母服丧,得准。四年,重任同知枢密院事,进知枢密院事兼参知政事。七年四月,以枢密使兼参知政事任都视军马,另兼知建康、留守、江东安抚。宋廷"出缗钱千万、银十五万两、祠牒千、绢万并户部银五千万两,付督视行府赵葵调用"。^㉜关于此次抗蒙元战争,笔者仍未查见现成的综述性记载,从下引记载或可略窥一二。

> [淳祐]八年春二月丁亥,赵葵言:吕文德洎诸将解泗州之围有功。诏补转推赏有差。……辛丑,赵葵表:招泗断桥将士用命兵退,陈奕、谭渭玉、王成等战涡河龟山有劳,闻其步兵多山东人,遂调史用政等袭胶州,复袭高密县以牵制侵淮之师。诏趣上立功将士等第姓名推赏。……五月癸丑赵葵进三秩。^㉝
>
> [戊申淳祐八年]二月甲寅,督视赵葵上将士泗州解围之功。诏奇功特与补转四官,其余补转有差。其淮西招抚司应援立功将士并与比类推赏。^㉞

大抵仗是打胜了的,宋廷基本实现了最初的战略目的,所以,作为战役的总负责人,赵葵也受到连升三级的嘉奖。大约此时赵葵年事已高,同时赵葵很可能接受了前此统军大臣遭遇的教训,他在战事结束后就立即坚决要求退休。宋廷以委任他做宰相酬劳他,他在稍事犹豫之后也加以坚决拒绝,(详下文)过了一段退隐生活,直到宝祐年间宋元战争形势趋紧,他才再度出山。

> [甲寅宝祐二年八月]丁酉,特进、观文殿大学士、醴泉观使信国公赵葵上疏:"臣昨辞相位,退居长沙。今蜀事孔艰,思报恩纪,乞申溧阳居正之命,庶便驱策。"内批:"卿世济其美,谙练边筹,夙著勋劳,朕所嘉赖。兹览来奏,备见忠轨。伏自壬子以来,狄难孔炽,今安西之垒虽复,而宝峯之寇未退。朕尝轸忧,卿既慨然体国,且许为朕一来,尤见一饭

不忘君之义。卿可趋装过溧阳以便咨访。凡有所见，无靳奏陈。"㉟

显然，此次是赵葵主动要求上前线的。此后，他曾给宋理宗上二份奏疏，对边事提出建议。

㊱于是，他于宝祐五年正月被任命为少保、宁远军节度使、京湖宣抚大使、判江陵府兼夔路策应大使，且被进封卫国公。当年闰四月，宋理宗对身边大臣讲："赵葵行边已见的确，如郢之增溪城濠，运粮于襄有三年之积，措置可谓合宜。"宰相程元凤奏："赵葵于边事实是留意。"宋理宗又讲："赵葵奏乞招兵十万，分布淮蜀沿江京湖。"程元凤奏："当从其请，钱粮自合与办。"可知赵葵已到前沿指挥备战。当年七月，宋理宗讲："赵葵水陆并进，其志颇锐。"程元凤奏："葵思立功以报陛下，良可嘉尚。"数日后，宋理宗又讲："赵葵奏新野既捷，欲养锐以图光枣。"程元凤奏："葵遣王登等入敌境，焚其粮食，亦可绝光枣之援。若能审机而发，当有可图之理。"㊲可知赵葵在此次战役中表现积极，并取得了较好的战绩。开庆元年九月，宋廷拟调赵葵任判庆元府、沿海制置使，负责海防，但不久就改任赵葵为江东宣抚使，改沿江江东宣抚使，置司建康，以对付蒙元"斡腹"之军。十一月，"诏赵葵授少保、观文殿大学士、江东西宣抚使，进封益国公，其饶信袁临抚吉隆兴官军民兵并听节制，调遣谘访罢行黜陟皆得便宜行事，以缗钱五百万、银五万两给其用"。㊳大约赵葵此时已移驻信州，后又移驻隆兴。史载："开庆初，宪宗皇帝自将征蜀。世祖皇帝时以皇弟攻鄂州。元帅乌兰哈达由云南入交阯，自邕州蹂广西，破湖南。传檄数宋背盟之罪。理宗大惧，乃以赵葵军信州御广兵。"㊴又据载："〔开庆元年〕十月，丁大全罢，吴潜入相。上以贾似道为右相、荆湖宣抚策应大使、进兵援鄂州；赵葵为枢密使、江东西宣抚策应大使，屯兵信州，遏广右斡腹之师。……殿司崔彦良援隆兴。彦良，崔福子也，以兵三千援隆兴。时赵葵督视江淮，退保隆兴，闭门自守。崔兵至城下不得入。邸报北兵至生米市，距城三十里。彦良渡江迎敌，北兵退。而保隆兴者彦良之功居多。"㊵无论如何，在关系国家存亡的开庆之战中，赵葵一个方面军的统帅，发挥了重要作用。

此次战后，贾似道行打算法，迫害此次大战中的有功之臣，赵葵也是受迫害者之一。据载：

> 贾似道忌害一时任事之阃臣，行打算法以污之。向士璧守潭，费用委浙西阃打算；赵葵守淮，则委建康阃马光祖打算；江阃史岩之、徐敏子，淮阃杜庶，广帅李曾伯，皆受监钱之苦。史亦纳钱，而妻子下狱。徐、李、杜并下狱。杜死而追钱犹未已也。时江东谢枋得率邓传二千人举义，攫兵部架阁，科降招军钱给义兵米。似道打算招军钱，开征所得米，枋得自偿万楮，余无所偿。乃上书贾相云：千金为募徙木，将取信于市人。二卵而弃千城，岂可闻于邻国。乃得免。[41]

引文中所言谢枋得钱米，实也与赵葵相关。另据载：

> [景定二年八月]丁酉，诏夺向士璧从官恩数，穷竟侵盗掩匿之罪。时以兵退，遣官会计边费。似道忌功，欲以污蔑一时阃臣。士璧及赵葵、史岩之、杜庶皆责征偿。信州谢枋得以赵葵檄给钱粟募民兵守御，至是自偿万缗。[42]

> [景定元年五月]兵退。行打算法，贾似道忌害一时之阃臣，故欲以此污之。向士璧守潭城费用委浙西阃打算，赵葵守洪则委建康阃马光祖打算，江阃史岩之、淮阃杜庶广西帅皆受监钱之苦，累及妻子。徐李杜逮系狱，杜死后追钱犹未已也。谢枋得举民义科降招军钱给义兵米，及行打算，枋得曰：不可以累赵宣抚也，自偿万楮，余无所偿，乃上书贾相云：千金而募徙木，将取信于市人；二卵而弃千城，岂可闻于邻国。乃得免焉。[43]

当然，相对向士璧、杜庶等，赵葵是幸运的，他似乎没有受到太坏的影响，只是再度解职奉祠赋闲，因此时赵葵年事已高，赋闲应是一种好的待遇。

五、二赵发现、提携人才

在南宋军事史上，除战功外，赵氏兄弟又一方面的贡献是发现、提携了

数量可观的人才。其中最突出者有:

王登,他也是一位文臣,却热衷于军事,史载:

> 王登字景宋德安人……出制置使孟珙幕府……淳祐四年举进士……赵葵为制置使,见登握手曰:"景宋一身胆,惜相见晚也。"俾参宣抚司兼京西两节。⑭

王登的好友杨掞与王登性格迥异,更长于谋略,史载:

> 杨掞字纯父抚州临川人……调潭州节度推官。赵葵为京湖制置使,掞与偕行。王登迓于沙市,极谈至夜分。掞退曰:"王景宋满身是胆,惜欠沉细者,如掞副之,何事不可为也。但恐终以勇败。"后登死,人以为知言。⑮

余玠是南宋后期保蜀的功臣,有学者撰有研究他的专著,最初也是由赵葵发现的,史载:

> 余玠字义夫,蕲州人,家贫,落魄无行,喜功名,好大言。少为白鹿洞诸生,尝携客入茶肆殴卖茶翁死,脱身走襄淮。时赵葵为淮东制置使,玠作长短句上谒,葵壮之,留之幕中。未几,以功补进义副尉,擢将作监主簿。⑯

南宋末以身殉国的汪立信也曾得到过赵葵的提携,史载:

> 汪立信澈从孙也……辟荆湖制司干办、通判建康府。荆湖制置赵葵辟充策应使司及本司参议官。葵去而马光祖代之,立信是时犹在府也。⑰

得到赵葵提携的还有南宋末年曾任宰相的王爚,史载:

> 王爚字仲潜,一字伯晦,绍兴新昌人,登嘉定十三年进士第……[宝祐]五年,京湖宣抚大使赵葵辟为判官。⑱

南宋晚期著名文士杨文仲及前已述及之谢枋得也曾被赵葵任用,据载:

> 杨文仲字时发,眉州彭山人……荆湖宣抚使赵葵署文仲佐分

司幕。⁴⁹

　　谢枋得字君直,弋阳人。宝祐丙辰,试中礼部高等……调建宁府教
授。赵葵宣抚江东西,辟为属,寻除兵部架阁,令募兵援江上。出楮币
十万贯,得信抚义士数千人。⁵⁰

以上所述均为文臣从军者,受到赵葵提携的也有武将,其中最出名的是
崔福和吕文德,请看下引:

　　崔福者,故群盗……隶军籍。初从赵葵收李全,有功名重江淮。⁵¹
　　[吕]文德,安丰人,魁梧勇悍,尝鬻薪城中,赵葵于道傍见其遗屦长
尺有咫,讶之。或云安丰鬻薪人也,遣吏访其家,值文德出猎暮负鹿各
一而归,留吏一宿偕见赵,留之帐前,在边立功,遂至显宦。⁵²

可知赵范、赵葵尤其是赵葵在长期的军事生涯中,在发现、提携人才方
面卓有成效,为国家作出了可观的贡献。

六、关于赵葵辞相

　　赵葵于淳祐九年闰二月,因此前的军功,被宋理宗任为宰相。但赵葵最
终拒绝了任命,此事颇令人寻味,于此专门作些讨论。
　　关于赵葵被任为相及最后辞免,史载:

　　[淳祐]九年……闰二月甲辰,以郑清之为太师、左丞相兼枢密使,
进封魏国公。赵葵为右丞相兼枢密使。……夏四月……庚戌,赵葵四
辞免右丞相兼枢密使,诏不允。五月己丑,赵葵乞归田里,又不允……
八月……辛亥,诏趣赵葵治事,命吴渊宣谕赴阙……[淳祐十年]三月癸
未,赵葵辞,以为观文殿大学士、醴泉观使兼侍读,奉朝请。……十一月
壬申,赵葵授特进,依旧观文殿大学士判潭州、湖南安抚大使。⁵³

今存文献中有淳祐九年五月诏书:

朕以卿宣力之勤，延登右揆，告廷已久，避宠益坚。比遣内侍往谕至，意申命漕臣式遄其归，胡为来章，又以疾谂。夫知不俟驾之义，是即教事君之礼，岂不忠孝兼尽、家国俱荣哉。其亟造朝，副朕钦伫。㊹

仅从诏文看，宋理宗要赵葵做宰相似乎很热切。又从前引史文看，赵葵辞相的过程长达一年多。这种情况在宋代实不多见。在宋代，士大夫往往以做宰相为最高梦想，为什么作为文臣的赵葵要坚决辞相呢？周密对此有如下相当详细地记述：

[淳祐九年年初]中书陆德舆载之转对，疏以为去岁泗州大捷，彼方丧胆落魄。今春淮水涨溢，欲来不可。涉冬而春，边镇宁谧。近者骇言寇至，张大其说，或云到仪真之境者止五六十骑耳。赵公闻之大不能堪，封章屡上，力辨此谤，且云："今年北军之入，系四大头项：一曰察罕河西人，二曰大纳，三曰墨点，四曰别出古，并鞑号四万，实三万余，马人各三匹，约九万匹。惟恐有劳圣虑，前后具奏，一则曰宽圣虑，二则曰宽忧顾。臣领舟师往来应敌，未尝有一语张大。今观陆德舆奏疏，实骇所闻。伏乞委德舆亲至维扬，审是虚实。臣当躬率骑士护送入城，便见真妄。"于是朝廷以载之之言为过，遂为调停，寝其事焉。未几，工部尚书徐清叟进故事，亦讥其辟属之滥。赵公愈不自安，是岁闰二月，郑忠定拜太师，赵公拜右相，所有督府日下结局。遂差右司陈梦斗宣赴都堂治事，而陈辞以此貂珰之职不行，遂改差御药谢昌祖往焉。夕郎赵以大复有不肯书牍之意。事虽不行，而公之归兴不可遏矣。屡腾免牍，且引其父忠肃遗言不许入相之说以告，且云宁得罪以过岭，难违训以入朝。御笔不允，降宣趣行。时陆载之方居翰苑，以嫌不草诏。遂改命卢壮父武子为之。时赵公各通从官书，谓元科降簿内尚余新楮四百余万，银绢度牒并不支动。且言决不可来之意。常时从官作宰相书，例有先生之称。至是皆去之。独赵汝腾茂实尚书答书云："大丞相高风立懦力疏辞荣。昔司马公固逊密府，崔清献苦却宰席，书之史册，并公而三，甚盛休。"而其微意亦可见也。公归计既决，遂申朝廷，于三月二十四日散遣将士，取道归伏田里，所有新除恩命决不敢只受。既而与告复召，然公终不

来矣。⑤

可知，还在赵葵任相的诏令尚未颁下之时，他就先遭到中书陆德舆的恶意弹劾，说他夸大敌情。随又有徐清叟指责他"辟属之滥"。拜相诏书下达过程也不平顺，先是右司陈梦斗拒绝传宣，后有夕郎赵以大复不肯书牍，又有陆德舆以嫌不草诏，又有从官复书不施敬，最后还有赵汝腾的婉辞劝退。这当中据载又有人提出"宰相须用读书人"问题。⑥这种种情况使得赵葵预感到，他若入相，凶多吉少。他于是作了非常明智的选择：弃官告老还乡。

赵葵做宰相为什么阻力如此之大？这恐怕首先同前引反对者明确提出的理由："宰相须用读书人"有关。赵葵虽是文臣，且与理学家们颇有联系，但终因没有正式科举出身，且长期从事军事，仍被视为非类，视为不是读书人。据记载，赵葵在辞相过程中，曾有如下举动：

> 题《南乡子》壁间云："束发领西藩，百万雄兵掌握间。召到庙堂无一事，遭弹。昨日公卿今日闲，拂晓出长安，莫待西风割面寒，羞见钱塘江上柳，何颜。瘦仆牵驴过远山。"后有表奏曰："霍光不学无术，每思张咏之语以怀惭；后稷所读何书，敢以赵抃之言而自解。"

赵葵于中抒发了对自身遭遇的愤懑不平，其中特别讲到了对自己被人视为非读书人的不满。南宋后期对科举出身的过度强调，与占统治地位的理学也有直接关系，周密总括赵葵不能做宰相的原因时讲："盖一时搢绅方以文学科名相高，其视军旅金谷等为俗吏粗官"，"视军旅金谷等为俗吏粗官"，正是南宋理学家中普遍流行的认识。

当然，宋理宗对赵葵的这次任命，并不是真心要靠赵葵在国家管理上有什么作为，而是想以宰相的职务作为赵葵军功的酬劳，⑥所以，宋理宗任命赵葵为相的动机是有问题的，从这个意义上讲，赵葵辞相也是明智的。

七、赵葵盖棺定论

赵葵由于能急流勇退，迄得善终。史载：

咸淳元年，加少傅。二年，乞致仕，特授少师武安军节度使，进封冀国公。舟次小孤山，薨，年八十一。是夕五洲星陨如箕，赠太傅，谥忠靖。⑱

文献中存有时人林希逸、吴龙翰追悼他的诗：

勋名已盛端嘉日，身佩安危三十年。自去鸿枢开督府，迄辞鸥合老平泉。早看养马封侯将，晚作骑鲸捉月仙。纵道进贤冠最好，不须画此上凌烟。

长淮当日事尤危，孤垒身当数月围。扬子江头如虎卧，平山堂下似鸵归。二难千载为时出，一战三京与愿违。赍恨伯符投镜去，追怀到老泪沾衣。

百万频年战虎貔，神驰漠北到洮西。空余八阵江头石，未见一丸关上泥。守父训辞黄合去，负时名与紫蠆齐。河山收此英灵气，下马千年看墓题。

出语无多动造微，公于学问似生知。客游槐府珍遗帖，世诵樗翁序近诗。握手最先门下士，伤心谁勒墓前碑。匆匆四十年间梦，忆到庐江下榻时。⑲

祥云中屹祝融峯，秀出全材一巨公。银管曾提修国史，金戈几出策边功。九秋健羽横空鹗，万里威声当道熊。谭国为前冀国后，汗青千古玉玲珑。麟符玉策总兵权，手托江淮半壁天。大节有关宗社里，深谋常画庙堂先。三朝已表蝉冠像，八袠终逢鸡梦年。不独羊公碑尚在，万民堕泪滴湘烟。⑳

时人刘克庄是赵葵的好友，赵葵曾赠自己画的墨梅二轴给刘克庄，两人多次诗文唱和，赵葵死后，刘克庄又为赵葵诗集作序。可知两人关系之密。赵葵去世时，刘克庄也曾写悼诗五首，此不全引。值得注意的是其中一首是讲端平入洛的：

粤从宣靖至炎兴，粉饰湖山苑囿增。列圣久无师入洛，三京初有使朝陵。椎锋指日酋传首，返斾终身气拂膺。逸少兴公虚论胜，百年机会更谁乘。[61]

诗中对赵葵全无贬抑,倒是暗含对批评赵葵者的讥讽。他又在其余几首中称颂赵葵是"盖世英雄"、"万人英",并寄托了对老友去世的沉痛哀思。一位远离政治权力中心多年的人死后能得到如此的赞许,实属不易,或许可以说明赵葵作为一位历史人物,留下的基本是正面的形象,他给国家、百姓作的贡献,受到了人们的肯定。

八、余论:赵范一个重要理念

赵范因连续二次重大失误,给国家造成了重大损失,从而失去了为国再立新功的机会。作为一位以军事见长的文臣,他的过错几乎可以将他以往的功勋全部抵消,这使人感到惋惜。但是笔者认为不能因为他过错大就抹杀他的一切,尤其是不能忘记他提出过的一个重要理念,这一理念是他于绍定六年提出的,据载:

> [癸巳绍定六年十一月]丙寅,新除权工部侍郎赵范奏对。上曰:"卿儒英之子,乃能出入兵间为国宣力,朕喜见之。"上又问曰:"今日何者为急务?"范奏:"事有本末、有缓急,正人心、变风俗、举贤能、奖廉退、黜贪佞、去奸邪,此为国之本务。国未富,兵未强,此今日之急务也。陛下不可不加之意。大农课额大亏于昔,要必有由。至于兵之未强,则缘诸边近年筑城太多,遂分兵力。国家之兵聚则不少,散则不多。若能散能聚,可守可战,使江淮表里皆有可恃之势,则戎马侵突足以御之矣。"[62]

笔者以为,赵范在这里指出了南宋抵御金、蒙元时的一个根本性战略失误,即消极防御,处处设防,军队多而不精,而又力量分散。结果是百姓不堪负担之重,军事力量却是感觉弱小不堪一击。后来,赵葵提出建立"游击军"的设想,[63]其出发点应也与此有关,也是一个有远见的建议。当然,赵范设想的实现存在着巨大的障碍,首先是军权的集中有悖于宋朝的传统国策,容易引起皇帝对统军者军权过大的忧虑。但纵观宋与辽、夏、金、元军的战争史,很多失败都是因局部战场的敌我力量对比悬殊所导致的。所以,赵范提出的问题,实际是一个带根本性的问题,可惜未能引起时人的足够重视。

注释:

①关于端平入洛的讨论,有陈高华《早期宋蒙关系和端平入洛之役》,刊《宋辽金史论丛》第一辑,中华书局1985年版;黄宽重:《辨"端平入洛败盟"》,收入其《南宋史研究集》,台北新文丰出版公司1985年版。关于宋与蒙元的战争,有胡昭曦、邹重华主编:《宋蒙(元)关系研究》,四川大学出版社1989年版;胡昭曦、邹重华主编:《宋蒙(元)关系史》,四川大学出版社1992年版。

②《宋史》卷四〇三《赵方传》。

③《宋史》卷四一七《赵葵传附兄范》。

④《宋史》卷四一四《郑清之传》,另参卷四一七《赵葵传》。

⑤周密:《齐东野语》卷一八《前辈知人》。

⑥元袁桷:《延祐四明志》卷五《人物考》。

⑦《宋史》卷四〇三《赵方传》。

⑧《宋史》卷四一七《赵葵传附兄范》。

⑨《宋史》卷四一七《赵葵传附兄范》。

⑩《宋会要辑稿》兵二〇之二八。

⑪《宋史》卷四七六《叛臣中·李全上》。

⑫《宋会要辑稿》职官七七之二四。

⑬详见《宋史》卷四七七《叛臣·李全传》及卷四一七《赵葵传》,《齐东野语》卷九《李全》等。

⑭元陈桱:《通鉴续编》卷二一。

⑮周密:《齐东野语》卷五《端平入洛》等。

⑯元陈桱:《通鉴续编》卷二二。

⑰《宋季三朝政要》卷一。

⑱《宋史全文》卷三二《宋理宗二》。

⑲《宋史》卷四一《理宗纪一》《宋史全文》卷三二《宋理宗二》。

⑳《后村先生大全集》卷一四七《毅肃郑观文神道碑》。

㉑《宋史》卷四一《理宗纪一》、《宋史全文》卷三二《宋理宗二》。

㉒《宋史》卷四一七《赵葵传附兄范》。

㉓周密:《齐东野语》卷八《曹西士上竿诗》。

㉔魏了翁:《鹤山集》卷二九《督府奏陈·奏襄阳被围日久乞降诏勉谕制臣》二月三日贴黄。

㉕参见魏了翁:《鹤山集》卷二七《督府奏陈·奏与赵葵私觌礼物》。

㉖《宋史》卷四一七《赵葵传附兄范》,周密:《齐东野语》卷五《端平襄州本末》。

㉗佚名:《宋季三朝政要》卷一《理宗》、周密:《齐东野语》卷五《端平襄州本末》。

㉘《宋史》卷四一七《赵葵传附兄范》,参见《宋史》卷四二《理宗纪二》。

㉙《宋史》卷四一七《赵葵传附兄范》。

㉚《宋史》卷四二《理宗纪二》。

㉛《宋史》卷四二《理宗纪二》、《宋史全文》卷三三《宋理宗三》。

㉜《宋史》卷四三《理宗纪三》。

㉝《宋史》卷四三《理宗纪三》。

㉞《宋史全文》卷三四《宋理宗四》。按《宋史》卷四一四《郑清之传》也谓赵葵、陈〔韡华〕统军,"战于泗水、涡口、木库,皆以捷闻"。

㉟《宋史全文》卷三五《宋理宗五》。

㊱《宋史全文》卷三五《宋理宗五》。

㊲《宋史全文》卷三五《宋理宗五》。《宋季三朝政要》卷二《理宗》载,宝祐五年,"赵葵水陆并进,大捷"。宝祐六年,"赵葵申随州之捷"。

㊳《宋史》卷四四《理宗纪四》。

㊴《宋史》卷四七四《贾似道传》。

㊵《宋季三朝政要》卷三《理宗》,参见元刘一清撰:《钱塘遗事》卷四《北兵渡江》。

㊶元刘一清《钱塘遗事》卷四《行打筭法》。

㊷《宋史》卷四五《理宗纪五》。

㊸《宋季三朝政要》卷三《理宗》。另参见谢枋得:《叠山集》卷三《代干丞相免追筭功赏钱粮启》。

㊹《宋史》卷四一二《王登传》。

㊺《宋史》卷四一二《杨揲传》。

㊻《宋史》卷四一六《余玠传》。

㊼《宋史》卷四一六《汪立信传》。

㊽《宋史》卷四一八《王爚传》。

㊾《宋史》卷四二五《杨文仲传》。

㊿《叠山集》卷五附元李道源《文节先生谢公神道碑李源道》。

(51)《宋史》卷四一九《陈韡传》。参见《宋季三朝政要》卷二《理宗》。

(52)《宋季三朝政要》卷一《理宗》。另黄震:《古今纪要逸编》:吕"文德起土豪,赵葵始擢之为将"。清姚之骃:《元明事类钞》卷二四《衣冠门》引《元史类编》:"吕文德微时,鬻薪于市,宋淮帅赵葵见其遗履长尺有咫,异之,招致麾下。后官京湖安抚制置使。"

(53)《宋史》卷四三《理宗纪三》。

(54)《宋史全文》卷三四《宋理宗四》。

(55)周密:《齐东野语》卷一八《赵信国辞相》。

(56)《宋史》卷四一七《赵葵传附兄范》,元陈桱:《通鉴续编》卷二二。

(57)参见《宋史》卷四一四《郑清之传》、元陈桱:《通鉴续编》卷二二。

(58)《宋史》卷四一七《赵葵传》。按《宋史》卷四六《度宗纪》系赵葵死于咸淳二年冬十一月乙卯。元刘一清《钱塘遗事》卷三《赵信庵》也记为同年同月二十六日。《宋季三朝政要》卷四《度宗》、佚名《咸淳遗事》卷上系于咸淳三年,似误。

(59)林希逸:《竹溪鬳斋十一藁续集》卷一九《挽诗·信庵赵少保》。

(60)吴龙翰:《古梅遗稿》卷五《哭赵信庵》。

(61)刘克庄:《后村先生大全集》卷四一《丞相信庵赵公哀诗五首之一》。

(62)《宋史全文》卷三二《宋理宗二》。

(63)《宋史》卷四一七《赵葵传》。

李庭芝绝非民族英雄

俞兆鹏(南昌大学)

　　南宋末期,淮东制置使李庭芝因在抗元战争中曾死守扬州,最后兵败被俘牺牲,故而后人把他看做是忠义之士。元人赵景良在其《忠义集》中写诗歌颂李庭芝为"伟人";元人(佚名)将他的生平编入《昭忠录》;清人万斯同又将他的事迹编入《宋季忠义录》。到 20 世纪 50 年代,更有人把他称为民族英雄。[①]毋庸置疑,李庭芝在早年当地方官时曾经有过一些政绩。如宋理宗嘉熙四年(1240),李庭芝权知建始县(今属湖北),曾实行兵农结合,训农治兵,使民皆知战守,并在四川得到推广。又如理宗景定元年(1260),李庭芝主管两淮制置司事,当时,扬州"新遭火,庐舍尽毁。州赖盐为利,而亭户多亡去,公私萧然。庭芝悉贷民负逋,假钱使为屋,屋成又免其假钱,一岁,官民居皆具。凿河四十里入金沙余庆场,以省车运。兼浚他运河,放亭户负盐二百余万。亭民无车运之劳,又得免所负,逃者皆来归,盐利大兴"。"又大修学,为诗书、俎豆,与士行习射礼。郡中有水旱,即命发廪,不足则以私财振之。扬民德之如父母。"[②]虽然如此,但李庭芝在此后抗击蒙元入侵的斗争中,却存在众多的战略失误,给南宋军民的抗战事业来带来消极影响。为此,我认为对李庭芝的评价不宜过高,他不配称为民族英雄。今将李庭芝在抗蒙元斗争中的战略失误列举于下。

一、附和权奸，败坏抗战事业

（一）拘留蒙古国信使郝经，为蒙古侵宋找到了借口

宋理宗宝祐六年（1258）二月，蒙古大汗蒙哥出动三路大军全面侵宋，蒙哥亲率主力攻打四川；派其弟忽必烈渡淮河南下进攻鄂州（今湖北武昌）；又命大将兀良合台自交、广攻潭州（今湖南长沙），然后到鄂州会师。次年七月，蒙哥因在合州（今四川合川）被炮火震伤而死。九月，忽必烈不愿无功而返，仍督军围攻鄂州，中外大震。宋理宗十分惊慌，便以贾似道为右丞相兼枢密使，屯兵汉阳以援鄂州。贾似道出身破落户子弟，不学无术，自幼流氓成性；他因其同父异母姊姊贾贵妃的关系当上了京官；后来又通过施弄权术，爬到了宰执的高位。贾似道本是个欺软怕硬和胆小怕死之人。当他得知在蒙古军猛攻下，鄂州城中死伤已达一万三千人，十分害怕，便秘密派宋京去蒙古军营求和，表示愿割江为界，且岁奉银、绢各二十万。当宋理宗开庆元年（1259）闰十一月贾似道急切向蒙古军求和之时，蒙古内部正在发生抢夺汗位之争。为了赶回蒙古去夺取汗位，忽必烈答应贾似道的求和，领兵北返。蒙古军撤走后，贾似道便于理宗景定元年（1260）三月隐瞒了向蒙古军乞和之事，向朝廷上表大肆吹嘘："诸路大捷，鄂围始解，江汉肃清，宗社危而复安，实万世无疆之休！"[③]昏庸的理宗不明真相，对贾似道"再造宋室江山"感激不尽，升他为少师、卫国公。从此贾似道依借自己的政治资本，开始独擅朝政，为所欲为，使本已腐败不堪的南宋政治变得更加黑暗。

忽必烈回到蒙古后，在诸王、诸大臣拥戴下，于宋景定元年（1260）三月即位为薛禅皇帝。四月间，正当南宋举国欢庆抗蒙战争的伟大胜利之时，蒙古派翰林侍读学士郝经为国信使，前来南宋通报忽必烈即位之事，并要求落实贾似道乞和时答应的岁币，实现两国停战和好。贾似道唯恐郝经之来，将使其擅自向蒙古乞和及谎报战功的阴谋败露，便竭力进行阻挠。七月，郝经

到达宿州(今安徽宿县)后,派遣副使刘仁杰等联系入宋日期,未得答复。郝经又多次写信给南宋三省、枢密院及两淮制置使李庭芝,仍未得到回音。这时,贾似道便以蒙古江淮大都督李璮(又名松寿)入侵淮安为借口,命李庭芝写信给郝经,拒绝其入宋。十一月,李庭芝给郝经的信中说:"第信使以美意而来,松寿乃怀奸以逞,修南城、闯北镇,幸我先备,得以胜之,以此而和,殆类款我!今阃外方且饬备,于行人之事,未敢转闻。"④郝经回信说:弭兵息民、通好两国,出于蒙古主的诚意,李璮擅自启衅,是违诏之举,将无所逃罪。事实上,忽必烈在八九月曾两次谕止李璮出兵侵宋。郝经虽遭南宋拒绝,仍渡淮进入扬州。结果,贾似道密令李庭芝将郝经拘留于真州(今江苏仪征)忠勇军营。⑤李庭芝应当知道,不管什么原因,拘留别国信使将会造成多大的消极后果。

李庭芝拘留郝经,至少对南宋的抗蒙斗争产生了两方面的消极影响。一方面,它使忽必烈举兵侵宋找到了借口。忽必烈得知郝经被南宋扣留,便于蒙古中统二年(1261)七月发布伐宋诏书,申明自己有两国议和的诚意,责备南宋"尝以衣冠礼乐之国自居,理当如是乎?曲直之分,灼然可见",并决定"约会诸将,秋高马肥,水陆分道而进,以为问罪之举"。⑥另一方面,忽必烈派郝经去南宋议和,虽是他为了集中精力处理内部矛盾的缓兵之计,但这毕竟给了南宋一个加强战备和巩固国防的有利时机。可是郝经的被拘,使贾似道得以继续隐瞒其私自求和与谎报"鄂州解围"战功的罪行,消除了南宋朝廷的危机意识,并进一步专擅政权,作威作福,排斥异己,打击抗蒙将领,从而大大削弱了抗蒙力量,为南宋的最后灭亡埋下了祸根。

(二)为消极抗蒙的范文虎顶罪,助长了懦将腐败之风

宋度宗咸淳五年(1269)七月,蒙古军围襄阳急,宋将夏贵、范文虎相继领兵入援,均大败。范文虎乘轻舟逃走,兵乱,士卒溺汉水死者甚众。因范文虎是贾似道的女婿,他临阵脱逃,不仅未受惩罚,贾似道反升他为殿前副都指挥使、总禁兵。次年正月,宋廷调李庭芝为京湖制置大使督师援襄阳。范文虎闻李庭芝来,就写信给贾似道说:"吾将兵数万人襄阳。一战可平,但无使听命于京阃,事成则功归恩相矣。"⑦范文虎本是个常败将军,他一边大肆吹牛,一边向贾似道拍马,为的是能不受李庭芝指挥,安于逸乐。而贾似道原是个惯于弄虚作假谎报战功之人,他听了范文虎的话,正中下怀,即下令范文虎的军队直接受朝廷节制,可不服从李庭芝的命令。于是,范文虎"日携美妾,走马击毬军中为乐。庭芝屡欲进兵,曰:'吾取旨未至也。'"⑧咸淳七年(1271)六月,汉水涨,正是出兵的好时机,范文虎不得已率卫卒及两淮舟师十万往援襄阳。但部队进至鹿门,与蒙古军刚接触,范文虎就丢弃旗鼓,乘夜逃走,蒙古军俘获其士兵、战船、甲仗无计其数。这年十一月蒙古建国号"大元",加紧对襄阳的围攻。至咸淳九年(1273)二月,襄阳守将吕文焕终因久困援绝而降元。

襄阳失守,与范文虎之流消极抗战、畏敌逃跑有着直接的关系。作为抗元前线主帅的李庭芝,本应认真总结失败的教训,弹劾懦将以惩前毖后;可是他不仅没有这样做,反而多次上书自劾,替贾似道、范文虎顶罪,要求辞去京湖制置大使之职。咸淳九年(1273)四月,李庭芝果然落职罢居京口(今江苏镇江)。李庭芝的这种行为,不管其主观动机如何,在客观上大大助长了南宋奸相懦将的腐败作风。到宋恭帝德祐元年(1275)正月,当元军顺长江东进往攻临安时,范文虎终于在安庆投降了元军。而与李庭芝不同,襄阳失守,惊醒了不少宋朝的臣僚。刑部尚书兼给事中陈宜中曾上奏认为,襄、樊之失,皆因范文虎怯懦逃遁,请斩之。又有新任京湖制置使汪立信上奏说,襄、樊之祸,皆因范文虎闻难怯战,请置之重典,以兴起人心。尤其是太府寺丞陈仲微,更是尖锐地指出,襄阳之陷,其罪不专在于庸阃疲将,皇帝和宰相应当分担责任,把批评矛头直指最高统治者。这些臣僚的弹劾虽未起到多大的实际作用,陈仲微还遭到了贾似道的打击报复,但这一切至少显示了他们不畏权势和敢于直言的精神。李庭芝之所以不敢弹劾懦将,也许是他胆小怕事,慑于贾似道的淫威。宋人周密在《癸辛杂识》别集卷下中说:"李庭芝避事悠缓,而范文虎以殿岩自居,颇有不受节制之意,故台臣虽有章言之宣示二人,然无益也。"这正表明了李庭芝的庸俗与窝囊,对国家和民族的缺乏强烈的责任感。

虽然拘留郝经和包庇范文虎等败坏抗战事业的罪魁祸首是贾似道,但李庭芝附和权奸,在其间起了推波助澜的作用。李庭芝之所以附和贾似道,与其自身的仕途经历有密切关系。李庭芝原是个读书人。"嘉熙末(1240),江防甚急,庭芝得乡举不行,以策干荆帅孟珙请自效。"⑨孟珙见他长得魁梧,十分赏识,任他为权知建始县,从此李庭芝由一个布衣之士开始登上了仕途。理宗淳祐初(1241),李庭芝考中进士,在孟珙幕中主管机宜文字。淳祐六年(1246)孟珙死,遗表举贾似道替代他为京湖制置使,并把李庭芝推荐给贾似道。李庭芝把孟珙视做知己,像孝子一样,为孟珙守了三年之丧,然后到贾似道手下任制置司参议。淳祐十年(1250),贾似道改任两淮制置大使,李庭芝跟随至淮南,后被提拔为濠州(今安徽凤阳东北)知州。理宗开庆元年(1259)正月,贾似道又改任京湖宣抚大使,留李庭芝权知扬州,不久奏升为贾似道驻地峡州(今湖北宜昌)知州。鄂州解围后,李庭芝因母死,丁忧离任。景定元年(1260),理宗决定夺情以李庭芝主管两淮制置司事,知扬州。李庭芝由一个小小的幕僚成为知州,又升至两淮制置使的高位,变为南宋的方面大员,这几乎都是由于贾似道的提携。为此,李庭芝把贾似道尊为恩人,必须依从于他。即使在对待范文虎飞扬跋扈、纵淫腐败、畏敌逃跑等问题上,他也不敢得罪贾似道,出于私心,只得一眼开、一眼闭,采取"避事悠缓"的态度。与那持节不阿敢于直言弹劾奸邪的抗元爱国志士相比,李庭芝颇似一个政治上的侏儒。

二、拥兵自重,缺乏全局观念

在襄阳、樊城被蒙古军久围未解之时,宋廷本应从战争的全局出发,从更宏观的角度来部署兵力,以牵制和分散蒙古军围攻襄、樊的力量。可是,宋廷却头痛医头,采取单打一的战略方针,几乎把主要兵力全部集中在支援襄、樊的战场上,致使失去战机迁延时日达五年之久(咸淳四年九月至九年二月),迫使襄阳守将吕文焕因盼援失望而降元。其实,早在度宗咸淳六年

（1270）八月蒙古军围攻襄、樊日急之时，就有兰溪处士金履祥提出过"牵制捣虚"之策，"请以重兵由海道直趋燕蓟，则襄、樊之师不攻而自解"，却被当权者视为迂阔。⑩咸淳八年（1272）十一月在襄阳失守前，甚至贾似道也曾想到过："若推至来年春夏之交，则调一大将统三万兵直捣颍、亳，又调一大将统三万兵直捣山东，则襄围之贼皆河南、北、山东之人，必将自顾其父母、妻子相率离叛，如是，则襄围未解，臣未之信。"⑪可是，贾似道只说不做，因为他根本没有抗元的决心，一心只想赖在临安，以便于防范和打击有损于自己权势的抗元志士和异己分子。当襄、樊失守元军即将顺长江东进之时，又有太学生郭昌子上守备六策："一曰分游击以屯南岸，二曰重归、峡以扼要冲，三曰备鄂、汉以固上流，四曰调精兵以护汉江，五曰备下流以绝窥伺，六曰饬隘口以备要害。"⑫还有前四川宣抚使参议官张梦发上书陈危急三策："曰锁汉江口岸；曰城荆门军当阳界之玉泉山；曰峡州宜都而下，联置堡砦以保聚流民，且耕且守。"⑬当咸淳十年（1274）六月，元世祖忽必烈数贾似道负约执郝经之罪，命诸将率兵南伐之时，京湖制置使汪立信也写信给贾似道，提出过抗元对策："夫内郡何事乎多兵，宜尽出之江干，以实外御。算兵帐见兵可七十余万人，老弱柔脆，十分汰二，为选兵五十余万人。而沿江之守，则不过七千里，若距百里而屯，屯有守将，十屯为府，府有总督，其尤要害处，辄参倍其兵。无事则泛舟长淮，往来游徼，有事则东西齐奋，战守并用。刁斗相闻，馈饷不绝，互相应援，以为联络之固。选宗室亲王、忠良有干用大臣，立为统制，分东西二府，以荏任得其人，率然之势，此上策也。久拘聘使，无益于我，徒使敌得以为辞，请礼而归之，许输岁币以缓师期，不二三年，边遽稍休，藩垣稍固，生兵日增，可战可守，此中策也。"⑭此类建议，也只就沿长江部署兵力，但毕竟比头痛医头被动拒敌的思路更为宽广一些，而贾似道却一律未予采纳。

至于李庭芝，也许是因为贾似道的关系，他一直得到宋廷的重用。自从开庆元年（1259）他被贾似道留任权知扬州后，景定元年（1260）又被提拔为主管两淮制置司事。至度宗咸淳三年（1267）六月，被封为兵部尚书。咸淳五年（1269）正月，正式出任两淮制置大使兼知扬州。咸淳六年（1270）正月改任京湖制置大使援襄阳,成为抗蒙前线总指挥。咸淳九年(1273)襄、樊失守后,他曾一度辞官奉祠,但同年十一月即又出任淮东制置使兼知扬州。宋恭帝德祐元年(1275)四月升为参知政事;同年六月又加知枢密院事。宋端宗景炎元年(1276)五月赵昰在福州即位后,甚至召李庭芝为右丞相。李庭芝长期执掌着地方和中央的军政大权,最后还当上了宰相,成为南宋最高军政首脑之一。其间,他曾先后驻军于抗元战略要地京湖和两淮地区。以李庭芝所处的地位来说,他胸中应有抗元战事的全局和克敌制胜的宏观战略。可是,他却只是一个庸才。他既不像金履祥那种"牵制捣虚"之策,也没有像郭昌子、张梦发、汪立信那种守备长江防线的规划,而只是龟缩在淮东一地,拥兵自重,毫无联络各地兵力和总揽全局的打算。相反,当咸淳九年(1273)十一月,宋廷准备重新起用他为两淮制置使时,他却要求将两淮分为淮东、淮西二司,并主动放弃淮西,自己只任淮东制置使兼知扬州,为的是"得专力淮东"去经营其起家的老根据地,而请求让老奸巨猾和心怀叵测的夏贵去当淮西制置使。同时,李庭芝与夏贵又有矛盾,谈不上能和衷共济、通力合作。

　　淮东首府扬州是个好地方,自古以来都是个经济繁荣的商业城市。同时,它又是扼守江北的战略要地,为此"宋重兵皆驻扬州,临安倚之为重"[⑮]。扬州还是个文化发达之区,人才众多,"时天下称得士多者,淮南为第一,号'小朝廷'"[⑯];宋末民族英雄陆秀夫就是淮东楚州盐城人,曾在李庭芝幕中任淮东制置司参议。李庭芝盘踞在这么好的地方,且手握重兵,朝廷对他的期望也很高,本应在抗元斗争中发挥巨大作用。可是,当元军沿长江东进直至占领建康(今江苏南京)时,却未见李庭芝有所作为。他没有像汪立信建议那样,将主要兵力"尽出之江干以实外御",也不"泛舟长淮,往来游徼",更未与各地宋军"互相应援,以为联络之固";他也未礼送郝经回国以为缓兵之计,而是继续将郝经扣留在真州。他只在陈奕以黄州降元、沿江诸郡吕氏旧部曲望风附敌时,曾派了一小部分兵力去抗元,但未见有何作为。

　　宋恭帝德祐元年(1275)正月,伯颜率元军大举东进,贾似道被迫以平章军国重事、都督诸路兵马身份统率精兵十三万出师迎敌。但贾似道畏敌如虎,二月初,又派宋京去向元军乞和,请称臣、奉岁币,遭到伯颜拒绝。结果,鲁港一战,宋军大败,贾似道狼狈逃往扬州,上书请迁都,主张宋廷逃亡海上。形势危急,宋廷下诏征诸将勤王,诸将多不至,李庭芝也未出兵,只有郢州守将张世杰、知赣州文天祥奉诏勤王。这时,郝经仍被拘留在真州,元朝派郝庸等人前来问罪,贾似道大恐,被迫礼送郝经回国。当德祐元年(1275)三月,伯颜率元军顺利占领建康后,见长江两岸未有宋军坚守,又听说汪立信曾经提出过加强江防的抗元策略,乃叹道:"宋有是人,有是言哉! 使果用,我安得至此。"[⑰]由于宋廷未在长江下游加强防御,淮东李庭芝又未出兵,使伯颜得以一面派兵包围扬州,一面率主力往攻临安,隔断了淮东对南宋首都的应援。这时,李庭芝让贾似道躲在扬州,仍仰承其鼻息,让他继续推行投降主义和逃跑政策。在贾似道被罢官,朝野上下人人喊杀之时,宋廷不得已命李庭芝津遣贾似道归绍兴,贾似道却仍能一度赖在扬州不走。

不管李庭芝的主管意图如何,他的所作所为,对南宋的抗元斗争有害无益。后来,文天祥在其《集杜诗·扬州》序中说:"李庭芝在扬州十余年,畏怯无远谋,惟闭门自守,无救于国。"评价可说十分中肯。

三、死守扬州,致使生灵涂炭

德祐元年(1275)三月,元军占领建康后,伯颜因考虑到宋之精锐尽在两淮、重兵在扬州,大军宜先捣临安。于是,他亲驻建康以为军事基地,一面分兵四出攻占临安外围各地,一面派阿术、博罗欢、塔出率精锐驻扬州,形成对扬州的包围圈,以隔绝扬州与临安的联络,然后实行分割打围的战略战术,先将元军主力的进攻矛头直指临安。

在当时的形势下,宋军要有效地抗击元军,首先必须打破元军孤立扬州并主攻临安的战略部署,联络各地兵力、相互策应,机动游击,使元军顾此失彼,削弱其进攻临安的力量,然后再组织力量徐图恢复。文天祥率勤王军抵达临安后,曾向宋廷提出过抗元方略:"宋惩五季之乱,削藩镇,建郡邑,一时虽足以矫尾大之弊,然国亦以寖弱。故敌至一州则破一州,至一县则破一县,中原陆沉,痛悔何及。今宜分天下为四镇,建都督统御于其中。以广西益湖南而建阃于长沙;以广东益江西而建阃于隆兴(今江西南昌);以福建益江东而建阃于番阳(今江西鄱阳);以淮西益淮东而建阃于扬州。责长沙取鄂,隆兴取蕲、黄,番阳取江东,扬州取两淮,使其地大力众,足以抗敌。约日齐奋,有进无退,日夜以图之,彼备多力分,疲于奔命,而吾民之豪杰者又伺间出于其中,如此则敌不难却也。"⑱虽然由于南宋最高统治者的昏庸与腐朽,文天祥的建议未被采纳,但当时实施这种战略部署的可能性是存在的。因为淮、浙、闽、赣、广尚在南宋治下,仅在临安,文天祥有军三万、张世杰有军五万、诸路勤王军有四十万,正如文天祥所说:"今淮东坚壁,闽、广全城,王师且众,何不与敌血战?万一得捷,则馨两淮之兵以截其后,国事犹可为也。"⑲

同样,李庭芝也必须竭力阻止元军对扬州的包围,他应在元军到来之前,与浙、闽等地宋军联络,尤其可先与在临安的文天祥、张世杰的勤王军合作,在东南地区组成联合阵线来阻止元军东进,同时又可借用湘、赣宋军的力量捣元军后路,以牵制其东进兵力。可是,李庭芝缺乏文天祥那种深远的战略眼光,他不仅没有这样做,而且反其道而行之。他把淮东军的主力屯驻在扬州,甚至还把扬州外围的战略要地瓜洲让给元军,自己龟缩扬州城中,进行死守。据《元史·世祖纪五》记载:元至元十二年(1275)四月,"癸亥,阿术师驻瓜洲,距扬州四十五里,宋淮东制置司尽焚城中庐舍,迁其居民而去。阿术创立楼橹战具以守之。"这也就是说,李庭芝主动放弃了扬州的前哨阵地,缩小了自己的军事回旋之区,让敌人进一步缩紧包围圈来进攻自己,可说蠢笨之极。同月,阿术打败了真州的宋军,又修筑了从扬子桥至瓜洲、东北跨湾头至黄塘、西北至丁村的长围,并树立木栅以断绝扬州的粮道,完成了对扬州的包围。至此,扬州宋军基本上已成了瓮中之鳖,失去了任何主动性,只好待人宰杀。

虽然扬州兵力雄厚,猛将如云,尤其是都统姜才骁勇善战,但由于宋军所处的战略被动地位,扬州守军发动了多次反元军围攻的大战,都以失败告终。如,德祐元年(1275)四月,姜才与阿术战于三里沟、扬子桥,结果扬州拨发官雷大震阵亡,宋将回回被元将张弘范刺倒,姜才被流矢中肩,只得退入城中死守。五月,宋军总都督张世杰大出舟师,约殿帅张彦自常州由陆路赶到镇江,约李庭芝以扬州兵出瓜洲来镇江,三路兵约同日进攻元军,以打开淮、浙之通路。六月,李庭芝判断错误,以为张世杰的舟师必乘风已至镇江,乃命姜才率步骑二万人夜攻扬子桥木栅准备去瓜洲。结果被阿术打败,副将张林被擒,姜才仅以身免,士卒死者万余人。七月初二日,张世杰与刘师勇、孙虎臣出动战船一万多艘,列阵于镇江焦山。谁知张彦的常州兵未能按时赶到,扬州兵因出兵过早,未能联合其他各路宋军兵力,已被元军打败,加上张世杰将战船以十船为一方联锁在一起,不能灵活调度,在战术上犯了错误,结果元军进行火攻,宋军大败,损失惨重。扬州军失去了一次淮、浙联军共同抗元的机会,"自是宋人不复能军"㉑。九月,姜才虽又率步骑一万五千人进攻湾头堡元军,仍为阿术所败,"是后淮东诸城兵不复出矣"㉑。

尤为可悲的是,由于李庭芝消极的死守政策和指挥无方,造成了军心混乱。扬州兵在反围攻的战斗中,因步兵突围心切,曾多次与骑兵发生自相残杀的事情。如德祐元年六月姜才欲从瓜洲去镇江的那次战役中,扬州军被元军打败,姜才"率骑退走,而所部步兵遮其归路,才遂杀步兵取道还扬州城。元兵追至城下,骑兵死者十八九"。又如,德祐元年九月,因元兵筑湾头城断绝了扬州与通州(今江苏南通)、泰州(今属江苏)的往来之路,姜才"出兵攻其城,不克而走,步兵惩前败,乃自杀骑兵之退走者,于是,骑兵死者十八九,步兵死者十五六,而扬之精甲皆尽,闭关不复出"㉒。

李庭芝被困扬州,由于粮道断绝,全城军民皆陷入了极度饥饿的悲惨境地。德祐元年十月,"城市食尽,死者满道"㉓。至德祐二年二月,"饥益甚,赴濠水死者日数百,道有死者,众争割啖之立尽"㉔。二月宋淮西制置使夏贵降元;不久,宋知淮安州许文龙、知盱眙军张思聪、知泗州刘兴祖皆以粮尽降元。这时,为了维持士兵的战斗力,"李庭芝犹括民间粟以给兵;粟尽,令官人出粟;粟又尽,令将校出粟,杂牛皮、曲蘖以给之。兵有烹子而食者,犹日出苦战"㉕。但这种饥兵的苦战,虽然体现了宋军士兵的爱国心,但也只是垂死挣扎而已,毫无胜利的希望。

　　李庭芝已经落到了如此艰难的地步，他理应抓住一丝一毫的机会，千方百计地联络扬州以外的宋军力量，以改变自己的困境。可是，他却不珍惜这种机会，仍决心死守扬州，而且"其志益坚"。德祐二年正月二十日文天祥去元营谈判被拘留，二月廿九日夜，他与部属十一人在镇江逃脱，三月初一来到真州。知真州苗再成与其部将见宰相文天祥到来，十分兴奋。他们向文天祥介绍两淮情况说："两淮兵力，足以复兴。惜制使李公（淮东李庭芝）怯不敢进；而夏老（淮西夏贵）与淮东薄有嫌隙，不得合从。得丞相来通两淮脉络，不出一月，连兵大举，先去北（元军）巢之在淮者，江南可传檄而定也。"文天祥问苗再成有何具体计划？苗再成说："先约夏老，以兵出江边，如向建康之状，以牵制之。此则以通、泰军，义打湾头（在扬州东北）；以高邮、淮安、宝应军义打扬子桥（在扬州南）；以扬州大军向瓜洲；某与赵刺史孟锦，以舟师直捣镇江。并同日举，北不能相救；湾头、扬子桥皆沿江脆兵守之，且怨北，王师至，即下。聚而攻瓜洲之三面，再成则自江中一面薄之。虽有智者，不能为之谋。此策既就，然后淮东军至京口（今江苏镇江），淮西军入金城（今江苏句容北）。北（元军）在两浙，无路得出，虏师可生致也。"㉖文天祥听了苗再成的建议，正合自己心意，便先后给李庭芝、夏贵写了信，然后又给扬州守将朱焕、姜才、蒙亨等人及两淮各州知州一一写了信，约以复兴。其实，这时夏贵已降元，当初李庭芝未能设法联络夏贵，而今苗再成的计划已经滞后，因淮东与外界不通信息，文天祥不知，还在等待淮西的回报。谁知等到三月初二日午前，李庭芝却派人到真州，说得到从元营逃归的朱七二报告，文天祥是元军派到真州来赚城的奸细，并批评苗再成：决无宰相得脱之理，纵得脱，亦无十二人得同来之理，为何放他们入城？李庭芝命苗再成杀文天祥以明心迹。苗再成不忍杀文天祥，于次日早上放文天祥等十二人逃生而去。李庭芝又层层设卡，四处通缉文天祥。文天祥仔细琢磨：为什么李庭芝会认定自己是元军奸细？也许是元军发现他逃走，便立即派人到扬州行反间之计。然而，文天祥又觉得这种设想于理不通。扬州派人来真州在三月初二午前。自己在二月廿九日夜逃走，元军于第二天即三月初一日早上发觉，但不知他的去向，不能当天就派人到扬州行反间计，说自己来真州赚城。

文天祥进一步认为:也许是李庭芝在三月初二日早上收到了他要求联合两淮的信,对他产生了怀疑,武断地判定宰相不可能与十一人同时脱逃,因而把他当做奸细而欲杀之! 那么,是否真有朱七二的情报呢? 还是纯系李庭芝捏造? 这是一个历史悬案。但不管是何种原因,李庭芝对文天祥的到来,本应仔细分析,审慎处理。如先控制文天祥,进行深入调查,再下结论,不该不分是非,就要杀人。要不是苗再成放走文天祥,那将会造成一起多么大的冤案,演出一场令人气绝的历史悲剧! 后来,文天祥回忆此事,他原以为真州之行,"中兴之机也",终因李庭芝"一人狐疑,事乃大缪,惜哉[27]"!

由于李庭芝没有宏观而机动的战略思想,一味死守扬州孤城,"不能自拔",但又缺乏信心,"恨不得脱重负"[28],因此,在元军的攻打下,加上扬州军的自相残杀和粮食供给的断绝,扬州军民大量死亡,乃至出现了人吃人的惨相,致使生灵涂炭! 造成这种局面,元军的侵犯固然是主要的客观原因,但李庭芝错误的战略思想则是其主观原因。

四、斗志动摇,殉国不够自觉

扬州被围后,李庭芝曾多次拒绝元军的诱降,一度表现出坚定的民族气节。如,德祐元年四月,元军至扬州,阿术派李虎持招降榜入城,李庭芝杀李虎,焚其榜;扬州总制张俊出战,持宋叛臣孟之缙的信来招降,李庭芝又杀张俊,焚其信。德祐二年二月,宋太皇太后谢道清降元,下诏谕天下州郡降附,李庭芝说:"奉诏守城,未闻有诏谕降也。"[29]同年闰三月,元军押送德祐皇帝及全太后北上,至瓜洲,又派使者送诏书向李庭芝劝降,李庭芝不答,发弩射死使者,并命姜才出兵拦夺德祐帝与全太后,结果未成。

李庭芝虽欲为南宋死守扬州,决不降元,但随着形势的进一步恶化,他的意志开始动摇。宋淮西制置使夏贵早于德祐二年二月降元。宋端宗景炎元年(1276)六月,阿术派兵扼守淮东的高邮、宝应,以绝扬州粮道;博罗欢又攻占了泰州之新城。阿术驱夏贵之淮西降卒到扬州城下以示李庭芝,这时有幕僚以言试探李庭芝,李庭芝仍表示"吾惟一死而已"[㉚]。可是,不久淮东下属之淮安、盱眙、泗州皆以粮尽降元,至此,淮东大部分地区已落入元军之手。李庭芝虽仍竭力搜刮粮食来维持军饷,但仍出现了士兵自食其子的惨状。姜才闻高邮运米将到扬州,出兵护粮,以步骑五千与元军战于丁村栅,打了个通宵,阿术派牙下精兵来援,已饥饿疲惫之极的宋军将士远远望见元军画有双赤月的旗帜,知是阿术的军队,便皆溃逃,姜才也脱身走,元军获米五千石。阿术又派千骑拦截陆续从高邮运往扬州之粮食,数日之中,杀宋军负米卒数千,获米三千石。扬州再无粮食来源,士无斗志,李庭芝死守扬州的决心开始动摇。其实,姜才是"淮东猛将,扬州前后主战,皆其人也"[㉛]。一天,李庭芝召姜才议事,"屏左右,语久之",有降元意向。姜才坚持不降,要李庭芝共同殉国。"才厉声云:'相公不过忍片时痛耳!'左右闻之俱汗下。才自是以兵护庭芝第,期与俱死"[㉜]。由于被姜才挟持,李庭芝未能降元。

正当扬州陷于粮尽援绝之时,景炎元年七月,南宋行朝的使者到扬州来召李庭芝去福安(今福建福州)出任右丞相。李庭芝在元军包围扬州前后,心无远谋,"怯不敢进",唯知闭门自守。而当他得到南宋行朝的右丞相任命后,却一反常态,急欲赴召,便"弃扬州引兵轻出"[㉝]。他只命淮东制置副使朱焕留守扬州,自己与姜才领兵七千去泰州,打算航海去福安。李庭芝刚走,朱焕便以扬州城降元。阿术亲督各路元兵分道追赶,在泰州西追及李庭芝。宋军毫无斗志,"麾下鸟兽散",只有扬州牙兵张炎一人"独斗死"[㉞],宋军步兵被杀千人。李庭芝、姜才逃入泰州城中,元军筑长堑围之,阿术独当东南面,以断宋军出海之路。同时阿术驱李庭芝将士的妻子至泰州城下逼降。姜才不降,而这时他"身生九疽,不可挂甲"[㉟],无法出战。泰州裨将孙贵、胡唯孝与李庭芝帐下卒刘发、郑俊等开泰州北门降元。李庭芝闻变投莲池,水浅不得死,与姜才一起被俘至扬州。阿术责问李庭芝为何不降?姜才说:"不降者才也!"[㊱]阿术见姜才忠勇,仍欲降而用之。朱焕对阿术说:"扬自用兵以来,积骸满野,皆庭芝与才所为,不杀之何俟?"[㊲]于是,李庭芝与姜才被杀于扬州市。朱焕虽然可恶,但他的话从侧面反映了一个事实:由于李庭芝的战略失误,死守扬州给全城军民带来的苦难,已使宋军将士产生了不满和厌战情绪。

对于李庭芝之死，历史上评价并不很高。《宋史·李庭芝传论》只说了一句："李庭芝死于国难，其可悯者!"文天祥也只说，李庭芝"虽无功于国，一死为不负国矣"㊳。唯有元人赵景良在其《忠义集》中写诗歌颂李庭芝："淮海曾闻一伟人，十年卧护息边尘。"㊴其实，李庭芝的问题正在于他"十年卧护"扬州，而这种"卧护"实为死守，并不能"息边尘"，阻止元军侵犯，因而李庭芝也不能称之为"伟人"。总的说来，李庭芝虽不是奸佞小人，而且南宋灭亡的主要责任也不在于他，但他只是个庸将。他曾附和权奸败坏抗战事业，拥兵自重缺乏全局观念，死守扬州致使生灵涂炭，斗志动摇殉国不够自觉。像李庭芝这样的人，怎可被视为民族英雄!

注释:

①杨本义:《民族英雄李庭芝、姜才抗元史迹述评》,《历史教学问题》1957 年第 8 期。

②《宋史》卷四二一《李庭芝传》,中华书局 1958 年版,第 12600 页。

③(明)陈邦瞻:《宋史纪事本末》卷一〇二《蒙古南侵》,中华书局 1977 年版,第 1114 页。

④(元)郝经:《陵川集》卷三七《与宋国两淮制置使书》附录《李制置回书》,文渊阁《四库全书》本,第 1192 册,上海古籍出版社 1989 年版。

⑤《宋史》卷四四七《贾似道传》,第 13782 页。

⑥《元史》卷四《世祖纪一》,第 14 页,《二十五史》本,上海古籍出版社、上海书店 1986 年版。

⑦《宋史》卷四二一《李庭芝传》,第 12601 页。

⑧《宋史》卷四二一《李庭芝传》,第 12601 页。

⑨《宋史》卷四二一《李庭芝传》,第 12601 页。

⑩《元史》卷一八九《儒学传一·金履祥传》,第 502 页。

⑪(清)毕沅:《续资治通鉴》卷一八〇,度宗咸淳九年二月庚戌条考异,中华书局 1957 年版,第 4916 页。

⑫《续资治通鉴》卷一八〇,度宗咸淳九年三月,第 4917 页。

⑬《宋史》卷四六《度宗纪》,第 914 页。

⑭《宋史》卷四一六《汪立信传》,第 12475 页。

⑮《元史》卷一二八《阿术传》,第 363 页。

⑯《宋史》卷四五一《陆秀夫传》,第 13275 页。

⑰《宋史》卷四一六《汪立信传》,第 12476 页。

⑱《宋史》卷四一八《文天祥传》,第 12535 页。

⑲(元)刘一清:《钱塘遗事》卷八《诸郡望风而降》,文渊阁《四库全书》本,第 408 册。

⑳《元史》卷一二八《阿术传》,第 363 页。

㉑(元)苏天爵:《元名臣事略》卷二《丞相河南武定王》,《文渊阁四库全书》本,第 451 册。

㉒(元)佚名:《昭忠录·李庭芝、姜才》,文渊阁《四库全书》本,第 451 册。按:这两次战役的时间,《昭忠录》与《元史·世祖纪五》所记不同,今从《元史》。

㉓《宋史》卷四二一《李庭芝传》,第 12602 页。

㉔《宋史》卷四二一《李庭芝传》,第 12602 页。

㉕《宋史》卷四二一《李庭芝传》,第 12602 页。

㉖熊飞等校点:《文天祥全集》卷一三《指南录》卷三《议纠合两淮复兴三首》序,江西人民出版社 1987 年版,第 503 页。

㉗《文天祥全集》卷一六《集杜诗·至真州第五十九》序,第 638 页。

㉘熊飞等校点:《文天祥全集》卷一三《指南录》卷三《议纠合两淮复兴三首》序,江西人民出版社 1987 年版,第 503 页。

㉙《宋史》卷四二一《李庭芝传》,第 12602 页。

㉚《宋史》卷四二一《李庭芝传》,第 12602 页。

㉛《文天祥全集》卷一六《集杜诗·姜才都统第五十》序,第 635 页。

㉜《宋史》卷四五一《姜才传》,第 13269 页。

㉝(元)佚名:《宋季三朝政要》卷五,文渊阁《四库全书》本,第 329 册。

㉞(清)陆心源:《宋史翼》卷三二,中华书局 1991 年影印本,第 350 页。

㉟《钱塘遗事》卷八《扬州死节》。

㊱《宋史》卷四五一《姜才传》,第 13269 页。

㊲《宋史》卷四二一《李庭芝传》,第 12602 页。

㊳《文天祥全集》卷一六《集杜诗·李制置庭芝第四十九》序,第 635 页。

㊴(元)赵景良:《忠义集·淮东制置使李公庭芝》,文渊阁《四库全书》本,第 1366 册。

试论南宋灭亡的原因及历史教训

何忠礼(杭州市社会科学院)

历史上,大凡一个政权的灭亡,主要不外乎以下几个方面的原因:或亡于农民起义,或亡于统治集团内部的争夺,或亡于几个政权间的相互兼并,或亡于外族入侵。南宋这个政权,国力看似弱小,帝王大多无能,可是由于政治体制中相互制约的因素很强,加上以"忠君爱国"为主线的儒学思想的重构和主导,民族矛盾在一定程度上削弱了阶级矛盾,"以民为本"①的思想始终没有为统治阶级所完全抛弃等原因,故具有极强的自固性,政权不太可能为权臣、外戚、武将所篡夺,也不太可能为农民起义所推翻。最后,被社会政治、经济和文化相对落后的蒙(元)所灭亡。外族入侵为何能招致南宋的灭亡? 人们从中又可以获得哪些历史教训? 这是一个值得研究的课题。

宋末元初的著名学者黄震,满怀亡国的悲痛,通过对理、度两朝历史的考察,从两个方面总结了南宋灭亡的原因:一是政治上的原因,亦即"致变之略";二是直接造成蒙元入侵的原因,亦即"致寇之略"。

黄震所说的"致变之略"有三:一是宰相非人,二是台谏非人,三是边阃非人。他以为以上三种原因,造成了南宋政治的腐败和国势的衰落。黄震所说的"致寇之略"也有三:一是"端平入洛",二是苛取渔民,三是拘留郝经。他以为以上三种原因,不仅挑起了与蒙(元)的争斗,为其入侵找到口实,也使民心离散,给国家带来了巨大的灾难。②

　　黄震作为一个当时人,目击南宋灭亡的全过程,所总结的这些原因有很强的针对性和直观性。但是,他作为一个亡国的臣子,不会言及最高统治者理宗、度宗的腐朽,是造成南宋灭亡的一个重要原因,反而对两人多有饰辞。由于受历史的局限,他只能就事论事,不可能从国家制度的弊端上,高屋建瓴地进行深入剖析,以探究造成南宋灭亡的深层次原因,难免会犯"不识庐山真面目,只缘身在此山中"的毛病。此外,黄震作为一名理学家,他当然不会言及理学思想,特别是那些假道学家对当代政治的毒害,而宋末元初一位具有反理学倾向的学者周密,却很好地补充了黄震在这方面认识的不足。③

　　立国长达一个半世纪的南宋,最后为蒙(元)所灭亡,这是一个外部原因,但外因必须通过内因才能起作用,正是由于南宋国力的不强,才导致外族入侵的得逞。由此可见,研究南宋灭亡的原因,首先必须探讨南宋在政治、经济、军事、文化等各个方面所存在的问题,然后再来考察宋、元双方力量的对比。

———

　　南宋所以灭亡,从其自身而言,存在着以下一系列的问题。

　　首先,南宋的灭亡是它政治上(特别是到中后期)的腐败所致。这种政治上的腐败主要表现在皇帝暗弱、宰相擅权、贪污盛行和剥削苛重等方面。

　　(1)皇帝暗弱,腐朽加深,无力控制朝政——南宋一朝,如果将最后三个尚不足十岁的恭帝、端宗、帝昺都统计在内则传了七代九帝。在这九帝中,作为"中兴之主"的高宗,对金人虽然怯懦,统治手段尽管卑劣,但驾驭群臣、玩弄权术的本领,却超过北宋诸帝,多年的战争使他受到锻炼,在军事指挥上也并非全是外行。"绍兴和议"签订前后,南宋军事力量在与金人的战争中已经壮大,并涌现出了以韩世忠、岳飞、刘锜、吴玠兄弟等人为代表的一批杰出抗金将领。孝宗与高宗相比,是一个有为之君,虽然受国力所限,没有实现恢复中原的夙愿,但军事上仍保持相对强大,加之金朝国力也日益衰落,使南宋有足够力量来抵御金人的南侵,以维持偏安局面。可是从光宗朝起,历经宁宗、理宗、度宗、恭帝诸帝,他们中或健康状况不佳,不得不受制于后宫;或出身疏族,不得不依赖于权臣;或腐朽日甚,懒得顾问朝政;或尚是一个乳臭小儿,根本不知政治为何物,所以都显得十分无能和暗弱。他们无力革新政治,整顿朝政,以扭转积贫积弱的局面,国势便在因循守旧中日渐衰败。

(2)宰相擅权,结党营私,败坏政治——宋代的统治体制完善,官员间相互制约的功能健全,按理说最不容易出现权相政治。但是,在当时种种特殊的历史条件下,却先后出现了秦桧、韩侂胄、史弥远、贾似道四大权相,他们擅权的时间共计长达七十二年之久,占了整个南宋时期的将近一半,这不能不说是对宋朝历史的一大讽刺。南宋权相政治的一个共同特点是控制台谏、排斥异己、结党营私,结果统治集团内部争权夺利斗争加剧,在大敌当前的形势下,不能形成一个和衷共济、共同抗敌的局面,从而严重地削弱了抗击外族入侵的力量。如韩侂胄擅权时,以史弥远为首部分反韩侂胄的官员(包括皇后李氏),他们就乐于见到开禧北伐的失败,以此可以作为韩侂胄"轻启兵端"而将他杀害的理由。再如在贾似道擅权时,他支持吕氏军事集团,压制与吕氏军事集团有矛盾的刘整、高达等将领,从而严重地挫伤了刘、高人等抗击元军的积极性,并促成了他们的叛变。每当一个权相垮台后,政局就会出现反复,结果是新的擅权代替了旧的擅权,政局不仅毫无改观,反而腐败日甚。

(3)吏治腐败,剥削苛重,民心离散——南宋政治黑暗,吏治腐败,贪污盛行,加之军费负担沉重,对广大人民群众的剥削十分厉害,情况已一如前述。这就产生了两个严重恶果:一是由于竭泽而渔,造成人民群众的极度贫困,每当国家遇到危险,他们就无力从物质上予以大力支持。对此,早在理宗亲政之初,参知政事兼知枢密院事乔行简在其奏疏中就指出:"兴师十万,日费千金,千里馈粮,士有饥色。今之馈饷,累日不已,至于累月,累月不已,至于累岁,不知累几千金而后可以供其费也。今百姓多垂罄之室,州县多赤立之帑,大军一动,厥费多端,其将何以给之?"[④]故和籴不济,粮饷匮乏,犒赏钱币不足,往往成了南宋军队进攻乏力、防御失利、士气难于获得鼓舞的重要原因。二是造成人民群众对南宋政权的极端不满,使阶级矛盾尖锐化,既削弱了社会的凝聚力,也削弱了抵御外侮的力量。国家一旦遇到危险,不仅不能有效地组织人民群众同仇敌忾地去反抗侵略,反而会在敌人的威胁、利诱面前,出现兵败如山倒的局面。前面提到,开庆元年(1259)九月,鄂渚地区"渔人献舟于北",成为"资敌之乡导",就是因为九江制置副使袁玠对渔民残酷榨取的结果,就是民心不附的典型一例。元军针对这一点,每当攻下南宋的一城一地以后,或以屠城相威胁,或采取减免赋税的措施来收买民心,所以元军过江以后,出现"沿江诸郡皆内附"⑤的局面就不足为怪。

其次,南宋军队人数虽然不少,可是除了水军因得自然之利而略胜于女真和蒙古人一筹以外,步兵和骑兵的战斗力皆远逊于他们。究其原因,制度上的因素最为主要,也就是南宋一直继承北宋以来以文驭武、抑制武人的政策,造成武人地位低下,最终招致武力的不振。另外,军政的腐败和军马来源的断绝也严重地削弱了军队的战斗力。具体表现在以下三个方面。

(1)文臣主军,无异于以狗捕鼠。在南宋,主持军政的枢密院长官、都督和同都督,基本上由进士出身的宰执兼任,作为统帅一路的最高军事长官安抚使和制置使也多以文臣担任,遇到重大战争时,又多以文臣出任主帅。文臣学的是经义、诗赋和策论,对军事可谓一窍不通。在北宋时,文臣尚能骑马,到了南宋,多数人改坐轿子,连最后一点尚武精神也丧失殆尽,由他们主军,造成失误频频。建炎三年(1129)秋,完颜宗弼在大举入侵江南前夕,召郦琼至军前问计,郦琼道:

> 琼尝从大军南伐,每见元帅国王亲临阵督战,矢石交集而王免胄指麾三军,意气自若。用兵制胜,皆与孙吴合,可谓命世雄才矣。至于亲冒锋镝,进不避难,将士视之,孰敢爱死乎。宜其所向无前,日辟国千里也。江南诸帅,才能不及中人,每当出兵,必身居数百里外,谓之持重。或督召军旅,易置将校,仅以一介之士持虚文谕之,谓之调发。制敌决胜,委之偏裨。是以智者解体,愚者丧师,幸一小捷,则露布飞驰,增加俘级以为己功,敛怨将士。纵或亲临,亦必先遁。而又国政不纲,才有微功,已加厚赏,或有大罪,乃置而不诛。不即覆亡,已为天幸,何能振起耶!⑥

以上郦琼之言,除了有对女真贵族拍马奉承的成分以外,对南宋文臣主军所造成弊端的分析,可谓一针见血:一是主帅由于不懂军事,所以不敢靠前指挥。众所周知,在冷兵器时代,前线信息往往难以沟通,为了应付瞬息万变的战争形势,并鼓励士气,主帅靠前指挥是获取战争胜利的一个重要保障。可是无论是南宋前期的李纲、张浚,或是后期的赵彦呐、贾似道等人,他们指挥战争多在几百里乃至上千里以外,对武人既不信任,自己又不亲临前线指挥,战争的结果就不可避免地会遭到失败。二是文臣主帅,经常贪冒战功,一旦战争失败,为逃脱罪责,就以武将做替罪羊。如建炎四年(1130)富平之战失败,张浚冤杀曲端以塞责,"时人莫不冤之,军情于是愈沮矣"⑦。再如开禧三年(1207)诛杀叛将吴曦,武臣杨巨源实为首倡,可是随军转运使安丙为把功劳据为己有,竟残酷地将他杀害。"巨源死,忠义之士为之扼腕,闻者流涕"⑧。这种情况,在南宋后期的战争中也同样存在。

(2)多数武将素质低下,在战争中不能发挥应有的作用。在南宋,由于武人地位低下,有才能者多不希望就武职。当时虽有武举,然以经义(策问)定去留,弓马定高下,考取者基本上也是文士。以武举出身的人,授官既不高,入仕后又常受文臣轻侮,所以多以换成文资为幸。即使出任武职,也大多不在军中,原因是"武举人以文墨进,杂于卒伍非便也"⑨。这就是南宋所以没有出现像唐代郭子仪那样由武举出身成为杰出将领的原因。南宋的武将基本上由行伍出身,他们中的多数人缺乏教养,素质低下,平日里很少训练,而以贩货牟利、虐待士卒为能事,一遇战争,抢劫害民,贪生怕死,一触即溃者不可胜计。为了鼓励军队杀敌,南宋政府的惯用手法是给将领以大量犒赏,这样就极大地增加了国家的财政负担,而一旦赏赐分配不均或告乏,就会消极怠战,甚至发生内讧⑩。让这样的将领去带兵打仗,当然很难取得胜利。

(3)武将不是受猜忌,就是遭排斥,有作为者往往赍志而没。南宋一代,也有不少脱颖而出的优秀将领,如前期的岳飞、韩世忠、刘琦和吴玠兄弟,中后期的扈再兴、孟宗政、孟珙、赵葵、余玠、王坚、张世杰等人,他们都为抗击金朝或蒙(元)立下卓越的战功,有些人还升至枢密使副、安抚使、制置使一类大官。可是,朝廷采取以文制武的原则,对他们总是'防'字当头,处处掣肘,动辄生疑,不予信任,严重的甚至被陷害至死,人们从岳飞和余玠等人的遭遇中,可以清楚地看到这一点。前方将领的命运,还受到朝廷内部权力斗争的严重影响:得宰臣支持的将领,容易发挥作用;得不到支持,就会遭到无端猜疑,甚至排斥致死。如淳祐十一年(1251)十一月,左相郑清之去世,四川安抚制置使兼知重庆府余玠失去了他的支持,以新任左相谢方叔为首的反郑清之一派,立即开始收拾与郑清之关系密切的边将,余玠就在这样的情况下被召回行在,然后借故对他进行整肃,遂使余玠赍志而没。再如南宋末年,贾似道信任以吕文德为首的吕氏军事集团,故在实行打算法时,该集团中的将领没有一人被打算。反之,对于认为不听话的将领,如刘整、曹世雄、赵葵、高达等人,个个皆遭"打算",有的还被迫害致死。

(4)士兵军纪败坏,不善战斗。两宋实行募兵制,无论是各地的屯驻大兵还是禁兵、厢兵、土兵、弓手,大都采用招募的办法,为防止士兵逃跑,就在他们的脸部或手部等处刺字,所以招募士兵又称"招刺"。由于宋代武人地位低下,受人歧视,打仗又有生命危险,故除了生活无着落的流民和游手好闲的市井无赖应募以外,一般人都不愿应募,从而造成兵源的严重不足。于是便以配隶和抓夫加以补充。配隶多强盗等不逞之徒,对军纪的败坏尤其严重。抓夫既非自愿,其战斗力也可想而知。自北宋后期起,开始招募一些"不涅其面,廪赐厚于正军"的人入伍,称为效用。效用作为一种志愿兵,他们的士气一般较招刺者为高,所以进入南宋以后,效用的人数渐众。绍兴末年,虞允文任川陕宣抚使时,曾招效用一千余人,后来孝宗接受汤思退的建议,规定各军招兵时七分招军兵,三分招效用,成为定制⑪。不过,到南宋后期,效用也出了问题:因为效用的来源主要是北方归正人,随着归正人的减少,一些贵游子弟贪图其廪赐较厚,也混迹其间,他们常常只领军俸,不做操练,甚至系名不至,既削弱了效用的战斗力,又增加了国家的军费负担。南宋士兵的素质既然如此之差,一遇激烈的战争,溃败就不可避免。此外,由于民风不同,一般来说,北方人比南方人勇敢能战,南宋军队战斗力最强的是淮军,原因就在于此。可是,南宋丧失了淮河以北的大片国土,也就在很大程度上丧失了勇敢善战的士兵来源,这也是军队战斗力所以不强的一个原因。

(5)骑兵弱小,战略保守。南宋御前诸军与三衙,虽然也有骑兵,但由于秦马来源困难,川、广、淮马多矮小而不可用,战马极缺,高宗朝以后尤甚。如金州御前军都统制司所部马军中军一将规定有战马一千匹,可是到绍熙四年(1193)已缺了将近一半。庆元元年(1195)四月,据广西经略安抚司奏称:"照得诸军逐处阙马,江陵、襄阳犹少,今四年五年已是不买。"⑫由于缺少骑兵,所以南宋军队的作战机动性能很差,行动迟缓,常常途中乏食或坐失战机,北伐中原固然没有强大的骑兵不行,就是与金、蒙(元)军队相对抗,没有相当的骑兵也不行。再加上战略保守,一贯采取消极固守,被动挨打的内线作战方式,一旦城池被围,粮尽援绝,只能坐以待毙。襄樊、潭州、扬州、静江府、重庆和四川钓鱼城等重镇和山城的失守或投降,与此有很大关系。咸淳十年(1274),待贾似道认识到这一点后,准备进行外线作战时,但为时已晚。

第三,党争激烈,清淡误国。

南宋统治者在大多数时间里采用柔术进行统治,即允许台谏官风闻言事,允许臣僚提出不同意见,允许三学学生议论朝政,即使在权相擅政的时候,一般也不轻易诛杀。虽说这是重用士大夫和政治宽厚的表现,但最终目的还是要让臣下互相牵制,做到"异论相搅"。于是统治集团内部环绕和战之争、道学与反道学之争、端平入洛之争、宁宗和理宗继承人之争、迁都之争等,等一系列重大事件,不时发生激烈的争论。统治集团内部的一些喋喋不休的争论,看似很有道理,大多却是意气用事,甚至相互攻讦,最后皆争而不决,不能达成共识,最后坐失良机。这种现象,早在孝宗朝已经出现。从理宗朝起,道学大盛,道学家借口"正心诚意",排斥一切抗战、理财、改良政治等措施,以一些不着边际的空话、套话加以搪塞,更助长了清谈之风的盛行。如"端平入洛"失败后,朝廷中许多官员便连篇累牍地上疏,追究失败责任,对如何防止蒙古军可能出现的大规模入侵,却只字不提。贾似道推行公田法,一些人又群起而攻之,至于如何减少和籴,保障军粮供给,同样一筹莫展。更有甚者,当丁家洲之战失败后,贾似道提出迁都,而有人竟以"我能往,彼亦能往"⑬为由加以反对,结果眼巴巴地看着元军进入临安,将恭帝、三宫俘虏北去。从某种意义上说,南宋就是在这种激烈的党争和无休止的清谈中将江山断送。

第四,对归正人政策的失误,造成归正人的叛降。

南宋政府对归正人的政策,或纳或拒,经常发生变化,使那些流离失所的归正人归着无所,或遭到金人报复,于是他们就从原来的向往南宋政权转而对南宋政权产生了怨恨。绍兴三十一年(1161)春,祠部郎中兼建王府赞读张阐告诫高宗说:"归正人时有遣还之命,怨声闻道路,臣愿陛下毋使金人得以甘心可乎?"⑭南宋政府对归正人的猜忌和歧视,更将他们推向蒙(元)一方。如山东红袄军起义失败后,大批北方民众逃到南宋,组成"忠义军"。"忠义军"本来是一支抗金的重要力量,并且在防御金人对两淮入侵的战争中,取得了很多胜利,可是由于南宋政府对"忠义军"只知利用,不予信任,甚至将他们视为异己势力,最后就促成了李全的叛乱,壮大了蒙古在山东的势力。在南宋军队中,南人歧视和猜忌北人的现象也时有发生,如端平元年(1234),南宋无敌军在襄阳与由归正人组成的克敌军发生冲突,造成克敌军的叛乱,双方发生火并,襄阳被焚烧、抢劫一空。金朝灭亡以后,南宋政府拒绝金将汪世显的归降,使他成了蒙古入侵四川最为得力的帮凶。至于对刘整的压制和迫害,促使他叛降蒙(元),危害性之大,更是不容低估。故正如学者黄宽重所说:"南北的成见既深,一旦将帅统御失措,或者蒙古将领改变以往滥杀无辜的政策,而加以招纳安抚,那么这些久戍边区,屡建功勋,又熟悉南宋边防虚实与地理形势,但却屡遭排挤的北人,极易转而投降蒙古,以他们的才智,替蒙古人筹划战略,成了蒙古亡宋的主力。"⑮

二

以上只是从南宋自身分析其被灭亡的原因,至于蒙(元)所以能灭亡南宋的原因,不外乎它军事力量的强大和灭宋策略的正确。

蒙古军战斗力之强,是它能够灭亡南宋的一个最主要原因。蒙古汗国和稍后改名的元朝,是一个仅仅经历了半个多世纪,就从草原部落制迅速向军事封建制过渡的国家。成吉思汗统一蒙古诸部之前,蒙古大草原上特定的自然条件和生活条件,以及各部落之间空前残酷的相互厮杀,造就了蒙古人长于骑射、剽悍善战的本领和吃苦耐劳、不怕牺牲的精神。蒙古汗国建立后,连年不断地对西夏、金朝的战争,以及三次西征,都使蒙古军得到了长足的军事锻炼,使它成为当时世界上最强大的一支军队。因此,南宋与历代中原王朝(包括江南偏安政权)相比,它前有金朝,后有蒙(元)的军事威胁,边患最为严重,而这一点却往往为人们所忽视。蒙古军灭掉西夏和金朝,先后只用了不到三十年时间,与此同时,蒙古又发动了三次西征,横扫欧亚大陆,犹如暴风骤雨,势不可当,令人谈蒙色变。可是蒙(元)灭亡南宋,从端平元年(1234)袭击南宋入洛之师起,到祥兴二年(1279)崖山之战取得最后胜利止,用了整整四十五年时间,为此也付出了巨大的代价。南宋面对如此强大的敌人,竟然能坚持近半个世纪之久,并且战争进行得如此顽强不屈、可歌可泣,这不能不说是世界战争史上的奇迹,其中原因,不能单纯从军事力量的大小去解释。因而,当我们分析南宋灭亡的原因时,也必须对由政治、经济、军事、文化和科技等各个方面所构成的综合国力予以充分的肯定。以往那些视南宋为腐败无能、不堪一击的传统观点,实在有必要加以改变。

但是,南宋最后毕竟为元朝所灭亡。元朝所以能灭亡南宋,从其自身而言,除了军事力量比南宋强大以外,与元世祖能倾听汉族士大夫和南宋降将的意见,及时调整战略、战术,并采取收买民心,发展水军等政策措施有很重要的关系。

从战略、战术上来说,元世祖放弃了从四川乃至广西迂回作战的战略方针,而采取集中力量、突破襄樊、沿江而下、直捣内地的方针。他针对南宋擅长水军作战的优点,也大规模地发展水军力量,并采取步、骑、水军联合进攻,辅以回回炮的火力支持这样一种全新战术,从而取得了巨大的成功。

从政治上来说,元世祖及时调整侵略政策,加速了对南宋统治集团的分化瓦解。蒙古军入侵南宋之初,所到之处,实行野蛮的屠杀政策,这样更加激起南宋军民的强烈反抗。忽必烈即位后,在攻城略地时采取屠杀和怀柔相结合的政策，多次下诏告诫将士："无辜之民，初无预焉，将士毋得妄加杀掠。有去逆效顺，别立奇功者，验等第迁赏。其或固拒不从及逆敌者，俘戮何疑。"甚至宣称："果能悔过来附，既往之愆，朕复何究？至于权臣贾似道，尚无罪之之心，况肯令赵氏乏祀乎？若其执迷罔悛，未然之事，朕将何言，天其鉴之。"⑯对投降来归的南宋将领和守臣，原则上都能加以信任、重用，同时整饬军纪，减免赋税，以此收买民心。这样就加速了南宋军队的崩溃瓦解，涣散了民众的抗元意志。

三

南宋一朝的历史，告诉人们这样一个道理：一个国家要想获得经济上的发展及文化上的繁荣，以保持国家的长治久安，必须有一个稳定的内外环境。南宋时期，虽然沿边不时有战争发生，政治上也谈不上清明，但在其统治的主要地区，即两浙、江东西、福建、两广和湖南等地，在大部分时间里都处于和平、稳定的环境之中，才使社会经济和科技文化等方面取得了显著进步，百姓生活与战争时期相比，多少获得了改善，从这个角度说，稳定确实是压倒一切的头等大事。

那么，如何才能做到政治上的稳定呢？南宋的灭亡也给人们提供了这方面极为宝贵的教训。

首先，要使国家绵长，仅仅依靠严密的政治控制，依靠某种思想的熏陶，并非万全之策，最根本的办法是发展生产，改善民生，减少腐败，以民为本，使绝大多数百姓对这个国家有认同感，做到休戚与共。只有这样，才能富国强兵，凝聚人心，抵御任何风浪，战胜一切敌人。蒙古初期，军队人数远较南宋为少，尽管蒙古军的战斗力很强，但毕竟寡不敌众，且缺乏水军。后来蒙古军所以能够大规模南下，与朝廷失去民心和军心，造成南宋军队大批投降蒙（元）有着很大的关系，这是一个极为惨痛的教训。

其次，要获取民心，必须严格执法，澄清吏治。有宋一代法律条令之多，种类之繁复,在中国封建社会里可以说罕有其匹。不过,法律的制定是一回事,法律的执行又是一回事。在南宋,由于士大夫法制观念不强,往往人情大于法律,加上官员的徇私和权势者的干扰,以及以敕代律、以例代律等情况的严重存在,所以法律虽多,行政依然混乱而黑暗,远远达不到惩治腐败、以法治国的目的。最终造成民心尽失,使南宋这幢大厦因内部被蛀空而轰然倒塌。⑰

最后,要加强军事建设,重用优秀将领,对内要提倡尚武精神,对外则要以实力为后盾。南宋统治者为了防范武人的专横跋扈,采取一些措施固然有其必要性,但由此却因噎废食,千方百计地压制武人,造成武力的不振。特别是对优秀将领的猜忌和迫害,更是自毁长城,失去军心。南宋前有金人侵扰,后有蒙(元)南侵,外患不能说不严重,虽然由于力量对比的关系,有时需用土地和岁币换取和平,但这只能是一种权宜之计,是一种为获取休养生息的时间、以退为进的策略。而从高宗到恭帝,从秦桧、史弥远到贾似道,当权者大都对侵略者心存幻想,只知苟且偷安,依赖和议来维持偏安局面,而不是痛定思痛,努力做自强之举。因此,要么被敌人玩弄于股掌之上,要么在敌人的再次进攻下,陷入被动挨打的境地,直至最后灭亡。

历史经验还告诉我们,凡是一个政权腐败到一定程度,就缺失了自我更新的能力,在腐朽的泥坑里只会越陷越深,不可自拔。不管是牢牢地维护祖宗家法也好,进行某些改革也好,或者出现少数志士仁人的奔走呼号、救亡图存也好,都挽救不了最后覆灭的命运。少数精英人物的活动,虽然悲壮激烈,但都只是在涛涛江海中掀起的几朵浪花,无关乎新陈代谢的历史趋势。文天祥、张世杰、陆秀夫等人抗元战争的最后结局就生动地证明了这一点。

"以古为镜,可以知兴替"。虽然,南宋政治与今天可谓格格不入,南宋的灭亡归根结底是封建制度腐朽性发展的必然结果,但它在政治上的些许经验和各种教训,对后人仍有一定的启示和借鉴作用。

注释:

①理宗朝兵部侍郎曹彦约奏曰:"累圣相承,以民为本。赋敛欲其必薄,刑罚欲其必

轻,力足以制敌而每欲议和,兵足以讨贼而每欲招安,爱民之心,与天通矣。"(《历代名臣奏议》卷六一)此言虽多有不实,但也不完全是空穴来风。

②参见黄震:《古今纪要》卷二〇《逸编·本朝》,耕余楼刊本。

③周密言:"道学之名,起于元祐,盛于淳熙。其徒有假其名以欺世者,真可以嘘枯吹生。凡治财赋,者则目为聚敛;开阃扞边者,则目为麄材;读书作文者,则目为玩物丧志;留心政事者,则目为俗吏……盖师宪当国,独握大柄,唯恐有分其势者,故专用此一等人,列之要路,名为尊崇道学。其实幸其不才愦愦,不致掣其肘耳。以致万事不理,丧身亡国。"参见《癸辛杂识》续集卷下《道学》,中华书局1988年点校本,第169页。

④脱脱等:《宋史》卷四一七《乔行简传》,中华书局1977年点校本,第12494页。

⑤脱脱等:《元史》卷一二七《伯颜传》,中华书局1976年点校本,第3105页。

⑥脱脱等:《金史》卷七九《郰琼传》,中华书局1975年点校本,第1782页。

⑦周密:《齐东野语》卷二《富平之战》,中华书局1983年点校本,第23页。

⑧《宋史》卷四〇二《杨巨源传》,第12197页。

⑨《宋史》卷一五七《选举三》,第3684页。

⑩如《宋史》卷四一七《赵葵传》载:"一日,方赏将士,恩不偿劳,军欲为变。葵时十二三,觉之,亟呼曰:'此朝廷赐也,本司别有赏赉。'军心赖一言而定,人服其机警。"第12498页。

⑪李心传:《建炎以来朝野杂记》甲集卷一八《诸军效用》,中华书局2000年点校本,第424页。

⑫《宋会要辑稿》兵二六之六至七,中华书局1957年据前北平图书馆影印本复制本。

⑬刘一清:《钱塘遗事》卷八《议迁跸》,上海古籍出版社1985年据扫叶山房席氏校订本影印本,第166页。

⑭《宋史》卷三八一《张阐传》,第11746页。

⑮黄宽重:《南宋史研究集》论着五《略论南宋时代的归正人》,台北新文丰出版公司1984年版,第213—214页。

⑯《元史》卷八《世祖五》,第155—162页。

⑰参见拙文:《论南宋刑政未明之原因及其影响》,载[日本]《东方学报》1988年第39期。

《宋史·地理志》讹误举例

李昌宪(南京大学)

《宋史·地理志》记载了两宋三百余年的地理沿革,比起宋代其他的地理总志,如《太平寰宇记》、《元丰九域志》、《舆地广记》、《舆地纪胜》、《方舆胜览》,它覆盖宋朝全境,时间跨度最长,这是上述五部地理总志无法比拟的。但该志的问题,一如前人对《宋史》所诟病的那样,存在着"疏漏"、"复沓抵牾"、"阙落"等问题,其"舛谬不能殚数",因此,《宋史·地理志》并未因其记述覆盖两宋全境三百余年,而成为一部完备而翔实的地理总志。

对于《宋史·地理志》的考订,清人钱大昕、近人聂崇岐都曾有所贡献。徐规先生曾于20世纪末撰《〈宋史·地理志〉补正》一文,列108条补正意见,考订最细、用力最多。本人近年承接《宋史·地理志》标点本的重新整理工作,在诸位先生研究的基础上,以上述五种地理总志及唐宋其他文献做比对,重新标校《宋志》,发现《宋志》讹误、岐互500余处。剔除《宋志》与诸书岐互不论,点校本误而至正本、成化本、殿本不误者不论外,现仿陈垣先生《校勘学释例》之方法,将《宋志》(前三卷)讹误分为10类126例,列举如下。

一、衍字例

1. 第 2094 页第 3 行：开宝四年，平广南，得州六十：……儋、万、万安、振。

按：广南无万州，上"万"字衍，《通考》卷三一五《舆地考一》作"儋、万安、振"，是。

2. 第 2100 页第 8 行：跨海为二亭。

按：袁褧《枫窗小牍》卷上作"跨海为亭"，下文所列又仅飞华一亭，此处"二"字应属衍文。

3. 第 2107 页倒 5 行：割京西路齐州属东路。

按：据上文齐州属京东西路，"京西路"承上，省文，应作"西路"，"京"字属衍文。

4. 第 2123 页第 3 行：皇祐四年，升新河镇为县，废南宫。

按：南宫县，皇祐四年未废。本卷及《九域志》卷二冀州、《舆地广记》卷一〇都有南宫县。"废南宫"三字衍。

5. 第 2127 页第 5 行：以易北平并来属。

按：《宋会要·方域五之三一》、《九域志》卷二定州都说北平县自易州来隶，此处"并"字当衍。

6. 第 2148 页第 7 行：坊州上中部军州事。

按：据《九域志》卷三坊州、《舆地广记》卷一四坊州，坊州又名中部郡，为军事州。"军事州"，按《宋志》书写体例，当书"军事"二字，"州"字衍。

7. 第 2148 页倒 1 行：绥德军，唐绥州。熙宁三年收复，废为城，隶延州。

按：本书卷一四《神宗纪一》和《十朝纲要》卷七、八都说治平四年十月复绥州，熙宁二年十月废为绥德城。"收复"二字疑衍。

8. 第 2155 页倒 6 行：弓门领东鞍、安人、斫鞍、上下铁窟、坐交、得铁、冶坊七堡。

按：所记"七堡"，然上列八堡，数不符。《九域志》卷三秦州，弓门砦领七堡，无"冶坊"，又下文另有冶坊堡，直属秦州。此处"冶坊"二字，疑衍。

二、误字例

1. 第2094页第9行：五年，李继捧来朝。

按：本书卷四《太宗纪一》、《长编》卷二三系此事于太平兴国七年五月己酉，《编年纲目》卷三系于太平兴国七年五月，"五年"，误。

2. 第2094页第9行：雍熙元年。

按：李继捧复得四州事，本书卷五《太宗纪二》、《宋太宗实录》卷四四、《长编》卷二九均系于端拱元年五月壬申。"雍熙"当为"端拱"之误。

3. 第2096页第5行：通泰。

按："通泰"，本书卷八六《地理志二》晋宁军通秦砦条、《长编》卷五一四元符二年八月辛卯条、《宋会要·方域》二〇之三，作"通秦"，是。

4. 第2100页第8行：宫之右为佐二阁。

按：《枫窗小牍》卷上、《编年纲目》卷二八政和四年八月作"宫之右为位二"，"阁"字属下，是。"佐"应为"位"之误。

5. 第2106页第2行：天章、龙图、宝文、显猷、徽猷、敷文、焕章、华文、宝谟九阁。

按：宋无显猷阁。"显猷"列于仁宗、英宗宝文阁与哲宗徽猷阁间，显为"显谟"之误，显谟阁为藏神宗御集之所。

6. 第2107页第3行：东昏镇。

按：《寰宇记》卷二开封府东明县条言，东明县，"即府界静戎镇之地，寻为东明镇。西南去陈留县八十里，在东昏城之东。及宋建隆四年七月，于本镇城置县，仍以东明为名"。东明县为东明镇升改，言之凿凿。又，《九域志》卷一开封府、《隆平集》卷一《郡县》，俱作"东明镇"，"东昏镇"，误。

7. 第2108页第6行：安丘，望。唐辅郡，梁改安丘，晋胶西县。开宝四年,复今名。

按:"辅郡",据《寰宇记》卷二四密州安丘县、《宋会要·方域》五之一三作"辅唐",是,《宋志》误。

8. 第 2110 页第 1 行:应天府,河南郡,归德军节度,本唐宋州。至道中,为京东路。

按:至道三年,宋分天下为十五路,宋州或于是年拨隶京东路,"为"当为"隶"之误。又,《长编》卷四八言:"咸平四年正月甲寅,以宋州隶京东路。"与《宋志》有所不同。

9. 第 2110 页倒 3 行:崇宁元年。

按:本书卷一九《徽宗纪一》、《宋会要·方域》五之一均为崇宁三年,"元"当为"三"之误。

10. 第 2113 页倒 1 行:雍熙三年并为军。

按:《九域志》卷一房州条载:"房州,雍熙三年升保康军节度。""并"应为"升"之误。

11. 第 2114 页第 3 行:干德六年,移入上州防御。

按:均州唐为下州,据《长编》卷六干德三年均州刺史曹翰事,知迄于是年均州仍为军事州。均州升为上州、防御,当是干德六年事。"移入"疑为"升为"之误。

12. 第 2115 页第 6 行:栾川冶镇。

按:"冶"原作"治",据《九域志》卷三虢州、《宋会要·方域》一二之一五改。下同。

13. 第 2124 页第 1 行:鄚县。

按:《新唐书》卷三九《地理志三》:莫州,本鄚州,"开元十三年,以鄚、郑相类,更名"。又莫县,本鄚县,与州同时更名。《九域志》卷二莫州、《舆地广记》卷一〇都作"莫州"、"莫县",故《宋志》书"鄚"字,误。下同。

14. 第 2126 页倒 6 行:淳化九年,以束鹿隶深州。

按:淳化无九年,《九域志》卷二真定府、《舆地广记》卷一一深州都作"淳化元年",《通考》卷三一六《舆地考二》作"淳化初"。此处"九年"当为

"元年"之误。

15. 第2126页倒3行：天武军。

按：下文《宋志》同行和《宋会要·方域》五之三一、《九域志》卷二真定府均作"天威军"，"天武军"当是"天威军"之误。

16. 第2127页倒1行：端拱元年以滑州黎阳县为军。

按："滑州"，《九域志》卷二澶州、卷一〇通利军作"澶州"。《寰宇记》卷五七通利军言："通利军，本黎阳县。唐属卫州，晋天福中割隶滑州。皇朝雍熙四年，割属澶州。端拱元年，建为通利军，县仍属焉。"《宋志》误。

17. 第2130页第6行：威勇军。

按：《宋会要·方域》五之三四、《九域志》卷二威虏军、《舆地广记》卷一二广信军都作"威虏军"，"勇"字误。

18. 第2134页第1行：又废楼烦改隶岚州。

按：据《宋会要·方域》六之六、《九域志》卷四宪州所载，此处"废"当为"以"之误。

19. 第2144页第8行：唐昭德县，大中祥符改。

按："昭德县"，误。《旧唐书》卷三八《地理志一》、《九域志》卷三京兆府俱作"昭应县"。

20. 第2147页第9行：临夏城。

按：本书同卷绥德军"临夏砦"、"克戎砦"、"绥平砦"，《宋会要·方域》一八之二一俱作"临夏砦"，"临夏城"，误。

21. 第2150页倒3行：凡统三州一军。

按：据上文，庆州初统庆州、环州、邠州、宁州、干州，后废干州，复置醴州，又统醴州等五州，故"三州"误。

22. 第2151页第9行：绥远砦。

按：本条上文绥远砦、下文环州罗沟堡、定边军所记均为"绥远砦"，"缓远"当为"绥远"之误。

23. 第2152页第9行：建筑。

按：自庆历中范仲淹确立浅攻、进筑为对夏的战术以来，哲宗朝奉行不替,此处"建筑"当为"进筑"之误。下同。

24. 第 2158 页第 1 行:唐丰业县。

按:《新唐书》卷三七《地理志一》宁州、《宋会要·方域》五之四二、《舆地广记》卷一六原州俱作"丰义县","丰业"误。

25. 第 2162 页第 9 行:凡统九州三军。

按:北宋末年,熙河路所统为九州二军,二军即震武、积石二军。此处"三"当为"二"之误。

26. 第 2165 页第 1 行:崇宁二年置。

按:"置",据上文"定西"及"堡七"条,当为"废"之误。同行,下同。

三、脱字例

1. 第 2094 页倒 7 行:自后不复领职方。

按:《通考》卷三一五《舆地考一》作"自后不复领于职方",有"于"字,是。

2. 第 2110 页倒 6 行:本属京东路。

按:本卷京东路小序言:"京东路,熙宁七年,分为东、西两路,徐属东路。元丰元年,改隶西路。""京东路"当为"京东东路"之误。

3. 第 2111 页倒 1 行:襄邑。

按:《九域志》卷一开封府、《舆地广记》卷七拱州"襄邑"下有"畿"字注文,《宋志》脱。

4. 第 2116 页倒 4 行:平舆。

按:《九域志》卷一蔡州、《舆地广记》卷九蔡州"平舆"下有"中"字注文,《宋志》脱。

5. 第 2123 页第 3 行:皇祐四年,升新河镇为县,废南宫。六年,新河为镇入焉。

按:《九域志》卷二冀州、《宋会要·方域》五之二八,废新河县为镇,隶南宫,系于熙宁六年。"六年"上当脱"熙宁"二字。

6. 第 2129 页第 1 行:雍熙二年废,还属。

按:《九域志》卷二深州、《舆地广记》卷一一深州作"雍熙二年军废,还隶",《宋志》脱"军"字。

7. 第 2130 页第 4 行:景德元年改永宁军。

按:《九域志》卷二永宁军:"景德元年改永定,天圣七年改永宁。"此处"景德元年"下当有脱文。

8. 第 2137 页第 3 行:治平四年,置火山县,四年废之。

按:废火山县,《九域志》卷四火山军在"熙宁四年",《宋志》有脱文。

9. 第 2148 页第 7 行:坊州上中部军州事。

按:《九域志》卷三坊州、《舆地广记》卷一四坊州作"中部郡军事",是。《宋志》脱"郡"字。"军州事"之误,详见衍字例第 6 条。

10. 第 2148 页倒 1 行:在州东北三十里。

按:《寰宇记》卷三八:绥州"西南至延州三百四十里",《九域志》卷三延州"东北至本州绥德城三百三十里"。此处"三十里"上脱"三百"二字。

11. 第 2158 页倒 6 行:第 3 行:镇戎军,同下州。本原州高县之地。

按:《九域志》卷三镇戎军、《舆地广记》卷一六镇戎军,"高县"作"平高县",是。《宋志》有脱文。

12. 第 2162 页第 7 行:兰、廓、西宁、震武、积石六州军相继来属。

按:此处所列仅五州军,与"六州军"之数不合。据下文和上文所述沿革,"兰廓"下,当脱"乐州"。

四、倒书例

1. 第 2096 页第 2 行:安西。

按:本书卷八七《地理三》、《长编》卷五〇八元符二年四月己丑条、《宋会要·方域》五之四二作"西安",是。

2. 第 2144 页倒 2 行：西河县。

按：《寰宇记》卷四六蒲州、《九域志》卷三河中府、《宋会要·方域》五之三八作"河西县"，是。

3. 第 2147 页第 9 行：升平塔。

按：《长编》卷四八七绍圣四年五月己未、《宋会要·方域》一八之七都作"声塔平"，似是。

4. 第 2159 页第 6 行：西安城。

按：下文和《长编》卷五一四元符二年八月己丑、《通考》卷三二二《舆地考八》俱作"安西城"，是。

五、抵牾例

1. 第 2096 页第 3 行：砦二十八。

按：此下所列砦名仅二十七，《通考》卷三一五《舆地考一》云"寨二十六"，而所列仍为二十七，仅"定戎"之"戎"字脱，故疑此或有脱文。

2. 第 2114 页倒 3 行：干德。

按：本条上文既言"改干德为光化县"，则此处不当复出"干德"。又，《九域志》卷一〇襄州、卷一〇光化军、《舆地纪胜》卷八七光化军、《方舆胜览》卷三三光化军均为光化县，"干德"应为"光化"之误。

3. 第 2129 页第 3 行：旧名慈，政和三年改作磁。

按：《寰宇记》卷五六磁州，唐天祐三年慈州改为惠州，十三年复为旧"磁"字。宋相沿未改，据《长编》卷四载，干德元年四月甲辰即有磁州事。又唐河东道、宋河东路有慈州，《宋志》误。

4. 第 2131 页倒 6 行：元丰为次府。

按：《宋会要·方域》六之三、《九域志》卷四太原府、《通考》卷三一六《舆地考二》并言："嘉祐四年，复为太原府、河东节度"，《长编》卷一九〇系此事于嘉祐四年十月癸酉，《宋志》系于元丰，误。

5. 第 2131 页倒 4 行：开宝元年,自大通监来隶。

按:开宝时,交城尚属北汉。《长编》卷一二五,系此事于宝元二年十一月甲午。《宋会要·方域》六之四、《九域志》卷四太原府都作"宝元二年"。《宋志》系年有误。

6. 第 2135 页倒 2 行：河滨、斥堠、靖安、西安三堡。

按:上列堡名为四,又《九域志》卷四府州正作"四",《宋志》书"三",误。

六、系年误例

1. 第 2098 页第 5 行：明道三年。

按:明道只有二年,"三年"显误。《长编》卷一一三、《玉海》卷一六〇《明道肃仪殿》作"明道二年十二月甲寅",《玉海》同卷《景祐大庆殿》、《宋会要·方域》一之三作"景祐元年正月"。

2. 第 2099 页倒 7 行：慈德殿杨太后所居,景祐元年赐今名。

按:《宋会要·方域》一之五:"章惠太后所居,初系嘉庆殿,景祐四年改今名。"《玉海》一六〇《景祐慈德殿》:"景祐元年,初名保庆殿,章惠太后居之。四年,改慈德。"元年误。

3. 第 2099 页倒 6 行：景祐三年。

按:本书卷一〇《仁宗纪二》、《长编》卷一一六系此事于景祐二年正月癸丑,三年误。

4. 第 2117 页第 4 行：政和四年。

按:《宋会要·方域》五之一作"政和五年"。《宋史》卷二一《徽宗纪三》言:"政和五年七月乙亥,升汝州为陆海军。""四年"应为"五年"之误。

5. 第 2122 页第 3 行：熙宁五年,省永济县为镇人焉,寻复旧。

按:永济县自省为镇后,未复置。下文和《九域志》卷一大名府、《宋会要·方域》五之一二都作"寻改隶临清"。此处应从上引。

6. 第 2123 页第 5 行：太平兴国元年,改名高阳关。

按:改名事,《九域志》卷二瀛州、《隆平集》卷一《郡县》在七年,本书卷四《太宗纪一》、《长编》卷二三,在太平兴国七年二月甲申。元年误。

7. 第 2129 页第 1 行:淳化中。

按:《九域志》卷二深州作"淳化元年",《通考》卷三一六《舆地考二》作"淳化初",《宋志》系年不确。

8. 第 2136 页第 7 行:太平兴国三年。

按:"三",《寰宇记》卷五〇威胜军作"二"。建威胜军,《长编》卷一八系于太平兴国二年四月甲午,《宋志》误。

9. 第 2150 页倒 4 行:宣和七年,改庆州为府。

按:本书卷二二《徽宗纪四》系此事于宣和元年十二月甲戌,《宋会要·方域》五之三、五之四一亦均作"元年"。又,宣和末,天下已乱,不当有改名事。《宋志》误。

10. 第 2157 页第 7 行:大观三年。

按:下文怀德军、镇戎军条和本书卷二〇《徽宗纪二》、《十朝纲要》卷一五俱作"二年",《宋史》误。

七、错简例

1. 第 2110 页倒 2 行:大观二年,以拱州为东辅,升督府。

按:"以拱州为东辅"系衍文,不当于兴仁府条中阑入拱州事。又,拱州未尝升督府。据《舆地广记》卷七载,大观三年,曹州兴仁府升督府。由此可知,"以拱州为东辅"系衍文无疑。本卷京畿路条、拱州条均系此事于崇宁四年,《舆地广记》卷七拱州同,《宋志》此处系年又有误。

2. 第 2111 页第 5 行:宣和二年复置,政和三年罢。

按:此句前后倒置,应作"政和三年罢,宣和二年复置"。

3. 第 2148 页第 4 行:鄜州。

据:上文延安府条和《九域志》卷三鄜州、《舆地广记》卷一四鄜州,本条失载所领洛交、洛川、鄜城、直罗四县和土贡。所记"贡麝香"以下文字属丹州条，而丹州郡名、州格、户口等亦均失载。

4. 第2168页第8行：崇宁三年收复，建陇右都护府，改鄯州为西宁州，又置倚郭县，赐郡名曰西平，升中都督府。三年，加宾德军节度。五年，罢倚郭县。

按：西宁州赐郡名西平，升中都督府，加宾德军，《宋会要·方域》六之二，系于大观二年。同上书《方域》六之一，加宾德军又系于大观三年，与湟州加向德军同时。据此，《宋志》系于崇宁似误。疑有错简，应置于"五年，罢倚郭县"后。

八、为例不纯例

1. 第2146页倒6行：清平军。

按：清平军既为军使隶京兆府，则属县级政区，应附于京兆府终南县条下，作注文，而不应作同下州立专条。《宋志》自违其例。

九、失书例

1. 第2108页第1行：建隆三年，以北海县置军。

按：《九域志》卷一青州府言："建隆三年，以北海县置北海军。"北海军后升为潍州，此处失书"北海"二字，易误以为即上下文所言青州镇海军额。

2. 第2108页第1行：青州，镇海军节度。淳化五年，改军名。

按：《九域志》卷一青州府言："青州，唐平卢军节度，皇朝淳化五年改镇海军。"此处失书"唐平卢军节度"，未交代清楚青州军额的沿革。

3. 第2108页第4行：密州，上。本防御州，建隆元年，复为防御。

按：《宋会要·方域》五之一言："密州，汉防御州，周降军事，建隆元年复为防御。"此处失书汉、周之事,致惑,费解。

4. 第 2108 页第 8 行:兴德军节度。

按:《宋会要·方域》五之一载,齐州,宋初为防御州。治平二年,以英宗以齐州防御使即帝位,始升兴德军节度。本条失书齐州治平二年以前之州格。

5. 第 2110 页第 3 行:宁陵,畿。与楚丘同隶拱州。大观四年,复来隶。

按:《宋会要·方域》五之一三载,"襄邑县,崇宁四年升为州,寻升为保庆军节度,仍为东辅,以南京宁陵县、楚丘县、柘城县、开封府考城县、太康县隶焉"。据此,《宋志》失书"崇宁四年"。

6. 第 2113 页第 3 行:邓城。

按:《宋会要·方域》五之一八、一九,《系年要录》卷九一绍兴五年七月丙申载,邓城是年废为镇并入襄阳。《宋志》于邓城下失书其沿革。

7. 第 2113 页第 7 行:顺阳,中下。太平兴国六年,升顺阳镇为县。

按:《宋会要·方域》五之一八、《系年要录》卷九一绍兴五年七月丙申载,顺阳是年废为镇并入穰县。《宋志》失书顺阳县南宋时期的沿革。

8. 第 2113 页第 8 行:淅川。

据上条所引,淅川绍兴五年废为镇并入内乡。《宋志》失书。

9. 第 2113 页倒 5 行:唐城。

按:《舆地纪胜》卷八三随州条言,"绍兴五年,废唐城为镇隶随县"。《宋志》失书。

10. 第 2113 页倒 5 行:枣阳。

按:据上条所引及《宋会要·方域》五之二〇载,枣阳县,绍兴十二年升军,是年降军使,隶随州。嘉定十二年复升军。《宋志》失书。

11. 第 2114 页第 4 行:郧乡。

按:《宋会要·方域》五之一九、《寰宇记》卷一四三均州、《九域志》卷一均州载,均州原领三县,丰利县,乾德六年废入郧乡。《宋志》郧乡条下失书乾德六年事。

12. 第 2114 页第 6 行:京山。

按：《宋会要·方域》五之二一、《寰宇记》卷一四四郢州载，郢州原领三县，富水县，乾德二年，废入京山。《宋志》京山条下失书乾德二年事。

13. 第 2114 页第 9 行：桐柏。

按：《宋会要·方域》五之一九载，桐柏县，绍兴五年废为镇，拨隶泌阳，三十二年复为县。隆兴二年九月二十五日，废为镇，拨隶随州。《宋志》桐柏县条失书南宋沿革。

14. 第 2115 页第 8 行：登封。

按：《九域志》卷一西京、《宋会要·方域》五之一载，乾德元年，省望陵县入登封。《宋志》失书。

15. 第 2115 页倒 2 行：奉宁军节度。

按：郑州自宋初以来为防御，《九域志》卷一郑州："景祐元年，升奉宁军节度。"《宋志》失书郑州自防御升节镇时与事。

16. 第 2116 页第 9 行：河阴。

按：《宋太宗实录》卷七六，至道二年二月己卯，"以河阴县依旧隶孟州。"

17. 第 2116 页第 9 行：王屋。

按：《九域志》卷一孟州载："庆历三年以河南府王屋县隶州，四年复旧。"

18. 第 2116 页倒 6 行：淮康军节度。

按：《九域志》卷一蔡州："景祐二年，升淮康军节度。"

19. 第 2116 页倒 1 行：商水。

按：《九域志》卷一陈州载："建隆元年，改溵水县为商水。"避太祖父弘殷讳改。

20. 第 2117 页第 3 行：泰和。

按：《寰宇记》卷一一颍州万寿县、《宋会要·方域》五之二四载，万寿县，本汝阴县百尺镇，开宝六年，分汝阴县北五乡为万寿县。宣和三年，改今名。

21. 第 2117 页第 7 行：信阳军。

按：《舆地纪胜》卷八八信阳军条言："绍兴十九年正月，隶淮南西路。是年三月，隶湖北路。"本条失书。

22. 第 2117 页第 8 行：信阳。

按:《九域志》卷一信阳军:"太平兴国元年,改义阳县为信阳。"

23. 第 2122 页第 9 行:观城。

按:《九域志》卷二澶州:"端拱元年,省临黄县入观城。"《舆地广记》卷一〇开德府:"临黄县,皇朝雍熙四年,省入观城。"省临黄县事,《宋志》失书。

24. 第 2123 页第 4 行:武邑。

按:《九域志》卷二冀州:"嘉祐八年省武邑县为镇入蓚,熙宁十年复置。"《宋志》失书。

25. 第 2124 页第 5 行:归信。

按:《九域志》卷二雄州:"太平兴国元年,改归义县为归信。"《宋志》失书。

26. 第 2125 页第 7 行:唐景州。

按:《寰宇记》卷六八定远军:"周显德二年,废景州为定远军,县属沧州。"《宋志》失书景州降为军之时与事。"唐景州"下直书"太平兴国六年,以军直属京",有唐突之嫌。

27. 第 2127 页第 3 行:熙宁五年,省永和县入焉。

按:《九域志》卷二相州于本句上有"天圣七年,改永定县为永和。"《宋志》失书。

28. 第 2127 页第 8 行:安喜。

按:《九域志》卷二定州:"康定元年,废陉邑县入安喜。"《宋志》失书。

29. 第 2127 页倒 1 行:天圣元年,改通利为安利。

按:《宋会要·方域》五之三一至三二言:"明道二年,复为通利。"《宋志》失书。

30. 第 2128 页第 5 行:熙宁六年,省武德县为镇入焉。

按:《通考》卷三一六《舆地考二》言,"武德县,元祐初复"。《宋志》失书。

31. 第 2128 页第 7 行:防御。

按:《九域志》卷二卫州:"至道三年,升防御。"据《长编》卷四〇至道二年九月己卯条,时卫州为团练。《宋志》失书"本团练,至道三年,升防御"。

32. 第 2129 页第 4 行：省昭德县为镇入焉。

按：《九域志》卷二磁州言："太平兴国元年，改昭义县为昭德。"《宋志》失书。

33. 第 2129 页第 8 行：蒲阴。

按：《九域志》卷二祁州："太平兴国元年，改义丰县为蒲阴。"《宋志》失书。

34. 第 2129 页倒 4 行：隆平。

按：《九域志》卷二赵州："开宝五年，改昭庆县为隆平县。"《宋志》失书。

35. 第 2135 页第 3 行：慈州。

按：以《宋志》体例，慈州当有郡名，检《寰宇记》卷四八，慈州为文成郡，应补出。

36. 第 2137 页第 1 行：宁化军。

按：《长编》卷二三太平兴国七年八月癸亥条言："初，北汉置固军于岚州，北汉亡，废为宁化县。甲戌，复号宁化军。"又，《通考》卷三一六《舆地考二》言："宁化军，本岚州地，刘崇置固军。太平兴国四年，徙军城稍南，改为宁化县，五年置军。"《宋志》失书宁化军建置沿革。

37. 第 2144 页倒 4 行：护国军节度。

按：《九域志》卷三河中府："唐河中节度，太平兴国七年改护国军。"《宋朝事实》卷一八《升降州县一》同。

38. 第 2145 页第 2 行：解州。

按：《寰宇记》卷四六解州，解州郡名解郡。《宋志》失书。

39. 第 2145 页倒 5 行：虢郡。

按：《九域志》卷三虢州载，至道三年后，始改弘农郡为虢郡。《宋志》失书。

40. 第 2145 页倒 1 行：定国军节度。

按：《九域志》卷三同州："唐匡国军节度，周降军事，皇朝太平兴国七年为定国军节度。"《宋志》失书。

41. 第 2147 页第 5 行：青涧城。

按:《九域志》卷三延州:"康定元年置青涧"。《宋志》失书。

42. 第2148页倒7行:保安军。

按:《长编》卷一八,"太平兴国二年四月己亥,以延州永安镇为保安军"。《宋志》失书。

43. 第2150页倒1行:安化。

按:《九域志》卷三庆州:"干德二年改顺化县为安化,省同川县入焉。"《宋志》失书。

44. 第2152页第5行:通远。

按:《九域志》卷三环州:"天圣元年,改通远县为方渠。景祐元年,复为通远。"《宋志》失书。

45. 第2153页倒3行:好畤。

按:《九域志》卷三干州:"干德二年,析京兆府好畤县隶州。熙宁五年废州,以好畤县隶凤翔府。"《宋志》失书。

46. 第2158页第1行:镇二。

按:《九域志》卷三原州:"干兴元年,以庆州柳城、新泉二镇并隶州。"《宋志》失书。

十、书事欠详明例

1. 第2124页倒4行:宋初省归化县。

按:《九域志》卷二德州、《宋会要·方域》五之二八,"干德六年,省归化县入德平"。较《宋志》详明。

2. 第2124页倒1行:废蒲台县。

按:《九域志》卷二滨州作"省蒲台县为镇入渤海",较《宋志》详明。

3. 第2126页第8行:开宝六年,废九门、石邑二县。

按:《九域志》卷二九真定府:"开宝六年,省石邑县为镇入获鹿,九门县入藁城。"较《宋志》详明。

4. 第 2128 页第 4 行：建隆元年，升为团练，俄为防御。

按：《九域志》卷二怀州载，怀州升防御在建隆四年。又据《长编》卷一载，建隆元年四月戊戌，怀州升团练。《宋志》失书，似将二事混淆。

5. 第 2128 页倒 2 行：废陆泽县。

按：《九域志》卷二深州言，"废陆泽县入静安"。

6. 第 2131 页第 6 行：又废太原县。

按：《宋志》欠详明。《寰宇记》卷四〇太原府言，"太平兴国四年，太原县与晋阳县废为平晋县"。

7. 第 2132 页第 1 行：建中靖国元年改为军。

按：本书卷一九《徽宗纪一》，"建中靖国元年十一月庚辰，改昭德军为隆德军"。较《宋志》详明。

8. 第 2133 页第 3 行：景德二年废唐林县。

按：《九域志》卷四代州、《宋会要·方域》六之六，于此下有"入崞"二字，义胜。

9. 第 2144 页第 8 行：唐昭德县大中祥符改。

按："大中祥符"，《九域志》卷三京兆府、《舆地广记》卷一三京兆府、《宋朝事实》卷一八《升降州县一》均作"大中祥符八年"。

10. 第 2148 页第 5 行：太平兴国中改名。

按：义川县，改名宜川，《寰宇记》卷六鄜州系于开宝九年，《九域志》卷三鄜州系于太平兴国元年，即同一年，《宋志》言"中"，不确。

综上所述，可知《宋史·地理志》编纂者，有关宋代地方行政制度、行政区划知识甚为缺乏，素养不足。《宋史·地理志》实为仓促、草率之作，如诸多失书之处，是不能以体例不完善来为其辩解的。它究竟有无体例，都是值得怀疑的。当然，这有点苛刻了。一般认为，《宋史》是以宋代历朝《国史》为基础编纂而成的。但《宋史·地理志》的谬误是如此之多，让人不禁要问，难道其底本宋代历朝的《国史》竟有如此之滥吗？也许官办集体项目，自古而然吧。

略论《宋史·礼志》的史料价值

汤勤福（上海师范大学）

《宋史》共 496 卷,是廿四史规模最大的一部,其中 20 万字的《礼志》分为 28 卷,又是《宋史》诸志中最为庞大的部分,在廿四史有《礼志》的正史中亦属最大。无可讳言,《宋史》成书仓促,因此出现了不少问题,虽中华书局点校本的点校者作了极大的努力,纠正了其中许多错误,但是仍存在许多问题,因而需要学者们不断努力来纠正它们。《宋史》的《礼志》(以下简称《宋志》)与其他部分一样,也存在着许多问题,但是,不可否认的是,《宋志》也确实存在很高的史料价值。本文对此作一叙述,以期求得专家学者的指教。

《宋志》的史料价值,归纳起来大致有以下几个方面。

首先,《宋志》是我国古代礼制资料的宝库,也是现存最为系统的宋代礼制资料宝库。

除《宋志》外,廿四史中有《礼志》者,《史记》1 卷(称《礼书》),《汉书》有《礼乐》1 卷,《后汉书》有《礼志》2 卷、《祭祀》3 卷,《晋书》3 卷,《宋书》5 卷,《南齐书》2 卷,《魏书》4 卷,《北齐书》7 卷(称《礼仪》),《隋书》7 卷,《旧唐书》7 卷,《新唐书》有《礼乐》12 卷,其中"乐"为 2 卷,《旧五代史》2 卷,《辽史》6 卷,《金史》11 卷,《元史》称《礼乐》共 5 卷(其中"乐"4 卷)、《祭祀》6 卷,《明史》14 卷,共 92 卷[①],而《宋志》占了 23.3%,其内容之丰富,完全可以体现出它在中国古代礼仪制度资料宝库中的重要地位。

宋代编撰礼制著述不少，然《开宝通礼》、《太常新礼》、《礼阁新编》、《熙宁祀仪》等礼书多已亡佚；现存仅《太常因革礼》、《政和五礼新仪》、《中兴礼书》等不多的几种，而且也有所残缺。值得强调的是，现存的这些礼制典籍，非完整的有宋一代的礼制典籍，如《太常因革礼》只包括仁宗朝之前典制，《政和五礼新仪》虽也追叙前代礼制，但重点只叙述徽宗一朝，《中兴礼书》也只涉及高宗一朝，因此它们都不能囊括有宋一代的礼制，只有《宋志》才是较为完整反映两宋礼制基本情况的系统资料，因而它的史料价值极高。

其次，《宋志》门类条目十分丰富。

《宋志》不但囊括有宋一代的礼制的基本线索，而且它门类十分丰富，有助于了解两宋礼制的基本情况与诸礼仪相互之间的关系。它分吉、嘉、宾、军、凶五个大类，在各卷卷首罗列了诸门类的条目达 111 种之多，②这在廿四史其他有《礼志》的诸史中，只有《明史》与其大致相类。《宋志》众多的门类，为我们研究宋代礼仪制度提供了有益的帮助。

如果将《宋志》与长达 220 卷的《政和五礼新仪》的条目进行比较，便可进一步理解《宋志》门类条目的丰富性。以下略作叙述。

《宋志》有"荐新"一目，内容十分丰富而且完整。而《政和五礼新仪》卷一一〇有"荐新太庙仪"一目，然已佚；卷一一二有"荐新别庙仪"也已佚，只有卷一一九"荐新诸陵仪"保存至今。《宋志》"诸神祠"一目，包括屈原庙、李冰庙以及两宋抗辽、金而亡的将士、各地岳渎、城隍、仙佛、山神、龙神、水泉江河之神之类，在《政和五礼新仪》中不但没有祭祀记载，却有明令禁止部分祭祀，如"楚人五月五日记屈原之说，尤乖典礼，不可施用。"③《宋志》有"赐进士宴"及赐贡士的"闻喜宴"，而《政和五礼新仪》则只有"闻喜宴"的仪式。更为奇怪的是，《宋志》"宾礼"中有"明堂听政仪"，记载政和至靖康时期的告朔、颁朔之事，然《政和五礼新仪》中竟然毫无记载。《宋志》记载从太祖干德到徽宗大观中的百官相见仪制，而《政和五礼新仪》亦无只字片语。《宋志》有"录先圣后"的条目，《政和五礼新仪》没有相关记载④。《宋志》有"赙赠""问疾"条目，记载诸帝对朝廷大臣病笃及去世后的慰问与赠馈，然《政和五礼新仪》中"临奠吊"只有对诸王问疾与赠馈，而无对大臣的相关记载。《宋志》有"游观"条目，其中记载徽宗"政和三年正月，诏放灯五日。五年十二月二十九日，诏景龙门预为元夕之具，实欲观民风、察时态、黼饰太平、增光乐国，非徒以游豫为事"⑤，而《政和五礼新仪》既无专条条目，更无一字提及。由此可见，《宋志》记载条目较为全面，远胜《政和五礼新仪》。

第三，线索相对清楚、记载比较完整。

宋代礼制演变，北宋初太祖太宗时期、神宗熙丰时期、徽宗政和时期和南宋初高宗时期是四个最为重要的阶段，《宋志》便紧扣国初、神宗、徽宗和高宗这四个时期礼制变化的史实进行了撰述，因此线索比较清楚。同时，《宋志》仪式条目比较齐全，形成一个相对完整的系统。这是其他编年体史书、政书、类书、笔记所不能比拟的。

如《宋志》在记载太子、公主冠笄之礼时分为"皇太子冠礼（皇子附）"、"公主笄礼"，而《政和五礼新仪》只有冠礼而无笄礼；肆赦仪虽见《玉海》等有零星记载，⑥但很不系统，无法与《宋志》相比。《宋志》在军礼中记载"祃祭"、"阅武"、"受降"、"献俘"、"田猎"、"打毬"、"救日伐鼓"等条目，形成一个比较完整的礼仪系统，而其他诸书无一有此全面。另外，《宋志》新创"进书仪"条目，未见宋元诸书有专门条目记载，因此价值极高。

《宋志》在具体条目记载中也比较系统、完整。例如有关"圣节"的记载。《政和五礼新仪》仅载"天宁节上寿"一目；《长编》虽有北宋诸帝的记载，但限于体例，内容散于诸卷，蒐寻不甚方便；现存《宋会要辑稿》（以下简称《辑稿》）是清代徐松辑自《永乐大典》，已非原貌，其圣诞节只记载到孝宗乾道元年；比较而言，《玉海》记载较为系统，⑦包括宋初以致度宗咸淳时期，然与《宋志》相比，仍差瀛国公一朝。

显而易见，《宋志》记载的线索比较清楚、记载内容相对完整，有利于读者对宋代礼制的掌握。

第四，保存了不少极为珍贵的礼制资料。

《宋史》属于正史，历来受到学者的重视，因此比较完整地保存下来，而其他诸宋元礼制典籍或有部分亡佚，或完全亡佚，故《宋史》保存的礼仪制度内容便成为极其珍贵的两宋礼制资料，甚至许多内容是唯一幸存者。笔者对《宋志》进行逐条考证，未查到宋元典籍载有相关资料者达百余条，⑧这些史料极有价值。这里仅举一些例证，以证明其价值之高。由于《宋志》保存资料内容极其丰富，涉及面相当广泛，因此下面分类各列举一例：

南郊：《宋志》保存的度宗咸淳二年南郊事，⑨未见其他宋元典籍记载。其实，两宋之际与南宋行将灭亡之时，宋元典籍保存的资料也相对较少，⑩《宋志》所保存的资料便显然价值极高了。

诏令：崇宁初诏曰："古者，学必祭先师，况都城近郊，大辟黉舍，聚四方之士，多且数千，宜建文宣王庙，以便荐献。"⑪此诏原文未见宋元典籍记载。

宋帝之语：《宋志》载："嘉祐三年正月，契丹告国母哀。使人到阙入见，皇帝问云：'卿离北朝日，姪皇帝悲苦之中，圣躬万福。'朝辞日，即云：'皇帝传语北朝姪皇帝，婶太皇太后上僊，远劳人使讣告。春寒，善保圣躬。'中书、枢密以下待制已上，赴驿吊慰云：'窃审北朝太皇太后上僊，伏惟悲苦。'"⑫《宋志》载仁宗慰问北使所言，未见诸书记载，当为极珍贵史料。

上徽号："咸淳二年，上理宗徽号曰建道备德大功复兴烈文仁武圣明安孝皇帝。并如绍兴十三年仪注。"⑬理宗徽号，《文献通考》（下简称《通考》）、陈著《本堂集》载为"烈文仁武安孝"⑭6 字；马廷鸾《碧梧玩芳集》为"烈文仁武圣明安孝"⑮8 字，其他宋元典籍未见相关记载。就笔者目前所见，16 字徽号除《宋志》记载外，仅见《宋史》理宗、度宗两纪，故此条史料当有一定价值。

亲蚕：《宋志》载："宣和元年三月，皇后亲蚕，即延福宫行礼，"⑯其后记载仪式文字达 890 字，《政和五礼新仪》原有《皇后亲蚕仪》一目，⑰今其文已佚。《宋志》所载未见其他典籍记载，后世引《宋志》者也不多见，因此，这些史料极为珍贵。"皇后亲蚕"仪式文字颇类《唐开元礼》所载，可参见《通考》记载。⑱

大臣奏章：淳化四年正月，南郊礼成，大宴含光殿，直史馆陈靖奏整顿宴请之礼事，⑲此亦仅见《宋志》记载。

宴请人数：《宋志》载熙宁二年正月集英殿宴入殿人数，⑳宋元间著述仅此保存。

宴请礼仪：《宋志》载饮福大宴仪："初，大礼毕，皇帝逐顿饮福，余酒封进入内。宴日降出,酒既三行,泛赐预坐臣僚饮福酒各一酨,羣臣饮讫,宣劝,各兴立席后,赞再拜谢讫,复坐饮,并如春秋大宴之仪。"㉑《政和五礼新仪》仅存此目,内容缺失;㉒亦未查到其他原始记载。㉓

失仪处罚:《宋志》载:"大中祥符元年十二月,诏宣徽院、御史台、阁门、殿前马步军司,凡内宴臣僚、军员并只候使臣等,并以前后仪制晓谕,务令遵禀,违者密具名闻。其军员有因酒言词失次及醉仆者,即先扶出,或遣殿前司量添巡检军士护送归营。又诏臣僚有托故请假不赴宴者,御史台纠奏。"㉔此条未见宋元典籍记载。

赐闻喜宴:《宋志》载宁宗庆元五年五月,赐新及第进士曾从龙以下闻喜宴于礼部贡院。㉕《淳熙三山志》、《吴郡志》、《两朝纲目备要》、《续宋编年资治通鉴》、《通考》、《宋史全文》、《宋史·宁宗纪》均有曾从龙等该年及第记载,㉖然无赐闻喜宴之事,仅《宋志》有此记载。

阅武:"端平二年四月大阅,以时暑不及行。"㉗《辑稿》、《玉海》、《通考》诸书载阅武事最晚到嘉泰二年为止,而此条则为端平二年,故甚为珍贵。

进书:《宋志》载:"淳祐五年二月十二日,进孝宗光宗两朝御集,《宁宗实录》及《理宗玉牒》《日历》"㉘事长达1200字。遍查宋元相关诸书,《玉海》仅有理宗"淳祐五年二月,孝宗、光宗御集成,上之"㉙的记载,然无具体内;《辑稿》亦未载淳祐五年仪式,仅见孝宗淳熙二年闰九月、光宗绍熙三年十一月相关仪式的内容,㉚故《宋志》所载价值甚高。

天文:《宋志》载:"先是皇祐初,以日食三朝不受贺,百官拜表"㉛,据明人邢云路《古今律历考》:"皇祐元年己丑岁,正月甲午朔,日食"㉜,大致可证该年日食确实有之,这是重要的古代天文学资料。

祭岳镇海渎:太祖开宝"六年,遣使奉衣、冠、剑、履,送西镇吴岳庙。"㉝此条未查到相关出处,故是唯一保存史料。

地方礼仪制度:《宋志》载州县射仪:"乡饮酒前一日,本州于射亭东西序,量地之宜,设提举学事诸监司、知州、通判、州学教授、应赴乡饮酒官贡士幕次,本州兵马教谕备弓矢应用物,设乐。其日初筵,提举学事、知州军、通判师应赴乡饮酒官贡士诣射亭,执弓矢,揖人射,乘矢若中,则守帖者举获唱获,执算者以算投壶毕,多算胜少算。射毕,赞者赞揖,酬酢如仪毕,揖退饮,如乡饮酒。"㉞两宋州县射仪史料极其罕见,此条未见宋元典籍有记载,故有重要的史料价值。

笄礼:上述提及的公主笄礼,在《宋志》中长达 1013 字,后世典籍虽有转摘者,㉟然尚未在现存宋元典籍中查到直接的相关史料。

火葬:绍兴二十八年,户部侍郎荣薿论火葬一段 180 字㊱,亦未见诸书记载。

后蜀降主葬仪:《宋志》载干德三年六月,中书令、秦国公孟昶薨,其母李氏继亡,太祖"命鸿胪卿范禹偁监护丧事,仍诏礼官议定吉凶仪仗礼例以闻,"㊲《续资治通鉴长编》(以下简称《长编》)、《太平治迹统类》、《宋史全文》㊳均有记载,然《宋志》此后所载太常礼院上奏孟昶具体葬仪及太祖诏令共长达 411 字,未见宋元典籍有记载。

录功臣后:《宋志》载:"绍圣初,林希请稽考庆历以后未经编次臣僚,其子孙应录用者以次编定。"㊴此条亦未见其他典籍记载。

与三佛齐国关系:"绍兴七年,三佛齐国乞进章奏赴阙朝见,诏许之。令广东经略司斟量,只许四十人到阙,进贡南珠、象齿、龙涎、珊瑚、琉璃、香药。诏补保顺慕化大将军、三佛齐国王,给赐鞍马、衣带、银器。赐使人宴于怀远驿。"㊵《通考》有如下记载:"绍兴七年,有司议三佛齐国王敕告绫纸,并欲用黄色,余依所赐大食国例。从之。"㊶这里可见绍兴七年三佛齐国确实有"乞进章奏赴阙朝见"之事,"敕告绫纸,并欲用黄色"恐为三佛齐"乞进章奏赴阙朝见"的事项。同时,三佛齐进贡之物与南宋所赐之物、诏补官职等均是十分珍贵的两国臣属与交往关系的重要资料。

赐高丽国器物:政和"七年,赐以笾豆各十二,簠簋各四,登一,铏二,鼎二,罍洗一,尊二。铭曰:'惟尔令德孝恭,世称东蕃,有来显相,予一人嘉之。用锡尔宝尊,以宁尔祖考。子子孙孙,其永保之!'"㊷赐高丽器物之铭目前未见宋元著作记载。

上面列举 20 余个方面,都可补旧史之阙,实际上,《宋志》还有许多方面保存了极有价值的资料,限于篇幅就不再举例了。由此可见,《宋志》的学术价值是不言而喻的。

第五,可备对其他典籍进行考订、辑佚。

《宋志》所载资料,可备辑佚,亦可对其他典籍进行考订。

在辑佚方面,《宋志》保存着的一些内容,可备辑佚。如"追封册命"一目中载《开宝通礼》一条资料:"《通礼》:策赠贵臣,守宫于主人大门外设使、副位,使人公服从朝堂受策,载于犊车,各备卤簿,至主人之门降车。使者称:'有制。'主人降阶稽颡,内外皆哭。读册讫,主人拜送之。"⑬《通礼》即《开宝通礼》,早已亡佚,《宋志》所载实为珍贵的《开宝通礼》佚文。上述提及的"亲蚕"条,亦可视为《政和五礼新仪》的佚文。实际上,这在《礼志》中还有不少。

对其他宋元典籍有不同记载,《宋志》也具有参考或考订作用,这可从《宋志》与它们记载不同着手,再参照其他典籍来证实。下面从几个方面来论述。

考订官署:如《通考》载:"熙宁五年,建昭孝院,奉永昭、永厚陵,以官田给。始诏文臣两省、武臣阁门使以上,道陵下,听朝谒⑭,"《宋志》则称:"熙宁中,诏文臣大两省、武臣阁门使以上,经过陵下,并许朝拜。"⑮对照两者,一称"两省",一称"大两省",官署名称不一。考《辑稿》:"神宗治平四年(原注:即位,未改元。)十一月二十五日,诏今后文臣大两省、武臣阁门使已上,经过陵下,并许朝拜。"⑯宋代称门下、中书,门下、中书五品以上官为大两省官。按照宋代敘班、致仕制度,阁门使与大两省、大卿监、正刺史相当,⑰故《通考》"两省"前脱漏"大"字。

考订官职:《通考》称:"是年,以金人归河南地,命大宗丞士㒟、兵部侍郎张焘只谒陵寝,"⑱《宋志》称:"九年正月,上谓辅臣曰:'祖宗陵寝,久沦异域,今金国既割还故地,便当遣宗室使相与臣僚前去修奉洒扫。'寻命同判大宗正事士㒟、兵部侍郎张焘前去河南府只谒修奉。"⑲两书一称大宗正,一称大宗丞,官职不同。考《金佗粹编》载岳飞奏札中云:"契勘今日只谒陵寝使、同判大宗正事士㒟、兵部侍郎张焘已到鄂州"⑳,故可断定《通考》"大宗丞"为误。

又如《玉海》载："元祐七年五月十七日，右丞许将言：'冬至亲祠，夏至遣上公，则地只永不在亲祠之典，此大阙礼，不可不议。'始诏侍从、礼官集议，顾临等八人议宜如祖宗故事合祭；范纯礼等二十人议请依先朝诏旨；杜纯请于苑中望祠，上公摄事，举权火，望拜；王钦臣请并祭一次；孔武仲请孟冬诣北郊亲祠（九月戊子上议），"[51]《辑稿》亦作"范纯礼等二十人"[52]《通考》明确地记载了 22 人的名单[53]，《宋志》所载人数亦为 22 人[54]，与《通考》相同，可作旁证资料。

考订地理：《辑稿》载："咸平三年三月二十一日诏：'今后京官任川陕、广南、福建等路在任丁忧者，未得离任，候替人到，余服未满者，并令持服'[55]，大中祥符四年十一月，诏：'自今川峡、广南、福建路京朝幕职州县官丁忧父母者，并许令持服。仍未得离任，速具奏闻，候差到替人交割讫，依例持服。'"[56]两者一为"川峡"，一为"川陕"，自相矛盾。虽两者均为沿边地区，然所指区域有所不同。"川峡"指四川一带，"川陕"则指四川、陕西两地。究竟为"川峡"还是"川陕"？考《宋志》："咸平三年诏：'川峡、广南、福建路官，丁忧不得离任，既受代而丧制未毕者，许其终制。'"[57]《长编》亦有"川峡"的提法："乙亥，诏川峡官丁父母忧者，除州军长吏奏裁，余并许解官。"[58]故当以"川峡"为是。

考订时间：如《辑稿》载："十二月，帝谓王旦等言：'来年正月十一日孟飨太庙，而有司择八日宴，已在飨庙致斋中。又七日上辛，祀昊天上帝。'王钦若言：'若移宴日避祀事，即自天庆节以来皆有所妨。'"冯拯言："上辛不可移，荐享宗庙是有司择日，于礼无嫌。'帝曰：'当询礼官。'终以契丹使发有长期，又将西巡，故不及改。"[59]《辑稿》系于天禧三年之后，实误。《宋志》称此事在"大中祥符三年十二月"[60]。真宗西巡为大中祥符四年正月[61]，故知《宋志》为正，《辑稿》为误。

考订误字：《宋志》也有直接考订其他典籍错误的作用。《辑稿》载："明堂亲享"，正配礼器，称："每位合用笾二十六，豆二十六，簠八，簋八，登三，铏三及柶櫸一、神位席一、币筐一、祝筐一、玉爵一，及坫、瑶爵一，及坫，牛鼎一、羊鼎一、豕鼎一"[62]，其中"及坫"费解。《宋志》作"反坫"[63]。坫为室内放物品的土台，反坫实为先秦礼仪一种，即诸侯相会宴饮，礼毕则将空酒杯放回坫上，称为“反坫”。此常见于历代典籍。故知《辑稿》“及坫”误，此《宋志》订正《辑稿》又一例。

考订脱字：《辑稿》载：“初，学士院不设配位，及是以问礼官，太常礼院言：‘祭必有配，报如常祀。当设配座。’又诸神祠、天齐、五龙用中祠例，祆祠、城隍用羊，八笾，八豆”(64)，《宋志》则称“祆祠、城隍用羊一，八笾，八豆。”(65)其实，軷祭用“羊一”是宋初定下的仪制，《通考》载：“宋太祖皇帝建隆元年四月，太常礼院言：‘车驾征潞州，出宫日，请遣官告天地、太庙、社稷，城门外軷祭用羝羊一，所过州府河桥及名山大川、帝王名臣陵庙去路十里内者，各令本州以香祭告。’从之。六月，平泽潞，及车驾还宫，皆遣官奏告天地、太庙、社稷，仍祭祓庙、泰山庙、城隍庙。”(66)显然，《辑稿》“羊”后面脱“一”字。

自然，这里仅是介绍一部分考订内容，《宋志》对其他典籍的考订作用确实是存在的。

注释：

①已扣除《新唐书》“乐”2卷、《元史》“乐”4卷。点校本《出版说明》称《宋史》“《礼志》二十八卷，竟占二十四史所有礼志的一半”，误。张舜徽沿袭这一说法，参见氏著：《中国史学名著题解》，中国青年出版社1984年版，第143页。脱脱：《宋史》，北京中华书局1977年版。

②其实，《宋志》在具体记载中还有一些小条目未出现在卷首目录中，如《礼志二》卷首仅例“南郊”一目，而具体记载中还有“南郊坛制”、《礼志八》有“录名臣后”、《礼志十九》有“正衙常参”、《礼志二十七》有“车驾临奠”、“辍朝之制”、“举哀挂服”、“皇太后、皇后为本族之丧”、“诏葬”、“追封册命”、“定谥”、《礼志二十八》有“丁父母忧”、“子为嫁母”、“子为生母”、“继绝”，等等。

③《政和五礼新仪》卷首，文渊阁《四库全书》本，第20页。

④徽宗政和年间未录孔子后裔事，“宣和三年，诏宣议郎孔端友袭封衍圣公，为通直郎、直秘阁”，《宋史》卷一一九《礼志二十二》，第2800页。

⑤《宋志》卷一一三《宋志十六》，第2698—2699页。

⑥王应麟：《玉海》卷六七《绍兴赐赦仪注》，扬州广陵书社2007年版，第1267页。

⑦《玉海》卷一九五《诞节名》,第 3592 页。

⑧笔者查到 117 条,即使有一小部分还可能查到相关资料,但至少仍有百余条是宋元典籍中仅存之史料。

⑨《宋史》卷九九《礼志二》,第 2446 页。

⑩李焘:《续资治通鉴长编》(以下简称《长编》,北京中华书局 1992 年版。)佚徽、钦两宗史事,然杨仲良:《皇宋通鉴长编纪事本末》(以下简称《长编纪事本末》,北京图书馆出版社 2003 年版。)有部分记载,两宋之际笔记也保存部分资料;而南宋末年资料更为罕见。

⑪《宋史》卷一〇五《礼志八》,第 2549 页。

⑫《宋史》卷一二四《礼志二十七》第 2898—2899 页。

⑬《宋史》卷一〇八《礼志十一》,第 2609 页。

⑭马端临:《文献通考》卷二五〇《帝系考一》,中华书局 1986 年版,第 1977 页;陈著:《本堂集》卷五三《理宗原庙章熙殿成代前人上皇帝起居表》,文渊阁《四库全书》本,第 264 页。

⑮马廷鸾:《碧梧玩芳集》卷三《烈文仁武圣明安孝皇帝祔庙德音》,文渊阁《四库全书》本,第 22 页。

⑯《宋史》卷一〇二《礼志五》,第 2495 页。

⑰《政和五礼新仪》卷一二九《皇后亲蚕仪》,第 639 页。

⑱《文献五礼通考》卷八七《郊社考二十》,第 794—797 页。

⑲《宋史》卷一一三《礼志第十六》,第 2685 页。

⑳《宋史》卷一一三《礼志十六》,第 2686 页至第 2687 页。

㉑《宋史》卷一一三《礼志十六》,第 2690 页。

㉒《政和五礼新仪》卷二〇〇《集英殿饮福大宴》,第 854 页。

㉓秦蕙田:《五礼通考》卷一六一所载抄录《宋志》,文渊阁《四库全书》本。

㉔《宋史》卷一一三《礼志十六》,第 2686 页。

㉕《宋史》卷一一四《礼志十七》,第 2712 页。陈靖于《宋志》有传,然未载上奏事。

㉖梁克家:《淳熙三山志》卷三一《人物类六》,宋元方志丛刊,中华书局 1990 年版,第 8081 页;范成大:《吴郡志》卷二八《进士题名》,宋元方志丛刊,中华书局 1990 年版,第 905 页;佚名:《两朝纲目备要》卷五,文海出版社 1967 年版,第 352—353 页;刘时举:《续宋编年资治通鉴》卷一二,文渊阁《四库全书》本,第 116 页;《通考》卷三二《选举考五》,第 307 页;佚名:《宋史全文》卷二九上,黑龙江人民出版社 2005 年版,第 2023 页;《宋史》

卷三七《宁宗纪一》,第 725 页。

㉗《宋史》卷一二一《礼志二十四》,第 2836 页。《宋史》卷四二《理宗纪二》,然属本证,第 808 页。

㉘《宋史》卷一一四《礼志十七》,第 2715—2718 页。

㉙《玉海》卷二八《庆元编孝宗御制》,第 549 页。

㉚《辑稿》职官 20 之 45 至 47,第 2843—2844 页;职官 18 之 55 至 56,第 2782 页。然《辑稿》此条系于乾道三年之下,称"二年闰九月二十九日"云云,实误。乾道二年无闰月,当为淳熙二年闰九月。

㉛《宋史》卷一二一《礼志二十四》,第 2843 页。

㉜邢云路:《古今律历考》卷二五《历代日食六》,文渊阁《四库全书》本,第 294 页。

㉝《宋史》卷一〇二《礼志五》,第 2485 页。

㉞《宋史》卷一一四《礼志十七》,第 2721 页。

㉟《钦定续通典》卷五五《女笄》,万有文库本,第 1468 页。

㊱《宋史》卷一二五《礼志二十八》,第 2919 页。然称荣薿为"户部侍郎"则有误。据李心传:《建炎以来系年要录》(以下简称《系年要录》)卷一七九、卷一八〇均称其为权户部侍郎,文海出版社 1980 年版。

㊲《宋史》卷一二四《礼志二十八》,第 2910 页。

㊳《长编》卷六;彭百川:《太平治迹统类》卷一,文渊阁《四库全书》本;《宋史全文》卷一均载有孟昶卒之事。

㊴《宋史》卷一〇九《礼志十二》,第 2631 页。

㊵《宋史》卷一一九《礼志二十二》,第 2814 页。

㊶《通考》卷三三二《四裔考九》,第 2610 页。

㊷《宋史》卷一一九《礼志二十二》,第 2810 页。

㊸《宋史》卷一二四《礼志二十七》,第 2912 页。

㊹《通考》卷一二六《王礼考二十一》,第 1131 页。

㊺《宋史》卷一二六《礼志二十六》,第 2885 页。

㊻《辑稿》礼三九之九,第 1365 页。

㊼《宋史》卷一七〇《职官志十》:"其大两省、大卿监、正刺史、阁门使以上致仕者,自今给奉并如分司官例,仍岁时赐羊酒、米面,令所在长吏常加存问",第 4089 页。

㊽《通考》卷一二六《王礼考二十一》,第 1132 页。

㊾《宋史》卷一二六《礼志二十六》,第 2886 页。

○50 岳珂:《金佗粹编》卷一二《奏审谒陵寝行期札子》,中华书局1989年版,第865页。

○51《玉海》卷九三《元祐合祭》,第1709页。

○52《辑稿》礼三之八,第443页。

○53《通考》卷七一《郊社考四》,第650页。

○54《宋史》卷一○○《礼志三》,第2451页。

○55《辑稿》礼三六之六,第1311页。

○56《辑稿》礼三六之一,第1308页。

○57《宋史》卷一二五《礼志二十八》,第2922页。

○58《长编》卷六二,景德三年四月乙亥,第1393页。

○59《辑稿》礼一七之三一,第702页。

○60《宋史》卷一○八《礼志十一》,第2594页。

○61《长编》卷七五,大中祥符四年正月丁酉,第1708页。

○62《辑稿》礼二四之五九至六○,第929页。

○63《宋史》卷一○一《礼志四》,第2475页。

○64《辑稿》礼一八之七,第736页。

○65《宋史》卷一○二《礼志五》,第2501页。

○66《通考》卷八九《郊社考二十二》,第816页。

《曲洧旧闻》、《南窗纪谈》真伪辨

李裕民（陕西师范大学）

研究历史文化离不开史料，利用史料首先得鉴别其真伪，有些一目了然，有的颇费周折，有时候，大专家也难免看走眼。本文将讨论的两本南宋笔记的真伪便是典型的一例。

一、余嘉锡认定《南窗纪谈》是伪作

朱弁（？—1144）与徐度（？—1166）是南宋初颇有名望的文人，朱弁的《曲洧旧闻》和徐度的《却扫编》都是有相当水平的史料笔记，而令人难以理解的是，徐度的另一笔记《南窗纪谈》中有 12 条记载与朱弁《曲洧旧闻》相同，究竟谁是原创，谁是抄袭者？他们两位都是有才学有品行的人，都不可能去抄袭他人作品，那么，应该如何解释这一现象呢？

余嘉锡经过研究以后，得出如下的结论：

以两书对勘，大抵《曲洧旧闻》详而《南窗纪谈》略，又间有数字不同。其删节窜改之迹显然可见。盖徐度所著之《南窗纪谈》，原书已亡。后人从他说部中抄取二十许条，伪题此名，托之徐度。①

就是说，是《南窗纪谈》抄了《曲洧旧闻》，但不是徐度干的，是后人的伪作。

事实果真如此吗？首先看一下余氏使用的鉴别方法，是以详略定真伪，详者真、略者伪。应该肯定，在一般情况下，此法是有效的，因为抄袭者，大多水平不高，图省事，故抄时，或原文照录，或节录（有意删节或无意中抄漏），一般不会去增添内容。如果要增添，就得有与被抄者相当的水平，否则，狗尾续貂，一眼就能看穿。而有水平者，自己能作，犯不着干抄袭的勾当。但用此法时，必须考虑一个前提，那就是两者都是原件。而现在两书恰恰都不是原件。

《曲洧旧闻》，四库全书本为十卷，而朱弁的原书只有三卷。朱熹为朱弁作行状中明言："《曲洧旧闻》三卷。"行状作于淳熙十一年（1184）。朱熹为朱弁之从孙，所言应是最可信的。朱弁卒于绍兴十四年（1144），是其卒后四十年，《曲洧旧闻》一直是 3 卷，则 10 卷本显然是后人所增补的。哪些是原有的，哪些是后补的，根据什么补？什么时候补的？都没有见任何说明，则其来源本身就可能存在问题，其所增部分的真伪需要作鉴别。

徐度《南窗纪谈》，原书已亡，现存《说郛》本一卷，凡 24 条，是不全的，我从其他宋人书中辑得 8 条。陶宗仪所编《说郛》收书 1000 多种，其情况很复杂，其中大多是真的，少数是伪的。真者极少数是全录，大多属节录，节录之中，多数是选录条目，不动该条中的内容，少数则对内容有删节。《南窗纪谈》当属后者。

二、事实恰恰相反，是《曲洧旧闻》抄袭了《南窗纪谈》

既然情况如此复杂，则在比较两者鉴别真伪时，还应该尽量寻找旁证去解决，试比较下列例子：

例一：蔡宽夫条

《说郛》本《南窗纪谈》第 2 条：

蔡宽夫侍郎在金陵，凿地为池，既至，寻丈之下，便得一灶，甚大，相连如设数釜者,灶间有灰,又有朱漆匕箸,其旁皆虀齑,初不甚损,莫测其故也。后见诸郡兵火之余,瓦砾堆积,不能尽去,因葺以为基址者甚多,金陵盖故都,自昔兵乱多矣,瓦砾之积,不知几何,则寻丈之下,安知非昔日平地也。

《曲洧旧闻》卷九、第21条:

蔡宽夫侍郎筑室金陵,凿地为池沼,既去土,寻丈之下,便得一灶,甚大,相连如设数釜者,灶间有灰,又得朱漆匕箸数十,其傍皆虀齑,初不甚损,莫测其故何也。旧闻其子择言亲道之,后见诸郡兵火之后,瓦砾堆积,不能尽去,因葺以为基址者甚多,因悟蔡氏所见盖金陵故都,自昔乱兵多矣,其瓦砾之积,不知几何,则寻丈之下,安知非昔日之平地耶!

景定《建康志》卷四二引《南窗纪谈》云:

蔡宽夫侍郎治第于金陵青溪之南,穴地为池,数尺之下,见有瓦砾及朱髹匕筯数十,蔡惊异,命工愈掘之,又深尺余,有金镬瓦锡之器甚多,皆破碎交错,仆压于下,灶下苇灰犹存,又穷其傍,大抵皆人居也,然后知其下前代为平地。

从以上三种记载,可以看出:一、《曲洧旧闻》文字确实比《曲洧旧闻》为详,但和景定《建康志》所引相比,又缺了许多内容,显然,它也是节录。二、三者虽然详略各有不同,但所记是同一件事是没有问题的。而由景定《建康志》所引此文称其来源为《南窗纪谈》,说明宋人是承认此条的作者为徐度而非朱弁。

例二:使相条

《说郛》本《南窗纪谈》第11条:凡以节度使兼中书令、侍中、同平章事,并谓之使相。唐制皆金敕,五代以来不预政事,敕尾存其衔而不金,但注使字。汉初有假左相曹参之徒,尝为之,皆以将军有功,无以复赏,故假以宰相之名,而不得居其位,是亦唐以来使相之比也。汉殇帝延平元年帝以邓骘为车骑将军、仪同三司,仪同之名起于此。魏黄权以车骑将军、开府仪同三司,开府之名起于此。盖亦姑使其仪秩得视三公而已,是亦假丞相之类,然晋以来左右光禄大夫开府者为文官,骠骑车骑将尉军与四征四镇及诸大将军开府者皆为武官。宋、齐以后,循之不改。唐初以为文散阶,虽三公三师,亦必冠以此号,李涪着《刊误》尝非之。宋因唐,无所革。元丰官制既罢同平章事,遂以节度使加开府为使相,正合创名之意,而文臣寄禄官亦存之,然无生为之者,唯以为赠官。

《曲洧旧闻》卷一〇、第2条:

凡以节度使兼中书令、侍中、同平章事,并谓之使相。唐制皆签敕,五代以来不预政事,敕尾存其衔而不签,但注使字。汉初有假左丞相曹参之徒,悉尝为之,皆以将军有功,无以复赏,故假以宰相之名,而不得居其位,是亦唐以来使相之比也。汉殇帝延平元年以邓骘为将军、开府仪同三司,开府之名起于此。盖亦姑使其仪秩得视三公而已,是亦假丞相之类也。然晋以来左右光禄大夫、光禄大夫开府者为文官,骠骑车骑卫将军与四征四镇及诸大将军开府者为武官。宋、齐以后,循之不改。唐初以为文散阶,虽三公三师,亦必冠以此号。李涪着《刊误》尝非之矣。本朝因唐,无所革。元丰官制既罢,正合创名之意,而文臣寄禄官亦存之,然无生为之者,唯以为赠官。予谓开府仪同三司本无文武之别,今若文臣贴职至观文殿大学士,寄禄至光禄大夫以上欲尤其礼秩者,亦可加以开府而许缀宰相班,则合古之遗制矣。

徐自明《宋宰辅编年录》卷一引《南窗纪谈》:

凡以检校官兼中书令、侍中、同平章事。并谓之使相。唐制皆署敕。五代以来不预政事。朝会则缀本班正衙见谢则押班。凡宣制除授者,敕尾存其衔而不署,侧注使字。

按:此条与上一例情况不同,两者各有出入,《南窗纪谈》比《曲洧旧闻》多出36字,《曲洧旧闻》比《南窗纪谈》多65字,以此例看,并非如余氏所云,各条都是《南窗纪谈》略而《曲洧旧闻》详。而且二书都缺了《宋宰辅编年录》所引的19字,说明所采录的都不是全文。特别应该注意的是,徐自明注明引自《南窗纪谈》,而不是《曲洧旧闻》,可证确实是《曲洧旧闻》抄了《南窗纪谈》。

例三:徐惇济条

《说郛》本《南窗纪谈》第6条:叶石林问徐惇济,曰:自翁坡名思无邪斋、德有邻堂,而世争以三字名堂宇,公知前此,固尝有是否? 答曰:非狮子吼寺乎? 叶公笑曰:是也。盖吴兴城南射村有寺号狮子吼,本钱氏赐名,宋因之。石林公既为春秋书,其别有四:解释音义曰传,订证事实曰考,掊击三传曰谳,其编排凡例曰例。又问曰:吾之为此名,前古之所未有也。惇济曰:已尝有之。石林曰:何也? 曰:吴程秉逮事郑玄,著书三万余言,曰《周易摘》、《尚书驳》、《论语弼》,得无近是乎? 石林大喜。

《曲洧旧闻》卷一〇第 11 条:

石林公尝问予兄惇济曰:自东坡名思无邪斋、德有邻堂,而世争以三字名堂宇,公知前此,固尝有是否? 惇济曰:非师子吼寺乎? 石林笑曰:是也。吴兴城南射村有寺号师子吼,本钱氏赐名,国朝因之。石林既为春秋书,其别有四,其解释旨义曰传,其订证事实曰考,其掊击三传曰谳,其编排凡例曰例。又问曰:吾之为此名,前古之所未有也。惇济曰:已尝有之。石林曰:何也? 惇济曰:吴程秉逮事郑玄,著书三万余言,曰:《周易摘》、《尚书驳》、《论语弼》,得无近是乎? 石林大笑。

余嘉锡认为:叶石林条,《曲洧旧闻》原作石林公尝问予兄惇济云云,是惇济但姓朱,此书改为叶石林问于徐惇济,则以著书者为徐度,并惇济亦变为姓徐矣。[②]

按:余氏此解释失之主观。遍查有关朱弁的记载,并无字敦济之兄。惇济乃徐康之字,徐康为徐度之兄,石林公即叶梦得。徐康父名处仁(1162—1127),北宋宰相,母陈氏,生五子:庚、廉、庾、康、度。[③]他们的字都称惇某。如徐庚(? —1126)字惇义[④],康字惇济[⑤],度字惇立。此称惇济为兄,正符合度之身份。叶梦得与之为友,叶梦得曾作《徐惇济书报尝过余石林》诗,诗中称其"故人书为报平安。"[⑥]可见他们关系密切,故有叶问徐康之事。显然此条只能说明,是《曲洧旧闻》抄自徐度书,而不是相反[⑦]。

此外,在宋人著作中引到的《南窗纪谈》佚文中,也发现 2 例被抄入《曲洧旧闻》,试作比较如下。

例四:二府侍从归班条

《曲洧旧闻》卷九第 30 条:

　　旧制二府侍从有薄罪，多以本官归班，朝请而已。初无职掌，然班着请给，并只从见在官，初不以所尝经历为高下也。

　　宋徐自明《宋宰辅编年录》卷一引《南窗纪谈》：

　　旧制二府侍从有薄责，多以本官归班，奉朝请而已。初无职掌，然班着请给，并只从见存官，初不以尝经历为高下也。

　　按：显然，《曲洧旧闻》抄自《南窗纪谈》。而抄者不熟悉朝廷典故，抄时却将"奉朝请"抄成"朝请"，漏了一个"奉"字，不知"奉朝请"是当时的专用词，宋代专谈典故的词典《朝野类要》就收录此词，并作了解释。

　　奉朝请：在京宫观仍奉朝请者，依旧趁赴六参也。⑧

　　《宋宰辅编年录》是徐自明收集了各种宋宁宗嘉定以前的史料编成的，时间在嘉定八年（1215）至十一年间。⑨据此，十卷本之《曲洧旧闻》当时尚未问世，故徐自明唯参考《南窗纪谈》。

　　例五：十样锦条

　　《曲洧旧闻》卷一〇第8条：

　　今之中散大夫则昔之大卿监也，旧说谓之十样锦。受命之初，不俟赦恩，便许封赠父母妻一次，一也。妻封郡君，二也（今为令人）。不隔郊奏荐，三也。奏子为职官，四也（今为从事郎）。乘马许行驰道，五也。马鞍上施紫丝座，六也。马前执破木杖，七也。宴殿内金器且坐朵殿上，八也。身后许上遗表，九也。国史立传，十也。

　　谢维新《古今合璧事类备要后集》卷六二"中散大夫十样锦"条：中散大夫昔之大卿监也，旧说谓之十样锦。受命之初，不俟赦恩，便许封赠父母一次，一也。妻封郡君令人，二也。不隔郊奏荐，三也。奏子为职官，令（当作今）为从事郎，四也。乘马许行驰道，五也。马鞍上施紫丝座，六也。马前执破木板，七也。宴殿用金器且朵殿上，八也。身后许上遗表，九也。国史立传，十也。其下注出处：徐守惇《南窗纪谈》⑩。

　　按：谢维新《古今合璧事类备要后集》编于宝祐五年（1257），据此，10卷本之《曲洧旧闻》宝祐五年尚未问世，故谢维新唯采《南窗纪谈》。

三、《曲洧旧闻》抄袭了多种著作

《曲洧旧闻》不仅直接抄袭徐度《南窗纪谈》,还间接抄录了徐度跟王明清的谈话,这只要对比一下《挥麈后录》卷一、第126条与《曲洧旧闻》卷九、第25条,一望可知。为避免重复过多,下面只录王文,被《曲洧旧闻》改动处加注说明。

例六:史官记事所因条

徐敦立语明清云(《曲洧旧闻》删):凡史官记事所因者有四:一曰时政记,则宰执(《曲洧旧闻》作相)朝夕议政,君臣之间奏对之语也;二曰起居注,则左右史所记言动也。三曰日历,则因时政记、起居注润色而为之者也。旧属史馆,元丰官制属秘书省国史。案,著作郎佐主之。四曰臣僚墓碑(《曲洧旧闻》删)行状,则其家之所上也。四者唯时政执政之所日(《曲洧旧闻》作自)录,于一时政事,最为详备。左右史虽二员,然轮日侍立,榻前之语既远不可闻,所赖者臣僚所申,而又多务省事,凡经上殿,止称别无所得圣语,则可得而记录者,百司关报而已。日历,非二者所有,不敢有所附益。臣僚行状,于士大夫行事为详,而人多以其出于门生子弟之,类以为虚辞溢美,不足取信;虽然,其所泛称德行功业,不以为信可也。所载事迹,以同时之人考之,自不可诬,亦何可尽(《曲洧旧闻》删)废云(《曲洧旧闻》删)。度(《曲洧旧闻》改作予)在馆中时,见重修《哲宗实录》,其旧书崇宁间帅多贵游子弟以预讨论(《曲洧旧闻》删),于一时名臣行事,既多所略,而新书复因之,于时急于成书,不复广加搜访,有一传而仅载历官先后者,且据逐人碑志有传中合书名犹云公者(《曲洧旧闻》删),读之使人不能无恨。《新唐书》载事倍于旧书(《曲洧旧闻》删),皆取小说。本朝小说尤少,士夫纵有私家所记,多不肯轻出之。度(《曲洧旧闻》改作予)谓史官欲广异闻者,当择(《曲洧旧闻》删)人叙(《曲洧旧闻》删)录所闻见,如《段太尉逸事状》、《邺侯家传》(《曲洧旧闻》删)之类,上之史官,则庶几无所遗矣。[⑪]

按：《曲洧旧闻》主要的变动有两个方面，一、内容的删节或改动，如删去"崇宁间帅多贵游子弟以预讨论"的话，这本是说当时参与编写的是一些没有水平的贵族子弟，所以编得不好，现在删除，就看不出水平差的原因了。将"宰执"改为"宰相"，体现了抄者的无知，当时的决策体制是皇帝和宰相、执政（参知政事和枢密使、副使）共同议事，现在把"执"字去了，就等于把执政官踢出决策圈了。"旧书"本指《旧唐书》，抄者把"书"字删去，意思全变了。从这些低水平的删改看，表明《曲洧旧闻》所记就是抄袭者所为。二、更主要的是把明显反映著作权的话"徐敦立语明清云"删去了，将两处"度"字篡改成"予"。这样一来，就看不出徐度痕迹，全像是朱弁的话了。显然这是有意做的手脚。

或许有人说，会不会本是《曲洧旧闻》的内容，被王明清改动后，记入《挥麈后录》呢？不可能，因为并不高明，仍然露出了马脚。文中有句叙述个人经历的话，"度在馆中时，见重修《哲宗实录》"虽然把"度"改成了"予"，但只要查一下二人的经历，就知道不可能是朱弁说的。因为朱弁没有考中进士，只是平民百姓，更未出任馆职，怎么可能说"予在馆中"？怎么可能看到馆中藏的新旧《哲宗实录》呢？而徐度则特赐进士出身，任过多年馆职，绍兴五年（1135）十月任秘书省正字，八年四月升为校书郎[12]。此段文字谈的是亲身经历，不是曾在馆中任职的人不可能知道这些内情的。

从以上各例可以看出，《曲洧旧闻》不仅抄了徐度的《南窗纪谈》，连徐度跟他人说的话也被抄袭[13]，甚至把名字加以改动，以掩盖抄袭痕迹，说明不是无意中抄错，而是有意抄袭的行为。由此可以断定，《曲洧旧闻》与徐度的《南窗纪谈》相同的其他各条，也都是前者抄自后者。由于《南窗纪谈》原书已佚，估计《曲洧旧闻》中还有一些内容也是抄自《南窗纪谈》[14]。

《曲洧旧闻》从 3 卷变为 10 卷，仅抄《南窗纪谈》是不够的，还抄了其他书。目前可以考见的有下述三书。

其一，北宋中叶宋敏求的《春明退朝录》。

如《曲洧旧闻》卷七第 3 条"上元灯"，抄自宋敏求《春明退朝录》卷中第 13 条。《曲洧旧闻》卷七第 4 条"唐散花楼等今复无存"，抄自宋敏求《春明退朝录》卷下第 3 条[⑮]。

其二,北宋晚期张舜民的书。

《曲洧旧闻》卷九第 13 条:天禧诏收瘗遗骸,并给左藏库钱,厥后无人举行。元丰二年三月,因陈向为提举常平官,诏命主其事。向又乞命僧守护,葬及三千人以上,度僧一人,三年与紫衣,有紫衣与师号。

按:《长编》卷二九七第 7217 页:元丰二年三月辛未,"诏提举常平等事陈向主其事,以向建言故也。后向言:在京四禅院均定地分葬遗骸。天禧中有敕书给左藏库钱,后因臣僚奏请裁减,事遂不行。……向又乞选募僧守护,量立恩例,并从之。葬及三千人以上,度僧一人。三年与紫衣,有紫衣与师号,更令管勾三年,愿再住者准此。"对比二者,显然是《曲洧旧闻》节抄了《长编》,而且节抄的欠妥,少抄了最后几句,致使文意未完。《长编》于文末注明出处:"张舜民云云,可考。"说明此记载来自张舜民的书,这里没有写具体书名,可能是《小史》或《杂说》。[⑯]

其三,李焘《续资治通鉴长编》(以下简称《长编》)。

《曲洧旧闻》卷九第 8 条:熙宁五年九月丁未,御史张商英言:近日典掌诰命,多不得其人,如陈绎、王益柔、许将皆今所谓词臣也,然绎之文,如欹段逐骥,筋力虽劳而不成步骤。益柔之文,如野妪织机,虽能成幅而终非锦绣。将之文,如稚子吹埙,终日喑呜而不合律吕,此三人恐不足以发挥帝猷,号令四海,乞精择名臣,俾司诰命。

按:这里一开始就说某年某月某干支,纯属编年体的写法,一般笔记是不用的。查《长编》卷二三八第 5789 页正是这样记载的,文同不录。值得注意的是,《长编》是节录张商英的奏章,节录时还做了改动。试比较下一引文。

吴曾《能改斋漫录》卷一二"张天觉论词臣之文":张天觉尝乞择词臣,而言盖自近世文馆寂寥,向者所谓有文者,欧阳修已老,刘敞已死,王珪、王安石已登两府,后来所谓有文者,皆五房检正三舍直讲崇文检书间有十许人。今日之所谓词臣者,曰陈绎,曰王益柔,曰许将是已。臣尝评之,陈绎之文如欹段老骥,筋力虽劳而不成步骤。至益柔之文如村夫织机,杼虽成幅而不成锦绣。许将之文如稚子吹埙,终日喧呼而不合律吕。此三人者,皆陛下所用出辞令、行诏诰,以告四方,而扬于外庭者也,今其文如此,恐不足以发帝猷、炳王度云云。

吴曾的引文较详细,与《长编》、《曲洧旧闻》相比,后者不只是节录,还对内容做了改动,如果说两人的节录,有可能类同的话,改变文句就不可能完全相同了,而今《长编》、《曲洧旧闻》之相同,只能说明《曲洧旧闻》抄袭了《长编》。

《曲洧旧闻》卷九第 15 条:元丰四年六月辛酉(6 日),诏:自今紫衣师号,止令尚书祠部给牒,牒用绫纸,被受师名者纳绫纸六百。至是罢。

《长编》卷三二七第 7876 页:元丰五年六月辛酉(11 日),"诏:自今紫衣师名,止令尚书祠部给牒,牒用绫纸,受紫衣师名者纳绫纸钱六百。是岁十月,优诏依度僧牒例用纸。"

按:两者对比,可知《曲洧旧闻》之文节抄自《长编》,而抄时又误将"五年"抄成"四年",又误增"至是罢",要求执行的诏命变为停止执行的诏命,完全违背了原意。

以上考证,可以得出如下结论:

(1)《说郛》本《南窗纪谈》,确为徐度的著作,并非伪作,但它是不全的节录本。余已辑得佚文 8 条。

(2)《曲洧旧闻》原本为 3 卷,今流行的 10 卷本中,有一部分系伪作,其中抄自《南窗纪谈》者 14 条,抄自宋敏求的《春明退朝录》、张舜民的某书、李焘《续资治通鉴长编》、王明清《挥麈后录》7 条。

四、《曲洧旧闻》的真与伪

朱弁的原作《曲洧旧闻》为 3 卷,10 卷本中有不少抄袭处,是否意味着其他 7 卷,都是抄的? 不是的。其一,三卷本是否就是 10 卷本的前三卷,目前尚难断定,其篇幅大小也无法确定,有可能原来每卷内容较多,后分拆成多卷,再抄一些凑成10卷。其二,后增的内容中有不少是朱弁在三卷本流传以后增补的。如以下二例。

卷七第14条:"真定康敦复尝谓予曰……请为我于《曲洧旧闻》并录之。"说明《南窗纪谈》早在十卷本以前,已经问世,故康某有此请求。朱弁后来增补了这一条。

卷八第20条:予书定光佛事,友人姓某见而惊喜曰:异哉! 予之外兄赵,盖宗王也。丙午年春同居许下,手持数珠日诵定光佛千声……予俘囚十年,外兄不知所在。今观公书此事,则再出世之语昭然矣。

按:此所云"予书定光佛事",见本书卷一第8条"定光佛再世得太平"。说明卷一这一条是在3卷本之中。其友人看到三卷本时在"俘囚十年",考其被俘在建炎元年(1127),下数"十年"应为绍兴六年(1136),也就是说三卷本在绍兴六年之前已经问世。其后朱弁又作了增补,以上两例即是明证。

但增补稿朱弁在世时没有刻印,直到淳熙十一年(1184),朱熹见到的仍然是3卷本。宋代书目均不见有10卷本的记载。

《四库全书》所收为十卷本,据提要云:出自影宋钞本,"每卷末皆有临安府太庙前尹家书籍铺刊字,又惇字避光宗讳,皆缺笔。"⑰据此,十卷本必在光宗以后。

上面考证到,本书抄录了王明清《挥麈后录》的内容,而该书是绍熙五年(1194)撰的,则10卷本应在宁宗以后。又嘉定时徐自明《宋宰辅编年录》、宝祐五年(1257)谢维新《古今合璧事类备要后集》,均引《南窗纪谈》,说明有同样内容之十卷本,其出现很可能在二书之后,即已到南宋末年。

10卷本由三部分组成,原来的3卷,加上朱弁自己增补的条目(其数不详),又抄袭《南窗纪谈》及其他宋人著作中的条目。抄袭部分主要集中在卷九、卷一〇中,占此2卷条数的将近一半。除本文所揭以外可能还有一些抄袭处,但不会太多,估计抄袭数量不会超过全书的五分之一。

抄袭时间在南宋晚期,抄袭人不详,但肯定不是朱弁。

从史料价值角度说,其真的部分价值较高,但伪的部分,也有校勘价值,并可利用它复原已经残缺的《南窗纪谈》。

注释：

①余嘉锡《四库提要辨证》卷一七,第918页《南窗纪谈》条,云南人民出版社2004年版。

②《四库提要辨证》卷一七,第918页《南窗纪谈》条。

③汪藻《浮溪集》卷二八《吴国夫人陈氏墓志铭》。

④徐度《却扫编》卷中,第12条:"长兄惇义。"

⑤《夷坚乙志》卷二:"徐择之丞相帅北京,有赵士桥(当作珖)者……如北京,求入莫府,遂为干办公事。丞相之子敦义庚、敦济康、敦立皆与之游。居二年,士桥告病,未几卒,时宣和七年三月也……死时才三十七。"(张祝平《夷坚乙志校补三则》,《中国典籍与文化论丛》卷五,第424页)

⑥《建康集》卷二。

⑦孔凡礼点校《曲洧旧闻》前言已指出,此条系《曲洧旧闻》抄自《南窗纪谈》,但论证欠详,故再作考辨。

⑧王瑞来点校《朝野类要》卷四,第265条。中华书局2007年版。

⑨此书最晚记至嘉定八年七月辛酉郑昭先参知政事、曾从龙端明殿学士签书枢密院事。(卷一〇)而未记十二年二月曾从龙进同知枢密院事。则应作于嘉定九年至十一年间。按:徐于嘉定十年十二月自常州通判知永州,(咸淳《毗陵志》卷九:徐自明,嘉定八年十二月,朝散郎、前太常博士,在任转朝请郎,十年十二月差知永州。)十二年(1219)修志。《直斋书录解题》卷八:"《零陵志》十卷,郡守徐自明嘉定己卯重修。"

⑩"徐守惇"当为"徐度惇立"之误。

⑪王明清《挥麈后录》卷一,第126条,中华书局1961年版。

⑫宋陈骙《南宋馆阁录》卷八正字:"徐度,(绍兴)五年十月除,八年四月为校书郎。"同书卷八"校书郎":"徐度字敦立,睢阳人。特赐进士出身,治春秋,(绍兴)八年四月除,是月,除都官员外郎。"胡寅作《徐度李谊宋之才孙雄飞除馆职制》(《斐然集》卷一二)。

⑬《挥麈后录》卷一所记徐度关于欧阳公《归田录》的话。被全部抄入《曲洧旧闻》卷九第26条。

⑭《曲洧旧闻》卷一〇第13条"前人谨行辈",提及"予在馆中时",显为徐度自称,孔凡礼在前言中已指出系度所作。我以为,未见他书提及,则此又应出于《南窗纪谈》。

⑮宋敏求《春明退朝录》,中华书局1980年点校本。

⑯考《长编》引张舜民书有《小史》、《南迁录》等,有时不提书名,只说张舜民云云(《长编》卷三二七元丰五年六月甲寅注:"张舜民云云,当考。")《直斋书录解题》卷一一:"张芸叟《杂说》一卷,吏部侍郎张舜民芸叟撰。"

⑰《四库全书总目》卷一二一,第1039页,中华书局1965年版。

《皇朝中兴系年要录节要》考

辛更儒（黑龙江大学）

一

　　《皇朝中兴系年要录节要》一书，原藏上海图书馆，北京图书馆出版社于2004 年作为中华再造善本之一景印出版。此书是李心传《建炎以来系年要录》一书的节要本，原本为南宋末年所刻，今已不全，仅存卷八至卷一七，起绍兴六年六月，迄绍兴三十二年六月，相当于今本《系年要录》卷一〇二至卷二〇〇的记事范围。其中卷一七又缺第五面，已无可补。尽管是一节要本，尽管残缺不全，然而今日看来，此本仍然对整理《系年要录》具有不容忽视的重要意义。

　　现存《系年要录》一书，是清代四库馆臣从《永乐大典》辑出的一个本子。关于此书书名，《四库全书总目》卷四七《建炎以来系年要录提要》称是"据《永乐大典》所题，与心传《朝野杂记》自跋及王应麟《玉海》相合，故定为《系年要录》著于录焉"。《永乐大典》原题今已不可得见，李心传《建炎以来朝野杂记乙集序》所称为《高庙系年》，《玉海》卷四七则称为嘉定《建炎以来系年要录》一百卷，"嘉定五年五月付国史院"，所称并不相同，仅能肯定此书称"系年要录"四字为确定不移。近来学界颇有人争论此书到底应称为《建炎以来系年要录》还是《高宗系年要录》，我以为，此争论意义并不大。《建炎以来系年要录》是此书的总名称，李心传在宁宗时撰写高孝光宁四朝编年史，故定名为"建炎以来"，亦即指南宋中兴以来。至于后来孝光宁三朝史著成失传（《玉海》所著录者，显系宁宗朝所进《高宗系年要录》，时为书百卷，见《建炎以来朝野杂记》卷首《付出高宗皇帝系年要录指挥》），仅高宗一朝以《永乐大典》著录而传世，四库馆臣没有冠以"高宗系年要录"，而以"建炎以来"命名，是以总名命名高宗朝要录，也不能算错。当然，《高宗系年要录》相对更为确切，这犹如以"皇朝中兴"命名高宗一朝要录，仅为同书异名而已。南宋时期，提及高宗朝，命以"皇朝中兴"极为正常，如同熊克著《中兴小历》（所载为高宗一朝史）又名《皇朝中兴纪事本末》一样，皆能符合当时人们的命名习惯，因此无须多议。

　　《系年要录节要》残本，版框高十八点七厘米，宽十一点一厘米，白口，左右双边，每半面十一行，行二十三字。卷八"莫若慎选监司郡守"、卷一七"改名眘"，"慎"及"眘"字皆避宋孝宗赵眘讳，缺末笔；卷九"惟吏部侍郎晏敦复退而有忧色"、卷一五"右内率府惇为莱州刺史"，"敦"及"惇"字皆避光宗赵惇讳缺末笔，可知确为宋刻本无疑。《系年要录》一书问世后，以抄本流传，至理宗宝祐初（元年为1253）始由贾似道刊于扬州（见《四库总目提要》，其时贾似道以两淮制置大使知扬州兼淮东安抚使）。此书作为《系年要录》一书之节要本，其刊刻，当在此后至南宋灭亡之二十年间。此书无刊刻者姓名，书坊牌记。藏书印有"蔡公惠"、"汪士钟印"、"阆源真赏"、"思远堂记"、"经傻眼福"及"上海图书馆藏"等。卷末还有一长形藏书章值得关注，此印双行楷书，上写"嘉兴崇德凤鸣世医蔡济公惠，家无甔石之储，惟好蓄书于藏，以为子孙计。因书此，传之不朽"共三十六字。据《至元嘉禾志》卷三，凤鸣市在崇德县东北四十里。元末明初人贝琼撰写的《同寿堂记》载："崇德之凤鸣里，有蔡公惠氏，业医五氏矣，凡疾病者无贵贱必造焉。其树德也厚，其取利也廉。尝名其堂曰同寿，咸咏歌以侈之，而记未有所属也。……公惠自其曾伯祖梅友，在宋中医科，仕至防御使。其大父君实，克继其学，因集心法所传，厘为若干卷，曰《同寿秘宝方》，至公惠而声誉益著，其传为可知矣。……吾于公惠，原其心而卜其术，所谓同寿者，又岂夸言也哉？是为记。"（《清江文集》卷三〇，文渊阁《四库全书》本）知蔡氏为明初嘉兴医者，上世尝为南宋医官。参以藏书章，则此书流传情况尚可考见。何以知其为藏书印？查刘克庄《后村先生大全集》卷一〇五《跋方一轩诸帖阁帖》一文载："晚使江左，忽有示此帖十卷者，李玮驸马故物也。后有朱印云：'李玮图籍，上赐，家传子孙，有德保无穷年。'十卷之末皆有此印。"可知，自宋代以来，藏书家多有制此类收藏印记者。

此书既是摘抄《系年要录》，其内容当然主要节录摘抄者认同的《系年要录》一书的重要部分。《系年要录》记载宋高宗在位三十六年间政治、经济、军事、文化思想方面的重大事件，其中当然包括君臣将相及知名人物的行事。尤其是注重兵戎财富之源流，礼乐制度之因革。《系年要录》因系"以日历、会要为本，然后网罗天下放失旧闻，……集众说之长，酌繁简之中，久而成编"（亦见《建炎以来朝野杂记》卷首所载指挥），其中辨析史料真伪，论证议论是非，以及注释之处甚多，而此书则不须计较这些问题，专一摘录《系年要录》书中所载重要事件和人物言行，以便于读者对此三十六年间史事作概括了解，故尔提纲挈领，又不失对要事的具体记载。因此，此书摘抄的重点，于涉及"礼乐刑政之条目，典章制度之沿革，兵戎食货之源流"（语见王德毅《李心传著述考》，台北文海出版社《建炎以来系年要录》卷末）之外，则专注于宋高宗的嘉言懿行，文武大臣及臣僚的议论对策以及文人学士的高风亮节，而于正常的兵戎边事之始末、宰执边臣的除罢，则仅仅略摘数语，不失对大事要事之著录而已。在南宋末年各类纲要体、摘要体史书大量问世之际，此书应当是其中较为重要的一种。

二

《系年要录》一书自宋代刊刻以来，至清代之世久佚不传。今本系清四库馆臣自《永乐大典》辑出而成者。在近世文渊阁《四库全书》影印之前，阁本为世人所不睹,传世的诸刻本、排印本如光绪间仁寿萧氏、广雅书局以及民国间国学基本丛书本,都是四库馆臣辑录本的传本。故当世宋史研究者案头所备,无非四库本及中华书局重印国学基本丛书本而已。此两本之间,差异甚大,总体来说,四库本优于丛书本,其所以如此,原因当容另撰文讨论。然而,无论两本之间孰优孰劣,都同宋刻原本之间存在着相当大的距离,要恢复宋刻本的原貌,实极为困难。《系年要录节要》的影印出版,为我们直接对照宋本和现行本之间的异同,提供了一个绝佳的比对机会。在我校勘两本与《节要》本的过程中,所发现的大量异文,对了解今本的版本问题,价值尤大。

其一是,对于清人肆意窜改宋本的问题,多可从《节要》本中得到证明。如原本中凡有"虏"及"金虏"、"猾虏"、"仇虏",被一律改为"金"及"金人","虏酋"改为"敌将",连累所及,"狄"、"贼"之类亦不能免。有些语句,实在不能改动,索性删除。

另外,还有一类辽金人名,清人亦逞其任意窜改之能,肆加改动。如《节要》卷一六,"金人立其东京留守葛王褒为皇帝",中华本与四库本卷一九三俱作"葛王褒",卷一三五、一三六"褒"还作"哀"。查《金史》卷六《世宗纪》不载金世宗完颜雍即位前之名。《三朝北盟会编》卷二三三引张棣《正隆事迹》曰:"褒乃太祖第三子潞工宗辅之了也,亮之从弟,褒字彦举。……即位后改名雍。"《汉书》卷五六《董仲舒传》有"今子大夫褒然为举首"语,此即彦举字义之源,知褒确为金世宗的汉名。四库馆臣擅改其名,只是无知的表现。至于女真名之改动,如兀术之作乌珠,撒离曷之作萨里干,拔束作布尔噶苏,乌陵思谋作乌凌阿思谋,折合孛堇作珠赤贝勒,此类例证亦甚多。这类改动,都应在整理《系年要录》时予以复原。

至于二本之于《要录节要》的大量异同,对于整理《系年要录》一书更具重大价值,我今不惮繁琐,以《节要》先后为序,将主要校对结果公布如下:

(1)《要录节要》卷八
(前为《节要》原文,后为二本之异及卷数)

上曰:"朕于医药,常所留意,每退朝,即令医者诊视。"中华、四库二本

《要录》"常"作"尝"，"诊视"作"诊脉"（卷一〇五）。

司马光隶字真似汉人，近来米芾辈不可仿佛。二本"来"作"时"（卷一〇六）。

上问："尝与赵鼎议否？"二本"尝"作"常"（卷一〇七）。

光世将家子，将率士卒多出其门。若无故罢之，恐人心不可。二本"多出其门"作"多出其门下"（同上）。

诏今吏部注拟，……既而行宫吏部请因民事犯徒以上罪人如今诏。二本"因"字作"曰"（同上）。

张浚奏雨既沾足，庶于蚕麦无妨。二本作"不妨"（卷一一〇）。

未尝以私怒降一人之官。二本俱无"之"字（同上）。杨沂中朕常日抚之过于子弟。二本"常"作"当"，"抚"字后有"绥"字（同上）。

胡世将请因此风励诸将。二本以下有"帅各务究心水利措置营田"诸语，与"风励诸将"无干，因《节要》以下未摘抄，故二本阙佚无可补（同上）。

乃命德还建康。中华本"命"作"诏"，四库本作"召"（同上）。

朕尝语赵鼎。二本"语"作"谕"。宰辅非人。二本作"非其人"（同上）。

向知南剑州，平贼有功。二本"平"前有"能"字，"贼"后有"甚"字（卷一一二）。

（2）《要录节要》卷九

虽间用传注，颇能□明经旨。二本作"颇能明经旨"。夜读《尚书》，率至二鼓罢。二本无"罢"字。蛊惑性情，废乱时日。中华本作"废乱时政"，四库本作"废时乱政"（卷一一五）。

时浙右困于水脚钱。二本无"困于"二字（同上）。

遇有阙，卿等共议差遣。二本无"共"字，"议"字后有"以"字。朕亦当书之屏风。二本无"之"字。赃吏一身取钱尔。二本"一身"作"一吏"（卷一一六）。

愿少安于此，以系中原之心。二本"之心"作"民心"（卷一一七）。

邓州守将韩通。二本"通"作"适"。可作直指行下。二本作"直旨"（卷一一八）。

燕居独处,未尝怠慢。二本"未尝"后有"有"字(卷一一八)。

金使乌陵思谋、石庆充入见。二本改乌陵思谋之名已见前文。"充",二本俱作"克"(卷一二〇)。

张戒上疏,请外则示通和之名。二本"则示"作"姑示"(卷一二一)。

增秩赐金之事可行矣。二本作"增敕"(卷一二四)。

(3)《要录节要》卷一〇

诏焞日下供职。秦桧读焞奏,至"时用"二字,深衔之。二本"至"作"见"(卷一二六)。

军中事务,皆不改吴宣抚之规模。二本"抚"作"武"。诸将皆拜谢。二本作"诸公"(卷一三二)。

世将仓卒召诸帅议出师。二本"仓卒"作"仓皇"(卷一三五)。

命吴璘将二万人自河池赴宝鸡河南以捍寇。中华本作"自河南赴宝鸡以捍敌",四库本作"自河南赴宝鸡渭南以捍敌"(同上)。

众以为然,求欲效命。中华本"求欲"作"欲求",四库本作"欲求命"(卷一三六)。

平明,并力攻城。中华本"并力"作"敌兵",四库本"并力攻城"作"敌并兵"。三人为伍,贯韦索,号铁浮屠。二本"浮屠"作"骑马"。众欲攻韩将军。二本无"将"字(同上)。

自引其众还汴京,自是不复出矣。二本"引"作"拥","出"后有"师"字(同上)。

撒离曷自登西平原觇之。二本改名已见前文。"平"字二本无(同上)。

世忠每出军,必戒以秋毫无犯。中华本"必戒以"作"必使以",四库本作"必以"(同上)。

(4)《要录节要》卷一一

遂为四蜀常赋,故虽累经减放。二本"四"作"西","累经减放",中华本作"累减经放",四库本作"略经减放"(卷一三九)。

自建康进兵,前渡虏窥江,则我兵皆乘其后。今虽虚镇江一路,以檄呼虏渡江,亦不敢来。中华本"渡虏窥江"作"渡江窥敌",四库本作"渡敌窥江"。"虽虚"，二本俱阙"虽"字（卷一三九）。

危疑之中，能自立不变。二本"中"作"交"（同上）。

自虏犯边，报至，人言非一。二本皆阙"言"字（同上）。

及是，飞自楚归。二本皆无"及是"二字（卷一四一）。

国步方艰，未能弭兵。二本"兵"作"去"（同上）。

朕常躬行此语。中华本"常"作"当"，四库本作"尝"（卷一四二）。

风浚，使辅其议。二本"辅"作"附"（同上）。

岳飞赐死下大理寺。二本"下"作"于"。张宪坐收飞子云书，谋以襄阳叛。二本无"子"字。飞知书而待士。二本"而"作"善"（卷一四三）。

中兴以来，词科中选即入馆。二本"即"作"郎"（卷一四四）。

诏诸州无教官处。中华本"州"作"军"，四库本"州"作"州军"（卷一四五）。

(5)《要录节要》卷一二

则事无不济矣。二本"事无"作"无事"（卷一四九）。

昨访遗书，今犹有未至者。二本"有未"作"未有"（同上）。

无事惟静坐观书。二本"惟"作"则"（卷一五〇）。

高闶初为蔡儵客。中华本"儵"作"翛"，四库本作"攸"（卷一五一）。

祖宗圣语，止以丰年为瑞。二本"以"作"于"（同上）。

则人之心术自正矣，可如所奏。二本"可"作"勃"（卷一五二）。

特为推赏，不当坐谬举之罚。二本"为"作"与"，"坐"字皆阙（同上）。

庚辰，左朝请大夫周绾为淮南转运判官。二本阙"朝请"二字（卷一五五）。

四方闻之，有泣下者。二本作"四方人闻之"（卷一五六）。

于是，减四川布估钱五分之一。二本"布估"作"市估"（同上）。

民间既免举债出息。二本阙"息"字（同上）。

熺以父子共政，理当避嫌。二本"以"字作"言"。立班在左右仆射之次。二本阙"左"字（卷一五七）。

(6)《要录节要》卷一三

须能识圣人之用心,方有自得处。二本"方"字俱阙。凡六经之文,悉加讲论。二本"经"作"籍"(卷一五九)。

自顷用兵,朕知其必至于和而后止。二本"和"前有"讲"字。岂可乐攻战? 中国之有夷狄,犹阳之有阴,自古无殄灭之理。使可殄灭,秦皇汉武为之矣。自"中国"以下大段文,俱被二本删去(同上)。

缘民事被罪,情理为重。二本"理"作"实"。行之数年。二本"年"作"岁"(卷一六〇)。

桧常欲除近郡。二本"常"作"尝"。除政府外。二本"政"作"正"(卷一六二)。

身被金创如刻画。二本"创"作"疮"。赐银帛三千匹两。二本"赐"作"赙"。孙右承奉郎梴、杕。二本"梴、杕"作"梴、杖"(同上)。

左仆射秦桧言,衰病交侵。二本"病"作"老"(卷一六九)。

日使士人歌诵太平中兴圣治之美。二本"治"作"政"。余党以次窜逐。二本"次"字阙(同上)。

想见人情大悦。二本"大"作"欢"(卷一七〇)。

先食其饵,是乌足以当陛下耳目之寄哉? 二本"乌"作"为"。臣谓州县之贪吏。二本"谓"作"愚以为"(同上)。

(7)《要录节要》卷一四

可依祖宗故事,宰相更不兼领。二本"更"字阙(卷一七二)。

顾被杀者衔恨九原。二本"衔"作"含"(同上)。

朕以天下为忧,岂间远近耶? 二本"间"作"问"(卷一七三)。

访闻淮上米价甚平,民间绝难得钱。二本"绝"作"实"(同上)。

异时宰执侍从,皆由此出。二本"时"作"日","由"作"于"(卷一七四)。

上谓沈该等曰。二本无"等"字(同上)。

陈正同入对,言守令之职。二本"守"作"县"(卷一七五)。

江东路提点刑狱公事徐天民劾信州守想周葵。"徐"字,中华本作"刘",四库本阙(卷一七六)。

太子天下本。二本作"太子天下根本"。自此人才。二本"自"作"似"。

今决魁选,文武皆得人。二本"决"作"次"(卷一七六)。

上曰:"蜀地远,卿至官,有民间疾苦,当一一奏来。"二本"蜀"后有"中"字。"当"字二本阙(卷一七七)。

(8)《要录节要》卷一五

今钱宝不惟销毁作器用。二本"不惟"作"少多为"。铜器虽民间所尝用。二本"尝"作"常"(卷一八〇)。

君子志在尊君,而不能无忤。二本"而"作"则"(同上)。

刚中亦言:"御戎最今日先务之急。夷狄之情,强则犯边,弱则请盟。今勿计夷狄之强弱,盍先自择将帅。"二本自"夷狄之情"至"强弱",共二十字,俱被删去。又改"戎"为"敌"(同上)。

初,燾父中仕至左朝奉大夫。二本"仕"作"任"(卷一八三)。

李稙为江淮等路提点铸钱公事。二本"稙"作"禛"(同上)。

进退人材,自当尽心。二本"尽"作"用"(同上)。

上问燾以方今大计所在。二本"方今"俱阙(同上)。

聪哲端重,阅义有立,冗于宗藩。二本"阅义有立"四字阙。望实之懿。二本"望实"作"闻望"(卷一八四)。

(9)《要录节要》卷一六

清资横加于哈伍,高爵滥及于医门。四库本"医"作"监"。按:此医指王继先,馆臣不知,遂擅改。中华本此卷不全(卷一八六)。

许将诗赋人才不足之数,听通容优取。二本"容"作"融"。自今年太学公补试为始。二本"公"字阙(卷一八八)。

乃令淮西诸将各画界分,使自为守。二本"淮西"作"两淮"(卷一八九)。

上曰:"……若并督诸军,必败事。"俊卿曰:"人皆以浚为可用。"二本"并"字作"再","用"字阙(卷一九〇)。

上谓辅臣曰:"宝非惟骁勇,兼其心术可以仗倚。"二本"惟"作"常"(同上)。

坐索汉淮之壤。吠尧之犬,谓秦无人。朕姑务于含容,彼尚饰其奸诈。

啸厥丑类,驱吾善良。妖氛浸结于中原,烽火遂及于近甸。此绍兴三十一年高宗亲征诏之文,其中,"吠尧"以下至"近甸",皆为二本所删。负尔万邦,于今三纪。二本"今"作"兹"(卷一九三)。

惟兹女真之微,首覆契丹之祀。恃其新造,间我不虞。二本"微"改为"邦","恃"改为"恬"。冀凭宗社之威灵,一洗穹庐之秽孽。……天亡此胡,使委身而致死。二本"穹庐之秽孽"改作"乘舆之耻辱","亡此胡"改作"鉴此忧"。步军冲伊洛之郊。二本"冲"作"充"。勿忘旧主。二本改"主"为"土"(同上)。

合茶盐酒算坑冶榷货籴本和买之入。"和买"中华本作"和籴","入",二本俱作"钱"户部常患无余。二本"常"作"尝"(同上)。

宝命健士跃登其舟。中华本"健"作"军",四库本作"勇"。总管完颜郑家奴等五人。中华本作"郑芳弩",四库本作"郑嘉弩"(同上)。

(10)《要录节要》卷一七

王节使在淮西,声金不声鼓。二本"声金不"三字阙。与诸军戮力决一战。二本"戮"作"努"。金主亮自执小红旗麾其舟。二本无"其"字(卷一九四)。

齐力射之,必争与死,毋令一舟得出。"必争与死",中华本作"必与争先死",四库本作"必与争死"(同上)。

有军功者,方得推恩外,一切赏典,所宜谨惜。二本"赏"字作"常"(卷一九七)。

每临朝,臣下有荐扬人材者,退则记姓名于簿。二本"退"后有"朝"字(卷一九九)。

惟天所相,非朕敢私。二本"非朕"作"朕非"(卷二〇〇)。

朕在位三十六年,今老且病。二本"病"作"疾"。班退。二本作"退班"。至宫门弗肯止。二本"至"后有"其"字(同上)。

三

《系年要录节要》一书对整理《系年要录》的重要价值，已见上节所举校勘结果。我以为，以上所举与今传本《系年要录》有异同者，都应从《系年要录节要》一书。之所以如此，是因为此书虽是节要本，然而编者的摘抄原则是：可以删节，但不增加一字。这就使此书仍然可以窥见宋刻本《系年要录》的原貌。

例如，《系年要录》卷一一三的一段记事是："甲辰，御笔：'观文殿大学士两浙东路安抚制置大使兼知绍兴府赵鼎，充万寿观使兼侍读，疾速赴行在。'是日，张浚留身求去位。上问可代者，浚不对。上曰：'秦桧何如？'浚曰：'近与共事，始知其暗。'上曰：'然则用赵鼎？'遂令浚拟批召鼎。桧谓必荐己，退至都堂，就浚语良久。上遣人趣进所拟文字，桧错愕而出。浚始引桧共政，既同朝，乃觉其包藏顾望，故因上问而及之。"此段文字在《要录节要》一书中的节文是："御笔：'知绍兴府赵鼎充万寿观使兼侍读，疾速赴行在。'是日，张浚留身求去位。上问可代者，浚不对。上曰：'秦桧何如？'浚曰：'近与共事，始知其暗。'上曰：'然则用赵鼎？'遂令浚拟批召鼎。浚始引桧共政，既同朝，乃觉其包藏顾望，故因上问而及之。"

又如，《系年要录》卷一七七载："诏淮南京西湖北路州军，自绍兴十四年至二十七年合起内藏库绸绢钱帛，可并与蠲免，日后合起发数目，令逐路提刑转运司官亲巡所部度量事力，开具的实合发纳分数以闻，自来年始。先是，诸路久逋内藏库，绍兴甲子以后，合发上供钱帛，上欲悉与蠲之，以谕宰执。沈该等言：'昨蒙圣谕，仰见陛下恭俭爱人。苟有以宽民力，虽内帑数百万不惜，天下幸甚。'上曰：'昔唐玄宗有云：朕虽瘠，天下肥矣。大哉王言，此所以致开元之治也，朕有取焉。朕约于奉己，内帑未尝枉费一金。边郡所欠固多，然户口未复，责输实难，可悉与蠲免。'"此大段文字，《要录节要》所摘抄之节文是："诏淮南京西湖北路州军，自绍兴十四年至二十七年合起内藏库绸绢钱帛,可并与蠲免。上曰:'朕约于奉己,内帑未尝枉费一金。边郡所欠固多,然户口未复,责输实难,可悉与蠲免。'"则此书之于原著,只是摘抄原文,而无一字增补,于此可见,故对于整理点校《系年要录》一书的价值是可以肯定的。

然而,此书虽然对于整理《系年要录》一书具有重要价值,毕竟因为此书系节抄本,又加上全书已阙佚四分之一以上,所以,对于订正今本《系年要录》的错误而言,也只能做到前面列举的将近一百条而已。而上述一百条异文,对于《系年要录》这部大书而言,究竟能占到全部错误的千分之几或万分之几,都很难说。可以想见,《系年要录》一书抄本误书和馆臣有意或无意改动之处几乎是不可胜书的。我们用《系年要录节录》一书对照今本《系年要录》加以校勘,以订正其误也仅能起到示例的作用。今天,我们整理《系年要录》,也仅能用文渊阁《四部丛书》要做底本,以清光绪间的两个刻本即仁寿萧氏本和广雅书局本为校本,并参照目前某些地方图书馆收藏的几个清抄本,精加核对,获得一个稍能令人满意的本子。在点校过程中,我在上文所举出的今本之误,以及宋摘抄本之胜处,都是应予吸收到新的点校本中,以尽量减少一些失误。

朱熹《五朝名臣言行录》、
《三朝名臣言行录》原本的文献价值

李伟国(上海人民出版社)

关于朱熹的重要著作《五朝名臣言行录》、《三朝名臣言行录》,曾有海峡两岸的多位学者做过专题研究①,差不多十年以前,我发表《朱熹〈名臣言行录〉八百年历史公案》一文②,对有关《八朝名臣言行录》的争议做了系统梳理,发现了一些新材料,形成了一些新观点,试图对这桩由选人物和选史料引发的公案作一初步总结。最近重新标点整理这部书,对于其原本的文献价值又有了一些新的认识,今谨写出来以就教于学界。

一、朱熹史学及所著《名臣言行录》

作为集宋代理学之大成的大学者,朱熹在史学方面也有较高的成就,他除编著著名的《资治通鉴纲目》以外,还留心政事,熟谙有宋一代故事,在其语录中,品评人物史书,留下了许多他书所无的宝贵材料,而《八朝名臣言行录》则是他的重要史学著作。

《五朝名臣言行录》、《三朝名臣言行录》(五朝为宋太祖、太宗、真宗、仁宗和英宗,三朝为神宗、哲宗和徽宗)亦称《八朝名臣言行录》、《朱子名臣言行录》等③,系辑录众书而成,但在材料的去取、删略、考辨之际,也很明白地透露出编者对当朝史的看法和在史料运用方面的功底。束景南先生认为:"真正还能够体现他(朱熹)的求实的史学精神而不被他的理学义理扭曲的著作,却是在乾道八年编成的《八朝名臣言行录》④。"朱熹开创了"名臣言行录"这样一种体裁,前所未见,后来宋、元、明、清,代有续仿之作,这也是朱熹对中国史学的一大贡献⑤。与朱熹同时代的史学家陈傅良,推介朱熹为"良史之才",是不无道理的⑥。

据清王懋竑撰《朱子年谱》卷二,《八朝名臣言行录》成于乾道八年(1172),时朱熹43岁。《年谱》云,乾道八年"春正月,《论孟精义》成",是书后名《要义》,又改名《集义》;随后,《资治通鉴纲目序例》成;(《朱子年谱》谓《通鉴纲目》成,据严文儒先生的《朱熹〈资治通鉴纲目〉丛考》,乾道八年四月朱熹撰成的是《资治通鉴纲目序例》⑦)在《名臣言行录》之后,又有《西铭解义》成。而在此后一年,又写成了《太极图说解》、《通书解》、《伊洛渊源录》等。这一方面说明朱熹到中年的时候,学问已经成熟,创作达到了高峰,另一方面也说明,朱熹做学问的方式是多头并进的,因为如《八朝名臣言行录》、《伊洛渊源录》这样的著作,是需要用较长的时间来搜集和积累材料的,而如《论语精义》、《资治通鉴纲目序例》这样的著作,又是需要反复琢磨、反复讨论的。朱熹的这几部著作,应该早就开始准备了。可以说,《八朝名臣言行录》成书的前后几年,是朱熹的收获季节,而朱熹一生与历史相关的著作,都成于这一时期。

南宋前期,史家对于北宋后期官修国史、实录的严重失实十分不满,出现了收集当代文献资料、编修史书的潮流,代表作有徐梦莘的《三朝北盟会编》、李焘的《续资治通鉴长编》、李心传的《建炎以来系年要录》等,朱熹编撰《八朝名臣言行录》,也一定受到了当时史学潮流的驱动。

见之于《名臣言行录》书前及朱熹《晦庵集》卷七十五的《八朝名臣言行录序》云:"余读近代文集及纪事之书,观其所载国朝名臣言行之迹,多有补于世教。然以其散出而无统也,既莫究其始终表里之全,而又汩于虚浮诡诞之说,余尝病之。于是掇取其要,聚为此录,以便记览。尚恨书籍不备,多所遗阙，嗣有所得，当续书之。"序中的"有补于世教"一句，成了时人和后人根据自己的理解分析其书得失的一杆标尺。

显然，朱熹的"有补于世教"，是指"近代文集及纪事之书所载国朝名臣言行之迹"，因为这些原始资料"散出而无统"，"既莫究其始终表里之全，而又汩于虚浮诡诞之说"，也就是既不完整，也不一定都真实，朱熹"尝病之"，所以他要"掇取其要，聚为此录，以便记览"，也就是说，朱熹追求的是材料的全面、真实和有序，当然，这些材料本身既"有补于世教"，朱熹编成的《名臣言行录》自然也更"有补于世教"了。

朱熹曾对国史、实录严重失实的情况提出批评，《朱子语类》卷一二八云："今日作史，左右史有起居注，宰执有时政记，台官有日历，并送史馆著作处参改入实录作史，大抵史皆不实，紧切处不敢上史，亦不关报。""史甚弊，因《神宗实录》皆不敢写，传闻只据人自录来者。才对者，便要所上文字并奏对语上史馆。""今之修史者，只是依本子写，不敢增减一字。盖自绍圣初章惇为相，蔡卞修国史，将欲以史事中伤诸公，前史官范纯夫、黄鲁直已去职，各令于开封府界内居住，就近报国史院取会文字，诸所不乐者，逐一条问黄、范，又须疏其所以然，至无可问，方令去。后来史官，因此惩创，故不敢有所增损也。"也许正因为如此，朱熹编《名臣言行录》，取材以官修史书以外的各类文献为多。

朱熹编纂《名臣言行录》，聚集了大量的史籍、笔记、文集、碑传等，只要是有关北宋著名人物事迹的，即予以摘录，然后确定入选人物，按人按时加以编辑，去取之间，秉承全面和真实的宗旨，一事多说的，酌加选择考订，或数说并存，由此形成考辨性的注文，在每个人物的言行材料之前，根据当时可以利用的史书（主要应该是《国史》），撰写一份简要的小传。朱熹对于北宋历史的理解和对于历史人物的评价，都包含在其中了。

朱熹在传主的选择方面，企图囊括一代有重大影响的人物，既收司马光，也收王安石。在选择人物事迹的原始材料方面，则瑕瑜互见，以为法戒。故《八朝名臣言行录》既录赵普的功业，也录赵普的阴险；既录王安石的坚持行新法，致天下骚然，亦录王安石的不好声色，不殖货利；吕夷简非正人，而记剪髭赐药之详；余襄公正人，而有杖臀怀金之耻；苏子瞻苏木私盐等事，本无甚关系，亦予收录。对于被公认为正人的蔡襄，《三朝名臣言行录》卷四之二"端明蔡公"共录十四条材料，其中十三条都记其美事，特别是仁宗时为谏官敢言直谏，多所建明，如第十一条记其"于朋友重信义"云："公于朋友重信义，闻其丧则不御酒肉，为位以哭，尽哀乃止。尝饮会灵东园，坐客有射矢误中伤人者，客遽指为公矢，京师喧然。事既闻，上以问公，公即再拜愧谢，终不自辨，退亦未尝以语人。"但最后一条又有似乎是相反的记述："襄性忮刻，用刑残酷。知泉州时，尝以叔母丧不在式假，通判黄洎摄州事，与晋江令章拱之置酒作乐，襄阴怒之，即捃拱之事械送狱。拱之坐是除名窜流。其弟望之累诣阙讼冤，久之乃得雪。朝廷不直其所为，而士林亦以此少之。"这条材料没有注明出处，不知是刻本遗漏呢，还是朱熹本人在福建所闻。不管朱熹所据为何，他一定认为这条材料是真实的，只有把这条材料收录进去，才能让人真正了解蔡襄的全人。当然，在材料的去取之间，朱熹对重大的历史人物和历史事件的观点和倾向也很清楚，比如对王安石及其变法，所取材料即以贬为主。

二、《名臣言行录》问世之初的反响和争议

在《名臣言行录》成书的第二年，即乾道九年癸巳，南宋著名学者吕祖谦就对此书作出了反应。《东莱集》别集卷八《与朱元晦》云："近麻沙印一书，曰《五朝名臣言行录》，板样颇与《精义》相似，或传吾丈所编定，果否？盖其间颇多合考订商量处，若信然，则续次往求教。或出于他人，则杂录行于世者固多，有所不暇辨也。"《精义》即上述《论孟精义》，与《名臣言行录》成书于同一年。说明在乾道九年，此书即已有麻沙印本行世。

此后，朱熹对《名臣言行录》作了修订。张栻《南轩集》卷二五《答胡季随》第五札云："《名臣言行录》未有别本可寄，得之即附往。但此书编得未精细，元晦正欲更改定耳。"《晦庵别集》卷三"书"《林择之》曰："《言行录》流布

甚广，其间多合商量处。中间以书告之，然不胜毛举。近得报云，欲改数处，亦未妥帖。要之此书自不必作，既作而遽刻之，此尤非便。昨日得伯谏书，亦深议此事也。近与伯恭往返议论稍多，此人却向进未已。今日临行，无暇录寄，俟后便也。"《晦庵续集》卷二"书"《答蔡季通》曰："昨日已到芹溪，今日略走寒泉，晚即还此治《渊源》、《言行录》等书，意欲老兄一来，相聚旬日，伯谏之意亦然。"林用中字择之，是朱熹的一位非常好的学生，"伯谏"是朱熹的另外一个学生，名李宗思，他们也在帮助朱熹修改《名臣言行录》等书。请注意，朱熹在给林用中的信中甚至说"要之此书自不必作，既作而遽刻之，此尤非便"，那一定是听到许多不同意见以后，颇感烦恼，颇有悔意。凡此种种，说明已经由他自己和他的学生做了若干修改。

朱熹的《名臣言行录》在南宋后期已经很有影响。

著名文人、曾任参知政事、与朱熹（1130—1200）几乎同时的楼钥（1137—1213）在《承奉郎致仕李君墓志铭》中说："（李充庭）阅《名臣言行录》，遇合意，即作诗以记之，至百余篇[⑧]。"说明当时读书人已将此书作为经常翻阅的图书。

曾任给事中兼赞读的孙梦观（1200—1257）在给理宗讲故事的时候，两次引用《三朝名臣言行录》，一次是："司马光登对，上曰：'朝廷每有除拜，众言辄纷纷，非朝廷好事。'光曰：'此乃朝廷之好事也。'王安石为参知政事，入谢，因为上言：'陛下欲以先王正道变天下流俗，今奸臣欲败先王之道，以沮陛下之所为。是以陛下与流俗之权，适争轻重之时。加铢两之力，则用力至微，而天下之权已归流俗矣。此所以纷纷也[⑨]。'"另一次是："富弼上疏云：'愿陛下待羣臣不以同异为喜怒，不以喜怒为用舍[⑩]。'"

南宋末参知政事高斯得在侍读"进故事"中也两次引用朱熹《名臣言行录》，一次是："李丞相沆每朝谒奏事毕，必以四方水旱、盗贼、不孝、恶逆之事奏闻，上为变色，惨然不悦。既退，同列以为非，问丞相曰：'吾侪当路，幸天下无事，丞相每奏不美之事以拂上意，然皆有司常行不必面奏之事，后当已之。'公不答，数数如此，因谓同列曰：'人主岂可一日不知忧惧也？若不知忧惧，则无所不至矣。'"原注出《三朝名臣言行录》[⑪]。另一处是："至道初，吕蒙正罢相，以仆射奉朝请，上谓左右曰：'人臣当思竭节以保富贵。吕蒙正前日布衣，朕擢为辅相，今退在班列寂寞，想其目穿望复位矣。'刘昌言曰：'蒙正虽骤登显位，然其风望不为忝冒，仆射师长百僚，资望崇重，非寂寞之地，亦且不闻蒙正之郁悒也。况乎巖穴高士不求荣达者甚多，惟若臣辈苟且官禄，不足以重矣。'上默然。及刘昌言罢，上问赵镕等曰：'频见昌言否？'镕等曰：'屡见之。'上曰：'涕泣否？'曰：'与臣等言多至流涕。'上曰：'大率如此。当在位之时不能悉心补职，一旦斥去，汍澜涕泗。'钱若水曰：'昌言实未尝涕泗，镕等迎合上意耳。'若水因自念上待辅臣如此，盖未有秉节高迈不贪名势能全进退之道以感动人主者，遂贻上之轻鄙。将以满岁移疾，遂草章求解，不果。今上初年，再表逊位，得请。"原注：出《国朝名臣言行录》[⑫]。

他们在将朱熹的《名臣言行录》当做经典引用以后，发出了一大段自己的议论。

牟巘《周公谨齐东野语序》为朱熹的《名臣言行录》史料选择辩护："野史杂录尚矣，疑传疑，信传信，为士者网罗散失，率多取焉，否则参稽互质焉。张象谓李林甫《冰山开元录》中语，《治鉴》取之。他若《壶关录》、乐天、乐甫无微不考。庄宗还三矢于庙，虽《五代史》顾不取。唐史如高祖字叔德，则见于《唐书直笔》。姚崇《十事要说》，则见于《升平源》。记室耆次相张齐丘，失于详考，不免承《明皇杂录》之误。《续长编》号为谨严，乃以《湘山野录》附见开宝之末，建、绍以后，曾布《日录》、蔡绦《后补》初不以人废。而《秀水闲居》之类，《系年要录》亦颇及之。然皆随事考析，或为疑词，故不足以累其书。昔《名臣言行录》之始出，东莱贻书晦翁，以为尚多考订商略者，愿相与讨论，大抵皆此意。或谓《建隆遗事》、《涑水记闻》、《邵氏闻见录》、马永年《元城语录》等书，若有所去取，其间则前辈嘉言善行之在人耳口，相传以习者所存殆无几，是又不可不知也。余病卧对墙壁，平生结习，扫除略尽，每闻人谭旧章故实，往往面热汗下，已为椎鲁木僵人。周公谨忽以《齐东野语》示余，岂尚以故意待之耶？公谨生长见闻，博识彊记，诵之胰，存于箧，以为是编所资取者众矣。其言近代事特详，盖有余之所未闻，或闻而不尽同者。乃自托于野，何居？文胜质则史，质胜文则野，与其史也甯野，野固非所病也。

况礼失求之野而获，何独史而不然？他日任笔削者傥有取，讵不能补史氏之缺而登其所讳乎？卷中载《脱鲊图赞》，先君子之遗事也。乌乎！宝祐、开庆之间，奸邪小人，奴事熏腐，中外相应，以丑正诬善之说欺君误国，驯至不可为。识者推原祸本，未尝不太息于斯，因揽涕书于卷末⑬。"

三、《名臣言行录》的原本和节本

自宋末以后，朱熹生前刊印的《名臣言行录》就已鲜为人知，一直到清末民初，藏家所见所录，多为李幼武所编之《宋名臣言行录》。幼武字士英，宋理宗时人，曾依朱熹之例续辑《皇朝名臣言行续录》、《四朝名臣言行录》、《皇朝道学名臣言行录》，景定间以李衡校正本《五朝名臣言行录》、《三朝名臣言行录》连同自辑数种合刻，统称为前后续别外集，其前后集即朱熹所编两种，卷前均署"晦庵先生朱熹纂辑，太平老圃李衡校正"。据赵崇砕《皇朝名臣言行续录》序，太平老圃为李幼武宗人，而李幼武是赵崇砕的外孙。宋史卷三九有《李衡传》，字彦平，江都人，曾为监察御史，知温、婺、台等州，以秘阁修撰致仕，定居昆山，聚书逾万卷，号曰乐庵，卒年七十九。又据《永乐大典》卷一四二二引《苏州府志》，李衡卒于淳熙五年，所著书有《易说》、《论语说》、《易义海撮要》、《乐庵文集》等。其后《宋名臣言行录》明刻本的序言等，以为"太平老圃李衡"即宋史有传之李衡。我认为这里还有两点疑问，一为宋史和其他资料均只说李衡号乐庵，没有提到号太平老圃，二为各种有关李衡的资料亦未提到李衡曾校正朱熹的《名臣言行录》。但李衡以饱学有道之士闲居昆山，聚书逾万卷，有校书的条件，且其卒于淳熙五年，已在朱熹《八朝名臣言行录》刊行之后七年，时间也没有矛盾，故亦不可轻易否定。

于是朱熹的《八朝名臣言行录》后世流传有两个版本系统，一为朱熹原刻本，一为李衡改编、李幼武合刻本。李幼武的《宋名臣言行录》，宋元明清代有刊刻，而朱熹生前刊刻的原本则鲜为人知。幸运的是，清末民初以后，长期失传的原刻本突然重现于世。傅增湘《藏园群书经眼录》卷四史部二有云，"曩于沪市见宋刊本，题《五朝》、《三朝》两集，与洪刊详略即不尽同。旋为谐价，归之张菊生前辈元济，今《四部丛刊》影印者是也"。商务印书馆《四部丛刊》收入此本，谓所据底本为海盐张氏涉园藏宋刊本，笔者曾据以校点，进入《朱熹全书》，近经核对证实，此本今归国家图书馆收藏，其《五朝名臣言行录》《三朝名臣言行录》总目首叶均钤有"张印"、"元济"两颗藏印，《四部丛刊》影印本所缺之四处（如《三朝名臣言行录》第一之一韩琦，第八之一吕公著等），国图藏本同样也缺，足以说明此书之宋本只此一本。《中国古籍善本书目》著录为宋淳熙刻本，第一批国家珍贵古籍名录定为淳熙江西刻本，应有所据。《三朝名臣言行录》卷一之一后附"王岩叟编《魏公别录》"等，末有"子阖窃考"一段，署"淳熙五年五月十二日朝奉郎新通判庐州军州事赐绯鱼袋晁子阖题"，亦可说明此本刻于淳熙五年之后，且补入了一些考订。由此看来，此本正是朱熹修改过的版本，而且亦刻于朱熹生前。

以朱熹原本与李衡改编本相较，所谓校正，实只有少量字词和引书出处的改动，主要做的是删削的工作，竟将原书删去了一小半，使之更像嘉言懿行之录，而减弱了历史著作的性质。但经过"瘦身"的版本更容易流行，这是一个值得研究的课题。

四、《名臣言行录》原本的文献独有性举隅

原本《八朝名臣言行录》不仅是一部重要的历史著作，还由于其编成于当朝，所引文献后世颇有不见或难见者，因而具有较高的文献独有性。

全书摘录了大量的北宋官私著作，计有国史实录、别史杂史、文集笔记等百余种，碑志行状等又近百种。在这么丰富的史料中，有的早已失传，如《王沂公言行录》，系王皞录王曾言行三十七事，《八朝名臣言行录》引有二十五条，又如《范忠宣公言行录》，引有二十一条，还有《范祖禹家传》、《胡氏传家录》、《王荆公日录》、《温公日录》、《王彦霖系年录》等，共十六七种。有的史料，特别是一些笔记，今虽有传本，但阙佚甚多，《八朝名臣言行录》所引，

常有可补今本之阙者，如司马光《涑水记闻》，即有一百二十余条被称引，邓广铭、张希清先生整理时从中辑得佚文二十四条，又如范镇《东斋记事》，原本已佚，今本系清初修《四库全书》时从《永乐大典》中辑出，中华书局标点本，又辑得佚文三十七条，用功已很深，可惜没有翻检朱熹《名臣言行录》，从中尚可辑得佚文数条。

四川大学古籍研究所编的《全宋文》，汇集了全部宋人别集和见之于经史子各部的单篇宋人文章，用功极深，篇幅甚巨，于朱熹《名臣言行录》，亦已注意利用，从中辑出奏状若干篇，如卷一〇六七韩维12《迩英进读因乞推仁心以及天下奏》及前后卷奏议数篇，辑自《三朝名臣言行录》卷一〇之二所引韩维行状；卷2546刘安世13亦从《三朝名臣言行录》中辑出小柬、奏状多篇；卷一〇九六吕公著5《经传所载逆乱事奏》，辑自《宋名臣言行录》后集卷八（即李幼武合编之本，其实此条材料出自《家传》）。由于《全宋文》出于众手，以作家分工，参加工作的学者，对于朱熹《名臣言行录》，有的使用，有的未使用，而使用者时或用原本，时或用节本。初步检阅全书，仍有遗漏之文章多篇，谨列举如下：

1. 五朝名臣言行录卷一之二"曹彬"引"李宗谔撰《行状》"9条，与《全宋文》卷一九八据《琬琰集》所收曹彬行状多所不同；节本所引仅3条，且又经删节；

2. 同上卷第四之二"寇准"引刘贡父撰《莱公传》5条，为《全宋文》所无；节本所引仅3条，且又稍删节；

3. 同上卷第五之一"王曾"引"杜杞书"1条，考宋陈振孙《直斋书录解题》卷七《沂公言行录一卷》："天章阁待制王皞子融撰。沂公之弟也。前有叶清臣序文，后有晏殊、杜杞答书。"此"杜杞书"应即杜杞答书，《全宋文》中收有杜杞文四篇，而未及此；节本无之；

4. 同上卷第六之一"吕夷简"引"李宗谔撰《行状》"30条，为《全宋文》所无；节本所引仅8条，且又经删节；

5. 同上卷第七之二"范仲淹"引《遗事》10条，为《全宋文》所无；节本所引仅5条，且又经删节；

6. 同上卷第七之三"种世衡"引《吕与叔文集》1 条，为《全宋文》吕大临三卷所无；节本稍删节；

7. 同上卷第九之四"李及"引《晁以道集》（晁说之）1 条，为《全宋文》所无；

8. 同上卷第九之七"余靖"引"苏台文撰《行状》"5 条，为《全宋文》所无；节本所引仅 3 条，且又经删节；

9. 同上卷第十之二"胡瑗"引"曾孙涤所记"4 条，"李廌书"1 条、"李廌记"2 条，"吕原明（希哲）记"1 条，为《全宋文》所无；

10. 三朝名臣言行录卷第一之一"韩琦"引《家传》27 条，为《全宋文》所无，《全宋文》收有家传类的文章或其跋文 40 篇，如程颐的《先公太中家传》、《上谷郡君家传》、蒋静的《吕惠卿家传》等依例可收；节本所引仅 17 条，且又经删节；

11. 同上第四之一"胡宿"引"胡宗愈撰行状"9 条，为《全宋文》所无；节本所引仅 2 条，且又经删节；

12. 同上第六之二"王安石"引三条未注出处之文，一条不见于他书，两条或出于琬琰集下 14 王荆公安石传，《全宋文》无之；

13. 同上卷第八之一"吕公著"引"吕汲公撰神道碑"18 条，《全宋文》卷一五七三（第 72 册，第 214 页）有《吕公著神道碑》，题注曰"原碑文已佚，此系节文"，其文据《续资治通鉴长编》卷三九四辑出，仅 5 行，又卷 4085（第 186 册，第 58 页）吕聪问有《上吕大防所撰吕公著神道碑奏》云："臣犹记忆少时，亲见大防取索当时诏本、日历、时政记，以为案据，撰成此文。由是观之，先皇与子之志，盖已定于一年之前，岂容中间更有异议？其所以召臣祖辅嗣君，欲更革之意，亦皆出于神宗皇帝之本心。后来臣祖与司马光乃是推原美意，尊奉初诏，即非辄诋先帝，轻变旧章。当时若使更俟年岁，神宗皇帝当自更之，岂待元祐？臣窃闻圣诏欲改修二史，所系之大者，无出于此。或恐有补遗阙，谨以投进，乞俟御览毕，宣付三省，史馆录白，以为案底。"其文辑自《建炎以来系年要录》卷七七，可见此神道碑在当时即已难见；又《家传》53 条，为《全宋文》所无，《全宋文》已从中辑出《经传所载逆乱事奏》，而《家传》本身未被辑出；节本所引仅22条，且又经删节；此卷原阙一页，涉及神道碑等，已无可补；

14. 同上第八之二"吕希哲"引《家传》11条，为《全宋文》所无；节本所引仅6条，且经删节；

15. 同上第十之二"韩维"引《行状》19条，《全宋文》93册卷二〇二八鲜于绰《韩维行状》据《文渊阁四库全书》《南阳集》附录而有缺文，与此相较，又多有异文，卷五一四六周必大133（第231，第册185页）《东宫故事十五首·二月十二日》引《实录韩维传》一段，全文无之，《琬琰集》有《实录韩侍郎维传》，《全宋文》或因其缺作者名而尚未录入，内容颇与此相同；又，《全宋文》已从此行状中辑出奏状数篇，而行状本身没有辑出；节本所引仅5条，且经删节；

16. 同上第十之三"傅尧俞"引"范忠宣公撰墓记"1条，"墓志"17条，行状4条，为《全宋文》所无；节本所引仅墓志7条（多脱注出处），行状2条，且有删节；

17. 同上第十二之一"刘挚"引"门人刘仿、王知常撰次行实"15条，《全宋文》所无；节本所引仅5条，注出处脱"王知常"，有删节；

18. 同上第十二之二"王岩叟"引"张芸叟撰墓志"22条，全宋文卷一八一九张舜民7（第83册，第360页）有《王岩叟墓志》，仅两行，从《续资治通鉴长编》卷445辑出；节本所引仅7条，且有删节；

19. 同上第十三之一"范祖禹"引家传31条，遗事13条，为《全宋文》所无；节本所引家传仅16条，且出处多脱，有删节，引遗事仅4条，有删节；

20. 同上第十三之三"陈瓘"引遗事36条，"范太史遗事"（是否即"范祖禹遗事"？）1条，为《全宋文》所无；节本所引遗事仅14条，有删节；

21. 同上第十四之三"刘恕"引"范太史遗事"2条，为《全宋文》所无；节本所引仅一条，有删节。

以上列举的这些文献资料，在传世较广（也被收入四库全书）的节本中也被大量删节，而所涉之宋本原本之缺页之处也已无从得补，由此愈可见原本的文献独有性。

五、《名臣言行录》原本的文本原始性举隅

原本《八朝名臣言行录》对于重要史料不仅有辑佚补阙的作用，还具有很高的校勘价值。

有一个人们熟知的例证，邵伯温《邵氏闻见录》卷六有"王晋公祐事太祖为知制诰"条，"祐"实当作"祜"，宋史界已有定论，《五朝名臣言行录》卷二之四引此正作"祜"，而中华书局标点本未据以改正，甚可惜。

兹再举一例。《宋史》卷三四二《王岩叟传》："供备库使曹续以产贸万缗，市侩逾年负其半，续尽力不可取。一日启户，则所负皆在焉。惊扣其故，侩曰：'王公今日知府矣。'初，曹氏之隶韩绚与同隶讼，事连其主，就逮之。曹氏者，慈圣后之族也。岩叟言：'部曲相讼，不当论其主。今不惟长告讦之风，且伤孝治。慈圣仙游未远，一旦因厮役之过，使其子孙对吏，殆圣情有所不忍。'诏宥绚而绝其狱。"《三朝名臣言行录》第一二之二"王岩叟"与《宋史》叙述同一件事，"曹续"作"曹读"。究以何者为是？

李焘《续资治通鉴长编》卷四七六哲宗元祐七年八月丁卯有"太常少卿宇文昌龄充太皇太后贺正旦使，供备库使曹读副之"，同书464哲宗元祐六年八月辛丑：

> 三省进呈温州防御使、提举万寿观曹评乞外任差遣事，吕大防等曰："曹评弟诱近方服除，恐难为并令补外。闻兄弟中诱最贪，今其家分财未了，欲且令一人补外，未审圣意谁与？"太皇太后曰："沂王四子，长子谕素有残疾，不能任家事。其妻韩氏性很戾，与诸房不协，初因服内藏匿一金盆，诸兄弟不平，互相抉摘，遂闻官司。"大防等曰："沂王薨殁未数年，闺内不能敦睦，遽至忿争，诚可嗟悯。"太皇太后曰："沂王性吝啬，不知训饬子弟，惟务聚财，蓄藏无厌，今日忿争岂不由此！且多积货财，是令子孙不义耳，若非多藏，必不致是。但不积财，子孙自然知义。"大防等曰："诚如圣训，古人所谓愚而多财，则益其过，正为此耳。今欲

令曹诱补外,未审可否?"太皇太后曰:"可。"

沂王即宋仁宗曹皇后弟曹佾,吕大防与高后的对话涉及了曹佾的三个儿子曹评、祐、谕,其名均为言旁,还说到"沂王性吝啬,不知训饬子弟,惟务聚财,蓄藏无厌",而《宋史·王岩叟传》和《三朝名臣言行录》"王岩叟"说到的那位"慈圣后之族",正是在利用万缗家财委托市侩进行贸易。

英宗入为嗣子,曹后赞策居多。嘉祐八年(1063)英宗即位,尊为皇太后。英宗病,请权同处分军国事。次年,英宗疾愈,即降手书还政。治平四年(1067)神宗即位,尊为太皇太后。元丰二年薨,谥慈圣光献。神宗办完了隆重的丧仪以后,开始了大规模的推恩。得到推恩的,主要是曹皇后的弟弟曹佾及其家族,惠及曹后的从兄弟及其家族。《长编》卷三○三神宗元丰三年春三月己丑:

> 景灵宫使、昭德节度使、兼侍中曹佾为护国节度使,守司徒、兼中书令,出入如二府仪,公使半给见钱,后无得为例,又给宣借兵五十人。又以慈圣光献皇后侄左藏库使、康州刺史、带御器械诵为东上合门使,六宅副使谕为供备库使,西上合门使评为四方馆使、庆州刺史,左藏库使、昌州刺史志为皇城使、荣州团练使,西京左藏副使读为文思副使、兼合门通事舍人,西京左藏库副使、兼合门通事舍人诱为东上合门副使。

其中涉及曹佾的子(或侄)有诵、评、志、读、诱,则那位"慈圣后之族"曹氏,当作曹读无疑。

此类实例极多,不胜枚举。

总之,朱熹《八朝名臣言行录》之原本与李幼武所收李衡校本差异极大,实可视为两书,而原本又有宋本存世,其文献独有性和原始性均甚高,吾人当加以充分利用。唯此书既不见录于《四库全书》,也未为《续修四库全书》所收,学者无法享受数据库一并检索之便利为憾尔。

注释:

①郑骞:《朱熹〈八朝名臣言行录〉的原本与删节本》,《宋史研究论集》第四辑,台湾

《中华丛书》编审委员会1969年6月印行；王德毅：《朱熹〈五朝及三朝名臣言行录〉的史料价值》，《宋史研究论集》第二辑，台湾鼎文书局1972年版；叶建华：《朱熹〈宋八朝名臣言行录〉初探》，《史学月刊》1988年第6期；裴汝诚、顾宏义：《两种版本，不可偏废》，载朱杰人主编：《迈入21世纪的朱子学》，华东师范大学出版社2001年版。

②李伟国：《〈名臣言行录〉八百年历史公案》，《学术月刊》2002年第12期。

③四川大学古籍研究所，曾枣庄、刘琳主编：《全宋文》卷6559黄干34《朝奉大夫华文阁待制赠宝谟阁直学士通议大夫谥文朱先生行状》称此书为"本朝名臣言行录"，卷7949高斯得5《十月十三日进故事》则称此书为"国朝名臣言行录"，上海辞书出版社、安徽教育出版社2006年版，第288册，第426页，第344册，第194页。

④束景南：《朱子大传》，福建人民出版社1992年版，第319页。

⑤叶建华：《朱熹〈宋八朝名臣言行录〉初探》，《史学月刊》1988年第6期，列表说明"言行录"成了一种特殊的列传史体广泛地为人们所接受，共列举了24种续仿之作。

⑥陈傅良：《止斋集》卷二七《辞免实录院同修撰第二状》："以臣所见，当今良史之才，莫如朱熹、叶适。"

⑦严文儒：《朱熹〈资治通鉴纲目〉丛考》，载朱杰人主编：《迈入21世纪的朱子学》，华东师范大学出版社2001年版。

⑧四川大学古籍研究所，曾枣庄、刘琳主编：《全宋文》卷六〇〇五楼钥106《承奉郎致仕李君墓志铭》，上海辞书出版社、安徽教育出版社2006年版，第266册，第163页。

⑨同上卷七九一三孙梦观2《故事·司马光谓众言纷纷乃朝廷好事王安石谓公议为流俗》，第343册，第28页。按所引之事出《三朝名臣言行录》卷第七之一及第六之二。

⑩同上卷七九一四孙梦观3《富弼愿不以同异为喜怒不以喜怒为用舍》第343册，第40页。按所引之事出《三朝名臣言行录》卷第二之一。

⑪同上七九四九高斯得5《七月二十三日进故事》，第344册，第183页。按所引之事实出《五朝名臣言行录》卷第二之三。

⑫同上《十月十三日进故事》，第344册，第194页。按所引之事出《五朝名臣言行录》卷第二之二"钱若水"。

⑬同上卷八二二七牟巘6《周公谨齐东野语序》，第355册，第266页。

李攸《宋朝事实》的编撰及其史料价值

罗炳良(北京师范大学)

一

　　李攸,《宋史》无传,生平事迹不详。南宋陈振孙《直斋书录解题》著录《宋朝事实》,称李攸之官为承议郎,却不载其籍贯。清代四库馆臣从《永乐大典》中发现《江阳谱》,始将李攸的情况简要钩稽出一个大致轮廓。据谱文记载:"李攸,字好德。政和初,编辑《西山图经》、《九域志》等书。泸帅孙羲叟招[原注:下有缺文]。书上,转一官。张公浚入朝,约与俱,以家事辞。手编《皇朝事实》,起建隆,讫宣和,凡六十卷。其三十卷,先闻于时。有旨:制司上太常少卿何麟言,请命以宫观,居家终其书。后以余三十卷上之,缄封副本,并赘启秦相桧。启云:'方今虽为中兴,其实创业,作事成于果断,亦贵听言。思始议之艰危,尚轸钧(此字系衍文——引者注)怀之惴栗;已窒申枨之欲,方和傅说之羹。宜俊乂旁招于庶位之中,无颜色拒人于千里之外。更愿无忘在莒,居宠思危。'秦怒,寝其书不报。今藏于家。"①按江阳即泸州(今属四川),为潼川府路所管辖。据此可知李攸字好德,四川泸州人。宋徽宗政和年间曾任《九域志》局史官,参与官修全国总志《九域志》的编撰,又因西山属成都府路,以桑梓之故,参与撰修属于地方志性质的《西山图经》。他在任史官期间,得以广泛接触官修史书,积累了丰富的历史资料,为后来编撰《宋朝事实》打下了基础。北宋灭亡以后,李攸回归故土,隐居著述。其间他曾受到知泸州孙羲叟的征辟,但因《江阳谱》阙逸,是否出仕不得而知。张浚宣抚四川回朝,招李攸同行入朝为官,被李攸婉言谢绝。后因参修《西山图经》和《九域志》之功,迁转一官,大约就是陈振孙所记载的承议郎。南宋高宗绍兴年间,因太常少卿何麒奏请,朝廷授李攸宫观之任,命其以散官居家专门撰述,编撰成《宋朝事实》一书,受到时人的重视。李攸鉴于《宋朝事实》一书只在民间流传,故而又经过增补再编进呈朝廷,然而受到权相秦桧的阻梗,压制其书,不为奏进。他私藏副本于家,后经四川地区连年战乱,稿本不知所终。据《宋史·艺文志》记载,李攸除《宋朝事实》以外,还撰有《通今集》20 卷。另外宋人林駉也记载说:"绍兴中,李攸作《景命万年录》。"②足以证明他是一位非常重视当代史撰述的史家,遗憾的是这两书在后来的岁月中,都散佚不传。从李攸上秦桧之书,劝谏秦桧广开言路、选拔贤才、不忘艰难、居宠思危来看,可知他并非仅仅以治史博洽见长,而且刚直不阿,不媚权贵,表现出安贫乐道的可贵品质。

二

《宋朝事实》的书名、作者与卷数,各种著录历来说法不一,以致引起后人的疑惑。所以,有必要钩稽现存史料,对前人的各种说法加以疏通解释,力求达到会通求是的效果。

(一)关于该书名称,分别有《本朝事实》、《皇朝事实》、《国朝事实》、《宋朝事实》四种记载

宋人著录此书,多称之为《本朝事实》。晁公武《郡斋读书志》卷八、陈振孙《直斋书录解题》卷五、马端临《文献通考》卷二一〇,著录的就是这个名称。也有人称为《皇朝事实》,明代《永乐大典》所收宋代《江阳谱》就说李攸"手编《皇朝事实》";清代四库馆臣给宋人彭百川《太平治迹统类》作提要时,也沿用宋人习惯说"绍兴中……李攸又作《皇朝事实》"③。而尤袤《遂初堂书目·国史类》著录和章如愚《群书考索》后集卷三二征引则称为《国朝事实》。上述三种名称,属于宋人称呼本朝史籍的习惯用语,不难理解。郑樵《通志》卷六五、《宋史》卷二三〇、张铉《至大金陵新志》卷一四及《新旧志引用古今书目》、焦竑《国史经籍志》卷三、杨士奇《文渊阁书目》卷二、乾隆钦定《历代职官表》卷二五、《四库全书总目》卷八一,都把此书称为《宋朝事实》。

从宋人引用此书的实际情况来看,也没有统一的名称。杨仲良记载宋真宗大中祥符四年崇奉五岳的玉册之制说:"据李攸编《本朝事实》云:册用珉玉,长尺二寸,阔一尺二分,量文之多少,联以金绳,首尾结缔,前后四枚,刻龙缕金,若捧护之状。借以绵褥,覆以红罗,泥金夹帊。册匣长广,取足容册,涂以朱漆,金装起突,龙凤金锁。匣上以红罗绣盘龙蹙金帊覆之,承以金装长竿床,金龙首,金鱼钓籍。匣以锦缘,席锦褥。其纽红丝为绦,以萦匣。册案涂朱漆,覆以红罗销金衣。其宝门下省造。"④而记载宋真宗天禧元年六月于西京应天禅院奉安宋太祖玉容则说:"据李攸所编《宋朝事实》载,天禧元年六月五日,奉安太祖绘像。"⑤

要言之,《本朝事实》、《皇朝事实》与《国朝事实》,多为宋人使用的名称;而《宋朝事实》则成为后世通行的书名,一直沿用至今。

(二)关于该书的作者,历代版本目录学家的著录中分别有李攸、李伋、沈攸、沈收四种记载

宋人著录此书,多称作者为李攸。晁公武《郡斋读书志》卷八和陈振孙《直斋书录解题》卷五,分别记载此书为"皇朝李攸编次"与"承议郎李攸撰"。元代史家依据宋代国史修撰的《宋史》卷二三〇也记载作者是李攸。《江阳谱》更明确说李攸编撰《皇朝事实》。而宋代郑樵《通志》卷六五则说此书为沈收编。宋末元初史家马端临《文献通考》卷二一〇著录其书又说是"承议郎李伋撰"。明代焦竑《国史经籍志》卷三则著录作者为沈攸。可谓众说纷纭,莫衷一是。

"李伋"之说的由来,出自马端临《文献通考》卷二一〇的记载:"《本朝事实》三十卷。陈氏曰：'右承议郎李攸撰，杂录故事，不成条贯统纪。'"马端临这一记载来源于陈振孙，查陈振孙《直斋书录解题》卷五记载："《本朝事实》三十卷。右承议郎李攸撰。杂录故事，不成条贯统纪。"很显然，是《文献通考》把"李攸"误作"李伋"。这究竟是马端临之误，还是刻书者之误，今天已难考证。对于这个错误，清代乾隆年间的史家曾经作出辨析。《四库全书总目》的纂修者指出："《宋朝事实》二十卷。宋李攸撰。《文献通考》作'李伋'。按攸字好德，义从《洪范》。若作'伋'字，与'好德'之意不符。《宋史·艺文志》亦作'李攸'。《通考》传写误也。"⑥他们认为这个问题是在《文献通考》传抄刊刻过程中产生的，未必是马端临的错误。《四库全书简明目录》的编纂者也辨析说："《宋朝事实》二十卷。宋李攸撰。案《宋志》作'李攸通'，《文献通考》作'李伋'，均传写之误。"⑦他们对"李伋"之误的考证是对的，但同时却说《宋史·艺文志》的著录把作者误作"李攸通"，又出现了新问题。查《宋史》卷二三〇《艺文志》记载："李攸《通今集》二十卷，又《宋朝事实》三十五卷。"可见《宋史》记载原本不误，是清人读书不仔细导致理解上的问题。《清通志》卷一一一也说："宋李攸《宋朝事实》，《文献通考》误作李伋，今校正。"经过清代史家的考证，"李伋"之误可以定论。

郑樵的"沈收"之说和焦竑的"沈攸"之说，显然是一脉相承。令人不解的是，清代史家对《文献通考》把"李攸"误作"李伋"这样容易理解的问题详加辨正，而对郑樵和焦竑这样明显的歧异却只字不提。焦竑之书系抄撮郑樵之书旧目而成，清代乾嘉时期的考史学家置而不论，尚可理解，但他们攻击《通志》不遗余力，"摘其援据之疏略，裁剪之未定者，纷纷攻击，势若不共戴天"⑧，唯独对此不置一辞，难道是他们所见《通志》版本的著录尚未出现问题，至乾嘉以后的刻本才造成的歧异？查《万姓统谱》等书，未见宋代有名为"沈收"或"沈攸"之人。宋代虽然另有一部名为《本朝事实》的书⑨，但作者是林公一，而不是沈收或沈攸，更何况此书的作者是宋理宗时期的人，成书年代在郑樵死后，《通志》不可能著录。据《江阳谱》记载，李攸在宋徽宗政和初年就参与《西山图经》、《九域志》等书的编纂，假定当时他20岁，那么比郑樵年长十二三岁，郑樵撰《通志》就有可能看到李攸之书。如果当时果真存在沈收的一部《宋朝事实》，郑樵不能不作出说明。况且两书恰好都是三十卷，这种巧合的可能性也很小。由此可知，"沈收"或"沈攸"当是"李攸"之误。

根据上述考证，可以得出如下结论：《宋朝事实》一书的撰人为李攸，应当没有问题。只是由于作者李攸的名字中"攸"字与"伋"、"收"字形相近，所以在历代各家著录和刊刻过程中，从"李攸"误作"李伋"，再误作"沈伋"，最后误作"沈收"，以讹传讹。

（三）关于该书的卷数，各家谱录与目录书籍的著录分别有六十卷、三十卷、三十五卷、二十卷四种记载

《江阳谱》记载此书总共60卷。晁公武《郡斋读书志》卷八、陈振孙《直斋书录解题》卷五、郑樵《通志》卷六五、马端临《文献通考》卷二一〇、焦竑《国史经籍志》卷三都记载为30卷。赵希弁《郡斋读书附志》卷上、《宋史》卷二三〇《艺文志》记载为35卷。《四库全书总目》卷八一记载为20卷。

根据《江阳谱》记载，《宋朝事实》共60卷，内容是收集宋太祖建隆年间至宋徽宗宣和年间文献掌故和典章制度的汇编，其中30卷先流布社会，其余30卷藏于家。我怀疑这个说法存在问题，因为没有交代两个30卷本之间记载的内容是什么关系？从现存《宋朝事实》内容来判断，两个版本之间既不可能是记载前后不同时代典制的关系，也不可能是记载的典章制度内容彼此完全不同的关系，所以60卷极有可能是两个版本重复累计之数。清人周中孚就曾经推论说："其所谓三十卷先闻于时者，即陈氏所据之本。……其后所上之三十卷，或即其增定之本。广之为六十卷，而并之又只三十五卷耳。"⑩周氏之言，不无道理。

至于《江阳谱》所说的南宋社会上流传的30卷本《宋朝事实》，应当就是晁公武、陈振孙、郑樵、马端临、焦竑等历代目录学家著录为30卷的依据，这一点应该不成问题。

赵希弁《郡斋读书附志》与《宋史》记载的35卷本的来源、内容，以及它与南宋通行30卷本的关系，目前尚无法作出准切解释。我认为，这个35卷本也有可能就是李攸把30卷本重新整理增补之后奏进朝廷而为秦桧所阻，私藏于家中的本子。据章如愚《群书考索》引用李攸记载北宋三等封国的资料，末尾注明"右承议郎李攸再编"⑪。这条关于宋代三等封国的材料，未见于今传本《宋朝事实》。如果章如愚引用的资料确实来自李攸再编本的话，那么就与《江阳谱》所说的"封缄副本……今藏于家"相吻合了。李攸著书的下限，据《江阳谱》记载为宋徽宗宣和年间，即靖康之变的前夕，为北宋一代掌故之书。而今传四库馆臣辑本各卷纪事，大多至南宋高宗朝而止，尤其是卷二中更有高宗和孝宗两帝登极赦诏，卷六甚至还有光宗、宁宗、理宗、度宗四朝神御殿名，显然不可能是李攸的原著。清高宗乾隆四十一年编校《宋朝事实》的四库馆臣张羲年等人推测说："今书中有绍兴、乾道间州县升降，淳熙、绍熙间馆职员额，及光、宁、理、度四朝神御殿名，殆为后人所附益欤！"⑫四库馆臣在辑本《宋朝事实》卷六"列圣神御殿"条下注曰："案此条末有光、宁、理、度四朝神御殿名，与《宋史·礼志》略同。当是后人增入，非李攸原本。"在卷九"秘书省"条下注曰："案乾道、淳熙系孝宗年号，与《江阳谱》所云'起建隆，迄宣和'者已不合。至下文所记绍熙，系光宗年号，非李攸所及见，当是后人所增。"又在同卷"国史实录院"条下注曰："此下所记庆元、嘉泰，系宁宗年号，且有修孝、光两朝实录事，当亦后人所增。"还在卷一三"理宗"条下注曰："此记理宗事，疑非李攸原本。"书中记载的这类李攸生前不可能看到的南宋后期典章制度，无疑出自后人附益，肯定不是30卷或35卷本的内容。

　　明代中叶以后，《宋朝事实》失传，幸赖《永乐大典》收录此书，没有完全湮没。清代乾隆年间，四库馆臣从《永乐大典》中按类辑出《宋朝事实》的佚文，并且根据赵希弁《郡斋读书附志》记载的"祖宗世次、登极、纪元、诏书、圣学、御制、郊庙、道释、玉牒、公主、官职、爵邑、勋臣、配享、宰执拜罢、科目、仪注、兵刑、律历、耤田、财用、削平僭伪、升降州县、经略夷狄（四库辑本避清廷忌讳改作"经略幽燕"——引者注）"⑬次序，除"爵邑"门全部散佚之外，"据以分类编次，厘为二十卷。虽未悉复原书之旧，而纲举目从，咸归条贯，亦得其十之七八矣"⑭。今传各种二十卷《宋朝事实》版本⑮，皆来源于四库辑本。

三

《宋朝事实》一书的价值，主要表现在补史、正误、考异和为丛书取材四个方面。

第一，《宋朝事实》记载的宋代典制和历史事实，许多可以补《宋史》、《续资治通鉴长编》等宋史研究基本史料的缺漏。李攸对宋朝掌故非常熟悉，故其书中多记载宋代典章制度。尤其是他经过靖康之难，亲历文献散佚、掌故失传的事变，所以竭力搜集旧闻，以保存典章制度为己任，取得了显著成效。正如清代四库馆臣所说，《宋朝事实》记载的"宗室换官之制，不见于《宋史·职官志》；郊祀勘箭之仪，不详于《礼志》。太庙崇宁庙图，紫辰殿集英殿上寿、赐宴再坐、立班起居诸图，宫架鼓吹十二案图，尤为记宋代掌故者所未备"⑯，具有极为重要的补史价值。此外，李攸对于历史事件的记载，也有详于他书之处。

李攸记载宋英宗治平三年诏修历代君臣事迹，司马光举荐"翁源县令刘恕、将作监主簿赵君锡，皆有史学，为众所推"⑰，朝廷允许二人参与修史。考《宋史·刘恕传》只记载刘恕任巨鹿主簿、和川县令，漏载其任翁源县令之职。《宋史·司马光传》亦不载司马光举荐赵君锡参与修史一事。

《宋朝事实》卷三记载宋太宗为赵普撰写的《太师、魏国公、尚书令、真定王神道碑》内容完整，不仅可以填补杜大珪《名臣碑传琬琰集·赵中令公普神道碑》中的不少缺字和残缺的轶文，而且所述赵普事迹与王称《东都事略·赵普传》、《宋史·赵普传》多有不同，可补传主逸事。

《宋朝事实》卷三所载《西京崇福宫记》，卷六所载《景灵西宫记》等文，也为吕祖谦所编《宋文鉴》诸书所遗漏，可征典故。

李攸记载宋真宗大中祥符元年十月"癸丑，御朝觐坛，肆赦"⑱，并详载赦文内容，可补《续资治通鉴长编》、《东都事略》、《宋史》诸书漏载的缺憾。

关于宋仁宗明道二年二月行耤田礼一事，李攸记载说："丁未，祀神农氏于坛。乃就耕位，执耒行耤田之礼。礼仪使张士逊奏三推而止，上曰：'朕将终耕千亩，以劝天下之力农。'士逊固请，乃耕十二步而止。"⑲宋仁宗耕田十二步之事，《宋史》中的《仁宗本纪》和《礼志》都没有记载。考《续资治通鉴长编》、《东都事略》等书，可证《宋朝事实》记载全面，可补《宋史》之缺。

宋仁宗庆历四年八月，河北都转运使张昷之裁治骄兵，引起保州云翼军兵变。朝廷出兵平叛，当"保州城未下时，有中贵人张怀敏与张昷之不协，在军中密奏：'贼云得张昷之首，我即降。愿赐昷之首以示贼，宜可得。'上从之，遣中使奉剑往，即军中斩昷之首以示贼。是时，参知政事富弼宣抚河北，遇之，即遣中使复还，且奏曰：'贼初无此言，是必怨雠者为之。若以一卒之故，断都转运使头，此后政令何由得行？'上乃解，昷之落职，知虢州"⑳《宋史》不载富弼谏阻朝廷斩张昷之一事，未免疏漏。然而李攸记载此议出自张怀敏，也有问题。查司马光《涑水纪闻》、李焘《续资治通鉴长编》诸书，均记载进谗者为杨怀敏，称张怀敏者只有《宋朝事实》，恐怕是李攸记载错误。

宋仁宗庆历七年十一月，贝州宣毅军王则兵变，称王建国，与赵宋皇朝分庭抗礼。对于这次事件的始末，《宋史》中的《明镐传》、《文彦博传》、王称《东都事略》、李焘《续资治通鉴长编》记载非常简略。而李攸"平贝州妖贼王则"㉑条不仅纪事翔赡，而且对诸书未予记载的平叛征战最得力的人员，如牢城军卒董秀、刘炳等人，一一详细记载，足补诸书纪事之遗漏。

第二，《宋朝事实》在同类著作中虽在条贯统纪方面略有逊色，但以记载典章制度为优，相较于他书亦有一日之长。正如清代四库馆臣作《太平治迹统类》提要所说："绍兴中，江少虞作《皇朝事实类苑》，李攸又作《皇朝事实》，与百川此书皆分门隶事。少虞书采摭虽富，而俳谐琐事一一兼载，体例颇近小说。攸书于典制特详，记事颇略。惟此书于朝廷大政及诸臣事迹，条分缕析，多可与史传相参。"㉒正因为李攸留心于宋代典制与掌故，所以书中记载的宋代典制和历史事实较为准确，可以订正《宋史》诸书记载的舛误。

关于宋仁宗改元景祐的原因，欧阳修记载说："仁宗即位，改元天圣。……至九年，改元明道。……无何，以犯契丹讳，明年遽改曰景祐。是时连岁天下大旱,改元诏意,冀以迎和气也。"㉓李焘则认为是因为"时仍岁旱蝗,执政谓宜有变更以导迎和气"而改元,与避讳无关,并作考异说:"欧阳修《归田录》云明道犯契丹讳,故遽改,恐误。契丹主隆绪者,明记子,虽讳明,然不应二年始改。"㉔对此,李攸记载说:"上即位,改元天圣。时章献明肃太后临朝,撰号者取'天'字于文为二人,以谓二人圣者,以尊太后也。至十年,改元明道,又以谓于文日月并也,与二人之意同。后以犯契丹主耶律明记讳,遂改曰景祐。是时连岁大旱,改元诏意,冀以导迎和气也。"㉕他的书中犯讳、岁旱两说并存,不但证明欧阳修纪事不误,而且说明《宋朝事实》在宋人时事掌故类笔记中对景祐改元记载得最全面,价值非常重要。

《宋史·赵普传》记载赵普于宋太宗太平兴国八年出为武胜军节度使,雍熙三年春引唐相姚崇上十事疏一事劝宋太宗偃武修文,次年移山南东道节度使。而李攸所载宋太宗御制的赵普碑铭则记载"就移汉水,重镇便藩。常思报主之诚,每怀忧国之忠。乃心王室,时有箴规。上表引唐姚元崇十事,陈古今治乱之由。"㉖则是移镇山南东道节度使在雍熙三年春之前,而不在雍熙四年,当以碑刻为据订《宋史》之讹。

《宋史》卷一六二《职官志二》记载:"政和六年,始置集英殿修撰、右文殿修撰、秘阁修撰。"而李攸则记载说:"政和五年四月,诏秘书省殿以右文为名,改集贤殿修撰为右文殿修撰。"㉗考宋代右文殿修撰设置的时间,《文献通考》、《宋史全文》、《九朝编年备要》等书均作政和五年。即使《宋史》卷一百六十四《职官志四》也记载说:"政和五年四月,诏秘书省殿以右文为名,改集贤殿修撰为右文殿修撰。"和李攸记载完全一致,足证《宋史·职官志二》记载的时间错误,当以《宋朝事实》为确。

李焘《续资治通鉴长编》记载宋将王全斌等征伐后蜀政权,蜀将石奉頵建议聚兵固守,以老宋师,蜀主孟昶不用,以致失败。而李攸则记载:"王师由剑门而入,昶益惶惧,问计于左右。有老将石斌,对以王师远来,势不能久,请聚兵固守以老之。"㉘按《宋史·后蜀世家》亦作石斌,可证李焘之误。

两种《五代史》记载后周世宗攻占辽朝三关,然而只有瓦桥和益津二关,造成前后抵牾。《宋朝事实》则记载周世宗乘辽国衰弱,遂夺其关南之地,以瓦桥关为雄州,以益津关为霸州,淤口关置寨。㉙按晁以道《嵩山集》亦云三关谓淤口关、瓦桥关和益津关,与李攸之说相符。《宋朝事实》关于三关建制的记载,可证两种《五代史》之误。

第三,李攸记载的宋朝典章名物、年代世系、人物事迹等内容,和《东都事略》、《续资治通鉴长编》、《宋史》诸书相比较,在不少地方存在歧异。清代四库馆臣指出:"其事迹之异同,年月之先后,纪载之详略,尤多可与《东都事略》、《续通鉴长编》及《宋史》相互参订。"㉚另外一些与其他史书互异的记载,虽不能遽断孰是孰非,但对于研究宋代历史也有考异存疑的价值。

《宋朝事实》卷二所载北宋太祖至南宋孝宗登极赦书,卷四至卷五所载北宋太祖至南宋高宗南郊大赦诏令,可与《宋大诏令集》相互补充,考订异同。

《宋朝事实》记载宋仁宗景祐二年追赠曹皇后"父玘,尚书虞部员外郎、赠太师兼侍中、东海郡王;祖彬,枢密副使、检校太师兼侍中、赠鲁王"㉛。而《东都事略·曹彬传》、《宋史·曹彬传》则记载曹彬追赠韩王,曹玘追赠吴王。

《宋朝事实》记载宋太祖开宝"九年,太祖将幸西京。正月十三日,诏曰:……朕今幸西京,以四月有事于南郊。"㉜而《东都事略·太祖本纪二》则记载开宝"九年春正月……庚辰,诏以后月幸西京,有事于南郊。"则幸西京在三月。《宋史·太祖本纪》也记载开宝九年三月"丙子,幸西京"。而《宋史·礼志二》则记载开宝"九年正月,诏以四月幸西京,有事于南郊。"《宋史·礼志三》又记载"开宝中,太祖幸西京,以四月有事南郊,躬行大雩之礼"。参以李焘关于开宝九年正月"庚辰,诏幸西京,将以四月有事于南郊"㉝的记载,证明李攸所谓正月下诏幸西京,四月有事于南郊的记载正确,可以纠正诸书的混乱记载。

《宋朝事实》记载"圣祖以大中祥符五年十月戊午,降于禁中延恩殿。……冠服一如元始天尊之像,旁有六人,四人秉圭,仙衣,二人通天冠、绛纱袍"。而李焘则记载说"六人皆秉圭,四人仙衣,二人通天冠、绛纱袍"㉞。朱熹又说:"景灵宫,元符所建。貌象西畔六人,东向。其四皆依道家冠服,是四祖;二人通天冠、绛纱袍,乃是太祖、太宗。暗地设在里,不敢明言。"⑤按景灵宫建于宋真宗大中祥符五年,则文中"元符"当做"祥符"。朱熹记载六人的衣、冠、袍服饰,与李攸、李焘二人记载相同,却不见秉圭人数的记载。

李攸记载"楚昭辅,太平兴国元年十一月自右骁卫大将军、判三司副使除检校太保、左骁卫大将军,充枢密使"⑤,而李焘《续资治通鉴长编》、徐自明《宋宰辅编年录》、《宋史·太宗纪一》皆作太平兴国元年十月庚申,与李攸记载的时间不同。

《宋朝事实》记载"何铸,绍兴十年六月,自御史中丞、朝奉郎,除端明殿学士、签书[枢密院事],寻出使"⑧。《宋史·高宗纪六》则记载绍兴十一年十一月"乙卯,以何铸签书枢密院事,充金国报谢进誓表使"。《建炎以来系年要录》卷一四二也记载绍兴十一年十一月"乙卯,御史中丞何铸充端明殿学士,签书枢密院事,充大金报谢使"。

《宋朝事实》记载北汉引契丹于宋太祖"乾德二年……攻平晋军。上遣郭进、内客省使曹彬等,领步骑万余赴之,未至而遁"⑧。《宋史·太祖纪一》则记载宋太祖乾德元年九月"戊寅,北汉引契丹兵攻平晋,遣洺州防御使郭进等救之"。《宋史·北汉世家》也记载建隆四年(乾德元年)"九月,[刘]钧复引契丹攻平晋军。太祖遣洺州防御使郭进、濮州防御使张彦进、客省使曹彬、赵州刺史陈万通,将步骑万余救之。未至,钧遁去"。《续资治通鉴长编》、《九朝编年备要》、《宋史全文》诸书,记此事与《宋史》相同。

第四,李攸之书由于记载掌故和典制非常丰富,内容多为宋代江少虞《皇宋事实类苑》、萧藻元《锦绣万花谷》以及明代彭大翼《山堂肆考》等类书所征引,文献利用价值极高。

《皇朝事实类苑》引用宋太宗惊骇东南僧尼之多一条,秦国长公主一条,郭挚官职一条,陈升之官职一条,宋太宗改匦院为登闻检院一条。

《锦绣万花谷》引用宋真宗章献明肃刘皇后事一条,茅山道人一条,宋真宗景德三年剃度僧尼之诏一条,宋英宗事迹一条。

《山堂肆考》引用宋太祖殿试之始一条、科举奏名推恩授官一条、张画龙图斋戒祷雨一条、宋太宗征北汉预言太原高会一条、刘皇后纳自蜀中一条。

各家类书引用的李攸纪事条目,有些为明修《永乐大典》收录《宋朝事实》时失载,清代四库馆臣在辑佚《宋朝事实》时依据两书校补,发挥了很好的文献价值;有些虽然清代辑佚本中存在,但因类书引自李攸原书,在文字方面也较辑佚本优胜,可以发挥校勘作用。

综上所述,《宋朝事实》在补史、正误、考异和为丛书取材方面的种种事例,说明李攸对于宋代典章制度和历史事实的记载内容丰富,信息全面,其他史书无法替代。这类事例在《宋朝事实》中很多,足可与其他史书相互参订,考证真实的历史,具有重要的史料价值。

撰人李攸,《宋史》无传,生平事迹不显。清代四库馆臣从《永乐大典》中发现《江阳谱》,始将李攸的情况简要钩稽出一个大致轮廓。李攸字好德,四川泸州人。宋徽宗政和年间曾任《九域志》局史官,参与官修全国总志《九域志》的编撰,又因西山属成都府路,以桑梓之故,撰修属于地方志性质的《西山图经》。他在任史官其间,得以广泛接触官修史书,积累了丰富的历史资料,为后来编撰《宋朝事实》打下了基础。北宋灭亡以后,李攸回归故土,隐居著述。其间他曾受到知泸州孙羲叟的征辟,但因《江阳谱》阙逸,是否出仕不得而知。后因参修《西山图经》和《九域志》之功,迁转一官,大约就是陈振孙《直斋书录解题》里所记载的承议郎。南宋高宗绍兴年间,因太常少卿何麒奏请,朝廷授李攸宫观之任,命其以散官居家专门著书,编撰《宋朝事实》。李攸之书首先在南宋学者中间流传,后来重新编撰上奏朝廷,但受到权相秦桧的阻梗,没能奏进,私藏于家。另据其他史料记载,他还撰有《通今集》和《景命万年录》,可惜后来失传。从李攸上秦桧之书,劝谏秦桧广开言路、选拔贤才、不忘艰难、居宠思危来看,可知他并非仅仅以治史博洽见长,而且刚直不阿,不媚权贵,表现出安贫乐道的可贵品质。

南宋灭亡以后,由于四川地区长期遭受战乱之扰,李攸藏于家中的书稿不知所终。至于社会上流传的书稿,明代中叶以后也已经失传,幸赖《永乐大典》收录此书,至清代乾隆年间由四库馆臣辑出,没有完全湮没。由此之故,历代著录之家关于《宋朝事实》书名、撰人和卷数的记载,众说纷纭,莫衷一是。其书名分别有《本朝事实》、《皇朝事实》、《国朝事实》、《宋朝事实》共四种；其撰人分别有李攸、李伋、沈攸、沈收共四说；其卷数分别有六十、三十、三十五、二十共四类。所以，有必要钩稽现存史料，对前人的各种说法加以疏通辨析，力求达到会通求是的效果。

《宋朝事实》的史料价值，主要表现在以下四个方面。第一，李攸记载的宋代典制掌故和历史事实，不仅内容丰富，而且大都真实可信，许多可以补《宋史》等史籍纪事缺漏。第二，《宋朝事实》记载的宋代典制和史实，可以订正《东都事略》、《续资治通鉴长编》、《宋史》诸书记载的舛误。第三，李攸记载的宋朝典章名物、年代世系、人物事迹等内容，和《东都事略》、《续资治通鉴长编》、《宋史》诸书相比较，在不少地方存在歧异，有助于研究者存疑考异。第四，《宋朝事实》记载的掌故和历史史实，多为宋人编撰的类书所征引，而明修《永乐大典》收录《宋朝事实》时有些条目失载，清代四库馆臣在辑佚《宋朝事实》时据类书回补，发挥了很好的文献价值。类书中引用的《宋朝事实》其他条目，虽然清代辑本中存在，但因其引自李攸原书，在文字方面也较辑本优胜，可以发挥校勘作用。

注释：

①李攸：《宋朝事实》书后附录《江阳谱》，文渊阁《四库全书》本。

②林駉：《古今源流至论》后集卷七《历代世谱》。

③《四库全书总目》卷五一《太平治迹统类提要》，中华书局 1965 年版。

④杨仲良：《皇宋通鉴长编纪事本末》卷二〇《崇奉五岳》，黑龙江人民出版社 2006 年版。

⑤杨仲良：《皇宋通鉴长编纪事本末》卷二〇《建宫殿》。

⑥《四库全书总目》卷八一《宋朝事实提要》。

⑦《四库全书简明目录》卷八《史部·政书类》，文渊阁《四库全书》本。

⑧章学诚：《文史通义》内篇五《申郑》，叶瑛校注本，中华书局 1985 年版。

⑨刘黻：《蒙川遗稿》卷四《故友林道初察推墓志铭》，文渊阁《四库全书》本。

⑩周中孚：《郑堂读书记》卷二九《宋朝事实》，北京图书馆出版社 2007 年版。

⑪章如愚：《群书考索》后集卷一八《官制门》，文渊阁《四库全书》本。

⑫这段文字载于清乾隆武英殿聚珍版丛书本《宋朝事实》卷首。《四库全书总目》卷

八一《宋朝事实提要》则说:"今书中有高孝两朝登极赦诏,及绍兴间南郊赦诏,而纪元亦迄于绍兴,殆又有所附益,兼及南宋之初欤!"尽管表述略有不同,前者明言为后人所附益,后者可指李攸本人增益,但宗旨一样,并无冲突。

⑬赵希弁:《郡斋读书附志》卷上,上海古籍出版社1990年版。

⑭《四库全书总目》卷八一《宋朝事实提要》。

⑮关于《宋朝事实》的流传与版本,可参见崔琪:《〈宋朝事实〉考述略谈》一文,载《商丘职业技术学院学报》2011年第1期。

⑯《四库全书总目》卷八一《宋朝事实提要》。

⑰李攸:《宋朝事实》卷三《圣学》。

⑱李攸:《宋朝事实》卷一一《仪注一》。

⑲李攸:《宋朝事实》卷一五《耤田》。

⑳李攸:《宋朝事实》卷一六《兵刑》。

㉑李攸:《宋朝事实》卷一六《兵刑》。

㉒《四库全书总目》卷五一《太平治迹统类提要》。

㉓欧阳修:《归田录》卷上。

㉔李焘:《续资治通鉴长编》卷一一三,明道二年十二月丁巳。

㉕李攸:《宋朝事实》卷二《纪元》。

㉖李攸:《宋朝事实》卷三《御制》。

㉗李攸:《宋朝事实》卷九《官职》。

㉘李攸:《宋朝事实》卷一七《削平僭伪》。

㉙李攸:《宋朝事实》卷二〇《经略幽燕》。

㉚《四库全书总目》卷八一《宋朝事实提要》。

㉛李攸:《宋朝事实》卷一《祖宗世次》。

㉜李攸:《宋朝事实》卷四《郊赦一》。

㉝李焘:《续资治通鉴长编》卷一七,开宝九年正月庚辰。

㉞李焘:《续资治通鉴长编》卷七九,大中祥符五年十月戊午。

㉟黎靖德:《朱子语类》卷一〇七。

㊱李攸:《宋朝事实》卷一〇《宰执拜罢》。

㊲李攸:《宋朝事实》卷一〇《宰执拜罢》。

㊳李攸:《宋朝事实》卷二〇《经略幽燕》。

《容斋随笔》的史评成就管窥

陶晓姗（故宫博物院）

南宋学者洪迈（1123—1202），字景卢，号容斋，别号野处，鄱阳（今属江西）人。《宋史》本传称其"幼读书日数千言"，"博极载籍，虽稗官虞初，释老傍行，靡不涉猎。"①绍兴十五年（1145）进士，官至翰林学士、端明殿学士等职，曾参与撰修国史，著有《野处类稿》、《夷坚志》、《万首唐人绝句》、《史记法语》、《容斋随笔》等流传于世。洪迈在博览书籍之际，记录心得体会，存为笔记，以数十年工夫，写成《容斋随笔》共五集（即《随笔》、《续笔》、《三笔》、《四笔》、《五笔》），凡74卷，共计1220则。细览其书就会发现书中有不少内容是洪迈所作的史学批评，或针对当实社会中的史学现象而作的评论，或是对史家史籍的点评，或是表明他对史学自身发展中某些问题的看法。

一、评十七史本末

洪迈作为史臣，参与编修《四朝国史》，他熟谙历史学的发展轨迹，在谈到中国古代史学发展脉络时，他按时间顺序，述历代史概况，说：

> 古者世有史官，其著见于今，则自《尧》、《舜》二典。始，周之诸侯，各有国史，孔子因鲁史记而作《春秋》，左氏为之传，《郑志》、《宋志》、晋

齐太史、南史氏之事皆见焉。更纂异同以为《国语》。汉司马谈自以其先周室之太史，有述作之意，传其子迁，金鐀石室之书，网罗天下放失旧闻，述黄帝以来至于元狩，驰骋古今，上下数千载间，变编年之体为十二本纪、十表、八书、三十世家、七十列传，凡百三十篇。而十篇有录，元成之间，褚先生补缺，作《武帝纪》、《三王世家》、《龟策》、《日者列传》，张晏以为言辞鄙陋，今杂于书中。……司马之书既出，后世虽有作者，不能少素其规制。班彪、固父子，以为汉绍尧运建帝业，而六世史臣，追述功德，私作本纪，编于百王之末，侧于秦、项之列。故采纂前纪，掇辑旧闻，以述《汉书》，起于高祖，终于王莽之诛，大抵仍司马氏，第更八书为十志，而无世家，凡百卷。固死，其书未能全，女弟昭续成之，是为《前汉书》。荀悦《汉纪》则续所论著者也。后汉之事，初命儒臣著述于东观，谓之《汉纪》。其后有袁宏《纪》、张璠、薛莹、谢承、华峤、袁山松、刘义庆、谢沈皆有书。宋范晔采删为十纪、八十列传，是为《后汉书》，而张璠以下诸家尽废，其志则刘昭所补也。三国杂史至多……今唯以陈寿书为定，是为《三国志》。《晋书》则有王隐、虞预、谢灵运、臧荣绪、孙绰、干宝诸家，唐太宗诏房乔、褚遂良等修定，为百三十卷。以四论太宗所作，帮总名之曰"御撰"，是为《晋书》，至今用之。南北两朝各四代，而僭伪之国十数，其书尤多……李大师、李延寿父子悉取为《南史》八十卷，《北史》百卷……是为《南北史》。唐自高宗至于武宗，有《实录》，后唐修为书，刘昫所上者是已，而猥酿无统。国朝庆历中，复诏刊修，历十七年而成，欧阳文公主纪、表、志，宋景公主传，今行于世。梁、唐、晋、汉、周，谓之五代，国初监修国史薛居正提举上之。其后，欧阳芟为《新书》，故《唐书》《五代史》各有旧新之目。②

洪迈用非常简练的语言先秦时期史官史籍、两汉至唐宋的历代正史都一一述来，分别介绍其撰者、史源、流传、版本、体裁、体例、并间有评论，整则随笔不过数百字，内容含量却十分丰富，且脉络清晰，将千百年史学发展的源流始末交代得非常清楚，体现了洪迈深厚的史学功底，此则随笔可谓是一部至简至明的中国古代史学史。此则随笔的结尾，有这样的语句："稚儿数以为问,故详记之。"看来,这是为了便于对幼儿进行历史学教育而作的笔记,从中也体现了洪迈关于史学史教育的思考成果。对此,从史学批评的角度来看,有以下三点值得关注。

第一是他强调史籍编撰代代相继的连续性。从整则笔记来看,洪迈注重史学发展脉络的陈述,从最先的《尧典》《舜典》、到孔子据各国诸史编《春秋》、到司马迁创著《史记》,以及此后历代的断代史、专门史的撰修,洪迈都突出其代代相继、从未间断的特征。中国的历史撰述从先秦时期一直到今天的"大清史"修撰,从未间断过,体现出连续性的特点,这在世界上是独一无二的。而宋朝刊行"十七史",正是这一特点在当时的重要体现,洪迈所述正是这一特点的正确反映。

第二是他强调《春秋》的史学特性,一方面他认为《春秋》是孔子根据丰富史料写就的史书;另一方面他认为《春秋》是古代史学发展史的重要环节。这较之于,汉晋以降人们将《春秋》归为经部而进行大加尊崇,特别是两宋时期还出现了尊经陋史之言论,洪迈的观点更趋于平实。

第三是洪迈注重史学史教育中的"南董"之志的传承。他在述《春秋》时,并不强调《春秋》的微言大义,也不强调《春秋》的属辞比事,而是强调《春秋》与《左传》中记载了"晋齐太史、南史氏之事"。这两人就是被称为"良史"的董狐与南史氏,他们不畏强权、直书实录,以存信史的职业操守,被后人称为"南董之志"。洪迈在幼儿的史学史教育上就特别强调这一点,反映了他对中国古代史家精神与史学编撰原则的深刻理解,这或许是他浸淫史学以及身为史臣的最深刻的体会吧。

在上文所引洪迈"历代史本末"一则,我们不难发现,洪迈对与司马迁《史记》十分推崇,此篇仅正史就有十七史,而其所论司马迁子继父志、《史记》体裁体例、内容以及影响,竟占到全篇五分之一的篇幅。洪迈对《史记》有很深的研究,曾著有《史记法语》,专钞《史记》中的良言嘉句,并从中学习史迁作史之法。因而,在《容斋随笔》中不乏对史迁的评论,而这些评论又如实地反映了洪迈在史文撰述方面的认识,是其史学批评成就的重要体现。

二、论史文表述

洪迈在《容斋随笔》中记录了不少他评论史家在史著撰写方面的技巧与功力的言论,这在"文字烦简得当"、"迁固用疑字"、"史记简妙处"、"文章结尾"等条中有较集中的评说,概而论之,其所评论主要有三个方面:一是洪迈注意到《史记》在虚词运用上技巧,肯定司马迁在文字表述上"以疑传疑"的信史精神;二是对于《史记》运用叠字重句带来的艺术成就,他给予积极的评价;三是认为《史记》处理烦简得当,具有高超技巧,并进而提出"烦简得当"的观点。

关于《史记》虚词研究。洪迈注意到了司马迁在《史记》中的虚词运用,并对其进行归纳与分析。在"迁固用疑字"一则中,洪迈先引用了苏轼"赵德麟字说":"汉武帝获白麟,司马迁、班固书曰:'获一角兽,盖麟云'",后又分别引用了《史记·封禅书》与《汉书·郊祀志》中的内容,对《史记》《汉书》中存在的疑字进行分析,得出这样的结论:"予观《史》、《汉》所纪事,凡致疑者,或曰若,或曰云,或曰焉,或曰盖,其语舒缓含深意。"③洪迈所举出的"若"、"云"、"焉"、与"盖"字,均为疑字,从语言学的角度上来说,均属虚词,表达不确定、存疑等含义。对于司马迁在《史记》中使用这些虚词的用意,洪迈提出了自己的看法,他认为,司马迁在《史记》中使用虚词是本着"以疑传疑"的信史原则。中国古代史家在记述有疑问的史事时,智慧地使用虚词,既记述了史事又含蓄地表达了对此的存疑态度,从而保持了对于信史原则的坚守。洪迈对此颇有体察,他指出《史记》等史书中使用虚词,"其语舒缓"而内"含深意"④。像这样的认识在中国古代史学批评上是不多见的。洪迈的这一研究角度,对于后世学者多有启发,《史记》的虚词研究自此绵延数百年而不绝,于清代而大盛,时至今日,《史记》的虚词研究还是学术界关注的一个较为重要内容,并且学术界已普遍认为"虚字传神"是《史记》在语言上的一大特点⑤。洪迈于此其首创之功不可没。

关于史家在史文中运用重字叠句的技巧。对于这种作文技巧，洪迈认为《史记》与《汉书》做得很好。在"《史记》简妙处"一则中，他举《史记·魏世家》中"韩必德魏爱魏重魏畏魏，韩必不敢反魏"十余语之间五用"魏"字的例子，和《苏秦列传》中"择交而得则民安，择交而不得则民终身不安。齐、秦为两敌而民不得安，倚秦攻齐而民不得安，倚齐攻秦而民不得安"句，以及《平原君虞卿列传》中反复使用"先生"的例子，指出："是三者，重沓熟复，如骏马下驻千丈坡，其文势正尔。风行于上而水波，真天下之至文也。"⑥的确，在引文中，《史记》对重字叠句的巧妙运用，传神地表现了历史人物的性格特点，生动地再现了历史场景。对此，洪迈难掩其赞赏之情，以至"惊呼击节"。可见，洪迈对于司马迁的文字表述功力可谓推崇备至，而他的这种评价本身又带有鲜明的审美意识，体现出洪迈评《史记》文字表述的特点。在"《汉书》用字"一则中，洪迈首先举出《史记·陈涉世家》中"今亡亦死，举大计亦死。等死，死国可乎？""戍死者因什六七，且壮士不死即已，死即举大名耳！"⑦叠用"死"字的例子，然后指出，像这样的文字表述技巧，班固在编撰《汉书》时"因之"。他认为能够像这样进行重字叠句的表述却无冗长重复之感的写作境界，其他人是达不到的，司马迁与《史记》在这一方面应用技巧以及所取得的艺术成就是非常突出的，是后人效法的典范。而洪迈对此的关注与评论，在《史记》研究史上是第一人，为后世学者在这一方面的深入研究打下了基础。

关于文章烦简问题。对于文字烦简的问题，历来都有不少评论，总得来说，史文尚简在汉唐之际的史学批评中已经逐渐成为一种趋势，北宋时，曾公亮在《进〈新唐书〉表》说："其文省于旧，其事增于前"⑧，显然是将《新唐书》的简洁视为一大成就。在史书文字烦简问题上，洪迈有自己的见解。他说：

> 欧阳公《进新唐书表》曰："其事则增于前，其文则省于旧。"夫文贵于达而已，繁与省各有当也。《史记·卫青传》："校尉李朔、校尉赵不虞、校尉公孙戎奴，各三从大将军获王，以千三百户封朔为涉轵侯，以千三百户封不虞为随成侯，以千三百户封戎奴为从平侯。"《前汉书》但云：

"校尉李朔、赵不虞、公孙戎奴,各三从大将军,封朔为涉轵侯、不虞为随
成侯、戎奴为从平侯。"比于《史记》五十八字中省 23 字,然不若《史记》
为朴赡可喜。⑨

　　洪迈首先批评了上述《进〈新唐书〉表》中的观点⑩,指出史书文字表述
贵在能够满足史书叙事的需要,而不能刻意求简。洪迈以司马迁《史书》为
例,指出《史记》中有繁文也有简笔,而因表述史事时在烦简问题的处理上具
有高超技巧,给人们带来美的感受。对于史书尚简而在字数上刻意删削,洪
迈并不以为然,他以《史记》与《汉书》对同一史事的记载,进行比较,认为,
《汉书》虽比《史记》省 23 字,"然不若《史记》为朴赡可喜。"⑪由此,我们可以
看出洪迈对于《史记》与《汉书》在烦省问题上的比较是出于具体分析的角
度,从他所举的例证来看,《史记》叙述具体史事时在字数上比《汉书》多,是
为繁,但文章表述的效果却好很多,带有一种质朴美感。这里,同样显现出
洪迈史学批评中重视审美的特点来。更重要的是,洪迈将"繁"与"简"同视
为史家为达到如实记述史事的两种有效方法,他认为司马迁善于使用这两
种方法,如《史记·封禅书》,此文先用 3000 字陈说汉武帝如何相信神仙方
术、大兴土木花费财力以求长生不老,文末却以"然其效或睹矣"六字为结
尾。这就是说武帝所兴办的事,都是受诞妄的欺骗,就不用一一加以评论
了。《史记》对于这类史事的叙述,烦简对比明显,叙事铺陈结尾却往往寥寥
数言,戛然而止,让人或有错愕,但却回味无穷。洪迈赞叹说:"文章结尾之
简妙至此"⑫。在洪迈看来,司马迁在文字烦简的处理上已达到了一种高超
的境界。出于对《史记》在文字表述成就的认识,在文章烦简问题上,洪迈明
确地提出了这样的观点:"夫文贵于达而已,繁与省各有当也"⑬。即史书用
字的繁省是根据史家表述史事的需要而作的适当调整,繁与省各有各的优
点。细究起来,所谓文以载道,史家著史的目的为记述史事以资借鉴。至于
文章的烦与简,均是记述史实时采用的手段与技巧,于史家,烦简是为表述
史事传达观点服务的;于史评家,它们又是评价史家功力、史书成就的标准,
却不是唯一的标准。然自唐以降,文风尚简,史家撰史亦然,甚至出现史家
追求《春秋》褒贬之法,在著述时过分地注重文字的简洁对于史事的记载却

失于不明,不可不谓之舍本逐末。洪迈提出"文章贵于达,繁与省各有当"的观点,提醒人们思考撰文著书的目的和评价史著的角度。需要指出的是,洪迈所强调的繁,并非是指用辞藻堆砌出来的华章,而是史家在使用恰当的文字表述笔法时所来的质朴之美感,这种美感是随之而至的结果,并不带雕琢痕迹。

综上所述,我们可以看出洪迈对《史记》研究是下了很大工夫的,他以独特的视角揭示《史记》在运用虚词、重字叠句以及处理烦简技巧上的成就,并带着一种发现"美"的感受对此进行评论,具有鲜明的审美色彩。这些当成为洪迈在《史记》研究上特点。

三、论史料采撰

史料文献对于史家著史而言是非常重要的环节,在大量地搜集史料之后还在对此进行仔细的甄别与筛选,这既是书成信史的前提条件,也是对史学家能力的考验。洪迈曾任史官,他对于史料采撰方面评论也比较多,这里值得我们注意的是:首先,他认为这一问题上要有严肃的态度;其次,在提出"野史不可信"的观点之后,经过多年的研究,他在这一问题上的认识趋于全面,认为杂史、琐说、家传等文献都有各自独特的史料价值,不可尽废。

关于对待史料采撰的严肃态度。洪迈在参修《钦宗实录》时,曾上书要求延长撰述时间:

> 十二月十一日,中书舍人兼同修国史兼实录院修撰洪迈言《实录》:"昨于去年十二月十四日奉旨修《钦宗实录》,限一年内偏修纂进呈。臣据著作局发到《靖康日历》,及续行搜访到当时事迹,以事系日,尽行编类,势须子细披襗,推见端绪,乃敢记述。兼有行下他处取索文字未能齐到……计于明年三四月间,同国史院修成《帝纪》一并择日投进,贵得一朝信史,可以传后。"从之。⑭

这里,洪迈为了更好地完成《钦宗实录》的撰写,积极搜集史料文献,对其先进行编年整理,再细细考辨,方法得当,态度认真严谨,他这样做的目的也很明确:"得一朝信史"。可见,洪迈视史料采撰为信史的前提条件,对其极为重视。洪迈在《容斋随笔》中有多处论到史家史书的采撰,而他的观点也通过史学批评的途径得到了完善。

关于洪迈对于各类史料文献的认识。起先,洪迈提出"野史不可信"的观点。在《容斋随笔》中,洪迈以其考辨史事的功力证明了魏泰《东轩录》、沈括《梦溪笔谈》中共三例关于真宗朝王钦若官职升迁的错误记载,提出"野史不可信"的观点,他解释说:"野史杂说,多有得之传闻及好事者缘饰,故类多失实",这是指出其论点的依据,又说:"虽前辈不能免,而士大夫颇信之。"[15]这是指出野史杂说中的不实记载会造成"以讹传讹"的危害。观其论述似有理有据,然而其观点"野史不可信"却走向了极端,彻底否认了野史杂述的史料价值,不免失于片面。洪迈这一观点大胆而又带有强烈的偏激色彩,因而给后人的印象极为深刻。人们在谈到洪迈的史学批评观点时,总会想起这一观点。

但后来,洪迈在研究的过程中,对野史杂说、私人笔记等文献的价值有了新的认识,在观点上有所更正,这亦通过史学批评的方式表现出来。洪迈在《容斋四笔》的"册府元龟"条中,他说:

> 真宗初,命儒臣编修君臣事迹,后谓辅臣曰:"昨见《宴享门》中录唐中宗宴饮,韦庶人等预会和诗,与臣寮马上口摘含桃事,非礼也。已令削之。"又言:"所编事迹,盖欲垂为典法,异端小说,咸所不取,可谓尽善。"而编修官上言:"近代臣僚自述扬历之事,如李德裕《文武两朝献替记》、李石《开成承诏录》、韩偓《金銮密记》之类,又有子孙追述先德叙家世,如李繁《邺侯传》、《柳氏序训》、《魏公家传》之类,或隐己之恶,或攘人之善,并多溢美,故匪信书。并僭伪诸国,各有著撰,如伪《吴录》、《孟知祥实录》之类,自矜本国,事或近诬。其上件书,并欲不取。余有《三十国春秋》、《河洛记》、《壶关录》之类,多是正史已有;《秦记》、《燕书》之类,出自伪邦;《殷芸小说》、《谈薮》之类,俱是诙谐小事;《河南志》、《邠志》、《平剡录》之类,多是故吏宾从述本府戎帅征伐之功,伤于

烦碎；《西京杂记》、《明皇杂录》，事多语怪；《奉天录》尤是虚记。尽议采收，恐成芜秽。"并从之。及书成，赐名《册府元龟》，首尾十年，皆王钦若提总，凡一千卷，其所遗弃既多，故亦不能暴白。如《资治通鉴》则不然，以唐朝一代言之，叙王世充、李密事，用《河洛记》；魏郑公谏诤，用《谏录》；李绛议奏，用《李司空论事》；睢阳事，用《张中丞传》；淮西事，用《凉公平蔡录》；李泌事，用《邺侯家传》；李德裕太原、泽潞、回鹘事，用《两朝献替记》；大吐蕃尚婢婢等事，用林恩《后史补》；韩偓凤翔谋画，用《金銮密记》；平庞勋，用《彭门纪乱》；讨袭甫，用《平剡录》；记毕师泽、吕用之事，用《广陵妖乱志》。皆本末粲然，然则杂史、琐说、家传、岂可尽废也！⑯

这里，洪迈记录了对待杂说笔记的三种态度，一是真宗"异端小说，咸所不取"，即全面否定的态度；二是《册府元龟》的编修官阐明各类杂说的缺点，如自传、家世类多隐恶溢美，伪史类多自夸诬事，杂录失于琐碎等，因而编纂时一概不取，这也是一种否定的态度；三是《资治通鉴》采《册府元龟》之所弃，于杂史、家传、琐说中钩沉史事，充分挖掘了此类文献的史料价值。前两者都是看到了杂说笔录的不足之处，在编撰著述时采取了弃用的办法，这显然不若《资治通鉴》对其严加考辨而适度采用来得更为得当。于是，洪迈进一步评论说："杂史、琐说，家传，岂可尽废！"这一结论，明显是修改了他之前所说的"野史不可信"的学术观点，对杂录笔记的史料价值予以了肯定。而洪迈的这种认识的转变，对于后人的史料采撰观也有很大的影响，他上述的论述被高似孙《史略》引用，作为高似孙阐述史料采撰的重要组成部分⑰。可见，一位成熟的史学家在他从事史学研究的过程中，随着他对史学要素的认识的逐渐加深，会不断修正自己以前的不恰当见解，渐渐达到某种真理性的认识，而这也是一个自觉地进行史学批评的过程。史学批评可以作用于一个人对于史学的认识，当这种作用由一人扩展为人人时，势必会对这一时期的史学发展起到推动作用。

综上所述，我们可以看出，洪迈《容斋随笔》中的史学批评具有以下特点：他的史学批评是建立在他对于整个史学发展历程的掌握中，对于如何取史为鉴,他所提出的"前代为鉴"的观点具有方法论的性质;他善于运用比较的手法对史家著史特点进行研究;洪迈在史文繁简、史料采掘方面的评论显现了南宋时期人们在这一问题上理论水平;而他对于史学著作的考察,既注重其"信史"的特征,也注重其"美"的风格。所以,似可以这样认为:洪迈的史学批评是南宋史学批评成就的一个重要代表,值得深入研究。

注释:

①《宋史》卷三七三《洪皓传附子迈传》,中华书局 1985 年版。

②洪迈:《容斋随笔·四笔》卷八《历代史本末》,中华书局 2005 年版。

③洪迈:《容斋随笔·续笔》卷七《迁固用疑字》,中华书局 2005 年版。

④按,可永雪《洪迈在〈史记〉研究上的贡献》一文中称,"此条专论《史记》的疑问语气词,因为这确实是《史记》语言的一个突出现象—遇迷离惝恍之事,便以疑词出之"。这一观点似可商榷。见《内蒙古师大学报》1996 年第 3 期。

⑤参见朱江玮:《〈史记〉语言研究述评》,《温州职业技术学院学报》2003 年第 3 卷第 4 期。

⑥参见洪迈:《容斋随笔·五笔》卷五《〈史记〉简妙处》,中华书局 2005 年版。

⑦洪迈:《容斋随笔》卷七《〈汉书〉用字》,中华书局 2005 年版。

⑧曾公亮:《新唐书》卷首,《二十四史》百衲本,商务印书馆 1938 年版。

⑨洪迈:《容斋随笔》卷一《文烦简有当》,中华书局 2005 年版。

⑩按:洪迈在书中将《进〈新唐书〉表》记为欧阳修所著,实为曾公亮。疑为笔误。

⑪洪迈:《容斋随笔》卷一《文字烦简有当》,中华书局 2005 年版。

⑫洪迈:《容斋随笔·续笔》卷九《文字结尾》,中华书局 2005 年版。

⑬洪迈:《容斋随笔》卷一《文字烦简有当》,中华书局 2005 年版。

⑭《宋会要辑稿》职官一八之六七,中华书局 1957 年版。

⑮洪迈:《容斋随笔》卷四《野史不可信》,中华书局 2005 年版。

⑯洪迈:《容斋随笔·四笔》卷一一,中华书局 2005 年版。

⑰参见高似孙:《史略》卷四《通鉴参据书》,辽宁教育出版社 1998 年版。

《淳熙三山志》史料价值初探

苗书梅　曹　臻（河南大学）

　　《淳熙三山志》，是南宋时期修撰的著名的地方志，也是福建省迄今为止保存最完整的宋代方志。该书记载内容十分丰富，涵盖了现今福州及宁德地区自晋代置郡到南宋淳熙年间约九百余年的历史，包括城池变革、典章制度、赋税劳役、宗教寺院、文化教育、物产资源、社会风俗、山川名胜等各个方面的情况。其中关于户口、版籍、赋税的相关记载尤为详细，而其所记载的闽国史实亦可补正史之缺，具有重要的史料价值，是今天我们研究宋史的重要参考资料。

　　"国有史，太史掌之；邦有志，职方掌之，均以纪事而相为表里。"[①]一语道出了地方志的重要作用，即记载一方之史实。《淳熙三山志》一书以四十二卷的篇幅，大量的征引文献，从不同方面反映了福州地区自秦汉到南宋时的发展历史，包括建制沿革、社会经济、宗教文化、民俗风情等多方面的内容，为我们今天研究福州地区的历史变迁乃至对整个南宋史的研究提供了宝贵的原始资料，特别是对于宋朝的编纂者来说还属于当代史部分的宋代史实，记载尤为详尽。很多内容已不见于宋代的其他著作，有的虽见于他书，却没有《三山志》记载的全面，因此，该书具有较高的史料价值。如关于唐宋福建地区的地方官制，《三山志》一书有着详细的记载，"十国遗事，唐宋官制，多赖此书而传，固不仅视为乡邦文献已也。"[②]历来学者也以该书为依据进行研究,成果颇多。如李之亮的《宋福建路郡守年表》,其中《福州·福安府》所记载的嘉定十五年以前的诸郡守年表大多取材于《三山志》。对于前人已有的研究成果不再赘述,笔者现从以下几个方面介绍该书的史料价值。

一、对宋代福州地区人口史料的保存

了解某一地区在某一历史时期内人口及土地的记载,地方志可谓首选资料,《淳熙三山志》对南宋时期福州地区人口的记载尤为详细。福建地区经过唐末五代及靖康之难后中原人民的南迁,人口迅速膨胀。两宋之交,江淮地区和长江两岸的大部分国土沦为战场。福建则远离战争,政治局面相对安定。"靖康之乱,中原涂炭。衣冠人物,萃于东南。"③从北宋末到南宋,南迁的人口在不断的进入福建路辖境内。

根据《三山志》及其他史料的记载,可以看出福州一带人口的增加变化情况。(见下表④)

三国至南宋福州人口增长表

年代	户数	口数	转引自
吴永安三年	1042	17608	
晋太康年间	2843	19838	旧志⑤
隋	12420		旧志
唐开元年间	31067		《元和郡县图志》⑥
唐开元以后	34094	75876	旧志
唐建中年间	129522	217877	《通典》
唐元和年间	19455		《元和郡县图志》⑦
宋初	94510(以下为主客户合计)		
景德年间	114862		《九域图》
治平年间	197176		《治平图志》
元丰年间	211576		《元丰九域志》
南渡初(祖额)	259290	386162	
建炎年间	270201	407344	《建炎图志》
淳熙(今额)	321284	579177	

从现有的资料来看，福州地区自三国时始，人口就处于上升的态势之中，到了两宋之际更是迅速增长。福建一路长期的安定和远离战火，使得"邦人皓首不识兵革，以故生齿繁毓。"⑧到了淳熙年间，户数比建炎年间增加了将近五分之一，人口数增加近三分之一，以至于此时的福建已是"地狭人稠，无以赡养，生子多不举"⑨。《三山志》中不仅详细记载了福州地区淳熙年间的户口额，而且福州所辖十二县的主户、客户和口数均有记载，其中还包括这些地区的僧、道以及童行的数量，是我们研究该地区人口史的珍贵资料。在同时期的宋代方志中，其他保存至今的也只有《嘉定赤城志》中"户口"条下的记载可以与之相提媲美。⑩

二、对宋代福州地区农田水利史料的保存

在我国传统的自给自足的小农经济社会中，农业占有十分重要的地位。南宋初年，"闽浙之土最是瘠薄"⑪，福建路，人多地少，"而土地迫狭，生籍繁夥，虽硗确之地，耕耨殆尽"，⑫因此，大力发展农业、提高粮食产量已迫在眉睫。不管是滨海地区，还是海拔较高、交通不便的山区，只要是可以开垦种植的地方，都被开垦出来。在山间大力开辟梯田，"田尽而地，地尽而山，山乡细民，必求垦佃，尤胜禾稼。其人力所致，田露所养，不无少获。"⑬并引导山泉逐级进行灌溉。故虽然"闽山多于田"，但是百姓皆"危耕侧种，堘级满山，宛若缪篆，而水泉自来，迁绝崖谷，轮汲筒游，忽至其所。"⑭所谓"迁绝崖谷，轮汲筒游，忽至其所"反映出当时引水种地的能力大为提高。傍山各县纷纷开辟梯田，而沿海各县则围海造田，就连福州城内外的一些天然湖泊也渐渐壅塞为土地，凡"沿海泥淤之处，不限寺观、形势、民庶之家，与筑捍为田，资纳二税"⑮，到了淳熙年间，福州已"弥望尽是负郭良田"⑯。

福州所属十二县，福清、长乐、闽县、连江、罗源、宁德、长溪县滨海，古田、闽清、永福三县傍山，侯官与怀安两县挟江。⑰沿海地区土地多盐卤，"惟是并海之乡，斥卤不字；饮天之地，寸泽如金；然而，得水获必三倍。诗人谓

'一掬清流一抔饭'。"⑱因此,水利设施的兴修对于福州农业的发展具有举足轻重的作用。

宋代福州大规模的兴修水利工程,始于蔡襄任内。蔡襄于庆历四年(1044)和嘉祐元年(1056)先后两次知福州。在他的这两次任期内,均大力倡导兴修水利设施。关于蔡襄第一次守福州时所营建的水利设施,《三山志》及其他文献中均不见记载。唯一可知的是庆历年间,福州曾遭遇严重的旱灾,而此时的西湖却"渐埋塞"⑲,已不能起到灌溉的作用,近代陈衍在其《福建通志·水利志》中称,蔡襄根据当时的现状,决定在东湖地区恢复古五塘进行灌溉,当地百姓均"捐资开之"。⑳

蔡襄第二次出知福州时所兴修的水利设施在《三山志》中却有着详细的记载。嘉祐二年(1057),蔡襄命闽县、怀安、侯官三县疏导渠浦,并命"权闽县朱定,开淘负城河浦百七十六,计二万一千九百七十四丈,均用民力,凡八万九千,溉田三千六百余顷。"㉑在侯官县,"疏导渠浦六十九,延袤百二十五里。"㉒在怀安县,"郡守蔡襄从乐游桥下开,沿城外至汤门、琴亭、湖心,至北岭下去思桥,北出河尾船场,散如堙北小浦、中浦、石泉、安国以北。"㉓此外,蔡襄还发动百姓疏导了城内的原有河道,并立碑于府治左院:

"自清水堰口至兼济门桥南岸百五丈九尺五寸,北岸百五丈七尺,泥面三丈六尺,底二丈四尺,深三尺。兼济至利涉门桥南岸百七十六丈,北岸加一丈六尺,泥面三丈三尺,底二丈二尺,深四尺。利门至清远门桥南岸百四丈一尺,北岸加八尺,泥面三丈三尺,底二丈二尺,深三尺。清远门至发苗桥南岸四百八十一丈六尺,北岸四百六十八丈三尺,泥面三丈,底二丈,深六尺。发苗桥至清泰门桥南岸四十八丈五尺五寸,北岸四十二丈六尺,泥面二丈,底一丈四尺,深六尺。清泰门至后河口开元寺前小石桥南岸百九十二丈九尺五寸,北岸百八十九丈二尺,泥面二丈,底减六尺,深五尺。小石桥至经院前桥十丈八尺,泥面三丈,底二丈,深五尺。经院桥至南禅寺斗门桥南岸百七十六丈二尺五寸,北岸百八十七丈七尺,泥面三丈,深四尺。发苗桥至乐输门桥百六丈五尺五寸,泥面二丈,底丈有四尺,深六尺。乐输门至鹿巷门墙九十八丈四尺,泥面二丈,底丈有四尺,深六尺。清泰门至宜兴门桥东岸九十五丈八尺,西岸加五寸,泥面丈有五尺,底丈,深六尺。宜兴门至州衙墙七十八丈,泥面丈有五尺,底丈,深六尺。小石桥至安定门六十三丈六尺,泥面八尺,底六尺,深六尺。安定门至东康门桥百九丈六尺,泥面丈有五尺,底减三尺,深六尺。"㉔

这个庞大的水利工程使得福州城内的水渠都直接或间接的相通了起来,同时还有效利用福州城西高东地的地势,将东北方向的溪水引进城东,并通过护城壕沟将水流注入闽江。闽江涨潮时,水从河口尾洞流入城内外河道、浦、渠、塘等,河潮相差在二公尺上下。㉕这样就使得福州城郊的大片土地得到有效灌溉,福州平原基本可以实现旱涝保收。与此同时,长乐、闽清等县也兴修水利百余处。据不完全统计,宋代福建兴修水利 324 处,其中 241 处集中在福州沿海各县,占了近 3/4。㉖

关于嘉祐二年蔡襄在任期间兴修水利的举动,除《三山志》有如此详细记载外,历代史料鲜有记载,或一笔带过。民国初年何振岱在其所著的《西湖志》一书中,对《三山志》中蔡襄兴修水利的史实多有引用。因此,《三山志》成为现今我们研究宋代福州地区农田水利设施兴修状况的原始资料。

三、对宋代福州地区物产风俗史料的保存

作为福州地区"百科全书"的地方志,《淳熙三山志》包罗万象。《三山志》中《土俗类》四卷所载内容,便反映出了福州当地丰富的物产资源和颇具地域特色的风土人情。

1. 宋代福州丰富的物产资源

《三山志》中所记录的福州地区的物产资源从土贡、植物、动物和矿物四大类中反映出来。"土贡"条列有福州自唐至宋的历代贡物,从唐代的贡"蕉布、海蛤、文扇、茶、橄榄",到宋初又增加了"粉姜、红姜、姜鲊、鞍桥、朴白、藤箱等",后又增加了"荔枝干、荔枝煎、园荔枝、生荔枝、鲨鱼、鹿角菜、紫菜"

等。㉗而据《元和郡县图志》的记载,唐开元年间福州的贡物仅有海蛤和蚺蛇胆两种,元和年间增加了干姜和白蕉。㉘土贡种类日益繁多,数量也与日俱增,这也从一个侧面反映了福州地区的不断开发。《宋史·地理志》所记载的福州贡物也只有"荔枝、鹿角菜、紫菜、红花蕉布"四种。㉙《三山志》的记载要远比《宋史》所载的土贡种类丰富,使得我们今天可以一窥该地区负担贡赋的详细清单,又可与相关记载做比较,补其他史料记载不足之处。

成书于宋初的《太平寰宇记》所记载的福州的土产只有"美人蕉、佛手柑、羊桃、龙眼、茉莉、蔗、榕、蕉葛、茶、白藤箱、扇、轻绢、丝布、纻布、海蛤、麸金、干姜、蚺蛇胆、荔枝干、橄榄、笋笴、干白砂糖"等二十余种,且只是简单的罗列名称。㉚而《三山志》记载福州地区的物产资源时却将其具体分为谷、货、丝麻、果实、菜蔌、花、药、木、竹、草、藤、畜、兽、禽、水族、虫等十六大类,记载物种达四百七十八种。编纂者在记述这些物产时,并不是简单的罗列名称,而是一一指出了这些物种的特性和种类,描述也较为细致。如"龙眼,一名益智。叶凌冬不凋,春末夏初,生细白花,七八月实成,壳青黄色,圆如弹,肉白而甘。有大如钱者,人亦珍之,曝干寄远。亚于荔枝。"㉛有的详细列出了各个品种,如"稻"所载种类就极为丰富:早稻有早占城、乌羊、赤城、圣林、清甜、半冬六种,其中以乌羊为最佳;晚稻有晚占城、白荞、金黍、冷水香、栟仓、奈肥、黄矮、银城、黄香、银朱十种,而白荞、冷水香最甘香,并指出奈肥稻最适宜在卑湿丰腴之地种植;糯米的品种也有金城、白秫、黄秫、魁秫、马尾秫、寸秫、腊秫、牛头秫、胭脂秫等十种之多,㉜这样详细的记载在其他史料中难得一见。有的则指出了该种作物所适宜的环境,如"潮田不出倚郭三县,荔枝、茉莉不能及陀驿以北、汤背以西,鱼蟹滨海,而葛枲利于平陆"。㉝

2. 宋代福州的社会风俗

福州位于福建路沿海的平原上,此地土壤肥沃,气候条件相对优越,农业经济也较福建路其他地区发达,随着社会经济的不断进步,当地文教事业获得了前所未有的大发展。唐代闽人"虽有长材秀民,通文书吏事与上国齿者,未尝肯出仕"㉞,到了宋代,福建路民"多向学,喜讲诵,好为文辞,登科第者尤多"㉟,社会风气为之一变。《三山志》卷四十《土俗类二·岁时》"入学"

条下记载了当时福州人遣子弟读书的盛况及相关礼节。

> "每岁节既五日，各遣子弟入学。或须卜日，则以寅、申、巳、亥吉，亦不过三二日止。凡乡里，各有书社。岁前一二月，父兄相与议。求众所誉学识高、行艺全、可以师表后进者某人。即一二有力者，自号为'纠首'，以学生姓名若干人，具'关子'敬以谒请，曰：'敢屈某人先生，来岁为子弟秒式，幸甚。'既肯可，乃以是日备礼延致，诸子弟迎谒再拜惟恐后。远近闻之，挈箧就舍，多至数百人，少亦数十人，间有年四五十不以老为耻。月率米、钱若干，送为司计，为掌膳，给赡饮食。先生升堂，揭立规矩，有轻、重罚至屏斥，凡五等，曰：'不率者，视此！'诸生欲授何《经》，乃日就讲席唱解敷说。旬遇九日，覆问之。常以岁通一经。若三日、八日，则习诗赋。若'经义'与'策论'讲题命意有未达，点、削、涂、改，俾自入绳墨，风俗如此，盖旧已。……三十年之后，生以趋试上痒，率游学四方，而先生亦各开门以待来者。事师之礼浸衰，教人之礼甚略，非旧俗也。"㊱

这段材料记载了南宋福州在元旦（元日）之后入学的习俗，指出凡乡里书社，在元日的前一两个月内，家族长辈商议选出满腹学识可以为人师者，由家族中一两个德高望重之人出面，列出学生名单、备妥聘任的文书，恭恭敬敬的前往，请求同意教授自家子弟读书，文书上写"敢屈某人先生来岁为子弟秒式"，如若得到首肯，当日便会备礼致谢。诸子弟也会争先拜会老师，其中不乏年过半百之人，却不以年老为耻，尊师重教之风尤盛，而拜师礼也成为每年度较为重要的乡俗之一，这样对拜师礼详细的介绍，在其他宋人著作中也难得一见。

《三山志》介绍宋代福州的风俗节日有元日、立春、上元、寒食、上巳、三月二十八、四月八、端午、七夕、中元、重阳、冬至等十二个，其中除了我们至今仍比较熟悉的立春、端午、七夕等节日外，还有诸如"上巳"这样一个古老的节日，今天人们对"上巳节"已经知者甚少。宋代福州的上巳节，仍有"禊饮、竞渡、青饭"三项内容，对于"竞渡"，它不仅仅存在于端午节，在上巳之日竞渡也是古来有之，唐人薛逢的诗作《观竞渡》，就是对三月三观竞渡的描写。到了宋代，上巳之日观竞渡已是自上而下的节日活动。"政和、宣和中，至黄尚书裳至陆侍郎藻为守，皆等禊游亭，临南湖，令民竞渡。"㊲但是自宋以后，这个古老的节日也渐渐衰落了。

作为一个较晚发展起来的区域，福州当地也存在一些陋习，"州自圣朝风化之厚，人知敦尚本业，上下相守，气习朴饨，盖浑然易治也。有如疾溺于巫，丧溺于财，与夫僧胥之情伪，狱市之烦扰，下至遐乡僻邑，牙侩、船户及蓄蛊之家，所以伤害人者。"㊳针对这样的社会现状，《三山志》在书中记载了"劝用医术、五戒、戒山头斋会、教民十六事、戒生口牙、戒船户、禁蓄蛊、去野葛"等事项以教导百姓。其中"劝用医、五戒、戒山头斋会、教民十六事、禁蓄蛊"这几项戒谕均是蔡襄知福州时所作。蔡襄帅闽时，深感当地积弊已久，为移风易俗、教化百姓，他屡下政令，"诲敕裁革"，革除弊端。蔡襄为此所作的《圣惠方后序》、《福州五戒文》等也收入了他本人的文集之中，而"戒山头斋会、教民十六事、戒生口牙、戒船户、禁蓄蛊"则取材于石刻史料。收入文集的戒文得以完整的保存下来，这些石刻史料却仅赖《三山志》得以流传。

此外，在《土俗类》中，《三山志》的编纂者还列出了一些当时的谣谶之语。虽然有学者认为这样的编写，使得该书"于义未安"㊳，但是这样的编写却恰恰反映了当时福州的风土人情。谣谶，是我国一种古老的预言方式。谣，指歌谣；谶，指预言，即以歌谣的形式来表达所预言的内容。谣谶之语，见诸正史的记载鲜有，是研究社会史的重要资料，可以表现一个地区百姓的文化水平和对社会的希望与需求。对于谣谶，《三山志》的编纂者认为："识者不取，然不可以耳目所不接尽废。"㊵这应该是对"谣谶"比较客观的态度。谣谶有其荒诞诡异之处，但作为一种存在的社会现象，它也必定有其存在的土壤，是值得记录并思考的。《志》中所列谣谶之语，除郭璞《迁州记》外，共有十四条，其中谶语为"出状元"或"出公卿"之类的就有九条之多，足以表现出当地百姓对登科及第以及入仕为官的强烈愿望。有的谣谶则反映了该地区远古时期的地貌，如长溪县松山，"'东去无边海，西来万顷田。松山沙径合，朱紫出其间。'时松山沙径，风波险恶，民有没舟之虞。今沙合可褰裳矣。"㊶可见松山一带，在古时东面傍海，西面则流沙聚集不定，船只有倾覆的危险。

四、对宋代福州地区科学技术史料的保存

整个宋代，福建地区的科学技术在全国来说算不上先进，但在《三山志》中也保存了一些这方面的史料，为我们了解当时福州的科学技术水平提供了依据。

福州滨海，是重要的海盐产地。《三山志》卷四一详细记载了海盐的制作过程及相关工艺：

> 《福清盐埕经》其略曰："海水有咸卤，潮长，而过埕地，则卤归土中。潮退，日曝，至生白花，取以淋卤。方潮未至，先耕埕地，使土虚而受信。既过，刮起堆聚，用车及担辇致墩头，掘土为窟，名为漏丘。以土筑实，用茅衬底，满贮土信，取咸水淋之堆实，则取卤必咸。旁用芦管，引入卤楻。楻在漏丘之下，掘土为窟以受卤。茅草覆之。取鸡子或桃仁置卤中以候，浮则卤咸可煎。筑土为斛畎，在官灶旁，以竹管接入盐盘，如畎浍之流。盘以竹篾织，用蛎灰涂，复织釜墙以围绕，亦涂以蛎灰，盖益以受卤也。大盘一日夜煎二百斤，小盘一百五十斤。"⑫

这条材料出自《福清盐埕经》，《盐埕经》早已亡佚，这也是现存的唯一一条佚文，通过《三山志》得以保存至今。

《三山志》卷三九保存有一则可以辨认是否中蛊毒的偏方："应中蛊毒，不拘年代远近，先煮鸡子一枚，将银钗一双，及熟鸡子纳口含之，待一饭久取出，钗及鸡子俱黑色，是中毒也。"其后附有解毒之法：

> 五倍子三两，木香、丁香各一十文，甘草三寸，一半炮出火毒，一半生用。糯米二十粒。轻粉三分。硫黄末一钱重。麝香一十文。右八味入小沙瓶内，用水十分，同煎七分，候药面上生皱皮，是药熟。用绢滤去渣，取七分，小碗通口服，须平旦仰卧，令头高。其药须三度上来斗心，即不得动。如吐出，用桶盛，如鱼脬类，乃是恶物，吐后用茶一盏止。如

泻,亦不妨,泻后用白粥补。忌生冷、油腻、酢酱。十日后服后药解毒丸
三二丸补之,更服和气汤散,十余日平复。解毒丸者,如人中毒,十日以
前,则此药可疗:五倍子半斤,甑中蒸炮,令熟。丁香三两,焙黄焦色。
预知子半斤,一半蒸,令熟;一半炮,令黄色。木香三两,一半炮,令黄
色;一半焙过。麝香三文,甘草二两,一半焙,黄色;一半生用。水银粉
一盂,子朱砂一两细研为衣。右件捣罗为细末,用陈米烂饭为丸,如弹
子大。用药时,研令细,同酒一盏煎得,温服。[43]

　　这则解毒之法不仅详列了所用药物及用药含量,还详细说明了煎药之
法以及服药时的姿势。现代科学对于蛊毒已有了明确的解释,该药方可能
是针对宋代福州当地特有的某种疾病而专门配置的,是研究我国中医药学
的一则宝贵材料。

五、对宋代福州地区寺院经济史料的保存

　　梁克家在《三山志》中简单回顾了福州佛教的发展史。福州从晋太康年
间始建绍因寺起,终晋一代,建成寺院才有两所。从唐高祖到唐文宗的 222
年里,寺院为 39 所,到宣宗时 41 所。到了唐末,统治者推崇佛教,福州的寺
院渐渐多了起来,"殚穷土木,宪写宫省,极天下之侈矣。"[44]王审知帅闽的四
十余年时间内,王氏崇信佛教,使佛教在福州开始更加兴旺起来。福州子城
东的怀安开元寺,后唐天复二年(902)王氏在此建戒坛并于此开坛,"奏度僧
三千人,乞保昭宗銮辂回京。其后,光化元年,审知又于千元寺开戒坛,奏度
二千人。子鏻,天成三年,又于太平寺开戒坛,度僧二万人。"[45]仅据这条记
载,王氏父子在福州就度僧人两万五千余人。故清末郭柏苍言:"王氏父子
前后仅四十七年,记本州共增僧寺、尼庵一百零八所,此亦佞佛施僧之一
证也。"[46]

　　《三山志》对寺院的僧侣人数、占有土地的数量及寺院的产钱额都有详
细记载,并且精确到每一县。这样详细具体的关于福州地区的数字资料,也

只有在《三山志》中才得以一见。据《三山志》卷十《版籍类》的记载,淳熙年间,福州共有垦田四万二千六百三十三顷一十八亩二角三十三步,园林山地池塘陂堰等六万二千五百八十八顷九十二亩一角二十步,共计土地十万五千二百二十一顷六十亩一角十八步。其中民户垦田和园林等地为八万二千九十六顷六十四亩一角三十三步,占全部田亩数的 78% 左右,丁口数则为五十七万九千一百七十七,平均每人占田约 14.17 亩;而寺观户占有垦田及园地等土地额为二万三千一百二十五顷五亩三角四十五步,占全部田亩数的 22% 左右。⑰而在籍僧道(含童行)共计一万四千六百一十五人,平均每位僧侣(道士)占田约 158.2 亩。僧侣(道士)人均占有土地数额是百姓的十一倍多。⑱从这些数据我们足以看出宋代福州寺院占地之多,耕地与人口之间的矛盾也显而易见。北宋庆历年间,"系帐僧,三万二千七百九十五人。童行,一万八千五百四十八人"⑲,"僧户与民参半"⑳,寺院"通至一千六百二十五所"㉑。到了南宋淳熙年间,"系帐僧,一万一千五百三十人。童行,二千九百一十五人。"㉒僧侣数量较北宋虽然有减少了近七成,但是寺院数量并没有因为僧侣的减少而降低,当此之时寺院仍有 1346 所(宋代新建之寺院与前代已建寺院之和),仅仅减少了 189 所。"沿海泥淤之处,不限寺观、形势、民庶之家,与筑捍卫田,资纳二税。"㉓只要可以缴纳二税,寺观就可围海占田,这也为寺院占有土地大开了方便之门。㉔对宋以来广建寺院的现象,梁克家认为"释氏以死后祸福恐动惊怖,是故寺院无数"㉕,是"颓风弊习浸入骨髓,富民翁妪倾施资产以立院宇者亡限"㉖,对此提出了严厉的批评。

　　《三山志》中还保留了一些关于南宋时钟世明根括福建路寺院道观的相关史料。钟世明根括寺观,相关记载仅存在于《中兴小纪》、《建炎以来系年要录》等史书中,在《宋史》中没有记载。"(绍兴二十二年三月)丁巳,诏新除司农寺丞钟世明往福建路措置寺观常住绝产。时住鬻度僧道牒已久,其徒寖少,而福建官自运盐,其直颇贵,于是民多私贩,议者以为客贩可行,遂命世明往本路措置。凡僧道之见存者,计口给食,余则为宽剩之数,籍归于官。"㉗但是关于此次根括寺院的详细内容在史书中却难得一见,唯在《三山志》中还可觅得踪影。《三山志》的《寺观类》,在分述各县寺观之前,往往总述本县所辖寺观数额,其中便列有钟世明根括宽剩之数。如闽县,"钟世明根括宽剩:除道观一所外,计一百八十六所"⑱。

《三山志》中对宋代寺院相关资料的详细记载,在同时代的地方志中是不多见的。宋代方志中关于寺院的记载,往往只是介绍寺院的方位、建院时间及大致的沿革历史等,对寺院占有的田亩及产钱数所涉甚少。《三山志》的这些记载不仅是我们今天了解宋代寺院经济的宝贵资料,同时也是《三山志》具有较高史料价值之所在。

六、不足之处

《三山志》虽然具有较高的史料价值,对后世也影响较大,但与同时代的方志相比,它本身也存在一些不足之处,历代不乏有学者指出该书的缺陷。如明代福建长乐人谢肇淛就曾说过:"梁叔子之志三山,详经制而略阛阓,使人按图索之,三不得一。"⑲是说《三山志》注重于对典章制度及财政赋税的记载,缺少地方志所应当反映的当地士农工商的生活轨迹,在一定程度上削弱了《三山志》的现实意义。同时代其他地区的方志中,对人物的关注也开始逐渐增多。如《新安志》的人物部分,分别记叙了"先达、进士题名、义民、先释、牧守"五类人物。同为南宋福建方志的《仙溪志》,用一卷的篇幅记载了当地从唐代开始至宋代的著名人物七十余人,不仅有入仕为官者,也有当地的先贤,对收入书中的人物都撰有人物传记,不仅保存了史料,也大大丰富了该书的内容。⑳而《三山志》的《人物类》只记载了福州地区从唐代神龙年间至南宋宝祐年间的福州籍登科士人,将人物的活动仅仅局限于科举考试,并不能全面反映福州当地著名人物及普通百姓的生产生活,故在一定程度上削弱了《三山志》对民间活动的记载。而且《三山志》所记的科举提名也仅仅载有登科者的姓名、登科时间及所任官职等,并未为人物立传,也没有详细介绍。这样看来,《三山志·人物类》的篇幅虽然较上述两部志书要多,但就其内容来说却远不及这两部志书丰富翔实,在一定程度上也削弱了它本身的史料价值。

《三山志》记载内容之丰富、卷帙之浩繁,在宋代方志中是不多见的,正是由于所载内容的庞杂,使得该书难免存在疏于考证之处,记载史实有些偏差,这些失当之处主要集中在记载史实的错误和对相关历史事件记载年代有所偏差上,因此,今天我们在使用这些史料时也应当对其进行仔细的考证。

如卷三六《寺观类四》"灵石俱胝院"条下载:"唐武宗时,僧元修始庵于此,诵《七俱胝咒》,治疾祟。元结诗:'万计千谋总不真,须将文字役心神。俱胝只念三行咒,自得名超一世人。'"⑥元结,唐天宝、大历间人,生活年代为公元719—772年,而唐武宗在位时间则为公元840—846年,元结生活的年代远在武宗之前,且元结一生未到过闽中。⑥而查元结现存诗作,也并无该诗。此处"元结诗"或许为北宋年间"元绛诗"。

卷三三《寺观类一》载:"五仙观音院,方岳里,天宝二年置。政和十年,为神宵宫。建炎,复旧。"⑥此处记载五仙观音院改为神宵宫的时间在政和十年,明显存在错误。宋徽宗"政和"年号存在的时间不足九年,政和八年(1118)十一月改元重和。⑥

卷七《公廨类一·都税务》条下载:"熙宁三年,罢课卖茶,故至今只称盐商税务。"⑥但据《宋史·食货(下)·茶(下)》记载:"初,熙宁五年,以福建茶陈积,乃诏福建茶在京、京东西、淮南、陕西、河东仍禁榷,余路通商。"⑥且《长编》亦记载为:"(熙宁五年二月)丙辰,三司言:'福建茶,乞在京、京东、京西、淮南、陕西、河东、河北依旧禁榷外,其余路并通商贩。'从之。"⑥根据这两条材料,我们可以得知熙宁五年(1072),宋朝廷为保证军费开支,除在西北战略要冲的路府外,其余各路已允许茶叶贸易,故《三山志》中记载"罢课卖茶"的时间有误,当为熙宁五年。

此外,《淳熙三山志》所记载的内容并不全面。如《三山志》虽然用了六卷的篇幅记述了福州及其所辖十二县的寺院及道观,但是对于《崇宁万寿大藏》和《毗卢大藏经》两部佛教经书的雕印,除《崇宁大藏》一笔带过外,另外一部却难觅踪迹,这是我国宗教史乃至文化史上的重要历史事件,作为记

"一方之全史"的《三山志》对如此重大历史事件的失载,不能不说是一大缺憾。但考察传世宋代方志中对本郡刻书事业的记载,除《景定严州续志》和《宝庆四明志》⑧外,其余方志几乎都很少涉及出版史相关内容。

注释:

①(清)谢道承等:《福建通志》序,影印文渊阁《四库全书》总第 527 册,《史部十一·地理类三》,台湾商务印书馆 1975 年版,第 1 页。

②沈祖牟:《识〈三山志〉》,转引自陈书侗校注:《三山志·附录》,方志出版社 2003 年版,第 845 页。

③(宋)朱熹:《晦庵集》卷八三《跋吕仁甫诸公贴》,影印文渊阁《四库全书》总第 1145 册,《集部四·别集类三》,台湾商务印书馆 1975 年版,第 741 页。

④此表参考《福建史稿》及《淳熙三山志》卷一〇《户口》所制。

⑤该"旧志"或为林谞、林世程《闽中记》,但是唐记还是宋记暂无法分辨。据其所记户口数均为唐元和之间,推测当为唐林谞《闽中记》所载。下同。这些转引自《旧记》、《九域图》、《治平图志》、《建炎图志》等的人口统计数字除《三山志》外,并不见于其他史料记载。

⑥(唐)李吉甫:《元和郡县图志》卷二九《江南道五》,中华书局 1983 年版,第 715 页。

⑦(唐)李吉甫:《元和郡县图志》卷二九《江南道五》,第 715 页。而《淳熙三山志》依据《元和郡县图志》所列元和年间户数为 19494 户,相差 39 户。

⑧(宋)梁克家:《淳熙三山志》卷一〇《版籍类一》;王晓波、李勇先、张保见等点校:《宋元珍稀地方志丛刊·甲编》,第 313 页。

⑨(元)脱脱等:《宋史》卷一七三《食货志第 126·食货上》,第 4193 页。

⑩(宋)陈耆卿:《嘉定赤城志》卷一五《版籍门三·户口》,《宋元方志丛刊》第七册,中华书局 1990 年版,第 7409—7411 页。《赤城志》记载了大观三年以来和嘉定十五年两个历史时期内临海、黄岩、天台、侨居、宁海五县的户口总数和各县的户口数,包括主户、客户、人丁、幼丁及僧、尼、道的人数。

笔者按:在陈叔侗先生校注的《三山志·版籍类一·户口》"祖额"条下记载:"主客户,二十五万九千二百九十;主客丁,三十八万六千一百六十二。"且陈先生注释为"祖额:指宋太祖开国时之户额、丁口额。"但是根据该书中稍后的记载:"国初,主客户凡九万四千五百一十。景德，一十一万四千八百六十二。"2820 此处的"国初"，也当为宋朝建国之初，具体年代已不可知，但必在景德（1104—1107）之前。同为福州府的主客户，若按照陈先生的解释，宋太祖开国之初就已经达到了二十五万多户，与"国初"之数差距甚大。且另据《太平寰宇记》记载，宋太平兴国年间，主户四万八千八百零五，客户四万五千六百七十，共计九万四千四百七十五。而据稍后成书的《元丰九域志》所载，直到北宋元丰年间，福州府所辖十二县主客户才共计为二十一万一千五百五十二户。那么，"国初"所记之数与太平兴国年间的户口数相差不多，年代大致也应于太平兴国年间先后相距不远。而"祖额"所记之数，当为元丰以后福州府的户口数，或为赵宋王朝南渡之初福州府的户口数。

⑪（宋）陈傅良：《止斋集》卷四四《桂阳军劝农文》，影印文渊阁《四库全书》总第1150 册，《集部四·别集类三》，台湾商务印书馆，第 850 页。

⑫（元）脱脱等：《宋史》卷八九《地理志第 42·地理五》，第 2210 页。

⑬（元）王祯：《农书》卷一一《农器图谱一》，中华书局 1956 年版，第 142 页。

⑭（宋）梁克家：《淳熙三山志》卷一五《版籍类六》；王晓波、李勇先、张保见等点校：《宋元珍稀地方志丛刊·甲编》，第 427 页。

⑮（宋）梁克家：《淳熙三山志》卷一五《版籍类六》；王晓波、李勇先、张保见等点校：《宋元珍稀地方志丛刊·甲编》，第 356 页。

⑯（宋）赵汝愚：《福州便民事疏》，（明）杨士奇等：《历代名臣奏议》卷一〇八，影印文渊阁《四库全书》总第 436 册，《史部六·诏令奏议类二》，第 136 页。

⑰（宋）梁克家：《淳熙三山志》卷二《地理类二》；王晓波、李勇先、张保见等点校：《宋元珍稀地方志丛刊·甲编》，第 19 页。

⑱（宋）梁克家：《淳熙三山志》卷一五《版籍类六》；王晓波、李勇先、张保见等点校：《宋元珍稀地方志丛刊·甲编》，第 427 页。

⑲（宋）梁克家：《淳熙三山志》卷四《地理类四》；王晓波、李勇先、张保见等点校：《宋元珍稀地方志丛刊·甲编》，第 85 页。

⑳转引自肖忠生：《蔡襄与宋代福州水利建设》，载《福建史志》，1987 年第 3 期。

㉑（宋）梁克家：《淳熙三山志》卷一五《版籍类六》；王晓波、李勇先、张保见等点校：《宋元珍稀地方志丛刊·甲编》，第 428 页。

㉒（宋）梁克家：《淳熙三山志》卷一五《版籍类六》；王晓波、李勇先、张保见等点校：《宋元珍稀地方志丛刊·甲编》，第 453 页。

㉓（宋）梁克家：《淳熙三山志》卷一六《版籍类七》；王晓波、李勇先、张保见等点校：

《宋元珍稀地方志丛刊·甲编》,第 505 页。

㉔(宋)梁克家:《淳熙三山志》卷四《地理类四》;王晓波、李勇先、张保见等点校:《宋元珍稀地方志丛刊·甲编》,第 104—105 页。

㉕肖忠生:《蔡襄与宋代福州水利建设》,载《福建史志》1987 年第 3 期。

㉖叶真铭:《宋代福州的农业经济》,载《福州史志》2004 年第 4 期。

㉗(宋)梁克家:《淳熙三山志》卷三九《土俗类一》;王晓波、李勇先、张保见等点校:《宋元珍稀地方志丛刊·甲编》,第 1618—1620 页。

㉘(唐)李吉辅:《元和郡县图志》卷二九《江南道五》,《中国古代地理总志丛刊》,中华书局 1983 年版,第 716 页。

㉙(元)脱脱等:《宋史》卷八九《地理志第 42·地理五》,第 2207 页。

㉚(宋)乐史:《太平寰宇记》卷一〇〇《江南东道十二·福州》,《中国古代地理志丛刊》,中华书局 2007 年版,第 1992 页。

㉛(宋)梁克家:《淳熙三山志》卷四一《土俗类三》;王晓波、李勇先、张保见等点校:《宋元珍稀地方志丛刊·甲编》,第 1667 页。

㉜(宋)梁克家:《淳熙三山志》卷四一《土俗类三》;王晓波、李勇先、张保见等点校:《宋元珍稀地方志丛刊·甲编》,第 1661 页。

㉝(宋)梁克家:《淳熙三山志》卷四一《土俗类三》;王晓波、李勇先、张保见等点校:《宋元珍稀地方志丛刊·甲编》,第 1660 页。

㉞(唐)韩愈:《欧阳生哀词》,(唐)欧阳詹:《欧阳行周文集》附录,影印文渊阁《四库全书》总第 1078 册,《集部二·别集类一》,台湾商务印书馆,第 256 页。

㉟(元)脱脱等:《宋史》卷八九《地理志第 42·地理五》,第 2210 页。

㊱(宋)梁克家:《淳熙三山志》,卷四〇《土俗类二》;王晓波、李勇先、张保见等点校:《宋元珍稀地方志丛刊·甲编》,第 1642 页。

㊲(宋)梁克家:《淳熙三山志》,卷四〇《土俗类二》;王晓波、李勇先、张保见等点校:《宋元珍稀地方志丛刊·甲编》,第 1646 页。

㊳(宋)梁克家:《淳熙三山志》卷三九《土俗类一》;王晓波、李勇先、张保见等点校:《宋元珍稀地方志丛刊·甲编》,第 1621 页。

㊴(清)永瑢等:《四库全书总目(上)》卷六八,第 598 页。

㊵(宋)梁克家:《淳熙三山志》卷三九《土俗类一》;王晓波、李勇先、张保见等点校:《宋元珍稀地方志丛刊·甲编》,第 1627 页。

㊶(宋)梁克家:《淳熙三山志》卷三九《土俗类一》;王晓波、李勇先、张保见等点校:

《宋元珍稀地方志丛刊·甲编》，第 1630 页。

㊷(宋)梁克家：《淳熙三山志》卷《土俗类三》；王晓波、李勇先、张保见等点校：《宋元珍稀地方志丛刊·甲编》，第 1662 页。

㊸(宋)梁克家：《淳熙三山志》卷三九《土俗类一》；王晓波、李勇先、张保见等点校：《宋元珍稀地方志丛刊·甲编》，第 1626 页。

㊹(宋)梁克家：《淳熙三山志》卷三三《寺观类一》；王晓波、李勇先、张保见等点校：《宋元珍稀地方志丛刊·甲编》，第 1342 页。

㊺(宋)梁克家：《淳熙三山志》卷三三《寺观类一》；王晓波、李勇先、张保见等点校：《宋元珍稀地方志丛刊·甲编》，第 1346—1347 页。

㊻(清)郭柏苍：《竹间十日话》卷四，林枫、郭柏苍、郭白阳辑撰：《竹间十日话》，海风出版社 2001 年版，第 69 页。

㊼游彪的《宋代寺院经济史稿》一书，利用《三山志》所记载的数据，对宋代福州各县寺院所占田、地、山林情况有过详细的统计，见该书第 108—112 页，河北大学出版社 2003 年版。

㊽据《淳熙三山志》卷一〇《版籍类一》所列数据推算。据该卷所列数字推算，每丁占有垦田数约为 6.1 亩，每僧道占有垦田数为 50.1 亩，与该卷卷尾"是民七人共百亩，而僧以二人食之"不符，每二僧拥有百亩垦田，而每十六丁所占土地还不足百亩。

㊾(宋)梁克家：《淳熙三山志》卷一〇《版籍类一》；王晓波、李勇先、张保见等点校：《宋元珍稀地方志丛刊·甲编》，第 318 页。

㊿(宋)梁克家：《淳熙三山志》卷一〇《版籍类一》；王晓波、李勇先、张保见等点校：《宋元珍稀地方志丛刊·甲编》，第 319 页。

(51)(宋)梁克家：《淳熙三山志》卷三三《寺观类一》；王晓波、李勇先、张保见等点校：《宋元珍稀地方志丛刊·甲编》，第 1342 页。

(52)(宋)梁克家：《淳熙三山志》卷一〇《版籍类一》；王晓波、李勇先、张保见等点校：《宋元珍稀地方志丛刊·甲编》，第 318 页。

(53)(宋)梁克家：《淳熙三山志》卷一二《版籍类三》；王晓波、李勇先、张保见等点校：《宋元珍稀地方志丛刊·甲编》，第 356 页。

(54)(宋)梁克家：《淳熙三山志》卷三九《土俗类一》；王晓波、李勇先、张保见等点校：《宋元珍稀地方志丛刊·甲编》，第 1623 页。

(55)(宋)梁克家：《淳熙三山志》卷三八《寺观类六》；王晓波、李勇先、张保见等点校：《宋元珍稀地方志丛刊·甲编》，第 1597 页。

㊟（宋）梁克家：《淳熙三山志》卷三三《寺观类一》；王晓波、李勇先、张保见等点校：《宋元珍稀地方志丛刊·甲编》，第 1342 页。

㊟（宋）李心传：《建炎以来系年要录》卷一六三，绍兴二十二年三月丁巳，影印文渊阁《四库全书》总第 327 册《史部二·编年类》，第 283 页。《中兴小纪》卷三五的记载与《要录》同。

㊟（宋）梁克家：《淳熙三山志》卷三三《寺观类一》；王晓波、李勇先、张保见等点校：《宋元珍稀地方志丛刊·甲编》，第 1365 页。

㊟（明）王应山纂，福州市地方志编纂委员会整理：《闽都记·谢肇淛序》，海风出版社 2001 年版，第 3 页。

㊟（宋）黄岩孙：《仙溪志》卷四《唐及五代人物·宋人物》，《宋元方志丛刊》第 8 册，中华书局 1990 年版，第 8312—8322 页。

㊟（宋）梁克家：《淳熙三山志》卷三六；王晓波、李勇先、张保见等点校：《宋元珍稀地方志丛刊·甲编》，第 1499 页。

㊟参见孙望：《元次山年谱》，古典文学出版社 1957 年版。

㊟（宋）梁克家：《淳熙三山志》卷三三《寺观类一》；王晓波、李勇先、张保见等点校：《宋元珍稀地方志丛刊·甲编》，第 1371 页。

㊟（元）脱脱等：《宋史》卷二一《本纪第 21·徽宗三》，第 401 页。

㊟（宋）梁克家：《淳熙三山志》卷七《公廨类一》；王晓波、李勇先、张保见等点校：《宋元珍稀地方志丛刊·甲编》，第 205 页。

㊟（宋）脱脱等：《宋史》卷一八四《食货志第 137·食货下（六）》，第 4505 页。

㊟（宋）李焘：《续资治通鉴长编》卷二三〇，神宗熙宁五年丙辰，中华书局 2004 年版，第 5591 页。

㊟《宝庆四明志》卷二《叙县（中）》中，专门设有"书版"这一子目，共列出所雕印书版 28 种，个别书版之下还列有主持刻书之人。《景定严州续志》卷四《书籍》列有该郡所藏图书书名，其中《近思录》、《近思续录》、《融堂四书管见》、《新定续志》这四部书名之下标有"知郡华文钱寺丞任内刊"字样，可知这些书籍当为当地雕版印刷之书。

"千品"解及其他

——(南宋)王应麟《小学绀珠·职官类》札记

龚延明(浙江大学)

王应麟《小学绀珠·职官类》是用数字组合"三公"、"四辅"、"五官"、"六部"、"七校"、"八座"、"九卿"、"十率"、"百官"、"千品"等等,自上古至南宋的一些有代表性的职官,并予以简明注解的常识性读物。因局限于数字组合,自然不可能系统、全面地叙述宋以前之职官制度。只能蜻蜓点水式地点到一些重要职官、言简意赅地略注其朝代或职掌。因此,难免留下一些后人不易明白其涵义或朝代的条目。如"千品",为何意? 令人费解。此外,王应麟乃宋末元初人,他以为时人皆习知本朝官制,故而涉及宋代官名,多不注明朝代和职掌,这也给今日读者带来困惑。笔者有感于此,遂作札记二则,以为通读近于古代历史小百科的《小学绀珠》抛砖引玉。

一、"千品"解

王应麟《小学绀珠·职官类》中列有一条"千品",其内容如下:"民之彻官百王公子弟之质能言能听彻其官者而物赐之姓以监其这是为百姓有彻品十于王谓之千品五物之官倍属万为万官官有十丑为亿丑"原注:"丑类也 O

楚语观射父曰"①

　　为了解读，将此条先予以标点：

　　"民之彻官百。王公子弟之质，能言、能听彻其官者，而物赐之姓，以监其官，是为百姓。姓有彻品，十于王，谓之千品。五物之官倍属万，为万官。官有十丑，为亿丑。"原注："丑，类也。"并注明："《楚语》观射父曰。"

　　这段话出自《国语·楚语》，很费解。难道先秦就有"官品"了吗？当然不可能。"官品"之名始自魏，马端临《文献通考》已有辨析：

　　所谓九品者，官品也。以别官之高卑。陈群所谓九品者，人品也，以定人之优劣。二者皆出乎曹魏之初……盖官品之制，即周之所谓九命，汉之所谓禄石，皆之所以辨高卑之等级。其法始于魏，而后世不易。②

　　那么，这先秦时期中所谓"千品"，到底为何意？为了便于理解，且把王氏援引的楚国大夫观射父原话全部转引如下：

　　子期祀平王，问于观射父曰："祀牲何及？"……对曰："夫神以精明临民者也，故求备物，不求丰大。是以先王之祀也，以一纯、二精、三牲、四时、五色、六律、七事、八种、九祭、十日、十二辰以致之。百姓、千品、万官、亿丑、兆民、经入、畡数以奉之。明德以昭之。和声以听之。以告遍之，则无不休。"③

　　观射父关于祀先王之制的论述，一个明显特点，就是都以数字串联，即"一、二、三、四、五、六、七、八、九、十、十二"及"百、千、万、亿、兆、经（京）、畡"。其内容，很深奥，子期听不懂，于是他又虚心地请教：

　　子期问曰："所谓百姓、千品、万官、亿丑、兆民、经入、畡数者，何也？"

　　对曰："民之彻官百。王公子弟之质，能言、能听彻其官者，而物赐之姓，以监其官，是为百姓。姓有彻品，十于王谓之千品。五物之官倍属万，为万官。官有十丑，为亿丑。天子之田九畡，以食兆民，王取经入焉，以食万民。"

　　将观射父对"百姓、千品、万官、亿丑、兆民、经入、畡数者"的解释，用现代汉语翻译如下：

　　民之事何以能达于王上？有百官。那么，那些人可以当官呢？王、公之子弟贤能者，能上下沟通，即按职事赐予姓，以明其官，此也称百姓（百官，世袭之官）。百姓中每一官都有僚属十品，能达于王，十百之数为千，就是所谓千品。官分为物，即分天、地、神、民与状物之官，五物官各有陪属（臣之臣）十等，千品十等，十千为万，故言万官。官又有十类（丑），万官十类，十万为亿，故称亿官。周天子之田有九畡，以养兆民（十亿曰兆，言十亿之民，即天下之民）。王（诸侯王）取京（十兆曰京，京低于畡一等）田之人，以养万官。④

综合全段文字通观之，王应麟取"千品"为题，概述的是楚先王祭祀之制。即通过不同祭祀等级（相应有不同的牺牲、时间、音乐等规制）以"致神"外，还有天子、诸侯率百官、千品、万官、亿官以"奉神"。所谓"百官、千品、万官、亿官"，究其实，无非是天子百姓、诸侯百官及其僚属而已。楚大夫观射父在回答楚大夫子期提问时，为了讲得更动听，用一连串数字予以连缀，既便于记忆，又能显示其博学，于是就有了本文开头那段话："以先王之祀也，以一纯、二精、三牲、四时、五色、六律、七事、八种、九祭、十日、十二辰以致之。百姓、千品、万官、亿丑、兆民、经入、畡数以奉之。"

至此，关于"千品"之本义，与后世"九品"不存在源流关系，可以得出此结论。

二、《小学绀珠·职官类》中未标年代职官释读

王应麟《小学绀珠·职官类》所录职官，大都注明其朝代。如"八座"：

尚书令仆射六曹尚书·后汉

五曹尚书二仆射一令·魏

左、右仆射六尚书·唐⑤

但也有少量职官，特别是宋代职官，未标明朝代者。为便于读者了解，今一一予以释读。

（1）"六傅"

太子太师太傅太保少师少傅少保⑥

按：此"六傅"为东宫官，其全称应为"太子太师太子太傅太子太保太子少师太子少傅太子少保"。始设于晋：

《晋书·何劭传》:"惠帝即位,初建设东宫。太子年幼,欲令亲万机,故盛选六傅,以劭为太子太师,通省尚书事。"⑦

《晋书·职官志》:"太子太傅、少傅,皆古官也……及愍怀建官,乃置六傅,三太、三少。"⑧

北魏沿置。"后魏有太子太师、太傅、太保,谓之东宫三师;少师、少傅、少保,谓之东宫三少。"⑨

唐、宋沿置。

《旧唐书·职官志》三《东宫官属》:"太子太师、太傅、太保,各一员。并从一品。太子少师、少傅、少保,各一员。并正二品。三师、三少之职,掌教谕太子。无其人,则阙之。"⑩

《宋史·职官志》二《东宫官》:"太子太师、太傅、太保太子少师、少傅、少保。国初,师傅不常设……若太子太师、太傅、太保,以待宰相官未至仆射者,及枢密使致仕,亦随本官高下除授。太子少师、少傅、少保。以待前执政。"⑪

宋制,东宫官已不如唐朝健全,名实不符。名为东宫六傅,北宋实用于授宰相、执政官,充当阶官,全无具体职事可言。南宋偶尔零散置之,无定制。

(2)"三院"

台院侍御史。殿院殿中侍御史。察院监察御史。⑫

按:此条,王氏未标示为何时官称,今释读如下。

三院为御史台所属机构,始置于唐。

(宋)高承《事物纪原》卷五《持宪储闱部·三院》:"唐宪府故事,侍御、殿中、监察呼三院。故今亦斥殿中曰殿院,监察曰察院,自唐始也。"⑬

《新唐书·百官志》三《御史台》:"其属有三:一曰台院,侍御史隶焉;二曰殿院,殿中侍御史隶焉;三曰察院,监察御史隶焉。"⑭

宋沿置:

《宋会要辑稿·职官》一之一七《御史台》:"御史台大夫、中丞、侍御史、知杂侍御史、殿中侍御史、监察御史……其属有三院:一曰台院,侍御史隶焉;二曰殿院,殿中侍御史隶焉;三曰察院,监察御史隶焉。"⑮

(3)"两制"

翰林学士内翰。中书舍人外制。⑯

按:五代与宋,以翰林学士与中书舍人总称"两制",分掌内制、外制。翰林学士又别称内翰、内相等,不一而足。

(宋)王溥《五代会要》卷十三《翰林院》:"开运元年六月敕:翰林学士与中书舍人,旧分为两制,各置六员。"⑰

(宋)欧阳修《论馆阁取士》:"今两府阙人,则必取于两制。翰林学士谓之内制,中书舍人、知制诰谓之外制。"⑱

(宋)洪迈《容斋随笔》卷十二《侍从两制》:"国朝官称,谓大学士至待制为侍从,翰林学士、中书舍人为两制,言其掌内外制也。舍人官未至者,则云'知制诰'。"⑲

(4)"十率"

左右率 左右司御 左右清道 左右监门 左右内率⑳

按:此"十率"为唐东宫武官,全称应为"太子十率府"。"左右率",乃"太子左、右卫率府"之略称,掌兵仗、仪卫;"左右司御"乃"太子左、右司御率府"之略称,掌兵仗、仪卫。;"左右清道"乃"太子左、右清道率府"之略称,掌昼夜巡警;"左右监门"乃"太子左、右监门率府"之略称,掌诸门禁卫;"左右内率"乃"太子左、右内率府"之略称,掌千牛供奉之事。十率府,每一率府皆置率府率、率府副率。

《旧唐书·职官志》三《东宫武官》:"太子左、右卫率府 率各一员,正四品上;副率各一人,从四品上,掌兵仗、仪卫。太子左、右司御率府 率各一人,正四品上;副率各二人,从四品上,掌同左、右卫。太子左、右清道率府 率各一人,正四品上;副率各二人,从四品上,掌昼夜巡警。太子左、右监门率府 率各一员,正四品上;副率各一人,从四品上,掌诸门禁卫。太子左、右内率府 率各一员,正四品上;副率各一人,从四品上,掌千牛供奉之事。"㉑

宋朝沿置,但"官存而无职司",形同虚设。南宋后不复置。

《宋史·职官志》二《东宫官》:"太子左、右卫率府 率、副率。太子左、右

司御率府 率、副率。太子左、右清道率府 率、副率。太子左、右监门率府 率、副率。太子左、右内率府 率、副率。官存而无职司……中兴后不置,惟以监门率府率为环卫阶官。"㉒

(5)"四厢"

捧日 天武 龙卫 神卫㉓

按:"捧日 天武 龙卫 神卫四厢",为宋太宗端拱元年(988)特置的三衙禁军上四军编制,每厢各设左、右厢。全称为龙卫步军左、右厢,神卫马军左、右厢,殿前捧日左、右厢,殿前天武左、右厢。"捧日 天武 龙卫 神卫四厢",也称"上四军"。各厢置都指挥使。其编制:厢之下为军,军之下为指挥。按宋军正规编制,每指挥500人;五指挥为一军,一军为2500人;十军为一厢,一厢为25000人。但实际编制不可能满员。如宋真宗时,每厢仅四军编制。

(宋)李焘《续资治通鉴长编》卷二九、端拱元年:"特置马步军龙、神卫四厢都指挥使,殿前捧日、天武四厢都指挥使。"㉔

(宋)范镇《东斋纪事》:"殿前司捧日、天武军司,龙卫步军司、神卫马军司谓之上四军。合左右厢,厢各三军,每军五指挥,各有都指挥使,都虞候副之。又有第四军,以处所退年高者,无都指挥使,止有都虞候。"按:此为宋真宗时兵制。每厢只有四军编制。㉕

(6)"两府"

中书 枢密㉖

按:此"两府",指北宋元丰官制改革前之中书门下和枢密院之合称。是北宋最高政、军机构。中书门下,即宰相府治,简称"中书"(非中书省之简称),其宰相正式官名为"某官、同中书门下平章事"。枢密院为最高军事机构,其长官称"枢密使",或"知枢密院"。

《宋史·职官志》二《枢密院》:"宋初,循唐、五代之制。置枢密院,与中书对掌文、武二柄,号为'二府'……中书、密院既称二府,每朝奏事,与中书先后上殿。"㉗

《宋会要辑稿·职官》一之一七《三省》:"中书门下在朝堂西,榜曰'中

书',为宰相治事之所。印文行敕曰'中书门下'……又有中书省、门下省,存其名,列皇城外两庑。"㉘

(宋)谢维新《古今合璧事类备要·后集》:"本朝枢密院,与中书对持文、武二柄,号为'二府'。"㉙

(宋)孙逢吉《职官分纪》卷三《宰相》:"国朝中书门下题榜止曰'中书',印文行敕曰'中书门下'。中书令、侍中及丞郎以上至三师同中书门下平章事,并为真宰相。"㉚

注释:

①(宋)王应麟:《玉海》第六册《小学绀珠》卷八《职官类》之《千品》,江苏古籍出版社、上海书店 1987 年版,第 141 页。

②(元)马端临:《文献通考》卷六七《职官考》二十一《官品》,第 610 页。

③徐元诰撰,王树民沈长云点校:《国语集解·楚语》下。中华书局 2002 年版,第 516、517 页。

④(清)惠栋:《九经古义》卷五《毛诗古义》:"胡取禾三百亿兮按:徐岳《数术纪遗》曰:'黄帝为法,数有十等。十等者:亿、兆、京、垓(晐)……十十变之,若言十万曰亿,十亿曰兆,十兆曰京也。'"

⑤(宋)王应麟:《玉海》第六册《小学绀珠》卷八《职官类》之《八座》,江苏古籍出版社、上海书店 1987 年版,第 144 页。

⑥(宋)王应麟:《玉海》第六册《小学绀珠》卷八《职官类》之《六傅》,江苏古籍出版社、上海书店 1987 年版,第 144 页。

⑦《晋书·何劭传》,中华书局 1974 年版,第 999 页。

⑧《晋书·职官志》,中华书局 1974 年版,第 742 页。

⑨(唐)杜佑:《通典·职官典》一二《太子六傅三太三少》,中华书局 1988 年版,第 821 页。

⑩《旧唐书·职官志》三《东宫官属》,中华书局 1975 年版,第 1906 页。

⑪《宋史·职官志》二《东宫官》,中华书局 1977 年版,第 3823、3824 页。

⑫(宋)王应麟:《玉海》第六册《小学绀珠》卷八《职官类》之《三院》,江苏古籍出版社、上海书店 1987 年版,第 145 页。

⑬(宋)高承:《事物纪源》卷五《持宪储闱部·三院》,《丛书集成初编》本,中华书局

1985 年影印版,第 178 页。

⑭《新唐书·百官志》三《御史台》,中华书局 1975 年版,第 1235 页。

⑮(清)徐松辑:《宋会要辑稿》一之一七《御史台》,中华书局 1957 年影印本第三册,第 2734 页。

⑯(宋)王应麟:《玉海》第六册《小学绀珠》卷八《职官类》之《两制》,江苏古籍出版社、上海书店 1987 年版,第 146 页。

⑰(宋)王溥:《五代会要》卷十三《翰林院》,中华书局 1998 年版,第 175 页。

⑱(宋)欧阳修:《欧阳修全集》卷一一四《奏议》卷一八《又论馆阁取士札子·治平三年》,中华书局 2001 年版,第 1727 页。

⑲(宋)洪迈:《容斋三笔》卷十二《侍从两制》,上海古籍出版社 1996 年版,第 559 页。

⑳(宋)王应麟:《玉海》第六册《小学绀珠》卷八《职官类》之《十率》,江苏古籍出版社、上海书店 1987 年版,第 147 页。

㉑《旧唐书·职官志》三《东宫武官》,中华书局 1976 年版,第 1911、1912、1913 页。

㉒《宋史·职官志》二《东宫官》,中华书局 1977 年版,第 3826 页。

㉓(宋)王应麟:《玉海》第六册《小学绀珠》卷八《职官类》之《四厢》,江苏古籍出版社、上海书店 1987 年版,第 149 页。

㉔(宋)李焘:《续资治通鉴长编》卷二九、太宗端拱元年冬十月甲子,中华书局 2004 年版,第 657 页。

㉕(宋)范镇:《东斋纪事》卷二,中华书局 1980 年版,第 19 页。

㉖(宋)王应麟:《玉海》第六册《小学绀珠》卷八《职官类》之《两府》,江苏古籍出版社、上海书店 1987 年出版,第 149 页。

㉗《宋史·职官志》二《枢密院》,中华书局 1977 年版,第 3798、3799 页。

㉘《宋会要辑稿·职官》一之一七《三省》,中华书局 1957 年影印本第三册,第 2338 页。

㉙(宋)谢维新:《古今合璧事类备要·后集》卷十六《执政门·枢密院》,文渊阁四库本,第 939、678 页。

㉚(宋)孙逢吉:《职官分纪》卷三《宰相》,中华书局 1988 年影印本,第 45 页。

《钱锺书手稿集·容安馆札记》
与南宋诗歌发展观

王水照（复旦大学）

一、《容安馆札记》的特点和性质

《钱锺书手稿集》是钱先生的读书笔记，字字句句都由他亲笔写成，是已知手稿集中篇幅最大的个人巨著。不仅篇幅大，更在内容广和深；不仅"空前"，恐亦难乎为继。《钱锺书手稿集》分为三类：一类是《容安馆札记》三卷，已于 2003 年由商务印书馆影印出版；一类是《中文笔记》20 卷，已于近日出版；一类是《外文笔记》，尚未面世，卷数不详，但原外文笔记本共有 178 册，34000 多页，可能编成 40 卷（见《文汇报》2011 年 11 月 4 日报道）。合计三类，总数估计会达到 63 卷之多。

《钱锺书手稿集·容安馆札记》①原本有 23 册，2570 页，802 则，如果每页以 1200 字匡算，共约 300 万字，其中论及宋诗的约 55 万字，占《札记》的 1/5，表明宋诗研究在钱先生的学术世界中占有相当重要的地位。

《札记》以阅读、评论、摘抄作家的别集为主要内容，一般是先述所读别集版本，再加总评，然后抄录作品，作品与总评之间又有呼应印证关系。这种论叙形式在全书中具有统一性。从作者自编目次 802 则来看②，它已不是

"边读边记"的原始读书记录,而是经过了"反刍"(杨绛先生语)即反复推敲、酝酿成熟的过程,每则不是一次阅读就完成的。而且又有许多旁注"互参",既有参看前面的第几则,也有注明需参看后面的,说明对全书已有通盘的设计,因而,此书的性质应该是半成品的学术著作,有待加工成公开出版的正式著作。如《管锥编》中的《楚辞洪兴祖补注》、《周易正义》、《毛诗正义》就是在《札记》的基础上"料简""理董"而成的。

《容安馆札记》具有两个显著特点,即私密性与互文性,这对进一步理解此书的性质十分重要。

《容安馆札记》有很多别名,其中之一就叫《容安馆日札》(或《容安室日札》、《容安斋日札》、《槐聚日札》等),日札即具日记性质,把私人私事、旧诗创作和读书心得等统记在一起,因而自然带有一定的个人性、私密性;即便是读书笔记部分,原来也不拟立即示之他人,只供自己备忘、积累,其间也不免有不足与外人道也的内容。然而,在这些日常生活、身边琐事到艺术思考变化过程乃至时事感慨中,仍然蕴涵着丰富的学术内容。

南宋诗人吴惟信《菊潭诗集》有首《咏猫》小诗:"弄花扑蝶悔当年,吃到残糜味却鲜。不肯春风留业种,破毡寻梦佛灯前。"所咏为一只老无风情的懒猫,已无当年"弄花扑蝶"的寻乐兴趣,吃吃残羹,睡睡破毡,无复叫春欲求。钱先生在《札记》中加一按语云:"余豢苗(猫)介立叫春不已,外宿两月余矣,安得以此篇讽喻之!"(《札记》卷一第22则,第26页)钱家的这只波斯雄猫,是1949年8月他们举家从上海赴清华大学任教后收养的,杨绛先生有散文《花花儿》详记其事,说到"两岁以后,它开始闹猫了,我们都看见它争风打架的英雄气概,花花儿成了我们那一区的霸"。难怪钱先生要以吴惟信小诗来"讽喻"它了。这只儿猫,在钱先生那里,并不止于一桩生活小小情趣,而竟然进入他的学问世界。他写道:"余记儿猫行事甚多,去春遭难,与他稿都拉杂摧烧,所可追记,只此及九十七则一事耳。"(《札记》卷一第165则,第241页)今检《札记》,所记猫事仍屡见,引起他关注的是猫的两个特性:神情专注和动作灵活,都引申到学术层面。他引《续传灯录》卷二二:"黄龙云:'子见猫儿捕鼠乎?目睛不瞬,四足据地,诸根顺向,首尾一直,拟无不中,求道亦然。'（按《礼记·射义》'以狸首为节'，皇侃谓：'旧解云：狸之取物，则伏下其头，然后必得。言射亦必中，如狸之取物矣。'正是黄龙语意）"他认为均与《庄子·达生篇》"痀偻承蜩，梓庆削木"、《关尹子·一宇》篇"鱼见食"之旨，可以互相发明，以申述用志不分、神凝默运的精神境界。（《札记》卷一第 165 则，第 241 页）

钱先生又写道："余谓猫儿弄皱纸团，七擒七纵，再接再厉，或腹向天抱而滚，或背拱山跃以扑，俨若纸团亦秉气含灵，一喷一醒者，观之可以启发文机。用权设假，课虚凿空，无复枯窘之题矣。志明《野狐放屁》诗第二十七首云：'矮凳阶前晒日头，又无瞌睡又无愁。自寻一个消闲法，唤小猫儿戏纸球'，尚未尽理也。"（《札记》卷一第 165 则，第 241 页）这段充满想象力的叙写，生动地描摹出艺术创作思维的灵动、变幻，不主故常，堪与杜甫刻画公孙大娘舞剑器诗相媲美。杜甫纯用比喻咏剑光、舞姿、舞始、舞罢："爞如羿射九日落，矫如群帝骖龙翔。来如雷霆收震怒，罢如江海凝清光"（《观公孙大娘弟子舞剑器行》），钱先生却出之以直笔甚或叙述语气，同样达到传神的效果。

附带说及，这只花花儿还成了联结钱、杨两位身边琐事、学术思考和文学创作的纽带。杨先生记述，在院系调整时，他们并入北京大学，迁居中关园，花花儿趁机逃逸，"一去不返"。"默存说：'有句老话："狗认人，猫认屋"，看来花花儿没有"超出猫类"。'"这句"老话"是有来历的。《札记》卷一第 165 则引《笠翁一家言》卷二《逐猫文》谓："六畜之中最贪最憯，俗说'狗认人，猫认屋'。"（第 241 页）杨先生有散文记猫，钱先生则见之于诗。1954 年作《容安室休沐杂咏》十二首，其六云："音书人事本萧条，广论何心续孝标。应是有情无着处，春风蛱蝶忆儿猫。"《札记》卷一第 165 则（第 241 页）中说，中、日两国"皆以猫入画"，"若夫谐声寓意，别成一类，则《耄耋图》是也"。"惟睹日本人编印《中国名画集》第三册景印徐文长《耄耋图》，画两猫伺蝶，意态栩栩"，可为此诗结句作注。

家庭养猫，司空见惯，钱先生既入吟咏，又引诗讽喻，涉及文献中种种"猫事"，有禅宗话头，民间谚语，中外绘画，甚至进入梦寐："一夕梦与人谈

'未之有也'诗",如"三个和尚四方坐,不言不语口念经"之类,竟连带"虑及君家小猫儿念佛也",于是"醒而思之,叹为的解,真鬼神来告也。以语绛及圆女,相与喜笑。时苗介立,生才百日来余家,只数周耳。去秋迁居,大索不得,存亡未卜,思之辄痛惜。"(《札记》卷一第97则,第164页)生活学术化,学术生活化,融会一片,在公开文字中就不易读到。

《札记》涂抹勾乙,层见叠出,从改笔适足见出作者思考过程,启示之处多多。如张先《题西溪无相院》诗之"草声"、"棹声"、"水声"之辩,就是佳例。张先此诗云:"积水涵虚上下清,几家门静岸痕平。浮萍破处见山影,小艇归时闻草声。"末三字"闻草声"似难解,于是有位葛朝阳说:《石林诗话》、《瀛奎律髓》作"闻棹声",他并分析道:"但上句'萍'与'山'分写,而景入画;若作'棹声',则与'艇'字语复,意亦平平云。"钱先生加按语云:"窃谓'草声'意不醒,'棹声'则不称。此句易作'水声'最妙,惜与首句'积水涵虚上下清'重一字。"细心斟酌,却举棋不定:"草声"意思不醒豁,"棹声"与"艇"字语复,"水声"又与首句重一字。此页后有夹批:"姜白石《昔游》诗之五'忽闻人草声',即子野语意,作'草声'为是,皆本之姚崇《夜渡江》之'听草遥寻岸'。"张先原诗谓小艇渐行近岸,听到岸边窸窣草声,情景宛然。从对"草声"怀疑,到"棹声"、"水声"的不稳,最后又回归到"草声",这个推敲过程表现出作者思维的精密和艺术评赏的严细,这类珍贵资料幸赖这部未定稿的著作保留下来。

杨先生《〈钱锺书手稿集〉序》中说道,《札记》原把"读书笔记和日记混在一起",后因"思想改造"运动牵连,把属于"私人私事"的日记部分"剪掉毁了"。这实在是无法挽救的憾事,不知有多少绝妙好辞从此绝迹人间。但有时会有"漏网之鱼",如1966年年初与杨先生出游北京中山公园,归后患病一节,仅300字,(见《札记》卷三第761则,第2235页)全文都由引证连缀而成,左旋右抽,一气贯注,文气势如破竹,精光四射,令人噤不能语。而更多的是在论及学术的字里行间,仍会透露出现实感慨和时事信息。在《管锥编》第一册中,他称引过唐庚《白鹭》诗[③],在第四册中又称引过另一位宋人罗公升《送归使》[④],均用以说明特定的问题,敏感性和尖锐性均不强。而在《札记》中，我们发现两诗原来是一并论列的。《札记》第2卷（则数未编，不详）第1200页中说：

> 《宋百家诗存》卷二十四罗公升《沧州集·送归使》云："鱼鳖甘贻祸，鸡豚饱自焚。莫云鸥鹭瘦，馋口不饶君。"按，沉痛语，盖言易代之际，虽洁身远引，亦不能自全也。《眉山唐先生文集》卷二《白鹭》云："说与门前白鹭群，也宜从此断知闻。诸公有意除钩党，甲乙推求恐到君。"机杼差类而语气尚出以嬉笑耳。

罗公升为宋元间人，入元不仕，有"一门孝义传三世（祖、父、弟）"之称。这首抒写以言取祸的诗，背景不很明了，钱先生突出"易代之际"，颇堪注意。唐庚为北宋末年人，曾因作《内前行》颂扬张商英而被蔡京贬往惠州。此诗《鹤林玉露》甲编卷四谓作于惠州："后以党祸谪罗浮，作诗云（即《白鹭》）。"他在惠州另一首《次勾景山见寄韵》云："此生正坐不知天，岂有豨苓解引年。但觉转喉都是讳，就令摇尾有谁怜？"对言祸噤若寒蝉。《白鹭》诗的关键词是"除钩党"。我们如了解钱先生新中国成立初"易代之际"所遭遇的"清华间谍案"，就不难从中得到一些重要信息⑤。前文提到的"去岁遭难"，因而导致他记叙"猫事"的文稿"拉杂摧烧"，这几句算得烬后之文，勾画出当年知识分子生存环境之一斑，也不是公开读物上能读到的。

《札记》的另一特点是互文性。互文原是我国修辞学中的一种手法，现今西方学者又把它提升为一种文艺理论，我这里主要是指应将《札记》跟钱先生的其他相关著作"打通"，特别是跟《宋诗选注》"打通"。《宋诗选注》初版选了81家，后删去左纬，为80家，其中约有60家在《札记》中都有论述。这些有关宋代诗人的论述，大致写于20世纪50年代，与《宋诗选注》的编选同时，是进行比较对勘的极佳资料。不外乎两种情形：一种是《宋诗选注》里的评论跟《札记》基本一致，但又有不少差异；一种是两者根本矛盾、对立。如华岳，《宋诗选注》里对他评价很高，"并不沾染当时诗坛上江西派和江湖派的风尚"，"他的内容比较充实，题材的花样比较多"，但在《札记》中却说："然观其诗文，嗟卑怨命，牢骚满纸，不类虑患深而见识远之人，大言懆进，徒尚虚气，难成大事。以词章论，亦嚣浮俚纤，好饰丽藻，作巧对，益为格律之累,故渔洋谓其诗'不以工拙论可也'。"在肯定与否定之间,给人们提出了继续研究的问题。利用互文性的特点,还可以解释《宋诗选注》中一些迷惑不解的问题。如为什么不选文天祥的《正气歌》?为什么在再版时要把左纬这一家全部删掉,而不是采取他曾使用过的"删诗不删人"的办法?通过比较、对勘,这些疑团可望冰释。

如果把比较的对象,从《札记》、《宋诗选注》扩展到《谈艺录》、《管锥编》等作多维对勘的话,就能发现在评价优劣、衡量得失方面的更多异同,把握作者思考演化的轨迹,他的与时俱进、不断深化的过程。对梅尧臣诗,《谈艺录》中以为梅诗不能与孟郊诗并肩,"其意境无此(孟郊诗)邃密,而气格因较宽和,固未宜等类齐称。其古体优于近体,五言尤胜七言;然质而每钝,厚而多愿,木强鄙拙,不必为讳"⑥,从正反两面落笔,侧重于贬。《宋诗选注》中则词锋犀利而揶揄,说梅诗"'平'得常常没有劲,'淡'得往往没有味。他要矫正华而不实、大而无当的习气,就每每一本正经的用些笨重干燥不很像诗的词句来写琐碎丑恶不大入诗的事物。"⑦到了重订《谈艺录》时,他又写道:"重订此书,因复取《宛陵集》读之,颇有榛芜弥望之叹",洋洋洒洒地连举近二十例,诚如他自己《赴鄂道中》诗其二所云:"诗律伤严敢市恩",执法严正、毫不假借了。(《宋诗选注》唐庚小传,记唐氏名句:"诗律伤严似寡恩"。)而在《札记》中(卷一第 603 则,第 699 页)则云:

> 宛陵诗得失已见《谈艺录》,窃谓"安而不雅"四字可以尽之。敛气藏锋,平铺直写,思深语淡,意切词和,此其独到处也。《春融堂集》卷二十二《舟中无事偶作论诗绝句》云:"沧浪才调徂徕气,大雅扶轮信不诬。可惜都官真袜线,也能倾动到欧苏。"力避甜熟乃遁入臭腐村鄙,力避巧媚乃至沦为钝拙庸肤,不欲作陈言滥调乃至取不入诗之物、写不成诗之句,此其病也。

此评在字面上与《宋诗选注》有着某些类似,但细细玩索,似多从梅尧臣在宋诗发展中的历史作用着眼,看到他在反"甜熟"、反"巧媚"、反"陈言滥调"的不良时风中的矫正作用,甚至像王昶所言,能"倾动到欧苏",因而对其"独到处"特予强调标举,对其为"改革诗体所付的一部分代价"(《宋诗选注》梅尧臣小传)给予了更多的了解之同情。

《札记》对王安石诗歌和李壁注《王荆文公诗》的评论,也有类似情形。钱先生对王诗颇多关注,对李注王诗尤细心查勘。早在《谈艺录》中,即指责李注"实亦未尽如人意"(第79页),主要之失有二:一是"好引后人诗作注,尤不合义法";二是"用典出处,亦多疏漏"。对于"出处"的"疏漏",他曾"增注三十许事",及至看到姚范《援鹑堂笔记》卷五十、沈钦韩《王荆公诗集李壁注勘误补正》二家书,发现已有若干勘误补正,所见相同,因"择二家所未言者"十余则,书于初版《谈艺录》。1983年,又"因勘订此书(《谈艺录》),稍复披寻雁湖注,偶有所见,并识之",书于补订本者达二十五则(两次共达四十则左右)。今检《札记》卷一第604则(第701页)、卷二第604则(续)(第1050页)两处,更有大量文字论及李壁注,共约一万字左右,值得重视⑧。以《札记》与《谈艺录》初版本相较,基本评价一致,但有两点重大差别:

一是对"好引后人诗作注,尤不合义法"的批评,作了自我反思。他说:"雁湖注每引同时人及后来人诗句,卷三六末刘辰翁评颇讥之。余《谈艺录》第九十三页亦以为言。今乃知须分别观之。"(《札记》卷二第604则续,第1050页)如卷四十《午睡》云:"檐日阴阴转,床风细细吹。翛然残午梦,何处一黄鹂。"李壁注引苏舜钦诗:"树阴满地日卓午,梦觉流莺时一声",钱先生认为"捉置一处,益人神志"。他还进一步补引王安石《山陂》诗:"白发逢春唯有睡,睡闻啼鸟亦生憎",则是"境同而情异矣",同一啼鸟声,喜恨之情有别。"捉置一处,益人神志",本是钱先生评诗赏艺的一贯方法,也是他"打通"原则的一条具体操作法门,从这个思路来反思原先的旧评,就觉得有失片面。《札记》这层"须分别观之"的意思,他在《谈艺录》补订本第389页更有畅达的论述。他说:"余此论有笼统鹘突之病。仅注字句来历,固宜征之作者以前著述,然倘前载无得而征,则同时或后人语自可引为参印。若虽求得词之来历,而词意仍不明了,须合观同时及后人语,方能解会,则亦不宜沟而外之。"旧时笺注家有避免以后代材料注释前代的义例,自有一定的道理,但不能绝对化。在一定条件下,可以而且应该用同时人或后人的材料互为"参印",这又是钱先生所提倡的"循环阐释"的原则了。

二是对李壁亦有褒扬之语。他写道："雁湖注中有说诗极佳者"，并连举五例。如卷一《纯甫出释惠崇画要予作诗》云："金坡巨然山数堵，粉墨空多真漫与。"李壁注云："据《画谱》云：'巨然用笔甚草草'，可见其真趣。诗意谓巨然画格最高，而拙工事彩绘者，乃为世俗所与耳。"李壁认为，巨然以笔墨简略以求"真趣"，而拙于细笔彩绘，不应有"粉墨空多"之讥。他"反复诗意"，认为下句乃是讥讽"世俗"崇尚"工事彩绘"之画风，在巨然画作面前，更显识见卑下。又如卷三六《至开元僧舍上方》："和风满树笙簧杂，雾雪兼山粉黛重。"李壁注云："粉喻雪，黛喻山，故云'兼'。雪霁山明，始见青色，故云'重'。"钱先生予以认同，并补充一例：米芾《宝晋英光集》卷四《过当涂》"朝烟开雨细，轻素淡山重"句，写雨霁山色浓翠情景，也用"重"字，可作"参观"。又如卷四八《赠安太师》云："败屋数间青缭绕，冷云深处不闻钟。"李壁注云："唐人诗：'重云晦庐岳，微鼓辨溢城。'此言阴晦之夕，鼓声才仿佛耳。亦犹钟声为冷云所隔，而不之闻也。"李壁以唐人谓鼓声因阴晦而微，来诠释王诗之钟声因冷云而稀，情境相类，拈来作注，确能加深对王诗的理解。

再论钱先生对王安石诗歌本身的评价。在《谈艺录》中，他对王诗有褒有贬："荆公诗精贴峭悍，所恨古诗劲折之极，微欠浑厚；近体工整之至，颇乏疏宕；其韵太促，其词太密。"[⑨]尤对两事爱憎分明：一是对他"善用语助"的肯定："荆公五七古善用语助，有以文为诗、浑灏古茂之致，此秘尤得昌黎之传。"[⑩]二是对其"巧取豪夺"的贬斥："每遇他人佳句，必巧取豪夺，脱胎换骨，百计临摹，以为己有。"及至《宋诗选注》中，仅肯定他"比欧阳修渊博，更讲究修辞的技巧"，"作品大部分内容充实"，但一句"后来宋诗的形式主义却也是他培养了根芽"，分量就很重了。这里的"形式主义"，实际上是考究用词、精于用典的同义词，我们可以有不同的理解。而在《札记》中，我们发现他对有些王诗别有赏会，却未发布于公开著作。如王诗《永济道中寄诸弟》（卷二九）云："灯火匆匆出馆陶，回看永济日初高。似闻空舍乌鸢乐，更觉荒陂人马劳。客路光阴真弃置，春风边塞只萧骚。辛夷树下乌塘尾，把手何时得汝曹。"此诗为王安石北使时所作。钱先生说："此诗殊苍遒，而诸选皆不及"（卷一第604则，第702页），惋惜之情，溢于言表，他还详引王安石其他相类诗句加以"参印"，然而他的《宋诗选注》也未收此首。他对《拟寒山拾得十二首》也独具识见。他认为王安石这十二首诗，大都"理语太多，陈义亦高，非原作浅切有味之比"，唯第十一首则当别论，诗云："傀儡只一机，种种没根栽。被我入棚中，昨日亲看来。方知棚外人，扰扰一场敷。终日受伊谩，更被索钱财。"这犹如一首宋时风俗诗，写观看傀儡戏有感，虽"浅切"却"有味"。钱先生评云："非曾居高位者不能知，非善知识不能道"，耐人寻味。他还兴味盎然地引了一首刘克庄的《无题》（《后村先生大全集》卷二二）："郭郎线断事都休，卸了衣冠返沐猴。棚上偃师何处去，误他棚下几人愁"，钱先生评云："亦入棚亲看过人语也。"（第 701 页）均从市井傀儡戏中，观照出表里不一、尔虞我诈的社会世相，寄寓另一番人生况味。

　　如前所述，《札记》的性质是半成品的学术著作，但若从其内容、特点来看，还可以有另一种解读。《札记》比之《谈艺录》、《宋诗选注》等，产生于不同的写作环境，后两者都是公开出版的正式著作，都有预先设定的读者对象，如果说《谈艺录》是作者急于想对学术界表达自己个性化的诗学理想，"真陌真阡真道路，不衫不履不头巾"（聂绀弩：《题〈宋诗选注〉并赠钱锺书》），那么《宋诗选注》作为文学研究所编著的"中国古典文学作品第五种"，不能不受主流意识形态的影响，诚如钱先生自己所说，是反映时代的一面"模糊的铜镜"。而《札记》则完全疏离于主流意识形态的影响，沉浸于古代文献资料之海洋，独立于众人所谓的"共识"之外，精心营造自己的话语空间。他不是依据于诗人们的政治立场、思想倾向和道德规范的所谓高低来评价诗歌的高低，而着眼于作品本身的艺术成就，所以他的品评就成为真正的审美批评。《札记》是一座远离外部喧嚣、纷争世界的自立的学术精神园地，一部真正"不衫不履不头巾"的（《宋诗选注》在当时选本中已属"异类"，但实未完全达到聂绀弩此评）、心灵充分舒展、人格完全独立的奇书。

二、钱先生的南宋诗歌发展观

　　钱先生的著述大都采取我国传统著作体裁，如诗话（《谈艺录》）、选本

（《宋诗选注》）、札记（《管锥编》）等，他的几篇论文（从《旧文四篇》到《七缀集》），也与目前流行的学院派论文风格迥异，因而在钱锺书研究中发生了一个重要争论：即有没有"体系"，甚至有没有"思想"？这一争论至今仍在时断时续地进行。

　　从钱先生早年学术发轫时期来看，他对西方哲学、心理学兴趣很浓，也开始写作《中国文学小史》等通论性著作，不乏体系性、宏观性的见解。1984年在修改《中国诗与中国画》一文时，他增加了一段话，提出所谓"狐狸与刺猬"的讨论。他说："古希腊人说：'狐狸多才多艺，刺猬只会一件看家本领。'当代一位思想史家把天才分为两个类型，莎士比亚、歌德、巴尔扎克属于狐狸型，但丁、易卜生、陀思妥耶夫斯基等属于刺猬型，而托尔斯泰是天生的狐狸，却一心要作刺猬。"⑪文中所说"古希腊人"乃指阿克洛克思，他的这句话另译为："狐狸多知，而刺猬有一大知。""当代一位思想史家"是指英国人柏林（I. Berlin），与钱先生年龄相仿，他关于"狐狸与刺猬"的发挥，见于1951年出版的《刺猬与狐狸》一书。这里的"狐狸"的"多知"，即谓无所不知，而又眼光精微；"刺猬"的"一大知"，殆谓有体系，有总体把握。钱先生此处借以助证苏轼之企慕司空图、白居易之向往李商隐，即所谓"嗜好的矛盾律"，能欣赏异量之美，因对"狐狸"、"刺猬"两种类型采取兼容并包的立场，不加轩轾。而在1978年修改《读〈拉奥孔〉》时，也增加一节文字："不妨回顾一下思想史罢。许多严密周全的哲学系统经不起历史的推排消蚀，在整体上都已垮塌了，但是它们的一些个别见解还为后世所采取而流传……往往整个理论体系剩下来的有价值的东西只是一些片断思想。脱离了系统的片断思想和未及构成系统的片断思想，彼此同样是零碎的。所以，眼里只有长篇大论，瞧不起片言只语，那是一种粗浅甚至庸俗的看法——假使不是懒惰疏忽的借口。"这里对体系崇拜论的批判和颠覆，读来令人惊悚，当然他同时提醒人们说"自发的简单见解正是自觉的周密理论的根本"，并不绝对地排斥"自觉的周密理论"。⑫

　　这两段在修改旧作时特意增写的文字，似乎对以后钱氏有无体系的"争论"，预先准备了回答。20世纪80年代，在学界"争论"发生之后，钱先生在私人场合也直接发表过意见。他在 1987 年 10 月 14 日致友人信中说：

> 我不提出"体系"，因为我认为"体系"的构成未必由于认识真理的
> 周全，而往往出于追求势力或影响的欲望的强烈。标榜了"体系"，就可
> 以成立宗派，为懒于独立思考的人提供了依门傍户的方便。……马克
> 思说："我不是马克思主义者"；马克·吐温说："耶稣基督如活在今天，
> 他肯定不是基督教徒"；都包含这个道理。

此从师门宗派传授、流弊丛生的角度来揭示"体系"之异化。李慎之先
生在 2003 年 2 月 10 日的一封信中提道："钱先生曾对我说过，自己不是'一
个成体系的思想家'，我曾对以'你的各个观点之间，自有逻辑沟通。'"李先
生希望能把钱先生著作中表现有关中国前途在现代化、全球化、民主化三方
面的思想材料"钩稽"出来，表达出从钱著中寻找一以贯之思想的愿望。⑬

衡量学问家水平的高低，评估学术著作价值的大小，与其是否给出一个
"体系"，其实并无直接的对应关系；尤为重要的，是对"体系"的认识和真正
的理解，大可不必对之顶礼膜拜，加以神圣化和神秘化。我姑且把"体系"分
为三种形态。一是作者本人给出的体系。比如我们熟知的黑格尔，他用"理
念"、"绝对观念"等概念把世界万事万物贯穿在一起，宋代理学家则用先于天
地而存在的"理"为核心重建他们的世界观。这或许可称为"显体系"。二是
"潜体系"，即作者虽然没有提供明确的理论框架，但在其具体学术成果之中，
确实存在一个潜在的、隐含的体系。钱先生就是如此。我在 1998 年曾经说过：

> 他（钱先生）一再说："我有兴趣的是具体的文艺鉴赏和评判"，而没
> 有给出一个现成的作为独立之"学"的理论体系。然而在他的著作中，
> 精彩纷呈却散见各处，注重于具体文艺事实却莫不"理在事中"，只有经
> 过条理化和理论化的认真梳理和概括，才能加深体认和领悟，也才能在
> 更深广的范围内发挥其作用。阅读他的著述，人们确实能感受到其中
> 存在着统一的理论、概念、规律和法则，存在着一个互相"打通"、印证生
> 发、充满活泼生机的体系。感受不是科学研究，但我无力说个明白。⑭

十多年来，学者们对"钱学"的研究已取得了不少的成果，在阐释、梳理

和提升钱先生的学术思想方面也有可喜的进展,对深入探讨和把握钱氏"体系"大有助益;但我自己却进展不大,至今仍"无力说个明白"。为帮助自己阅读钱著计,我想能否提出第三种"体系",即能否初步提炼出一个阅读结构或竟谓阅读体系呢,以作为进一步建构其"潜体系"的基础? 不妨从个别专题着手,作一尝试。

《札记》对近 300 位南宋诗人进行了精彩的评述,犹如"大珠小珠落玉盘",能否寻找出自身的贯串线索? 我认为其中有三则具有发展阶段"坐标点"的作用。

(一)、《札记》卷二第 443 则,第 1005 页论范成大时云:

> 南宋中叶之范、陆、杨三家,较之南渡初之陈、吕、曾三家,才情富艳,后来居上,而风格高骞则不如也。

(二)、《札记》卷一第 252 则,第 410 页又云:

> 盖放翁、诚斋、石湖既殁,大雅不作,易为雄伯,余子纷纷,要无以易后村、石屏、巨山者矣。三人中后村才最大,学最博;石屏腹笥虽俭,而富于性灵,颇能白战;巨山寄景言情,心眼犹人,唯以组织故事成语见长,略近后村而逊其圆润,盖移作四六法作诗者,好使语助,亦缘是也。

(三)、《札记》卷一第 22 则,第 24 页又云:

> 此次所读晚宋小家中,《雪矶丛稿》才力最大,足以自立。《佩韦斋稿》次之,此稿(指毛珝《吾竹小稿》)又次之。

南宋诗歌发展脉络与国势、政局的演变息息相关,可谓大致同步,也有局部不相对应之处。我们曾将其划分为四个阶段:"渡江南来与文学转型"、"中兴之局与文学高潮"、"国运衰颓与文运潜转"和"王朝终局与文学余响"。[15]《札记》的前两条有明确的时间定位:"南渡初"、"南宋中叶"、南宋后期(第三则提到"晚宋小家"则涉及"宋末"王朝终局阶段了),他在每一个阶段中选出三位作家,即南渡初的陈与义、吕本中、曾几,南宋中叶的范成大、陆游、杨万里,南宋后期的刘克庄、戴复古、方岳,显然是从整个诗坛全局出发,又以基于艺术成就而具有的影响力和诗史地位作为选择标准的。第三则提出"晚宋小家"的前三名次序，即乐雷发《雪矶丛稿》、俞德邻《佩韦斋稿》、毛珝《吾竹小稿》，则是以"此次所读晚宋小家"为范围而作的评比（该则《札记》共论及陈鉴之、胡仲参、林希逸、陈允平、吴惟信等 16 家，有的已是入元的作家），而非诗坛全局，所以乐、俞、毛三人不足以担当该时段的代表性诗人，与上述三时段、九诗人的情况不同，但均表明钱先生既从诗史发展着眼，又细心辨赏诗艺、诗风，较量高低，斟酌得失，他提供的名单不是率意为之的。

九位诗人名单中不见"中兴四大家"之一的尤袤，不会引起人们的异议，而选择方岳，恐不易成为学人们的共识。若需推究其中原委，《宋诗选注》所提供的南宋诗歌发展图像的另一种描述，可能帮助寻求答案。

《宋诗选注》的 81 家作者小传，是作者精心结撰之作，蕴涵丰富的学术信息，有作家作品的评赏，有宋诗专题研究（如道学与宋诗、使事用典、以文为诗与破体为文等），也有关于诗史的阐释。下列四则对理解他的南宋诗歌发展观关系最大：

（1）汪藻小传

北宋末南宋初的诗坛差不多是黄庭坚的世界，苏轼的儿子苏过以外，像孙觌、叶梦得等不卷入江西派风气里而倾向于苏轼的名家，寥寥可数，汪藻是其中最出色的。

（2）杨万里小传

从杨万里起，宋诗就划分江西体和晚唐体两派。

（3）徐玑小传

经过叶适的鼓吹，有了"四灵"的榜样，江湖派或者"唐体"风行一时，大大削弱了江西派或者"派家"的势力，几乎夺取了它的地位。

（4）刘克庄小传

他是江湖派里最大的诗人，最初深受"四灵"的影响，蒙叶适赏识。……后来他觉得江西派"资书以为诗失之腐"，而晚唐体"捐书以为诗失之野"，就也在晚唐体那种轻快的诗里大掉书袋，填嵌典故成语，组织为小巧的对偶。

这四则虽散见在四处，"捉置一处"，宛如一篇完整的诗史纲要：南渡初，诗坛由北宋末年"苏门"与"江西"两派并峙，转而演化为江西雄踞坛坫而学苏者"寥寥可数"；南宋中叶，以杨万里创作为标志，宋诗就分成江西体和晚唐体两派，这是一个很创辟的重要判断；南宋后期，"四灵""开创了所谓'江湖派'"晚唐体或江湖体风行一时，取代了江西派的地位；而江湖派的最大诗人刘克庄，却又同时开始表现出调和"江西"、"江湖"的倾向，诗坛上流行起"不江西不江湖"的风气。

从《札记》和《宋诗选注》中分别钩稽出来的诗史主要线索，两者所述时段是可以对应的（都隐含着四个时段的时间背景），但《札记》论及的标志性的九位诗人是从其诗歌成就及影响、地位来恒定的，《宋诗选注》却主要以诗歌体派嬗变（苏门与江西、江西与江湖等）为依据的。由于时段相同，可以也应该合观互参，诗人的基本艺术风格必然受到其所隶属或承响接流的诗歌体派的规定，他的影响力和历史地位也与诗体、诗派紧密相连，体派的演化又与其代表作家的引导和示范息息相关。《札记》与《宋诗选注》这来源不同的两条发展线索是统一的，构成了他把握南宋诗歌走向的"主线索"。

《札记》与《宋诗选注》所给出的南宋诗歌发展图景，清晰而确定，但毕竟是粗线条式的大致轮廓。这就需要联系《札记》中对具体作家作品的大量评述和例证，来丰富其细节，深入其内层，补充其侧面，促使这条主线索丰富、深刻和多元起来；另外，这条主线索也为我们理解钱先生的许多具体论述指明了方向。如他论左纬："不矜气格，不逞书卷，异乎当时苏黄流派，已开南宋人之晚唐体。"（《札记》卷一第 286 则，第 477 页）按生年，左纬正处于汪藻与杨万里之间，他能够摆脱当时苏轼、黄庭坚的笼罩，而在杨万里之前，就开创晚唐体即江湖体，实际影响力虽不能与杨万里相提并论，但实已处于承前启后的位置，这使整个诗史链条更显得环环相扣了。

另一个例子是萧立之，这位《宋诗选注》中的最后一家，受到钱先生的格外推举。《札记》卷二第 530 则（第 881 页）云："谢叠山跋，谓江西诗派有二泉（赵蕃号章泉，韩淲号涧泉）及涧谷（罗椅），涧谷知冰崖（萧立之）之诗。夫赵、韩、罗三人已不守江西密栗之体，傍参江湖疏野之格，冰崖虽失之犷狼狭仄，而笔力峭拔，思路新辟，在二泉、涧谷之上。顾究其风调，则亦江湖派之近江西者耳。"这段议论，正好与前文论及的刘克庄调和江西、江湖，"不江西，不江湖"诗风流行相接榫，既可补充"主线索"的内容，也为萧立之在诗史链条中找到他应有的位置："要于宋末遗老中卓然作手，非真山民、谢叠山可及。"在《宋诗选注》萧立之小传中也说：萧氏"没有同时的谢翱、真山民等那些遗民来得著名，可是在艺术上超过了他们的造诣"，主要原因是："他的作品大多是爽快峭利，自成风格，不像谢翱那样意不胜词，或者真山民那样弹江湖派的旧调。"意在标举晚宋诸小家中那批能"不江西不江湖"而"能自成风格"的诗人。顺便提及，他在评及俞德邻时，前已提到把俞氏置于乐雷发之次，而在《札记》卷二第 628 则（第 1170 页）中，又把他视为可与萧立之并肩，说他"感慨沉郁者，差能自成门户，非宋末江湖体或江西体，于遗民中，足与萧冰崖抗靳"。《札记》和《宋诗选注》中论及宋末诗人"自成风格""自成门户"者，往往与其摆脱江西、江湖所谓"影响的焦虑"有关，材料亦丰，对进一步完善诗史"主线索"是十分有益的。

对钱先生实际展示的"主线索"，一方面需要从其大量具体论述中加以丰富和完善，另一方面也需要充分认识其复杂性。所谓"主线索"，只是从宏观上概括指出诗坛的总体艺术走向，指示文学风尚的大体转化；但对具体作家作品而言，却又是千差万别，各具面目，而不能整齐划一、生硬套框的。比如敖陶孙，这位诗人先在"庆元诗祸"中因同情朱熹、赵汝愚而受到牵连，却因此在江湖中声名鹊起；其诗集《臞翁诗集》也被陈起刻入《江湖集》，横遭"江湖诗祸"。刘克庄在为他而写的墓志铭中说："先生（指敖陶孙）诗名益重，托先生以行者益众，而《江湖集》出焉。会有诏毁集，先生卒不免。"[16]他跟江湖诗人的社会关系不可谓不密切。但钱先生强调指出，他的诗作却不具有江湖诗体的特征和风格，不能列入该一系列。在《札记》卷二第 446 则（第1026 页）论及《南宋群贤小集》（旧题宋陈思等编）所收《臞庵诗集》时说："纯乎江西手法，绝非江湖体。虽与刘后村友（《诗评》自跋云：自写两纸，其一以遗刘潜夫），却未濡染晚唐……《小石山房丛书》中有宋顾乐《梦晓楼随笔》一卷，多论宋人诗，有云臞翁虽不属江西派，深得江西之体，颇为中肯。"就诗风而言，敖氏应入江西一脉。而在近出《中文笔记》中，钱先生在评述《南宋六十家(小)集》(陈起编,汲古阁影宋钞本)时,对敖氏更下了一个明确的论断:"此六十家中为江西体者唯此一人。能为古诗,近体殊粗犷。有《上石湖》四律、《题酒楼》一律,不见集中。"(第三册,第375页)这种诗人个体的差异性和群体的复杂性,更提醒我们对"主线索"不宜作机械的理解。

注释:

①《钱锺书手稿集·容安馆札记》(全三册),商务印书馆2003年版。下文简称《札记》,所引均据此版,随文出注。

②此书实际则数似不到802则,其中有缺码(如248则,353则,367则,368则,387则,388则,411则,412则,546—554则),有重码(如80则,147则,326则,458则),有乱码(如401—452则放在572则之后,未接上400则),有空码(如卷二自1186—1212页共26页未编则数)。

③钱锺书:《管锥编》,中华书局1979年版,第348页。

④《管锥编》,第1470页。

⑤参见拙文《钱锺书先生横遭青蝇之玷》,《悦读》第16卷,二十一世纪出版社,2010年4月。

⑥《谈艺录》,中华书局1984年版,第167页。

⑦《宋诗选注》,人民文学出版社1958年版,第16页。

⑧最近出版的《钱锺书手稿集·中文笔记》第九册第296—304页(商务印书馆2011年版),又有论及王诗李壁注约五十条,并明云"补《日札》第六〇四则",说明论述同一题目,《中文笔记》一般写于《容安馆札记》之前,也有写于其后的。

⑨《谈艺录》,第243页。

⑩《谈艺录》,第69页。

⑪见《七缀集》,上海古籍出版社1985年版,第23页。

⑫《旧文四篇》,上海古籍出版社1979年版,第26页。

⑬以上两信,均见《财经》杂志(双周刊)2006年第18期。

⑭《记忆的碎片——缅怀钱钟书先生》,《鳞爪文辑》,陕西人民出版社2008年版,第8页。

⑮见王水照、熊海英:《南宋文学史》,人民出版社2009年版。

⑯刘克庄:《瞿庵敖先生墓志铭》,《后村先生大全集》卷一四八,四部丛刊本。

先茔碑记与宋元代家族组织

魏　峰(杭州市社会科学院)

宋元文献中记载家族历史的文献,除唐以来较为普遍出现的神道碑、墓志铭外,出现一种有别于上述碑记的文体,即为先茔碑记①。作为立于家族墓园外的石刻,先茔碑记详细记录家族世系、仕宦经历,是对一个家族历史的简要记述。先茔碑记的撰写方式,反映出修撰者期望以碑记记载,明确家族世系,褒扬前代德业,以凝聚家族共属意识,达到尊祖收族的目的。笔者不揣浅陋,拟就先茔碑记撰写及其对家族组织发展的关系略呈浅见,以就教于师友。

一、先茔碑记的修撰

先茔碑记,初见于唐代,流行于金元时期,现存地区主要集中于华北地区。作为一种文体,有称"先茔碑"、"昭先碑"、"世德碑"、"先茔记"、"先坟记"、"先茔表"、"阡表"、"墓表"等。对于其文体特点,元人潘昂霄以为"先茔、先德、昭先等碑例,似与神道碑、墓志碑不同。先茔、先德、昭先等碑,创业于国朝,已前唐、宋、金皆无之,所书三代并妻子例似与神道墓志不同也。"②在对世系、女性的记载方面,与神道碑等有显著不同。检诸文献,金时已出现类似先茔碑记,如《苏氏先代碑》③、《李氏祖茔碑》④等,对于世系记载已较为详细。

宋代文献中虽也有周氏世德碑,但考其内容,不过是周氏家族三世四人墓志铭的合写,并非如元代详述一族世系、单一撰写的世德碑。⑤南宋文献中如元代先茔碑详述世系的,笔者所及有陈傅良所作《新归墓表》。此碑系为瑞安林氏所作。林氏虽因林石北宋时以经学知名,但一生“独教行于乡”,并不为世人所重。其子三人,幼子早夭,长子林晞颜、次子林晞孟亦寿数不长。林晞孟妻曹氏不得已改嫁张家,子林松孙后又以学行为乡里所敬。林氏也仅林晞孟一支延续下来,而林晞颜一支至淳熙年间已经不得记其事。⑥《新归墓表》除借林氏诸人境遇表达陈傅良的学术观点外,还记录林氏家族一百多年间在新归一地的安葬的情况,可以看做是家族先茔的记载,对于世系也有记载,而于家族的宦业等则因林氏世代布衣而并无记载。程俱所作《江氏小山祖墓记》,亦记录开化江氏世代族葬情况,但却详述两度为江氏墓地而起的纠纷,其目的似在防止江氏坟域为人侵夺,至于江氏世系所记则极其含混,⑦其目的主要当不在宗族凝聚方面。

明人黄宗羲则以为世德碑见于唐代韩愈,其最初主要叙述得姓之始,祖宗功德;至元代则叙述延展于子孙,而所记反详于子孙,略于祖宗,“先茔、先德、昭先等碑,名虽不同,其义一也”⑧。元时立先茔碑记,是仕宦之家标榜门第的普遍行为,“登仕版家,先世茔域,例有碑志,况东西南北之人,表识之建尤为切务,俾子孙继嗣拜扫,考其世系乡里,通追来孝,免夫有旌纪寂寥之叹。”⑨

何谓“先茔”？元人以为“人之所葬曰坟,所葬之世既久,谓之先茔”⑩。先茔是家族世葬之地,既有本地始迁祖即葬于此,亦有后人将先人迁葬于此。茔域为防侵耕樵采,多设有围墙,“聚土版筑,缭以垣墙”⑪,周围遍植各种树木⑫。先茔记则刻石,立于墓园之前,既为标榜家族地位,也未明确坟域范围。

家族先茔碑记的撰者,一般是文士或名臣,此为唐宋以来多见,其中不乏当时名臣。某姓族人于新茔告成时,或缘乡谊,或为同僚,或为延请,持先祖表状,请文士撰写碑记,以表诸家族茔域。元代亦有朝廷下诏令文臣撰写,如哈飒不华昭先碑,⑬云国公杨氏世德碑⑭,保定郭氏先茔碑⑮,魏国赵氏先德碑⑯等皆是词臣受诏撰写。

元代传世的先茔碑记多由以下几部分组成。首先,有引言或序,叙述撰写该文的缘起。多记述作者与所述家族某人的关系,以及撰写此文的目的。以碑记"沂流求源,以昭示来世"⑰,当求撰者共同的目的。其次,叙述家族得姓始末,家族迁居本地过程。一些家族坟茔因地理或堪舆不利,需要别营葬地,再将前代亲人迁葬新地。某些碑记还详细记述某代先祖在世变中的艰难,以期族人知道先世之不易。再次为先茔记重点,详细记述各代家族成员,某代某人的官位,仕宦经历,所配何人,出身某家,生卒年月和寿数。尤为特殊的是先茔碑对家族世系的细致记录,某代祖有几子,分别为某氏妻子所生,某子又有几子,某为侧室所出⑱,某系养子⑲,家族世系因此清楚明白;即便有未及叙述的,也载于碑阴,如潍州北海的拜住,本为塔塔儿人,其先茔记未述及女性后裔,故"上下代女氏及诸孙婿未及录者备载石阴"⑳,类似有北海王氏,"余妇泪孙诸女泪婿,俱载石阴"㉑。亦有以世系图分列家族世系,如偃师陈氏、济宁杨氏碑,㉒刘氏先茔碑"其宗支别有图列碑阴"㉓,唐氏则"推叙宗族存没世次可知者,得七世,列之为图"㉔。文末往往有撰者对某族光大繁盛的期望作为结尾。

元代传世先茔碑记涉及家族,既有豪门大族,亦有不少系中下级官吏、军官,在华北地区的归附蒙元家族中尤为普遍,㉕反映的多是一个家族自军功发迹、形成的过程。

二、先茔碑记的特点

先茔碑记是树立于茔域之外的公开文字,其撰述与家庙、神道等前代碑志有所不同。㉖

元人以为先茔碑志与唐时家庙碑类似,"前代先庙有碑,近世揭石先茔,亦其遗意"㉗,家庙碑与先茔碑皆是"叙先世名迹"㉘。所不同为世系的撰写。唐代大臣家庙制度严格遵循宗法制度,以立庙者嫡长主祭,家庙碑虽亦详述家族世系,但所述先世主要是宗子本支,并不完整记载家族世系。如唐崔群家庙碑,只列崔群父、祖、曾祖三室,而崔群实有从祖一人,从父三人,弟一人,从弟一人。㉙宋代则家庙制度未立,而神道碑等沿袭唐制。与之相比,元代传世先茔碑记,除非失其名讳,则自始迁祖起,凡族人可记姓名者,往往皆列名碑上,包括男女嫡庶,所涵盖的家族范围广于前述唐代家庙碑所及。先茔碑记详列世系,明确嫡庶,在实际上仍标明那一支为家族大宗。所以有此差异,正如学者指出,唐代大臣家庙并非宗族共有,而只属于立庙者宗子一系之私庙,㉚而先茔则为宗族所有,以先茔多族葬推之,无论嫡庶族人皆可入葬,故登载世系以大宗世系,即是期望团结宗族,以先茔为中心凝聚宗族共属意识,使宗族得以百世不堕。

对于先茔碑记与前代神道等碑志的不同,元人已有认识,先茔碑"所书三代并妻子例似与神道墓志不同"㉛,唐宋时各种碑志,述及家族世系皆不分书所出,至元代始有分列子为某妻所出㉜,以宋代神道碑行状等为例,在述传主后裔时,多仅述名讳、长幼、官位等。北宋名臣苏颂行状,叙述其子孙"男六人,熹、嘉皆朝奉郎。駉,朝散郎。诒,承议郎。京,奉议郎。携,通直郎。女三人,长适婿朝议大夫李孝鼎,次二前卒,婿朝散郎刘管,襄州录事参军贾收。孙男十九人,象先,奉议郎;处厚,承事郎;德舆、行冲、季辅皆承奉郎;长庆、余庆、公绰、彦伯、道孙、简求、陶孙、伯孙、朝孙、叔孙、文孙、镇孙、季孙、公孙、葛孙皆未仕"㉝,并未明确其六子是初娶凌氏,还是继室辛氏所出,其十九个孙辈亦未明确为那个儿子所出。又如南宋赵浚的神道碑,记载"子四人,长幼亡,次端,承事郎、知平江府常熟县丞;次□,承奉郎,后公十五年卒;次薄,修职郎、新吉州永丰县主簿。女三,长适迪功郎、前温州司法参军辛劝,次适修职郎、监嘉兴府澉浦镇税曾晏,次适承事郎知滁州清流县魏岘。孙男七,槩、榮、棻、梁、楠、杲、棠。女二,尚幼。"㉞与之相较,元代先茔碑,则世系更为明确。如莘县杨氏先茔碑记,"(杨)滋娶李氏,生子三:居仁,字子静,仕江淮间为漕运押纲官;居谦,字子益,历考城等县典史;居中,字子庸",

其弟杨渊，"娶孙氏,生子三:居贞,字子正;居义,字子宜,庆元路定海县主簿;居信,字子诚",杨滋、杨渊孙辈有二十一人,亦是分列"居仁子昆;居谦子昂、昺;居中子晏、昌、易、炅"⑤。济南安氏有安圭,有"曾孙一十二人,长曰景范,惟湛子也,承务郎彰德广平临水等处铁冶副提举;曰景元,惟演子也,进义副尉监杭州富阳税;曰景时,早卒;曰景良,曰景嘉,惟溥子也,后卫典史;曰景益,惟洋子也;曰景璘,惟洪子也;曰景肃,景周,景鲁,景开"⑥,先茔碑记所述世次、嫡庶更为明确。

在先茔碑记中详述家族世系,明确房支谱系,若再配以碑阴世系图谱,先茔碑记几可视为石刻谱牒,据此族人得以昭本支、别亲疏,居同里,死族葬,才不致数十年服尽亲尽,成为路人。

笔者以为,先茔碑记的此种撰写方式,与元代社会特定背景不无关系。首先,朝代更迭使得许多名门右族迅速衰败,子孙降为皂隶,家族散在四方,先世坟墓无人照管。随着政局逐步稳定,高门大族再度出现。家族成员在重新聚集、逐步形成家族组织的过程中,有感于前代豪门家世破败,希望自己家族世代延续,坟茔能够昭穆相序、百世不迁,因此期望家族世系刻石立碑,传之后世。如此即使时移世变、山谷陵替,还可据此碑刻追溯先世,家族或可重建。其次,蒙元统治的特殊性。"氏族之制,所以定亲疏,别嫌疑,厚人伦也。古者国有牒,家有谱,然犹有拜汾阳之墓者,矧二者并亡之欤? 其西北诸公以名称相呼,以部落为属,传久而差,失真尤甚。"⑰姓氏混淆,甚至时人以为病,"今之蒙古、色目虽族属有分,而姓氏不并立,但以名行,贵贱混淆,前后复杂,国家未有定制。"⑱姓氏不并立之外,还有大量的改易姓氏存在。自成吉思汗时代开始,即开始给汉人赐蒙古姓氏,受赐者包括武将、文人、军匠等,⑲一些汉人深受蒙古文化影响,姓氏改易蒙古,如燕京的贾氏,翼州的常氏;⑳同时也有蒙古人逐渐汉化的过程,如定居淄博的蒙古人改姓为刘。㉑姓氏之别,即是宗族之别,因此魏晋以来,分别宗族有赖谱牒。但西北族裔,既无谱牒以记世系,更兼姓氏混乱、贵贱混淆,难免族属混乱。当高官大族立碑自表家世时,不但叙述家族勋烈,还明确世系所出、各代名讳,这对改易姓氏的家族明辩族系,可能具有特殊意义,或许是应对此种家族姓氏复杂局面的办法之一。此种家族世系记载方式可能随着蒙元统治在全国范围确立而传之各地。

三、先茔碑记与家族组织

先茔碑记,透露出的是时人"生而闾居,死而族葬"的愿望。元人赵季明倡导的族葬制,设想将族葬与朱熹提倡的祠堂之制相配合,以祠堂家祭高曾祖考四代,墓地则"以造茔者为始祖"。族葬只别昭穆,"不别嫡庶,不分孰为妻及继室所出,孰为侧室所出;孙不敢即其父,不分兄或弟所生,及嫡庶贵贱也,皆以齿列昭穆"[42]。在元人先茔碑记中,多有记载以昭穆葬先人者。[43]如葬地在大兴的杜氏,"以昭穆葬新茔",[44]解州的仪氏"悉举数世之丧,序以昭穆葬焉"[45],处州的吴氏,自吴兴迁居处州,至元末已十一世,有十个大墓在三岩山,族系日繁,吴氏族人请宋濂详述世系并刻石,期望能"昭本支,别亲疏,谨异同"[46]。"孙不敢即其父,不分兄或弟所生"的族葬原则,需要明确世系记载相配合,才不致世系不明。昭穆相序的先茔,与详载世系的先茔碑记,适能满足族人围绕先茔祭祀相叙亲情,强化宗族的需要。

族葬出现的前提应该是存在有稳定的宗族阻止。对形成一个宗族而言,最为重要的意义可能在于确定始祖。[47]如居燕京的孙氏,以孙元凯之父为燕京孙氏始祖,[48]燕京的杜氏,以始迁祖杜松为始祖。[49]迁居洛阳的田氏,以始迁祖田秀为始祖,"田氏之谱以武略(田秀)始"[50],濮阳宋氏祖茔原在宋胡寨,后改卜里西原,遂"别自为祖"[51]。确立始祖,即是一个宗族扩大或重建的开始。某氏设立先茔碑,即是向族内宣告此地先茔为祖茔,始迁祖为始祖,本支是为宗族之大宗,并以迁葬前代先祖入葬地加以明确。

尊祖收族,始于尊祖,以聚合一个宗族的目的而言,在明确始祖之后,围绕始祖即能确立宗族的范围;明确宗族范围,就能以现有家族成员订立家族谱系;在有明确族系之后,家族成员就能以祭祀等活动,加强族人的联系。在先茔进行墓祭时,族人借碑记序定昭穆,以起到收族的作用,"岁时祀事,子孙各尽其力,朋酒羔羊,至于疏远,皆得还往,"[52]其作用已不限于家族,而是扩展至五服以外的宗族。[53]"庙制既亡,而族葬之礼犹在,士之有志于古者,尚可得而稽焉,故既设冢人之官,祭于墓则有尸,是圣人制礼出于人情之所不忍,以广其孝思之诚者,亦不得而废也,然则冢墓封树之崇,又可不致敬乎"[54],树立于冢墓的先茔碑记,不但明确家族始祖,并且详述家族世系,碑阴或有整个家族的谱图,而家族的对族茔的祭祀活动,即围绕祖茔开展。天台顾氏,初一及夏至"大合其族,行聚拜之礼"。[55]

从先茔碑记观察元代家族(宗族),其中涉及的家族(宗族)很多是以迁葬新茔为契机,确立始祖、明确世系,树先茔碑记于茔域或可以看做是这个家族重建或强化的开始。一些家族先茔所葬世仅有两世、三世,以宗族标准而言可能尚处于形成过程中;但无论是数世或是十余世,这些家族都重视先茔对于宗族凝聚的重要作用。围绕先茔的祭祀活动,虽然尚有"墓祭非古礼"的质疑,却在实际祭祀先茔的过程中,实现了以始迁祖为始祖的宗族的逐步形成。先茔碑中详列的世系,明确了族中嫡庶,这在宗族形成中也并非没有意义。虞集曾为苏天爵家族先茔撰写碑记,碑中对苏氏族人"备书其子孙之姓名者,著其族也",而尤其详于苏志道及其世系是以"志道长且贵也"[56]。实是确认苏志道为族系为苏氏宗族之大宗。确立的大宗,也就是始迁祖族系,往往是家族中"既长且贵",虽然"长"是在迁葬中确立始祖实现的,但"贵"无疑是先茔得以成立的基础。"既长且贵"的大宗,是宗族形成的重要条件,在大宗宗子的倡导下祭祀、编谱等宗族活动,可以进一步强化宗族组织。这或可佐证元代宗族已形成系统的祭祀远祖和近祖的祭祖制度,这种祭祖制度表现为家祭与祠祭、大宗和小宗的结合。[57]

注释:

①对先茔碑记已有学者进行深入探讨,主要有常建华《元代族谱研究》(文载《谱牒学研究》第3辑,书目文献出版社1992年版)、《元代墓祠祭祀问题初探》(文载赵清主编:《社会问题的历史考察》,成都出版社1992年版),《宗族志》(上海人民出版社1998年版),森田宪司《碑文の撰者としての知识人》,《元代知识人と地域社会》(汲古书院2004年版),饭山知保《金元时期华北的系谱承传与碑刻》未刊。

②潘昂霄：《金石例》卷二《先茔先德昭先等碑之始》，《石刻史料新编》第三辑第 39 册，第 521 页。

③佚名：《苏氏先代碑》，《全辽金文》，山西古籍出版社 2002 年版，第 1647 页。

④黄晦之：《济宁李氏祖茔碑》，明昌六年。碑文虽未相记世系，但文末有"若夫昭穆之序，则详见于碣之阴"，《全辽金文》，山西古籍出版社 2002 年版，第 1994 页。

⑤夏荃：《退庵笔记》卷二《周氏世德碑》，清抄本。

⑥陈傅良：《陈傅良先生文集》卷四八《新归墓表》，浙江大学出版社 1999 年版，第 611 页。

⑦程俱：《北山小集》卷一九《江氏小山祖墓记》，四部丛刊本。

⑧黄宗羲：《金石要例·先庙碑例》，《黄宗羲全集》第二册，浙江古籍出版社 2005 年版，第 260 页。

⑨王恽：《秋涧先生大全集》卷五六《平阳程氏先茔碑铭》，《元人文集珍本丛刊》第 2 册，第 158 页。

⑩杨宏道：《李氏迁祖之碑》，《全元文》第 1 册，第 207 页。

⑪郑玉：《师山集》卷五《王干里洪氏始祖墓记》，文渊阁《四库全书》本。

⑫程钜夫：《雪楼集》卷一三《杨氏先茔记》，文渊阁《四库全书》本。

⑬刘敏中：《中庵集》卷四《敕赐将作院使哈飒不华昭先碑》，文渊阁《四库全书》本。

⑭程钜夫：《雪楼集》卷六《云国公杨氏世德碑》，文渊阁《四库全书》本。

⑮刘敏中：《中庵集》卷九《敕赐保定郭氏先茔碑铭》，文渊阁《四库全书》本。

⑯程钜夫：《雪楼集》卷五《魏国赵氏先德之碑》，文渊阁《四库全书》本。

⑰蒲道源：《顺斋先生闲居丛稿》卷二五《巩氏先茔之表》，至正刻本。

⑱程钜夫：《雪楼集》卷一九《莘县杨氏先茔碑》。

⑲黄溍：《金华黄先生文集》卷二八《宛平王氏先茔碑》，续修四库全书本。

⑳徐佑：《右都威卫管军百户太纳先茔之碑》，《全元文》第 58 册，第 670 页。

㉑李庭实：《都巡王公先茔之记》，《全元文》第 20 册，第 535 页。

㉒叶昌炽：《语石》卷三，《石刻史料新编》第 2 辑第 16 册第 11915 页。

㉓刘因：《静修先生文集》卷一六《怀孟万户刘公先茔碑铭》。

㉔邵亨贞：《野处集》卷三《海隅唐氏先世事实状》

㉕饭山知保：《金元时期华北的系谱承传与碑刻》。

㉖关于墓碑摆放位置，参加郑嘉励《南宋的墓碑》，《浙江宋墓》，科学出版社 2009 年版。

㉗张伯淳：《养蒙文集》卷四《嘉兴路总管府推官刘君先茔碑》，文渊阁《四库全书》本。

㉘刘因：《静修先生文集》卷一六《怀孟万户刘公先茔碑铭》。

㉙章群：《唐代大臣家庙》，《第七届亚洲族谱学术研讨会会议记录》，联合报文化基金会国学文献馆编主编1996年。

㉚甘怀真：《唐代家庙礼制研究》，台湾商务印书馆1991年版，第94页。

㉛潘昂霄：《金石例》卷二《先茔先德昭先等碑之始》，《石刻史料新编》第三辑第39册，第521页。

㉜黄宗羲：《金石要例·子女不分书所出例》，《黄宗羲全集》第二册第262页，浙江古籍出版社2005年版。

㉝邹浩：《道乡先生邹忠公文集》卷三九《故观文殿大学士苏公行状》，《宋集珍本丛刊》第31册，第292页。

㉞楼钥：《攻愧集》卷九八《龙图阁待制赵公神道碑》，四部丛刊本。

㉟程钜夫：《雪楼集》卷一九《莘县杨氏先茔碑》，四部丛刊本。

㊱马祖常：《马石田文集》卷一三《济南安氏先茔碑》，《元人文集珍本丛刊》第6册，第645页。

㊲程钜夫：《雪楼集》卷一五《里氏庆源图引》，文渊阁《四库全书》本。

㊳吴师道：《礼部集》卷一九《国学策问四十道》，文渊阁《四库全书》本。

㊴那木吉拉：《元代汉人蒙古姓名考》，《中央民族学院学报》1992年第2期。

㊵李治安：《元代汉人受蒙古文化影响考述》，《历史研究》2009年第1期。

㊶杨志玖：《山东的蒙古族村落和元朝墓碑——一个古老蒙古氏族的新生》，《历史教学》1991年第1期。

㊷谢应芳：《辨惑编》卷二《择葬》，文渊阁《四库全书》本。

㊸江南地区似乎形成了与北方不同的葬俗，即并未形成族葬的风俗。宋濂《宋学士集》《赵氏族葬兆域碑铭》"盖大江以南拘泥于堪舆家，谓其水土浅薄无有族墓之者"，对于南北葬制的差异，戴表元《剡源集》卷四《中枝山葬记》，以其家葬地解释说"江南山稠水迫，难用中原昭穆为穴，穴多者唯以砖椁隔分左右"。

㊹赵孟頫：《松雪斋集》卷八《杜氏新茔之碑》，四部丛刊本。

㊺陈孚：《仪氏先茔记》，《山右石刻丛编》卷三〇，《石刻史料新编》第1辑第20册。

㊻宋濂：《宋学士文集》卷三八《括苍吴氏世系碑铭有序》，四部丛刊本。

㊼井上彻著钱杭译：《中国的宗族与国家礼制》，上海书店2008年版，第55页。

㊽邓文原:《巴西集》卷上《孙氏先茔碑》,文渊阁《四库全书》本。

㊾赵孟頫:《松雪斋集》卷八《杜氏新茔之碑》,四部丛刊本。

㊿袁桷:《清容居士集》卷三〇《田氏先茔志》,四部丛刊本。

(51)王思廉:《东郡宋氏世德碑》,《全元文》第10册,第11页。

(52)邵亨贞:《野处集》卷三《海隅唐氏先世事实状》,文渊阁《四库全书》本。

(53)常建华:《元代墓祠祭祖问题初探》,文载赵清主编《社会问题的历史考察》,成都出版社1992年版。

(54)苏天爵:《滋溪文稿》卷四《文水王氏增修茔兆记》,中华书局2007年版,第53页。

(55)宋濂:《宋学士集》卷一七《天台顾氏先德碑》,四部丛刊本。

(56)虞集:《道园类稿》卷四五《苏氏先茔碑》,《元人文集珍本丛刊》第6册,新文丰

(57)常建华:《宗族志》,上海人民出版社1998年版,第96页。

南宋布袋图与布袋像赞

李　辉(杭州市社会科学院)

弥勒信仰在印度大约产生于公元前 2 世纪，至迟在十六国时期，弥勒信仰在中国西北已很流行。弥勒造像于此时也已传入中国。据《高僧传》记载，符坚曾送道安佛像若干尊，其中就有一尊"结珠弥勒像"。[①]道安"每讲会法聚，辄罗列尊像"。这尊"结珠弥勒像"其形制如何，已不可知。但与其同时期的弥勒造像相比较，可知它因具有犍陀罗艺术特点的，手持水瓶的菩萨造像。早期的弥勒造像，多为菩萨装，交脚立式。弥勒佛以佛的形象出现，比菩萨装要晚一些。现在所知的最早佛装弥勒造像是太和二年（478）所造的金铜弥勒像。弥勒面部微笑，作禅定印，结跏趺坐于高方座上。[②]而我们今天所常见的大肚弥勒佛则是宋以后出现的，以布袋和尚的形象取代了弥勒作为菩萨、佛的造型。有关布袋和尚已有相关的研究，[③]但宋代以后大量出现的布袋图及布袋图上的题赞还未引起人们的注意。从少量存世的南宋布袋图及保存于文集、《语录》中的大量题赞来看，布袋和尚为当时佛教绘画中常见题材，其形象不局限于我们现在所见到的。本文从布袋图上的题赞着手，探讨布袋和尚这一形象的演变。

一、南宋存世的布袋图

南宋存世的布袋图并不多。以笔者目力所见，仅以《宋画全集》收录为例。

1. 梁楷（传）《布袋和尚图》

纸本。水墨。纵81.6厘米，横33.0厘米。香雪美术馆藏。④此布袋形象为一笑呵呵的胖僧，坦露胸腹，荷一柱杖，挑着一个大布袋，赤脚行走。

梁楷，南宋后期之人，《图绘宝鉴》有其小传，善画人物山水，道释鬼神。嘉泰年画院待诏。嗜酒自乐，号曰梁风子。⑤

此画幅上方从右向左书写有题赞："主杖横挑，袋垂驴脊。丑质枯衣，人天荆棘。个样风家伎俩穷，千古万古成狼藉。大川赞"。

僧传记载中，法名或号为大川者有二，一为唐代的释大川⑥，一为南宋的释普济，号大川。曾住持灵隐寺。普济（宝祐元年，寿七十五），自号大川，明州奉化人张氏子，与偃溪广闻同为浙翁如琰之嗣法，曾纂修《五灯会元》。⑦从生活年代来看，题赞者"大川"似为普济。普济有《语录》存世。检其《语录》，收有《布袋》题赞一首："南无阿逸多，忙忙走寰宇，等个人未至，放下宽肠肚。来也，来也。嘘。泰岳何曾乏土。九十七大人之相，百千亿微尘数身兜率，长汀人不识。抖擞精神一欠伸。"⑧此赞显然不是梁楷画上的题赞。

2. 李确《布袋图》

纵105.3厘米，横32.3厘米，藏日本妙心寺。⑨此形象为布袋和尚左手抚腹，仰天大笑。画幅上方有偃溪广闻题赞，文字从左至右书写："荡荡行，波波走。到处去来，多少漏逗。瑶楼阁前，善财去后。草青青处，还知否？住径山偃溪广闻。"左下角有"李确"题墨，无款。

李确，南宋画家，据称曾向梁楷学白描。⑩

广闻（1189—1263），福建侯官林氏子。嗣法浙翁如琰，而浙翁如琰又是大慧宗杲再传弟子。⑪《偃溪广闻禅师语录》卷二又载有广闻另一首《布袋》

赞:"牙关咬定,行又行不上。布袋紧靠,放又放不下。知佗里许,有甚兜率内院底? 十字街头,辽天索价。"⑫

与此幅画面相似的是马远所作《布袋和尚图》。马远,号钦山,其先河中人,后居钱塘,光、宁朝画院待诏。⑬《南宋院画录》卷七记载马远亦创作过《布袋和尚图》:"绢画,镜面,一页,气色如新。一胖僧将布袋挂在杖上肩之,露其腹,笑傲观天而行,妙品上画。"从画面的描绘看,布袋的神态是仰天大笑状。

3. 牧溪《布袋图》

《宋画全集》收有两幅牧溪所作《布袋图》。一幅为全身布袋图,一幅为半身身袋图。

(1)全身布袋图。纸本。水墨。纵 77.2 厘米,横 30.9 厘米。京都国立博物馆藏。⑭图画中,布袋和尚斜躺靠在一个大袋子上,双目微闭,神情惬意。柱杖横放于地。无题赞。

(2)半身布袋图。纸本。水墨。纵 97.3 厘米,横 41.3 厘米。九州国立博物馆藏。此作又名《布袋图》。无款印,传为南宋牧溪作。上方有题赞:"大开笑口,以手扣胸。全无些伎俩,争可在天宫? 哑,罪过,我阎浮着你浓。口口赞"⑮此布袋形象为半身特写。为一胖僧,胸腹袒露,以左手扣于突出的腹部,笑口大开,一团和气。

以上两幅布袋图传为南宋牧溪所作。牧溪,南宋画僧,法名法常,亦有称为常牧溪。为径山无准师范之嗣法弟子。法常善画龙虎、猿鹤、芦雁、山水、树石。⑯牧溪流传作品有《花果翎毛》、《阿罗汉图》、《飞鸣二雁图》、《五雁图》等。⑰

二、布袋像赞

赞体是中国古代的一种文体,有人研究认为,在两汉之际,即出现了图画并作赞的形式。⑱我们可以将这种在人物画像上题称赞为像赞。像赞最初是在郡府办公场所给历届执政者画像作赞。因此早期的像赞是一种官方的行为,有纪念、表彰、教化的功用。到东汉末期,像赞由官方逐渐走向民间,有了个人化、大众化的顷向。像赞体在宋代时为禅林所广用,在宋代的禅宗语录及灯录中,亦发生了变化。宋代禅林像赞有以下几种:一种是赞"自己",一种是赞"他人"。赞"自己"的,称为"自赞"或"自述真赞",即在禅师在本人的画像上题词。例如黄龙慧南作《自述真赞》其曰:禅人图吾真,请吾赞。噫,图之既错,赞之更乖。确命弗迁。因塞其意。一幅素缯。丹青模勒。谓吾之真。乃吾之贼。吾真匪状。吾貌匪扬。梦电光阴五十一。桑梓玉山俗姓章。[19]赞别人,又分为几种,一种是赞佛祖、赞祖师,例如赞释迦佛、赞菩萨、赞达摩、赞六祖慧能。一种是赞前贤、师友的。例如五祖法演作过《赞白云先师》《赞四祖演和尚》。[20]而赞布袋和尚这种题材从宋代以来逐渐流行,从现有材料看,南宋流行程度要过于北宋。无论是僧俗两界,都以《赞布袋》来表达参禅论道。例如当时禅宗中领袖式的人物大慧宗杲的《语录》中就收录了四首《布袋赞》。[21]此为禅林之风。禅林之风气也影响到了方外之士,南宋上至皇帝下至士大夫都有《布袋赞》存世。例如宋高宗赞布袋和尚:"碧汉片云,长空孤月。能栖物外,如是幽绝。惯隐市廛,奇哉真杰。随身兮唯拄杖布袋,量机兮何妨酒肉腥血。别,别。玉殿琼楼更加雪。"[22]宋孝宗亦有和韵:"袋贮乾坤,杖挑日月。蘁蘁苴苴,僧中之杰。憨憨痴痴,(土+式)中之绝。令行兮一棒一条痕,逗机兮杀人须见血。别,别。分明一点红炉雪。"[23]

布袋图与布袋赞应该是紧密相连的。一般来说,可能只有图而没有题赞,但有赞必有相应之图。图像保存相对文字来说要难以保存,这也可以用来解释为何会留下大量布袋题赞,而布袋图却较为少见。南宋的禅僧留下了为数不少的布袋像赞。从题赞中,可以了解到南宋画家所创作的形态各异的布袋形象。

1. 握杖,作回头状

希叟绍昙《布袋》赞:

握藤枝馳布袋,转脑回头。使些奉化,逢人谩说觅文钱。乞儿乞儿,败

缺了也。希叟绍昙,西蜀人,无准师范之嗣法弟子。㉔

驰布袋,握藤枝,一肚皮恶毒,好使你门(们)知。转脑回头望阿谁。髯公知此意,冷笑贼风吹。㉕

这两幅图为布袋和尚手握拄杖,转身回头状。

2. 肩荷拄杖,身旁有小儿嬉戏。

椰栗横肩拖布袋,回头转脑小儿嬉。休言兜率宫中事,已被渠侬捉败伊。㉖

此画面非常生活化。传说布袋和尚生前常有儿童围绕嬉戏,此画即根据场景加以生活化。

3. 睡布袋

希叟绍昙《布袋(为吴省元)》:"内院不肯安居,长汀分甘落泊。主丈不解拈提,布袋徒然倚托。肚中计较百般,要睡何曾睡着?睡得着,铁奉化人须软脚。"从此赞来看,描绘的是一个睡布袋的形象。㉗

希叟绍昙《布袋》:"破布囊,无一窨,靠着便酣眠,全不知天晓。若言弥勒分身,你且莫来谭我。"㉘从题赞来看是亦为一睡布袋的形象。

4. 靠袋睡

自与尘劳交辗,肚里千机万变。虽然靠布被头,疑你睡得未稳。弄尽千般死伎,布袋全身靠倚。寻思总是虚花,不如打觉瞌睡。㉙此为布袋睡图。

5. 坐像

靠布袋坐,听岩瀑笑。手把轮珠,数个什么。内院抛离岁月深。(哑)忘却来时道。㉚

从此赞来看,其画面应是布袋和尚靠着大布袋席地而坐,手拿念珠。背景是一瀑布。

6. 打喷嚏的布袋

《为昌州月上人赞布袋(作嚏势)》:"主杖不能倚靠,稳跨布袋打坐。莫怪喷嚏不成,鼻孔元来无窍。"㉛这幅布袋图为打坐布袋,作喷嚏状。

7. 过水布袋

《肩袋过水布袋》:"这汉一生弄险,爱向风波里辗。肩个布袋截流,脚下

不知深浅。劈箭机先,路通一线。"㉜

此画面从题赞看,是为布袋和尚肩背布袋涉水图。

又物初大观《过水布袋》:"深则厉,浅则揭。七十二汀,无风浪起。"㉝亦是过水布袋的形象。

8.《靠布袋,看髑髅,不开口笑》

笑不露唇,见不透脱。布袋靠得虽牢,髑髅枯眼再活。若要活奉化,肚肠尽情抽却。㉞

此画面比较奇特,布袋和尚靠着布袋,应该是一幅坐像图,眼望着骷髅,"笑不露唇",与一般布袋图中布袋和尚笑口大开有着迥然不同的形象特点。

9.《布袋浴江图》

柳烟冪冪浪粼粼,脱体无依尚染尘。辊得通身是泥水,小儿戏剧诳谁人。无端平地鼓波澜,揭露娘生赤肉团。瞒得娇痴儿女子,溪头杨柳树难瞒。㉟

此为布袋在江中洗浴图。

10.荷杖挂破木屐图

大慧宗杲:"肩担一条吉撩棒,棒头挂双破木履。尽力撮却布袋口,不知里许有甚底。落落魄魄闹市行,若若直直没羞耻。龙华会上若逢渠,定与椎落当门齿"。㊱

11.瞑目而坐状

还有瞑目而坐的布袋形象:"山月未出海云忽飘,瞑目而坐归路迢迢。布袋里头无长物,许谁蝴蝶梦溪桥。"㊲

12.皱眉状的布袋

我们印象中的布袋和尚都是"笑和尚"的形象。而无准师范描绘了一幅"皱眉头"的"愁和尚"形象:"露胸坦腹,皱眉搭觜。做个模样,是何仪轨?谓渠惺未必惺,请渠睡未必睡。吽,吽。奉化子,我侬识得你。"㊳

以上是禅僧的丛林之作,宋代的士大夫也留下不少《布袋赞》。如北宋李之仪撰有《布袋和尚赞》:"盛着底是病,抽出底是药。众生以相见我,却道风狂颠错。秋来叶落归根,春去鸟啼花落。只这便是生涯,说甚重重楼阁。"㊺两宋之际的士人张元幹《布袋和尚赞》："维此大士无边身，三千大千同微尘。慈悲悯尔末劫人，颠倒杂怀贪痴嗔。布囊示现睡岂真，作如梦观非想因。劫火不坏囊常存，众生悉度解脱门。我来稽首弥勒尊，普为说法一切闻。"㊽南宋曹勋《布袋和尚赞》："三身调御，四明风月。化身百亿，海岸孤绝。如是，如是。以英，以杰。果然。倒用毗卢印一笑，石霜捧头血谁写？孤身四海游何妨？鹭鸶还立雪。"㊶南宋张侃《题睡布袋》："佛身广大遍虚空，收拾归来一衲中。走入睡乡推未觉，只缘认得主人翁。"㊷

三、布袋和尚形象的演变

较早记载布袋和尚的当属《宋高僧传》与《景德传灯录》：

> 释契此者，不详氏族，或云四明人也。形裁腲脮，蹙頞皤腹，言语无恒，寝卧随处。常以杖荷布囊入廛肆，见物则乞，至于（酉+兮+皿）酱鱼菹，才接入口，分少许入囊，号为长汀子布袋师也。曾于雪中卧，而身上无雪，人以此奇之。有偈云：弥勒真弥勒，时人皆不识等句。人言慈氏垂迹也。又于大桥上立，或问："和尚在此何为？"曰："我在此觅人。"常就人乞啜，其店则物售。袋囊中皆百一供身具也。示人吉凶，必现相表兆。亢阳即曳高齿木屐，市桥上竖膝而眠；水潦则系湿草屦。人以此验知。以天复中终于奉川，乡邑共埋之。后有他州见此公，亦荷布袋行。江浙之间多图画其像焉。㊸

明州奉化县布袋和尚者，未详氏族，自称名契此。形裁腲脮，蹙額皤腹，出语无定，寝卧随处。常以杖荷一布囊，凡供身之具尽贮囊中，入廛肆聚落。见物则乞，或酰醢鱼菹，才接入口，分少许投囊中。时号长汀子布袋师也。尝雪中卧，雪不沾身，人以此奇之。或就人乞，其货则售。示人吉凶，必应期无忒。天将雨，即着湿草屦，途中骤行。遇亢阳，即曳高齿木履，市桥上竖膝而眠。居民以此验知……梁贞明二年丙子三月师将示灭。于岳林寺东廊下端坐磐石，而说偈曰："弥勒真弥勒，分身千百亿。时时示时人，时人自不识。"偈毕安然而化。其后他州有人见师亦负布袋而行。于是四众竞图其像。今岳林寺大殿东堂全身见存。⑭

　　对比以上材料,可以知道,《宋高僧传》与《景德传灯录》有关记述布袋和尚的材料来源非常相似。其形象为"形裁腲脮,蹙頞皤腹","常以杖荷一布囊"。"腲脮"即"肥貌,含有缺乏神采之意。","蹙頞"即"皱缩眉头,愁苦貌","皤腹"即"大肚子"(汉语大词典)。则《宋高僧传》与《景德传灯录》中的布袋形象是"挺着大肚子,皱着眉头的,挑着大布袋的胖和尚"。可知最早的布袋形象与今天我们常见的"笑口常开,笑天下可笑之事;大肚能容,容天下难容之事"的形象还是有一定差距的。因此布袋开始的形象是以"肥"、"大肚子"为特点的,此为其一。其二,布袋图像的流行从时间来说在宋初就开始了,从空间来看是首先在江浙一带流传开来。

　　而布袋的图像也有其变化过程。从文献已知,布袋和尚最初的形象是皱着眉头的胖和尚。这一点从图像上也可以证明。北宋画家催白(约1004—1088)曾创作过一幅《布袋真仪图》,苏轼在此画上有题跋:"熙宁间,画工崔白示余布袋真仪,其笔清而尤古妙,乃过吴矣! 元祐三年七月一日,眉山苏轼记。"这幅《布袋真仪图》中的布袋和尚,体肥,坦露胸腹,荷一拄杖,拄杖挑一大袋子,皱着眉头,嘴角向下,面部表情没有笑意,头部有背光。而到南宋,布袋和尚的形象开始有了人间化、生活化的意境。首先面部改变了皱眉的形象,而成为笑口张开,背光也不再出现。由单一的荷杖背袋形象,出现了"睡布袋""过水布袋"、"浴江布袋"等各种生活化的形象。

　　另外元代的《佛祖统纪》卷四二中多了"有十六群儿哗逐之,争挈其袋"这一特征。⑮十六群儿,后人又将附会为十六罗汉。例如杭州飞来峰上的那龛著名的布袋和尚像,其身后即为十六罗汉围绕。因此有人据此认为群儿围绕布袋嬉戏的图像在元代才出现,这也是不正确的。从上文南宋布袋赞中可知道南宋时已有群儿与布袋和尚嬉戏的图像。因此,可能这种图像在南宋时已在民间流传。

图一　梁楷布袋图

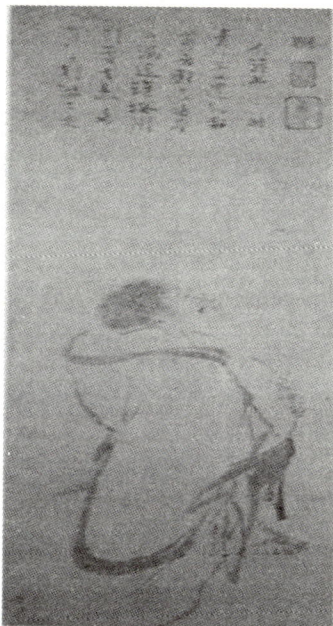

图二　李确布袋图

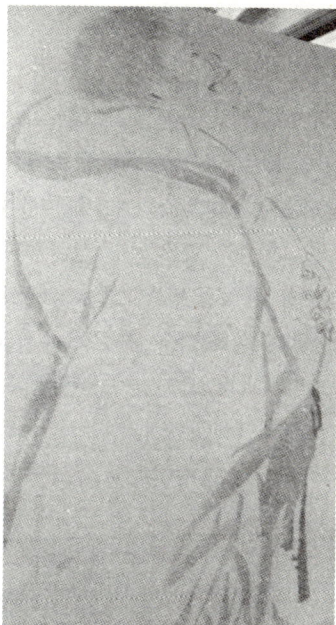

图三　牧溪半身布袋图

图四　牧溪全身布袋图

注释：

①《大正藏》第 50 册，第 352 页。

②有关交脚弥勒与佛装弥勒的相关研究参阅郭绍林《说弥勒形象的演变》，赵超：《略谈中国佛教造像中弥勒形象的演变》，载《中国历史文物》2003 年第 2 期。林伟：《从交脚弥勒菩萨造像的流行看中国传统文化对佛教的影响》，载《江苏社会科学》2009 年第 1 期。

③例如，韩秉芳：《从庄严未来佛到布袋和尚——一个佛教中国化的典型》，载《中国文化研究》2002 年夏之卷。林素幸：《布袋图在宋代出现的文化意涵与价值》，载《上海文博》。王忠林：《可能与必然—论弥勒图像的转型与定型》，载《世界宗教文化》2010 年第 6 期。严雅美：《试论宋元禅宗绘画》，载《中华佛学研究》第 4 期（2000 年 3 月）。

④《宋画全集》编辑委员会：《宋画全集》，第七卷第二册，浙江大学出版社 2008 年版，第 145 页。

⑤（元）夏文彦：《图绘宝鉴》卷四，文渊阁《四库全书》本。

⑥《宋高僧传》卷二〇：《唐汉州栖贤寺大川传》，《大正藏》第 50 册，第 837 页。

⑦大观：《灵隐大川禅师行状》，载《大川普济禅师语录》，《续藏经》第 121 册，第 345—347 页。

⑧《大川普济禅师语录》，第 348 页。

⑨《宋画全集》第七卷第二册，第 235 页。

⑩《图绘宝鉴》卷四。

⑪《补续高僧传》卷一一：《偃溪闻传》，《续藏经》第 134 册，第 203 页。

⑫《续藏经》第 121 册，第 302 页。

⑬《山堂肆考》卷一六六。

⑭《宋画全集》第七卷第一册，第 185 页。

⑮《宋画全集》第七卷第一册，第 185 页。

⑯《图绘宝鉴》卷四。

⑰《花果翎毛》见《书画题跋记》卷三，《阿罗汉图》见《庸庵集》卷一，《飞鸣二雁图》见《可闲老人集》卷一，《五雁图》见《文宪集》卷三二。

⑱郗文倩：《汉代图画人物风尚与赞体的生成流变》，《文史哲》2007 年 3 期。

⑲《黄龙慧南禅师语录》卷一，《大正藏》第 47 册，第 636 页。

⑳《法演禅师语录》卷三，《大正藏》第 47 册，第 666 页。

㉑《普觉宗杲禅师语录》卷二：《续藏经》第 121 册，第 98 页。

㉒《历朝释氏资鉴》卷一一,《续藏经》第 132 册,第 216 页。

㉓《嘉泰普灯录》卷二二,《续藏经》第 137 册,第 307 页。

㉔《希叟绍昙禅师广录》卷七,《续藏经》第 122 册,第 316 页。

㉕《希叟绍昙禅师广录》卷七,第 319 页。

㉖希叟绍昙:《布袋(肩丈拖袋,回头看小儿捉衣)》:《希叟绍昙禅师广录》卷七,第 316 页。

㉗《希叟绍昙禅师广录》卷七,第 317 页。

㉘《希叟绍昙禅师广录》卷七,第 318 页。

㉙《希叟绍昙禅师广录》卷七,第 322 页。

㉚《希叟绍昙禅师广录》卷七,第 317 页。

㉛《希叟绍昙禅师广录》卷七,第 477 页。

㉜《希叟绍昙禅师广录》卷七,第 322 页。

㉝《物初大观禅师语录》卷一,《续藏经》第 121 册,第 192 页。

㉞《希叟绍昙禅师广录》卷七,第 322 页。

㉟《希叟绍昙禅师广录》卷七,第 323 页。

㊱《大慧普觉禅师语录》卷一二,《大正藏》第 47 册,第 859 页。

㊲《运庵普岩禅师语录》卷一《布袋和尚》,《续藏经》第 121 册,第 653 页。

㊳《无准师范禅师语录》卷五:《续藏经》第 121 册,第 951 页。

㊴姑溪居士前集》卷一二,文渊阁《四库全书》本。

㊵《芦川归来集》卷一〇,文渊阁《四库全书》本。

㊶《松隐集》卷二九,文渊阁《四库全书》本。

㊷《张氏拙轩集》卷四,文渊阁《四库全书》本。

㊸《宋高僧传》卷二一,中华书局 1987 年版,第 553 页。

㊹《景德传灯录》卷二七,《大正藏》第 51 册,第 434 页。

㊺《佛祖统纪》卷四二,《大正藏》第 49 册,第 390—391 页。

古谚"上有天堂，下有苏杭"源流考

姜青青（杭州日报报业集团）

从它最初的雏形，从一个还不能称之为谚语的溢美之词，逐渐变化、变异，并脱胎而成为一句谣谚，最后在大众传播中得以最后"定型"，在这个历程的背后，隐现着各类阶层、多种民族和国家的无数人众的口口相传。而这所有的传播都在描述和印证着中国历史上极为重要的那一页：中国经济重心的南移。

而从世界史的角度来看，这也反映了宋文化对于世界的影响。杭州的"天城"之誉极大地影响了欧洲人，甚至也给我们考察哥伦布开辟东方新航路、开启大航海时代，是否受到了杭州"天城"的刺激或触动，留下了想象和研究的空间。

厘清这句名谚的源流变迁及其传播的大致轨迹，有助于我们重新认识这个业已传颂上千年的历史"标签"的意义。

2011 年 6 月 24 日，杭州西湖申遗成功。

回顾西湖申遗的过程，在中国上报联合国教科文组织的申遗材料上，有四段话描绘概括西湖景观，其中最后一段说："它是十个多世纪以来，中国传统文化精英的精神家园，是中国各阶层人们世代向往的人间天堂，是中国历史最久、影响最大的'文化名湖'，曾对 9—18 世纪东亚地区的文化产生广泛影响。"①

在此，杭州西湖的"人间天堂"之誉，来源于"上有天堂，下有苏杭"这句古谚——这是一个即使在今天，依然名闻遐迩，声播海内外的名谚。

如果历史发展的进程可以用一个个"标签"来"标示"出其中的特性和特质，那么，古谚"上有天堂，下有苏杭"就是其中一个典型的"标签"。我们从历史的角度审视这句名谚的出现和演进，可以发现，它从一个侧面反映了中国历史的发展进程：它是中国经济重心南移的一个"标志"，是中国文化达到空前繁荣的一个"标签"。然而，作为一句谣谚，它的萌发和起源、流变和演绎，长期以来虽然探究者多多，却至今未见有较为全面和清晰的梳理，以致个中脉络含混不清。本文意在从其谚语本身的角度溯其源、清其流，厘清它的历史发展脉络，并希望能对还原和认识其历史"标签"的意义有所裨益。

一、古谚最早出典的几种说法

20 世纪末，孙德卿先生在其《"天堂"之说溯源》一文中说，他为了追根溯源，曾经跋涉苏杭，翻阅了《临安知识词典》、《中国帝王辞典》以及有关文史资料，它们虽常引用"上有天堂，下有苏杭"这句谚语，但"不无遗憾的是最初见之于文字，究竟在哪里？缺乏考证"，"辞书编者没有详细交代"[②]。

杨一平先生撰有《"上有天堂，下有苏杭"的由来和发展》，文章论述周详而全面，但其中没有具体引述到这一谚语的古籍出处，只是笼统地说："苏州和杭州在五代中的吴越国时奠定了'上有天堂，下有苏杭'的基础，从此后也传开了'上有天堂，下有苏杭'美称之说。"[③]。

这样含糊的措辞显然不能让人满意，于是，又有许多学者在论述到这句名谚时，认为"最早"的出处应该是南宋诗人范成大《吴郡志》中的记载：

> "谚曰：'天上天堂，地下苏杭'。又曰：'苏湖熟，天下足'。湖固不逮苏，杭为会府，谚犹先苏后杭，说者疑之。白居易诗曰：'霅川殊冷僻，茂苑太繁雄。惟有钱塘郡，闲忙正适中。'则在唐时，苏之繁雄，固为浙右第一矣。"[④]

金学智先生的《"苏杭比较论"溯源》对于范成大的这一记载分析说:
"这可说是历史的结论。值得注意的是,这是从经济地理视角所作的比较。"
他还认为:"值得指出的是,既然是谚语,它一定是在民间长期地、广泛地流
传的,因此可以断言,在宋代,类似的民谚早已较为成熟地流传了,或者说,
早已大同小异地广为流传了。"⑤他的这个"断言"很有道理,但是,他仍然没
有找到这句名谚在宋代"早已流传"的更确切记载。

比南宋范成大记载再晚的,是元代初年奥敦周卿的小令《[双调]蟾宫
曲》,其中又出现了这句古谚:

"西湖烟水茫茫,百顷风潭,十里荷香。宜雨宜晴,宜西施淡抹浓
妆。尾尾相衔画舫,尽欢声无日不笙簧。春暖花香,岁稔时康。真乃上
有天堂,下有苏杭。"⑥

还是金学智先生,他曾经在1989年前所写的《天堂意识》一文中,将奥
敦周卿的这首小令引以为这一古谚的最早出处⑦。

奥敦周卿这首小令共有两首,均是描写西湖景色之美和游乐之盛。在
此应注意的是曲中的"真乃"一词,这说明作者在写作这支散曲之前,或者在
亲眼目睹西湖美景前,已经闻说到了"天上天堂,地下苏杭"的说法,而现在
他是眼见为实,果然如此。奥敦周卿是元初时人,他以"真乃"证实"天上天
堂,地下苏杭",也说明了这句谚语早已传世。

此外,吴战垒先生在注释奥敦周卿这首小令时认为,"上有天堂,下有苏
杭"这句俗谚"其流传定式最早见于本曲。"同时又说:"南宋初范成大的《吴
郡志》有'天上天堂,地下苏杭'之语,似为此语之本。"⑧

由此可见,较多观点将这一谚语的最早出现时间,划定在南宋范成大之
后,甚至是元代初年。

二、滥觞时期的美誉:地上天宫

一句名谚形成其"流传定式",必有一个萌发、孕育,最终脱胎而出的发

展过程。正如金学智所言，"它一定是在民间长期地、广泛地流传的"。事实上，在范成大之前，这一谚语已经有了一个相当长时间的发展过程。

　　"上有天堂、下有苏杭"之谚当萌发于北宋初年。陶穀《清异录》卷上"地理门"中，有"地上天宫"条称：

　　　"轻清秀丽，东南为甲；富兼华夷，余杭又为甲。百事繁庶，地上天宫也。"⑨

　　陶穀（903—970），字秀实，邠州新平（陕西邠县）人。本姓唐，避后晋高祖石敬瑭讳改姓陶。五代时历官后晋知制诰、仓部郎中，后汉给事中，后周吏部侍郎。入宋初为礼部尚书、翰林承旨，累加刑部、户部二尚书。《清异录》虽是一部笔记体著作，但更多的是借鉴了类书的形式，分为天文、地理、君道、官志、人事等 37 门，每门若干条，共 661 条（涵芬楼本），多记唐、五代时人称呼当时人、事、物的新奇名称。故该书的价值首先体现在典故、词语方面，并为后代词人墨客所引用，两宋之交从汴京逃难到杭州的文士袁褧，在其《枫窗小牍》中记述到当时在汴京流传着"百事繁庶，地上天宫"这句话，就是一个明证（本文第五节有详述）。

　　应该说，"地上天宫"的这一比拟性的"别称"，虽然还未形成作为谚语那样应有的"韵语"格式，严格意义上说还不成为谚语，但它却是后来"上有天堂、下有苏杭"这句谚语脱胎的"母本"所在。正是有了"地上天宫"这一说，才孕育、发育而生成后来的这句名谚。所以，倪士毅和徐规等学者均称该谚最早应源自陶穀《清异录》，"杭州有'天堂'之称，从这时开始"⑩，这是一种溯本求源的考证。

　　在北宋之前的杭州别称或别名，阙维民先生从唐诗中辑录出 29 个之多⑪，但没有一个与"天"相关的。这从另一方面说明了陶穀的"地上天宫"是一种开创。

　　而在北宋时对于杭州，"天宫"并不是唯一的比拟。生活时期稍晚于陶穀的潘阆（？—1009）有十首著名的描写杭州西湖的《酒泉子》，其中第一首开头就说："长忆钱塘，不是人寰是天上"⑫。潘阆以"天上"美誉杭州，与"天宫"用词不同，却为同一含义。而且，以潘阆在当时极高的艺术造诣和名家风范,他的这些作品极受欢迎,传播甚广。距潘阆去世近百年的宋徽宗崇宁五年(1106),武夷黄静记载说:潘阆"《酒泉子》十首,乃得之蜀人,其石本今在彭之使厅。予适为西湖吏,宜镌诸石,庶共其传。"⑬这意味着在北宋后期,潘阆《酒泉子》一已被蜀人传颂,杭州"不是人寰是天上"的名声至少已经远播四川;二是"石本"的出现,成为除了纸本之外的又一传播载体;三是黄静的"宜镌诸石",进一步以"石本"的形式广传这些词作。而这些,都可视作杭州之名已随着《酒泉子》不胫而走,得以有效传播。

除了以"天宫"、"天上"等词对杭州作比喻外,还有用其他同义词的,如北宋文学家、"苏门四学士"之一的晁补之描述杭州风物,有"若金城天府之疆"⑭之喻。这"天府"与"天宫"以及后来出现的"天堂"一词,均为同义词,只是杭州这一别名影响十分有限。

纵观整个北宋期间,对于杭州的比拟,有几个特点:一是用词并未统一,同一意思却有多种用词;二是所见的比拟均专指杭州一地,而未兼及苏州;三是从地域上来看,杭州"天宫"或"天上"的美誉,已传播甚广,西至四川,北到汴京,至少在文人士大夫之间,已有一定的知晓度。

最重要的是,所有这些对于杭州的赞美之词,都为后来这句传闻天下的名谚的脱胎而出,起到了催化和孵化作用。

三、女真人的传言:名谚脱胎而出

范成大(1126—1193),字致能,号石湖居士,平江吴郡(江苏苏州)人,生活于南宋高宗和孝宗时期,绍兴二十四年(1154)中进士。他的记载"天上天堂,地下苏杭"这一谚语的《吴郡志》,是中国最早具有规模的地方志之一,历来为历史学家所重视。对于它的成书年代,清代学者认定"为成大末年所作"⑮。

而另外一位更早于范成大半个多世纪的历史人物、生活于两宋之际的曹勋,则在其《松隐文集》中,也有对这一古谚的记载:

"臣在虏寨时,具闻虏人言:'金国择利便谋江南。'又曰:'上界有天堂,下界有苏杭'——其势欲往浙江。"⑯

曹勋(1098—1174),字公显,阳翟(河南禹县)人,《宋史》卷三七九有传。靖康元年(1126)金军攻破北宋京师东京(河南开封)后,他跟随被俘的宋徽宗一起被押送北方。据李心传考证,曹勋"以(建炎元年)五月离燕山府,七月至南京。"⑰曹勋向高宗呈递了太上皇帝徽宗书写于衣领的亲笔求援信,传达了许多有关太上皇帝的重要消息,而且还写了不少在金营中以及逃归途中的见闻,报告给高宗,以供决策参考。

《进前十事札子》是曹勋在建炎元年(1127)刚逃回南宋时所作(是年范成大两岁)。当时他奉命向高宗进呈其在北方金国的见闻,文中讲道:"臣五月间由真定、赵、冀州界间道而回"。据此时间记载,曹勋的这篇札子成文时间应比范成大"末年所作"的《吴郡志》,要早60年左右。也就是说,作为后来定型为"上有天堂,下有苏杭"的这一古谚,其最早的出现,曹勋的记载至少比范成大的要早半个世纪以上。⑱

对于《松隐文集》中涉及当时历史的记载,因是曹勋亲历亲见为多,是以清代四库馆臣评价道:"勋尝从徽宗北狩,奉密诏南归。后又奉使至金迎宣仁太后。故其诗文多可以考见时事。"⑲

曹勋另有《北狩见闻录》一卷也为"四库全书"收录,四库馆臣评价为:"所记北行之事,皆与诸书相出入。惟述密赍衣领御书及双飞蛱蝶金环事,则勋身自奉使,较他书得自传闻者节次最详。末附徽宗轶事四条,亦当时所并上者。纪事大都近实,足以证《北狩日记》诸书之妄。且与高宗继统之事尤为有关。虽寥寥数页,实可资史家之考证也。"⑳

可见,曹勋著述的真实性还是得到后人认可的,至少我们现在没有理由怀疑《松隐文集》所记载的"上界有天堂,下界有苏杭"等金国见闻的真实性。而且,就曹勋本人歌咏杭州西湖的诗篇来看,他对于"天堂"的比拟似也感同身受:"四山收尽一天云,水色天光冷照人。面面荷花供眼界,顿知身不在凡尘。"㉑

四、"上界""下界"：女真人的口吻

在曹勋记述金人这句传闻时，金军还没能渡过长江而涉足于苏杭地区，所以，这句话虽由金人口出，但必有所据，而这个依据极有可能与"地上天宫"相类似。那么，曹勋的记载为何是"上界有天堂，下界有苏杭"，而不是后来范成大所说的"天上天堂，地下苏杭"？这其中有何区别？应该说，这两者还是有细微差别的，因为"上界"和"下界"之说，更符合女真人的口吻。

女真人在宗教上信奉萨满教。萨满亦称"珊蛮"，南宋徐梦莘在《三朝北盟会编》中第一次用汉字记录下女真语"珊蛮"一词："珊蛮者，女真语，巫妪也，以其变通如神。"②

在萨满教的基本信仰中有一种"三界观念"，即宇宙分为上、中、下三界，上界为天堂，众神所居，又分七层，最权威的神灵居最上层；中界是人和动植物所在；下界是阴间，也分若干层，分别为祖灵、一般亡灵和大小鬼魂所住。人类夹在中间，受着神灵福佑和鬼魂作祟的影响。只有巫师萨满能通达上下两界，疏通三界之事②。

这里需指出的是，曹勋所记录的"下界有苏杭"的"下界"，当然不是指亡灵鬼魂所居的阴间，明显应是指人间，应该类似女真人同样信奉的佛教所指凡人世尘的概念。

通过"上界"和"下界"这一女真人特有的口吻，我们也能窥见曹勋记载的这一谚语的真实程度。而曹勋所记载的、范成大所说的以及后来元人奥敦周卿所吟咏的这句名谚，无论字句有何不同，其实质含义却是完全相同的，这已无须多言。

五、两宋之交：新旧"版本"的并行期

几乎和曹勋同时记载到类似"天堂"之说的是两宋之交从汴京逃难到杭

州的袁褧,他在其《枫窗小牍》中说道:"汴中呼余杭:'百事繁庶,地上天宫。'及余邸寓山中,深谷枯田,林莽塞目,鱼虾屏断,鲜适莫构。惟野葱苦荬,红米作炊,炊汁许许,代脂供饮。不谓'地上天宫',有此受享也。"㉔

袁褧自称"余迫猝渡江,侨寓临安山中"㉕。他南渡后最初居住于杭州城中,绍兴二年(1132)五月杭州大火后,他出避湖上,后又迁居山中,自叙道:"余邸寓于钱氏之旧乡,苍山碧树,想见衣锦风烟"㉖。可见袁褧虽然在杭州城里居住过,但时间很短暂,最后的落脚点却是在杭州以西的钱王故里临安(今杭州临安)。临安多山,故袁褧称侨寓"山中"、家"山中",寓居所见也为"苍山"。而袁褧这种山居生活与杭州的都市生活自不在一个层次上。

而更关键的是,两宋之交战乱不断,灾难深重,杭州也未能幸免于兵祸,建炎三年(1129)十二月"十六日(金军)已陷杭州,大肆焚戮。"㉗次年二月,金军从明州返,屠杭州:"(兀术)敛军于吴山、七宝山,遂纵火,三日夜烟焰不绝。癸未夜火息。甲申纵兵大掠,且束装。丙戌退军。"㉘按照袁褧自己的记载:"余始寓京邸,于绍兴二年五月大火,仅挈母妻出避湖上。此时被毁者,一万三千余家。及家山中,六年十二月,京师复火,更一万余家。"㉙

再看曹勋的记述:"临安在东南,自昔号一都会。建炎及绍兴年间,三经戎烬,城之内外,所向墟落,不复井邑。继大驾巡幸,驻跸吴会,以临浙江之潮,于是士民稍稍来归,商旅复业,通衢舍屋,渐就伦序。至天子建翠凤之旗,萃虎貔之旅,观阙崇峻,官舍相望,日闻将相之传呼,法从之朝会,贡输相属,梯航踵至,翼翼为帝所神都矣。"㉚

曹勋对于杭城的这段盛衰经历的简述,也可让人清晰地看见袁褧在南渡之初寓居生活的杭州之城,饱受战火和火灾的洗劫,城市和人民损失极大,已是"所向墟落,不复井邑",其繁华程度自不能与北宋时长期无兵火侵扰的杭城相比,也应无法与盛极一时的北宋汴京相比,而杭州郊县临安山区的生活水平则更是不能与故都京师同日而语。

只是令人关注的是,袁褧这段有关杭州"地上天宫"的叙述,与陶毂的著述不差一字,可见就是出自《清异录》。也就是说,从北宋之初陶毂对杭州有"百事繁庶,地上天宫"的记录,直至两宋之交这一百多年间,这一赞誉至少已影响到了东京。而且作为国都，其居民对于世事的见闻，即便是口口相传，也具有很强的传播力。这也让人可以由此推知，女真人在南侵北宋的过程中，在攻破东京后，完全有机会、有可能从东京人口中了解到杭州是为"天堂"的传闻，并对这一传闻根据女真人的理解和习惯而有所改易，最终成为曹勋所见识的"版本"。

当然，女真人所传的与袁褧所叙的显然是两个不同的"版本"，也就是说，在两宋之交流行于世的有关杭州美誉的传说，并行着两个相异的"版本"，而袁褧记叙的为北宋初年的"旧版"，女真人获悉并传言的则是"新版"。这个"新版"已经完全从"旧版"中脱胎而出，而自成一格，不但第一次以"苏杭"并称，也完成了"谣谚"的架构，具备了"谣谚"的格式和特点。

应该说，这句名谚从《清异录》发祥而来，它最初的"萌芽"并非是成型的谚语，仅仅是一种比拟，仅仅提到了杭州，而未及苏州，直到女真人相传时才有了质的"突变"，成为了一种谚语，并关联兼顾了苏杭这一更大的区域。而且，这个"突变"为以后这句古谚的最后"定型"，打下了具有决定性意义的基础。

六、先"苏"后"杭"的排序问题

回头再看范成大的记载，似还应注意到一点，即南宋人对于"苏杭"的并称、对于先苏州和后杭州的排序，已发出了质疑（毕竟杭州是行在），而范成大引用了白居易诗对此作了解释，似乎已经把问题解决了。

然而，对于范成大这样的解释，明人郎瑛在其《七修类稿》中提出了不同的看法，认为："予以谚语因欲押韵，故先苏而后杭，解者以白诗证之，错矣。殊不思谚非唐时语也，杭在唐尚僻在一隅未显，何可相并？苏自春秋以来，显显于吴、越，杭惟人宋以后繁华最盛，则苏又不可及也，观苏杭旧闻旧事可知矣。若以钱粮论之，则苏十倍于杭，此又当知。"[㉚]应该说，郎瑛从谚语的基本特征，从这条谚语产生于宋朝时候，以及对比苏、杭两地经济社会在历史

上发展的差异性来作出判断,其观点基本正确。后来清人杜文秀在其《古谣谚》一书中,则对郎瑛之说几乎一字不易,照抄照录。㉜

而在民间,到清代仍有人很在意这句谚语中先"苏"而后"杭"的次序。光绪时的弹词《三笑新编》中,有祝枝山和一船主这样的一段对话:"[丑]……个一向立朵啥场化发财?[付]立朵杭州居来。[丑]介末唔俚游虎丘哉那。[付]游子杭州,还要游啥虎丘介?[丑]啥说话。'上有天堂,下有苏杭',无得个'杭苏'个哇"㉝。这位船主在此想当然地认为,你祝枝山既已游了杭州,该去苏州虎丘玩玩了,但祝枝山似乎不以为然,反问为啥一定要游虎丘?于是船主提到了这句谚语,还振振有词地认为,从未有过"杭苏"这般先"杭"后"苏"的说法。

其实,在古代诗文中如果不是为了押韵的需要,"苏杭"一定是这般连称,这在唐宋时已成为一种"惯用语"。尤其是白居易,先做杭州刺史,又做苏州刺史,对杭州和苏州的风土人情和风景名胜,赞不绝口,时时歌咏,如"苏杭自昔称名郡,牧守当今当好官。"㉞"江南名郡数苏杭,写在殷家三十章。"㉟又如写于南宋之初的《鸡肋编》称:"浙西谚云:'苏杭两浙,春寒秋热。对面厮啜,背地厮说。'言其反复如此。"㊱基本上"苏杭"连称已成为一种固定"格式",这当中并没有刻意要先"苏"后"杭"这样的排序。

金学智说:"朗朗上口的'天堂'之谚,其所以先苏后杭,从源头上看,其原因主要在于经济。"㊲如果仅仅从经济发展历程的"源头"来说,他的这一说法是不错的,但现在要"套用"在这句谚语上,则未必如此。

而事实上,宋代以来,诗歌中"苏杭"这一连称定式被"破格"的也不在少数。以苏轼诗而论,既有"苏杭"这样的惯用语:"那堪黄散付子度,空羡苏杭养乐天"㊳,也有先"杭"后"苏"的别样用法:"平生所乐在吴会,老死欲葬杭与苏。过江西来二百日,冷落山水愁吴姝……"㊴而在苏轼之弟苏辙的诗篇中,也有先"杭"后"苏"的破格之例:"乐天投老刺杭苏,溪石胎禽载舳舻。"㊵

在此不难看出,苏氏兄弟先"杭"而后"苏",或直接用"杭苏"一词的目的完全是一致的,都是为了押韵,对苏杭两地并无谁先谁后的座次差异,更无厚此薄彼的意味。后来清人周士彬,在诗中也用到了"杭苏"一词,同样也是为了押韵的需要:"青楼歌舞胜杭苏,花月神仙总一途。"④

除此之外,从历史的和经济的角度来比较苏杭两地的城市地位,许多有关杭州历史文化发展的著述多有涉及,在此无须赘述。而人们非要抠住这句谚语争出个谁先谁后来,实无必要。

七、"天城"享誉欧洲:刺激哥伦布大航海?

元曲中受到"上有天堂,下有苏杭"这句俗谚影响的,以类似方式赞美、抒写和刻画杭州西湖的作品,还有不少,如睢玄明《[般涉调]耍孩儿·咏西湖》:"[尾]看方今宇宙间,遍寰区为第一。论中吴形胜真佳丽,除了天上天堂再无比。"④乔吉《[双调]水仙子·中秋后一日山亭赏桂花时雨稍晴》:"……坐金色三千界,倚天香十二阑,不是人间。"④徐再思《[双调]蟾宫曲·西湖》:"……万古西湖,天上人间。"④又《[双调]蟾宫曲·西湖夏宴》:"……只此是人间醉乡,更休提天上天堂……"④这说明到了元代,这句名谚业已大行于世。

宋末元初,除了中华各民族的转述吟咏外,还有意大利人马可·波罗以及稍后于他来华旅行的斡朵里克等人的记载:

> "苏州的名字,就是指'地上的城市',正如京师的名字,是指'天上的城市'一样……此城名称苏州,法兰西语犹言'地',而其临近之一别城行在(Quinsey),犹言'天',因其繁华,故有是名。"④
>
> "行在云者,法兰西语犹言'天城'"。④

由此可见,马可·波罗也听说了类似"上有天堂,下有苏杭"的谚语,只不过他对于这句谚语的理解发生了偏差,把苏州、杭州和"地下"、"天上"拆分开来解释,并理所当然地把当时南宋行在杭州说成是"天上"的城市,而苏州是"地上"的城市。是以冯承钧在翻译"行纪"时,即指出了他的这种错误。

《马可·波罗行纪》对于杭州"天城"描述的篇幅超过了元朝都城大都,因此,杭州(Quinsay)对中世纪的欧洲影响极大,④除了它屡屡以重要地理坐标出现在西方古地图上之外,甚至有可能影响到哥伦布航海探险发现美洲新大陆这一重大历史事件。1474 年六七月间,立志远航的意大利航海家哥伦布致函其同胞保罗·托斯加内里探讨航海中国事宜,他在保罗的一封回信中读到了这样的叙述:

> "由里斯本向西直行,可抵京师地(Quinsay,即杭州),城市美丽,人烟稠密……京师之义,犹云天城(City of Heaven)也。前人至其地者,述各种奇事、巧匠,富厚甲天下。"㊾

保罗在此将里斯本(葡萄牙首都)和杭州两点一线式地串联起来,明显就是以杭州指代中国。张星烺先生认为,保罗的这封信后人已在哥伦布日记中查出,㊿信中的这段话当是引用了《马可·波罗行纪》。㉛由此可见,马可·波罗此书在欧洲的广为传播,让一生无缘于中国的哥伦布也知晓并领略到了杭州的繁华及其"天城"之誉,这甚至也给我们考察哥伦布开辟东方新航路、开启大航海时代,是否受到了杭州"天城"的刺激或触动,留下了想象和研究的空间。

清初,又有罗马尼亚人米列斯库(1636—1708)《中国漫记》记载到杭州的"天堂"之说:"湖上有装饰得金碧辉煌、五彩缤纷的游船,船上轻歌曼舞,一篇歌舞升平景象。中国人所谓的'地上天堂',确实名不虚传。"㉜这个"地上天堂"的比拟竟然和陶穀最初的"地上天宫"极为相似,也是一奇。晚清时,英国人伯德在她的中国旅行中记载了"上有天堂,下有苏杭"的谚语㉝;美国人克劳德著有《杭州天堂》一书㉞,他在书名上直接采用了"天堂"之喻。

这句古谚在传播上,至少到元代时,从类书、诗词、笔记等著述,从纸本到石刻,从汉语到女真语、到后来马可·波罗的"法兰西语",从东西向的杭州和川蜀之间,到南北向的杭州和东京之间、杭州和燕京以及东北女真人故地之间,乃至更大范围的中国和欧洲之间,已是广为传颂,而到了清代则遍播寰宇。

八、明人的探源：追溯追"过头"

　　然而，明人在追溯这句古谚的最早出处时，却似乎追"过头"了。如翟灏《通俗编》以为："刘焘《树萱录》：员半千有庄在焦戴川，极风景之胜，里谚曰：'上有天堂，下有员庄。'苏杭之谚乃仿于此"⑤。翟灏在此认为这才是"苏杭之谚"的蓝本。

　　《树萱录》为唐代著述，其记载唐代前期的"员庄"道："员半千庄在焦戴川北，枕白鹿原。莲塘、竹径、酴醾架、海棠洞、会景堂、花坞、药畦、碾磨、麻稻。里谚曰：'上有天堂，下有员庄'。"⑤

　　据《旧唐书》，员半千本名余庆，晋州临汾人。少与齐州人何彦先同师事学士王义方，义方嘉重之，尝谓之曰："五百年一贤，足下当之矣！"因改名半千。开元二年（714）卒。⑤

　　而员半千的"天堂"与苏杭的"天堂"风马牛不相及。李裕民先生认为："从历史上考察，最早比作天堂的地方不是苏杭，而是地处陕西西安的员庄"。但他显然也不认可翟灏的观点，以为员庄虽然享有"天堂"美誉，"但它毕竟只是一个规模有限的庄园，天堂之谚仅此一见，并未广泛流播，至金、元时只有一两位诗人尚在歌咏员庄之美，但已不用天堂作比喻了。"⑤

　　而问题的实质是，员半千的"天堂"仅仅是个"个案"，它的微观而纯粹的园林景观与苏杭"天堂"相比，更缺乏一种历史"标签"的意义和价值。

九、明清通俗文学：名谚最终"定型"

　　最后再看这句古谚在明清时期的流变。

　　明初南海人邓林有诗道："游遍江湖未到杭，不知人世有天堂。"⑤邓林此诗直指杭州是天堂，显然是受到了这句古谚的影响，且在此仅及杭州而不及苏州,也反映了当时杭州超越苏州所显现的城市地位——在此也体现了这样一个规律,虽然古谚中"苏杭"并列且"苏"在"杭"前,但凡仅指一地为天堂时,却往往只提杭州,忽略苏州。

明代嘉靖时,郑若曾在其如何抵御倭寇侵扰的军事专著《江南经略》中论述道:"国家财赋仰给于东南,东南财赋莫重于苏州,次松江,次嘉湖杭。谚不云乎,'上说天堂,下说苏杭'是也。"⑩

不少明清小说、话本、弹词等民间说唱文学,都讲到苏杭之地风景秀丽,市容繁华,为许多外地人所倾心、眷顾。如明代冯梦龙话本《古今小说》中有这样的叙说:"那伙同伴商量,都要到苏州发展。兴哥久闻得'上说天堂,下说苏杭',好个大马头所在,有心要去走一遍,做这一回买卖,方才回去。"⑪

清同治时的杭州民俗代表作《杭俗遗风》称道:"杭州素称繁华之地,吴山既多胜景,西湖又属名区,俗语故有'上数天堂,下数苏杭'之说。"⑫

在明清时期,这句谚语除了上面这两个版本之外,在明清小说中更多的则是采用了"上有天堂,下有苏杭"这一版本的说法。以下几个例子可以显见:

著名古典小说《水浒全传》在讲述宋江领军抵达杭州时,专门有一段话描绘杭州道:"目今方腊占据时,还是钱王旧都;城子方圆八十里,虽不比南渡以后,安排得十分的富贵,从来江山秀丽,人物奢华,所以相传道:'上有天堂,下有苏杭。'"⑬

明代罗懋登小说《三宝太监西洋记通俗演义》中说道:观音菩萨合掌恭敬回复燃灯老祖道:"南膳部洲有个古迹,名叫做杭州。自古道:'上有天堂,下有苏杭。'这是个善地。"⑭

晚清刘鹗小说《老残游记》有言说道:"江南真好地方!'上有天堂,下有苏杭',不像我们这地狱世界。"⑮

晚清曾朴小说《孽海花》中有这样的描写:"宝廷周围看了一遍,心中很为适意,暗忖:怪道人说'上有天堂,下有苏杭',一只船也与北边不同,所以天随子肯浮家泛宅。原来恁地快活!"⑯

晚清蘧园小说《负曝闲谈》全书第一回劈头就道:"俗语说得好:上有天

堂,下有苏杭。单说这苏州,自从吴王阖闾筑了城池,直到如今,那些古迹,都班班可考,不要说什么唐、宋、元、明了。"⑰

从以上例子可见,明清通俗文学中,尤其是比较集中地出现在晚清兴盛一时的"谴责小说"中,引用这句谚语时,采用元人奥敦周卿的"上有天堂,下有苏杭"这个版本者居多。而对于这句古谚的普及功效,民间通俗文学又往往大于学者专家的著述,比如前面曾提到的吴毓昌《三笑新编》"是一部著名的弹词,在江南一带,可谓家喻户晓。"⑱这也是世上以"上有天堂,下有苏杭"为这个古谚最终"定本",且广为传播的一个主要原因吧。

十、结语

"上有天堂,下有苏杭"这句名谚,从最初的类书、笔记、奏疏、诗词曲、散文游记、军事专著等体裁,到最后比较集中地在明清通俗小说、话本和弹词中出现,反映了它从文人书斋、骚客吟咏逐渐走向民间说唱的传播轨迹和过程。正是这样的传播过程,使它从一个还不能称之为谚语的溢美之词,逐渐变化、变异,并脱胎而成为一句谣谚,最后在受众面更为广泛的民间传播中得以最后的"定型"。这个历程的背后,也隐现着各类阶层、多种民族和国家的无数人众的口口相传。而这所有的传播,都在描述和印证着中国历史上极为重要的那一页:中国经济重心的南移。

放眼世界史,这句名谚甚至还可能刺激或触动了哥伦布的大航海活动。

在这样的源流变迁和传播中,它于南宋初年成为一句谚语的跳现,无疑是具有决定意义的。因为在这个时期出现这样的谚语,不仅高度概括了自五代和北宋以来苏杭地区已成为中国经济重心南移后的历史现实,而且,与杭州之后作为南宋都城的社会经济繁荣发达程度相匹配。这种长期的相匹配也历史性地决定了它的传播广度和深度,决定了它最终必然成为名谚的方向,更重要的是它因此而成为中华文明史上罕见的、能够传颂上千年,并且影响世界历史的一个"标签"。

古谚"上有天堂,下有苏杭"源流示意图

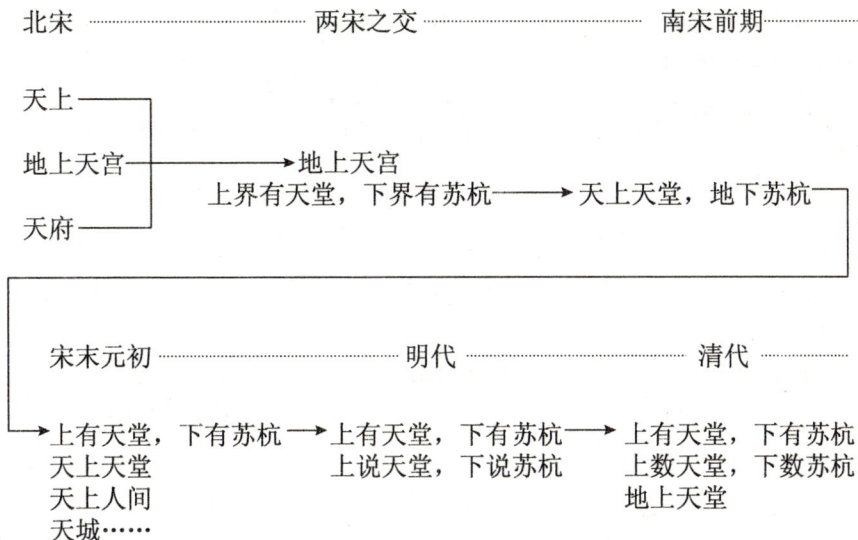

北宋 ——————— 两宋之交 ——————— 南宋前期———

天上 ————┐
地上天宫 ——┼—→ 地上天宫
　　　　　 │　　上界有天堂, 下界有苏杭 ——→ 天上天堂, 地下苏杭
天府 ————┘

宋末元初 ——————— 明代 ——————— 清代———

→ 上有天堂, 下有苏杭 —→ 上有天堂, 下有苏杭 —→ 上有天堂, 下有苏杭
天上天堂　　　　　　　　　上说天堂, 下说苏杭　　　　上数天堂, 下数苏杭
天上人间　　　　　　　　　　　　　　　　　　　　　　地上天堂
天城……

注释:

①杭州西湖申遗工作领导小组办公室编:《杭州西湖文化景观知识读本》(内刊)"列入的理由",第 8 页;同书"遗产申报遵循的标准",第 12 页。参见王佳佳报道:《精神家园、人间天堂、文化名湖——西湖申遗明年 6 月表决》,《都市快报》2010 年 9 月 16 日 A05 版。

②孙德卿:《"天堂"之说溯源》,《苏州杂志》1999 年第 1 期。

③杨一平:《"上有天堂,下有苏杭"的由来和发展》,《西湖文化研讨会论文集》(内刊)之三。

④(宋)范成大:《吴郡志》卷五〇《杂志》,江苏古籍出版社 1999 年版,第 669 页。霅川,即霅溪,浙江吴兴(今湖州市)的别称。茂苑,江苏旧长洲县(治今苏州市)的别称。

⑤金学智:《"苏杭比较论"溯源》,《苏州杂志》2000 年第 1 期。

⑥隋树森编:《全元散曲》,中华书局 1964 年版,第 152 页。

⑦金学智:《天堂意识》,《苏州杂志》1990 年第 4 期。

⑧吴战垒选注:《西湖散曲选》,奥敦周卿《[双调]蟾宫曲》注⑤,浙江文艺出版社 1983 年版,第 9 页。

⑨朱易安、傅璇琮主编：《全宋笔记》第一编第二册，大象出版社 2003 年版，第 17 页。

⑩倪士毅：《地有湖山美，东南第一州》，收入周峰主编"杭州历史丛书"之《吴越首府杭州》，浙江人民出版社 1997 年版，第 197 页。徐规先生的观点为浙江大学历史系教授楼毅生先生相告，时在 2010 年 2 月。

⑪阙维民：《杭州城池暨西湖历史图说》上编，浙江人民出版社 2000 年版，第 18—21 页。

⑫(宋)潘阆：《逍遥集·逍遥词》，《知不足斋丛书》本。

⑬《逍遥集·逍遥词》"附记"。

⑭(宋)晁补之：《七述》，《丛书集成续编》本第 52 册，上海书店 1994 年版，第 251 页。

⑮(清)纪昀等：《四库全书总目》卷六八，中华书局 1965 年版，第 598 页。

⑯(宋)曹勋：《松隐文集》卷二六《进前十事札子》，《嘉业堂丛书》本，民国九年刊本。

⑰(宋)李心传：《建炎以来系年要录》卷四"建炎元年夏四月戊辰"条，"(康王)决意趋应天"注云，中华书局 1956 年版，第 103 页。

⑱本文笔者曾在《马扩事迹编年》(杭州出版社 2005 年版，第 162 页)和《马扩研究》("南宋史研究丛书"本，人民出版社 2008 年版，第 274 页)这两本书中，叙述到曹勋这一有关苏杭为"天堂"的最早记载。

⑲《四库全书总目》卷一五六，第 1348 页。

⑳《四库全书总目》卷五一，第 464 页。

㉑《松隐文集》卷二〇《聚景园看荷花》。

㉒(宋)徐梦莘：《三朝北盟会编》(以下简称《北盟会编》)卷三，上海古籍出版社 1987 年影印本，第 21 页。

㉓《中国大百科全书·宗教》"萨满教"条，中国大百科全书出版社 1988 年版，第 326 页。

㉔(宋)袁褧：《枫窗小牍》卷上，《丛书集成初编》本，商务印书馆民国二十八年十二月初版，第 6 页。

㉕《枫窗小牍》卷上，《序言》第 1 页。

㉖《枫窗小牍》卷上，第 14 页。

㉗(宋)王明清：《挥麈后录》卷九，《宋元笔记小说大观》本，上海古籍出版社 2001 年版，第 3731 页。

㉘《北盟会编》卷一三七"(建炎四年二月)十三日丙戌，金人屠杭州，退兵"

条,第 995 页。

㉙《枫窗小牍》卷下,第 19 页。

㉚《松隐文集》卷三一《仙林寺记》。

㉛(明)郎瑛:《七修类稿》卷二二"苏杭湖"条,上海书店 2001 年版,第 230 页。

㉜(清)杜文秀:《古谣谚》卷五〇"苏杭谚"条,中华书局 1958 年版,第 627 页。

㉝(清)吴毓昌:《三笑新编》第四回《游山》,上海古籍出版社 1990 年版,第 48 页。吴语"立朵"意为:在,在这里;"场化":地方;"介末":那么;"唔俚":我们。

㉞顾学颉点校:《白居易集》卷二四《咏怀》,中华书局 1979 年版,第 547 页。

㉟《白居易集》卷二六《见殷尧藩侍御〈忆江南诗〉三十首,诗中多叙苏、杭胜事。余尝典二郡,因继和之》,第 586 页。又,白居易在其文中如《吴郡诗石记》,也屡屡提及"苏杭",参见《白居易集》卷六八,第 1430 页。

㊱(宋)庄绰:《鸡肋编》卷上"浙西谚语与民性"条,中华书局 1983 年版,第 10 页。

㊲"苏杭比较论"溯源,《苏州杂志》2000 年第 1 期。参见范培松、金学智主编:《插图本苏州文学通史》第三编"元曲中'天堂'苏州掠影"一节,江苏教育出版社 2004 年版,第 366 页。

㊳(清)王文诰辑注孔凡礼点校:《苏轼诗集》卷三三《次韵答黄安中兼简林子中》,中华书局 1982 年版,第 1764 页

㊴《苏轼诗集》卷三四《喜刘景文至》,第 1816 页。

㊵陈宏天、高秀芳点校:《苏辙集·栾城三集》卷三《读乐天集戏作五绝》,中华书局 1990 年版,第 1194 页。

㊶(清)沈德潜选编:《清诗别裁集》卷一八《扬州》,河北人民出版社 1997 年版,第 347 页。

㊷《全元散曲》,第 550 页。"中吴",《西湖散曲选》作"吴中",吴战垒注:"吴中:泛指春秋时吴地。杭州古代属吴国。"参见《西湖散曲选》,第 53 页。

㊸《全元散曲》,第 626 页。

㊹《全元散曲》,第 1048 页。

㊺《全元散曲》,第 1052 页。

㊻冯承钧译:《马可·波罗行纪》第 150 章《苏州城》,上海书店 2001 年版,第 350 页。冯承钧在注释中说:"斡朵里克亦谓行在为天城,缘中国有'上有天堂,下有苏杭'之谚,不可执此以责波罗之不谙汉语也。参见第 352 页。斡朵里克是稍后于马可·波罗来华旅行的意大利人,冯承钧在此转译了他的著述。"法兰西语"指马可·波罗著述所用的语

言,即当时欧洲最为流行的语言。

㊼《马可·波罗行纪》第151章《蛮子国都行在城》,第352—353页。

㊽Quinsay即"京师"或"行在"的音译,指杭州。在马可·波罗记下Quinsay并对它做了大量描述后,杭州开始受到欧洲人的极大关注,影响十分广泛,表现在西方古地图上,竟以Quinsay代表中国,参见黄时鉴:《马可·波罗游记与西方古地图上的杭州》,政协杭州市委《政协通讯》(内刊),2011年第4、5期。

㊾张星烺编注、朱杰勤校订:《中西交通史料汇编(第一册)》第六章《明代中国与欧洲之交通》,中华书局1977年版,第338—339页。

㊿保罗此信书写时间,张星烺认为当在1474年六七月间,《中西交通史料汇编(第一册)》第六章,第337页。

(51)《中西交通史料汇编(第一册)》第六章,第338页。

(52)尼古拉·斯帕塔鲁·米列斯库:《中国漫记》,蒋本良、柳凤运译,中华书局1990年版,第140页。

(53)伊丽莎白·伯德:《1898年:一个英国女人眼中的中国》,收入王国平主编:《西湖文献集成》附册《海外西湖史料专辑》(内部资料),杭州出版社2008年版,第479页。

(54)《杭州城池暨西湖历史图说》,"后记"第301页。

(55)(明)翟灏:《通俗编》卷二"上说天堂,下说苏杭"条,乾隆十六年武林竹简斋刊本。

(56)(元)陶宗仪:《说郛》卷三二上,文渊阁《四库全书》本。另,元人骆天骧纂修的《类编长安志》卷九《胜游》也有对于"员庄"的记述,其文字当本于《树萱录》第一册,"宋元方志丛刊"本,中华书局1989年版,第365页。

(57)(后晋)刘昫等撰:《旧唐书》卷一九〇中《员半千传》,列传第一四〇中,中华书局1975年版,第5014—5015页。"开元二年卒",《新唐书》作"开元九年(721),游尧山、沮水间,爱其地,遂定居。卒,年九十四",参见欧阳修、宋祁《新唐书》卷一一二《员半千传》,列传第三七,中华书局1975年版,第4162页。

(58)李裕民:《南宋史札记三则·"上有天堂下有苏杭"的由来》,中国社会科学杂志社/联合国教科文组织《国际社会科学杂志(中文版)》2009年第26卷第3期,第157页。

(59)(明)田汝成:《西湖游览志余》卷一一《才情雅致》引邓林《五月十三日入杭》诗,浙江人民出版社1980年版,第183页。

(60)(明)郑若曾:《江南经略》卷一《苏松常镇总论》,嘉靖四十五年序刊本。

(61)(明)冯梦龙:《全像古今小说》第一卷《蒋兴哥重会珍珠衫》,福建人民出版社1980年版,第20—21页。

㉒(清)范祖述:《杭俗遗风》,上海文艺出版社1989年版,"序"第1页。

㉓(明)施耐庵、罗贯中:《水浒全传》第一一四回《宁海军宋江吊孝涌金门张顺归神》,上海人民出版社1975年版,第1354页。

㉔(明)罗懋登:《三宝太监西洋记通俗演义》第二回《补陀山龙王献宝涌金门古佛投胎》,上海古籍出版社1985年版,第14页。

㉕(清)刘鹗:《老残游记》第五回《烈妇有心殉节乡人无意逢殃》,齐鲁书社1981年版,第59页。

㉖(清)曾朴:《孽海花》第七回《宝玉明珠弹章成艳史红牙檀板画舫识花魁》,中华书局2001年版,第46页。

㉗(清)蘧园:《负曝闲谈》第一回《甪直镇当筵说嘴元和县掷稟伤心》,《中国近代小说大系》本,江西人民出版社1988年版,第7页。

㉘《三笑新编》,"前言"第1页。